Strafprozessrecht

Grundzüge des Strafverfahrens

von

Prof. Dr. jur. Arthur Hartmann

Hochschule
für Öffentliche Verwaltung Bremen

und

Prof. Dr. jur. Rolf Schmidt

Hochschule
der Polizei Hamburg

3. Auflage 2010

Hartmann, Arthur / Schmidt, Rolf: Strafprozessrecht (Grundzüge des Strafverfahrens)
3. völlig neu bearbeitete und aktualisierte Auflage – Grasberg bei Bremen 2010
ISBN 978-3-86651-076-0; Preis 21,50 EUR

Autoren: Prof. Dr. Arthur Hartmann / Prof. Dr. Rolf Schmidt
c/o Verlag Dr. Rolf Schmidt GmbH

Druck: Pinkvoss GmbH, 30519 Hannover

Verlag: Dr. Rolf Schmidt GmbH, Wörpedorfer Ring 40, 28879 Grasberg bei Bremen
Tel. (04208) 895 299; Fax (04208) 895 308; www.verlag-rolf-schmidt.de
E-Mail: verlagrs@t-online.de

Für Verbraucher erfolgt der deutschlandweite Bezug über den Verlag versandkostenfrei.

Strafprozessrecht

Vorwort

Die rasch voranschreitende Rechtsentwicklung sowie die erfreuliche Aufnahme unseres Lehrbuchs zum Strafverfahrensrecht und das damit verbundene Konzept des Zuschnitts auf die studentischen Bedürfnisse, ohne dabei den wissenschaftlichen Anspruch zu vernachlässigen, haben eine Neuauflage erforderlich gemacht.

Im Mittelpunkt der Überarbeitung stehen das 2. Opferrechtsreformgesetz, die nunmehr gesetzlich geregelten Absprachen im Strafprozess sowie das Urteil des Bundesverfassungsgerichts zur Vorratsdatenspeicherung. Aber auch zahlreiche fachgerichtliche Entscheidungen, wie etwa zum Richtervorbehalt nach § 81a II StPO, waren einzuarbeiten.

Konzeptionell wurde das Werk nicht verändert. Auch die Neuauflage kombiniert eine lehrbuchartige Darstellung mit zahlreichen Beispielsfällen. Durch Zusammenfassungen, Übersichten und Klausurhinweise werden das Lernen und die Prüfungsvorbereitung deutlich erleichtert.

Kritik und Verbesserungsvorschläge sind weiterhin willkommen und werden unter *rs@jura-institut.de* erbeten.

Bremen, im April 2010

Prof. Dr. Arthur Hartmann
Prof. Dr. Rolf Schmidt

Vorwort zur 1. Auflage

Vermutlich könnte man ein 2000 Seiten umfassendes Buch zum Strafprozessrecht schreiben und hätte immer noch nicht alle umstrittenen Fragen, denen eine Prüfungsrelevanz nachgesagt wird, angemessen behandelt. Auf der anderen Seite sind die Inhalte des juristischen Studiums so zu bemessen, dass das Ausbildungsziel nach 4½ Jahren erreicht werden kann (vgl. § 5d II DRiG). Wenn man zudem bedenkt, dass das Strafprozessrecht nur eines von vielen Gebieten darstellt und das Grundstudium, in dem sämtliche Grundlagen aller Rechtsgebiete abschließend behandelt werden sollen, bereits nach 6 Semestern abgeschlossen sein soll, kann man sich sehr leicht ausmalen, dass selbst die Lektüre von 800 Seiten Strafprozessrecht nicht oder nur kaum zu bewältigen ist. Selbst wenn man es schaffte, ein solches Werk durchzuarbeiten, bliebe die Frage nach der sinnvollen Reduktion des Stoffes, zumal in den Prüfungsordnungen lediglich (aber immerhin) „Grundzüge" genannt sind, die sich im ersten juristischen Staatsexamen entweder als strafprozessuale Zusatzfragen im Rahmen der Strafrechtsklausur oder aber als Prüfungsinhalt der mündlichen Prüfung konkretisieren. Daraus wird man folgern können, dass jedenfalls das Studium eines 800 Seiten umfassenden Buches zum Strafprozessrecht jenseits des Sinnvollen und Machbaren liegt. Etwas anderes mag freilich für das Schwerpunktstudium gelten, wobei aber auch hier zu beachten ist, dass man sich mehr Wissen und Systemkenntnis, als im vorliegenden Studienbuch vermittelt wird, i.d.R. bis zum Examen kaum wird aneignen können.

Umgekehrt nimmt im Vergleich zu anderen Studienbüchern im vorliegenden Buch die Bearbeitung des Ermittlungsverfahrens, und dort v.a. der Zwangsmaßnahmen, einen relativ breiten Raum ein. Damit wird dem Umstand Rechnung getragen, dass das Ermittlungsverfahren, das nach der ursprünglichen Konzeption der StPO die Hauptverhandlung nur vorbereiten sollte, inzwischen zum Kernstück des Strafprozesses geworden ist. Das liegt daran, dass die Anforderungen an die Zulässigkeit und Verwertbarkeit von Ermittlungsmaßnahmen nicht zuletzt durch die Rechtsprechung des BVerfG ständig weiter differenziert werden, während zugleich die Kriminaltechnik und -taktik neue Ermittlungsmethoden entwickeln, die der Gesetzgeber durch entsprechende Ermittlungsbefugnisse den Strafverfolgungsbehörden zur Verfügung gestellt hat. Deshalb ist es von großer Bedeutung, dass diejenigen, die sich beruflich (bzw. im Studium oder Referendariat) mit dem Ermittlungsverfahren zu befassen haben, die Zulässigkeit und die Grenzen einzelner Ermittlungsmaßnahmen sowie die bestehenden Rechtsschutzmöglichkeiten des Beschuldigten kennen.

Konzeptionell ist die vorliegende Bearbeitung einer Kombination von **lehrbuchartiger Darstellung**, zahlreicher **Beispielsfälle** mit Lösungsgesichtspunkten sowie **Zusammenfassungen**, **Übersichten** und **Klausurhinweisen** verpflichtet. Dadurch werden das Lernen und die Examensvorbereitung deutlich erleichtert.

Die Ausführungen befinden sich auf dem Stand von April 2007. Nach Redaktionsschluss veröffentlichte, für Ausbildung und Prüfungen wichtige Gerichtsentscheidungen werden im Rahmen des Möglichen in aufbereiteter Form kostenlos zur Verfügung gestellt. Sie können im Internet unter *www.verlag-rolf-schmidt.de* abgerufen werden. Kritik und Verbesserungsvorschläge sind weiterhin willkommen und werden unter *rs@jura-institut.de* erbeten.

Bremen, im April 2007

Prof. Dr. Arthur Hartmann
Dr. Rolf Schmidt

Gliederung

Abkürzungsverzeichnis

a.A.	andere(r) Ansicht
a.a.O.	am angegebenen Ort
abl.	ablehnend
ABl	Amtsblatt (der EG)
Abs.	Absatz
abw.	abweichend
AcP	Archiv für die civilistische Praxis
a.F.	alte Fassung
AG	Amtsgericht; Aktiengesellschaft
AK	Alternativkommentar zum Strafgesetzbuch
AktG	Aktiengesetz
AMG	Arzneimittelgesetz
Anm.	Anmerkung
AT	Allgemeiner Teil
AtomG	Atomgesetz
Aufl.	Auflage
ausf.	ausführlich
BAK	Blutalkoholkonzentration
BayObLG	Bayerisches Oberstes Landesgericht
BB	Der Betriebs-Berater (Zeitschrift)
BBG	Bundesbeamtengesetz
BeamtStG	Beamtenstatusgesetz
Bespr.	Besprechung
betr.	betreffend
Bd	Band
BDG	Bundesdisziplinargesetz
BGB	Bürgerliches Gesetzbuch
BGBl	Bundesgesetzblatt (Teil, Seite)
BGH	Bundesgerichtshof
BGHSt	Entscheidungen des Bundesgerichtshofes in Strafsachen
BGHZ	Entscheidungen des Bundesgerichtshofes in Zivilsachen
BRRG	Beamtenrechtsrahmengesetz
BSG	Bundessozialgericht
Bsp.	Beispiel
bspw.	beispielsweise
BT	Besonderer Teil
BT-Drs.	Bundestags-Drucksache (Legislaturperiode, Nummer)
BtMG	Betäubungsmittelgesetz
BVerfG	Bundesverfassungsgericht
BVerfGE	Entscheidungen des Bundesverfassungsgerichts
bzgl.	bezüglich
bzw.	beziehungsweise
CR	Computer und Recht (Zeitschrift)
DAR	Deutsches Autorecht
ders.	derselbe
DDR	Deutsche Demokratische Republik
d.h.	das heißt
dies.	dieselbe
diff.	differenzierend
Diss.	Dissertation

DRiZ	Deutsche Richterzeitung
EG	Europäische Gemeinschaft(en)
EGBGB	Einführungsgesetz zum Bürgerlichen Gesetzbuch
EGStGB	Einführungsgesetz zum Strafgesetzbuch
EGV	Vertrag zur Gründung der Europäischen Gemeinschaft
Einl.	Einleitung
EMRK	Europäische Menschenrechtskonvention
Erg.	Ergebnis
EU	Europäische Union
evtl.	eventuell
f.	folgende(r)
FamRZ	Zeitschrift für das gesamte Familienrecht
ff.	fortfolgende
Fn	Fußnote
FS	Festschrift
GA	Goltdammer's Archiv für Strafrecht
gem.	gemäß
GG	Grundgesetz für die Bundesrepublik Deutschland
ggf.	gegebenenfalls
GmbHG	Gesetz betreffend die Gesellschaft mit beschränkter Haftung
grds	grundsätzlich
GS	Gedächtnisschrift, Gedenkschrift, Großer Senat
GVG	Gerichtsverfassungsgesetz
Halbs.	Halbsatz
h.A.	herrschende Ansicht
h.L.	herrschende Lehre
h.M.	herrschende Meinung
Hrsg.	Herausgeber
i.d.F.	in der Fassung
i.d.R.	in der Regel
i.E.	im Ergebnis
i.e.S.	im engeren Sinn
inkl.	inklusive
i.S.	im Sinne
i.S.d.	im Sinne der (des)
IStGH	Internationaler Strafgerichtshof in Den Haag
i.S.v.	im Sinne von
i.V.m.	in Verbindung mit
i.w.S.	im weiteren Sinn
JA	Juristische Arbeitsblätter (Zeitschrift)
JA-R	JA-Rechtsprechungs-Report
JGG	Jugendgerichtsgesetz
JR	Juristische Rundschau (Zeitschrift)
Jura	Juristische Ausbildung (Zeitschrift)
Jus	Juristische Schulung (Zeitschrift)
JZ	Juristenzeitung (Zeitschrift)
KG	Kammergericht; Kommanditgesellschaft
KJ	Kritische Justiz (Zeitschrift)

krit.	kritisch
Ldt. OStA	Leitender Oberstaatsanwalt
LG	Landgericht
Lit.	Literatur
LK	Leipziger Kommentar zum Strafgesetzbuch
MDR	Monatsschrift für Deutsches Recht
MDR/D [H]	Rechtsprechung des BGH in MDR bei *Dallinger Holtz*
MedR	Medizinrecht (Zeitschrift)
m.w.N.	mit weiteren Nachweisen
n.F.	neue Fassung
NJ	Neue Justiz (Zeitschrift)
NJW	Neue Juristische Wochenschrift (Zeitschrift)
NK	Nomos-Kommentar zum Strafgesetzbuch
Nr.	Nummer
NStZ	Neue Zeitschrift für Strafrecht
NStZ-RR	NStZ-Rechtsprechungs-Report
NZV	Neue Zeitschrift für Verkehrsrecht
o.	oben
OLG	Oberlandesgericht
OLGSt	Entscheidungen der Oberlandesgerichte zum Straf- und Strafverfahrensrecht (zit. nach Paragraphen und Seite)
OWiG	Gesetz über Ordnungswidrigkeiten
RegE	Regierungsentwurf
RGSt	Entscheidungen des Reichsgerichts in Strafsachen
RiStBV	Richtlinien für das Straf- und Bußgeldverfahren
Rn	Randnummer
Rs.	Rechtssache
Rspr.	Rechtsprechung
RVG	Rechtsanwaltsvergütungsgesetz
S.	Satz, Seite
s.	siehe
s.a.	siehe auch
Sch/Sch	Schönke/Schröder, Strafgesetzbuch
SDÜ	Schengener Durchführungsübereinkommen
SK	Systematischer Kommentar zum Strafgesetzbuch
Slg.	Sammlung der Rechtsprechung des EuGH
s.o.	siehe oben
sog.	so genannte(r)
SoldG	Gesetz über die Rechtsstellung der Soldaten
StA	Staatsanwalt/Staatsanwaltschaft
StGB	Strafgesetzbuch
StPO	Strafprozessordnung
str.	strittig
StraFo	Strafverteidiger-Forum
StrÄndG	Gesetz zur Änderung des Strafrechts
StrEG	Strafverfolgungsentschädigungsgesetz
StrRG	Gesetz zur Reform des Strafrechts
StRR	Strafrechtsreport (Onlinezeitschrift)
StV	Strafverteidiger

StVG	Straßenverkehrsgesetz
StVO	Straßenverkehrsordnung
StVollzG	Strafvollzugsgesetz
s.u.	siehe unten
TDG	Teledienstegesetz
TKG	Telekommunikationsgesetz
TPG	Transplantationsgesetz
u.	unten, und
u.a.	unter anderem, und andere
usw.	und so weiter
u.U.	unter Umständen
v.	vom, von
v.a.	vor allem
Var.	Variante
vert.	vertiefend
vgl.	vergleiche
VN	Vereinte Nationen
Vorbem.	Vorbemerkung
VRS	Verkehrsrechts-Sammlung (Band, Seite)
VStGB	Völkerstrafgesetzbuch
V-Mann	Verbindungsmann; Vertrauensperson
WaffG	Waffengesetz
WBO	Wehrbeschwerdeordnung
WDO	Wehrdisziplinarordnung
wistra	Zeitschrift für Wirtschafts- und Steuerstrafrecht
WStG	Wehrstrafgesetz
WÜK	Wiener Konsularrechtsübereinkommen
z.B.	zum Beispiel
ZPO	Zivilprozessordnung
ZRP	Zeitschrift für Rechtspolitik
ZStW	Zeitschrift für die gesamte Strafrechtswissenschaft
z.T.	zum Teil
zust.	zustimmend
zutr.	zutreffend

Lehrbücher, Grundrisse und Kommentare

Beulke, Werner: Strafprozessrecht, 10. Auflage 2008

Engländer, Armin: Examensrepetitorium Strafprozessrecht, 4. Auflage 2009

Gesamtes Strafrecht (hrsg. Dölling u.a.), 2008 (zit.: GS-*Bearbeiter*)

Hellmann, Uwe: Strafprozessrecht, 2. Auflage 2006

Joecks, Wolfgang: Studienkommentar StPO, 2. Auflage 2008

Karlsruher Kommentar zur Strafprozessrecht (Hrsg.: Gerd Pfeiffer), 6. Auflage 2008

Kindhäuser, Urs: Strafprozessrecht, 2. Auflage 2010

KMR: Kommentar zur Strafprozessordnung (Hrsg.: von Heintschel-Heinegg, Stöckel), Stand: September 2005 (zit.: KMR-*Bearbeiter*)

Kühne, Hans-Heiner: Strafprozessrecht, 7. Auflage 2007

Löwe-Rosenberg: Die Strafprozessordnung und das Gerichtsverfassungsgesetz mit Nebengesetzen, 26. Auflage 2006 ff. (zit.: L/R-*Bearbeiter*)

Meyer-Goßner, Lutz: StPO. Kommentar, 52. Auflage 2009

Pfeiffer, Gerd: Strafprozessordnung. Kommentar, 5. Auflage 2005

Putzke, Holm/Scheinfeld, Jörg: Strafprozessrecht, 2. Auflage 2009

Ranft, Otfried: Strafprozessrecht, 3. Auflage 2005

Roxin, Claus/Schünemann, Bernd: Strafverfahrensrecht, 26. Auflage 2009

Schmidt, Rolf: Grundrechte, 12. Auflage 2010

Schmidt, Rolf: Besonderes Verwaltungsrecht II (Polizei- und Ordnungsrecht; Versammlungsrecht), 12. Auflage 2008

Schmidt, Rolf: Strafrecht Allgemeiner Teil, 9. Auflage 2010

Schmidt, Rolf/Priebe, Klaus: Strafrecht Besonderer Teil I und II, 9. Auflage 2010

Schroeder, Friedrich-Christian: Strafprozessrecht, 4. Auflage 2007

Systematischer Kommentar zur Strafprozessordnung und zum Gerichtsverfassungsgesetz, Loseblatt, Stand: Mai 2005 (zit.: S/K-*Bearbeiter*)

Volk, Klaus: Grundkurs StPO, 6. Auflage 2008

Weitere Literatur, insbesondere Aufsatzliteratur, ist in den Fußnoten angegeben

1. Kapitel – Einführung

A. Aufgabe des Strafverfahrensrechts

Während das materielle Strafrecht bestimmt, welche Verhaltensweisen als Straftat gelten und mit welchen Sanktionen ihnen begegnet werden soll, ist es Aufgabe des Strafprozessrechts (besser: Strafverfahrensrechts), verschiedene materielle Werte abzusichern: Es soll die Wahrheit festgestellt, die Gerechtigkeit gewahrt und der Rechtsfriede (wieder)hergestellt werden, wobei die beiden Ziele Wahrheit und Gerechtigkeit einher gehen. 1

I. Feststellung der Wahrheit

Zunächst ist es Ziel des Strafverfahrens, die Wahrheit herauszufinden. Alle materiellrechtlich relevanten Umstände sollen bewiesen werden, um so über Schuld oder Nichtschuld des Beschuldigten[1] zu befinden. Allerdings ist zu beachten, dass es in diesem Zusammenhang nicht um materielle, sondern um prozessuale Wahrheit geht, also nur um solche Wahrheit, die ordnungsgemäß nach den Regeln des Prozessrechts zustande kommt.[2] 2

> **Beispiel:** T ist dringend tatverdächtig, u.a. die minderjährige O vergewaltigt zu haben. Während einer Beschuldigtenvernehmung verliert Kriminalkommissar K die Geduld und droht T Folter an für den Fall, dass dieser die Taten nicht endlich zugebe. Daraufhin gesteht T wahrheitsgemäß die Taten.
>
> In diesem Fall besteht ein absolutes Beweisverwertungsverbot, weil K die Grenzen des rechtsstaatlich Vertretbaren überschritten hat. Einfachgesetzlich sind die verbotenen Vernehmungsmethoden in § 136a StPO geregelt. Kann die Wahrheit also nicht mit prozessual erlaubten Mitteln festgestellt werden, verbietet sich eine Verurteilung, auch wenn T tatsächlich der Täter ist.[3]

Das Ziel der Feststellung der Wahrheit wird insbesondere auch dadurch erschwert oder gar unmöglich gemacht, wenn die Beteiligten (das Gericht, die Staatsanwaltschaft, der Verteidiger und der Angeklagte) ein bestimmtes Urteil zuvor „absprechen". **„Absprachen"** im Strafprozess kommen immer dann in Betracht, wenn die Beweisführung schwierig, langwierig und mit unverhältnismäßig hohen Kosten verbunden ist, v.a., wenn der Ausgang des Verfahrens offen ist. 3

> **Beispiel:** Nach erfolgter Übernahme einer Aktiengesellschaft durch eine andere Aktiengesellschaft steht der ehemalige Vorstandsvorsitzende der übernommenen Gesellschaft, der über ein regelmäßiges Jahreseinkommen i.H.v. 15-20 Mio. € verfügt, im Verdacht der (Beihilfe zur) Untreue, weil er durch die Übernahme eine Abfindung i.H.v. 30 Mio. € erhalten hat. Ihm wird vorgeworfen, die Übernahme nicht an den Interessen der Gesellschaft, d.h. an denen der Beschäftigten und der Aktionäre, ausgerichtet, sondern eine persönliche Bereicherung angestrebt zu haben. Doch die Beweisführung der Staatsanwaltschaft (StA) erweist sich als äußerst schwierig, langwierig und teuer. Daher schließen die Beteiligten den „deal", dass das Verfahren gegen eine Geldauflage i.H.v. 5,8 Mio. € eingestellt wird (vgl. § 153a StPO).

---

[1] Die Bezeichnung „des einer Straftat Verdächtigen" wechselt in den verschiedenen Stadien des Strafverfahrens. Daher ist stets die Einhaltung der richtigen Terminologie zu beachten: Die Bezeichnung **„Beschuldigter"** ist der Oberbegriff. Von „Beschuldigtem" wird gesprochen, wenn jemand einer Straftat verdächtigt wird und gegen ihn ein Ermittlungsverfahren eingeleitet wurde. **„Angeschuldigter"** ist der Beschuldigte, wenn gegen ihn Anklage erhoben ist. **„Angeklagter"** ist der Beschuldigte bzw. der Angeschuldigte, wenn die Eröffnung des Hauptverfahrens beschlossen ist, vgl. § 157 StPO.

[2] Vgl. BGHSt **14**, 358, 365; **38**, 214, 220; **38**, 372, 374.

[3] Zu den Beweisverwertungsverboten vgl. Rn 1067 ff.

In diesem Fall ist scheinbar allen gedient: Dem Angeklagten bleibt eine Verurteilung, die höchstwahrscheinlich eine Freiheitsstrafe zur Folge gehabt hätte, erspart, die StA ist zufrieden, weil sie das Verfahren relativ rasch hat abschließen können und sich nunmehr den vielen anderen Verfahren widmen kann, und das Gericht braucht keine weitere, langwierige Verhandlung und vor allem kein Rechtsmittel der Verteidigung zu befürchten.

Was auf der Strecke geblieben zu sein scheint, ist die Gerechtigkeit (dazu sogleich). Immerhin kann man sich dem Eindruck nicht verwehren, als habe sich der Angeklagte „freigekauft", zumal die Höhe der Geldauflage – bemessen an der Höhe der Abfindung und des sonstigen Einkommens und Vermögens eher bescheiden ist. Was definitiv auf der Strecke geblieben ist, ist die Wahrheit. Denn wie es nun wirklich gewesen ist, wurde nicht geklärt. Vielmehr wurde die Wahrheit durch die Absprache womöglich sogar verdeckt oder verfälscht.

Zur Frage, inwieweit Absprachen im Strafprozess auch nach Einführung einer gesetzlichen Regelung (§ 257c StPO) den Verfahrensgrundsätzen (Prozessmaximen) entgegenstehen, vgl. Rn 1156 ff.

II. Wahrung der Gerechtigkeit

4 Ein gerechtes Urteil setzt ein faires, ordnungsgemäßes Verfahren voraus. Denn auch der Beschuldigte ist ein Mensch und damit Grundrechtsträger und nicht Objekt staatlichen Handelns. Daher kann die Wahrheit nicht um jeden Preis erforscht werden, sondern nur unter Wahrung der Grundrechte des Beschuldigten. Es gibt Interessen, die der Wahrheitssuche im Wege stehen und die in einem Rechtsstaat dennoch geschützt werden müssen.

Beispiele: Auch wenn im obigen Beispiel ein Freispruch noch so ungerecht erscheinen mag, muss die Rechtsgemeinschaft damit leben. Denn in einem Rechtsstaat ist auch der Beschuldigte Subjekt und nicht Objekt. Er ist Grundrechtsträger und kann sich insbesondere auf Menschenwürde stützen. Bestimmte Beweiserhebungsmethoden missachten die Grundrechte bzw. die Menschenwürde und sind daher verboten. Die Gerechtigkeit kann nicht unter Missachtung rechtsstaatlicher Prinzipien gewahrt werden.

Ein weiteres Beispiel, das der Wahrheitsfindung und damit der Gerechtigkeit entgegensteht, ist das Aussageverweigerungsrecht von Zeugen (§§ 52, 53 StPO).

III. Herstellung des Rechtsfriedens

5 Dadurch, dass das Strafverfahren einen sozialen Störfall aufarbeitet, sichert es die Geltungskraft der Strafrechtsnormen und schafft dadurch Rechtsfrieden. Das Urteil soll die Sache erledigen.

Beispiel: Gelingt es den Strafverfolgungsbehörden im obigen Beispiel dennoch, auf ordnungsgemäße Weise Beweismittel zu erbringen, und kann T daraufhin verurteilt werden, ist der soziale „Störfall" erledigt: Der Staat hat sein Interesse an der Strafverfolgung durchgesetzt, das Opfer Genugtuung und der Verurteilte büßt für seine Tat.

6 Wie auch die beiden anderen Ziele kann das Ziel *Herstellung des Rechtsfriedens* nicht um jeden Preis aufrecht erhalten werden. Man stelle sich den Fall vor, dass Jahre nach der rechtskräftigen Verurteilung Tatsachen bekannt werden, die den Verurteilten erheblich entlasten, ja sogar seine Unschuld beweisen. In diesem Fall wäre es mit dem Rechtsstaatsprinzip nicht vereinbar, wenn das ursprüngliche Urteil Gültigkeit behielte. Zur Wiederaufnahme des Verfahrens gem. §§ 359 ff., bei dem die Rechtskraft eines Urteils aufgehoben werden kann, vgl. Rn 1289 ff.

B. Rechtsquellen des Strafprozessrechts

Das deutsche Strafprozessrecht ist in mehreren Gesetzen normiert. Allen voran ist die StPO zu nennen. Aber auch in etlichen anderen Gesetzen finden sich strafprozessuale Vorschriften. Die wichtigsten gesetzlichen Grundlagen sind: 7

GG: Da dem Grundgesetz die Aufgabe zukommt, den Staat zu konstituieren und sämtliche grundlegende Aspekte des gesellschaftlichen Lebens zu regeln, enthält es folgerichtig auch Vorschriften über das Rechtsstaatsprinzip (Art. 20 III), Regelungen über die Judikative (Art. 92 ff.), den Grundsatz vom gesetzlichen Richter (Art. 101), den Anspruch auf rechtliches Gehör (Art. 103 I), den Bestimmtheitsgrundsatz (Art. 103 II), den Grundsatz „ne bis in idem" (Art. 103 III) sowie Rechtsgarantien bei Freiheitsentziehungen (Art. 104).

StPO: Die Strafprozessordnung stellt die hauptsächliche Rechtsquelle des Strafverfahrens dar. Insbesondere regelt sie das Ermittlungsverfahren (einschließlich der Zwangsmittel), bei dem die StA prüft, ob gegen den Beschuldigten ein hinreichender Tatverdacht besteht, das Zwischenverfahren, bei dem das Gericht prüft, ob gegen den Angeschuldigten das Hauptverfahren eröffnet wird, und das Hauptverfahren, bei dem das Gericht prüft, ob der Angeklagte der Straftat schuldig ist.

GVG: Das Gerichtsverfassungsgesetz regelt den Aufbau, die Zusammensetzung und die Zuständigkeit der Gerichte, die Berufung der Laienrichter (Schöffen), Beratungen und Abstimmungen bei der Urteilsfindung sowie die Organisation der Staatsanwaltschaft. Ferner enthält das GVG Rahmenvorschriften für die Ermittlungspersonen der StA.

EGGVG: Im Einführungsgesetz zum GVG ist z.B. der Rechtsschutz gegen sog. Justizverwaltungsakte, zu denen auch repressivpolizeiliche Maßnahmen zählen, geregelt (§§ 23 ff. EGGVG).

JGG: Das Jugendgerichtsgesetz regelt den Aufbau der Jugendgerichte und trägt den Besonderheiten des Verfahrens gegen Jugendliche und Heranwachsende Rechnung.

StGB: Das Strafgesetzbuch bezieht sich zwar in erster Linie auf das materielle Strafrecht, jedoch enthält es auch einige strafprozessuale Regelungen, etwa Strafverfolgungsvoraussetzungen (§§ 77 ff. in Bezug auf den Strafantrag; § 194 IV in Bezug auf die Ermächtigung; § 104a in Bezug auf das Strafverlangen) oder Strafverfolgungshindernisse (§§ 78 ff. in Bezug auf die Verjährung).

ZPO: Die Zustellungsvorschriften der Zivilprozessordnung (§§ 166 ff.) gelten wegen § 37 StPO auch für das Strafverfahren.

MRK: Die Europäische Menschenrechtskonvention garantiert grundlegende Rechte des Angeklagten; sie enthält strafprozessuale Garantien hinsichtlich der Rechtsstaatlichkeit des Verfahrens und der Unschuldsvermutung.

IRG: Im Gesetz über die Internationale Rechtshilfe in Strafsachen sind z.B. die Auslieferung von Straftätern und Verdächtigen und die Vollstreckung ausländischer Strafen im Inland geregelt.

RiStBV: Schließlich sind die Richtlinien für das Straf- und Bußgeldverfahren zu nennen[4]: Bei diesem Regelungswerk handelt es sich um Allgemeine Verwaltungsvorschriften, die auf den Umstand basieren, dass die Durchführung der Straf- und Bußgeldverfahren nach der Kompetenzverteilung des Grundgesetzes grundsätzlich den Ländern anvertraut ist, jedoch aus Gründen der Rechtssicherheit und Gerechtigkeit die Notwen-

[4] Vgl. Schönfelder Ergänzungsband Ordnungsziffer 90e sowie *Meyer-Goßner*, Anh 12.

digkeit besteht, weitgehend bundeseinheitliche Sachbehandlung dieser Verfahren zu gewährleisten. Daher haben sich die Justizminister des Bundes und der Länder auf einheitliche Richtlinien verständigt. Diese Richtlinien richten sich in erster Linie an die einzelnen Staatsanwälte, jedoch kommt ihnen – da es sich um Verwaltungsvorschriften handelt – keine Gesetzeskraft zu. Bindungswirkung entfalten sie aber über die allgemeine Weisungshierarchie (§ 146 GVG). Auf keinen Fall sind sie in der Lage, Richter zu binden. Denn diese sind unabhängig und nur dem Gesetz unterworfen (vgl. Art. 97 I GG).

C. Überblick über den Gang des Verfahrens

8 Das Strafverfahren lässt sich in zwei große Abschnitte einteilen, in das Erkenntnisverfahren und das Vollstreckungsverfahren:

I. Das Erkenntnisverfahren

9 Das Erkenntnisverfahren (vgl. §§ 1-358 StPO und die besonderen Arten des Verfahrens gem. §§ 407-444 StPO) dient der Feststellung, ob ein Beschuldigter der ihm zur Last gelegten Straftat schuldig ist. Es wird mit dem Urteil abgeschlossen. Das Erkenntnisverfahren wiederum hat drei Stadien, das Ermittlungsverfahren (auch Vorverfahren genannt), das Zwischenverfahren und das Hauptverfahren.

1. Stadium: Das Ermittlungsverfahren (§§ 160-177 StPO)

10 Sobald die StA durch eine Strafanzeige (§ 158 I StPO), einen Strafantrag (§ 158 II StPO) oder auf andere Weise (klassischer Fall: Leichenfund, § 159 I StPO) von dem Verdacht einer Straftat Kenntnis erhält, hat sie den Sachverhalt zu erforschen und zu prüfen, ob der (ermittelte) Beschuldigte der Tat hinreichend verdächtig ist. In diesem vorbereitenden Stadium liegt die Verfahrensherrschaft bei der StA. Ergeben die Ermittlungen keinen solchen Verdacht oder erweist sich die Tat als nicht verfolgungswürdig, stellt die StA das Verfahren ein (§ 170 II S. 1 StPO); anderenfalls erhebt sie Anklage (§ 170 I StPO). Auch aus Gründen der Geringfügigkeit kann sie (aber auch das Gericht) das Verfahren einstellen, §§ 153, 153a StPO.

Im Übrigen ist zu beachten, dass in der Praxis die Erforschung von Straftaten i.d.R. von der Polizei durchgeführt wird. Denn zu den Aufgaben der Polizei gehört nicht nur die Gefahrenabwehr, sondern auch die Strafverfolgung (vgl. § 163 StPO). In diesem Fall besteht allerdings aufgrund der genannten Verfahrensherrschaft der StA ein Weisungsrecht gegenüber der Polizei (vgl. § 161 I S. 2 StPO, § 152 GVG). Zum Ermittlungsverfahren vgl. ausf. Rn 720 ff.

2. Stadium: Das Zwischenverfahren (§§ 199-211 StPO)

11 Hat die StA Anklage erhoben, prüft das Gericht im Zwischenverfahren, ob der von der StA behauptete hinreichende Tatverdacht gegen den Angeschuldigten besteht. Bestätigt das Gericht den hinreichenden Tatverdacht, beschließt es, die Hauptverhandlung zu eröffnen und die Anklage zuzulassen (vgl. §§ 203, 207 StPO).

Das Anklagemonopol und die Verfahrensherrschaft der StA erstrecken sich also nur auf die Entscheidung, ob das Zwischenverfahren eingeleitet wird, nicht hingegen auf die Entscheidung, ob auch die Hauptverhandlung zu eröffnen ist. Diese Entscheidung wird ausschließlich vom Gericht getroffen. Zum Zwischenverfahren vgl. ausführlich Rn 825 ff.

3. Stadium: Das Hauptverfahren (§§ 213-358 StPO)

Im Hauptverfahren, das sich wiederum in die Vorbereitung (§§ 213-225a StPO) und die Durchführung (§§ 226-275 StPO) untergliedern lässt, prüft das Gericht, ob sich der Angeklagte tatsächlich der ihm vorgeworfenen Straftat schuldig gemacht hat. Hierzu werden der Angeklagte und Zeugen befragt, Sachverständige werden gehört, Urkunden verlesen, Beweismittel in Augenschein genommen etc. Nach dieser Beweisaufnahme plädieren Staatsanwalt und Strafverteidiger. Der Angeklagte hat das letzte Wort. In der Regel endet das Hauptverfahren mit einem Urteil (vgl. § 260 StPO). 12

Jedoch ist damit das Strafverfahren noch nicht zwingend zu Ende. Denn der Hauptverhandlung erster Instanz kann sich noch ein Rechtsmittelverfahren (§§ 296 ff. StPO), d.h. Berufung oder Revision, anschließen. Auch das Rechtsmittelverfahren ist Teil des Hauptverfahrens, da dieses erst mit einem *rechtskräftigen* Urteil endet (vgl. näher Rn 1165 ff.).

Dieses vorgestellte „ordentliche" Erkenntnisverfahren ist das von der StPO für den Normalfall vorgesehene Modell. In der Praxis kommen aber nur die wenigsten Fälle vor Gericht. Die meisten werden im sog. **Strafbefehlsverfahren** gem. §§ 407-412 StPO erledigt bzw. nach §§ 153, 153a ff. StPO eingestellt. Zum Strafbefehlsverfahren sowie zum **Privatklageverfahren** gem. §§ 374-394 StPO vgl. Rn 1320 ff. und 1307 ff. 13

II. Das Vollstreckungsverfahren (§§ 449 ff. StPO)

Wird der Angeklagte rechtskräftig verurteilt, schließt sich an das Erkenntnisverfahren das **Vollstreckungsverfahren** (sog. Strafvollstreckungsrecht) an. Vollstreckungsverfahren ist die Vollstreckung eines in einem Strafprozess ergangenen rechtskräftigen Urteils und bedeutet die Erzwingung der Strafe durch staatliche Organe. Es dient dazu, Art, Umfang und ggf. Dauer der Strafe zu überwachen. 14

Mit dem Strafvollstreckungsrecht nicht zu verwechseln ist das **Strafvollzugsrecht**, welches das „wie", der Durchführung einer Strafe zum Gegenstand hat. Mit der Föderalismusreform, die am 1.9.2006 in Kraft getreten ist, ist das Strafvollzugsrecht jedoch der Gesetzgebungskompetenz der Länder unterstellt worden. Dagegen ist das Strafvollstreckungsrecht als Teilgebiet des Strafprozessrechts nach wie vor von der Bundesgesetzgebungskompetenz gem. Art. 74 I Nr. 1 GG erfasst.

Das Vollstreckungsverfahren ist in §§ 449 ff. StPO[5] geregelt. Diese Vorschriften sind jedoch sehr lückenhaft, weshalb sich die Bundesländer auf den gemeinsamen Text einer „Strafvollstreckungsordnung" geeinigt haben, die zwar – mangels Gesetzesqualität – für die Gerichte nicht bindend, in der Praxis aber weitgehend anerkannt ist.

Hinsichtlich des „ordentlichen" Erkenntnisverfahrens gem. §§ 1-358 StPO ergibt sich folgender Überblick: 15

[5] Für Jugendliche und Heranwachsende gilt das JGG (vgl. § 1 JGG).

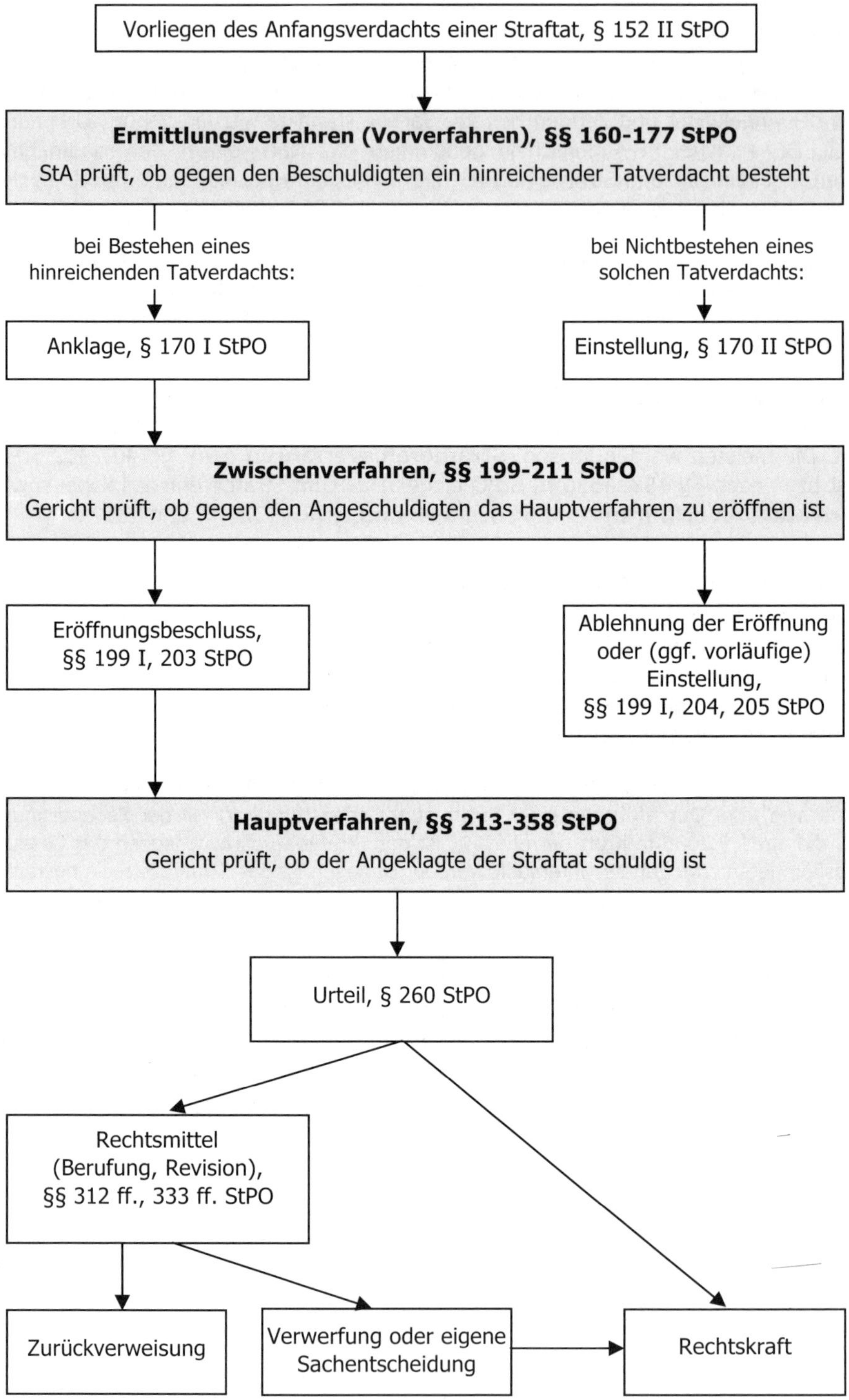

Durchbrechung der Rechtskraft durch:

- ⇨ Wiederaufgreifen des Verfahrens, §§ 359-373a StPO
- ⇨ Verfassungsbeschwerde vor dem BVerfG, Art. 93 I Nr. 4a GG
- ⇨ Beschwerde vor dem EGMR, Art. 34 EMRK

D. Der Begriff der Tat

Gemäß Art. 103 III GG darf niemand „wegen derselben Tat aufgrund der allgemeinen Strafgesetze mehrmals bestraft werden". Das durch diese Norm verfassungsrechtlich verankerte sog. Doppelbestrafungsverbot (ne bis in idem - sog. Strafklageverbrauch) bedeutet materielle Rechtskraft und bezieht sich auf den Inhalt der strafgerichtlichen Entscheidung. Es besagt, dass eine Tat im prozessualen Sinne, die bereits Gegenstand eines durch Sachurteil abgeschlossenen Verfahrens war, nicht noch einmal Gegenstand eines Strafverfahrens und eines Sachurteils werden darf. 16

Nach diesem Grundsatz stellt eine rechtskräftige Entscheidung für ein späteres Verfahren über die gleiche prozessuale Tat ein (unbehebbares) Verfahrenshindernis dar; das Verfahren ist dann gem. § 260 III StPO einzustellen. Dies betrifft sowohl den Fall der Verurteilung als auch den eines Freispruchs. 17

Entscheidend für den Strafklageverbrauch ist also der Tatbegriff. Dieser ist aber auch aus anderen Gründen entscheidend, sodass sich insgesamt folgender Überblick ergibt: 18

- Nach dem Anklagegrundsatz (Akkusationsprinzip) darf das Gericht nur im Rahmen der angeklagten Tat tätig werden (§§ 151, 155 I StPO), sodass sich der Eröffnungsbeschluss nur auf das Verhalten beziehen darf, das dem Beschuldigten in der Anklageschrift vorgeworfen wird. Der Tatbegriff begrenzt also den Verhandlungsstoff.
- Nur die im Eröffnungsbeschluss (§ 207 StPO) bezeichnete Tat ist Gegenstand der Urteilsfindung durch das Gericht (§ 264 I StPO). Ergeben sich in der Hauptverhandlung neue, in der Anklageschrift und im Eröffnungsbeschluss nicht bedachte Aspekte, ist zu unterscheiden, ob es sich nur um neue rechtliche Momente der angeklagten Tat oder um eine andere Tat handelt. Liegt eine andere Tat im Sinne des Strafprozessrechts vor, ist zu deren Einbeziehung in den Stoff der Hauptverhandlung eine Nachtragsanklage erforderlich (§ 266 StPO). Ändert sich lediglich die rechtliche oder tatsächliche Betrachtungsweise im Hinblick auf die angeklagte Tat, genügt ein rechtlicher Hinweis nach § 265 I und II StPO. Dieser rechtliche Hinweis muss im Protokoll vermerkt werden; schweigt das Protokoll, gilt er nicht erfolgt (Beweiskraft des Protokolls).[6]
- Der Tatbegriff beschreibt des Weiteren die Rechtskraft und den Strafklageverbrauch. Ob der Grundsatz ne bis in idem (Art. 103 III GG) durch eine erneute Strafverfolgung verletzt wird, hängt davon ab, ob in einem neuen Verfahren „dieselbe Tat" im Sinne des Strafprozessrechts verfolgt wird.

Zwar normiert das Grundgesetz den Strafklageverbrauch mit seinen weitreichenden Auswirkungen (s.o.), es enthält aber keine Definition des Tatbegriffs. Klar ist nur, dass es um ein prozessuales Verständnis geht. Eine Übertragung des Tatbegriffs, der im materiellen Strafrecht in der Konkurrenzlehre (§§ 52, 53 StGB) geläufig ist, ist somit nicht ohne weiteres möglich. 19

Nach der Definition des BGH[7] umfasst eine Tat im prozessualen Sinne das gesamte Verhalten des Beschuldigten, soweit es mit dem durch die Strafverfolgungsorgane (in der Anklage, im Eröffnungsbeschluss oder im Urteil) bezeichneten geschichtlichen Vorkommnis „**nach der allgemeinen Lebensauffassung einen einheitlichen Vorgang bildet**". In einer anderen Entscheidung des BGH[8] heißt es: „...liegt eine Tat im prozessualen Sinne vor, wenn zwischen den einzelnen Verhaltensweisen des Täters eine innere 20

---

[6] *Joecks*, Einl. Rn 241. Zur Beweiskraft des Protokolls vgl. auch BGH NStZ **2007**, 49 ff. mit Bespr. von *Satzger/Hanft*, NStZ **2007**, 185 ff.

[7] BGHSt **32**, 215, 216; **35**, 60, 62; **41**, 292, 298; **43**, 252, 255; **45**, 211, 212. Vgl. auch OLG Oldenburg StraFo **2006**, 412; OLG Düsseldorf NStZ-RR **1999**, 304; BVerfGE **56**, 22, 28; *Ranft*, JuS **2003**, 417, 418; *Bauer*, NStZ **2003**, 174 ff.

[8] BGHSt **41**, 385, 388.

Verknüpfung dergestalt besteht, dass **ihre getrennte Aburteilung in verschiedenen erstinstanzlichen Verfahren als unnatürliche Aufspaltung eines einheitlichen Lebensvorgangs empfunden würde.**[9]

21 Wann ein solcher „einheitlicher Lebensvorgang" anzunehmen ist, ist wiederum unklar. Dabei können die Bejahung bzw. Verneinung große Auswirkungen, insbesondere für den Beschuldigten, haben.

22 Da eine abstrakt-generalisierende Bestimmung der prozessualen Tat nicht möglich ist, kann jeder Fall nur individuell bestimmt werden. Entscheidende Kriterien dabei sind Tatort, Tatzeit, Tatobjekt sowie als normatives Kriterium die Angriffsrichtung der Tat.

Beispiel: T wurde in der Anklage vorgeworfen, einen Juwelendiebstahl (§ 242 StGB) begangen zu haben. Das LG hatte ihn wegen Begünstigung (§ 257 StGB) verurteilt, weil es in ihm jedenfalls denjenigen sah, der die Juwelen einige Tage nach dem Diebstahl erhalten und für den Dieb aufbewahrt hat. Hinsichtlich des in der Anklageschrift formulierten Diebstahls sah es den Tatnachweis als nicht erbracht an.[10]

In der Revision hat der BGH in dem angeklagten Diebstahl und der verurteilten Begünstigung zwei verschiedene prozessuale Taten gesehen. Angesichts des nicht unbeträchtlichen zeitlichen Abstands und wegen des unterschiedlichen Gepräges beider Handlungsweisen seien hier zwei selbstständige Taten im prozessualen Sinne gegeben. Da Diebstahl ein eigennütziges, Begünstigung aber ein fremdnütziges Delikt darstellten und zudem im einen Fall um den Eingriff in fremdes Eigentum, im anderen Fall darum gehe, einem anderen die Vorteile aus einer fremden Tat zu sichern, lägen jeweils unterschiedliche Angriffsrichtungen der Taten vor.

Lagen im vorliegenden Fall also zwei unterschiedliche Taten im prozessualen Sinne vor, stand damit einer Verurteilung wegen Begünstigung das Verfahrenshindernis einer fehlenden Anklageschrift bzw. des fehlenden Eröffnungsbeschlusses entgegen. Insoweit musste eine Einstellung gemäß § 260 III StPO erfolgen.

Hinsichtlich der selbstständigen prozessualen Tat „Diebstahl" war T daher entweder mangels Tatnachweises freizusprechen oder aber das gesamte Verfahren war nach § 260 III StPO einzustellen.

23 Fazit: Als Faustformel helfen folgende Regeln weiter:

- Eine Tat im materiell-rechtlichen Sinne (Idealkonkurrenz, § 52 StGB) ist regelmäßig auch eine Tat im prozessualen Sinne.[11]
- Fälle der Realkonkurrenz (§ 53 StGB) stellen regelmäßig, aber nicht notwendig, auch mehrere Taten i.S.d. § 264 StPO dar. Daher kann trotz Realkonkurrenz eine Tat im prozessualen Sinn vorliegen, wenn zwischen den einzelnen Verhaltensweisen eine innere Verknüpfung „dergestalt besteht, dass ihre getrennte Aburteilung in verschiedenen erstinstanzlichen Verfahren als unnatürliche Aufspaltung eines einheitlichen Lebensvorgangs empfunden würde".[12]

Beispiel: T verursacht im Zustand alkoholbedingter absoluter Fahruntüchtigkeit einen Verkehrsunfall. Der Wagen des O wird beschädigt. Obwohl T den Schaden bemerkt, fährt er weiter.

Strafrechtlich steht die Verkehrsunfallflucht (§ 142 StGB) nach der Rspr. des BGH in Tatmehrheit zur Straßenverkehrsgefährdung (§ 315c I Nr. 1a ggf. i.V.m. III Nr. 2 StGB), weil zumindest eine sinnlogische Zäsur gegeben sei.[13] Dennoch liege eine Tat im prozessualen Sinne vor, da eine getrennte Aburteilung in verschiedenen erstinstanzlichen Verfahren als unnatürliche Aufspaltung eines einheitlichen Lebensvorgangs empfunden würde.[14]

---

[9] Vgl. auch BGH NStZ-RR **2009**, 289.
[10] Vgl. BGHSt **35**, 80 ff.
[11] Vgl. BGH wistra **1997**, 228.
[12] BGHSt **41**, 385, 388.
[13] BGHSt **21**, 203, 204; **23**, 141, 144.
[14] BGHSt **21**, 203, 204.

2. Kapitel – Verfassung, Organisation und Zuständigkeit der Gerichte

A. Der Grundsatz des gesetzlichen Richters

Der in Art. 101 I S. 2 GG niedergelegte Verfassungsgrundsatz, wonach niemand seinem gesetzlichen Richter entzogen werden darf, verlangt, dass die richterliche Zuständigkeit im Voraus sowie abstrakt-generell zu regeln ist. Anderenfalls könnte die Urteilsfindung durch eine Manipulation der Auswahl der im Einzelfall zur Entscheidung berufenen Richter sachfremden Einflüssen ausgesetzt sein. **24**

Rechtstechnisch wird die Einhaltung dieses Gebots durch den Erlass von Parlamentsgesetzen sichergestellt. Diese haben festzulegen, welche Gerichte für welche Verfahren sachlich, örtlich und funktionell zuständig und wie die Spruchkörper regelmäßig zu besetzen sind. Ergänzt werden diese Bestimmungen durch die Geschäftsverteilungs- und Mitwirkungspläne der Gerichte, durch welche im Voraus die Zuständigkeit der einzelnen Spruchkörper bzw. der einzelnen Richters so genau wie möglich festgelegt werden. Die Festlegung, welcher Richter für (zukünftige) Strafrechtsfälle zuständig ist, darf also nicht erst nach der Tat und nicht durch die Exekutive oder die Justizverwaltung allein geschehen. **25**

Beispiel: Der Personalchef eines großen Automobilherstellers wird wegen Untreue angeklagt. Bevor das Hauptverfahren eröffnet wird, schaltet sich der Präsident des Landgerichts ein, weil er eine schwierige und langwierige Beweisführung befürchtet, die er vermeiden möchte. Er setzt für das Verfahren einen Vorsitzenden Richter ein, von dem er weiß, dass dieser Prozessabsprachen (sog. deals) grundsätzlich begrüßt.

In diesem Fall ist das Gebot des gesetzlichen Richters verletzt. Der Gerichtspräsident hat willkürlich Einfluss auf die Zuständigkeit des Spruchkörpers bzw. die Zuordnung eines Richters ausgeübt. Es besteht ein absoluter Revisionsgrund gem. § 338 Nr. 1 StPO.

Des Weiteren bedeutet der Verfassungsgrundsatz vom gesetzlichen Richter, dass **Ausnahmegerichte** verboten sind. Das wären Gerichte, die man erst nach der Tat einsetzt, um bestimmte Fälle zu untersuchen oder über bestimmte Personen zu urteilen. Keine Ausnahmegericht stellen die **Sondergerichte** dar (vgl. Art. 101 II GG). Diese können aufgrund von Gesetzen, die abstrakte und generelle Kriterien enthalten, für bestimmte Sachgebiete errichtet werden (vgl. etwa die Berufsgerichte für Rechtsanwälte, Ärzte, Architekten usw.). **26**

Zwar sind in allen Gerichten Berufsrichter eingesetzt, das heißt jedoch nicht, dass daneben Laienrichter (ehrenamtliche Richter) ausgeschlossen wären. Sie heißen „Schöffen" (vgl. § 30 GVG). Für sie gelten die Regeln über den gesetzlichen Richter in gleicher Weise; auch sie sind sachlich unabhängig. **27**

Schließlich können Richter von der Ausübung des Richteramts kraft Gesetzes ausgeschlossen sein (§§ 22, 23 StPO) oder wegen Besorgnis der Befangenheit abgelehnt werden (§§ 24 ff. StPO). Vgl. dazu Rn 199 ff. **28**

B. Die richterliche Unabhängigkeit

Um eine neutrale und objektive Rechtsprechung zu gewährleisten, erklärt Art. 97 I GG den Richter für sachlich und persönlich unabhängig (vgl. auch § 1 GVG, §§ 25, 45 I DRiG). Insbesondere folgt aus diesem Verfassungsgrundsatz, dass der einzelne Richter bei der Urteilsfindung nicht an Weisungen bspw. des Justizministers oder des Gerichts- **29** präsidenten gebunden ist. Man stelle sich den Fall vor, dass der Justizminister oder der Gerichtspräsident dem einzelnen Richter Vorgaben machen könnten, wie dieser den Rechtsstreit zu entscheiden hat. Eine neutrale Rechtsprechung wäre nicht möglich. Gleiches gilt für das Kollegialgericht: Dürfte der Vorsitzende einem neuen, jüngeren Mitglied seines Senats „kollegiale Empfehlungen" zur Entscheidung des Falls geben, die in gewisser Weise einen psychologischen Druck bewirkten, wäre die Unabhängigkeit des Richters verletzt.

30 Prinzipiell ist der einzelne Richter bei seiner Urteilsfindung auch weder an die herrschende Rechtsauffassung noch an die höchstrichterliche Rechtsprechung gebunden.

Beispiel: Amtsrichter R vertritt hinsichtlich des Vermögensbegriffs des § 263 StGB eine andere Auffassung als der BGH und gelangt unter Zugrundelegung seiner abweichenden Auffassung zu einem anderen Urteil, als wenn er die Rechtsprechung des BGH zu dieser Frage zugrunde gelegt hätte.

Es verstieße gegen Art. 97 I GG, wenn eine Bindung an die Rechtsprechung des BGH bestünde. Denn es gibt nur eine Abhängigkeit vom Gesetz, nicht von der herrschenden Meinung und prinzipiell auch nicht von der Auslegung des Gesetzes durch andere, höhere Gerichte. Eine Bindungswirkung in Bezug auf die Rechtsprechung höherer Instanzen ist nur in gesetzlich geregelten Ausnahmen vorgesehen, vgl. §§ 121 II, 132 GVG und § 358 I StPO. Hinsichtlich der Bindungswirkung von Entscheidungen des BVerfG vgl. § 31 BVerfGG.

C. Die Gerichtszuständigkeit

31 In sachlicher Hinsicht lässt sich die gerichtliche Zuständigkeit in eine erste Instanz und eine Rechtsmittelinstanz (Berufung, Beschwerde, Revision, Sprungrevision) einteilen. Kategorisch davon zu unterscheiden ist die örtliche Zuständigkeit.

I. Die sachliche Zuständigkeit in der ersten Instanz

32 Die sachliche Zuständigkeit wird gem. § 1 StPO durch die Bestimmungen des GVG geregelt. Regelung der sachlichen Zuständigkeit bedeutet die Festlegung, auf welcher Stufe die Sache in der ersten Instanz beginnt und auf welcher Stufe sie in der Instanz endet. Der Gerichtsaufbau in Strafsachen ist vierstufig: In der ersten Instanz zuständig sein kann das AG, LG oder das OLG. Der BGH wird niemals in der ersten Instanz tätig, sondern nur in Revisionssachen. Demgegenüber kann das AG immer nur erstinstanzliches Gericht sein. LG und OLG können sowohl erstinstanzlich zuständig sein als auch über Rechtsmittel entscheiden.

Überblick über die erstinstanzliche Zuständigkeit

Erste Instanz		
Amtsgericht	**Landgericht**	**Oberlandesgericht**[15]
▪ der Strafrichter als Einzelrichter (§ 25 GVG) ▪ das Schöffengericht (§ 28, 28 I GVG), auch in der Form des erweiterten Schöffengerichts (§ 29 II GVG)	▪ die große Strafkammer (§ 74 I GVG), auch als Schwurgericht (§ 74 II GVG), als Wirtschafts- (§ 74c GVG) und als Staatsschutzkammer (§ 74a GVG)	▪ der Strafsenat (§ 120 I, II GVG)

[15] In Berlin: Kammergericht (KG).

1. Das Amtsgericht

In Strafsachen ist das AG immer dann zuständig, wenn nicht 33

- die Zuständigkeit des LG oder OLG gesetzlich begründet ist (§ 24 I Nr. 1 GVG i.V.m. § 74 II oder § 74a GVG),
- eine höhere Strafe als vier Jahre Freiheitsstrafe oder die Unterbringung in einem psychiatrischen Krankenhaus oder in Sicherheitsverwahrung zu erwarten ist (§ 24 I Nr. 2 GVG)[16] oder
- die StA wegen der besonderen Schutzbedürftigkeit von Verletzten der Straftat, die als Zeugen in Betracht kommen, oder wegen des besonderen Umfangs oder der besonderen Bedeutung des Falls Anklage beim LG erhebt (§ 24 I Nr. 3 GVG).

Von besonderer Relevanz ist die zuletzt genannte Alternative, weil es sich bei den Krite- 34
rien der „besonderen Bedeutung des Falls", der „Schutzbedürftigkeit der Opferzeugen" und des „Verfahrensumfangs" um unbestimmte Rechtsbegriffe handelt, die im Einzelfall einer Auslegung bedürfen. Dadurch besteht eine **bewegliche Zuständigkeit**, d.h. eine Zuständigkeit, die vom Ergebnis einer Auslegung abhängig ist. Ob dies mit dem Grundsatz des gesetzlichen Richters (Art. 101 I S. 2 GG) vereinbar ist, soll anhand eines Beispiels erläutert werden.

> **Beispiel[17]:** Der Personalchef (P) eines großen Automobilkonzerns ist wegen der Finanzierung von Lustreisen und Bordellbesuchen zugunsten von Betriebsratsmitgliedern der Untreue in einen besonders schweren Fall gem. §§ 266 I, II, 263 III StGB hinreichend verdächtig, was die Erhebung der Anklage zur Folge hat (vgl. § 170 I StPO). Da der Fall große Aufmerksamkeit in den Medien und der Öffentlichkeit erfahren hat, entschließt sich die StA – obwohl keine höhere Strafe als vier Jahre Freiheitsstrafe zu erwarten ist – Anklage beim LG statt beim AG zu erheben. P ist der Meinung, dass diese Vorgehensweise sein Recht auf den gesetzlichen Richter verletze. Die Bestimmung des gesetzlichen Richters dürfe sich nicht nach der „Sensationslust" der Öffentlichkeit richten.
>
> ⇨ Teilweise wird hinsichtlich der beweglichen Zuständigkeit ein Verstoß gegen den Grundsatz des gesetzlichen Richters geltend gemacht.[18] Danach wäre die Entscheidung der StA rechtswidrig.
>
> ⇨ Nach Auffassung des BVerfG und des BGH bestehen jedoch keine verfassungsrechtlichen Bedenken, da die StA bei der Auslegung des § 24 I Nr. 3 GVG keinen Ermessensspielraum habe, sondern vielmehr bei Vorliegen eines besonderen Umfangs bzw. einer besonderen Bedeutung des Falls verpflichtet sei, Anklage beim LG zu erheben. Zudem sei die zu treffende Entscheidung gerichtlich gem. § 209 I, II StPO voll überprüfbar.[19] Danach verstieße die Entscheidung der StA nicht gegen Art. 101 I S. 2 GG.
>
> ⇨ Stellungnahme: Zwar vermengt die Rspr. die Kategorien *Ermessen* und *Auslegung unbestimmter Rechtsbegriffe*, gleichwohl ist sie in der Sache zutreffend. Denn dadurch, dass die bewegliche Zuständigkeit gerichtlich voll überprüfbar ist und diese richterliche Überprüfung von Richtern vorgenommen wird, die wiederum im Voraus bestimmt wurden, bestehen keine Bedenken gegen den Grundsatz des gesetzlichen Richters. Die Anklageerhebung der StA vor dem LG statt vor dem AG war also ordnungsgemäß.

Geht man daher mit der Rechtsprechung von der Verfassungsgemäßheit der bewegli- 35
chen Zuständigkeit aus, bleibt die Frage zu beantworten, wann eine „besondere Bedeutung des Falls" und die „Schutzbedürftigkeit der Opferzeugen" gegeben sind und der

---

[16] Bei der Frage nach der zu erwartenden Strafe kommt es auf die Einschätzung des StA an. Kriterien sind: Vorstrafen des Beschuldigten, Schwere der Tat, besonders brutales Vorgehen des Beschuldigten etc.

[17] Vgl. auch *Engländer*, Rn 34.

[18] *Hellmann*, Rn 589; SK-*Rudolphi*, Vor § 1 Rn 3.

[19] BVerfGE **9**, 223, 228 f.; BGHSt **9**, 367, 369; OLG Hamburg NStZ **2005**, 654, 655; zust. KK-*Hannich*, § 24 GVG Rn 12; *Kindhäuser*, § 12 Rn 13. Vgl. auch BGHSt **44**, 34, 36 f.

„Verfahrensumfang" eine Zuständigkeit des LG fordert. Nach der Rechtsprechung des BGH ist das der Fall, wenn sich die Sache aus tatsächlichen oder rechtlichen Gründen aus der Masse der durchschnittlichen Strafsachen nach oben abhebt. Als Kriterien gelten hierbei:

- das Ausmaß der Rechtsverletzung und die Auswirkungen der Straftat,
- der Umfang und die Schwierigkeit der zu erwartenden Beweisaufnahme,
- das Bedürfnis nach Klärung einer Grundsatzfrage durch den BGH sowie
- das Interesse der Medien und der Öffentlichkeit,

wobei das Vorliegen *eines* der Kriterien für die erstinstanzliche Zuständigkeit des LG genügt.[20]

Im vorliegenden **Beispiel** ist jedenfalls das Interesse der Medien und der Öffentlichkeit zu bejahen. Unter Zugrundelegung der Rechtsprechung des BGH konnte die StA daher in rechtsfehlerfreier Weise Anklage beim LG erheben.

36 **Spruchkörper** des AG sind der Strafrichter als Einzelrichter (§ 25 GVG) und das Schöffengericht (§§ 28, 29 I GVG). Der Einzelrichter muss stets ein Berufsrichter sein, wohingegen das Schöffengericht aus einem Berufsrichter als Vorsitzenden und zwei Schöffen (= ehrenamtliche Richter, vgl. § 31 GVG) besteht. Bei besonders umfangreichen Sachen kann auf Antrag der StA ein zweiter Berufsrichter zugezogen werden, sog. erweitertes Schöffengericht (§ 29 II GVG). Bei Entscheidungen außerhalb der Hauptverhandlung – etwa bei der Frage nach der Eröffnung des Hauptverfahrens gem. §§ 199 ff. StPO – wirken die Schöffen nicht mit.

37 Die Abgrenzung der Zuständigkeit des Strafrichters vom Schöffengericht richtet sich nach §§ 25, 28 GVG. Nach § 25 GVG darf der **Strafrichter** ausschließlich über Straftaten entscheiden, die ein Vergehen darstellen. Verbrechen können also niemals vor einem Einzelrichter verhandelt werden (zur Abgrenzung Vergehen/Verbrechen vgl. § 12 I StGB). Der Strafrichter darf auch nur über solche Vergehen urteilen, die

- im Wege der Privatklage (§ 374 StPO) verfolgt werden (§ 25 Nr. 1 GVG)[21] oder
- bei denen eine höhere Strafe als Freiheitsstrafe von zwei Jahren nicht zu erwarten ist (§ 25 Nr. 2 GVG) – sog. Anklagezuständigkeit.

38 Das **Schöffengericht**[22] ist zuständig, soweit nicht der Strafrichter zuständig ist (sog. negative Zuständigkeitsanordnung, vgl. § 28 GVG). Die Zuständigkeit des Schöffengerichts umfasst folgerichtig diejenigen Delikte (Verbrechen und Vergehen), bei denen eine Straferwartung zwischen zwei und vier Jahren gegeben ist. Jedoch ist auch das Schöffengericht trotz Vorliegen der soeben genannten Voraussetzungen nicht zuständig, wenn

- die Zuständigkeit des LG nach § 74 II GVG (Strafkammer als Schwurgericht) oder nach § 74a GVG (Staatsschutzkammer) oder die Zuständigkeit des OLG nach § 120 GVG begründet ist,
- mehr als 4 Jahre Freiheitsstrafe oder Unterbringung in einem psychiatrischen Krankenhaus oder Sicherungsverwahrung zu erwarten sind oder
- die StA wegen der besonderen Schutzbedürftigkeit von Verletzten der Straftat, die als Zeugen in Betracht kommen, des besonderen Umfangs oder der besonderen Bedeutung des Falls Anklage beim LG erhebt.

In diesen Fällen sind das LG bzw. das OLG erstinstanzlich zuständig.

---

[20] BGHSt **44**, 34, 36 f.; *Engländer*, Rn 34.
[21] Wird ein Privatklagedelikt im Offizialverfahren verfolgt (§ 376 StPO), ist § 25 I Nr. 2 GVG einschlägig.
[22] Zu den Schöffen vgl. näher Rn 49.

Zu beachten ist, dass sich die genannten Zuständigkeitsanordnungen jeweils nur auf das zu erwartende Höchststrafmaß beziehen. Aber auch wenn sich im Laufe des Strafverfahrens herausstellt, dass eine höhere Strafe zu verhängen ist, ändert dies nichts an der Zuständigkeitsanordnung. 39

Beispiel: T ist des Einbruchdiebstahls (§§ 242, 244 I Nr. 3 StGB) hinreichend tatverdächtig. Es kommt zur Anklage (§ 170 I StPO). Aufgrund der Ermittlungsergebnisse der StA beträgt die zu erwartende Freiheitsstrafe zwei Jahre. Daher wird der Strafrichter für zuständig erklärt (§§ 24 I Nr. 2, 25 Nr. 2 GVG). Während der Hauptverhandlung werden jedoch Umstände bekannt, die auf ein größeres Unrecht und damit auf ein höheres Strafmaß als zwei Jahre schließen lassen. Bleibt der Strafrichter zuständig?

Da §§ 24 I Nr. 2, 25 Nr. 2 GVG eine *zu erwartende* Freiheitsstrafe voraussetzen, bleibt es folgerichtig bei der Zuständigkeit des Einzelrichters, wenn sich im Laufe des Verfahrens herausstellt, dass eine höhere Freiheitsstrafe verhängt werden wird. Dem Strafrichter steht in diesem Fall sogar die volle Strafgewalt des AG aus § 24 II GVG zur Verfügung (max. vier Jahre Freiheitsstrafe). Er darf also, falls ursprünglich (bei Eröffnung des Hauptverfahrens) nicht mehr als zwei Jahre Freiheitsstrafe zu erwarten gewesen sind, durchaus über diesen Rahmen hinausgehen, wenn später aufgrund der Hauptverhandlung eine abweichende Beurteilung geboten ist.[23] Eine Verweisung an das Schöffengericht gem. § 270 StPO ist weder geboten noch zulässig.[24]

Es ist also strikt zu trennen zwischen der sog. Anklagezuständigkeit (beim Strafrichter: *zu erwartende* Freiheitsstrafe bis zwei Jahre; beim Schöffengericht: *zu erwartende* Freiheitsstrafe bis vier Jahre) und der Strafgewalt (*tatsächliche* Freiheitsstrafe bis vier Jahre sowie alle Maßregeln außer Unterbringung in einem psychiatrischen Krankenhaus oder Sicherungsverwahrung). 40

2. Das Landgericht

In erster Instanz ist das Landgericht zuständig für alle Verbrechen und Vergehen, die nicht in den Zuständigkeitsbereich des AG oder des OLG fallen (§ 74 I GVG) sowie für die in § 74 II GVG ausdrücklich aufgeführten Kapitaldelikte. Praxis- und prüfungsrelevant sind Sachverhalte, bei denen der Beschuldigte hinreichend tatverdächtig ist, mehrere Delikte begangen zu haben, die bei isolierter Betrachtung unterschiedlichen Gerichtszuständigkeiten unterfallen. 41

Beispiel: T ist der Geiselnahme mit Todesfolge (vgl. §§ 239b II i.V.m. 239a II StGB) hinreichend verdächtig, sodass die StA beabsichtigt, Anklage vor dem LG zu erheben (§ 170 I StPO, § 74 II Nr. 12 GVG). Noch bevor es zur Anklageerhebung kommt, ermittelt die StA aufgrund neuen Beweismaterials, dass T tatmehrheitlich eines Diebstahls mit Waffen (§§ 242, 244 I Nr. 1a StGB) hinreichend tatverdächtig ist, bei dessen Feststellung durch das Gericht eine Freiheitsstrafe von drei bis vier Jahren zu erwarten ist. Muss die StA den Waffendiebstahl wegen § 24 I Nr. 2 GVG separat vor dem AG zur Anklage bringen?

Bei isolierter Betrachtung müsste die StA die Geiselnahme mit Todesfolge beim LG zur Anklage bringen (vgl. § 74 II Nr. 5 GVG) und den Waffendiebstahl beim AG (§ 24 I Nr. 2 GVG). Das wäre jedoch sehr unökonomisch und stünde einer Gesamtbetrachtung und damit einer gerechten Schuldbewertung entgegen. Daher bestimmt § 2 I S. 1 StPO, dass zusammenhängende Straftaten, die einzeln zur Zuständigkeit von Gerichten verschiedener Ordnung gehören würden, verbunden beim Gericht mit der höheren Zuständigkeit anhängig gemacht werden können. Ein solcher Zusammenhang besteht u.a., wenn eine Person mehrerer Straftaten beschuldigt wird, § 3 StPO. Das ist vorliegend der Fall. Die StA kann T

[23] BGHSt **16**, 248, 250; LR-*Siolek*, § 25 GVG Rn 12; *Kindhäuser*, § 12 Rn 15.
[24] KK-*Hannich*, § 25 GVG Rn 7.

somit sowohl wegen Geiselnahme mit Todesfolge als auch wegen Waffendiebstahls beim LG anklagen.

42 Spruchkörper des LG ist die **Strafkammer**, § 60 GVG. In der ersten Instanz (vgl. § 74 I, II GVG) ist die Strafkammer grds. mit drei Berufsrichtern (einschließlich des Vorsitzenden) und zwei Schöffen besetzt (**große Strafkammer**, § 76 I S. 1 Var. 1 GVG[25]). Im Fall des § 74 II GVG, d.h. bei den Kapitaldelikten, spricht man statt von großer Strafkammer auch von **Schwurgericht**. Ist im Fall des § 74 I GVG (also nicht im Fall des § 74 II GVG!) die Mitwirkung von drei Berufsrichtern nach Umfang oder Schwierigkeit der Sache nicht notwendig, kann die Kammer beschließen, in der Hauptverhandlung nur mit zwei Berufsrichtern (und zwei Schöffen) zu tagen (sog. Vierer-Besetzung), § 76 II GVG. Bei der Frage nach Umfang und Schwierigkeit der Sache steht der Kammer ein Beurteilungsspielraum zu[26], der gemäß den allgemeinen Kriterien[27] nur dann überschritten ist, wenn die Entscheidung auf unvertretbaren, willkürlichen Gesichtspunkten basiert.

Beispiel: Die nach § 74 I GVG zuständige große Strafkammer soll über eine umfangreiche Wirtschaftsstrafsache verhandeln. Als Mittäter angeklagt sind vier Personen, die allesamt die Tatbegehung bestreiten. Um sie zu überführen, sind von der StA über 100 Zeugen benannt und ca. 200 Beweismittelordner angelegt worden. Dennoch beschließt die Kammer, in der Hauptverhandlung mit nur zwei Berufsrichtern zu tagen.

Diese Entscheidung ist unvertretbar, weil sie Umfang und Schwierigkeit, d.h. Komplexität der Sache in nicht nachvollziehbarer Weise verkennt.

43 Neben der großen Strafkammer gem. § 74 I GVG und dem Schwurgericht gem. § 74 II GVG gibt es noch besondere Strafkammern für Wirtschaftsstrafsachen i.S.d. § 74c I GVG (**Wirtschaftsstrafkammern**) und Kammern für die Staatsschutzdelikte des § 74a GVG bei den Landgerichten, in deren Bezirk ein OLG seinen Sitz hat (**Staatsschutzkammern**) für den gesamten OLG-Bezirk.[28] Ferner kann eine **Jugendschutzkammer** gebildet werden, § 74b GVG. In Besetzung und Kompetenz unterscheiden sich diese besonderen Kammern nicht von denen nach § 74 I und II GVG.

3. Das Oberlandesgericht

44 Die (erstinstanzliche) sachliche Zuständigkeit des OLG (das in Berlin Kammergericht heißt) ergibt sich zunächst aus § 120 I GVG, der katalogartig eine Vielzahl von Staatsschutzdelikten und insbesondere auch Zuwiderhandlungen gegen die Vereinigungsverbote der §§ 129a, 129b StGB sowie Straftaten nach dem Völkerstrafgesetzbuch aufzählt.

45 Weiterhin ist das OLG gem. § 120 II S. 1 Nr. 1 GVG statt der Staatsschutzkammer des LG für die in § 74a I GVG aufgezählten Straftaten zuständig, wenn der GBA „wegen der besonderen Bedeutung des Falls" die Verfolgung übernimmt.[29] Schließt sich das OLG der Auffassung des GBA an, geht die Entscheidungskompetenz von der Staatsschutzkammer des LG auf den Strafsenat des OLG über.[30]

---

[25] In Verfahren über Berufungen gegen ein Urteil des AG ist die Strafkammer des LG mit dem Vorsitzenden und zwei Schöffen besetzt (**kleine Strafkammer**, §§ 74 III, 76 I S. 1 Var. 2 GVG). Wie auch beim AG wirken die Schöffen außerhalb der Hauptverhandlung nicht mit (§ 76 I S. 2 GVG).
[26] BGHSt **44**, 328, 330.
[27] Vgl. dazu *R. Schmidt*, AllgVerwR, 13. Aufl. **2009**, Rn 283 ff.
[28] Die Zuständigkeit der Staatsschutzkammer geht allerdings gem. § 74a II GVG auf das OLG über, sofern der Generalbundesanwalt (GBA) wegen der besonderen Bedeutung des Falls die Verfolgung übernimmt. Im Übrigen entscheidet die Staatsschutzkammer gem. § 100d II S. 1 GVG über die Anordnung von Maßnahmen im Rahmen des „großen Lauschangriffs" nach § 100c I Nr. 3 StPO.
[29] Zu dieser „Strafgerichtsbarkeit des Bundes" vgl. *Welp*, NStZ **2002**, 1 ff.; BGHSt **46**, 238, 253, BGH NStZ **2002**, 447.
[30] *Kindhäuser*, § 12 Rn 22; *Volk*, § 5 Rn 14.

Gemäß § 120 II S. 1 Nr. 2 GVG ist das OLG erstinstanzlich zuständig bei Mord, Totschlag und den in § 129a I Nr. 2 und II StGB bezeichneten Taten, wenn ein Zusammenhang mit der Tätigkeit einer international operierenden Vereinigung besteht, deren Zweck oder Tätigkeit die Begehung von Straftaten dieser Art zum Gegenstand hat, und der GBA wegen der Bedeutung des Falls die Verfolgung übernimmt (§ 120 II S. 1 Nr. 2 a.E. GVG). 46

Schließlich eröffnet § 120 II S. 1 Nr. 3 GVG die erstinstanzliche Zuständigkeit des OLG bei bestimmten Mordtaten und gemeingefährlichen Delikten, die sich gegen den Bestand, die Sicherheit oder die Verfassung der Bundesrepublik Deutschland richten. Voraussetzung ist auch hier, dass der GBA wegen der besonderen Bedeutung des Falls die Verfolgung übernimmt (§ 120 II S. 1 Nr. 3 a.E. GVG). 47

Spruchkörper des OLG ist der **Strafsenat**, § 116 GVG. Im ersten Rechtszug entscheidet er mit einer Besetzung von fünf Berufsrichtern einschließlich des Vorsitzenden über die Eröffnung des Hauptverfahrens, § 122 II S. 1 GVG. Bei der Eröffnung des Hauptverfahrens beschließt er, dass er in der Hauptverhandlung mit drei Berufsrichtern einschließlich des Vorsitzenden besetzt ist, sofern nicht nach Umfang und Schwierigkeit der Sache die Mitwirkung zweier weiterer Richter erforderlich erscheint, § 122 II S. 2 GVG. In der Revisionsinstanz ist der Senat lediglich mit 3 Richtern besetzt, 122 I GVG. 48

II. Die Schöffen

Bei den beim Schöffengericht (Rn 38) und den Strafkammern des LG (Rn 42) eingesetzten Schöffen (vgl. §§ 29 f., 76 f. GVG) handelt es sich um juristisch nicht vorgebildete Laienrichter. Die Bedeutung des Einsatzes von Schöffen besteht in der Kontrolle und Transparenz der Justiz und damit in der Schaffung und Erhaltung von Vertrauen der Bevölkerung in die Gerechtigkeit. Gleichzeitig soll das Verständnis für die Strafrechtspflege gefördert werden. Teilweise wird auch der Zweck genannt, die Laienrichter würden „gesunden Menschenverstand" einbringen.[31] Diese Formulierung ist zumindest unglücklich, da sie den Anschein erweckt, Berufsrichter verfügten über keinen „gesunden Menschenverstand", der durch Laienrichter substituiert werden müsse. Was in Lehrbüchern und Kommentaren, die die Bedeutung der Laienrichter beschreiben, hingegen nicht erwähnt wird, ist der Umstand, dass der Einsatz von Laienrichtern für den Staat kostengünstiger ist als der von weiteren Berufsrichtern. 49

Geschworene gibt es seit 1924 im deutschen Prozessrecht nicht mehr, wobei der Begriff des Geschworenen erst 1972 aus dem Gesetz gestrichen wurde. Denn das klassische Schwurgericht, bei dem die Geschworenen (die Laienrichter) über die Schuldfrage entschieden und der Berufsrichter (lediglich) das Strafmaß festsetze, hat sich nach deutscher Auffassung nicht bewährt.[32] Einziges Relikt, das auf die frühere Rechtslage hindeutet, ist die Bezeichnung „Schwurgericht" für die große Strafkammer gem. § 74 II GVG. 50

Die Schöffen sind gem. § 45a DRiG ehrenamtliche Richter, die (innerhalb der Hauptverhandlung) gem. §§ 30 I, 77 I GVG ihr Richteramt in vollem Umfang und mit gleichem Stimmrecht ausüben wie die Berufsrichter. Sie entscheiden über Schuld und Straffrage gemeinschaftlich mit den Berufsrichtern. Auch sind sie wie die Berufsrichter sachlich unabhängig (§ 45 I S. 1 DRiG). Sie sind also nur dem Gesetz unterworfen und insbesondere nicht weisungsgebunden. Dementsprechend gelten die Regelungen der §§ 22 ff. StPO über die Ablehnung von Richtern (etwa wegen Besorgnis der Befangenheit) auch für Schöffen. 51

---

[31] So von *Volk*, § 5 Rn 15.

[32] Im angloamerikanischen Raum wird dies heute noch anders gesehen.

52 Wenn bislang davon gesprochen wurde, dass die Schöffen lediglich in der Hauptverhandlung mitwirken (§§ 30 I, 77 I GVG), heißt das umgekehrt, dass sie bei richterlichen Entscheidungen außerhalb der Hauptverhandlung nicht mitwirken. Das wiederum wirft die Frage auf, ob ein Verstoß gegen den Grundsatz des gesetzlichen Richters vorliegt, wenn z.B. die Berufsrichter während des laufenden Prozesses zwischen zwei Hauptverhandlungsterminen über Haftfragen entscheiden. Letztlich geht es um die Auslegung des Begriffs „in der Hauptverhandlung".

- Teilweise wird der Begriff der Hauptverhandlung weit verstanden.[33] Danach bezieht er sich auf das gesamte laufende Strafverfahren bis hin zum Urteil. Demzufolge läge ein Verstoß gegen Art. 101 I S. 2 GG vor, wenn die Berufsrichter während des laufenden Prozesses zwischen zwei Hauptverhandlungsterminen über Haftfragen entschieden.
- Die Gegenauffassung versteht den Begriff der Hauptverhandlung eng und bezieht ihn dementsprechend auf die jeweilige Sitzung.[34] Beschlüsse zwischen den einzelnen Sitzungen werden demzufolge außerhalb der Hauptverhandlung gefasst und bedürfen nicht der Mitwirkung der Schöffen.
- Eine vermittelnde bzw. differenzierende Auffassung spricht sich dafür aus, dass Schöffen grundsätzlich während des gesamten Prozesses mitzuwirken hätten (= weite Auslegung). Lediglich, wenn die Hauptverhandlung unterbrochen werde, dürften in Eilfällen die Berufsrichter alleine entscheiden.[35]
- Stellungnahme: Letztlich sind alle genannten Auffassungen gut vertretbar. Für die weite Auslegung des Begriffs der Hauptverhandlung spricht der bei Rn 49 genannte Sinn und Zweck der Beteiligung von Laienrichtern. Sofern die Laienrichter zwischen zwei Sitzungen nicht erreichbar sind und ein Eilfall vorliegt, sollte man zugunsten einer effektiven Strafrechtspflege eine Entscheidung allein der Berufsrichter genügen lassen.

53 Der Personenkreis, aus dem Schöffen rekrutiert werden können, ist in §§ 31 ff. GVG genannt. Ausgewählt werden die Schöffen vom Schöffenwahlausschuss der jeweiligen Gemeinde (vgl. §§ 36 ff. GVG). Wer als Schöffe ausgewählt wird, muss das Schöffenamt grundsätzlich wahrnehmen. Weigerungsgründe sind in § 35 GVG genannt.

III. Folgen von Verstößen gegen die sachliche Zuständigkeit

54 Nach den allgemeinen Regeln der §§ 206a I, 260 III StPO ist das Verfahren bei Vorliegen eines Prozesshindernisses grundsätzlich einzustellen. Die sachliche Zuständigkeit ist eine Verfahrensvoraussetzung, d.h. ein Prozesshindernis; ein sachlich unzuständiges Gericht kann daher keine rechtswirksame Sachentscheidung treffen.[36] Das könnte zu dem Schluss führen, dass das angerufene, nicht zuständige Gericht das Verfahren einstellen muss.

Jedoch enthält das Gesetz eine Reihe von Sondervorschriften, die das Gericht aus Gründen der Prozessökonomie nicht zur Einstellung des Verfahrens, sondern zu Verweisungen verpflichten. Solche Sondervorschriften sind etwa §§ 209 I und II, 225a I, 270, 328 II und 355 StPO. Allerdings werden diese Verweisungsgebote im Hauptverfahren wiederum eingeschränkt durch die Vorschrift des § 269 StPO, die als Ausnahmeregelung das Fehlen der sachlichen Zuständigkeit für unbeachtlich erklärt, wenn das Verfahren vor einem höherrangigen Gericht eröffnet worden ist. Denn die Verhandlung vor einem zwar unzuständigen, aber höheren, und damit besser besetzten Gericht benachteiligt den

---

[33] OLG Köln NStZ **1998**, 419 f.; *Kunisch*, StV **1998**, 687, 688 f.; *Schlothauer*, StV **1998**, 144, 145 f.; *Sowada*, NStZ **2001**, 169, 171 ff.
[34] BVerfG NJW **1998**, 2962, 2963; OLG Hamburg NStZ **1998**, 99, 100; OLG Jena StV **1999**, 101; *Foth*, NStZ **1998**, 420, 421; KK-*Hannich*, GVG, § 30 Rn 5a ff.
[35] OLG Schleswig NStZ **1990**, 198 f.; *Bertram*, NJW **1998**, 2934, 2936 f.; LR-*Siolek*, GVG, § 30 Rn 12.
[36] Aus diesem Grund verpflichtet § 6 StPO das von der StA (oder dem Privatkläger) angerufene Gericht, seine sachliche Zuständigkeit in jeder Lage des Verfahrens von Amts wegen zu prüfen.

Angeklagten grundsätzlich nicht, sodass eine Zuständigkeitsberichtigung entbehrlich ist und dem Grundsatz der Verfahrensbeschleunigung zuwiderlaufen würde.[37] Seine Grenze findet der grundsätzliche Vorrang des § 269 StPO erst dort, wo das Gericht höherer Ordnung seine sachliche Zuständigkeit willkürlich angenommen hat.[38] Legen die StA oder der Beschuldigte (über seinen Verteidiger) in diesem Fall Revision ein (vgl. § 338 Nr. 4 StPO), führt die von Amts wegen vorzunehmende Prüfung des Revisionsgerichts zur Aufhebung des Urteils und zur Verweisung an das zuständige Gericht.

Hinsichtlich der sachlichen Zuständigkeit im ersten Rechtszug ergibt sich somit: Zwar muss die StA Anklage vor dem zuständigen Gericht erheben (§ 170 I StPO), da das Gericht jedoch nicht an den Antrag der StA gebunden ist (vgl. § 206 StPO), muss es seine Zuständigkeit selbst prüfen (vgl. auch § 6 StPO). Gelangt es zu dem Ergebnis, dass es unzuständig ist, folgt aus § 209 StPO: **55**

- Ist in Wahrheit ein Gericht geringerer Ordnung zuständig, eröffnet das irrtümlich von der StA angerufene Gericht höherer Ordnung das Hauptverfahren mit bindender Wirkung für das zuständige Gericht geringerer Ordnung und verweist die Sache an dieses Gericht (§ 209 I StPO).[39]

  Beispiel: Die StA erhebt Anklage vor dem LG. Nach Prüfung der Zuständigkeit stellt das LG fest, dass das AG zuständig ist. Es eröffnet das Hauptverfahren mit bindender Wirkung für das AG und verweist die Sache an das AG (vgl. auch § 6 StPO).

- Ist in Wahrheit ein Gericht höherer Ordnung zuständig, legt das irrtümlich von der StA angerufene Gericht geringerer Ordnung die Akten dem zuständigen Gericht höherer Ordnung durch Vermittlung der StA und nach Durchführung des Verfahrens nach § 201 StPO vor (§ 209 II StPO).[40] Das Gericht höherer Ordnung prüft sodann seine Zuständigkeit (§ 6 StPO).

  Beispiel: Die StA erhebt Anklage vor dem LG. Nach Prüfung der Zuständigkeit stellt das LG fest, dass das OLG zuständig ist. Es verfährt wie soeben beschrieben.

  Die Vorgehensweise gilt auch dann, wenn der Strafrichter die Zuständigkeit des Schöffengerichts für gegeben erachtet.

---

[37] BGHSt **1**, 346, 348; **9**, 367, 368; **21**, 334, 358; **47**, 116, 119; *Bernsmann*, JZ **1998**, 629, 630; *Kindhäuser*, § 12 Rn 26; kritisch *Sowada*, JR **1995**, 257, 259.
[38] BVerfGE **21**, 45, 48 f.; BGHSt **38**, 172, 176; **47**, 16, 18; *Meyer-Goßner*, NStZ **2001**, 612; *Kindhäuser*, § 12 Rn 26.
[39] BGHSt **18**, 79, 81; **40**, 120, 122; SK-*Rudolphi*, Vor § 1 Rn 12; *Kindhäuser*, § 12 Rn 24.
[40] *Meyer-Goßner*, § 209 Rn 3.

Übersicht: Zuständigkeiten in der ersten Instanz

X = Berufsrichter
Y = Schöffe

Amtsgericht

Strafrichter

X

(§§ 24 I, 25 GVG)

zuständig bei Vergehen, die

- im Wege der Privatklage (§ 374 StPO) verfolgt werden (§ 25 Nr. 1 GVG) oder
- bei denen eine höhere Strafe als Freiheitsstrafe von zwei Jahren nicht zu erwarten ist (§ 25 Nr. 2 GVG).

Schöffengericht

YXY

(§§ 24, 28, 29 I GVG)

zuständig bei Vergehen und Verbrechen, außer

- im Fall des § 74 II GVG,
- im Fall des § 120 GVG,
- wenn mehr als 4 Jahre Strafe oder Unterbringung im psy. Krankenhaus oder Sicherungsverw. zu erwarten sind
- oder wenn wegen bes. Bedeutung Anklage durch StA beim LG erhoben wird.

erweitertes Schöffengericht

YXXY

(§§ 24, 28, 29 II GVG)

zuständig bei umfangreichen Sachen anstelle des Schöffengerichts, wenn die Hinzuziehung eines zweiten Berufsrichters erforderlich ist

Landgericht

Große Strafkammer

YXXXY oder **YXXY**

Fälle der §§ 74 I, 74a, 74c i.V.m. § 76 I, II GVG

insbes.
- mehr als 4 Jahre zu erwartende Strafe
- besondere Bedeutung

aber nicht:
- im Fall des § 74 II GVG
- im Fall des § 120 GVG

Schwurgericht

YXXXY

Fälle des § 74 II GVG i.V.m. § 76 I GVG

insbes.
- bei Tötungsdelikten
- sonstigen Kapitaldelikten mit Todesfolge

aber nicht:
- im Fall des § 120 GVG

Oberlandesgericht

XXXXX

§§ 120 I, II, 122 II GVG:
I. Staatsschutzsachen
II. Übernahme der Verfolgung durch den Generalbundesanwalt

IV. Die örtliche Zuständigkeit in der ersten Instanz

Die örtliche Zuständigkeit der Gerichte (Gerichtsstand) ist in §§ 7 ff. StPO geregelt. Der Gerichtsstand soll entscheiden, welches von mehreren sachlich zuständigen Gerichten sich mit der Sache zu befassen hat. Die örtliche Zuständigkeit der Gerichte ist zugleich maßgeblich für die örtliche Zuständigkeit der StA, § 143 I GVG. 56

Das Gericht, bei dem die Anklage erhoben wurde, prüft die örtliche Zuständigkeit lediglich bis zur Eröffnung des Hauptverfahrens von Amts wegen (§ 16 S. 1 StPO). Ab diesem Zeitpunkt verlangt das Gesetz eine ausdrückliche Rüge des Angeklagten, der diesen Unzuständigkeitseinwand wiederum nur bis zum Beginn seiner Vernehmung zur Sache in der Hauptverhandlung geltend machen kann (§ 16 S. 2 und 3 StPO). Versäumt der Angeklagte den rechtzeitigen Einwand, ist er mit seiner Unzuständigkeitsrüge (§ 338 Nr. 4 StPO) auch im Revisionsverfahren präkludiert. Es handelt sich bei der örtlichen Zuständigkeit also nur um eine zeitlich begrenzte Prozessvoraussetzung.[41] 57

Es werden vornehmlich drei **Hauptgerichtsstände** voneinander unterschieden: 58

- der Gerichtsstand des Tatorts (§ 7 StPO)[42],
- der Gerichtsstand des Wohn- oder Aufenthaltsorts des Angeschuldigten (§ 8 StPO)
- und der Gerichtsstand des Ergreifungsorts (§ 9 StPO).

Neben den Hauptgerichtsständen gibt es **außerordentliche Gerichtsstände**. Hierbei handelt es sich 59

- um den Gerichtsstand des Zusammenhangs für zusammenhängende Straftaten (§ 3 StPO), die einzeln zur Zuständigkeit verschiedener Gerichte gehören würden (§ 13 StPO),
- und um den Gerichtsstand der gerichtlichen Bestimmung, wenn ein ordentlicher Gerichtsstand nicht besteht (§ 13a StPO)[43], oder bei einem Kompetenzstreit zwischen mehreren Gerichten (§ 14 StPO), wenn das an sich zuständige Gericht verhindert ist oder eine Gefahr für die öffentliche Sicherheit befürchtet (§ 15 StPO).

Sind für ein Verfahren mehrere Gerichte örtlich zuständig, kann die StA nach pflichtgemäßem Ermessen[44] wählen, bei welchem Gericht sie Anklage erhebt.[45] Ein Verstoß gegen den Verfassungsgrundsatz des gesetzlichen Richters besteht hierin nicht.[46] Ist das mehrfach geschehen, gilt der Prioritätsgrundsatz, § 12 I StPO. Eine bereits getroffene Wahl kann die StA bis zur Eröffnung des Hauptverfahrens wieder rückgängig machen (§ 156 StPO). 60

---

[41] *Kindhäuser*, § 12 Rn 51. Vgl. auch *Helm*, JA **2007**, 272.
[42] Zum Begriff des Tatorts vgl. § 9 I StGB.
[43] § 13a StPO findet in solchen Fällen Anwendung, in denen eine Tat nach deutschem Recht strafbar und zu verfolgen ist, jedoch im Geltungsbereich der StPO ein örtlich zuständiges Gericht fehlt oder noch nicht ermittelt werden konnte. Die Vorschrift greift z.B. ein, wenn eine im Ausland wohnende Person dort eine Straftat begeht, die Tat nach § 7 I oder II StGB dem deutschen Strafrecht unterfällt und kein Gerichtsstand nach §§ 8 II oder 9 StPO begründet ist.
[44] Der Ermessensspielraum findet folgerichtig seine Grenze bei der Anwendung unsachlicher oder gar willkürlicher Maßstäbe, vgl. BVerfGE **20**, 336, 346; OLG Hamm StV **1999**, 240; KK-*Pfeifer*, § 7 Rn 2.
[45] BGHSt **10**, 391, 392; **26**, 374 f.; HK-*Lemke*, § 7 Rn 6; *Kindhäuser*, § 12 Rn 53; *Kindhäuser*, § 12 Rn 53.
[46] BGHSt **10**, 391, 392; **21**, 212, 215; LR-*Wendisch*, Vor § 7 Rn 43; *Kindhäuser*, § 12 Rn 53; kritisch *Heghmanns*, StV **2000**, 277, 280; *Herzog*, StV **1993**, 609, 612.

V. Die Zuständigkeit in der Rechtsmittelinstanz

1. Berufung

61 Gegen Urteile des AG sieht die StPO das Rechtsmittel der Berufung vor (§ 312 StPO). Berufungsgericht ist das LG (§ 74 III StPO), konkret die mit einem Berufsrichter und zwei Schöffen besetzte kleine Strafkammer (§ 76 I S. 1 Var. 2 GVG). Bei Berufungen gegen ein Urteil des erweiterten Schöffengerichts (§ 29 II GVG) ist ein zweiter Berufsrichter zuzuziehen (§ 76 III S. 1 GVG). Zur Berufung vgl. Rn 1180 ff.

2. Revision

62 Gegen die Urteile der Strafkammer und der Schwurgerichte der LGe (§ 74 I und II GVG) sowie gegen die im ersten Rechtszug ergangenen Urteile der OLGe (§ 120 GVG) ist als Rechtsmittel die Revision vorgesehen (§ 333 StPO). Revisionsgerichte sind entweder das OLG (vgl. § 121 I Nr. 1 GVG) oder der BGH (vgl. § 135 I GVG):

- Die Senate des OLG (§ 116 GVG), besetzt in der Rechtsmittelinstanz mit drei Berufsrichtern (§ 122 I GVG), entscheiden sowohl über die Revisionen gegen die Berufungsurteile des LG (§ 121 I Nr. 1b i.V.m. § 74 III GVG) als auch über die sog. Sprungrevisionen gegen Urteile des AG (§ 335 StPO i.V.m. §§ 74 III, 121 I Nr. 1b GVG).
- Der BGH entscheidet über die Revision gegen die erstinstanzlichen Urteile des OLG (Staatsschutzsachen) sowie gegen die erstinstanzlichen Urteile der großen Strafkammern des LG (soweit nicht ein Fall des § 121 I Nr. 1c GVG vorliegt), § 135 I GVG. Als Revisionsinstanz entscheidet er in der Besetzung mit fünf Berufsrichtern, § 139 I GVG.

63 Möglich ist auch eine Sprungrevision. Sie ist gegen alle Urteile zulässig, gegen die auch Berufung eingelegt werden kann (§ 333 StPO); sie soll der Vereinfachung des Rechtsmittelzugs dienen. Sie ermöglicht es dem Rechtsschutzsuchenden, unmittelbar durch das Revisionsgericht überprüfen zu lassen, ob das erstinstanzliche Gericht eine rechtsfehlerfreie Entscheidung getroffen hat, während vor dem Berufungsgericht zunächst die komplette Beweisaufnahme wiederholt werden müsste. Der Nachteil der Sprungrevision besteht aber darin, dass der Rechtsschutzsuchende eine Instanz im Rechtsmittelzug verliert, was jedoch im Hinblick auf Art. 19 IV GG unproblematisch ist, da die Sprungrevision gerade vom Rechtsschutzsuchenden selbst gewählt wird. Aufgrund des Verlusts einer Instanz wird die Sprungrevision i.d.R. nur dann gewählt, wenn die Verkürzung des Rechtswegs gerade gewollt ist, z.B. um schnell eine Grundsatzfrage höchstrichterlich klären zu lassen. Zur Revision vgl. Rn 1186 ff.

3. Beschwerde

64 Als Beschwerdeinstanz kommen sowohl das LG, das OLG als auch der BGH in Betracht (vgl. §§ 73, 121 I Nr. 2 und 3, 122 I, 135 II, 139 II GVG).

- Über Beschwerden gegen Verfügungen des Richters beim AG und Beschlüsse des AGs entscheidet die große Strafkammer des LG ohne Mitwirkung der Schöffen, § 309 StPO, §§ 73, 76 I S. 2 GVG.
- Über Beschwerden gegen Beschlüsse des LG entscheidet das OLG (§ 121 I Nr. 2, 3 GVG).
- Über bestimmte Beschwerden gem. §§ 135 II, 139 II GVG entscheidet der BGH.

Zur Beschwerde vgl. Rn 1278 ff.

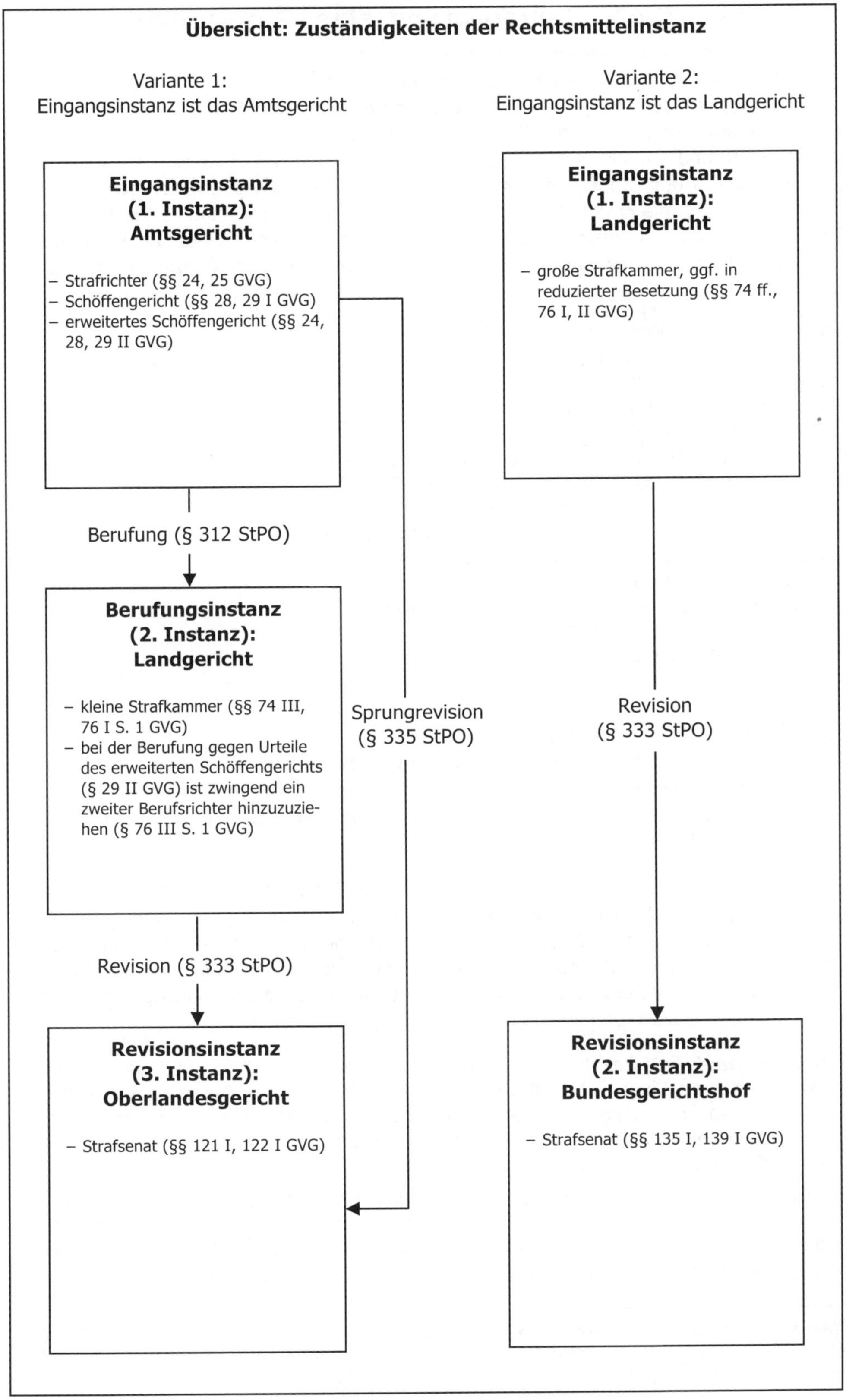
Übersicht: Zuständigkeiten der Rechtsmittelinstanz
Variante 1:
Eingangsinstanz ist das Amtsgericht
Variante 2:
Eingangsinstanz ist das Landgericht
Eingangsinstanz
(1. Instanz):
Amtsgericht
– Strafrichter (§§ 24, 25 GVG)
– Schöffengericht (§§ 28, 29 I GVG)
– erweitertes Schöffengericht (§§ 24, 28, 29 II GVG)
Berufung (§ 312 StPO)
Berufungsinstanz
(2. Instanz):
Landgericht
– kleine Strafkammer (§§ 74 III, 76 I S. 1 GVG)
– bei der Berufung gegen Urteile des erweiterten Schöffengerichts (§ 29 II GVG) ist zwingend ein zweiter Berufsrichter hinzuzuziehen (§ 76 III S. 1 GVG)
Sprungrevision
(§ 335 StPO)
Revision (§ 333 StPO)
Revisionsinstanz
(3. Instanz):
Oberlandesgericht
– Strafsenat (§§ 121 I, 122 I GVG)
Eingangsinstanz
(1. Instanz):
Landgericht
– große Strafkammer, ggf. in reduzierter Besetzung (§§ 74 ff., 76 I, II GVG)
Revision
(§ 333 StPO)
Revisionsinstanz
(2. Instanz):
Bundesgerichtshof
– Strafsenat (§§ 135 I, 139 I GVG)

3. Kapitel – Die Verfahrensgrundsätze (Prozessmaximen)

65 Für das Strafprozessrecht gelten verschiedene Grundsätze, die die Struktur des Verfahrens prägen. Sie stehen im engen Zusammenhang mit dem Rechtsstaatsprinzip, sind aber nicht unmittelbare Folge aus diesem, sondern vielmehr historisch begründet: Es handelt sich um eine Errungenschaft des gegen den Obrigkeitsstaat kämpfenden Liberalismus des 18. und 19. Jahrhunderts, der u.a. die Ablösung des „Inquisitionsprozesses" zur Folge hatte. Unter „Inquisitionsprozess" versteht man einen geheimen Prozess, bei dem die Einleitung, die Ermittlungen und die Verurteilung in einer Hand liegen. Dass ein „Inquisitionsprozess" in einem demokratischen Rechtsstaat keinen Platz hat, ist selbstverständlich. Dementsprechend ist das Strafverfahren von folgenden Prinzipien geleitet:

- Unschuldsvermutung (Rn 66 ff.)
- Offizialprinzip (Rn 69 ff.)
- Akkusationsprinzip (Rn 83 ff.)
- Legalitätsprinzip (Rn 86 ff.)
- Opportunitätsprinzip (Rn 94 ff.)
- Fair-trial-Prinzip (Rn 102 ff.)
- Beschleunigungsgebot (Konzentrationsmaxime, Rn 104 ff.)
- Untersuchungsgrundsatz (Ermittlungsgrundsatz, Rn 108 ff.)
- Grundsatz des gesetzlichen Richters (Rn 112 ff.)
- Grundsatz der freien richterlichen Beweiswürdigung (Rn 118 ff.)
- Nemo tenetur se ipsum accusare (Rn 120 ff., 124 ff.)
- In dubio pro reo (Rn 126 ff.)
- Grundsatz der Mündlichkeit und der Öffentlichkeit (Rn 133 ff.)
- Grundsatz der Unmittelbarkeit (Rn 141)
- Grundsatz des rechtlichen Gehörs (Rn 142 ff.)

A. Unschuldsvermutung

66 In einem demokratischen Rechtsstaat ist es selbstverständlich, dass jedermann so lange als unschuldig gilt, wie seine Schuld nicht durch eine rechtskräftige Entscheidung nachgewiesen ist. Verfassungsrechtlich ist dieses Prinzip durch Art. 20 III GG, völkerrechtlich durch Art. 6 II EMRK verbürgt.[47]

67 Folge der Unschuldsvermutung ist, dass gegen einen Beschuldigten keine Maßnahmen getroffen werden dürfen, die den Nachweis der Schuld fordern. Dagegen sind – um die Frage nach der Schuld überhaupt erst beantworten zu können – aber solche Maßnahmen zulässig, die auf einem Tatverdacht beruhen und der Tataufklärung dienen. Denn wäre es dem Staat verwehrt, einem Tatverdacht nachzugehen, könnte niemals der Nachweis einer Schuld erbracht werden.

Beispiel (fiktiv): Auf ein Hochhaus in einer deutschen Großstadt wurde – offenbar von Terroristen – ein Bombenattentat verübt. Schnell werden einige Tatverdächtige ausgemacht und in Untersuchungshaft genommen. Dort werden sie nicht nur mehrere Jahre ohne Prozess, sondern auch unter den gleichen Bedingungen untergebracht, wie auch die Verurteilten ihre Strafe verbüßen müssen.

Strafhaft setzt ein rechtskräftiges Strafurteil voraus (§ 449 StPO), also den Nachweis der Schuld. Daran fehlt es bei Tatverdächtigen aber gerade. Dass aber auch eine Untersuchungshaft (vgl. §§ 112 ff. StPO) jedenfalls bei schweren Straftaten unter strenger Beachtung des Grundsatzes der Verhältnismäßigkeit grundsätzlich zulässig sein muss, steht au-

[47] Insoweit lediglich klarstellend BVerfGE **22**, 254, 265; **35**, 311, 320; **74**, 358, 371; **82**, 106, 114 f.; BVerfG NJW **2004**, 3030, 3031. Zum Verhältnis zwischen nationalem Recht und Völkerrecht bzw. zwischen der deutschen Rechtsordnung und der EMRK vgl. *R. Schmidt*, Grundrechte, 12. Aufl. **2010**, Rn 4 ff. und 285.

ßer Frage (zu den Voraussetzungen vgl. Rn 695 ff., 1114).[48] Wenn die dringend Tatverdächtigen jedoch unter den gleichen Bedingungen untergebracht werden wie bereits verurteilte Straftäter, sie sozusagen mit ihnen gleichgestellt werden, weil man bereits von ihrer Schuld überzeugt ist, wird die zu erwartende Strafe gewissermaßen vorweggenommen.[49] Dann liegt ein Verstoß gegen die Unschuldsvermutung in gleichem Maße vor, wie bei der Überschreitung der zeitlichen Grenzen der Untersuchungshaft (vgl. dazu § 121 StPO).

Eine Verletzung der Voraussetzungen der Untersuchungshaft hat staatsrechtlich zur Folge, dass der Eingriff in Art. 2 II S. 1 i.V.m. Art. 104 I GG (Freiheit der Person) rechtswidrig ist; strafrechtlich liegt eine Freiheitsberaubung (§ 239 StGB) vor.

Ein Verstoß gegen die Unschuldsvermutung kann auch vorliegen, wenn das Strafverfahren eingestellt wird und die Einstellung auf einer Vorschrift basiert, die trotz Geringfügigkeit eine Schuld voraussetzt, etwa § 153a bzw. § 383 II StPO, und der Beschuldigte nach wie vor seine Unschuld beteuert. **68**

B. Offizialprinzip

I. Grundsatz: Anklage- und Strafverfolgungsmonopol des Staates

Das Offizialprinzip wird in einem weiteren und einem engeren Sinne verstanden. Im weiteren Sinne besagt das Offizialprinzip, dass die Durchführung eines Strafverfahrens vom ersten Einschreiten über die Anklage bis zur Strafvollstreckung Sache des Staates ist (Strafverfolgungs- und -vollstreckungsmonopol des Staates). Offizialprinzip im engeren Sinne meint, dass die StA (bei Bestehen eines Anfangsverdachts) von Amts wegen (**ex officio**) einschreitet (§ 152 I, II StPO). **69**

Folge des Offizialprinzips ist, dass der Staat bei der Strafverfolgung grds. keine Rücksicht auf Privatinteressen nimmt; insbesondere macht er die Strafverfolgung grds. nicht von Entscheidungen des Einzelnen abhängig (Dispositionsmaxime) und betreibt Strafverfahren sogar dann, wenn dies nicht im Interesse des Opfers liegt oder ihm widerspricht. Allerdings kommen in der Rechtswirklichkeit die meisten Strafverfahren aufgrund einer Anzeige der Opfer in Gang, denen die Anzeigenerstattung in aller Regel freisteht (Ausnahme z.B. § 138 StGB). Der faktische Einfluss der Opfer auf die Strafverfolgung ist deshalb erheblich. In der jüngsten Rechtsentwicklung werden Opferinteressen zunehmend stärker berücksichtigt (vgl. z.B. § 46a StGB, § 155a StPO und die Novellierung des Adhäsionsverfahrens nach § 403 ff. StPO). **70**

Aus dem Offizialprinzip erklärt sich auch der Umstand, dass das Opfer im Strafprozess „nur" Zeuge ist.[50] Ankläger ist der Staat. Ferner folgt aus dem Offizialprinzip, dass – wenn es sich um ein **Offizialdelikt** handelt – die Rücknahme eines Strafantrags nicht die Beendigung des Strafverfahrens bewirkt. Denn bei einem Offizialdelikt handelt es sich um ein von Amts wegen zu verfolgendes Delikt. Damit steht es im Gegensatz zum Antragsdelikt (dazu sogleich). **71**

II. Ausnahmen vom Offizialprinzip

Die Folgen des Offizialprinzips sind nicht immer sachgerecht. In Ausnahmefällen ist die Strafverfolgung daher von bestimmten anderen Voraussetzungen abhängig. **72**

---

[48] BVerfGE **74**, 358, 370 ff.
[49] BVerfGE **35**, 311, 320; KK-*Boujong*, Vor § 112 Rn 8; *Kindhäuser*, § 18 Rn 4; *Schroeder*, Rn 367.
[50] Zur Privatklage, bei der das anders ist, siehe sogleich Rn 80 sowie Rn 1307 ff.

1. Strafantragserfordernis

73 Bei einigen Delikten ist die Anklageerhebung von der Stellung eines **Strafantrags** abhängig. Fehlt der erforderliche Strafantrag, kann zwar die Strafverfolgung in Bezug auf das betreffende Delikt eingeleitet werden (vgl. §§ 127 III, 130 StPO), jedoch darf nicht Anklage erhoben werden. Bei Delikten, bei denen die Anklageerhebung **zwingend** einen Strafantrag voraussetzt, handelt es sich um *unbedingte oder echte* Antragsdelikte. Die Erforderlichkeit eines Strafantrags beruht im Wesentlichen auf drei voneinander unabhängigen Grundgedanken:

- **Bagatellgedanke:** Beispiele sind der Hausfriedensbruch (§ 123 II StGB), Vermögensdelikte mit geringwertigen Sachen als Angriffsobjekt (§ 248a und b StGB), die Vereitelung der Zwangsvollstreckung (§ 288 II StGB) und die (einfache) Jagdwilderei/Fischwilderei (§ 294 StGB).
- **Versorgungsgedanke:** Beispiele sind die einfache vorsätzliche und fahrlässige Körperverletzung (§ 230 StGB), die Beleidigung (§ 194 StGB) und der Haus- und Familiendiebstahl (§ 247 StGB).
- **Intimitätsgedanke:** Beispiele sind die Geheimnisverletzung (§ 205 StGB) und die Verletzung des Urheberrechts (§ 109 UrhG).[51]

74 Bei einigen (auch bei oben genannten) Antragsdelikten ist das Strafantragserfordernis **relativiert**. Bei diesen ist eine Anklage auch ohne Antrag möglich, wenn die Strafverfolgungsbehörde wegen des besonderen öffentlichen Interesses an der Strafverfolgung ein Einschreiten von Amts wegen für geboten hält (sog. *bedingte* oder *unechte* Antragsdelikte). Das besondere öffentliche Interesse an der Strafverfolgung wird von der StA festgestellt; die Feststellung kann auch konkludent durch Erhebung der Anklage erfolgen. Die Entscheidung über das öffentliche Interesse ist nach h.M. nicht gerichtlich überprüfbar.[52]

> **Beispiele** sind die einfache vorsätzliche und fahrlässige Körperverletzung (§ 223 StGB bzw. § 229 StGB, jeweils i.V.m. § 230 StGB), Diebstahl und Unterschlagung geringwertiger Sachen (§ 248a StGB), Sachbeschädigung (§ 303 I StGB), beharrliches Nachstellen in den Fällen des § 238 I StGB (§ 238 IV StGB), Computersabotage (303c StGB) etc.
>
> Die Möglichkeit des Einschreitens der Strafverfolgungsbehörde bei Bestehen eines besonderen öffentlichen Interesses macht vor allem dann Sinn, wenn der Antragsberechtigte keinen Strafantrag stellt, etwa weil er vom Täter bedroht wird (bspw. im Fall der organisierten Kriminalität – Schutzgelderpressung im Bereich des Gaststättengewerbes).

75 Ein Strafantrag kann bis zum rechtskräftigen Abschluss des Strafverfahrens **zurückgenommen** werden (§ 77d StGB). Folge eines zurückgenommenen Strafantrags ist, dass (bezüglich eines echten Antragsdelikts) eine Prozessvoraussetzung erlischt; ein bereits begonnener Prozess ist einzustellen (§§ 206a, 260 III StPO). Die bis dahin angefallenen Verfahrenskosten trägt der Zurücknehmende (§ 407 StPO).

76 Die Rücknahme kann in persönlicher und sachlicher Hinsicht beschränkt werden: Richtete sich der ursprüngliche Strafantrag gegen mehrere Täter oder Beteiligte, kann die Rücknahme auf einzelne Personen beschränkt werden. Hinsichtlich der anderen Angeklagten wird der Prozess aufrechterhalten. Entsprechendes gilt, wenn sich der Strafantrag auf mehrere Antragsdelikte bezog. Hinsichtlich der nicht von der Rücknahme betroffenen Delikte wird der Prozess fortgesetzt.

---

[51] Vgl. *Gropp*, StrafR AT, § 8 Rn 8; *Jescheck/Weigend*, StrafR AT, § 85 I 1.

[52] BVerfGE **51**, 176, 178 ff.; BGHSt **16**, 225, 230; **19**, 377, 281; *Fischer*, StGB, § 230 Rn 3; a.A. SK-*Horn/Wolters*, StGB, § 230 Rn 4; NK-*Paeffgen*, StGB, § 230 Rn 15.

Beim Tod des Verletzten geht in gesetzlich bestimmten Fällen das Antragsrecht auf bestimmte nahe Angehörige über (§ 77 II StGB). Folgerichtig geht beim Tod des Verletzten auch die Rücknahmebefugnis auf bestimmte nahe Angehörige über, wobei sich die Rücknahmebefugnis nicht nur auf die gesetzlich bestimmten Fälle beschränkt, sondern auf *alle* Antragsdelikte erstreckt (§ 77d II StGB). **77**

Schließlich ist zu beachten, dass ein einmal zurückgenommener Strafantrag gem. § 77d I S. 3 StGB nicht nochmals gestellt werden kann. **78**

Beispiel: T dringt unbefugt in die Kellerräume des Nachbarn N ein. Dieser stellt einen Strafantrag wegen Hausfriedensbruchs (§ 123 StGB). Später nimmt er den Antrag zurück. Nach einem Streit mit T will N erneut einen Strafantrag stellen.

Gem. § 77d I S. 1 und 2 StGB kann ein Strafantrag bis zum rechtskräftigen Abschluss des Strafverfahrens jederzeit zurückgenommen oder in sachlicher wie persönlicher Hinsicht beschränkt werden. Somit durfte auch N den Strafantrag zurücknehmen. Jedoch darf wegen § 77d I S. 3 StGB ein einmal zurückgenommener Strafantrag nicht nochmals gestellt werden. Die erneute Stellung des Strafantrags durch N war also unzulässig. Folge ist, dass die StA selbst bei Vorliegen eines Anfangsverdachts keine öffentliche Anklage erheben darf. Es liegt ein Prozesshindernis vor.

Abzugrenzen ist der Strafantrag von der **Strafanzeige**: Während unter Strafantrag i.S.d. §§ 77 – 77d StGB die ausdrückliche oder durch Auslegung zu ermittelnde Erklärung des nach dem Gesetz zum Strafantrag Befugten, dass er die Strafverfolgung wünsche (vgl. § 158 II StPO), zu verstehen ist, geht es bei der Strafanzeige nach § 158 I StPO um die Mitteilung eines Sachverhalts, der nach Meinung des Anzeigenden Anlass für eine Strafverfolgung bietet. Antragsberechtigung sowie Form- und Fristerfordernisse sind direkt den §§ 77 – 77d StGB zu entnehmen. **79**

Hinweis für die Fallbearbeitung: Ist ein Antragsdelikt zu prüfen und geht aus dem Sachverhalt nicht hervor, ob der Strafantrag gestellt ist, muss dieser Umstand entsprechend gewürdigt werden, etwa, dass „der zur Strafverfolgung erforderliche Antrag gestellt werden muss". Bei unechten Antragsdelikten darf der Hinweis nicht fehlen, dass bei gegebenem öffentlichem Interesse eine Strafverfolgung auch ohne Antrag möglich ist.

2. Privatklageverfahren

Das Offizialprinzip findet weiterhin seine Durchbrechung im **Privatklageverfahren** gem. § 374 ff. StPO. Grundgedanke ist, dass der Gesetzgeber in den in § 374 StPO aufgelisteten Fällen grds. kein öffentliches Interesse an der Strafverfolgung erblickt; die StA schreitet grds. nicht ein. Als Ausgleich ist dem Verletzten immerhin gestattet, anstelle der StA die Strafverfolgung selbst zu betreiben (§ 385 StPO), d.h. den staatlichen (!) Strafanspruch im Wege der Privatklage durchzusetzen. Einer vorherigen Anrufung der StA bedarf es dabei nicht. Stellt der Berechtigte bzgl. eines Privatklagedelikts gleichwohl einen Strafantrag, klagt die StA gem. § 376 StPO nur an, wenn dies im öffentlichen Interesse liegt; ansonsten verweist sie den Antragsteller auf den Privatklageweg. Ob die Strafverfolgung durch die StA im öffentlichen Interesse liegt, hängt von der Erheblichkeit der Verletzung ab. Das Privatklageverfahren ist aus rechtsstaatlichen Gesichtspunkten bedenklich, da die Anklage für den Betroffenen mit erheblichen Verfahrens- und Kostenrisiken verbunden ist. **80**

Beispiele von Privatklagedelikten sind die einfache und fahrlässige Körperverletzung (§§ 223, 229, 230 StGB, § 374 I Nr. 4 StPO), der Hausfriedensbruch (§ 123 StGB, § 374 I Nr. 1 StPO), die Sachbeschädigung (§§ 303 I, II, § 374 I Nr. 6 StPO), der Grundtatbestand des Nachstellens (§ 238 I StGB, § 374 I Nr. 5 StPO) und die Beleidigung

(§§ 185-189 StGB, § 374 I Nr. 2 StPO), sofern sie sich nicht gegen eine in § 194 StGB genannte politische Körperschaft gerichtet hat.[53]

81 Auch wenn die StA das Verfahren von Anfang an ex officio betrieben hat (§ 376 StPO), kann sie ihre Ansicht ändern, das öffentliche Interesse an der Strafverfolgung verneinen und den Verletzten auf das Privatklageverfahren verweisen. Das folgt aus § 156 StPO, wonach die StA die Klage bis zur Eröffnung des Hauptverfahrens zurücknehmen kann. Eine Verneinung des öffentlichen Interesses nach Eröffnung des Hauptverfahrens kann (bei Vorliegen eines Strafantrags, sofern es sich um unbedingtes Antragsdelikt handelt), nur als Zustimmung zur Verfahrenseinstellung nach § 153 II StPO aufgefasst werden.

3. Ermächtigungsdelikte/Strafverlangen

82 Schließlich findet das Offizialprinzip seine Grenze bei sog. Ermächtigungsdelikten: Bei Straftaten von politischer Bedeutung ist für die Strafverfolgung die von Amts wegen einzuholende, nicht an eine Frist gebundene Ermächtigung einer Behörde, der Bundesregierung, des Bundespräsidenten oder eines anderen politischen Organs erforderlich (§§ 90 IV, 90b II, 97 III, 194 IV, 353a II, b IV StGB), bei Straftaten gegen ausländische Staaten zusätzlich das Strafverlangen der ausländischen Regierung (§ 104a StGB). Damit soll auf politische Interessen bzw. auf die Staatsintegrität Rücksicht genommen werden.

C. Akkusationsprinzip (Anklagegrundsatz)

83 Nach dem Akkusationsprinzip (Anklagegrundsatz) kann es nur dann zur gerichtlichen Untersuchung kommen, wenn die StA öffentliche Anklage erhoben hat („wo kein Kläger, da kein Richter", § 151 StPO). Staatliche Anklagebehörde ist allein die StA (§ 152 I StPO); sie hat (mit Ausnahme der Privatklage) das Anklagemonopol. Das Gericht ist niemals „Inquisitor", sondern darf nur in den Grenzen der angeklagten Tat untersuchen und entscheiden (§§ 155 I, 264 I StPO). Die Rollen von Ankläger und Richter sind also streng getrennt.

Beispiel: Während der Hauptverhandlung stellt sich heraus, dass der Angeklagte T unschuldig ist, weil der Hauptbelastungszeuge Z „umkippt" und sogar aufgrund der massiven Befragung durch den StA die Tat gesteht.

Hier kann das Gericht nicht einfach Z zum Angeklagten machen und den Prozess fortführen. Wegen des in § 155 StPO zum Ausdruck kommenden Akkusationsprinzips muss zunächst die StA ein neues Verfahren (diesmal gegen Z) einleiten und Z öffentlich anklagen.

Das gleiche Prinzip gilt, wenn während der Hauptverhandlung eine Straftat begangen wird. Auch in diesem Fall kann das Gericht den Täter nicht einfach zum Angeklagten erklären und den Prozess erweitern. Vielmehr ist es darauf beschränkt, den Tatbestand festzustellen und das weitere (namentlich die Anklage) der StA zu überlassen (§ 183 GVG). Zur sog. Nachtragsanklage siehe das Beispiel sogleich.

84 Als angeklagte Tat (Tat im prozessualen Sinne) ist nicht die materiell-rechtliche Straftat gemeint, sondern das gesamte Verhalten des Beschuldigten, soweit es mit dem durch die Strafverfolgungsorgane (in der Anklageschrift, in dem Eröffnungsbeschluss oder im Urteil) bezeichneten geschichtlichen Vorkommnis nach der Auffassung des Lebens einen einheitlichen Vorgang bildet.[54]

---

[53] Zum Privatklageverfahren vgl. ausführlich Rn 1307 ff.

[54] BGHSt **32**, 215, 216; **35**, 60, 62; **43**, 252, 255; **45**, 211, 212; OLG Oldenburg StraFo **2006**, 412; OLG Düsseldorf NStZ-RR **1999**, 304; BVerfGE **56**, 22, 28; *Ranft*, JuS **2003**, 417, 418; *Bauer*, NStZ **2003**, 174 ff.

Beispiel: A ist wegen Autodiebstahls angeklagt, den er am 1.1.2010 begangen haben soll. In der Hauptverhandlung ist Zeuge Z geladen. Als dieser den A auf der Anklagebank erblickt, erkennt er in ihm den Peiniger wieder, der ihn auch am 24.11.2009 überfallen und ausgeraubt hatte.

Bei dem Raubüberfall handelt es sich um eine Tat, die in der ursprünglichen Anklageschrift nicht bezeichnet war. Daher kann sich auch die Anklage nicht auf den Raubüberfall beziehen; dieser gehört nicht zur angeklagten Tat. Das Gericht darf wegen § 155 StPO nicht einfach den Verhandlungsgegenstand erweitern und den Raubüberfall in die Verhandlung mit einbeziehen. Jedoch kann gem. § 266 StPO der StA nachträglich die Anklage auf den Raubüberfall erstrecken; das Gericht kann den Raubüberfall durch Beschluss in das Verfahren einbeziehen, wenn es für die Verhandlung dieser Tat zuständig ist und der Angeklagte zustimmt.

Kein Verstoß gegen §§ 155 I, 264 I StPO liegt vor, wenn der Richter in der materiell- **85**
rechtlichen Bewertung der Tat von der Anklage abweicht. Denn der Richter ist in der rechtlichen Beurteilung der Tat im Sinne des materiellen Strafrechts frei, d.h., er hat die Möglichkeit, bspw. die in der Anklageschrift als Raub bezeichnete Handlung auch als Diebstahl zu bewerten, wenn bspw. nach dem Ergebnis der Hauptverhandlung kein Beweis über den finalen Zusammenhang zwischen Gewalt und Wegnahme erbracht wird (§§ 155 II, 264 II StPO).[55]

D. Legalitätsprinzip

I. Inhalt des Legalitätsprinzips

Das Legalitätsprinzip verpflichtet die StA, jedem Anfangsverdacht nachzugehen, ein **86**
Ermittlungsverfahren durchzuführen und bei hinreichendem Tatverdacht Anklage zu erheben (§§ 152 II, 160, 170 I StPO). Ein Anfangsverdacht liegt vor, wenn aufgrund konkreter tatsächlicher Anhaltspunkte das Vorliegen einer verfolgbaren Straftat nach kriminalistischer Erfahrung möglich erscheint. Dabei steht der StA ein gewisser Beurteilungsspielraum zu.[56] Nach h.M. sind auch Vorermittlungen zulässig, mit denen das Vorliegen zureichender Anhaltspunkte geklärt werden soll.[57] Da in diesem Verfahrensstadium noch kein Ermittlungsverfahren vorliegt, wird der Vorgang in das AR-Register[58] eingetragen. Ergibt sich dann der Anfangsverdacht, wird die Sache gegen einen Tatverdächtigen (Js-Sache) oder gegen Unbekannt (UJs-Sache) umgetragen. Ein hinreichender Tatverdacht liegt vor, wenn die Tatbegehung durch den Beschuldigten wahrscheinlich ist und mit einer Verurteilung durch das Gericht zu rechnen ist.[59] Bei der Feststellung des hinreichenden Tatverdachts steht der StA sogar ein nicht unerheblicher Beurteilungsspielraum zu.[60]

Das Legalitätsprinzip ist die Kehrseite des Anklagemonopols. Denn wenn die StA schon **87**
über das Anklagemonopol verfügt, muss sie auch verpflichtet sein, bei Bestehen eines Anfangsverdachts die Straftat zu verfolgen. Strafrechtlich abgesichert ist das Legalitäts-

[55] Näher zum Anklagegrundsatz *Huber*, JuS **2008**, 779 f.
[56] BGH NStZ **1988**, 510; *Meyer-Goßner*, § 152 Rn 4.
[57] BGHSt **38**, 214, 227; LG Offenburg NStZ **1993**, 506; KK-*Wache*, § 158 Rn 1/§ 163 Rn 8; *Lange*, DRiZ **2002**, 264 ff.
[58] Die Bezeichnung wird für die Vergabe von Aktenzeichen verwendet, die wiederum eigentlich dasselbe sind wie Geschäftsnummern. Die StA kann einen Vorgang als JS-Sache (Ermittlungsverfahren gegen eine bestimmte Person), UJs-Sache (dto. gegen unbekannt) oder als AR-Sache registrieren (AR=Allgemeines Register). Letzteres kann in der Tat geschehen, wenn Vorermittlungen zu der Frage für geboten erachtet werden, ob ein Js-Verfahren überhaupt einzuleiten ist. Andererseits kann eine als Js-Sache registrierte Strafanzeige auch damit beschieden werden, dass die Aufnahme von Ermittlungen bzw. die Einleitung eines Ermittlungsverfahrens gem. §§ 152 II i.V.m. § 170 II StPO abgelehnt wird, weil ein Anfangsverdacht verneint wird.
[59] BGHSt **15**, 155, 158.
[60] BVerfG NStZ **2002**, 606 f.; *Meyer-Goßner*, § 170 Rn 1.

prinzip durch die Strafvorschrift der Strafvereitelung im Amt (§§ 258, 258a StGB) und prozessual durch das Klageerzwingungsverfahren gem. §§ 172 ff. StPO.

88 In der Praxis ist der stringente Anklage- und Verfolgungszwang, den das Legalitätsprinzip aufstellt, aus Kapazitäts- und damit aus Kostengründen nicht realisierbar. Das Legalitätsprinzip gilt daher nicht unbeschränkt. So enthalten §§ 153 ff. StPO Ausnahmeregelungen, die die Strafverfolgungsbehörden aus Zweckmäßigkeitserwägungen zum Absehen von der Strafverfolgung berechtigen (vgl. dazu Rn 94 ff., 799 ff.). Als Leitprinzip fungiert in diesen Fällen damit das Opportunitätsprinzip (vgl. dazu Rn 94 ff., 725 ff.).

89 Das Legalitätsprinzip gilt auch für Polizeibeamte, soweit sie Strafverfolgung betreiben (§ 163 I StPO). Dabei kommt es nicht darauf an, ob sie formal als Ermittlungspersonen der StA (§ 152 GVG) gelten, denn auch nach § 163 StPO sind sie „verlängerter Arm" der StA und haben den gesetzlichen Auftrag, Straftaten zu erforschen.

90 Entscheidet sich die StA nach Entgegennahme einer Strafanzeige, ein Ermittlungsverfahren nicht einzuleiten oder leitet sie ein solches zwar zunächst ein, stellt das Verfahren später aber ein, muss sie dem Anzeigeerstatter (in § 171 StPO irreführend als „Antragsteller" bezeichnet) einen schriftlich begründeten Bescheid zustellen, § 171 StPO. Ist der Anzeigeerstatter zugleich Verletzter der (vermeintlichen) Straftat, kann er das Klageerzwingungsverfahren gem. § 172 StPO betreiben, um eine Kontrolle über die Einhaltung des Legalitätsprinzips durch die StA herbeizuführen.[61]

II. Reichweite und Grenzen des Legalitätsprinzips

91 Die Reichweite des Legalitätsprinzips ist umstritten. Problematisch sind vor allem die Fälle des außerdienstlich erlangten Wissens und der Bindung an die (höchstrichterliche) Rechtsprechung.

1. Außerdienstliche Kenntniserlangung vom Verdacht einer Straftat

92 Außer Zweifel steht, dass bei dienstlicher Kenntniserlangung vom Verdacht einer Straftat, bei der das Legalitätsprinzip gilt, StA und Polizei zur Strafverfolgung tätig werden müssen. Besonders problematisch (und daher prüfungsrelevant) ist indes die Frage, ob auch die **außerdienstliche Kenntniserlangung** eines Angehörigen der Strafverfolgungsbehörden oder eines Polizeivollzugsbeamten zum Einschreiten (bzw. zur Meldung) verpflichtet. In diesem Zusammenhang kommt eine Strafvereitelung im Amt häufig als **Unterlassungstat** in Betracht, wobei dann vor allem die Garantenpflicht Schwierigkeiten bereitet.

> **Beispiel:** Polizeihauptkommissar P sitzt abends in der Kneipe und bekommt zufällig mit, wie sich zwei Personen am Nachbartisch über die Aufteilung der Beute unterhalten, die sie offenbar im Rahmen eines Banküberfalls erlangt haben. Doch P ist der Ansicht, nach Feierabend nicht zum Einschreiten verpflichtet zu sein. Daher unterlässt er auch eine entsprechende Meldung an die StA. Hat P sich wegen Strafvereitelung im Amt durch Unterlassen strafbar gemacht?
>
> P könnte sich durch sein Untätigbleiben wegen Strafvereitelung im Amt durch Unterlassen gemäß §§ 258 I, 258a I, 13 I StGB strafbar gemacht haben, wenn man unterstellt, dass sein Nichtstun die Strafverfolgung zumindest erschwert hat.
>
> Als Beamter der Polizei ist er zur Mitwirkung bei dem Strafverfahren berufen (§ 163 I StPO). Für ihn müsste jedoch eine Rechtspflicht zum Einschreiten aufgrund einer Garantenstellung bestanden haben. P war nach § 152 II i.V.m. § 163 I S. 1 StPO zu Ermittlun-

---

[61] Vgl. dazu auch OLG Oldenburg NStZ-RR **2008**, 201 mit Bespr. v. *Jahn*, JuS **2008**, 743.

gen verpflichtet (Legalitätsprinzip). Fraglich ist allerdings, wie es sich auswirkt, dass P außerhalb des Dienstes Kenntnis über die Straftat erlangt hat.

⇨ Eine generelle Anzeigepflicht wird – soweit ersichtlich – nicht vertreten. Sie würde auch zu einer unangemessenen Belastung der Ermittlungsperson führen.

⇨ Umgekehrt wird aber – um den privaten Bereich der Ermittlungspersonen zu schützen – teilweise eine **generelle Anzeigepflicht** privat erlangter Kenntnisse **verneint**.[62] Demnach würden sich ein Staatsanwalt oder eine Ermittlungsperson – und damit auch P – niemals wegen Strafvereitelung im Amt strafbar machen, wenn sie im privaten Bereich Kenntnisse hinsichtlich einer Straftat erlangten und untätig blieben.

⇨ Die h.M. erkennt zwar auch bei Amtsträgern das Bedürfnis an, während der Freizeit von dienstlichen Erfordernissen entbunden zu sein, betont aber gleichzeitig die besondere Pflichtenstellung der Beamten, die ihnen §§ 161, 163 StPO auferlegen. Um diese mitunter kollidierenden Interessen in einen angemessenen Ausgleich zu bringen, nimmt die h.M. eine einzelfallbezogene Abwägung zwischen dem öffentlichen Interesse an der Strafverfolgung und dem privaten Interesse des Beamten am Schutz seiner Privatsphäre vor. Ein Amtsträger, der gem. §§ 161, 163 StPO zur Mitwirkung an einem Strafverfahren berufen ist und außerdienstlich Kenntnis von einer Straftat erlangt, ist auf der Basis der h.M. also immer dann zum Einschreiten verpflichtet, wenn die genannte Abwägung zu einem Überwiegen des öffentlichen Interesses an der Strafverfolgung gelangt. Entscheidend bei der nach der h.M. vorzunehmenden Abwägung ist, ob der Straftat ein besonderes Gewicht zukommt. Das ist nach h.M. insbesondere bei Katalogstraftaten des § 138 StGB der Fall, also i.d.R. bei Verbrechen, aber auch bei erheblichen Straftaten gegen die Umwelt, bei Delikten mit hohem wirtschaftlichen Schaden sowie bei Delikten mit besonderem Unrechtsgehalt (etwa § 244a StGB). Liege ein solcher Fall vor, bestehe für den Amtsträger eine entsprechende Handlungspflicht, auch wenn er außerhalb seiner Dienstzeit Kenntnis von der Straftat erlangt habe.[63]
Ein Banküberfall stellt sich entweder als Raub oder räuberische Erpressung dar und ist somit auf jeden Fall eine Katalogstraftat des § 138 I StGB (vgl. Nr. 7). Nach h.M. hat sich P somit wegen Strafvereitelung im Amt durch Unterlassen strafbar gemacht.

⇨ Neuerdings wird versucht, bei der Frage, ob der Straftat ein besonderes Gewicht zukommt, eine Orientierung an § 100c II Nrn. 1-7 StPO vorzunehmen.[64] Danach wäre P nicht aus §§ 258, 258a, 13 I StGB strafbar, sofern es sich bei der geplanten Tat nur um einen einfachen Raub gem. § 249 StGB handelte. Denn der einfache Raub gem. § 249 StGB ist nicht im Katalog des § 100c II StPO enthalten.

Stellungnahme: Die Kriterien der h.M. scheinen auf den ersten Blick zu unbestimmt zu sein, um eine Strafbarkeit wegen §§ 258a, 13 StGB zu begründen.[65] Einen Polizeibeamten (oder Staatsanwalt) jedoch von der Verpflichtung, bei privater Kenntniserlangung von dem Verdacht einer Straftat einzuschreiten, aber gänzlich freizusprechen, ist mit Blick auf die dienstrechtliche Stellung und die Funktion im Staatsgefüge auch nicht hinnehmbar.[66] Aber auch die Auffassung, die sich bei der Frage nach der schweren Straftat an § 100c II Nrn. 1-7 StPO orientiert, ist abzulehnen. Zum einen scheint es unangemessen, die Strafbarkeitshürde wegen Strafvereitelung im Amt derart hoch anzusetzen, und zum anderen führt sie zu Ungereimtheiten, da z.B. zwar eine räuberische Erpressung gem. § 255 StGB im Katalog des § 100c II Nrn. 1-7 StPO aufgeführt ist, nicht aber ein Raub gem. § 249 StGB. Die Strafbarkeit wegen Strafvereitelung im Amt hinge also mitunter davon ab, ob es

---

[62] Davon geht *Volk*, StrafProzR, 5. Aufl. **2006**, § 8 Rn 11, aus.
[63] BGHSt **5**, 225, 228, **12**, 277, 281; **38**, 388, 391; BGH JR **1989**, 430, 432; Sch/Sch-*Stree*, § 258a Rn 11.
[64] So *Jahn/Palm*, JuS **2009**, 408, 412; *Jahn*, in: Satzger/Schmitt/Widmaier, StGB, **2009**, § 258a Rn 8.
[65] Vgl. bereits sämtliche Vorauflagen. Das Argument der möglichen Kollision gegen den Bestimmtheitsgrundsatz liest man jetzt auch bei *Jahn/Palm*, JuS **2009**, 408, 412.
[66] Das BVerfG verneint ausdrücklich einen Verstoß gegen den Bestimmtheitsgrundsatz aus Art. 103 II GG (BVerfG NJW **2003**, 1030 f.).

sich bei der geplanten Tat um einen Raub oder eine räuberische Erpressung handelt. Im Ergebnis ist somit der h.M. zu folgen. P hat sich gem. §§ 258a, 13 I StGB strafbar gemacht.

2. Bindung der StA an höchstrichterliche Rechtsprechung?

93 Zu einem der „großen" Probleme des Strafprozessrechts zählt die Frage nach der Bindung der StA an die höchstrichterliche Rechtsprechung, weil mit ihr mehr angesprochen ist als nur das Verhältnis zweier Organe der Strafjustiz. Denn die Frage weist auch Bezüge zum materiellen Strafrecht und zum Verfassungsrecht auf und sie betrifft nicht zuletzt das berufliche Selbstverständnis der beteiligten Personen. Diskutiert wird im Wesentlichen allerdings nur die Frage, ob ein Staatsanwalt Anklage erheben muss, wenn der Beschuldigte auf der Basis der höchstrichterlichen Rechtsprechung zu verurteilen wäre, der Staatsanwalt aber eine von der höchstrichterlichen Rechtsprechung abweichende Rechtsauffassung vertritt. Im umgekehrten Fall, d.h. bei einer höchstrichterlichen Rechtsprechung, die das Verhalten als straflos ansieht, wird demgegenüber allgemein eine Bindung der Staatsanwaltschaft verneint. Dem ist zuzustimmen. Denn wäre die StA daran gehindert, Anklage zu erheben, würde den Gerichten die Möglichkeit genommen, ihre Rechtsprechung zu ändern, weil sie wegen des Anklagemonopols der StA nur über Fälle entscheiden können, welche diese ihnen vorlegt. Folglich bleibt die Frage zu klären, wie in der zuerst genannten Konstellation zu verfahren ist.

Beispiel[67]: Berufskiller K hatte M, der seiner Ehefrau überdrüssig war und sie deshalb von professioneller Seite beseitigen lassen wollte, die Ausführung dieses Vorhabens gegen Zahlung von 20.000,- € versprochen, obwohl er nicht gewillt war, das Verbrechen tatsächlich zu begehen. Gleichwohl besprach K bei mehreren Treffen mit M Details der Tatausführung, verlangte aber einen Vorschuss und nahm als solchen 5.000,- € an, die er für sich verbrauchte. Später flog die Sache auf. Der ermittelnde StA S möchte das Verfahren gegen K einstellen. Er hält den vom BGH vertretenen *ökonomischen Vermögensbegriff*, der unter Vermögen i.S.d. § 263 StGB auch zu verbotenen Zwecken eingesetztes Geld versteht[68], für falsch und möchte der herrschenden Auffassung des Schrifttums folgen, die in diesen Fällen eine Strafbarkeit wegen Betrugs ablehnt.[69]

Muss S Anklage gegen K erheben, wenn man davon ausgeht, dass K auf der Basis der Rechtsprechung des BGH wahrscheinlich verurteilt werden würde?

Über die Frage, ob ein StA bei seinen Ermittlungen und bei der Entscheidung über die Erhebung der öffentlichen Anklage an die obergerichtliche bzw. höchstrichterliche Rechtsprechung gebunden ist, herrscht Streit.

⇨ Eine Auffassung in der Literatur[70] lehnt eine Bindung der StA an die obergerichtliche bzw. höchstrichterliche Rechtsprechung der Strafgerichtsbarkeit ab, weil die StA nach § 150 GVG ein von den Gerichten unabhängiges selbstständiges Rechtspflegeorgan sei und auch Art. 20 III GG nur an „Recht und Gesetz", nicht auch an die Rechtsprechung binde.

Demzufolge wäre S frei in der Entscheidung, Anklage zu erheben.

---

[67] In Anlehnung an KG NJW **2001**, 86. Vgl. auch OLG Zweibrücken WUM **2007**, 281.
[68] Vgl. BGHSt **2**, 364, 366 f.; **16**, 220, 221; **26**, 346, 347; **32**, 88, 91; BGH NJW **2001**, 981; BGH NStZ **2002**, 33 (mit Bespr. v. *Heger*, JA **2002**, 454); BGH NStZ **2003**, 151, 152 ff.; LG Frankfurt/M NStZ-RR **2003**, 140; KG NJW **2001**, 86 (mit Bespr. v. *Hecker*, JuS **2001**, 228); zustimmend *Fischer*, StGB, § 263 Rn 54, 64; *Krey/Hellmann*, StrafR BT II, Rn 433 und in der Tendenz auch *Schmidt/Priebe*, StrafR BT II, Rn 608 ff.
[69] SK-*Samson/Günther*, StGB, § 264 Rn 112 ff.; Sch/Sch-*Cramer/Perron*, StGB, § 263 Rn 82 ff.; LK-*Tiedemann*, StGB, § 263 Rn 132; *Lackner/Kühl*, StGB, § 263 Rn 35; *Keller*, ZStW **107**, 457, 469; *Kargl*, JA **2001**, 714; *Wessels/Hillenkamp*, StrafR BT/2, Rn 534 ff., 569. Vgl. auch BGH NStZ **2001**, 534.
[70] *Roxin*, StrafverfahrensR, § 10 Rn 12 ff.; LR-*Graalmann-Scheerer*, § 170 Rn 25, 26; *Peters*, Strafprozess, § 23 IV 1a; *Pfeiffer*, § 152 Rn 2; *Hellmann*, Rn 66.

⇨ Der BGH[71] bejaht indes eine Bindungswirkung jedenfalls bei Bestehen einer einheitlichen und gefestigten höchstrichterlichen Spruchpraxis, sofern nicht aufgrund gesetzlicher Ausnahmen vom Legalitätsgrundsatz eine Verfahrenseinstellung in Betracht kommt (§§ 153 ff. StPO – dazu Rn 94 ff.). Er begründet seinen Standpunkt damit, dass nach dem Gewaltenteilungsprinzip nur Gerichte befugt seien, darüber zu entscheiden, ob ein Strafgesetz verletzt ist. Nähme man etwas anderes an, läge die rechtsprechende Gewalt entgegen Art. 92 GG nicht mehr ausschließlich in den Händen der Gerichte, weil die Staatsanwaltschaft aufgrund ihres Anklagemonopols die Umsetzung der höchstrichterlichen Rechtsprechung immer dann blockieren könne, wenn sie anderer Meinung sei. Die StA würde das Legalitätsprinzip verletzen, wenn sie bei Handlungen, die zumindest nach gefestigter Rechtsprechung strafbar sind, die Anklage unterließe. Schließlich würde die Einheit der Rechtsanwendung gefährdet, weil unterschiedliche Rechtsansichten bei den jeweils zuständigen StA auftreten könnten. Eine abweichende Meinung könne die Staatsanwaltschaft in der Hauptverhandlung zur Geltung bringen.

Demzufolge müsste S Anklage erheben; anderenfalls verletzte er das Legalitätsprinzip und machte sich strafbar wegen Strafvereitelung im Amt.

⇨ Ein anderer Teil der Literatur[72] pflichtet dem BGH bei mit dem Argument, dass die StA verpflichtet sei, an einer einheitlichen Rechtsanwendung mitzuwirken. Bei einer abweichenden Auffassung der StA habe diese analog § 121 II GVG dafür zu sorgen, dass es zu einem gerichtlichen Verfahren kommt, in dem die Bedenken gegen die Richtigkeit einer bereits vorliegenden Rechtsprechung durch Herbeiführen einer neuen höchstrichterlichen Entscheidung erledigt werden. Allerdings bleibe es dem StA unbenommen, seine abweichende Auffassung in jeder prozessual zulässigen Form (durch eine an das Eröffnungsgericht gerichtete Anlage zur Anklageschrift, durch Vortrag in der Hauptverhandlung, durch Einlegung von Rechtsmitteln) zum Ausdruck zu bringen, um eine erneute gerichtliche Überprüfung der „festen" Rechtsprechung herbeizuführen.

Geht man davon aus, dass die genannte BGH-Rechtsprechung „fest" ist, müsste S in Übereinstimmung mit der Auffassung des BGH Anklage erheben.

Stellungnahme: Da sich die beiden zuletzt genannten Auffassungen von der zuerst genannten Auffassung unterscheiden, ist eine Streitentscheidung erforderlich.

Gegen eine Bindung der StA an die Rechtsprechung sprechen die Unabhängigkeit der StA von den Gerichten (§ 150 GVG) sowie die Pflicht der StA, als unabhängiges Organ der Rechtspflege objektiv nach Wahrheit und Gerechtigkeit zu suchen. Außerdem könnte aus § 31 I und II BVerfGG der Umkehrschluss gezogen werden, dass Urteile anderer Gerichte als dem BVerfG keine Bindungswirkung entfalteten. Kein Argument kann es aber sein, dass für den Staatsanwalt die Gefahr bestehe, den Straftatbestand des § 344 StGB zu verwirklichen, wenn er einen – in seinen Augen – Unschuldigen anklagt. Denn gerade in diesem Fall folgt er ja der höchstrichterlichen Rechtsprechung, die eine Tatbestandsverwirklichung des Beschuldigten annimmt.

Für eine Bindung der StA an die Rechtsprechung spricht aber folgende Überlegung: Dürfte die StA über die Strafbarkeit eines Verhaltens als Voraussetzung ihrer Anklagepflicht nach eigener Auffassung entscheiden, würden diejenigen Fälle vor Gericht kommen, die sie, anders als die Rechtsprechung, für strafbar hält, mit der Folge, dass der Beschuldigte zwar eine Hauptverhandlung zu ertragen, aber einen Freispruch zu erwarten hat. Das verletzt zwar weder Art. 20 III GG noch § 150 GVG, Folge wäre jedoch, dass die StA auch umgekehrt Verurteilungen, zu denen die Gerichte kommen würden, verhindern könnte, wenn sie bei abweichender Rechtsauffassung eine Anklage unterlassen könnte. Damit würde die StA im Ergebnis nicht nur mit dem Legalitätsprinzip (§ 152 II StPO) kollidieren,

---

[71] BGHSt **15**, 155, 158 ff.; ebenso *Kühne*, Rn 144 ff.; *Beulke*, Rn 90; vgl. nun auch OLG Zweibrücken WUM **2007**, 281 (mit Bespr. v. *Jahn*, JuS **2007**, 691 ff.), das die Bindung der StA an die höchstrichterliche Rspr. mit noch größerer Vehemenz postuliert als dies seinerzeit der BGH tat.
[72] *Meyer-Goßner*, Vor § 141 GVG Rn 11.

sondern sie würde auch richterliche Macht ausüben und die Rolle überschreiten, die ihr mit der Trennung von Kläger und Richter zugewiesen wurde; das Rechtsprechungsmonopol besitzen allein die Gerichte (Art. 92 GG).

Im Ergebnis ist die StA deshalb – wenn es um die Anklage geht – an die Rechtsauffassung der Gerichte gebunden, wenn diese Rechtsmeinung einheitlich ist oder von Obergerichten in ständiger Rspr. widerspruchslos bzw. vom BGH vertreten wird.[73]

Zusammenfassung und Hinweis für die Fallbearbeitung: Als Kernargumente der jeweiligen Auffassungen sollten in einer Klausur auf jeden Fall angeführt werden:

- *Gegen* die Bindung der StA an die höchstrichterliche Rspr. spricht § 150 GVG, demzufolge die Staatsanwälte ihr Amt unabhängig von der Rspr. ausüben.
- *Für* die Bindung der StA an die höchstrichterliche Rspr. sprechen die Grundsätze der Gleichheit vor dem Gesetz, der Einheit der Rechtsanwendung und des richterlichen Entscheidungsmonopols.

Was den Aufbau der Klausur betrifft, bietet es sich an, zunächst die Frage nach der Bindungswirkung der StA aufzuwerfen. Denn auch in der Praxis wird sich ein Staatsanwalt zunächst eine Meinung zur Frage nach der Bindungswirkung bilden und mit dem materiell-rechtlichen Problem, ob sich der Beschuldigte nach Auffassung der höchstrichterlichen Rechtsprechung strafbar gemacht hat, erst dann befassen, wenn eine Bindung zu verneinen ist. In dieser Reihenfolge sollte auch in einer Klausur vorgegangen werden.

E. Opportunitätsprinzip

94 Im Regelfall wird die Strafverfolgung durch das Legalitätsprinzip bestimmt; StA (vgl. § 152 II StPO) und die zur Strafverfolgung tätige Polizei (vgl. § 163 I StPO) sind zur Strafverfolgung verpflichtet (dazu näher Rn 86 ff. und 725 ff.). Verschiedene gesetzliche Vorschriften geben der StA (nicht auch der Polizei!) aber das Recht, aus Gründen der Zweckmäßigkeit (insbesondere bei Kapazitätsüberlastung) die Strafverfolgung nach ihrem Ermessen zu unterlassen bzw. einzustellen – sog. Opportunitätsprinzip. Dieses Prinzip stellt sozusagen die Kehrseite des Legalitätsprinzips dar, weil es eine Ausnahme vom Verfolgungszwang trotz an sich bestehender Verfolgungsvoraussetzungen enthält. In der StPO ist das Opportunitätsprinzip z.B. in **§ 153 I StPO** enthalten, wonach bei Vergehen (zur Definition vgl. § 12 StGB), insbesondere bei geringfügigen Straftaten, die StA mit Zustimmung des Gerichts das Strafverfahren einstellen kann, wenn die Schuld des Täters gering ist und kein (weiteres) öffentliches Interesse an der Strafverfolgung besteht (§ 153 I S. 1 StPO). Bei Straftaten, die nicht mit einer im Mindestmaß erhöhten Freiheitsstrafe bedroht sind und bei denen die Folgen gering sind, ist sogar die Zustimmung des Gerichts entbehrlich (§ 153 I S. 2 StPO).

Beispiel: Ein Musikproduzent lässt über eine private Detektei den illegalen Download von Musiktiteln aus dem Internet recherchieren. Er kann dadurch monatlich 20.000 Missbrauchsfälle eruieren und zur Anzeige bringen.

Hier wäre die StA hoffnungslos überlastet und sozusagen lahmgelegt, müsste sie jedem einzelnen Verdachtsfall nachgehen. Daher sieht § 153 StPO zumindest für die Bagatellfälle die Möglichkeit der Einstellung vor.

95 Eine v.a. in der mündlichen Examensprüfung häufig gestellte Frage lautet, was unter einer im Mindestmaß erhöhten Freiheitsstrafe zu verstehen sei. Die Antwort darauf gibt § 38 II StGB: Danach ist Mindestmaß einer Freiheitsstrafe ein Monat. Enthält ein Straftatbestand also keine höhere Mindeststrafe (vgl. etwa § 223, der keine Untergrenze enthält) gilt § 38 II StGB.

[73] Vgl. BGHSt **15**, 155, 158 ff.; OLG Zweibrücken WUM **2007**, 281; *Volk*, § 12 Rn 5.

Enthält der Straftatbestand aber eine höhere Mindeststrafe als einen Monat (vgl. etwa § 224 StGB: mindestens sechs Monate), ist diese Mindeststrafe eine im Mindestmaß erhöhte Freiheitsstrafe.

Auch im obigen **Beispiel** sieht § 106 UrhG keine im Mindestmaß erhöhte Freiheitsstrafe vor, sodass hinsichtlich der Einstellung noch nicht einmal das Gericht zustimmen muss.

Nach **§ 153 II StPO** kann das Strafverfahren sogar noch nach Anklageerhebung mit Zustimmung des Angeklagten und der StA durch das Gericht eingestellt werden. **96**

Einen weiteren Fall des Opportunitätsprinzips enthält **§ 153a StPO**. Danach kann trotz Bestehens eines öffentlichen Interesses an der Strafverfolgung bei geringer Schuld des Täters eine Einstellung unter Auflagen, insbesondere bei Zahlung einer Geldbuße, erfolgen, wenn die Einstellung geeignet ist, das öffentliche Interesse an der (weiteren) Strafverfolgung zu beseitigen und wenn die Schwere der Schuld des Beschuldigten/Angeklagten einer Einstellung nicht entgegensteht. Die Höhe der zu zahlenden Geldbuße ist oftmals Gegenstand von Verhandlungen zwischen Gericht, StA und Verteidigung. Genau hierin liegt auch die Gefahr der missbräuchlichen Anwendung der Vorschrift, die nicht ohne Grund oftmals als „Freikaufparagraph" bezeichnet wird. Vgl. näher dazu Rn 799 ff. **97**

Weiterhin hat die StA unter bestimmten Voraussetzungen die Möglichkeit, ein Strafverfahren einzustellen, wenn zu erwartende Strafe neben der Strafe für andere Taten des Tatverdächtigen nicht erheblich ins Gewicht fällt (**§ 154 StPO**). Die StA hat auch die Möglichkeit, einzelne abtrennbare Teile einer Tat oder einzelne von mehreren Gesetzesverletzungen (Fälle der Tateinheit) aus der Strafverfolgung herauszunehmen (**154a StPO**). **98**

Eine nicht vom Opportunitätsprinzip geleitete Verfahrenseinstellung ist diejenige gem. **§ 170 II StPO**, weil dort die Einstellung deshalb erfolgt, weil die StA nicht über genügenden Anlass zur Erhebung der Anklage verfügt. Die Einstellung des Verfahrens ist in diesem Fall sogar zwingend. **99**

Im Jugendgerichtsgesetz sind entsprechende Regelungen in **§§ 45, 47 JGG** enthalten). **100**

Schließlich gilt es zu erwähnen, dass im **Ordnungswidrigkeitenrecht** (wie im **präventiven Polizeirecht**) das Opportunitätsprinzip keine Ausnahmeerscheinung ist, sondern den Regelfall darstellt (vgl. § 47 OWiG bzw. die Polizeigesetze der Länder (etwa § 3 BaWüPolG, Art. 5 I BayPAG, § 3 BremPolG, § 14 I MVSOG). **101**

F. Fair-trial-Prinzip

Das Fair-trial-Prinzip (Grundsatz des fairen Verfahrens), ist eine in ihrem Umfang nicht geklärte Ausprägung des Rechtsstaatsprinzips (Art. 20 III GG). Es findet sich auch in Art. 6 EMRK (Recht auf faires Verfahren).[74] Aussagegehalt ist, dass das Recht auf Verteidigung und das Recht auf ein faires Verfahren zu den wesentlichen Grundsätzen eines rechtsstaatlichen Strafverfahrens gehören. Der Angeklagte darf nicht nur Objekt des Verfahrens sein; ihm muss vielmehr die Möglichkeit gegeben werden, zur Wahrung seiner Rechte auf den Gang und das Ergebnis des Verfahrens Einfluss zu nehmen.[75] **102**

---

[74] Zum Verhältnis zwischen nationalem Recht und Völkerrecht bzw. zwischen der deutschen Rechtsordnung und der EMRK vgl. *R. Schmidt*, Grundrechte, 12. Aufl. **2010**, Rn 4 ff. und 285.

[75] Vgl. BVerfGE **26**, 66, 67 ff.; **63**, 380, 390; **66**, 313, 318; BGHSt **45**, 321, 355; **46**, 93, 100; BGH NJW **2007**, 2341, 2342 f.; NStZ **2007**, 166 f. (dazu Rn 792a).

103 Zu den Rechten bzw. Unterprinzipien, die das Fair-trial-Prinzip wahren soll, zählen insbesondere die **Unschuldsvermutung**, der **Anspruch auf rechtliches Gehör**, die **Unabhängigkeit des Gerichts**, die **uneingeschränkte Verteidigung** (auch die Pflichtverteidigung) durch einen Rechtsanwalt, die **konfrontative Befragung der Zeugen** sowie die **Waffengleichheit** zwischen der StA und dem Beschuldigten. Diese Prinzipien werden im Folgenden sukzessive erläutert. Besondere Bedeutung erlangt das Fair-trial-Prinzip auch beim Einsatz von **Lockspitzeln** oder beim **(verdeckten) Einsatz von Beamten** des Verfassungsschutzes, insbesondere wenn hierdurch Straftaten provoziert oder zumindest gefördert werden. Allerdings mahnt der BGH eine restriktive Handhabung des Fair-trial-Prinzips an, damit nicht positivrechtliche Regelungen der StPO – bzw. daraus abgeleitete Prinzipien – unterlaufen werden. Jedenfalls hält der BGH das Fair-trial-Prinzip für nicht stark genug, um bei einem Verstoß dagegen ein Verfahrenshindernis anzunehmen.[76]

> **Beispiel[77]:** Richter R unterbricht die Hauptverhandlung, um dem Verteidiger V Gelegenheit zu geben, über Beweisanträge nachzudenken. Während der Unterbrechung erfährt V vom StA S, welche Strafe dieser beantragen wird. Auf Nachfrage des V erklärt R, dass er den Antrag des S nicht überschreiten werde. V sieht daher von weiteren Beweisanträgen ab. Zur Überraschung aller verurteilt R den Angeklagten A dann aber zu einer höheren Strafe, als sie der StA beantragt hatte.
>
> Zwar ist ein Gericht an die Anträge der StA nicht gebunden (vgl. § 155 II Halbs. 2 StPO), vorliegend hat die Äußerung des R bei V und A jedoch ein Vertrauen hervorgerufen, das mit dem Urteil überraschend enttäuscht wurde. Diese Verhaltensweise des R wäre nur dann fair gewesen, wenn R dem V und seinem Mandanten vor dem Urteil einen Hinweis gegeben hätte, dass auf seine vorherige Äußerung nicht mehr vertraut werden dürfe, sodass V z.B. durch weitere Beweisanträge noch entsprechend hätte reagieren können.

G. Beschleunigungsgebot (Konzentrationsmaxime)

104 Auch das Beschleunigungsgebot ist aus dem Rechtsstaatsprinzip gem. Art. 20 III GG und dem Recht auf faires Verfahren gem. Art. 6 EMRK abgeleitet. Es besagt, dass der Beschuldigte, der ja staatlichen Eingriffsbefugnissen ausgesetzt ist, einem ungewissen Ausgang des Verfahrens entgegenblickt und damit einer erheblichen Belastung ausgesetzt ist, innerhalb eines angemessenen Zeitrahmens vor Gericht zum Strafvorwurf gehört werden und Klarheit erhalten muss. Die Angemessenheit der Verfahrensdauer bemisst sich nach der Komplexität und den Besonderheiten des Einzelfalls.[78] Sachfremde Verzögerungen begründen in jedem Fall einen Verstoß gegen das Beschleunigungsgebot.

> **Beispiel:** Amtsrichter R, der sich bislang nicht mit dem modernen Medium des Internets vertraut gemacht hat, befindet sich im letzten Dienstjahr vor dem Ruhestand. Einige Verfahren, die mit Internetkriminalität zu tun haben, legt er daher für ein Jahr später auf Wiedervorlage, um sich nicht mehr damit beschäftigen zu müssen.
>
> Hier liegt ein klarer Verstoß gegen das Beschleunigungsgebot vor.

105 Einfachgesetzlich ist das Beschleunigungsgebot in etlichen Vorschriften der StPO konkretisiert. So wird im Ermittlungsverfahren dem Beschleunigungsgebot durch **§ 163 II StPO** Rechnung getragen. Diese Vorschrift legt der erstermittelnden Polizei die Pflicht auf, die StA unverzüglich einzuschalten. Weiterhin ist **§ 121 StPO** zu nennen, der für die Untersuchungshaft („U-Haft") eine Höchstdauer von 6 Monaten vorsieht, die nur bei besonderen Ermittlungsschwierigkeiten oder Aburteilungshindernissen überschritten werden darf.[79]

---

76 Vgl. BGHSt **42**, 191, 193.
77 Nach BGHSt **36**, 210 ff., wiedergegeben auch bei *Kindhäuser*, § 18 Rn 10 f.
78 BVerfG NJW **1992**, 2472, 2473; EGMR EuGRZ **2001**, 299, 301; BGH NStZ **2003**, 384; BGH NStZ **2008**, 118.
79 § 121 StPO will verhindern, dass der Beschuldigte durch die U-Haft eine Quasi-Strafe absitzt, ohne verurteilt zu sein. Die Sechsmonatsfrist gewährt dem Beschuldigten einen Anspruch auf beschleunigte Aburteilung nach Art. 5

Wie die Verletzung des Fair-trial-Grundsatzes führt aber auch die Verletzung des Beschleunigungsgebots nach h.M. nicht zu einem Verfahrenshindernis, sondern ist nur im Rahmen der Strafzumessung mildernd zu berücksichtigen.[80] Ausnahmsweise kann allerdings in extremen Fällen aufgrund der schwerwiegenden Belastungen des Beschuldigten die Fortsetzung des Verfahrens aus rechtsstaatlichen Gründen nicht mehr hinnehmbar sein, sodass das Verfahren einzustellen ist.[81] 106

Eine Konkretisierung des Beschleunigungsgrundsatzes für die Hauptverhandlung stellt die Konzentrationsmaxime dar. Danach soll die Hauptverhandlung als Einheit betrachtet und möglichst in einem Zug durchgeführt werden; die Möglichkeiten einer Unterbrechung sind entsprechend begrenzt, §§ 228 I S. 1 Var. 2, 229 StPO. Bei längeren Verzögerungen muss das Verfahren ausgesetzt werden, was eine völlig neue Hauptverhandlung erforderlich macht, §§ 228 I S. 1 Var. 1, 229 IV StPO. Vgl. dazu auch Rn 873 ff. 107

H. Untersuchungsgrundsatz (Ermittlungsgrundsatz)

Im Zivilprozess haben die Parteien (insbesondere der Kläger) die Aufgabe, dem Gericht die entscheidungserheblichen Tatsachen und Beweismittel zu unterbreiten. Von der Möglichkeit einer Beweislastumkehr einmal abgesehen, muss derjenige, der einen Anspruch behauptet, die anspruchsbegründenden Umstände darlegen und beweisen. Gelingt dieser Beweis nicht, ist die Klage verloren, auch wenn allen Beteiligten klar ist, dass der Anspruch materiell-rechtlich besteht. 108

Anders verhält es sich im Strafprozess. Zwar stehen sich auch hier Personen, namentlich der StA (Ankläger) auf der einen Seite und Angeklagter sowie sein Verteidiger auf der anderen Seite gegenüber, aber nicht so, wie sich die Parteien im Zivilprozess gegenüberstehen. Denn das Strafverfahren ist von Amts wegen auf Wahrheitserforschung angelegt.[82] So hat bereits der StA im Ermittlungsverfahren nicht nur belastendes Material, sondern auch entlastende Umstände zu ermitteln (§ 160 II StPO). Ebenso hat das Gericht die Wahrheit von Amts wegen zu erforschen. Das beinhaltet das Recht (und die Pflicht) zu einer selbstständigen Aufklärungstätigkeit; insbesondere ist das Gericht bei der Wahrheitsfindung nicht an Anträge der übrigen Verfahrensbeteiligten gebunden (§§ 155 II, 206, 244 II, 261 StPO).[83] 109

In der Konsequenz bedeutet der Untersuchungsgrundsatz zunächst, dass Geständnisse des Angeklagten das Gericht nicht binden; das Gericht muss trotz Geständnisses den Sachverhalt weiter erforschen, wenn es Zweifel an der Richtigkeit des Geständnisses hat. Auch wenn sich konkrete Anhaltspunkte für das Vorliegen von Umständen ergeben, die für die Beurteilung der Tat von Bedeutung sind, muss das Gericht dem nachgehen, und zwar auch dann, wenn keine Beweisanträge gestellt sind. Schließlich dürfen sich staatliche Geheimhaltungsinteressen nicht nachteilig für den Angeklagten auswirken. Die Nichtdurchführung eines Strafprozesses mit der Begründung, dass Staatsinteressen beeinträchtigt würden, ist in Deutschland (anders als z.B. in den USA) also ausgeschlossen. 110

III S. 2 MRK. Weiter gewährleistet die Norm den verfassungsmäßigen Grundsatz der Verhältnismäßigkeit gem. Art. 2 II S. 2 GG (vgl. BVerfGE **53**, 152, 158 ff.).

[80] BGHSt **35**, 135, 137.

[81] BGHSt **46**, 159, 171.

[82] BVerfGE **57**, 250, 275; **63**, 45, 61.

[83] Damit wird der Unterschied zum angloamerikanischen und angelsächsischen Strafprozess deutlich, bei denen sich Ankläger und Angeklagter (Verteidiger) als Parteien gegenüberstehen, Tatsachen und Beweismittel beibringen und daher auch die Vernehmung eines Zeugen nicht vom Gericht, sondern durch sie im sog. Kreuzverhör durchgeführt wird. Zwar ist das Kreuzverhör auch in § 239 StPO vorgesehen, wegen des Untersuchungsgrundsatzes ist es jedoch praktisch bedeutungslos.

111 Zur Frage, inwieweit **Absprachen im Strafprozess** dem Untersuchungsgrundsatz (und anderen Prozessmaximen) entgegenstehen, vgl. Rn 1156 ff.

I. Grundsatz des gesetzlichen Richters

112 Art. 101 I S. 2 GG (völkerrechtlich flankiert von Art. 6 I S. 1 EMRK) ist eine wichtige Ausprägung der rechtsstaatlichen Rechtssicherheit[84] und des rechtsstaatlichen Objektivitätsgebots.[85] Die Vorschrift soll „der Gefahr vorbeugen, dass die Justiz durch eine Manipulation der rechtsprechenden Organe sachfremden Einflüssen ausgesetzt wird".[86] Gewährt wird dem Einzelnen die Garantie, dass nur der durch Gesetz bestimmte, nicht ein auf andere Weise bestimmter Richter über ihn Recht spricht, was bedeutet, dass die Bestimmung des zuständigen Richters durch förmliches Gesetz erfolgen muss, das die richterliche Zuständigkeit im Voraus abstrakt-generell ausgestaltet.

113 Daher wird Art. 101 I S. 2 GG durch die **Legislative** beeinträchtigt, wenn sie es unterlässt, die grundlegenden abstrakt-generellen Zuständigkeitsregeln in einem Parlamentsgesetz festzulegen.[87] Das schließt wegen Art. 80 I GG nicht aus, dass die Bestimmung des zuständigen Richters durch Rechtsverordnung erfolgt, solange nur Inhalt, Zweck und Ausmaß hinreichend in der Ermächtigungsgrundlage bestimmt sind.[88]

114 An diese Vorgaben müssen sich **gerichtsorganisatorische Maßnahmen** von Gerichtspräsidien und Spruchkörpern, insb. die von diesen zu erstellenden **Geschäftsverteilungspläne**, halten. Sie müssen die Zuständigkeit der Richter im Voraus, d.h. vor Beginn des Geschäftsjahrs für dessen Dauer, vollständig, schriftlich[89] und nach objektiven Kriterien, d.h. ohne Ansehen der Person und des Einzelfalls[90], regeln. Die Sache muss „blindlings" an den entscheidenden Richter gelangen.[91] Ermessensentscheidungen des Vorsitzenden sind grds. unzulässig.[92] Unvermeidliche Ungenauigkeiten ergeben sich hier besonders aus den Fällen des Ausscheidens, der Krankheit.[93]

115 **Richter** ist jeder zur Entscheidung im Einzelfall staatlich berufene Richter; auch das Gericht als organisatorische Einheit und das Gericht als Spruchkörper gehören dazu.[94] Als gesetzlicher Richter gilt nur derjenige, der in jeder Hinsicht den Anforderungen des Grundgesetzes entspricht. Dazu gehören in erster Linie die Unabhängigkeit gem. Art. 97 GG und die Unparteilichkeit gem. Art. 92 GG.[95] Entsprechende Verstöße sind zugleich Verstöße gegen Art. 101 I S. 2 GG.

116 Art. 101 I S. 2 GG ist des Weiteren verletzt, wenn die Gerichte gesetzlich normierte Verfahrensvorschriften willkürlich unrichtig anwendet, d.h. wenn die gerichtliche Entscheidung „nicht mehr verständlich" erscheint oder „offensichtlich unhaltbar" ist oder wenn das Gericht die „Bedeutung und Tragweite von Art. 101 I S. 2 GG grundlegend verkennt".[96] Das ist insbesondere der Fall, wenn sich eine Entscheidung bei der Auslegung und Anwendung einer Zuständigkeitsnorm so weit von dem sie beherrschenden

---

[84] BVerfGE **20**, 336, 344.
[85] BVerfGE **82**, 159, 194.
[86] BVerfGE **95**, 322, 327.
[87] BVerfGE **19**, 52, 60; **95**, 322, 328.
[88] BVerfGE **2**, 307, 326; **24**, 155, 166; **27**, 18, 34 f.; BVerfG-K, NVwZ **1993**, 1080.
[89] BVerfGE **95**, 322, 328; BGHZ **126**, 63, 851.
[90] BVerfGE **82**, 286, 298; BVerwG NJW **1987**, 2031; **1988**, 1339; *Maunz*, in: Maunz/Dürig, GG, Art. 101 Rn 43; *Kunig*, in: v. Münch/Kunig, GG, Art. 101 Rn 38; *Pieroth*, in: Jarass/Pieroth, GG Art. 101 Rn 14.
[91] BVerfGE **95**, 322, 329.
[92] BGHZ **126**, 63, 81; BAGE **81**, 265, 283; **84**, 189, 193 f.; **88**, 344, 354.
[93] *Pieroth*, in: Jarass/Pieroth, GG Art. 101 Rn 14.
[94] BVerfGE **17**, 294, 298 f., **40**, 356, 361.
[95] BVerfGE **3**, 377, 381; **60**, 175, 214; **82**, 286, 298.
[96] Vgl. BVerfGE **29**, 45, 49; **42**, 237, 241; **75**, 223, 234 ff.; **76**, 93, 96 ff.; **82**, 159, 194; **82**, 286, 299; **87**, 282, 285; BVerfG-K NJW **2002**, 2859 f.; **2003**, 281.

verfassungsrechtlichen Grundsatz des gesetzlichen Richters entfernt hat, dass sie nicht mehr zu rechtfertigen, also willkürlich ist.[97]

Die Verletzung des Grundsatzes des gesetzlichen Richters stellt einen absoluten Revisionsgrund i.S.d. § 338 Nr. 1 StPO dar. 117

J. Grundsatz der freien richterlichen Beweiswürdigung

I. Freie richterliche Überzeugung

Der Strafprozess kennt keine Beweisregeln. Dem Richter ist nicht vorgeschrieben, unter 118
welchen Voraussetzungen er eine Tatsache für bewiesen hält.[98] Er würdigt die Beweismittel ausschließlich nach seiner Überzeugung, Art. 97 I GG, § 261 StPO, d.h. er entscheidet nach freiem Ermessen. Er ist daher weder an ein Geständnis des Angeklagten noch an Sachverständigengutachten oder andere feste Beweisregeln gebunden. Da ein Richter aber an Recht und Gesetz gebunden ist (Art. 1 III GG, Art. 97 I GG), und daher keine willkürlichen Entscheidungen treffen darf, hat der Grundsatz der freien richterlichen Beweiswürdigung auch Grenzen. Ein Urteil braucht eine objektive, nachvollziehbare Tatsachengrundlage und ist an die Regeln der Logik, gefestigte naturwissenschaftliche Erkenntnisse (z.B. die Promillewerte zur Feststellung der Fahruntüchtigkeit), gesetzliche Bestimmungen (z.B. § 190 StGB, § 274 StPO) sowie an übergeordnete Verfahrensgrundsätze, insbesondere an Beweisverwertungsverbote, gebunden.[99]

Daher könnte der Grundsatz der freien richterlichen Beweisführung verletzt sein, wenn z.B. 119
ein **blinder Richter** im Strafprozess mitwirkte. Das wird man jedenfalls dann anzunehmen haben, wenn es im Rahmen der Beweisaufnahme zu einer Augenscheinnahme kommt.[100]

II. Schweigens des Angeklagten

Ein besonderes Problem bereitet die Frage, ob das Gericht ein prozessual zulässiges 120
Schweigen des Angeklagten (vgl. § 243 IV S. 1 StPO) frei würdigen darf.

> **Beispiel:** A ist wegen Diebstahls angeklagt. Er macht von seinem Aussageverweigerungsrecht Gebrauch. Der Richter ist darüber nicht erfreut, weil sich die Beweisführung als schwierig erweist. Er möchte das Schweigen des A daher gegen ihn verwenden, da er der Meinung ist, dass ein Unschuldiger, der nichts zu verbergen habe, auch aussagen könne.
>
> Würde man das Schweigen des A gegen ihn verwenden, d.h. als Schuldeingeständnis werten, unterliefe man den **Nemo-tenetur-Grundsatz**[101] und entwertete damit das Schweigerecht des Beschuldigten.[102] Der Richter darf daher das Schweigen des A nicht gegen ihn verwenden.
>
> Dasselbe würde i.Ü. gelten, wenn A im Ermittlungsverfahren zunächst ausgesagt, dann aber in der Hauptverhandlung von seinem Aussageverweigerungsrecht Gebrauch gemacht hätte, weil ansonsten § 243 IV StPO keinen Sinn ergäbe[103] (vgl. dazu auch Rn 122). Überhaupt darf ein **zeitweises Schweigen** bei einer von mehreren Vernehmungen oder in einzelnen Verfahrensabschnitten bei der Beweiswürdigung nicht zu Lasten des Beschuldig-

---

[97] BVerfG NJW **2005**, 1105, 1106.
[98] BGHSt **29**, 18, 20.
[99] Vgl. *Engländer*, Rn 24; *Meyer-Goßner*, § 261 Rn 3 ff.
[100] Vgl. dazu *Reichenbach*, NJW **2004**, 3160, 3162; generell für den Ausschluss blinder Richter vom Strafprozess BVerfG NJW **2004**, 2150, 2151.
[101] Vollständig heißt dieser lateinische Rechtssatz: nemo tenetur se ipsum procedere (oder) accusare: niemand ist verpflichtet, sich selbst zu verraten/belasten/anzuzeigen (**Selbstbelastungsfreiheit**) – dazu Rn 124, 231.
[102] Einhellige Auffassung, vgl. BVerfG NStZ **1995**, 555; BGHSt **25**, 365, 368; **32**, 140, 144; **34**, 324, 326; BGH NStZ **2000**, 494, 495; OLG Jena JuS **2008**, 176, 177 (mit Bespr. v. *Jahn*, JuS **2008**, 176). Zur Nichtabgabe einer Speichelprobe für einen DNA-Test vgl. BGH NStZ **2004**, 392, 393 ff.
[103] BGH StV **1994**, 413; NStZ **1999**, 4.

ten verwertet werden, weil dieser anderenfalls mittelbar gezwungen wäre, bei einer bestimmten oder weiteren Vernehmung zur Sache auszusagen.[104]

121 Der soeben aufgezeigte Grundsatz gilt nach Auffassung des BGH jedoch nicht, wenn sich der Angeklagte im Rahmen einer *einheitlichen* Vernehmung bezüglich *einer* prozessualen Tat teilweise zum Tatvorwurf einlässt und im Übrigen schweigt (sog. **teilweises Schweigen**). Der BGH ist der Meinung, dass der Beschuldigte, der sich grds. zum Tatvorwurf einlasse, dann aber auf bestimmte Fragen keine oder eine nur unvollständige Antwort gebe, sich selbst durch seine prinzipielle Einlassung freiwillig zum Beweismittel mache und sich damit der freien Beweiswürdigung des Richters aussetze.[105] Diese Auffassung ist bedenklich, weil der Angeklagte möglicherweise gerade erst durch die Befragung in die Verlegenheit gerät, sich selbst zu belasten. Daher wird man das partielle Schweigen jedenfalls dann nicht verwerten dürfen, wenn davon auszugehen ist, dass der Angeklagte gänzlich von seinem Aussageverweigerungsrecht Gebrauch gemacht hätte, wenn er sich von vornherein über die Gefahr der Selbstbelastung im Klaren gewesen wäre.

122 Aber auch nach Auffassung des BGH liegt kein verwertbares Teilschweigen vor, wenn der Beschuldigte seine Schuld hinsichtlich einer prozessualen Tat in einem Verfahrensschritt zunächst pauschal bestreitet und sich später auf sein Schweigerecht beruft.

Beispiel[106]: T stand im Verdacht, O erschossen zu haben. Bei seiner ersten Vernehmung durch die Polizei erklärte er, er habe „mit der Sache nichts zu tun". Später, bei der richterlichen Vernehmung während der U-Haft machte er unter Berufung auf sein Schweigerecht keine Angaben. In der Hauptverhandlung erklärte T erstmals, nicht er selbst, sondern S habe auf O geschossen. Das Schwurgericht hält T gleichwohl im Sinne der Anklage für schuldig. Wäre S tatsächlich der Täter gewesen, sei nicht zu erklären, weshalb T nicht sofort den wahren Ablauf offenbart habe und stattdessen weiter in der U-Haft verblieben sei. Mit seiner Revision rügt T, das Gericht habe seine Überzeugung fehlerhaft gebildet, indem es aus seinem berechtigten Schweigen nachteilige Schlüsse gezogen habe.

Die Beweiswürdigung des LG war rechtsfehlerhaft, denn es darf nicht als Beweisanzeichen gegen einen Beschuldigten gewertet werden, dass dieser sich erst in der Hauptverhandlung zur Sache eingelassen hat. Anderensfalls unterliefe man den Nemo-tenetur-Grundsatz und entwertete damit das Schweigerecht Beschuldigten (Rn 120). Die pauschale Äußerung des T nach seiner Festnahme, er habe mit der Sache nichts zu tun, war keine Teileinlassung, an welche eine zulässige Verwertung des nachfolgenden Schweigens hätte anknüpfen können. Die Revision ist daher begründet.

123 Auch wenn der Beschuldigte bei mehreren selbstständigen prozessualen Taten zu einer Tat insgesamt schweigt, zu einer anderen hingegen aussagt, geht es nach der Auffassung des BGH zu weit, dem Schweigen bzgl. der einen Tat einen Aussagegehalt bzgl. der anderen Tat zu entnehmen.

Beispiel: A ist wegen Diebstahls *und* wegen Hehlerei angeklagt, weil bislang nicht geklärt werden konnte, ob A wegen Diebstahls oder wegen Hehlerei oder keiner Tat schuldig ist. In der Hauptverhandlung äußert sich A plötzlich bzgl. des Diebstahls und sagt aus, dass er zur Tatzeit bei seiner Freundin gewesen sei. Dieser Aussage möchte der Richter entnehmen, dass A dann die Hehlereitat begangen hat.

Die Tatsache, dass A sich hinsichtlich des Diebstahls zur Sache einlässt, darf nicht dazu führen, dass sein Schweigen hinsichtlich der Hehlerei indiziell gegen ihn verwendet wird.

[104] Vgl. BGHSt **38**, 302, 305; BGH NStZ **2007**, 417, 418 f.
[105] BGHSt **20**, 298, 300; **45**, 367, 369 f.; BGH NStZ **2000**, 494, 495; **2002**, 2260, 2261; NStZ-RR **2005**, 147; NStZ **2007**, 417, 419.
[106] In Anlehnung an BGH NStZ **2007**, 417 ff.

Denn hinsichtlich der Hehlerei hat er sich eben nicht als Beweismittel zur Verfügung gestellt.[107]

K. Nemo tenetur se ipsum procedere (oder -accusare)

Es gehört zum Selbstverständnis eines jeden Rechtsstaats, dass der Beschuldigte nicht gezwungen werden darf, aktiv an seiner Überführung mitzuwirken, insbesondere, sich selbst zu belasten (Rn 120). Dieser Grundsatz hat Verfassungsrang.[108] Materiell abgesichert wird er in der StPO insbesondere durch ein umfassendes Schweigerecht des Beschuldigten sowohl im Ermittlungsverfahren (§ 136 I S. 2 StPO) als auch während der Hauptverhandlung (§ 243 IV S. 1 StPO). Daher dürfen grundsätzlich auch **keine nachteiligen Schlüsse aus dem prozessual zulässigen Schweigen** des Beschuldigten gezogen werden (vgl. bereits oben Rn 121 f.). Auch ist es unzulässig, wenn ein Verdeckter Ermittler einen Beschuldigten, der sich auf sein Schweigerecht beruft, **zur Aussage drängt** und ihm in einer vernehmungsähnlichen Befragung Äußerungen zum Tatgeschehen entlockt[109] (vgl. Rn 1116). Das Gleiche muss auch gelten, wenn der Verdeckte Ermittler die Lage des Beschuldigten ausnutzt, sich sein Vertrauen erschleicht oder zu dem Beschuldigten ein persönliches Abhängigkeitsverhältnis aufbaut (vgl. ebenfalls Rn 1116). Zur sog. „Hörfalle" vgl. Rn 243 f., 756, 1109 und 1114 ff. 124
Eine Missachtung dieser Grundsätze führt regelmäßig zu einem Beweisverwertungsverbot und bei dennoch erfolgter Verwertung zu einem relativen Revisionsgrund gem. § 337 StPO (vgl. ausführlich Rn 1186 ff. und 1268).

Der Grundsatz besteht jedoch nicht uneingeschränkt. So hat der Beschuldigte eine **Erscheinungspflicht**, falls der von der die StA oder vom Gericht zur Vernehmung geladen wird (vgl. §§ 133, 163a III, 216, 230 II StPO). Auch muss der Beschuldigte **Angaben zur Person** machen (vgl. §§ 136, 163a III, 243 IV StPO) und ggf. körperliche Eingriffe dulden (vgl. § 81a StPO). Vgl. daher näher Rn 302 ff. 125

L. In dubio pro reo

Aus einer Gesamtschau aus Art. 1 I GG, Art. 20 III GG, Art. 6 I, II EMRK, §§ 261 und 267 I S. 1 StPO ergibt sich, dass der Angeklagte nur verurteilt werden darf, wenn das Gericht von seiner Schuld überzeugt ist. Es gilt die Unschuldsvermutung. Gelingt es dem Gericht nach Ausschöpfung aller prozessual zulässigen Beweismittel nicht, den Sachverhalt nach seiner Überzeugung zweifelsfrei zu klären (und damit die Unschuldsvermutung zu widerlegen), ist von der für den Angeklagten günstigeren Möglichkeit auszugehen und dieser ggf. sogar freizusprechen. Das ist der Sinn des Satzes in dubio pro reo („Im Zweifel für den Angeklagten"). 126

Strukturell handelt es sich bei dem In-dubio-Grundsatz um eine Beweislastregel, obwohl die h.M. diese Bezeichnung vermeidet, weil es keine Last für den Staat sei, jemanden freizusprechen, wenn dessen Schuld nicht bewiesen werden könne.[110] Unbeschadet der Terminologie ergibt sich aus der Unschuldsvermutung aber, dass die „Beweislast" immer beim Staat liegt: Das Gericht muss bei Zweifeln über die Schuld des Täter zu seinen Gunsten entscheiden. Dabei ist zu beachten, dass der In-dubio-Grundsatz sagt, *was* im Zweifel zu geschehen hat (nämlich zugunsten des Angeklagten zu entscheiden), nicht jedoch, *wann* man zweifeln soll; die Regel ist nur anwendbar, *wenn* das Gericht Zweifel 127

---

[107] Vgl. BGHSt **32**, 140, 145.
[108] BVerfGE **56**, 37, 49. Landläufig wird der genannte Grundsatz Art. 1 I i.V.m. 2 I GG (allgemeines Persönlichkeitsrecht) und Art. 20 III GG (Rechtsstaatsprinzip) zugeschrieben, obwohl er schon lange vor Inkrafttreten des GG bestand.
[109] BGH NJW **2007**, 3138, 3141. Vgl. auch BGH StV **2009**, 225 f.
[110] Vgl. etwa BGH NStZ **2006**, 650 f., der ausdrücklich von „Entscheidungsregel" spricht

hat. Eine Überzeugung des Gerichts von der Schuld des Angeklagten kann man also nicht mit der Begründung angreifen, dass es vernünftigerweise hätte zweifeln sollen. Der In-dubio-Grundsatz soll auch nicht das Gericht dazu anhalten, im Zweifel die günstige Geschehensalternative als wahr zu behandeln.[111] Er soll das Gericht nur daran hindern, ungünstige Rechtsfolgen auszusprechen.[112]

Beispiel: A ist wegen räuberischer Erpressung angeklagt. Der einzige Belastungszeuge (das Tatopfer) kann sich aber weder an den Tathergang noch an das Aussehen des Täters erinnern. Die Behauptung des Angeklagten, er sei zur Tatzeit nicht am Tatort, sondern in dem 30 km entfernten Naturpark „Waldfrieden" gewesen, und könne daher nicht der Täter sein, hat sich nicht beweisen lassen. Das Gericht will daher den In-dubio-Grundsatz anwenden und A des Tatvorwurfs der räuberischen Erpressung freisprechen.

Da der In-dubio-Grundsatz das Gericht nicht dazu anhalten soll, im Zweifel die günstige Geschehensalternative als wahr zu behandeln, sondern nur daran hindern soll, ungünstige Rechtsfolgen auszusprechen, darf es im Urteil daher nicht heißen: „Das Gericht hat Zweifel, ob der Angeklagte am Tatort war und stellt zu seinen Gunsten fest, dass er im Naturpark „Waldfrieden" gewesen ist". Vielmehr muss das Gericht formulieren: „Das Gericht hat Zweifel, ob der Angeklagte am Tatort war und die Tat begangen hat. Er war deshalb vom Tatvorwurf der räuberischen Erpressung freizusprechen".[113]

128 Unstreitig ist der In-dubio-Grundsatz auf Tatsachen anwendbar, die die **Schuld- und Straffrage** (z.B. die Strafzumessung) betreffen. Dazu gehört auch der Fall, dass eine ordentliche Beweisführung nicht möglich ist, weil andere Staatsbehörden, die zur Aufklärung des Sachverhalts beitragen könnten, die Offenlegung von Informationen mit dem Argument des Staatsschutzes verweigern.

Beispiel[114]: A ist wegen der Terroranschläge in den USA am 11.9.2001, d.h. wegen Beihilfe zum Mord in 3066 Fällen und wegen Mitgliedschaft in einer terroristischen Vereinigung, angeklagt. Das Bundesamt für Verfassungsschutz verweigert die Offenlegung von Informationen mit dem Argument der Geheimhaltungsinteressen des Staates. Daher bleibt jedenfalls in Bezug auf den Vorwurf der Beihilfe zum Mord in 3066 Fällen die Beweisführung mangelhaft.

Hier greift der In-dubio-Grundsatz, weil die Schuldfrage nicht zweifelsfrei geklärt werden kann und eine Verurteilung den Anspruch des Angeklagten auf ein faires, rechtsstaatliches Verfahren verletzen würde. A ist daher vom Vorwurf der Beihilfe zum Mord in 3066 Fällen freizusprechen.

129 Umgekehrt ist unstreitig, dass der In-dubio-Grundsatz **keine Anwendung bei der Gesetzesinterpretation** findet.

Beispiel: A ist wegen schwerer Körperverletzung (§ 226 StGB) angeklagt, weil er (und das gilt als bewiesen) den O mit einem Messer in den Rücken gestochen und dieser dadurch eine Niere verloren hat. Das Gericht hat aber Zweifel darüber, ob eine Niere ein Körperglied i.S.v. § 226 I Nr. 2 StGB ist und überlegt, A lediglich wegen gefährlicher Körperverletzung (§ 224 StGB) zu verurteilen.

Hier geht es nicht um eine Unklarheit in Bezug auf die Schuld des A, sondern um eine Frage der Gesetzesauslegung, und zwar um die materiell-rechtliche Frage, ob eine Niere ein Körperglied ist.[115] Ist das Gericht der Überzeugung, dass ein Organ, um als Körperglied eingestuft zu werden, durch ein Gelenk mit dem Rumpf verbunden sein müsse, kommt es zwingend zu dem Ergebnis, dass eine Niere kein Körperglied ist. Dann muss es

---

111 BGH NStZ **2001**, 609; *Volk*, § 18 Rn 19; *Meyer-Goßner*, § 261 Rn 26.
112 Zum Zweifelssatz im Rahmen der richterlichen Beweiswürdigung vgl. auch BGH NStZ-RR **2007**, 86.
113 Vgl. *Volk*, § 18 Rn 19.
114 In Anlehnung an BGH NStZ **2004**, 343 und BGH NStZ **2007**, 230 ff. (Fall El Motassadek).
115 Zum Streit vgl. *Schmidt/Priebe*, StrafR BT I, Rn 367 ff.

bereits den Tatbestand des § 226 StGB verneinen und den Angeklagten *deshalb* vom Tatvorwurf der schweren Körperverletzung freisprechen. Für den In-dubio-Grundsatz ist kein Raum.

Umstritten ist dagegen, ob der In-dubio-Grundsatz auf **Prozessvoraussetzungen** anwendbar ist. 130

Beispiel[116]: A ist wegen Jagdwilderei angeklagt. In der Hauptverhandlung kann allerdings nicht mehr geklärt werden, ob die Tat zum Zeitpunkt der ersten Vernehmung bereits etwas mehr als fünf Jahre zurücklag oder ob noch keine fünf Jahre vergangen waren.

Läge die Tat bereits länger als fünf Jahre zurück, wäre sie nach § 78 III Nr. 4 StGB verjährt (die Höchststrafe liegt bei Jagdwilderei gem. § 292 I StGB bei 3 Jahren, also innerhalb des Rahmens des § 78 III Nr. 4 StGB). Eine Unterbrechung i.S.v. § 78c Nr. 1 StGB käme nicht mehr in Betracht. Es läge somit ein Verfahrenshindernis vor. Läge die Tat indes noch keine fünf Jahre zurück, wäre keine Verjährung eingetreten; A könnte noch verurteilt werden, wenn seine Schuld bewiesen wäre. Fraglich ist, wie das Gericht mit der Unklarheit über den Zeitpunkt der ersten Vernehmung umzugehen hat, ob es den A also wegen des Grundsatzes in dubio pro reo freizusprechen hat.

Die Verfolgungsverjährung ist ein Prozesshindernis – oder umgekehrt ausgedrückt – die Verfolgbarkeit ist eine Prozessvoraussetzung.

⇨ Die Frage, ob bei einer Unklarheit über das Vorliegen einer Prozessvoraussetzung der Grundsatz in dubio pro reo anwendbar ist, wird teilweise verneint mit dem Argument, dass der Grundsatz allein auf das Schuldprinzip bezogen und damit seine Anwendung auf Prozessvoraussetzungen abzulehnen sei.[117]

⇨ Demgegenüber plädiert ein anderer Teil des Schrifttums für seine generelle Geltung auch in diesem Bereich. Da die Prozessvoraussetzungen fundamentale rechtsstaatliche Bedingungen eines Sachurteils darstellten, müsse im Zweifelsfall das Verfahren eingestellt werden.[118]

⇨ Der BGH wollte sich lange Zeit nicht generell festlegen, sondern für jede einzelne Prozessvoraussetzung gesondert bestimmen, ob der In-dubio-Grundsatz auch auf Prozessvoraussetzungen anwendbar ist.[119]

⇨ In einer jüngeren Entscheidung hat sich der BGH jedoch dem heutigen Schrifttum zugewandt und entschieden, dass bei Zweifeln am Vorliegen von Prozessvoraussetzungen, die ja fundamentale, rechtsstaatliche Voraussetzungen eines Sachurteils seien, das Verfahren stets durch Einstellung zu beendet sei.[120]

Die zuletzt genannte Auffassung überzeugt; ihr ist daher zu folgen. Im vorliegenden Fall hat das Gericht daher das Verfahren gegen A nach dem In-dubio-Grundsatz wegen Verjährung einzustellen.

Auf **sonstiges Verfahrensrecht** ist der In-dubio-Grundsatz nicht anwendbar. Behauptet also der Angeklagte, er sei bei der ersten Vernehmung von der Polizei geschlagen worden (vgl. § 136a StPO) und kann diese Behauptung nicht bewiesen werden, bleibt sie bei der Urteilsfindung unberücksichtigt. Das Verwertungsverbot greift nur, wenn der Verstoß nachgewiesen ist.[121] 131

Selbstverständlich ist der In-dubio-Grundsatz auch nicht im Stadium des **Ermittlungsverfahrens** und des **Zwischenverfahrens** anwendbar. Denn die Schuldfrage soll ja 132

---

[116] Vgl. *Engländer*, Rn 26.
[117] *Meyer-Goßner*, § 261 Rn 34.
[118] So *Volk*, § 14 Rn 10.
[119] Vgl. BGHSt **18**, 274, 277 (bejahend für die Verjährung); BGH NStZ **1984**, 520 (bejahend für die Verhandlungsfähigkeit).
[120] BGHSt **46**, 349, 351.
[121] BGHSt **16**, 164, 167; BGH StV **1999**, 354; *Volk*, § 18 Rn 22; *Meyer-Goßner*, § 261 Rn 35.

gerade erst in der Hauptverhandlung geklärt werden. Dagegen bildet im Ermittlungsverfahren und im Zwischenverfahren der (hinreichende) Verdacht die Grundlage von Anklage und Eröffnungsbeschluss, und ein Verdacht ist immer mit Zweifeln behaftet. Die StA wird allerdings, wenn sie Zweifel an der Schuld des Beschuldigten hegt und auch eine Verurteilung für unwahrscheinlich hält, schon gar nicht erst Anklage erheben. Vgl. weiter zum Grundsatz in dubio pro reo Rn 126 und 1137 ff.

M. Grundsatz der Mündlichkeit und der Öffentlichkeit

133 Der Grundsatz der **Mündlichkeit** besagt, dass nur diejenigen Umstände zur Entscheidungsgrundlage gemacht werden können, die in der Hauptverhandlung mündlich vorgetragen wurden. Das geht unmittelbar aus der Formulierung in § 261 StPO („... aus dem Inbegriff der Verhandlung geschöpften Überzeugung"), aber auch aus § 257 StPO hervor und hat zum Hintergrund, dass das Tatgeschehen nicht hinter verschlossenen Türen durch Aktenstudium, sondern aufgrund der mündlichen Erörterung rekonstruiert werden soll. Daraus folgt: Umstände, die in Ermittlungsakten stehen, können bei der Urteilsfindung nur insoweit berücksichtigt werden, als sie in der Hauptverhandlung mündlich erörtert wurden; Urkunden und andere als Beweismittel dienende Schriftstücke müssen gem. § 249 I StPO grundsätzlich[122] verlesen werden; Zeugen müssen grundsätzlich mündlich Bericht erstatten.

> **Beispiel:** Der Zeuge Z ist nicht zur Hauptverhandlung erschienen. Daher legt das Gericht seinem Urteil das polizeiliche Vernehmungsprotokoll über die Zeugenvernehmung des Z zugrunde.
>
> Nach dem oben Gesagten darf ein Urteil nur auf dem mündlichen Inhalt der Hauptverhandlung beruhen. Nur das, was mündlich erörtert worden wurde, ist Inbegriff und Ergebnis der Hauptverhandlung i.S.d. §§ 261, 264 I StPO geworden. Daher war es auch im vorliegenden Fall zwingend ausgeschlossen, das Vernehmungsprotokoll als Aktenbestandteil zu verwerten. An eine Verwertung des Protokolls wäre nur zu denken gewesen, wenn es durch Verlesung - also mündlich - in die Hauptverhandlung eingeführt worden wäre (§ 251 StPO). Wegen des Vorrangs des Personalbeweises vor dem Sachbeweis ist eine solche Verlesung eines Vernehmungsprotokolls anstelle der Zeugenvernehmung aber nur in Ausnahmefällen zulässig (§§ 250 ff. StPO).[123]

134 Mit dem Grundsatz der Mündlichkeit eng verwandt ist der Grundsatz der **Öffentlichkeit**. Dieser aus § 169 GVG, Art. 6 EMRK abgeleitete Grundsatz besagt, dass die Verhandlung vor dem erkennenden Gericht einschließlich der Verkündung des Urteils und der Beschlüsse öffentlich sein muss. Das bedeutet, dass im Rahmen der tatsächlichen Gegebenheiten des Verhandlungsorts die grundsätzliche Möglichkeit des Eintritts beliebiger Zuhörer zu gewährleisten ist. Dies gilt auch bei einem Termin außerhalb des Gerichtssaals (z.B. bei einer Besichtigung des Tatorts). Zwecke des Öffentlichkeitsgrundsatzes sind der Schutz vor einer Geheimjustiz, Stärkung des Vertrauens in die Rechtsprechung sowie die Berücksichtigung des Informationsinteresses der Allgemeinheit. Eine Verletzung des Öffentlichkeitsgrundsatzes ist ein absoluter Revisionsgrund (vgl. § 338 Nr. 6 StPO sowie unten Rn 1249 ff.).

135 Der Grundsatz der Öffentlichkeit ist daher nur gewahrt, wenn zumindest die abstrakte Möglichkeit für jedermann besteht, bei einer Verhandlung anwesend zu sein. Das ist z.B. nicht der Fall, wenn im Sitzungszimmer kein Platz für Zuschauer ist oder wenn ein Ortstermin wahrgenommen werden soll und es das Gericht unterlässt, Ort und Uhrzeit bekannt zu geben. Dagegen stellt es keinen Verstoß gegen den Öffentlichkeitsgrundsatz dar, wenn im Gerichtssaal

---

[122] Eine Ausnahme bildet das in § 249 II StPO geregelte sog. Selbstleseverfahren.
[123] *Kindhäuser*, § 18 Rn 28.

Plätze für Presseangehörige reserviert werden und dadurch der allgemeinen Öffentlichkeit weniger Sitzplätze zur Verfügung stehen. Denn Aufgabe der Presse ist es gerade, über die Medien einem noch größeren Kreis zu ermöglichen, den Prozess mitzuverfolgen (Stichwort: Medienöffentlichkeit).

Freilich kann der Grundsatz der Mündlichkeit und der Öffentlichkeit nicht uneingeschränkt gelten. Denn gerade der Angeklagte, aber auch Zeugen und andere Verfahrensbeteiligte, haben das Bedürfnis, dass bestimmte beruflich oder höchstpersönliche Sachverhalte nicht der Öffentlichkeit preisgegeben werden. Verfassungsrechtlich ist dieses Bedürfnis insbesondere durch Art. 12 I GG (Grundrecht der Berufsfreiheit) und Art. 2 I i.V.m. 1 I GG (Recht auf informationelle Selbstbestimmung als Unterfall des allgemeinen Persönlichkeitsrechts) abgesichert. Von daher unterliegt das Zugangsrecht der Öffentlichkeit verschiedenen Schranken, insbesondere, wenn die Beschränkung zur ordnungsgemäßen Durchführung der Sitzung notwendig ist. 136

- So ist der **allgemeine Ausschluss der Öffentlichkeit** unter den Voraussetzungen der §§ 171a, 171b, 172 GVG zulässig. 137
  - ⇨ Nach § 171a GVG ist der völlige oder teilweise Ausschluss der Öffentlichkeit zulässig, wenn das Strafverfahren die Unterbringung des Beschuldigten in einem psychiatrischen Krankenhaus oder einer Entziehungsanstalt zum Gegenstand hat.
  - ⇨ Nach § 171b GVG ist der Ausschluss der Öffentlichkeit zum Schutz der Privatsphäre eines Prozessbeteiligten, Zeugen oder durch die Tat Verletzten möglich, sofern nicht das Interesse der öffentlichen Erörterung der persönlichen Lebensbereiche überwiegt (Abwägung!).[124]
  - ⇨ Nach § 172 GVG kann die Öffentlichkeit ausgeschlossen werden, wenn
    - ⇨ die Gefährdung des Lebens, des Leibes oder der Freiheit eines Zeugen oder einer anderen Person (Beispiel: Zeugenschutz),
    - ⇨ der Staatssicherheit, der öffentlichen Ordnung oder der Sittlichkeit zu befürchten ist (Beispiel: Verhinderung der Enttarnung eines V-Manns)[125],
    - ⇨ wichtige Geschäfts-, Betriebs-, Erfindungs- oder Steuergeheimnisse zur Sprache kommen, und durch deren öffentliche Erörterung überwiegende schutzwürdige Interessen verletzt würden (Abwägung!),
    - ⇨ ein Privatgeheimnis erörtert wird, dessen unbefugte Offenbarung durch den Zeugen oder Sachverständigen mit Strafe bedroht ist,
    - ⇨ und wenn eine Person unter 16 Jahren vernommen wird.

  In jedem Fall aber erfolgt die Verkündung des Urteils*tenors* öffentlich (§ 173 I GVG). Hinsichtlich der Verkündung der Urteils*gründe* oder eines Teils davon kann das Gericht jedoch durch besonderen Beschluss unter den Voraussetzungen der §§ 171b und 172 GVG die Öffentlichkeit ausschließen (§ 173 II GVG).

- Im **Jugendstrafverfahren** ist gem. § 48 I JGG der Ausschluss der Öffentlichkeit für das gesamte Verfahren einschließlich der Urteilsverkündung zwingend vorgeschrieben. 138

- Auch **einzelne Personen** können ausgeschlossen werden. Die Voraussetzungen sind in §§ 175 ff. GVG geregelt. So können minderjährige Personen, die „unerwachsen" und offensichtlich zu unreif sind, um ernsthaft teilzunehmen, sowie betrunkene, provokante Personen etc. ausgeschlossen werden, wenn anderenfalls „die Würde des Gerichts" verletzt würde (§ 175 I GVG). Während der Sitzung kann ausgeschlossen werden, wer den zur Aufrechterhaltung der Ordnung getroffenen Anordnungen des Vorsitzenden (§ 176 GVG) 139

---

[124] Vgl. dazu ausführlich *R. Schmidt*, Grundrechte, 12. Auflage **2010**, Rn 460, 493 und 510.

[125] Bei Gefährdung der Staatssicherheit gilt aber auch das gesetzliche Veröffentlichungsverbot (vgl. § 174 II GVG). In anderen Fällen kann das Gericht die Geheimhaltung zur Pflicht machen (§ 174 III GVG).

nicht Folge leistet.[126] Den Ausschluss verfügt der Vorsitzende, wenn es um Personen geht, die an der Verhandlung nicht beteiligt sind, sonst das Gericht (§ 177 S. 2 GVG). Nicht in § 177 S. 1 GVG genannt sind Beisitzer, Schöffen, Staatsanwaltschaft, Verteidiger, Rechtsanwälte als Beistand oder Vertreter eines Privatklägers, Nebenklägers oder Nebenbeteiligten. Das bedeutet im Umkehrschluss, dass sie zwar ermahnt und auch zur Ordnung gerufen (§ 176 GVG), nicht aber ausgeschlossen werden können.[127] Auch Ordnungsmittel wegen Ungebühr (§ 178 GVG) sind gegen sie nicht zulässig.[128] Über den Wortlaut des Gesetzes hinaus darf in der Verhandlung gegen den (potentiellen) Täter ausgeschlossen werden, wer Beschuldigter in einem Ermittlungsverfahren wegen Teilnahme oder Anschlussstraftaten ist. Der Grund hierfür liegt in „übergeordneten Verfahrensgesichtspunkten".[129] Schließlich folgt aus § 58 I StPO, dass Zuhörer zum Verlassen des Sitzungssaals aufgefordert werden dürfen, sobald mit der Möglichkeit zu rechnen ist, dass sie **als Zeugen in Betracht kommen**. Das setzt jedoch konkrete, individualisierte Anhaltpunkte voraus.[130]

140 ▪ Schließlich bedeutet Öffentlichkeit nicht Publizität. Daher begrenzt die Regelung des § 169 S. 2 GVG, wonach Medienvertreter keine **Ton- und Bildaufnahmen** während der Hauptverhandlung machen dürfen, lediglich die Reichweite des Schutzbereichs der Rundfunkfreiheit (Art. 5 I S. 2 Var. 2 GG) und ist damit verfassungsgemäß, weil die der Ausübung der Rundfunkfreiheit vorgelagerte Informationsbeschaffung wie die Informationsfreiheit auf „allgemein zugängliche" Quellen begrenzt sind.[131] Die Verfahrensbeteiligten können dagegen Tonbandaufnahmen machen, wenn dies der Vorsitzende im Rahmen seiner Sachleitungsbefugnis (§ 238 StPO) gestattet. Das **Fotografieren** fällt dagegen von vornherein nicht unter § 169 S. 2 GVG, wird aber vom Vorsitzenden in aller Regel nach § 176 GVG untersagt. Notizen und Aufzeichnungen bzw. Zeichnungen dürfen angefertigt werden, wenn nicht sitzungspolizeiliche Gründe dagegen sprechen.

N. Grundsatz der Unmittelbarkeit

141 Da die Kompetenz zur Feststellung der Wahrheit allein beim Gericht liegt, muss auch das Gericht die für die Urteilsfindung bedeutsamen Tatsachen in der Hauptverhandlung selbst feststellen. Das kann es nur, wenn es sich einen möglichst direkten, unvermittelten Eindruck vom Tatgeschehen verschaffen kann (unmittelbare Beweisaufnahme). Das stellt § 261 StPO klar. Jedoch enthält die StPO keine Aussage darüber, welche Beweise „unmittelbar" und welche „mittelbar" wären, bzw., dass das sachnächste Beweismittel benutzt werden müsste. Daher ist prinzipiell – im Übrigen anders als im angloamerikanischen Recht – auch die Vernehmung eines Zeugen vom Hörensagen zulässig, also eines Zeugen, der nicht selbst das Tatgeschehen mitbekommen hat, sondern lediglich über die Äußerungen des „eigentlichen" Zeugen berichtet. Kann dieser „eigentliche" Zeuge (sozusagen der „Primärzeuge") aber noch aussagen, muss er auch in der Hauptverhandlung vernommen werden. Auch darf die Vernehmung in der Hauptverhandlung grds. nicht durch Verlesung des Protokolls über eine frühere Vernehmung oder eine schriftliche Erklärung ersetzt werden, § 250 StPO. Vgl. dazu ausführlich Rn 889 ff. und Rn 980 ff.

---

[126] Vgl. dazu BVerfG NJW **2008**, 977, 978 f.
[127] Vgl. auch *Meyer-Goßner*, § 177 GVG Rn 3. Mit „Parteien" i.S.v. § 177 S. 1 GVG sind gemeint: Der Privat- und der Nebenkläger, der Verfalls- oder Entziehungsberechtigte (§§ 431, 442 I, II StPO) und der Vertreter der bußgeldberechtigten juristischen Person oder Personenvereinigung (§ 444 StPO).
[128] *Volk*, § 18 Rn 32.
[129] Vgl. BGHSt **3**, 386, 388.
[130] Vgl. BGHSt **3**, 386, 388; BGH NStZ **2001**, 163; BGH StV **2003**, 659; *Volk*, § 18 Rn 33.
[131] Vgl. BVerfGE **103**, 44, 59 ff. und ausführlich *R. Schmidt*, Grundrechte, 12. Aufl. **2010**, Rn 480 ff.

O. Grundsatz des rechtlichen Gehörs

Das in Art. 103 I GG niedergelegte grundrechtsgleiche Recht auf rechtliches Gehör vor Gericht ist eine Ausprägung des Rechtsstaatsprinzips[132] und des Menschenwürdeschutzes[133]. Der Einzelne darf nicht Objekt richterlicher Entscheidung sein, sondern muss vor einer Entscheidung, die seine Rechte betrifft, zu Wort kommen dürfen, um als Subjekt Einfluss auf das Verfahren und dessen Ergebnis nehmen zu können.[134] **142**

Rechtliches Gehör bedeutet, dass der Betroffene vor Erlass einer Entscheidung in tatsächlicher und rechtlicher Hinsicht grundsätzlich die Möglichkeit hat, sich zur Sache zu äußern.[135] Insbesondere ist ihm bei Beendigung der Hauptverhandlung das letzte Wort zu gewähren (so leitet der Vorsitzende das Ende der Hauptverhandlung ein, indem er sagt: „Der Angeklagte hat das letzte Wort", vgl. §§ 258 II, 326 S. 2, 351 II StPO. **143**

Da das Recht auf rechtliches Gehör nur dann sinnvoll wahrgenommen werden kann, wenn der Betroffene vollständig über den Verfahrensstoff einschließlich der Auffassungen gerichtlicher Sachverständiger und die Argumente der Gegenseite informiert ist und erkennen kann, worauf es dem Gericht für seine Entscheidung ankommt, setzt rechtliches Gehör zum einen ein entsprechendes Informationsrecht voraus.[136] Zum anderen ist es mit dem bloßen Äußern-Können nicht getan: Das Gericht muss das Vorbringen auch zur Kenntnis nehmen und in Erwägung ziehen.[137] **144**

Das Recht auf rechtliches Gehör wird durch zahlreiche Vorschriften der StPO konkretisiert und ausgedehnt, z.B. §§ 33 f., 163a, 201, 243 IV, 257 I, 258, 308 I, 311 III, 311a, 324 II, 326, 350 II StPO. Dem rechtlichen Gehör dienen dabei nicht nur Vorschriften, die eine Anhörung bestimmen, sondern auch solche, die Informations- und Hinweispflichten der Strafverfolgungsorgane begründen und damit die Voraussetzungen schaffen, dass die zu hörende Person von ihrem Recht effektiven Gebrauch machen kann, z.B. das Recht auf Akteneinsicht aus § 147 StPO.[138] **145**

Das rechtliche Gehör ist allerdings bei vorläufigen Maßnahmen und Eilmaßnahmen nicht immer möglich, weil sonst der Rechtsschutz und die Rechtspflege als solche verfehlt werden könnten. Ist das rechtliche Gehör dementsprechend unterblieben, muss es aber unverzüglich nachgeholt werden (§ 33a StPO).[139] **146**

Auch im Ermittlungsverfahren kann das rechtliche Gehör vor einer richterlichen Entscheidung ausnahmsweise entfallen, wenn dadurch der Untersuchungszweck gefährdet würde (§ 33 IV S. 1 StPO). Das kann z.B. der Fall sein, wenn der Beschuldigte durch die Anhörung vorzeitig Kenntnis von einer Maßnahme erhält und daraufhin ihren Zweck vereiteln könnte. Ist vor einer Maßnahme kein rechtliches Gehör gewährt worden, muss es unverzüglich nachgeholt werden (§ 33a StPO).[140] **147**

Grundsätzlich stellt jedes Zurückbleiben hinter den dargestellten Anforderungen eine Verletzung des grundrechtsgleichen Rechts aus Art. 103 I GG dar, die mit der Verfassungsbeschwerde vor dem BVerfG geltend gemacht werden kann.[141] Funktion und Orga- **148**

---

[132] BVerfGE **9**, 89, 95; **39**, 156, 168; **70**, 180, 188; **74**, 220, 224; **107**, 395, 409.
[133] BVerfGE **55**, 1, 6; **63**, 332, 337; BGHZ **118**, 312, 321.
[134] BVerfG NJW **2003**, 1926.
[135] BVerfGE **69**, 145, 148; BVerfG NJW **2005**, 3410, 3414; OLG Düsseldorf NJW **2006**, 3798 f.
[136] BVerfGE **55**, 95, 99; **86**, 133, 144 f.
[137] St. Rspr.; vgl. nur BVerfGE **70**, 288, 293.
[138] *Kindhäuser*, § 18 Rn 20.
[139] BVerfGE **18**, 399, 404.
[140] *Kindhäuser*, § 18 Rn 21.
[141] *R. Schmidt*, Grundrechte, 12. Aufl. **2010**, Rn 1011.

nisation des Rechtsschutzsystems führen allerdings dazu, in folgenden Fällen *keinen* Eingriff anzunehmen[142]:

- Ist das Fehlen des rechtlichen Gehörs für die gerichtliche Entscheidung *unerheblich* oder beruht die gerichtliche Entscheidung nicht auf dem fehlenden rechtlichen Gehör, ist ein Eingriff zu verneinen. Das ist insbesondere dann der Fall, wenn ausgeschlossen werden kann, dass die Gewährung des rechtlichen Gehörs zu einer anderen, für den Betroffenen günstigeren Entscheidung geführt hätte.[143]
- Auch wenn ein zunächst unterbliebenes rechtliches Gehör in derselben Instanz oder in der Rechtsmittelinstanz, nicht aber in einem neuen gerichtlichen Verfahren, nachgeholt worden ist[144], ist ein Eingriff zu verneinen.

[142] Vgl. *R. Schmidt*, Grundrechte, 12. Aufl. **2010**, Rn 1017.
[143] BVerfGE **89**, 381, 392 f.
[144] BVerfGE **5**, 9, 10; **42**, 172, 175.

4. Kapitel – Die Prozessvoraussetzungen

A. Rechtsnatur der Prozessvoraussetzungen

Prozessvoraussetzungen sind Verfahrensvoraussetzungen. Fehlt eine Prozessvoraussetzung, liegt ein Verfahrenshindernis vor. Das Gericht darf dann kein Sachurteil fällen, d.h. keine Entscheidung treffen, ob eine Straftat vorliegt (Verurteilung) oder nicht (Freispruch). Vielmehr hat das Gericht bei Fehlen einer Prozessvoraussetzung das Verfahren durch Prozessurteil zu beenden. Durch Prozessurteil wird das Verfahren im Ergebnis für unzulässig erklärt, sodass das Verfahren einzustellen ist. **149**

Die Prozessvoraussetzungen sind vom Gericht von Amts wegen während des gesamten Verfahrens zu prüfen. Hierfür gilt das Freibeweisverfahren. Lediglich, wenn für die Feststellung des Prozesshindernisses der anderweitigen Rechtshängigkeit die Klärung von Tatsachen erforderlich ist, die auch die angeklagte Straftat betreffen, ist diese dem Strengbeweisverfahren der Hauptverhandlung vorbehalten.[145] **150**

B. Die wichtigsten Prozessvoraussetzungen

Die wichtigsten Prozessvoraussetzungen sind: **151**

1. Sachliche und örtliche Zuständigkeit des Gerichts

- ⇨ deutsche Gerichtsbarkeit, §§ 18-20 GVG
- ⇨ Zulässigkeit des Strafrechtswegs, § 13 GVG
- ⇨ sachliche, aber v.a. örtliche Zuständigkeit nach Maßgabe des GVG und der StPO

2. Sachliche Prozessvoraussetzungen[146]

- ⇨ keine anderweitige Rechtshängigkeit[147]
- ⇨ keine entgegenstehende Rechtskraft (ne bis in idem), Art. 103 III GG
- ⇨ keine Strafverfolgungsverjährung, §§ 78 ff. StGB
- ⇨ Vorliegen eines Strafantrags (soweit erforderlich), einer Ermächtigung oder eines Strafverlangens (§§ 77 ff. StGB)
- ⇨ ordnungsgemäße Anklage
- ⇨ ordnungsgemäßer Eröffnungsbeschluss

3. Persönliche Prozessvoraussetzungen

- ⇨ Strafmündigkeit, § 19 StGB
- ⇨ kein Tod des Angeklagten
- ⇨ Verhandlungsfähigkeit, d.h. die Fähigkeit des Beschuldigten, in oder außerhalb der Hauptverhandlung seine Interessen vernünftig wahrzunehmen, die Verteidigung in verständlicher und verständiger Weise zu führen und Prozesserklärungen abzugeben und entgegenzunehmen).[148]
- ⇨ keine Immunität, Art. 46 II, IV GG

---

[145] BGH NJW **2001**, 1734; *Joecks*, Einl. Rn 67.

[146] Werden Prozessvoraussetzungen in der Examensprüfung zu thematisieren sein, wird der Schwerpunkt in den sachlichen Prozessvoraussetzungen liegen.

[147] Rechtshängigkeit tritt ein mit Erlass des Eröffnungsbeschlusses.

[148] BGHSt **41**, 16, 18.

C. Folgen von Verfahrenshindernissen

152 Die Folgen einer mangelnden Prozessvoraussetzung hängen vom Stadium des Verfahrens ab.[149]

1. Ermittlungsverfahren (staatsanwaltschaftliches Verfahren)

⇨ Bei endgültigem Prozesshindernis (z.B. Tod) erfolgt eine Einstellung nach § 170 II StPO.

⇨ Demgegenüber wird bei vorübergehendem Verfahrenshindernis (z.B. schwere, aber terapierbare Krankheit) das Verfahren analog § 205 StPO nur vorläufig eingestellt.

2. Zwischenverfahren (gerichtliches Verfahren)

⇨ Bei endgültigem Prozesshindernis wird die Eröffnung des Hauptverfahrens durch Beschluss des Gerichts gem. § 204 StPO abgelehnt.

⇨ Bei nur vorübergehendem Verfahrenshindernis kommt es nur zur vorläufigen Einstellung gem. § 205 StPO.

3. Hauptverfahren (gerichtliches Verfahren)

⇨ Bei endgültigem Hindernis kommt es zur Einstellung des Verfahrens durch Prozessurteil gem. § 260 III StPO; außerhalb der Hauptverhandlung erfolgt die Einstellung durch Beschluss gem. § 206a StPO.

⇨ Ein vorübergehendes Prozesshindernis führt wiederum zur vorläufigen Einstellung durch Beschluss gem. § 205 StPO analog.

---

[149] Vgl. zu den folgenden Angaben auch die (nahezu wörtlich übereinstimmenden) Ausführungen bei *Engländer*, Rn 9; *Kindhäuser*, § 14 Rn 28 ff.; *Joecks*, Einl. Rn 69.

5. Kapitel – Überblick über die Verfahrensbeteiligten

Im Strafverfahren sind in der Regel folgende Personen/Institutionen beteiligt[150]: 153

- Die Staatsanwaltschaft (Rn 154 ff.)
- Die Polizei (Rn 171 ff.)
- Die Strafverteidigung (Rn 184 ff.)
- Das Gericht (Rn 198 ff.)
- Der Beschuldigte (Rn 216 ff.)
- Die Beweisperson (Rn 245 ff.)
- Der Verletzte (Rn 301)

A. Die Staatsanwaltschaft

I. Aufgaben

Im System der Gewaltenteilung (vgl. Art. 1 III, 20 II S. 2, III GG) ist die Staatsanwaltschaft (StA) Bestandteil der zweiten Gewalt, der Exekutive[151], und ist daher ein dem Gericht gleichgeordnetes, unabhängiges Organ der Strafrechtspflege (insoweit lediglich klarstellend § 150 GVG). Ihr obliegt die Aufgabe der Strafverfolgung und der Mitwirkung im Strafverfahren, insbesondere bei Vorliegen eines Anfangsverdachts einer Straftat den Sachverhalt zu erforschen (vgl. §§ 152 II, 170 I StPO), das Ermittlungsverfahren einzuleiten (vgl. §§ 160, 161 I StPO) und im Zwischen- und im Hauptverfahren die Anklage zu vertreten (vgl. §§ 152 I, 243 III, 226 StPO). Darüber hinaus ist sie Strafvollstreckungsbehörde (vgl. § 451 StPO). Zur Verhütung von Straftaten ist sie – soweit gesetzlich nichts anderes bestimmt ist – dagegen nur insoweit zuständig, als mit der Verfolgung von Straftaten auch die Verhütung weiterer Straftaten verbunden ist. Diese Erkenntnis ist wichtig, wenn Maßnahmen der Strafverfolgung und der Gefahrenabwehr zusammentreffen („doppelfunktionale Maßnahmen"). Denn das Weisungsrecht der StA gegenüber der Polizei beschränkt sich auf die Strafverfolgung (vgl. § 163 II StPO, 152 I GVG) und erfasst nicht die Gefahrenabwehr. Vgl. dazu näher im Folgenden. 154

II. Organisation, Zuständigkeit und Weisungsbefugnisse

Die StA ist ein hierarchisch aufgebautes Organ der Rechtspflege, §§ 141 ff. GVG. Sie ist parallel zu den Gerichten organisiert (vgl. Rn 198 ff.). Staatsanwaltschaften werden – vom BGH und von den Oberlandesgerichten einmal abgesehen – dort eingerichtet, wo es ein Landgericht (LG) gibt. Zwar spricht § 141 GVG von „bei jedem Gericht" und erfasst somit auch Amtsgerichte (AG), jedoch ist man sich einig, dass § 141 GVG dem Sinn nach nur verlangt, dass für jedes Gericht eine StA *als Anklagebehörde zuständig* ist. Daher widerspricht es § 141 GVG nicht, wenn die landesrechtlichen Ausführungsgesetze zur GVG bestimmen, dass beim AG die staatsanwaltlichen Aufgaben von der StA des übergeordneten LG wahrgenommen werden (vgl. z.B. Art. 12 II S. 1 BayAGGVG, § 8 II S. 1 BaWüAGGVG). 155

---

[150] Auf den Privatkläger und den Nebenkläger soll an dieser Stelle nicht eingegangen werden, vgl. dazu Rn 1307 ff. und Rn 1317 ff.

[151] BVerfGE **103**, 142, 156; BVerfG NJW **2002**, 815. Vgl. dazu näher *R. Schmidt*, Staatsorganisationsrecht, 9. Aufl. **2009**, Rn 160 ff.

156 Gemäß § 142 I GVG wird das Amt der StA wie folgt ausgeübt:

- Beim BGH besteht die Bundesanwaltschaft mit Bundesanwälten und dem Generalbundesanwalt an der Spitze (§ 142 I Nr. 1 i.V.m. §§ 142a, 148, 149 GVG).
- Bei den Oberlandesgerichten besteht eine Generalstaatsanwaltschaft mit dem Generalstaatsanwalt (GenStA) als Behördenleiter (§ 142 I Nr. 2 GVG).
- An den Landgerichten wird das Amt der StA jeweils durch eine eigene StA ausgeübt, der ein Leitender Oberstaatsanwalt (Ltd. OStA) vorsteht (§ 142 I Nr. 2 GVG).
- Bei den Amtsgerichten wird gem. § 142 I Nr. 3 GVG die Anklage durch einen oder mehrere Staatsanwälte oder Amtsanwälte vertreten.

157 An der Spitze der Staatsanwaltschaft beim BGH steht als „erster Staatsanwalt" (§ 144 GVG spricht insoweit von „Behördenleiter", für den der einzelne StA immer nur als „Vertreter" handelt – sog. **monokratische** Struktur der Staatsanwaltschaft) also der Generalbundesanwalt, beim OLG der Generalstaatsanwalt (GenStA) und beim Landgericht der Leitende Oberstaatsanwalt (Ltd. OStA). Diese Staatsanwaltschaften haben ihre eigene Zuständigkeit (§§ 142, 142a GVG). Beim Amtsgericht gibt es keine Staatsanwaltschaft, sondern allenfalls eine Zweig- oder Außenstelle der Staatsanwaltschaft beim Landgericht (s.o.). In Sachen, die zur Zuständigkeit des Strafrichters gehören (§ 25 GVG), kann ein Amtsanwalt tätig werden (vgl. etwa Art. 14 I BayAGGVG).

158 Gemäß §§ 146, 147, 150 GVG sind die Staatsanwaltschaften nicht nur monokratisch, sondern auch **hierarchisch** organisiert: Auf Landesebene unterstehen die einzelnen Staatsanwälte dem jeweiligen Behördenleiter. Diese wiederum unterstehen dem Justizminister des Landes (was bedeutet, dass auch die einzelnen Staatsanwälte den Weisungen ihres Justizministers unterstehen, vgl. § 146 GVG). Dagegen ist die Bundesanwaltschaft den Staatsanwaltschaften der Länder nicht übergeordnet. Denn Justiz ist Ländersache. Die normale Zuständigkeit der Bundesanwaltschaft besteht darin, die Anklage im Verfahren vor dem BGH zu vertreten (also Revisionssachen). Daneben gibt es eine Sonderzuständigkeit für gewisse Fälle, für die in erster Instanz das OLG zuständig ist (§ 142a GVG). Die Bundesanwaltschaft ist dem Bundesjustizminister unterstellt (§§ 146, 147 Nr. 1 GVG).

159 Die monokratische und hierarchische Struktur der Staatsanwaltschaften üben v.a. in der Praxis Einfluss auf die Reichweite der Weisungsbefugnis aus:

160 **Devolutivrecht:** Gemäß § 145 I Var. 1 GVG sind die ersten Beamten (Behördenleiter) der StA berechtigt, jederzeit einzelne Amtsverrichtungen oder auch den gesamten Fall selbst zu übernehmen.

> **Beispiel:** In einem Mordprozess ist Staatsanwalt X mit der Sitzungsvertretung betraut. Da der Ltd. OStA mit der Vorgehensweise von X nicht einverstanden ist, übernimmt er selbst den Fall.
>
> Das Vorgehen des Ltd. OStA ist rechtens, weil § 145 I Var. 1 GVG ihm diese Befugnis verleiht. Es gibt nur einen gesetzlichen Richter, nicht auch einen gesetzlichen StA (vgl. Art. 101 I S. 2 GG, § 16 I S. 2 GVG).

161 Dem Justizminister dagegen steht trotz der Regelung des § 147 GVG das Devolutivrecht nicht zu, da er kein erster Beamter der Staatsanwaltschaft ist.

162 **Substitutionsrecht:** § 145 I Var. 2 GVG verleiht dem Behördenleiter darüber hinaus das Recht, jederzeit einen anderen als den zunächst zuständigen StA mit der Wahrnehmung einer Aufgabe zu betrauen. Handelt es sich bei dem Behördenleiter um den GenStA, kann dieser auch eine andere Staatsanwaltschaft mit dem Fall betrauen.

Beispiel: In einem Mordprozess ist Staatsanwalt X mit der Sitzungsvertretung betraut. Da der Ltd. OStA mit der Vorgehensweise von X nicht einverstanden ist, setzt er Staatsanwalt Y ein, der von nun ab den Fall anstelle des X weiterführen soll.

Auch dieses Vorgehen des Ltd. OStA ist rechtens, weil § 145 I Var. 2 GVG ihm diese Befugnis verleiht.

Anders als die Devolutivbefugnis steht die Substitutionsbefugnis auch dem Justizminister **163**
zu. Denn in diesem Fall wird der Justizminister ja nicht als StA tätig, sondern er macht lediglich von seinem Recht zur Aufsicht und Leitung (§ 147 GVG) Gebrauch.

Beispiel: In einem Mordprozess ist Staatsanwalt X mit der Sitzungsvertretung betraut. Da der Landesjustizminister mit der Vorgehensweise von X nicht einverstanden ist, setzt er Staatsanwalt Y ein, der von nun ab den Fall anstelle des X weiterführen soll.

Das Vorgehen des JM ist rechtens, weil § 147 Nr. 2 GVG ihm diese Befugnis verleiht. Der JM könnte sogar einen StA eines anderen LG oder OLG beauftragen.

Weisungsrecht: §§ 146, 147 GVG berechtigt Justizminister und Behördenleiter, ihren **164**
Beamten dienstliche Anweisungen zu geben, denen diese nachkommen müssen. Dabei wird das Weisungsrecht des Justizministers (§§ 146, 147 Nr. 1, 2 GVG) – da dieser kein StA ist – als externes Weisungsrecht und das Weisungsrecht der Behördenleiter (§§ 146, 147 Nr. 3 GVG) als internes Weisungsrecht bezeichnet. Das externe Weisungsrecht kann in ein internes umgewandelt werden, etwa wenn der JM dem GenStA eine Weisung erteilt und dieser die Weisung an den Ltd. OstA bzw. an den StA weitergibt.

Weisungen können im Übrigen individuell oder generell (d.h. allgemein) erfolgen. Allgemeine Weisungen sind insbesondere in den RiStBV enthalten.

Überblick: Weisungshierarchie

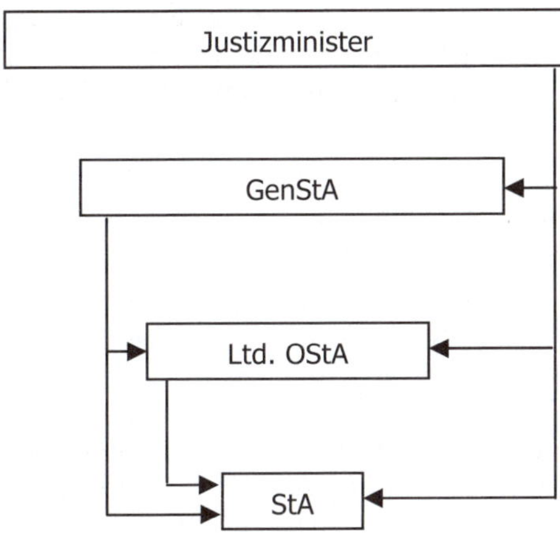

III. Reichweite und Grenzen der Weisungsbefugnisse

Unstreitig besteht gem. § 146 GVG ein Weisungsrecht im Rahmen des Opportunitäts- **165**
prinzips (§§ 374, 376, 153 ff. StPO).

Beispiele:

(1) Bei Staatsanwalt X ist eine Anzeige gegen T wegen Hausfriedensbruchs (§ 123 StGB) eingegangen. Da X aber kein öffentliches Interesse an der Strafverfolgung sieht, will er von der Erhebung der öffentlichen Anklage absehen und den Geschädigten auf den Privatklageweg verweisen (§§ 376, 374 I Nr. 1 StPO). Da es sich bei dem Geschädigten aber um den Präsidenten des OLG handelt, nimmt sich der Ltd. OStA der Sache an und trifft die Entscheidung, dass das öffentliche Interesse an der Strafverfolgung sehr wohl gegeben sei. Er erteilt X die Weisung, den Fall zur Anklage zu bringen. ⇨ Rn 167.

(2) Diesmal ist X mit einem Diebstahlsdelikt (§ 242 StGB) befasst. T soll bei einem Wochenmarkt von einem Obst- und Gemüsestand einige Äpfel gestohlen haben. Da es sich bei dem Geschädigten aber um einen angesehenen Geschäftsmann der Stadt handelt, will X den Fall zur Anklage bringen. Doch der Ltd. OStA sieht in diesem Fall kein öffentliches Interesse an der Strafverfolgung und weist X an, das Verfahren gem. § 153 StPO einzustellen. ⇨ Rn 166.

166 Ebenso ist klar, dass das Weisungsrecht seine Grenzen im Legalitätsprinzip (§ 152 II StPO) und den dieses Prinzip strafrechtlich schützenden Bestimmungen der §§ 344, 345, 258a StGB findet. Diese Grenzen gelten selbstverständlich auch für den Justizminister. Verstößt der Vorgesetzte also gegen eine gesetzliche Bestimmung, ist klar, dass diese rechtswidrige Weisung in einem Rechtsstaat keinen Bestand haben kann. Fraglich ist allein, ob der StA eine (in seinen Augen) rechtswidrige Weisung befolgen muss. Es ist zu differenzieren:

- Hat der StA unüberwindliche Bedenken gegen die Rechtmäßigkeit einer dienstlichen Anordnung, trifft ihn eine zweifache Remonstrationspflicht, wie sie das für ihn geltende Beamtenrecht vorsieht (vgl. § 63 II BBG bzw. 36 II BeamtStG und die entsprechenden Bestimmungen der Landesbeamtengesetze). Der StA ist also verpflichtet, seine Bedenken seinem unmittelbaren Vorgesetzten mitzuteilen, und sich dann ggf. gegen dessen Entscheidung an den nächsthöheren Vorgesetzten zu wenden. Bestätigt dieser die Anordnung, muss der StA sie grds. ausführen.[152]
- Jedoch darf ein StA eine rechtswidrige Weisung auch nach vergeblicher Remonstration nicht befolgen, wenn das ihm aufgetragene Verhalten eine Straftat, eine Ordnungswidrigkeit oder eine Verletzung der Menschenwürde darstellen würde und die Strafbarkeit, Ordnungswidrigkeit oder Verletzung der Menschenwürde für ihn erkennbar ist. Anderenfalls macht er sich möglicherweise sogar wegen Strafvereitelung im Amt (§ 258a StGB) strafbar.

Beispiel: Staatsanwalt S ermittelt gegen den Politiker P wegen des Verdachts der Bestechlichkeit und der Untreue. Da aber Bundestagswahlen anstehen, weist ihn der Landesjustizminister an, das Verfahren einzustellen.

Hier ist die Weisung offensichtlich rechtswidrig, weil sich der Justizminister wegen vollendeter bzw. versuchter[153] Strafvereitelung im Amt strafbar macht. S ist sogar verpflichtet, die Weisung nicht zu befolgen; anderenfalls macht er sich ebenfalls wegen (versuchter) Strafvereitelung strafbar.

Ob sich im **Beispiel (2)** von Rn 165 der Ltd. OStA wegen (versuchter) Strafvereitelung im Amt strafbar gemacht hat, ist eine Tatfrage. Nimmt man dies an, darf X die Weisung nicht befolgen; anderenfalls macht auch er sich nach § 258a StGB strafbar.

167 Freilich ist das Recht, die (vermeintlich) rechtswidrige Weisung nicht befolgen zu müssen, für den Weisungsempfänger nicht ganz risikolos. Denn irrt sich dieser hinsichtlich der Unverbindlichkeit der Weisung, meint also, zur Weigerung befugt zu sein, obwohl die Weisung objektiv rechtmäßig ist, setzt er sich disziplinarrechtlichen Konsequenzen aus.

---

[152] KK-*Schoreit*, § 147 GVG Rn 11; *Meyer-Goßner*, § 147 GVG Rn 7; a.A. *Beulke*, StrafProzR, Rn 85, was jedoch mit dem Wortlaut der genannten beamtenrechtlichen Bestimmungen schwer vereinbar ist.

[153] Zum Zeitpunkt der Tathandlung steht noch nicht fest, ob P die ihm vorgeworfenen Delikte tatsächlich begangen hat. §§ 258, 258a StGB setzen aber eine tatsächlich begangene Tat voraus; fehlt es an dieser, kommt nur eine versuchte Strafvereitelung in Betracht.

Er macht sich möglicherweise sogar wegen Strafvereitelung im Amt (§ 258a StGB) strafbar, wenn die objektiv rechtmäßige Weisung auf die Durchführung der weiteren Strafverfolgung gerichtet ist und der StA weisungswidrig das Verfahren einstellt.

Unterstellt man im **Beispiel (1)** von Rn 165, dass die Weisung des Ltd. OStA rechtmäßig war und weigert sich X, dieser Weisung Folge zu leisten, macht er sich ggf. wegen Strafvereitelung im Amt strafbar.

IV. Bindung des/der StA an die Rechtsprechung?

Zwar wurde bei Rn 154 unter Bezugnahme auf Art. 1 III, 20 II S. 2, III GG, § 150 GVG gesagt, dass im System der Gewaltenteilung die StA Bestandteil der Exekutive und sie daher ein dem Gericht gleichgeordnetes, unabhängiges Organ der Strafrechtspflege sei. Fraglich ist aber, ob diese von den Gerichten unabhängige Stellung dem einzelnen StA das Recht einräumt, von der Erhebung der öffentlichen Anklage abzusehen, wenn er das Verhalten des Beschuldigten für nicht strafbar hält, er andererseits aber weiß, dass die Rechtsprechung wohl zu einer Verurteilung käme, weil sie eine andere Rechtsauffassung vertritt. Immerhin läuft der StA Gefahr, sich wegen Strafvereitelung im Amt strafbar zu machen, wenn er eine Anklage unterlässt, wegen des Legalitätsprinzips die Sache aber zur Anklage hätte bringen müssen. Vgl. dazu ausf. Rn 93. 168

V. Ablehnbarkeit eines StA wegen Besorgnis der Befangenheit?

Fraglich ist, ob ein StA wegen Besorgnis der Befangenheit abgelehnt werden kann. 169

Beispiel: T ist wegen gewerbsmäßigen Betrugs angeklagt. Die Vertretung der Anklage wird von StA S wahrgenommen. Da T in Erfahrung bringt, dass S der Bruder einer Geschädigten ist, lässt er über seinen Verteidiger den Antrag stellen, S wegen Besorgnis der Befangenheit abzulehnen.

Ein Ausschluss von Gerichtspersonen wegen der Besorgnis der Befangenheit ist in § 22 StPO vorgesehen.[154] Dort wird aber nur der Richter, nicht auch der StA genannt. Das lässt zwei juristisch gangbare Wege zu: Man kann eine planwidrige Regelungslücke annehmen und eine analoge Anwendung auf Staatsanwälte bejahen[155] oder man zieht den Umkehrschluss und lehnt dann mangels gesetzlicher Grundlage die Möglichkeit eines Ausschlusses eines StA wegen der Besorgnis der Befangenheit ab[156].

Für eine analoge Anwendung des § 22 StPO auf StA spricht, dass es mit dem Gebot des rechtsstaatlichen Verfahrens kaum vereinbar wäre, wenn ein StA in Verfahren mitwirkte, in denen er selbst Verletzter, mit dem Beschuldigten oder Verletzten verwandt oder verschwägert, als Richter, Polizeibeamter, Verteidiger oder Anwalt des Verletzten tätig oder anderweitig mit der Sache beschäftigt war. Insbesondere würde das in § 160 II StPO statuierte Postulat, dass der StA nicht nur die zur Belastung, sondern auch die zur Entlastung dienenden Umstände zu ermitteln hat, gefährdet, wenn ein befangener StA die Anklage vertreten dürfte.

Gleichwohl lehnt die h.M. eine analoge Anwendung des § 22 StPO mit der Begründung ab, dass die Regelungslücke nicht planwidrig sei, weil der Gesetzgeber es mehrfach explizit abgelehnt habe, eine entsprechende Regelung zu treffen (sog. absichtsvolles Unterlassen).

Respektiert man den Willen des Gesetzgebers, kann ein befangener StA nicht von Rechts wegen von den Prozessparteien abgelehnt werden. Diesen bleibt lediglich die Möglichkeit,

---

[154] Vgl. dazu ausführlich Rn 199 ff.

[155] *Arloth*, NJW **1983**, 207, 209. Dem sich anschließend (die Primärquelle *Arloth* jedoch verschweigend) *Kindhäuser*, § 5 Rn 18.

[156] So die h.M., vgl. BGH NJW **1980**, 845; NJW **1984**, 1907, 1908; NStZ **1991**, 595; *Pfeiffer*, § 22 Rn 3; SK-*Rudolphi*, Vor § 22 StPO Rn 41.

beim Dienstvorgesetzten des StA darauf hinzuwirken, dass dieser den StA nach §§ 145, 146 GVG ablöst. Wegen des Grundsatzes des fairen Verfahrens wird man aber zumindest vom Gericht verlangen können, dass dieses auf eine solche Ablösung hinwirkt.

Auf keinen Fall führt die Befangenheit des StA zur Nichtigkeit des Urteils. Es kommt aber ein Revisionsgrund gem. § 337 StPO wegen Verletzung des Fair-trial-Grundsatzes in Betracht.[157]

170 Nichts mit der vorgenannten Besorgnis der Befangenheit hat es zu tun, wenn der am Prozess teilnehmende StA als Zeuge vernommen wird (sog. **Zeugenstaatsanwalt**). Nach h.M. ist dies möglich. Auch kann er nach der Tätigung der Aussage weiter als Vertreter der Anklage auftreten, wenn sich der Inhalt seiner Zeugenaussage erst aus seiner dienstlichen Befassung mit der Sache ergeben hat. Allerdings ist dafür Sorge zu tragen, dass durch Hinzuziehung eines weiteren StA der Zeugenstaatsanwalt seine Aussage nicht im Schlussvortrag selbst würdigen muss.[158]

B. Die Polizei

I. Doppelfunktion der Polizei

171 Der Staat hat auf der einen Seite einen Schutzauftrag, d.h. den Auftrag, sich schützend und fördernd vor die Rechtsgüter der Bürger zu stellen, insbesondere Gefahren abzuwehren und den Eintritt von Schäden zu verhindern. Auf der anderen Seite obliegt dem Staat die Aufgabe, die Strafrechtspflege wahrzunehmen, d.h. den staatlichen Strafanspruch durchzusetzen. Um diese Aufgaben zu erfüllen, bedient er sich verschiedener Organe der Justiz und der Exekutive. Da die Justizbehörden aber i.d.R. (von den Justizvollzugsbeamten abgesehen) nicht über eigene Vollzugsbeamte verfügen, bedienen sie sich der Vollzugspolizei. Diese hat somit zwei Aufgabenbereiche, die Abwehr von Gefahren und die Unterstützung der Justizbehörden im Bereich der Strafrechtspflege. Man spricht von einer **Doppelfunktion der Polizei**:

- **präventives** Handeln: Handeln zur Gefahrenabwehr
- **repressives** Handeln: Handeln zur Strafverfolgung/Ordnungswidrigkeitenahndung

II. Gesetzliche Verankerung der Doppelfunktion

172 Sofern für das **Gefahrenabwehrrecht** keine Gesetzgebungskompetenz des Bundes besteht, bleibt es wegen Art. 30, 70 I GG bei der Grundregel, dass die Länder zuständig sind. Das betrifft insbesondere das allgemeine Polizei- und Ordnungsrecht. Für den Bereich des **Strafverfahrens** hat der Bund die Gesetzgebungskompetenz aus Art. 74 I Nr. 1 GG. Zwar sind die Staatsanwaltschaften im System der Gewaltenteilung der Exekutive zugeordnet und daher an sich wegen Art. 83 GG nicht vom Bund regelbar, allerdings sind nach der Rspr. des BVerfG die Staatsanwaltschaften trotz ihrer Zugehörigkeit zur Exekutive Organe der Strafrechtspflege und funktionell in die Justiz (Art. 92 ff. GG) eingegliedert.[159] Sie unterfallen daher der Gesetzgebungskompetenz des Bundes gem. Art. 74 I Nr. 1 GG. Gleiches gilt für die repressiv tätigen Polizeien der Länder. Der Bund darf sie daher zur Strafverfolgung heranziehen. Aus der StPO ist z.B. § 163 I zu nennen: Während § 163 I S. 1 (i.V.m. § 161 I S. 1) StPO eine Aufgabenzuweisungsnorm darstellt, handelt es sich bei § 163 I S. 2 StPO um eine generalklauselartige und zugleich subsidiäre strafprozessuale Eingriffsbefugnis, die jedenfalls zu Grundrechtseingriffen minderer Intensität ermächtigt.

---

[157] Vgl. BGHSt **14**, 265, 267; *Meyer-Goßner*, § 22 Rn 6; *Pawlik*, NStZ **1995**, 309, 314.
[158] BGHSt **14**, 265, 267; **21**, 85, 90; BGH NJW **1996**, 2239, 2241; zust. *Schneider*, NStZ **1994**, 457, 459; *Pawlik*, NStZ **1995**, 309, 312.
[159] BVerfGE **9**, 223, 228; BVerfG NJW **2001**, 1121, 1123; NJW **2002**, 815.

Geht es also um Grundrechtseingriffe höherer Intensität, sind die speziellen Eingriffsbefugnisse der StPO vorrangig. Vgl. dazu Rn 305, 306. 173

Ob die genannten Befugnisse allen Polizeibeamten zustehen oder nur denjenigen, die zu Ermittlungspersonen der Staatsanwaltschaft bestimmt worden sind, lässt sich nicht generell sagen, sondern hängt von der konkreten Maßnahme ab: So stehen etwa die §§ 81b, 127 II[160] StPO sämtlichen Polizeibeamten zur Verfügung, wohingegen Maßnahmen nach §§ 81a II, 81c V, 98 I S. 1 und 105 I S. 1 StPO nur von Ermittlungspersonen der Staatsanwaltschaft angeordnet werden dürfen. Wer Ermittlungsperson der Staatsanwaltschaft ist, wird gem. § 152 II S. 1 GVG durch Rechtsverordnungen der Landesregierungen bestimmt. 174

III. Doppelfunktionale Maßnahmen der Polizei

Von der soeben erörterten Doppelfunktion der Polizei begrifflich und sachlich zu unterscheiden sind die **doppelfunktionalen Maßnahmen der Polizei**: Enthält ein Lebenssachverhalt zugleich eine Gefahrenlage und den Verdacht einer Straftat, ist die polizeiliche Maßnahme, die darauf reagiert, doppelfunktional, wenn die Voraussetzungen sowohl für präventives als auch repressives Polizeihandeln gegeben sind. 175

Beispiele doppelfunktionaler Maßnahmen:

(1) Installiert die Polizei vor dem Hintergrund einer fortlaufenden Brandstiftungsserie eine Videokamera vor einer bislang noch nicht in Brand gesetzten Lagerhalle, basiert diese Maßnahme auf einen Lebenssachverhalt, der zugleich eine Gefahrenlage (Möglichkeit weiterer Brandstiftungen) *und* den Verdacht einer Straftat enthält. Daher dient die Überwachungsmaßnahme sowohl der Gefahrenabwehr (= Verhinderung weiterer Brandstiftungen) als auch der Strafverfolgung (= Aufklärung der bisher verwirklichten Straftatbestände).

(2) Sucht die Polizei in zugangsgeschützten[161] Bereichen des Internet nach verbotenen Inhalten (Kinderpornographie, illegales Herunterladen von urheberrechtlich geschützten Inhalten; terroristische Aktivitäten etc.) und erfolgt dieses Suchen ohne hinreichenden Tatverdacht, basiert diese Maßnahme auf einen Lebenssachverhalt, der zugleich eine Gefahrenlage *und* den Verdacht einer Straftat enthält. Daher dient auch diese Maßnahme sowohl präventiven als auch repressiven Zwecken.

(3) Durchsucht die Polizei Personen, die sich auf der Anreise zu einer Demonstration befinden, nach Waffen, kann dies der Gewährleistung einer friedlichen Versammlung (dann präventiver Charakter der Maßnahme), aber auch der Beweissicherung bei der Aufklärung von Straftaten (dann repressiver Charakter der Maßnahme) dienen.

IV. Rechtliche und praktische Bedeutung der Abgrenzung

Im Einzelfall, in dem nicht klar ist, ob die Polizei Gefahrenabwehr oder Strafverfolgung betreibt, ist eine **Abgrenzung** erforderlich, zumal sich Strafverfolgung und Gefahrenabwehr in vielfacher Hinsicht unterscheiden: 176

- Unterschiede bestehen zunächst aus **rechtsdogmatischer** und **kompetenzieller** Sicht: 177
Während die Gefahrenabwehr gem. Art. 30, 70 I GG eine Aufgabe der Bundesländer darstellt, sind die Strafverfolgung und die Ahndung von Ordnungswidrigkeiten gem. Art. 72, 73 Nr. 10, 74 I Nr. 1 GG der Bundeskompetenz zugeordnet. Der Bundesgesetzgeber hat hiervon (abschließend) Gebrauch gemacht und neben dem StGB, der StPO, dem GVG

---

[160] § 127 I StPO ist dagegen ein „Jedermannsrecht".

[161] Anderenfalls läge schon kein Grundrechtseingriff (bzgl. des Rechts auf informationelle Selbstbestimmung gem. Art. 2 I i.V.m. 1 I GG) vor, denn wer seine personenbezogenen Daten offen im Internet darstellt, verzichtet auf seinen Grundrechtsschutz aus Art. 2 I i.V.m. 1 I GG.

auch das OWiG erlassen. Eine Ergänzung der Befugnisse zur Strafverfolgung/Ordnungswidrigkeitenahndung durch den Landesgesetzgeber scheidet also aus.

178 Des Weiteren bestehen Unterschiede bei den **Eingriffsvoraussetzungen**, die den einzelnen Befugnisnormen zu entnehmen sind, sowie bei der **Rechtswegzuweisung**: Während sich der Rechtsschutz gegen Gefahrenabwehrmaßnahmen der Polizei nach den §§ 40 ff. VwGO richtet, sind gegen Maßnahmen der Strafverfolgung und der Ahndung von Ordnungswidrigkeiten grds. die §§ 23 ff. EGGVG bzw. § 98 II S. 2 StPO (analog) bzw. § 101 VII StPO maßgeblich; in diesem Fall ist der Verwaltungsrechtsweg gesperrt und es sind die ordentlichen Gerichte zuständig (§ 40 I S. 1 Halbs. 2 VwGO: anderweitige Rechtswegzuweisung). Bei der mit den Aufgaben der Strafverfolgung und der Ordnungswidrigkeitenahndung betrauten Polizei (vgl. in Bezug auf Straftaten: i.d.R. Kriminalpolizei) handelt es sich nämlich – obwohl sie organisatorisch den Innenministerien zugeordnet ist – um eine Justizbehörde i.S.d. § 23 EGGVG, da sie funktionell Justizaufgaben (Strafrechtspflege) wahrnimmt und der Begriff der Justizbehörde funktionell zu verstehen ist. Darüber hinaus enthält die StPO spezielle Regelungen für den Rechtsschutz gegen Ermittlungsmaßnahmen (vgl. Rn 309 ff.).

179 ▪ Zu beachten ist auch, dass sich das **Weisungsrecht der Staatsanwaltschaft** nur auf strafprozessuale Maßnahmen bezieht (vgl. § 161 I S. 2 StPO, § 152 GVG). Gäbe also z.B. ein Staatsanwalt im Rahmen einer Geiselnahme dem Sonderkommando der Polizei die Weisung, zur Befreiung der Geisel einen tödlichen Rettungsschuss abzugeben, wäre diese Weisung rechtswidrig, weil sich das Weisungsrecht nicht auf die Gefahrenabwehr erstreckt.

180 ▪ Schließlich ist zu beachten, dass im Gefahrenabwehrrecht (aber auch im Ordnungswidrigkeitenrecht) das **Opportunitätsprinzip** gilt, wohingegen im Strafprozessrecht (zumindest im Grundsatz) das **Legalitätsprinzip** Anwendung findet.

181 Treffen Aufgaben der Gefahrenabwehr und der Strafverfolgung zusammen, ist für die Einordnung der polizeilichen Tätigkeit als präventiv oder repressiv nach h.M. der **Schwerpunkt der Maßnahme** entscheidend. Bei der Ermittlung des Schwerpunkts ist eine **gemischte objektiv-subjektive** Betrachtungsweise geboten: Ausgangspunkt für die Ermittlung der Rechtsnatur der Maßnahme ist deren Schwerpunkt, wie er sich aus der Sicht eines durchschnittlichen Polizeibeamten darstellt.[162] Danach gilt: Liegen Anhaltspunkte dafür vor, dass ein *Verdacht einer Straftat* besteht und die Polizei weitere Sachverhaltsaufklärung durchführt bzw. Maßnahmen ergreift, um den staatlichen Strafanspruch zu gewährleisten, ist von einer repressiv-polizeilichen Tätigkeit auszugehen. Geht es dagegen primär um Schadensabwendung, ist die polizeiliche Maßnahme dem Bereich der Gefahrenabwehr zuzuordnen. Freilich ist die Bestimmung der Rechtsnatur der Maßnahme auf eine Tatsachenbasis zu stützen, bei der *auch* die Intention der handelnden Beamten zu berücksichtigen ist.

In den obigen **Beispielen** von Rn 175 kann demnach keine eindeutige Abgrenzung vorgenommen werden; entscheidend ist jeweils der objektivierte Horizont des jeweiligen Polizeibeamten.

V. Verhältnis Staatsanwaltschaft/Polizei

182 Originäres Organ der Strafverfolgung ist die StA. Sie kann also zunächst selbst Ermittlungen vornehmen (§ 161 I S. 1 Var. 1 StPO). Das tut sie jedenfalls dann, wenn es um Kapitalverbrechen (Mord, Totschlag) geht. In den meisten Fällen ermittelt die StA aber nicht selbst, sondern bedient sich hierzu der Polizei, deren Beamte in diesem Fall repressiv als „Ermittlungspersonen" tätig werden (§ 161 I S. 1 Var. 2 StPO). Die repressiv tätigen Polizeibeamten sind dabei verpflichtet, nach den Vorgaben der StA tätig zu wer-

[162] Vgl. dazu ausführlich *R. Schmidt*, BesVerwR II, 12. Aufl. **2008**, Rn 89 ff.

den (§ 161 I S. 2 StPO, § 152 GVG). Diese ist „Herrin“ des Ermittlungsverfahrens“. Das Weisungsrecht der StA ist aber begrenzt auf die repressive Funktion der Polizei (s.o.).

Zu beachten ist aber, dass gem. § 163 I StPO die Polizei auch unabhängig von einer 183
Weisung der StA das Recht und die Pflicht des **ersten Zugriffs** hat. Sie ist damit bei entsprechenden Anhaltspunkten berechtigt und verpflichtet, von sich aus das Vorliegen einer Straftat zu untersuchen, muss dann aber den Vorgang unverzüglich an die StA weiterleiten, § 163 II S. 1 StPO.

Beispiel: Bei der Polizei geht eine Strafanzeige (vgl. § 158 I StPO) wegen Einbruchdiebstahls (§ 244 I Nr. 3 StGB) ein. Die Polizei ermittelt zunächst selbst und macht dann gem. § 163 II S. 1 StPO Mitteilung an die StA.

C. Die Strafverteidigung

I. Aufgabe und Stellung des Verteidigers

Zum einen ist der Verteidiger als Rechtsanwalt nach § 1 BRAO unabhängiges Organ der 184
Rechtspflege; sein Beruf ist ein staatlich gebundener Vertrauensberuf, der ihm eine der **Wahrheit und Gerechtigkeit** verpflichtende, amtsähnliche Stellung zuweist.[163] Zum anderen ist der Verteidiger auch Beistand des Beschuldigten und nimmt für diesen umfangreiche Interessen unter Wahrung der **Verschwiegenheits- und Treuepflicht** wahr (§ 137 StPO). Er ist damit zur Einseitigkeit verpflichtet, nicht zur Wahrung der Objektivität.

Durch diese Doppelstellung können Konfliktsituationen auftreten: Bei Verstößen gegen 185
die Wahrheits- und Gerechtigkeitspflicht droht einerseits eine Strafbarkeit nach **§ 258 StGB**. Bei Verstößen gegen die Verschwiegenheits- und Treuepflicht gegenüber seinem Auftraggeber droht andererseits eine Strafbarkeit nach **§ 203 I Nr. 3 StGB** (beachte aber § 139 III S. 2 StGB) und/oder nach **§ 356 StGB**.

II. Erlaubtes/nicht erlaubtes Verteidigerhandeln

Dementsprechend sind die Grenzen zwischen erlaubtem und unerlaubtem Verteidiger- 186
handeln fließend. Das zulässige Verteidigerhandeln ergibt sich aus dem **Prozessrecht** unter Berücksichtigung des **Standesrechts**. Danach darf der Verteidiger grundsätzlich alles tun, was in gesetzlich nicht zu beanstandender Weise seinem Mandanten nutzt. Prozess- und standesgemäßes Verteidigerhandeln ist daher schon nicht tatbestandsmäßig i.S.d. § 258 StGB und wirkt nicht erst rechtfertigend.[164]

Der Verteidiger darf also: 187

- seinen Mandanten über die Rechtslage allseitig aufklären (hierbei darf er auch mitteilen, was er aus den Akten erfahren hat, ihm i.d.R. auch Aktenauszüge oder Abschriften aushändigen, soweit dies nicht den Untersuchungszweck gefährdet oder verfahrensfremder Missbrauch zu befürchten ist)[165],
- eigene Ermittlungen durchführen[166],
- von einer Selbstanzeige, einem Geständnis oder von Angaben des Beschuldigten zur Sache abraten[167],

---

[163] BVerfGE **38**, 105, 119; **53**, 207, 214; BVerfG NStZ **2004**, 259, 260; BGHSt **9**, 20, 22; **29**, 99, 102; **46**, 36, 43; *Meyer-Goßner*, § Vor § 137 Rn 1; SK-*Rogall*, Vor § 133 Rn 95; *Kindhäuser*, § 7 Rn 5.
[164] OLG Düsseldorf StV **1994**, 472; BGHSt **29**, 102; BGH StV **2000**, 427, 408.
[165] BGHSt **29**, 99, 103; BGH StV **1981**, 28; KG NStZ **1983**, 556. Vgl. nun auch *Jahn/Palm*, JuS **2009**, 408, 410.
[166] OLG Frankfurt NStZ **1981**, 144, 145; BGH NJW **2000**, 1277.
[167] BGHSt **2**, 375, 378; *Lackner/Kühl*, § 258 StGB, Rn 9.

- einen aussageverweigerungsberechtigten Zeugen veranlassen, die Aussage zu verweigern (nur darf er hierzu keine willensbeugenden Mittel verwenden)[168],
- sofern er nicht wider besseres Wissen handelt, auch zweifelhaftes Vorbringen seines Mandanten vortragen, jedoch hat er – anders als sein Mandant (d.h. der Beschuldigte) – kein „Recht auf Lüge",
- Zeugen benennen, auch wenn er Zweifel an der Richtigkeit von deren Aussage hegt (weiß der Verteidiger hingegen positiv, dass der Zeuge lügen wird – etwa um dem Angeklagten ein falsches Alibi zu verschaffen, darf er ihn nicht benennen; anderenfalls macht er sich wegen – zumindest versuchter – Strafvereitelung strafbar)[169],
- den Freispruch seines Mandanten wegen Unaufklärbarkeit des Sachverhalts (non liquet) beantragen, obwohl er seine Schuld aus einem vertraulichen Geständnis kennt[170],
- Revision einlegen, obwohl der Verteidiger zutreffend die mangelhaften Erfolgsaussichten einschätzen kann oder die Revisionsbegründung nicht rechtzeitig einreicht, wodurch gem. § 346 I StPO die Revision vom Gericht als unzulässig verworfen wird. Zwar könnte auch eine mit Einlegung der Revision verursachte Verzögerung der Bestrafung (d.h. des Ausspruchs der Strafe) um „geraume Zeit" als Strafvereitelung in Betracht gezogen werden, weil für die „geraume Zeit" ca. eine Woche ausreicht und dies bei einer Revision stets anzunehmen ist. Auch ist bei § 258 I StGB nicht nur auf den Strafausspruch als solchen zu blicken, sondern auf dessen Rechtskraft. Gerade diese wird durch Einlegung der Revision durchaus verzögert. Jedoch scheitert der Vorwurf der Strafvereitelung daran, dass die Einlegung einer Revision ein prozessual erlaubtes Mittel ist (s.o.).[171]

188 **Dagegen darf der Verteidiger nicht:**

- dem Angeklagten zu falschen Angaben raten[172],
- eine Falschaussage herbeiführen, etwa bewusst einen zum Meineid entschlossenen Zeugen benennen oder ihn in seiner Absicht bestärken[173],
- Zeugen bestechen oder auf sie einwirken, indem z.B. Schmerzensgeldversprechen als Belohnung für eine Falschaussage abgegeben werden[174],
- belastende Beweismittel beseitigen oder verfälschen oder verfälschte bewusst benutzen[175],
- Belastendes gegen seinen Mandanten vortragen (er ist daher auch nicht verpflichtet, auf Kosten des Mandanten erhobene Privatgutachten vorzulegen, wenn sich daraus Belastendes für seinen Mandanten ergibt)[176],
- zur Einsicht überlassene Strafakten zum Zweck der Verfahrensverschleppung zurückhalten[177],
- zu einer Verdunklung und Verzerrung des Sachverhalts bewusst beitragen.[178]

Diese Verhaltensweisen sind geeignet, eine Strafbarkeit wegen (versuchter) Strafvereitelung zu begründen.

---

[168] OLG Düsseldorf NJW **1991**, 996; BGHSt **10**, 393, 394.
[169] Vgl. BGHSt **38**, 345, 348; **46**, 53, 56.
[170] BGHSt **2**, 375.
[171] Vgl. auch *Hardtung*, JuS **2005**, 54 ff.
[172] BGHSt **38**, 345, 347.
[173] BGHSt **29**, 99, 107.
[174] BGHSt **46**, 53. Vgl. auch *Cramer/Papodopoulos*, NStZ **2001**, 145, 148; *Scheffler*, JR **2001**, 290, 294; *Müller-Christmann*, JuS **2001**, 60, 62; *Kudlich/Roy*, JA **2001**, 15.
[175] BGHSt **9**, 22, 22; **38**, 345, 348.
[176] Vgl. die Nachweise bei *Fischer*, § 258 StGB, Rn 8 ff.
[177] Ebenda.
[178] BGH NStZ **1999**, 188.

Unabhängig vom vorbezeichneten Spannungsverhältnis hat der Verteidiger v.a. folgende **Rechte**[179]: 189

- **Kontaktrecht:** Zwar gewährt § 148 I StPO unmittelbar nur dem Beschuldigten das Recht, während des gesamten Verfahrens freie, unüberwachte[180] mündliche und schriftliche Korrespondenz mit seinem Verteidiger auszuüben, jedoch steht dieses Recht mittelbar auch dem Verteidiger zu. Das führt zu einer grundsätzlichen Beschlagnahmefreiheit von Informationsträgern (Postbriefe, E-Mail-Speicher etc.). Eine Einschränkung des freien, ungestörten und unbeobachteten Kontaktrechts gilt gem. § 148 II StPO, wenn der Beschuldigte einer Straftat nach § 129a StGB verdächtig ist. Nach § 31 EGGVG ist unter besonderen Voraussetzungen in diesem Fall sogar eine Kontaktsperre zulässig. Auch hinsichtlich des Postverkehrs zwischen Verteidiger und Beschuldigtem ist nach h.M. eine Einschränkung des Kontaktrechts in Form von Beschlagnahmen zulässig, wenn der Verteidiger im Verdacht der Tatbeteiligung steht.

- **Anwesenheitsrecht:** Der Verteidiger hat einen Anspruch auf Anwesenheit nicht nur in der Hauptverhandlung, sondern auch im Ermittlungsverfahren bei richterlichen Vernehmungen des Beschuldigten und von Zeugen, § 168c I, II StPO sowie bei Vernehmungen des Beschuldigten durch die StA, § 163a III S. 2 i.V.m. § 168c I StPO. Das Recht erstreckt sich jedoch nicht auf die staatsanwaltliche Vernehmung von Zeugen sowie auf polizeiliche Vernehmungen (vgl. dazu auch Rn 792a).

- **Akteneinsichtsrecht:** Unabdingbare Voraussetzung für eine sachgerechte und effektive Verteidigung ist die Akteneinsicht. Diese steht gem. § 147 StPO dem Verteidiger zu, woraus die h.M. den Umkehrschluss zieht, dass dem Beschuldigten dieses Recht nicht zustehe.[181] Zur Begründung wird vorgebracht, die Begrenzung des Akteneinsichtsrechts auf den Verteidiger diene dazu, dem Beschuldigten keine Gelegenheit zu ermöglichen, Aktenteile zu vernichten oder unbrauchbar zu machen. Das ist zwar vordergründig plausibel, jedoch mit Blick auf Art. 6 III EMRK (Informationsanspruch des Beschuldigten) jedenfalls dann bedenklich, wenn der Beschuldigte auf die Hinzuziehung eines Verteidigers verzichtet bzw. sich selbst verteidigen möchte. Auch der EGMR hat entschieden, dass die Versagung des Akteneinsichtsrechts die Rechte des Beschuldigten aus Art. 6 III EMRK verletze.[182] Über diese Rechtsprechung setzt sich die deutsche Justiz wiederum hinweg, indem sie die Bindungswirkung von Urteilen des EGMR verneint.[183] Das ist völkerrechtswidrig.[184] Solange aber die Fachgerichtsbarkeit Rückendeckung vom BVerfG erhält[185], dürfte sich an dieser Schieflage nichts ändern. Immerhin können dem Beschuldigten Auskünfte und Abschriften aus den Akten erteilt werden (§ 147 VII StPO), wobei aber auch hier zahlreiche Möglichkeiten der Versagung bestehen (so nennt die Norm selbst „überwiegend schutzwürdige Interessen Dritter", die dem Auskunftsrecht dem Beschuldigten entgegengebracht werden können).

  Freilich darf der Verteidiger seinen Mandanten grds. umfassend über den Akteninhalt informieren.[186] Sogar die Weitergabe einer vollständigen Aktenkopie soll grds. erlaubt sein. Lediglich für den Fall, dass durch die Weitergabe von Informationen bzw. einer Aktenkopie eine Gefährdung der Ermittlungen eintreten würde, nimmt die Rechtsprechung eine Einschränkung vor.

---

[179] Vgl. *Engländer*, Rn 69 ff.

[180] Zur (nicht zulässigen) Kontrolle der Verteidigerpost vgl. OLG Bremen StV **2006**, 650; *Müller/Schmidt*, NStZ **2007**, 385. Zu der am 1.1.2008 in Kraft getretenen neuen Vorschrift des § 160a StPO vgl. Rn 1070.

[181] BVerfGE **53**, 207, 214; *Joecks*, § 147 Rn 3; *Meyer-Goßner*, § 147 Rn 2. Zum Akteneinsichtsrecht vgl. auch *Gubitz*, JA **2007**, 210, 211.

[182] EGMR NStZ **1998**, 429 (ins Deutsche übersetzt und mit Anmerkung versehen von *Deumeland*).

[183] So LG Mainz NJW **1999**, 1271.

[184] Zum Verhältnis zwischen nationalem Recht und Völkerrecht bzw. zwischen der deutschen Rechtsordnung und der EMRK vgl. *R. Schmidt*, Grundrechte, 12. Aufl. **2010**, Rn 4 ff. und 285.

[185] BVerfG NJW **2004**, 3407 ff.

[186] BGHSt **29**, 99, 102.

Beispiel: Im Rahmen eines Mandantengesprächs teilt Verteidiger V seinem Mandanten M mit, dass aus der Aktenlage hervorgehe, dass eine Durchsuchung der Wohnung des M geplant sei. Aufgrund dieses Hinweises entfernt M umgehend Beweismaterial aus seiner Wohnung, sodass die spätere Hausdurchsuchung ohne Ergebnis bleibt. Hat sich V wegen Strafvereitelung strafbar gemacht?

Eine Strafbarkeit nach § 258 StGB kommt nicht in Betracht, wenn das Vorgehen des V strafprozessual zulässig war. Ob ein Verteidiger seinen Mandanten auch über drohende Maßnahmen, die einen Überraschungseffekt haben sollen, in Kenntnis setzen darf, wenn dadurch der Untersuchungszweck gefährden würde, ist unklar.

⇨ Teilweise wird dies mit dem Argument bejaht, die Gefährdung des Untersuchungserfolgs falle hier allein in die Risikosphäre der StA, da diese ja die Einsicht in diesen Teil der Akte gem. § 147 II StPO hätte versagen können.[187]

Demzufolge durfte V den M über die drohende Durchsuchung der Wohnung in Kenntnis setzen, ohne sich der Möglichkeit einer Strafbarkeit nach § 258 StGB auszusetzen.

⇨ Der BGH verneint demgegenüber das Recht des Verteidigers, in Fällen der vorliegenden Art seinen Mandanten zu informieren.[188]

Danach durfte V den M nicht über die drohende Durchsuchung der Wohnung in Kenntnis setzen; V hat sich daher möglicherweise nach § 258 StGB strafbar gemacht.

⇨ Stellungnahme: Wenn man bedenkt, dass das Akteneinsichtsrecht über den Verteidiger gerade nach der h.M. lediglich dazu dient, dem Beschuldigten keine Gelegenheit zu ermöglichen, Aktenteile zu vernichten oder unbrauchbar zu machen, wird man dem Verteidiger gegenüber keine strafprozessuale Pflicht begründen können, dem Mandanten Informationen vorzuenthalten. Vielmehr ist es Sache der Justiz, die Akte so dem Verteidiger zu überlassen, dass solche Probleme nicht auftreten können.

Im Ermittlungsverfahren kann aber auch dem Verteidiger das Akteneinsichtsrecht – solange der Abschluss der Ermittlungen noch nicht in den Akten vermerkt ist (vgl. § 169a StPO) – versagt werden, wenn anderenfalls der Untersuchungserfolg gefährdet würde (§ 147 II StPO).

Das Akteneinsichtsrecht bezieht sich auf alle Akten und Beweismittel, die dem Gericht vorliegen oder bei einer Anklageerhebung vorgelegt werden müssten.[189] Die Rechtsprechung macht davon aber bei sog. **Spurenakten** der Polizei eine Ausnahme.[190] Spurenakten der Polizei sind Akten, die i.d.R. eine Vielzahl von Fingerabdrücken, DNA-Informationen, Kfz-Kennzeichen, Hinweisen aus der Bevölkerung und Ähnliches enthalten, die nach Abschluss der polizeilichen Ermittlungen aber nicht der Staatsanwaltschaft vorgelegt und daher auch nicht in die Ermittlungsakten der Staatsanwaltschaft integriert werden. Das ist bedenklich, weil sie Informationen enthalten könnten, die den Beschuldigten entlasten.

- **Beweisantrags- und Fragerecht:** Der Verteidiger hat das Recht, Beweisanträge (vgl. §§ 219, 244 ff. StPO) sowie Fragen (vgl. § 240 II StPO) zu stellen.[191]
- **Erklärungsrecht:** Schließlich darf der Verteidiger jederzeit für den Beschuldigten Erklärungen abgeben.

III. Die Wahlverteidigung

1. Freie Entscheidung der Hinzuziehung eines Verteidigers

190 Von den Fällen der sog. Pflichtverteidigung (dazu Rn 195 ff.) einmal abgesehen, steht es dem Beschuldigten grundsätzlich frei, in jeder Lage des gegen ihn gerichteten Strafver-

[187] *Volk*, § 11 Rn 6; *Krekeler*, wistra **1983**, 47.
[188] BGHSt **29**, 99, 103. Zustimmend KK-*Laufhütte*, § 147 Rn 12.
[189] BGH StV **1988**, 193, 194.
[190] BGHSt **30**, 131, 139.
[191] Zum Fragerecht vgl. näher *Ott*, JA **2008**, 529 ff.

fahrens einen Verteidiger als Rechtsbeistand einzuschalten (§ 137 StPO). Macht er von seinem Recht Gebrauch und wählt einen Verteidiger, handelt es sich um einen Wahlverteidiger. Der Kreis derer, aus denen der Beschuldigte einen Verteidiger wählen kann, bestimmt sich nach § 138 StPO. Insgesamt darf der Beschuldigte bis zu drei Verteidiger wählen (§ 137 I S. 2 StPO), allerdings ist eine Mehrfachverteidigung ausgeschlossen. Ein Verteidiger kann also weder gleichzeitig mehrere derselben Tat Beschuldigte (Tatidentität, § 146 S. 1 StPO) noch gleichzeitig mehrere verschiedener Taten Beschuldigte (Verfahrensidentität, § 146 S. 2 StPO) verteidigen. Er kann auch nicht gleichzeitig Täter und Opfer vertreten.[192] Der Zweck des Verbots der Mehrfachverteidigung besteht darin, Interessenkollisionen zu vermeiden. Daher besteht auch kein Verstoß gegen Art. 2 I, 3 I und 12 I GG.[193]

Beispiel: A und B sind des gemeinschaftlichen Wohnungseinbruchdiebstahls angeklagt. A wird von Verteidiger V vertreten. B, der bislang auf einen Rechtsbeistand verzichtet hatte, möchte sich nunmehr auch von V vertreten lassen.

Hier liegt ein Fall des Verbots der Mehrfachverteidigung gem. § 146 S. 1 StPO vor. V darf also nicht von B in derselben Sache vertreten werden.

Kein Fall einer unzulässigen Mehrfachvertretung liegt vor, wenn das Mandat gegen den **191**
einen Beschuldigten abgeschlossen ist und der Verteidiger nunmehr den anderen Beschuldigten vertritt (sog. sukzessive Mehrfachverteidigung).[194] Dass der Verteidiger hier ggf. einen Parteiverrat (§ 356 StGB) begeht, ändert daran nichts. Ebenfalls nicht unter das Verbot der Mehrfachverteidigung fällt es, wenn die Verteidiger von Mitbeschuldigten in einer Anwaltssozietät verbunden sind.[195]

2. Begründung und Beendigung des Mandatsverhältnisses

Bei dem Mandatsverhältnis handelt es sich infolge der zwingenden Regelungen des **192**
Rechtsanwaltsvergütungsgesetzes (RVG) über die Entgeltlichkeit um einen Geschäftsbesorgungsvertrag i.S.v. § 675 BGB. Es gelten damit die allgemeinen Regeln des Vertragsrechts gem. §§ 145 ff. BGB über das Zustandekommen und die Beendigung von Verträgen. Beendet wird das Mandatsverhältnis dementsprechend durch Kündigung, wobei für den Verteidiger die Einschränkung gilt, dass dieser nicht zur Unzeit kündigen darf.

Ist das Mandatsverhältnis begründet, bezieht sich die Verteidigerstellung auf alle in dem **193**
Verfahren gegenüber dem Mandanten erhobenen Vorwürfe und erstreckt sich i.d.R. auch auf die Verteidigung in den Rechtsmittelinstanzen, der Strafvollstreckung und des Vollzugs sowie der Wiederaufnahme- und Gnadenverfahren. Zwar kann das Mandat nicht auf einzelne von mehreren Vorwürfen, die Gegenstand eines Verfahrens sind, beschränkt werden, allerdings ist eine Beschränkung auf bestimmte Tätigkeiten (z.B. Akteneinsicht) oder auf bestimmte Verfahrensabschnitte (Ermittlungsverfahren, Rechtsmittelverfahren usw.) möglich.[196]

3. Verteidigerausschluss

Bei bestimmtem Fehlverhalten kann der Verteidiger vom laufenden Verfahren ausge- **194**
schlossen werden. Die Gründe und das Verfahren sind in §§ 138a bis 138d StPO geregelt. Zu den wesentlichen Ausschlussgründen zählen:

---

[192] Vgl. dazu BGH NStZ **2006**, 688 f.
[193] BVerfGE **39**, 156, 162 ff.
[194] BGH NStZ **1994**, 500 f.
[195] BVerfGE **43**, 79, 89 ff.
[196] *Kindhäuser*, § 7 Rn 22.

- Der Verteidiger ist an Straftaten des Beschuldigten beteiligt (§ 138a I Nr. 1 StPO)[197];
- der Verteidiger hat das Umgangsrecht mit dem inhaftierten Beschuldigten dazu missbraucht, Straftaten zu begehen oder die Sicherheit der Vollzugsanstalt zu gefährden (§ 138a I Nr. 2 StPO);
- die weitere Mitwirkung des Verteidigers an dem Verfahren würde unter den Voraussetzungen des § 138b StPO eine Gefahr für die Sicherheit der Bundesrepublik Deutschland herbeiführen.

Im Übrigen sind **Ordnungsmittel** (Art. 5 ff. EGStGB; §§ 177-182 GVG), also gerichtliche Anordnungen zur Aufrechterhaltung der Ordnung im Verfahren (Entfernung von Personen aus dem Sitzungssaal, Ordnungsgeld und Ordnungshaft) gegen den Verteidiger **nicht möglich**, da dieser nicht in den genannten Vorschriften aufgeführt ist.

4. Pflichtverteidigung

195 In bestimmten Fällen sieht das Gesetz zwingend die Mitwirkung eines Verteidigers vor; § 140 StPO spricht von „notwendiger Verteidigung". Mit dieser Regelung will der Gesetzgeber das Rechtsstaatsprinzip konkretisieren und ein ordnungsgemäßes Strafverfahren gewährleisten.[198] Daher wird dem Beschuldigten, der in den Fällen des § 140 StPO, aber auch in den Fällen der §§ 117 IV, 118a II, 350 III, 364a, 364b, 408b, 418 IV StPO und des § 60 OWiG noch keinen Verteidiger gewählt hat – etwa weil ihm die finanziellen Mittel fehlen – von Amts wegen ein Verteidiger beigeordnet (§ 141 StPO) – sog. Pflichtverteidiger. Fehlt es in der Hauptverhandlung an der erforderlichen Verteidigermitwirkung, liegt ein absoluter **Revisionsgrund** nach § 338 Nr. 8 StPO vor (vgl. Rn 1245).

196 Den Pflichtverteidiger bestellt der Vorsitzende (§ 141 StPO). Der Beschuldigte soll vor der Bestellung die Gelegenheit erhalten, einen Rechtsanwalt zu benennen. Der Vorsitzende des Gerichts bestellt diesen vom Beschuldigten bezeichneten Rechtsanwalt, wenn keine wichtigen Gründe entgegenstehen. Macht der Beschuldigte von seinem Recht keinen Gebrauch oder kann ihm dieses Recht (z.B. aufgrund der Eilbedürftigkeit) nicht eingeräumt werden, sucht der Vorsitzende den zu bestellenden Verteidiger (möglichst) aus der Zahl der bei einem Gericht des Gerichtsbezirks zugelassenen Rechtsanwälte aus (§ 142 I StPO).

197 Die Pflichtverteidigung endet bzw. ist vom Vorsitzenden zurückzunehmen, wenn der Beschuldigte einen Wahlverteidiger mit seiner Verteidigung beauftragt (§ 243 StPO).

D. Das Gericht

I. Aufgabenbereich

198 Der Grundsatz des gesetzlichen Richters (Art. 101 I GG) findet seine einfachgesetzliche Ausprägung insbesondere in den Bestimmungen der StPO und des GVG, die eine Vielzahl von Vorschriften enthalten, die die Zuständigkeit und den Aufgabenbereich des Gerichts regeln.

- So beginnt der richterliche Aufgabenbereich bereits im **Ermittlungsverfahren** (§§ 160-177 StPO), weil die StPO für bestimmte Verfahrenshandlungen eine richterliche Entscheidung vorsieht. Das betrifft solche Verfahrenshandlungen, für die – trotz der Wertung der StPO, dass die StA „Herrin" des Vorverfahrens ist – das Rechtsstaatsprinzip eine richterliche Entscheidung erfordert, etwa für den Erlass eines Haftbefehls (§ 114 StPO) oder für

[197] Vgl. dazu etwa BGH NStZ **2006**, 510 f.
[198] Vgl. BVerfGE **39**, 238, 241; **46**, 202, 210; **63**, 380, 390; **65**, 171, 174; BVerfG NJW **1986**, 767, 771.

Beschlagnahmen und Durchsuchungen, sofern nicht Gefahr im Verzug besteht (§§ 98, 105 StPO). In diesen Fällen fungiert der Richter als „Ermittlungsrichter".

- Im **Zwischenverfahren** (§§ 199-211 StPO) ist das Gericht zuständig für die Prüfung, ob auf der Grundlage der von der StA eingereichten Anklageschrift das Hauptverfahren zu eröffnen ist (§ 203 StPO).
- In der **Hauptverhandlung** (§§ 213-295 StPO) leitet der Vorsitzende die Verhandlung. Zu seinen Aufgaben zählen insbesondere die Ladung des Angeklagten, der Zeugen und Sachverständigen, die Beweiserhebung etc. Ehrenamtliche Richter (Schöffen) unterstützen den Vorsitzenden beim AG (nicht, wenn Einzelrichter vorgesehen ist, vgl. §§ 28 ff. GVG) und beim LG (vgl. § 77 GVG) bei der Urteilsfindung.
- Schließlich entscheidet das Gericht über **Rechtsmittel** (Berufung, Revision, vgl. §§ 296 ff. StPO) sowie in **besonderen Verfahrensarten** (etwa im Strafbefehlsverfahren (§§ 407 ff. StPO).

II. Ausschluss und Ablehnung von Gerichtspersonen

Aus dem Grundsatz des gesetzlichen Richters folgt der Anspruch auf einen unvoreinge- 199
nommenen, d.h. persönlich am Ausgang des Verfahrens nicht interessierten Richter, der mit der nötigen Distanz eines unbeteiligten Dritten über den Rechtsstreit entscheidet. Folgerichtig ist der Grundsatz des gesetzlichen Richters verletzt, wenn ein Richter mitwirkt, der diese Unvoreingenommenheit nicht besitzt. Unter welchen Voraussetzungen dies anzunehmen ist, regeln die Ausschluss- und Ablehnungsvorschriften der §§ 22 ff. StPO, die nicht nur für Berufsrichter, sondern wegen § 31 I StPO auch für Schöffen (nicht aber für Staatsanwälte[199]) gelten.

1. Ausschluss kraft Gesetzes

Die StPO enthält bereits für den Fall, dass die Möglichkeit einer Parteilichkeit abstrakt 200
besteht, Fallgruppen, bei denen ein Richter **kraft Gesetzes** vom Verfahren ausgeschlossen ist. Es besteht insoweit eine unwiderlegbare gesetzliche Vermutung der Voreingenommenheit, die von Amts wegen zu berücksichtigen ist. Eines Antrags seitens der anderen Prozessbeteiligten bedarf es insoweit also nicht (wobei selbstverständlich jederzeit ein Ablehnungsgesuch gestellt werden kann (§ 24 I Var. 1 StPO). Fallgruppen, bei denen ein Richter kraft Gesetzes vom Verfahren ausgeschlossen ist, sind in **§§ 22, 23, 148a II StPO** aufgelistet.

Die wichtigsten Ausschlussgründe sind: Richter ist selbst Tatopfer (§ 22 Nr. 1 StPO)[200]; Richter steht in enger familiärer Beziehung zum Beschuldigten oder zum Tatopfer (§ 22 Nr. 2, 3 StPO); Richter war schon früher in anderer Funktion (etwa als StA, Polizeibeamter oder Rechtsanwalt) mit der Sache befasst (§ 22 Nr. 4, 5 StPO); Richter war mit der Sache bereits als Richter einer unteren Instanz befasst (§ 23 StPO); Richter war als Überwachungsrichter tätig (§ 148a II StPO).

Zwar ist der in den genannten Vorschriften enthaltene Kanon abschließend[201] und die 201
Ausschließungsgründe sind eng auszulegen[202], allerdings dürfte klar sein, dass z.B. auch ein Richter, der selbst Beschuldigter ist, nicht Richter in eigener Sache sein darf.

Die Mitwirkung eines kraft Gesetzes am Verfahren ausgeschlossenen Richters stellt einen 202
absoluten Revisionsgrund gem. § 338 Nr. 2 StPO dar.

---

[199] Vgl. dazu bereits Rn 169.
[200] Vgl. dazu etwa BGH NStZ **2006**, 646 f.
[201] Vgl. BVerfGE **46**, 34, 38.
[202] BGHSt **44**, 4, 7.

2. Ablehnung wegen der Besorgnis der Befangenheit

a. Begriff der Besorgnis der Befangenheit

203 Ein Richter kann auch wegen der Besorgnis der Befangenheit **abgelehnt** werden (§ 24 I Var. 2 StPO). Besorgnis der Befangenheit besteht, wenn ein Grund vorliegt, der geeignet ist, Misstrauen gegen die Unparteilichkeit zu rechtfertigen (§ 24 II StPO). Ob der Richter also tatsächlich befangen ist, spielt keine Rolle, weil das Gesetz allein auf die Möglichkeit („Besorgnis") abstellt.[203] Entscheidend ist, dass bei verständiger Würdigung der Umstände vom Standpunkt eines vernünftigen Angeklagten[204] ein solcher Verdacht aufkommen kann.[205] Daher ist es auch unerheblich, ob der betroffene Richter sich selbst für unbefangen hält.[206]

204 Abgelehnt werden können nur einzelne Richter oder einzelne Mitglieder eines Gerichts, nicht das Kollegialgericht als Ganzes.

Beispiel: Die Ablehnung der Strafkammer (als Ganzes) ist nicht zulässig. Möglich ist dagegen die Ablehnung jedes einzelnen Richters der Strafkammer. Dabei darf auch jeweils die identische Begründung verwendet werden.[207]

b. Fallgruppen

205 In der Praxis haben sich einige Fallgruppen für eine Bejahung/Verneinung der Besorgnis der Befangenheit herausgebildet. Diese sind[208]:

206 **Persönliche Verhältnisse** des Richters berechtigen zur Ablehnung, wenn zwischen ihnen und der Strafsache ein besonderer Zusammenhang besteht. Insofern sind Geschlecht, Herkunft, Familienstand und Religion des Richters i.d.R. kein Ablehnungsgrund. Auch die Mitgliedschaft in einem Verein, der sich gegen den Schwangerschaftsabbruch wendet, berechtigt nicht zur Ablehnung in einem Prozess, der einen Schwangerschaftsabbruch zum Gegenstand hat. Bei Verdacht dezidierter Ausländerfeindlichkeit kann aber die Ablehnung durch einen Angeklagten ausländischer Herkunft begründet sein.[209]

207 **Dienstliche Beziehungen** des Richters zu dem Beschuldigten oder einem seiner Angehörigen begründen die Besorgnis der Befangenheit, wenn es sich um ein besonders enges, auf die persönlichen Beziehungen ausstrahlendes Verhältnis handelt.[210]

208 **Persönliche Beziehungen des Richters zu Verfahrensbeteiligten, dem Verletzten oder Zeugen** können die Ablehnung rechtfertigen, wenn sie hinreichend eng sind. Das ist etwa bei Freundschaften, Feindschaften, Verlöbnis, Mitgliedschaft in derselben studentischen Verbindung etc. anzunehmen.

209 Rechtsansichten, die ein Richter in einer **wissenschaftlichen Fachpublikation** geäußert hat, können die Befangenheit nur im Ausnahmefall begründen, auch wenn eine gewisse präjudizierende Wirkung nicht ausgeschlossen werden kann.[211] Denn der Richter ist auch Bürger und kann sich auf Grundrechte (hier: Art. 5 I GG) berufen.

---

[203] Insoweit lediglich klarstellend BGHSt **20**, 9, 14; **24**, 336, 338.
[204] BGHSt **21**, 334, 341.
[205] BGH NJW **2000**, 965, 966 f.
[206] BVerfGE **32**, 288, 290.
[207] BGHSt **23**, 200, 202; *Meyer-Goßner*, § 24 Rn 3; *Joecks*, § 24 Rn 3.
[208] Vgl. *Meyer-Goßner*, § 24 Rn 4 ff.; *Joecks*, § 24 Rn 4 ff.; *Volk*, § 19 Rn 12 ff.
[209] OLG Karlsruhe NJW **1995**, 2503.
[210] BGHSt **43**, 16, 21.
[211] BVerfG NJW **1996**, 3333; BSG NJW **1993**, 2261.

Erstattet der Angeklagte gegen den Richter eine **Strafanzeige** oder legt er gegen ihn Dienstaufsichtsbeschwerde ein, begründet dies keinen Ablehnungsgrund. Denn sonst hätte der Angeklagte es in der Hand, sich nach Belieben jeden Richters zu entledigen.[212] **210**

Die **Mitwirkung des Richters in einem früheren Zivil- oder Strafverfahren** begründet i.d.R. keinen Ablehnungsgrund. Beispiel[213]: A wird von einer Strafkammer des LG unter Mitwirkung des Richters R verurteilt. Auf seine Revision hin wird das Urteil aufgehoben und an eine andere Kammer des LG, deren Vorsitz mittlerweile R übernommen hat, zurückverwiesen. T will R wegen der Besorgnis der Befangenheit ablehnen. ⇨ Ein Ausschlussgrund gem. § 23 I StPO liegt nicht vor, weil nach dieser Vorschrift nur die erneute Mitwirkung an einer höheren Instanz, nicht aber in derselben Instanz untersagt ist. Ob in derartigen Fällen auf § 24 StPO zurückgegriffen und eine Befangenheit angenommen werden kann, ist streitig. Eine M.M. bejaht die Besorgnis der Befangenheit. Auch ein verständiger Beobachter werde hier berechtigte Zweifel haben, ob ein Richter, der schon einmal in dieser Sache ein Urteil getroffen hat, sich von seinen früheren Eindrücken frei machen könne.[214] Der BGH lehnt einen Rückgriff auf § 24 StPO grds. ab. Für einen Richter sei es i.d.R. selbstverständlich, dass er sein Urteil nur aufgrund der neuen Verhandlung bilde; davon könne auch der vernünftige Angeklagte ausgehen.[215] Ob die Annahme des BGH realitätsnah ist, darf doch sehr bezweifelt werden. Denn dass ein Richter, der erneut mit derselben Sache befasst ist, zwischenzeitlich seine Rechtsauffassung geändert hat, ist kaum anzunehmen. Vielmehr steht zu befürchten, dass er nunmehr bemüht ist, ein ergebnisgleiches, wenn auch revisionsfestes Urteil zu sprechen. Daher ist im vorliegenden Fall – entgegen der Rechtsansicht des BGH – ein Rückgriff auf § 24 StPO angezeigt. A kann den R daher wegen Besorgnis der Befangenheit ablehnen (a.A. der BGH). **211**

Die **Mitwirkung an Zwischenentscheidungen** in dem anhängigen Verfahren und die in solchen Entscheidungen geäußerten Rechtsauffassungen rechtfertigen die Ablehnung in der Regel nicht.[216] Sollten sie völlig abwegig sein[217] oder den Anschein der Willkür erwecken[218], soll dies anders sein. **212**

Hauptanknüpfungspunkt der Besorgnis der Befangenheit ist aber das **Verhalten des Richters gegenüber dem Beschuldigten** vor und während der Hauptverhandlung, welches die Möglichkeit begründet, dass der Richter nicht objektiv an die Sache herangeht, insbesondere, wenn aus seinem Verhalten (Aussagen, Gesten) deutlich wird, dass er von der Schuld des Angeklagten bereits endgültig überzeugt ist[219] oder ihn persönlich gering schätzt. Wenn der Richter den Angeklagten also als „Gewohnheitsverbrecher" bezeichnet oder die Einlassung des Angeklagten als „schwachsinnig" einordnet, setzt er sich der Besorgnis der Befangenheit aus. Generell kann eine unangemessene, rechtsfehlerhafte oder sonst unsachliche Verhandlungsführung die Besorgnis der Befangenheit begründen, so etwa, wenn der Richter in grob unsachlicher Weise seinen Unmut über die von dem Verteidiger gestellten Beweisanträge kundtut oder wenn sich aus seinen Äußerungen ergibt, dass er eine schnelle Sacherledigung einer sachgerechten Aufklärung vorzieht[220]. Auch sollen Aussagen wie: „Sie lügen nach Aktenlage unverschämt", „Seien Sie froh, dass es hier bei uns keine Todesstrafe gibt"[221], oder: „Entschuldigen Sie sich lieber beim Verletzten, statt in die zweite Instanz zu gehen" begründen in aller Regel die Besorgnis der Befangenheit. Dagegen sollen auch nach Sachlage noch verständliche Unmutsäußerungen („dummes Geschwätz"; „der Steuerzahler bedankt sich für **213**

---

[212] BGH NJW **1952**, 1425.
[213] Vgl. BGHSt **21**, 334 ff.; *Engländer*, Rn 92.
[214] *Beulke*, Rn 74; differenzierend *Volk*, § 19 Rn 16
[215] BGHSt **21**, 334, 341. Vgl. auch BGHSt **44**, 4, 7, wo der BGH noch einmal seine Auffassung, dass Ausschließungsgründe eng auszulegen seien, bestätigt hat.
[216] BGHSt **15**, 40, 46 f.
[217] BGH NJW **1984**, 1907.
[218] BayObLG wistra **2002**, 196.
[219] BGHSt **48**, 4, 8.
[220] BGH NStZ **2003**, 666.
[221] Siehe auch BGH wistra **2005**, 109, 110.

solche Anträge") oder überflüssige Bemerkungen („Ihnen wird das Lachen noch vergehen") nicht ausreichen.

214 Hat bei einem Urteil ein Richter (auch Schöffe) mitgewirkt, nachdem er wegen der Besorgnis der Befangenheit abgelehnt war und das Ablehnungsgesuch entweder für unbegründet erklärt war oder zu Unrecht verworfen worden ist, stellt dies einen absoluten Revisionsgrund gem. § 338 Nr. 3 StPO dar.

c. Das Ablehnungsgesuch

215 Das Ablehnungsrecht steht nur der StA, dem Privatkläger und dem Beschuldigten zu (§ 24 III S. 1 StPO), nicht dagegen einem Zeugen oder dem Verteidiger (der aber selbstverständlich ein Ablehnungsgesuch für seinen Mandanten stellen kann). Der Antrag auf Ablehnung wegen Besorgnis der Befangenheit muss gem. § 25 I StPO grds. bis zum Beginn der Vernehmung des Angeklagten in der Form des § 26 StPO gestellt werden. Ist der Ablehnungsgrund erst später entstanden oder bekannt geworden, muss die Ablehnung unverzüglich geltend gemacht werden (§ 25 II StPO).[222] Form und Inhalt des Ablehnungsgesuchs sowie das weitere Verfahren sind in §§ 26 ff. StPO geregelt. Die Entscheidung über den Befangenheitsantrag ergeht durch Beschluss (§ 28 I StPO). Wird die Ablehnung als unbegründet zurückgewiesen, befindet sich das Verfahren in der Lage, die es vor dem Gesuch hatte. Gibt das Gericht dem Ablehnungsgesuch statt, ist ab diesem Zeitpunkt der Richter ausgeschlossen. Ist der Ablehnungsantrag zu Unrecht für begründet erklärt worden, ist gegen den rechtsfehlerhaften Beschluss die sofortige Beschwerde statthaft (§§ 28 II S. 1 i.V.m. § 311 StPO).

E. Der Beschuldigte

I. Begriff des Beschuldigten

216 Wann eine Person „Beschuldigter" ist, definiert das Gesetz nicht. Da an die Beschuldigteneigenschaft aber bestimmte Rechte und Pflichten geknüpft sind (dazu sogleich), muss eine Definition vorgenommen werden. Einigkeit besteht noch insoweit, als eine betroffene Person als „Beschuldigter" gilt, wenn die Strafverfolgungsorgane durch einen Willensakt (sog. Inkulpationsakt) deutlich gemacht haben, dass sie gegen die Person ein Strafverfahren betreiben bzw. betreiben wollen. Das ist jedenfalls dann gegeben, wenn ein förmliches Strafverfahren eingeleitet worden ist oder die betroffene Person ausdrücklich als Beschuldigter vernommen wurde bzw. wird – **formeller Beschuldigtenbegriff**.[223]

217 Willensakt heißt nicht Willenserklärung. Die Eigenschaft als Beschuldigter muss dem Betroffenen daher **nicht bekannt gemacht werden**. Das folgt aus §§ 163a I, 170 II S. 2 StPO, wonach ein Verfahren eingestellt werden kann, obwohl der Betroffene noch nicht einmal vernommen wurde. Es besteht also die Möglichkeit, dass eine Person Beschuldigter ist und davon nichts mitbekommt.

218 Zu weit ginge es aber, eine Person bereits als „Beschuldigten" zu bezeichnen, nur weil ein Tatverdacht besteht. Denn diese (**materielle**) Sichtweise verkennt den Umstand, dass es auch „tatverdächtige" Zeugen gibt (vgl. §§ 55 I, 60 Nr. 2 StPO). Darüber hinaus verwischt sie die Grenzziehung zwischen Beschuldigtem und Zeugen. Denn dadurch, dass mit dem Beschuldigtenstatus bestimmte Rechte und Pflichten verbunden sind, die sich insbesondere von denen des Zeugen unterscheiden, wird nicht nur deutlich, dass in ein und demselben Verfah-

---

[222] Vgl. dazu etwa BGH NStZ **2006**, 644, 645.

[223] Vgl. BGHSt **34**, 138, 140; BGH NStZ **2007**, 653 f.; *Meyer-Goßner*, Einl. Rn 76; SK-*Rogall*, vor § 133 Rn 16; *Joecks*, Einl. Rn 79; *Beulke*, Rn 111; *Volk*, § 9 Rn 1 ff.; vgl. auch *Huber*, JuS **2007**, 711, 712, der zwar vom formellen Beschuldigtenbegriff spricht, in Wahrheit aber auf die (auch vom BGH aktuell vertretene) formell-materielle Sichtweise (Rn 219) abstellt.

ren der **Beschuldigte niemals Zeuge** sein kann, sondern auch, dass eine klare Grenzziehung erforderlich ist.

Richtigerweise wird man bei der Frage nach der Beschuldigteneigenschaft einer Person auf eine gemischte **formell-materielle** Sichtweise abstellen müssen. Danach ist derjenige als „Beschuldigter" zu bezeichnen, der konkret verdächtigt wird, eine strafbare Handlung begangen zu haben und gegen den ein Ermittlungsverfahren eingeleitet worden ist. Polizeiliche Verhaltensweisen wie die Mitnahme zur Polizeiwache, die Durchsuchung der Wohnung oder die vorläufige Festnahme belegen häufig ihrem äußeren Erscheinungsbild nach, dass der Polizeibeamte dem Betroffenen als Beschuldigten begegnet, mag er dies auch nicht zum Ausdruck bringen.[224] Insgesamt soll der Strafverfolgungsbehörde bei der Frage nach der Beschuldigteneigenschaft ein Beurteilungsspielraum zustehen.[225] Dies ist jedoch nicht ganz unbedenklich, da stets die Gefahr einer Willkürentscheidung besteht. Vielmehr muss verlangt werden, dass eine Person nur dann als Beschuldigter behandelt werden darf, wenn **Tatsachen** vorliegen, die auf eine nahe Möglichkeit der Täterschaft oder Teilnahme schließen lassen, wenn sich die Verdachtsmomente also zu einem **Anfangsverdacht** einer Straftat verdichtet haben. Ein Anfangsverdacht liegt vor, wenn tatsächliche Anhaltspunkte für die Begehung (oder Teilnahme an) einer Straftat vorliegen; dabei sind die Anforderungen an die Wahrscheinlichkeit, dass eine verfolgbare Tat vorliegt und dass die betreffende Person Täter (oder Teilnehmer) ist, zwar nicht allzu hoch, aber höher als der bloße Tatverdacht, der z.B. für eine Durchsuchung nach § 102 StPO ausreicht. Zwar begründen bloße Vermutungen und Möglichkeiten, die nicht durch tatsächliche Anhaltspunkte gestützt sind, keinen Anfangsverdacht, jedoch ist es nach Auffassung des BGH unschädlich, wenn die Beurteilung der Verdachtslage durch StA oder Polizei zur Zeit der Vernehmung weitgehend auf **kriminalistischer Erfahrung** beruht.[226] 219

Beispiel[227]: T hatte im gemeinsamen Wohnhaus seine Ehefrau und seine Tochter getötet. Die Leichen versteckte er anschließend in einem 30 Kilometer entfernt liegenden Waldstück. Erst mehr als drei Jahre später wurden die beiden Leichen in weitgehend skelettiertem Zustand entdeckt. T wurde vom LG wegen Mordes zu einer lebenslangen Freiheitsstrafe verurteilt.

Gegen dieses Urteil legte T Revision (hier: Verfahrensrüge) ein (vgl. dazu Rn 1201 und 1204 ff.). Zur Begründung führte er an, dass er bei den ersten beiden polizeilichen Vernehmungen nicht über seine Beschuldigtenrechte belehrt worden sei.

Der BGH hat das Urteil aufgehoben und die Sache an ein anderes LG zurückverwiesen (§ 354 II StPO). Er hat beanstandet, dass die Schwurgerichtskammer bei der Urteilsfindung die Angaben des T bei zwei polizeilichen Vernehmungen verwertet hat, bei denen dieser zu Unrecht nicht als Beschuldigter belehrt worden war. T, der kurz nach der Tat eine Vermisstenanzeige bei der Polizei erstattet hatte, war im folgenden halben Jahr von der Polizei fünfmal als Zeuge vernommen worden, noch bevor in dieser Sache ein Ermittlungsverfahren wegen des Verdachts einer Straftat eingeleitet worden war. Die Strafverfolgungsbehörden hatten hiervon abgesehen, weil nach ihrer Beurteilung keine Tatsachen vorlagen, die einen konkreten und ernsthaften Tatverdacht auf Tötungsverbrechen begründet hätten, aufgrund dessen sie sich hierzu verpflichtet gesehen hätten. Gleichwohl habe eine Pflicht zur Beschuldigtenbelehrung bestanden, weil die Ermittlungsbeamten bei den beiden ersten Vernehmungen und danach ein Verhalten gezeigt hätten, aus welchem sich für T habe ergeben müssen, dass sie ihm als Beschuldigten begegneten. Ein solcher

---

[224] BGHSt **38**, 214, 228; **51**, 367, 370 f.; BGH NJW **2009**, 3589.

[225] Vgl. BGHSt **10**, 8, 12; **34**, 138, 140; **38**, 214, 228; **51**, 367, 370 f. Vgl. auch *von Heintschel-Heinegg*, JA **2008**, 151, 152.

[226] Vgl. BGHSt **51**, 367, 370 f. Zu den Begriffen **Anfangsverdacht**, **hinreichender Tatverdacht** und **dringender Tatverdacht** sowie zur Bedeutung der Abgrenzung vgl. Rn 727 ff.

[227] In Anlehnung an BGHSt **51**, 367 ff.

Verfolgungswille der Ermittlungsbeamten habe sich aus dem Ziel, der Gestaltung und den Begleitumständen dieser Vernehmungen und einer darauf folgenden Suchmaßnahme mit Leichensuchhunden auf dem Anwesen des T ergeben. Die Vernehmungen hätten vornehmlich dazu gedient, mittels kriminalistischer Taktik einen Tatnachweis gegen T, von dessen mutmaßlicher Täterschaft sich der Beamte überzeugt gezeigt habe, zu ermöglichen oder einen ggf. erst später möglichen Tatnachweis zu erleichtern. Die Vernehmung sei von Vorhalten und Fragen geprägt gewesen, die erkennbar auf „Schwachstellen" in den bisherigen Aussagen gezielt und zuletzt in eindringlicher Form auf ein Geständnis hingewirkt hätten (etwa: „Das Gewissen plagt Sie nicht?").

Fazit: Ergibt sich ein konkreter Anfangsverdacht einer Straftat, sind die Strafverfolgungsbehörden nicht nur berechtigt, sondern auch verpflichtet, den Verdächtigen als **Beschuldigten** zu behandeln. Dazu gehört insbesondere die **Beschuldigtenbelehrung** vor der Vernehmung: Der Tatverdächtige muss darüber belehrt werden, dass er einer konkreten Straftat verdächtig ist und dass es ihm freistehe, sich zu der Beschuldigung zu äußern oder nicht zur Sache auszusagen und jederzeit – auch schon vor der Vernehmung – einen Verteidiger zu befragen, § 136 I S. 1 und 2 StPO (ggf. i.V.m. § 163a IV StPO). Das Fehlen der Belehrung oder eine unvollständige Belehrung führen nach einer Grundsatzentscheidung des BGH[228] zu einem Beweisverwertungsverbot (vgl. Rn 1091).[229]

220 Im Übrigen braucht die Einstufung zum Beschuldigten nicht ausdrücklich zu erfolgen. Denn wie gesagt bedeutet Willensakt nicht Willenserklärung. Daher kann die Beschuldigteneigenschaft einer Person auch konkludent durch ein Handeln der Behörde zum Ausdruck gebracht werden, insbesondere durch solche Maßnahmen, die nur gegen einen Beschuldigten zulässig sind (z.B. vorläufige Festnahme nach § 127 StPO). Erfolgt eine Vernehmung aufgrund einer gegen den Vernommenen ergangenen **Anzeige**, erklärt die Strafverfolgungsbehörde damit stets zumindest konkludent, dass sie das Verfahren gegen den Vernommenen als Beschuldigten betreibt.[230]

Beispiel: X erstattet Anzeige gegen den ihm bekannten Y, weil er diesen zur Tatzeit am Tatort gesehen haben will. Daraufhin wird Y von der Polizei aufgesucht und vernommen. Eine Belehrung findet nicht statt. Später rechtfertigt die Polizei ihre Vorgehensweise damit, dass sie das Verfahren zunächst „gegen Unbekannt" geführt und daher Y als Zeugen vernommen habe.

Unabhängig davon, dass auch ein Zeuge belehrt werden muss (vgl. § 55 II StPO bzw. § 57 StPO), war Y aufgrund der gegen ihn erstatteten Anzeige jedenfalls von Anfang an als Beschuldigter einzustufen. Ihm hätte daher eröffnet werden müssen, welche Tat ihm zur Last gelegt wird (vgl. §§ 136 I S. 1, 163a IV StPO) und er hätte über sein Recht, seine Aussage zu verweigern, belehrt werden müssen (vgl. §§ 136 I S. 2, 163a IV StPO). Zu den Folgen einer unterbliebenen Belehrung (in erster Linie Beweisverbote) vgl. Rn 1079 ff.

221 Ist gegen den Beschuldigten sogar Anklage erhoben worden, wird er zum „**Angeschuldigten**". Zum „**Angeklagten**" wird der Beschuldigte bzw. der Angeschuldigte, wenn die Eröffnung des Hauptverfahrens beschlossen ist, vgl. § 157 StPO. Freilich bleibt die Bezeichnung „Beschuldigter" als Oberbegriff auch in diesen Verfahrensstadien erhalten, zumal der Gesetzgeber selbst die unterschiedlichen Bezeichnungen nicht konsequent benutzt (vgl. etwa § 22 Nr. 3 und § 24 III S. 1 StPO, wo von „Beschuldigter" gesprochen wird, obwohl es eigentlich „Angeklagter" heißen müsste).

---

[228] BGHSt **38**, 214 ff.; bestätigt in BGHSt **51**, 367, 370 f.

[229] Nach h.L. darf auch das Ergebnis einer späteren – ordnungsgemäßen – Vernehmung nur verwertet werden, wenn der Beschuldigte zuvor darüber belehrt wurde, dass seine bisherigen Aussagen nicht verwertbar sind, sog. **qualifizierte Belehrung**. Anderenfalls könne der Beschuldigte nicht einschätzen, inwieweit er durch seine bereits getroffenen Äußerungen festgelegt sei, sodass der Verfahrensverstoß hier fortwirke (Rn 1091).

[230] LR-*Hanack*, § 136 Rn 7; *Meyer-Goßner*, Einl., Rn 77; *Engländer*, Rn 57; *Satzger*, JZ **2001**, 639, 643.

II. Vernehmung des Beschuldigten

Vernehmung des Beschuldigten ist eine Befragung durch eine Amtsperson mit dem Ziel der Gewinnung einer Aussage.[231] Sie ist gegeben, wenn die Amtsperson dem Adressaten in ihrer **amtlichen Eigenschaft** als Polizeibeamter, StA, Richter etc. gegenübertritt und in dieser Eigenschaft Auskunft verlangt (zum Inhalt der Belehrung vgl. Rn 230). 222

- So werden im Ermittlungsverfahren Vernehmungen und die damit verbundenen Belehrungen von der Polizei (§ 163a IV, 136 StPO), von der StA (§§ 163a III, 136 StPO), vom Ermittlungsrichter auf Antrag der StA (§§ 162, 136 StPO) und vom Richter bei Festnahme oder Untersuchungshaft (§ 115 III, 115a II S. 2 StPO) vorgenommen bzw. durchgeführt.
- In der Hauptverhandlung werden Vernehmungen und Belehrungen vom Vorsitzenden durchgeführt (§ 243 IV StPO).

Befragungen durch **V-Leute** der Polizei oder **Informanten** können mangels Amtsträgereigenschaften **keine** Vernehmungen sein und dementsprechend keine Belehrungspflichten nach sich ziehen. Das aber führt zu der Frage, ob der V-Mann bzw. der Informant später als Zeuge vor Gericht aussagen und den Inhalt der Befragung wiedergeben darf. Dagegen spricht, dass die Polizei auf diese Weise durch den gezielten Einsatz von V-Leuten oder Informanten die Aussageverweigerungsrechte unterlaufen könnte. Vgl. dazu Rn 245 ff., 888, 889, 898, 904, 918 und 958. 223

Hinsichtlich **Verdeckter Ermittler** (VE) zeigt das in § 110a StPO gesetzlich verankerte Institut des VE, dass die Belehrung nach § 136 StPO jedenfalls nach einfachem Recht unter den besonderen Anwendungsvoraussetzungen des § 110a StPO verzichtbar ist.[232]

Hinweis für die Fallbearbeitung: Ob es sich bei der Befragung der Strafverfolgungsbehörde um eine Vernehmung und ob es sich bei der befragten Person bereits um einen Beschuldigten handelt, sind die klausurrelevanten Fragen, die es zu behandelt gilt.

Äußerst problematisch ist, ob z.B. die bei einem Gespräch mit einem Polizeibeamten getätigten „Spontanäußerungen" oder die sog. „informatorische Befragung" Belehrungspflichten unterliegen.[233] 224

Spontanäußerungen sind Äußerungen, die der Zeuge unabhängig von Vernehmungen macht, etwa Bekundungen gegenüber Privatpersonen, aber auch gegenüber Amtspersonen, sofern die Erklärungen ungefragt „spontan" und aus „freien Stücken" abgegeben werden. 224a

Beispiel: T hat eine Tankstelle überfallen und den Kasseninhalt geraubt. Aufgrund eines anonymen Hinweises ist die Polizei auf T aufmerksam geworden. Zwei Beamte suchen T zuhause auf und eröffnen ihm, dass sie wegen eines Tankstellenraubs ermittelten. Noch ehe sie ihn über seine Beschuldigtenrechte belehren können, gesteht T die Tat. Ist die Aussage des T trotz nicht erfolgter Beschuldigtenbelehrung verwertbar?

Die Belehrung nach § 136 I S. 2 StPO soll gewährleiten, dass ein Beschuldigter nicht im Glauben an eine vermeintliche Aussagepflicht Angaben macht und sich damit unfreiwillig selbst belastet. Eine Belehrungspflicht besteht aufgrund des Wortlauts des § 136 I S. 1 StPO jedenfalls bei Beginn der ersten Vernehmung. Dagegen ist in der Rspr. bislang nicht abschließend geklärt, ob eine Belehrung auch schon früher erforderlich ist, d.h. auch dann, wenn die Polizei keine gezielte Befragung durchführt, sondern lediglich passiv spontane Äußerungen des Betroffenen entgegennimmt, mit denen sich dieser selbst belastet.

---

[231] Vgl. BGHSt **40**, 211, 213; **42**, 139, 146.
[232] Zum VE vgl. näher Rn 751 ff., 1116 sowie *Duttge*, JZ **2008**, 261 ff.
[233] Vgl. zu den nachfolgenden Beispielen *Volk*, § 9 Rn 6 f., dessen Lösungen hier aber nicht geteilt werden.

Selbst wenn man eine Belehrungspflicht annähme, bliebe die Frage nach der Verwertbarkeit ohne Belehrung erfolgter spontaner Äußerungen. Die h.M. hält eine Verwertbarkeit solcher Äußerungen i.d.R. für zulässig, wenn keine Anhaltspunkte dafür bestehen, dass die Belehrungspflicht gezielt umgangen wurde, um den Betroffenen zu einer Selbstbelastung zu verleiten.[234] Eine gezielte Umgehung kann etwa dann angenommen werden, wenn die Polizeibeamten dem ungefragt erzählenden Beschuldigten eine längere Zeit zuhören, ohne ihn zu unterbrechen und auf seine Aussageverweigerungsfreiheit hinzuweisen.[235]

Da dies für den vorliegenden Fall nicht angenommen werden kann, bleibt die Aussage des T verwertbar.

225 Demgegenüber handelt es sich um eine **informatorische Befragung**, wenn die Polizei ein Gespräch mit einer Person führt, von der noch unklar ist, ob sie als Verdächtiger oder als Zeuge einer Straftat in Frage kommt. Die informatorische Befragung dient dem Ziel, die Person einer Kategorie einzuordnen und ihr einen rechtlichen Status (Beschuldigter/Zeuge/Unbeteiligter) zuzuweisen. Sobald eine Zuordnung möglich ist – beim Beschuldigten, wenn der Verdacht einer Täterschaft gegeben ist (s.o.) – erfolgen eine entsprechende Belehrung sowie die erforderlichen Maßnahmen. Gleiches gilt für die Zeugenschaft einer Person. Die Zulässigkeit informatorischer Befragung wird mit der kriminalpolitischen Zweckmäßigkeitserwägung begründet, die Polizei könne dem jeweils Betroffenen seine Rolle (Beschuldigter/Zeuge) erst dann zuweisen, wenn sich die jeweils maßgebenden Tatumstände entsprechend darstellen.[236]

Beispiele: O ist von Mitgliedern einer Rocker-Gruppe brutal zusammengeschlagen worden. Genaue Täterbeschreibungen liegen nicht vor. Daher suchen zwei Beamte der Polizei sämtliche Rocker-Gruppen der Umgebung auf, u.a. auch die „Dirty Devils". In deren Stammlokal eröffnen die Beamten den Anwesenden, dass sie wegen gemeinschaftlicher Körperverletzung ermittelten. Sie fragen die Anwesenden, ob jemand etwas zu dem Vorfall sagen könne.

Hier darf die Polizei, ohne jemanden als Zeugen oder Beschuldigten belehren zu müssen, so lange fragen, bis sich der Verdacht in eine bestimmte Richtung oder auf einen bestimmten Personenkreis konkretisiert.[237] Denn erst wenn sich der Verdacht in eine bestimmte Richtung oder auf einen bestimmten Personenkreis konzentriert, bilden sich sozusagen „Tatverdächtige" heraus und der vage Anfangsverdacht wird zu einem konkreten Anfangsverdacht, der nicht nur das formale Ermittlungsverfahren einleitet (vgl. §§ 160 i.V.m. 163 I S. 1 StPO), sondern auch Belehrungspflichten auslöst.[238]

Ob nun Belehrungspflichten unter dem Aspekt der Beschuldigten- oder Zeugeneigenschaft des Befragten bestehen, hängt von der Stärke des Tatverdachts ab. Daher brauchen Tatverdächtige, die informatorisch befragt werden und nach den o.g. Grundsätzen noch keine Beschuldigten sind, noch nicht belehrt zu werden. Wenn sich im Rahmen einer informatorischen Befragung (oder anderweitig) aber ein konkreter Anfangsverdacht ergibt, sind die betroffenen Tatverdächtigen als Beschuldigte zu belehren, bevor sie vernommen werden. Dasselbe gilt, wenn Strafanzeige gegen eine Person erstattet wurde. Wäre also im Beispielsfall die Polizei etwa aufgrund eines anonymen Hinweises (oder gar einer Strafanzeige) auf die „Dirty Devils" aufmerksam geworden, hätte sie wegen des dann bestehenden

---

[234] BGH NJW **2009**, 3589 f.; L/R-*Gleß*, § 136a Rn 16; *Meyer-Goßner*, § 136a Rn 4. Vgl. auch *Bosch*, JA **2008**, 662, 664; *Mosbacher*, JuS **2008**, 688.

[235] BGH NJW **2009**, 3589 f.

[236] *Bosch*, JA **2008**, 662, 664.

[237] Vgl. BGHSt **38**, 214, 227.

[238] Das gilt auch für den „klassischen" Fall der Befragung von Personen am Verkehrsunfallort. Hier kann die eintreffende Polizei die Anwesenden zunächst formlos befragen, um beurteilen zu können, ob mögliche Täter oder Zeugen anwesend sind und gegen wen Ermittlungen als Beschuldigte zu führen sind. Jedoch wird der Fahrzeughalter im Zweifel als Fahrer in Betracht kommen und daher von Anfang an als Beschuldigter zu behandeln sein, was Belehrungspflichten nach §§ 163a IV, 136 StPO nach sich zieht.

konkreten Anfangsverdachts von Anfang an alle anwesenden Mitglieder als Beschuldigte ansehen und dementsprechend zunächst belehren müssen.

Bleibt es aber bei einer informatorischen Befragung, können die in diesem Rahmen abgegebenen Erklärungen des Beschuldigten später in der Hauptverhandlung auch dann verwertet werden, wenn der Beschuldigte von seinem Aussageverweigerungsrecht Gebrauch macht.[239]

Beispiel: Die Frage eines Polizisten an einen Autofahrer, ob dieser Alkohol getrunken habe, stellt keine Vernehmung, sondern nur eine informatorische Befragung dar. Daher ist auch die spätere Verwertung dieser Aussage möglich.[240]

Fazit: Ein „Verdächtiger", der vernommen wird (bzw. werden soll), ist entweder Zeuge oder Beschuldigter. Die Vernehmungsperson steht also stets vor der Entscheidung, den „Verdächtigen" als Zeugen oder als Beschuldigten zu betrachten und dementsprechend zu belehren. Dabei gilt: Ist der Täter in einem bestimmten Personenkreis zu suchen, müssen zwar nicht von vornherein alle Angehörigen dieser Gruppe als Beschuldigte behandelt werden, die informatorische Befragung der Tatverdächtigen, die noch keine Beschuldigten sind, ist aber entweder eine informatorische Zeugenbefragung oder eine „echte" Zeugenvernehmung und löst die für Zeugen geltenden Belehrungspflichten aus. **225a**

III. Pflichten des Beschuldigten

Zwar ist der Beschuldigte wegen des Grundsatzes nemo tenetur se ipsum accusare (vgl. dazu Rn 121, 124) nicht verpflichtet, aktiv zur Sachaufklärung beizutragen, sodass ihn auch keine Wahrheitspflicht trifft, dennoch hat er bestimmte Duldungs- und Mitwirkungspflichten[241]: **226**

- **Erscheinungspflicht im Ermittlungsverfahren:** Der zur Vernehmung vorgeladene Beschuldigte hat eine Erscheinungspflicht vor dem Ermittlungsrichter und der StA (§§ 133, 163a III S. 1 StPO – also nicht vor der Polizei!). Dies gilt selbst dann, wenn er zuvor erklärt hat, nicht zur Sache aussagen zu wollen.[242] Bleibt er unentschuldigt aus, kann er zwangsweise vorgeführt werden (§§ 133 II, 163a III S. 2 StPO). **227**
- **Anwesenheitspflicht in der Hauptverhandlung:** Der Beschuldigte muss zur Hauptverhandlung erscheinen (vgl. § 230 II StPO) und dort anwesend bleiben (vgl. § 231 StPO). Ausnahmen von dieser Pflicht sind in § 233 I StPO geregelt. Ein unentschuldigtes Fernbleiben kann zur Revision führen (vgl. Rn 1244). **228**
- **Duldung von Zwangsmaßnahmen:** Der Beschuldigte muss bestimmte Eingriffe und Zwangsmaßnahmen dulden (vgl. etwa § 81a StPO – dazu ausführlich Rn 302 ff.). Auch muss er dulden, dass seine Daten in Dateien (z.B. Falldateien, Spurendokumentationsdateien, Fahndungsdateien) gespeichert werden (vgl. §§ 483 ff. StPO). **229**

IV. Rechte des Beschuldigten

Der Beschuldigte hat daneben aber auch zahlreiche Rechte, die aus dem Rechtsstaatsprinzip und der Menschenwürde abgeleitet werden:

- **Aufklärungs- bzw. Belehrungsrecht:** Der Beschuldigte hat ein Recht, dass ihm (spätestens) bei Beginn der ersten Vernehmung eröffnet wird, dass er Beschuldigter ist, wel- **230**

---

[239] OLG Saarbrücken NJW **2008**, 1396. Anders verhält es sich hinsichtlich der Verwertung von Aussagen, die von einem *Zeugen* im Rahmen einer informatorischen Zeugenbefragung getätigt werden. Hier soll die Aussage nach h.M. später in der Hauptverhandlung *nicht* verwertbar sein, wenn der Zeuge zwischenzeitlich von seinem Zeugnisverweigerungsrecht Gebrauch macht. Vgl. zu diesem Wertungswiderspruch unten Rn 922c.
[240] BayObLG NStZ-RR **2003**, 343.
[241] Vgl. auch *Engländer*, Rn 58 ff.; *Volk*, § 9 Rn 4 ff.; *Joecks*, Einl. Rn 85.
[242] *Meyer-Goßner*, § 133 Rn 5.

che Tat ihm zu Last gelegt wird und (außer bei polizeilichen Vernehmungen, § 163a IV S. 1 StPO) welche Strafvorschriften in Betracht kommen (§ 136 I S. 1 StPO).[243] Auch hat er das Recht, dass er bei der ersten Vernehmung auf die Möglichkeit der Verteidigerkonsultation hingewiesen wird (§ 136 I S. 2 StPO).[244] Die diesem Recht korrespondierende Pflicht der Vernehmensperson ist aber nur dann gewahrt, wenn dem Beschuldigten auch tatsächlich die Möglichkeit gegeben wird, einen Verteidiger zu konsultieren. Wird dem Beschuldigten auf dessen Verlangen, zunächst mit seinem Anwalt sprechen zu wollen, geantwortet, dass er (der Beschuldigte) selber wissen müsse, ob er aussagen wolle, und dass er daher so lange vernommen werde, bis „die Sache geklärt" sei, verstößt dieses Verhalten nicht nur gegen die Belehrungspflicht des § 136 I S. 2 StPO[245], sondern auch gegen Art. 6 I, IIIc EMRK[246]. Richtigerweise hätte die Vernehmung sofort unterbrochen werden und dem Beschuldigten Gelegenheit gegeben werden müssen, mit seinem Anwalt zu besprechen, ob er aussagen soll. Generell ist eine Bedrängung des Beschuldigten zu weiteren Angaben unzulässig.[247] Auch wenn dem Beschuldigten während einer nächtlichen Vernehmung nach dessen Bitte, einen Rechtsanwalt sprechen zu wollen, lediglich ein Branchenverzeichnis der Rechtsanwälte vorgelegt wird, statt auf den anwaltlichen Notdienst hinzuweisen, wird man das Recht auf einen Verteidiger als verletzt ansehen müssen.[248] Denn das Recht auf Verteidigerkonsultation verlangt, um nicht leerzulaufen, eine *effektive* Hilfestellung.

Neben die soeben genannten Aufklärungs- und Belehrungsrechte, die dem Beschuldigten nach § 136 StPO zustehen, tritt das Recht eines Festgenommenen mit fremder Staatsangehörigkeit, unverzüglich die Benachrichtigung der konsularischen Vertretung zu verlangen (Art. 36 I lit. b S. 3 WÜK). Über dieses Recht ist der Festgenommene bereits bei der Festnahme durch die Polizei (und nicht erst bei der Vernehmung durch die Staatsanwaltschaft oder den Richter) zu belehren.[249]

231 ▪ **Aussageverweigerungsrecht (Schweigerecht):** Da der Beschuldigte – bis auf die gesetzlich geregelten Ausnahmefälle – nicht verpflichtet ist, aktiv an seiner Überführung mitzuwirken[250], hat er auch das Recht zu schweigen, d.h. er braucht sich nicht zu seiner Beschuldigung zu äußern und nicht zur Sache auszusagen. Auf dieses Aussageverweigerungsrecht ist er bei der ersten Vernehmung (vgl. § 136 I S. 2 StPO[251]), aber auch in der Hauptverhandlung (vgl. § 243 IV S. 1 StPO) hinzuweisen (Beschuldigtenbelehrung – vgl. dazu Rn 219, 745 f., 855, 1090). Damit das Schweigerecht nicht leerläuft, dürfen aus dem Schweigen auch keine nachteiligen Schlüsse gezogen werden. Das gilt jedenfalls für das völlige Schweigen und ist beim partiellen Schweigen umstritten (vgl. dazu ausführlich Rn 121 f.).

Hinweis für die Fallbearbeitung: Das Schweigerecht des Beschuldigten samt den verfahrensrechtlichen Grundlagen und den Folgen einer Missachtung ist aufgrund seiner Bedeutung für ein rechtsstaatliches Verfahren häufig Gegenstand von Klausuren. Da das umfassende Schweigerecht zudem nur dem Beschuldigten, nicht auch dem Zeugen zusteht (dieser ist zur umfassenden Aussage verpflichtet und kann seine Aussage nur unter den Voraussetzungen der §§ 52 ff. StPO verweigern), ist in Klausuren häufig auch eine Abgrenzung zwischen Beschuldigtem und Zeugen erforderlich. Zur Abgrenzung vgl. Rn 216 ff.

[243] Insoweit klarstellend BGH NStZ **2007**, 653 f.
[244] Vgl. dazu EGMR NJW **2009**, 3707, 3708
[245] BGHSt **38**, 372, 373. Vgl. auch BGHSt **47**, 172, 174.
[246] EGMR EuGRZ **1996**, 587, 592.
[247] BVerfG NJW **2006**, 1008, 1009.
[248] Vgl. dazu BGHSt **42**, 15, 18; **42**, 170, 171.
[249] Vgl. BGH StV **2008**, 5 f.; BGH NJW **2008**, 1090, 1091; BVerfG NJW **2007**, 499.
[250] Zum Grundsatz *nemo tenetur se ipsum accusare*, der landläufig Art. 1 I i.V.m. 2 I GG (allgemeines Persönlichkeitsrecht) und Art. 20 III GG (Rechtsstaatsprinzip) zugeschrieben wird, jedoch schon lange vor Inkrafttreten des GG bestand, vgl. bereits Rn 121, 124.
[251] Sofern (wie im Regelfall) die Vernehmung von Polizeibeamten (und nicht von der StA) durchgeführt wird, findet § 136 I S. 2 StPO über § 163a IV S. 2 StPO Anwendung.

- **Recht auf einen Verteidiger:** Obwohl die StA auch die zur Entlastung des Beschuldigten dienenden Umstände ermitteln muss (vgl. § 160 II StPO), hat der Beschuldigte ein Recht, in jeder Lage des Verfahrens einen Verteidiger zu wählen (§ 137 StPO). Der Verteidiger soll einen gerechten Gegenpol zur Strafverfolgungsbehörde bilden und die Rechte und Interessen des Beschuldigten vertreten. Auf das Recht, einen Verteidiger zu nehmen, muss der Beschuldigte bei der ersten Vernehmung hingewiesen werden (§ 136 I S. 2 StPO); vgl. dazu bereits Rn 230; zu den Folgen einer unterbliebenen Belehrung vgl. Rn 237 und 1090). In den Fällen der notwendigen Verteidigung (vgl. § 140 StPO – z.B. wenn ihm ein Verbrechen zur Last gelegt wird) hat er sogar einen Anspruch gegen den Staat auf Beiordnung eines Pflichtverteidigers (§§ 141, 142 StPO). Sofern der Beschuldigte der deutschen Gerichtssprache nicht mächtig ist, räumt ihm Art. 6 IIIe EMRK das Recht auf einen Dolmetscher ein.[252] 232

- **Rechtliches Gehör:** Der Beschuldigte hat einen verfassungsrechtlich verbürgten Anspruch auf rechtliches Gehör (Art. 103 I GG), der einfachgesetzlich u.a. durch §§ 33, 33a, 136 I S. 2, II, 201 I, 243 IV, 258 I, II und 265 StPO konkretisiert ist. Dem Beschuldigten muss (jedenfalls im gerichtlichen Verfahren, vgl. Art. 103 I GG: „vor Gericht") Gelegenheit gegeben werden, sich zu den Vorwürfen zu äußern, Anträge zu stellen und Ausführungen zur Sach- und Rechtslage zu machen. Das Gericht braucht sich zwar auf kein Rechtsgespräch mit dem Beschuldigten einzulassen, allerdings muss es die Einlassungen zur Kenntnis nehmen und berücksichtigen.[253] Im Ermittlungsverfahren gilt das grundrechtsgleiche Recht aus Art. 103 I GG nicht. Jedoch wird man auch in diesem Verfahrensstadium einen Anspruch auf rechtliches Gehör aus dem Rechtsstaatsprinzip, der Menschenwürde und dem Grundrecht der informationellen Selbstbestimmung fordern müssen.[254] 233

- **Eingeschränktes Benachrichtigungsrecht nach Abschluss des Ermittlungsverfahrens:** Stellt die StA das Ermittlungsverfahren ein, hat sie zwar den Anzeigeerstatter, der zugleich Geschädigter ist, hierüber zu bescheiden, § 171 S. 1 StPO. Der Beschuldigte erhält dagegen von der Einstellung eine Nachricht nur unter den Voraussetzungen des § 170 II S. 2 StPO. Es ist also möglich, dass gegen jemanden ein Ermittlungsverfahren durchgeführt worden ist, ohne dass er überhaupt davon Kenntnis erlangt. 234

- **Beweisantrags- und Fragerecht:** Der Beschuldigte hat das Recht, in der Hauptverhandlung Beweisanträge (vgl. §§ 219, 244 ff. StPO) und an Zeugen und Sachverständige Fragen (vgl. § 240 II StPO) zu stellen.[255] Im Ermittlungsverfahren ist der Beschuldigte bei seiner Vernehmung durch StA oder Polizei darüber zu belehren, dass er Beweisanträge stellen kann (§§ 136 I S. 3, 163a IV S. 2 StPO). 235

- **Anwesenheitsrecht:** Der Beschuldigte hat nicht nur die Pflicht (§ 230 II StPO), sondern auch ein Recht auf Anwesenheit in der Hauptverhandlung (§ 230 I StPO; ein weiteres Anwesenheitsrecht enthält § 168c II StPO – dazu Rn 792a). Ein Verstoß hiergegen stellt einen absoluten Revisionsgrund gem. § 338 Nr. 5 StPO dar. Das Anwesenheitsrecht ist allerdings in den Fällen der §§ 231 II, 231a-233, 247 StPO eingeschränkt, weil der Beschuldigte sonst durch Manipulationen die ordnungsgemäße Durchführung des Verfahrens behindern könnte. Dabei ist zu beachten, dass diese Ausnahmevorschriften restriktiv zu interpretieren sind. Bei § 231 II StPO ist über den Wortlaut hinaus erforderlich, dass das Nichterscheinen des Angeklagten eigenmächtig war, d.h., dass er ohne Rechtfertigungs- und Entschuldigungsgründe wissentlich seiner Anwesenheitspflicht nicht genügt hat.[256] Schließlich gilt, dass wenn der Angeklagte wieder an der Hauptverhandlung teilnimmt, er über den wesentlichen Inhalt der Verhandlung in seiner Abwesenheit zu informieren ist (§§ 231a II, 231b II, 247 S. 4 StPO). Ein Verstoß hiergegen kann einen Revisionsgrund nach § 337 StPO auslösen. 236

---

[252] BGHSt **46**, 178, 183.
[253] BVerfGE **64**, 135, 144; **65**, 306, 307; **107**, 395, 410.
[254] Abzulehnen daher *Volk*, § 9 Rn 30.
[255] Zum Fragerecht vgl. näher *Ott*, JA **2008**, 529 ff.
[256] BGHSt **37**, 249, 251.

V. Folgen der Verletzung von Beschuldigtenrechten

237 Zwar enthält die StPO einige Regelungen hinsichtlich der Rechtsfolge bei Verletzungen von Beschuldigtenrechten, so etwa in § 136a III S. 2 StPO in Bezug auf die verbotenen Vernehmungsmethoden oder in § 100a IV S. 2 StPO und in § 100c V S. 3 StPO in Bezug auf abgehörte und aufgezeichnete Äußerungen, die dem Kernbereich privater Lebensgestaltung angehören. Allerdings wird die Frage, ob Aussagen verwertet werden dürfen, die unter Verstoß gegen die Belehrungspflichten des § 136 I StPO erlangt wurden, nicht von der StPO beantwortet. Klar ist lediglich, dass sich die Frage nach den Auswirkungen nicht schon im Ermittlungsverfahren stellt, sondern erst in der Hauptverhandlung, wenn es um die Beweisführung und damit um die Feststellung der Schuld des Angeklagten geht.

1. Unterbliebene Belehrung über das Recht zu schweigen

a. Grundsatz: Verwertungsverbot

238 Gemäß § 136 I StPO (der ggf. über § 163a III S. 2, IV S. 2 StPO Anwendung findet) ist der Beschuldigte zu Beginn der Vernehmung über seine Rechte (dazu Rn 745) zu belehren. Ist die Belehrung über das Schweigerecht (§ 136 I S. 2 Var. 1 StPO) unterblieben, sind i.d.R. weder die Angaben des Vernommenen noch die des Vernehmungsbeamten verwertbar. Es besteht ein **Verwertungsverbot**.[257] Das ergibt sich in Ermangelung einer positiven Regelung zwar nicht direkt aus den Vorschriften der StPO, allerdings gebietet es die **Abwägung** zwischen dem staatlichen Strafanspruch und den Grundrechten des Betroffenen, dass Aussagen, die unter Missachtung von Belehrungspflichten getätigt wurden, grds. nicht verwertet werden dürfen (Verletzung des Nemo-tenetur-Grundsatzes).[258] Denn gerade bei der ersten Vernehmung im Ermittlungsverfahren ist der Beschuldigte in Gefahr, „sich unbedacht selbst zu belasten" und daher besonders schutzbedürftig.

b. Ausnahmen vom grundsätzlichen Verwertungsverbot

239 Nach Auffassung des BGH gilt das Verwertungsverbot aber nicht, wenn dem Aussagenden von vornherein klar war, dass er als Beschuldigter nicht zur Aussage verpflichtet gewesen wäre.[259] Denn in diesem Fall soll die o.g. Schutzbedürftigkeit nicht bestehen. Das Gleiche soll gelten, wenn der Verteidiger des Beschuldigten der Verwertung zustimmt oder ihr bis zum Abschluss der Vernehmung des Angeklagten (vgl. § 257 StPO) bzw. bis zum Abschluss des jeweiligen Beweiserhebungsvorgangs nicht widerspricht.[260] Diese sog. **Widerspruchslösung** ist in Anbetracht der betroffenen Rechtsgüter des Angeklagten nicht ganz unproblematisch. Denn wenn der Verteidiger der Verwertung belastenden Materials aus Unkenntnis oder Nachlässigkeit nicht widerspricht, hat dies erhebliche Nachteile für den Angeklagten zur Folge. In begrüßenswerter Weise hat daher auch der 5. Strafsenat des BGH Bedenken an der Widerspruchslösung geäußert.[261] Leider hat er das Problem aber dahinstehen lassen, weil die Revision zur Widerspruchsfrage nichts vorgetragen hatte.

---

[257] BGHSt **38**, 214, 225; **51**, 367, 370 f.; BGH NStZ-RR **2007**, 80; LG Koblenz NZV **2002**, 422; *Meyer-Goßner*, § 136 Rn 7 und 20. Zu den Verwertungsverboten vgl. ausführlich Rn 1067 ff.

[258] Zur Abwägungslehre vgl. BGHSt **38**, 214, 219; **42**, 139, 147 ff.; BGH NJW **2007**, 2269, 2271; StV **2008**, 5 ff. Vgl. auch unten Rn 1070 ff.

[259] Etwa weil der Beschuldigte selbst Richter oder Strafverteidiger ist, vgl. BGH NStZ **2005**, 192; zustimmend *Mittag*, JR **2005**, 386, 387; dagegen *Trüg*, StraFo **2005**, 203.

[260] Vgl. BGH NJW **2007**, 2269, 2271 ff.; NJW **2007**, 3587 f.; NJW **2006**, 1361; OLG Hamburg NJW **2008**, 2597, 2600 und grundlegend BGHSt **38**, 214, 225; vgl. dazu auch *Walter*, JR **2007**, 99, 102, *Mosbacher*, JuS **2007**, 126, 129 f., *Roxin*, NStZ **2007**, 616, 617 f. und v. *Heintschel-Heinegg*, JA **2008**, 149, 150.

[261] BGH NJW **2007**, 2269, 2271.

Kann im Prozess nicht mehr geklärt werden, ob eine Belehrung stattgefunden hat (etwa weil die Vernehmung schon lange zurückliegt und sich niemand mehr an eine Belehrung erinnern kann), ist ebenfalls nach Auffassung des 5. Strafsenats zwecks Eingrenzung des Verwertungsverbots im Zweifel von der Durchführung der Belehrung auszugehen. Eine Verwertung scheide lediglich dann aus, wenn die Belehrung nicht – wie es Nr. 45 I RiStBV vorschreibt – in den Akten vermerkt worden sei.[262] Daraus folgt: Hat der Polizeibeamte die Erteilung einer Belehrung pflichtwidrig nicht dokumentiert, wird er den Beschuldigten im Zweifel auch nicht belehrt haben.

Auch soll kein Verwertungsverbot bestehen, wenn der Fehler der unterbliebenen Belehrung dadurch geheilt wurde, dass belehrt und mit der Vernehmung von vorne begonnen wurde.[263] Das ist nicht ganz unbedenklich; zumindest wird man verlangen müssen, dass in die nachgeholte Belehrung der Hinweis aufgenommen wird, dass die bisherige Aussage unverwertbar ist („**qualifizierte Belehrung**"), damit der Beschuldigte nicht glaubt, bei seiner Aussage bleiben zu müssen.[264] **240**

Wurde der Beschuldigte zunächst **zu Unrecht als Zeuge vernommen** und möchte die Vernehmungsperson die Vernehmung fortführen, muss sie vor der weiteren Befragung zum einen eine erneute Belehrung (nunmehr eine **Beschuldigtenbelehrung**) vornehmen und zum anderen muss sie wegen des stattgefundenen Belehrungsverstoßes (§ 136 I S. 2 StPO) den Beschuldigten über die Nichtverwertbarkeit der bisher gemachten Angaben belehren („**qualifizierte Belehrung**", s.o.). Unterbleibt diese qualifizierte Belehrung, stellt sich die Frage nach der Verwertbarkeit der getätigten Aussage. **241**

- Wiederholt der Beschuldigte nach seiner Belehrung als Beschuldigter seine früheren, im Rahmen der Zeugenvernehmung gemachten Angaben nicht, sondern **belastet sich erstmals im Rahmen der Beschuldigtenvernehmung**, führt die unterbliebene qualifizierte Belehrung nach Auffassung des 4. Strafsenats des BGH **nicht zwangsläufig** zu einem **Verwertungsverbot**. Denn der Verstoß gegen die Pflicht zur qualifizierten Belehrung habe nicht dasselbe Gewicht wie der Verstoß gegen die Belehrung nach § 136 I S. 2 StPO. Deshalb sei in einem solchen Fall die Verwertbarkeit der weiteren Aussagen nach erfolgter Beschuldigtenbelehrung durch **Abwägung** im Einzelfall zu ermitteln.[265]

  Maßgeblich ist das Gewicht des Verfahrensverstoßes: Unterbleibt die qualifizierte Belehrung bewusst bzw. willkürlich, stellt dies einen schwerwiegenden Verfahrensverstoß dar, der zu einer Unverwertbarkeit der Aussage zwingt. Unterbleibt die qualifizierte Belehrung unabsichtlich, ist Raum für eine echte Abwägung: Es sind die Beschuldigteninteressen an der Nichtverwertbarkeit mit dem Interesse des Staates an der Sachaufklärung abzuwägen (Rn 1075). Glaubt der Vernommene, von seinen vor der Beschuldigtenbelehrung gemachten Angaben als Zeuge bei seiner weiteren Vernehmung als Beschuldigter nicht mehr abrücken zu können, überwiegen seine Interessen. Dann sind die Angaben, die er als Beschuldigter gemacht hat, unverwertbar.[266]

- Von der soeben behandelten Konstellation zu unterscheiden ist diejenige, in der sich der Beschuldigte nach der unterbliebenen qualifizierten Belehrung **im Wesentlichen gleichermaßen auf den Tatvorwurf einlässt** bzw. die Tat **nochmals gesteht**. In diesem Fall muss die unterbliebene qualifizierte Belehrung zu einem Verwertungsverbot der Aussage führen. Alles andere wäre mit dem Rechtsstaatsprinzip nicht zu vereinbaren.[267]

---

[262] BGHSt **38**, 214 ff. Vgl. auch *Mosbacher*, JuS **2007**, 724 f.
[263] BGHSt **22**, 129, 134.
[264] Vgl. *Neuhaus*, NStZ **1997**, 312, 315; LG Dortmund NStZ **1997**, 356.
[265] BGH NStZ **2009**, 281 f. (mit Bespr. v. *Heintschel-Heinegg*, JA **2009**, 471; *Deiters*, ZJS **2009**, 198).
[266] BGH NStZ **2009**, 281 f.
[267] Abzulehnen daher BGH NStZ **2009**, 648 f. (1. Strafsenat), der zur Begründung seiner (nicht haltbaren) Auffassung auf NStZ **2009**, 281 f. (4. Strafsenat) verweist, dabei jedoch den dargelegten Unterschied übersieht bzw. ignoriert (sehr kritisch auch *Grasnick*, NStZ **2010**, 158 f.).

241a **Verwertbar** bleiben nach Auffassung des BGH **Spontanäußerungen**, sofern Beschuldigtenrechte nicht gezielt umgangen werden (Rn 224a). Bei der informatorischen Befragung sind die Angaben des Befragten verwertbar, weil per definitionem gerade noch kein konkreter Anfangsverdacht gegen die befragte Person besteht (Rn 225). Ergibt sich ein solcher, wandelt sich der „informatorische" Charakter der Befragung in eine Vernehmung und löst Belehrungspflichten aus.

2. Verweigertes Recht auf Verteidigerkonsultation

242 Wegen Art. 6 I, IIIc EMRK[268] noch klarer ist die Folge eines Verstoßes gegen das Recht auf Verteidigerkonsultation. Wurde der Beschuldigte über dieses Recht nicht belehrt oder ihm seine Ausübung verwehrt, ist seine Aussage nicht verwertbar. Auch der BGH erklärt in aller Deutlichkeit, dass das Recht auf Aussageverweigerung und das Recht auf Verteidigerkonsultation eng zusammenhingen und dass das Recht auf Verteidigerkonsultation im System der Rechte zum Schutz des Beschuldigten sogar Voraussetzung sei für eine effektive Wahrnehmung des Aussageverweigerungsrechts. Gerade die Verteidigerkonsultation diene dazu, den Beschuldigten zu beraten, ob er von seinem Schweigerecht Gebrauch mache oder nicht.[269]

3. Unterlassene Belehrung über Recht zur Benachrichtigung der konsularischen Vertretung

242a Das Unterbleiben der gebotenen Belehrung über das Recht auf konsularischen Beistand nach Art. 36 I lit. b S. 3 WÜK (dazu Rn 230) führt nicht zu einem Beweisverwertungsverbot, weil die Abwägung der widerstreitenden Interessen unter Berücksichtigung von Art und Gewicht des Verstoßes kein Beweisverwertungsverbot fordert.[270] Insbesondere lässt sich die Rspr. des BGH zu Verstößen gegen die in § 136 I S. 2 StPO geregelten Belehrungspflichten nicht auf einen Verstoß gegen die Belehrungspflicht nach Art. 36 I lit. b S. 3 WÜK übertragen.[271]

4. Durch Privatpersonen erlangte Aussagen

243 Höchst problematisch ist, ob Erkenntnisse im Zeugenbeweis verwertet werden können, die dadurch erlangt wurden, dass auf Veranlassung der Ermittlungsbehörde eine Privatperson (V-Mann, Informant oder Bekannter des Tatverdächtigen) mit dem Tatverdächtigen ohne Aufdeckung der Ermittlungsabsicht ein auf die Erlangung von Angaben zum Untersuchungsgegenstand gerichtetes Gespräch führt. Regelmäßig handelt es sich hierbei um die Fälle, in denen die Privatperson veranlasst wird, den Verdächtigen in ein Gespräch zu verwickeln, um Informationen über den Untersuchungsgegenstand zu erlangen. Ob die Ermittlungsbehörde dabei mithört oder bei der Privatperson ein Aufnahmegerät mitlaufen lässt, ist in diesem Zusammenhang irrelevant, weil allein danach zu fragen ist, ob diese Ermittlungsmethode vor dem Hintergrund der soeben genannten Beschuldigtenrechte nicht als rechtswidrig einzustufen ist und damit ein Beweisverwertungsverbot nach sich zieht.

244 Während der *5. Strafsenat* des BGH die Ansicht vertrat, dass § 136 StPO analog anzuwenden sei, damit das Schweigerecht des Beschuldigten nicht ausgehöhlt werde, entschied der *Große Senat* des BGH anders. Eine analoge Anwendung sei nicht angezeigt;

---

[268] Zum Verhältnis zwischen nationalem Recht und Völkerrecht bzw. zwischen der deutschen Rechtsordnung und der EMRK vgl. *R. Schmidt*, Grundrechte, 12. Aufl. **2010**, Rn 4 ff. und 285.
[269] BGHSt **42**, 172, 174. Vgl. auch BGH NStZ **2007**, 653 f.
[270] BGH StV **2008**, 5 f. mit Bespr. *Heintschel-Heinegg*, JA **2008**, 235. Vgl. auch BGH NJW **2008**, 1090, 1091 und OLG Hamburg NJW **2008**, 2597, 2599.
[271] BGH NJW **2008**, 1090, 1092.

vielmehr sei die Grenze für eine derartige Ermittlungsmethode den allgemeinen Grundsätzen eines rechtsstaatlichen Verfahrens zu entnehmen. Gerade die Nähe zum Nemo-tenetur-Grundsatz und damit auch der Ausstrahlung des allgemeinen Persönlichkeitsrechts sowie aus dem Rechtsstaatsprinzip und dem aus ihm hervorgehenden Grundsatz des fairen Verfahrens geböten es, diese Ermittlungsmethode zumindest mit der ebenfalls in Verfassungsrang stehenden Pflicht des Rechtsstaates zur effektiven Strafverfolgung abzuwägen. Daher sei die Verwertung der mittels einer **„Hörfalle"** gewonnenen Erkenntnisse nur dann zuzulassen, wenn es um die Aufklärung einer Straftat von erheblicher Bedeutung gehe und die Erforschung des Sachverhalts unter Einsatz anderer Ermittlungsmethoden erheblich weniger Erfolg versprechend oder wesentlich erschwert gewesen wäre.[272] Zur Bewertung dieser Rspr. vgl. Rn 756 ff.

F. Die Beweispersonen (Zeugen, Sachverständige)

I. Der Zeuge (§§ 48 ff. StPO)

1. Begriff und Funktion des Zeugen

Zeuge ist eine Person, die in einer nicht gegen sie selbst gerichteten Strafsache persönliche Wahrnehmungen von Tatsachen durch eine Aussage bekunden soll.[273] Der Begriff „persönliche Wahrnehmungen von Tatsachen" weist zugleich auf eine entscheidende Schwäche des Zeugenbeweises hin: Der Zeuge glaubt zwar fest an die Richtigkeit seiner Wahrnehmungen, kann sich aber irren und sagt dann objektiv falsch aus. Noch schlimmer ist, wenn der Zeuge vorsätzlich falsch aussagt. Zwar macht er sich gem. §§ 153 ff. StGB strafbar, dennoch kann es infolge einer Falschaussage (sofern sie nicht bemerkt wird) zu inkorrekten Gerichtsurteilen kommen. Andererseits hat der Gesetzgeber dem Zeugenbeweis eine überaus gewichtige Stellung im Strafprozessrecht eingeräumt und den Grundsatz festgelegt, dass der Zeugenbeweis für die Urteilsbildung des Gerichts entscheidend ist. Allerdings hat der Richter die Möglichkeit, die Glaubwürdigkeit eines Zeugen zu hinterfragen und dessen Aussage im Rahmen des § 261 StPO zu würdigen (vgl. dazu Rn 889 f. und 1062).[274] **245**

Der Zeuge ist zwar nicht Verfahrensbeteiligter im dargelegten Sinne, sondern neben dem Sachverständigen, der Urkunde und dem Augenschein ein Beweismittel, das im öffentlichen Interesse an der Wahrheitsfindung in Anspruch genommen wird. Wegen dieser Inanspruchnahme kann er aber wenigstens verlangen, angemessen behandelt und in besonderen Situationen geschützt zu werden. Zu diesem Schutzanspruch gehören die Zeugnis- und Auskunftsverweigerungsrechte (Rn 262 ff., 914 und 1089) sowie der Zeugenschutz (Rn 893 ff. und 935). **245a**

a. Allgemeine Zeugnisfähigkeit

Da es Aufgabe des Zeugen ist, eine Aussage über seine Wahrnehmung zu machen, kann prinzipiell jede Person Zeuge sein, auch (Klein-)Kinder und Geisteskranke, solange nur die Fähigkeit besteht, Sachverhalte wahrzunehmen und wiederzugeben.[275] Auch Zweifelhafte Glaubwürdigkeit steht der Zeugnisfähigkeit nicht entgegen, sie ist aber im Rahmen der Beweiswürdigung zu berücksichtigen.[276] Besonderer Sachverstand wird nicht vorausgesetzt. Denn vom Zeugen werden Angaben über Wahrnehmungen erwartet, keine Gutachten über natur- oder rechtswissenschaftliche Zusammenhänge. Allerdings müssen **246**

---

[272] BGHSt **42**, 139, 142 ff.
[273] BGHSt **22**, 347, 348; *Roxin*, § 26 Rn 1; *Kudlich/Roy*, JA **2003**, 565.
[274] Zu den Schwächen des Zeugenbeweises und deren Bewertung durch den BGH vgl. *Brause*, NStZ **2007**, 505 ff.
[275] BGH NStZ **2008**, 116, 117; BGHSt **43**, 62, 64; KK-*Senge*, vor § 48 Rn 5.
[276] Vgl. *Roxin*, § 26 Rn 2; KK-*Schoreit*, § 261 Rn 29; *Kindhäuser*, § 21 Rn 7.

sich die Wahrnehmungen auf Tatsachen beziehen. Nicht Gegenstand des Zeugenbeweises sind daher Rechtsprobleme, Erfahrungsregeln, Vermutungen und Schlussfolgerungen. Diese zu ziehen ist Aufgabe des Gerichts.

247 Tatsachen sind auch Aussagen, die andere getätigt haben (Zeugen vom Hörensagen), nicht dagegen Werturteile, da diese den Gegensatz zu den Tatsachen bilden.[277]

b. Zeugnisfähigkeit von Verfahrensbeteiligten

248 Da prinzipiell jedermann Zeuge sein kann, können auch der StA, der Verteidiger, der Nebenkläger, der Sachverständige und sogar der Richter Zeuge sein. Dann aber können sich Rollenkonflikte ergeben. Das wird besonders am Beispiel des Richters, der als Zeuge auftritt, deutlich. Das Gesetz löst diesen Konflikt dadurch, dass es zwar die Vernehmung eines Richters als Zeugen zulässt, den Richter dann allerdings von der (weiteren) Ausübung des Richteramts in dieser Sache ausschließt (§ 22 Nr. 5 StPO).

249 Von vornherein **nicht** als Zeuge in Betracht kommt der **Beschuldigte**. Dieser kann schon terminologisch in einer gegen ihn gerichteten Strafsache nicht zugleich Zeuge sein. Sein Aussageverweigerungsrecht und der Umstand, dass die Unwahrheit seiner Äußerungen sanktionslos bleibt, stehen in unlösbarem Widerspruch zur Aussage- und Wahrheitspflicht eines Zeugen.[278] Dasselbe gilt folgerichtig zumindest dann für den **Mitbeschuldigten**, wenn dieser wegen derselben prozessualen Tat in einem verbundenen Strafverfahren vor Gericht steht. Ob etwas anderes für den Fall gilt, dass die verbundene Straftat abgetrennt wird oder innerhalb einer verbundenen Strafsache mehrere prozessuale Taten verhandelt werden, wird bei Rn 269 und 294 ff. erläutert.

2. Pflichten des Zeugen

250 Die StPO legt dem Zeugen verschiedene Pflichten auf, zu denen hauptsächlich die Erscheinungspflicht, die Aussage- und Wahrheitspflicht und – nunmehr nur noch in Ausnahmefällen vorgesehen – die Eidespflicht gehören. Daneben hat er eine Reihe sog. Nebenpflichten. Dabei fällt bereits an dieser Stelle auf, dass die Pflichten des Zeugen umfangreicher zu sein scheinen als die des Beschuldigten, obwohl sich das Strafverfahren gegen Letzteren richtet. Das liegt an dem bereits beschriebenen Umstand, dass der Zeuge als Beweismittel im öffentlichen Interesse herangezogen wird.

a. Erscheinungspflicht

251 Der Zeuge muss vor dem Richter (vgl. §§ 48 I, 51 StPO) und (im Ermittlungsverfahren) vor der StA (§ 161a I S. 1 StPO) erscheinen.[279] Daraus folgt im Umkehrschluss, dass eine Ladung der Polizei für ihn nicht verbindlich ist.

Die Konsequenzen eines unberechtigten Ausbleibens oder Weigerns ergeben sich aus § 51 StPO, Art. 6 EGStGB. Sie sind Ordnungsgeld und Ordnungshaft, wobei Ordnungshaft nur durch den Richter angeordnet werden darf (§ 161a II S. 2 StPO), aber auch Auferlegung der verursachten Kosten.

---

[277] Zur Abgrenzungen zwischen Tatsachen und Werturteilen vgl. *Schmidt/Priebe*, StrafR BT II, Rn 523 ff.

[278] BGHSt **10**, 8, 10; SK-*Rogall*, Vor § 48 Rn 35; *Hillenkamp*, JuS **2001**, 159, 166; *Kindhäuser*, § 21 Rn 16.

[279] Auf die engen Ausnahmen zur Erscheinungspflicht (Bundespräsident, § 49 StPO, Parlaments- und Regierungsmitglieder, § 50 StPO, sowie Personen, die nicht der deutschen Gerichtsbarkeit unterliegen), soll hier nicht weiter eingegangen werden.

b. Aussage- und Wahrheitspflicht

Die Aussagepflicht (Zeugnispflicht) dient der Aufklärung von Straftaten und damit der Gewährleistung einer wirksamen Strafverfolgung. Die Aufklärung von Straftaten stellt einen wesentlichen Auftrag des rechtsstaatlichen Gemeinwesens dar.[280] Der Staat kann daher grundsätzlich verlangen, dass ein Zeuge über ihm bekannte Tatsachen, die für die Aufklärung und die Verfolgung einer Straftat von Bedeutung sind, vollständig aussagt. Gegenstand der Vernehmung sind dabei nicht nur die Angaben zur Sache (vgl. § 69 StPO), sondern auch die Angaben zur Person (vgl. § 68 StPO). Materiell-rechtlich abgesichert wird die Pflicht zur wahrheitsgemäßen Aussage durch §§ 153 ff. StGB, die allerdings nur für richterliche Vernehmungen, nicht für Vernehmungen durch die StA und die Polizei gelten, da diese keine zur eidlichen Vernehmung zuständigen Stellen sind, vgl. § 161a I S. 3 StPO.[281] Falsche Aussagen bzw. Angaben gegenüber der StA oder der Polizei können aber z.B. nach §§ 145d, 257 oder 258 StGB strafbar sein. 252

Fazit: Der Zeuge muss bei Ladungen durch die StA und das Gericht erscheinen und – bei Nichtbestehen eines Zeugnis- bzw. Aussageverweigerungsrechts – auch aussagen. Sagt er aus, ist er zur Wahrheit verpflichtet. Er ist vom Gericht bzw. von der StA über die Wahrheitspflicht zu belehren (vgl. §§ 57 S. 1, 161a I S. 2 StPO). Eine Erscheinungspflicht bei Ladungen durch die Polizei besteht nicht.

§ 68b I StPO stellt klar, dass sich Zeugen eines **anwaltlichen Beistandes** bedienen können, dem bei der Vernehmung die Anwesenheit gestattet ist. Jedoch sieht das Gesetz Ausschlusstatbestände für den Fall einer Beeinträchtigung einer geordneten Beweisaufnahme vor. Gemäß § 68b II StPO kann einem Zeugen ein Beistand beigeordnet werden. Die Entscheidungen sind nicht anfechtbar. Diese Regeln gelten wegen § 161a I S. 2 StPO auch bei staatsanwaltschaftlicher Vernehmung.

Von der grundsätzlich bestehenden Zeugnispflicht (vgl. § 48 I S. 2 StPO) gibt es jedoch mit Blick auf die persönlichen Verhältnisse und Umstände des Einzelfalls Ausnahmen. Denn auch der Staat hat besondere Konfliktsituationen, die sich durch eine Aussagepflicht von Zeugen im Verhältnis zum Beschuldigten ergeben können, zu respektieren. Es stellte eine unzulässige Beschränkung von Grundrechten (insbesondere: Art. 14 I, 12 I, 6 I, 6 II, 4 I, II, 2 I i.V.m. 1 I GG) dar, wenn der Staat nicht auf die persönlichen Verhältnisse zwischen dem Zeugen und dem Beschuldigten Rücksicht nehmen müsste und z.B. einen Ehepartner zur Aussage gegen den anderen Ehepartner zwingen dürfte. Folgerichtig hat der Gesetzgeber in den §§ 52, 53, 53a, 55 StPO Zeugnis- und Auskunftsverweigerungsrechte gewährt (dazu sogleich). Das heißt jedoch nicht, dass ein zeugnis- oder aussageverweigerungsberechtigter Zeuge nicht aussagen dürfte. §§ 52, 53, 53a, 55 StPO gewähren nur ein Recht zur Zeugnis- bzw. Aussageverweigerung, nicht jedoch eine Pflicht. Macht der Zeuge von seinem Zeugnis- bzw. Aussageverweigerungsrecht keinen Gebrauch, muss er selbstverständlich die Wahrheit sagen (auch wenn er sich durch die Aussage z.B. nach § 203 StGB strafbar macht). Hinsichtlich Richter, Beamte und anderer Personen des öffentlichen Dienstes gilt die Sonderregelung des § 54 StPO: Ist Gegenstand der Vernehmung ein Umstand, der der Amtsverschwiegenheit unterliegt, dürfen sie als Zeugen erst aussagen, wenn ihnen eine Aussagegenehmigung erteilt wurde. 253

Verweigert der zur Aussage verpflichtete Zeuge die Aussage ohne gesetzlichen Grund, muss er die Kosten tragen, ein Ordnungsgeld zahlen (§ 70 I StPO) und damit rechnen, dass er bis zu sechs Monaten in **Beugehaft** genommen wird (§ 70 II StPO).[282] Außerdem kann er sich

---

[280] BVerfGE **109**, 279, 336; *v. Heintschel-Heinegg*, JA **2007**, 470, 471.

[281] Zur Frage, wann eine Aussage wahr bzw. falsch ist, vgl. *Schmidt/Priebe*, StrafR BT I, Rn 1163 ff.

[282] Selbstverständlich muss die Beugehaft, die in Grundrechte (jedenfalls in Art. 2 II S. 2, 104 GG – Freiheit der Person, möglicherweise aber auch in Art. 12 I, 6 I, 6 II, 4 I, 4 II GG) des Betroffenen eingreift, verhältnismäßig sein. Vgl. dazu BVerfG NJW **2007**, 1865, 1868 (mit Bespr. v. *Muckel*, JA **2007**, 472 ff.).

wegen **Strafvereitelung durch Unterlassen** (§§ 258, 13 StGB) strafbar machen. Die Garantenstellung ergibt sich dabei aus seiner besonderen strafprozessualen Pflichtenstellung und führt zu einer strafbarkeitsbegründenden Aussageverpflichtung gegenüber der StA oder dem Gericht.[283]

254 Der Zeuge ist zur Wahrheit zur ermahnen, auf die Möglichkeit der Vereidigung hinzuweisen und über die strafrechtlichen Konsequenzen (etwa in Bezug auf §§ 153 oder 203 StGB) einer unrichtigen oder unvollständigen Aussage zu **belehren** (§ 57 S. 1 StPO). Wegen § 163 III StPO gilt dies auch für polizeiliche Vernehmungen. Einzelheiten zur Vernehmung finden sich zudem in dem am 29.7.2009 neu gefassten § 68 StPO.

c. Ausnahmsweise: Eidespflicht

255 Nach der gesetzlichen Regelung ist der Zeuge verpflichtet, auf Anordnung des Gerichts seine Aussage zu beeiden, wobei die entsprechende Anordnung des Gerichts nur erfolgt, wenn das Gericht (und nur dieses!, vgl. § 238 StPO) die Bedeutung der Aussage für ausschlaggebend (§ 59 I S. 1 Var. 1 StPO) oder die Vereidigung zur Herbeiführung einer wahren Aussage für notwendig (§ 59 I S. 1 Var. 2 StPO) hält.

256 „Für „ausschlaggebend" wird das Gericht die Aussage halten, wenn diese bei der Beweiswürdigung das „Zünglein an der Waage"[284] ist; zur „Herbeiführung einer wahren Aussage" ist die Vereidigung nicht erforderlich, wenn feststeht, dass der Zeuge lügt (und sich damit schon nach § 153 StGB strafbar macht). Damit dürfte klar, sein, dass eine Vereidigung nur ausnahmsweise in Betracht kommt. Sollte sie dennoch erforderlich sein, ist zu beachten, dass sie immer erst nach der Aussage (§ 59 II S. 1 StPO – sog. „Nacheid") stattfindet. Zur Abnahme von Eiden befugt ist nur das Gericht, also weder die StA noch die Polizei (s.o.).

257 Im Vorverfahren ist die Vereidigung nur zulässig, wenn darüber hinaus der Verlust des Beweismittels droht („Gefahr im Verzug") oder der Zeuge voraussichtlich in der Hauptverhandlung am Erscheinen verhindert sein wird (§ 62 StPO). Unabhängig vom Verfahrensstadium ist die Vereidigung stets unzulässig bei eidesunmündigen bzw. -unfähigen Personen (§ 60 Nr. 1 StPO), und beim Verdacht der Tatbeteiligung sowie der Begünstigung, Strafvereitelung oder Hehlerei (§ 60 Nr. 2 StPO). Alle Rechtsbegriffe dieser Vorschrift werden weit ausgelegt. „Tat" ist der geschichtliche Vorgang (prozessualer Tatbegriff). „Tatbeteiligt" ist über §§ 25 ff. StGB hinaus jeder, der bei diesem Vorgang auf strafbare Weise in derselben Richtung wie der Beschuldigte mitgewirkt hat.

> **Beispiele[285]:** Der Verkäufer von illegalen Drogen im Verfahren gegen den Käufer und der Dieb im Verfahren gegen den Hehler dürfen wegen § 60 Nr. 2 StPO nicht vereidigt werden. Dagegen steht § 60 Nr. 2 StPO einer Vereidigung eines Lockspitzels nicht entgegen, da dieser nicht in strafbarer Weise an einer Straftat mitgewirkt hat.[286]

258 Begünstigung und Strafvereitelung (§ 60 Nr. 2 StPO) stehen der Vereidigung nur entgegen, wenn der Aussagende in Verdacht steht, sie *vor* der Hauptverhandlung begangen zu haben. Zieht der Zeuge erst durch seine Aussage in der Hauptverhandlung einen entsprechenden Verdacht auf sich, darf er grds. vereidigt werden.[287]

---

[283] Sch/Sch-*Stree*, StGB, § 258 Rn 17, 19; *Klein*, StV **2006**, 338, 339; *Rinio*, JuS **2008**, 600, 604; *Weidemann*, JA **2008**, 532, 533. Da der Zeuge keine Pflicht hat, bei der **Polizei** zu erscheinen und vor dieser auszusagen, kann die diesbezügliche Aussageverweigerung folgerichtig auch keine Strafvereitelung darstellen.
[284] BGHSt **16**, 99, 103.
[285] Vgl. *Volk*, § 21 Rn 7.
[286] BGH NStZ **1990**, 193.
[287] BGHSt **34**, 68, 69.

Beispiel[288]**:** Nach seiner Vernehmung in der Hauptverhandlung wird Zeuge Z auf seine Aussage vereidigt und entlassen. Zu einem späteren Verhandlungstermin wird Z erneut vernommen. Dabei gewinnt das Gericht den Eindruck, dass Z in beiden Vernehmungen zugunsten des Angeklagten in der Absicht, dessen Bestrafung zu verhindern, falsch ausgesagt hat. Das Gericht möchte den Zeugen erneut vereidigen.

In Fällen dieser Art ist zum einen fraglich, ob die erste Vereidigung unzulässig war und ob der Zeuge nach der zweiten Vernehmung erneut vereidigt werden darf.

Grds. rechtfertigt nur der Verdacht einer *vor* der Hauptverhandlung begangenen Begünstigung oder Strafvereitelung die Anwendung des § 60 Nr. 2 StPO. Nur in diesem Fall besteht für den Zeugen die Zwangssituation, entweder mit einer wahrheitsgemäßen Aussage eine eigene Straftat offenbaren zu müssen oder einen Meineid leisten zu müssen. Begeht er die Begünstigung oder Strafvereitelung dagegen erst mit seiner Falschaussage in der Verhandlung, hindert das die Vereidigung grds. nicht.

Nach diesen Grundsätzen war die erste Vereidigung des Z daher zulässig. Eine Besonderheit besteht aber bei der zweiten Vernehmung. Z ist hier verdächtig, sich mit seiner ersten abgeschlossenen Aussage der versuchten Strafvereitelung strafbar gemacht zu haben. Damit befände er sich in der Zwangslage bei der zweiten Vernehmung entweder diese Straftat aufzudecken oder einen Meineid zu leisten. Aus diesem Grund liegen in einem solchen Fall ausnahmsweise auch bei einer erst in der Hauptverhandlung begangenen Begünstigung oder Strafvereitelung die Voraussetzungen des § 60 Nr. 2 StPO vor.[289] Z darf daher nicht erneut vereidigt werden.

Eine Eidespflicht besteht selbstverständlich von vornherein nicht, wenn der Zeuge nicht **259**
zur Aussage verpflichtet ist (Eidesverweigerungsrecht, vgl. § 61 StPO).

d. Weitere Pflichten

Neben den soeben genannten „Hauptpflichten" bestehen für den Zeugen weitere Pflich- **260**
ten. So muss er sich gefallen lassen, dass seine „Glaubwürdigkeit" (§ 68 IV StPO) durch Fragen getestet und durch Sachverständige beurteilt wird. Er muss an Gegenüberstellungen mitwirken (§ 58 II StPO) sowie z.B. körperliche Untersuchungen (§ 81c StPO) und Bild-Ton-Aufzeichnungen seiner Aussage dulden (§ 58a StPO). Wegen § 163 III StPO gilt dies auch für polizeiliche Vernehmungen. Bei Straftaten von erheblicher Bedeutung darf öffentlich nach ihm gefahndet werden (§ 131a III StPO).

3. Rechte des Zeugen

Unter den Voraussetzungen der §§ 52 ff. StPO ist der Zeuge berechtigt, wegen der **261**
persönlichen oder beruflichen Beziehung zum Beschuldigten die Aussage schlechthin (das „Zeugnis") zu verweigern. Davon zu unterscheiden ist das Recht eines Aussagepflichtigen, die Auskunft zu einzelnen Tatsachen zu verweigern, wenn das ihn oder einen seiner Angehörigen in die Gefahr brächte, zum Beschuldigten zu werden.

a. Zeugnisverweigerungsrecht aus persönlichen Gründen, § 52 StPO

aa. Zweck des § 52 StPO

Das Zeugnisverweigerungsrecht gem. § 52 StPO ist Ausdruck der Konfliktlage, in der sich **262**
der Zeuge befindet. Denn müsste er aussagen, wäre er nicht nur zur Wahrheit verpflichtet, sondern er würde möglicherweise auch den Beschuldigten, mit dem er in einem engen persönlichen Verhältnis steht, belasten. Nach § 52 III S. 1 StPO muss der Zeuge daher auch vor jeder Vernehmung über dieses Recht belehrt werden. Die Belehrung in der Hauptverhandlung ist Aufgabe des Richters, bei Kollegialgerichten des Vorsitzen-

---

[288] Vgl. *Engländer*, Rn 80.
[289] Vgl. BGHSt **34**, 68, 69.

den.[290] Bei Vernehmungen durch die Polizei gilt § 52 III S. 1 StPO über § 163 III StPO. Zu belehren ist der Zeuge, in den Fällen des § 52 II StPO zudem der gesetzliche Vertreter (§ 52 III S. 1 StPO).[291] Die Belehrung ist vor jeder Vernehmung erforderlich, also auch, wenn bereits eine frühere Vernehmung erfolgt ist[292], und selbst dann, wenn der Zeuge dort auf sein Weigerungsrecht verzichtet hatte[293]. Die Belehrung und die abgegebene Erklärung müssen im Protokoll beurkundet werden. Zu den Konsequenzen einer nicht erfolgten oder fehlerhaften Belehrung vgl. Rn 1079 ff.

263 Die einzelnen Gründe, die zur Aussageverweigerung berechtigen, sind in § 52 I StPO aufgeführt.

264 ▪ **Verlobte** (§ 52 I Nr. 1 StPO) sind Personen, die sich ein gegenseitiges und von beiden ernst gemeintes Eheversprechen[294] bzw. das Versprechen der Begründung einer Lebenspartnerschaft nach dem Lebenspartnerschaftsgesetz (vgl. § 1297 II und §§ 1298, 1299, 1301, 1302 BGB, die gem. § 1 IV S. 2 LPartG entsprechend gelten) gegeben haben. Fehlt dieser ernsthafte Wille bei einem Partner (Beispiel: Heiratsschwindler), liegt kein zu berücksichtigendes Verlöbnis vor. Das gilt auch dann, wenn der andere Partner irrtümlich von der Ernsthaftigkeit ausgeht.

Das Verlöbnis muss wirksam sein. Das ist nicht der Fall, wenn das Eheversprechen gegen das Gesetz oder die guten Sitten verstößt. Ein diesbezüglich immer wieder anzutreffendes Problem bereitet die Frage, ob ein Verlöbnis sittenwidrig und damit unwirksam ist, wenn ein Partner noch verheiratet oder bereits anderweitig verlobt ist.[295]

⇨ Die h.M. sieht ein solches Verlöbnis als sittenwidrig und damit als nichtig an.[296] Folge wäre, dass dem Partner kein Zeugnisverweigerungsrecht (zumindest nicht das nach § 52 I Nr. 1 StPO) zustünde.

⇨ Die Gegenauffassung räumt ein Zeugnisverweigerungsrecht des noch anderweitig verheirateten Partners ein mit der Begründung, dass die von § 52 I Nr. 1 StPO geschützte psychische Konfliktsituation des verlobten Zeugen unabhängig von einer noch bestehenden oder gescheiterten Ehe sei.[297]

⇨ Stellungnahme: Ein Gesetz, wonach es verboten wäre, ein Verlöbnis vor rechtskräftiger Scheidung einzugehen, existiert nicht. § 172 StGB ist erst einschlägig, wenn die versprochene Ehe tatsächlich geschlossen wird, obwohl eine andere Ehe noch besteht. Daher kann die vorliegende Frage nur mit Blick auf einen möglichen Sittenverstoß beantwortet werden. Diesbezüglich ist der Wertmaßstab des Art. 6 I GG heranzuziehen, wonach die Ehe unter dem besonderen Schutz des Staates steht. Sämtliche Verhaltensweisen (mit Ausnahme des Ehescheidungsverfahrens), die der Ehe zuwiderlaufen und einer rechtskräftigen Scheidung vorgreifen, könnten daher – wie die Vertreter der

---

[290] BGHSt **9**, 195, 197; BGH StV **1984**, 405; BGH NStZ **2006**, 647, 648.

[291] Im Fall des § 52 II S. 1 StPO muss der gesetzliche Vertreter der Vernehmung zustimmen. Bei Minderjährigen sind i.d.R. die Eltern gesetzlicher Vertreter. Steht die gesetzliche Vertretung beiden Elternteilen zu, müssen beide der Vernehmung zustimmen (vgl. § 52 III S. 2 Halbs. 2 StPO). Verweigert also ein Elternteil die Zustimmung, darf der Minderjährige an sich nicht vernommen werden, obwohl der Minderjährige vielleicht Hauptbelastungszeuge ist und ohne seine Aussage eine Verurteilung nicht möglich wäre. In diesen Fällen haben die StA oder das Gericht die Möglichkeit, über §§ 1629 II S. 3, 1796, 1909 BGB auf eine Entziehung der Vertretungsmacht und die Einsetzung eines Ergänzungspflegers hinzuwirken, der dann die Zustimmung zur Vernehmung erteilt (str.). Verneint man diese Möglichkeit mit der Begründung, dass § 52 III StPO dies nicht zulasse, kommt nur die Vernehmung des zustimmenden Elternteils als Zeuge vom Hörensagen in Betracht, sofern der Minderjährige diesem gegenüber Äußerungen getätigt hatte. Ob aber eine Verurteilung des Angeklagten möglich ist, wenn lediglich ein Zeuge vom Hörensagen zur Verfügung steht, darf bezweifelt werden (ablehnend auch BGH StV **2008**, 236 f.), vgl. dazu *Schweckendieck*, NStZ **2008**, 537 ff.

[292] BGH NJW **1986**, 2121.

[293] SK-*Rogall*, § 52 Rn 69.

[294] Vgl. BGHSt **3**, 215, 219; **29**, 54, 57.

[295] *Kindhäuser*, § 21 Rn 46

[296] Vgl. BVerfG NStZ **1999**, 255; BGH NStZ **1983**, 564; LR-*Dahs*, § 52 Rn 6; *Meyer-Goßner*, § 52 Rn 4; *Kindhäuser*, § 21 Rn 46. Vgl. auch *Finger*, JA **2006**, 529, 532 ff. und *Leipold*, NJW-Spezial **2005**, 231 ff.

[297] BayObLG NJW **1983**, 831, 832; LR-*Dahs*, § 52 Rn 6.

h.M. dies meinen – tatsächlich dem Verdikt der Sittenwidrigkeit unterfallen. Bei einem Verlöbnis eines noch Verheirateten, der hinsichtlich der noch bestehenden Ehe noch nicht einmal die Scheidung beantragt hat, ist die Annahme einer Sittenwidrigkeit sicherlich angebracht. Nach der hier vertretenen Auffassung geht es aber zu weit, die Folge der Sittenwidrigkeit eines Verlöbnisses bei einem Zeugen anzunehmen, der zwar noch anderweitig verheiratet ist, aber bereits die Ehescheidung beantragt hat. Denn damit hat er zum Ausdruck gebracht, dass er an der bisherigen Ehe nicht mehr festhalte; in diesem Fall greift der Schutzzweck des Art. 6 I GG nicht mehr (a.A. freilich der BGH, s.o.). Folgt man der hier vertretenen Auffassung, kann für den Fall, dass der als Zeuge zu vernehmende Partner hinsichtlich der noch anderweitig bestehenden Ehe die Scheidung beantragt hat, die Ernsthaftigkeit des Verlöbnisses nicht mit dem Argument der noch rechtlich bestehenden Ehe in Frage gestellt werden. Demnach kann sich lediglich der Partner, der noch keine Ehescheidung beantragt hat, nicht auf das Zeugnisverweigerungsrecht aus § 52 I Nr. 1 StPO stützen.

Nicht übertragbar ist die Argumentation auf den noch anderweitig verlobten Zeugen. Denn hier ist die Rechtslage eine andere, weil es zur Trennung (anders als bei der Ehe) keines gerichtlichen Urteils bedarf. Das Verlöbnis kann formfrei durch schlichte Erklärung (ja sogar durch konkludentes Verhalten) aufgelöst werden. Daher ist zu fordern, dass das noch anderweitig bestehende Verlöbnis zum Zeitpunkt der Aussage aufgehoben worden sein muss.

Damit ist auch schon das zeitliche Moment angesprochen: Das Verlöbnis braucht nicht schon zum Zeitpunkt der Tat bestanden zu haben. Maßgeblicher Zeitpunkt ist der Beginn der Vernehmung. Das Gericht darf die Angaben über das Bestehen eines (wirksamen) Verlöbnisses als richtig annehmen, wenn niemand die Ernsthaftigkeit anzweifelt. Wird die Ernsthaftigkeit aber angezweifelt, muss das Gericht die Glaubhaftmachung gem. § 56 StPO verlangen.

Beispiel: Im Prozess gegen A soll die Zeugin Z vernommen werden. Für das Gericht und den Staatsanwalt völlig überraschend erklärt Z nach Belehrung durch das Gericht, dass sie mit A verlobt sei und daher von ihrem Zeugnisverweigerungsrecht Gebrauch mache. Staatsanwaltschaft und Gericht zweifeln das Verlöbnis an.

In diesem Fall muss Z auf Verlangen des Gerichts das Verlöbnis glaubhaft machen, wobei die Abgabe einer eidesstattlichen Versicherung genügt (§ 56 StPO).

Hinweis zur möglichen **Änderung des Zeugnisverweigerungsrechts** des Verlobten: Da ein Verlöbnis an keine Förmlichkeiten gebunden und auch nicht durch fest strukturierte und nach außen erkennbare Lebensverhältnisse feststellbar ist, kann das Bestehen eines Verlöbnisses von Strafverfolgungsbehörden und Gerichten kaum überprüft werden. Infolgedessen wird ein Verlöbnis vielfach zu Unrecht behauptet, um missliebige Aussagen zu vermeiden. Folge ist, dass Täter zum Teil schwerwiegender Straftaten nicht belangt werden können, weil sich Hauptbelastungszeugen auf ein Verlöbnis mit dem Beschuldigten berufen. Dabei sind es oftmals die Opfer von schweren Straftaten, die zugunsten des Täters ein Verlöbnis behaupten, um weiteren Repressalien zu entgehen. Vor diesem Hintergrund hat der Bundesrat einen Gesetzentwurf in den Bundestag eingebracht, der die Abschaffung des Zeugnisverweigerungsrechts für Verlobte zum Gegenstand hat. Ob der Bundestag ein entsprechendes Gesetz verabschieden wird, bleibt abzuwarten.

- **Ehegatten** sind auch dann zur Zeugnisverweigerung berechtigt, wenn die Ehe nicht mehr besteht. Gleiches gilt für **Lebenspartner** (§ 52 I Nr. 2a StPO), also für Personen gleichen Geschlechts, die nach § 1 I LPartG wirksam eine Lebenspartnerschaft begründet haben. **265**

266 ▪ **Verwandtschaft** begründet in der Seitenlinie bis zum 3. Grad ein Zeugnisverweigerungsrecht, **Schwägerschaft** tut dies bis zum 2. Grad (vgl. dazu §§ 1589, 1590 BGB).

Grundlage der Linien und Grade der Verwandtschaft ist § 1589 BGB:

⇨ Danach sind Personen, bei denen die eine von der anderen abstammt, in gerader Linie verwandt (z.B. Großeltern → Eltern → Kinder).

⇨ Personen, die nicht in gerader Linie verwandt sind, aber von derselben Person abstammen, sind in der Seitenlinie verwandt (z.B. Geschwister).

⇨ Bei Schwägerschaft ist zu beachten, dass sie bestehen bleibt, auch wenn die die Schwägerschaft begründende Ehe geschieden wird (§§ 1590 II BGB).[298]

Der Grad der Verwandtschaft bestimmt sich nach der Zahl der sie vermittelnden Geburten; bei der Ermittlung des Grades der Verwandtschaft ist also stets die Frage zu beantworten, wie viele Eltern geboren werden mussten, damit dieses Verwandtschaftsverhältnis entstehen konnte (die beschuldigte Person wird dabei nicht mitgezählt). Plastisch kann man es mit der Zahl der Verbindungsstriche erläutern: Onkel – Großeltern des Neffen – Vater des Neffen – Neffe: drei Verbindungsstriche = 3. Grad.

267 ▪ Inwiefern eine **eheähnliche Gemeinschaft** (nichteheliche Lebensgemeinschaft) zur Zeugnisverweigerung berechtigt, ist unklar. Die h.M. lehnt ein Zeugnisverweigerungsrecht ab, weil es gesetzlich nicht normiert sei und die fehlende gesetzliche Normierung auch nicht als planwidrig angesehen werden könne, weil der Gesetzgeber bewusst die nichteheliche Lebensgemeinschaft nicht in den Kanon des § 52 I StPO aufgenommen habe. Daher komme eine analoge Anwendung des § 52 I Nr. 1 StPO nicht in Betracht.[299] Dies ist nicht ganz einsichtig, weil die Konfliktlage, gegen den Partner aussagen zu müssen, dieselbe sein kann wie bei einem Verlöbnis. Das wird besonders deutlich, wenn man den Fall, dass zwei Menschen seit Jahrzehnten zusammenleben, mit dem Fall vergleicht, dass sich zwei Menschen erst vor einer Woche kennen gelernt und sich (formal) verlobt haben. Warum im ersten Fall kein Zeugnisverweigerungsrecht greifen soll, wohingegen sich die Partner im zweiten Fall auf § 52 I Nr. 1 StPO stützen können, überzeugt nicht.[300]

268 Problematisch ist die Reichweite des Zeugnisverweigerungsrechts bei **mehreren Beschuldigten**, weil der Zeuge, der gegen *einen* der Beschuldigten aussagen soll, auch den *anderen* Beschuldigten, zu dessen Gunsten unstreitig ein Zeugnisverweigerungsrecht besteht, indirekt belasten könnte.

Beispiel: A und B sind wegen mittäterschaftlichen Diebstahls angeklagt. Die Ehefrau des A, die E, wird hinsichtlich der Täterschaft des B vernommen. Muss sie aussagen?

Richtet sich ein zusammenhängendes einheitliches Strafverfahren gegen **mehrere Beschuldigte**, steht der Zeuge aber nur zu einem von ihnen in einem Angehörigenverhältnis nach § 52 I StPO, ist er zur Verweigerung des Zeugnisses hinsichtlich aller Beschuldigten berechtigt, sofern der Sachverhalt, zu dem er aussagen soll, auch seinen Angehörigen betrifft. Denn anderenfalls müsste der Zeuge seinen Angehörigen indirekt doch belasten.[301] Müsste E also hinsichtlich des B aussagen, würde sie mittelbar ihren Ehemann belasten. Damit wäre der Schutzzweck des § 52 StPO unterlaufen. E ist daher auch hinsichtlich des B zur Aussageverweigerung berechtigt.

Variante 1: Das Verfahren gegen A wird vom Gericht **abgetrennt**. A wird in einem separaten Prozess **rechtskräftig verurteilt**. Im Verfahren gegen B wird nunmehr E vernommen. Muss sie aussagen?

Auch wenn das Verfahren gegen A von dem gegen B abgetrennt wird, bleibt nach h.M. das Zeugnisverweigerungsrecht der E gem. § 52 StPO bestehen, weil eine mittelbare Be-

---

[298] Vgl. dazu BGH NStZ **2006**, 647, 648 sowie unten Rn 1081.

[299] SK-*Rogall*, § 52 Rn 20; *Meyer-Goßner*, § 52 Rn 5; KK-*Senge*, § 52 Rn 11; *Kudlich/Roy*, JA **2003**, 565, 567.

[300] Wie hier auch *Beulke*, Rn 191.

[301] BGHSt **27**, 139, 141; **32**, 25, 29; **34**, 215, 216; *Meyer-Goßner*, § 52 Rn 11.

lastung ihres Ehemanns hier ebenfalls möglich ist. Etwas anderes gilt aber dann, wenn das Verfahren gegen den Angehörigen rechtskräftig abgeschlossen ist - etwa durch Verurteilung oder Freispruch.[302] Denn in diesem Fall hat der Angehörige nichts mehr zu befürchten, sodass der Schutzzweck des § 52 StPO wegfällt. Es gibt keinen Grund, den nicht verwandten Beschuldigten noch von einem Schweigerecht profitieren zu lassen.[303]

Variante 2: Im Ausgangsfall **stirbt** A während der Verhandlung. Danach wird E hinsichtlich des B vernommen. Muss sie aussagen?

Stirbt der Angehörige, zu dessen Gunsten das Aussageverweigerungsrecht bestand, ist ebenfalls kein Grund ersichtlich, das Aussageverweigerungsrecht aufrecht zu erhalten.[304] Insbesondere steht diesem Ergebnis nicht das postmortale Persönlichkeitsrecht des A entgegen, da § 52 StPO die Konfliktlage des Aussagenden schützt und diese Konfliktlage nach dem Tod des Angeklagten nicht mehr besteht. E muss also auch in diesem Fall aussagen.

Variante 3: Das Verfahren gegen A wird **eingestellt**. Im Verfahren gegen B wird nunmehr E als Zeugin vernommen. Muss sie aussagen?

Ist das Verfahren gegen den Angeklagten, zu dessen Gunsten das Zeugnisverweigerungsrecht besteht, eingestellt worden, hängt die Frage nach dem Zeugnisverweigerungsrecht gegenüber dem anderen Angeklagten von der Art der Einstellung ab. Erfolgte diese nach **§ 170 II StPO** und wäre der Zeuge zur Aussage verpflichtet, bestünde die Gefahr, dass der Angehörige erneut verfolgt wird. Daher besteht das Zeugnisverweigerungsrecht fort.[305] Ist die Einstellung dagegen nach **§ 153a StPO** erfolgt und endgültig, kann eine belastende Aussage des Angehörigen nur dann zum Nachteil des Beschuldigten wirken, wenn die Verfolgung eines Verbrechens im Raum steht.

Unklar ist auch, ob ein **Mitbeschuldigter** Zeuge sein und also solcher vernommen **269**
werden kann. Als Ausgangspunkt gilt die Überlegung, dass der Beschuldigte nicht Zeuge in eigener Sache sein kann. Auch der Mitbeschuldigte scheidet daher als Zeuge aus, da er neben dem anderen im gleichen Verfahren auf der Anklagebank sitzt und die Sache daher auch seine eigene ist. Dieser Umstand könnte das Gericht veranlassen, die Verfahren (auch nur vorübergehend) zu trennen (§ 4 I StPO), sodass der eine Beschuldigte (formell) die Stellung eines Zeugen hat und im abgetrennten Verfahren gegen den anderen Beschuldigten als Zeuge vernommen werden kann.

Beispiel: A ist angeklagt wegen Diebstahls, B der Beihilfe zu diesem Diebstahl. Das Verfahren gegen B wird abgetrennt und nach § 153a StPO eingestellt. In der Hauptverhandlung gegen A soll B nunmehr als Zeuge vernommen werden.

Der BGH vertritt einen rein **formellen Mitbeschuldigtenbegriff**. Danach sind mehrere Beschuldigte Mitbeschuldigte, wenn ihre jeweiligen Strafverfahren zu einem identischen Strafverfahren verbunden sind.[306] Die Mitbeschuldigteneigenschaft endet danach mit der Abtrennung des Verfahrens. Unzulässig ist dabei allerdings eine Verfahrenstrennung, die allein darauf abzielt, den Mitbeschuldigten, dem die Beteiligung an derselben Tat vorgeworfen wird, zum Zeugen in dieser Sache zu machen. Soweit dies im vorliegenden Fall nicht angenommen wird, kann B als Zeuge vernommen werden. Sofern er Gefahr läuft, sich durch die Zeugenaussage selbst zu belasten, kann er sich auch dann auf § 55 StPO berufen, wenn wegen § 153a I S. 5 StPO die Strafverfolgung gegen ihn nicht mehr aufgenommen werden kann.

---

[302] BGHSt **38**, 96, 98; BGH NJW **1993**, 2326
[303] BGHSt **38**, 96, 98.
[304] BGH NJW **1992**, 1118.
[305] BGH StV **1998**, 245; *Beulke*, Rn 192; *Joecks*, § 52 Rn 8
[306] BGHSt **3**, 149, 151 f.; **10**, 8, 11; **27**, 139, 141; **43**, 300, 304; SK-*Rogall*, Vor § 48 Rn 40; KK-*Senge*, Vor § 48 Rn 8. Zu abweichenden (in der Praxis irrelevanten) Beschuldigtenbegriffen vgl. *Prittwitz*, Der Mitbeschuldigte im Strafprozess, **1984**, S. 153 ff.; *Roxin*, § 26 Rn 5 f.; *Beulke*, Rn 185; *Hillenkamp*, JuS **2001**, 159, 167.

270 Schließlich gilt, dass der Umstand, dass ein Zeuge von seinem Zeugnisverweigerungsrecht Gebrauch macht, nicht zu Lasten des Beschuldigten bewertet werden darf. Andernfalls wäre das umfassende Schweigerecht entwertet.[307]

> **Beispiel:** A ist wegen unerlaubten Entfernens vom Unfallort (§ 142 StGB) angeklagt und sagt aus, zur Tatzeit bei seiner Verlobten V gewesen zu sein. Nachdem diese als Zeugin vernommen werden soll, verweigert sie die Aussage.
>
> Hier wäre es unzulässig, aus der Aussageverweigerung zu schließen, dass A zur Tatzeit *nicht* bei V gewesen ist.

bb. Folgen einer fehlerhaften Vernehmung oder Belehrung

271 Macht der Zeuge von seinem Zeugnisverweigerungsrecht Gebrauch, ist seine **Vernehmung unzulässig** i.S.d. § 244 III S. 1, § 245 II S. 2 StPO. Das Zeugnisverweigerungsrecht darf auch nicht dadurch umgangen werden, dass eine früher getätigte Aussage **verlesen** wird (§ 252 StPO). Die Pflicht, als Zeuge vor Gericht zu erscheinen und etwa für eine Gegenüberstellung (§ 58 II StPO) zur Verfügung zu stehen, bleibt jedoch bestehen.

272 Das **Unterlassen der Belehrung** kann geheilt werden, wenn es vor Urteilserlass bemerkt wird. Dann muss eine Erklärung des Zeugen beigebracht werden, dass er auch nach Belehrung von seinem Zeugnisverweigerungsrecht keinen Gebrauch gemacht und ausgesagt hätte.[308] Eine Wiederholung der Zeugenaussage ist nicht erforderlich.[309]

273 Die unterlassene Belehrung führt – wenn eine Heilung nicht stattgefunden hat – zu einem **Verlesungs- und Verwertungsverbot** im selben Umfang wie bei § 252 StPO.[310] Der BGH will aber eine Ausnahme vom Verlesungs- und Verwertungsverbot machen, wenn feststeht, dass der Zeuge seine Rechte kannte und auch nach Belehrung ausgesagt hätte.[311] Das ist nicht ganz unproblematisch, da dies eine Mutmaßung bedingt.[312] Jedenfalls lässt allein der Umstand, dass der Zeuge bei der Polizei nach Belehrung ausgesagt hat, weder den Schluss zu, dass ihm sein Zeugnisverweigerungsrecht auch in der Hauptverhandlung bekannt war, noch, dass er nach einer Belehrung erneut zur Aussage bereit gewesen wäre.[313] Zu dem Fall, dass der zur Zeugnisverweigerung berechtigte Zeuge aussagt, weil er rechtsirrig glaubte, nicht zur Zeugnisverweigerung berechtigt zu sein, vgl. Rn 1081.

274 Ist eine Heilung des Mangels nicht möglich (etwa weil der Zeuge verstorben ist), muss im Urteil ausdrücklich festgestellt werden, dass die gesetzeswidrig erlangte Aussage nicht verwertet worden ist.[314] Eine Fernwirkung, d.h. ein Beweisverbot für die Beweise und Tatsachen, die aufgrund der unter Verstoß gegen § 52 III S. 1 StPO erlangten Aussage gewonnen wurden, soll nicht bestehen.[315]

275 Das Unterlassen der Belehrung stellt einen **Revisionsgrund** i.S.v. § 337 StPO dar, wenn der Zeuge ausgesagt hat und das Urteil darauf beruht.[316] Die Rüge steht auch Mitangeklagten zu, zu deren Lasten die Aussage verwertet worden ist.[317]

---

[307] BGH StV **2002**, 4.
[308] BGHSt **40**, 336, 339.
[309] *Meyer-Goßner* § 52 Rn 31.
[310] BGHSt **14**, 159, 160; **23**, 221, 223; BGH NStZ-RR **1996**, 106; *Meyer-Goßner*, § 52 Rn 32. Vgl. auch BGH NStZ **2006**, 647, 648 und BGH NStZ-RR **2007**, 80.
[311] BGHSt **40**, 336, 339.
[312] Kritisch auch *Eisenberg*, StV **1995**, 625.
[313] BGH StraFo **2004**, 238.
[314] BGHSt **13**, 394, 399.
[315] OLG Köln NZV **2001**, 137; LR-*Dahs*, § 52 Rn 54; *Meyer-Goßner* § 52 Rn 32; a.A. SK-*Rogall*, § 52 Rn 88.
[316] BGHSt **6**, 279, 280; **9**, 37, 39; BGH NStZ **2006**, 647 f.
[317] BGHSt **33**, 148, 154.

b. Zeugnisverweigerungsrecht aus beruflichen Gründen, § 53 StPO

§ 53 StPO dient dem Schutz des Vertrauensverhältnisses zwischen bestimmten Berufsgruppen und denjenigen, die ihre Hilfe und Sachkunde in Anspruch nehmen. Bei einigen Berufsgruppen entfällt dieses Zeugnisverweigerungsrecht, wenn sie von der Verpflichtung zur Verschwiegenheit entbunden werden, § 53 II S. 1 StPO. Diese Befreiung kann jederzeit widerrufen werden, sodass dann ein Zeugnisverweigerungsrecht wieder besteht. Weitere Gründe für das Entfallen des Zeugnisverweigerungsrechts enthält § 53 II S. 2 StPO. 276

Ein Zeugnisverweigerungsrecht aus § 53 StPO besteht dann, wenn es um Tatsachen geht, die dem Berufsgeheimnisträger **in seiner Eigenschaft** als Geitlicher, Verteidiger des Beschuldigten, Rechtsanwalt, Steuerberater, Arzt etc. anvertraut oder bekannt geworden sind. So ist etwa gem. § 53 I Nr. 1 StPO ein Geistlicher zur Verweigerung des Zeugnisses nur über das berechtigt, was ihm in seiner Eigenschaft als Seelsorger anvertraut oder bekannt geworden ist. Wie sich schon aus dem Gesetzeswortlaut ergibt, erstreckt sich das Recht zur Zeugnisverweigerung daher nicht auf Tatsachen, von denen der Geistliche zwar bei Gelegenheit der Ausübung der Seelsorge erfahren hat, nicht aber in seiner Eigenschaft als Seelsorger. Deshalb ist ein Zeugnisverweigerungsrecht nicht anzuerkennen, soweit es sich um eine karitative, fürsorgerische, erzieherische oder verwaltende Tätigkeit des Geistlichen handelt oder ein Straftäter diesen nur als Verbindungsmann einschaltet, etwa um den Taterfolg zu erreichen oder zu sichern oder die Strafverfolgung zu vereiteln. Ob im Einzelfall Seelsorge vorliegt, beurteilt sich objektiv. In Grenz- und Zweifelsfällen ist die Gewissensentscheidung des Geistlichen maßgebend. Auf Verlangen des Gerichts ist der Verweigerungsgrund glaubhaft zu machen, § 56 StPO.[318] Findet eine Glaubhaftmachung nicht statt, muss der das Zeugnis Verweigernde mit der Verhängung eines Ordnungsgeldes, einer Ordnungshaft oder einer Beugehaft rechnen (§ 70 StPO).[319]

Anders als § 52 III StPO sieht § 53 StPO **keine Belehrungspflicht** vor. Offenbar geht der Gesetzgeber davon aus, dass der Berufsgeheimnisträger seine Rechte und Pflichten, v.a. die Strafbarkeitsnorm des § 203 StGB (Geheimnisverrat), kennt. Dementsprechend kann insoweit die fehlende Belehrung auch nicht mit der Revision gerügt werden. 277

Eine Belehrungspflicht besteht unter dem Aspekt der Fürsorgepflicht ausnahmsweise aber dann, wenn für das Gericht offensichtlich ist, dass der zur Aussageverweigerung Berechtigte sein Recht zur Aussageverweigerung nicht kennt.[320] Ist das der Fall, kann die fehlende Belehrung mit der Revision gerügt werden. Revisibel ist auch der unrichtige Hinweis darauf, dass eine Entbindung nach § 53 II StPO erfolgt sei.[321] Hat die unrichtige Belehrung zur Folge, dass der Zeuge ausgesagt hat, ist die Revision begründet, wenn das Urteil auf der Aussage beruht. Die Rüge kann jeder Angeklagte erheben, zu dessen Nachteil die Aussage verwertet worden ist, auch wenn er nicht zu den Personen gehört, die durch das Zeugnisverweigerungsrecht unmittelbar geschützt sind.[322] Verweigert ein Zeuge aufgrund unrichtiger Belehrung die Aussage, ist § 245 StPO verletzt, wenn er präsent ist, sonst § 244 II StPO.[323] 278

Glaubt ein nach § 53 StPO zeugnisverweigerungsberechtigter Zeuge irrig, zur Aussage verpflichtet zu sein (etwa weil er das Zeugnisverweigerungsrecht nach § 53 StPO nicht kennt) und klärt das Gericht den Zeugen über dessen – für das Gericht erkennbaren – Irrtum nicht auf, besteht darüber hinaus ein **Beweisverwertungsverbot**. Das Gleiche gilt, wenn das Gericht die falsche Auskunft erteilt, der Zeuge sei von seiner Schweige- 279

[318] Vgl. BVerfG NJW **2007**, 1865, 1867; *v. Heintschel-Heinegg*, JA **2007**, 470, 471.
[319] Zur Beugehaft vgl. bereits Rn 243.
[320] BGH MDR **1980**, 815; OLG Dresden NStZ-RR **1997**, 238.
[321] BGHSt **42**, 73, 77.
[322] BGHSt **33**, 148, 154.
[323] BGH NStZ **1994**, 94; *Meyer-Goßner*, § 53 Rn 50 (wörtlich übernommen von *Joecks*, § 53 Rn 23).

pflicht entbunden. Fraglich ist indes, ob eine **eigenverantwortliche Verletzung der Schweigepflicht** durch den Zeugen zu einem Verwertungsverbot führt.

Beispiel[324]**:** Der HIV-infizierte A ist angeklagt, sich durch ungeschützten Geschlechtsverkehr in fünf Fällen der gefährlichen Körperverletzung schuldig gemacht zu haben. In der Hauptverhandlung wird sein Arzt Z vernommen. Obwohl Z nicht von seiner ärztlichen Schweigepflicht entbunden wurde, sagt er aus, dass er A ausführlich über seine Erkrankung und die daraus resultierenden Folgen informiert habe. Z war zuvor nicht über sein Zeugnisverweigerungsrecht nach § 53 StPO belehrt worden, kannte dieses aber.

Da – anders als bei § 52 StPO – bei § 53 StPO eine Belehrungspflicht grds. nicht besteht, ist die fehlende Belehrung insoweit unschädlich. Da Z auch nicht irrig von einer Aussagepflicht ausging, bestand ebenso wenig eine Aufklärungspflicht des Gerichts. Insoweit besteht also kein Beweisverwertungsverbot.

Ein solches kann auch nicht dadurch begründet werden, dass Z den Tatbestand des § 203 StGB verwirklicht hat. Zwar sanktioniert diese Strafnorm einen Geheimnisverrat, sie entfaltet aber keinen „Drittschutz" in Form eines Beweisverwertungsverbots.

Möglicherweise ist ein Beweisverwertungsverbot aber deshalb anzunehmen, weil Z eigenverantwortlich seine Schweigepflicht verletzt und dadurch A belastet hat mit der Folge, dass dieser aufgrund der Aussage des Z schuldig gesprochen wurde.

⇨ Teilweise wird in einem solchen Fall ein Verwertungsverbot angenommen. Das von § 53 StPO geschützte Vertrauensverhältnis mache nur Sinn, wenn der Betroffene sich darauf verlassen könne, dass ein Missbrauch des Vertrauens nicht auch noch gegen ihn verwendet werden könne.[325]

Nach dieser Auffassung darf die Aussage des Z also nicht verwertet werden.

⇨ Demgegenüber lehnt die h.M. ein Verwertungsverbot ab. § 53 StPO beinhalte ein Recht, aber keine Pflicht zur Zeugnisverweigerung. Die Vorschrift solle den Zeugen nur vor dem Konflikt zwischen Wahrheitspflicht einerseits und Schweigepflicht andererseits schützen. Sage er eigenverantwortlich aus, habe die materiell-rechtliche Rechtswidrigkeit keine Auswirkung auf die prozessrechtliche Verwertbarkeit.[326]

Folgt man der h.M., darf die Aussage des Z verwertet werden.

Stellungnahme: Typischerweise sollen Beweisverwertungsverbote Verfahrensfehler, d.h. Fehler bei der Beweiserhebung, die von der Staatsanwaltschaft, der Polizei oder dem Gericht begangen werden, sanktionieren. Im vorliegenden Fall liegt ein solcher Fehler aber nicht vor. Die Aussage des Z verwirklicht zwar den Straftatbestand des § 203 StGB, deren Verwertung ist aber strafprozessual weder ausdrücklich noch als Ergebnis einer Abwägung zwischen den Interessen des A und dem öffentlichen Interesse an der Strafverfolgung verboten, also ordnungsgemäß. Die Aussage des Z darf somit verwertet werden.

280 Zur Verhinderung der Umgehung des Zeugnisverweigerungsrechts nach § 53 I S. 1 Nrn. 1-4 StPO und der Vermeidung einer Kollision mit § 203 III S. 2 StGB dehnt § 53a StPO das Schweigerecht auf **Berufshelfer** aus, wobei regelmäßig der Geschäftsherr über die Ausübung des Zeugnisverweigerungsrechts durch den Berufshelfer entscheidet.

Beispiele: So ist es unzulässig, die Reno-Gehilfin eines von seinem Aussageverweigerungsrecht gem. § 53 I S. 1 Nr. 3 StPO Gebrauch machenden Rechtsanwalts zu vernehmen, wenn der Rechtsanwalt dagegen ist (§ 53a StPO).[327] Dasselbe gilt für einen Geistlichen, der gem. § 53 I S. 1 Nr. 1 StPO zur Zeugnisverweigerung berechtigt ist; auch diesem stehen nach § 53a StPO seine Gehilfen und die Personen gleich, die zur Vorbereitung auf den Beruf an der berufsmäßigen Tätigkeit teilnehmen.

[324] Nach *Engländer*, Rn 232.
[325] *Beulke*, Rn 462.
[326] BGHSt **9**, 59, 61; **18**, 146, 147; LR-*Dahs*, § 53 Rn 11; *Volk*, § 28 Rn 17.
[327] Vgl. dazu LG Dresden NJW **2007**, 2789 f.

Zur **(Un-)Zulässigkeit von Ermittlungsmaßnahmen** (etwa Telekommunikationsüberwachung), die sich gegen eine in § 53 I oder § 53a StPO genannte Person richtet, oder von der eine solche Person betroffen ist), vgl. § 160a StPO – dazu Rn 1070 und ebd. zum diesbezüglichen Beweisverwertungsverbot. **280a**

c. Auskunftsverweigerungsrecht, § 55 StPO

Im Gegensatz zu §§ 52, 53, 53a StPO gewährt § 55 StPO kein generelles Zeugnisverweigerungsrecht, sondern nur ein Recht, auf solche Fragen die Antwort zu verweigern, durch die der Zeuge sich (§ 55 I Var. 1 StPO) oder einen Angehörigen, der nicht Beschuldigter in dem betreffenden Verfahren ist[328] (§ 55 I Var. 2 StPO), der Gefahr der Strafverfolgung aussetzen würde. Über dieses Recht muss der Zeuge belehrt werden, § 55 II StPO. **281**

Eine nicht selten in der mündlichen Examensprüfung anzutreffende Frage besteht darin, worin der Unterschied zwischen § 52 und § 55 I Var. 2 StPO bestehe. Die Antwort muss lauten: **282**

- § 52 StPO verleiht dem Zeugen ein umfassendes Schweigerecht, um seinen Angehörigen, der Beschuldigter in dem betreffenden Verfahren ist, zu schützen.
- Dagegen räumt § 55 I Var. 2 StPO dem Zeugen lediglich das Recht ein, solche Fragen nicht zu beantworten, die einen Angehörigen, der im betreffenden Verfahren *nicht* Beschuldigter ist, belasten würden. Im Übrigen bleibt der Zeuge zur Aussage verpflichtet.

Beispiel: A ist wegen Einbruchdiebstahls angeklagt. Er soll aus mehreren Villen u.a. maritime Kunstgegenstände gestohlen haben. In der Hauptverhandlung soll seine Verlobte V als Zeugin vernommen werden.

V ist über ihr (umfassendes) Zeugnisverweigerungsrecht gem. § 52 I Nr. 1 StPO zu belehren. Entschließt sie sich dennoch zur Aussage und ergibt sich hieraus, dass ihr Bruder einen Kunst- und Antiquitätenhandel betreibt und er deswegen u.U. beteiligt oder Hehler sein könnte, ist die Vernehmung der V sofort zu unterbrechen und sie ist gem. § 55 I Var. 2, II StPO i.V.m. § 52 I Nr. 3 StPO darüber zu belehren, dass sie Fragen, die ihren Bruder belasten könnten, nicht beantworten muss.

Der Zeuge darf die möglicherweise belastenden Tatsachen nicht einfach verschweigen, sondern er muss **ausdrücklich erklären**, dass er die Auskunft verweigere.[329] Die Entscheidung über das Vorliegen von Tatsachen, die zur Auskunftsverweigerung berechtigen, trifft im Grundsatz stets der Zeuge selbst. Fraglich ist aber, ob das Gericht die Behauptung des Zeugen, es lägen zur Auskunftsverweigerung berechtigende Gründe vor, einfach hinzunehmen hat. Jedenfalls reichen bloße Vermutungen seitens des Zeugen nicht aus, denn sonst könnte ein Zeuge einfach pauschal die Antwort verweigern. Umgekehrt würde § 55 StPO leerlaufen, wenn man verlangte, dass der Zeuge die Straftat zugibt, um sich auf sein Aussageverweigerungsrecht berufen zu können. Richtigerweise liegt die Antwort dazwischen. Es müssen gewisse Anhaltspunkte dafür vorliegen, dass der Zeuge oder sein Angehöriger eine Straftat begangen haben könnte, sodass ein Auskunftsverweigerungsrecht nach § 55 StPO bei solchen Tatsachen besteht, die einen Anfangsverdacht i.S.v. § 152 II StPO begründen können. In diesem Fall hat das Gericht die Entscheidung des Zeugen, sich auf sein Auskunftsverweigerungsrecht zu berufen, hinzunehmen. **283**

Verfahrensrechtliche **Folge** der erklärten Auskunftsverweigerung ist die Unzulässigkeit der (weiteren) Befragung zu diesem Punkt.[330] Auch darf das berechtigte Schweigen nicht **284**

---

[328] Vgl. BVerfGE **38**, 105, 113; BGHSt **11**, 213, 216.
[329] BGHSt **7**, 127, 128; **21**, 167, 171; vgl. auch BVerfGE **38**, 105, 113.
[330] BGHSt **47**, 220, 223. Unpräzise *Rinio*, JuS **2008**, 600, 602, der offenbar von der Unzulässigkeit der *gesamten* weiteren Befragung ausgeht.

als belastendes Indiz gegen den Angeklagten verwendet werden.[331] Was der Zeuge bisher gesagt hat, bleibt im Verfahren gegen den Angeklagten aber grds. verwertbar[332], sofern alle Verfahrensbeteiligten zustimmen. Angesichts des § 252 StPO ist es aber problematisch, ob für den Fall, dass der sich auf sein Aussageverweigerungsrecht nach § 55 StPO stützende Zeuge früher, z.B. bei der polizeilichen Vernehmung, zu dem Punkt ausgesagt hat, nunmehr der damals vernehmende Polizeibeamte als sog. „Zeuge vom Hörensagen" gehört werden darf. Vgl. dazu Rn 888, 889, 904, 918, 958.

285 Die **Belehrung** nach § 55 II StPO ist – anders als diejenige nach § 52 III StPO – nicht zwingend vor jeder Vernehmung durchzuführen, spätestens aber dann, wenn Grund zu der Annahme besteht, dass die Voraussetzungen des Aussageverweigerungsrechts nach § 55 I StPO vorliegen. Ob eine **unterlassene**, gem. § 55 II StPO aber erforderliche Belehrung zu einem **Verwertungsverbot** der getätigten Aussage führt, ist streitig.

Beispiel: A ist wegen Kreditkartenmissbrauchs (§ 266b I Var. 2 StGB) angeklagt. Als Zeuge wird in der Hauptverhandlung Z vernommen, der in Wirklichkeit dem A Beihilfe geleistet hatte. Während der Vernehmung verwickelt sich Z in Widersprüche, die auf seine Beteiligung hindeuten. Dennoch unterbricht der Vorsitzende die Vernehmung nicht, um Z auf sein Aussageverweigerungsrecht nach § 55 StPO aufmerksam zu machen, sondern lässt ihn die Aussage tätigen. Aufgrund der so gewonnenen Erkenntnisse wird A verurteilt. Gegen Z wird ein separates Strafverfahren eingeleitet.

Möglicherweise war aufgrund der unterlassenen Belehrung die daraufhin getätigte Aussage des Z im Strafverfahren gegen A nicht verwertbar mit der Folge, dass das Urteil mit der Revision gerügt werden kann. Ein gesetzlich angeordnetes Verwertungsverbot existiert hinsichtlich der vorliegenden Konstellation nicht, sodass eine Rechtsgüterabwägung vorzunehmen ist bzw. danach zu fragen ist, ob der Schutzzweck des § 55 StPO einer Verwertung entgegensteht.

⇨ Eine Mindermeinung in der Literatur nimmt in solchen Fällen ein Verwertungsverbot an. § 55 StPO diene auch dem Schutz des Angeklagten vor Aussagen, deren Wahrheitswert wegen der Selbst- oder Drittbegünstigungstendenz des Zeugen von vornherein zweifelhaft sei.[333] Des Weiteren wird teilweise vertreten, § 55 StPO enthalte eine Selbstbeschränkung des Staates bei der Wahrheitsfindung, die bei einer unterlassenen Belehrung verletzt würde.[334]

Demzufolge wäre eine Revision des A begründet.

⇨ Die h.M. verneint hingegen ein Verwertungsverbot. § 55 StPO diene allein dem Schutz des Zeugen vor einer Selbstbelastung oder einer Belastung naher Angehöriger, nicht jedoch dem Schutz des Angeklagten, sodass dessen Rechtskreis durch eine Verletzung der Belehrungspflicht nicht berührt werde.[335]

Demzufolge wäre eine Revision des A unbegründet.

Stellungnahme: Die Auffassung, dass § 55 StPO eine Selbstbeschränkung des Staates bei der Wahrheitsfindung zu entnehmen sei, die bei einer unterlassenen Belehrung verletzt würde, findet im Gesetz keine Stütze. Ebenso wenig ist der Ansatz, § 55 StPO diene auch dem Schutz des Angeklagten, mit der gesetzgeberischen Wertung vereinbar. Der h.M. ist daher mit deren Argumentation zu folgen. Die Aussage des Z ist somit im vorliegenden Fall verwertbar; eine Revision des A wäre unbegründet.

---

331 BGHSt **22**, 113, 114; **32**, 140, 141; BGH StV **1997**, 171.
332 BGHSt **47**, 220, 221.
333 *Roxin*, § 24 Rn 36.
334 So *Fezer*, Fall 15 Rn 38.
335 BGHSt **11**, 213, 218; LR-*Dahs*, § 55 Rn 19; *Meyer-Goßner*, § 55 Rn 17; *Joecks*, § 55 Rn 7.

Davon zu unterscheiden ist die Rechtslage im späteren Strafverfahren gegen den Zeugen. Dort ist dessen im Prozess gegen A getätigte Aussage nicht verwertbar, da sein Rechtskreis tangiert ist.[336]

d. Glaubhaftmachung des Verweigerungsgrundes, § 56 StPO

Verweigert der Zeuge die Auskunft, muss das Gericht aufgrund der Verpflichtung zur Wahrheitsforschung zumindest eine Plausibilitätsprüfung vornehmen und jedenfalls offensichtlich unbegründete Berufungen auf ein Aussage- oder Auskunftsverweigerungsrecht zurückweisen. Im Übrigen kann es die Glaubhaftmachung eines Zeugnis- bzw. Auskunftsverweigerungsrechts verlangen. Der Zeuge kann diesem Verlangen i.d.R. durch Abgabe einer eidesstattlichen Versicherung nachkommen (§ 56 S. 2 StPO).[337] Denn eine unzutreffende Abgabe ist gem. § 156 StGB strafbar, was den Zeugen i.d.R. davor abschrecken sollte, eine falsche Versicherung an Eides statt abzugeben. **285a**

Gegenstand der Glaubhaftmachung sind die zur Zeugnis- bzw. Auskunftsverweigerung berechtigenden Tatsachen. Bei § 52 StPO kommen insbesondere die die Verlobung begründenden Tatsachen in Betracht. Bei § 53 StPO sind es die Tatsachen, aus denen sich das Schweigerecht ergibt (Anvertrautsein oder Bekanntwerden bei der Berufsausübung). Im Fall des § 55 StPO ist zu beachten, dass das Gericht zur Glaubhaftmachung des Auskunftsverweigerungsrechts selbstverständlich keine Angaben über die Tat, derentwegen Verfolgungsgefahr besteht, verlangen kann. Anderenfalls würde das Auskunftsverweigerungsrecht über das Erfordernis der Glaubhaftmachung seines Bestehens ausgehebelt, was mit dem Grundsatz der Selbstbelastungsfreiheit unvereinbar wäre. Die Glaubhaftmachung beschränkt sich daher auf die Erklärung des Zeugen, dass das Auskunftsverweigerungsrecht aus einem der in § 55 StPO genannten Gründe bestehe. **285b**

Sollte ein nach § 55 StPO zur Auskunftsverweigerung berechtigter Zeuge der Auffassung sein, der Richter könne aus der Auskunftsverweigerung nachteilige Schlüsse ziehen und sagt der Zeuge daher lieber falsch aus, ist ein Aussagenotstand gem. § 157 StGB nicht ausgeschlossen.[338] Bei einem nach § 52 StPO zeugnisverweigerungsberechtigten Zeugen ist dies zwar gerichtlich nicht entschieden, sollte aber ebenso behandelt werden.

e. Nachträgliche Ausübung eines Zeugnisverweigerungsrechts

Prozessuale Probleme können sich ergeben, wenn ein Zeuge zunächst (d.h. im Ermittlungsverfahren) aussagt, später (d.h. in der Hauptverhandlung) aber die Aussage verweigert. Insbesondere stellt sich die Frage, ob das Protokoll der früheren Vernehmung in der Hauptverhandlung verlesen oder ob die frühere Vernehmungsperson als Zeuge vom Hörensagen vernommen werden darf. Da diese Problemkreise aber die Anwendung und Reichweite des § 252 StPO betreffen und daher im Rahmen der Erörterung der Hauptverhandlung behandelt werden, sei insoweit auf Rn 899 ff. verwiesen. **286**

f. Eidesverweigerungsrecht, § 61 StPO

Hat sich eine nach § 52 I StPO zeugnisverweigerungsberechtigte Personen entschlossen auszusagen, ist sie nach § 61 StPO berechtigt, die Beeidigung zu verweigern. **287**

g. Zeugenbeistand, § 68b StPO

Da der Zeuge im öffentlichen Interesse in Anspruch genommen, vor der StA und dem Gericht erscheinen und grds. auch aussagen muss, ist er berechtigt, zu seiner Verneh- **288**

---

[336] Vgl. auch OLG Celle NStZ **2002**, 386; SK-*Rogall*, § 55 Rn 79; *Meyer-Goßner*, § 55 Rn 17.
[337] Vgl. dazu OLG Köln BeckRS **2008**, 08533.
[338] BGH NStZ **2008**, 91 f. mit Bespr. v. *Kudlich*, JA **2008**, 233. Vgl. dazu auch *Schmidt/Priebe*, BT I, Rn 1184 mit Beispiel, das die vorliegende Konstellation betrifft.

mung einen Rechtsanwalt mitzubringen, der ihm hilft, seine Rechte zu wahren. Anders als der Verteidiger hat dieser Zeugenbeistand nach h.M. allerdings keine eigenen Rechte.[339] Nach § 68b StPO kann dem Zeugen unter bestimmten Voraussetzungen sogar ein Rechtsanwalt auf Staatskosten beigeordnet werden.

4. (Andere) Verfahrensbeteiligte in der Rolle des Zeugen

289 Im Folgenden soll der Frage nachgegangen werden, ob Verfahrensbeteiligte als Zeuge vernommen werden können. Während dies beim Verletzten regelmäßig der Fall ist, bedarf es beim Richter, Staatsanwalt, Verteidiger und beim Mitbeschuldigten einiger Erläuterungen.

a. Der Richter als Zeuge

290 Dass ein Richter prinzipiell als Zeuge vernommen werden kann, ergibt sich aus § 22 Nr. 5 StPO, der bestimmt, dass der Richter, der in der derselben Sache als Zeuge vernommen wird, von der (weiteren) Ausübung des Richteramts in dieser Sache ausgeschlossen ist.[340] Der Ausschluss tritt allerdings erst mit Tätigen der Aussage ein, nicht etwa schon dann, wenn er als Zeuge benannt ist.

> **Beispiel[341]:** Richter R hat die Verhandlung für heute geschlossen und ihre Fortsetzung für den übernächsten Tag anberaumt. Die Zeugin Z sucht ihn in seinem Dienstzimmer auf und erklärt, sie habe soeben bei ihrer Vernehmung nicht die Wahrheit gesagt; nicht der Angeklagte sei der Täter, sondern ihr Vater. R bricht das Gespräch mit Z sofort ab, notiert den Vorgang in einem Aktenvermerk und lädt Z zum nächsten Termin erneut als Zeugin. Sie erscheint nicht. Der Verteidiger beantragt die Vernehmung des Richters als Zeugen.
>
> R hat sein Wissen dienstlich erlangt, in seiner Eigenschaft als Richter in diesem Verfahren. Prinzipiell ermöglicht § 22 Nr. 5 StPO die Vernehmung eines Richters als Zeugen, weil er ihn lediglich von der (weiteren) Ausübung des Richteramts in dieser Sache ausschließt. Allerdings wird der Beweisantrag des Verteidigers abgelehnt werden, wenn er auf eine **unzulässige Beweiserhebung** zielt (vgl. § 244 III S. 1 StPO). Unzulässig ist z.B. die Beweiserhebung mit in der StPO nicht zugelassenen Beweismitteln (Mitangeklagte, Privatkläger, erfolgreich abgelehnte Sachverständige) und über Themen, die nicht Gegenstand einer Beweisaufnahme sein können. Hierher gehören nach der Rspr. Wahrnehmungen der erkennenden Richter oder sonstiger Verfahrensbeteiligter in der laufenden Verhandlung.[342] Danach zielt die Benennung des R als Zeugen auf eine unzulässige Beweiserhebung und ist abzulehnen.
>
> Anders wäre es bei außerprozessualen Vorgängen. Dann kann die Vernehmung des Richters (nur) unterbleiben, wenn er die dienstliche Erklärung abgibt, dass er darüber nichts wisse.

Sollte der Richter sein dienstlich erlangtes Wissen durch eine dienstliche Erklärung in die Hauptverhandlung einbringen, darf die Äußerung im Rahmen der Beweiswürdigung im Urteil nicht verwertet werden.[343]

---

[339] BVerfGE **38**, 105, 112; für ein Akteneinsichtsrecht aber KK-*Senge*, § 68b Rn 9 und *Volk*, § 21 Rn 17 mit dem Argument, dass anderenfalls keine sinnvolle Tätigkeit möglich wäre.

[340] Über § 31 I StPO ist § 22 Nr. 5 StPO auch auf Schöffen und Urkundsbeamte (Protokollführer) der Geschäftsstelle anwendbar.

[341] Vgl. *Volk*, § 21 Rn 21.

[342] BGH NStZ **1995**, 219; BGH StV **1994**, 355; *Rissing-van-Saan*, MDR **1993**, 310. Vgl. auch *Trück*, NStZ **2007**, 377 ff.

[343] BGHSt **47**, 270, 272; *Meyer-Goßner*, § 244 Rn 49.

b. Der Staatsanwalt als Zeuge

Nach h.M. kann der Sitzungsvertreter der StA als Zeuge vernommen werden (sog. **Zeugenstaatsanwalt**). Zu beachten ist aber, dass während der Zeit, in der der Sitzungsvertreter der StA als Zeuge vernommen wird, ein anderer StA die Sitzungsvertretung übernimmt. Denn die StA muss in der Hauptverhandlung ununterbrochen vertreten sein (§ 226 I StPO), was nicht der Fall wäre, wenn der StA als Zeuge vernommen und in dieser Zeit nicht durch einen anderen StA vertreten würde. Dass der Sitzungsvertreter der StA wechseln darf, ergibt sich aus § 227 StPO. 291

Problematisch ist lediglich, ob der Sitzungsvertreter der StA, der als Zeuge vernommen worden ist, nach seiner Vernehmung wieder als Vertreter der StA fungieren darf. Dagegen spricht, dass seine von § 160 II StPO geforderte Objektivität leiden könnte, weil er ja seine Zeugenaussage nicht selbst neutral beurteilen kann. Durchaus konsequent wäre es daher, den Konflikt zwischen der Sitzungsvertretung und der Zeugeneigenschaft dadurch zu lösen, dass man den „Zeugenstaatsanwalt" generell von der weiteren Sitzungsvertretung der StA ausschließt. So weit gehen Rspr. und Lit. jedoch nicht. Ihnen zufolge kann der „Zeugenstaatsanwalt" nach der Tätigung seiner Aussage jedenfalls dann weiter als Vertreter der Anklage auftreten, wenn sich der Inhalt seiner Zeugenaussage erst aus seiner dienstlichen Befassung mit der Sache ergeben hat. Da der Staatsanwalt aber zur Objektivität verpflichtet und daher zumindest nicht seine eigene Aussage würdigen darf, ist dafür Sorge zu tragen, dass durch Hinzuziehung eines weiteren StA der Zeugenstaatsanwalt seine Aussage nicht im Schlussvortrag selbst würdigen muss.[344] 292

> **Beispiel:** Während der Hauptverhandlung behauptet der Angeklagte A, er sei bei der ersten Vernehmung durch die Polizei genötigt worden, die Tat zuzugeben. Der die damalige Vernehmung durchführende Polizeibeamte bestreitet diesen Vorwurf. Daraufhin wird der die Anklage vertretende Staatsanwalt S, der er auch bei der damaligen Vernehmung des A dabei war, vernommen. S macht in seiner Aussage deutlich, dass die Vorwürfe des A „aus der Luft gegriffen" seien. Später, in seinem Plädoyer, betont er, dass der Angeklagte vielfach gelogen habe, wie auch dieser Vorfall beweise.
>
> In diesem Fall waren zwar die Vernehmung des S als Zeuge und das weitere Belassen des S in der Funktion als Vertreter der Anklage zulässig, S hätte aber das Verhalten des A nicht im Plädoyer würdigen dürfen. Daher wäre der Einsatz eines anderen Staatsanwalts erforderlich gewesen. Sofern A also aufgrund der Würdigung durch S im Plädoyer verurteilt worden ist, ist das Urteil fehlerhaft und kann mit der Revision gerügt werden.

c. Der Verteidiger als Zeuge

Sie StPO enthält auch keine Regelung, die es dem Verteidiger untersagte, als Zeuge vernommen zu werden. Aus § 53 I S. 1 Nr. 2 StPO folgt sogar ausdrücklich, dass der Verteidiger Zeuge sein darf.[345] Die Fragen, um die es daher nur gehen kann, sind, ob 1. der Verteidiger den Sitzungssaal vor seiner Vernehmung genauso verlassen muss, wie es für gewöhnliche Zeugen nach §§ 58 I S. 1, 243 II S. 1 StPO Vorschrift ist, und ob 2. der Verteidiger im Plädoyer zu seiner eigenen Aussage, die er als Zeuge getätigt hat, Stellung nehmen darf. 293

- Die 1. Frage ist zu verneinen, weil die Gründe für einen Verteidigerausschluss abschließend in §§ 138a, 138b StPO genannt sind, ohne dass der Zeugenstatus eines Verteidigers

---

[344] BGHSt **14**, 265, 267; **21**, 85, 90; BGH NJW **1996**, 2239, 2241; KK-*Senge*, Vor § 48 Rn 11; LR-*Wendisch*, Vor § 22 Rn 8 ff.; *Schneider*, NStZ **1994**, 457, 459; *Pawlik*, NStZ **1995**, 309, 312.

[345] Zu beachten ist aber, dass im Fall notwendiger Verteidigung (§ 140 StPO) dem Beschuldigten während der Vernehmung seines Verteidigers als Zeuge ein anderer Verteidiger beigeordnet wird, weil dieselbe Person nicht gleichzeitig als Zeuge und Verteidiger fungieren kann (vgl. BGH StV **1996**, 469; KK-*Senge*, Vor § 48 Rn 12; *Meyer-Goßner*, Vor § 48 Rn 18; *Kindhäuser*, § 21 Rn 14).

dort aufgeführt wäre.[346] Aus demselben Grund darf der Verteidiger auch nach seiner Vernehmung weiterhin als Verteidiger in der Strafsache auftreten.

- Die 2. Frage ist zu bejahen, weil der Verteidiger als Organ der Rechtspflege zwar zur Wahrheit verpflichtet ist, nicht aber zur Objektivität. Zudem sind die in § 138a StPO genannten Ausschlussgründe nicht einschlägig. Der Verteidiger darf daher im Plädoyer zu seiner eigenen Aussage Stellung nehmen.

  Beispiel: Wäre also im obigen Beispiel der Verteidiger V bei der polizeilichen Vernehmung des A anwesend gewesen, dürfte er während der Hauptverhandlung nicht nur als Zeuge auftreten und aussagen, sondern anschließend auch seine Tätigkeit als Verteidiger wieder aufnehmen und das Plädoyer führen.

d. Der Mitbeschuldigte als Zeuge

294 Ob es für das Gericht möglich ist, die Verfahren (auch nur vorübergehend) zu trennen, sodass der eine Beschuldigte (formell) die Stellung eines Zeugen hat und im abgetrennten Verfahren gegen den anderen als Zeuge vernommen werden kann, wurde bereits bei Rn 269 erörtert.

5. Vernehmung des Zeugen

295 Grundprinzip der Zeugenvernehmung in der Hauptverhandlung ist, dass die Zeugen einzeln und in Abwesenheit der später zu vernehmenden Zeugen zu vernehmen sind (§ 58 I S. 1 StPO). Der Sinn des § 58 I S. 1 StPO besteht darin, dass Zeugen nicht hören sollen, was der Angeklagte und die anderen Zeugen vor ihm sagen, um von deren Aussagen nicht beeinflusst zu werden. Der Gang der gerichtlichen Zeugenvernehmung hat im Übrigen einen bestimmten chronologischen Ablauf, der aus Gründen des Sachzusammenhangs bei Rn 923 ff. dargestellt ist.

II. Der Sachverständige (§§ 72 ff. StPO)

296 Der Sachverständige ist neben dem Zeugen ein persönliches Beweismittel der StPO. Wesen eines Sachverständigen ist, dass er auf einem bestimmten Wissensgebiet eine dem Richter i.d.R. fehlende Sachkunde hat, deren Mitteilung dem Richter bei der Beurteilung einer Beweisfrage hilft. Die einen Sachverständigen auszeichnende Sachkunde muss nicht wissenschaftlich sein; auch Kaufleute und Handwerker, die auf ihrem Gebiet sachkundig sind, können daher Sachverständige sein.

297 Wichtigste Aufgabe eines Sachverständigen ist die Erstattung von **Gutachten**. In diesem sollen

- Tatsachen festgestellt, zu deren Ermittlung man besonders qualifiziert sein muss - sog. Befundtatsachen (z.B. ärztliche Diagnose einer Krankheit),
- allgemeine Erfahrungssätze mitgeteilt (z.B. Regeln über die Wirkung bestimmter Stoffe auf den menschlichen Körper) und
- Schlussfolgerungen aus Tatsachen gezogen, Bewertungen vorgenommen oder Prognosen abgegeben (z.B. über das künftige Fehlverhalten eines psychisch kranken Beschuldigten) werden.[347]

298 Nicht im Sachverständigengutachten mitgeteilt werden dürfen dagegen sog. Zusatztatsachen, die der Sachverständige nur „bei Gelegenheit" seiner Tätigkeit erfährt, ohne dass es zu ihrer Feststellung besonderer Sachkunde bedarf (z.B. der Angeklagte gesteht

---

[346] Vgl. auch *Meyer-Goßner*, § 48 Rn 18; *Kindhäuser*, § 21 Rn 15.
[347] *Engländer*, Rn 86.

während der psychiatrischen Begutachtung die Tat). Um sie in das Verfahren einzuführen, muss man den Sachverständigen als Zeuge vernehmen.[348]

Während im gerichtlichen Verfahren der Sachverständige ausschließlich vom Gericht ausgewählt wird (§ 73 I S. 1 StPO), kann im Ermittlungsverfahren der Sachverständige nach h.M. auch von der StA oder der Polizei bestellt werden (vgl. § 161a I S. 1 StPO).[349] Kommt es zur Hauptverhandlung, kann das erkennende Gericht später einen anderen Sachverständigen bestellen.[350] **299**

Der bestellte Sachverständige ist grundsätzlich zur Erstattung des Gutachtens verpflichtet (vgl. § 75 StPO). Ein Gutachtenverweigerungsrecht besteht nur unter den Voraussetzungen des § 76 StPO. Unter den Voraussetzungen des § 74 StPO kann ein Sachverständiger auch abgelehnt werden (z.B. wegen Besorgnis der Befangenheit, § 24 StPO). **300**

G. Der Verletzte

Auch der durch die (behauptete) Straftat Verletzte ist Verfahrenssubjekt mit eigenen Rechten. Außerhalb von §§ 406d-406h StPO finden sich Ausprägungen seiner Rechte in § 172 StPO (Klageerzwingungsverfahren), bei der Privatklage (§§ 374 ff. StPO), bei der Nebenklage (§§ 395 ff. StPO) und im Adhäsionsverfahren (§§ 403 ff. StPO). **301**

---

348 *Volk*, § 21 Rn 30; *Engländer*, Rn 86.
349 LR-*Krause*, § 73 Rn 2; *Meyer-Goßner*, § 73 Rn 1; *Joecks*, § 73 Rn 1; a.A. *Duttge*, NStZ **2003**, 375, 376.
350 BGHSt **44**, 26, 32.

6. Kapitel – Eingriffe und Zwangsmaßnahmen

A. Überblick

I. Wesentliche Prinzipien des Ermittlungsverfahrens

302 Im gesamten Strafverfahren soll die Wahrheit erforscht und der Verdacht geklärt werden[351], ob und ggf. von wem eine Straftat begangen wurde. Die Staatsanwaltschaft – und zu ihrer Unterstützung die Polizei – sind deshalb berufen, Sachverhalte zu erforschen, bei denen der Verdacht auf eine Straftat besteht (vgl. §§ 152 II, 160 I, 163 I S. 1 StPO - Legalitätsprinzip; zu den Rollen der StA und der Polizei siehe Rn 153 ff.). Der Ermittlungsgrundsatz (= Untersuchungsgrundsatz bzw. Instruktionsprinzip) wurde bereits ausführlich bei Rn 108 ff. erläutert.

303 Die Gestaltung und Lenkung des Ermittlungsverfahrens liegen grundsätzlich in den Händen und in der Verantwortung der StA als „Herrin des Ermittlungsverfahrens"[352], wobei die Polizei das Recht und die Pflicht zum ersten Zugriff hat (§ 163 I StPO) und durch ihre personelle und technische Ausstattung und Expertise großen Einfluss auf das Ermittlungsverfahren nehmen kann und soll. Es gilt der **Grundsatz der freien Gestaltung des Ermittlungsverfahrens**[353], der zum Ausdruck bringt, dass die StPO für die Durchführung des Ermittlungsverfahrens keinen verbindlichen Ablauf vorgibt. Vielmehr sind die Ermittlungsbehörden gehalten, zur Erforschung der Wahrheit Kriminaltechnik und -taktik entsprechend den Erfordernissen des Einzelfalls möglichst effektiv einzusetzen.[354] Dies kann ein heimliches Vorgehen erfordern[355], was freilich unter dem Gesichtspunkt der Garantie des effektiven Rechtsschutzes gegen staatliche Eingriffe in Grundrechte (Art. 19 IV GG) besondere Probleme aufwirft. Aus diesem Grund war seit längerer Zeit eine grundlegende Überarbeitung der heimlichen Ermittlungsmaßnahmen gefordert und seitens der am Gesetzgebungsverfahren beteiligten Instanzen angekündigt worden.

303a Mit dem am 1.1.2008 in Kraft getretenen **Gesetz zur Neuregelung der Telekommunikationsüberwachung und anderer verdeckter Ermittlungsmaßnahmen sowie zur Umsetzung der Richtlinie 2006/24/EG**[356] wurde dieses Vorhaben nach langem Zögern realisiert. Der Straftatenkatalog des § 100a StPO (Telekommunikationsüberwachung) wurde erheblich umgestaltet, insgesamt allerdings deutlich ausgeweitet; in einem vollkommen neu gestalteten § 101 StPO wurde die nachträgliche Benachrichtigung derjenigen Personen, die von der Maßnahme betroffen waren, neu geregelt und es wurde für sie eine Möglichkeit geschaffen, die Rechtmäßigkeit der Maßnahme gerichtlich überprüfen zu lassen, ohne dass ein Rechtsschutzbedürfnis im Einzelfall dargelegt werden müsste. Darüber hinaus enthält § 101 StPO Vorschriften über die Aktenführung, die Kennzeichnung und Löschung erlangter Daten (vgl. Rn 694b ff.). In einem neu eingeführten § 160a StPO wurden Beweiserhebungs- und -verwertungsverbote für Personen, denen ein Zeugnisverweigerungsrecht aus beruflichen Gründen zusteht, neu geregelt. Ob das Ziel erreicht wurde, ein harmonisches Gesamtsystem der Zeugnisverweigerungsrechte zu schaffen, ist allerdings zweifelhaft.[357] Die einschlägigen Regelungen bei der akustischen Wohnraumüberwachung (§ 100c VI StPO) und der Beweismittelbeschlagnahme (§ 97 StPO) bleiben von der Neuregelung ausdrücklich unberührt (§ 160a V StPO). Die Zeugnisverweigerungsrechte selbst (§§ 52, 53 StPO), auf die § 160a StPO Bezug nimmt, wurden ebenfalls nicht überarbeitet. So wurde z.B. kein Zeugnisverweige-

---

[351] Vgl. hierzu bereits Rn 1 ff. sowie grundlegend *Krauss*, Der Grundsatz der Unschuldsvermutung im Strafverfahren, in: Mueller-Dietz (ed.), Strafrechtsdogmatik und Kriminalpolitik, **1971**, 153; *Weigend*, Deliktsopfer und Strafverfahren, **1989**, 1 ff.

[352] BVerfG NJW **1976**, 231; *Meyer-Goßner* § 163 Rn 3; *R. Schmidt*, Grundrechte, 12. Aufl. **2010**, Rn 154 ff.

[353] BVerfG NStZ **1996**, 45; *Meyer-Goßner* § 161 Rn 7.

[354] Vgl. *Kindhäuser*, § 4 Rn 25.

[355] BGHSt **42**, 139, 150 (Großer Senat); *Meyer-Goßner*, § 161 Rn 7 f.

[356] BGBl I v. 31.12.**2007**, S. 3198.

[357] Kritisch *Wolter*, GA **2007**, 183 ff.; *Glaser/Gedeon*, GA **2007**, 415 ff.; vgl. auch *Puschke/Singelnstein*, NJW **2008**, 113 ff.

rungsrecht für Mediatoren eingeführt. Nicht geregelt wurden in § 160a StPO Beweiserhebungs- und -verwertungsverbote für Personen, denen ein Zeugnisverweigerungsrecht aus persönlichen Gründen zusteht, obwohl auch und gerade für diesen Personenkreis ein verfassungsrechtlich garantiertes Verbot von Ermittlungsmaßnahmen besteht, die in den absolut geschützten Kernbereich privater Lebensgestaltung eingreifen.[358] Am weitaus problematischsten war die Neuregelung der Erhebung von sog. Verkehrsdaten, d.h. Informationen über Begleitumstände der Telekommunikation wie etwa Zeitpunkt, Rufnummer oder E-Mail-Adresse.[359] § 100g StPO gestattete den Abruf dieser Verkehrsdaten für Zwecke der Strafverfolgung, die §§ 113a und 113b TKG verpflichten Telekommunikationsdienstleister, solche Daten ein halbes Jahr lang zu speichern, und zwar unabhängig davon, ob solche Daten aus betrieblichen Gründen wie etwa der Rechnungsstellung benötigt werden. § 100g StPO gestattete den Abruf solchermaßen gespeicherter Verkehrsdaten zur Verfolgung von Straftaten erheblicher Bedeutung insbesondere, aber nicht ausschließlich der in § 100a II StPO genannten Art und von Straftaten, die durch Telekommunikation begangen wurden, unabhängig von einer besonderen Schwere dieser Straftaten. Das BVerfG hat zunächst den in § 100g StPO vorgesehenen Datenabruf mit einer mehrfach erneuerten einstweiligen Anordnung beschränkt[360] und schließlich mit Entscheidung vom 2.3.2010 - 1 BvR 256/08 § 100g StPO, soweit der den Abruf von Verkehrsdaten regelt, und die §§ 113a und 113b TKG für verfassungswidrig und nichtig erklärt, aber auch festgestellt, dass eine Vorratsdatenspeicherung nicht schlechthin mit Art. 10 GG unvereinbar sei. Einzelheiten werden im Rahmen des § 100g StPO besprochen (siehe Rn 633 ff.). Demgegenüber erscheint es als Petitesse, dass der Gesetzgeber in den neu geregelten Normen die Formulierungen „richterlich" und „Richter" durch die Formulierungen „gerichtlich" und „Gericht" ersetzt hat (§§ 98 ff., 110a ff., 163e und 163f StPO), um § 1 II BGleichstellungsG Rechnung zu tragen, jedoch im Rest der StPO keine Angleichungen vornahm (vgl. z.B. §§ 81a, 105, 111a ff., 163c StPO). Es ist deshalb u.a. schwer zu entscheiden, ob nun generell von einem „Ermittlungsgericht" oder weiterhin vom „Ermittlungsrichter" gesprochen werden soll. Die Autoren haben sich entschieden, die Nomenklatur eng an das Gesetz anzulehnen, um bei den Leserinnen und Lesern keine Unsicherheit bei der Lektüre des Studienbuchs im Vergleich zum Gesetz und z.B. der Kommentarliteratur aufkommen zu lassen. Deshalb haben wir grundsätzlich nur bei den geänderten Vorschriften die neuen Formulierungen verwendet.

Trotz des Grundsatzes der freien Gestaltung unterliegt das Ermittlungsverfahren ebenso **304**
wie andere staatliche Maßnahmen dem **Rechtsstaatsprinzip** (Art. 20 III GG), insbesondere dem **Vorbehalt des Gesetzes** und dem **Prinzip der Verhältnismäßigkeit**.[361] Eingriffe in Grundrechte der Bürger, die zur Erforschung der Wahrheit häufig unumgänglich sind, bedürfen einer **Rechtsgrundlage**, die Voraussetzungen und Grenzen der Eingriffe bestimmt. Allein aus der Aufgabe von StA und Polizei, Straftaten zu erforschen, ergibt sich deshalb noch keine Befugnis, in Grundrechte der Bürger einzugreifen. Eine solche Befugnis verleihen nunmehr § 161 I StPO für die StA und § 163 I S. 2 StPO für die Polizei.[362] Solche „Ermittlungsgeneralklauseln" können aber keine schwerwiegenden Eingriffe in Grundrechte der Bürger rechtfertigen, denn je schwerer ein Eingriff ist, umso genauer muss der Gesetzgeber Voraussetzungen und Grenzen eines Eingriffs regeln - Grundsatz der beschränkten Einzelermächtigung bzw. Wesentlichkeitstheorie.[363] Durch die Ermittlungsgeneralklauseln können nur Maßnahmen gerechtfertigt werden, die entweder gar nicht (z.B. die Einholung von Auskünften bei Behörden) oder nur geringfügig (z.B. die kurzfristige Beobachtung bzw. Observation eines

---

[358] BVerfGE **109**, 279, 315 ff.; vgl. dazu Rn 604.
[359] Im Einzelnen § 3 Nr. 30, § 96 I, § 113a TKG.
[360] BVerfG NVwZ **2008**, 543.
[361] BVerfGE **44**, 353, 373; BVerfG NStZ-RR **2004**, 83.
[362] §§ 161 u. 163 I S. 2 StPO wurden durch das StVÄndG **1999** derart geändert, dass sie nun nach ihrem klaren Wortlaut eine gesetzliche Befugnis zur Ermittlung von Straftaten enthalten, vgl. *R. Schmidt*, BesVerwR II, 12. Aufl. **2008**, Rn 86 ff.
[363] Vgl. dazu ausführlich *R. Schmidt*, Grundrechte, 12. Aufl. **2010**, Rn 166 ff.

Verdächtigen oder die Erkundigung in der Nachbarschaft eines Verdächtigen) in Grundrechte betroffener Bürger eingreifen.[364]

II. Spezielle Eingriffsermächtigungen

305 Dementsprechend enthält die StPO eine Vielzahl einzelner Eingriffsermächtigungen, deren Voraussetzungen und Grenzen in diesem Kapitel im Einzelnen besprochen werden. Sofern eine Maßnahme in der StPO speziell geregelt ist, können die Ermittlungsgeneralklauseln nicht herangezogen werden, um eine ähnliche Maßnahme zu rechtfertigen. Zudem geben die speziellen Eingriffsbefugnisse einen Maßstab, an dem gemessen wird, ob eine neuartige Ermittlungsmaßnahme durch die Generalklausel gedeckt ist, oder unzulässig ist, weil das Gesetz eine entsprechende Eingriffsbefugnis nicht vorsieht.[365] Dieses Prinzip kann von zentraler Bedeutung in einer Klausur sein, in der die Rechtmäßigkeit einer Maßnahme zu prüfen ist, für die in der StPO keine spezielle Rechtsgrundlage gefunden werden kann (vgl. z.B. zur sog. Onlinedurchsuchung von Computern Rn 531).

306 Im Folgenden werden die wesentlichen spezifischen Befugnisnormen im Überblick vorgestellt. In der Reihenfolge dieses Überblicks erfolgt im Verlauf des Kapitels die Besprechung der einzelnen Maßnahmen. Leitend war dabei eine systematische Gliederung, die möglichst nahe am Gesetz orientiert ist, um ein schnelles Zurechtfinden im Gesetz für die Klausur zu unterstützen. Die Zuordnung zu den verdeckten bzw. heimlichen Ermittlungsmaßnahmen orientiert sich an der gesetzlichen Regelung in § 101 I StPO.

1. Körperbezogene und medizinische Maßnahmen

- Unterbringung und Beobachtung, § 81 StPO (Rn 320 ff.)
- Körperliche Untersuchung des Beschuldigten; Blutprobe, § 81a StPO (Rn 329 ff.)
- Untersuchung anderer Personen, § 81c StPO (Rn 352 ff.)
- Molekulargenetische Untersuchung, § 81e, f I StPO (Rn 365 ff.)
- Massengentest, § 81h StPO (Rn 374 ff.)

2. Identitätsfeststellung und erkennungsdienstliche Maßnahmen

- Identitätsfeststellung, §§ 163b, c StPO (Rn 384 ff.)
- Erkennungsdienstliche Maßnahmen, Lichtbilder, Fingerabdrücke, §§ 81b StPO, DNA-Analyse, § 81g StPO (Rn 402 ff.)
- Straßenkontrollen, Kontrollstellen, § 111 StPO (Rn 492)

3. Sicherstellung und Beschlagnahme von Gegenständen

- Sicherstellung und Beschlagnahme von Beweismitteln, § 94 StPO (Rn 410 ff.)
- Sicherstellung und Beschlagnahme von Führerscheinen, § 94 III StPO (Rn 471 ff.)
- Herausgabepflicht, § 95 StPO (Rn 483 ff.)
- Vorläufige Entziehung der Fahrerlaubnis, § 111a StPO (Rn 482)
- Maßnahmen zur Sicherung von Einziehung und Verfall, § 111b ff. StPO (Rn 411, 451)

4. Durchsuchung von Personen, Räumen und anderen Sachen

- Durchsuchung beim Verdächtigen, § 102 StPO (Rn 495 ff.)
- Durchsuchung bei anderen Personen, § 103 StPO (Rn 508 ff.)
- Durchsicht von Papieren, § 110 StPO (Rn 531 ff.)

---

[364] *Meyer-Goßner*, § 161 Rn 1.
[365] Vgl. *Meyer-Goßner*, § 161 Rn 1; *Wollweber*, NJW **2000**, 3623 f.

5. Verdeckte und heimliche Ermittlungsmaßnahmen

- Rasterfahndung, Datenabgleich §§ 98a – 98c StPO (Rn 549 ff.)
- Postbeschlagnahme, § 99 StPO (Rn 562 ff.)
- Überwachung der Telekommunikation, §§ 100a StPO (Rn 578 ff.)
- Akustische Wohnraumüberwachung, § 100c StPO (Rn 600 ff.)
- Akustische Überwachung außerhalb von Wohnungen, § 100f StPO (Rn 623 ff.)
- Erhebung von Verkehrsdaten der Telekommunikation, § 100g StPO (Rn 633 ff.)
- Bildaufnahmen und Einsatz technischer Observationsmittel, § 100h StPO (Rn 648 ff.)
- „IMSI-Catcher", § 100i StPO (Rn 655 ff.)
- Verdeckte Ermittler, § 110a StPO (Rn 657 ff.)
- Schleppnetzfahndung, § 163d StPO (Rn 694a)
- Ausschreibung zur polizeilichen Beobachtung, § 163e StPO (Rn 694a)
- Längerfristige Observation, § 163f StPO (Rn 686 ff.)

6. Verfahrens- und vollstreckungssichernde Maßnahmen

- Untersuchungshaft, §§ 112 ff. StPO (Rn 695 ff.)
- Einstweilige Unterbringung, § 126a StPO (Rn 696, 699)
- Vorläufige Festnahme, §§ 127 ff. StPO (Rn 719)
- Fahndungsmaßnahmen, §§ 131 ff. StPO (Rn 173)
- Sicherheitsleistung, Kaution, § 132 StPO (Rn 696)
- Festnahme von Störern bei Amtshandlungen, § 164 StPO (Rn 523, 529)

Während des Ermittlungsverfahrens sind die StA und unter ihrer Leitung die Polizei für **307** die Ermittlungen zuständig. Für die Anordnung zahlreicher Ermittlungsmaßnahmen besteht allerdings eine Regelzuständigkeit des Richters/Gerichts, ein sog. Richter- bzw. Gerichtsvorbehalt (exemplarisch § 81a II, § 98 I StPO), der der Rechtskontrolle und der Wahrung der Interessen der Betroffenen dient, die sich typischerweise nicht selbst mit Rechtsbehelfen oder -mitteln gegen die Ermittlungsmaßnahmen zur Wehr setzen können, da sie nicht vorab informiert werden (vgl. § 33 IV StPO). Das Gericht wird insoweit nur in der Funktion als Ermittlungsgericht auf Antrag der StA tätig. Ohne Antrag kann ein Richter im Ermittlungsverfahren nur bei Gefahr im Verzug und Unerreichbarkeit der StA als „Notstaatsanwalt" nach § 165 StPO tätig werden (Rn 787), dies ggf. auch auf Anregung der Polizei (vgl. § 163 II S. 2 StPO). Davon zu unterscheiden sind richterliche Ermittlungshandlungen auf Antrag der StA nach § 162 StPO, die der besseren Beweissicherung z.B. durch die Vereidigung eines Zeugen im Ermittlungsverfahren (§ 62 StPO) dienen. Nach Anklageerhebung kann das Gericht auf Antrag oder selbst von Amts wegen Beweiserhebungen anordnen (vgl. §§ 201, 202, 244 StPO - dazu Rn 881 ff.).

Das Ermittlungsverfahren, das nach der ursprünglichen Konzeption der StPO die Haupt- **308** verhandlung nur vorbereiten sollte, ist inzwischen vielfach zum Kernstück des Strafprozesses geworden.[366] Dies beruht zunächst darauf, dass das Opportunitätsprinzip durch die Einführung und Ausweitung der Einstellungsmöglichkeiten nach §§ 153, 153a ff. StPO immer größere Bedeutung erlangt hat und es auch für den Beschuldigten und seinen Verteidiger zur zentralen Frage geworden ist, ob die Einstellung des Strafverfahrens erreicht werden kann. Des Weiteren ist auch dann, wenn es zu einer Hauptverhandlung kommt, deren Ergebnis oft durch die im Ermittlungsverfahren erzielte Beweislage vorgegeben.[367] Dieser Bedeutung entspricht es, dass die Anforderungen an die Zulässigkeit und Verwertbarkeit von Ermittlungsmaßnahmen nicht zuletzt durch die Rechtsprechung des BVerfG ständig weiter differenziert werden, während zugleich die Kriminaltechnik und -taktik neue Ermittlungsmethoden entwickelt, die der Gesetzgeber durch entsprechende Ermittlungsbefugnisse den Strafverfolgungsbehörden zur Verfü-

[366] *Roxin*, § 37 Rn 1.
[367] *Roxin*, § 37 Rn 1.

gung stellt. Deshalb ist es von großer Bedeutung, dass diejenigen, die sich beruflich mit dem Ermittlungsverfahren zu befassen haben oder plötzlich damit konfrontiert werden können wie z.B. überwiegend im Zivilrecht tätige Rechtsanwälte, die Zulässigkeit und Grenzen einzelner Ermittlungsmaßnahmen sowie die Rechtsschutzmöglichkeiten des Beschuldigten kennen. Aus diesem Grund nimmt dieser Bereich im vorliegenden Studienbuch wie bereits im Vorwort erläutert einen vergleichsweise großen Umfang ein.

III. Rechtsbehelfe gegen Ermittlungsmaßnahmen

309 Gegen die Einleitung und Durchführung eines Ermittlungsverfahrens als solches besteht kein Rechtsschutz. Greifen einzelne Ermittlungsmaßnahmen jedoch in Grundrechte des Betroffenen ein, kann er sich grds. mit Rechtsbehelfen dagegen wenden. Der Ausbau und vor allem die Systematisierung dieser Rechtsbehelfe sind eine Entwicklung der jüngeren Zeit, die durch das BVerfG aus den Gesichtspunkten der Garantie eines effektiven Rechtsschutzes (Art. 19 IV GG) und des rechtlichen Gehörs (Art. 103 I GG) angestoßen wurde.[368] Mit dem Gesetz zur Neuregelung der Telekommunikationsüberwachung etc. (Rn 303a) wird bei heimlichen Ermittlungsmaßnahmen nachträglicher Rechtsschutz auch ohne Nachweis eines Rechtsschutzbedürfnisses im Einzelfall gewährt (§ 101 VII S. 2 StPO; näher Rn 694j ff.).

310 Als Rechtsbehelfe stehen grundsätzlich die Beschwerde (§§ 304 ff. StPO) und Anträge auf gerichtliche Entscheidung nach § 98 II StPO, § 101 VII S. 2 und § 23 EGGVG zur Verfügung. Gegen einige Ermittlungsmaßnahmen sieht das Gesetz spezielle Rechtsbehelfe vor (vgl. §§ 111a IV, 111f V StPO). Die Statthaftigkeit dieser Rechtsmittel richtet sich grds. nach den folgenden Umständen bzw. Gegenüberstellungen (= vs.):

- Die Maßnahme wurde durch den Richter vs. durch die StA oder ihre Ermittlungspersonen angeordnet.
- Die Durchführung der Maßnahme steht bevor oder dauert noch an vs. die Maßnahme ist bereits vollzogen/erledigt.
- Der Rechtsbehelf richtet sich gegen die Anordnung der Maßnahme vs. gegen die Art und Weise der Durchführung der Maßnahme.

311 Wurde die Maßnahme durch einen Richter einschließlich des Ermittlungsrichters im Vorverfahren angeordnet und richtet sich der Rechtsbehelf gegen die Anordnung der Maßnahme, ist grds. die Beschwerde des Betroffenen nach § 304 StPO statthaft (vgl. hierzu Rn 1278 ff.). Hat der Richter die Anordnung der Maßnahme abgelehnt, steht der StA die Beschwerde zu.

312 Wurde die Maßnahme durch die StA, ihre Ermittlungspersonen oder allgemein durch die Polizei (z.B. §§ 127 II, 163b I StPO) angeordnet und richtet sich der Rechtsbehelf gegen die Anordnung als solche, regelt die StPO nur in wenigen Einzelfällen (vgl. insb. § 98 II S. 2 StPO) ausdrücklich die Möglichkeit, gegen diese Anordnung ein Gericht anzurufen. Art. 19 IV GG enthält jedoch eine Rechtsweggarantie gegen jeden Grundrechtseingriff der öffentlichen Hand und mithin auch gegen solche der Strafverfolgungsbehörden. Da der Rechtsschutz nach Art. 19 IV GG effektiv sein muss, käme eine Überprüfung der Rechtmäßigkeit von Ermittlungsmaßnahmen im Rahmen der Hauptverhandlung zu spät. Es ist deshalb anerkannt, dass in Fällen, in denen die StPO nicht ausdrücklich einen Rechtsbehelf gegen eine Ermittlungsmaßnahme vorsieht, **§ 98 II S. 2 StPO analog** heranzuziehen ist.[369]

---

[368] BVerfGE **90**, 44 ff.; vgl. auch *Amelung*, 50 Jahre BGH-Wiss-FG, S. 911; *Beulke*, Rn 322; SK-*Wohlers*, § 160 Rn 76.
[369] OLG Oldenburg NStZ **1990**, 505; OLG Braunschweig NStZ **1991**, 551; *Laser*, NStZ **2001**, 120, 122.

Gegen die gerichtlichen Entscheidungen nach § 98 II S. 2 StPO ist grds. die Beschwerde nach § 304 StPO statthaft (vgl. Rn 1278 ff.). Dem Betroffenen steht die Beschwerde zu, wenn das Gericht die Anordnung einer Maßnahme durch die StA nach § 98 II S. 2 StPO bestätigt, der StA, wenn das Gericht dies ablehnt. **313**

Wendet sich der Betroffene gegen die Art und Weise der Durchführung der Maßnahme, steht ihm nach heutiger Auffassung der Rechtsbehelf des § 98 II S. 2 StPO zu, unabhängig davon, ob die Maßnahme durch das Gericht, die StA, ihre Ermittlungspersonen oder die Polizei angeordnet wurde.[370] Die frühere h.M., die teilweise den Rechtsweg nach § 23 EGGVG für statthaft hielt, ist überholt.[371] **314**

Eine besondere Problematik entsteht, wenn der Betroffene Rechtsschutz gegen eine Maßnahme begehrt, die bereits vollzogen ist. Grundsätzlich besteht ein Rechtsschutzbedürfnis nur so lange, wie eine Maßnahme noch nicht erledigt ist. Im Ermittlungsverfahren ist es aber der „Normalfall", dass der Betroffene vorab von einer Maßnahme keine Kenntnis erhält und sich deshalb erst nach Abschluss der Maßnahme an das Gericht wenden kann. Würden Rechtsbehelfe in solchen Fällen generell als unzulässig verworfen, stünde dem Betroffenen kein Rechtsweg offen. Ein Verstoß gegen Art. 19 IV GG wurde darin zunächst nicht gesehen; der StPO sei eine Überprüfung überholter Maßnahmen fremd.[372] Das BVerfG erkennt nunmehr aber ein Rechtsschutzbedürfnis bei schwerwiegenden oder systematischen Grundrechtsverletzungen der Ermittlungsbehörden aus dem Gesichtspunkt des Rehabilitationsinteresses des Betroffenen an.[373] Schwerwiegende Grundrechtseingriffe sind vor allem solche, bei denen bereits das Grundgesetz einen Richtervorbehalt vorsieht wie bei der Wohnungsdurchsuchung (Art. 13 II GG) oder einer Freiheitsentziehung (Art. 104 II GG). Bei anderen Eingriffen ist nachträglicher Rechtsschutz insbesondere dann zu gewähren, wenn der Betroffene faktisch keine Möglichkeit hatte, vor Erledigung der Maßnahme effektiven Rechtsschutz i.S. Art. 19 IV GG zu erlangen.[374] Dies gilt z.B. im Falle der Anordnung und sofortigen Durchführung einer Blutentnahme[375], in aller Regel jedoch nicht bei einer Beschlagnahme von Beweismitteln[376]. Ein Rechtsschutzbedürfnis besteht auch, wenn die Behörden und Gerichte durch fehlerhafte Sachbehandlung verhindern, dass der Betroffene rechtzeitig Rechtsschutz erlangen kann.[377] Bei heimlichen Ermittlungsmaßnahmen (vgl. § 101 I StPO - dazu Rn 547 ff.) steht gem. § 101 VII S. 2 StPO der Rechtsweg sowohl gegen die Anordnung als auch gegen die Art und Weise der Durchführung offen, ohne dass ein Rechtsschutzbedürfnis im Einzelfall nachgewiesen werden müsste (vgl. näher Rn 694j ff.). **315**

IV. Klausurtypen

Die Prüfung der Rechtmäßigkeit von Zwangsmaßnahmen kann in eine Reihe von Klausurtypen eingebettet werden. Anders als im materiellen Strafrecht gibt es daher nicht einen bestimmten Prüfungsaufbau, sondern Prüfungsaufbau und Umfang der Prüfung richten sich nach der Fragestellung. Hierzu werden bei den einzelnen Maßnahmen nähere Hinweise gegeben. **316**

---

[370] Gegen diese Auffassung spricht insb. die Beeinträchtigung des effektiven Rechtsschutzes (Art. 19 IV GG) durch unübersichtliche Rechtswege; vgl. BVerfGE **90**, 44 ff.; BGH NStZ **2000**, 46; BGHSt **44**, 265, 270; **28**, 206, 209; *Müller-Christmann*, JuS **2000**, 165, 168; *Radtke* JR **1999**, 436, 437.

[371] OLG Stuttgart StV **1999**, 298; OLG Hamburg StV **1999**, 301; *Beulke*, Rn 326a; *Fezer*, NStZ **1999**, 151 f.

[372] BVerfGE **49**, 329, 340; BGHSt **28**, 57 f.

[373] BVerfG NJW **2002**, 1333; NJW **1999**, 273; BVerfGE **96**, 27, 41 m. Anm. *Amelung*, JR **1997**, 382, 384 u. *Fezer*, JZ **1997**, 1059, 1062; vgl. auch *Achenbach*, JuS **2000**, 27, 31; *Roxin*, StV **1997**, 654, 656.

[374] *Roxin* StV **1997**, 654, 656 spricht insofern von einer fortwirkenden Diskriminierung.

[375] Vgl. BVerfG NJW **2007**, 1345.

[376] Vgl. BVerfG bei *Jahn*, NStZ **2007**, 255, 257 Fn 27; *Jahn/Eckhardt*, JA **1999**, 748, 748 f.

[377] Vgl. BVerfG NStZ **2007**, 413.

317 Der grundlegende Aufbau der Prüfung einer Maßnahme folgt den Prüfungsstufen:

- Anordnungsvoraussetzungen, d.h. Prüfung der materiellen Rechtmäßigkeit der Maßnahme,
- Anordnungsbefugnis, d.h. Prüfung der Befugnis der fraglichen Person, die Maßnahme anzuordnen und
- Durchführungsvorschriften, d.h. Beachtung von besonderen Vorschriften, die das Gesetz für die jeweilige Maßnahme vorsieht (exemplarisch §§ 104 ff. StPO).

318 Die Darstellung der folgenden Ermittlungsmaßnahmen folgt weitgehend diesen Prüfungsstufen. Die Darstellung soll zugleich ein Aufbauschema für die Prüfung der Maßnahmen vermitteln. Soll allerdings nur die Rechtmäßigkeit der Anordnung einer Maßnahme geprüft werden, braucht auf Durchführungsvorschriften nicht eingegangen zu werden. Sind Rechtsmittel oder Rechtsbehelfe gegen die Maßnahme zu prüfen, hat der Prüfung der Rechtmäßigkeit der Maßnahme regelmäßig die Prüfung der Zulässigkeit des Rechtsmittels oder Rechtsbehelfs vorauszugehen. Bei der Prüfung einer Maßnahme im Rahmen einer revisionsrechtlichen Klausur sind nach der Feststellung der Rechtswidrigkeit einer Maßnahme die Folgen dieser Rechtswidrigkeit für das mit der Revision angegriffene Urteil zu untersuchen. Im Kern geht es dabei zumeist um die Frage, ob das erkennende Gericht ein rechtswidrig gewonnenes Beweismittel zu Lasten des Angeklagten verwerten durfte, d.h. den Tatnachweis oder das Vorliegen einer sonstigen zu beweisenden Tatsache darauf stützen durfte. Die rechtswidrige Erlangung eines Beweismittels führt nicht stets und zwangsläufig zu einer Unverwertbarkeit des Beweismittels (vgl. hierzu näher Rn 1067 ff. und 1075). Bei den einzelnen Ermittlungsmaßnahmen finden sich deshalb Hinweise zur Unverwertbarkeit rechtswidrig erlangter Beweise und zu ihrer Geltendmachung in der Revision. Die Kenntnis von Einzelproblemen ist hier neben Grundlagenwissen unerlässlich.

319 Die Frage nach der Verwertbarkeit kann in einer Klausur natürlich auch außerhalb einer revisionsrechtlichen Prüfung direkt im Bearbeitungsvermerk aufgegeben werden. Es ist dann zunächst die Rechtmäßigkeit der Anordnung und Durchführung der Maßnahme zu prüfen und im Anschluss daran die Verwertbarkeit der Beweismittel, die durch die Maßnahme erlangt wurden.

B. Körperbezogene und medizinische Eingriffe

I. Unterbringung zur Beobachtung des Beschuldigten, § 81 StPO

320 Die Unterbringung zur Beobachtung dient der Klärung psychischer Merkmale, die für das Strafverfahren und den Rechtsfolgenausspruch von Bedeutung sind. Es geht dabei insb. um die Schuldfähigkeit (§§ 20, 21 StGB), den Entwicklungsstand eines Jugendlichen oder Heranwachsenden (vgl. § 73 JGG sowie z.B. §§ 3, 43 II, 105 JGG), die Feststellung eines Hangs zu Straftaten und einer Gefährlichkeit für die Allgemeinheit im Rahmen der Entscheidung über die Maßregeln der Unterbringung in einem psychiatrischen Krankenhaus (§ 63 StGB) und der Sicherungsverwahrung (§ 66 StGB, vgl. auch § 246a StPO) sowie der Verhandlungsfähigkeit, jedoch nicht um die Feststellung der Glaubwürdigkeit.[378] Aus dieser Zielsetzung ergibt sich, dass die Maßnahme nur in Verfahrensabschnitten zulässig ist, in denen entsprechende Entscheidungen getroffen werden müssen, d.h. grds. von Beginn der Beschuldigtenstellung bis zur Rechtskraft des Urteils und bei der Beweisaufnahme im Wiederaufnahmeverfahren nach § 369 StPO.[379]

321 Im Rahmen des Vollzugs eines Unterbringungsbefehls (§ 126a StPO), der U-Haft oder der Strafhaft ist eine Beobachtung nach h.M ohne Anordnung nach § 81 StPO zulässig.[380]

---

[378] *Joecks*, § 81 Rn 2.
[379] *Meyer-Goßner*, § 81 Rn 1.
[380] BGH NStZ **1995**, 219; *Meyer-Goßner*, § 81 Rn 2; krit. *Duttge*, NStZ **2003**, 377.

Zweck der Maßnahme ist die Vorbereitung eines Gutachtens über den psychischen Zustand des Beschuldigten (vgl. hierzu §§ 72 ff., 80 und 80a StPO). Soweit der Betroffene noch nicht Beschuldigter ist, bewirkt die Maßnahme die Beschuldigtenstellung. 322

Anordnungsvoraussetzung ist zunächst ein **dringender** Tatverdacht (§ 81 II S. 1 StPO, vgl. § 112 I StPO Rn 699). Vor der Anordnung muss nach § 81 I StPO ein Sachverständiger angehört werden, der sich einen persönlichen Eindruck verschaffen muss, bevor er sich zur Notwendigkeit der Unterbringung äußert.[381] Danach muss gem. § 81 I StPO ein Verteidiger angehört und, soweit noch nicht vorhanden, bestellt werden (notwendige Verteidigung; 140 I Nr. 6 StPO). Die StA ist nach § 33 II StPO zu hören. 323

Weitere Anordnungsvoraussetzung ist die **Verhältnismäßigkeit.** Gem. § 81 II S. 1 StPO darf die Unterbringung darf nicht angeordnet werden, wenn sie zu der Bedeutung der Sache und der zu erwartenden Strafe oder Maßregel außer Verhältnis steht, also etwa für den Betroffenen schwerer wiegt als die zu erwartende Strafe oder Maßregel.[382] Sie ist deshalb bei Bagatellstraftaten und im Privatklageverfahren unzulässig und darf auch sonst nur angeordnet werden, wenn sie unerlässlich ist, d.h. wenn der psychische Zustand des Beschuldigten ohne die Unterbringung nicht beurteilt werden kann.[383] 324

Anordnungsbefugt ist das Gericht. Die Unterbringung darf auch bei mehreren Anordnungen insgesamt sechs Wochen nicht überschreiten (§ 81 V StPO), auch nicht mit Einverständnis des Beschuldigten.[384] Die Anordnung ergeht durch Beschluss. Zuständig ist im Vorverfahren das Gericht, das für die Eröffnung des Hauptverfahrens zuständig wäre (§ 81 III StPO), nach Anklageerhebung das mit der Sache befasste Gericht. 325

Durchführungsvorschriften. Der Beschuldigte darf nur festgehalten und beobachtet werden. Körperliche Untersuchungen sind aufgrund des § 81 StPO nicht zulässig, sondern setzen entweder ein Einverständnis des Beschuldigten oder eine Anordnung nach § 81a StPO voraus.[385] Der beobachtende Sachverständige darf den Untergebrachten befragen, Antworten aber nicht erzwingen. Der Untergebrachte muss an Explorationen[386] nicht mitwirken. Kann der Zweck der Unterbringung ohne Mitwirkung des Betroffenen nicht erreicht werden, ist sie bei Verweigerung der Mitwirkung aufzuheben.[387] 326

Gegen den Anordnungsbeschluss ist **sofortige Beschwerde** (§ 311 StPO) zulässig, die aufschiebende Wirkung hat (§ 81 IV StPO). Das Beschwerdegericht prüft die Zweckmäßigkeit, darf aber z.B. bei der Frage, ob Zweifel an der Schuldfähigkeit des Beschuldigten bestehen, nicht sein Ermessen an die Stelle des tatrichterlichen Ermessens setzen.[388] 327

Eine Rüge der Rechtswidrigkeit der Unterbringung ist revisionsrechtlich nach § 336 S. 2 StPO ausgeschlossen, da nach § 81 IV S. 1 StPO die sofortige Beschwerde zulässig ist. Bei einer Ablehnung der Untersuchung kann die Revision auf die Aufklärungsrüge (§ 244 II StPO) gestützt werden.[389] 328

---

[381] *Meyer-Goßner*, § 81 Rn 11.
[382] *Meyer-Goßner*, § 81 Rn 7.
[383] BVerfGE **17**, 108, 117; StV **2001**, 657; *Meyer-Goßner*, § 81 Rn 8.
[384] *Meyer-Goßner*, § 81 Rn 17, 18.
[385] *Meyer-Goßner*, § 81 Rn 20.
[386] Exploration („Erkundung") steht für diagnostische Erhebung des Kranken und seiner Krankheit bzw. für das Öffnen von Haut und Gewebe zur Untersuchung einer Erkrankung.
[387] *Duttge*, NStZ **2003**, 377.
[388] *Meyer-Goßner*, § 81 Rn 29.
[389] *Meyer-Goßner*, § 81 Rn 32.

II. Körperliche Untersuchung des Beschuldigten, § 81a StPO

1. Einführung

329 § 81a StPO gestattet die zwangsweise körperliche Untersuchung des Beschuldigten. Er muss hinnehmen, dass sein Körper zu einem Augenscheinsobjekt gemacht wird. Aus diesem Grund wird in der Literatur vertreten, § 81a StPO sei (materiell) verfassungswidrig; eine Verfassungswidrigkeit wird auch mit der Unbestimmtheit des Wortlauts, einem Verstoß gegen die Unschuldsvermutung (Art. 20 III GG, Art. 6 II EMRK) und gegen den Nemo-tenetur-Grundsatz (vgl. Art. 14 IIIg IPBPR) begründet.[390] Das BVerfG hat sich dieser Auffassung nicht angeschlossen, aber eine verfassungskonforme Auslegung gefordert, die zum Inhalt hat, dass der Grundsatz der Verhältnismäßigkeit bei der Anordnung und Durchführung besonders beachtet werden muss.[391]

330 Abzugrenzen ist die körperliche Untersuchung nach § 81a StPO von der **Durchsuchung** nach §§ 102, 103 StPO. Die Abgrenzung hat u.a. Bedeutung dafür, ob der Betroffene nur Verdächtiger zu sein braucht (§ 102 StPO) oder Beschuldigter sein muss (§ 81a StPO). Die wohl h.M. unterscheidet Untersuchung und Durchsuchung nach dem Zweck der Maßnahme. § 81a StPO sei einschlägig, wenn der Körper des Betroffenen zum Beweismittel gemacht werde, d.h. wenn seine Beschaffenheit festgestellt werden soll, während bei der Durchsuchung am Körper oder in den natürlichen Körperöffnungen nach Beweisgegenständen gesucht werde.[392] Diese Abgrenzung bereitet aber in doppelter Hinsicht Schwierigkeiten. Zunächst ist zu beachten, dass nach h.M. die Durchsuchung i.S.d. §§ 102, 103 StPO auch die Suche nach Spuren auf der Körperoberfläche und in den natürlichen Körperöffnungen umfasst, soweit sie ohne einen (medizinischen) Eingriff in den Körper festgestellt werden können.[393] Da es bei Spuren (z.B. Kratzspuren oder Schnittverletzungen) um die Beschaffenheit der Körperoberfläche und nicht um die Beschlagnahme von Beweismitteln geht, müsste die Spurensuche bei der Abgrenzung nach dem Zweck der Maßnahme jedoch dem § 81a StPO unterfallen. Außerdem bereitet die Abgrenzung nach dem Zweck der Maßnahme Probleme, wenn ein Beweisgegenstand wie z.B. ein Projektil in den Körper eingedrungen ist und erst nach einem medizinischen Eingriff beschlagnahmt werden kann. Obwohl in solchen Fällen der Zweck der Maßnahme die Beschlagnahme eines Beweismittels ist, liegt zweifellos eine körperliche Untersuchung bzw. sogar ein körperlicher Eingriff i.S. des § 81a I S. 2 StPO vor.[394] Eine im Vordringen befindliche Mindermeinung grenzt Untersuchung und Durchsuchung deshalb nach dem eingesetzten Mittel ab.[395] Entscheidend sei, dass die Maßnahme den Einsatz medizinischer Mittel erfordert. Hier besteht aber das Problem, dass § 81a StPO nach dem klaren Wortlaut nicht nur Eingriffe mit medizinischen Mitteln regelt (§ 81a I S. 2 StPO), sondern auch einfache körperliche Untersuchungen (§ 81a I S. 1 StPO), bei denen keine medizinischen Mittel zum Einsatz kommen. Insofern liegt es nahe, nach dem Zweck, dem Mittel und schließlich der Interessenlage (siehe Rn 331) des Betroffenen abzugrenzen.

331 Die Interessenlage des Betroffenen wird bedeutsam, wenn Stellen des Körpers in Augenschein genommen werden, bei denen das Schamgefühl i.S.d. § 81d StPO betroffen ist. Nach der hier vertretenen Auffassung sollte aufgrund des in § 81d StPO geregelten Interessenausgleichs dann eine Untersuchung i.S.d. § 81a StPO angenommen werden. Dies sollte auch gelten, wenn Gegenstände an solchen Stellen gesucht werden, da auch

---

[390] Vgl. hierzu *Meyer-Goßner*, § 81a Rn 1; *Eser*, ZStW 86 (**1974**), Beih. 146, jeweils m.w.N.
[391] BVerfGE **16**, 194, 202; **47**, 239, 248.
[392] *Beulke*, Rn 241; *Kindhäuser*, § 8 Rn 44; *Roxin*, § 33 Rn 6.
[393] *Meyer-Goßner*, § 102 Rn 9.
[394] So auch *Beulke*, Rn 241.
[395] Vgl. *Hellmann*, Rn 284; *Rüping*, Rn 261; *Wassermann*, AK StPO § 81a Rn 2.

die h.M. verlangt, dass hier § 81d StPO zu beachten sei.[396] Deshalb liegt es nahe, dass im Fall des § 81d StPO ebenso wie im Fall eines körperlichen Eingriffs die Maßnahme als Untersuchung i.S.d. § 81a StPO betrachtet wird, unabhängig davon, ob nach einem Gegenstand (Beispiel: Projektil) oder einer Spur am Körper (Beispiel: Schnittwunde) gesucht wird.[397]

Eine Anordnung nach **§ 81a StPO** ist immer dann erforderlich, wenn ein Eingriff in den Körper vorgenommen wird (Abgrenzung nach dem eingesetzten Mittel).

Eine Durchsuchung nach **§§ 102, 103 StPO** liegt vor, wenn nach Spuren oder nach Gegenständen gesucht wird (Abgrenzung nach dem Zweck), es sei denn, dass hierzu ein Eingriff in den Körper erforderlich ist (Abgrenzung nach dem eingesetzten Mittel, s.o.) oder das Schamgefühl verletzt werden könnte (Abgrenzung nach der Interessenlage).

2. Anordnungsvoraussetzungen

Zweck der Maßnahme ist die körperliche Untersuchung des Beschuldigten zur **Feststellung von Tatsachen, die für das Verfahren von Bedeutung sind** (§ 81a I S. 1 StPO). Für das Verfahren von Bedeutung sind die Tatsachen nicht nur dann, wenn sie dem Nachweis der Tat und der Täterschaft dienen, sondern auch dann, wenn sie für die Bestimmung der Schuld oder der Rechtsfolgen von Bedeutung sind. Verfahrensbedeutung haben auch Entscheidungen im Vorverfahren wie etwa der Erlass eines Haftbefehls oder innerprozessuale Fragen wie z.B. die Verhandlungsfähigkeit oder die Reisefähigkeit.[398] Tatsachen dieser Art können die Beschaffenheit des Körpers des Beschuldigten und seiner Bestandteile, z.B. des Blutes oder des Magensaftes, das Vorhandensein von Fremdkörpern und schließlich auch der psychische Zustand sein.[399] **332**

Bei dem Betroffenen muss es sich um einen **Beschuldigten** (Rn 216 ff.) handeln. In der Anordnung einer Maßnahme gegen einen Verdächtigen kann die Entscheidung der Strafverfolgungsbehörden zum Ausdruck kommen, jetzt gegen ihn als Beschuldigten zu ermitteln. Die entsprechenden Belehrungen sind dann vorzunehmen. Beschuldigte in diesem Sinn sind auch der Angeschuldigte, der Angeklagte und ggf. sogar der Verurteilte, wenn es z.B. um Entscheidungen nach §§ 56c, 57 StGB geht.[400] **333**

Wegen des Nemo-tenetur-Grundsatzes kann vom Beschuldigten **keine aktive Mitwirkung** verlangt werden.[401] Maßnahmen, die eine aktive Mitwirkung erfordern, können nicht nach § 81a StPO angeordnet werden, der Beschuldigte kann sie aber freiwillig vornehmen. Dies gilt z.B. für das Pusten in ein Alkoholmessgerät, das Schlucken von Kontrastmitteln für eine Röntgenaufnahme, die Mitwirkung an einem Belastungs-EKG durch Kniebeugen etc.[402] Der Beschuldigte muss zulässige Maßnahmen aber dulden. Dazu gehört es, dass er die erforderliche Körperhaltung z.B. für eine Blutentnahme einnimmt und sich für eine Untersuchung entkleidet.[403] Zulässige Maßnahmen sind u.a. EEG, (einfaches) EKG, Computertomographie, Röntgenaufnahmen und die ausdrücklich im Gesetz genannte Blutprobe. Untersuchungen, die einen Nachteil für die Gesundheit **334**

---

[396] *Meyer-Goßner*, § 102 Rn 9.
[397] Ebenso für die Abgrenzung präventivpolizeilicher Durchsuchungen und Untersuchungen VGH München NVwZ-RR **1999**, 310; OVG Saarlouis JA **2008**, 667 f. m. Anm. *Durner*.
[398] BVerfGE **27**, 211, 219; *Joecks*, § 81a Rn 5.
[399] *Joecks*, § 81a Rn 4.
[400] BVerfG NStZ **1993**, 482.
[401] BGHSt **34**, 39, 46; *Beulke*, Rn 241; *Kindhäuser*, § 8 Rn 40.
[402] *Meyer-Goßner*, § 81a Rn 11.
[403] *Meyer-Goßner*, § 81a Rn 10.

befürchten lassen, sind nicht zulässig (§ 81a I S. 2 a.E. StPO). Letzteres gilt z.B. für die Angiographie[404] und die Harnentnahme mittels Katheters.[405]

335 Heftig umstritten war, ob der Einsatz von **Brechmitteln** zulässig ist, um z.B. verschluckte Drogenpakete zu exkorporieren. In der Literatur und Teilen der Rspr. wurde der Einsatz von Brechmitteln als Verstoß gegen die in Art. 1 I S. 1 GG geschützte Menschenwürde und den Nemo-tenetur-Grundsatz bewertet.[406] Das BVerfG hatte in einem Nichtannahmebeschluss den Brechmitteleinsatz grds. als verfassungsrechtlich unbedenklich erachtet[407] und die einschlägige Rechtsprechung der Fachgerichte bestätigt.[408] Der EGMR hat den zwangsweisen Einsatz von Brechmitteln im Fall Jalloh/Deutschland jedoch als Verstoß gegen Art. 3 EMRK beurteilt und eine Verwertung der durch den Einsatz des Brechmittels erlangten Beweise wegen eines Verstoßes gegen Art. 6 EMRK ausgeschlossen.[409] Leitend für die Entscheidung des EGMR war, dass entgegen früherer Auffassungen in Deutschland die medizinische Unbedenklichkeit des zwangsweisen Einsatzes von Brechmitteln unter dem Eindruck von zwei Todesfällen in Deutschland und der überwiegenden Auffassung im Ausland nicht anerkannt werden konnte. Der zwangsweise Einsatz von Brechmitteln erfolgt mittels einer Nasensonde, deren Einführung gegen einen sich zur Wehr setzenden Beschuldigten den Einsatz so erheblicher Gewalt erfordere, dass die Eingriffsschwelle des Art. 3 EMRK überschritten sei. Hinzu komme die psychische Belastung durch das zwangsweise herbeigeführte Erbrechen in Anwesenheit dritter Personen. Insgesamt bewertete der EGMR den Brechmitteleinsatz unter Zwang zwar nicht als Folter, jedoch als eine unmenschliche und erniedrigende Behandlung i.S.v. Art. 3 EMRK. Damit ist der Brechmitteleinsatz zwar grundsätzlich einer Abwägung mit den Erfordernissen der Strafverfolgung zugänglich. Der EGMR lehnt eine Rechtfertigung des Brechmitteleinsatzes jedoch ab, weil für die Belange der Strafverfolgung die natürliche Ausscheidung der verschluckten Beweismittel abgewartet werden könne. Die damit verbundenen Belastungen für den Beschuldigten bewertet der EGMR im Vergleich zum zwangsweisen Brechmitteleinsatz als weniger gravierend.[410] Darüber hinaus sei der zwangsweise Einsatz von Brechmitteln unverhältnismäßig, um den Handel von Drogen in relativ kleinen Mengen, die im Mund aufbewahrt und verschluckt werden können, nachzuweisen. Eine Rechtfertigung des zwangsweisen Einsatzes von Brechmitteln zur Abwendung der hohen Gesundheitsgefahren, in denen der Beschuldigte aufgrund der verschluckten Drogenpakete schwebt, hat der EGMR abgelehnt, da es den Ermittlungsbehörden beim Brechmitteleinsatz ersichtlich auf die Gewinnung von Beweismitteln und nicht auf einen Schutz der Gesundheit des Beschuldigten angekommen sei.[411] Der EGMR zitiert die Regelung, die in Bremen nach dem Tod eines Beschuldigten eingeführt wurde. „Derjenige, der verdächtigt wird, Drogen verschluckt zu haben, muss nunmehr von einem Arzt über die Risiken informiert werden, die bestehen, wenn die Betäubungsmittel in seinem Körper verbleiben. Der Verdächtige hat dann die Wahl, ein Brech- oder Abführmittel einzunehmen, wenn die ärztliche Untersuchung ergibt, dass eine solche Einnahme für seine Gesundheit ungefährlich ist; anderenfalls wird er bis zum Ausscheiden der Droge auf natürlichem Weg in eine Sonderzelle verbracht".[412] Der EGMR bewertet

[404] Angiographie nennt man die Darstellung von Blutgefäßen mittels Röntgenstrahlen. Hierzu wird ein Kontrastmittel, d.h. ein Stoff, der für Röntgenstrahlen kaum durchlässig ist, in das Blutgefäß injiziert. Auf dem Röntgenbild zeichnet sich dann der mit Kontrastmittel gefüllte Gefäßinnenraum ab.
[405] *Joecks*, § 81a Rn 11.
[406] OLG Frankfurt NJW **1997**, 1647, 1648 f. m. zust. Anm. *Wesslau* StV **1997**, 341 ff.; *Binder/Seemann*, NStZ **2002**, 234 ff.; *Zaczyk*, StV **2002**, 125.
[407] BVerfG NStZ **2000**, 96; zust. *Hellmann*, Rn 289.
[408] OLG Bremen NStZ-RR **2000**, 270; KG JR **2001**, 163 m. abl. Anm. *Hackethal*.
[409] EGMR NJW **2006,** 3117.
[410] EGMR NJW **2006,** 3117, 3121; krit. *Putzke/Scheinfeld*, Rn 206; *Schur*, NJW **2006**, 3538 f.; *Murmann*, JuS-Beilage zu Heft 11/**2007**, S. 6.
[411] EGMR NJW **2006,** 3117, 3120.
[412] EGMR NJW **2006**, 3117, 3118.

diese Praxis zwar nicht ausdrücklich, aber sie dürfte die Gesamtsicht des EGMR maßgeblich beeinflusst haben. Mit dieser Regelung wird das Selbstbestimmungsrecht der Beschuldigten sowohl hinsichtlich ihrer Gesundheit als auch hinsichtlich der Eingriffe, denen sie sich seitens der Ermittlungsbehörden aussetzen wollen, gewahrt. Ob der oder die Beschuldigte eine womöglich längerfristige Inhaftierung verbunden mit einer Überwachung der Toilette, den Einsatz eines Abführmittels oder die freiwillige Einnahme eines Brechmittels als relativ weniger belastenden Eingriff bewertet, kann er oder sie auf diese Weise selbst entscheiden. [413]
Obiter dictum bekräftigt der Gerichtshof ein absolutes Verwertungsverbot für Beweismittel, die durch Folter erlangt wurden. Ob gleiches für Beweismittel gilt, die unter Verstoß gegen Art. 3 EMRK durch unmenschliche und erniedrigende Strafe erlangt wurden, lässt der EMRK offen, da im Fall Jalloh/Deutschland die Schwere des Verstoßes auch unter Abwägung mit dem (relativ geringen) öffentlichen Interesse an einer Verurteilung das Verfahren insgesamt unfair machte mit der Folge eines aus Art. 6 EMRK begründeten Verwertungsverbotes. Darüber hinaus bewertet der Gerichtshof die erzwungene Duldung des Auslösens einer pathologischen Körperreaktion, durch die ein Beweismittel aus dem Körper auf unnatürliche Weise ausgeschieden wird, unter Hinweis auf das hohe Ausmaß der eingesetzten Gewalt als Verstoß gegen die Selbstbelastungsfreiheit.[414] Diese Ausdehnung des Nemo-tenetur-Grundsatzes auf Fälle der vis absoluta widerspricht der h.M. in Deutschland und wirft schwierige Abgrenzungs- und Abwägungsfragen auf.[415] Fraglich ist auch die Erforderlichkeit einer solchen Ausweitung des Nemo-tenetur-Grundsatzes. Da nach Auffassung des Gerichtshofes Art und Schwere des Zwangs zur Beschaffung der Beweise mit dem Gewicht des öffentlichen Interesses an der Verfolgung der zu beweisenden Straftat und der Bestrafung des Täters abzuwägen sind, dürfte sich in einschlägigen Fällen das Verwertungsverbot wie im Fall Jalloh/Deutschland schon aus einem Verstoß gegen Art. 3 EMRK ergeben, weil das Verfahren insgesamt als unfair i.S. Art. 6 EMRK zu bewerten ist.

Die Entscheidung des EGMR verbietet den zwangsweisen Einsatz von Brechmitteln nicht absolut, sondern bleibt hinsichtlich des Verstoßes gegen Art. 3 EMRK und hinsichtlich der Verwertbarkeit offen für eine Abwägung mit dem öffentlichen Interesse an der Strafverfolgung. In der Praxis dürfte der Spielraum für den Brechmitteleinsatz aufgrund der Vorgaben des EGMR allerdings sehr gering sein. Regelmäßig wird es an der Erforderlichkeit fehlen, da die natürliche Ausscheidung als mildere Alternativmaßnahme gegenüber dem zwangsweisen Brechmitteleinsatz zu bewerten ist, insbesondere wenn dem Beschuldigten die freiwillige Einnahme von Brech- oder Abführmitteln angeboten wurde. Sollte ausnahmsweise ein Abwarten nicht möglich sein, ist im Rahmen der Angemessenheit (= Verhältnismäßigkeit i.e.S.) zu prüfen, ob die Maßnahme im Verhältnis zur Schwere der Tat und zur Stärke und Konkretheit des Tatverdachts gerechtfertigt erscheint.[416] **336**

Hinweis für die Fallbearbeitung: Fraglich ist die prüfungstechnische Darstellung des möglichen Verstoßes gegen die Menschenwürde. Streng genommen bräuchte man zur Verhältnismäßigkeit des Brechmitteleinsatzes nichts mehr zu sagen, wenn man zuvor die Maßnahme wegen Verstoßes gegen die Menschenwürde für rechtswidrig erklärt hat. Denn dann kann die Prüfung der Verhältnismäßigkeit an dem Ergebnis nichts mehr ändern. Da ein Gutachten aber sämtliche relevanten Aspekte behandeln muss und die Verhältnismäßigkeit des zwangsweisen Brechmitteleinsatzes tragend für die Entscheidung des EGMR ist, muss man die Verhältnismäßigkeit neben einem (möglichen) Ver-

---

[413] Vgl. hierzu *Schuhr*, NJW **2006**, 3538.
[414] EGMR NJW **2006**, 3117, 3124 f.
[415] Vgl. hierzu *Gaede*, HRRS **2006**, 241 (http://www.hrr-strafrecht.de/hrr/archiv/06-07/index.php?sz=7); *Stuhr*, NJW **2006**, 3538, 3541.
[416] BVerfGE **16**, 194, 202; BVerfG NJW **2004**, 3697; nur bei schweren Straftaten angemessen *Meyer-Goßner*, § 81a Rn 22; *Weßlau*, StV **1997**, 341, 343; krit. dazu SK-*Rogall*, § 81a Rn 48.

stoß gegen die Menschenwürde prüfen. Dabei ist darauf zu achten, dass die Maßnahme nicht etwa als verhältnismäßig angesehen wird, obwohl man zuvor einen Verstoß gegen die Menschenwürde bejaht hat. Denn ein Verstoß gegen die Menschenwürde bedingt zwangsläufig einen Verstoß gegen die Verhältnismäßigkeit i.e.S.

3. Anordnungsbefugnis

337 Die Anordnungsbefugnis ist in § 81a II StPO geregelt. Grds. ist der Richter zur Anordnung der Maßnahme befugt; bei einer Gefährdung des Untersuchungszwecks durch eine Verzögerung aufgrund der Befassung des Richters (sog. Gefahr im Verzug, s.u. Rn 338) können auch die StA und ihre Ermittlungspersonen (§ 152 GVG) die Maßnahme anordnen. Letztere müssen nicht vorrangig versuchen, eine Entscheidung der StA herbeizuführen,[417] die StA kann aufgrund ihrer Leitungskompetenz (§ 152 I GVG) aber generell oder für den Einzelfall entsprechende Anordnungen treffen. Den Antrag auf richterliche Anordnung stellt die StA beim Ermittlungsgericht (§ 162 StPO i.V.m. § 33 II StPO). Ist die StA ausnahmsweise unerreichbar, können sich die Beamten des Polizeidienstes gem. § 163 II S. 2 StPO direkt an das Gericht wenden, das dann nach § 165 StPO tätig wird.[418] Die Anordnung der Maßnahme ist strikt von der Durchführung zu unterscheiden, die bei § 81a StPO teils von allen Angehörigen der Strafverfolgungsbehörden einschließlich der Polizei, teils nur von Ärzten vorgenommen werden können (siehe Rn 341 ff.).

338 Der Begriff „**Gefahr im Verzug**" hat erhebliche Bedeutung für zahlreiche Ermittlungsmaßnahmen. Die Prüfung muss jeweils in zwei Stufen erfolgen; Gefahr im Verzug liegt vor:

- Falls ein Beweismittel verloren gehen oder in seinem Beweiswert erheblich beeinträchtigt wird, wenn
- die Maßnahme nicht sofort erfolgt, sondern eine richterliche Entscheidung abgewartet wird.[419]

Gefahr im Verzug ist ein **unbestimmter Rechtsbegriff**, der der uneingeschränkten gerichtlichen Nachprüfung unterliegt; es besteht kein Beurteilungsspielraum der Ermittlungsbehörden.[420] Die Voraussetzungen sind mit konkreten und aktuellen Tatsachen zu begründen, bloße Vermutungen und allgemeine kriminalistische Erfahrungen genügen nicht.[421] In einer Klausur sollte deshalb der Sachverhalt nach einschlägigen Hinweisen durchgesehen werden. Die Rechtmäßigkeit der Anordnung von Maßnahmen durch die StA und deren Ermittlungspersonen auf der Grundlage von Gefahr im Verzug ist aktuell eine umstrittene Rechtsfrage mit großer praktischer Relevanz. Die frühere Praxis verfuhr sehr großzügig mit der Annahme von Gefahr im Verzug. Dem trat BVerfGE 103, 142 ff. entgegen. Sofern das Gesetz eine Regelzuständigkeit des Richters vorsieht, muss diese auch in der Praxis effektiv bleiben. Deshalb müssen die Ermittlungsbehörden unter Nutzung moderner Kommunikationsmittel, z.B. mittels eines Mobiltelefons, versuchen, eine richterliche Entscheidung herbeizuführen, und Richter müssen auch außerhalb der üblichen Dienstzeiten erreichbar sein. Die Übertragbarkeit dieser zu § 105 StPO (Anordnung einer Wohnungsdurchsuchung) ergangenen Entscheidung auf § 81a II StPO war zunächst fraglich, weil bei § 81a II StPO anders als bei § 105 StPO der Richtervorbehalt nicht in der Verfassung verankert ist (vgl. Art. 13 II GG).[422] Das BVerfG stellte in einer

[417] BVerfGE **51**, 97, 111; **103**, 142, 153; KK-*Nack* Rn 11; **a.A.** LR-*Schäfer* Rn 31; *Meyer-Goßner*, Rn 6; *Müller/Trurnit*, StraFo **2008**, 146, 147.
[418] *Meyer-Goßner*, § 98 Rn 6.
[419] BVerfGE **51**, 111, 112 ff.
[420] BVerfG NJW **2001**, 1121; BVerfG NJW **2002**, 1333.
[421] Vgl. BVerfGE **103**, 142 ff.; LR-*Schäfer*, Rn 34; vgl. auch die Beispiele bei *König*, Kriminalistik **2003**, 513.
[422] Vgl. Anm. *Götz* zu OLG Stuttgart NStZ **2008**, 238

Entscheidung vom 12.02.2007 klar, dass schon aufgrund des Rechtsstaatsprinzips ein im Gesetz vorgesehener Richtervorbehalt in der Praxis effektiv sein muss.[423] Allerdings ging es in dem der Entscheidung zugrunde liegenden Fall lediglich darum, grundsätzlich zu klären, ob der Beschwerdeführer Cannabis-Konsument war oder nicht, und es kam nicht darauf an, den Grad seiner aktuellen Intoxikation festzustellen. Deshalb wurde vertreten, dass bei den in der Praxis häufig vorkommenden Fällen von Verdacht auf alkoholbedingte Fahruntauglichkeit weiterhin aus tatsächlichen Gründen grundsätzlich von Gefahr im Verzug auszugehen sei, weil eine Rückrechnung der zu einem späteren Zeitpunkt gemessenen Blutalkoholkonzentration (BAK) auf den Tatzeitpunkt mit Unsicherheiten behaftet sei[424] und deshalb regelmäßig ein Beweisverlust drohe. Deshalb sei eine sofortige Anordnung der Maßnahme wegen Gefahr im Verzug auch dann rechtmäßig, wenn die Einschaltung des Gerichts nur eine relativ geringe Zeitverzögerung verursachen würde.[425] Neuere obergerichtliche Entscheidungen schränken diesen Grundsatz insofern ein, als geringe Zeitverzögerungen nur dann von Bedeutung sind, wenn davon ausgegangen werden muss, dass die BAK des Beschuldigten in der Nähe eines relevanten Grenzwertes liegen könnte, d.h. insbesondere in der Nähe des für die unwiderlegliche Vermutung der Fahruntüchtigkeit von Kraftfahrzeugführern anerkannten Grenzwertes von 1,1 Promille.[426] Die Umstände, aus denen sich ergibt, dass nach diesen Voraussetzungen Gefahr im Verzug bestand, sind zu dokumentieren.[427] Die Dokumentationspflicht besteht auch, wenn die Ermittlungsbehörden vergeblich versucht haben, einen Richter zu erreichen, und wegen der bereits verflossenen Zeit Gefahr im Verzug eintritt. Andererseits dürfen die Ermittlungsbehörden nicht bewusst und willkürlich so lange zuwarten, bis Gefahr im Verzug eintritt.[428] Die Eilkompetenz der StA lebt auf, wenn das Gericht eine Entscheidung mangels Aktenkenntnis ablehnt.[429]

Eine tatsächlich oder rechtlich fehlerhafte Bewertung macht das Beweismittel aber nur **339**
bei einer willkürlichen, d.h. bewussten oder systematischen Missachtung des Richtervorbehalts, **unverwertbar**.[430] Bei der Anordnung von Blutentnahmen durch Polizeibeamte wurde bisher eine bewusste und systematische Missachtung des Richtervorbehalts abgelehnt, da die Beamten sich an der früheren Rechtsprechung und Praxis orientiert hätten.[431] In Zukunft wird der Maßstab jedoch strenger werden.[432] Entsprechendes wird für eine mangelhafte Dokumentation der Anordnungsgründe gelten, da der Richtervorbehalt bei § 81a StPO nicht zum zwingenden verfassungsrechtlichen Mindeststandard gehört.[433] Dies ist aufgrund Art. 13 II GG bei einer Wohnungsdurchsuchung (§§ 102, 103 GG) anders zu bewerten. In diesem Zusammenhang hat das BVerfG entschieden, dass die Länder verpflichtet seien, einen richterlichen Bereitschaftsdienst auch außerhalb der üblichen Dienstzeiten einzurichten.[434] Darauf gestützt hat das OLG Hamm in einer begrüßenswerten Entscheidung auf ein Beweisverwertungsverbot erkannt, weil trotz nach-

---

423 BVerfG NJW **2007**, 1345; BVerfG StV **2007**, 281 m. zust. Anm. *Rabe von Kühlewein*, JR **2007**, 517.
424 Vgl. zur Praxis der Rückrechnung *Fischer*, StGB § 316 Rn 19 f.
425 LG Hamburg NZV **2008**, 213, 214 f. m. Anm. *Schönfelder*, LG Freiburg 18.02.**2008** - 3 Qs 15/08.
426 OLG Stuttgart NStZ **2008**, 238; OLG Hamburg NJW **2008**, 2597; OLG Hamm NJW **2009**, 242, 243 f. m. Anm. *Zopfs*.; krit. zur Relevanz von Schwellenwerten *Fickenscher/Dingelstadt*, NStZ **2009**, 127; vgl. hierzu *Meyer-Goßner*, § 81a Rn 25-27; zur Grenzwertbestimmung vgl. BGHSt **37**, 89; *Fischer*, § 316 StGB Rn 25 f. m.w.N.
427 BVerfG StV **2007**, 281; BVerfG NJW **2007**, 1345; BVerfG 31.10.**2007** - 2 BvR 1346/07.
428 BGHSt **51**, 285, 288 m. zust. Anm. *Brüning*, HRRS **2007**, 254.
429 BGH NStZ **2006**, 114 f.
430 BVerfGE **113**, 29 ff.; OLG Koblenz NStZ **2002**, 660; **a.A.** *Fezer*, FS-Rieß, S. 102; *Beichel/Kieninger*, NStZ **2003**, 11; *Wohlers*, StV **2008**, 439 mit umfassender Systematisierung der Rspr.
431 OLG Stuttgart NStZ **2008**, 238; OLG Köln NStZ **2009**, 406; OLG Dresden StV **2009**, 571; LG Flensburg StV **2008**, 459; LG Itzehoe NStZ-RR **2008**, 249, 250. Vgl. auch OLG Hamm NJW **2009**, 242, 243; OLG Jena DAR **2009**, 283 f.; OLG Bamberg NJW **2009**, 2146, 2147; VG Berlin NJW **2009**, 245 f.
432 AG Duderstadt StRR **2008**, 402; AG Essen Kriminalistik **2009**, 291; LG Cottbus VRR **2009**, 35 f.
433 BVerfG NJW **2008**, 3053 m. zust. Anm. *Laschewski,* NZV **2008**, 637, krit. Anm. *Leichthammer*, DAR **2008**, 694.
434 BVerfG NJW **2004**, 1442.

gewiesenen Bedarfs im LG-Bezirk Bielefeld ein solcher nicht eingerichtet wurde.[435] Hinsichtlich § 81a StPO ist schließlich zu beachten, dass auch bei einer unverwertbaren BAK-Feststellung eine Fahruntüchtigkeit auf anderer Beweisgrundlage festgestellt werden kann, z.B. aufgrund von Zeugenaussagen der Polizeibeamten über das Fahrverhalten, die Artikulationsfähigkeit etc.[436]

340 Die **Einwilligung** des Beschuldigten macht die Anordnung einer Maßnahme nach § 81a I StPO entbehrlich und gestattet körperliche Eingriffe, die nach § 81a I S. 2 StPO unzulässig wären, sofern sie nicht z.B. wegen der besonderen Gefährlichkeit gegen die guten Sitten verstoßen (vgl. § 228 StGB). Deshalb dürfen schwerwiegende Eingriffe trotz einer Einwilligung nur auf richterliche Anordnung von einem Arzt vorgenommen werden. Eine wirksame Einwilligung setzt einen freien Entschluss voraus. Der Beschuldigte muss die Sachlage und sein Weigerungsrecht kennen. Deshalb muss er i.d.R. über sein Weigerungsrecht und die Bedeutung, Gefährlichkeit und ggf. Nachwirkungen von erheblichen Eingriffen **belehrt** werden. Die Einwilligung muss vor der Durchführung der Maßnahme ausdrücklich erklärt werden. Der Einwilligende muss nicht unbedingt geschäftsfähig sein, aber er muss über ausreichende Verstandesreife verfügen, um die Bedeutung der Einwilligung erfassen zu können. Die Einwilligung kann widerrufen werden; was bis dahin ermittelt wurde, darf verwertet werden.[437]

4. Durchführungsvorschriften

341 Zu Unterscheiden sind die **einfache körperliche Untersuchung** nach § 81a I S. 1 StPO und der **körperliche Eingriff** nach § 81a I S. 2 StPO; hierzu gehört auch die Blutprobe. Ein körperlicher Eingriff liegt vor, wenn dem Körper Verletzungen zugefügt werden, auch wenn diese geringfügig sind, wenn natürliche Körperbestandteile entnommen werden wie z.B. Blut, Harn, Speichel etc. (z.B. für eine nachfolgende molekulargenetische Untersuchung nach § 81e StPO[438]), wenn dem Körper Stoffe zugeführt werden und wenn sonst in das von der Haut umschlossene Körperinnere eingegriffen wird.[439] Umstritten ist, ob die Untersuchung der natürlichen Körperöffnungen (Mund, After, Scheide) ein Eingriff oder eine einfache Untersuchung ist.[440]

342 Körperliche Eingriffe müssen von einem approbierten Arzt nach den Regeln der ärztlichen Kunst vorgenommen werden. Andere medizinische Fachkräfte wie z.B. Krankenschwestern und -pfleger dürfen den Eingriff nur mit Einwilligung des Beschuldigten oder unter Anleitung, Aufsicht und Verantwortung des approbierten Arztes vornehmen.[441] Soweit ärztliche Regeln für eine Untersuchungsmethode noch nicht etabliert sind, darf diese Methode nicht angewendet werden; der Beschuldigte darf nicht zu Experimenten gezwungen werden.[442]

343 Gesundheitliche Nachteile müssen mit an Sicherheit grenzender Wahrscheinlichkeit ausgeschlossen sein (§ 81a I S. 2 a.E. StPO). Dabei kommt es sowohl auf die Art des Eingriffs als auch auf den Gesundheitszustand des Beschuldigten an. Ein gesundheitlicher Nachteil liegt nur bei einer „erheblich" über die Untersuchungsdauer hinauswirken-

---

[435] OLG Hamm NJW **2009**, 242, 243 f.; vgl. dazu auch *Jahn*, JuS **2010**, 83; *Fickenscher/Dingelstadt*, NJW **2009**, 3473.
[436] LG Berlin DAR **2008**, 534 f.
[437] Vgl. zum Ganzen *Meyer-Goßner*, § 81a Rn 3-5.
[438] BVerfG NStZ **1996**, 606; *Meyer-Goßner*, § 81a Rn 15.
[439] Vgl. zum Ganzen *Meyer-Goßner*, § 81a Rn 15.
[440] Die wohl h.M. geht von einer einfachen Untersuchung aus (vgl. *Meyer-Goßner*, § 81a Rn 15; KK-*Senge*, § 81a Rn 6); für einen Eingriff SK-*Rogall*, § 81a Rn 25; *Joecks*, § 81a Rn 7. Vgl. zur Abgrenzung von Durchsuchung, Untersuchung und Eingriff im Übrigen Rn 330 f.
[441] *Joecks*, § 81a Rn 10.
[442] *Meyer-Goßner*, § 81a Rn 16.

den Beeinträchtigung des körperlichen Wohlbefindens vor, nicht schon bei kurzfristigen Schmerzen oder Angst in Folge des Eingriffs.[443]

Verweigert ein approbierter Arzt die Vornahme eines zulässigen Eingriffs, besteht die Möglichkeit, ihn nach §§ 73, 75 StPO zum Sachverständigen zu ernennen und zur Erstattung eines Gutachtens zu verpflichten. Nach h.M. kann im Ermittlungsverfahren auch die StA Sachverständige beauftragen.[444] **344**

Umstritten ist, ob die **Veränderung der Bart- und Haartracht** eine Maßnahme i.S.d. § 81a StPO darstellt[445] oder ob sie lediglich der Vorbereitung einer körperlichen Untersuchung oder einer erkennungsdienstlichen Behandlung nach § 81b StPO dient.[446] Die Maßnahme passt in keine der genannten Kategorien ohne weiteres. Es handelt sich immerhin um die Entfernung von Körperbestandteilen, die allerdings vollkommen ungefährlich ist und keine Auswirkungen auf die physische Gesundheit entfaltet. Auch die psychische Beeinträchtigung wird sich zumeist in Grenzen halten, wenn eine Tracht rekonstruiert wird, die der Beschuldigte wahrscheinlich schon selbst gewählt hat; im Einzelfall kann aber eine erhebliche psychische Beeinträchtigung nicht ausgeschlossen werden. Die Maßnahme dient regelmäßig nicht nur der Ermittlungsvorsorge für künftige Verfahren im Rahmen des § 81b StPO, sondern der Beweisführung im Anlassverfahren. Insofern erscheint es sinnvoll, der Auffassung des BVerfG zu folgen und § 81a StPO anzuwenden. **345**

§ 81a StPO ist auch **Rechtsgrundlage** für Maßnahmen, die zur Durchsetzung der Untersuchung bzw. des Eingriffs erforderlich sind, wie z.B. das Festhalten des Beschuldigten oder das Verbringen zum nächsten Arzt bzw. Krankenhaus, um dort eine Blutentnahme durchzuführen.[447] § 81a StPO ist insofern selbst ein förmliches Gesetz i.S.d. Art. 104 I S. 1 GG. **346**

Blutproben oder sonstige Körperzellen, die dem Beschuldigten entnommen wurden, dürfen nach § 81a III StPO nur für das der Entnahme zugrunde liegende oder ein anderes anhängiges Verfahren verwendet werden. Eine Verwendung für andere Zwecke ist ohne Einwilligung des Beschuldigten ausgeschlossen; dies gilt auch für die wissenschaftliche Forschung.[448] Die Proben sind unverzüglich zu vernichten, sobald sie für das Verfahren nicht mehr benötigt werden. Sofern keine Wiederaufnahme des Verfahrens im Raum steht, hat die Vernichtung zu erfolgen, wenn das Verfahren rechtskräftig abgeschlossen ist.[449] Eine Dokumentation der Vernichtung entsprechend § 101 VIII S. 2 StPO ist im Gesetz nicht vorgesehen, aber ratsam. **347**

Sofern eine Untersuchung das **Schamgefühl** verletzen kann, gelten die in § 81d StPO niedergelegten Durchführungsvorschriften. Insbesondere muss die Untersuchung nach § 81d I S. 1 StPO von einer Person gleichen Geschlechts oder einem Arzt oder einer Ärztin durchgeführt werden, wobei nach § 81d I S. 2 StPO der Wunsch des Betroffenen hinsichtlich des Geschlechts der Untersuchungsperson bei einem berechtigten Interesse berücksichtigt werden soll. Zusätzlich soll nach § 81d I S. 3 StPO auf Verlangen eine Vertrauensperson zugelassen werden. Nach § 81d I S. 4 StPO ist die betroffene Person über die Regelungen des § 81d I S. 2 und 3 StPO zu belehren. § 81d I gilt gem. § 81d II StPO auch im Falle der Einwilligung in die Maßnahme. **348**

---

443 *Joecks*, § 81a Rn 8.
444 *Hellmann*, Rn 285, 128.
445 Nach BVerfG **47**, 239, 246 handelt es sich um eine im Rahmen der Verhältnismäßigkeit zulässige Maßnahme gem. § 81a StPO. *Fezer*, Fall 6 Rn 19 und *Odenthal*, NStZ **1985**, 434 halten die Maßnahme für unzulässig.
446 LR-*Krause*, § 81a Rn 24; *Meyer-Goßner*, § 81a Rn 23.
447 *Meyer-Goßner*, § 81a Rn 29.
448 *Joecks*, § 81a Rn 20.
449 *Joecks*, § 81a Rn 20.

349 Verstöße gegen die Anordnungsvoraussetzung und die Durchführungsvorschriften des § 81a StPO machen die gewonnenen Erkenntnisse i.d.R. **nicht unverwertbar**, da § 81a StPO in erster Linie dem Schutz des Beschuldigten vor gesundheitlichen Gefahren diene und der hypothetisch rechtmäßige Ermittlungsverlauf zu berücksichtigen sei.[450] Unverwertbarkeit ist aber anzunehmen, wenn die Anordnungsvoraussetzungen willkürlich und systematisch missachtet werden[451] oder wenn unzulässige Methoden oder Vorgehensweisen z.B. mittels Täuschung oder unerlaubtem Zwang durchgesetzt werden und dadurch gegen die Grundsätze eines an Gerechtigkeit und Billigkeit orientierten Verfahrens verstoßen wird (vgl. § 136a StPO für Vernehmungen).[452] Bei schwerwiegenden Eingriffen in die physische und psychische Unversehrtheit, die das Ausmaß einer unmenschlichen und erniedrigenden Behandlung i.S.d. Art. 3 EMRK erreichen, nimmt der EGMR ein insgesamt unfaires Verfahren i.S.d. Art. 6 EMRK an, das ein Verwertungsverbot auslöst.[453]

350 Gegen die richterliche Anordnung ist die **Beschwerde** nach § 304 StPO statthaft. Gegen Anordnungen der StA und ihrer Ermittlungspersonen sowie gegen die Art und Weise der Durchführung der Maßnahme ist der Rechtsbehelf des **§ 98 I S. 2 StPO analog** statthaft.[454] Dies gilt auch nach Erledigung der Maßnahme, um deren Rechtmäßigkeit, z.B. das Vorliegen von Gefahr im Verzug, gerichtlich überprüfen zu lassen.[455]

351 Soweit Untersuchungsergebnisse unverwertbar sind (Rn 349), aber dennoch zum Beweis verwertet wurden, kann dies mit der **Revision** gerügt werden. Die Rechtsprechung verlangt aber, heftig kritisiert von der Literatur, dass ein Verstoß gegen § 81a II StPO rechtzeitig, d.h. spätestens mit der Befragung nach § 257 StPO gerügt wird.[456]

III. Körperliche Untersuchung anderer Personen, § 81c StPO

352 Diese Vorschrift gestattet die Untersuchung anderer Personen als des Beschuldigten ohne deren Einwilligung. Die zulässigen Untersuchungen und Untersuchungszwecke sowie deren rechtliche Voraussetzungen sind in § 81c I und II StPO differenziert und abschließend geregelt. Andere Untersuchungen und Untersuchungszwecke dürfen nur vorgenommen bzw. verfolgt werden, wenn die betroffene Person einwilligt, sofern die Maßnahme nicht sittenwidrig ist (vgl. § 228 StGB). Dies gilt u.a. für die Untersuchung der Merk- und Sehfähigkeit und der Glaubwürdigkeit.[457] Bei einer Verweigerung der Untersuchung ist es aber möglich, dass der Zeuge durch den Richter vernommen und einem Sachverständigen nach § 80 II StPO gestattet wird, dieser Vernehmung beizuwohnen, unmittelbar Fragen an den Zeugen zu richten und die Akten einzusehen. Der Sachverständige kann auf der Grundlage dieser Feststellungen ein Gutachten erstellen, das in den Prozess eingeführt werden darf.[458]

353 **Zweck** der Maßnahme nach **Abs. I** ist die Erforschung der Wahrheit im Strafprozess durch Feststellung von Spuren und Tatfolgen am Körper (Spurengrundsatz). Die Untersuchung muss nicht dem Tatnachweis dienen; es genügt, dass sie für die Strafzumessung von Bedeutung sein kann.[459]

---

[450] *Meyer-Goßner*, § 81a Rn 32.
[451] BVerfG NJW **2008**, 3053; vgl. auch Rn 339.
[452] Vgl. BGHSt **24**, 125, 131.
[453] EGMR NJW **2006**, 3117, 3123 (Jalloh vs. Deutschland) - dazu oben Rn 335.
[454] BGHSt **44**, 265; **45**, 183; *Meyer-Goßner*, § 81a Rn 31.
[455] BVerfG NJW **2007**, 1345 m. Anm. *Rabe von Kühlwein*, JR **2007**, 517.
[456] Instruktiv zum Umfang und Zeitpunkt des Rügevorbringens OLG Hamm NJW **2009**, 242 m. Anm. *Zopfs;* OLG Celle NJW **2008**, 3079; *Graalmann-Scheerer*, FS-Rieß S. 161; krit. zur Rügepflicht *Fezer*, JZ **2006**, 473; *Schlothauer*, StV **2006**, 396; *Heinrich*, ZStW 112, 398 ff. m.w.N.; zusammenfassend *Meyer-Goßner,* § 136 Rn 25.
[457] *Meyer-Goßner*, § 81c Rn 7.
[458] *Meyer-Goßner*, § 81c Rn 8
[459] LR-*Krause*, § 81c Rn 15.

Zeugengrundsatz. Die andere Person muss als Zeuge in Betracht kommen, wobei es ausreicht, dass sie bekunden kann, nichts beobachtet zu haben (schlafende und bewusstlose Tatopfer).[460] Streitig ist, ob auch Personen, die unfähig sind, überhaupt etwas auszusagen (Säuglinge, Kleinkinder, hochgradig senile Menschen oder schwer Geistesgestörte), entgegen dem Wortlaut untersucht werden dürfen, was dem Sinn und Zweck der Vorschrift (Spurengrundsatz) besser entspricht und heute von der wohl h.M. getragen wird;[461] der Wortlaut kann insofern als Hinweis auf die Beachtlichkeit der Zeugnisverweigerungsrechte verstanden werden (vgl. § 81c III StPO). 354

Spurengrundsatz. Die Untersuchung muss der Feststellung von Spuren und Tatfolgen dienen. Spuren sind unmittelbar durch die Tat verursachte Veränderungen am Körper, die Rückschlüsse auf den Täter oder die Tatausführung ermöglichen (Stichwunde, Einschusskanal, Blut, Sperma, Hautreste unter den Fingernägeln etc.).[462] Tatfolgen sind durch die Tat eingetretene Veränderungen am Körper, die keine solchen Rückschlüsse zulassen. Es müssen Anhaltspunkte dafür vorliegen, dass bestimmte Spuren oder Tatfolgen festgestellt werden können. Reihenuntersuchungen nach Spurenträgern sind nicht zulässig.[463] 355

Art und Umfang der Untersuchung. Aus dem Wortlaut des § 81c I StPO (... ob sich „an" ihrem Körper eine bestimmte Spur oder Folge der Straftat befindet ...) ergibt sich, dass die Vorschrift auf Untersuchungen der Körperoberfläche samt natürlicher Körperöffnungen beschränkt ist, soweit diese ohne ärztliche Hilfe sichtbar gemacht werden können.[464] § 81c StPO ermächtigt demnach nicht zu körperlichen Eingriffen (Magenauspumpen, Röntgenaufnahmen). Abstriche an Wunden oder in Körperöffnungen sind aber zulässig.[465] 356

Nach **§ 81c II StPO** sind Untersuchungen zur Feststellung der Abstammung und die Entnahme von Blutproben zulässig, sofern kein Nachteil für die Gesundheit zu befürchten ist (siehe Rn 329). Die Maßnahme muss unerlässlich sein, d.h. sie muss von hoher Bedeutung für die Erforschung der Wahrheit sein (vgl. § 244 II StPO); es müssen aber nicht zuvor alle denkbaren anderen Ermittlungsmaßnahmen erfolglos geblieben sein.[466] Die Maßnahme ist zulässig, wenn die bereits bekannten Beweismittel die Aufklärung des Sachverhalts nicht mit ausreichender Sicherheit ermöglichen oder nicht ausgeschlossen werden kann, dass die vorhandenen Beweise wieder wegfallen, weil der Täter z.B. sein Geständnis widerrufen könnte. 357

Wie bei § 81a StPO trifft den Betroffenen die Pflicht, sich zu der Untersuchung einzufinden, sich zu entkleiden und die jeweils erforderliche Körperhaltung einzunehmen. Darüber hinaus besteht keine Pflicht zur aktiven Mitwirkung. 358

Der Grundsatz der **Verhältnismäßigkeit** hat hohe Bedeutung. § 81c IV StPO legt ausdrücklich fest, dass Maßnahmen nach § 81c I und II StPO unzulässig sind, wenn sie dem Betroffenen nicht zugemutet werden können. Dabei sind alle Umstände des Einzelfalls zu würdigen und mit dem Aufklärungsinteresse abzuwägen. Wirtschaftliche Nachteile der betroffenen Person hindern die Anordnung i.d.R. nicht.[467] 359

---

[460] KK-*Senge*, § 81c Rn 1.
[461] Für eine Erweiterung des Anwendungsbereichs *Beulke*, Rn 244; *Fezer*, Fall 6 Rn 29; *Joecks*, § 81a Rn 1; *Meyer-Goßner*, § 81c Rn 10; *Rössner*, Problem Nr. 10; a.A. noch *Seidel*, Kriminalistik **1967**, 303.
[462] *Meyer-Goßner*, § 81c Rn 10.
[463] KK-*Senge*, § 81c Rn 1.
[464] *Beulke*, Rn 244.
[465] *Meyer-Goßner*, § 81c Rn 16.
[466] KK-*Senge*, § 81c Rn 5.
[467] LR-*Krause*, § 81c Rn 30.

360 **Untersuchungsverweigerungsrecht**. Sofern ein Zeugnisverweigerungsrecht nach § 52 StPO besteht, dürfen Untersuchungen und die Entnahme von Blutproben verweigert werden. Hierzu regelt § 81c III StPO weitere Einzelheiten. Darüber hinaus gilt entspr. § 52 III StPO eine Belehrungspflicht für alle Fälle des Untersuchungsverweigerungsrechts.[468]

361 **Anordnungsbefugt** ist nach § 81c V StPO das Gericht, bei Gefahr im Verzug auch die StA und ihre Ermittlungspersonen; vgl. hierzu Rn 337 zu § 81a StPO.

362 **Durchführungsvorschriften**. Maßnahmen nach § 81c II StPO dürfen gem. § 81c II S. 2 StPO nur von einem Arzt vorgenommen werden (vgl. hierzu Rn 341 ff. zu § 81a StPO). Sofern Untersuchungen das Schamgefühl verletzen können, gelten ebenso wie bei § 81a StPO die Regelungen des § 81d StPO. Sollte die verpflichtete Person ihre Mitwirkung verweigern, können gem. § 81c VI StPO Zwangsmaßnahmen entsprechend § 70 StPO verhängt werden; im Falle einer beharrlichen Weigerung oder bei Gefahr im Verzug kann auf besondere richterliche Anordnung auch unmittelbarer Zwang ausgeübt werden.

363 Gegen gerichtliche Anordnungen ist die **Beschwerde** nach § 304 StPO statthaft. Beschlüsse nach § 81c III S. 3 StPO sind gem. S. 4 unanfechtbar. Bei Anordnungen der StA und ihrer Ermittlungspersonen (§ 152 GVG) besteht Rechtsschutz nach § 98 II S. 2 StPO[469], vgl. hierzu Rn 309 ff., 490 m.w.N.

364 § 81c StPO schützt nicht den Beschuldigten vor Ermittlungen, sondern die Interessen der von der Maßnahme unmittelbar betroffenen Personen. Eine **Revision** kann deshalb auf eine Verletzung des § 81c StPO grundsätzlich nicht gestützt werden. Eine Ausnahme kann sich bei Unterlassen der Belehrung nach § 81c III StPO gemäß den zu § 52 StPO entwickelten Grundsätzen ergeben (siehe oben Rn 271 ff.).

IV. Molekulargenetische Untersuchungen, § 81e StPO

365 § 81e StPO ermöglicht verschiedene Untersuchungen der modernen Biologie an Körperzellen und anderen geeigneten Körpermaterialien (z.B. DNA oder spezifische Proteine), die durch Maßnahmen nach § 81a StPO vom Beschuldigten (§ 81e I S. 1 StPO) oder nach § 81c StPO von anderen Personen (§ 81e I S. 2 StPO) erlangt wurden, bzw. am Tatort oder anderswo aufgefunden wurden (§ 81e II StPO).[470] § 81e StPO enthält somit keine eigenständige Befugnis, geeignete Körpermaterialien zwangsweise zu gewinnen. Hierzu sind zuvor Maßnahmen nach § 81a bzw. § 81c StPO durchzuführen, bzw. in einer Klausur zu prüfen.[471] Gleiches gilt für die nach § 81e II StPO zulässigen Untersuchungen am „Gegenstück", dem z.B. am Tatort aufgefundenen Spurenmaterial, das nach §§ 94 ff. StPO sichergestellt bzw. beschlagnahmt werden darf.

Die Benachrichtigungspflicht des § 101 StPO gilt nicht für molekulargenetische Unter- 366
suchungen nach § 81e StPO, da diese Maßnahme nicht im eigentlichen Sinn verdeckt durchgeführt wird, und in Fällen, in denen Proben einer zunächst unbekannten Person ausgewertet wurden, diese, sofern sie bekannt wird, im Zuge der weiteren Ermittlungen von der Untersuchung Kenntnis erlangen wird. Dies ist aber nur gewährleistet, wenn sich ein Tatverdacht gegen diese Person erhärtet, anderenfalls fehlt es an einem faktischen Grund, über die Untersuchung zu informieren und nun auch an einer einfachgesetzlich geregelten Benachrichtigungspflicht und Gewährleistung nachträglichen

---

[468] *Meyer-Goßner*, § 81c Rn 24.
[469] LR-*Krause*, § 18c Rn 63; SK-*Rogall*, § 81c Rn 101 und nun auch *Meyer-Goßner*, § 81c Rn 31.
[470] Zur Durchführung vgl. *Meyer-Goßner*, § 81e Rn 1; SK-*Rogall*, § 81a Rn 63 ff.; *Schneider/Fimmers/Schneider/Brinkmann*, NStZ **2007**, 447.
[471] Vgl. hierzu BVerfG NStZ **1996**, 606.

Rechtsschutzes.[472] In solchen Fällen wird man von einer unmittelbar aus Art. 103 I und 19 IV GG folgenden Benachrichtigungspflicht auszugehen haben.

Die Untersuchungen nach § 81e StPO können, müssen aber nicht auf einer Analyse der im Zellkern enthaltenen Erbinformation (DNA) beruhen, sondern können auch andere, einer bestimmten Person zuordenbare, genetisch festgelegte biologische Merkmale auf molekularer Ebene betreffen wie z.B. die Struktur bestimmter Proteine.[473] § 81e StPO ist insoweit offen für den wissenschaftlichen Fortschritt und neue einschlägige Verfahren. § 81e StPO regelt aber nur die Analyse menschlicher Körperzellen, nicht dagegen solcher von Tieren oder sog. künstlicher DNA, die derzeit erprobt wird, um Gegenstände zum Zweck ihrer späteren Identifizierung zu markieren oder Täter z.B. bei Überfällen auf Banken oder Tankstellen damit durch Besprühen zu kennzeichnen. Die DNA-Analyse gilt bei fachgerechter Durchführung als sehr sicher und ist zu einem bedeutsamen Beweismittel geworden.[474] Fehlerquellen bestehen aber u.a. bei der Gewinnung des Untersuchungsmaterials (z.B. kontaminierte Wattestäbchen).[475] Auch erklärt die DNA-Analyse nicht den Zusammenhang zwischen der DNA-Spur und der Tat. 367

Zweck der Maßnahme ist die Feststellung der Abstammung und die Überprüfung, ob aufgefundenes Spurenmaterial von dem Beschuldigten oder dem Verletzten stammt; hierbei darf auch das Geschlecht der Person bestimmt werden (§ 81e I S. 1 StPO). Die zu untersuchenden Materialien müssen vom Beschuldigten aufgrund einer rechtmäßigen Maßnahme nach § 81a I StPO (§ 81e I S. 1 StPO) oder von anderen Personen aufgrund einer rechtmäßigen Maßnahme nach § 81c StPO erlangt sein (§ 81e I S. 2 StPO). Es sind somit auch die Untersuchungsverweigerungsrechte nach § 81c III i.V.m. § 52 StPO zu beachten. Außerhalb der umstrittenen Frage der Massengentests dürfte es aber unstreitig sein, dass auch freiwillig überlassene Materialien untersucht werden dürfen. Dies ergibt sich auch aus § 81f I StPO, der Regelungen für die Einwilligung enthält. § 81e StPO enthält weder eine Subsidiaritätsklausel noch einen Straftatenkatalog. Auch eine erhöhte Stufe des Tatverdachts sieht § 81e StPO nicht vor. Wie bei allen strafprozessualen Maßnahmen ist jedoch auch hier die Verhältnismäßigkeit zu wahren. Hierbei ist zu berücksichtigen, dass die Maßnahme auch dazu dient, Verdächtige zu entlasten. 368

Die **Anordnungsbefugnis** ist in § 81f StPO geregelt. Zuständig ist gem. § 81f I S. 1 StPO das Gericht, bei Gefahr im Verzug nun auch die StA und ihre Ermittlungspersonen; vgl. hierzu Rn 337 zu § 81a StPO. Eine richterliche Bestätigung der Anordnung durch StA und Polizeibeamte ist nicht vorgesehen. Die Maßnahme muss sowohl hinsichtlich der aufgefundenen Spurenmaterialien als auch hinsichtlich der erhobenen Materialien angeordnet werden. Diese Anordnungen können zu unterschiedlichen Zeitpunkten ergehen. Nach § 81e I S. 1 StPO muss für den Fall, dass eine Person freiwillig Material zur Verfügung stellt, die Einwilligung in Schriftform nach einer Belehrung über den Zweck der Maßnahme (§ 81f I S. 2 StPO) erteilt werden. Auch die Anordnung muss gegenüber den Sachverständigen, die die molekulargenetischen Analysen durchführen, schriftlich ergehen (§ 81f II StPO). 369

Untersuchungen, die anderen als den in § 81e I StPO genannten Zwecken dienen, werden von § 81e I S. 3 StPO ausdrücklich verboten. Schon die Anordnung einer solchen Untersuchung wäre unzulässig. Die Verwendung des untersuchten Materials ist nur in dem der Untersuchung zugrunde liegenden oder einem sonst anhängigen Strafverfahren erlaubt. Für das vom Beschuldigten nach § 81a StPO erlangte Material ergibt sich dies 370

[472] Vgl. *Löffelmann*, ZStW 118 (**2006**), 358, 367; Krekeler/Löffelmann-*Krekeler*, Rn 1.
[473] *Hellmann*, Rn 296; BT-Drs. 13/667 S. 6; *Meyer-Goßner*, § 81c Rn 4.
[474] BGH NStZ **2009**, 285; BGHSt **38**, 320, 322 ff.
[475] Hierzu *Neuhaus*, GS-Schlüchter; *ders.* StraFo **2006**, 393; *Schneider/Fimmers/Schneider/Brinkmann*, NStZ **2007**, 447.

unmittelbar aus § 81a III StPO, für das von anderen Personen erlangte Material aus § 81c V S. 2 i.V.m. § 81a III StPO und für aufgefundenes Spurenmaterial aus § 81e II S. 2 i.V.m. § 81a III StPO. § 81e II S. 2 StPO verweist für aufgefundenes Spurenmaterial aber ausdrücklich nicht auf die im zweiten Halbsatz des § 81a III StPO enthalte Vernichtungsvorschrift. Aufgefundenes Spurenmaterial muss also nicht vernichtet werden, wenn es für das zugrunde liegende oder ein anderes anhängiges Strafverfahren nicht mehr benötigt wird. § 81e II StPO enthält zahlreiche Vorschriften, die dem Schutz der Auswertungsergebnisse und den dadurch ermittelten sensiblen, personenbezogenen Daten dienen. Insbesondere muss die Auswertung durch Sachverständige erfolgen, die der ermittlungsführenden Behörde entweder nicht angehören oder zumindest einer Organisationseinheit angehören, die von der ermittlungsführenden Dienststelle organisatorisch und sachlich getrennt ist.

371 Ein Verstoß gegen die Beschränkung der zulässigen Untersuchungen (§ 81e I S. 1 und 3 StPO) führt zu einem **Verwertungsverbot**.[476] Gleiches gilt, wenn die Anordnung der Maßnahme durch eine nicht anordnungsbefugte Person erfolgte.[477]

372 Gegen richterliche Anordnungen ist die Beschwerde nach § 304 StPO statthaft. Zum Rechtsschutz gegen Anordnungen der StA und ihren Ermittlungspersonen sowie zum Rechtsschutz gegen die Art und Weise der Durchführung einer Maßnahme vgl. die Erläuterungen bei Rn 309 ff.

373 Wurden Erkenntnisse verwertet, die einem Verwertungsverbot unterliegen, kann darauf die **Revision** gestützt werden. Vgl. insoweit auch die Erläuterungen zu §§ 81a und 81c StPO.

V. „Massengentests", § 81h StPO

374 Die Maßnahme verfolgt die kriminalistische Taktik, den Täter dadurch „einzukreisen", dass eine Vielzahl von Personen, die zunächst nach allgemeinen Kriterien (Wohnort, Halter eines Fahrzeugtyps etc.) als Tatverdächtige in Betracht kommen, als Täter ausgeschlossen werden können. Ein solches Vorgehen wird in der Kriminalistik seit langem verwendet, wenn z.B. durch Befragungen versucht wird, sog. Alibis für die in Betracht kommenden Tatverdächtigen zu ermitteln. Durch die Entwicklung der Molekularbiologie und Genetik ist es möglich geworden, Tatverdächtige dadurch als Täter auszuschließen, dass ihre genetischen Merkmale nicht mit den genetischen Merkmalen des Täters übereinstimmen, die z.B. aufgrund von Spurenmaterialen (Haut, Haare, Blut), die am Tatort aufgefunden wurden, bekannt sind. Derartige Tests können relativ schnell an einer großen Zahl von Personen durchgeführt werden, da eine Speichelprobe zur Durchführung des Verfahrens genügt und der Abgleich der DNA-Identifizierungsmuster weitgehend automatisiert erfolgen kann. Zudem haben die Täter bislang keine geeigneten Vorsorgestrategien entwickelt, sodass, ähnlich wie bei der Einführung der Daktyloskopie (= Fingerabdruckverfahren), zurzeit erhebliche (Anfangs-)Erfolge mit diesem Verfahren erzielt werden können.

375 Grundsätzliche Bedenken bestehen gegen § 81h StPO insofern, als das Verfahren dazu führen könne, dass trotz der Freiwilligkeit der Abgabe einer Speichelprobe nicht gewährleistet sei, dass aus einer Verweigerung der Mitwirkung negative Schlussfolgerungen gezogen würden.[478] Das BVerfG hat allerdings in einer frühen Entscheidung bereits

---

[476] *Graalmann-Scheerer*, Rieß-FS, S. 163 a.A. *Senge*, NJW **1997**, 2411; ein Verwertungsverbot ist aber schon wegen der Schwere des Verstoßes anzunehmen, da gegen ein ausdrückliches Verbot des Gesetzgebers verstoßen wird, das zudem dem Schutz sensibler, die Menschwürde betreffender Informationen dient.
[477] *Meyer-Goßner*, § 81c Rn 9.
[478] Vgl. *Satzger*, JZ **2001**, 639; *Kerner/Trüg*, Weber-FS, S. 473.

deutlich gemacht, dass sog. Reihenuntersuchungen („Massenscreenings") zur Feststellung des Täters einer Straftat grundsätzlich zulässig seien, sofern die Verhältnismäßigkeit gewahrt werde.[479] Der DNA-Analyse ging eine Fragebogenaktion voraus, von der alle Fahrer einer bestimmten Automarke einer Großstadt erfasst wurden, deren Alibis zunächst überprüft wurden. Daran zeigt sich, dass jede Ermittlungstätigkeit, die den Kreis der Verdächtigen z.B. durch Befragungen einzugrenzen sucht, einen gewissen Druck zur Mitwirkung erzeugen kann. Ein solcher indirekter Druck beschneidet aber noch nicht das Recht des individuellen Tatverdächtigen, passiv zu bleiben, solange nicht allein mit seiner Weigerung zur Mitwirkung schwerwiegende Grundrechtseingriffe begründet werden, die über die bloße Fortsetzung der Ermittlungen hinausgehen.[480]

Zweck der Maßnahme ist der Vergleich der DNA-Identifizierungsmuster von Spurenma- 376
terial mit den Mustern von Personen, die nach bestimmten allgemeinen Merkmalen zum Kreis der Tatverdächtigen gehören. Es müssen bestimmte Tatsachen den Verdacht begründen, dass ein Verbrechen gegen das Leben, die körperliche Unversehrtheit, die persönliche Freiheit oder die sexuelle Selbstbestimmung begangen worden ist. Der Verbrechensbegriff entspricht § 12 StGB, der Kreis der Taten muss nach der gesetzlichen Definition dem 13., 16., 17. oder 18. Abschnitt des StGB angehören, sodass z.B. Taten nach §§ 176a, 176b, 177, 211, 212, 226, 227, 239a und 239b StGB zu den Anlasstaten gehören. Der Tatverdacht muss nicht hinreichend (§ 203 StPO) oder dringend (§ 112 StPO) sein, er darf aber nicht ganz unerheblich sein (siehe aber sogleich zur Verhältnismäßigkeit). Es müssen bestimmte (äußere oder innere) Tatsachen vorliegen, die den Verdacht einer einschlägigen Tat begründen und ein gewisses Maß an Konkretisierung erreicht haben, wobei kriminalistische Erfahrungen mitberücksichtigt werden dürfen (vgl. Rn 463).[481]

In die Maßnahme dürfen nur Personen einbezogen werden, die bestimmte Merkmale 377
tragen, die vermutlich auch auf den Täter zutreffen (sog. Prüfmerkmale). Durch die Prüfmerkmale müssen so viele Personen von der Untersuchung ausgeschlossen werden können, dass die Maßnahme insgesamt verhältnismäßig bleibt (vgl. § 81h a.E. StPO). Hierzu sind die Schwere der konkreten Tat und der Grad des Verdachts, dass es sich tatsächlich um ein einschlägiges Verbrechen handelt, mit der Zahl der betroffenen Personen abzuwägen. Eine Subsidiaritätsklausel, derzufolge der Massentest z.B. nur anwendbar wäre, wenn andere Maßnahmen aussichtslos sind, enthält die Vorschrift nicht. Die Personen, die sich der Maßnahme unterziehen, müssen schriftlich in die mit der Maßnahme verbundenen Einzelschritte (§ 81h I Nr. 1 – Nr. 3 StPO) einwilligen, nachdem sie zuvor gem. § 81h IV StPO schriftlich belehrt worden sind.

Die **Anordnungsbefugnis** steht nach § 81h II StPO dem Gericht zu. Sie ergeht durch 378
Beschluss. In der schriftlichen Ausfertigung müssen die Prüfkriterien bezeichnet und ihre Auswahl begründet werden.

Durchführungsvorschriften enthalten §§ 81h III und IV StPO. Insbesondere gelten 379
nach § 81h III StPO die Vorschriften zur Auswahl der Sachverständigen, die die Analysen vornehmen (§ 81f II StPO) entsprechend. Nach § 81h III i.V.m § 81g I, II StPO dürfen nur das DNA-Identifizierungsmuster und das Geschlecht bestimmt werden. Andere Untersuchungen sind unzulässig. Die Körperzellen sind unverzüglich zu vernichten, sobald sie für die Identifizierung nicht mehr benötigt werden, ebenso die Aufzeichnungen über die DNA-Identifizierungsmuster gem. § 81h III StPO.

---

[479] BVerfG NStZ **1996**, 606.
[480] Vgl. BGH NStZ **2004**, 392; in diesem Sinne auch *Kerner/Trüg*, Weber-FS, S. 469.
[481] Vgl. BGHSt **41**, 30, 34.

380 Verweigert eine zum Test gebetene Person die Teilnahme an der Maßnahme, kann daraus noch kein Anfangsverdacht i.S.d. § 152 II StPO hergeleitet werden.[482] Liegen gegen diese Person weitere verdachtsbegründende Umstände vor, soll die Verweigerung der Teilnahme einen Verdacht bestärkenden Umstand darstellen, durch den insgesamt die Anordnung einer Maßnahme nach §§ 81e, f i.V.m. § 81a StPO begründet werden kann.[483]

381 Ein Verstoß gegen die Beschränkung der zulässigen Untersuchungen (§ 81h III i.V.m. § 81g I, II StPO) führt zu einem **Verwertungsverbot** hinsichtlich der unzulässig durchgeführten Untersuchungen. Gleiches gilt bei Verstößen gegen die Freiwilligkeit und der Belehrung darüber (§ 81h I, IV StPO). Anordnungsmängel sollen bei freiwilliger Teilnahme nicht zu einem Verwertungsverbot führen[484], was aber wegen der häufig auftretenden (sozialen) Drucksituation, sich an der Maßnahme zu beteiligen, fraglich ist.

382 **Rechtsbehelfe** bestehen gegen die Anordnung der Maßnahme nicht (§ 81h II S. 5 StPO). Darin liegt kein Verstoß gegen Art. 19 IV GG, da die Teilnahme freiwillig ist.

383 Wurden Erkenntnisse verwertet, die einem Verwertungsverbot unterliegen, kann darauf die **Revision** gestützt werden.

C. Identitätsfeststellung und erkennungsdienstliche Maßnahmen

I. Identitätsfeststellung, § 163b StPO

384 § 163b StPO dient der Feststellung der Identität von verdächtigen (Abs. I) und unverdächtigen (Abs. II) Personen durch Beamte der StA und des Polizeidienstes im Rahmen ihrer repressiven Tätigkeit. § 163b StPO enthält in Abs. I S. 1 bzw. Abs. II S. 2 zunächst Generalklauseln: die Beamten können die erforderlichen Maßnahmen treffen. In Abs. I S. 1 und Abs. II S. 2 sind sodann qualifizierte, eingriffsintensivere Maßnahmen zur Feststellung der Identität vorgesehen. Bei der Wahl dieser Maßnahmen ist jeweils der Grundsatz der Verhältnismäßigkeit zu beachten, der ein abgestuftes Vorgehen bei der Auswahl der Mittel verlangt. Nach Abs. I S. 3 können die Person des Verdächtigen und seine mitgeführten Sachen zwangsweise durchsucht werden. Diese Maßnahme ist nach ihrem Zweck (Identitätsfeststellung) von der Durchsuchung nach § 102 StPO abzugrenzen, die der Ergreifung des Täters bzw. dem Auffinden von Beweismitteln dient. In einer Klausur kann dies sowohl vorab als auch im Rahmen der Prüfung entweder von § 102 StPO oder § 163b StPO erfolgen.

385 Die Identitätsfeststellung nach § 163b I StPO kann gegen den Verdächtigen in jeder Phase des Verfahrens zur Anwendung kommen, d.h. auch dann, wenn aus dem Verdächtigen ein Beschuldigter, Angeschuldigter, Angeklagter und im Vollstreckungsverfahren schließlich ein Verurteilter geworden ist. Die Identitätsfeststellung gegen unverdächtige Personen ist nach § 163b II StPO zulässig, allerdings nur so weit und so lange, wie es zur Aufklärung einer Straftat erforderlich ist.[485]

386 Wer gegenüber einer zur Identitätsfeststellung zuständigen Behörde falsche Angaben macht oder die erforderlichen Angaben verweigert, verhält sich nach § 111 OWiG ordnungswidrig. Nach § 46 OWiG ist § 163b StPO auch im Ordnungswidrigkeitenverfahren zur Verfolgung von Ordnungswidrigkeiten anwendbar. Sofern im Rahmen der Identitäts-

---

[482] BT-Drs. 15/5674 S. 13 f.; BVerfG NJW **1996**, 1587, 1588; *Joecks*, § 81h Rn 3.
[483] So BGHSt **49**, 56; *Senge*, NJW **2005**, 3028, 3032; *Joecks*, § 81h Rn 3.
[484] So *Meyer-Goßner*, § 81h Rn 15; KK-*Senge*, § 81h Rn 11; einschr. LR-*Krause*, § 81h Rn 36.
[485] *Meyer-Goßner*, § 163b Rn 2.

feststellung Beweismittel für die Anlasstat gefunden werden, sind sie nach §§ 94 ff. StPO zu beschlagnahmen. Für Zufallsfunde gilt § 108 StPO entsprechend (vgl. Rn 532 ff.).[486]

Zweck der Maßnahme ist die Feststellung der Identität einer Person. Welche Angaben zur Identitätsfeststellung erforderlich sind, geht aus § 163b StPO nicht hervor. § 111 OWiG enthält insofern Hinweise; danach können Angaben zu Vor-, Familien- und Geburtsname, zu Ort und Tag der Geburt, zu Familienstand, Beruf, Wohnort, Wohnung und Staatsangehörigkeit verlangt werden. Der Zweck der Maßnahme und der Grundsatz der Verhältnismäßigkeit bedingen aber, dass nur solche und so viele Angaben verlangt werden, wie im Einzelfall zur Feststellung der Identität erforderlich sind. Ergreifen die Beamten weitergehende Maßnahmen zur Eigensicherung z.B. eine Durchsuchung nach Waffen, so richtet sich diese (präventive) Maßnahme nach Polizeirecht.[487] **387**

Die Maßnahme muss sich gegen eine Person richten, die einer Straftat verdächtig ist. Der Betroffene muss noch nicht Beschuldigter sein (siehe hierzu Rn 216 ff.). Ein Verdacht besteht schon dann, wenn aus den Umständen in plausibler Weise auf die Begehung einer Straftat (unter Einschluss des strafbaren Versuchs) geschlossen werden kann und Anhaltspunkte dafür vorliegen, die die Täterschaft oder Teilnahme des Betroffenen als möglich erscheinen lassen.[488] Dabei kann Tatverdächtiger i.S.d. § 163b I StPO auch sein, wer schuldunfähig i.S.d. § 20 StGB ist. Lediglich Strafunmündige (§ 19 StGB) können nicht „tatverdächtig" i.S.d. § 163b I StPO sein. In diesem Fall muss die Maßnahme ggf. aber nach § 163b II StPO geprüft werden, sofern dies zur Ermittlung einer Straftat einer anderen Person oder wegen anderer Maßnahmen wie z.B. Einziehung und Verfall zulässig und erforderlich ist. Die Straftat, hinsichtlich der ein Verdacht besteht, ist in einer Klausur konkret zu benennen und, soweit nicht bereits im materiellen Teil geschehen, jedenfalls kursorisch zu prüfen. **388**

Der Verdächtige ist im Rahmen der Identitätsfeststellung bereits zu Beginn der Maßnahme nach § 163b I S. 1 a.E. i.V.m. § 163a V StPO zu belehren. Ohne die Belehrung ist die Anordnung weiterer Maßnahmen, insbesondere solcher nach § 163b I S. 2 StPO, rechtswidrig.[489] Deshalb hat die Belehrung hier den Charakter einer Anwendungsvoraussetzung. Nach § 163a IV StPO ist jedoch nur der Beschuldigte zu belehren. Erst durch den ausdrücklichen Verweis in § 163b I S. 1 StPO ist es bei der Identitätsfeststellung erforderlich, auch den Verdächtigen zu belehren. Der Inhalt der Belehrung ergibt sich in diesem Fall sowohl für die StA als auch für Beamten des Polizeidienstes aus § 163a IV i.V.m. § 136 StPO. Nach § 163a IV S. 1 StPO muss der Verdächtige darüber belehrt werden, welche Tat ihm zur Last gelegt wird, da § 163a IV StPO aber nicht auf § 136 I S. 1 StPO verweist, muss er nicht darüber belehrt werden, welche Strafnorm in Betracht kommt. **389**

Qualifizierte Maßnahmen zur Identitätsfeststellung nach § 163b I S. 2 und 3 StPO sind gegenüber allgemeinen Maßnahmen nach § 163b I S. 1 StPO subsidiär. Es kommt eine Vielzahl von Möglichkeiten in Betracht. Am Anfang wird der Verdächtige i.d.R. angehalten, um ihn zu befragen. Darin liegt noch keine Freiheitsentziehung, da diese erst beginnt, wenn die Person festgehalten, d.h. daran gehindert wird, sich zu entfernen.[490] Es **390**

---

[486] *Meyer-Goßner*, § 163b Rn 22; vgl. Rn 532 ff. zu § 108 StPO.
[487] OLG Hamburg StV **2008**, 12 f.
[488] BVerfG StV 1996, 143, 145.
[489] Nach *Meyer-Goßner*, § 163b Rn 3 und KG NJW **2002**, 3789 darf die Belehrung unterbleiben, wenn sie den Vollstreckungszweck gefährdet oder der Grund der Identitätsfeststellung offensichtlich ist; a.A. LR-*Erb*, § 163b Rn 17.
[490] *Meyer-Goßner*, § 163b Rn 7. Zum Begriff der Freiheitsentziehung vs. der Freiheitsbeschränkung vgl. *R. Schmidt*, BesVerwR II, 12. Aufl. **2008**, Rn 404. Wichtig ist die Abgrenzung v.a. wegen des **Richtervorbehalts**, der gem. Art. 104 II S. 1 GG nur für die Freiheitsentziehung gilt.

folgt i.d.R. die Aufforderung, sich auszuweisen. Von § 163b I S. 1 StPO ist es auch gedeckt, wenn der Beamte die Aushändigung der Ausweispapiere verlangt, um sie überprüfen zu können.

391 Erst wenn die Identität sonst nicht oder nur unter erheblichen Schwierigkeiten festgestellt werden kann, kommen Maßnahmen nach § 163b I S. 2 und S. 3 StPO in Betracht. Ursache der Schwierigkeiten kann sein, dass keine zuverlässigen Unterlagen vorliegen, dass der Verdächtige widersprüchliche Angaben gemacht hat etc.

392 Der Verdächtige darf im Rahmen der Identitätsfeststellung **festgehalten** werden. § 163b I S. 2 StPO ist ein förmliches Gesetz i.S. Art. 104 I GG, die Anordnung einer Festnahme nach § 127 StPO ist nicht erforderlich. Festhalten bedeutet, eine andere Person daran hindern, sich zu entfernen. Dies kann bereits durch eine entsprechende polizeiliche Aufforderung geschehen[491], erfordert also nicht stets die Anwendung unmittelbaren Zwangs. Dieser kann auf der Grundlage des § 163b I S. 2 StPO aber angeordnet werden, soweit dies erforderlich und verhältnismäßig ist. Sofern das Festhalten nicht ausreicht, um die Identität festzustellen, kommt zusätzlich die **Durchsuchung einer Person** und ihrer mitgeführten Sachen in Betracht. Durchsuchung der Person i.S.d. § 163b I S. 2 StPO ist das Suchen in der Kleidung und auf der Körperoberfläche nach Gegenständen oder Zeichen, die zur Identifikation beitragen können. Es kann sich dabei um Papiere und Dokumente oder körperliche Erkennungszeichen wie Tätowierungen oder Narben handeln.[492] Soweit die Durchsuchung vor Ort unangemessen oder z.B. nachts wegen der Lichtverhältnisse ungeeignet ist, ist § 163b I S. 2 StPO zugleich Rechtsgrundlage dafür, den Verdächtigen zur Durchsetzung der Identitätsfeststellung an einen anderen Ort zu **verbringen**, z.B. auf die Wache. Nach § 163b I StPO dürfen auch die mitgeführten **Sachen durchsucht** werden. Auf die Eigentumsverhältnisse kommt es nicht an. Es muss nur der Anschein bestehen, dass der Verdächtige an dem Gegenstand Gewahrsam hat. Zu den mitgeführten Sachen kann auch ein Fahrzeug gehören, es sei denn, es steht ersichtlich im Gewahrsam einer anderen Person. Dann kommt ggf. eine Durchsuchung nach § 103 StPO in Betracht.[493] Soweit auch die Durchsuchung der Person bzw. der Sachen keinen Erfolg hatte oder erwarten ließ, kommt eine **erkennungsdienstliche Maßnahme** (vgl. Rn 402 zu § 81b StPO) in Betracht. Die Befugnis zum Verbringen des Verdächtigen zur Wache ergibt sich als Annexkompetenz aus § 163b StPO.

393 Hinsichtlich jeder Maßnahme, insbesondere auch denjenigen, die zur Durchsetzung ergriffen werden, ist die **Verhältnismäßigkeit** zu prüfen. Das Festhalten darf z.B. nicht als „Beugehaft" missbraucht werden, sondern muss zur Durchführung einer konkreten Identifizierungsmaßnahme erforderlich sein.

394 **Anordnungsbefugt** sind die Beamten der StA und des Polizeidienstes. Es muss sich nicht um Ermittlungspersonen i.S.d. § 152 GVG handeln.

395 **Durchführungsvorschriften**. § 163c StPO regelt die Durchführung des Festhaltens zur Identitätsfeststellung und hat aufgrund der dort geregelten Vorführung vor den Richter auch Rechtsschutzcharakter. § 163c StPO gilt sowohl für Maßnahmen nach § 163b I StPO als auch für Maßnahmen nach § 163b II StPO.

- In § 163c I StPO ist zunächst das Beschleunigungsgebot für den Fall des Festhaltens verankert. Die betroffene Person darf nicht länger als unerlässlich festgehalten werden,

[491] KK-*Wache*, § 163b Rn 7.
[492] *Meyer-Goßner*, § 163b Rn 10.
[493] *Joecks*, § 163b Rn 6.

d.h. nicht länger als die Zeit, die bei sofortiger Erledigung und größtmöglicher Beschleunigung benötigt wird, um die Identitätsfeststellung durchzuführen.

- § 163c II StPO bestimmt für das Festhaltens zur Identitätsfeststellung eine Höchstdauer von 12 Stunden.
- § 163c I S. 3 StPO verweist in seiner neuen, seit 1.1.2010 gültigen Fassung auf die §§ 114a bis 114c StPO. Darin sind weitreichende Belehrungs- und Benachrichtigungspflichten der Ermittlungsbehörden und der Gerichte geregelt, die zuvor teilweise in § 163c II StPO a.F. enthalten waren. Näher hierzu Rn 708.

Sodann ist die betroffene Person unverzüglich **dem Richter vorzuführen**. Damit ist **396** nicht wie sonst „ohne schuldhaftes Zögern" (§ 121 BGB) gemeint. Vielmehr bedeutet der Begriff, dass jede Verzögerung, die sich nicht sachlich und rechtlich rechtfertigen lässt, vermieden werden muss.[494] Eine Ausnahme von der Pflicht zur Vorführung vor den Richter besteht nach § 163c I S. 2 a.E. StPO, wenn die Herbeiführung der richterlichen Entscheidung voraussichtlich längere Zeit in Anspruch nehmen würde, als für die Identitätsfeststellung erforderlich ist. Darin liegt keine Einschränkung des Art. 104 II S. 2 GG, sondern eine verfassungskonforme Regelung zur Schonung des Grundrechts.[495] Die Vorführung vor den Richter steht nach dem Wortlaut des § 163c I StPO nicht zur Disposition des Festgehaltenen. Der Festgehaltene kann aber insofern auf die Vorführung verzichten, als er sich freiwillig den Strafverfolgungsbehörden zwecks Identitätsfeststellung zur Verfügung stellt. In diesem Fall liegt keine Freiheitsbeschränkung i.S.d. Art. 104 GG vor und damit keine Grundlage dafür, die Vorführung vor den Richter durchzusetzen.[496] Die Vorführung vor den Richter ist Aufgabe der Behörde, die die Identitätsfeststellung vornimmt, das ist im Allgemeinen die Polizei. Das Amtsgericht, in dessen Bezirk der Festgehaltene ergriffen wurde, ist unabhängig vom Stadium des zugrunde liegenden Verfahrens zuständig. Ergreifen meint hier den Entschluss, jemanden festzuhalten. Die Entscheidung des Richters ergeht nicht zur Rechtmäßigkeit des Ergreifens, sondern entscheidet die Frage, ob der Ergriffene z. Zt. der Entscheidung rechtmäßig festgehalten wird und für eine zu bestimmende Zeit weiter festgehalten werden darf, oder alsbald auf freien Fuß zu setzen ist.[497] Schließlich bestimmt § 163c III StPO, dass bei Unverdächtigen (§ 163b II StPO) die Unterlagen, die zur Identitätsfeststellung erforderlich waren, d.h. nicht das Ergebnis der Identitätsfeststellung, zu vernichten sind, während bei Verdächtigen die Unterlagen zu den Akten genommen werden.[498]

Gemäß § 163b II StPO ist die Identitätsfeststellung auch gegenüber **Unverdächtigen** **397** möglich. Diese Vorschrift ist das Ergebnis eines gesetzgeberischen Kompromisses, der zu erheblichen Unklarheiten führt.[499] So ist nicht klar geregelt und (somit) umstritten, ob die unverdächtige Person ihre Personalien aktiv angeben muss[500], oder ob sie lediglich eine Duldungspflicht hinsichtlich der Identifizierungsmaßnahme hat, vergleichbar mit derjenigen des § 81c StPO.[501] Dem Wortlaut des § 163b StPO ist eine aktive Pflicht zur Personalienangabe nicht zu entnehmen. Andererseits besteht eine Zeugnispflicht gegenüber dem Gericht (§ 70 StPO) und der StA (§ 161a I StPO), die durch die Verweigerung der Personalienangabe vereitelt werden kann. Für eine aktive Pflicht spricht auch die Neuregelung des § 48 I S. 2 StPO, der die Aussagepflicht der Zeugen ausdrücklich gesetzlich normiert. Nimmt man eine aktive Pflicht zur Personalienangabe gegenüber den

---

[494] *R. Schmidt*, BesVerwR II, 12. Aufl. **2008**, Rn 478; VGH Mannheim NVwZ-RR **1998**, 429; BVerwGE **45**, 51, 63; vgl. auch BVerfGE **105**, 239, 249; BVerfG NVwZ **2006**, 579, 580; EGMR NJW **2001**, 51, 53.
[495] *Meyer-Goßner*, § 163b Rn 6.
[496] *Meyer-Goßner*, § 163b Rn 5.
[497] *Meyer-Goßner*, § 163c Rn 7.
[498] *Joecks*, § 163c Rn 6.
[499] *Kramer*, Rn 183.
[500] BayObLG NJW **1994**, 63; dafür trotz Bedenken wohl auch BVerfG NJW **1995**, 3110 f.
[501] *Meyer-Goßner*, § 163b Rn 14; ihm folgend *Joecks*, § 163b Rn 8; *Kramer*, Rn 183.

Ermittlungsbeamten an, kann deren Nichterfüllung nach § 111 OWiG als Ordnungswidrigkeit verfolgt und geahndet werden.[502]

398 **Zweck** der Maßnahme ist die Feststellung der Identität einer Person, die als Zeuge (§ 48 StPO) oder Augenscheinsobjekt (§ 81c StPO) benötigt wird. Dafür müssen konkrete Anhaltspunkte vorliegen, z.B. weil die Person am Tatort anwesend war. Bei unverdächtigen Personen ist eine Belehrung nach § 163b II S. 1 a.E. i.V.m. § 69 StPO Voraussetzung dafür, dass die weiteren Ermittlungsmaßnahmen rechtmäßig sind.[503]

399 Auch gegenüber Unverdächtigen darf nach § 163b II StPO die Identität nur festgestellt werden, soweit dies zur Aufklärung einer Straftat geboten ist (**Subsidiarität**). Die Straftat, deren Aufklärung geboten ist, muss konkret bezeichnet werden und, soweit nicht im materiellen Teil geschehen, zumindest kursorisch geprüft werden.

400 **Qualifizierte Maßnahmen**. Nach § 163b II S. 2 Halbs. 1 StPO i.V.m. §§ 163b I S. 2 StPO darf die unverdächtige Person zum Zweck der Identitätsfeststellung **festgehalten** werden, wenn die Maßnahme nicht außer Verhältnis zur Bedeutung der Sache steht. Es ist deshalb anhand des Sachverhalts zunächst zu prüfen, ob die Ermittlungsbeamten versucht haben, die einfachen Identifikationsmöglichkeiten auszuschöpfen, da es anderenfalls schon an der Erforderlichkeit für qualifizierte Maßnahmen fehlen würde. Ist das Festhalten erforderlich, ist zu prüfen, ob es zur Bedeutung der Sache außer Verhältnis steht. Es kommt mithin nicht auf die Bedeutung der zu erwartenden Aussage an, die ja noch gar nicht bekannt ist, sondern auf die konkrete Schwere der Straftat und den Grad des insoweit bestehenden Tatverdachts.[504] **Durchsuchung und erkennungsdienstliche Behandlung** sind nach § 163b II S. 2 Halbs. 2 StPO i.V.m. § 163b I S. 3 StPO zulässig, wenn und soweit sie zur Identifizierung erforderlich sind und der Wille des Betroffenen nicht entgegensteht. Hier ist umstritten, ob das Gesetz mit dieser Formulierung zum Ausdruck bringt, dass der Betroffene einwilligen muss[505], oder ob die gesetzliche Formulierung zum Ausdruck bringt, dass der Betroffene durchsucht werden darf, solange sein entgegenstehender Wille nicht erkennbar ist.[506] Nach der letztgenannten Auffassung wären Willensmängel und eine fehlende qualifizierte Belehrung über das Weigerungsrecht wohl bedeutungslos, was dem Gesetzeszweck kaum entspricht.

401 Hinsichtlich der **Anordnungsbefugnis** und den **Durchführungsvorschriften** entsprechen die Regelungen bis auf § 163c IV StPO denen der Identitätsfeststellung beim Verdächtigen.

---

[502] So *Meyer-Goßner*, § 163b Rn 17, obwohl er in Rn 14 nur von einer Duldungspflicht hinsichtlich der Identitätsfeststellung ausgeht. Es ist dann aber fragwürdig, ob Polizeibeamte i.S.d. § 111 OWiG Amtsträger sind, die zuständig sind, eine Personalienangabe aufgrund § 163b StPO zu fordern. Sofern man auch dieses annimmt (vgl. BayObLG NJW **1994**, 63), eröffnet der in § 46 I OWiG enthaltene Verweis auf § 163b StPO die Möglichkeit, denjenigen, der keiner Straftat verdächtig ist, nunmehr als Verdächtigen einer Ordnungswidrigkeit zur Feststellung seiner Identität nach § 46 I OWiG i.V.m § 163b I StPO zu durchsuchen. Dadurch würde freilich § 163b II StPO konterkariert. Der Gesetzgeber hat dieses Problem wohl zunächst nicht gesehen, später aber trotz der Diskussion der Problematik in der Literatur und dem Beschreiten dieses Weges in der Praxis keinen Anlass gesehen, trotz der nach Einführung des § 163b StPO durch das Gesetz zur Änderung der StPO vom 14.4.1978 (BGBl I 497) mehrfach erfolgten Änderungen des OWiG einen Rückgriff auf § 163b I StPO in § 46 III, IV OWiG auszuschließen. Deshalb kann eine Sperrwirkung des § 163b II StPO gegenüber § 46 I OWiG i.V.m. § 163b I StPO nicht ohne weiteres angenommen werden, da beide Gesetze den Rang eines einfachen Bundesgesetzes haben. Im Ergebnis ohne klare Stellungnahme wohl ebenso *Meyer-Goßner*, § 163b Rn 17 a.E.; BeckOK-*Platzak*, Rn 12; *Göhler*, vor § 59 Rn 141, 144; LR-*Rieß*, Rn 45; a.A. LR-*Erb*, Rn 20a; *Kramer*, Rn 183a a.E. Eine klare Regelung durch den Gesetzgeber ist für diese bedeutsame Frage dringend nötig.

[503] KG StV **2001**, 260.

[504] *Meyer-Goßner*, § 163b Rn 17.

[505] LR-*Erb*, § 163b Rn 37; SK-*Wolter*, § 163b Rn 53.

[506] So *Meyer-Goßner*, § 163b Rn 18.

II. Erkennungsdienstliche Maßnahmen, § 81b Var. 2 StPO

Bei **erkennungsdienstlichen Maßnahmen** handelt es sich um die Erhebungen personenbezogener Daten zur Feststellung der Identität sowie zur Feststellung von Eigenschaften, die die Person identifizieren oder charakterisieren. **402**

Somit greifen sie in das Grundrecht auf **informationelle Selbstbestimmung** (Art. 2 I i.V.m. Art. 1 I GG), ggf. aber auch in das Grundrecht der **Freiheit der Person** (Art. 2 II S. 2 GG i.V.m. Art. 104 I GG) ein. **403**

Erkennungsdienstliche Maßnahmen müssen nicht nur durch Wahrnehmung des Körpers und körperlichen Verhaltens, sondern können auch durch Eingriffe in die körperliche Integrität erhoben werden, wegen des Grundsatzes der Verhältnismäßigkeit allerdings nur durch geringfügige Eingriffe. **404**

> **Beispiele:** Gesetzlich genannte erkennungsdienstliche Maßnahmen sind die Abnahme von Finger- und Handflächenabdrücken, die Aufnahme von Lichtbildern, die Feststellung äußerer körperlicher Merkmale und Messungen sowie andere vergleichbare Maßnahmen. Das schließt die Feststellung von Narben und Tätowierungen, Augen- und Haarfarbe, Messungen von Körpergewicht und -größe, Puls- und Atemfrequenz ein. Die Aufnahme von Lichtbildern umfasst auch das Verändern von Haar- und/oder Barttracht, sodass das gewonnene Bildmaterial mit schon vorhandenem vergleichbar wird.[507] Weitere Beispiele sind Stimm- und Schriftproben.

Wegen des genannten Grundrechtseingriffs bedürfen erkennungsdienstliche Maßnahmen einer parlamentarischen Rechtsgrundlage, die einerseits in den Polizeigesetzen zu finden ist. Da andererseits auch § 81b Var. 2 StPO zu erkennungsdienstlichen Maßnahmen ermächtigt, stellt sich aus systematischer Sicht die Frage, ob die landes- und bundesrechtlichen Bestimmungen nebeneinander Bestand haben bzw. welchen Anwendungsbereich sie einander lassen. Geht es um erkennungsdienstliche Maßnahmen im Rahmen der Strafverfolgung, ist die StPO abschließend und lässt keinen Raum für die Anwendung der Befugnisnormen des Polizei- und Ordnungsrechts.[508] Geht es indes um Gefahrenabwehr, sind die Bestimmungen der Polizeigesetze einschlägig, da die Länder hierfür die Gesetzgebungskompetenz haben (Art. 30, 70 I GG). Problematisch ist insofern die sog. **Strafverfolgungsvorsorge.** Zweck der erkennungsdienstlichen Maßnahme ist hier nicht die Überführung des Beschuldigten in einem aktuellen Strafverfahren, sondern die *vorsorgliche* Bereitstellung von sächlichen Hilfsmitteln für künftige Verfahren. Die auf diese Weise gewonnenen Informationen und Unterlagen gelangen zunächst nicht in Ermittlungsakten, sondern werden in örtliche und zentrale Materialsammlungen aufgenommen und liefern die Grundlage für Observationen und für die Ermittlung unbekannter und künftiger Straftäter. Sieht man darin eine Maßnahme der **Prävention**, fehlt dem Bund dafür die Gesetzgebungskompetenz, da Art. 74 I Nr. 1 GG nicht die Befugnis für die Regelung präventivpolizeilicher Maßnahmen entnommen werden kann, sondern diese gem. Art. 30, 70 I GG den Ländern zusteht. Danach wäre § 81b Var. 2 StPO verfassungswidrig.[509] § 81b Var. 2 StPO hat allerdings keinen eindeutig präventiven Charakter, da er nicht unmittelbar den Zweck verfolgt, künftig Straftaten zu verhindern, sondern in erster Linie dazu dient, künftig Straftaten besser ermitteln zu können. Bei § 81b Var. 2 StPO handelt es sich mithin weder um eine Ermittlungsmaßnahme noch um eine präventive Maßnahme, sondern um eine Maßnahme der Vorsorge für repressive Ermittlungen, was als eigenständige Maßnahmenkategorie zu bewerten ist.[510] **405**

---

[507] BVerfGE **47**, 239, 246 ff.
[508] Neben den Landespolizeigesetzen sind erkennungsdienstliche Maßnahmen auch in § 24 BPolG, § 20e BKAG, § 15 II Nr. 7 AsylVfG, §§ 49, 89 AufenthG und weiteren Gesetzen geregelt.
[509] Vgl. LR-*Krause,* § 81b Rn 3 m.w.N; insg. zur Problematik *R. Schmidt*, BesVerwR II, 12. Aufl. **2008**, Rn 239 ff.
[510] SK-*Rogall,* §81b Rn 10; BVerfGE 103, 21 = NStZ **2001**, 328 m. zust. Anm. *Senge* zu § 81g StPO.

406 Das BVerfG hat in seinem Urteil zur präventiven Telekommunikationsüberwachung[511] entschieden, dass die Befugnis zur verdachtsunabhängigen vorbeugenden Telefonüberwachung zum Zweck der Strafverfolgungsvorsorge im niedersächsischen SOG u.a. gegen die Gesetzgebungskompetenzvorschriften des Grundgesetzes verstoße, weil die Strafverfolgungsvorsorge dem Strafprozessrecht und damit der konkurrierenden Gesetzgebungskompetenz des Bundes unterfalle und der Bund von dieser Gesetzgebungskompetenz mit dem Erlass der StPO abschließend Gebrauch gemacht habe. Demnach ist § 81b Var. 2 StPO als verfassungskonform zu bewerten, weil die Vorschrift insbesondere der Strafverfolgungsvorsorge dient.

407 Auch das BVerwG hat sich in dieser Sache geäußert. Es hat entschieden, dass die Anfertigung, Aufbewahrung und systematische Zusammenstellung erkennungsdienstlicher Unterlagen i.S.v. § 81b Var. 2 StPO in kriminalpolizeilichen Sammlungen jedenfalls dann, wenn sie in keinem unmittelbaren Bezug zu einem konkreten Strafverfahren stünden – nach ihrer gesetzlichen Zweckbestimmung der Strafverfolgungsvorsorge und nicht der Erforschung und Aufklärung von Straftaten nach § 163 StPO dienten. Es handele sich bei § 81b Var. 2 StPO mithin nicht um eine Regelung im Bereich der Strafverfolgung. Aber auch die Gesetzgebungskompetenz für die Strafverfolgungsvorsorge sei unmittelbar der Befugnis des Bundes für die konkurrierende Gesetzgebung in Art. 74 I Nr. 1 GG zu entnehmen, denn die dortige Zuständigkeitsbeschreibung für das Strafrecht und den Strafvollzug sowie das gerichtliche Verfahren enthalte keine Einschränkung dahin, dass Maßnahmen, die sich auf zukünftige Strafverfahren bezögen, von der Zuweisung der konkurrierenden Gesetzgebungskompetenz nicht erfasst sein sollten.[512]

408 Schließt man sich dem an, können erkennungsdienstliche Maßnahmen, die der Strafverfolgungsvorsorge dienen, nur auf § 81b Var. 2 StPO, nicht auch auf die Befugnisnormen der Polizeigesetze gestützt werden.[513] Zu beachten ist, dass sich die Streitfrage nicht stellt, sofern es um rein repressive erkennungsdienstliche Maßnahmen geht, etwa nach § 81b Var. 1, 163b oder 163c StPO. Vgl. zu den erkennungsdienstlichen Maßnahmen im Übrigen ausführlich *R. Schmidt*, BesVerwR II, Rn 236 ff.

III. DNA-Analyse, § 81g StPO

409 Die von der Vorschrift umfasste Anordnung der Entnahme der Körperzellen und der molekulargenetischen Untersuchung ist nur zur **Identitätsfeststellung** zum Zweck der Vorsorge für künftige Strafverfahren zulässig.[514] Molekulargenetische Untersuchungen für aktuelle Straf- und Ermittlungsverfahren richten sich nach § 81e StPO. Wegen des engen Zusammenhangs mit § 81e StPO sei auf die Ausführungen bei Rn 365 ff. sowie auf die vorstehenden Erläuterungen zur Strafverfolgungsvorsorge verwiesen (Rn 405 ff.).

---

[511] BVerfG NJW **2005**, 2603, 2606.
[512] BVerwG NJW **2006**, 1225 m. Anm. *Eisenberg/Puschke*; VGH Mannheim DÖV **2004**, 440.
[513] Davon gehen OVG Münster NJW **1999**, 2690, OVG Schleswig NJW **1999**, 1418, OVG Koblenz NVwZ-RR **2001**, 238 und *Meyer-Goßner*, § 81b Rn 4 und 7 aus.
[514] BVerfGE **103**, 21 ff. m. zust. Anm. *Senge*; BVerfG NStZ **2008**, 226; *Eisenberg/Singelnstein*, GA **2006**, 169.

D. Sicherstellung und Beschlagnahme

I. Sicherstellung und Beschlagnahme von Beweismitteln, § 94 StPO

1. Übersicht

Die Strafverfolgungsbehörden verfügen über eine Reihe von Möglichkeiten, Gegenstände, die für das Strafverfahren Bedeutung haben, zu sichern. Die Rechtsgrundlage, nach der diese Sicherung erfolgen kann, richtet sich u.a. nach dem Zweck der Sicherung, nach der Art des Gegenstands und nach dem Zusammenhang mit anderen Maßnahmen (siehe Rn 411 ff.). Jede Sicherungsmaßnahme muss deshalb zumindest gedanklich vorab qualifiziert werden, bevor die eigentliche Prüfung der Rechtmäßigkeit einer Maßnahme vorgenommen wird. **410**

§§ 94 ff. StPO regeln die Sicherstellung und Beschlagnahme von Gegenständen zum Zweck der Beweiserbringung im Strafverfahren. Für die Beschlagnahme von Postsendungen gelten gem. § 99 StPO besondere Regelungen. Die Mitnahme von Papieren zur Durchsicht gem. § 110 StPO ist Teil der Durchsuchung, keine Sicherstellung i.S.v. § 94 StPO. §§ 111b ff. StPO dienen der Sicherung von Gegenständen zum Zweck der Durchsetzung von Verfall (§§ 73 ff. StGB), Einziehung (§ 74 ff. StGB) und der Rückführung von Gegenständen, die durch die Straftat erlangt wurden, an den Berechtigten (sog. Rückgewinnungshilfe, siehe §§ 111b V, 111k StPO). Die Beschlagnahme nach §§ 111b u. 111c StPO bewirkt im Gegensatz zur Beschlagnahme nach § 94 StPO ein Veräußerungsverbot i.S.d. § 136 BGB (siehe § 111c V StPO). Andererseits bewirkt nur die Beschlagnahme nach § 94 StPO ein Akteneinsichtsrecht des Verteidigers nach § 147 StPO. Deshalb kann und soll die Beschlagnahme in den geeigneten Fällen sowohl nach § 94 StPO als auch nach §§ 111b, 111c StPO vorgenommen werden.[515] **411**

Die Beschlagnahme von Führerscheinen zur Sicherung der vorläufigen (§ 111a StPO) bzw. endgültigen Entziehung der Fahrerlaubnis (§ 69 StGB) dient weder der Beweissicherung noch der Sicherung von Einziehung, Verfall oder Rückgewinnungshilfe. Der Gesetzgeber hat sie in § 94 III StPO aus Gründen der Praktikabilität der Beweismittelbeschlagnahme nach § 94 I, II StPO gleichgestellt. **412**

Gem. § 46 OWiG gelten §§ 94 ff. StPO auch im Ordnungswidrigkeitenverfahren, wobei der Verhältnismäßigkeitsgrundsatz dort besondere Bedeutung hat. Entsprechendes gilt für ehrengerichtliche oder berufsgerichtliche Verfahrensordnungen, die auf die StPO verweisen (vgl. § 116 BRAO und § 153 StBerG). **413**

Zur Durchsetzung anderer Maßnahmen, etwa der Blutentnahme (§ 81a StPO) oder der vorläufigen Festnahme (§ 127 StPO) kann es erforderlich sein, dem Betroffenen Gegenstände abzunehmen. So müssen dem Betroffenen evtl. eine Jacke oder ein Mantel abgenommen werden, damit der Arzt den Arm zur Blutentnahme freilegen kann, oder dem Fliehenden wird im Rahmen der Festnahme der Zündschlüssel seines Fahrzeugs abgenommen. Diese Wegnahmen von Gegenständen sind im Rahmen der Annexkompetenz bereits durch die Rechtsgrundlage der Maßnahme gerechtfertigt, zu deren Durchsetzung sie erforderlich sind.[516] Darüber hinaus besteht nach § 132 III StPO die Möglichkeit einer sog. Sicherheitenbeschlagnahme, wenn der Beschuldigte im Geltungsbereich der StPO keinen festen Wohnsitz oder Aufenthalt hat. Dadurch kann die Durchführung des Strafverfahrens gesichert werden, wenn die Voraussetzungen eines Haftbefehls (§§ 112 ff. StPO) nicht vorliegen. **414**

---

[515] Vgl. BGH StV **2001**, 4; LR-*Schäfer*, § 94 Rn 7.

[516] RGSt **8**, 290 f.; LR-*Schäfer*, Rn 4.

415 Die Polizeirechte des Bundes und der Länder enthalten ebenfalls Vorschriften zur Sicherstellung von Gegenständen.[517] Diese Sicherstellungen dienen präventiven Zwecken der Gefahrenabwehr, der Eigensicherung der Beamten und der Rückgewinnungshilfe.[518] Bei der Beschlagnahme nach §§ 111b, 111c StPO können sich die Anwendungsbereiche überschneiden (vgl. z.B. § 74 II Nr. 2 StGB), wobei die bundesrechtlichen Regelungen der §§ 111b, 111c StPO i.V.m §§ 73 ff., 74 ff. StGB in ihrem jeweiligen Anwendungsbereich die landesrechtlichen Vorschriften der Polizeigesetze verdrängen. Dagegen kann eine Beweismittelbeschlagnahme nach § 94 StPO nicht zugleich eine Sicherstellung nach Polizeirecht sein; maßgeblich für den Rechtscharakter ist die Zielsetzung des handelnden Beamten (zur Doppelfunktionalität vgl. Rn 171 ff.).

2. Gesetzessystematik der §§ 94 ff. StPO

416 § 94 I StPO gilt allgemein für die Sicherstellung von Beweismitteln; § 94 II StPO regelt die Erforderlichkeit einer Beschlagnahme für den Fall, dass die Sache nicht freiwillig herausgegeben wird (dazu Rn 432). Dabei ist Sicherstellung der Oberbegriff, der die Beschlagnahme umfasst.

Sicherstellung ist die Inverwahrungnahme oder sonstige Sicherstellung (z.B. bei unbeweglichen Sachen) eines Gegenstands durch Strafverfolgungsbehörden.

Eine **Beschlagnahme** liegt vor, wenn die Sache nicht freiwillig herausgegeben wird und die Sicherstellung daher aufgrund einer ausdrücklichen Anordnung durch ein Gericht oder eine Strafverfolgungsbehörde erfolgt.[519]

417 § 98 StPO regelt die Anordnungsbefugnis zur Beschlagnahme und den Rechtsschutz gegen Beschlagnahmen. § 97 StPO enthält Beschlagnahmeverbote, die sich nach den Zeugnisverweigerungsrechten richten, um eine Umgehung der Zeugnisverweigerungsrechte z.B. durch die Beschlagnahme von Mitteilungen zwischen dem Beschuldigten und zeugnisverweigerungsberechtigten Personen zu verhindern. § 96 StPO beschränkt die Beschlagnahme von amtlichen Schriftstücken zur Sicherung von Dienstgeheimnissen. § 95 StPO verpflichtet zur Herausgabe von beschlagnahmefähigen Gegenständen einschließlich Führerscheinen. § 95 StPO ersetzt eine Durchsuchung. Werden die Gegenstände herausgegeben, sind sie nach § 94 StPO sicherzustellen bzw. zu beschlagnahmen.

3. Anordnungsvoraussetzungen

418 Der Begriff „**Gegenstände**" umfasst zunächst körperliche Gegenstände jeder Art. Dazu zählen Urkunden, **Ton-, Bild- und Datenträger** wie z.B. CDs, Festplatten und sonstige verkörperte Informationsspeicher[520] und **unbewegliche Sachen** wie z.B. Tatträume. Die zivilrechtliche Wertung als Sache ist nicht erforderlich, auch Leichen, abgetrennte Teile und Inhalte des menschlichen Körpers (z.B. Blut- und Urinproben) und Tiere können sichergestellt und beschlagnahmt werden.[521] Grundsätzlich können auch **Behördenakten** beschlagnahmt werden, sie können jedoch durch eine Sperrerklärung der obersten

---

[517] Vgl. §§ 21 f. MEPolG; **Bund:** § 47 BundesPolG; **BW:** §§ 32, 33 PolG; **Bay:** Art. 25, 26, 28 PAG; **Berl:** §§ 38, 39, 41 ASOG; **Brand:** §§ 25, 26, 28 PolG; **Brem:** §§ 23, 24, 26 PolG; **Hamb:** § 14 SOG; **Hess:** §§ 40, 41, 43 SOG; **MeckVor:** §§ 61 ff. SOG; **Nds:** §§ 26, 27, 29 SOG; **NRW:** §§ 43, 44, 46 PolG, 24 OBG; **RhlPfl:** §§ 22, 23, 25 POG; **Saar:** §§ 21, 22, 24 PolG; **Sachs:** §§ 26, 27 PolG; **SachsAnh:** §§ 45, 46, 48 SOG; **SchlHolst:** §§ 210-212 LVwG; **Thür:** §§ 27, 28, 30 PAG. Spezialvorschriften für die Sicherstellung, die wegen ihres abschließenden Charakters einen Rückgriff auf das allgemeine POR ausschließen, finden sich z.B. in den Landespressegesetzen.
[518] *R. Schmidt*, BesVerwR II, 12. Aufl. **2008**, Rn 560 ff.
[519] *Roxin*, § 34, 6; LR-*Schäfer*, § 94 Rn 26.
[520] BVerfG NStZ-RR **2003**, 176; BGH NStZ **1997**, 247.
[521] BVerfG NStZ **1994**, 246.

Dienstbehörde analog § 96 StPO einer Beschlagnahme entzogen werden.[522] Schließlich werden zu „Gegenständen" i.S. § 94 StPO auch **elektronisch gespeicherte Informationen** gerechnet.[523] Dies gilt auch für Kommunikationsdaten, die z.B. auf einem Mobiltelefonen oder PC des Adressaten oder Senders gespeichert sind. Dabei geht es z.B. um E-Mails oder Anschlussnummern von ein- und ausgegangenen Telefonaten, die aus dem Speicher eines Mobiltelefons abgerufen werden können. Das BVerfG bestätigte eine schon ältere Rechtsprechung, dass der Schutz des Art. 10 GG und damit des § 100a StPO endet, wenn die Daten auf dem Gerät des Nutzers, an das sie adressiert wurden, gespeichert sind.[524] Dort unterliegen sie der Beschlagnahme nach § 94 StPO. Fraglich war, ob dies auch für E-Mails, Sprachnachrichten, SMS, Faxe etc. gilt, die beim Provider zwischengespeichert sind. Sofern der Adressat keinen unmittelbaren Zugriff auf die Nachrichten im Zwischenspeicher des Providers hat, d.h. die E-Mails etc. dort nicht aufrufen, löschen, bearbeiten etc., sondern nur auf sein privates Telekommunikationsgerät abrufen kann, ist der Telekommunikationsvorgang noch nicht abgeschossen und ein Zugriff der Ermittlungsbehörden richtet sich nach § 100a StPO. Anders ist es, wenn es sich bei dem Zwischenspeicher, der auf einem Server des Providers eingerichtet ist, um einen Bereich handelt, auf den der Nutzer via Internet und üblicherweise geschützt durch ein Passwort unmittelbar Zugriff hat d.h. die Nachrichten lesen, beantworten und löschen kann, ohne sie zuvor auf ein permanentes Speichermedium seines PCs oder Telekommunikationsgerätes herunterladen zu müssen; derartige „Postfächer" werden z.B. von „web.de", „gmx.de" und anderen Anbietern kostenlos zur Verfügung gestellt. Der BGH hat die Beschlagnahme der in einem solchen „Postfach" beim Provider gespeicherten E-Mails für zulässig gehalten und als Rechtsgrundlage nicht § 100a StPO, sondern § 99 StPO herangezogen.[525] Die strengeren Voraussetzungen des § 100a StPO kämen nicht zum Tragen, weil aufgrund der Speicherung beim Provider ein statischer Zustand und insofern kein Telekommunikationsvorgang (mehr) gegeben sei. Diese Argumentation überzeugt nicht, da einerseits § 99 StPO in seinem Geltungsbereich spezifisch für herkömmliche (Brief- und Paket-)Postsendungen und Telegramme gilt,[526] andererseits das Ausscheiden zwischengespeicherter Kommunikationsinhalte aus dem Schutz des Art. 10 GG nicht nur gegenüber den Strafverfolgungsbehörden, sondern auch gegenüber den Providern zu erheblichen Einschränkung des Telekommunikationsgeheimnisses führen würde.[527] Demgegenüber hat das BVerfG festgestellt, dass zugangsgesicherte E-Mail-Postfächer unter dem Schutz des Art. 10 I GG stehen, da der Schutzbereich des Art. 10 GG nicht dem rein technischen Telekommunikationsbegriff des Telekommunikationsgesetzes (§ 3 Nr. 22 TKG) folge, sondern an die Schutzbedürftigkeit des Grundrechtsträgers geknüpft sei, die sich aus der Einschaltung Dritter in den Kommunikationsvorgang ergebe, die auch und gerade bei einer Zwischenspeicherung der Kommunikationsinhalte bei einem Provider bestehe.[528] Eingriffe in den Schutzbereich des Art. 10 GG bedürfen einer gesetzlichen Grundlage (Art. 10 II GG), eine solche sei für die offene d.h. nicht heimliche Beschlagnahme § 94 StPO. Diese Vorschrift betreffe nicht allein die Beschlagnahme von Sachen, sondern von „Gegenständen", sodass ihre Anwendung auf elektronisch gespeicherten Kommunikationsinhalten nicht die Wortlautgrenze überschreite.[529] Da der Gesetzgeber im 8. Abschnitt des ersten Buches der StPO sehr unterschiedliche Eingriffsbefugnisse geregelt habe, lasse sich auch aus der systematischen Stellung des

---

522 Inzwischen wohl h.M., vgl. BGHSt **38**, 237; KG NStZ **1989**, 54.
523 Vgl. BVerfGE **113**, 29; BVerfG NJW **2007**, 3343; *Böckenförde*, Die Ermittlung im Netz, **2003**, 274 ff.
524 BVerfGE **115**, 166 ff.; vgl. hierzu *Meininghaus*, Der Zugriff auf E-Mails im strafrechtlichen Ermittlungsverfahren, **2007**.
525 BGH NJW **2009**, 1828.
526 Vgl. HK-GS/*Hartmann*, § 99 Rn 2.
527 Vgl. LG Hamburg wistra **2008**, 116; *Gaede*, StV **2009**, 96 f.
528 BVerfG NJW **2009**, 2431, 2432 ff.; zuvor schon LG Braunschweig 12.4.**2006** – 6 Qs 88/06, und die Vorauflage.
529 BVerfG NJW **2009**, 2431, 2432 ff.

§ 94 StPO nicht ableiten, dass dieser auf elektronisch gespeicherte Kommunikationsinhalte nicht anwendbar sei. Die höheren Anforderungen des § 100a StPO hätten ihren Grund darin, dass § 100a StPO den heimlichen der Zugriff auf die Kommunikationsdaten gestatte und dass die laufende Kommunikation erfasst werde, auf deren Umfang und Inhalt der Betroffene nur begrenzt einwirken könne, da er z.B. den Eingang von E-Mails etc. nicht steuern könne. Demgegenüber erfolge die Beschlagnahme nach § 94 StPO grundsächlich offen (vgl. aber § 33 IV StPO) und punktuell und der Betroffene habe die Möglichkeit, auf den Bestand an E-Mails, die in seinem Postfach gespeichert sind, einzuwirken.[530] In § 94 StPO habe der Gesetzgeber den Verwendungszweck der erhobenen Daten auch im erforderlichen Maß bereichsspezifisch und präzise bestimmt. Obwohl § 94 StPO keine erhöhten Anforderungen an die Schwere der Straftat und den Grad des Tatverdachts stelle, liege kein Verstoß gegen das Verhältnismäßigkeitsprinzip vor, da die grds. offene und punktuelle Beschlagnahme von Kommunikationsdaten zu den verfassungsrechtlich anerkannten Zwecken der Strafverfolgung und Wahrheitsfindung im Strafverfahren unter Berücksichtigung der wachsenden Bedeutung der Telekommunikation und der dadurch ermöglichten Effektivierung krimineller Handlungen angemessen sei.[531] Da es sich bei § 94 StPO um ein sog. vorkonstitutionelles Gesetz handele, liege auch kein Verstoß gegen das Zitiergebot des Art. 19 I S. 2 GG vor.[532]

419 Der Gegenstand muss **als Beweismittel für die Untersuchung von Bedeutung** sein. Die Untersuchung umfasst dabei nicht nur die Tat und ihre Umstände, sondern auch Maßnahmen im Rahmen des Ermittlungsverfahrens (z.B. die Anordnung von Untersuchungshaft gem. § 112 ff. StPO), die Strafzumessung und sonstige Rechtsfolgen der Tat (z.B. den Verfall nach § 73 StGB). Beweismittel sind alle Gegenstände, die geeignet sind, für eine Beweisfrage (d.h. für einen Umstand, der bewiesen werden muss) unmittelbar oder mittelbar Beweis zu erbringen. Es kann sich z.B. um die Tatwaffe handeln, aber auch um ein Flugticket, wenn im Rahmen der Anordnung von Untersuchungshaft das Bestehen von Fluchtgefahr unter Beweis gestellt werden soll. Auch sog. Beweisermittlungsgegenstände, die erforderlich sind, um einen anderen Gegenstand als Beweismittel nutzen zu können, wie z.B. Passwortlisten, Programmdokumentationen oder spezielle Wiedergabegeräte für Bild- und Tonaufzeichnungen unterliegen der Sicherstellung. Eine Beweisbedeutung besteht auch, wenn der Gegenstand im Ermittlungsverfahren Anhaltspunkte bietet, um andere Beweismittel zu erlangen, z.B. Notizen, die sich vermutlich auf ein Versteck für die Beute oder Drogen beziehen. Die potentielle Beweisbedeutung entfällt nicht dadurch, dass für einen Umstand bereits andere Beweismittel vorliegen. Im Rahmen der Verhältnismäßigkeit ist jedoch zu würdigen, ob mehrere Beweisgegenstände z.B. zur Absicherung des Beweises erforderlich sind. Beweisbedeutung haben auch Gegenstände, die der Entlastung eines Tatverdächtigen dienen können. Auch solche Gegenstände sind deshalb sicherzustellen.

420 Die Beweisbedeutung muss noch nicht endgültig feststehen, es genügt grundsätzlich, dass ein Gegenstand möglicherweise als Beweismittel Bedeutung erlangen kann, sog. **potentielle Beweisbedeutung**. Ausreichend, aber auch erforderlich ist, dass es ex ante nicht fern liegt, dass der Gegenstand für eine Beweisfrage, die noch nicht genau feststehen muss, Bedeutung gewinnen kann.[533] Ist dies gegeben, wird eine Beschlagnahme nicht nachträglich unzulässig, wenn der Gegenstand im Hauptverfahren nicht zum Beweis herangezogen wird. **Unzulässig** ist die Beschlagnahme nur dann, wenn eine Beweisbedeutung von vornherein ausgeschlossen ist.

---

530 BVerfG NJW **2009**, 2431, 2432 ff.
531 BVerfG NJW **2009**, 2431, 2432 ff.
532 BVerfG NJW **2009**, 2431, 2432 ff.
533 BVerfG NJW **1995**, 2839 f.; BGHSt **41**, 363, 367; BGH NStZ **1981**, 94.

Beweisbedeutung setzt voraus, dass überhaupt der **Verdacht einer Straftat** vorliegt, der im Kern auf Tatsachen und nicht nur auf Vermutungen beruht.[534] Dies ist z.B. nicht der Fall, wenn sich das Tatgeschehen noch als Vorbereitungshandlung darstellt oder offensichtlich ein Tatbestandsmerkmal nicht erfüllt ist. Soweit in einer Klausur das materielle Recht nicht bereits vorab geprüft wurde, empfiehlt es sich, den Straftatbestand, auf den sich der Verdacht richtet, zu nennen und zumindest kursorisch zu prüfen. Hinsichtlich des Verdachtsgrads genügt ein einfacher Anfangsverdacht (§ 152 StPO), ein hinreichender (§ 203 StPO) oder gar ein dringender Tatverdacht (§ 112 StPO) sind nicht nötig. Eine Beschlagnahme zur Ausforschung und eine rein vorsorgliche Beschlagnahme sind unzulässig. So darf z.B. nicht eine Computer-Festplatte beschlagnahmt werden, um zu prüfen, ob sich darauf Hinweise auf irgendwelche Straftaten finden. 421

Eine Beweisbedeutung ist ausgeschlossen, wenn bereits feststeht, dass ein unheilbares Verfahrenshindernis vorliegt (z.B. Verjährung, § 78 ff. StGB) oder der Täter noch ein Kind ist (§ 19 StGB).[535] Verfahrenshindernisse, die noch beseitigt werden können (z.B. fehlender Strafantrag, Immunität des Abgeordneten), hindern i.d.R. eine Beweismittelbeschlagnahme nicht.[536] 422

Die Ermittlungen müssen sich noch nicht gegen einen bestimmten Beschuldigten richten. Eine Beschlagnahme ist grundsätzlich bei jeder Person möglich, die den Beweisgegenstand in ihrem Gewahrsam hat. Auf **Eigentum** oder eine **Tatbeteiligung** oder **Zeugenstellung** des Inhabers des Beweismittels kommt es grds. **nicht** an. Durch eine Beschlagnahme ändert sich deshalb auch der Status der betroffenen Person nicht. Sie wird durch die Beschlagnahme weder zu einem Beschuldigten noch zu einem Zeugen und muss deshalb allein wegen der Beschlagnahme nicht entsprechend belehrt werden (vgl. §§ 136, 163a III, IV StPO; siehe auch Rn 216 ff. zur Beschuldigtenstellung). 423

Die Beschlagnahme bestimmter Gegenstände oder die Beschlagnahme bei bestimmten Personen können verboten sein. **Beschlagnahmeverbote** können sich unmittelbar aus der Verfassung (Art. 1 I, 2 I GG, u.U. auch aus speziellen Grundrechten; siehe dazu die Ausführungen zu den Tagebüchern sogleich), aus besonderen einfachgesetzlichen Regelungen (§§ 96 und 97 StPO; näher dazu Rn 445 ff.) oder aus den im Rang eines einfachen Gesetzes stehenden Art. 6 I, III b und 8 EMRK ergeben. 424

Exkurs zu den „Tagebüchern": Die Begründung eines Beschlagnahmeverbots bei Tagebüchern und anderen Aufzeichnungen höchstpersönlichen Inhalts erfordert eine mehrstufige Argumentation. Zunächst steht der Beschlagnahme eines Tagebuches nicht von vornherein ein Beweiserhebungsverbot entgegen, da die Beschlagnahme als solche (z.B. zum Zweck des Nachweises, dass das Tagebuch mit einem tödlichen Gift präpariert wurde) nicht in die Menschenwürde eingreift. Ein Beschlagnahmeverbot kann sich jedoch aus der fehlenden potentiellen Beweisbedeutung ergeben, wenn feststeht, dass der Inhalt der Tagebuchaufzeichnungen für das Verfahren ohne Bedeutung ist; dies kann auch dann gegeben sein, wenn der Inhalt einem Beweisverwertungsverbot (siehe hierzu Rn 1067 ff.) unterliegt. Zur Begründung des Beweisverwertungsverbotes wird überwiegend die sog. „Dreistufentheorie/Sphärentheorie" des BVerfG herangezogen.[537] Danach sind drei Schutzsphären zu unterscheiden: 425

---

[534] BVerfG NStZ-RR **2004**, 143.

[535] Allerdings ist eine Beweismittelbeschlagnahme auch im sog. objektiven Verfahren (§§ 440 ff. StPO, § 76a StGB) zulässig, wenn z.B. die Anordnung von Verfall oder Einziehung in Betracht kommt. Beispiel: Ein 13-jähriger Täter steht in Verdacht, mittels einer Schusswaffe 1.000,- € bei einem Tankstellenüberfall erpresst zu haben. Als Beweismittel könnte die Gesichtsmaske, die der Täter bei dem Überfall getragen hat, beschlagnahmt werden. Das objektive Verfahren wird betrieben, um die Waffe einzuziehen, die Geldscheine können im Rahmen der Rückgewinnungshilfe beschlagnahmt werden (s. § 111b I, V StPO).

[536] BVerfG NJW **2002**, 1111.

[537] Vgl. BVerfGE **34**, 238, 245 ff.; **101**, 361 ff.; LR-*Schäfer*, § 94 Rn 77 sowie ausführlich unten Rn 1122 ff.

1. Der absolut geschützte Kernbereich der Persönlichkeitsentfaltung, dessen Verletzung ohne Rücksicht auf die Umstände des Einzelfalls stets ein Beweiserhebungs- und verwertungsverbot zur Folge hat.
2. Die schlichte Privatsphäre, bei der es auf die Umstände des Einzelfalls ankommt, ob ein Beweiserhebungs- und -verwertungsverbot vorliegt, und
3. die Sphäre der öffentlichen (sozialen) Kommunikation, die nur durch die allgemeine Handlungsfreiheit (Art. 2 I GG) bzw. hinsichtlich des „Datenträgers" durch Art. 14 I GG geschützt ist. Die Befugnis zum Eingriff in die zuletzt genannte Sphäre ergibt sich grds. aus §§ 94 ff. StPO. Im Rahmen der schlichten Privatsphäre ist das verfassungsrechtlich anerkannte Strafverfolgungsinteresse stets und sorgfältig mit dem Individualinteresse auf Gewährleistung der Privatsphäre abzuwägen (vgl. dazu sowie zum abweichenden Ansatz des BVerfG Rn 1122 ff.).

426 So plausibel diese Theorie zunächst erscheint, so schwierig gestaltet sich die Anwendung im Einzelfall. Eine befriedigende positive Definition der absolut geschützten „Intimsphäre" ist bislang nicht gelungen, vielmehr finden sich regelmäßig nur Negativabgrenzungen.[538] Ein absoluter Schutz wird in der Literatur insb. für Tagebücher mit höchstpersönlichen Eintragungen vertreten, die eine Auseinandersetzung des „Ich" mit sich selbst enthalten.[539] In seiner Entscheidung zum sog. „Zweiten Tagebuchfall" hat das BVerfG allerdings die Auffassung vertreten, dass Tagebuchaufzeichnungen schon deshalb nicht dem absolut geschützten Kernbereich angehörten, weil der Verfasser durch die schriftliche und damit für andere lesbare Fassung seiner Gedanken selbst einen Sozialbezug hergestellt habe.[540] Auch die dem Fall zugrunde liegende Entscheidung des BGH verneinte eine Verletzung des absolut geschützten Kernbereichs und bestätigte die Verwertbarkeit der Aufzeichnungen, die sowohl zu Lasten (Tatnachweis) als auch zu Gunsten (Begründung der Schuldunfähigkeit) des Angeklagten erfolgte, mit der Begründung, dass im Rahmen der bloßen Privatsphäre das Persönlichkeitsrecht gegen die Belange der funktionstüchtigen Strafrechtspflege abgewogen und in Fällen schwerster Kriminalität zurücktreten müsse[541]; auch dies wurde vom BVerfG bestätigt. Seit der Entscheidung des BVerfG zur akustischen Wohnraumüberwachung (sog. „großer Lauschangriff")[542] ist allerdings die Auffassung zweifelhaft geworden, dass ein Sozialbezug den absoluten Schutz generell ausschließt.[543] In der Entscheidung 2 BvR 902/06 vom 16.6.2009 hält das BVerfG ausdrücklich fest, dass Kommunikationsinhalt in E-Mails zum Kernbereich privater Lebensgestaltung gehören können. Der **Kernbereich privater Lebensgestaltung,** der dem Schutz des Art. 1 I GG unterliegt, umfasst nicht nur Situationen, in denen der Einzelne allein mit sich selbst ist[544], sondern auch die vertrauliche Kommunikation mit anderen[545], da sich der Mensch auch im Kernbereich seiner Persönlichkeit notwendig in sozialen Bezügen verwirklicht.[546] Ob eine personenbezogene Kommunikation diesem Kernbereich zuzuordnen ist, hängt davon ab, ob sie nach ihrem Inhalt höchstpersönlichen Charakters ist und in welcher Art und Intensität sie aus sich heraus die Sphäre anderer oder Belange der Gemeinschaft berührt.[547] Maßgebend sind die Besonderheiten des jeweiligen Einzelfalls.[548] Diese Argumente sprechen nicht nur gegen die Verwertbarkeit heimlicher Gesprächsaufzeichnungen in Wohnräumen und E-Mails mit höchstpersönlichem Inhalt, sondern auch gegen die Verwertbarkeit von Tage-

---

[538] LR-*Schäfer*, § 94 Rn 77 unter Bezug auf SK-*Schlüchter*, § 261 Rn 50; *Schlehofer*, GA **1999**, 357 ff.; *Geppert*, JR **1988**, 471, 474; *Krauß*, in FS Gallas S. 378 ff.
[539] LR-*Schäfer*, § 94 Rn 77 m.w.N.
[540] BVerfGE **80**, 367 ff. m. abl. Anm. *Wolter*, StV **1990**, 175; *Störmer*, Jura **1991**, 17; *Lorenz*, GA **1992**, 254.; *Amelung*, NJW **1990**, 1753 (die Entscheidung erging mit 4:4 Stimmen).
[541] BGHSt **34**, 397 m. Anm. *Plagemann*, NStZ **1987**, 570; *Geppert*, JR **1988**, 471; dem entsprechend hat der BGH die Verwertbarkeit von Tagebuchaufzeichnungen eines DDR-Spions verneint, weil das Strafverfolgungsinteresse wegen des vergleichsweise geringen Gewichts der Straftat hinter das Persönlichkeitsrecht zurücktrete; BGH JR **1994**, 430 m. Anm. *Lorenz*.
[542] BVerfGE **109**, 279 ff.
[543] So LR-*Schäfer*, § 94 Rn 77.
[544] Vgl. BGH StV **2005**, 591.
[545] BVerfG NJW **2004**, 1002.
[546] BVerfGE **6**, 389, 433; **35**, 202, 220; BVerfG NJW **2004**, 1002 f.
[547] BVerfG NJW **2009**, 2431, 2432 ff. unter Bezug auf BVerfGE **80**, 367, 374; **109**, 279, 314; **113**, 348, 391.
[548] BVerfG NJW **2009**, 2431, 2432 ff. unter Bezug auf BVerfGE **80**, 367, 374; **109**, 279, 314.

bucheinträgen mit höchstpersönlichem Inhalt. Das BVerfG führt weiter aus, dass dem unantastbaren Kernbereich allerdings nur Aufzeichnungen (i.S. heimlicher Gesprächsaufzeichnungen) zugerechnet werden könnten, deren Inhalt vorrangig höchstpersönlichen Charakter habe, d.h. innere Vorgänge wie Empfindungen und Gefühle sowie Überlegungen, Ansichten und Erlebnisse höchstpersönlicher Art, Ausdrucksformen unbewussten Erlebens oder der Sexualität betreffe.[549] Allerdings würden hierzu auch Aufzeichnungen gehören, in denen der Einzelne über seine Beziehungen zu nahestehenden Personen reflektiere, in aller Regel jedoch nicht Aufzeichnungen über konkrete Straftaten.[550] Gespräche und Aufzeichnungen, die ausschließlich innere Eindrücke und Gefühle wiedergäben und keinen Hinweis auf konkrete Straftaten enthielten, stünden aber nicht deshalb außerhalb des Kernbereichs, weil sie Ursachen oder Beweggründe eines strafbaren Verhaltens freizulegen vermögen.[551] Unter diesen Prämissen zählen Eintragungen in Notiz- und Terminkalendern, Agendalisten etc. i.d.R. nicht zum absolut geschützten Kernbereich.[552]

Darüber hinaus muss der Begriff „absolut geschützt" einer kritischen Reflexion unterzogen 427
werden. Es kann den Strafverfolgungsorganen nicht vollständig untersagt sein, zu prüfen, ob eine Aufzeichnung tatsächlich dem „absolut" geschützten Bereich zuzuordnen ist. Dies ergibt sich schon aus praktischen Gründen, da nicht bei jedem Tagebuch schon aus dem Einband hervorgeht, um welche Art Aufzeichnungen es sich handelt. Hierzu ist vielmehr eine Durchsicht erforderlich, durch die freilich der absolut geschützte Kernbereich schon verletzt werden kann. Dies ist unvermeidbar, wenn höchstpersönliche Aufzeichnungen nicht als solche erkennbar sind. Die Strafverfolgungsbehörden müssen jedoch auch prüfen können, ob Aufzeichnungen, die als höchstpersönliche Unterlagen gekennzeichnet sind, tatsächlich solche Aufzeichnungen enthalten.[553] Dementsprechend hat das BVerfG auch die akustische Überwachung von Wohnräumen nicht vollständig untersagt, sondern die Überwachung prinzipiell gestattet, jedoch eine sofortige Beendigung der Aufzeichnungen für den Fall verlangt, dass die Gespräche den absolut geschützten Kernbereich privater Lebensgestaltung betreffen.[554] Da ein solcher Kernbereichsbezug zunächst erkennbar werden muss, werden auch hier kleine Verletzungen des „absolut" geschützten Kernbereichs in Kauf genommen, um ggf. andere hochrangige Rechtsgüter - u.a. das Strafverfolgungsinteresse bei schwersten Straftaten - durch Aufzeichnung von Gesprächen, die nicht den Kernbereich betreffen, überhaupt zu ermöglichen. Über solche „mikroinvasiven" Verletzungen hinaus ist der Kernbereich aber insofern absolut geschützt, als weitere Eingriffe nicht im Rahmen einer Abwägung mit dem Ermittlungsbedarf in Betracht kommen, mag die zu ermittelnde Straftat auch noch so schwer wiegen.

Probleme hinsichtlich des absoluten Schutzes privater Lebensgestaltung entstehen auch in 428
Fällen, in denen entsprechende Aufzeichnungen herangezogen werden sollen, um einen Tatverdächtigen zu entlasten. Eine allseits überzeugende herrschende Auffassung hat sich diesbezüglich noch nicht etablieren können. Da jede Privatperson Umstände, die zum Kernbereich ihrer privaten Lebensgestaltung gehören, in die Öffentlichkeit tragen kann, ist es jedenfalls nahe liegend, dass sie diese auch zu ihrer Verteidigung in einen Strafprozess einführen kann. Darüber hinaus ist es schwer zu begründen, weshalb ein Tatverdächtiger verurteilt werden soll, obwohl Beweismittel zu seiner Entlastung zur Verfügung stehen, selbst wenn diese Beweismittel durch einen Eingriff in den absoluten Kernbereich privater Lebensgestaltung gewonnen wurden. Im Grunde geht es bei einer Verwertung von Beweismitteln zur Entlastung des Verdächtigen nicht um eine repressive, sondern um eine präventive Verwertung von Erkenntnissen, da sie dazu dient, schwere Grundrechtseingriffe in Form strafrechtlicher Sanktionen zu verhindern. Soweit relevante Erkenntnisse bereits vorhanden sind, und nicht erst durch (neue) Grundrechtseingriffe beschafft werden müssen, stellt sich die Frage,

---

549 BVerfG NJW **2004**, 1002 f.
550 BVerfG NJW **1990**, 563; BGHSt **19**, 325, 331.
551 BVerfG NJW **2004**, 1003; vgl. BGH StV **2005**, 591; BGHSt **50**, 206, 208 ff.; anders BGHSt **34**, 397, 399 ff.
552 BGH NStZ **2000**, 383.
553 LR-*Schäfer*, § 94 Rn 87.
554 Vgl. BVerfGE **109**, 279 ff.; die entsprechende Regelung in der neuen Fassung des § 100c V StPO wurde von BVerfG NJW **2007**, 2753 für verfassungskonform erachtet.

ob deren Verwertung zur Abwendung einer unberechtigten Bestrafung überhaupt Grundrechte bzw. die Menschenwürde verletzen kann.

429 Ist zwar die verfassungsrechtlich geschützte Privatsphäre betroffen, nicht aber der Kernbereich privater Lebensgestaltung, hat eine Abwägung zu erfolgen, deren Kriterien grds. denen entsprechen, die auch sonst bei der Prüfung der Verhältnismäßigkeit von Ermittlungen zu berücksichtigen sind: Das Gewicht der Tat, die verfolgt werden soll, das Bedürfnis nach Entlastung unschuldiger Personen, die besondere Beweisbedeutung des in Rede stehenden Beweismittels einerseits und die Schwere des Grundrechtseingriffs andererseits.[555]

Exkurs Ende

430 Das **Recht auf eigene Verteidigung** verbietet eine Beschlagnahme von Aufzeichnungen, die ein Beschuldigter für Außenstehende erkennbar zum Zweck seiner **Verteidigung** angefertigt hat. Dieses Recht kann unmittelbar aus der Verfassung (Rechtsstaatsprinzip, Art. 20 III GG; Nemo-tenetur-Grundsatz) bzw. aus Art. 6 III EMRK abgeleitet werden.[556] Beweisgegenstände dürfen aber nicht willkürlich als Verteidigungsunterlagen deklariert oder mit Verteidigungsunterlagen vermischt werden.[557] Unterlagen dürfen darauf hin durchgesehen werden, ob es sich um Verteidigungsunterlagen handelt.[558]

431 Der Grundsatz der **Verhältnismäßigkeit** gilt mit Verfassungsrang auch im strafrechtlichen Ermittlungsverfahren.[559] Dies betrifft auch § 94 StPO, obwohl nach dem Gesetzeswortlaut den Ermittlungsbehörden kein Ermessen zusteht, sondern potentielle Beweismittel in Verwahrung zu nehmen oder auf andere Weise sicherzustellen sind. Das Gesetz ist deshalb so zu verstehen, dass potentielle Beweisgegenstände sicherzustellen sind (kein Ermessen), soweit dies verhältnismäßig ist. Neben dem Grad der voraussichtlichen Beweisbedeutung muss die Beschlagnahme in angemessenem Verhältnis zur Schwere der Tat und zur Stärke des Tatverdachts stehen.[560] Besonders sorgfältig ist die Verhältnismäßigkeit zu prüfen, wenn der Beweisgegenstand bei einem Nichtbeschuldigten beschlagnahmt werden soll.[561] Probleme bereitet insbesondere die Beschlagnahme von Datenträgern und -beständen. Unter dem Gesichtspunkt der Erforderlichkeit sind die Daten zunächst auf ihre Beweisbedeutung zu sichten (vgl. § 110 StPO – dazu Rn 531 ff.), was mittels geeigneter Software geschehen kann. Sodann muss wie bei Urkunden geprüft werden, ob die Anfertigung von (Teil-)Kopien genügt. Dies ist im Gesetz zwar nicht geregelt, aber als grundrechtsschonendere Maßnahme (sog. Minusmaßnahme) im Vergleich zur Beschlagnahme der Originale zulässig.[562] Nur aufgrund besonderer Umstände im Einzelfall darf der ganze Datenträger beschlagnahmt werden, um möglicherweise verschlüsselte, gelöschte oder vermischte Datenbestände wiederherstellen zu können.[563] Datenträger wie z.B. Computer-Festplatten enthalten häufig umfangreiche Datenbestände, die für das Strafverfahren ohne Bedeutung sind. Im Rahmen des Vertretbaren muss die Beschlagnahme auf relevante Daten beschränkt bleiben und Datenbestände, die sich im Zuge der Auswertung als nicht relevant erweisen, müssen zeitnah herausgegeben bzw. auf Kopien gelöscht werden.[564] Dies gilt insbesondere, wenn die nicht relevanten Daten besonders schutzwür-

---

555 BGH JR **1994**, 430 m. Anm. *Lorenz*; LR-*Schäfer*, § 94 Rn 89.
556 BVerfG NStZ **2002**, 377; BGHSt **44**, 46, 49; BGH NJW **1973**, 2035, 2037; BVerfG NJW **2002**, 1410.
557 BVerfG NStZ **2002**, 377; BVerfGE **38**, 26, 30; **48**, 118, 122; BGHSt **44**, 46, 50.
558 BVerfG NStZ **2002**, 377.
559 BVerfGE **20,** 162, 187; **44**, 353, 373; NStZ-RR **2004**, 83.
560 BVerfGE **113**, 29, 54; **96**, 44, 51.
561 OLG Koblenz NStZ **2007**, 285, 286; BVerfG 14.01.**2004** - 2 BvR 27/04.
562 Siehe BVerfGE **113**, 29, 50 ff.
563 BVerfG NJW **2005**, 1917.
564 BVerfGE **113**, 29, 55; BVerfG NVwZ **2005**, 1304, 1306; *Jahn*, NStZ **2007**, 255, 262.

dig sind, weil z.B. Datenbestände bei Angehörigen freier Berufe beschlagnahmt werden sollen, die einer Schweigepflicht unterliegen und zu ihren Mandanten in einem besonderen, staatlich geschützten Vertrauensverhältnis stehen (vgl. näher Rn 1084). Nur wenn Anhaltspunkte dafür vorliegen, dass relevante Datenbestände in anderen Datenbeständen oder in verschlüsselter Form „versteckt" wurden, darf aus diesem Grund z.B. die gesamte Originalfestplatte beschlagnahmt werden. Der Grundsatz der Verhältnismäßigkeit gebietet es in solchen Fällen, dem Gewahrsamsinhaber die Möglichkeit zu geben, eine Kopie der eigenen Datenbestände anzufertigen. Zu prüfen ist auch, ob die für das Strafverfahren bedeutsamen Informationen durch ein Auskunftsverlangen (§ 161 I StPO) erlangt werden können. Ist dies möglich, ist die Beschlagnahme nicht erforderlich und damit unzulässig.

4. Abgrenzung einfache Sicherstellung/Beschlagnahme gem. § 94 II StPO

Gemäß § 94 II StPO müssen Gegenstände, die sich im Gewahrsam einer Person befinden, die sie den Strafverfolgungsbehörden nicht freiwillig herausgibt oder überlässt, **beschlagnahmt** werden; anderenfalls genügt die einfache Sicherstellung. Der Gewahrsamsinhaber muss sich gegen die Sicherstellung nicht zur Wehr setzen, es genügt, dass er ihr widerspricht. Die Beschlagnahme wird zur Betonung der Abgrenzung zur einfachen Sicherstellung auch als „förmliche Beschlagnahme" bezeichnet. Die zu beachtenden Förmlichkeiten ergeben sich aus § 98 StPO. Anordnungsbefugt ist grds. das Gericht; die Staatsanwaltschaft und ihre Ermittlungspersonen (§ 152 GVG) sind nur bei Gefahr im Verzug befugt; zudem sind die Betroffenen über ihre Rechtsschutzmöglichkeiten zu belehren (§ 98 II S. 5 StPO). Die Frage, wer Gewahrsam an einem Gegenstand hat, oder ob ein Gegenstand in Niemandes Gewahrsam steht, richtet sich nach denselben Gesichtspunkten wie z.B. beim Diebstahl.[565] Eine einfache Sicherstellung genügt auch dann, wenn ein Gewahrsamsinhaber nicht bekannt ist[566] oder der Gegenstand vom Gewahrsamsinhaber freiwillig herausgegeben wird. 432

Die **einfache Sicherstellung** muss nicht förmlich angeordnet werden, sodass sie jeder Polizeibeamte vornehmen kann. Die Beschlagnahmeverbote des § 97 StPO spielen grds. keine Rolle. Eine freiwillige Herausgabe kann ausdrücklich oder stillschweigend geschehen, ein aktives „Übergeben" ist nicht erforderlich. „Freiwilligkeit" erfordert allerdings die Kenntnis und den Willen, einen Gegenstand zu Beweiszwecken einer Strafverfolgungsbehörde zu überlassen. Deshalb ist der Gewahrsamsinhaber zuvor über den Zweck der Beschlagnahme zu belehren, wenn dieser nicht ohnehin bekannt ist.[567] Die Übergabe muss frei von (angedrohtem) Zwang erfolgen, wobei die bloße Kenntnis von der Herausgabepflicht nach § 95 StPO oder der Beschlagnahmemöglichkeit nach §§ 94 II, 98 StPO nicht schadet. Zweifelhaft ist, ob der Gewahrsamsinhaber darüber belehrt werden muss, dass der Gegenstand einem Beschlagnahmeverbot unterliegt (vgl. Rn 424, 445, 451, 569, 1088). Die Motive der freiwilligen Herausgabe, ein materielles Verfügungsrecht oder der Wille des Eigentümers oder sonstiger Berechtigter, die nicht Gewahrsamsinhaber sind, haben keine Bedeutung.[568] Bei gleichrangigem Mitgewahrsam müssen alle Mitgewahrsamsinhaber einwilligen, ansonsten derjenige, der übergeordneten Gewahrsam hat. Haben Minderjährige Gewahrsam an einer Sache, über die sie nicht selbst bestimmen dürfen, muss ihr gesetzlicher Vertreter zustimmen.[569] Eine freiwillige Herausgabe kann jederzeit widerrufen werden. Der Widerruf berührt die bereits erfolgte Sicherstellung 433

---

[565] Vgl. *Schmidt/Priebe*, Strafrecht BT II, Rn 28 ff.
[566] *Meyer-Goßner*, § 94 Rn 12; LR-*Schäfer*, § 94 Rn 35.
[567] Vgl. BGHSt **34**, 397, 400.
[568] LR-*Schäfer*, Rn 36
[569] LR-*Schäfer*, § 94 Rn 36; *Meyer-Goßner*, § 94 Rn 12.

nicht unmittelbar, sondern ist als Antrag auf richterliche Entscheidung über die Rechtmäßigkeit der Sicherstellung nach § 98 II S. 2 StPO zu werten.[570]

434 Trotz einer freiwilligen Herausgabe kann der Beweisgegenstand förmlich nach § 94 II StPO beschlagnahmt werden.[571] Dies hat insb. Auswirkungen auf den strafrechtlichen Schutz der sichergestellten Sache. Nur die förmliche Beschlagnahme führt eine Verstrickung i.S.d § 136 I StGB herbei.[572] Dies erlangt insb. dann an Bedeutung, wenn der beschlagnahmte Gegenstand von den Strafverfolgungsbehörden physisch beim Gewahrsamsinhaber belassen wird, z.B. weil es sich um eine größere Maschine oder eine Immobilie handelt. In einem solchen Fall ist ein Wegschaffen oder Beschädigen der Sache nicht als Verwahrungsbruch nach § 133 StGB strafbar, sondern kann nur im Falle einer förmlichen Beschlagnahme nach § 136 I StGB als Verstrickungsbruch und, sofern ein amtliches Siegels angebracht wurde, auch nach § 136 II StGB strafbar sein.

5. Anordnung

435 Die Beschlagnahme nach § 94 II StPO wird nach § 98 I StPO grds. durch das Gericht angeordnet, die Zuständigkeit bestimmt sich nach § 98 II S. 3 i.V.m. § 162 StPO (siehe Rn 785). Von der Anordnung der Beschlagnahme ist ihre Durchführung i.S.d. Inverwahrungnahme des Gegenstands zu unterscheiden, die jeder Polizeibeamte vornehmen kann. § 98 I StPO regelt nur die Anordnung der Beweismittelbeschlagnahme nach § 94 II StPO, nicht die Beschlagnahme zur Sicherung von Einziehung und Verfall nach §§ 111b StPO, für die § 111e StPO gilt. Deshalb liegt in der Anordnung nach § 98 StPO nicht zugleich diejenige nach § 111e StPO und umgekehrt.[573] Bei der vorläufigen Festnahme (§ 127 StPO) dürfen Gegenstände, die der Festgenommene mitführt, für die Dauer der Festnahme auch dann weggenommen werden, wenn der Festnehmende nicht zur Beschlagnahme befugt ist.

436 Bei **Gefahr im Verzug** kann die Beschlagnahme auch von der StA und ihren Ermittlungspersonen (§ 152 GVG) angeordnet werden. Dem Gericht ist nach § 94 I S. 2 StPO die Pressebeschlagnahme i.S.v. § 97 V S. 2 StPO in den Räumen von Medienunternehmen (siehe Rn 465) vorbehalten. Zum Begriff „Gefahr im Verzug" vgl. Rn 337 ff.

437 Gem. § 98 III StPO bleiben die Ermittlungsbehörden bei Gefahr im Verzug auch nach Klageerhebung zuständig, solange hinsichtlich des relevanten Beweisthemas keine Rechtskraft eingetreten ist.[574] Trotz eines gerichtlichen Beschlagnahmebeschlusses ist die Beschlagnahme anderer Gegenstände wegen Gefahr im Verzug möglich, sofern sich vor Ort eine andere Sach- und Rechtslage ergibt (zur Abgrenzung zu sog. Zufallsfunden gem. § 108 StPO siehe Rn 532 ff.).

438 Die gerichtliche **Beschlagnahmeanordnung** ergeht als Beschluss. Der Beschluss ist schriftlich abzufassen und zu begründen (§ 34 StPO), kann aber zuvor (fern-)mündlich an die StA bzw. ihre Ermittlungspersonen übermittelt werden (vgl. § 36 II S. 1 StPO). Beschlagnahmeanordnungen der StA und ihrer Ermittlungspersonen ergehen mündlich, telefonisch, telegrafisch und unmittelbar durch die Vornahme, wobei keine weiteren Erklärungen erforderlich sind;[575] die Anordnung muss aber aktenkundig gemacht werden.[576] Die Gültigkeitsdauer der gerichtlichen Beschlagnahmeanordnung ist gesetzlich nicht geregelt. Zur Sicherung des effektiven Grundrechtsschutzes durch den Gerichtsvor-

---

[570] KK-*Nack*, § 94 Rn 12; *Meyer-Goßner*, § 94 Rn 12; a.A. LR-*Schäfer*, § 94 Rn 38.
[571] BGH NJW **1956**, 1805; LR-*Schäfer*, § 94 Rn 41.
[572] Sch/Sch-*Sternberg-Lieben*, § 136 StGB Rn 7; LR-*Schäfer*, § 94 Rn 42.
[573] *Achenbach*, NJW **1982**, 2809.
[574] *Meyer-Goßner*, § 98 Rn 7.
[575] LG Frankfurt NJW **1982**, 897; *Meyer-Goßner*, Rn 8; a.M. *Achenbach*, NJW **1982**, 2809.
[576] OLG Karlsruhe Justiz **1981**, 482.

behalt ist wie bei der Durchsuchungsanordnung eine Begrenzung auf höchstens sechs Monate anzunehmen.[577]

In dem Beschlagnahmebeschluss sind die betroffenen Gegenstände so genau zu bezeichnen, dass keine Zweifel über die zu beschlagnahmenden Gegenstände bestehen. Häufig werden Beschlagnahmen in Zusammenhang mit Durchsuchungen angeordnet. Durchsuchungsbeschlüsse enthalten Richtlinien darüber, nach welchen Gegenständen gesucht werden darf und soll, um den Umfang der Durchsuchung einzugrenzen. Solche relativ allgemein gehaltenen Durchsuchungsrichtlinien genügen den Anforderungen an die Genauigkeit einer Beschlagnahmeanordnung nicht, sodass für die konkrete Beschlagnahme eine gerichtliche Anordnung eingeholt werden muss, soweit sie nicht wegen Gefahr im Verzug von den Ermittlungspersonen (§ 152 GVG) vor Ort angeordnet werden kann.[578] Umgekehrt ersetzt eine gerichtliche Beschlagnahmeanordnung nicht den Durchsuchungsbeschluss.[579] **439**

Die **Durchführung der Sicherstellung und Beschlagnahme** erfolgt durch „Inverwahrungnahme" des Gegenstands durch die Strafverfolgungsorgane (Mitnahme und Aufbewahrung in Räumen der Behörde bzw. des Gerichts) oder durch Sicherstellung in anderer Weise, die durch Aufdrücken eines Siegels, festes Anheften eines Zettels mit einer Nachricht, aus der sich ergibt, dass der Gegenstand für ein Strafverfahren sichergestellt wurde, Absperren mit einem Band und schließlich auch durch eine mündliche Mitteilung des sicherstellenden Beamten erfolgen kann.[580]. In der praktischen Durchführung bestehen zwischen der Sicherstellung und der Beschlagnahme keine Unterschiede. **440**

Die Anordnung der Beschlagnahme muss dem Betroffenen spätestens unmittelbar vor der Beschlagnahme **bekannt gegeben** werden (§ 33 II StPO), es sei denn, eine Bekanntgabe würde den Untersuchungszweck gefährden (in analoger Anwendung des § 101 V StPO).[581] Wird die Beschlagnahme von der StA oder ihren Ermittlungspersonen angeordnet, muss der Betroffene nach § 98 II S. 5 StPO belehrt werden, dass er eine gerichtliche Entscheidung gem. § 98 II S. 2 StPO beantragen kann. Die Belehrung sollte aktenkundig gemacht werden. Wird die Beschlagnahme auf Antrag der StA vom Ermittlungsgericht angeordnet, ist dem Betroffenen zuvor nach § 33 II StPO **rechtliches Gehör** zu gewähren, es sei denn, der Untersuchungszweck würde dadurch gefährdet (§ 33 III, IV StPO)[582]; letzteres ist der Regelfall. **441**

War bei einer Beschlagnahme, die nicht durch ein Gericht, sondern durch die StA oder ihre Ermittlungspersonen angeordnet wurde, kein erwachsener Angehöriger anwesend oder hat der Betroffene bzw. in seiner Abwesenheit ein erwachsener Angehöriger der Beschlagnahme bei oder vor ihrem Vollzug ausdrücklich widersprochen, soll der Beamte, der die Beschlagnahme angeordnet hat, binnen 3 Tagen eine **gerichtliche Bestätigung** beantragen (§ 98 II S. 1 StPO). Betroffener ist jeder, in dessen Rechte die Beschlagnahme eingreift, mithin alle (Mit-)Gewahrsamsinhaber, (Mit-)Besitzer und (Mit-)Eigentümer und alle, deren personenbezogene Daten der beschlagnahmte Gegenstand enthält.[583] Der Begriff „Angehöriger" richtet sich nach § 11 I Nr. 1 StGB, erwachsen ist, wer volljährig ist.[584] Die Frist beginnt mit dem Ende der Durchführung der Beschlagnah- **442**

---

[577] Vgl. BVerfGE **96**, 44, 53 f. für Durchsuchungsbeschlüsse.
[578] Vgl. OLG Düsseldorf StV **1982**, 513; OLG Koblenz NStZ **2007**, 285.
[579] BVerfG NStZ **2002**, 213.
[580] LR-*Schäfer*, § 94 Rn 188.
[581] KK-*Nack*, § 98 Rn 22; *Meyer-Goßner*, § 98 Rn 10.
[582] Vgl. BVerfGE **49**, 329, 342; **51**, 97, 111.
[583] LR-*Schäfer*, 98 Rn 47; BVerfG StV **2007**, 226.
[584] LR-*Schäfer*, § 98 Rn 47; a.A. KK-*Nack*, § 98 Rn 16; *Meyer-Goßner*, § 98 Rn 15: nicht unter 14-Jährige; ausschlaggebend sei die körperliche Entwicklung und das äußere Erscheinungsbild. Diese Auffassung begünstigt zwar die Ermittlungsbehörden, hat aber weder eine Stütze im Gesetz noch wird sie dem Rechtsschutzgedanken des

me. Der Bestätigungsantrag, nicht die gerichtliche Entscheidung soll binnen drei Tagen vorgelegt werden.[585] Ermittlungspersonen leiten den Antrag dem Gericht über die StA zu (vgl. §§ 163 II S. 1, 33 II StPO). Zur Zuständigkeit und zum Prüfungsumfang siehe Rn 444 ff. Die Wirksamkeit der Beschlagnahme hängt von der Einhaltung der Sollvorschrift des § 98 II S. 1 StPO nicht ab.[586]

443 Sicherstellung und Beschlagnahme **enden** mit der Rechtskraft der Entscheidung von selbst. Entfällt die Beweisbedeutung bereits vor Rechtskraft, so ist die Beschlagnahme aufzuheben. Sichergestellte Gegenstände sind grds. an den letzten Gewahrsamsinhaber herauszugeben. Handelt es sich jedoch um einen Gegenstand, der dem Opfer durch diejenige Straftat entzogen wurde, die Gegenstand des Strafverfahrens war, für das der Gegenstand als Beweismittel beschlagnahmt wurde, so wird er nicht an den Täter, sondern unter den Voraussetzungen des § 111k StPO an den Verletzten herausgegeben.

6. Prüfung der Rechtmäßigkeit einer Maßnahme nach § 94 StPO

444 Bei der Prüfung der Rechtmäßigkeit einer Beschlagnahme nach § 94 StPO sind die folgenden Prüfungsschritte zu beachten. Die Prüfung der Rechtmäßigkeit der Beschlagnahme kann in die Prüfung einer umfangreicheren Fragestellung eingebettet sein, z.B. ob ein Antrag auf Rechtsschutz nach § 98 II S. 2 StPO Aussicht auf Erfolg hat, ob ein beschlagnahmtes Beweismittel verwertet werden darf, ob eine Revision Aussicht auf Erfolg hat, ob bestimmte Tatsachen zur Begründung einer weiteren Ermittlungsmaßnahme (z.B. Telefonüberwachung) vorliegen.

a. Anordnungsvoraussetzung

- Ziel der Maßnahme ist die Beschlagnahme eines Gegenstands als Beweismittel
- Geeigneter Gegenstand i.S.d. § 94 I StPO
  - ⇨ Vorliegen eines Gegenstands i.S.d. § 94 I StPO
  - ⇨ Gegenstand ist als Beweismittel für die Untersuchung potentiell von Bedeutung
- Qualifizierung der Maßnahme als einfache Sicherstellung oder förmliche Beschlagnahme gem. § 94 II StPO
- Im Falle einer einfachen Sicherstellung ist zu prüfen, ob die Anforderungen an die Freiwilligkeit der Herausgabe erfüllt sind.
- Im Falle einer förmlichen Beschlagnahme ist zu prüfen, ob Beschlagnahmeverbote bestehen. Der Gegenstand darf nicht nach einfachem Gesetz (§§ 96, 97, EMRK) oder unmittelbar aus verfassungsrechtlichen Gründen von der Beschlagnahme ausgeschlossen sein.
- Die Beschlagnahme muss verhältnismäßig sein. Ist sie verhältnismäßig und liegen die weiteren Voraussetzungen vor, muss sie angeordnet werden (kein Ermessen).

b. Anordnungskompetenz bei der förmlichen Beschlagnahme nach § 98 I StPO

- Grundsätzlich ist das Gericht anordnungsbefugt; der Gerichtsvorbehalt muss in der Praxis effektiv sein.
- Bei Gefahr im Verzug sind die StA und ihre Ermittlungspersonen anordnungsbefugt. Ausnahme: Pressebeschlagnahme in den Räumen einer Redaktion, eines Verlags, Druckerei, Rundfunkanstalt (§ 98 I S. 2 StPO).

c. Form- und Durchführungsvorschriften

(Darauf braucht nicht eingegangen zu werden, wenn nur nach der Rechtmäßigkeit der Anordnung der Maßnahme gefragt wird und der Sachverhalt keine näheren Hinweise zur Durchführung der Maßnahme gibt).

---

§ 98 II StPO gerecht, der gerade nicht in die Hände lediglich körperlich als erwachsen erscheinender Jugendlicher gelegt werden sollte.

[585] KG VRS **42**, 210; KMR-*Müller*, § 98 Rn 12

[586] KG VRS **42**, 210; LR-*Schäfer*, § 98 Rn 46; KK-*Nack*, § 98 Rn 16.

- Zur Bekanntgabe der Beschlagnahme und zur Gewährung von rechtlichem Gehör siehe oben Rn 441.
- Ggf. muss binnen drei Tagen eine gerichtliche Bestätigung der Beschlagnahme beantragt werden (§ 98 II S. 1 StPO) oder es ist dem Gericht von der Beschlagnahme nach § 98 III StPO Anzeige zu machen.
- Der Betroffene ist nach § 98 II S. 5 StPO über seine Rechtsschutzmöglichkeiten zu belehren (siehe Rn 542).
- Die Aufnahme der beschlagnahmten Gegenstände in ein Verzeichnis und die Aushändigung des Verzeichnisses auf Verlangen des Betroffenen (§ 107 S. 2 StPO) sowie die Verpflichtung zur Kennzeichnung der beschlagnahmten Gegenstände (§ 109 StPO) sind nur für die Durchsuchung geregelt, werden aber für Beschlagnahmen, die ohne vorherige Durchsuchung vorgenommen werden, analog angewendet.

7. Beschlagnahmeverbote nach § 96 StPO

§ 96 StPO soll im Strafverfahren den Schutz von Dienstgeheimnissen der Exekutive einerseits und die gebotene Wahrheitserforschung andererseits zu einem Ausgleich bringen.[587] Er beschränkt nach h.M. die Herausgabepflicht nach § 95 StPO (siehe Rn 483 ff.), die allg. Amtshilfepflicht nach Art. 35 I GG u. § 161 I StPO sowie die Beschlagnahme nach § 94 StPO.[588] **445**

Der **Behördenbegriff** richtet sich nach § 11 I Nr. 7 StGB und umfasst auch Gerichte. Behörde i.S.d. § 96 StPO ist die Polizei, soweit sie präventiv tätig wird; bei repressiver Tätigkeit unterliegt sie der Verfahrensleitung der StA[589]; letzteres gilt auch bei Gemengelagen.[590] Auch die StA ist Behörde i.S.d. § 96 StPO.[591] Für die Geheimhaltung verdeckter Ermittler gelten besondere Regelungen (siehe §§ 110b III, 101 II, V StPO), für andere Ermittlungspersonen und Informanten bleibt es bei § 96 StPO.[592] Nach dem Wortlaut gilt § 96 StPO für **Akten** und **sonstige Schriftstücke**, er wird jedoch auch auf **andere Beweisgegenstände** und Auskunftsersuchen (z.B. Namen etc.) entsprechend angewendet und zudem wird der Begriff „Schriftstücke" weit ausgelegt, sodass darunter auch Ton-, Bild- und sonstige Datenträger subsumiert werden, obwohl § 96 StPO nicht auf § 11 III StGB verweist.[593] Die Akten oder sonstigen Beweisgegenstände müssen sich **in amtlicher Verwahrung** befinden, d.h. die Behörde muss in Erfüllung ihrer Aufgaben die tatsächliche Verfügungsgewalt darüber ausüben. **446**

§ 96 StPO setzt eine **Sperrerklärung** der obersten Dienstbehörde voraus. Dies ist i.d.R. der zuständige Fachminister, der diese Befugnis nur bei häufig vorkommenden, gleich gelagerten Fällen delegieren darf.[594] Voraussetzung für den Erlass einer Sperrerklärung ist eine Gefahr für das Wohl des Bundes oder eines deutschen Landes. Eine solche Gefahr kann einerseits damit begründet werden, dass das Bekanntwerden der Beweismittel die Erfüllung öffentlicher Aufgaben ernstlich gefährden oder erheblich erschweren wür- **447**

---

[587] BVerfGE **57**, 250, 282; BVerfG NStZ **1984**, 515, 517.

[588] BGH NStZ **2001**, 333; BGH StV **1992**, 308; BGHSt **38**, 239 ff. KG NStZ **1989**, 86; OLG Jena NJW **2001**, 1290; *Meyer-Goßner*, § 96 Rn 1; KK-*Nack*, § 96 Rn 1; a.A. LR-*Schäfer*, § 96 Rn 7 ff. (und auch Rn 52 a.E.), der eine Beschlagnahme durch die Judikative gegen die Exekutive als Verstoß gegen das Gewaltenteilungsprinzip bewertet. Das Gesetz muss jedoch auch konkrete Konfliktlagen zwischen Exekutive und Judikative lösen können und tut dies durch die Regelung des § 96 StPO, die auf die Sperrerklärung der obersten Dienstbehörde abstellt.

[589] BVerwGE **47**, 255, 263; § 163 II S. 1 StPO.

[590] BGHSt **47**, 44, 48; **45**, 321, 337; problematisch RiStBV Anl. A Teil B III; vgl. LR-*Schäfer*, § 96 Rn 36.

[591] Keine Herausgabepflicht an das erkennende Gericht besteht gem. § 199 II S. 2 StPO für Ermittlungsakten, die nicht das anhängige Verfahren betreffen.

[592] LR-*Schäfer*, § 96 Rn 60; für eine entsprechende Anwendung des § 110b III StPO BT-Drs. 12/989 S. 42; *Hilger*, JR **1992**, 524 Fn 154; *Krey*, Miyazawa-FS S. 595, 606 f.; abl. *Lilie*, StV **1996**, 509 ff.; *Erfurth*, StV **1997**, 179, *Lesch*, StV **1995**, 545; *Zaczyk*, StV **1993**, 496.

[593] BVerfGE **57**, 250, 282; BGHSt **38**, 237, 241; **32**, 115, 123; KK-*Nack*, § 96 Rn 6.

[594] BVerfGE **57**, 250, 289.

de,[595] andererseits damit, dass der Staat seiner Pflicht zum Schutz von Leben, Freiheit oder sonstigen Grundrechten eines Bürgers bei Bekanntwerden der Beweismittel nicht mehr hinreichend nachkommen könnte.[596] Bestehen solche Voraussetzungen, sind sie im Einzelfall abzuwägen mit der Verpflichtung, im Strafprozess die Wahrheit zu erforschen.[597] Bei der Entscheidung besteht ein Beurteilungsspielraum.[598] Eine Überlassung der Akten an das Gericht mit einer Verpflichtung zur Geheimhaltung und einer Sperrung der Akteneinsicht für die Verteidigung ist im Strafprozess ausgeschlossen,[599] denn es gibt im Strafprozess anders als im Verwaltungsprozess kein sog. „in camera"-Verfahren (§ 99 II VwGO). Eine Bitte um vertrauliche Behandlung ist für das Strafgericht unbeachtlich.[600]

448 Die Sperrerklärung muss eine **Begründung** enthalten, die es den Strafverfolgungsbehörden ermöglicht zu prüfen, ob die erforderliche Interessenabwägung erfolgt ist. Eine floskelhafte Begründung genügt nicht,[601] die Begründung darf und muss jedoch das Geheimhaltungsinteresse wahren. Fehlende oder offensichtlich fehlerhafte Begründungen verpflichten das Strafgericht bzw. die StA gem. §§ 160 I, 244 II StPO zu **Gegenvorstellungen**; Gericht bzw. StA haben mit allen zulässigen (vgl. insb. §§ 58a, 68 II, III, 168e, 247a, 255a StPO) und nicht von vorne herein aussichtslosen Mitteln auf die Aufhebung der Sperrerklärung hinzuwirken.[602] Dies gilt in besonderem Maß, wenn die Sperrerklärung den Angeklagten betrifft und ihn in seinen Verteidigungsrechten beschneidet.[603] Eine endgültige **Sperrerklärung bindet** StA und Gericht,[604] selbst wenn sie rechtswidrig ist, was eine Beschlagnahme von Unterlagen ausschließt.[605] Bei offensichtlichen und schweren Fehlern ist die **Sperrerklärung nichtig** und damit für Gericht und StA unbeachtlich,[606] sodass nach erfolgloser Gegenvorstellung Unterlagen einer Behörde beschlagnahmt werden dürfen.[607] Eine Anfechtungs- und Verpflichtungsklage gegen die Sperrerklärung und zur Erzwingung der Herausgabe von Beweismitteln im Verwaltungsrechtsweg können die **verfahrensbeteiligten Privatpersonen** nicht jedoch das Strafgericht und die StA einlegen.[608]

449 Aufgrund einer wirksamen Sperrerklärung wird das Beweismittel unerreichbar. Das Gericht muss die Beschränkung seiner Erkenntnismöglichkeiten bei der Beweiswürdigung berücksichtigen, allerdings nicht den Gegenvortrag des Angeklagten als wahr unterstellen, ggf. jedoch den Zweifelssatz anwenden.[609] **Surrogate** dürfen in die Hauptverhandlung eingeführt werden, wobei die Beweiskraft von Surrogaten besonders kritisch und zurückhaltend zu würdigen ist.[610] Dies gilt gleichermaßen bei rechtswidrigen, jedoch nicht bei nichtigen Sperrerklärungen. Nach Art. 6 III lit. d EMRK hat der Angeklagte zumindest ein **Fragerecht**; die Fragen sind z.B. an den gesperrten Zeugen zu übermitteln und von diesem zu beantworten, soweit ihm kein Zeugnisverweigerungsrecht zu-

---

[595] Vgl. § 37 IV BeamtStG; BVerfGE **57**, 250, 282 ff.
[596] Vgl. *Zeibig*, NStZ **1999**, 339; BVerfGE **27**, 344 zum Schutz der Intimsphäre.
[597] BVerfGE **57**, 250, 285; BGHSt **32**, 115, 123; **35**, 82, 85.
[598] OLG Hamm NStZ **1985**, 566; LR-*Schäfer*, § 96 Rn 95; a.A. OLG Stuttgart MDR **1986**, 690.
[599] BGH NStZ **2000**, 161 u. 265.
[600] BGHSt **42**, 71 ff.; BGH NStZ **2001**, 33.
[601] BVerfG **57**, 288 f.; **75**, 9; BGHSt **36**, 159, 163; **32**, 115, 125.
[602] BVerfGE **57**, 250, 282 ff.; BGHSt **33**, 178, 180; **36**, 161; NStZ **2000**, 265; **2001**, 656; StV **1990**, 291.
[603] BGH NJW **2007**, 3010, 3012: Gericht muss ggf. auf einen Kabinettsbeschluss hinwirken.
[604] BGHSt **32**, 115, 123; **33**, 179 f.; LR-*Schäfer*, § 96 Rn 80, 82.
[605] BGH StV **1998**, 411.
[606] BGHSt **29**, 109, 112; KG NStZ **1989**, 541 f.
[607] Vgl. BGHSt **36**, 159, 163; KG NStZ **1989**, 452; BGH NJW **1987**, 1426.
[608] BGHSt **44**, 107, 111; BVerwGE **47**, 255, 259; **69**, 192, 195; LR-*Schäfer*, § 96 Rn 72, 102, 107; a.A. *Meyer-Goßner*, § 96, Rn 14. Zur Klagebefugnis der StA vgl. *Ellbogen*, NStZ **2007**, 310 ff.
[609] BGHSt **49**, 112, 121; hierzu *Detter*, StV **2006**, 548; zust. *Müller*, JZ **2004**, 926; krit. *Mosbacher*, JR **2004**, 523.
[610] BVerfGE **57**, 250, 290; BGHSt **32**, 115, 126 (Großer Senat); **34**, 15, 19; **36**, 159, 166.

steht.[611] In Betracht kommt auch eine Videokonferenz ggf. mit optischer und akustischer Verfremdung (vgl. § 247a StPO).[612] Die Sperrerklärung bewirkt kein Beweisverbot für den Fall, dass das gesperrte Beweismittel der StA oder dem Strafgericht auf anderem Wege bekannt wird.[613]

In der **Revision** kann mit der Sachrüge eine unkritische Würdigung der Beweissurrogate angegriffen werden.[614] Verfahrensrügen (Rn 1204) kommen in Betracht, wenn das Gericht eine fehlende, rechtswidrige oder nichtige Sperrerklärung hinnimmt (Verstoß gegen § 244 II StPO)[615] oder trotz fehlender oder nichtiger Sperrerklärung einen Beweisantrag wegen Unerreichbarkeit des Beweismittels ablehnt (Verletzung des § 244 III StPO)[616] bzw. ein Vernehmungsprotokoll verliest.[617] Die Revision kann dagegen nicht damit begründet werden, dass ein gesperrtes Beweismittel verwertet wurde, da dies den Rechtskreis des Angeklagten nicht berührt.[618] **450**

8. Beschlagnahmeverbote nach § 97 StPO

a. Überblick

§ 97 StPO dient dem Schutz der Zeugnisverweigerungsrechte, die nicht durch eine Beschlagnahme bei den zeugnisverweigerungsberechtigten Personen umgangen werden sollen, um diese davor zu bewahren, mittelbar doch zu einer Überführung der ihnen nahestehenden Person beizutragen. § 97 StPO dient damit dem Schutz der Angehörigen und der Vertrauenspersonen, jedoch nur mittelbar dem Schutz des Beschuldigten; die Vorschrift betrifft deshalb auch nur die Beweismittelbeschlagnahme nach § 94 StPO, während Gegenstände, die dem Verfall oder der Einziehung unterliegen (§§ 73, 74 StGB), nach §§ 111b ff. StPO beschlagnahmt werden können (vgl. § 97 II S. 3 a.E. StPO). **451**

§ 97 StPO gilt grds. **nur im Rahmen des Vertrauensverhältnisses**, das das Aussageverweigerungsrecht begründet. Einzelheiten hierzu ergeben sich aus dem jeweiligen Umfang des Zeugnisverweigerungsrechts gemäß den Regelungen der §§ 52, 53 StPO (siehe Rn 262, 914, 1089). Sofern ein Zeugnisverweigerungsrecht besteht, ist allerdings nur die Beschlagnahme bestimmter, in § 97 StPO einzeln aufgeführter Gegenstände verboten; eine allgemeine Beschlagnahmefreiheit entsprechend dem allgemeinen Zeugnisverweigerungsrecht nach § 53 StPO besteht nach h.M. nicht.[619] Die Beweiserhebungs- und -verwertungsverbote des neuen § 160a StPO lassen nach dessen Abs. V die Regelungen des § 97 StPO unberührt. Dies ergibt sich nicht nur aus dem Wortlaut des § 160a V StPO, sondern auch daraus, dass § 97 V S. 2 StPO ausdrücklich und ausnahmsweise auf § 160a IV S. 2 StPO verweist. Sofern unter den Voraussetzungen des § 97 StPO grds. eine Beschlagnahmefreiheit besteht, ist weiter in einem zweiten Schritt zu prüfen, ob eine der in § 97 II StPO geregelten **Ausnahmen vom Beschlagnahmeverbot** vorliegt, wobei zu den einzelnen Ausnahmen teilweise wiederum Gegenausnahmen zu beachten sind. Dadurch erhält sowohl die Darstellung der Beschlagnahmeverbote als auch ihre Prüfung in der Klausur eine nicht unerhebliche Komplexität. **452**

---

611 Das Fragerecht gem. Art. 6 III lit. d EMRK ist eine Ausformung des Grundsatzes des fairen Verfahrens (Art. 6 I S. 1 EMRK), vgl. EGMR StV **1997**, 617; ebenso BVerfG NStZ **1991**, 445; BGHSt **39**, 141, 144.
612 BGHSt **51**, 232 ff. mit zust. Anm. *Güntge.*
613 BGHSt **39**, 141, 144; **35**, 82, 85.
614 BGHSt **36**, 159, 166; NStZ **2000**, 607.
615 BGHSt **32**, 115, 123; **36**, 159, 161 ff.; **41**, 36, 37.
616 BGHSt **29**, 390, 391; **30**, 34, 37; **31**, 323, 327; **35**, 82, 85.
617 BGHSt **32**, 115, 126.
618 LR-*Schäfer* Rn 114; *Meyer-Goßner*, Rn 7.
619 BVerfG NJW **2009**, 281; NStZ-RR **2004**, 83; KK-*Nack*, Rn 1 m.w.N.; offengelassen BGHSt **43**, 300; krit. *Beulke,* FS-Lüderssen S. 705.

Prüfungsschema eines Beschlagnahmeverbots (§ 97 StPO)

I. Verfahren gegen Beschuldigten wurde eingeleitet

Ein Beschlagnahmeverbot nach § 97 StPO erfordert zunächst als allgemeine Voraussetzung, dass ein Verfahren gegen einen Beschuldigten (siehe Rn 216 ff.) eingeleitet wurde, wobei die (geplante) Beschlagnahme der erste Verfolgungsakt gegen den somit Beschuldigten sein kann.[620] In Verfahren gegen Unbekannt, gegen Dritte, denen gegenüber kein Zeugnisverweigerungsrecht besteht, oder gegen den Zeugnisverweigerungsberechtigten selbst ist § 97 StPO nicht anwendbar.[621]

II. Vorliegen eines Gegenstands, der dem Beschlagnahmeverbot unterliegt

Die Gegenstände, Situationen und der Personenkreis, bei denen ein Beschlagnahmeverbot besteht, sind in den § 97 I - V StPO geregelt. Die Einzelheiten zum geschützten Personenkreis wurden bereits im Rahmen der Zeugnisverweigerungsrechte besprochen (siehe Rn 262 ff.). Grds. ist zu beachten und zu prüfen, ob ein Gegenstand nach § 97 StPO geschützt ist und ob er sich darüber hinaus im Gewahrsam der zeugnisverweigerungsberechtigten Person befindet.

- § 97 I Nr. 1 StPO schützt schriftliche Mitteilungen vor einer Beschlagnahme, sofern sie zwischen dem Beschuldigten und seinen Angehörigen (§ 52 StPO) oder Berufsgeheimnisträgern (§ 53 I S. 1 Nr. 1 – 3b StPO) ausgetauscht wurden bzw. dazu bestimmt sind. Berufsgeheimnisträger sind insb. Geistliche (§ 53 I S. 1 Nr. 1 StPO), Strafverteidiger (§ 53 I S. 1 Nr. 2 StPO), Rechtsanwälte, Steuerberater, Ärzte (§ 53 I S. 1 Nr. 3 StPO) sowie Mitarbeiter von Schwangerschafts- (§ 53 I S. 1 Nr. 3a StPO; § 219 II StGB) und Drogenberatungsstellen (§ 53 I S. 1 Nr. 3b StPO).
- § 97 I Nr. 2 StPO gilt nur für die Berufsgeheimnisträger (§ 53 I S. 1 Nr. 1-3b StPO). Nur bei ihnen und nicht bei Angehörigen sind auch eigene Aufzeichnungen geschützt, die das berufliche Vertrauensverhältnis zwischen ihnen und dem Beschuldigten betreffen und auf die sich das Zeugnisverweigerungsrecht erstreckt.
- § 97 I Nr. 3 StPO gilt ebenfalls nur für Berufsgeheimnisträger i.S.d. § 53 I S. 1 Nr. 1-3b StPO und schützt über die bereits in Nr. 1 und 2 genannten Mitteilungen und Aufzeichnungen hinaus sonstige Gegenstände einschließlich ärztlicher Untersuchungsbefunde, auf die sich das Zeugnisverweigerungsrecht erstreckt.
- § 97 IV StPO betrifft Abgeordnete i.S.d. § 53 I S. 1 Nr. 4 StPO und verbietet die Beschlagnahme von Gegenständen i.S. § 97 I Nr. 1 - 3.
- § 97 V StPO betrifft schließlich die Pressebeschlagnahme.
- Bei Hilfspersonen (§ 97 III und IV S. 3 und 3 StPO – vgl. zum Personenkreis die Ausführungen zu § 53a StPO) sind solche Beweisgegenstände beschlagnahmefrei, an denen die Hilfsperson im Rahmen ihrer Tätigkeit für einen Berufsgeheimnisträger (Mit-)Gewahrsam hat. Die Einwilligung in eine Herausgabe obliegt dem Berufsgeheimnisträger (§§ 53a I S. 2 i.V.m § 97 III, IV StPO).

III. Ausnahmen von der grundsätzlichen Beschlagnahmefreiheit

Ausnahmen von der grds. Beschlagnahmefreiheit bestehen nach § 97 II S. 3 StPO, wenn die zeugnisverweigerungsberechtigte Person aufgrund bestimmter Tatsachen einer Teilnahme (vgl. zur Definition § 28 StGB), einer Begünstigung (§ 257 StGB), einer Strafvereitelung (§ 258 StGB) oder Hehlerei (§ 259 StGB) verdächtig ist. § 97 II S. 3 StPO stellt klar, dass auch dann kein Beschlagnahmeverbot besteht, wenn ein Beweisgegenstand der Einziehung oder dem Verfall nach §§ 73, 74 StGB unterliegt.[622] Bei manchen, aber nicht bei allen Berufsgeheimnisträgern können Beweisgegenstände schließlich auch dann beschlagnahmt werden, wenn der Geheimnisträger vom Beschuldigten von seiner Geheimhaltungspflicht entbunden wurde (zu den Einzelheiten siehe sogleich).

---

[620] OLG Celle NJW **1963**, 406 f.; LR-*Schäfer*, § 97 Rn 26; *Meyer-Goßner*, § 97 Rn 10.
[621] *Meyer-Goßner*, § 97 Rn 4, 10.
[622] *Meyer-Goßner*, § 97 Rn 3.

b. Beschlagnahmefreie Gegenstände im Einzelnen

Schriftliche Mitteilungen (i.S.d. § 97 I Nr. 1 StPO) sind fixierte Gedankenäußerungen, die eine Person einer anderen zukommen lässt, damit diese davon Kenntnis nimmt.[623] Hierzu zählen auch Zeichnungen oder Skizzen und sonstige Bild- und Tonträger, sofern sie Gedankenäußerungen enthalten.[624] Die Gedankenäußerung wird zur Mitteilung, wenn sie versandt oder zum Versenden bestimmt ist. Sie kann vom Zeugnisverweigerungsberechtigten selbst, mit fremder Hilfe oder von seinem Beauftragten gefertigt sein. Bei Angehörigen spielt es keine Rolle, welcher Art die Mitteilung ist, ob ihr Inhalt z.B. vertraulichen Charakter oder einen Bezug zur Tat hat. Deshalb ist auch die Beschlagnahme zum Zweck des Schriftvergleichs unzulässig.[625] **453**

Aufzeichnungen (§ 97 I Nr. 2 StPO) sind die von dem Zeugnisverweigerungsberechtigten selbst oder in seinem Auftrag hergestellten Informationsträger jeder Art (Schrift-, Bild-, Ton- und andere Datenträger).[626] Sie müssen eigene Wahrnehmungen des Zeugnisverweigerungsberechtigten betreffen, auf die sich sein Zeugnisverweigerungsrecht erstreckt.[627] **454**

Andere Gegenstände einschließlich der **ärztlichen Untersuchungsbefunde** (§ 97 I Nr. 3 sowie IV StPO, der durch die Formulierung „Gegenstände", die in Nr. 1 und Nr. 2 genannten Mitteilungen und Aufzeichnung einschließt). Umfasst sind eine Vielzahl von Gegenständen. Entscheidend ist, dass sie das Vertrauensverhältnis zwischen dem Zeugnisverweigerungsberechtigten und dem Beschuldigten betreffen.[628] Im medizinischen Bereich kann es sich z.B. um Fremdkörper wie etwa aus einer Schusswunde entfernte Kugeln, aber auch Röntgenaufnahmen, BAK-Werte oder Fieberkurven handeln; eine Beschlagnahme kann aber zulässig sein, wenn sie gegenüber einer sonst zulässigen Maßnahme nach § 81a StPO das mildere Mittel ist.[629] Im Rechts- und Wirtschaftsleben sind Unterlagen beschlagnahmefrei, wenn und solange sie dem Beratungsverhältnis eines Berufsgeheimnisträgers dienen.[630] Demnach besteht **kein Beschlagnahmeverbot** bei Unterlagen, die der Mandant z.B. nach § 257 HGB aufbewahren und für eine Überprüfung zur Verfügung halten muss[631], oder die der Steuerberater allein zur Anfertigung der Buchführung erhalten hat, da das Führen fremder Handelsbücher nicht vom Berufsbild und besonderen Vertrauensverhältnis des Steuerberaters umfasst ist.[632] Notarielle Urkunden sind grds. nicht geheimhaltungsbedürftig und unterliegen der Beschlagnahme,[633] geschützt sind aber die noch vertraulichen Entwürfe zu ihrer Errichtung[634] und hinterlegte Testamente.[635] **455**

Schriftstücke (§ 97 V StPO) sind schriftliche Mitteilungen i.S.d. § 97 I Nr. 1 StPO und Aufzeichnungen i.S.d. § 97 I Nr. 2 StPO sowie sonstige auf einem Medium (vgl. § 11 III StGB) festgehaltene Gedankenäußerungen einschließlich Manuskripte und gedruckte **456**

---

[623] BGHSt **44**, 46, 48.
[624] So BVerfG NStZ **2002**, 377, obwohl § 97 StPO nicht auf § 11 III StGB verweist.
[625] LR-*Schäfer*, § 97 Rn 80; *Meyer-Goßner*, § 97 Rn 34.
[626] BVerfG NStZ **2002**, 377; OLG Köln NStZ **1991**, 452.
[627] *Meyer-Goßner*, § 97 Rn 29.
[628] LR-*Schäfer*, § 97 Rn 75; KK-*Nack*, § 97 Rn 15
[629] OLG Frankfurt NStZ-RR **1999**, 246; OLG Zweibrücken NStZ **1995**, 98.
[630] BGHSt **33**, 148; EGMR NJW **1993**, 718; EGMR NJW **1993**, 718.
[631] LG München NJW **1989**, 536 m.w.N. a.A. LG Bonn NJW **2002**, 2261.
[632] BVerfGE **59**, 302; **54**, 301; LG München NJW **1989**, 536; dies gilt nicht, solange und soweit die Buchhaltungsunterlagen der Anfertigung der Steuererklärung durch den Steuerberater dienen (LG Dresden NJW 2007, 2709).
[633] LG Freiburg wistra **1998**, 35; a.A. *Amelung*, DNotZ **1984**, 195.
[634] LG Köln NJW **1981**, 1746; KK-*Nack*, § 97 Rn 13.
[635] LG Arnsberg wistra **1993**, 199; *Ost*, wistra **1993**, 177.

Schriftstücke.[636] Sie müssen nicht vom Zeugnisverweigerungsberechtigten angefertigt sein oder gedanklich herrühren.[637]

457 **Ton-, Bild- und Datenträger, Abbildungen** und **andere Darstellungen** i.S.d. § 97 V StPO sind solche nach § 11 III StGB. Datenträger sind Medien zur Informationsspeicherung, die Aufzeichnungsmethode (analog oder digital) spielt keine Rolle.

458 Die nach § 97 I Nr. 1-3 und V StPO geschützten Gegenstände müssen sich grds. (zu den Ausnahmen s.u.) im **Gewahrsam** des Zeugnisverweigerungsberechtigten befinden. Hat der Beschuldigte Mitgewahrsam an dem Beweisgegenstand, entfällt nach h.M. das Beschlagnahmeverbot. Das Beschlagnahmeverbot entfällt nach h.M. auch dann, wenn der Zeugnisverweigerungsberechtigte seinen Gewahrsam an dem Beweisgegenstand durch unfreiwilligen Verlust oder Diebstahl verloren hat, da in solchen Fällen der Zeugnisverweigerungsberechtigte nicht indirekt zur Überführung beiträgt.[638] Auch für Sachen, die sich auf dem Postweg befinden, besteht grds. kein Beschlagnahmeverbot nach § 97 StPO (vgl. zur Postbeschlagnahme § 99 StPO). Für Unterlagen, die der Strafverteidigung dienen, besteht jedoch nach § 148 StPO auch auf dem Postweg ein Beschlagnahmeverbot[639]; Verteidigungsunterlagen dürfen aus verfassungsrechtlichen Gründen selbst dann nicht beschlagnahmt werden, wenn sie sich im Gewahrsam des Beschuldigten befinden (vgl. Rn 452 ff.).

459 Kein Beschlagnahmeverbot besteht, wenn der Gewahrsamsinhaber den Beweisgegenstand **freiwillig herausgibt**, wobei Freiwilligkeit die Kenntnis des Beschlagnahmeverbots voraussetzt; entsprechend § 52 III S. 1 StPO sind Angehörige darüber generell zu belehren,[640] Berufsgeheimnisträger nach § 53 StPO allenfalls dann, wenn feststeht, dass ihnen das Beschlagnahmeverbot unbekannt ist.[641] Der Verstoß gegen die Belehrungspflicht macht das Beweismittel unverwertbar, ein Einverständnis aufgrund nachträglicher Belehrung ist wirksam.[642] Der Widerruf der Einwilligung ist jederzeit zulässig und hat zur Folge, dass das Beweismittel zurückzugeben ist; vor dem Widerruf erhobene Beweise bleiben wie bei §§ 52, 53 StPO verwertbar.[643] Bei einer freiwilligen Herausgabe besteht nach h.M., die aber heftig umstritten ist, auch dann kein Beschlagnahme- und Verwertungsverbot, wenn der zeugnisverweigerungsberechtigte Gewahrsamsinhaber einer Geheimhaltungspflicht nach § 203 StGB unterliegt, da es nicht Aufgabe der StA oder des Gerichts ist, eine Herausgabebefugnis z.B. aufgrund einer Entbindung oder einer sonstigen Rechtfertigung zu überprüfen.[644]

460 Auch **ohne Gewahrsam des Zeugnisverweigerungsberechtigten** besteht nach § 97 II S. 1 Halbs. 2 StPO für elektronische Gesundheitskarten (§ 291a SGB V) ein Beschlagnahmeverbot. Eine **Sonderregelung zum Gewahrsam** (§ 97 I S. 2 StPO) gilt für Ärzte, andere Heilberufe, die im Gesetz genannt sind, sowie für Mitarbeiter von Schwangerschafts- und Drogenberatungsstellen. Die Beschlagnahme ist unzulässig, wenn sich deren Unterlagen im Gewahrsam einer Krankenanstalt, bei Dienstleistern (z.B. ärztliche Verrechnungsstellen) und bei den genannten Beratungsstellen befinden. Die Krankenanstalt oder Beratungsstelle muss den Gewahrsam zumindest mittelbar auf Veranlassung des Geheimnisträgers erhalten haben, dieser muss dort aber nicht tätig

---

636 LR-*Schäfer*, § 97 Rn 126; a.A. *Meyer-Goßner*, § 97 Rn 31.
637 LR-*Schäfer*, § 97 Rn 126.
638 BGH NJW **1977**, 540; *Meyer-Goßner*, Rn 13.
639 LR-*Schäfer*, § 97 Rn 28.
640 LR-*Schäfer*, § 97 Rn 58; KK-*Nack*, § 97 Rn 3; a.A. *Meyer-Goßner*, § 97 Rn 6.
641 LR-*Schäfer*, § 97 Rn 57; a.A. *Wohlers*, NStZ **1990**, 245 f.
642 *Meyer-Goßner*, § 97 Rn 6.
643 *Meyer-Goßner*, § 97 Rn 7.
644 BGHSt **18**, 227, 230; LR-*Schäfer*, § 97 Rn 55; *Meyer-Goßner*, § 97 Rn 5; a.A. SK-*Wohlers*, § 97 Rn 23.

sein.[645] Entsprechendes gilt nach § 97 V S. 1 StPO für **Pressemitarbeiter**. Hier besteht ein Beschlagnahmeverbot auch dann, wenn der Beweisgegenstand sich im Gewahrsam einer Redaktion, Rundfunkanstalt, eines Verlags oder einer Druckerei befindet. Solcher Gewahrsam besteht in Betriebsräumen, Fahrzeugen, Lagern etc.

c. Ausnahmen vom Schutzbereich im Einzelnen

Die **Entbindung von der Schweigepflicht** durch den Beschuldigten gem. § 53 II S. 1 **461** StPO hebt bei den Berufsgeheimnisträgern nach § 53 I S. 1 Nr. 2 bis 3b StPO, nicht aber bei denen nach Nr. 1, 4 und 5 das Beschlagnahmeverbot auf und verpflichtet sie zur Herausgabe nach § 95 StPO.[646] Der Beschuldigte kann auch unmittelbar gegenüber den Strafverfolgungsbehörden der Beschlagnahme zustimmen[647] und er kann die Entbindung auf bestimmte Gegenstände beschränken.[648] Ein Widerruf der Entbindung lässt das Beschlagnahmeverbot erneut entstehen, sodass das beschlagnahmte Beweismittel zurückzugeben ist und nicht mehr verwertet werden darf. Bereits erfolgte Beweiserhebungen werden aber nicht rückwirkend unverwertbar.[649]

Das Gesetz enthält in § 53 II S. 2 u. 3 StPO eine Abwägungsregelung zwischen dem **462** Strafverfolgungsinteresse bei Verbrechen und einigen ausdrücklich genannten Vergehen und der in Art. 5 I GG geschützten Pressefreiheit (s. Rn 465).

Ist der Zeugnisverweigerungsberechtigte aufgrund bestimmter Tatsachen einer **Teilnahme** (vgl. zur Definition § 28 StGB) an der **Tat** (weit i.S.d. § 264 StPO), **Begünstigung** (§ 257 StGB), **Strafvereitelung** (§ 258 StGB) oder **Hehlerei** (§ 259 StGB) verdächtig, entfällt das Beschlagnahmeverbot gem. § 97 II S. 3 StPO bzw. für Pressevertreter gem. § 97 V S. 2 StPO. Der Zeugnisverweigerungsberechtigte muss nur Verdächtiger, nicht Beschuldigter sein.[650] Zu beachten ist, dass der Teilnahmeverdacht genau zu prüfen ist, sofern dies nicht bereits im materiellen Teil einer Klausur geschehen ist und darauf verwiesen werden kann. Teilnahme kann nach § 28 I StGB Anstiftung und Beihilfe sein; ist der Zeugnisverweigerungsberechtigte der (Mit-)Täterschaft verdächtig, besteht schon deshalb grds. kein Beschlagnahmeverbot.[651] Teilnahme setzt nach §§ 26 u. 27 StGB eine vorsätzliche und rechtswidrige Tat i.S.d. § 11 II Nr. 5 StGB voraus. Der Tatbestand der rechtswidrigen Tat ist anzugeben und zu prüfen, ob Anhaltspunkte dafür bestehen, dass die objektiven und subjektiven Tatbestandsmerkmale des Grunddelikts erfüllt wurden – also zumindest ein Versuch oder eine strafbare versuchte Beteiligung i.S.d. § 30 StGB vorliegt - und der Zeugnisverweigerungsberechtigte hierzu vorsätzlich angestiftet oder Hilfe geleistet hat. Eine nur objektive, unvorsätzliche Verstrickung, eine notwendige Teilnahme und die Teilnahme an einer anderen Tat i.S.d. § 264 StPO reichen nicht aus.[652] Hinsichtlich der Anhaltspunkte einer Teilnahme genügt grds. ein **einfacher Tatverdacht** (Einschränkungen s.u.); das Gewicht des Verdachts ist aber bei der Prüfung der Verhältnismäßigkeit der Beschlagnahme zu berücksichtigen. Der Verdacht muss auf bestimmten (äußeren oder inneren) Tatsachen und nicht nur auf Vermutungen beruhen; die Tatsachen müssen ein gewisses Maß an Konkretisierung erreicht haben. Bei der Frage, ob sie einen Verdacht begründen, kann kriminalistische Erfahrung mitberücksichtigt werden (vgl. näher Rn 727 ff.). In einer Klausur müssen die bestimmten Tatsachen dem Sachverhalt entnommen und in der Lösung ausdrücklich genannt

---

645 *Meyer-Goßner*, Rn 14.
646 BGHSt **38**, 144, 145; SK-*Wohlers*, § 97 Rn 27.
647 BGHSt **38**, 144, 145; KK-*Nack*, § 97 Rn 7.
648 *Meyer-Goßner*, § 97 Rn 24, § 53 Rn 49.
649 BGHSt **25**, 168, 171; *Meyer-Goßner*, § 97 Rn 47.
650 Anders bei Abgeordneten, vgl. Rn 466.
651 Zur Beschlagnahme von Unterlagen von Strafverteidigern u. Rechtsanwälten vgl. LG Berlin NStZ **1993**, 146, von Pressemitarbeitern BVerfGE **20**, 162, 218, von Ärzten BVerfG NJW **2000**, 3337; BGHSt **38**, 144, 146.
652 SK-*Wohlers*, § 97 Rn 38; missverständlich BGHSt **25**, 167, 169.

werden. Sodann ist darzulegen, ob diese Tatsachen nach kriminalistischer Erfahrung einen Teilnahme-, Begünstigungs-, Strafvereitelungs- oder Hehlereiverdacht begründen oder nicht.

Beispiel: Es soll eine schriftliche Mitteilung an den Beschuldigten beschlagnahmt werden, die sich noch im Gewahrsam seines Bruders befindet. Beim Bruder wurden allerdings Teile der Beute gefunden.

Zunächst unterliegt die schriftliche Mitteilung einem Beschlagnahmeverbot nach §§ 97 I Nr. 1, 52 StPO, das aber nach § 97 II S. 3 StPO aufgrund eines Teilnahmeverdachts entfallen sein könnte. Die beim Bruder gefundenen Beutestücke sind bestimmte Tatsachen, die – nach kriminalistischer Erfahrung – den Verdacht begründen, der Bruder habe sie als Anteil für eine Teilnahme an der Tat erhalten oder verbirgt sie zugunsten des Täters (§ 257 StGB). Demnach besteht kein Beschlagnahmeverbot.
Anders wäre es, wenn im Sachverhalt zusätzlich erwähnt wird, dass der Bruder nicht wusste, dass es sich bei den überlassenen Gegenständen um Beute aus einer Straftat handelt. Damit entfällt der Teilnahmeverdacht und das Beschlagnahmeverbot bleibt bestehen.

464 Nach der Rspr. gelten für die Beschlagnahme beim **teilnahmeverdächtigen Strafverteidiger** keine Besonderheiten, allerdings müssen gewichtige Anhaltspunkte für eine Tatbeteiligung vorliegen (hierzu sogleich.).[653] Nach wohl h.L. stellen §§ 138a ff., 148 StPO eine abschließende Sonderregel dar, mit der Folge, dass eine Beschlagnahme erst zulässig wird, wenn der teilnahmeverdächtige Verteidiger förmlich ausgeschlossen ist.[654] Eine entsprechende gesetzliche Regelung wurde im Gesetzgebungsverfahren zu § 100c VI a.F. StPO und zu 160a IV n.F. StPO, auf den § 100c VI n.F. StPO verweist, erwogen. Noch der Regierungsentwurf zum Gesetz zur Neuregelung der TKÜ (RegE; s. Rn 303a) enthielt in einem vorgesehenen neuen § 53b IV RegE eine Vorschrift, nach der Beweiserhebungs- und -verwertungsverbote erst entfallen, wenn gegen den Verteidiger ein Strafverfahren (förmlich) eingeleitet ist. Anders als die sonstigen Regelungen des § 53b IV RegE wurde diese Vorschrift jedoch nicht in den neuen § 160a StPO übernommen. Daraus ist zu schließen, dass es nicht dem gesetzgeberischen Willen entspricht, die Anwendbarkeit der Kollusionsregel von förmlichen Verfahrensvoraussetzungen abhängig zu machen. Dieses Argument wiegt umso schwerer, als der Gesetzgeber selbst bei der akustischen Wohnraumüberwachung in § 100c VI S. 3 StPO auf die Kollusionsregel des § 160a StPO verweist, bei Abgeordneten jedoch gem. § 97 IV StPO den Wegfall des Beschlagnahmeverbots von der förmlichen Aufhebung der Immunität abhängig gemacht hat; siehe hierzu Rn 466.

465 Zur Beschlagnahme bei **teilnahmeverdächtigen Pressemitarbeitern** hat das BVerfG im Fall „**Cicero**" Stellung genommen.[655]

Dem Fall lag folgender **Sachverhalt** zugrunde: Im April 2005 veröffentlichte das Politmagazin Cicero einen Artikel des freien Journalisten J über den Terroristen Abu Mousab al Zarqawi. In diesem Beitrag wird aus einem internen, als Verschlusssache gekennzeichneten Bericht des BKA ausführlich zitiert. Nach Einleitung eines Ermittlungsverfahrens durch die StA gegen den presserechtlich Verantwortlichen V sowie gegen J ordnete das AG die Durchsuchung der Wohn- und Geschäftsräume des J sowie der Redaktionsräume der Zeitschrift Cicero an. Zur Begründung führte das AG aus, dass J als Journalist ein Geheimnis im Sinne des § 353b StGB (Verletzung des Dienstgeheimnisses) veröffentlicht und hierdurch Beihilfe zur Verletzung des Dienstgeheimnisses begangen habe. Ihm sei bekannt gewesen, dass die Weitergabe des Berichts durch einen Mitarbeiter des BKA an ihn in der Absicht erfolgt sei, den geheimen

---

653 BGH NJW **2001**, 3793.
654 LR-*Schäfer*, § 97 Rn 96 ff.; offen gelassen in BGH NStZ **2001**, 604.
655 BVerfG NJW **2007**, 1117 ff. m. Anm. *Schmidt-De Caluwe*, NVwZ **2007**, 640.

Inhalt der Mitteilung in der Presse zu veröffentlichen. Dies gelte auch für V als Chefredakteur und Verantwortlichen des Magazins Cicero, da ihm der Sachverhalt bekannt und der Artikel mit seinem Wissen veröffentlicht worden sei.
Anlässlich der Durchsuchung der Redaktionsräume wurden verschiedene Datenträger sichergestellt sowie eine Datenkopie der Festplatte des Computers erstellt, mit welchem der seinerzeit für den Artikel zuständige Redaktionsmitarbeiter gearbeitet hatte. Die Beschwerde des V gegen den Durchsuchungs- und Beschlagnahmebeschluss wurde vom LG verworfen. Im Februar 2006 wurde das Ermittlungsverfahren gegen V nach Zahlung einer Geldauflage von 1.000,- € eingestellt.
V rügte vor dem BVerfG im Rahmen einer Verfassungsbeschwerde, dass die Gerichte die Bedeutung des Grundrechts der Pressefreiheit verkannt hätten. Das BVerfG entschied, dass die bloße Veröffentlichung eines Dienstgeheimnisses i.S.d. des § 353b StGB durch einen Journalisten im Hinblick auf Art. 5 I S. 2 GG nicht ausreiche, um einen genügenden Verdacht der Beihilfe eines Journalisten zum Geheimnisverrat eines Amtsträgers zu begründen und eine strafprozessuale Ermächtigung zur Durchsuchung und Beschlagnahme herbeizuführen; es dürfe nicht in die Hand der StA gelegt sein, schon bei schwachen Anhaltspunkten für eine Beihilfe den besonderen grundrechtlichen Schutz der Medienangehörigen und ihrer Informanten zum Wegfall zu bringen. Erforderlich seien spezifische tatsächliche Anhaltspunkte für das Vorliegen einer vom Geheimnisträger bezweckten Veröffentlichung des Geheimnisses, denn nur dann lägen Anhaltspunkte für eine vorsätzliche und damit eine beihilfefähigen Haupttat vor. Habe z.B. der Geheimnisträger nur versehentlich Informationen an den Journalisten weitergegeben, liege keine beihilfefähige vorsätzliche Haupttat vor, obwohl ein fahrlässiges Verhalten nach § 353b I S. 2 StGB strafbar sei. Wolle der Informant dem Journalisten nur einen Hintergrundbericht geben, strebe die Veröffentlichung des Materials aber nicht an, wäre die Tat bereits mit der Weitergabe der Information an den Journalisten vollendet. Eine strafbare Beihilfe des Journalisten sei dann nur noch nach den Grundsätzen der sukzessiven Beihilfe[656] möglich, die allgemein, aber insbesondere beim Geheimnisverrat durch Journalisten sehr umstritten sei.[657] Unabhängig davon seien Durchsuchungen und Beschlagnahmen gegen Presseangehörige in Strafverfahren unzulässig, wenn sie nach der Vorgehensweise der Strafverfolgungsbehörden ausschließlich dem Zweck dienten, die Person eines Informanten zu ermitteln, während Anhaltspunkte für eine Strafbarkeit des Journalisten wegen Beihilfe zum Geheimnisverrat gering seien und nur darauf beruhten, dass überhaupt geheimhaltungsbedürftiges Material veröffentlicht worden sei. Ein solches Vorgehen verbiete der verfassungsrechtlich garantierte Informantenschutz, der für die in Art. 5 I GG garantierte Pressefreiheit besondere Bedeutung habe; es liege im allgemeinen Interesse, dass die Presse über Missstände Informationen erhalte.[658]
Selbst im Falle eines genügenden Teilnahmeverdachts sei zudem das Verhältnismäßigkeits- und Subsidiaritätsgebot des § 97 V S. 2 Halbs. 2 StPO zu beachten (s. auch RiStBV Nr. 73a). Demnach müsse die Erforschung des Sachverhalts oder die Ermittlung des Aufenthaltsorts des Täters ohne die Beschlagnahme aussichtslos oder wesentlich erschwert sein (vgl. zu dieser Subsidiaritätsklausel Rn 581 zu § 100a StPO). Bei der Abwägung mit Art. 5 I GG sei zu berücksichtigen, dass die Aufdeckung von Missständen im öffentlichen Interesse liegen könne. Allerdings entfalle die Beschlagnahmefreiheit bei einer selbstständigen Straftat des zeugnisverweigerungsberechtigten Presseangehörigen.
Schließlich verletze der Beschluss des LG, in welchem das Gericht die Erledigung der gegen die Beschlagnahmebestätigung gerichteten Beschwerde festgestellt habe, V in seinem Recht auf Gewährleistung effektiven Rechtsschutzes. Angesichts der schwer wiegenden Beeinträchtigungen der Pressefreiheit hätte es V ermöglicht werden müssen, die Bestätigung der Beschlagnahme redaktionellen Materials einer gerichtlichen Kontrolle zu unterziehen (vgl. Rn 309 ff., 315).

---

656 Siehe hierzu *R. Schmidt*, StrafR AT, Rn 1112.
657 NK-*Kuhlen*, § 353b StGB Rn 58; Sch/Sch-*Lenckner/Perron* § 353b StGB Rn 23; das BVerfG lässt ausdrücklich offen, ob ein Verstoß gegen Art. 103 GG vorliegt; BVerfG NJW **2007**, 1117, 1120.
658 BVerfG NJW **2007**, 1117, 1120; BVerfGE **20**, 162, 191 f., 217; vgl. § 53 II S. 3 StPO.

Der Gesetzgeber hat im Rahmen des Gesetzes zur Neuregelung der TKÜ (Rn 303a) die Entscheidung des BVerfG insofern berücksichtigt, dass die Annahme eines Teilnahmeverdachts i.S.d. § 97 II S. 3 StPO nunmehr auf bestimmten Tatsachen beruhen muss (vgl. Rn 463) und die Kollusionsregel gem. § 97 V S. 2 StPO i.V.m. § 97 II S. 3 StPO und § 160a IV S. 2 StPO erst zur Anwendung kommt, wenn bei einem Verdacht auf eine Straftat, die nur auf Antrag oder nur mit Ermächtigung verfolgt werden kann, der Strafantrag gestellt bzw. die Verfolgungsermächtigung erteilt ist. Darüber hinaus dürfen Gegenstände, die im Rahmen einer Durchsuchung bei einem Journalisten oder in Redaktionsräumen etc. gefunden werden, gem. § 108 III StPO nicht verwertet werden, soweit sie den Verdacht einer Straftat nach § 353b StGB betreffen; generell dürfen sie nur im Rahmen von Ermittlungen verwertet werden, die Straftaten betreffen, die im Höchstmaß mit mindestens fünf Jahren Freiheitsstrafe bedroht sind (vgl. Rn 532 ff.).

466 Für **Abgeordnete** des Bundestags ist das Beschlagnahmeverbot in Art. 47 S. 2 GG verankert, für Abgeordnete des Europäischen Parlaments in § 6 S. 2 EuAbgG. Der Verdacht der Beteiligung an einer Straftat beseitigt den Beschlagnahmeschutz nicht, denn § 97 II S. 3 StPO gilt aufgrund der systematischen Stellung nicht für die in Abs. IV geregelte Beschlagnahmefreiheit. Zur Wahrung der Immunität der Abgeordneten (Art. 46 GG; RiStBV Nr. 191-192b) bleiben die Beschlagnahmeverbote so lange wirksam, bis gegen den Abgeordneten selbst als Beschuldigten rechtlich zulässig ermittelt werden darf.[659] Auch auf das Gewahrsamserfordernis nimmt Abs. IV nicht Bezug. Nach BVerfG NJW 2003, 3401 sind Schriftstücke beschlagnahmefrei, wenn sie sich im Gewahrsam des Abgeordneten befinden und wenn sie sich in den Räumlichkeiten des Bundestags bei einem Mitarbeiter des Abgeordneten befinden.[660] In den Räumen des Parlaments bedarf die Beschlagnahme der Genehmigung des Präsidenten (Art. 40 II S. 2 GG).

467 Bei zulässigen **Zwangsuntersuchungen und -unterbringungen** entsteht kein Beschlagnahmeverbot; dies betrifft z.B. Untersuchungen nach § 81a StPO und Aufnahmeuntersuchungen in einer JVA.[661]

468 **Delikts- und Verfallsgegenstände** (§§ 73, 74 StGB), die im Zusammenhang mit der verfolgten Tat stehen (etwa weil sie zur Begehung einer Straftat gebraucht wurden), dürfen gem. § 97 II S. 3 StPO beschlagnahmt werden[662]; dies gilt auch für die Tatvorbereitung. Nach dieser klaren gesetzlichen Regelung besteht somit bei derartigen Gegenständen auch dann kein Beschlagnahmeverbot, wenn sie zugleich als Beweismittel in Betracht kommen. § 97 II S. 3 StPO betrifft nach seinem Wortlaut nur die Einziehung nach § 74 StGB, nach h.M. gilt allerdings entsprechendes, wenn Gegenstände dem Verfall unterliegen (§ 73 StGB).[663]

9. Verwertung und Revision

469 Der Verstoß gegen § 97 StPO macht die beschlagnahmten Beweismittel unverwertbar.[664] Für **Berufsgeheimnisträger,** nicht aber für Angehörige i.S. § 52 StPO gelten die Regelungen des § 160a StPO (näher bei Rn 1070). § 160a V StPO sieht zwar einen Vorrang des § 97 StPO vor, da diese Vorschrift jedoch keine Bestimmungen zur Verwertbarkeit von Beweismitteln trifft, die unter Verstoß gegen § 97 StPO beschlagnahmt wurden, ist § 160a V StPO diesbezüglich ohne Bedeutung.[665]

---

[659] KK-*Nack*, § 97 Rn 27.
[660] LR-*Schäfer*, § 97 Rn 127 u. § 98 Rn 97; Maunz/Dürig-*Maunz*, Art. 47 Rn 22 GG; a.A. *Meyer-Goßner*, § 97 Rn 43: Gewahrsam des Abgeordneten.
[661] Vgl. BGH NStZ **2002**, 214; *Cramer*, NStZ **1996**, 207, 214.
[662] BVerfG NStZ **2001**, 43; BGH NStZ **1999**, 260; LR-*Schäfer*, § 97 Rn 42.
[663] LR-*Schäfer*, § 97 Rn 42, 45; KK-*Nack*, § 97 Rn 42.
[664] BGHSt **18**, 227, 228; BGH NJW **2001**, 3793; LR-*Schäfer*, § 97 Rn 141
[665] BT-Drs. 16/5846 S. 38; *Meyer-Goßner*, Rn 50.

Der Inhalt der unzulässig beschlagnahmten Beweismittel darf dem Angeklagten oder einem Zeugen nicht vorgehalten werden, auch Schriftvergleiche sind unzulässig.[666] Eine Fernwirkung lehnt die Rspr. jedoch ab (vgl. dazu Rn 782, 1091, 1134, 1262). Wird ein Gegenstand im selben oder in einem anderen Verfahren rechtmäßig beschlagnahmt, darf er hinsichtlich der Tat, die das Zeugnisverweigerungsrecht betrifft, nicht verwertet werden.[667] Dies gilt insb. wenn die Beschlagnahme wegen einer **eigenständigen Tat des Berufsgeheimnisträgers** erfolgte und das Beweismittel auch im Verfahren gegen einen Patienten, Mandanten etc. Bedeutung hat.[668] Treten nachträglich Umstände ein, die ein Beschlagnahmeverbot bewirken, bleiben nach h.M. rechtmäßig beschlagnahmte Beweisgegenstände verwertbar (z.B. Gewahrsamsinhaberin und Beschuldigter heiraten, ein sorgfältig geprüfter Teilnahmeverdacht entfällt).[669] Entfällt ein Beschlagnahmeverbot nachträglich, weil z.B. ein Teilnahmeverdacht entsteht, ist der Beweisgegenstand ebenfalls verwertbar, es sei denn, der Tatverdacht ergab sich erst aufgrund der unzulässig beschlagnahmten Beweismittel.[670]

Die ***Revision*** ist begründet, wenn ein Beweisgegenstand verwertet worden ist, obwohl ein Verwertungsverbot nach §§ 97, 160a StPO bestand und das Urteil darauf beruht.[671] **470**
Der Verwertung muss nach der Rspr. widersprochen werden (str.).[672]

II. Beschlagnahme von Führerscheinen

1. Übersicht

Führerscheine können unmittelbar nach §§ 94 I, II StPO sichergestellt werden, wenn sie **471**
als Beweismittel (z.B. einer Straftat nach § 267 StGB oder § 281 StGB) benötigt werden. Sie können nach § 94 I u. II i.V.m. § 94 III StPO sichergestellt bzw. beschlagnahmt werden, wenn sie der Einziehung nach § 74 ff. StGB unterliegen, z.B. weil sie als Tatprodukt einer Urkundenfälschung entstanden sind. § 94 III StPO geht insofern § 111b StPO als lex specialis vor (vgl. § 111b I S. 2 StPO). Führerscheine können schließlich, und das ist der klassische und häufigste Fall, gem. §§ 111a I, III StPO i.V.m. § 69 I, II, III S. 2 StGB der Einziehung unterliegen (zur Herleitung der Paragraphenkette siehe Rn 474). Ziel der Einziehung ist es dann, die Allgemeinheit vor den Gefahren zu schützen, die von einem ungeeigneten Fahrzeugführer ausgehen. Zu Beginn einer Prüfung muss deshalb das Ziel der Maßnahme bestimmt werden, um die zutreffenden Rechtsgrundlagen heranziehen zu können.

§ 94 III StPO stellt im Verhältnis zu §§ 111b ff. StPO einen „Systembruch" dar, der wird damit begründet wird, dass es bei Führerscheinen allein auf die tatsächliche Sicherstellung der Urkunde, und nicht wie in §§ 111b ff. StPO auf die Verhinderung rechtsgeschäftlicher Verfügungen ankomme.[673] Anders als die Beschlagnahme nach § 111b StPO steht die Beschlagnahme nach § 94 III StPO nicht im Ermessen der Strafverfolgungsbehörden; der Führerschein muss beschlagnahmt werden, wenn die Voraussetzungen einschließlich der Verhältnismäßigkeit vorliegen. Polizeirecht kommt als Rechtsgrundlage

---

[666] LR-*Schäfer*, § 97 Rn 43.
[667] BGHSt **18**, 227, 227; *Meyer-Goßner*, § 97 Rn 49.
[668] LR-*Schäfer*, § 97 Rn 25, 149; *Meyer-Goßner*, § 97 Rn 4, 49; vgl. nunmehr § 108 II StPO.
[669] Vgl. BGH NStZ **1983**, 85; LR-*Schäfer*, § 97 Rn 147; *Meyer-Goßner*, § 97 Rn 47.; a.A. *Fezer*, 7/45.
[670] BGHSt **25**, 168, 170; LR-*Schäfer*, § 97 Rn 146; BGH NStZ **2001**, 604.
[671] BGHSt **18**, 227, 228; **25**, 168, 169; LR-*Schäfer*, § 97 Rn 151.
[672] § 344 II S. 2 StPO; BGHSt **44**, 46, 51; krit. *Fezer*, JZ **2006**, 473; *Schlothauer*, StV **2006**, 396; *Heinrich* ZStW 112, 398 ff.; vgl. auch *Graalmann-Scheerer*, FS-*Rieß*, S. 161; *Meyer-Goßner*, § 136 Rn 25; LR-*Schäfer*, § 97 Rn 142.
[673] LR-*Schäfer*, § 94 Rn 33; *Roxin*, § 34 Rn 2 unter Verweis auf die Begründung im RegE des EGStGB, BT-Drs. 7/550, S. 290.

nur in Ausnahmefällen in Betracht.[674] So ist es denkbar, bei fahruntüchtigen Autofahrern neben Fahrzeugschlüssel und Fahrzeug auch den Führerschein zur unmittelbaren Gefahrenabwehr sicherzustellen, wenn repressive Rechtsgrundlagen eine Beschlagnahme nicht decken können, etwa weil der Fahrer über Immunität verfügt.[675] Ob aber die präventivpolizeiliche Führerscheinbeschlagnahme überhaupt ein zwecktaugliches bzw. erforderliches Mittel ist, um den Betroffenen an der Weiterfahrt zu hindern, muss im Einzelfall festgestellt werden, ist im Regelfall aber wohl zu verneinen.[676]

472 Die Sicherstellung erfolgt nach § 94 I, II StPO, sodass bei freiwilliger Übergabe keine förmliche Beschlagnahme erforderlich ist (zu den Voraussetzungen der Freiwilligkeit vgl. Rn 432 ff.). Die Sicherstellung bewirkt nach § 21 III S. 2, 3 StVG, dass künftig das Führen eines Kraftfahrzeugs strafbar ist. Dies geschieht nach h.M. mit dem präventiven Ziel, ungeeignete Personen von der Teilnahme am Straßenverkehr als Führer eines Kraftfahrzeugs fernzuhalten.[677] Nicht schon die Führerscheinbeschlagnahme nach § 94 III StPO, sondern erst die vorläufige Entziehung der Fahrerlaubnis nach § 111a I, IV StPO i.V.m. § 69 StGB wird gem. § 59 I Nr. 4 FeV in das Verkehrszentralregister eingetragen. Unterbleibt die endgültige Einziehung, besteht grds. ein Entschädigungsanspruch nach § 2 II Nr. 5 StrEG.

473 Die Entziehung der Fahrerlaubnis nach § 69 StPO ist von einem Fahrverbot nach § 44 StGB zu unterscheiden. § 44 StGB ordnet eine Nebenstrafe bei einschlägigen Straftaten an, die spezialpräventiv der Warnung nachlässiger oder leichtsinniger Kraftfahrer dient und diese zu einem verantwortungsvollen Gebrauch des Kraftfahrzeugs veranlassen soll. Die Strafe muss unter Einschluss der Nebenstrafe insgesamt schuldangemessen sein. Nach Ablauf des Fahrverbots (§ 44 StGB) darf der Betroffene ohne weiteres wieder ein Kraftfahrzeug führen. Die Beschlagnahme zur Eintragung eines Fahrverbots in den Führerschein richtet sich nach § 463b StPO. Die Entziehung der Fahrerlaubnis nach § 69 StGB ist dagegen gem. § 61 Nr. 5 StGB eine Maßregel der Besserung (des Betroffenen) und Sicherung (der Allgemeinheit) vor Fahrern, die sich durch eine entsprechende Straftat als ungeeignet zum Führen eines Kraftfahrzeugs erwiesen haben. Die Fahrerlaubnis muss nach ihrer endgültigen (nicht bereits nach einer vorläufigen) Entziehung neu erworben werden. Für den Wiedererwerb wird nach § 69a StGB eine Sperrfrist festgesetzt. Maßnahmen der Besserung und Sicherung setzen keine schuldhafte, sondern nur eine rechtswidrige Tat voraus. Sie unterliegen nicht dem Schuldprinzip und haben auf die Strafzumessung deshalb grds. keinen Einfluss. Die Anrechnung einer vorläufigen Entziehung auf ein später im Urteil ausgesprochenes Fahrverbot richtet sich nach § 51 V StGB.

2. Anordnungsvoraussetzungen

474 Führerscheine können gem. der Formulierung in § 94 III StPO nach § 94 I, II StPO sichergestellt bzw. beschlagnahmt werden, wenn sie der Einziehung unterliegen. Der Einziehung unterliegen Führerscheine nicht nur im Falle der §§ 74 ff. StGB (s.o. Rn 471), sondern nach § 69 III S. 2 StGB auch dann, wenn die Voraussetzungen für eine Entziehung der Fahrerlaubnis nach § 69 I, II StGB erfüllt sind. Bereits vor dem Urteil, in dem die Entziehung der Fahrerlaubnis ausgesprochen wird, kann die Fahrerlaubnis nach § 111a I StPO durch richterlichen Beschluss vorläufig entzogen werden, wenn dringende

---

[674] Hierzu näher *Trupp*, NZV **2004**, 389; *Meyer-Goßner*, NZV **2004**, 565.

[675] Vgl. Art. 46 GG; §§ 18 ff. GVG; RiStBV Nr. 192 ff. Bei Mitgliedern des Bundestags und der Landtage ist die Durchführung des Ermittlungsverfahrens allerdings regelmäßig genehmigt; vgl. RiStBV Nr. 192a I, II Buchst. e Satz 2. Im Übrigen muss nach wohl h.M. die Immunität auch vor einer Beschlagnahme des Führerscheins und nicht erst vor einer vorläufigen Entziehung der Fahrerlaubnis nach § 111a I StPO aufgehoben sein; so LR-*Schäfer*, § 94 Rn 100; *Meyer-Goßner*, § 94 Rn 20; a.M. LR-*Beulke*, § 152a Rn 28.

[676] Vgl. dazu *R. Schmidt*, BesVerwR II, 12. Aufl. **2008**, Rn 578.

[677] BVerfG NStZ **1982**, 78; *Roxin*, § 34 Rn 20; *Meyer-Goßner*, § 111a Rn 16.

Gründe für die Annahme vorliegen, dass die Fahrerlaubnis gem. § 69 StGB endgültig entzogen werden wird. Eine vorläufige Entziehung der Fahrerlaubnis wirkt nach § 111a III S. 1 StPO zugleich als Anordnung oder Bestätigung der Beschlagnahme eines Führerscheins. Daraus ergibt sich umgekehrt, dass ein Führerschein der Einziehung i.S.d. § 94 III StPO nur dann unterliegt und demnach nur dann nach § 94 I, II StPO beschlagnahmt werden darf, wenn diese Beschlagnahme nach § 111a III StPO angeordnet oder für den Fall, dass die Beschlagnahme von den Strafverfolgungsbehörden angeordnet wurde, bestätigt werden könnte. Im Rahmen des § 94 III StPO ist deshalb zu prüfen, ob dringende Gründe i.S.d. § 111a I StPO für die Annahme vorliegen, dass die Fahrerlaubnis nach § 69 StGB entzogen werden wird.

Wie sich aus § 111a III S. 1 StPO, § 69 III S. 2 StGB ergibt, sind die vorläufige und endgültige Entziehung der Fahrerlaubnis und damit auch die hierzu erfolgende Beschlagnahme nur bei Führerscheinen zulässig, die von einer deutschen Behörde ausgestellt wurden. Dies hat seinen Grund darin, dass die Fahrerlaubnis, die eine ausländische Behörde erteilt hat, grds. nicht von einem deutschen Gericht entzogen werden kann. Anders ist dies, sofern entsprechende zwischenstaatliche oder supranationale Übereinkünfte bestehen. Deshalb ist die Entziehung der Fahrerlaubnis nach § 111a III S. 2 StPO, § 69b II S. 1 StGB auch bei einer Fahrerlaubnis möglich, die von einer Behörde eines Mitgliedstaates der EU oder des EWR ausgestellt wurde, sofern der Inhaber des Führerscheins seinen ordentlichen Wohnsitz in Deutschland hat. Trifft dies nicht zu und liegen die übrigen Voraussetzungen der vorläufigen Entziehung der Fahrerlaubnis vor, können ausländische Führerscheine nach § 463b II StPO zur Eintragung eines Vermerks beschlagnahmt werden. Vermerkt wird der Verlust des Rechts, von der Fahrerlaubnis im Inland Gebrauch zu machen (vgl. § 463b II StPO, § 69b I, II S. 2 StGB). **475**

Prüfungsschema einer Führerscheinbeschlagnahme (§ 94 StPO)

- Ziel der Sicherstellung oder Beschlagnahme ist oder war es, einen für das Führen von Kraftfahrzeugen ungeeigneten Führerscheininhaber vom Straßenverkehr fernzuhalten und die Allgemeinheit schon vor einem endgültigen Urteil zu schützen.
- Die Maßnahme betrifft einen von einer deutschen Behörde ausgestellten Führerschein oder einen Führerschein, der nach § 111a III S. 2 StPO gleichgestellt ist.
- Der Führerschein muss der Beschlagnahme i.S.d. § 94 III StPO i.V.m. § 69 III S. 2 StGB unterliegen:
  - ⇨ Nach § 111a III i.V.m. § 111a I StPO müssen dringende Gründe (s.u.) für die Annahme vorliegen, dass die Fahrerlaubnis nach § 69 StGB entzogen werden wird. Die Voraussetzungen des § 69 I StGB müssen vorliegen:
  - ⇨ Erforderlich ist eine rechtswidrige (d.h. nicht notwendig schuldhafte) Tat (sog. Anlasstat). Diesbezüglich müssen der objektive und subjektive Tatbestand sowie die Rechtswidrigkeit geprüft werden, soweit dies in einer Klausur nicht schon im materiellen Teil geschehen ist und darauf verwiesen werden kann. Voraussetzung einer Beschlagnahme ist, dass hinsichtlich dieser Tat ein dringender Tatverdacht i.S.d. § 112 StPO besteht (siehe Rn 699, 730).
  - ⇨ Diese Anlasstat muss entweder
    - ⇨ beim Führen eines Kraftfahrzeugs (z.B. § 316 StGB)
    - ⇨ oder im Zusammenhang mit dem Führen eines Kraftfahrzeugs (s.u.)
    - ⇨ oder unter Verletzung der Pflichten eines Fahrzeugführers (d.h. solcher, die nicht unmittelbar das verkehrssichere Steuern eines Kfz betreffen; z.B. unerlaubtes Entfernen vom Unfallort, Widerstand bei einer Verkehrskontrolle)

    begangen worden sein.
  - ⇨ Aus der Tat muss sich ergeben, dass der Betroffene zum Führen eines Kfz ungeeignet ist. Dies wird bei den in § 69 II StGB genannten Taten in der Regel, d.h. wenn keine be-

sonderen entgegenstehenden Umstände erkennbar sind, vermutet.

- Die Maßnahme muss verhältnismäßig sein, obwohl § 69 I StGB und § 94 I StPO als zwingendes Recht formuliert sind. Die Strafverfolgungsbehörden, die die Beschlagnahme eines Führerscheins im Falle von Gefahr im Verzug (§ 98 StPO) anordnen wollen, haben deshalb zu prüfen, ob dringende Gründe (s.u.) dafür sprechen, dass die Voraussetzungen einschließlich der Verhältnismäßigkeit vorliegen. Ist dies der Fall, haben sie wie auch sonst bei § 94 StPO den Führerschein zu beschlagnahmen. Prüfungsgesichtspunkte für die Verhältnismäßigkeit ergeben sich u.a. aus § 62 StGB.

Erläuterung der Begriffe:

476 **Dringende Gründe** für die Entziehung der Fahrerlaubnis i.S.d. § 111a StPO setzen entsprechend einem dringenden Tatverdacht i.S.d. § 112 I StPO einen hohen Grad von Wahrscheinlichkeit voraus, dass das Gericht den Beschuldigten für ungeeignet zum Führen von Kraftfahrzeugen halten wird.[678] Die dringenden Gründe müssen aus bestimmten Tatsachen und nicht nur aus Vermutungen hergeleitet werden.

477 Der Begriff **Kraftfahrzeug** ist in § 1 II StVG definiert (vgl. auch § 248b IV StGB) und umfasst auch solche durch Maschinenkraft angetriebene Fahrzeuge, für die keine Fahrerlaubnis i.S.d. § 2 I StVG erforderlich ist (z.B. Mofas), nicht jedoch an Bahngleise gebundene Fahrzeuge. Führen eines Kraftfahrzeugs ist wie bei den Verkehrsstraftaten zu verstehen (siehe *Schmidt/Priebe,* Strafrecht BT I, Rn 556 ff.).

478 Das Merkmal **„bei oder im Zusammenhang mit dem Führen eines Kraftfahrzeugs"** (§ 69 I S. 1 StGB) liegt vor, wenn die Tat bereits in der Art des Führens des Kfz liegt wie bei den Verkehrsstraftaten oder wenn die Ausführung der Tat durch das Führen eines Kraftfahrzeugs ermöglicht oder gefördert wurde, wobei Tat weit i.S.d. § 264 StPO zu verstehen ist.[679] Wird das Kfz außerhalb des durch § 264 StPO definierten Umfangs der Straftat nur zur Vorbereitung, oder Verdeckung oder späteren Auswertung der Vorteile benutzt, genügt das jedoch nicht (z.B. Kfz diente dem Täter zur Auswahl des Tatobjektes in der Vorbereitungsphase).[680]

479 Aus der **Art und Weise der Tatbegehung** und nicht nur bei Gelegenheit der Tat muss sich ergeben, dass der Täter körperlich, geistig oder charakterlich ungeeignet zum Führen eines Kfz ist (sog. Symptomtat).[681] Dies ist nach § 69 II StGB bei den dort genannten Straftaten in der Regel anzunehmen, solange keine Umstände erkennbar sind, welche die Indizwirkung einer Katalogtat entfallen lassen.[682] Liegen keine Katalogtat oder keine Indizwirkung vor, muss die Nichteignung positiv begründet werden. Charakterliche Nichteignung wurde von der früheren Rspr. schon dann angenommen, wenn das Kfz unmittelbar tatbezogen eingesetzt wurde.[683] Aufgrund der Rspr. des BVerfG[684] hat der Große Senat des BGH aufgrund einer Vorlage des 4. Strafsenats (zum Verfahren vgl. § 132 GVG) die bisherige Rspr. geändert: „§ 69 StGB bezweckt den Schutz der Sicherheit des Straßenverkehrs. Die strafgerichtliche Entziehung der Fahrerlaubnis wegen charakterlicher Ungeeignetheit bei Taten im Zusammenhang mit dem Führen eines Kraftfahrzeugs (§ 69 I S. 1 Var. 2 StGB) setzt daher voraus, dass die Anlasstat tragfähige Rückschlüsse darauf zulässt, dass der Täter bereit ist, die Sicherheit des Straßenverkehrs seinen eigenen kriminellen Interessen unterzuordnen."[685] (sog. verkehrsspezifischer Zusammenhang).[686]

---

[678] *Meyer-Goßner,* § 111a Rn 2, § 112 Rn 7; OLG Düsseldorf DAR **1992**, 187.
[679] BGHSt **22**, 328 f.
[680] BGH NStZ **2001**, 477; StV **2004**, 132; *Fischer,* § 69 StGB Rn 12.
[681] BGH StV **2004**, 132, 134.
[682] BGH NStZ **2000**, 26.
[683] Z.B. für eine BtM-Beschaffungsfahrt BGH NStZ **1992**, 586.
[684] BVerfG NJW **2002**, 2378; StV **2002**, 593.
[685] BGH NJW **2005**, 1957 (Großer Senat).
[686] Zum Für und Wider in Bezug auf dieses Kriterium vgl. *Kühl,* JR **2004**, 119 ff.

3. Anordnungsbefugnis der Maßnahme nach § 94 III StPO

480 Die Anordnungsbefugnis richtet sich nach § 98 StPO. Demnach ist für die Anordnung grds. das Gericht zuständig; bei Gefahr im Verzug können auch die StA und ihre Ermittlungspersonen die Anordnung treffen (vgl. hierzu bereits Rn 337). Gefahr im Verzug kann hier allerdings nicht mit der Gefahr begründet werden, ein Beweismittel könne untergehen, sondern es ist auf die Gefahr abzustellen, die von dem betreffenden Fahrzeugführer für die Sicherheit des Straßenverkehrs ausgeht.[687] Ein Aufschieben der Maßnahme z.B. bei einem alkoholisierten Fahrzeugführer kommt deshalb kaum in Betracht, es sei denn, der Fahrzeugführer ist durch andere Zwangsmaßnahmen wie etwa eine Blutentnahme gehindert, ein Fahrzeug zu führen.

4. Durchführungsvorschriften; Rechtsschutz

481 Vgl. hierzu bereits Rn 474. Sofern die Tat von der StA oder einer Ermittlungsperson angeordnet wurde, soll bei Vorliegen der weiteren in § 98 II S. 1 StPO genannten Voraussetzungen binnen drei Tagen eine gerichtliche Bestätigung beantragt werden und der Betroffene soll über seine Rechte belehrt werden. An die Stelle der gerichtlichen Entscheidung über die Rechtmäßigkeit der Beschlagnahme gem. § 98 II S. 2 StPO tritt hier gem. § 111a IV StPO der richterliche Beschluss über die vorläufige Entziehung der Fahrerlaubnis nach § 111a I StPO, gegen den die Beschwerde zulässig ist. Im Unterschied zu der Beweismittelbeschlagnahme findet bei einer richterlichen Überprüfung nach § 111a I, III StPO nicht nur eine Kontrolle der Rechtmäßigkeit statt, sondern die Entziehung der Fahrerlaubnis und damit die Bestätigung der Führerscheinbeschlagnahme stehen im pflichtgemäßen Ermessen des Richters (vgl. § 111a I S. 1 StPO: „... so kann der Richter ..."). Zur Aufhebung der Maßnahme und Rückgabe des Führerscheins vgl. § 111a II, V StPO.

5. Anordnung der Maßnahme nach § 111a StPO

482 Die vorläufige Entziehung der Fahrerlaubnis kann auch ohne vorhergehende Führerscheinbeschlagnahme nach § 111a I StPO erfolgen, wenn sich erst später im Verlauf des Ermittlungs- oder Hauptverfahrens herausstellt, dass der Täter aufgrund der Tat mit hoher Wahrscheinlichkeit zum Führen eines Kfz ungeeignet ist. Die Anordnung ist bis zur Rechtskraft des Urteils zulässig. Zuständig ist im Ermittlungsverfahren der Ermittlungsrichter, sonst das mit der Sache befasste Gericht. Die StA kann einen Antrag auf Entziehung der Fahrerlaubnis stellen. Die materiellen Voraussetzungen entsprechen denjenigen, die oben bei § 94 III StPO dargestellt wurden, allerdings steht die Anordnung gem. § 111a I S. 1 StPO im pflichtgemäßen Ermessen des zuständigen Gerichts. Der Beschlagnahmebeschluss ergeht unter den Voraussetzungen des § 33 IV StPO ohne vorherige Anhörung des Betroffenen. Die vorläufige Entziehung der Fahrerlaubnis wirkt nach § 111a III S. 1 StPO zugleich als Anordnung der Beschlagnahme des Führerscheins. Gegen den Beschluss, mit dem die Fahrerlaubnis vorläufig entzogen wird, steht dem Betroffenen die Beschwerde zu. Hat die StA einen Antrag auf vorläufige Entziehung der Fahrerlaubnis gestellt und verwirft das Gericht den Antrag, steht der StA die Beschwerde zu. Der Beschlagnahmebeschluss ist deshalb nach § 34 StPO mit Gründen zu versehen.

III. Herausgabepflicht nach § 95 StPO

1. Einführung

483 Das Herausgabeverlangen ist immer dann zulässig, wenn eine Beschlagnahme nach § 94 I, II oder III (Führerschein) StPO angeordnet werden könnte. Ein vorausgehender,

---

[687] BGHSt **22**, 385, 392 f.

erfolgloser Beschlagnahmeversuch ist nicht erforderlich.[688] Praktisch bedeutsam ist das Herausgabeverlangen, wenn feststeht, dass sich ein Beweismittel im Gewahrsam einer Person befindet, aber der Aufbewahrungsort nicht bekannt ist. Insofern kann das Herausgabeverlangen mehrfache und nutzlose Durchsuchungen ersetzen. Das Herausgabeverlangen ist aber auch zulässig, wenn der Beweisgegenstand bei einer Durchsuchung nicht gefunden werden konnte und sein Verbleib unbekannt ist.[689] Befindet sich der Beweisgegenstand in behördlicher Verwahrung, wird er nicht nach § 95 StPO, sondern mit einem Amtshilfeersuchen herausverlangt.[690]

2. Anordnungsvoraussetzungen

484 Die Voraussetzungen einer Beschlagnahme nach § 94 I, II oder III StPO müssen vorliegen (Rn 418 ff., 471 ff.). Dies ergibt sich aus der Bezugnahme des § 95 StPO auf § 94 StPO („Gegenstand der vorbezeichneten Art"). Unterliegt das Beweismittel einem Beschlagnahmeverbot (z.B. nach § 97 StPO), ist deshalb auch das förmliche Herausgabeverlangen nach § 95 StPO unzulässig.[691]

485 Zur Herausgabe verpflichtet ist der Gewahrsamsinhaber, und zwar unabhängig davon, ob er den Gewahrsam rechtmäßig innehat oder ob der Eigentümer einverstanden ist.[692] Der **Beschuldigte** kann jedoch wegen des Nemo-tenetur-Grundsatzes (siehe Rn 124) nicht zur Herausgabe verpflichtet werden,[693] es darf ihm aber als Minusmaßnahme zu einer Durchsuchung angeboten werden, das Beweismittel freiwillig herauszugeben.[694]

3. Anordnungsbefugnis

486 Die Anordnungsbefugnis ist weder in § 95 StPO noch in § 98 StPO ausdrücklich geregelt und daher umstritten. Nach einer Auffassung ist § 98 StPO analog anzuwenden, sodass die StA und ihre Ermittlungspersonen nur im Falle von Gefahr im Verzug ein Herausgabeverlangen an den Gewahrsamsinhaber richten dürfen.[695] Nach wohl h.M. kann jedes zuständige Strafverfolgungsorgan (Gericht, StA, Polizei) die Herausgabe von Beweisgegenständen ohne zusätzliche Voraussetzungen wie etwa Gefahr im Verzug vom Gewahrsamsinhaber verlangen.[696] Dies lässt sich damit begründen, dass die Durchsetzung der Herausgabeverpflichtung mit Zwangsmitteln nach § 95 II S. 1 i.V.m. § 70 StPO dem Richter vorbehalten ist (vgl. § 70 III StPO), sodass eine der Anordnung vorausgehende richterliche Überprüfung entbehrlich erscheint.

4. Durchsetzung der Herausgabepflicht

487 Gem. § 95 II S. 1 i.V.m. § 70 StPO können **Ordnungsgeld** und **Ordnungshaft** festgesetzt werden, wenn der Gewahrsamsinhaber die Herausgabe verweigert. Anders als bei § 70 StPO ist eine Verhängung nach § 95 II S. 1 StPO aber nicht vorgeschrieben. Die Zwangsmittel dürfen nur vom Gericht (vgl. § 70 III StPO) und nur dann verhängt werden, wenn der Gewahrsam des Betroffenen feststeht, er davon Kenntnis hat und sich unberechtigt weigert, den Gegenstand herauszugeben.[697] Die Beugehaft ist zu beenden,

---

[688] LG Stuttgart NJW **1992**, 2646.
[689] Vgl. LG Bonn NStZ **1983**, 327.
[690] *Meyer-Goßner*, § 95 Rn 3; siehe hierzu auch die Erläuterungen zu § 96 StPO bei Rn 445 ff.
[691] KK-*Nack*, § 95 Rn 2; LR-*Schäfer*, § 95 Rn 1.
[692] *Meyer-Goßner*, § 95 Rn 4.
[693] *Meyer-Goßner*, § 95 Rn 5; SK-*Wohlers*, § 95 Rn 12, 18; krit. *Radtke*, Meyer-Goßner-FS S. 331.
[694] LR-*Schäfer*, § 95 Rn 14.
[695] LG Bonn NStZ **1983**, 327 m. abl. Anm. *Kurth*; LG Düsseldorf wistra **1993**, 199; LG Stuttgart NJW **1992**, 2646; *Braczyk*, wistra **1993**, 57.
[696] LG Gera und LG Halle NStZ **2001**, 276; LG Koblenz wistra **2002**, 359; LG Lübeck NJW **2000**, 3148; *Kramer*, Rn 212; *Meyer-Goßner*, § 95 Rn 2; *Schäfer*, wistra **1983**, 102.
[697] *Meyer-Goßner*, § 95 Rn 9.

wenn die Behörde in den Besitz des gesuchten Beweismittels gelangt ist oder feststeht, dass es untergegangen ist.

Gegen **Zeugnisverweigerungsberechtigte** (§ 95 II S. 2; §§ 52, 53, 53a StPO) ist unabhängig vom Bestehen eines Beschlagnahmeverbots nach § 97 StPO die Anordnung von Zwangsmitteln unzulässig[698]; darüber müssen jedenfalls die nach § 52 StPO Berechtigten belehrt werden.[699] Bei §§ 53, 53a StPO gilt dies für alle Gegenstände, die im Zusammenhang mit der geschützten Berufsausübung erlangt oder entstanden sind[700]; nach einer Entbindung von der Verschwiegenheitspflicht sind gegen die in § 53 II S. 1 StPO genannten Zeugnisverweigerungsberechtigten und deren Berufshelfer Zwangsmittel zulässig.[701] Kein Zwang darf entsprechend § 95 II S. 2 StPO gegen Personen angewendet werden, die sich ausdrücklich und berechtigt auf das Auskunftsverweigerungsrecht des § 55 StPO berufen.[702] Gegen den Beschuldigten ist schon die Anordnung der Herausgabepflicht unzulässig (s.o.). **488**

5. Beschlagnahme der Gegenstände

Das Herausgabeverlangen ersetzt nicht die Beschlagnahme der Beweisgegenstände. **489** Diese kann bereits vor oder erst nach dem Herausgabeverlangen gem. der §§ 94, 98 StPO angeordnet werden. Wird der Beweisgegenstand freiwillig, d.h. ohne Androhung von Zwangsmitteln herausgegeben, kann der Beweisgegenstand formlos sichergestellt werden, anderenfalls ist eine förmliche Beschlagnahme notwendig.[703]

6. Rechtsbehelfe

Gegen die gerichtliche Anordnung der Herausgabepflicht und der Zwangsmittel steht **490** dem Betroffenen die Beschwerde nach § 304 StPO zu, ebenso der StA bei Ablehnung entsprechender Anträge.[704] Gegen das nichtgerichtliche Herausgabeverlangen ist der Antrag auf gerichtliche Überprüfung nach § 98 II S. 2 StPO zulässig.[705]

7. Verwertungsverbote

Verwertungsverbote bestehen, wenn ein zeugnisverweigerungsberechtigter Gewahrsams- **491** inhaber die Herausgabe verweigert und dennoch Ordnungs- oder Zwangsmittel angewendet wurden[706] oder wenn die erforderliche Belehrung über die Unzulässigkeit der Anwendung von Zwangsmitteln unterlassen wurde.[707] Allerdings wird nach den Grundsätzen des hypothetischen Ersatzeingriffs ein Verwertungsverbot abgelehnt, wenn die Gegenstände durch eine rechtmäßige Durchsuchung hätten gefunden und rechtmäßig hätten beschlagnahmt werden dürfen.[708] Im Fall von § 55 StPO besteht kein Verwertungsverbot zugunsten des ursprünglichen Beschuldigten, jedoch zugunsten des Herausgebenden, wenn er später selbst Beschuldigter wird.[709]

---

698 KK-*Nack*, § 95 Rn 5; LR-*Schäfer*, § 95 Rn 6.
699 *Meyer-Goßner*, § 95 Rn 6.; a.A. *Kramer*, Rn 211.
700 *Meyer-Goßner*, § 95 Rn 10.
701 SK-*Wohlers*, § 95 Rn 34.
702 KK-*Nack*, § 95 Rn 5; *Meyer-Goßner*, § 95 Rn 10.
703 *Meyer-Goßner*, § 95 Rn 1; krit. *Kramer*, Rn 210: stets förmliche Beschlagnahme.
704 *Meyer-Goßner*, § 70 Rn 20.
705 LG Gera NStZ **2002**, 276; KK-*Nack*, § 95 Rn 8; LR-*Schäfer*, § 95 Rn 22; *Bittmann*, NStZ **2001**, 231; a.A. *Meyer-Goßner*, § 95 Rn 12: richterliche Prüfung erst bei Antrag auf Zwangsmaßnahmen; dies würde den Betroffenen die Möglichkeit nehmen, die mögliche Bedrohung mit einem Zwangsmittel frühzeitig abzuwehren.
706 LR-*Schäfer*, § 95 Rn 37; *Meyer-Goßner*, § 95 Rn 11; SK-*Wohlers*, § 95 Rn 39.
707 *Meyer-Goßner*, § 95 Rn 6.
708 Vgl. BGH NStZ **1989**, 375; sowie KK-*Nack*, § 95 Rn 8 u. § 94 Rn 20.
709 LR-*Schäfer*, § 95 Rn 16; *Meyer-Goßner*, § 95 Rn 11.

E. Suche nach Personen und Sachen

I. Einführung/Grundlagen

492 Das Gesetz regelt die Durchsuchung von Personen, Räumen und anderen Sachen, die zu dem Zweck vorgenommen werden, Beweismittel aufzufinden oder den Verdächtigen zu ergreifen, in §§ 102 bis 110 StPO. Da § 111b IV StPO auf diese Normen verweist, kann die Durchsuchung auch mit dem Ziel durchgeführt werden, Gegenstände, die der Einziehung und dem Verfall (§§ 73, 74 StGB) unterliegen, aufzufinden. Für Kontrollstellen gilt § 111 StPO. Die Durchsuchung einer Person und der von ihr mitgeführten Sachen zum Zweck der Identifizierung dieser Person ist in § 163b I S. 3 bzw. II S. 2 a.E StPO. geregelt. Die körperliche Untersuchung einer Person, die dem Auffinden und Feststellen körpereigener Merkmale und der Vornahme körperlicher Eingriffe zu Beweiszwecken dient, richtet sich nach §§ 81a, 81c StPO.

493 Von der Durchsuchung von Räumen ist das bloße Betreten von Räumen zur Durchführung bestimmter Ermittlungsmaßnahmen, die sog. „Nachschau" abzugrenzen. Der Unterschied besteht darin, dass es sich bei der Durchsuchung um die planmäßige Suche nach Personen oder Sachen handelt, deren genaue räumliche Lage den Strafverfolgungsorganen nicht bekannt ist, wohingegen bei der Nachschau Räume betreten werden, ohne dass eine systematische Durchsuchung stattfindet, da bekannt ist, wo sich die Person oder Sache befindet. Das Betreten der Räume legitimiert sich bei der Nachschau aus der Rechtsgrundlage der jeweiligen Maßnahme (z.B. § 94 oder § 127 II StPO); §§ 102 ff. StPO müssen nicht herangezogen werden.[710] So kann die Polizei nach § 127 II StPO eine Wohnung betreten, um dort eine Person nach § 127 II StPO festzunehmen, wenn von der Person bekannt ist, dass sie sich in der Wohnung aufhält.

494 § 102 StPO betrifft die Durchsuchung beim Verdächtigen, § 103 StPO beim Nicht-Verdächtigen. Die Anordnungsbefugnis ist in § 105 StPO geregelt, Vorschriften für die Durchführung enthalten §§ 104 ff. StPO. § 108 StPO („Zufallsfunde") gestattet es, Gegenstände, die zwar nicht als Beweismittel für das der Durchsuchung zugrunde liegende Strafverfahren von Bedeutung sind, aber auf andere Straftaten hindeuten, vorläufig in Beschlag zu nehmen (Rn 532 ff.). § 110 StPO regelt, wer im Rahmen einer Durchsuchung die Papiere einschließlich elektronischer Speichermedien des Betroffenen durchsehen darf, um festzustellen, ob sich darin beweiserhebliche Inhalte finden (Rn 531).

II. Anordnungsvoraussetzungen der Durchsuchung nach § 102 StPO

1. Zweck der Maßnahme

495 Legitime Durchsuchungszwecke sind die Ergreifung des Verdächtigen („Ergreifungsdurchsuchung") und das Auffinden von Beweismitteln („Ermittlungsdurchsuchung"). Die Durchsuchung muss nach kriminalistischer Erfahrung Erfolg versprechend sein.[711] Die Ergreifung der Person muss zulässig sein, was sich nicht schon aus § 102 StPO selbst ergibt, sondern nur aus einschlägigen anderen Vorschriften, wobei nicht nur §§ 112 ff., 127 StPO in Betracht kommen, sondern auch die Durchsetzung von weiteren Ermittlungsmaßnahmen (z.B. §§ 81, 81a StPO), von Anwesenheitspflichten (z.B. §§ 163a III, 230 II StPO) und Vollstreckungshaftbefehlen (§ 457 III StPO). Die Ermittlungsdurchsuchung ist zulässig zum Auffinden von Beweismitteln, die der Beschlagnahme unterliegen[712] einschließlich Führerscheinen (vgl. § 93 III StPO), von Spuren[713], von Daten auf

---

[710] BVerfGE **32**, 54, 68; BVerwGE **28**, 285, 286; **47**, 31, 35 f.

[711] BVerfG PStR **2005**, 111.

[712] Die Voraussetzungen des § 94 StPO müssen vorliegen, Beschlagnahmeverbote z.B. nach § 97 StPO dürfen nicht hinsichtlich aller gesuchter Gegenstände bestehen.

Datenträgern (z.B. dem Speicher von Mobiltelefonen[714]), von Verfalls- und Einziehungsobjekten (vgl. § 111b IV StPO) und von Personen, die zu Beweiszwecken in Augenschein genommen werden sollen (vgl. § 81c StPO)[715], **nicht** aber von Zeugen.[716]

2. Betroffener bzw. Adressat

§ 102 StPO regelt die Durchsuchung der Person, der Räume und der Sachen des Verdächtigen. Verdächtiger ist, wer nach kriminalistischer Erfahrung als Täter oder Teilnehmer (§§ 25 ff. StGB) einer verfolgbaren Straftat bzw. einer damit im Zusammenhang stehenden Begünstigung (§ 257 StGB), Strafvereitelung (§ 258 StGB) oder Hehlerei (§ 259 StGB) in Betracht kommt. Eine Durchsuchung setzt demnach keine Beschuldigtenstellung (vgl. Rn 216 ff.) voraus; allerdings ist diese i.d.R. gegeben. Denn kriminalistische Erfahrung ist nicht schon reine Spekulation oder ein bloßes Gefühl, sondern sie muss auf praktisch anerkannten Grundsätzen beruhen. Bestimmte Tatsachen als Anhaltspunkte für einen hinreichenden Tatverdacht (§ 152 II StPO) gegen eine bestimmte Person sind aber nicht erforderlich (siehe Rn 727 ff. zu verschiedenen Verdachtsgraden). Dies gilt zwar auch für die Wohnungsdurchsuchung,[717] wird aber durch die Anforderungen an die Verhältnismäßigkeit der Maßnahme erheblich eingeschränkt. **496**

3. Anlassstraftat

Von den geringen Anforderungen, die § 102 StPO an den Verdacht gegen die von der Durchsuchung betroffene Person stellt, ist der Verdachtsgrad hinsichtlich der Tat als solcher zu unterscheiden. Es müssen tatsächliche Anhaltspunkte dafür vorliegen, dass eine Straftat (oder Ordnungswidrigkeit gem. § 46 OWiG) begangen wurde (das entspricht den Voraussetzungen eines Anfangsverdachts).[718] Schließlich muss nach kriminalistischer Erfahrung der Verdacht bzw. die Vermutung bestehen, dass Beweismittel aufgefunden werden könnten. Zur bloßen Ausforschung, d.h. zur Suche nach Verdachtsgründen, darf die Durchsuchung daher nicht angeordnet werden.[719] Die Straftat muss verfolgbar sein, was bedeutet, dass eine Durchsuchung ausgeschlossen ist, wenn ein unheilbares Verfahrenshindernis wie z.B. Verjährung (§ 78 ff. StGB) vorliegt, nicht aber, wenn das Verfahrenshindernis heilbar ist, z.B. wenn der erforderliche Strafantrag noch fehlt.[720] **497**

4. Legitime Durchsuchungsobjekte

Legitime Durchsuchungsobjekte sind die Wohnung und andere Räume des Verdächtigen, seine Person und seine Sachen. Die Suche im freien Gelände kann dagegen schon aufgrund §§ 161, 163 StPO angeordnet werden.[721] Die Durchsuchung darf nicht auf das Auffinden beschlagnahmefreier Gegenstände gerichtet sein, diese dürfen auch selbst nicht durchsucht werden (z.B. der Beschlagnahme entzogene Akten eines Rechtsanwalts).[722] § 102 StPO ist des Weiteren Rechtsgrundlage für die Durchsuchung von Datenbeständen auf PCs und Mobiltelefonen; dies gilt auch für Telekommunikationsverbindungsdaten, die nach Abschluss des Übertragungsvorgangs im Herrschaftsbereich des **498**

---

[713] Diese sind zwar nicht in § 102 StPO, jedoch in dem strengere Anforderungen stellenden § 103 StPO genannt. Dies lässt den Schluss zu, dass die Suche nach Spuren auch bei § 102 StPO ein legitimer Durchsuchungszweck ist; *Schroeder*, JuS **2004**, 859; *Meyer-Goßner*, § 102 Rn 9.

[714] BVerfG NJW **2006**, 976, 977 f.

[715] *Meyer-Goßner*, § 102 Rn 12.

[716] *Meyer-Goßner*, § 102 Rn 12; KMR-*Müller*, § 102 Rn 10.

[717] BVerfG NJW **2004**, 3171.

[718] BVerfG NStZ-RR **2008**, 176, unzulässige Durchsuchung einer Arztpraxis wegen Vermutung eines Abrechnungsbetruges durch die Patientin; eingehend *Kemper*, wistra **2007**, 249.

[719] BVerfGE **20**, 162, 192.

[720] BVerfGE **20**, 162, 185. Zu den Verfahrenshindernissen vgl. Rn 149 ff.

[721] *Schroeder*, JuS **2004**, 858, 859.

[722] Vgl. Rn 445, 451; BGH NStZ **1998**, 309; OLG Frankfurt NStZ **2006**, 302.

Kommunikationsteilnehmers gespeichert sind.[723] Freilich ist zu berücksichtigen, dass allein das Vorliegen einer Rechtsgrundlage nicht ausreicht, um den Grundrechtseingriff zu rechtfertigen; vielmehr muss auch der Grundsatz der Verhältnismäßigkeit beachtet werden.

Beispiel[724]: Richterin R wird verdächtigt, Dienstgeheimnisse verraten zu haben. Daher durchsucht die Polizei die Wohnung der R und stellt einen Computer und ein Mobiltelefon sicher. Nach Auswertung der auf diesen Geräten gespeicherten Daten wird der Verdacht jedoch nicht bestätigt.

Hier ist zunächst bedeutsam, dass das Grundrecht auf informationelle Selbstbestimmung und das Wohnungsgrundrecht selbstständig nebeneinander stehen (sog. Idealkonkurrenz). Das gilt immer dann, wenn die Daten in einer Wohnung oder aus einer Wohnung heraus erhoben werden (etwa durch Wanzen, Richtmikrophone etc. im Rahmen sog. „Lauschangriffe"). Problematisch ist das Verhältnis zwischen dem Grundrecht auf informationelle Selbstbestimmung und dem Fernmeldegeheimnis (Telekommunikationsgrundrecht). Es stellt sich die Frage, ob die Durchsuchung der Polizei, die zielgerichtet und ausdrücklich die Sicherstellung von Datenträgern (PC, Mobiltelefon etc.), auf denen Telekommunikationsverbindungsdaten gespeichert sein sollen, bezweckt, nur in das Recht auf informationelle Selbstbestimmung oder auch bzw. ausschließlich in das Telekommunikationsgrundrecht eingreift.

Nach einem vorausgehenden anderslautenden Beschluss der 3. Kammer des 2. Senats[725] hat der 2. Senat entschieden[726], dass die nach Abschluss des Übertragungsvorgangs im Herrschaftsbereich des Kommunikationsteilnehmers gespeicherten Verbindungsdaten nicht durch das Fernmeldegeheimnis, sondern durch das Recht auf informationelle Selbstbestimmung und gegebenenfalls durch das Recht auf Unverletzlichkeit der Wohnung geschützt seien. Der Schutz des Fernmeldegeheimnisses ende in dem Moment, in dem die Nachricht bei dem Empfänger angekommen und der Übertragungsvorgang beendet sei. Während für den Kommunikationsteilnehmer keine technischen Möglichkeiten vorhanden seien, das Entstehen und die Speicherung von Verbindungsdaten durch den Nachrichtenmittler zu verhindern oder auch nur zu beeinflussen, änderten sich die Einflussmöglichkeiten, wenn sich die Daten in der Sphäre des Teilnehmers befänden. Der Nutzer könne sich bei den seiner Verfügungsmacht unterliegenden Geräten gegen den unerwünschten Zugriff Dritter durch vielfältige technische Vorkehrungen schützen. Insoweit bestehe eine Vergleichbarkeit mit den sonst in der Privatsphäre des Nutzers gespeicherten Daten. Deshalb bestünden die spezifischen Risiken eines Übertragungsvorgangs, der der Kontrolle und den Einwirkungsmöglichkeiten des Teilnehmers entzogen ist, nicht mehr, sobald die Nachricht den Herrschaftsbereich des Kommunikationsteilnehmers erreicht hat. Art. 10 I GG dient aber dem Schutz vor den besonderen Risiken des Übertragungsvorgangs und ist deshalb nicht mehr betroffen, wenn die Nachricht in den Herrschaftsbereich des Kommunikationsteilnehmers gelangt ist.[727]

Daher ist Prüfungsmaßstab allein Art. 2 I i.V.m. 1 I GG. Die Erhebung von personenbezogenen Daten aus einem privaten PC oder Mobiltelefon durch die Staatsanwaltschaft oder Polizei wegen des Verdachts, dort Beweise für eine Straftat zu finden, ist aber auch in diesem Fall nur dann gerechtfertigt, wenn ein **dringender Tatverdacht** besteht und – wegen der Bedeutung des allgemeinen Persönlichkeitsrechts – der Grundsatz der **Verhältnismäßigkeit** in besonderer Weise beachtet wird. Das war im vorliegenden Fall nicht der Fall.[728]

---

[723] BVerfG NJW **2006**, 976, 977 f. Vgl. dazu ausführlich *R. Schmidt*, Grundrechte, 12. Aufl. **2010**, Rn 283 sowie oben Rn 428.
[724] BVerfG NJW **2006**, 976 ff.
[725] BVerfG NStZ **2005**, 337 mit Anm. *Hauschild*, 339 ff.
[726] BVerfG NJW **2006**, 976 ff.
[727] BVerfG NJW **2006**, 976, 977.
[728] BVerfG NJW **2006**, 976, 977 f.; *R. Schmidt*, Grundrechte, 12. Aufl. **2010**, Rn 286.

Im Übrigen ist wegen der Hochrangigkeit des Art. 13 I GG der **Wohnungsbegriff** weit auszulegen und Eingriffe (auf Grundlage des § 102 StPO) nur unter erschwerten Voraussetzungen zu rechtfertigen. Zu den Wohnungen in diesem Sinne zählen daher jedenfalls Wohnhäuser, aber auch Etagenwohnungen. Auf die Eigentumsverhältnisse (Wohneigentum; Mietnutzung) kommt es nicht an; entscheidend ist allein die tatsächliche Wohnnutzung.[729] Auch Wohnmobile, Campingwagen, Zelte, Hausboote, nicht jedoch ein gewöhnlicher Pkw gelten i.d.R. als Wohnung i.S.v. Art. 13 I GG, **soweit sie (auch) als Medium zur Entfaltung von Privatheit dienen**.[730] Sammelunterkünfte (Polizei- oder Bundeswehrkasernen, Haftanstalten, Internate) genießen nur dann den Schutz des Art. 13 I GG, wenn dem Einzelnen dort eine Privatsphäre eingeräumt wird, was aber meist nicht der Fall ist.[731] 499

Um dem genannten Schutzbedürfnis Rechnung zu tragen, umfasst die Wohnung i.S.d. Art. 13 I GG auch die zur Wohnung gehörenden **Nebenräume** wie Keller, Wirtschaftsräume, Dachböden, abgeschlossene Höfe, aber auch Garagen. Denn diese Gebäude/Räume können ebenso der Privatsphäre dienen wie die Wohnung i.e.S. 500

Erfasst sind folgerichtig auch **Gast**- und **Hotelzimmer**, Wochenendhäuser sowie Vereinshäuser und Clubräume.[732] 501

Fraglich ist, ob darüber hinaus **befriedete Besitztümer**, also durch Zäune, Hecken, Gräben oder in anderer Weise eingefriedete, nicht nur landwirtschaftlich genutzte Grundstücke von Art. 13 I GG erfasst sind. Die genannten Objekte sind zwar Schutzgüter des § 123 StGB, daraus ergibt sich aber keine Festlegung des Schutzbereichs von Art. 13 GG. Die Reichweite des Schutzbereichs eines Grundrechts muss aus dessen Wortlaut, Schutzzweck und dem Gesamtzusammenhang der Verfassung bestimmt werden. Dabei kommt es insbesondere darauf an, ob das fragliche Objekt dem Wortbegriff „Wohnung" zugeordnet werden kann und dem Schutz der Privatsphäre und damit der Persönlichkeit dient. Bereits der Wortlaut des Art. 13 I GG, der von „Wohnung" spricht, lässt darauf schließen, dass befriedete Besitztümer aus dem Schutzbereich herauszuhalten sind. Denn auf Wiesen und Äckern „wohnt" man nicht, auch wenn diese eingefriedet sind. Auch Sinn und Zweck des Art. 13 I GG (Schutz der Privat- und Intimsphäre im räumlichen Bereich) lassen keine andere Bewertung zu. Etwas anderes mag für das „klassische" Hausgrundstück gelten, sofern dieses der von Art. 13 I GG unmittelbar geschützten Intimsphäre zugeordnet werden kann. § 102 StPO gestattet nach seinem Wortlaut („anderen Räumen") auch die Durchsuchung von Räumlichkeiten, die nicht durch Art. 13 I GG geschützt sind, allerdings ist dann das Schutzniveau geringer. 502

In Betracht dieser Ausführungen ist weiterhin fraglich, ob auch **Arbeits-, Betriebs-** und **Geschäftsräume** von Art. 13 I GG geschützt sind, was für die Maßgeblichkeit des dann geltenden höheren Schutzniveaus bedeutsam ist. Das BVerfG und ein Teil der Literatur bejahen dies. Die in Art. 12 I und 14 I GG zum Ausdruck kommende Bedeutung von Beruf und Gewerbe für die Selbstverwirklichung des Einzelnen spreche für die Einbeziehung von Geschäftsräumen in die räumliche Privatsphäre.[733] Hier sollte allerdings genauer differenziert werden. Zwar kann die Bedeutung von Beruf und Gewerbe durchaus als Argument für eine weite Auslegung des Wohnungsbegriffs herangezogen werden, jedoch können Beruf und Gewerbe nicht Sinn und Zweck des Wohnungsgrundrechts 503

---

[729] Daher wird auch z.B. dem gekündigten Mieter, der nach Ablauf der Kündigungsfrist in der Wohnung lebt, der Schutz aus Art. 13 I GG zugesprochen (BVerfGE **89**, 1, 12).

[730] Vgl. BVerfG NJW **2004**, 1517; VGH Mannheim DVBl **1998**, 96; *R. Schmidt*, BremPolG, **2006**, § 21 Rn 15.

[731] Vgl. BVerfG NJW **1996**, 2643; BGH NJW **1998**, 3284.

[732] Vgl. BGHSt **42**, 372, 375; *Ruthig*, JuS **1998**, 506, 512.

[733] BVerfGE **32**, 54, 68 ff.; **42**, 212, 219; **44**, 353, 371; **76**, 83, 88; **96**, 44, 51; BVerfG NJW **2004**, 1517; BVerfG DÖV **2007**, 607, 608 ff.; BVerwGE **121**, 345, 348; BAGE **19**, 217, 225; *Herdegen*, in: Bonner Kommentar, Art. 13 Rn 34; *Kunig*, in: von Münch/Kunig, GG, Art. 13 Rn 11; dem sich anschließend *Wißmann*, JuS **2007**, 324, 325.

(nochmals: Schutz der Privat- und Intimsphäre im räumlichen Bereich) beiseiteschieben. Arbeits-, Betriebs- und Geschäftsräume dürften von daher jedenfalls dann vom Schutzbereich des Art. 13 I GG erfasst sein, wenn sie in die eigentliche Wohnung integriert und damit dem öffentlichen Zugang ebenso entzogen sind wie die Wohnung selbst (Beispiele: Dachatelier, Wohnzimmerkanzlei, Kellerwerkstatt). Umgekehrt dürfte der Schutzzweck des Art. 13 I GG nicht tangiert sein, wenn die betreffenden Räume von der Wohnung getrennt und dem öffentlichen Zutritt unkontrolliert zur Verfügung stehen bzw. auf den unkontrollierten Zugang geradezu angelegt sind (Beispiele: Kaufhäuser, Boutiquen, Freizeitzentren etc.). Denn sind die Geschäftsräume der Öffentlichkeit umfassend zugänglich, verdienen sie zumindest während der Zeit dieser Zugänglichkeit den Schutz des Art. 13 I GG weder nach dessen Wortlaut noch nach dessen Entstehungsgeschichte und dessen Schutzzweck.[734] Folgt man dieser Auffassung, ist damit lediglich *die* Konstellation problematisch, in der der fragliche Raum von der eigentlichen Wohnung zwar getrennt, dennoch nicht der Öffentlichkeit unkontrolliert preisgegeben ist (Beispiele: Arztpraxis, Büroetage). Zwar spricht auch diesbezüglich der Begriff „Wohnung" gegen eine Einbeziehung in den Schutzbereich des Art. 13 I GG, allerdings kann der aus systematisch-teleologischer Sicht heranzuziehende Zweck des Art. 13 I GG i.V.m. den Aussagen der Art. 12 I, 14 I GG zu einer anderen Bewertung führen. Danach scheint es angebracht, zumindest öffentlich nicht frei zugängliche Geschäftsräume vom Begriff der „Wohnung" zu erfassen. Damit jedoch die als Berechtigter i.S.v. Art. 13 I GG in Betracht kommende Person nicht über die Reichweite des Grundrechtsschutzes frei bestimmen und auf diese Weise eine Rechtsunsicherheit begründen kann, sind zum einen der nach außen erkennbare Wille des Einzelnen zur beschränkten Zugänglichkeit von Räumen und Örtlichkeiten und zum anderen die soziale Anerkennung dieser individuellen Bestimmung der räumlichen Privatsphäre entscheidend.[735]

504 Zur Beachtung: Entgegen der hier vertretenen Auffassung ist darauf hinzuweisen, dass es nach der aktuellen Rechtsprechung des BVerfG für die Einbeziehung von Arbeits-, Betriebs- und Geschäftsräumen in den Schutzbereich des Art. 13 I GG nicht darauf ankommt, ob der Zutritt von einer Entscheidung des Hausrechtsinhabers abhängig gemacht wird oder generell der Öffentlichkeit preisgegeben ist.[736] Zwar hat dieses weite Verständnis mit dem Begriff der „Wohnung" kaum etwas zu tun, ist aber aufgrund der eindeutigen Position des BVerfG zumindest für die Praxis verbindlich.

505 Die Durchsuchung der **Person des Verdächtigen** umfasst Sachen und Spuren auf, in und unter der Kleidung, auf der Körperoberfläche und in den natürlichen Körperöffnungen (z.B. Mundhöhle). Zur Abgrenzung zu § 81a StPO und zur Berücksichtigung des § 81d StPO siehe oben Rn 330 f.[737]

506 **Sachen,** die durchsucht werden dürfen, sind bewegliche Habe wie Taschen, Kfz, Mobiltelefone oder Computer; Letztere können nach Datenbeständen durchsucht werden[738]; zur heimlichen Übermittlung von Datenbeständen an die Ermittlungsbehörden durch verdecktes Aufspielen entsprechender Software – sog. Onlinedurchsuchung siehe Rn 531, 547. Trotz des Wortlauts „gehören" muss die Sache nicht im Eigentum des Verdächtigen stehen, sondern es genügt, dass er (Mit-)Gewahrsam/Besitz hat. Besitz setzt nicht voraus, dass der Verdächtige die Sachen bei sich führt. Durchsucht werden dürfen nur Sachen, die als Beweismittel beschlagnahmt werden dürfen oder der Einziehung und dem Verfall unterliegen (vgl. zu Beschlagnahmeverboten § 97 StPO – Rn 445 ff., 468).[739]

---

[734] So auch BVerfG NJW **2003**, 2669; *Hermes*, in: Dreier, GG, Art. 13 Rn 23 f.; a.A. BVerwGE **121**, 345, 348.
[735] Vgl. BGH NJW **1997**, 2189; *Berkemann*, in: AK, Art. 13 Rn 32 f.; *Pieroth/Schlink*, Grundrechte, Rn 874.
[736] BVerfG DÖV **2007**, 607, 608 ff.
[737] Vgl. dazu insgesamt auch *R. Schmidt*, Grundrechte, 12. Aufl. **2010**, Rn 286.
[738] Vgl. *Schroth*, CuR **1992**, 173, 174.
[739] BGH NStZ **1998**, 309; HK-GS/*Hartmann*, § 102 StPO Rn 4 m.w.N.

Für die Anordnung und Durchführung der Durchsuchung gilt – wie bereits ausgeführt – das **Verhältnismäßigkeitsprinzip** in besonderem Maße. Abzuwägen sind einerseits das betroffene Grundrecht (z.B. Art. 13 I GG und/oder Art. 2 I GG) und der Grad seiner konkreten Beeinträchtigung und andererseits die Schwere der Tat, der Verdachtsgrad und die Erfolgsaussichten alternativer Ermittlungsmethoden.[740] Die Durchsuchung muss zunächst geeignet sein, entsprechende Verdachtsgegenstände, Spuren oder Personen ausfindig zu machen.[741] Darüber hinaus muss die Durchsuchung erforderlich sein; soweit vorhanden und Erfolg versprechend sind grundrechtsschonendere Ermittlungsmaßnahmen vorzuziehen.[742] Es darf nicht vorschnell oder gar grundsätzlich eine Durchsuchung angeordnet werden.[743] Schließlich müssen Schwere der Straftat und Stärke des Tatverdachts in einem angemessenen Verhältnis zu den mit der Durchsuchung verbundenen Grundrechtseingriffen stehen (Verhältnismäßigkeit i.e.S.).[744] Sollen Büro- oder Praxisräume eines Berufsgeheimnisträgers durchsucht werden, sind der besondere Schutz der freien Berufsausübung nach Art. 12 GG, das Recht auf informationelle Selbstbestimmung der möglicherweise zahlreichen Mandanten bzw. Patienten (Art. 2 I i.V.m. 1 I GG) zu berücksichtigen.[745] Darüber hinaus fällt bei der Abwägung ins Gewicht, dass unabhängig von den Freiheitsrechten des Einzelnen auch objektiv ein Interesse an einer funktionierenden Rechtspflege besteht und diese auf das Vertrauensverhältnis zwischen freien Advokaten und ihren Mandanten angewiesen ist.[746] Die Drohung Betroffener oder Dritter mit Widerstand ist dagegen kein Abwägungskriterium. Kann sich der gesuchte Gegenstand oder die gesuchte Person an mehreren Stellen befinden, können alle in Betracht kommenden Orte gleichzeitig durchsucht werden, um einer Verdunkelung vorzubeugen. Bei unverhältnismäßigen Durchsuchungen kann ein **Verwertungsverbot** bestehen.[747] 507

III. Anordnungsvoraussetzungen der Durchsuchung nach § 103 StPO

Zweck der Maßnahme ist bei § 103 StPO die Ergreifung des Verdächtigen („Ergreifungsdurchsuchung") und das Auffinden von Spuren und Beweismitteln („Ermittlungsdurchsuchung"), wobei Räume und Sachen durchsucht werden, die nicht-verdächtigen Personen zustehen. Zwar spricht § 103 I S. 1 StPO nur von „zu durchsuchenden Räumen", jedoch ist auch die Durchsuchung der nicht-verdächtigen Person und der ihr gehörenden Sachen nach h.M. zulässig, da die nicht-verdächtige Person nach § 81c StPO sogar körperlich untersucht werden darf.[748] Nicht verdächtig sind alle Personen, die nicht Verdächtige i.S.d. § 102 StPO sind. Hierzu gehören auch Personen, die wegen eines Schuld- oder Strafausschließungsgrundes nicht verfolgt werden können (z.B. strafunmündige Kinder und juristische Personen). Allerdings können Räume und Sachen einer juristischen Person nach § 102 StPO durchsucht werden, wenn ein Organ der juristischen Person (z.B. Vorstandsmitglied einer Aktiengesellschaft) der Tat verdächtig ist.[749] Die Durchsuchung muss der Durchführung eines Straf-, Bußgeld- (§ 46 OWiG) oder objektiven Verfahrens (§ 76a StGB i.V.m. § 111b IV StPO) dienen; Letzteres kommt z.B. in Betracht, wenn ein Kind mit einem gefährlichen Gegenstand eine rechtswidrige Tat begangen hat, der eingezogen werden soll. 508

---

740 EGMR NJW **2006**, 1495; BVerfG NJW **2008**, 1937; NStZ-RR **2006**, 110 f.; BGH StV **1988**, 90.
741 *Jahn*, NStZ **2007**, 255, 259.
742 BVerfG NStZ-RR **2006**, 110 f.; BVerfG NStZ-RR **2006**, 110.
743 BVerfG StV **2006**, 565.
744 *Jahn*, NStZ **2007**, 255, 260; zur Unverhältnismäßigkeit einer Wohnungsdurchsuchung bei Erwerb und Besitz von Cannabisprodukten zum gelegentlichen Eigenkonsum vgl. LG Kaiserslautern NStZ **2007**, 424; bei einem Verstoß gegen die HandwO und das SchwarzArbG vgl. BGH NStZ **2008**, 103.
745 BVerfG NJW **2007**, 1443.
746 BVerfGE **113**, 29, 49 ff.; *Jahn*, NStZ **2007**, 255, 260.
747 LG Freiburg StraFo **2006**, 168.
748 *Schroeder*, JuS **2004**, 858, 859; *Meyer-Goßner*, § 103 Rn 3; LR-*Schäfer*, § 103 Rn 13.
749 BGH NStZ **1997**, 147.

509 Der Begriff **Durchsuchung** sowie die **Anordnungsvoraussetzungen** entsprechen grds. denen des § 102 StPO, jedoch mit folgenden Unterschieden: Anders als bei § 102 StPO müssen Tatsachen vorliegen, aus denen zu schließen ist, dass der legitime Zweck der Durchsuchung erreicht wird; kriminalistische Erfahrung genügt hier nicht.[750] Darüber hinaus darf nur nach „bestimmten Gegenständen" gesucht werden, die vor der Durchsuchung feststehen müssen. Von diesen Einschränkungen bestehen nach § 103 I S. 2 und II StPO jedoch wiederum Ausnahmen:

- Die Gebäudedurchsuchung nach § 103 I S. 2 StPO darf nur zur Ergreifung eines Beschuldigten angeordnet werden, wenn der dringende Verdacht (i.S.d. § 112 StPO) einer Straftat nach § 129a StGB (auch i.V.m. § 129b StPO; terroristische Vereinigungen im In- und Ausland) oder einer der in § 129a StPO genannten Straftaten besteht. Zudem muss aufgrund von Tatsachen anzunehmen sein, dass sich der Beschuldigte in dem Gebäude aufhält. Unter diesen Voraussetzungen können sämtliche Wohnungen und sonstige Räume des Gebäudes durchsucht werden. Gebäude sind räumlich abgegrenzte, selbstständige bauliche Einheiten.[751] Gebäudemehrheiten sind nicht erfasst, auch wenn sie miteinander (z.B. durch eine Tiefgarage) verbunden sind. § 103 II StPO kommt zur Anwendung, wenn der Beschuldigte innerhalb des Gebäudes nachweislich einen bestimmten Raum betreten hat, und erlaubt dann die Durchsuchung aller weiteren Wohnungen und Räume dieses Gebäudes.
- Nach § 103 II StPO gelten die Beschränkungen des § 103 I S. 1 StPO nicht für Räume, in denen der Beschuldigte ergriffen wurde oder sich während seiner Flucht (auch nur kurzzeitig) aufgehalten hat. Diese können zur Ergreifung des Verdächtigen und zur Auffindung irgendwelcher Beweismittel durchsucht werden, ohne dass zusätzliche Tatsachen vorliegen müssen.

510 Zur Wahrung der **Verhältnismäßigkeit** werden Unverdächtige i.d.R. vor einer Durchsuchung zur freiwilligen Herausgabe von Beweisgegenständen aufzufordern sein.[752] Im Übrigen gelten die zu § 102 StPO dargestellten Grundsätze mit besonderem Gewicht.

IV. Anordnungsbefugnis

511 § 105 I StPO regelt die Anordnung der Durchsuchungen nach § 102 StPO und nach § 103 StPO. Anordnungsbefugt ist grds. der Richter, bei Gefahr im Verzug auch die StA und ihre Ermittlungspersonen (§ 152 GVG). Gebäudedurchsuchungen nach § 103 I S. 2 StPO dürfen gem. § 105 I S. 2 StPO von Ermittlungspersonen nicht angeordnet werden. Entsprechend dem Rechtsgedanken des § 98 I S. 2 StPO ist der Richter nicht allein für die Anordnung der Beschlagnahme, sondern bereits für die Anordnung der Durchsuchung in Pressebetrieben etc. ausschließlich zuständig, die der Beschlagnahme von Gegenständen dienen, die § 97 V S. 2 StPO unterliegen.[753]

512 Der Richter hat die Anordnungsvoraussetzungen gem. §§ 102 bzw. 103 StPO selbstständig und eigenverantwortlich einschließlich der Verhältnismäßigkeit zu prüfen. Er muss von den Ermittlungsbehörden eine plausible, in Eilfällen zumindest fernmündliche Darstellung des Sachverhalts erhalten, auf deren Grundlage die Anordnungsvoraussetzungen schlüssig bejaht werden können.[754]

513 **Gefahr im Verzug liegt vor**, wenn ein Beweismittel verloren geht oder in seinem Beweiswert erheblich beeinträchtigt werden könnte, wenn eine richterliche Entscheidung

---

[750] BVerfG NJW **2007**, 1804; BGH NStZ **2000**, 154; NStZ **2002**, 215.
[751] Es kommt auf die sog. bauliche Geschlossenheit an; vgl. *Meyer-Goßner*, § 103 Rn 12; LR-*Schäfer*, § 103 Rn 20.
[752] BVerfG wistra **2008**, 463; *Meyer-Goßner* Rn 1a.
[753] BGH NJW **1999**, 2051, 2052 f.
[754] BVerfG NJW **2008**, 1937; **2007**, 1143; **2006**, 1048 f; BGH NStZ-RR **2009**, 142.

abgewartet wird (vgl. Rn 337, 435 f.).[755] Gefahr im Verzug kann auch während der Vollstreckung einer richterlichen Durchsuchungsanordnung eintreten[756], z.B. hinsichtlich von Beweismitteln, auf die sich die richterliche Anordnung nicht bezieht, wobei freilich die im Durchsuchungsbeschluss niedergelegten Grenzen so lange zu beachten sind, wie sich keine andere Rechts- und Sachlage ergibt. Davon abzugrenzen sind Zufallsfunde, die auf andere Taten hindeuten und für die § 108 StPO gilt (vgl. dazu Rn 532 ff.).

Die **Regelzuständigkeit des Richters** muss in der Praxis effektiv bleiben.[757] Die Er- 514
mittlungsbehörden müssen unter Nutzung moderner Kommunikationsmittel (wie z.B. mit Mobiltelefonen) versuchen, eine richterliche Entscheidung herbeizuführen. Die Gerichte müssen einen ermittlungsrichterlichen Bereitschaftsdienst (§ 22c GVG) auch außerhalb der üblichen Dienstzeiten einrichten; dies gilt soweit möglich und erforderlich auch nachts.[758] Der Richtervorbehalt aus Art. 13 II GG verpflichtet die Länder, sowohl innerhalb als auch außerhalb der üblichen Dienstzeiten für die Erreichbarkeit des Ermittlungsrichters bei Tage (§ 104 StPO) Sorge zu tragen.[759] Verweigert der von StA oder Polizei erreichte Ermittlungsrichter (z.B. unter Hinweis auf fehlende Aktenkenntnis) eine Entscheidung, sind StA und ihre Ermittlungspersonen anordnungsbefugt, soweit Gefahr im Verzug besteht.[760]

Im Falle einer **Einwilligung** des Berechtigten ist die Anordnung nicht erforderlich. Die 515
Einwilligung muss frei von Zwang in Kenntnis des Durchsuchungszwecks gegeben werden. Über den Durchsuchungszweck muss belehrt werden, soweit er nicht ohnehin bekannt ist.[761] Die Erklärung der Einwilligung ist nicht an eine bestimmte Form gebunden, eine stillschweigende Duldung ist aber keine Einwilligung. Einwilligungsberechtigt ist jeder (Mit-)Bewohner, soweit ihm das Hausrecht an den Räumen zusteht. Die Einwilligung zur Durchsuchung von Sachen und Räumen innerhalb der Wohnung kann aber nur von allen insoweit Berechtigten *gemeinsam* erteilt werden, was z.B. bei Wohngemeinschaften eine differenzierte Betrachtung erfordert.

V. Richterliche Durchsuchungsanordnung

1. Form der Anordnung

§ 105 StPO schreibt für die Anordnung keine bestimmte Form vor; diese kann grds. auch 516
(fern-)mündlich, per Fax, E-Mail und sogar stillschweigend ergehen, wenn der anordnende Beamte selbst durchsucht. Nach BVerfG NJW 2001, 1121 soll die richterliche Durchsuchungsanordnung schriftlich abgefasst werden, wobei in Eilfällen eine (fern-)mündliche Anordnung ausreicht, die jedoch in den Ermittlungsakten zu dokumentieren ist. Letzteres gilt auch bei nichtrichterlichen Durchsuchungsanordnungen, um eine richterliche Nachprüfung zu ermöglichen. Dokumentationsmängel machen die Anordnung nicht ohne weiteres unverwertbar.[762]

---

[755] BVerfGE **51**, 97, 111; *R. Schmidt*, BesVerwR II, 12. Aufl. **2008**, Rn 674; Überblick bei *Jahn*, NStZ **2007**, 259.
[756] OLG Düsseldorf StraFo **2008**, 238.
[757] BVerfGE **103**, 142, 150 ff.
[758] BVerfGE **105**, 239, 248.
[759] BVerfG StV **2006**, 676.
[760] BGH NJW **2007**, 2567; BGH NStZ **2006**, 114; krit. *Jahn*, NStZ **2007**, 255, 260 m.w.N.; zu berücksichtigen ist dabei, dass die Eilkompetenz in Art. 13 II GG verankert ist und neben der Regelzuständigkeit des Richters nicht vollständig leerlaufen, sondern im Eilfall eine wirksame Strafrechtspflege gewährleisten soll.
[761] Vgl. BGHSt **34**, 397, 400; das LG Bremen (StV **2005**, 318) verlangt eine qualifizierte Belehrung darüber voraus, dass die Durchsuchung nicht ohne weiteres stattfinden werde, sofern ihr nicht zugestimmt wird.
[762] BGH NStZ **2005**, 392 m. zust Anm. *Mittag*, NJW **2007**, 2567; BVerfG NJW **2008**, 3053 hat es nicht beanstandet, dass bei § 81a StPO Dokumentationsmängel nicht zwangsläufig zu einem Verwertungsverbot führen, da der Richtervorbehalt bei § 81a StPO nicht zum verfassungsrechtlichen Mindeststandard gehört. Demnach kann sich aber aus Art. 13 II GG etwas anderes ergeben, jedenfalls ist ein strengerer Maßstab anzuwenden. LG Offenburg 11.2.**2005** – 3 Qs 136/04 bejaht ein Verwertungsverbot, sofern eine schriftliche Dokumentation ohne Gefährdung des Untersuchungszwecks möglich gewesen wäre. Vgl. auch *Gaede*, JZ **2008**, 424.

2. Inhalt der Anordnung

517 Die Anordnung muss die Anlassstraftat bezeichnen, das Vorliegen der Tatbestandsmerkmale plausibel machen und die wesentlichen Verdachtsmomente und Indiztatsachen, auf die der Verdacht gestützt wird, angeben.[763] Bei Wohnungsdurchsuchungen sollen auch die tatsächlichen Umstände, die den Verdacht begründen, angegeben werden, sofern dies nach Stand der Ermittlungen möglich ist und den Zwecken der Strafverfolgung nicht zuwiderläuft.[764] Eine erschöpfende Beweiswürdigung ist aber nicht notwendig.[765]

518 Darüber hinaus müssen Zweck, Ziel und Umfang der Durchsuchung benannt werden. Dies betrifft Art und Inhalt der Beweismittel, nach denen gesucht werden soll und die Räume, denen die Durchsuchung gilt, die zumindest beispielhaft beschrieben werden müssen. Schlagwortartige Bezeichnungen, bloße Wiedergabe des Gesetzes oder ganz allgemeine Angaben genügen nicht.[766] Die selbstständige und eigenverantwortliche Prüfung der Durchsuchungsvoraussetzungen muss im Durchsuchungsbeschluss erkennbar sein.[767]

3. Anhörung/Bekanntgabe/Belehrung

519 Eine vorherige Anhörung der Betroffenen oder Ankündigung der Durchsuchung ist unter den Voraussetzungen des § 33 IV StPO nicht erforderlich. Der Anordnungsbeschluss ist dem Betroffenen spätestens unmittelbar vor der Durchsuchung i.d.R. mit vollständiger Begründung bekannt zu machen und auszuhändigen, es sei denn, der Untersuchungszweck würde dadurch gefährdet.

4. Frist

520 Nach der Rspr. des BVerfG (NJW 1997, 2165) tritt eine richterliche Durchsuchungsanordnung nach einem halben Jahr (= 6 Monate, s. § 43 I StPO) außer Kraft; unwesentliche Überschreitungen sind aber unschädlich.[768] Unabhängig davon müssen im Zeitpunkt des Vollzugs die Anordnungsvoraussetzungen vorliegen. Der Richter kann nach Fristende auf Antrag der StA die Fortgeltung der Anordnung bestätigen.

5. Beendigung

521 Die Anordnung berechtigt zu einer einmaligen Durchsuchung, die, wenn auch mit Pausen, in einem Zuge durchzuführen ist. Die Durchsuchung endet durch ausdrückliche Erklärung oder schlüssiges Verhalten der Durchsuchungsbeamten. Eine weitere Durchsuchung erfordert eine erneute Anordnung.[769]

VI. Durchführungsvorschriften

1. Zuständigkeit

522 Zuständig für die Durchführung der Durchsuchung ist gem. § 36 II S. 1 StPO die StA; sie muss von einer richterlichen Durchsuchungsanordnung im Ermittlungsverfahren aber keinen Gebrauch machen; vielmehr kann sie sie in den o.g. Grenzen aufschieben. Die richterliche Durchsuchungsanordnung ist insofern entgegen der landläufigen Bezeich-

---

763 BGH NStZ-RR **2009**, 142.
764 St. Rspr. seit BVerfGE **20**, 162, 227; vgl. aus jüngerer Zeit BGH NStZ **2004**, 275.
765 BVerfG NStZ **2004**, 160.
766 BVerfG NStZ **2000**, 601.
767 Vgl. BVerfGE **103**, 142, 150 ff.
768 LR-*Schäfer*, § 105 Rn 52a; LG Zweibrücken NJW **2003**, 156: 2 Tage.
769 BVerfG StV **2004**, 634.

nung kein „Durchsuchungsbefehl", sondern eine Durchsuchungsgestattung. Die StA kann die Durchsuchung selbst durchführen oder ihre Ermittlungspersonen (§ 152 GVG - Polizei, z.B. aber auch § 404 AO - Steuerfahndung) beauftragen.

2. Unmittelbarer Zwang

Zur Durchsetzung einer rechtmäßigen Durchsuchungsanordnung ist auch die Anwendung unmittelbaren Zwangs zulässig. Die Räume dürfen gewaltsam geöffnet und durch Verschließen oder Wachen gesichert werden. Türen, Schränke, Behältnisse oder Fußböden dürfen aufgebrochen und Gärten aufgegraben werden. Stören die Betroffenen die Durchsuchung, dürfen sie ausgeschlossen („Stubenarrest"), ggf. auch kurzfristig festgenommen und auf der Polizeiwache durchsucht werden. Auch zur Vermeidung von Verdunkelungshandlungen dürfen Personen der zu durchsuchenden Räume verwiesen und kurzfristige Telefonsperren verhängt werden bzw. Gespräche überwacht werden, jedoch nicht Gespräche mit dem Verteidiger (§ 148 StPO). Treten Dritte als Störer auf, dürfen sie gem. § 164 StPO festgenommen werden. Allerdings ist die Verhältnismäßigkeit stets zu beachten, Einzelheiten regeln die gesetzlichen Vorschriften über den unmittelbaren Zwang, denen die jeweiligen Behörden unterliegen.[770] Ansonsten haben der Inhaber der Räume und sein Verteidiger oder Rechtsanwalt ein Anwesenheitsrecht (§ 106 StPO). Bei der Durchsuchung von Räumen Dritter haben der Beschuldigte und sein Verteidiger ein Anwesenheitsrecht, wenn der Inhaber des Hausrechts dies gestattet; ein prozessuales Anwesenheitsrecht besteht dagegen nicht. **523**

3. Durchsuchungszeugen, § 105 II StPO

Bei der Durchsuchung von Wohnungen, Geschäftsräumen und dem befriedeten Besitztum, bei denen kein Richter oder Staatsanwalt anwesend ist, sind gem. § 105 II S. 1 StPO, wenn möglich, ein Gemeindebeamter oder zwei Mitglieder der Gemeinde hinzuzuziehen. Die Inhaber der nach § 103 StPO durchsuchten Räume, Polizeibeamte und andere mit Ermittlungen in der zugrunde liegenden Sache befasste Personen (§ 105 II S. 2 StPO) können nicht zugleich Zeugen sein.[771] Die Zeugen müssen spätestens mit Beginn der Durchsuchungshandlung hinzugezogen werden. Die Hinzuziehung ist unmöglich, wenn keine geeigneten Zeugen zur Verfügung stehen, wenn diese die Teilnahme verweigern oder gefährdet würden oder wenn der durch die Zuziehung verursachte Zeitverlust den Durchsuchungserfolg vereiteln würde. Ein Verzicht des Betroffenen ist zulässig, aber für die Ermittlungsbehörden nicht bindend, da die Zuziehungsregelung auch die Ermittlungsbehörden vor unberechtigten Vorwürfen schützen soll (str.). Ggf. ist das Interesse der Ermittlungsbehörden mit dem Interesse des Betroffenen an Geheimhaltung der Durchsuchung und seiner Lebensumstände abzuwägen.[772] **524**

Schließlich ist zu beachten, dass § 105 II StPO eine **wesentliche Förmlichkeit** der Durchsuchung und nicht eine bloße Ordnungsvorschrift darstellt. Deshalb macht ein Verstoß die Maßnahme grds. rechtswidrig. Ein gewissenhaft prüfender Beamter handelt aber auch im Falle eines Irrtums rechtmäßig. Verstößt der Beamte bewusst gegen die Norm, ist der Betroffene zur Notwehr (§ 32 StGB) und zum Widerstand berechtigt (§ 113 III StGB; beachte die besonderen Irrtumsregeln nach § 133 III S. 2 und IV). **525**

---

[770] Vgl. zum Ganzen *Meyer-Goßner,* § 105 Rn 13; krit. Rengier NStZ **1981**, 375; zum Verhalten bei Durchsuchungen aus Sicht des Betroffenen *Michalke,* NJW **2008**, 1490.
[771] OLG Karlsruhe NStZ **1991**, 50.
[772] *Meyer-Goßner*, § 105 Rn 10-12; krit. KK-*Nack,* § 105 Rn 14; *Fezer*, 8/129.

4. Durchsuchungsbeschränkungen nach § 104 StPO

526 § 104 I StPO beschränkt die Durchsuchungen von Wohnungen, Geschäftsräumen und das befriedete Besitztum, nicht aber von Personen und Sachen, zur Nachtzeit. Dies gilt für Durchsuchungen nach § 102 und § 103 StPO. § 104 II StPO regelt Ausnahmen zu § 104 I StPO. § 104 III StPO definiert die Nachtzeit. Trotz der Beschränkung des § 104 I StPO ist die nächtliche Durchsuchung zulässig, wenn der Berechtigte einwilligt. Die **Nachtzeit** beginnt gem. § 104 III StPO um 21 Uhr. Eine vor 21 Uhr begonnene Durchsuchung darf fortgesetzt werden. Eine Durchsuchung soll allerdings so frühzeitig beginnen, dass sie noch vor Einsetzen der Nachtzeit beendet werden kann.[773] Die Nachtzeit endet im Sommer (1.4 – 30.9.) bereits nach 4 Uhr und im Winter (1.10. – 31.03.) nach 6 Uhr, was heute gängigen Lebensrhythmen sicher nicht mehr entspricht, aber von Gesetzgeber bislang nicht geändert wurde („dura lex, sed lex").

527 Die Begriffe „**Wohnung, Geschäftsraum und befriedetes Besitztum**" wurden bereits erläutert (s.o. Rn 499 ff.). In diesen Räumen ist die Durchsuchung zur Nachtzeit nach § 104 I StPO nur ausnahmsweise zulässig, wenn der Täter auf frischer Tat verfolgt wird, Gefahr im Verzug vorliegt, ein entwichener Gefangener ergriffen werden soll oder eine Gegenausnahme nach § 104 II StPO vorliegt (dazu sogleich). **Verfolgung auf frischer Tat** liegt vor, wenn der Täter von Versuchsbeginn bis zur Vollendung der Tat oder unmittelbar danach am Tatort oder in dessen Nähe betroffen oder unverzüglich verfolgt wird.[774] **Gefahr im Verzug** bedeutet hier, dass ein Zuwarten bis zum Ende der Nachtzeit den Durchsuchungserfolg gefährden würde. **Wiederergreifen eines Gefangenen** setzt voraus, dass der Flüchtige ein Gefangener i.S.d. § 120 I, IV StGB ist. Die Durchsuchung zur Nachtzeit ist auch dann zulässig, wenn nicht nach dem Gefangenen selbst, sondern nach Anhaltspunkten für seinen Verbleib gesucht wird. **Zur Nachtzeit zugängliche Räume** sind nach § 104 II StPO solche, die auch nachts für das Publikum, wenn auch ggf. nur gegen Entgelt, geöffnet sind wie z.B. Gaststätten, Tanzlokale, Kinos, Theater, Herbergen, Bahnhofshallen, Wartesäle etc. Die Wohnung des Betriebsinhabers und andere Privaträume zählen nicht zu den ausgenommenen Räumen, wenn sie deutlich abgegrenzt sind. **Herbergen und Versammlungsorte bestrafter Personen sowie Schlupfwinkel des Glücksspiels** i.S.d. § 104 II StPO sind Räume, die der Polizei in einer der genannten Funktionen bekannt sind, was voraussetzt, dass die Orte in irgendeiner Weise der Kriminalität und nicht etwa der Resozialisierung oder Therapie der dort verkehrenden Personen dienen. Es genügt, dass die genannten Orte einmal in dieser Funktion in Erscheinung getreten sind und keine Anhaltspunkte dafür bestehen, dass sich ihr Verwendungszweck geändert hat. Da das Gesetz in § 104 II StPO den Oberbegriff „Räume" verwendet, kann es sich nach h.M. bei den genannten Orten auch um Wohnungen handeln.[775]

5. Anwesenheitsrechte, § 106 StPO

528 § 106 StPO ist nach h.M. eine Ordnungsvorschrift, die in aller Regel nicht revisibel ist.[776] Aufgrund Art. 13 II GG erfordert eine rechtmäßige Durchführung der Durchsuchung allerdings auch die Beachtung des § 106 StPO. Deshalb darf der Betroffene bei Missachtung des § 106 StPO grds. Notwehr üben und Widerstand leisten (siehe § 113 III StGB).[777]

529 Das Anwesenheitsrecht haben zunächst alle Inhaber der zu durchsuchenden Räume oder Gegenstände, auch wenn sie die Beschuldigten sind.[778] Die Ermittlungsbehörden sind aber nicht verpflichtet, die Inhaber herbeizuholen oder auf ihr Erscheinen zu warten; die Inhaber können auf die Anwesenheit verzichten oder einen Anderen beauftragen.[779] Stört der anwe-

---

[773] BVerfG NJW **1977**, 1489.
[774] Zu den Einzelheiten vgl. *R. Schmidt*, StrafR AT, 9. Aufl. **2010**, Rn 482 ff. zu § 127 StPO.
[775] LR-*Schäfer*, § 104 Rn 14.
[776] *Meyer-Goßner*, § 106 Rn 1; BGH NStZ **1983**, 375; a.A. AG Bremen StV **2008**, 589; *Rengier*, NStZ **1981**, 373.
[777] LR-*Schäfer*, § 106 Rn 15.
[778] BGHSt 51, 211; LR-*Schäfer*, § 106 Rn 2.
[779] LR-*Schäfer*, Rn 3; *Meyer-Goßner*, § 106 Rn 2; *Taschke*, StV **2007**, 498 zum Unternehmensanwalt.

sende Inhaber die Durchsuchung, kann gegen ihn nach § 164 StPO vorgegangen werden.[780] Ist der Inhaber nicht anwesend, muss gem. § 106 I S. 2 StPO grds. ein Dritter hingezogen werden, soweit dies vor Ort möglich ist. Vertreter i.S.d. § 106 I S. 2 StPO ist, wer den Inhaber aufgrund besonderer Vollmacht, kraft allgemeinen Auftrags (Hausverwalter) oder üblicherweise (Ehefrau) vertritt. Ist der Inhaber zugleich der Beschuldigte, kann ihn auch sein Verteidiger vertreten.[781] Gemäß § 106 II S. 1 StPO ist dem Inhaber oder einer nach § 106 I S. 2 StPO hinzugezogenen Person bei einer Durchsuchung nach § 103 StPO der Zweck der Durchsuchung vor deren Beginn bekannt zu geben, außer es handelt sich um Räume nach § 103 II StPO oder § 104 II i.V.m. 106 II S. 2 StPO. Aus der Beschuldigtenstellung selbst folgt kein Anwesenheitsrecht; gestattet der Inhaber aber ihre Anwesenheit, dürfen der Beschuldigte und sein Verteidiger nur aufgrund § 164 StPO verwiesen werden.[782]

6. Bescheinigungen und Kennzeichnung, §§ 107, 109 StPO

§ 107 StPO gibt den von der Durchsuchung Betroffenen einen Anspruch auf eine (gebührenfreie) schriftliche Mitteilung (Bescheinigung). Der Anspruch wird erst nach der Durchsuchung fällig und muss durch ein entsprechendes Verlangen ausgeübt werden. Deshalb kann seine Nichterfüllung keinen Einfluss auf die Rechtmäßigkeit der zuvor vorgenommenen Durchsuchungshandlungen und ihre Verwertbarkeit haben. Unabhängig von der Ausübung des Informationsanspruchs des Betroffenen haben die Ermittlungsbehörden gem. § 168b I bzw. § 163 II S. 1 StPO über die Durchsuchung ein Protokoll zu fertigen und zu den Akten zu nehmen. Die Durchsuchungsbescheinigung muss den Grund der Durchsuchung abstrakt nennen (Ergreifung, Auffinden von Beweisgegenständen) und angeben, ob der Durchsuchte verdächtigt wird und falls dies zutrifft, die gesetzliche Bezeichnung der Straftat, zu der aber keine Einzelheiten mitgeteilt werden müssen.[783] Gemäß § 107 S. 2 StPO kann der Betroffene verlangen, dass ihm über die sichergestellten Gegenstände sowie die nur zur Durchsicht (§ 110 StPO) mitgenommenen Schriftstücke eine Bescheinigung erteilt wird, in der die Gegenstände nach Art und Zahl aufgeführt werden. Werden keine Gegenstände sichergestellt, ist auch dies zu bescheinigen. Sichergestellte Gegenstände sind in ein Verzeichnis aufzunehmen und durch ein amtliches Siegel oder in einer anderen geeigneten Weise kenntlich zu machen, sodass Verlust oder Verwechslung ausgeschlossen sind. Einzelheiten regelt § 9 der Aktenordnung, die von den Landesjustizverwaltungen gleichlautend erlassen wurde. § 109 StPO gilt für alle Fälle der Sicherstellung und Beschlagnahme nach § 94 ff. StPO, gem. § 111b IV StPO auch für sichergestellte Einziehungs- und Verfallsgegenstände jeder Art und für Zufallsfunde nach § 108 StPO. Trotz der systematischen Stellung gilt § 109 StPO auch für Sicherstellungen außerhalb von Durchsuchungen.[784] 530

7. Durchsicht von Papieren, § 110 StPO

Die Durchsicht von Papieren steht gem. § 110 StPO der StA und auf deren Anordnung nunmehr auch ihren Ermittlungspersonen zu. Die Vorschrift schützt die Privat- und die geschäftliche Geheimnissphäre. Sie gilt dem Wortlaut nach nur für Papiere, die bei einer Durchsuchung aufgefunden werden, sie wird aber generell auf Papiere angewendet, die dem Inhaber gegen seinen Willen entzogen und durchgesehen werden sollen.[785] Der Begriff Papiere ist nach Sinn und Zweck der Vorschrift weit auszulegen und umfasst alles, was wegen seines Gedankeninhalts Bedeutung hat und nicht schon publiziert ist, also einem Geheimhaltungsinteresse unterliegen könnte. Aufgrund des Schutzzwecks gilt § 110 StPO nicht nur für den Informationsträger „Papier", sondern auch für Informationsträger anderer Art, insbesondere für alle elektronischen Speichermedien (vgl. Abs. III), und zwar auch solchen, deren inhaltliche Kenntnisnahme nicht durch eine visuelle, sondern durch eine akustische Wiedergabe geschieht wie 531

---

[780] Vgl. *Rengier*, NStZ **1981**, 375.
[781] LR-*Schäfer*, Rn 6; *Meyer-Goßner*, § 106 Rn 4; a.A. KK-*Nack*, § 106 Rn 2.
[782] *Meyer-Goßner*, § 106 Rn 3.
[783] KK-*Nack*, § 107 Rn 3; *Meyer-Goßner*, § 107 Rn 2; a.A. LR-*Schäfer*, § 107 Rn 6; SK-*Wohlers*, § 107 Rn 6.
[784] LR-*Schäfer*, § 109 Rn 1.
[785] LR-*Schäfer*, § 110 Rn 3; *Park*, wistra **2000**, 454.

z.B. das Abspielen von Diktiergeräten.[786] Am potentiellen Geheimhaltungsinteresse fehlt es bei Ausweisen und Urkunden, die zur Vorlage bei Behörden bestimmt sind (z.B. Personalausweis und Führerschein). Durchsicht ist die Kenntnisnahme vom Inhalt der verkörperten Information zum Zweck der Entscheidung darüber, ob der Gegenstand als Beweismittel benötigt wird und die gerichtliche Beschlagnahmeanordnung zu beantragen ist.[787] Liegt keine Beauftragung seitens der StA vor, dürfen Ermittlungspersonen wie sonstige Polizeibeamte Papiere nur mit Genehmigung des Inhabers durchsehen (§ 110 II S. 1 StPO). Besteht keine Genehmigung zur Durchsicht, müssen Papiere, um sie der StA zur Durchsicht vorzulegen, in einem Umschlag bzw. verschließbaren Behältnis verpackt werden, dessen Verschluss in Gegenwart des Inhabers bzw. seines Vertreters (§ 106 I S. 2 StPO) amtlich zu siegeln ist. Zeigt sich, dass ein Papier z.B. nach § 97 StPO nicht der Beschlagnahme unterliegt, ist es ungelesen herauszugeben, sobald erkennbar ist, dass die Beschlagnahmefreiheit vorliegt. Die Mitnahme zur Durchsicht ist noch keine Beschlagnahme, sondern mittels der Durchsicht soll erst festgestellt werden, welche Papiere als Beweismittel benötigt und deshalb nach § 94 StPO sichergestellt bzw. beschlagnahmt werden müssen. Da die Durchsicht aber Teil der Durchsuchung ist, kann entsprechend § 98 II S. 2 StPO ein Antrag auf gerichtliche Prüfung ihrer Rechtmäßigkeit gestellt werden.[788]

Mit dem mit Wirkung zum 1.1.2008 neu eingeführten § 110 III StPO (Rn 303a) soll den Vorgaben des Übereinkommens des Europarats über Computerkriminalität vom 23.11.2001 (Sammlung der Europäischen Verträge - SEV Nr. 185; „Cybercrime Convention", dort Art. 19) nachgekommen werden.[789] Bei elektronischen Speichermedien besteht die Besonderheit, dass der Datenträger mit dem Zugangsgerät keine räumliche Einheit bilden muss, und eine Beschlagnahme des Zugangsgeräts u.U. nutzlos ist. Würde sich die Beschlagnahme entfernter Datenbestände aufgrund einer zusätzlich erforderlichen Anordnung der Durchsicht verzögern, bestünde die Gefahr, dass beweisrelevante Daten nach Bekanntwerden der – offen durchzuführenden Durchsuchungsmaßnahme (zurzeit besteht keine Rechtsgrundlage in der StPO für die sog. heimliche „Onlinedurchsuchung" zur Ermittlung von Straftaten; vgl. Rn 547)[790] kurzfristig gelöscht werden, oder Daten, die ohne spezielle Anordnung von entfernten Datenträgern erhoben wurden, später nicht verwertbar sind. Die neue Vorschrift des § 110 III StPO erlaubt es, die Durchsicht elektronischer Datenträger auf räumlich getrennte Speichereinheiten zu erstrecken, soweit auf sie von dem unmittelbar betroffenen Speichermedium aus ein berechtigter Zugriff besteht.[791] Der Zugriff muss berechtigt sein, da der Gesetzgeber mit § 110 III StPO ausdrücklich nicht die heimliche „Onlinedurchsuchung" erlauben wollte.[792] Voraussetzung ist weiter, dass ohne die sofortige Durchsicht der Verlust der gesuchten Daten zu besorgen ist. Aus § 110 III StPO ergibt sich allerdings nicht eindeutig, ob auch Datenbestände, die von dem zweiten, bereits entfernt lokalisierten Speichermedium aus zugänglich sind, durchgesehen werden können. Für diese Möglichkeit spricht der Gesetzeszweck, im Rahmen der Verhältnismäßigkeit der Maßnahme ist allerdings zu berücksichtigen, dass die Maßnahme begrenzt bleiben muss und nicht ohne weiteres zu einer Ausforschung weit verzweigter Netzwerke führen darf. Im Allgemeinen ist eine Durchsicht nach § 110

[786] Vgl. BGH NStZ **2003**, 670.
[787] *Meyer-Goßner*, § 110 Rn 2.
[788] Vgl. BVerfG NStZ-RR **2002**, 144.
[789] RegE zum Gesetz zur Neuregelung der TKÜ S. 5, 145 f. (Rn 303a).
[790] Zur Onlinedurchsuchung von Computern vgl. ausführlich *R. Schmidt*, Grundrechte, 12. Aufl. **2010**, Rn 864 ff. Eine präventive Onlinedurchsuchung kann nach BVerfGE **120**, 274 ff. verfassungsrechtlich nur zulässig sein, wenn tatsächliche Anhaltspunkte für ein überragend wichtiges Rechtsgut bestehen, d.h. für Leben, Leib und Freiheit der Person oder solche Güter der Allgemeinheit, deren Bedrohung die Grundlagen oder den Bestand des Staates oder die Grundlagen der Existenz der Menschen berührt. Eingeführt wurde eine präventive Onlinedurchsuchung z.B. in § 20k BKAG.
[791] Kontrovers wird z.Zt. diskutiert, ob auch Daten auf Servern im Ausland durchgesehen und ggf. vorläufig gesichert werden dürfen (so *Bär*, DRiZ **2007**, 221 und MMR **2008**, 221; a.A. *Gaede*, StV **2009**, 101; *Sankol*, K&R **2008**, 281).
[792] RegE zum Gesetz zur Neuregelung der TKÜ S. 146; vgl. dazu Rn 303a.

III StPO weniger eingriffsintensiv als die Beschlagnahme oder vorläufige Sicherstellung der Datenträger und wird deshalb häufig das mildere Mittel sein. Erfordert eine Durchsicht vor Ort aber viel Zeit, vertieft sich der Eingriff in Art. 13 GG durch die längerfristige Anwesenheit der Ermittlungsbehörden in den Wohn- und Büroräumen des Betroffenen, sodass eine Abwägung erforderlich wird.[793] Daten, von denen im Rahmen der Durchsicht erkennbar wird, dass sie für die Untersuchung von Bedeutung sein können, dürfen gem. § 110 III S. 2 StPO gespeichert werden, wenn bis zur Sicherstellung der (entfernten) Datenträger ihr Verlust zu besorgen ist. Die gespeicherten Daten sind zu löschen, sobald sie für die Strafverfolgung nicht mehr erforderlich sind. Nicht übersehen werden sollte bei einer Prüfung, dass der Zugriff der Strafverfolgungsbehörden auf öffentlich zugängliche Daten bereits nach § 161 I, § 163 I StPO zulässig ist.

VII. Zufallsfunde, § 108 StPO

§ 108 StPO berechtigt zu einer vorläufigen Sicherstellung in Fällen, in denen die Beweis- **532**
bedeutung des Gegenstands oder das Vorliegen von Gefahr im Verzug vor Ort nicht eingeschätzt werden kann oder der durchsuchende Beamte die Beschlagnahme nicht selbst anordnen kann.[794] Werden im Rahmen einer Durchsuchung Beweismittel gefunden, deren Beweisbedeutung für eine andere Straftat feststeht, haben die Ermittlungsbehörden im Falle von Gefahr im Verzug die Beschlagnahme dieses Beweismittels bereits nach § 94 StPO anzuordnen (vgl. § 152 II, 163 I StPO - Legalitätsprinzip), der Anwendungsbereich des § 108 StPO ist dann nicht berührt.[795] Gem. § 111b IV StPO gilt § 108 StPO auch bei Durchsuchungen, die der Auffindung von Einziehungs- und Verfallsgegenständen bzw. der Rückgewinnungshilfe (§ 111b V StPO) dienen.

Die Sicherstellung nach § 108 StPO erfordert keine Beweisbedeutung in dem Sinne, dass **533**
im Zeitpunkt ihrer Anordnung oder Durchführung bereits davon ausgegangen werden kann, der Gegenstand werde als Beweismittel für eine andere Straftat von Bedeutung sein bzw. der Einziehung oder dem Verfall unterliegen. Dies alles soll die StA, welcher der Gegenstand nach § 108 S. 2 StPO vorzulegen ist, erst noch prüfen. Es genügt deshalb ein auf plausible Überlegungen gegründeter Anschein, der Gegenstand könne für eine andere Straftat Beweisbedeutung haben bzw. der Einziehung oder dem Verfall unterliegen. Die andere Straftat kann bisher unbekannt gewesen sein oder in einem anderen Verfahren anhängig sein. Hinsichtlich der anderen Straftat genügt ein ungewisser Verdacht bzw. die nahe liegende Möglichkeit.[796]

Die Sicherstellung ist gem. § 108 I S. 3 StPO ausgeschlossen bei Gebäudedurchsuchun- **534**
gen nach § 103 I S. 3 StPO, die der Ergreifung des Beschuldigten dienen. Allerdings können auch in diesem Fall Gegenstände, deren Beweisbedeutung für die zugrunde liegende oder eine andere Straftat feststeht, gem. §§ 94, 98 StPO sichergestellt oder beschlagnahmt werden.

Beschlagnahmeverbote z.B. nach § 97 StPO hindern auch eine Sicherstellung nach **535**
§ 108 StPO, wobei das Beschlagnahmeverbot die andere Straftat betreffen muss, derentwegen die Sicherstellung erfolgt.[797] Grds. hindern auch Beweiserhebungsverbote nach § 160a StPO (Rn 1070) eine vorläufige Sicherstellung nach § 108 StPO, wobei allerdings die Regelungen des § 97 StPO gem. § 160a V StPO vorrangig anzuwenden sind. Bei Angehörigen der Presse und in Redaktionsräumen etc. (s. § 53 I S. 1 Nr. 5

---

793 BVerfG NJW **2009**, 2431, 2432 ff.
794 *Amelung*, ZStW 104 (**1992**), 843; LR-*Schäfer*, § 108 Rn 2.
795 LR-*Schäfer*, § 108 Rn 1.
796 LR-*Schäfer*, § 108 Rn 8; vgl. zu den Verdachtsgraden der StPO Rn 727 ff.
797 *Meyer-Goßner*, § 108 Rn 4.

StPO) hat der Gesetzgeber mit § 108 III n.F. StPO die Vorgaben des Cicero-Urteils des BVerfG[798] berücksichtigt; näher hierzu Rn 465.

536 Die **einstweilige** Sicherstellung ist, wenn ihre Voraussetzungen vorliegen, in § 108 StPO gesetzlich vorgeschrieben, Gefahr im Verzug wird gewissermaßen gesetzlich vermutet.[799] Dennoch ist der Grundsatz der **Verhältnismäßigkeit** zu beachten.

537 Die **gezielte Suche** nach „Zufallsfunden" ist unzulässig und kann bei schwerwiegenden Verstößen zu einem Verwertungsverbot führen.[800]

538 **Anordnungsbefugt** ist jeder Ermittlungsbeamte oder Richter, der bei der Durchsuchung anwesend ist. Richter sind nicht nur bei Nothandlungen i.S.d, § 165 StPO zuständig; Polizeibeamte müssen nicht Ermittlungspersonen der StA i.S.d. § 152 GVG sein, vielmehr sind Polizei und StA auch dann nach § 108 StPO zuständig, wenn die Beschlagnahmeanordnung gem. § 98 I S. 2 StPO in Presse- und Funkhäusern dem Gericht vorbehalten ist.[801] Die Zulässigkeit der einstweiligen Sicherstellung von Zufallsfunden kann aufgrund § 108 StPO nicht durch Einschränkungen im Durchsuchungsbeschluss ausgeschlossen werden.[802]

539 **Endgültige Beschlagnahme bzw. Freigabe.** Die StA ist über die einstweilige Sicherstellung gem. § 108 I S. 2 StPO zu informieren. Sie kann den Gegenstand entweder frei geben oder die Beschlagnahme durch den für das neue/andere Verfahren zuständige Ermittlungsgericht gem. § 98 I S. 1 StPO beantragen. Da hier Gefahr im Verzug grds. nicht vorliegt, kann die StA die Beschlagnahme nicht selbst anordnen (anders kann sich dies bei Beschlagnahme nach § 111b I, IV, § 111e I StPO darstellen, wenn Zwischenverfügungen drohen).

540 § 108 II StPO enthält ein gesetzliches **Verwertungsverbot**. Werden bei einem Arzt zufällig Unterlagen oder andere Gegenstände gefunden, die den Schwangerschaftsabbruch einer Patientin betreffen, dürfen diese Beweismittel nicht in einem Strafverfahren gegen die Patientin nach § 218 StGB verwertet werden (sog. „Lex Theissen"). Ein Verwertungsverbot besteht aber auch für Gegenstände, die einem sonstigen Beschlagnahmeverbot z.B. nach § 97 StPO unterliegen.

VIII. Rechtsschutz

541 Die **gerichtliche Durchsuchungsanordnung** kann von den Betroffenen, ihre Ablehnung von der StA mit der Beschwerde (§ 304 StPO) angefochten werden.

542 Gegen **Durchsuchungsanordnungen der StA** und ihrer Ermittlungspersonen ist entspr. § 98 II S. 2 StPO der Antrag auf gerichtliche Entscheidung zulässig.[803] Eine richterliche Bestätigung von Anordnungen der Ermittlungsbehörden ist in § 105 StPO nicht geregelt, da die h.M. aber einen Antrag analog § 98 II S. 2 StPO für zulässig hält, ist darüber gem. § 98 II S. 5 StPO zu belehren.

543 Sowohl hinsichtlich der richterlichen Durchsuchungsanordnung als auch derjenigen der StA besteht bei gravierenden Grundrechtseingriffen auch nach Erledigung der Maßnahme ein Rechtsschutzbedürfnis auf eine Feststellung der Rechtswidrigkeit.[804]

---

[798] BVerfG NJW **2007**, 1117 ff. m. Anm. *Schmidt-De Caluwe,* NVwZ **2007**, 640.
[799] BGHSt **19**, 374, 376.
[800] BGH CR **1999,** 292, 293; SK-*Wohlers*, Rn 4.
[801] LR-*Schäfer*, § 108 Rn 11; *Meyer-Goßner*, § 108 Rn 6; SK-*Wohlers*, § 108 Rn 13; a.A. KK-*Nack*, § 108 Rn 3.
[802] *Meyer-Goßner*, § 108 Rn 1; *Hentschel*, NStZ **2000**, 274 gegen LG Freiburg NStZ **1999**, 582.
[803] BGHSt **26**, 212, 213.
[804] Vgl. BVerfG NJW **1997**, 2163; **1999**, 273; **2001**, 1121; **2002**, 1333.

Gegen die **Art und Weise der Durchführung** einer Beschlagnahme ist der Antrag auf gerichtliche Entscheidung analog § 98 II S. 2 StPO zulässig, unabhängig davon, ob die Durchsuchung vom Richter, der StA oder ihren Ermittlungspersonen angeordnet wurde.[805] Der Antrag ist auch zulässig, wenn nach Ablauf der Halbjahresfrist eine richterliche Anordnung vollzogen wird, oder wenn Verstöße gegen §§ 106, 107 oder 109 StPO geltend gemacht werden. Offengelassen hat der BGH bislang, ob der Antrag nach § 98 II S. 2 StPO[806] oder die Beschwerde nach § 304 StPO[807] zulässig sind, wenn die Art und Weise der Durchführung bereits in der richterlichen Durchsuchungsanordnung geregelt ist. Gegen Entscheidungen des Gerichts nach § 98 II S. 2 StPO ist grds. die Beschwerde nach § 304 StPO zulässig. **544**

IX. Verwertungsverbote

Die Durchsuchung selbst ist kein Beweismittel, dessen Verwertung unzulässig sein könnte. Fehler bei der Durchsuchung können deshalb die Revision allein nicht begründen, aber zur Unverwertbarkeit aufgefundener Beweismittel führen.[808] Von der Hinzuziehung von Zeugen nach § 105 II StPO und den Durchführungsvorschriften nach §§ 106, 107 und 109 StPO hängt die Verwertbarkeit grds. nicht ab. Werden Räume oder Sachen des Beschuldigten nach § 103 StPO durchsucht, kann darin eine Täuschung i.S.d. § 136a I StPO liegen, die ein gesetzliches Verwertungsverbot zur Folge hat, wenn der Betroffene im Vertrauen darauf, dass gegen ihn nicht ermittelt wird, Beweismaterial herausgegeben hat.[809] Eine Fernwirkung im Fall einer Beschlagnahme aufgrund einer fehlerhaften Durchsuchung wird nur bei besonders schwerwiegenden Verstößen anerkannt.[810] Eine Verletzung des § 104 StPO führt zwar zur Rechtswidrigkeit der Durchsuchung, ein Verwertungsverbot folgt daraus aber nur bei schweren, bewussten oder systematischen Verstößen. **545**

X. Revision

Auf Fehler bei der Durchsuchung als solche kann die Revision nicht gestützt werden, da die Durchsuchung kein Beweismittel ist.[811] Fehler bei der Durchsuchung können aber zu einem Verwertungsverbot hinsichtlich der aufgefundenen Beweismittel führen, dessen Missachtung mit der Revision geltend gemacht werden kann. **546**

F. Verdeckte und heimliche Ermittlungsmaßnahmen

I. Einführung

Die StPO kennt eine ganze Reihe heimlich bzw. verdeckt durchgeführter Ermittlungsmaßnahmen, sodass ein Grundsatz, der Staat habe im Rahmen der Strafverfolgung dem Bürger stets offen gegenüberzutreten, dem geltenden Recht nicht entnommen werden kann. Manche verdeckte Ermittlungsmaßnahmen wie z.B. die Postbeschlagnahme (§ 99 StPO) haben eine lange Tradition, in jüngerer Zeit wurden die heimlichen Ermittlungsmaßnahmen im Gesetz allerdings erheblich ausgeweitet. Dies hängt zunächst damit zusammen, dass die technischen Möglichkeiten zur heimlichen Überwachung sich laufend weiter entwickeln und damit das Bedürfnis wecken, sie zur Aufklärung von Straftaten einsetzen zu können. Andererseits besteht die Besorgnis, dass der freiheitliche Staat **547**

---

805 BGHSt **44**, 265, 270.
806 So *Katholnigg*, NStZ **2000**, 156.
807 So *Meyer-Goßner*, § 105 Rn 17; *Amelung*, JR **2000**, 481, *Eisele*, StV **1999**, 300; *Fezer*, NStZ **1999**, 151.
808 LR-*Schäfer*, Rn 114; *Ransiek*, StV **2002**, 567.
809 LR-*Schäfer*, § 105 Rn 120.
810 BGH NJW **2007**, 2567; OLG Hamm NStZ **2007**, 355 hat ein Verwertungsverbot bei einem objektiv willkürlichen Verstoß gegen den Richtervorbehalt und einem zugleich nur vagen Anfangsverdacht angenommen.
811 LR-*Schäfer*, Rn 121.

zu einem Überwachungsstaat degenerieren könnte. Die gesetzliche Regelung heimlicher Ermittlungsmaßnahmen dient jedoch nicht allein der Gestattung, sondern zugleich der Begrenzung derartiger Ermittlungsmethoden und bringt damit auch die Gebundenheit an das Rechtstaats- und Demokratieprinzip der Ermittlungstätigkeit zum Ausdruck. Die Vermehrung einschlägiger gesetzlicher Regelungen ist deshalb auch der Rechtsstaatlichkeit geschuldet, die es den Ermittlungsbehörden verbietet, neue Methoden ohne Rechtsgrundlage einzusetzen. Gerade dieser Umstand hat dazu geführt, dass der Gesetzgeber neue gesetzliche Grundlagen geschaffen hat, freilich nicht immer in verfassungskonformer Weise, wie die vom BVerfG teilweise verworfene Regelung der akustischen Wohnraumüberwachung (sog. „großer Lauschangriff"; § 100c StPO) exemplarisch gezeigt hat.[812] Auf der anderen Seite hat die Rspr. die Befugnis zum Einsatz verdeckt ermittelnder Polizeibeamter auch ohne gesetzliche Grundlage gebilligt.[813] Insofern war es begrüßenswert, dass durch das OrgKG im Jahre 1992 eine gesetzliche Regelung (vgl. §§ 110a ff. StPO) geschaffen wurde, durch die eine heimliche Praxis in einen gesetzlich gebundenen, kontrollierbaren Einsatz dieser Ermittlungsmethode überführt wurde. Der Einsatz von privaten Vertrauensleuten und Informanten der Polizei harrt dagegen noch einer gesetzlichen Regelung. Das Austarieren der von der Verfassung geschützten Freiheitsrechte mit der von der demokratischen Mehrheit gewünschten Sicherheit und der auch verfassungsrechtlich anerkannten Effizienz der Strafrechtspflege, beschäftigt bis heute und wohl auch künftig Gerichte, Politik und den demokratischen Diskurs in alten und neuen Medien. Aktuelle Beispiele sind das Ausspionieren von Computerdaten über das Internet (sog. **Onlinedurchsuchung**[814]), für das derzeit im Bereich strafrechtlicher Ermittlungen keine gesetzliche Grundlage besteht und die deshalb unzulässig ist[815], sowie die anlasslose Speicherung sog. Verkehrsdaten der Telekommunikation bei den Telekommunikationsdienstleistern für den späteren Abruf durch die Ermittlungsbehörden nach Maßgabe des § 100g StPO, die vom BVerfG für verfassungswidrig und nichtig erklärt wurde (vgl. Rn 303a und 633 ff.).[816]

548 Die verfassungsrechtlichen Probleme, die beim Einsatz verdeckter Ermittlungsmethoden bestehen, knüpfen des Weiteren an den Umstand, dass der Betroffene gegen die damit verbundenen Eingriffe in seine Grundrechte entgegen Art. 19 IV GG keinen Rechtsschutz in Anspruch nehmen kann, weil er von diesen Eingriffen nichts erfährt. Als Antwort auf diese Problematik hat sich ein Regelungskonzept entwickelt, das heimliche Ermittlungsmaßnahmen an besondere, erschwerte Voraussetzungen bindet, die z.B. die Schwere der damit zu ermittelnden Straftaten, den Grad des Tatverdachts und die fehlende Verfügbarkeit oder Effektivität alternativer Ermittlungsmethoden zum Inhalt haben. Heimliche Ermittlungsmaßnahmen unterliegen vielfach einer strengeren gerichtlichen Kontrolle ihrer Anordnung als offene Ermittlungsmethoden, da das Gericht gewissermaßen stellvertretend für den Betroffenen die Rechtmäßigkeit der Maßnahme einer genauen Prüfung unterziehen soll. Schließlich wurde die nachträgliche Rechtsschutzmöglichkeit durch die Gerichte zunehmend ausgeweitet, selbst wenn die Maßnahme bereits beendet war und nur noch ein Interesse an der Feststellung ihrer Rechtswidrigkeit bestand. Diese Rechtsprechung hat der Gesetzgeber in § 101 VII S. 2 StPO für die in § 101 I StPO genannten heimlichen Ermittlungsmethoden gesetzlich anerkannt (Rn 694j ff.). Diese nachträgliche Rechtsschutzmöglichkeit setzt grds. eine Benachrichtigung des Betroffenen von der Maßnahme voraus, die mit fortbestehenden Geheimhaltungsinteressen der Strafverfolgungsbehörden z.B. hinsichtlich eines noch eingesetzten verdeckt ermitteln-

---

812 BVerfGE **109**, 279 ff.
813 Vgl. BVerfGE **57**, 284 ff.; BGHSt **32**, 120 ff. (Großer Senat).
814 Vgl. dazu ausführlich *R. Schmidt*, Grundrechte, 12. Aufl. **2010**, Rn 864 ff.
815 So zu Recht BGH NJW **2007**, 930, 931 m. Anm. *Fezer*, NStZ **2007**, 535; zur präventiven Onlinedurchsuchung vgl. § 20k BKAG; näher Rn 531.
816 BVerfG NJW **2010**, 833, 834 f.

den Polizeibeamten kollidieren kann. Die Benachrichtigung und ihre Zurückstellung waren bisher bei den einzelnen Maßnahmen z.T. gesondert und sind nunmehr in § 101 IV-VI StPO weitgehend einheitlich geregelt. An diese vereinheitlichenden gesetzlichen Regelungen hat sich auch die Gliederung der heimlichen Ermittlungsmaßnahmen im vorliegenden Studienbuch angepasst. Zunächst werden die einzelnen in § 101 I StPO genannten heimlichen Ermittlungsmethoden und daran anschließend die Benachrichtigungs- und Löschungspflichten sowie die Rechtsschutzmöglichkeiten nach § 101 StPO erläutert.

II. Rasterfahndung und Datenabgleich nach §§ 98a-98c StPO

1. Rasterfahndung

Die Rasterfahndung ist nach § 98a I S. 1 StPO ein maschineller Abgleich personenbezogener Datenbestände mit bestimmten, auf den Täter vermutlich zutreffenden bzw. nicht zutreffenden Merkmalen („Raster"), durch den Personen, die als Täter nicht in Betracht kommen (sog. negative Rasterfahndung) bzw. unter denen sich der Täter befinden könnte (sog. positive Rasterfahndung) ausgefiltert werden. **549**

Eine Rasterfahndung liegt nicht vor, wenn die Strafverfolgungsbehörden von privaten Stellen Auskünfte zu speziellen Daten des Täters erhält (z.B. Kreditkartennummer), jedoch nicht die Gesamtdatei zum weiteren Abgleich mit anderen Dateien übermittelt bekommt. Dies gilt auch, wenn die private Stelle die übermittelten Daten des Täters zuvor aus ihre eigenen Datenbestände mittels Suchkriterien ermittelt hat. Denn der Kern der Rasterfahndung besteht im Abgleich der Datenbestände mehrerer Speicherstellen, der die Verknüpfung verschiedener Sachbereiche ermöglicht. Die Suchabfrage in einem einzelnen Datenbestand greift zwar in das Recht auf informationelle Selbstbestimmung ein, ist aber bereits auf der Grundlage der Ermittlungsgeneralklausel (§ 161 StPO) gerechtfertigt.[817] Zum maschinelle Abgleich von Daten, die im Rahmen der Strafverfolgung und der Gefahrenabwehr von den zuständigen Behörden gespeichert wurden vgl. § 98c StPO (Rn 560).

Zu den verfassungsrechtlichen Voraussetzungen einer präventiven polizeilichen Rasterfahndung vgl. BVerfG NJW 2006, 1939.

Anordnungsvoraussetzungen. Die Rasterfahndung ist zulässig, wenn die Anforderungen des Straftatenkatalogs (§ 98a I S. 1 Nr. 1-6 StPO) und der Subsidiaritätsklausel (§ 98a II S. 2 StPO) erfüllt sind. **550**

Der **Straftatenkatalog** enthält keine abgeschlossene Liste einzelner Tatbestände, sondern beschreibt diese nur gattungsmäßig nach den genannten Kriterien; vgl. zu Nr. 1 die in § 100a II Nr. 1e, Nr. 7-9 und Nr. 11 genannten Tatbestände, zu Nr. 3 die §§ 306-323c StGB und zu Nr. 4 die §§ 174-184e und 211-241a StGB, §§ 6 ff. VStGB. Nach Nr. 5 genügt eine gewerbsmäßige (§ 243 I Nr. 3 StGB) oder gewohnheitsmäßige[818] Begehung, nach Nr. 6 die Tat eines Bandenmitglieds (§ 244 I Nr. 2 StGB) oder eine in anderer Weise organisierte Tat, wofür bereits Anhaltspunkte einer Organisationsstruktur ausreichen[819]. Nr. 5 und Nr. 6 sind nicht auf Delikte beschränkt, bei denen gewerbs-, gewohnheits- oder bandenmäßige Tatbegehung als Strafschärfungsmerkmale im Gesetz ausdrücklich genannt sind. Zusätzlich muss es sich jeweils um eine **Straftat von erheblicher Bedeutung** handeln. Eine solche Straftat muss zwar kein Verbrechen i.S.d. § 12 I StGB darstellen, mindestens jedoch dem Bereich der mittleren Kriminalität zuzurechnen sein, den Rechtsfrieden empfindlich stören und geeignet sein, das Gefühl der Rechtssicherheit der Bevölkerung erheblich zu beeinträchtigen.[820] Fahrlässige Taten genügen in **551**

---

[817] BVerfG NJW **2009**, 1405.
[818] BGHSt **15**, 379 ff.: Hang zur wiederholten Tatbegehung.
[819] *Meyer-Goßner*, § 98a Rn 6; vgl. dort die Indikatoren in Anlage E zu den RiStBV.
[820] BVerfG NJW **2001**, 2320, 2321; StV **2003**, 1 f.; *Rieß*, GA **2004**, 623 ff.

aller Regel nicht. Die Tat muss sich auch im konkreten Fall als besonders schwer darstellen, und nicht nur generell einen schwerwiegenden Straftatbestand erfüllen.[821] Es genügt ein **einfacher Tatverdacht**; zureichende tatsächliche Anhaltspunkte für eine einschlägige Tat sind dafür ausreichend.[822] Die Ermittlungen können grds. alle Formen der Täterschaft und der Teilnahme betreffen.[823] Die Stärke des Tatverdachts spielt aber im Rahmen der Prüfung der Verhältnismäßigkeit (dazu sogleich) eine Rolle.

552 Gemäß § 98a I S. 2 StPO ist die Rasterfahndung nur zulässig, wenn die Ermittlungen auf andere Weise erheblich weniger Erfolg versprechen oder wesentlich erschwert wären. Die Rasterfahndung soll also nur ausnahmsweise eingesetzt werden, ist aber zulässig, wenn die Ermittlungen möglicherweise auch auf einem anderen Weg zum Ziel kommen könnten, dieser Weg aber weniger Erfolg verspricht oder erschwert ist, z.B., weil er einen höheren Zeitaufwand oder einen zusätzlichen Aufwand an Personal oder Material erfordert (sog. **Subsidiarität**).

553 **Übermittlungs- und Abgleichungsverbote** können u.a. aufgrund besonderer bundes- oder landesrechtlicher Verwendungsregeln bestehen (§ 98b I S. 6 StPO; z.B. das Steuer-, Post-, Fernmelde-, und Sozialgeheimnis gem. § 30 I AO, § 39 PostG, § 88 TKG, § 35 SGB I, §§ 67 ff. SGB X mit den jeweils dort geregelten Einschränkungen). Nach § 98b I S. 7 StPO dürfen für Daten, die gem. § 96 StPO gesperrt oder nach § 97 StPO beschlagnahmefrei sind, die Datenübermittlung bzw. der Datenabgleich nicht angeordnet werden. Gleiches gilt nach § 160a I S. 1 und S. 5 StPO für Daten, auf die sich das Zeugnisverweigerungsrecht einer nach § 53 I S. 1 Nr. 1, 2 oder Nr. 4 StPO zeugnisverweigerungsberechtigten Person bezieht.

554 Schließlich muss der Datenabgleich **verhältnismäßig** sein. Es ist zu prüfen, ob die Auswertung einer Vielzahl personenbezogener Daten angemessen ist im Hinblick auf die Schwere und Bedeutung der zu verfolgenden Straftat und den im Vergleich zu anderen Ermittlungsmaßnahmen vermiedenen Aufwand.[824]

555 **Anordnungsbefugnis**. **Zuständig** ist nach § 98b I StPO das Gericht, bei Gefahr im Verzug (Rn 337) auch die StA, es sei denn, die Daten befinden sich in einem der in § 98 I S. 2 StPO genannten Räumen der Presse (§ 98b I S. 7 StPO). Die StA muss binnen 3 Werktagen (§ 43 II StPO) eine gerichtliche Bestätigung einholen, anderenfalls wird die Maßnahme automatisch unzulässig (§ 98b I S. 3 StPO). Die Frist beginnt mit der Anordnung der Maßnahme.[825] Die Anordnung muss gem. § 98b I S. 4 StPO **schriftlich** ergehen; dies gilt auch im Fall der Anordnung durch die StA. Sie muss eine konkrete Fahndung betreffen, die anordnende Stelle, die zur Übermittlung verpflichtete Stelle und die abzugleichenden Daten bezeichnen und schließlich die Tat und den Zweck der Anordnung nennen (§ 98b I S. 5 StPO).[826]

556 **Durchführungsvorschriften**. Nach § 98b II-IV StPO haben die Stellen (öffentliche oder private Personen, Anstalten oder sonstige Einrichtungen), bei denen die Daten gespeichert sind, eine Mitwirkungspflicht. § 98b III StPO bestimmt, dass grds. nur Daten übermittelt werden dürfen, die für die Ermittlungen bedeutsam sind. Ist die Abtrennung der relevanten Informationen mit einem unverhältnismäßigen Aufwand verbunden, dürfen ausnahmsweise auch weitere personenbezogene Daten übermittelt werden, soweit dies nach § 98b III S. 1 StPO besonders angeordnet wurde. Nach § 98b IV StPO

---

[821] BVerfGE **107**, 299, 322.
[822] Krit. SK-*Wohlers,* § 98a Rn 16.
[823] *Meyer-Goßner*, § 98a Rn 7.
[824] *Meyer-Goßner*, § 98a Rn 2.
[825] *Meyer-Goßner*, § 98b Rn 1; *Schnarr*, NStZ **1988**, 483.
[826] KK-*Nack*, § 98b Rn 3; *Meyer-Goßner*, § 98b Rn 2.

besteht über die Mitwirkungspflicht hinaus eine Unterstützungspflicht, d.h. die speichernde Stelle muss den Datenabgleich aktiv fördern und z.B. Datenbeschreibungen mitliefern, die für die Verarbeitung der Daten benötigt werden. Die Mitwirkungs- und Unterstützungspflicht können gem. § 98 V StPO entsprechend § 95 II StPO (Rn 487) i.V.m. § 98b II StPO durchgesetzt werden.

Kennzeichnung, Benachrichtigung, Löschung und Rechtsschutz. Gemäß § 98b 557
III S. 1 StPO sind die Daten an die übermittelnde Stelle unverzüglich zurückzugeben, und wenn sie auf andere Datenträger übertragen wurden, unverzüglich zu löschen (§ 98b III S. 2 StPO), sobald sie für das Strafverfahren bzw. für eine gerichtliche Überprüfung (§ 101 VIII StPO) nicht mehr benötigt werden. Die Entscheidung über die Rückgabe bzw. Löschung trifft im Ermittlungsverfahren die StA, danach das mit der Sache befasste Gericht.[827] Aktenführung und Benachrichtigung, Kennzeichnung und Löschung erlangter Daten sind nunmehr in § 101 StPO geregelt (Rn 694b ff.). Betroffen i.S. § 101 IV Nr. 1 StPO sind Personen, gegen die nach Auswertung der Daten weitere Ermittlungen geführt wurden. Gem. § 98b IV S. 2 StPO ist der Datenschutzbeauftragte zu informieren, der allerdings nicht die Rechtmäßigkeit der Rasterfahndung, sondern die Einhaltung datenschutzrechtlicher Vorschriften zu prüfen hat.[828] Der nachträgliche Rechtsschutz gegen die Anordnung und den Vollzug der Maßnahme richtet sich nach § 101 VII S. 2 StPO (Rn 694j ff.).

Verwertung und Verwertungsverbote. Die Ergebnisse der Datenauswertung dürfen 558
bei der Verfolgung anderer Taten (i.S.d. § 264 StPO) zu Beweiszwecken nur verwendet werden, wenn auch diesbezüglich eine Rasterfahndung zulässig wäre; dies ergibt sich aus § 477 II S. 2 n.F. StPO. Eine Übermittlung zulässig erlangter Daten zu präventivpolizeilichen Zwecken ist im Rahmen des § 477 II S. 3 StPO zulässig, umgekehrt gilt § 161 II StPO (vgl. Rn 1102). Ein Verwertungsverbot kommt in Betracht, wenn die Voraussetzungen des § 98a StPO in schwerwiegender oder systematischer Weise verletzt wurden.[829] Der Verwertung muss in der Hauptverhandlung widersprochen werden.[830]

Revision. Die Revision kann mit der Verfahrensrüge (§ 344 II S. 2 StPO; Rn 1204) 559
darauf gestützt werden, dass das Urteil auf der Berücksichtigung unverwertbarer Beweismittel beruht. Das Revisionsgericht prüft aber nur, ob die Anordnung der Rasterfahndung vertretbar war oder der Beurteilungsspielraum überschritten wurde.[831]

2. Datenabgleich nach § 98c StPO

§ 98c StPO regelt den Abgleich von Daten, die im Rahmen der Strafverfolgung oder 560
-vollsteckung oder der Gefahrenabwehr gespeichert wurden. Deshalb erfolgt anders als bei § 98a StPO keine wesentliche Zweckänderung, wenn diese Daten im Rahmen von Ermittlungen zur Strafverfolgung ausgewertet werden und die Maßnahme gilt nach h.M. als verfassungsrechtlich unbedenklich.[832] § 98c StPO ist deshalb nicht in § 101 I StPO als heimliche Ermittlungsmaßnahme aufgeführt; die Regelungen des § 101 StPO über die Kennzeichnung, Benachrichtigung, Löschung und den nachträglichen Rechtsschutz gelten deshalb nicht. § 98c StPO stellt klar, dass auch Daten der Polizei, die im Rahmen der Gefahrenabwehr erhoben wurden, herangezogen werden dürfen. Auch der Abgleich von Daten aus Melderegistern insb. der Einwohnermeldeämter unterfällt § 98c StPO.[833]

---

[827] LR-*Schäfer*, § 98b Rn 23.
[828] *Meyer-Goßner*, § 98b Rn 8.
[829] *Meyer-Goßner*, § 98a Rn 11.
[830] BGH StV **2001**, 545 mit abl. Anm. *Ventzke, Wollweber*, wistra **2001**, 182.
[831] BGHSt **41**, 30 mit krit. Anm. *Küpper*, JR **1996**, 212; *Bernsmann*, NStZ **1995**, 510.
[832] *Meyer-Goßner*, § 98c Rn 1; a.A. *Siebrecht*, StV **1996**, 566, gegen ihn *Rogall*, in: Schlüchter-GS, S. 632 Fn 154.
[833] *Meyer-Goßner*, § 98c Rn 1; *Möhrenschlager*, wistra 1992, 328.

561 Der Datenabgleich darf zur Aufklärung einer Straftat und zur Ermittlung des Aufenthaltsortes einer Person (Beschuldigter, Zeuge, Sachverständiger) erfolgen. Der Straftatenkatalogtat und die Subsidiaritätsklausel des § 98a StPO finden keine Anwendung. Eine schriftliche Anordnung ist nicht erforderlich. Unzulässig ist der Datenabgleich nach § 98c StPO, wenn bundes- oder landesgesetzliche Regelungen (z.B. das Steuer-, Fernmelde-, Post- und Sozialgeheimnis: § 30 AO, § 88 TKG, § 39 PostG, § 35 SGB I, § 67 SGB X) oder strafprozessuale Schutzvorschriften (z.B. §§ 96, 97, 160a, 136a, 148 StPO) entgegenstehen.[834]

III. Postbeschlagnahme

1. Einführung

562 Postbeschlagnahme ist die Weisung an ein Post- oder Telekommunikationsunternehmen, bereits vorliegende sowie künftig eingehende Postsendungen und Telegramme oder einzelne von ihnen auszusondern und der Ermittlungsbehörde zu übergeben.[835] Eine Beschlagnahme i.e.S. kann erst nach der Übergabe erfolgen, wenn das Gericht oder die StA entscheidet, dass die Sendung oder das Telegramm für die Zwecke des Verfahrens zurückzuhalten ist.[836] § 99 StPO betrifft nur die Postbeschlagnahme zu Beweiszwecken; die Zulässigkeit der Sicherstellung von Verfalls- und Einziehungsgegenständen bestimmt sich unabhängig davon nach den §§ 111b ff. StPO.[837] § 99 StPO ist eine Rechtsgrundlage für den Eingriff in das Brief-, Post- und das Fernmeldegeheimnis (Telegramme; Art. 10 GG; § 39 PostG; § 88 TKG). § 99 StPO rechtfertigt zudem die Mitwirkung der Postunternehmen bei der Beschlagnahme von Postsendungen, jedoch nicht die freiwillige Herausgabe von Sendungen, die nach § 206 II StGB grundsätzlich strafbar ist, es sei denn, es besteht eine Anzeigepflicht (§ 138 I StGB) oder ein anderer Rechtfertigungsgrund wie etwa Notstand (§ 34 StGB).[838] Auch die Einwilligung von Absender oder Empfänger rechtfertigen die Herausgabe, da diese untereinander nicht das Postgeheimnis wahren müssen.[839] Die **Anordnungsbefugnis** ist in § 100 StPO, Aktenführung und Benachrichtigung, Kennzeichnung und Löschung erlangter Daten sowie der nachträgliche Rechtsschutz sind nunmehr in § 101 StPO geregelt (Rn 694b ff.). Die Beschlagnahme von Postsendung bei zeugnisverweigerungsberechtigten Personen ist nunmehr durch die allgemein geltende Regelung des § 160a StPO beschränkt. § 99 StPO ist gem. § 46 III OWiG nicht bei der Ermittlung von Ordnungswidrigkeiten anwendbar.

563 Der Postbeschlagnahmeanordnung unterfallen Sendungen, die

- an den Beschuldigten als Adressat gerichtet sind, auch wenn sie letztlich nicht für ihn bestimmt sind,
- für den Beschuldigten bestimmt sind, selbst wenn er nicht als Adressat der Sendung erscheint, oder
- von ihm herrühren, auch wenn er nicht als Absender genannt ist. Die soeben genannten Umstände müssen aus Tatsachen geschlossen werden; bloße Vermutungen genügen nicht.[840]

564 In § 99 StPO ist eine **Auskunftspflicht** über relevante Sendungen zwar nicht ausdrücklich geregelt, soweit diese aber nur äußere Merkmale der Sendung (Absender, Empfän-

---

[834] *Meyer-Goßner*, § 98c Rn 3.
[835] LR-*Schäfer*, § 99 Rn 17.
[836] *Meyer-Goßner*, § 99 Rn 5.
[837] KK-*Nack*, Rn 1.
[838] BGHSt **23**, 329, 331; vgl. zu den Anthrax-Fällen LK-*Träger*, § 206 StGB Rn 54; LR-*Schäfer*, § 99 Rn 11; a.A. SK-*Wohlers*, § 99 Rn 8.
[839] BGHSt **19**, 273, 278.
[840] LR-*Schäfer*, Rn 28.

ger, Maße und Gewichte) betrifft, ist sie als Minusmaßnahme von der Übergabepflicht des § 99 StPO mit umfasst.[841]

2. Anordnungsvoraussetzungen

§ 99 StPO gilt für **Postsendungen und Telegramme**, nicht aber für die Fernsprech-, Telefax- und Fernschreibdienste, die § 100a StPO unterfallen (vgl. § 3 Nr. 22, 23 TKG). Der Begriff „Postsendungen" ist weit zu verstehen und umfasst neben Briefen auch Postkarten, Drucksachen, Streifbandzeitungen und Sendungen ohne Mitteilungscharakter wie z.B. Päckchen, Pakete und Warensendungen.[842] **565**

Die Postsendung muss sich im **Gewahrsam** von Personen oder Unternehmen befinden, die geschäftsmäßig Post- oder Telekommunikationsdienste erbringen oder daran mitwirken (§ 4 Nr. 4 PostG und § 3 Nr. 10 TKG). Diese sind zugleich Adressat der Maßnahme. Solange der Absender noch oder der Empfänger bereits Gewahrsam an der Sendung haben, gelten die §§ 94 ff. StPO. **566**

Beweisbedeutung/Tatverdacht: Die Postsendungen bzw. Telegramme müssen für die Untersuchung potentiell von Bedeutung sein (vgl. Rn 562), was nach h.M. bedeutet, dass nicht positiv feststehen darf, dass einer Sendung keine Beweisbedeutung zukommt.[843] Es muss ein Tatverdacht gegen einen bestimmten Beschuldigten (Rn 216 ff.) bestehen, der zumindest im Kern auf Tatsachen beruht; hinreichender (§ 203 StPO) oder dringender Tatverdacht (§ 112 StPO) sind nicht erforderlich (vgl. zu den Verdachtsgraden Rn 727 ff.).[844] Ein Tatverdächtiger, gegen den die Postbeschlagnahme angeordnet wurde, ist jedenfalls künftig als Beschuldigter zu behandeln.[845] Die Person des Beschuldigten muss feststehen, er muss zwar nicht namentlich bekannt, aber identifizierbar sein, wofür z.B. auch ein Künstler- oder Tarnname genügen kann.[846] **567**

Die Prüfung der **Verhältnismäßigkeit** der Maßnahme erfordert eine Abwägung der betroffenen Grundrechte einerseits mit der Schwere der zu verfolgenden Straftat sowie des Grades des Tatverdachts andererseits.[847] **568**

Beschlagnahmeverbote: Die Beschlagnahmeverbote des § 97 StPO spielen grds. keine Rolle, da sie zumeist Gewahrsam des Zeugnisverweigerungsberechtigten voraussetzen. Schon bisher war anerkannt, dass die Beschlagnahme von Verteidigerpost gem. § 148 StPO unzulässig ist, außer im Fall der Tatbeteiligung des Verteidigers.[848] Auch bei Abgeordneten sind nach BVerfG NJW 2003, 3401 Schriftstücke dann beschlagnahmefrei, wenn sie sich im Gewahrsam des Abgeordneten befinden oder wenn sie sich in den Räumlichkeiten des Bundestags bei einem Mitarbeiter des Abgeordneten befinden.[849] Diese Beschlagnahmeverbote haben nun in § 160a StPO eine einfachgesetzliche Grundlage gefunden. Danach ist es unzulässig, Ermittlungsmaßnahmen gegen Seelsorger, Strafverteidiger und Abgeordnete zu richten, um Erkenntnisse zu erlangen, über die die genannten Personen das Zeugnis verweigern dürften (§ 53 I S. 1 Nr. 1, 2 und 4 StPO). Dennoch erlangte Erkenntnisse dürfen nicht verwertet werden (§ 160a I S. 2 StPO). Dies gilt nach § 160a I S. 5 StPO auch dann, wenn die Ermittlungsmaßnahme – hier die Postbeschlagnahme - nicht gegen die genannten Personen gerichtet ist, sondern z.B. die an **569**

---

[841] LR-*Schäfer*, § 99 Rn 29.
[842] *Kramer*, Rn 197.
[843] KK-*Nack*, § 99 Rn 8.
[844] *Meyer-Goßner*, § 99 Rn 12.
[845] *Meyer-Goßner*, § 99 Rn. 6
[846] BGH NStZ **1997**, 294; KK-*Nack*, § 99 Rn 2; str. vgl. *Hoeren*, wistra **2005**, 2; *Wolff/Neumann*, NStZ **2003**, 405.
[847] Vgl. BVerfGE **44**, 353, 373.
[848] KK-*Nack*, § 99 Rn 11; *Meyer-Goßner*, § 99 Rn 13.
[849] LR-*Schäfer*, § 97 Rn 127 u. § 98 Rn 97 m.w.N. a.A. *Meyer-Goßner*, § 97 Rn 43 m.w.N.: Gewahrsam des Abgeordneten.

den Beschuldigten gerichteten Postsendungen betrifft. Nach § 160a II StPO gilt ein relatives Beschlagnahme- und Verwertungsverbot für die Zeugnisverweigerungsberechtigten nach § 53 I S. 1 Nr. 3 bis 3b oder Nr. 5 StPO; Näheres findet sich bei § 160a StPO (Rn 1070).

3. Anordnungsbefugnis

570 Anordnungsbefugt ist gem. § 100 StPO das Gericht; die StA nur ausnahmsweise bei Gefahr im Verzug (vgl. Rn 337). Ermittlungspersonen (§ 152 GVG) sind nicht anordnungsbefugt. Eine bestimmte Form der Anordnung ist nicht vorgeschrieben. Eine gerichtliche Anordnung ergeht durch Beschluss i.d.R. ohne Anhörung der Betroffenen (§ 33 IV S. 1 StPO); Anordnungen der StA ergehen durch Verfügung, die auch mündlich, fernmündlich, telegrafisch oder durch Fernschreiber übermittelt werden kann. (Fern-)mündliche Anordnungen müssen schriftlich bestätigt werden. Die Anordnung soll auf relevante Arten von Sendungen beschränkt werden, deren postamtliche Bezeichnungen anzugeben sind (vgl. RiStBV Nr. 77 II, III), und eine zeitliche Beschränkung enthalten. Die zu beschlagnahmenden Sendungen sind so genau zu bezeichnen, dass der Umfang der Beschlagnahme nicht zweifelhaft ist.

4. Durchführungsvorschriften

571 Sofern die Postbeschlagnahme von der StA angeordnet wurde, muss innerhalb von 3 Tagen nach Eingang der Anordnungsverfügung beim Post- bzw. Telekommunikationsdienstleister eine gerichtliche Bestätigung eingeholt werden (§ 100 II StPO). Die StA muss den Antrag unverzüglich stellen, sofern sie ihre Anordnung nicht zuvor aufhebt.[850] Trifft die gerichtliche Bestätigung nicht vor Fristablauf beim Dienstleister ein, tritt die Anordnung automatisch außer Kraft. Bereits ausgelieferte Sendungen bleiben beschlagnahmt. Die Frist wird nach § 42 ff. StPO berechnet.[851]

572 Die Übermittlung der Beschlagnahmeanordnung an den Dienstleister obliegt der StA. Die Aussonderung und Sammlung der einschlägigen Sendungen stehen dem Dienstleister, nicht den Strafverfolgungsbehörden zu.[852] Die Dienstleister haben aber kein Recht, die Anordnung selbst auf ihre Rechtmäßigkeit zu prüfen. Verweigert ein Dienstleister die Mitwirkung, kommt ein Ordnungsgeld entspr. §§ 161a II, 77 StPO in Betracht.[853]

573 Die **Öffnung der Sendungen** steht grds. dem Gericht zu (§ 100 III S. 1 StPO), eine Übertragung auf die StA ist dann zulässig, wenn anderenfalls der Untersuchungserfolg durch Verzögerungen gefährdet wäre (§ 100 III S. 2 StPO), weil z.B. Hinweise für dringende weitere Ermittlungen, Festnahmen etc. erwartet werden. Die Übertragung kann jederzeit widerrufen werden, sie ist unanfechtbar (§ 100 III S. 3 StPO).

574 Die **Beschlagnahme** ist zu **beenden,** wenn ihr Zweck erreicht oder nicht mehr erreichbar ist. Die Bekanntgabe an den Dienstleister ist Sache der StA. Sendungen, deren Öffnung nicht angeordnet wurde, oder deren Zurückbehaltung sich nach Öffnung nicht als erforderlich erweist, sind den Betroffenen sofort auszuhändigen.[854]

5. Kennzeichnung, Löschung, Benachrichtigung, Rechtsschutz

575 Die Bekanntgabe an den Beschuldigten und sonstige Betroffene richtet sich nach § 101 StPO. Personenbezogene Daten, die durch eine Maßnahme nach § 99 StPO erlangt

---

850 KK-*Nack*, § 100 Rn 4.
851 *Meyer-Goßner*, § 100 Rn 7; a.A. LR-*Schäfer*, § 100 Rn 20.
852 *Meyer-Goßner*, § 100 Rn 8; KMR-*Müller*, § 100 Rn 5.
853 *Meyer-Goßner*, § 100 Rn 8.

wurden, sind gem. § 101 III StPO als solche zu kennzeichnen. Gem. § 101 IV Nr. 2 StPO sind der Absender und der Adressat der Postsendung zu benachrichtigen (zum Benachrichtigungszeitpunkt, zu Ausnahmen und zur Rechtsschutzbelehrung vgl. Rn 694b ff.).

Gegen die gerichtliche Beschlagnahmeanordnung, die gerichtliche Bestätigung einer Beschlagnahmeanordnung der StA und gegen die Beschlagnahme einzelner Postsendungen nach der Aussonderung können diejenigen, die dadurch in ihren Rechten verletzt werden, die Beschwerde nach § 304 StPO einlegen. Dies sind insb. die Absender und Empfänger der Sendungen und die Post- und Telekommunikationsunternehmen.[855] Lehnt das Gericht die Anordnung oder Bestätigung ab, steht der StA die Beschwerde zu. Gegen die Anordnung sowie gegen die Art und Weise der Durchführung der Beschlagnahme durch die StA kann eine gerichtliche Entscheidung gem. § 98 II S. 2 StPO beantragt werden (vgl. § 100 IV S. 1 StPO). Die Übertragung der Öffnungsbefugnis auf die StA ist unanfechtbar (§ 100 III S. 3, 1. HS). Nachträglicher Rechtsschutz ist nunmehr gem. § 101 VII StPO ohne Nachweis eines Rechtsschutzbedürfnisses zulässig (s. Rn 694j ff.). **576**

6. Verwertungsverbote/Revision

Unverwertbar sind Beweismittel, die aus einer Post- oder Telegrammbeschlagnahme stammen, bei der die Voraussetzungen nicht vorlagen.[856] Ein Verstoß gegen § 100 StPO ist grds. nicht revisibel, es sei denn die StA hat in willkürlicher Weise Gefahr im Verzug angenommen.[857] **577**

IV. Überwachung der Telekommunikation

1. Einführung

Eine (heimliche) Überwachung der Telekommunikation stellt einen Eingriff in das Post- und Fernmeldegeheimnis (Art. 10 GG) und (subsidiär) in das allgemeine Persönlichkeitsrecht (Art. 2 I i.V.m. 1 I GG) dar[858] und bedarf daher einer gesetzlichen Rechtsgrundlage. Eine solche ist in **§ 100a StPO** zu sehen. Dabei ist der Schutzbereich des Art. 10 I GG (aufgrund der Bedeutung des Grundrechts) denkbar weit zu verstehen. Dem Fernmeldegeheimnis unterliegen daher nicht nur das Gespräch bzw. die übermittelte Nachricht als solche, sondern auch die Verbindungsdaten (sog. Verkehrsdaten vgl. Rn 633). Ist der Telekommunikationsvorgang jedoch **abgeschlossen**, greift das Telekommunikationsgrundrecht **nicht** mehr; Grundrechtsschutz entfaltet dann (nur noch) das Grundrecht auf informationelle Selbstbestimmung, etwa wenn ein Mobiltelefon mit den darauf gespeicherten persönlichen Daten beschlagnahmt wird.[859] Man kann sagen, der Schutzbereich des Art. 10 I GG ende am Apparat der Teilnehmer – sog. „Steckdosenprinzip". Das vom Kommunikationsteilnehmer gestattete Mithören eines Gesprächs durch einen Dritten stellt demnach keinen Eingriff in Art. 10 I GG dar und unterliegt damit nicht der Regelung des § 100a StPO, selbst wenn die mithörende Person ein Ermittlungsbeamter ist (vgl. zur sog. „Hörfalle" Rn 756, 1109 und 1115 sowie EGMR StV 2004, 1 zu Art. 8 I EMRK).[860] Werden an einem Telefon oder einem anderen Telekommunikationsendgerät **578**

---

[854] Einschränkend bei Gefährdung des Untersuchungszwecks LR-*Schäfer,* Rn 12; SK-*Wohlers,* Rn 16.

[855] Vgl. *Meyer-Goßner* § 100 Rn 12.

[856] BGHSt **23**, 329, 331; SK-*Wohlers,* Rn 22; einschränkend für einen weder gezielten noch leichtfertig erfolgten Verstoß gegen Durchführungsvorschriften BGH v. 5.5.2008 - 1 BGs 79/2008.

[857] *Meyer-Goßner,* § 100 Rn 18; KK-*Nack,* § 99 Rn 12; weitergehend SK-*Wohlers,* Rn 23.

[858] Zum Verhältnis dieser beiden Grundrechte zueinander vgl. *R. Schmidt,* Grundrechte, 10. Aufl. **2008**, Rn 751.

[859] BVerfG NJW **2006**, 976, 978 f. Vgl. dazu bereits Rn 498.

[860] Art. 10 GG schützt nicht das Vertrauen der Kommunikationspartner zueinander; BVerfGE 120, 274 = NJW **2008**, 822, 835. Weiß der andere Gesprächspartner von dem mithörenden Dritten nichts, liegt ein Eingriff in

dagegen heimlich Abhörgeräte angebracht, ist der Schutzbereich des Art. 10 GG betroffen.[861] Zum Zugriff auf Daten, die in Mobiltelefonen und Mailboxen gespeichert sind vgl. oben Rn 418. § 100a StPO enthält eine abschließende Regelung, eine erweiternde Auslegung ist nicht zulässig. Im Bußgeldverfahren ist § 100a StPO gem. § 46 III S. 1 OWiG nicht anwendbar. Für die Telefonüberwachung durch Nachrichtendienste des Bundes und der Länder gilt das G 10 (vgl. § 1 G 10), das weitergehende Regelungen enthält. Zur präventiv-polizeilichen Telekommunikationsüberwachung vgl. *R. Schmidt*, BesVerwR, Rn 293 ff. Die Anordnungsbefugnis zur repressiven Telekommunikationsüberwachung ist in § 100b StPO, Aktenführung und Benachrichtigung, Kennzeichnung und Löschung erlangter Daten sowie der nachträgliche Rechtsschutz sind in § 101 StPO geregelt (Rn 694b ff.). Vorschriften über die Verwertung hinsichtlich anderer Taten und in anderen Verfahren bzw. zur Gefahrenabwehr enthält § 407 StPO, für die Verwertbarkeit präventivpolizeilich erlangter Erkenntnisse gilt § 161 II StPO.[862]

579 § 100a StPO wurde durch das **Gesetz zur Neuregelung der Telekommunikationsüberwachung** erheblich umgestaltet.[863] Der Gesetzgeber hat den verfassungsrechtlich gebotenen Schutz des Kernbereichs privater Lebensgestaltung (Rn 604, 612) nun in § 100a IV StPO geregelt, allerdings anders als bei § 100c StPO kein ständiges Mithören der Gespräche und ggf. sofortiges Abschalten einer Aufzeichnung vorgesehen. Der Grund für die unterschiedliche Behandlung liegt darin, dass bei einer Telekommunikation ein niedrigeres vorsorgliches Schutzniveau ausreicht, da anders als beim heimlichen Abhören von Wohnungen der Menschwürdegehalt der Wohnung als letztem Refugium nicht bzw. nicht in gleicher Intensität betroffen ist.[864] Weiter wurde der Straftatenkatalog neu geregelt und in Abs. II zusammengefasst. Dabei wurde die **„schwere Straftat"** als neue gesetzliche Kategorie der StPO eingeführt. Damit wird nun die Mittelposition zwischen einer „Straftat von erheblicher Bedeutung" (s. Rn 551 zu § 98a StPO und Rn 661 zu § 110a StPO) und einer „besonders schweren Straftat" nach Art. 13 III GG, § 100c I Nr. 1 StPO (dazu Rn 600 ff.) bezeichnet.[865] Der Gesetzentwurf geht davon aus, dass die Höchststrafe, mit der eine „schweren Straftat" geahndet werden kann, mindestens fünf Jahre Freiheitsstrafe betragen muss (sog. „Mindesthöchststrafe")[866]; das Gesetz selbst enthält allerdings keine abstrakte Definition der „schweren Straftat", sondern verweist auf den Straftatenkatalog des § 100a II StPO. Einige Delikte, die diesen Schweregrad nicht erreichen, wurden aus dem Katalog gestrichen, insgesamt wurden die Straftaten, bei denen eine Telekommunikation zulässig ist, jedoch deutlich vermehrt, sodass der Gesetzgeber offenbar nicht das Ziel verfolgt hat, die Telekommunikationsüberwachung insgesamt einzuschränken. Ausschlaggebend für die Aufnahme in den Katalog waren die abstrakte Schwere der einschlägigen Taten, die empirisch hinreichend belegbare Erforderlichkeit der Telefonüberwachung zur Bekämpfung der einschlägigen Kriminalität und die Vermeidung von Wertungswidersprüchen im Verhältnis zu § 100c StPO, da die Telefonüberwachung nach § 100a a.F. StPO bei einigen Taten unzulässig, jedoch der gravierendere Grundrechtseingriff einer akustischen Wohnraumüberwachung nach § 100c StPO zulässig war.[867] Der Gesetzgeber stützte sich bei der Auswahl der Katalogtaten auf

---

das allgemeine Persönlichkeitsrecht (Art. 2 I GG i.V.m. Art. 1 I GG) vor, der zu einem Verwertungsverbot im Zivilprozess führen kann; BVerfG 106, 28 = NJW **2002**, 3619.

[861] BVerfG 106, 28, 37 = NJW 2002, 3619, 3621.

[862] Zur Telekommunikationsüberwachung in grenzüberschreitenden Strafverfahren nach Inkrafttreten des EU-Rechtshilfeübereinkommens vgl. *Schuster*, NStZ **2007**, 657 ff.

[863] Vgl. Rn 303a; krit. zur Neuregelung unter systematischen Gesichtspunkten *Glaser/Gedeon*, GA **2007**, 415 ff.; vgl. auch *Puschke/Singelnstein*, NJW **2008**, 113, 114.

[864] BVerfG NJW **2005**, 2603, 2611 f.; RegE S. 98 ff.; vgl. auch die Ablehnung einer einstweiligen Anordnung durch BVerfG v. 15.10.2008 – 2 BvR 236/09 u. 2 BvR 237/08 – MMR **2009**, 36; krit. *Baum/Schantz*, ZRP **2008**, 138; *Puschke/Singelnstein*, NJW **2008**, 114; *Reiß*, StV **2008**, 541; *Zöller*, StraFo **2008**, 21.

[865] RegE S. 88 ff.

[866] RegE S. 118.

[867] RegE S. 85, 88 ff., 91.

die Ergebnisse einer empirischen Untersuchung des Max-Plank-Instituts zur bisherigen Praxis der Telekommunikationsüberwachung[868], das die Erforderlichkeit und Effizienz dieser Ermittlungsmaßnahme aufgezeigt und der Praxis attestiert hat, dass die Subsidiarität der Telekommunikationsüberwachung weitgehend beachtet wurde. Die deutliche Zunahme der Überwachungsanordnungen sei nicht auf eine höhere Kontrolldichte zurückzuführen, sondern beruhe auf dem sprunghaften Anstieg der Nutzung von Telekommunikation im allgemeinen und darüber hinaus auf dem Versuch der Täter, Überwachungsmaßnahmen durch Nutzung zahlreicher Anschlüsse und Geräte zu unterlaufen.

Die in § 100a I S. 1 StPO neu eingeführte Formulierung **„auch ohne Wissen der Betroffenen"** soll einerseits deutlich machen, dass die Telekommunikationsüberwachung zwar grds. eine heimliche Ermittlungsmaßnahme ist, die aber nicht unzulässig wird, wenn ein oder sämtliche Kommunikationspartner von der Überwachung Kenntnis haben. Andererseits stellt sie klar, dass die Maßnahme nicht allein wegen der Kenntnis und des Einverständnisses eines Telekommunikationsteilnehmers zulässig ist, ohne dass die Voraussetzungen der §§ 100a und 100b StPO vorliegen müssten.[869] Die Anordnung der Telekommunikationsüberwachung und die Verwertung erlangter Erkenntnisse wird nunmehr bei Personen, die nach § 53 StPO zur Verweigerung des Zeugnisses berechtigt sind, gem. **§ 160a StPO** beschränkt (dazu Rn 1070).

2. Anordnungsvoraussetzungen

Zweck der Maßnahme ist die Erforschung des Sachverhalts oder die Ermittlung des Aufenthaltsorts des Beschuldigten. **Telekommunikation** ist das Aussenden, Übermitteln und Empfangen von Nachrichten jeglicher Art unter Verwendung technischer Einrichtungen, die die Nachricht z.B. in elektromagnetische oder optische Signale umformen.[870] § 100a StPO gilt für analoge und digitale Signale, für die leitungsgebundene Übermittlung und den Mobilfunk (§ 3 Nr. 22 und 23 TKG). § 100a StPO gilt aber auch für den Fernschreib- und Telefaxdienst. Für Telegramme gilt dagegen § 99 StPO als lex specialis. § 100a StPO erfasst alle Formen des „Abhörens" der Inhalte von Telekommunikation zwischen Personen, mithin auch Chat-Dienste, Internettelephonie (sog. „Voice over IP") und E-Mail.[871] Wie bereits ausgeführt, endet der Schutz des Art. 10 I GG und damit der Anwendungsbereich des § 100a StPO, wenn die Daten auf dem Gerät des Nutzers, an das sie adressiert wurden, gespeichert sind. Dann unterliegen die Daten der Durchsuchung nach §§ 102 bzw. 103 StPO und der Beschlagnahme nach § 94 StPO. Wie ebenfalls bereits ausgeführt, besteht für das heimliche Abrufen oder Kopieren lokal auf einem Rechner gespeicherter Daten über das Internet z.B. durch Überwinden einer Zugangssperre oder durch heimliche Installation eines Kopierprogramms („Trojaner") via Internet (sog. Onlinedurchsuchung) eine andere Rechtslage.[872] Die Auswertung frei zugänglicher Informationen des Internets ist dagegen bereits nach §§ 161, 163 StPO zulässig. **580**

§ 100a StPO ist auch Rechtsgrundlage für das Abhören und Aufzeichnen von Telekommunikation ohne Beteiligung von Telekommunikationsdienstleistern (z.B. direktes Abhören des Mobilfunks), denn § 100b III StPO regelt nur deren Mitwirkungspflicht, jedoch keine Anordnungsvoraussetzung. Gespräche an Notrufsäulen der Polizei dürfen wegen der Doppelfunktionalität der Polizei (Rn 175 ff.) ohne Anordnung nach § 100a StPO in **581**

---

868 *Albrecht/Dorsch/Krüpe*, Rechtswirklichkeit und Effizienz der Überwachung der Telekommunikation nach den §§ 100a, 100b StPO und anderer verdeckter Ermittlungsmaßnahmen, **2003**; RegE S. 85.
869 RegE S. 86.
870 BGH NStZ **2003**, 668; vgl. § 3 Nr. 22 und 23 TKG; gegen eine Gleichsetzung mit § 3 TKG *Fezer*, NStZ **2003**, 625, 627; *Weßlau*, StV **2003**, 483, 484.
871 Vgl. BGH NJW **1997**, 1934; LR-*Schäfer*, Rn 27.
872 Vgl. Rn 531, 547 sowie *R. Schmidt*, Grundrechte, 12. Aufl. **2010**, Rn 864 ff.

Strafverfahren verwertet werden. Das Abhören von internen Netzen in Behörden- oder Unternehmen bedarf dagegen einer Anordnung nach §§ 100a und 100b StPO.[873]

582 **Vorliegen einer sog. Katalogtat**. Die Überwachung des Fernmeldeverkehrs darf nur angeordnet werden, wenn bestimmte Tatsachen den Verdacht begründen, dass jemand als Täter oder Teilnehmer (§§ 25 ff. StGB) eine der in § 100a II StPO genannten Straftaten begangen oder in strafbarer Weise versucht oder vorbereitet hat (vgl. §§ 23, 30 StGB) oder eine andere Straftat begangen hat, die der Vorbereitung einer Katalogtat diente. Der Verdacht auf Strafvereitelung oder Begünstigung hinsichtlich einer Katalogtat genügt dagegen nicht. Der Katalog des § 100a II StPO enthält eine abschließende Auflistung, die nicht unter Berufung auf § 34 StGB erweitert werden darf.[874] Zur Begrenzung der Maßnahmen ist nun erforderlich, dass eine Straftat nicht nur generell nach dem betroffenen Straftatbestand (z.B. „Raub"; § 100a II Nr. 1k StPO), sondern auch **im konkreten Einzelfall schwer wiegt** (§ 100a I Nr. 2 StPO), was z.B. nicht gegeben wäre, wenn der Täter auf einem Volksfest, ohne das Opfer zu verletzen, die Hand des Opfers festhielte, um daraus eine Biermarke zu rauben. Andererseits kann eine Tat auch dann schwer wiegen, wenn die Voraussetzungen eines im Gesetz vorgesehenen „minder schweren Falles" vorliegen, da z.B. die Auswirkungen der Tat für das Tatopfer dennoch so schwerwiegend sein können, dass sie den Einsatz der Telekommunikationsüberwachung zur Aufklärung dieser Tat rechtfertigen.[875]

583 Der **Tatverdacht** muss nicht hinreichend oder dringend sein, er darf aber nicht ganz unerheblich sein[876] (vgl. zu den Verdachtsgraden Rn 727 ff.; siehe aber Rn 585 zur Verhältnismäßigkeit). Es müssen bestimmte (äußere oder innere) Tatsachen vorliegen, die den Verdacht einer Katalogtat begründen und ein gewisses Maß an Konkretisierung erreicht haben, wobei kriminalistische Erfahrungen mitberücksichtigt werden dürfen.[877]

584 **Subsidiaritätsklausel**. Die Überwachung darf nach § 100a I Nr. 3 StPO nur angeordnet werden, wenn anderenfalls die Erforschung des Sachverhalts oder die Ermittlung des Aufenthaltsorts des Beschuldigten aussichtslos oder wesentlich erschwert wäre. Aussichtslos ist sie, wenn andere Aufklärungsmittel nicht vorhanden sind oder mit hoher Wahrscheinlichkeit keinen Erfolg versprechen. Eine wesentliche Erschwerung liegt vor, wenn die Erfolgsaussichten anderer Maßnahmen, erheblich geringer sind.[878] Dafür genügt es, dass die anderen Maßnahmen einen erheblich höheren Zeitaufwand erfordern und das Verfahren dadurch wesentlich verzögert würde[879] oder dass sie einen so erheblichen zusätzlichen Aufwand an Personal oder Material erforderten, dass die Strafverfolgungstätigkeit insgesamt beeinträchtigt würde; ein zusätzlicher Kostenaufwand genügt allein noch nicht.[880]

585 **Verhältnismäßigkeit**. Die Schwere des Eingriffs muss in angemessenem Verhältnis zur Schwere der Tat und zur Stärke des Tatverdachts stehen. Dies gilt insbesondere bei geringer Schuld, bei nur versuchten Taten und im objektiven Verfahren (§ 76a StGB, § 440 StPO). Die Maßnahme ist nur dann angemessen, wenn aufgrund bestimmter Tatsachen konkrete Erfolgsaussichten bestehen.[881]

---

[873] Vgl. zur Durchsuchung von Dienst-PCs OVG Bremen NordÖR **2007**, 414 f.
[874] *Meyer-Goßner*, § 100a Rn 15. Alles andere wäre auch schon mit dem Rechtsstaats- und Demokratieprinzip nicht vereinbar.
[875] RegE S. 88.
[876] BGHSt **41**, 30, 33.
[877] BGHSt **41**, 30, 34; *Kinzig*, StV **2004**, 363.
[878] *Meyer-Goßner*, § 100a Rn 13; krit. *Hilger* GA **2002**, 559.
[879] KK-*Nack*, § 100a Rn 23.
[880] LR-*Schäfer*, § 100a Rn 43; a.A. KMR-*Müller*, § 100a Rn 11.
[881] BVerfG NJW **2007**, 2752.

Adressat (§ 100a III StPO); die Maßnahme darf sich gegen den Beschuldigten (vgl. Rn 216 ff.), aber auch gegen Nichtverdächtige richten, wenn aufgrund bestimmter Tatsachen und nicht nur vager Vermutungen anzunehmen ist, dass sie für den Beschuldigten Mitteilungen entgegennehmen oder weiterleiten, oder dass der Beschuldigte ihren Anschluss benutzt, selbst wenn dies dem Anschlussinhaber nicht bewusst ist.[882] Streitig ist, ob der Nachrichtenmittler „im Lager" des Beschuldigten stehen muss oder z.B. auch das Opfer (z.B. einer Erpressung) als Nachrichtenmittler in Betracht kommt. Der Wortlaut und objektive Interessenlage sprechen für die zweitgenannte Auffassung.[883] Das Abhören und Aufzeichnen von Gesprächen des Nachrichtenmittlers mit Dritten ist aber sofort zu beenden, sobald der fehlende Bezug zum Beschuldigten erkennbar wird.[884] 586

Anordnungsverbote/Abbruchgebote. Einschränkungen für Personen, die nach § 52 StPO zeugnisverweigerungsberechtigt sind, sieht das Gesetz nicht vor; sie werden von der h.M. daher de lege lata[885] abgelehnt (str.).[886] Das ist nicht unproblematisch, da jedenfalls der Kernbereichsschutz des § 100a IV StPO zu beachten ist (dazu sogleich). Einem Abhörverbot unterlag schon bisher der Telefonanschluss des **Verteidigers** (vgl. § 148 I StPO).[887] Anordnungs- bzw. Beweisverwertungsverbote für Personen, die nach § 53 StPO das Zeugnis verweigern dürfen, sind nunmehr allgemein in § 160a StPO geregelt (Rn 1070). Nach § 100a IV StPO darf eine Telekommunikationsüberwachung nicht angeordnet werden, wenn tatsächliche Anhaltspunkte für die Annahme vorliegen, dass durch sie allein Erkenntnisse aus dem **Kernbereich privater Lebensgestaltung** erlangt würden; eine negative Kernbereichsprognose ist jedoch nicht erforderlich (vgl. hierzu Rn 604, 612 zu § 100c StPO). Vielmehr ist eine Telekommunikationsüberwachung nach dem klaren Wortlaut nur dann unzulässig, wenn tatsächliche Anhaltspunkte dafür bestehen, dass durch die Überwachung ausschließlich Erkenntnisse aus dem Kernbereich privater Lebensgestaltung erlangt würden.[888] Art. 10 I GG gewährleistet nach der Rspr. des BVerfG zwar eine private, vor der Öffentlichkeit verborgene Kommunikation und schützt damit zugleich die Würde des Menschen, dies aber nicht in gleicher Weise wie Art. 13 I GG, da die Bürger für die höchstpersönliche Kommunikation nicht in gleicher Weise auf die Telekommunikation wie auf eine Wohnung angewiesen seien. Dies komme auch in den genannten Normen zum Ausdruck, da Art. 13 GG anders als Art. 10 GG selbst besondere Eingriffsvoraussetzungen enthalte. Daraus folge, dass eine Telekommunikationsüberwachung zwar unterbleiben müsse, wenn in einem konkreten Fall tatsächliche Anhaltspunkte für die Annahme bestünden, dass eine Telekommunikationsüberwachung Inhalte erfasse, die zum Kernbereich privater Lebensgestaltung zählten, dass aber bei einem besonders hohen Rang des gefährdeten Rechtsguts und einer durch konkrete Anhaltspunkte gekennzeichneten Lage, die auf einen unmittelbaren Bezug der überwachten Gespräche zur zukünftigen Begehung der Straftat schließen ließen, das Risiko, dass Gesprächsinhalte aus dem Kernbereich privater Lebensgestaltung erfasst werden, verfassungsrechtlich hingenommen werden könne.[889] Demnach wäre in jedem Einzelfall zu prüfen und abzuwägen, ob dem Risiko der Erfassung von Gesprächsinhalten 587

---

[882] BVerfGE **30**, 1, 22; BVerfG NJW **2007**, 2752 f.

[883] LR-*Schäfer,* Rn 68; *Meyer-Goßner,* Rn 19; KK-*Nack,* Rn 25; **a.A.** *Eisenberg,* Beweisrecht, S. 2491 Fn 128; offen gelassen von BVerfG NJW **2007**, 2752 f.

[884] LG Ulm StV **2006**, 8.

[885] Der Begriff de lege lata (wörtl.: „nach gelegtem Recht") entstammt dem Lateinischen und bedeutet „nach geltendem Recht". Der Gegenbegriff „de lege ferenda" („nach zu schaffendem Recht") bringt zum Ausdruck, dass eine Rechtsfolge zwar ethisch oder nach der Vorstellung des Betrachters wünschenswert sein mag, aber im geltendem Recht nicht vorgesehen ist.

[886] *Meyer-Goßner,* § 100a Rn 10; *Beulke,* Jura **1986**, 644; *Werle,* JZ **1991**, 482; a.A. *Duttge,* JZ **1999**, 264; *Köhler,* ZStW 107 (**1995**), 43.

[887] BVerfG NJW **2007**, 2749; NJW **2007**, 2752.

[888] RegE S. 96 ff.

[889] BVerfG NJW **2005**, 2603, 2612; kritisch zu dieser verfassungsrechtlichen Konzeption *Löffelmann,* ZStW 118 (**2006**), 358, 375 ff.; vgl. auch die Ablehnung einer einstweiligen Anordnung im Verfahren BVerfG v. 15.10.2008 – 2 BvR 236/09 u. 2 BvR 237/08 – MMR **2009**, 36.

aus dem Kernbereich privater Lebensgestaltung eine entsprechend hohe, auf tatsächliche Anhaltspunkte gestützte Wahrscheinlichkeit gegenüber steht, dass die erfassten Gespräche schwerwiegende Straftaten betreffen. Demgegenüber ist nach § 100a IV StPO die Überwachung nur dann unzulässig, wenn zu erwarten ist, dass ausschließlich Erkenntnisse aus dem Kernbereich privater Lebensgestaltung erfasst werden. Die gesetzliche Regelung könnte also dazu führen, dass die Telekommunikationsüberwachung umso eher zulässig ist, je länger sie andauern soll, da dann die Wahrscheinlichkeit gering wird, dass allein Gespräche geführt werden, die zum Kernbereich privater Lebensgestaltung gehören.[890] Eine solche Handhabung des § 100a IV StPO würden den verfassungsrechtlichen Anforderungen nicht genügen, vielmehr hat das anordnende Gericht Art, Umfang und Dauer der Maßnahme im Einzelfall gem. § 100b II Nr. 3 StPO so zu bestimmen, dass Grundrechte möglichst geschont werden und insbesondere der Kernbereich privater Lebensgestaltung unberührt bleibt. Werden dennoch Erkenntnisse aus dem Kernbereich erlangt, sind diese nach § 100a IV S. 3 StPO unverzüglich zu löschen.

3. Anordnungsbefugnis

588 Die Telekommunikationsüberwachung nach § 100a StPO kann gem. § 100b I StPO grds. nur vom Gericht (vgl. § 162 StPO), bei Gefahr im Verzug aber auch von der StA, keinesfalls jedoch von deren Ermittlungspersonen (§ 152 GVG) angeordnet werden. Die tatsächlichen Grundlagen von Gefahr im Verzug sind zeitnah zu dokumentieren.[891] Eine Anordnung der StA tritt automatisch außer Kraft, wenn sie nicht binnen 3 Werktagen (§ 43 II StPO) gerichtlich bestätigt wird. Die Frist beginnt schon mit der Anordnung. Die Betroffenen und das auskunftspflichtige Telekommunikationsunternehmen werden vor der Anordnung i.d.R. nicht gehört, um den Zweck der Anordnung nicht zu gefährden (§ 33 IV S. 1 StPO). Zudem steht dem Telekommunikationsunternehmen eine Überprüfung der Rechtmäßigkeit der Anordnung weder zu noch obliegt sie ihm gegenüber seinen Kunden.

589 § 100b II StPO verlangt **Schriftform**. Dies gilt auch für die Anordnung der StA im Fall von Gefahr im Verzug, wobei die Übermittlung an die durchführenden Polizeibeamten auch mündlich oder fernmündlich erfolgen kann. Der Inhalt der Entscheidungsformel ist in § 100b II StPO vorgegeben, die Begründung der Anordnung muss darüber hinaus alle Angaben enthalten, die für eine Überprüfung ihrer Rechtmäßigkeit erforderlich sind. Bei Mobilfunkteilnehmern kann die Kennung gem. § 100i I StPO ermittelt werden. § 100b II Nr. 2 StPO ermöglicht jetzt auch eine Anordnung bezogen auf eine Gerätekennung (IMEI), wenn diese nur einmal vergeben ist. Dadurch soll eine lückenlose Überwachung ermöglicht werden, wenn Täter die SIM-Karten ihres Mobiltelefons laufend austauschen. Weiter müssen in der Anordnung gem. § 100a II Nr. 3 StPO **Art, Umfang und Dauer** der Maßnahme genauer bestimmt werden. Der Zweck der Maßnahme (Sachverhaltserforschung und/oder Aufenthaltsermittlung) muss ebenso bestimmt werden wie die Dauer, wobei der Endzeitpunkt anzugeben ist. Weiter muss festgelegt werden, ob die Gespräche aufgezeichnet oder nur abgehört werden dürfen und ggf. ob die Maßnahme auf bestimmte Zeiten, Inhalte, Gesprächspartner etc. beschränkt ist. Angaben zur **Katalogtat** und zur **Subsidiaritätsklausel** enthält die Entscheidungsformel aus Gründen des Datenschutzes nicht. Diese sind jedoch in die Begründung der Anordnung (s. § 34 StPO) ebenso wie Angaben zur Verdachts- und Beweislage aufzunehmen.[892] Die Personen, die die Überwachung durchführen, werden in der Anordnung weder bezeichnet noch bestimmt.[893]

---

[890] Vgl. *Wolter*, GA **2007**, 183, 196; *Glaser/Gedeon*, GA **2007**, 415, 450; vgl. auch *Puschke/Singelnstein*, NJW **2008**, 113, 114 ff.
[891] BGH StV **2008**, 63 f.
[892] BGHSt **47**, 362, 368.
[893] *Meyer-Goßner*, § 100b Rn 3.

4. Durchführungsvorschriften

Zulässige Maßnahmen sind die Überwachung und Aufzeichnung der Telekommunikation (§§ 100a I, 100b III StPO). **Adressat** der Maßnahme sind in der Regel aber nicht zwingend Telekommunikationsdienstleister (s. § 3 Nr. 24 TKG). Dazu zählen auch Mobilfunk-Betreiber, Online-Dienste, Mailbox-Betreiber, Internet-Access-Provider etc. Die Maßnahme kann aber auch der Überwachung von Firmen- oder Behördenintranets dienen oder von der Polizei ohne Unterstützung der Dienstleister durchgeführt werden, wenn dies technisch möglich ist.[894] Die **Höchstdauer** für die einzelne Anordnung beträgt drei Monate. Die Anordnung kann mehrfach um jeweils höchstens drei weitere Monate verlängert werden, ohne dass das Gesetz die Zahl der Verlängerungen begrenzt (§ 100b I S. 5 StPO), sodass diese grds. so lange erfolgen können, wie die Anordnungsvoraussetzungen vorliegen. Die Frist beginnt mit der Anordnung zu laufen.[895] 590

Die **Durchführung** obliegt gem. § 36 II StPO der StA, die dem Telekommunikationsunternehmen eine Ausfertigung oder beglaubigte Abschrift der Anordnung mitteilt. In Eilfällen genügt ein mündliches Ersuchen, wobei die schriftlichen Unterlagen unverzüglich nachzureichen sind. Mit der **technischen Durchführung** werden üblicherweise die einschlägigen Dienststellen der Polizei beauftragt. Die Telekommunikationsdienstleister müssen nach § 100b III StPO i.V.m § 110 TKG i.V.m. der Telekommunikationsüberwachungsverordnung (TKÜ-VO) die technische Umsetzung der Maßnahme ermöglichen. Zur **Durchsetzung** der Maßnahme verweist § 100b III S. 3 StPO auf § 95 II StPO, der seinerseits auf die Zwangsmittel „Ordnungsgeld" und „Ordnungshaft" des § 70 StPO verweist. 591

Beendigung der **Maßnahme**. Die Maßnahme darf nur so lange fortgesetzt werden, wie ihre Voraussetzungen vorliegen (§ 100b IV S. 1 StPO), was ständig zu überwachen ist. Dies obliegt i.d.R. der StA. Gem. § 100b IV S. 2 StPO ist dem anordnenden Gericht das Ergebnis der Maßnahme nach deren Beendigung mitzuteilen, um dem Gericht eine Erfolgskontrolle seiner Anordnungen zu ermöglichen. Eine erneute Anordnung der Maßnahme ist zulässig, wenn die Voraussetzungen erneut gegeben sind.[896] 592

Zufallsfunde/Vernichtung von Unterlagen. Die Regelungen über Verwertungsbeschränkungen bei Zufallsfunden enthält nun § 477 II StPO. Die bisher in § 100b VI StPO vorgesehenen Bestimmungen über die Vernichtung von Unterlagen (Tonbandaufzeichnungen, Mitschriften, Ausdrucke etc.) sind nun in § 101 VIII StPO geregelt (Rn 694m). § 100b V, VI StPO enthalten jetzt Bestimmungen über statistische Erhebungen und Berichte, die zuvor im TKG geregelt waren. 593

Aktenführung und Benachrichtigung, Kennzeichnung und Löschung erlangter Daten. Die einschlägigen Vorschriften finden sich nunmehr in § 101 StPO (Rn 694b ff.). Beteiligte i.S. § 101 IV Nr. 3 StPO sind Personen, in deren Recht aus Art. 10 GG eingegriffen wurde. Der Inhaber eines Anschlusses muss deshalb nicht als solcher, sondern nur dann benachrichtigt werden, wenn er während der Überwachung über den Anschluss kommuniziert hat. 594

§ 100b V StPO regelt ein Verfahren zur Berichterstattung über den landesweiten Einsatz der Telekommunikationsüberwachung insgesamt, um Umfang und Zielrichtung dieser Maßnahmen einer ständigen Gesamtkontrolle zu unterwerfen und evt. Fehlentwicklungen korrigieren zu können.

---

[894] RegE S. 104.
[895] BGHSt **44**, 243; eingehend zur Fristberechnung *Günther*, Kriminalistik **2006**, S. 683 ff.
[896] *Meyer-Goßner*, § 100b Rn 6.

5. Verwertung im Prozess

595 Die Verwertbarkeit von Erkenntnissen in anderen Verfahren und zu präventiv-polizeilichen Zwecken richtet sich nach § 477 II S. 2 und 3 StPO. In dem der Anordnung zugrunde liegenden Verfahren bleiben erlangte Erkenntnisse verwertbar, auch wenn der Verdacht einer Katalogtat entfällt und wegen einer Nichtkatalogtat angeklagt wird (str.).[897] Die Erkenntnisse dürfen auch für eine mit der Katalogtat in Tateinheit stehende Tat verwertet werden und im Fall der §§ 129, 129a StGB auch für die Taten, die die Mitglieder im Rahmen der Vereinigung begangen haben, selbst wenn nur wegen dieser Taten und nicht nach §§ 129, 129a StGB Anklage erhoben wird.[898] Rechtmäßig erlangte Erkenntnisse dürfen gegen alle Tatbeteiligten einschließlich derjenigen, die sich nach der Tat durch Begünstigung, Hehlerei und Strafvereitelung beteiligt haben, verwertet werden.[899] Auf präventivpolizeilicher Rechtsgrundlage erlangte Erkenntnisse dürfen nach Maßgabe des § 161 II StPO verwertet werden.

596 Hinsichtlich **Zufallsfunden** siehe ausführlich Rn 532 ff.; zu den **Verwertungsverboten** vgl. ausführlich Rn 990, 1102 ff.

597 **Fort- und Fernwirkung**. Aussagen des Beschuldigten, die auf Vorhalt von unzulässig gewonnenen Erkenntnissen aus einer Telefonüberwachung erfolgten, sind unverwertbar. Dies gilt auch für spätere Aussagen, die noch von dem Vorhalt beeinflusst sind, was das Tatgericht zu prüfen hat. Darüber hinaus hat ein Verstoß gegen § 100a StPO grds. keine Fernwirkung. Vgl. dazu ausführlich Rn 782, 1091, 1134 und 1262 ff.

6. Rechtsbehelfe

598 Gegen die **gerichtliche Anordnung** steht denjenigen, die durch die Überwachung in ihren Rechten verletzt wurden, die **Beschwerde** nach § 304 StPO zu. Der StA steht die Beschwerde bei einer Ablehnung des Antrags oder einer Ablehnung der Bestätigung gem. § 100b I S. 3 StPO zu.

Gegen die **Anordnung der StA** ist der Antrag auf gerichtliche Entscheidung analog § 98 II S. 2 StPO zulässig. Der Antrag analog § 98 II S. 2 StPO ist auch gegen die **Art und Weise der Durchführung** zulässig.

Nachträglicher Rechtsschutz nach Erledigung bzw. Beendigung der Maßnahme ist gem. § 101 VII StPO ohne Nachweis eines Rechtsschutzbedürfnisses sowohl gegen die Anordnung als auch gegen die Art und Weise ihrer Durchführung zulässig (Rn 694j ff.).

Für die Beurteilung der Verfassungsmäßigkeit einer Überwachungsanordnung kommt es nach Auffassung des BVerfG allein auf die konkrete Anordnung auf der Grundlage der vorgenommenen ermittlungsgerichtlichen Prüfung des Tatverdachts an, nicht dagegen auf einen anderen möglichen, vom Ermittlungsgericht aber nicht angenommenen und nicht geprüften Tatverdacht. Insoweit ist ein Auswechseln der rechtlichen Begründung im Beschwerdeverfahren nicht möglich.[900] Das BVerfG verwirft damit für die Prüfung der Verfassungsmäßigkeit die Rechtsfigur des rechtmäßigen Alternativeingriffs.

---

[897] Die rechtmäßige Anordnung erfolgt stets aufgrund einer Verdachtslage; der Grundrechtseingriff dient dazu, den Verdacht zu erhärten oder zu widerlegen. Die Maßnahme wird deshalb nicht nachträglich rechtswidrig, wenn der Verdacht nicht erhärtet werden konnte. Da der Grundrechtseingriff in rechtmäßiger Weise erfolgt ist, entspricht es dem Gebot der Wahrheitsfindung, das Ergebnis der Maßnahme auch dann zu verwerten, wenn sich herausstellt, dass zwar eine Straftat, aber keine Katalogtat begangen wurde; BGH v. 5.3.**1974** - 1 StR 365/73; *Meyer-Goßner,* § 100a Rn 32; KK-*Nack,* § 100a Rn 61; a. A. *Eisenberg,* Beweisrecht 2501; *Kretschmer,* StV **1999**, 225; *Prittwitz,* StV **1984**, 302; *Welp,* Jura **1981**, 477; *Wolter,* GS A. Kaufmann, S. 766.

[898] BGHSt **28**, 122, 128; KK-*Nack,* § 100a Rn 47; *Meyer-Goßner,* § 100a Rn 33; a.A. *Roxin* § 34 C IV 4.

[899] *Meyer-Goßner,* § 100a Rn 15.

[900] BVerfG NJW **2007**, 2749, 2750.

7. Revision

599 Eine Beweiswürdigung unverwertbarer Überwachungsergebnisse kann mit der Verfahrensrüge angegriffen werden (Rn 1204 ff.). Hinsichtlich des Verdachts auf eine Katalogtat und der Wahrung des Subsidiaritätsgrundsatzes prüft das Revisionsgericht nur, ob die Anordnung vertretbar war, d.h., ob der Anordnende seinen Beurteilungsspielraum nicht überschritten hat.[901] Nach der Rspr. muss der Verwertung in der Hauptverhandlung widersprochen werden[902]; anderenfalls tritt eine Präklusion ein.

V. Akustische Wohnraumüberwachung („großer Lauschangriff")

1. Einführung

600 Bei der akustischen Wohnraumüberwachung, die vielfach als „großer Lauschangriff" bezeichnet wird, handelt es sich um den verdeckten Einsatz technischer Mittel zum gezielten **Abhören und Aufzeichnen des nichtöffentlich gesprochenen Wortes** in und aus einer durch Art. 13 I GG geschützten Räumlichkeit („Wohnung") bspw. mit Hilfe von Tonbandgeräten, Richtmikrophonen oder sog. „Wanzen".[903]

601 Hinsichtlich des Begriffs der „**Wohnung**" kann auf die Ausführungen bei Rn 499 ff. verwiesen werden.[904] **Nichtöffentlich** sind Gespräche, die nur für den bzw. die Gesprächspartner bestimmt sind (vgl. § 201 StGB). Wie der Definition im Übrigen zu entnehmen ist, bezieht sich der Lauschangriff nur auf das **Abhören und Aufzeichnen** des „an Ort und Stelle" **innerhalb der Wohnung gesprochenen Wortes**. Dabei ist zu unterscheiden zwischen dem „**kleinen**" Lauschangriff außerhalb von Wohnungen (vgl. § 100f StPO, Rn 623 ff.) und dem „**großen**" Lauschangriff, der das **innerhalb einer Wohnung** nichtöffentlich gesprochene Wort betrifft. Nur dieser ist in Art. 13 III und IV GG geregelt und Gegenstand der nachfolgenden Ausführungen.

Im Gegensatz zu Art. 13 **III** GG, der lediglich akustische Überwachungsmaßnahmen zu Zwecken der Strafverfolgung zulässt, bezieht sich Art. 13 **IV** GG zum einen auf den Einsatz beliebiger technischer Mittel (also auch optische Mittel wie Video- und Infrarotkameras, Nachtsichtgeräte und Bewegungsmelder und sonstige Mittel wie Peilsender oder Global Positioning System - GPS) und zum anderen ausschließlich auf präventivpolizeiliche Zwecke, also auf Zwecke der Gefahrenabwehr (vgl. z.B. § 20h BKAG).

602 **Kein** Fall der akustischen Wohnraumüberwachung liegt vor, wenn mit Hilfe der technischen Mittel nur solche Vorgänge in einer Wohnung erfasst werden, die auch auf natürliche Weise von außerhalb des durch Art. 13 I GG geschützten Bereichs wahrgenommen werden können (z.B. Filmen oder Fotografieren durch ein geöffnetes Fenster).

603 Ebenfalls liegt **kein** Fall der akustischen Wohnraumüberwachung vor, wenn es um die **akustische Überwachung des Fernmeldeverkehrs** geht. Denn die Telefonüberwachung greift nicht in das Wohnungsgrundrecht ein, sondern in das Grundrecht aus **Art. 10 I GG** und bedarf daher einer Rechtfertigung, die sich aus dem Gesetzesvorbehalt des **Art. 10 II GG** ergeben muss. Rechtsgrundlage ist hier § 100a StPO (Rn 578 ff.).

604 Die akustische Wohnraumüberwachung ist mit dem Gesetz zur Änderung des Grundgesetzes vom 26.3.1998, das in Art. 13 GG die Absätze III bis VI einfügte, verfassungsrechtlich ermöglicht worden; durch das Gesetz zur Verbesserung der Bekämpfung der

---

901 BGHSt **41**, 30, 32.
902 BGH StV **2008**, 63 mit abl. Anm. Fezer HRRS **2006**, 239; BGH NStZ **2006**, 402; BGH StV **2001**, 545 mit abl. Anm. *Ventzke* und abl. Anm. *Wollweber*, wistra **2001**, 182; nach BGHSt **51**, 1 ff. ist das Verwertungsverbot für den Angeklagten disponibel; BGHSt **47**, 362 ff. hatte sich für Prüfung von Amts wegen ausgesprochen.
903 Vgl. hierzu *Kress*, Der Große Lauschangriff als Mittel internationaler Verbrechensbekämpfung, **2009**.
904 Vgl. im Übrigen ausführlich zum Wohnungsbegriff *R. Schmidt*, Grundrechte, 12. Aufl. **2010**, Rn 819 ff.

Organisierten Kriminalität vom 4.5.1998 wurde die akustische Wohnraumüberwachung sodann durch § 100c StPO einfachgesetzlich geregelt. Jedoch sind die verfassungsrechtlichen Grenzen für eine akustische Wohnraumüberwachung **sehr eng** gezogen. Das BVerfG fordert in seiner diesbezüglichen Entscheidung vom 3.3.2004[905] zu Recht, dass durch eine akustische Wohnraumüberwachung nicht in den **absolut geschützten Kernbereich privater Lebensgestaltung** eingegriffen werden dürfe. Die Privatwohnung sei als „letztes Refugium" ein Mittel zur Wahrung der Menschenwürde. Dies verlange zwar keinen absoluten Schutz der Räume der Privatwohnung, wohl aber absoluten Schutz des Verhaltens in diesen Räumen, soweit es sich als individuelle Entfaltung im Kernbereich privater Lebensgestaltung darstelle.[906] Ob der Schrankenvorbehalt des Art. 13 III GG diesen Abwehranspruch gewährleistet, ist zweifelhaft.[907] Nach der mit 5:3 Stimmen ergangenen Mehrheitsentscheidung des BVerfG kann diese Verfassungsbestimmung jedoch verfassungskonform ausgelegt werden, denn der verfassungsändernde Gesetzgeber unterliege nicht der Wesensgehaltgarantie des Art. 19 II GG, sondern er müsse gem. Art. 79 III GG nur den Menschenwürdegehalt der einzelnen Grundrechte sichern.[908] Das BVerfG erkannte in dem besagten Urteil die Art. 13 III GG ausgestaltenden einfachgesetzlichen Bestimmungen in ihrer ursprünglichen Fassung für teilweise verfassungswidrig und verpflichtete den (Bundes-)Gesetzgeber, einen verfassungsgemäßen Rechtszustand bis spätestens 30.6.2005 herzustellen.[909]

605 Am 1.7.2005 ist das Gesetz zur Umsetzung des Urteils in Kraft getreten (BGBl I, 1841). Damit trug der Gesetzgeber den Vorgaben des BVerfG, die auf die Erforderlichkeit eines gesetzlich geregelten vorbeugenden Schutzes des Kernbereichs zielen, insbesondere durch die Vorschriften der §§ 100c IV und V StPO und §§ 100d VIII und IX a.F. StPO bzw. § 101 n.F. StPO Rechnung.[910] Die gesetzlichen Regelungen verdeutlichen, dass der Anwendungsbereich der akustischen Wohnraumüberwachung sehr schmal und der Aufwand für ihre Durchführung in der Praxis sehr groß geworden ist. Daher ist sie als allgemeine Ermittlungsmethode zwar unpraktikabel[911], die neuen Regelungen tragen aber der großen Bedeutung des Art. 13 I GG Rechnung und lassen die akustische Wohnraumüberwachung in Extremfällen zu. Das neue Gesetz hielt einer verfassungsrechtlichen Überprüfung stand.[912] Die sehr geringe Zahl von Anordnungen (7 in 2005, 3 in 2006, 10 in 2007, 7 in 2008) geben freilich Anlass zu der rechtspolitischen Frage, ob der Vertrauensverlust in Staat und Politik, der durch den heimlichen Zugriff auf die Wohnung und die erforderlichen Korrekturen des Gesetzgebers durch das BVerfG entstanden ist, aufgewogen werden von den Ermittlungserfolgen, die mit der akustischen Wohnraumüberwachung erzielt werden können.[913]

606 Mit dem am 1.1.2008 in Kraft getretenen Gesetz zur Neuregelung der Telekommunikationsüberwachung und anderer heimlicher Ermittlungsmaßnahmen (Rn 303a) hat der Gesetzgeber im Wesentlichen redaktionelle Änderungen vorgenommen. Die Voranstellung des Wortes „Auch" in § 100c I S. 1 StPO stellt klar, dass die Überwachung nicht

---

[905] BVerfGE **109**, 279 ff.; SächsVerfGH NVwZ **2005**, 1310, 1311.

[906] BVerfGE **109**, 279, 314. Zur Unverwertbarkeit von personenbezogenen Daten, die im Rahmen eines Eingriffs in den durch Art. 13 I GG und Art. 2 I i.V.m. 1 I GG geschützten Kernbereich privater Lebensführung erhoben wurden, vgl. auch BGH NJW **2005**, 3285 ff.

[907] Für die Verfassungswidrigkeit des Art. 13 III GG das Minderheitsvotum BVerfGE **109**, 279 ff.

[908] So die Senatsmehrheit BVerfGE **109**, 279 ff.

[909] Die Entscheidung des BVerfG ist als Klausur aufbereitet unter *www.verlag-rolf-schmidt.de* Rubrik Studienbücher/Grundrechte/Art. 13 GG Rn 860 abrufbar.

[910] Vgl. zur Neuregelung auch *Löffelmann*, NJW **2005**, 2033 ff.; *Meyer-Wieck*, NJW **2005**, 2037 ff.; *Kutscha*, NVwZ **2005**, 1231 ff.

[911] *Büddefeld*, Kriminalistik **2005**, 204 f.; *Haas*, NJW **2004**, 3083; *Weßlau*, *Lisken*-FS, S. 47. Zur tatsächlichen Anwendung der akustischen Wohnraumüberwachung vgl. *Meyer-Wieck*, Kriminalistik **2005**, 648.

[912] BVerfG NJW **2007**, 2753; *Heintschel-Heinegg*, JA **2007**, 662.

[913] Krit. in diesem Sinn *Meyer-Goßner*, § 100c Rn 1; SK-*Wolter*, § 100c Rn 11; *Roxin*, FS-Böttcher S. 168. Die Berichte über die akustische Wohnraumüberwachung werden publiziert unter www.bundesjustizamt.de.

dadurch unzulässig wird, dass ein Betroffener davon Kenntnis erlangt. In § 100c I Nr. 1 StPO ist nun ausdrücklich festgelegt, dass die Maßnahme auch gegen den Teilnehmer (vgl. §§ 26, 27 StGB) einer Katalogtat angeordnet werden darf.[914] Nach § 100c VI S. 1 StPO besteht ein generelles und absolutes Beweiserhebungs- und Verwertungsverbot bei Personen, die das Zeugnis nach § 53 StPO verweigern dürfen, für Personen, die das Zeugnis nach § 52 oder § 53a StPO verweigern dürfen, gilt gem. § 100c VI S. 2 StPO ein relatives d.h. der Abwägung zugängliches Beweisverwertungsverbot. Diese Regelungen gehen weiter als diejenigen des neuen § 160a StPO, der gem. § 160a V StPO den § 100c VI StPO unberührt lässt. Nur die zuvor in § 100c VI S. 3 StPO enthaltene Kollusions- bzw. Verstrickungsregel ist jetzt durch einen Verweis auf § 160a IV StPO ersetzt, der ausdrücklich verlangt, dass der Kollusionsverdacht auf bestimmten Tatsachen beruhen und ein Strafantrag gestellt bzw. eine Strafverfolgungsermächtigung erteilt sein muss, sofern dies erforderlich ist. Die noch im Regierungsentwurf vorgesehene Regelung, dass bereits ein Ermittlungsverfahren gegen den Berufsgeheimnisträger eingeleitet sein muss, wurde nicht in das Gesetz übernommen.[915] Bei § 100d StPO ist der bisherige Abs. V entfallen, da die darin enthaltene Vernichtungsregelung nun in der allgemeinen Vorschrift des § 101 StPO enthalten ist. Der bisherige Abs. VI wurde zu Abs. V. Der Begriff „personenbezogene Informationen" wurde durch den im Datenschutzrecht etablierten Begriff „personenbezogene Daten" ersetzt. Die bisherigen Abs. VII bis X sind entfallen, weil die Kennzeichnung der erlangten Daten, die Benachrichtigung der Betroffenen und der nachträgliche Rechtsschutz nun in § 101 StPO für alle heimlichen Ermittlungsmaßnahmen zentral geregelt sind (Rn 694b ff.).

2. Gesetzessystematik

§ 100c StPO regelt nur die Voraussetzungen der akustischen Überwachung von Wohn- **607**
raum. Die Befugnis und das zu beachtende Verfahren bei der Anordnung sind in § 100d StPO geregelt. § 100e StPO enthält Berichtspflichten der Justizbehörden und der Bundesregierung gegenüber dem Bundestag, der auf diese Weise in die Lage versetzt wird, den Einsatz der akustischen Wohnraumüberwachung zu kontrollieren und zu bewerten. Das BVerfG hat den Gesetzgeber verpflichtet, die Entwicklung zu beobachten und fortlaufend zu prüfen, ob mit der akustischen Wohnraumüberwachung die verfolgten Ziele in hinreichendem Maße erreicht werden.[916]

3. Anordnungsvoraussetzungen

Zweck der Maßnahme ist es, zur Ermittlung und zum Beweis von Katalogstraftaten und **608**
zur Ermittlung des Aufenthaltsorts eines Mitbeschuldigten das nichtöffentlich gesprochene Wort ohne Wissen der Betroffenen in einer Wohnung mit technischen Mitteln abzuhören und aufzuzeichnen (s.o.). Aufgrund tatsächlicher Anhaltspunkte muss gem. § 100c I Nr. 3 StPO anzunehmen sein, dass Äußerungen des Beschuldigten erfasst werden, die für die Ermittlung des Sachverhalts oder Aufenthaltsorts eines Mitbeschuldigten von Bedeutung sind. Es muss die Erwartung begründet sein, dass sich der Beschuldigte in den überwachten Räumen aufhalten und über ermittlungsrelevante Sachverhalte kommunizieren wird.

Katalogtat. Gem. § 100c I Nr. 1 StPO müssen bestimmte Tatsachen den Verdacht **609**
begründen, dass jemand eine in § 100c II StPO bezeichnete besonders schwere Straftat begangen oder in strafbarer Weise versucht hat (vgl. näher Rn 582 ff. zu § 100a StPO). Das BVerfG hat hinsichtlich Art. 13 III GG festgelegt, dass als besonders schwere Straf-

---

[914] Nicht erfasst ist jedoch die Vorbereitung (§ 30 StGB) einer Anlasstat; *Löffelmann*, ZIS **2006,** 87).
[915] RegE S. 108; vgl. hierzu auch bei § 138a StPO (Rn 194).
[916] BVerfGE **109**, 279, 314 ff.; die Berichte finden sich unter www.bundesjustizamt.de.

taten nur solche gelten können, die mit einer Höchststrafe von mehr als fünf Jahren Freiheitsentzug sanktioniert werden können.[917] Damit die akustische Wohnraumüberwachung zur Bekämpfung krimineller Organisationen eingesetzt werden kann, hat der Gesetzgeber den Strafrahmen des § 129 IV StGB entsprechend erhöht. Nach § 100c I Nr. 2 StPO genügt der Verdacht einer abstrakt schweren Katalogtat allein noch nicht, sondern die Tat muss auch **im konkreten Einzelfall besonders schwer** wiegen.[918]

610 **Adressat der Maßnahme**. Die Maßnahme darf sich nur gegen den **Beschuldigten** (siehe Rn 216 ff.) einer Katalogtat richten und nur in Wohnungen des Beschuldigten durchgeführt werden (§ 100c III S. 1 StPO). Die Maßnahme darf nach § 100c III S. 2 StPO auch durchgeführt werden, wenn andere Personen unvermeidbar betroffen werden.[919] Sofern Beeinträchtigungen Dritter vermieden werden können, ohne den Erfolg der Maßnahme zu gefährden, dürfen ihre Gespräche nicht abgehört oder aufgezeichnet werden. Die Maßnahme ist grds. nur in der Wohnung des Beschuldigten zulässig, es sei denn, es liegen die Ausnahmen nach § 100c III S. 2 StPO vor.

611 **Subsidiaritätsklausel**. Die Maßnahme ist nach § 100c I Nr. 4 StPO nur zulässig, wenn die Erforschung des Sachverhalts oder die Ermittlung des Aufenthaltsorts eines Mitbeschuldigten auf andere Weise unverhältnismäßig erschwert oder aussichtslos wäre (vgl. Art. 13 III S. 1 GG). Diese Formulierung bringt zum Ausdruck, dass Erschwernisse bis zur Unverhältnismäßigkeit hinzunehmen sind, bevor eine Wohnraumüberwachung angeordnet werden darf. „Aussichtslosigkeit" liegt vor, wenn alle denkbaren anderen Maßnahmen nicht zum Erfolg führen. Die Normierung der Subsidiarität in Art. 13 III S. 1 GG verleiht ihr ein besonderes verfassungsrechtliches Gewicht, sodass die akustische Wohnraumüberwachung im Konkurrenzfall hinter andere Maßnahmen, die ebenfalls nur subsidiär anzuwenden sind, als „Ultima Ratio" zurückzutreten hat.[920] Bei sämtlichen Katalogtaten des § 100c StPO ist jetzt auch eine Telekommunikationsüberwachung nach § 100a StPO möglich. Die akustische Wohnraumüberwachung soll damit tatsächlich nur als „Ultima Ratio" der Strafverfolgung eingesetzt werden.

612 **Negative Kernbereichsprognose**. Die Maßnahme ist nach § 100c IV StPO nur zulässig, wenn tatsächliche Anhaltspunkte und nicht allein Vermutungen mit hinreichender Wahrscheinlichkeit[921] dafür sprechen, dass die Gespräche in der überwachten Wohnung nicht den **Kernbereich privater Lebensgestaltung** betreffen (sog. negative Kernbereichsprognose).[922] Anderenfalls besteht ein Beweiserhebungsverbot (siehe dazu Rn 1066). Hinsichtlich der Wahrung des durch Art. 13 I GG absolut geschützten und damit unantastbaren Kernbereichs privater Lebensgestaltung sollen sich nach Auffassung des BVerfG Anhaltspunkte zur Einschätzung der Situation aus der Art der zu überwachenden Räumlichkeiten (Gespräche in Betriebs- und Geschäftsräumen gehörten anders als Gespräche in Privatwohnungen regelmäßig nicht zum Kernbereich privater Lebensgestaltung), aber auch aus der Beziehung des Abgehörten zu seinen Kommunikationspartnern ergeben. So seien dem Kernbereich privater Lebensgestaltung grundsätzlich **Gespräche mit dem Ehegatten oder engsten Familienangehörigen** zuzurechnen, aber auch die Kommunikation mit anderen Personen des besonderen Vertrauens wie seelsorgerische Gespräche mit **Geistlichen,** Besprechungen mit dem **Strafver-**

---

[917] BVerfGE **109**, 279, 314 ff.
[918] So die Vorgabe BVerfGE **109**, 279, 314 ff.
[919] BVerfGE **109**, 279, 314 ff.
[920] BVerfGE **109**, 279, 314 ff.
[921] *Löffelmann*, NJW **2005**, 2033 f.
[922] Näher hierzu *Rogall,* FS-Fezer S. 81; *Warnjen,* Heimliche Zwangsmaßnahmen und der Kernbereich privater Lebensgestaltung, **2007**; *Baldus*, JZ **2008**, 219; *Ignor*, NJW **2007**, 3404, *Reiß*, StV **2008**, 545; krit. zur gesetzlichen Regelung *Wolter,* FS-Küper S. 719; diese wurde als verfassungskonform bewertet durch BVerfG NJW **2007,** 2753 m. zust. Anm. *Geis*, CR **2007,** 501; *Sankol*, MMR **2007,** 574.

teidiger, u.U. auch Behandlungsgespräche mit einem Arzt. Eine zeitliche und räumliche Rundumüberwachung sei regelmäßig schon deshalb unzulässig, weil die Wahrscheinlichkeit groß sei, dass dabei höchstpersönliche Gespräche abgehört werden; das könne es erforderlich machen, auf eine automatisch erfolgende Aufzeichnung der Gespräche zu verzichten, um die Aufzeichnung jederzeit beenden zu können.[923] Soweit im Rahmen einer Wohnraumüberwachung nach Art. 13 IV GG dennoch unvorhersehbar der unantastbare Kernbereich privater Lebensgestaltung betroffen wird, muss in Übereinstimmung mit der Rspr. des BVerfG zu Art. 13 III GG[924] die Überwachung sofort abgebrochen werden. Erfolgte Aufzeichnungen sind zu vernichten und unterliegen einem absoluten Verwertungsverbot; sie dürfen nicht einmal als Spurenansätze verwendet werden (vgl. Rn 1134).[925]

Nicht zum Kernbereich zählen Äußerungen, die vornehmlich die Sphäre anderer oder Belange der Gemeinschaft berühren (Sozialbezug). Dies gilt grds. für Gespräche über Straftaten, jedoch nicht schon dann, wenn die Äußerungen im Selbst- oder Zwiegespräch lediglich innere Eindrücke und Gefühle wiedergeben, die Ursachen oder Beweggründe eines strafbaren Verhaltens freizulegen vermögen, jedoch keinen Hinweis auf konkrete Straftaten enthalten.[926] Soweit der Verdacht einer Tatbeteiligung durch die Gesprächspartner besteht, entfällt das typisierte Überwachungsverbot auch gegenüber Familienangehörigen und engsten Vertrauten.[927] Hierzu genügt der einfache Tatverdacht, da höhere Anforderungen weder vom BVerfG verlangt noch vom Gesetzgeber formuliert wurden. **613**

Dementsprechend hat § 100c IV S. 2 StPO gem. den Vorgaben des BVerfG die Regelvermutung aufgestellt, dass der Kernbereich bei Gesprächen in Betriebs- und Geschäftsräumen, sowie bei Gesprächen über begangene oder zu begehende Straftaten nicht tangiert wird. Dies gilt z.B. für Privatwohnungen, die als konspirative Treffpunkte oder gewerblich z.B. zur Ausübung der Prostitution genutzt werden.[928] Die Regelvermutung ist in einem zweiten Schritt am konkreten Einzelfall zu prüfen, wobei die ermittelten Besonderheiten sowohl für als auch gegen ein Überwachungsverbot sprechen können (siehe hierzu § 100c IV StPO).[929] Liegt unter diesen Voraussetzungen eine negative Kernbereichsprognose vor, kann auch eine automatisierte Aufzeichnung zulässig sein.[930] Ausgeschlossen ist es aber, eine Privatwohnung über einen längeren Zeitraum ununterbrochen abzuhören.[931] **614**

Überwachungsverbote/Abbruchgebote: Der Gesetzgeber hat die Maßnahmen bei Personen, die Träger eines berufsbezogenen Zeugnisverweigerungsrechts (§ 53 StPO) sind, in § 100c VI StPO generell für unzulässig erklärt (Beweiserhebungsverbot).[932] Ergibt sich während oder nach Durchführung der Maßnahme, dass ein Fall des § 53 StPO vorliegt, ist entspr. § 100c V S. 2 bis 4 StPO die Maßnahme zu unterbrechen und bereits erfolgte Aufzeichnungen sind unverzüglich zu löschen (Beweisverwertungsverbot). Dies mag aus der Sicht der Strafverfolgungsbehörden zwar als misslich erscheinen, da das Zeugnisverweigerungsrecht nachträglich entfallen kann, die Regelung wird aber der tragenden Bedeutung des Art. 13 I GG gerecht (s.o.). Nach § 100c VI S. 2 StPO dürfen in Fällen der §§ 52 und 53a StPO Erkenntnisse nur verwertet werden, wenn dies unter **615**

---

[923] BVerfGE **109**, 279, 309 ff. Vgl. auch SächsVerfGH NVwZ **2005**, 1310, 1311; OLG Düsseldorf NStZ **2009**, 54.
[924] BVerfGE **109**, 279, 319 f. Vgl. dazu *R. Schmidt*, Grundrechte, 10. Aufl. **2010**, Rn 860.
[925] BVerfGE **109**, 279, 314 ff.; *Schenke*, POR, 5. Aufl. **2007**, Rn 194.
[926] BVerfGE **109**, 279, 314 ff.; vgl. auch BGH StV **2005**, 591; zust. *Ellbogen*, NStZ **2006**, 180; *Kolz*, NJW **2005**, 3248; *Lindemann/Reichling*, StV **2005**, 650.
[927] *Meyer-Goßner*, Rn 16; **aM** *Roxin*, FS-Böttcher S. 171.
[928] BT-Drs. 15/4533, S. 14; *Löffelmann*, NJW **2005**, 2033, 2034.
[929] Vgl. *Weßlau*, Lisken-FS, S. 47, 51.
[930] BVerfG NJW **2007**, 2753, 2757; *Meyer-Goßner*, Rn 17; *Löffelmann*, ZIS **2006**, 93.
[931] Vgl. BVerfGE **109**, 279, 314 ff.; NJW **2007**, 2753, 2757: Verletzung der Menschenwürde.
[932] Zur Kritik vgl. *Büddefeld*, Kriminalistik **2005**, 205; *Rauschenberger*, Kriminalistik **2005**, 656.

Berücksichtigung der Bedeutung des zugrunde liegenden Vertrauensverhältnisses nicht außer Verhältnis zu den legitimen Zwecken der Maßnahme steht (Beweisverwertungsverbot). Sind die zur Verweigerung des Zeugnisses Berechtigten in die Straftat verstrickt, entfällt gem. § 100c VI S. 3 StPO das Überwachungsverbot. Aufgrund des pauschalen Verweises auf § 53 StPO gilt auch § 53 II StPO; dies kann so verstanden werden, dass das einfachgesetzliche Überwachungsverbot des § 100c VI S. 1 StPO bei einer Entbindung von der Schweigepflicht entfällt; diese Auslegung ist nach dem Wortlaut des § 100c VI S. 1, HS 1 allerdings nicht zwingend.

4. Anordnungsbefugnis

616 Die Anordnungsbefugnis liegt bis zu einer Gesamtdauer der Maßnahme von sechs Monaten nach § 100d I S. 1 StPO bei der Staatsschutzkammer des LG (§ 74a IV GVG), in dessen Bezirk die antragstellende StA ihren Sitz hat. Über weitere Verlängerungen entscheidet nach § 100d I S. 6 StPO das OLG. Im Fall von **Gefahr im Verzug** kann nach § 100d I S. 2 StPO der Vorsitzende dieser Kammer die Maßnahme anordnen, nicht jedoch die StA oder ihre Ermittlungspersonen (vgl. Art. 13 III S. 3 u. 4 GG). Die Anordnung des Vorsitzenden tritt nach § 100d I S. 3 StPO außer Kraft, wenn sie nicht binnen drei Werktagen (§ 43 II StPO) von der Kammer bestätigt wird, bleibt aber für die Vergangenheit wirksam.[933] Im Übrigen ist die Maßnahme nach § 100d I S. 4 StPO auf höchstens einen Monat zu begrenzen, kann aber nach § 100d I S. 5 StPO verlängert werden. Eine absolute gesetzliche Obergrenze für die Dauer der Maßnahme besteht nicht. Die Anforderungen an Form und Inhalt der Anordnung sind in § 100d II und III StPO detailliert geregelt, um die vorbeugende gerichtliche Kontrolle wirksam werden zu lassen. Gem. § 100d IV StPO ist das anordnende Gericht über den Verlauf und das Ergebnis der Maßnahme zu unterrichten. Das Gericht soll auch nach Anordnung der Maßnahme dafür Sorge tragen können, dass der unantastbare Kernbereich nicht berührt und die Verhältnismäßigkeit gewahrt wird.[934]

5. Durchführungsvorschriften

617 Die Maßnahme ist nach § 100c V S. 1 StPO zu **unterbrechen**, sobald sich Anhaltspunkte ergeben, dass Äußerungen im Kernbereich erfasst werden. Nach § 100c V S. 2 StPO sind Aufzeichnungen, die den Kernbereich betreffen, unverzüglich zu löschen; Erkenntnisse dürfen gem. § 100c V S. 3 StPO nicht verwertet werden (s. Rn 620).
Ist eine Maßnahme nach § 100c V S. 1 StPO unterbrochen worden, darf sie nach § 100c V S. 5 StPO unter den in § 100c IV StPO genannten Voraussetzungen fortgeführt werden.[935] Bei wiederholt erforderlichen Unterbrechen dürfte aber die negative Kernbereichsprognose entfallen und die Maßnahme endgültig abzubrechen sein (BT-Drs. 15/4533, S. 15). Weder das BVerfG noch der Gesetzgeber haben sich mit dem Problem auseinandergesetzt, dass durch die Unterbrechung und Löschung der Aufzeichnungen die Herstellung des der Urteilsfindung zugrunde liegenden Sachverhalts vom erkennenden Gericht auf andere Instanzen übertragen und damit dem Einfluss des Angeklagten entzogen wird; die Verwertbarkeit solchermaßen bewusst selektierter Aufzeichnungen war nach bisheriger Auffassung zweifelhaft.[936] Das BVerfG und Gesetzgeber sehen davon anscheinend bei § 100c StPO ab.

---

[933] BVerfGE **109**, 279, 314 ff.
[934] BVerfGE **109**, 279, 314 ff.
[935] Das BVerfG hat zwar von „Abbruch" gesprochen (BVerfGE **109**, 279, 314 ff.), gestattet aber den Beginn einer Wohnraumüberwachung unter den in § 100c IV StPO genannten Voraussetzungen, was auch für einen Wiederbeginn gelten wird (*Haas*, NJW **2004**, 3083 f.; krit. *Leutheusser-Schnarrenberger*, ZRP **2005**, 1).
[936] Vgl. hierzu LG Frankfurt a.M. StV **1987**, 144; *Weßlau*, in Hilger-FS, S. 57, 64 f.

Nach § 100c VII StPO hat die StA unverzüglich eine **gerichtliche Entscheidung** zu beantragen, wenn nach § 100c V StPO Zweifel an der Verwertbarkeit bestehen. Zuständig ist das anordnende Gericht. Soweit es eine Verwertbarkeit verneint, ist diese Entscheidung für das gesamte weitere Verfahren bindend. Damit hat der Gesetzgeber entsprechend den Vorgaben des BVerfG[937] die Entscheidungsbefugnis über die Verwertbarkeit vom erkennenden auf das anordnende Gericht übertragen, was mit der Aufklärungspflicht des erkennenden Gerichts (§ 244 II StPO) nur schwer zu vereinbaren ist. Bei anderen heimlichen Ermittlungsmaßnahmen wurden keine entsprechenden Regelungen ins Gesetz aufgenommen (vgl. z.B. § 100a IV StPO).[938] **618**

Aktenführung und Benachrichtigung, Kennzeichnung und Löschung erlangter Daten. Die einschlägigen Vorschriften finden sich nunmehr in § 101 StPO (Rn 694b ff.). Benachrichtigt werden gem. § 101 IV S. 1 Nr. 4 StPO grds. der Beschuldigte, gegen den sich die Maßnahme richtete, sonstige überwachte Personen und Personen, die die überwachte Wohnung zur Zeit der Durchführung der Maßnahme innehatten oder bewohnten. Personen, die eine Wohnung bewohnen (§ 101 IV S. 1 Nr. 4c StPO) sind unabhängig von einem Wohn- oder Hausrecht alle diejenigen, die die überwachten Räumlichkeiten als Wohnung i.S.d. Art. 13 GG nutzen (Rn 601)[939]. Sie sind auch dann in ihrem Recht aus Art. 13 GG verletzt, wenn keines ihrer Gespräche abgehört wurde. Gleiches gilt für Personen, die die Wohnung innehaben, d.h. denen ein Wohnrecht an der Wohnung zusteht (z.B. Mieter), selbst wenn sie die Wohnung während der Überwachungsmaßnahme nicht selbst bewohnten. Sonstige überwachte Personen (§ 101 IV S. 1 Nr. 4b StPO) sind z.B. Besucher, deren Gespräche abgehört wurden und die deshalb in ihren Rechten aus Art. 2 I i.V.m. 1 I GG verletzt wurden. Zu löschen sind die erlangten personenbezogenen Daten gem. § 101 VIII StPO, wenn sie künftig weder für die Strafverfolgung noch für eine etwaige gerichtliche Überprüfung benötigt werden.[940] Daten, die den Kernbereich privater Lebensgestaltung betreffen, sind dagegen nach § 100c V S. 2 StPO unverzüglich zu löschen (s.o. Rn 615). **619**

6. Verwertungsverbote

Wurde in den Kernbereich eingegriffen, unterliegen die ermittelten Erkenntnisse unabhängig davon, ob die Anordnung rechtmäßig war, gem. § 100c V S. 3 StPO einem Verwertungsverbot; Aufzeichnungen sind zu löschen.[941] Die Gesprächsinhalte dürfen auch als **Spurenansatz** für weitere Ermittlungen nicht verwendet werden (vgl. Rn 1134).[942] Die Ermittlungsbehörden sollen kein Motiv haben, ein Überwachungsverbot oder das Gebot zum Abbruch der Maßnahme zu missachten.[943] Die Verwertbarkeit von personenbezogenen Informationen aus einer akustischen Wohnraumüberwachung ist im Einzelnen in § 100d VI StPO geregelt. Wie bei Rn 606 dargelegt, geht diese Regelungen weiter als diejenigen des neuen § 160a II StPO, der aber gem. § 160a V StPO den § 100c VI StPO unberührt lässt. Nur die zuvor in § 100c VI S. 3 a.F. StPO enthaltene Kollusions- bzw. Verstrickungsregel ist durch einen Verweis auf § 160a IV StPO ersetzt worden; vgl. dazu ebenfalls Rn 606. **620**

---

937 BVerfGE **109**, 279, 314 ff.
938 S. hierzu RegE S. 99.
939 BVerfGE **109**, 314 ff.
940 Die Regelung geht auf BVerfGE **109**, 279, 319 ff. zurück.
941 BVerfGE **109**, 279, 319 ff.
942 BVerfGE **109**, 279, 319 ff.; zweifelhaft ist, ob dies auch für entlastende Erkenntnisse gilt; vgl. BGH StV **2005**, 593; BGHSt **42**, 191, 194.
943 *Weßlau*, Lisken-FS, S. 47, 56.

7. Rechtsbehelfe

621 Einen nachträglichen Rechtsschutz gewährleistet nun für alle heimlichen Ermittlungsmaßnahmen § 101 VII S. 2-4 StPO (Rn 694j ff.), ohne dass im Einzelfall ein Rechtsschutzbedürfnis nachgewiesen werden müsste.

8. Revision

622 Wurde gegen Beweiserhebungs- oder -verwertungsverbote nach § 100c StPO verstoßen, kann dies grds. in der Revision geltend gemacht werden (vgl. auch Rn 599).

VI. Akustische Überwachung außerhalb von Wohnungen

1. Einführung

623 § 100f StPO regelt die akustische Überwachung außerhalb von Wohnungen. § 100f IV StPO verweist hinsichtlich der Verfahrensregeln auf § 100b I, IV S. 1 und § 100d II StPO um die in ihrer Eingriffstiefe vergleichbaren Maßnahmen der Telekommunikationsüberwachung und der Überwachung des gesprochenen Worts außerhalb von Wohnungen hinsichtlich der Verfahrensvorschriften anzugleichen.[944]

2. Anordnungsvoraussetzungen

624 Nach § 100f I StPO kann das nichtöffentlich gesprochene Wort außerhalb von Wohnungen mit technischen Mitteln zur Erforschung des Sachverhalts oder zur Ermittlung des Aufenthaltsorts des Beschuldigten abgehört werden – sog. kleiner Lauschangriff. Außerhalb einer Wohnung liegen nur Räume, die nicht dem Schutzbereich des Art. 13 GG I unterfallen (vgl. hierzu Rn 499 ff. sowie Rn 1114a zum Abhören in Hafträumen). Eine Maßnahme auf der Grundlage des § 100f I StPO kommt damit auch in Betracht, wenn sämtliche Wohnungsinhaber bzw. Bewohner mit dem Abhören einverstanden sind. Nichtöffentlich sind Unterredungen, die nur für den bzw. die Gesprächspartner bestimmt sind; es kann sich auch um Gespräche in allgemein zugänglichen Geschäftsräumen handeln. Der Begriff deckt sich mit § 201 I S. 1 Nr. 1 StGB. Öffentlich gesprochene Worte dürfen nach §§ 161, 163 StPO aufgezeichnet werden.[945]

625 § 100f I StPO betrifft nur das Abhören mit technischen Mitteln. Abhören bedeutet heimliche Wahrnehmung bzw. Aufzeichnung sprachlicher Äußerungen. Technische Mittel in diesem Sinne sind solche, die die Sinneswahrnehmung durch künstlich herbeigeführte Vorgänge (z.B. Mikrophone) verstärken. Vorbereitungs- und Begleitmaßnahmen, die typischerweise zur Durchführung der Maßnahme erforderlich sind, werden mitgestattet, soweit nicht in den Schutzbereich eines anderen Grundrechts mit speziellem Gesetzesvorbehalt eingegriffen wird.[946] Strittig ist dies für die vorübergehende heimliche Wegnahme eines Pkw zum Einbau der Abhöreinrichtungen, die vom BGH für unzulässig erklärt wurde.[947] Allerdings hat der BGH den Einbau eines GPS-Senders grds. für zulässig erklärt.[948]

626 Es müssen bestimmte Tatsachen den Verdacht begründen, dass jemand eine in § 100a StPO bezeichnete Straftat als Täter oder Teilnehmer (§§ 25 ff. StGB) begangen hat oder in Fällen, in denen der Versuch strafbar ist (§§ 22, 23, 30 StGB), zu begehen versucht hat. Anders als bei § 100a StPO genügt es nicht, dass jemand eine Katalogtat durch die

---

944 RegE S. 110.
945 *Hilger*, NStZ **1992**, 457, 462 Fn 96.
946 *Meyer-Goßner*, § 100f Rn 4.
947 BGH NJW **1997**, 2189 m. zust. Anm. *Heger*, *Gropp*, JZ **1998**, 505; a.A. KK-*Nack*, § 100c a.F. Rn 14; *Janker*, NJW **1998**, 269; *Schneider*, NStZ **1999**, 388.
948 BGHSt **46**, 266, 271, 274; zust. *Steinmetz*, NStZ **2001**, 344 f.; abl. *Bernsmann*, StV **2001**, 383, 385.

Begehung einer anderen Straftat nur vorbereitet hat. Wie bei § 100a StPO muss die Tat auch im Einzelfall schwer wiegen. Auch die Subsidiaritätsklausel entspricht der des § 100a StPO; die Erforschung des Sachverhalts oder die Ermittlung des Aufenthaltsorts eines Beschuldigten müssen auf andere Weise aussichtslos oder wesentlich erschwert sein. Schließlich muss die Maßnahme insgesamt verhältnismäßig sein (siehe zum Ganzen Rn 507).

Die Maßnahme darf nach § 100f II StPO gegen Beschuldigte (Rn 216 ff.) gerichtet **627** werden, gegen nicht beschuldigte Personen nur, wenn anzunehmen ist, dass sie zur Erforschung des Sachverhalts oder zur Ermittlung des Aufenthaltsortes eines Beschuldigten führen wird; erforderlich ist eine konkrete Erfolgsaussicht. Weiter muss aufgrund bestimmter Tatsachen anzunehmen sein, dass die zu überwachende Person mit dem Beschuldigten in Verbindung steht oder treten wird – sog. „Kontaktperson" (vgl. zum Ganzen Rn 586 ff.).

Gemäß § 100f III StPO darf die Überwachung auch dann angeordnet und durchgeführt **628** werden, wenn Dritte, d.h. nicht der Beschuldigte oder eine Kontaktperson, durch die Maßnahme betroffen werden und sich dies nicht vermeiden lässt. Nach BGHSt 44, 138, 141 gilt dies auch, wenn Angehörige i.S.d. § 52 StPO betroffen sind[949]; allerdings kann dies nicht gelten, wenn das Gespräch den Kernbereich privater Lebensgestaltung betrifft, der verfassungsrechtlich absolut geschützt ist, auch wenn § 100f StPO nicht ausdrücklich auf § 100a IV StPO verweist[950]; eine negative Kernbereichsprognose i.S.d. § 100c StPO (dazu Rn 612) ist allerdings nicht erforderlich. Anordnungs- und Verwertungsverbote bei Personen, die nach § 53 StPO zeugnisverweigerungsberechtigt sind, enthält § 160a StPO (dazu Rn 1070).

3. Anordnungsbefugnis

Die Anordnungsbefugnis ist durch einen Verweis in § 100f IV StPO auf § 100b I, IV **629** S. 1 und § 100d II StPO geregelt. Anordnungsbefugt ist regelmäßig das Gericht auf Antrag der StA, bei Gefahr im Verzug auch die StA, nicht jedoch deren Ermittlungsbeamte (§ 152 GVG). Die Anordnung der StA tritt außer Kraft, wenn sie nicht binnen drei Werktagen (§ 43 II StPO) vom Gericht bestätigt wird (vgl. näher Rn 588). Inhalt und Form des Anordnungsbeschlusses des Gerichts bzw. der Anordnungsverfügung der StA richten sich nach § 100d II StPO. Auf die in § 100d III StPO vorgesehenen besonderen Begründungspflichten ist dagegen nicht verwiesen, sodass die allgemeinen Anforderungen gelten.

4. Durchführungsvorschriften

Nach § 100f IV i.V.m. § 100b IV S. 1 StPO ist die Maßnahme unverzüglich zu beenden, **630** sobald die Anordnungsvoraussetzungen nicht mehr vorliegen. Eine Pflicht zur Unterrichtung des Gerichts besteht dagegen nicht, da auf § 100b IV S. 2 StPO nicht verwiesen wird, was wenig konsequent ist.

5. Aktenführung und Benachrichtigung, Kennzeichnung und Löschung erlangter Daten

Die einschlägigen Vorschriften finden sich nunmehr in § 101 StPO (Rn 694b ff.). Zu **631** benachrichtigen sind gem. § 101 IV S. 1 Nr. 5 StPO grds. der Beschuldigte bzw. die

---

[949] Zust. *Schneider*, NStZ **2001**, 14; abl. *Duttge*, JZ **1999**, 263.

[950] Verfassungsunmittelbares Verwertungsverbot; krit. zur gesetzlichen Regelung *Reiß*, StV **2008**, 542; *Zöller*, StraFo **2008**, 21; *Hirsch*, GS-Lisken S. 97; vgl. auch *Baldus*, JZ **2008**, 225; *Poscher*, JZ **2009**, 272; eine Verfassungsbeschwerde gegen § 100f StPO war unzulässig, BVerfG MMR **2009**, 36.

Kontaktperson, gegen die sich die Maßnahme richtet (Zielperson), sowie „erheblich mitbetroffene" Personen. „Erheblich mitbetroffene" Personen sollen diejenigen sein, die für einige Zeit an einem abgehörten Gespräch teilgenommen haben, da die Maßnahme erst dann die Eingriffsschwelle des Grundrechtes auf informationelle Selbstbestimmung (Art. 2 I i.V.m. 1 I GG) überschreite und deshalb ein hinreichender Grund für eine Benachrichtigung bestehe.[951] Nicht benachrichtigt werden müssen demnach Personen, von denen z.B. im Vorübergehen kurze Gesprächssequenzen aufgezeichnet werden, oder Personen, die die Zielperson nur begrüßen.

6. Verwertbarkeit, Rechtsbehelfe und Revision

632 Ein Anordnungs- und Verwertungsverbot bei Personen, die nach §§ 53, 53a StPO zeugnisverweigerungsberechtigt sind, enthält § 160a (Rn 1070). Die **Verwertbarkeit** erlangter Informationen bei anderen Taten, in anderen Strafverfahren und zur Gefahrenabwehr ist in § 477 II StPO geregelt. Zu den **Rechtsbehelfen** vgl. Rn 598 sowie generell Rn 309 ff. **Nachträglicher Rechtsschutz** ist nunmehr gem. § 101 VII StPO auch ohne Nachweis eines Rechtsschutzbedürfnisses zulässig (Rn 694j ff.). Zu **Verwertungsverboten** und **Revision** vgl. Rn 593 ff. und 599.

VII. Erhebung von Verkehrsdaten der Telekommunikation

1. Einführung

633 § 100g StPO regelt die Erhebung sog. **„Verkehrsdaten"** der Telekommunikation. Dies sind Informationen, die im Rahmen einer Telekommunikationsverbindung anfallen und z.B. Auskunft darüber geben, wer, wann, mit wem, von welchem Ort aus per Telefon, Mobiltelefon, Internet oder E-Mail kommuniziert hat (vgl. § 3 Nr. 30, § 96, § 113a TKG). Keine Verkehrsdaten sind die Kommunikationsinhalte, zu denen neben Telefongesprächen die Inhalte von SMS-Nachrichten, E-Mail-Nachrichten und E-Mail-Betreffzeilen gehören. Von den Verkehrsdaten zu unterscheiden sind auch die Bestandsdaten (Name, Adresse, Rufnummer, PIN und PUK eines Anschlussinhabers; s. § 96 I Nr. 1, § 111 TKG). Letztere können gem. § 113 I S. 2 bzw. § 112 II TKG auf der Grundlage der Ermittlungsgeneralklauseln (§§ 161, 163 StPO) erhoben werden, während die Erhebung von Verkehrsdaten in das von Art. 10 GG geschützte Fernmeldegeheimnis eingreift[952] und deshalb nur unter den Voraussetzungen des § 100g StPO zulässig ist.

634 § 100g StPO erhielt durch das „**Gesetz zur Neuregelung der Telekommunikationsüberwachung** und anderer verdeckter Ermittlungsmaßnahmen sowie zur Umsetzung der Richtlinie 2006/24/EG" (Rn 303a) mit Wirkung vom 1.1.2008 eine neue Fassung. Damit sollen Vorgaben aus der Richtlinie zur sog. „Vorratsdatenspeicherung" v. 15.3.2006 (2006/24/EG; Abl. L 105, 54-60), aus dem Übereinkommen des Europarats über Computerkriminalität v. 23.11.2001 (Sammlung der Europäischen Verträge - SEV Nr. 185, sog. „Cybercrime Convention") und Konsequenzen aus einschlägigen Entscheidungen des BVerfG umgesetzt werden.[953] Wie § 100g a.F. StPO regelt § 100g n.F. StPO einen Auskunftsanspruch gegenüber Telekommunikationsdienstleistern hinsichtlich Verkehrsdaten, die bereits angefallen sind oder anfallen werden. Darüber hinaus gibt § 100g n.F. StPO einen Anspruch auf Übermittlung von Verkehrsdaten in „Echtzeit" (§ 100g I S. 3 n.F. StPO), durch den aktuelle Standortermittlungen ermöglicht werden.

635 Unter **Vorratsdatenspeicherung** versteht man die Pflicht von Telekommunikationsdienstleistern (z.B. Dt. Telekom, Vodafone u.a.; s. § 3 Nr. 6, § 10, § 24 TKG), Verkehrs-

---

[951] RegE S. 133 f.
[952] BVerfG NJW **2006**, 3197; vgl. auch *Puschke/Singelnstein*, NJW **2008**, 113, 114.
[953] RegE S. 111; vgl. auch *Graulich* NVwZ **2008**, 485 f.

daten der Telekommunikation (s. Rn 633) über einen bestimmten Zeitraum zu speichern, selbst wenn die Speicherung aus betrieblichen Gründen nicht erforderlich wäre (z.B. bei sog. Flatrate-Verträgen), damit Ermittlungs- und Gefahrenabwehrbehörden bei Bedarf darauf zurückgreifen können. Mit § 113a TKG führte der Gesetzgeber eine Vorratsspeicherung von Verkehrsdaten in erheblichem Umfang für die Dauer von 6 Monaten ein.

Die Verwendungsmöglichkeiten von Verkehrsdaten sind vielfältig und aufgrund des modernen Kommunikationsverhaltens weitreichend, da private und geschäftliche Beziehungen rekonstruiert werden können, grobe Bewegungsbilder erstellt und Rückschlüsse auf die Lebenssituation, die Gesundheit, das Freizeitverhalten etc. gezogen werden können. Der Eingriff in die Grundrechte (Art. 2 I i.V.m. 1 I GG; Art. 10 I GG) durch die Speicherung und Auswertung auf Vorrat gespeicherter Verkehrsdaten ist deshalb schwerwiegend[954] und hat zu einer heftigen Kritik geführt.[955] **636**

Gegen § 113a und § 113b TKG wurde am 31.12.2007 Verfassungsbeschwerde erhoben. **637**
Durch einstweilige Anordnung v. 11.3.2008, die mehrfach verlängert wurde, hat das BVerfG auf die o.g. Klagen hin die Anwendbarkeit des § 100g StPO beschränkt.[956] Die Verpflichtung der Telekommunikationsdienstleister zur Vorratsdatenspeicherung blieb zwar bestehen, uneingeschränkt abrufbar waren seither aber nur solche Verkehrsdaten, die die Telekommunikationsdienstleister aus betrieblichen Gründen z.B. zur Entgeltberechnung (vgl. §§ 96, 97 TKG) und nicht allein aufgrund der Verpflichtung des neuen § 113a TKG speichern. Dies ermöglichte bereits § 100g a.F. StPO, der verfassungsrechtlich nicht beanstandet wurde.[957] Verkehrsdaten, die dagegen allein aufgrund der Verpflichtung nach § 113a TKG gespeichert wurden, durften seither nur dann gem. § 113b TKG an die Strafverfolgungsbehörden übermittelt werden, wenn die in § 100a I und II StPO genannten Anordnungsvoraussetzungen vorlagen.[958]

Mit Urteil vom 2.3.2010 hat das BVerfG die §§ 113a und 113b TKG und § 100g I S. 1 StPO, soweit dieser den Abruf von Verkehrsdaten erlaubt, die allein aufgrund der Verpflichtung nach § 113a TKG gespeichert wurden, für verfassungswidrig und nichtig erklärt.[959] Entgegen sonstiger vielfacher Übung hat das BVerfG dem Gesetzgeber nicht eine Frist zur Schaffung einer verfassungskonformen Regelung unter vorläufiger Aufrechterhaltung des derzeitigen Rechtsstandes eingeräumt, sondern die Nichtigkeit der einschlägigen Normen ausgesprochen. Damit besteht derzeit keine Rechtsgrundlage für die anlasslose Speicherung von Verkehrsdaten. Diese ist deshalb einzustellen und bereits auf Vorrat gespeicherte Verkehrsdaten sind zu löschen.

Nach Auffassung des BVerfG ist eine sechsmonatige vorsorgliche Speicherung von Telekommunikationsverkehrsdaten, die ohne konkreten Anlass durch die privaten Diensteanbieter zu erfolgen hat, mit Art. 10 I GG zwar nicht schlechthin unvereinbar. Auf einen etwaigen Vorrang der Richtlinie 2006/24/EG vom 15.03.2006 (ABl L 105 vom 13. April 2006, S. 54) komme es daher nicht an. Der Grundsatz der Verhältnismäßigkeit verlange aber, dass die gesetzliche Ausgestaltung einer solchen Datenspeicherung dem besonderen Gewicht des mit der Speicherung verbundenen Grundrechtseingriffs angemessen Rechnung trägt. Die einschlägigen Regelungen des TKG genügten den Anforderungen an

---

[954] BVerfG NJW **2006**, 976, 980.

[955] *Breyer*, StV **2007**, 214 ff.; *Breyer*, Stellungnahme AK-Vorratsdatenspeicherung, S. 24; *Eckhardt*, CR **2007**, 405 ff; *Gietl*, K&R **2007**, 545 ff.; *Gitter/Schnabel*, MMR **2007**, 411 ff.; *Gola/Klug/Reif*, NJW **2007**, 2599; *Leutheusser-Schnarrenberger*, ZRP **2007**, 9; *Graulich* NVwZ **2008**, 485 ff.; *Zöllner*, GA **2007**, 393 ff.; *Glaser/Gedeon*, GA **2007**, 415 ff.; *Puschke/Singelnstein*, NJW **2008**, 113, 114 sowie www.vorratsdatenspeicherung.de.

[956] BVerfG NVwZ **2008**, 543 mit Bespr. v. *Graulich* NVwZ **2008**, 485 ff.

[957] BVerfG NJW **2006**, 3197; siehe auch BVerfG NVwZ **2008**, 543, 546.

[958] BVerfG NVwZ **2008**, 543, 545 f.

[959] BVerfG NJW **2010**, 833, 834 ff.

eine hinreichend anspruchsvolle und normenklare Gewährleistung der Datensicherheit, der Begrenzung der Datenverwendung, der Transparenz und des Rechtsschutzes nicht.

Der Abruf und die unmittelbare Nutzung dieser Daten sind nur verhältnismäßig, wenn sie überragend wichtigen Aufgaben des Rechtsgüterschutzes dienen. Im Bereich der Strafverfolgung setzt dies einen durch bestimmte Tatsachen begründeten Verdacht einer schweren Straftat (vgl. Rn 579 zu § 100a StPO) voraus. Für die Gefahrenabwehr und die Erfüllung der Aufgaben der Nachrichtendienste dürfen sie nur bei Vorliegen tatsächlicher Anhaltspunkte für eine konkrete Gefahr für Leib, Leben oder Freiheit einer Person, für den Bestand oder die Sicherheit des Bundes oder eines Landes oder für eine gemeine Gefahr zugelassen werden.

2. Anordnungsvoraussetzungen nach § 100g StPO

638 Unter Berücksichtigung des o.g. Urteils des BVerfG erlaubt § 100g I S. 1 StPO nur noch den Abruf und die Verwendung solcher Verkehrsdaten, die die Anbieter von Telekommunikationsdiensten aus betrieblichen Gründen speichern (§§ 96, 97 TKG). Diese Verkehrsdaten dürfen auch ohne Wissen der Betroffenen erhoben werden, Kenntnis der Betroffenen macht die Erhebung aber nicht unzulässig. Die Verkehrsdaten dürfen erhoben werden, um den Sachverhalt zu erforschen oder den Aufenthaltsort des Beschuldigten zu ermitteln. Die Übermittlung von Standortdaten (§ 100g I S. 3 StPO; sog. „Funkzellenabfrage" zur Ermittlung der Verkehrsdaten der bei dieser Funkzelle eingebuchten Mobiltelefone; § 96 I Nr. 1 TKG) in Echtzeit ist vom o.g. Urteil des BVerfG nicht betroffen. Sie ist bei Maßnahmen zulässig, die die Voraussetzungen des § 100g I S. 1 Nr. 1 StPO erfüllen. § 100g StPO ist selbst allerdings keine Rechtsgrundlage für Observationen (s. §§ 100h und 163f StPO). Strittig war bereits bei § 100g a.F. StPO, ob die im elektronischen **Mauterfassungssystem** anfallenden Daten von § 100g StPO umfasst sind. Da diese Daten nach §§ 4 II, 7 II Autobahnmautgesetz ausschließlich für Abrechnungszwecke verwendet werden dürfen (BT-Drs. 14/7013, S. 14), bedürfte die Heranziehung dieser Daten im Strafverfahren einer besonderen Rechtsgrundlage, die § 100g StPO nicht geschaffen hat, da er sich gem. Abs. I S. 1 nur auf Verkehrsdaten nach §§ 96 I, § 113a TKG bezieht.[960] Mit Einwilligung des Berechtigten, z.B. des Eigentümers eines gestohlenen LKW, dürfen die Daten freilich übermittelt und verwertet werden.[961]

639 § 100g StPO regelt die Zulässigkeit der Maßnahme alternativ nach Abs. I S. 1 Nr. 1 und Nr. 2. In Abs. I Nr. 1 wird eine **Straftat von erheblicher Bedeutung** (Rn 551, 661) vorausgesetzt, wobei insb., aber nicht ausschließlich, schwere Straftaten nach § 100a II StPO in Betracht kommen; Nr. 1 enthält mithin keinen abgeschlossenen Straftatenkatalog. Die Kritik an dieser Regelung bezog sich darauf, dass der in Art. 1 der Richtlinie 2006/24/EG zur anlasslosen Vorratsdatenspeicherung benutzte Begriff „serious crime" in der deutschen Fassung mit „schwere Straftat" übersetzt wurde.[962] Da aufgrund § 100g StPO derzeit keine anlasslos gespeicherten Vorratsdaten abgerufen werden können, kann diese Kritik dahinstehen. Eine Straftat von erheblicher Bedeutung muss mindestens dem Bereich der mittleren Kriminalität zuzurechnen sein, den Rechtsfrieden empfindlich stören und dazu geeignet sein, das Gefühl der Rechtssicherheit der Bevölkerung erheblich zu beeinträchtigen.[963] Im Rahmen des § 100g I S. 1 Nr. 1 StPO wird die Mindesthöchststrafe i.d.R. drei Jahre Freiheitsstrafe betragen müssen.[964] Nach § 100g I S. 1 Nr.

---

[960] Richtig LG Magdeburg NStZ **2006**, 304; *Göres*, NJW **2004**, 195; a.A. AG Gummersbach NJW **2004**, 240.
[961] AG Friedberg NStZ **2006**, 517.
[962] RegE S. 118 f; krit. *Breyer*, StV **2007**, 214, 217, *Gitter/Schnabel*, MMR **2007**, 411, 413 ff., *Gola/Klug/Reif*, NJW **2007**, 2599, *Zöllner*, GA **2007**, 393, 407, 410, die u.a. eine Verletzung des Bestimmtheitsgebots, die Umsetzung des Begriffs „schwere Straftat" und die Unverhältnismäßigkeit bezüglich der betroffenen Grundrechte rügen.
[963] BVerfG NJW **2001**, 2320, 2321; BVerfG StV **2003**, 1 f.; *Rieß*, GA **2004**, 623 ff.
[964] RegE S. 118 f.

2 StPO können Ermittlungsmaßnahmen nach § 100g StPO auch dann angeordnet werden, wenn eine Straftat mittels Telekommunikation begangen wurde, z.B. durch beleidigende Telefonanrufe oder mittels E-Mail (siehe jedoch Rn 637 zur einstweiligen Anordnung des BVerfG). Zwar muss es sich bei Nr. 2 nicht um eine Straftat von erheblicher Bedeutung handeln, aber die Maßnahme muss insgesamt verhältnismäßig sein. Der Verdacht, dass eine entsprechende Straftat nur versucht wurde, genügt deshalb bei Nr. 2 nicht, und die Erforschung des Sachverhalts oder die Ermittlung des Aufenthaltsortes des Beschuldigten müssen bei Nr. 2 gem. § 100g I S. 2 StPO auf andere Weise aussichtslos sein (vgl. Rn 584),[965] während bei Maßnahmen auf der Grundlage von Nr. 1 die bloße Erforderlichkeit der Maßnahme genügt, die freilich ohnehin im Rahmen der Verhältnismäßigkeit zu prüfen ist. In beiden Alternativen müssen bestimmte Tatsachen (Rn 583) den Verdacht begründen, dass jemand eine einschlägige Straftat als Täter oder Teilnehmer (§§ 25 ff. StGB) begangen hat.

Gemäß § 100g II S. 1 i.V.m. § 100a III StPO dürfen nur die Verkehrsdaten des Beschuldigten oder seiner Nachrichtenmittler/Kontaktpersonen (Rn 586) erhoben werden. **640**

3. Anordnungsbefugnis und Beendigung der Maßnahme

Die Anordnungsbefugnis sowie Form und Inhalt der Anordnung sind in § 100g II S. 1 StPO durch Verweis auf § 100b I, II StPO geregelt (s. Rn 588 ff.). **641**
Im Falle einer Anordnung nach § 100g I S. 1 Nr. 1 StPO (Straftat von erheblicher Bedeutung) ist gem. § 100g II S. 2 StPO die Angabe der in § 100b II S. 2 Nr. 2 StPO genannten Kenndaten des Anschlusses oder des Endgerätes nicht erforderlich, sondern es genügt eine räumlich und zeitlich hinreichend bestimmte Bezeichnung der Telekommunikation (sog. „Funkzellenabfrage"). Zur Wahrung der Verhältnismäßigkeit muss in diesem Fall die Erforschung des Sachverhalts oder die Ermittlung des Aufenthaltsortes des Beschuldigten auf andere Weise aussichtslos oder wesentlich erschwert sein (Rn 584), da bei der „Funkzellenabfrage" unvermeidbar auch Verkehrsdaten Dritter erhoben werden. Die Maßnahme darf sich aber stets nur gegen den Beschuldigten und seine Nachrichtenmittler richten (Rn 586). Sofern die Anordnungsvoraussetzungen vorlagen, können Verkehrsdaten Dritter nach allgemeinen Regeln (vgl. §§ 161 II, 477 II StPO) sowohl als Beweismittel als auch als Ermittlungsansatz verwertet werden.[966]

Erfolgt die Erhebung von Verkehrsdaten nicht bei einem Telekommunikationsdiensteanbieter, darf sie nach Abschluss des Kommunikationsvorgangs gem. § 100g III StPO nach den allgemeinen Vorschriften (z.B. § 94, § 110 StPO) angeordnet werden, da in diesem Fall kein Eingriff in Art. 10 GG vorliegt (s. Rn 578).[967] **642**
Die Maßnahme ist gem. § 100g II S. 1 i.V.m. § 100b IV S. 1 StPO (dort Rn 587) unverzüglich zu beenden, sobald die Anordnungsvoraussetzungen nicht mehr vorliegen.

4. Durchführung

§ 100g n.F. StPO beschränkt sich nicht auf einen Auskunftsanspruch gegen Telekommunikationsdienstleister, sondern ist als umfassende Erhebungsbefugnis für Verkehrsdaten ausgestaltet. Eine Auskunftspflicht der Telekommunikationsdienstleister ergibt sich aus § 100g II S. 1 i.V.m. § 100b III StPO. Die Übermittlungspflicht gilt jetzt für alle, nicht wie zuvor nur für geschäftlich tätige Telekommunikationsdienstleister. Sie kann gem. § 100b III S. 3 StPO mit Zwangsmitteln nach § 95 II StPO durchgesetzt werden (s. Rn 591). **643**

---

[965] Unter den genannten Einschränkungen begegnet es nach BVerfG NJW **2006**, 3197, 3198 keinen verfassungsrechtlichen Bedenken, dass die Maßnahme auch bei Straftaten angeordnet werden kann, die nicht von erheblicher Bedeutung sind; krit *Breyer*, StV **2007**, 214, 218.
[966] RegE S. 124.
[967] BVerfG NJW **2006**, 976.

5. Aktenführung und Benachrichtigung, Kennzeichnung und Löschung erlangter Daten

644 Die einschlägigen Vorschriften finden sich nunmehr in § 101 StPO (Rn 694b ff.). Zu benachrichtigen sind gem. § 101 VI S. 1 Nr. 6 StPO grds. die Beteiligten der betroffenen Telekommunikation. Beteiligte sind diejenigen Personen, die unter Nutzung der Telekommunikationseinrichtung kommuniziert haben. Waren der Inhaber des überwachten Anschlusses und der Beschuldigte ausnahmsweise nicht Beteiligte der überwachten Gespräche, müssen sie nicht benachrichtigt werden, da in ihr Telekommunikationsgrundrecht (Art. 10 GG) dann nicht eingegriffen wurde.[968]

6. Statistische Erhebungen und Berichte

645 § 100g V StPO verweist insoweit auf § 100b V StPO, wobei der Inhalt der Berichte abweichend von § 100b StPO in § 100g IV Nr. 1 bis 5 StPO geregelt ist.

7. Rechtsbehelfe

646 Gegen die gerichtliche Anordnung steht denjenigen, die durch die Überwachung in ihren Rechten verletzt wurden, die Beschwerde nach § 304 StPO zu. Der StA steht die Beschwerde bei einer Ablehnung des Antrags oder einer Ablehnung der Bestätigung gem. §§ 100g II, 100b I S. 3 StPO zu. Gegen die Anordnung der StA ist der Antrag auf gerichtliche Entscheidung analog § 98 II S. 2 StPO zulässig, der aber prozessual überholt und damit unzulässig wird, sobald das Gericht gem. § 100b I S. 3 StPO entschieden hat. Der Antrag nach § 98 II S. 2 StPO ist auch gegen die Art und Weise der Durchführung zulässig (vlg. zum Ganzen Rn 309 ff.). Nachträglicher Rechtsschutz nach Beendigung bzw. Erledigung der Maßnahme ist nunmehr gem. § 101 VII StPO auch ohne Nachweis eines Rechtsschutzbedürfnisses zulässig (Rn 694j ff.).

8. Verwertungsverbote und Revision

647 Für die Verwertbarkeit sog. Zufallsfunde gilt § 477 II StPO. Beweiserhebungs- und Beweisverwertungsverbote für Personen, denen ein Zeugnisverweigerungsrecht nach § 53 StPO zusteht, sind in § 160a StPO geregelt (Rn 1070). Auf die Verwertung eines unzulässig gewonnenen Beweismittels kann die Revision grds. gestützt werden; vgl. im Übrigen Rn 595.

VIII. Bildaufnahmen und Einsatz technischer Observationsmitteln

1. Einführung

648 § 100h StPO betrifft die heimliche Herstellung von Bildaufnahmen und den heimlichen Einsatz technischer Mittel für Observationszwecke. Die Regelung dieser Maßnahmen war schon in einer früheren Fassung vom BVerfG nicht beanstandet worden.[969] Die einleitende Formulierung „auch ohne Wissen" stellt klar, dass die Zulässigkeit der Maßnahmen nicht davon abhängt, dass diese unentdeckt bleibt. Lichtbilder, die zwar gegen den Willen des Beschuldigten aber offen aufgenommen werden, sind nach Maßgabe des § 81b StPO zulässig (vgl. hierzu Rn 402 ff. zu § 81b StPO). Aufnahmen, die nur einen Gegenstand oder das Erscheinungsbild eines Tatortes etc. festhalten, sind schon nach §§ 161, 163 StPO zulässig. Die heimlichen Ermittlungsmaßnahmen dürfen nach § 100h III StPO auch durchgeführt werden, wenn Dritte unvermeidbar mitbetroffen sind.

[968] RegE S. 133.
[969] BVerfG NJW **2004**, 999.

2. Bildaufnahmen außerhalb von Wohnungen, § 100h I Nr. 1 StPO

§ 100h I Nr. 1 StPO gilt – wie sich aus § 100h I Nr. 2 StPO (sonstige, für Observationszwecke bestimmte technische Mittel) ergibt – für Bild*aufnahmen*, die im *Rahmen von Observationen* gefertigt werden. Fertigen von Bildaufnahmen meint das optische Erfassen von Daten zur unmittelbaren Reproduktion an anderer Stelle (z.B. Überwachungsmonitor) oder zur Speicherung für eine spätere Reproduktion (Fotos, Filme, Videoaufnahmen). Der Einsatz von Fernrohren oder Ferngläsern bedarf deshalb nicht der Rechtsgrundlage des § 100h StPO, sondern ist nach §§ 161 I, 163 I S. 2 StPO zulässig. **649**

Die Maßnahme ist, sofern sie sich gegen einen Beschuldigten (Rn 216 ff.) richtet, zulässig, wenn die Erforschung des Sachverhalts oder die Ermittlung des Aufenthaltsortes des Beschuldigten auf andere Weise weniger Erfolg versprechend oder erschwert wäre. Dies entspricht dem Maßstab, der schon bei der Prüfung der Verhältnismäßigkeit/Erforderlichkeit grds. zu berücksichtigen ist. Richtet sich die Maßnahme gegen andere Personen, muss gem. § 100h II S. 2 Nr. 1 StPO die Erforschung des Sachverhalts oder die Ermittlung des Aufenthaltsorts des Beschuldigten auf andere Weise erheblich weniger Erfolg versprechend oder wesentlich erschwert sein. Demnach sollen die Bildaufnahmen zwar nur ausnahmsweise eingesetzt werden, der Einsatz ist aber auch dann zulässig, wenn andere Ermittlungsmethoden Erfolg versprechend wären, ihr Einsatz aber erheblich weniger Erfolg verspräche oder erheblich schwieriger wäre (vgl. dazu Rn 552,). Ob die feine begriffliche Abstufung der Zulässigkeit von Maßnahmen gegen den Beschuldigten und gegen andere Personen durch die steigernden Beiworte „erheblich" und „wesentlich" in der Praxis Relevanz haben, darf bezweifelt werden. Bei längerfristigen Observationen ist § 163f StPO zu beachten (siehe Rn 686 ff.).[970] **650**

Die Anordnungsbefugnis ist nicht eingeschränkt, sodass die Maßnahme von der StA, ihren Ermittlungspersonen (§ 152 GVG) und Beamten des Polizeivollzugsdienstes angeordnet werden kann.[971] **651**

3. Einsatz sonstiger Observationsmittel, § 100h I Nr. 2 StPO

Der Einsatz sonstiger Observationsmittel ist zulässig zur Erforschung des Sachverhalts oder zur Ermittlung des Aufenthaltsorts des Beschuldigten. Sonstige besondere technische Observationsmittel sind solche, bei denen weder Bildaufnahmen (§ 100h I Nr. 1 StPO) noch Wortaufzeichnungen (§§ 100c und 100f StPO) angefertigt werden. Der Eingriff in Grundrechte muss aber stärker sein als bei klassischen Observationsmitteln (Ferngläsern, Sprechfunkgeräte), deren Einsatz bereits nach §§ 161, 163 StPO zulässig ist. Unter § 100h I Nr. 2 StPO fallen u.a. Nachtsichtgeräte, Peilsender und die satellitengestützte Ortung (GPS = „Global Positioning System").[972] Der Einsatz dieser Observationsmittel ist zunächst wie bei Nr. 1 danach abgestuft, ob sie sich gegen den Beschuldigten oder gegen andere Personen richtet. Gegen den Beschuldigten dürfen sonstige Observationsmittel eingesetzt werden, wenn andere Ermittlungsmaßnahmen weniger erfolgversprechend oder erschwert wären (dazu oben Rn 650). Für andere Personen gilt die Subsidiaritätsklausel des § 100h II S. 2 Nr. 2 StPO. Es muss aufgrund bestimmter Tatsachen anzunehmen sein, dass sie mit einem Beschuldigten in Verbindung stehen oder eine solche Verbindung hergestellt wird, dass die Maßnahme zur Erforschung des **652**

---

[970] Vgl. BGHSt **44**, 13, 14.

[971] *Meyer-Goßner*, § 100h Rn 10; das BVerfG (NJW **2005**, 1338, 1341) hat lediglich gefordert, dass durch administrative Vorkehrungen ausgeschlossen wird, dass eine Person von unterschiedlichen Ermittlungsbehörden unkoordiniert observiert wird und im Ergebnis eine unzulässige „rundum-Überwachung" über einen längeren Zeitraum stattfindet. Insofern ist es erforderlich, dass z.B. über das länderübergreifenden staatsanwaltliche Verfahrensregister (§ 474 ff. StPO) eine Abstimmung erfolgt.

[972] BVerfG NJW **2005**, 1338; die Entscheidung erging zu § 100c StPO, dort war die Maßnahme zuvor geregelt; BGHSt 46, 266; krit. *Comes,* StV **1998**, 569; *Kühne,* JZ **2001**, 1148.

Sachverhalts oder zur Ermittlung des Aufenthaltsorts eines Beschuldigten führen wird (konkrete Erfolgsaussicht) und dies auf andere Weise aussichtslos oder wesentlich erschwert wäre. Hinsichtlich der „bestimmten Tatsachen" und der Subsidiaritätsklausel kann hier auf die Darstellung bei § 100a StPO (Rn 583-585) verwiesen werden. Unabhängig davon, ob der Beschuldigte oder ein Nicht-Beschuldigter observiert wird, ist die Maßnahme nach Abs. I S. 2 nur zulässig, wenn Gegenstand der Untersuchung eine Straftat von erheblicher Bedeutung ist. Vgl. hierzu Rn 551, wobei § 100h StPO jedoch anders als § 98a StPO keinen einschränkenden Straftatenkatalog enthält. Es genügt demnach mittelschwere Kriminalität jeder Art. Ein erhöhter Verdachtsgrad ist nicht erforderlich. Zu prüfen ist allerdings wie stets die Verhältnismäßigkeit, und dabei ist auch der Grad des Tatverdachts zu berücksichtigen. Im Übrigen unterliegt die Anordnungsbefugnis wie bei § 100h I Nr. 1 StPO keinen Einschränkungen.

4. Aktenführung und Benachrichtigung, Kennzeichnung und Löschung erlangter Daten

653 Die einschlägigen Vorschriften finden sich nunmehr in § 101 StPO (Rn 694b ff.). Zu benachrichtigen sind grds. gem. § 101 IV S. 1 Nr. 5 StPO die Zielperson sowie erheblich mitbetroffene Personen. Dies gilt auch für Bildaufnahmen nach § 100h I Nr. 1 StPO. „Erheblich mitbetroffene Personen" sollen nur solche sein, die auf einer Bildaufnahme in identifizierbarer Weise abgebildet sind oder für einige Zeit unter Einsatz eines technischen Mittels (mit-) observiert wurden, da nur in diesen Fällen die Maßnahme die Eingriffsschwelle des Grundrechtes auf informationelle Selbstbestimmung (Art. 2 I i.V.m. 1 I GG) überschreite und ein hinreichender Grund für eine Benachrichtigung bestehe.[973]

5. Verwertungsverbote, Zufallsfunde, Rechtsbehelfe, Revision

654 Beweiserhebungs- und Beweisverwertungsverbote für Personen, denen ein Zeugnisverweigerungsrecht nach § 53 StPO zusteht, sind in § 160a StPO geregelt (Rn 1070). Nur für Maßnahmen nach § 100h I S. 1 Nr. 2 StPO gelten die Einschränkungen der §§ 161 II, 477 II StPO, da nur diese Maßnahmen eine Straftat von erheblicher Bedeutung voraussetzen. Zu den Rechtsbehelfen vgl. Rn 598 zu § 100b StPO; nachträglicher Rechtsschutz ist nunmehr gem. § 101 VII StPO ohne Nachweis eines Rechtsschutzbedürfnisses zulässig (s. Rn 694j ff.). Auf die Verwertung eines unzulässig gewonnenen Beweismittels kann die Revision grds. gestützt werden; vgl. im Übrigen Rn 599.

IX. Maßnahmen bei Mobilfunkendgeräten („IMSI-Catcher")

655 Der **Zweck** der Maßnahme ist in **§ 100i I StPO** geregelt: Nr. 1 dient der Vorbereitung von Maßnahmen nach § 100a StPO, Nr. 2 der Aufenthaltsermittlung des Beschuldigten. Die Maßnahme kann deshalb nunmehr auch der Observation oder der Vorbereitung einer Verkehrsdatenerhebung nach § 100g StPO dienen. § 100i StPO ist selbst allerdings keine Rechtsgrundlage für eine Observation (vgl. § 163f StPO).

656 **Technische Grundlagen**. Die über Funk übermittelte Kommunikation wird durch eine sog. IMEI-Gerätenummer (International Mobile Equipment Identity) und eine sog. IMSI-Kartennummer (International Mobile Subscriber Identity) einzelnen Mobiltelefonen bzw. Teilnehmern zugeordnet. Die IMSI- (auch SIM)-Nummer wird weltweit nur einmal vergeben und einer bestimmten Person, die sich bei Erwerb des Mobiltelefons ausweisen muss, zugewiesen. Sobald das Mobiltelefon eingeschaltet ist, tauscht es mit der Sende- und Empfangsstation (Basisstation) der jeweiligen Funkzelle automatisch diese Identifizierungsmerkmale aus. Der „IMSI-Catcher" simuliert eine Basisstation, sodass sich alle

---

[973] RegE S. 133 f.

Mobilfunkgeräte im Sendebereich einer Funkzelle in den IMSI-Catcher einbuchen und die Mobiltelefone auf diese Weise geortet und ihre Inhaber bestimmt werden können.

Die Erhebung und kurzfristige Speicherung der IMEI- und IMSI-Nummer greift nach Auffassung des BVerfG nicht in den Schutzbereich des Art. 10 I GG ein, da es sich nur um einen rein technischen Austausch von Signalen zwischen Geräten handele, nicht jedoch um die von Art. 10 I GG geschützte Vertraulichkeit menschlicher Kommunikation auf Distanz. Der Schutz des Art. 10 I GG umfasse zwar auch die Telekommunikationsverbindungsdaten. Um solche handele es sich bei den hier in Rede stehenden Signalen jedoch nicht, da diese erst der Ermöglichung von Kommunikation dienten, jedoch selbst keine Kommunikation i.S.d. Art. 10 I GG darstellten, da der Austausch der Signale unabhängig von personaler, menschlicher Kommunikation erfolge. Anders als Kommunikationsverbindungsdaten ermöglichten die Signale somit auch keinen Rückschluss auf Zeitpunkt, Häufigkeit etc. personaler Kommunikation.[974] Das Mithören laufender Gespräche, das mittels eines IMSI-Catchers prinzipiell technisch möglich ist, ist auf der Rechtsgrundlage des § 100i StPO freilich unzulässig.[975] Mangels Eingriffs in Art. 10 I GG kann § 100i StPO auch nicht wegen Verstoßes gegen das Zitiergebot des Art. 19 I S. 2 GG verfassungswidrig sein, wie das in der Literatur verschiedentlich vertreten wurde.[976] **656a**

Anordnungsvoraussetzungen. Es müssen bestimmte Tatsachen (vgl. Rn 583 zu § 100a StPO) den Verdacht begründen, dass jemand als Täter oder Teilnehmer (§§ 25 ff. StGB) eine Straftat von auch im Einzelfall erheblicher Bedeutung, insbesondere eine solche nach § 100a II StPO begangen hat (vgl. Rn 551 und Rn 582), in Fällen, in denen der Versuch strafbar ist (§§ 22, 23, 30 StGB), zu begehen versucht hat oder eine solche Straftat durch eine andere Straftat, die selbst nicht notwendig von erheblicher Bedeutung sein muss, vorbereitet hat. **656b**
Die Maßnahme darf sich gem. § 100i III i.V.m. § 100a III StPO nur gegen den Beschuldigten oder gegen Personen richten, von denen aufgrund bestimmter Tatsachen anzunehmen ist, dass sie Mitteilungen, die für den Beschuldigten bestimmt sind oder von ihm herrühren, entgegennehmen oder weitergeben („Nachrichtenmittler") oder dass der Beschuldigte ihren Anschluss benutzt (vgl. Rn 586 zu § 100a StPO).

Personenbezogene Daten Dritter dürfen gem. § 100i II StPO anlässlich solcher Maßnahmen erhoben werden, wenn dies aus technischen Gründen unvermeidbar ist. Aufgrund der möglichen Verknüpfung der IMEI- bzw. IMSI-Nummer mit dem Namen des Geräteinhabers sind die erhobenen Daten wie personenbezogene Daten zu behandeln, da sie einen Eingriff in das Recht auf informationelle Selbstbestimmung (Art. 2 I i.V.m. 1 I GG) ermöglichen. Deshalb dürfen diese Daten nach § 100i II S. 2 StPO über den Datenabgleich zur Ermittlung der gesuchten Geräte- und Kartennummer hinaus nicht verwendet werden; zudem sind sie nach Beendigung der Maßnahme unverzüglich zu löschen. **656c**

Anordnungsbefugnis. Nach § 100i III i.V.m. § 100b I S. 1-3 StPO darf die Maßnahme nur durch das Gericht auf Antrag der StA und bei Gefahr im Verzug durch die StA angeordnet werden. Die Anordnung der StA tritt außer Kraft, wenn sie nicht binnen drei Werktagen (§ 43 StPO) gerichtlich bestätigt wird (vgl. Rn 588 zu § 100b StPO). Die Anordnung ergeht nach § 100i II S. 1 i.V.m. § 100b II S. 1 StPO schriftlich, wobei der in § 100b II S. 2 StPO vorgeschriebene Inhalt der Entscheidungsformel nicht in Bezug genommen ist. Die Maßnahme ist gem. § 100i III S. 2 StPO abweichend von § 100b I **656d**

[974] BVerfG NJW **2007**, 351, 353 f., das der zuvor h.M. (vgl. etwa BGH NJW **2001**, 1587; NJW **2003**, 2034, 2035; *Gercke*, MMR **2003**, 453, 455; *ders.*, StraFo **2003**, 76, 78; *Dix*, Kriminalistik **2004**, 81, 83) eine Absage erteilt hat; krit. hierzu *Korn*, HRRS **2009**, 112, 113; *Nachbaur*, NJW **2007**, 335. Betroffen ist jedenfalls das Grundrecht der informationellen Selbstbestimmung, vgl. dazu ausführlich *R. Schmidt*, Grundrechte, 12. Aufl. **2010**, Rn 273.
[975] BVerfG NJW **2007**, 351, 356; *Ronellenfitsch*, DuD **2007,** 569; **2008,** 114.
[976] Vgl. *Gercke* MMR **2003**, 453, 456; LR-*Schäfer* Rn 5 m.w.N.

StPO auf höchstens sechs Monate zu befristen. Eine Verlängerung um jeweils nicht mehr als sechs weitere Monate ist zulässig, soweit die in § 100i I StPO bezeichneten Voraussetzungen fortbestehen. Die Frist beginnt mit dem Erlass der Anordnung und nicht erst mit deren Vollzug.[977] Eine absolute Höchstgrenze ist im Gesetz nicht vorgesehen. Die Maßnahme ist aber gem. § 100i III S. 1 i.V.m. § 100b IV S. 1 StPO unverzüglich zu beenden, sobald ihre Voraussetzungen nicht mehr vorliegen.

656e Die **Durchführung** obliegt gem. § 36 StPO der StA. Personenbezogene Daten Dritter, die anlässlich der Maßnahme unvermeidbar anfallen, dürfen nach § 100i II StPO erhoben werden, wenn dies aus technischen Gründen zur Erreichung des Zwecks der Maßnahme nach § 100i I StPO unvermeidbar ist. Sie dürfen nur für einen Datenabgleich verwendet werden; darüber hinaus besteht ein Verwertungsverbot. Nach Beendigung der Maßnahme sind die Daten Dritter unverzüglich zu löschen.

656f **Aktenführung und Benachrichtigung, Kennzeichnung und Löschung erlangter Daten**. Die einschlägigen Vorschriften finden sich nunmehr in § 101 StPO (Rn 694b ff.). Zu benachrichtigen sind gem. § 101 VI S. 1 Nr. 8 StPO nur die Zielpersonen. Sonstige von der Maßnahme betroffene Personen werden durch die kurzfristige Registrierung der IMEI- und IMSI-Nummer des von ihnen mitgeführten Mobilfunkgerätes weder in ihrem Telekommunikationsgrundrecht noch in ihrem Grundrecht auf informationelle Selbstbestimmung verletzt.[978]

656g **Erhebungs-, Verwertungs- und Verwendungsverbote**. Beweiserhebungs- und Verwertungsverbote bei Personen, die nach § 53 StPO zeugnisverweigerungsberechtigt sind, regelt § 160a StPO (s. Rn 1070). Gem. § 100i II StPO dürfen personenbezogene Daten Dritter (insb. IMEI/IMSI-Nummern) nur erhoben werden, soweit dies aus technischen Gründen zur Erreichung des Zwecks der Maßnahme unvermeidbar ist. Hinsichtlich der Kennungen Dritter besteht nach § 100i II S. 2 StPO über den Datenabgleich hinaus ein striktes Verwendungsverbot; die Verwertbarkeit von Zufallsfunden ist insoweit auch nicht im Rahmen des § 477 II S. 2 StPO zulässig; vgl. § 477 II a.E. StPO.[979]

656h **Rechtsbehelfe und Revision** Für den nachträglichen Rechtschutz gilt § 101 VII StPO (s. Rn 694j ff.). Auf die Verwertung eines unzulässig gewonnenen Beweismittels kann die **Revision** grds. gestützt werden; vgl. im Übrigen Rn 595 ff. zu § 100a StPO.

X. Verdeckte Ermittler

1. Einführung

657 Das Institut des „Verdeckten Ermittlers" wurde mit §§ 110a ff. StPO durch das OrgKG im Jahr 1992[980] in die StPO eingeführt. Allerdings wurden verdeckt ermittelnde Polizeibeamte bereits vor der gesetzlichen Regelung zur Ermittlung von Straftaten eingesetzt, vermutlich schon so lange, wie es eine staatliche Polizei gibt. Bereits vor der Schaffung der §§ 110a ff. StPO war in der Rspr. des BGH und des BVerfG anerkannt, dass der Einsatz verdeckt ermittelnder Beamter grundsätzlich verfassungsrechtlich zulässig und zur Bekämpfung besonders gefährlicher und schwer aufklärbarer Kriminalität unverzichtbar sei.[981] Nach der nunmehr geltenden gesetzlichen Regelung sind in § 110a StPO die Anordnungsvoraussetzungen für Verdeckte Ermittler bestimmt, § 110b StPO betrifft die Anordnungsbefugnis, § 110c StPO enthält eine besondere Rechtsgrundlage für das

---

[977] BGHSt **44**, 243; für die Fristberechnung gelten die §§ 42 ff. StPO; *Günther,* Kriminalistik **2006**, 683.
[978] BVerfGE **107**, 299, 328; RegE S. 128, 134.
[979] *Meyer-Goßner*, § 100i Rn 11; SK-*Wolter*, § 100i Rn 33 f.; *Rogall*, JZ **2008**, 827.
[980] OrgKG (Gesetz zur Bekämpfung der Organisierten Kriminalität) vom 15.7.1992, BGBl I S. 1302.
[981] BGHSt **32**, 120 ff. (Großer Senat); BVerfGE **57**, 284 ff.

Betreten von Wohnungen. Die ehemals in § 110d StPO geregelte Benachrichtigung von Wohnungsinhabern und anderen berechtigten Personen enthält nun § 101 IV S. 1 Nr. 9 StPO, der ehemals in § 110e StPO bestimmte Umfang der Verwertbarkeit von erlangten Erkenntnissen und „Zufallsfunden" in anderen Strafverfahren ist nun in § 474 II StPO geregelt.

Der **Begriff** des **Verdeckten Ermittlers** (im Folgenden: VE) ist in § 110a II StPO gesetzlich definiert. Danach sind Verdeckte Ermittler Beamte des Polizeidienstes, die unter einer auf Dauer angelegten veränderten Identität (sog. Legende) ermitteln. Beamte des Polizeidienstes sind alle beamteten (vgl. §§ 3, 4, 8 BeamtStG; §§ 4 ff., 10 BBG) Träger von Polizeiaufgaben (vgl. § 163 StPO). Der verdeckte Einsatz von Polizeibeamten einer ausländischen Behörde richtet sich deshalb nicht nach § 110a StPO, sondern nach den Regeln, die für Vertrauenspersonen gelten (s. Rn 660). **Legende** ist eine veränderte Identität, die auf Dauer und nicht nur kurzfristig angelegt ist.[982] **658**

Abzugrenzen ist der VE von **„nicht offen ermittelnden Polizeibeamten"** (NOEP).[983] **659**
Hauptabgrenzungskriterium ist die zu erwartende Beeinträchtigung für den allgemeinen Rechtsverkehr und für den Beschuldigten. Danach ist für VE kennzeichnend, dass der Ermittlungsauftrag über wenige, konkret bestimmte Ermittlungshandlungen hinausgeht und eine unbestimmte Vielzahl von Personen über die wahre Identität des VE getäuscht wird. Außerdem ist es bei einem VE wegen der Art und des Umfangs des Auftrags von vornherein abzusehen, dass die Identität des Beamten in künftigen Strafverfahren auf Dauer geheim gehalten werden muss. Der Einsatz von NOEP ist im Gesetz zwar nicht im Einzelnen geregelt, aber gem. § 101 I a.F. StPO und § 161 III StPO als Typus anerkannt. Nach wohl h.M. kann der Einsatz auf die Ermittlungsgeneralklausel (§§ 161 I, 163 I StPO) gestützt werden.[984] Ihre Zeugenaussagen sind zulässig und verwertbar.[985] Im Unterschied zu VE werden NOEP nicht auf Anordnung der Polizei und nur ausnahmsweise auf Anordnung der StA tätig, wenn ihre Identität im Strafverfahren geheim gehalten werden soll.[986] Die Beschränkungen der §§ 110a, b StPO gelten für sie auch nicht entsprechend.[987] Sie verfügen jedoch nicht über die Befugnisse nach § 110c StPO.[988]

Im Rahmen der Ermittlungen gegen die Drogenkriminalität hat sich in diesem Zusammenhang der Begriff des sog. **„qualifizierten Scheinkäufers"** etabliert, der im Gegensatz zum VE nur im Einzelfall nach außen gegen einen bestimmten Beschuldigten tätig wird. Die „qualifizierten Scheinkäufer" werden von der Rspr. auch dann nicht als VE, sondern als nicht offen ermittelnde Polizeibeamte bewertet, wenn sie eine Legende verwenden.[989] Mehrere zeitlich kurze Kontakte mit verschiedenen Beschuldigten können jedoch als Einheit begriffen werden[990], sodass die Ermittlungsmaßnahme teilweise schon ab 3 Kontakten insgesamt als langfristig bewertet wird, was zur Bewertung des Beamten als VE führt.[991] Auf die polizeiinterne Bezeichnung des Beamten kommt es nicht an.[992]

Privatleute, die als **Informanten** oder **Vertrauenspersonen** („VP" - auch **V-Leute** **660**
genannt, vgl. dazu Rn 223, 754, 891) tätig sind, können keine VE sein, da es insoweit schon an der Beamteneigenschaft fehlt. §§ 110a ff. StPO kommen deshalb als Rechts-

---

[982] BGH NStZ **2007**, 713; NStZ **1995**, 513 m. Anm. *Krey*; *Weßlau*, StV **1995**, 506; *Beulke/Rogat* JR **1996**, 517.
[983] Zu den NOEP vgl. auch Rn 892 ff.
[984] BGH NStZ **1997**, 448; *Schneider*, NStZ **2004**, 359; *Hilger*, in Hanak-FS, S. 213. Vgl. auch BGH NStZ **1996**, 450 m. Anm. *Rogall*, der die Legende eines nicht offen ermittelnden Polizeibeamten als unerhebliche Täuschung des Beschuldigten bewertet, die unter der Schwelle eines Grundrechtseingriffs bleibt.
[985] BGHSt **40**, 211, 216; einschr. SK-*Rudolphi*, § 110a Rn 3.
[986] Vgl. RiStBV Anl. D II. 2.9.
[987] BGH NStZ **1995**, 513; StV **1995**, 398; BT-Drs. 12/989 S. 42; a.M. *Nitz*, JR **1998**, 211.
[988] BVerfG StV **2000**, 233; BGHSt **41**, 42, 44; *Roxin*, StV **1998**, 44; a.M. *Krey/Jäger*, NStZ **1995**, 518.
[989] Vgl. BGH NStZ **1996**, 450 m. krit. Anm. *Rogall*; BGH NStZ **1997**, 294 u. 448.
[990] BGHSt **41**, 66.
[991] *Schneider* NStZ **2004**, 361 f.
[992] BGH StV **1996**, 241.

grundlage für ihren Einsatz nicht in Betracht[993]; vielmehr besteht derzeit keine gesetzliche Regelung, was in der Literatur kritisiert wird.[994] Hier ist zu unterscheiden: Schlichte Informanten, die den Strafverfolgungsbehörden in der Art von Zeugen Kenntnis von relevanten Umständen verschaffen, bedürfen keiner besonderen Rechtsgrundlage. Problematisch ist es hingegen, wenn von der Polizei angeleitete VP z.B. heimliche Befragungen vornehmen, die einer Vernehmung vergleichbar sind (vgl. §§ 163a IV, 136, 136a StPO), oder wenn sie ohne gesetzliche Ermächtigung in fremden Wohnungen Ermittlungen durchführen.[995]

2. Anordnungsvoraussetzungen

661 **Zweck** der Maßnahme ist gem. § 110a I S. 1 StPO die Aufklärung von Straftaten. Bei der eingesetzten Ermittlungsperson muss es sich nach den soeben dargestellten Kriterien um einen VE handeln. Erforderlich ist weiter **einfacher Tatverdacht** (vgl. § 152 II StPO; Rn 727 ff.) bezüglich einer Tat nach § 110a I S. 1 StPO (**Katalogtat**). Die in § 110a I S. 1 Nr. 1 u. 2 StPO genannten Deliktsgruppen sind als abschließender Katalog zu verstehen, während die Generalklausel nach § 110a I S. 1 Nr. 3 und 4 StPO den Einsatz auch dann gestattet, wenn das materielle Recht keine entsprechende Strafschärfung vorsieht; die Merkmale sind wie im materiellen Recht auszulegen; „in anderer Weise organisiert" erfordert Anhaltspunkte für das Bestehen einer Organisationsstruktur.[996] Bei Verbrechen ist der Einsatz nach § 110a I S. 2 StPO auch dann zulässig, wenn entweder aufgrund bestimmter Tatsachen die Gefahr der Wiederholung gleichartiger Taten besteht (vgl. § 112a StPO; Rn 700 a.E.) oder die besondere Bedeutung der Tat den Einsatz gebietet (§ 110a I S. 4 StPO). Eine **Straftat von erheblicher Bedeutung** muss zwar kein Verbrechen, aber nach überwiegender Auffassung zumindest dem mittleren Kriminalitätsbereich zuzurechnen sein, den Rechtsfrieden empfindlich stören und geeignet sein, das Sicherheitsgefühl der Bevölkerung empfindlich zu beeinträchtigen (vgl. Rn 551).[997] Die Tat muss sich im konkreten Fall als besonders schwer darstellen und nicht nur generell einen schwerwiegenden Straftatbestand erfüllen.[998] Dies gilt ebenso für die gesteigerte Formulierung „Tat von besonderer Bedeutung" in § 110a II S. 4 StPO.

662 Der Einsatz von VE unterliegt weiter einer **Subsidiaritätsklausel**, die allerdings differenziert geregelt ist. Grundsätzlich muss die Aufklärung der Tat auf andere Weise aussichtslos oder wesentlich erschwert sein (vgl. hierzu Rn 584 zu § 100a StPO). Wird der Einsatz mit der Aufklärung eines Verbrechens begründet, gilt, wenn zusätzlich Wiederholungsgefahr (§ 110a I S. 2 StPO) besteht, die soeben genannte generelle Subsidiaritätsklausel; wird der Einsatz jedoch mit der besonderen Bedeutung des Verbrechens begründet (§ 110a I S. 4 StPO), muss die Aufklärung auf andere Weise aussichtslos sein; eine wesentliche Erschwerung der Ermittlungen aufgrund des Verzichts auf den VE genügt dann nicht.

663 Schließlich müssen der Einsatz des VE bzw. dessen Maßnahmen **verhältnismäßig** sein.

> **Hinweis für die Fallbearbeitung:** Sofern eine Klausur dazu Anlass gibt, ist zu berücksichtigen, dass VE gleichzeitig zur Aufklärung (repressiv) und zur Verhinderung (präventiv) von Straftaten tätig werden können, wenn die Einsatzvoraussetzungen sowohl nach der StPO als auch nach den Polizeigesetzen vorliegen (sog. **Gemengelage**;

---

993 BVerfG NJW **1981**, 1724; **1987**, 1874; BGH **32**, 121 ff.; krit. *Hefendehl*, StV **2001**, 704.

994 *Hetzer*, Kriminalistik **2001**, 692; *Duttge*, JZ **1996**, 556 ff. mit Gesetzesvorschlag; *Fezer*, JZ **1995**, 972; *Lilie/Rudolph*, NStZ **1995**, 515; a.A *Hilger*, FS-Hanak S. 213.

995 Vgl. BVerfG NStZ **2000**, 489 m. Anm. *Rogall*; *Weßlau*, StV **2000**, 468; BGH NStZ **2008**, 39; SK-*Rudolphi*, § 110a Rn 14; LR-*Schäfer*, § 110a Rn 9; *Duttge*, JZ **1996**, 556 mit Gesetzesvorschlag.

996 Vgl. die Indikatoren in Anlage E zu den RiStBV.

997 LR-*Schäfer*, § 110a Rn 29; *Möhrenschlager*, wistra **1992**, 327.

998 BVerfGE **107**, 299, 322.

vgl. Rn 171 ff.). **Vorfeld-** oder **Initiativermittlungen,** bei denen noch kein Tatverdacht hinsichtlich einer Katalogtat besteht, können nicht auf § 110a StPO gestützt werden, aber ggf. auf Landespolizeirecht.[999] Ergibt sich aus dem präventiven Einsatz der Anfangsverdacht einer Straftat, unterliegen die weiteren Ermittlungen der Sachleitungsbefugnis der StA und den Regeln der StPO. Überschneiden sich präventive und repressive Einsatzziele, wird auf den Schwerpunkt abgestellt[1000], bei einer Tatprovokation haben nach h.M. die Regeln der StPO Vorrang.[1001]

Die **Anordnungsbefugnis** ist in § 110b StPO in differenzierter Weise geregelt. Zu unterscheiden sind Anordnungs- und Zustimmungskompetenzen für den allgemeinen und den qualifizierten Einsatz Verdeckter Ermittler. 664

- Der **allgemeine Einsatz** von VE nach § 110b I StPO erfordert die Zustimmung der StA, der qualifizierte nach § 110b II StPO zusätzlich die Zustimmung des Gerichts. Daraus ergibt sich, dass für die Anordnung die Polizei zuständig ist und die StA nicht gegen deren Willen den Einsatz von VE anordnen kann.[1002] Auch die Auswahl des VE obliegt grds. der Polizei, allerdings kann die StA ihre Zustimmung nicht nur aus rechtlichen, sondern auch aus Gründen der Unzweckmäßigkeit versagen, die auch den Einsatz eines bestimmten Beamten betreffen kann. Die Zustimmung der StA kann nach § 110b I S. 2 StPO bei Gefahr im Verzug nachgeholt werden, sodass in solchen Fällen die Polizei den Einsatz des VE zunächst alleine anordnen kann. Stimmt die StA nicht binnen 3 Tagen zu, ist der Einsatz zu beenden. Die Frist beginnt mit der Anordnung des Einsatzes, nicht erst mit dem Tätigwerden des VE, allerdings kann der Einsatz später von der StA genehmigt werden und ist dann wieder zulässig.[1003] Die Zustimmung ist gem. § 110b I S. 3 StPO schriftlich zu erteilen und zu befristen. 665

- Ein **qualifizierter Einsatz** nach § 110b II S. 1 StPO liegt vor, wenn ein VE gegen einen bestimmten Beschuldigten eingesetzt wird (Nr. 1) oder eine nicht allgemein zugängliche Wohnung betreten soll (Nr. 2). Einem qualifizierten Einsatz muss ein Gericht zustimmen, das die Zustimmung allerdings nur aus rechtlichen Gründen verweigern darf, weil die Anordnungsvoraussetzungen nicht vorliegen.[1004] Zuständig ist im Ermittlungsverfahren das Ermittlungsgericht (§ 162 StPO), sonst das mit der Sache befasste Gericht. Das Ermittlungsgericht entscheidet auf Antrag der StA, nach Klageerhebung wird die StA vom Gericht der Hauptsache gem. § 33 II StPO gehört. Die gerichtliche Zustimmung gilt nur für einen bestimmten Beschuldigten, d.h. für jeden weiteren Beschuldigten ist eine separate Zustimmung erforderlich.[1005] Die Zustimmung zum Betreten von nicht allgemein zugänglichen Wohnungen ist eigens zu erteilen, der Wortlaut verlangt aber keine Beschränkung auf eine bestimmte Wohnung.[1006] Zum Wohnungsbegriff vgl. Rn 498 ff. zu § 102 StPO. Allgemein zugänglich sind Wohnungen, die der Inhaber dem Publikumsverkehr zugänglich gemacht hat, wie z.B. Kaufhäuser, Restaurants, die Hotellobby, nicht aber die Hotelzimmer. Die gerichtliche Zustimmung gestattet nur das offene Betreten fremder Wohnungen, nicht dagegen heimliches oder gewaltsames Eindringen.[1007] 666

Bei **Gefahr im Verzug** genügt in beiden Fällen des § 100b II StPO die Zustimmung der StA und, wenn diese nicht rechtzeitig herbeigeführt werden kann, eine Anordnung durch die Polizei, d.h. auch durch den VE selbst.[1008] Die Zustimmung der StA muss unverzüg- 667

---

[999] Vgl. RiStBV Anl. E Ziff. 6.3.
[1000] Vgl. oben Rn 171 ff. sowie ausführlich *R. Schmidt*, BesVerwR II, 12. Aufl. **2010**, Rn 87 ff. Vgl. auch LR-*Schäfer*, § 110a Rn 9 (anders *ders.* in Rn 37).
[1001] BGHSt **41**, 64, 68; **45**, 321, 337; **47**, 44, 48 m. Anm. *Weber*, NStZ **2002**, 50; LR-*Schäfer*, § 110a Rn 9.
[1002] Vgl. BT-Drs. 12/989, S. 42.
[1003] LR-*Schäfer*, § 110b Rn 8.
[1004] *Rogall*, JZ **1996**, 264.
[1005] BGH NStZ RR **1999**, 340.
[1006] LR-*Schäfer*, § 110b Rn 12; *Meyer-Goßner*, § 110b Rn 4; BT-Drs. 12/989, S. 43.
[1007] *Krauß*, StV **1989**, 315, 324.
[1008] § 110b II S. 3 StPO; *Meyer-Goßner*, § 110b Rn 5.

lich nachgeholt werden, die des Gerichts muss spätestens binnen 3 Werktagen erfolgen (§ 110b II S. 4, 5, § 43 II StPO). Die Frist beginnt schon mit der Anordnung des Einsatzes.[1009] Die gerichtliche Zustimmung ist gem. § 110b II S. 5 i.V.m. I S. 3 StPO schriftlich zu erteilen und zu befristen. Aus der Zustimmung müssen sich alle relevanten Voraussetzungen und die näheren Umstände des Einsatzes ergeben (Einsatz gegen welchen bestimmten Beschuldigten, Erlaubnis für das Betreten von Wohnungen).[1010]

668 Weder für die **Befristung** des einfachen noch für die des qualifizierten Einsatzes sieht das Gesetz Höchstfristen vor. Bei der Bemessung der Frist ist ihr Zweck zu berücksichtigen. Die Frist dient einer wiederholten Prüfung der Anordnungsvoraussetzungen bei längerer Einsatzdauer. Die Anzahl der Verlängerungen des Einsatzes unterliegt keinen gesetzlichen Einschränkungen.

3. Durchführungsvorschriften

669 Zum **Aufbau der Legende** (§ 110a III StPO) dürfen praktisch alle personenbezogenen Daten (Name, Beruf, Nationalität, Lebenslauf etc.) des Beamten verändert werden, es dürfen ausdrücklich entsprechende, inhaltlich unrichtige Urkunden hergestellt und gebraucht werden und es dürfen entsprechende Eintragungen in öffentliche Register bewirkt werden.[1011] § 110a III StPO ist insoweit ein Rechtfertigungsgrund für einschlägige Straftaten z.B. nach §§ 267, 271 StGB. Gem. § 110a II S. 2 StPO dürfen die VE unter ihrer veränderten Identität dienstlich und privat am Rechtsverkehr teilnehmen, d.h. alle Rechtshandlungen und Rechtsgeschäfte vornehmen, z.B. Verträge abschließen, heiraten, klagen und verklagt werden.[1012]

670 Die wahre Identität kann gem. § 110b III S. 1 StPO sowohl während als auch nach Beendigung des Einsatzes **geheim gehalten** werden. Der StA und dem Ermittlungsgericht ist die Identität des VE vor der Zustimmungsentscheidung auf Verlangen zu offenbaren (§ 110b III S. 2 StPO). Als Geheimhaltungsgründe sind in § 110b III S. 3 StPO insbesondere die Gefahr für Leib, Leben oder Freiheit einer Person und die Möglichkeit einer Gefährdung der weiteren Verwendbarkeit des VE genannt. Im Übrigen verweist das Gesetz auf § 96 StPO (Rn 445). Demnach ist für die Sperrerklärung die oberste Dienstbehörde zuständig[1013], dies ist der Innenminister[1014]. Die Gründe für die Geheimhaltung sind dem Gericht gem. § 96 StPO mitzuteilen. § 110b III StPO geht § 10 ZSHG nach dessen Abs. III vor. § 68 II, III StPO hat das Gericht von Amts wegen zu beachten.

671-672 **Aktenführung und Benachrichtigung, Kennzeichnung und Löschung erlangter Daten**. Die einschlägigen Vorschriften finden sich nunmehr in § 101 StPO (Rn 694b ff.). Zu benachrichtigen sind grds. gem. § 101 IV S. 1 Nr. 9 StPO die Zielperson, gegen die sich der Einsatz des VE richtete, erheblich mitbetroffene Personen und Personen, deren nicht allgemein zugängliche Wohnung der VE betreten hat. Zu Inhabern und Bewohnern einer Wohnung siehe Rn 499 ff. Sonstige Personen, die sich mit dem VE in der Wohnung aufgehalten haben oder mit denen der VE außerhalb von Wohnungen in Kontakt getreten ist, müssen nicht benachrichtigt werden, es sei denn, sie sind in anderer Weise erheblich betroffen. Die von der Maßnahme betroffenen Bewohner und Wohnungsinhaber sind über den Zeitpunkt und die Dauer des Betretens zu unterrichten. Der VE muss deshalb genaue Aufzeichnungen über die von ihm betretenen Wohnungen führen. „Er-

---

[1009] LR-*Schäfer* § 110b Rn 14; der Tag der Anordnung wird gem. § 42 StPO nicht mitgezählt.

[1010] Vgl. BGH NStZ **1997**, 249 mit Anm. *Bernsmann* und Anm. *Weßlau*, StV **1996**, 578.

[1011] Bereits bestehende Eintragungen z.B. im Personenstandsregister dürfen nach wohl h.M. aber nicht verändert werden; vgl. *Hilger*, NStZ **1992**, 524; LR-*Schäfer*, § 110a Rn 22.

[1012] *R. Schmidt*, BesVerwR II, 12. Aufl. **2008**, Rn 318 ff.

[1013] BGH NStZ **1996**, 608.

[1014] BGHSt **41**, 36, 37 f. mit Anm. *Gössel*, NStZ **1996**, 287.

heblich mitbetroffene Personen" sind nur solche, die in die Ermittlungsunterlagen des VE in relevantem Umfang Eingang gefunden haben. Gleichermaßen mitbetroffen sind Personen, die durch den Einsatz erhebliche Schäden erlitten haben.[1015]

4. Ermittlungs- und Eingriffsbefugnisse des VE

VE verfügen gem. § 110c S. 3 StPO über die Eingriffsbefugnisse nach der StPO und Polizeirecht wie andere Polizeibeamte. Sie dürfen davon aber nur offen, d.h. unter Preisgabe ihrer wahren Identität, und unter Beachtung der vorgesehenen Anordnungs- und Durchführungsvorschriften Gebrauch machen.[1016] Ob Gespräche, die der VE mit Zeugen und Beschuldigten führt, als Vernehmungen zu bewerten sind, ist umstritten. Die gesetzliche Verankerung verdeckter Ermittlungen muss der Natur der Sache nach als eine gesetzliche Befreiung von Belehrungspflichten z.B. nach §§ 163a IV, 136 StPO bewertet werden.[1017] Fraglich ist allerdings, wie weit eine derartige Freistellung reicht und wie sie sich auf die Verwertbarkeit von Aussagen des Beschuldigten auswirkt, der sich gegenüber einem VE selbst belastet hat. Spontane Äußerungen des Beschuldigten sind wie auch sonst ohne weiteres verwertbar (vgl. Rn 224a). Problematisch sind Situationen, in denen der VE aktiv auf den Beschuldigten einwirkt, um ihn zu einer selbstbelastenden Aussage zu veranlassen (eingehend zu sog. „Hörfallen" Rn 756 ff.). Die Rechtsprechung des Großen Senats hat bislang grds. eine Verwertbarkeit angenommen, wenn die Maßnahme der Ermittlung einer Straftat von erheblicher Bedeutung diente und andere Ermittlungsmaßnahmen erheblich weniger erfolgversprechend waren oder die Aufklärung wesentlich erschwert hätten (siehe hierzu Rn 756).[1018] Verwertungsverbote wurden nur ausnahmsweise angenommen, wenn z.B. Inhaftierte dazu angestiftet wurden, ihr Vertrauensverhältnis zu anderen Gefangenen zu nutzen, um diese auszuforschen.[1019] Der 3. Senat des BGH sieht nun in teilweiser Abkehr von der bisherigen Rechtsprechung den Grundsatz der Selbstbelastungsfreiheit (nemo tenetur; vgl. Rn 120 ff., 124 ff.) verletzt, wenn ein Verdeckter Ermittler einen Beschuldigten, der sich bereits auf sein Schweigerecht berufen hat, unter Ausnutzung eines zuvor geschaffenen Vertrauensverhältnisses beharrlich zu einer Aussage drängt und ihm in einer vernehmungsähnlichen Befragung Äußerungen zum Tatgeschehen entlockt.[1020] Der 3. Strafsenat orientiert sich damit an der Rspr. des EGMR zu Art. 6 EMRK, wonach die Selbstbelastungsfreiheit als Kernelement eines fairen Verfahrens zwar in erster Linie, aber nicht ausschließlich für Situationen gelte, in denen der Beschuldigte durch Zwang veranlasst werde, auf sein Schweigerecht zu verzichten.[1021] Ein derart gravierender Verstoß gegen die Selbstbelastungsfreiheit löse nicht nur ein Verwertungsverbot hinsichtlich der Aussage gegenüber dem VE aus, sondern erstrecke sich auch auf die nachfolgende Aussage des Angeklagten in einer offenen polizeilichen Vernehmung.[1022] Diese Entscheidung ist im Sinne eines fairen rechtsstaatlichen Ermittlungsverfahrens zu begrüßen, wenngleich in der Begründung problematisch (vgl. Rn 1116). Der 4. Strafsenat hat inzwischen die Linie des 3. Senats bestätigt.[1023] 673

[1015] Zu § 110d a.F. StPO KK-*Nack* Rn 3, LR-*Schäfer* Rn 2, SK-*Rudolphi* Rn 1.
[1016] *Meyer-Goßner*, § 100c Rn 2.
[1017] BGH NJW **2007**, 3138, 3139; *Meyer-Goßner*, § 100c Rn 2; LR-*Schäfer*, 100c Rn 6.
[1018] BGHSt (GSSt) **42**, 139, 145 f.
[1019] BGH NStZ **1999**, 147.
[1020] BGH NJW **2007**, 3138, 3142 m. Anm. *Rogall*, NStZ **2008**, 110 und *Duttge*, JZ **2008**, 261 mit instruktiven Erläuterungen zur vernehmungsähnlichen Situation, zur Abgrenzung von Druck und Täuschung und zur Anwendbarkeit von § 136a StPO auf vernehmungsähnliche Situationen.
[1021] EGMR StV **2003**, 257, 259; Allan vs. Großbritannien, einschränkend für nicht-inhaftierte Beschuldigte EGMR HRRS **2009**, 133; vgl. auch *Hilger*, in Hanak-FS, S. 214; *Rzepka*, Zur Fairness im Deutschen Strafverfahren, **2000**, 426; *Müssig*, GA **2004**, 95 ff.; a.A. *Verrel*, Die Selbstbelastungsfreiheit im Strafprozess, **2001**, S. 148 ff.
[1022] BGH NJW **2007**, 3138, 3142.
[1023] BGH StV **2009**, 225 f.

674 Anders als es für „undercover agents" in den USA z.T. erlaubt ist[1024], dürfen VE nach deutschem Recht **keine Straftaten begehen**. Der Zweck, Drogen sicherzustellen, schließt eine Strafbarkeit wegen Drogenhandels allerdings schon tatbestandlich aus.[1025] Im Einzelfall können Straftaten auch nach §§ 32, 34 StGB gerechtfertigt oder nach § 35 StGB entschuldigt sein.[1026] VE unterliegen dem **Legalitätsprinzip** (§ 163 StPO) und § 258a StGB, jedoch können einzelne Ermittlungshandlungen aus kriminaltaktischen oder fürsorgerechtlichen Gesichtspunkten zurückgestellt werden.[1027] Sie sind von den Belehrungspflichten nach §§ 136, 163a IV StPO freigestellt, was sich aus dem gesetzlich legitimierten Institut des Verdeckten Ermittlers notwendig ergibt, sie sind aber in vernehmungsähnlichen Situationen an § 136a StPO gebunden und dürfen sich keiner Täuschungen bedienen, die über die Verwendung ihrer Legende hinausgehen (hierzu ausführlich Rn 1116).[1028] Beim Einsatz sonstiger heimlicher Ermittlungsmethoden (z.B. nach §§ 100c, 100h StPO) muss der VE deren rechtliche Voraussetzungen und Grenzen ebenso achten, wie andere Polizeibeamte.[1029]

675 Gem. **§ 110c** S. 1 StPO dürfen VE mit Einverständnis des Berechtigten **Wohnungen betreten**. Hierzu darf der VE im Rahmen seiner Legende über seine wahre Identität täuschen. Eine weitere Täuschung, z.B. durch Vorspiegeln eines Zutrittsrechts als Stromableser etc., verbietet § 110c S. 2 StPO. Dies gilt nach wohl h.M. auch dann, wenn eine Legende gewählt wurde, die ein Zutrittsrecht verleihen würde, da sonst § 110c S. 2 StPO umgangen werden könnte.[1030] Der VE darf auch nicht heimlich oder gewaltsam in die Wohnung eindringen. Vom Einsatz in der Wohnung ist der Inhaber gem. § 101 IV S. 1 Nr. 9c StPO zu unterrichten. Für eine analoge Anwendung des § 110c StPO auf NOEP (Rn 659)[1031] besteht aufgrund des vom Gesetzgeber bewusst begrenzten Anwendungsbereichs der §§ 110a ff. StPO keine Grundlage.[1032] Zum Problem der möglichen Verfassungswidrigkeit des § 110c StPO siehe Rn 680 ff.

5. Verwertung der Erkenntnisse, Verwertungsverbote

676 Gesetzliche Beweiserhebungs- und Beweisverwertungsverbote sind für Personen, denen ein Zeugnisverweigerungsrecht nach § 53 StPO zusteht, nunmehr in § 160a StPO geregelt (s. Rn 1070). Zustimmung bzw. Ablehnung durch das Ermittlungsgericht gelten ex nunc. Eine Ablehnung macht die zuvor im Wege der Eilkompetenz durchgeführten Ermittlungen nicht rechtswidrig.[1033] Gleiches gilt, wenn der Antrag auf Zustimmung des Gerichts unterbleibt, weil der Einsatz schon vor Ablauf der Drei-Werktage-Frist beendet wurde.[1034]

677 Ob ein Verstoß gegen die Einsatzvoraussetzungen ein Verwertungsverbot zur Folge hat, ist nach den hierfür entwickelten Regeln zu prüfen. Zu beachten ist die inzwischen gefestigte Rspr. zur **Tatprovokation**. Dabei werden eine *unzulässige* Tatprovokation, die gegen den im Rechtsstaatsprinzip (Art. 20 III GG) und in Art. 6 I S. 1 EMRK verankerten Fair-trial-Grundsatz verstößt[1035], und eine *zulässige* Tatprovokation unterschieden (s.u. zu den Kriterien). Trotz breiter und gewichtiger Kritik der Literatur und der anders lau-

---

[1024] Vgl. RiStBV Anl. D II. 2.2; hierzu ausf. *Könnecke*, Die Strafbarkeit Verdeckter Ermittler, **2001.**
[1025] BGH NStZ **2008**, 41.
[1026] *Amelung/Schall*, JuS **1975**, 565; *Eisenberg*, NJW **1993**, 1093; *Schwarzenburg*, NStZ **1995**, 473.
[1027] Vgl. RiStBV Anl. D II. Nr. 2.6.
[1028] Hierzu BGH NJW **2007**, 3138 (mit Anm. *Duttge*, JZ **2008**, 258, 261); *Meyer-Mews*, JR **2008**, 160; *Renzikowski*, NStZ **2007**, 714; *Rogall*, NStZ **2008**, 110; *Meyer-Goßner*, § 100c Rn 3 m.w.N.
[1029] *Meyer-Goßner*, § 100c Rn 3.
[1030] LR-*Schäfer*, § 100c Rn 2; zweifelnd *Rieß*, NJ **1992**, 1 Fn 90.
[1031] Vertreten von *Maul*, StraFo **1997**, 39; offengelassen von BGH NStZ **1997**, 448.
[1032] Vgl. *Frister*, JZ **1997**, 1132; *Roxin* StV **1998**, 44.
[1033] BGH NStZ **1995**, 516.
[1034] BGHSt **44**, 243, 248 m. Anm. *Alsbrock* StV **1999**, 185.
[1035] BGHSt **45**, 321, 337; vgl. hierzu oben Rn 102 ff.

tenden Entscheidung des EGMR[1036] hält der BGH[1037] daran fest, dass eine unzulässige Tatprovokation kein Verfahrenshindernis und kein Verwertungsverbot begründet, sondern bei der **Strafzumessung** zu berücksichtigen sei. Sie ist in den Urteilsgründen ausdrücklich festzustellen; das Maß der Kompensation muss gesondert zum Ausdruck gebracht werden.[1038]

Zulässig ist eine **Tatprovokation** seitens des Staates, wenn zureichende tatsächliche Anhaltspunkte vorliegen (§§ 152 II, 160 StPO), dass der Provozierte an einer bereits begangenen Straftat beteiligt war oder sich an einer künftigen beteiligen wird. **Unzulässig** ist sie, wenn eine unverdächtige und zunächst nicht tatgeneigte Person zu einer Straftat verleitet wird. Eine Tatprovokation liegt nicht vor, wenn jemand nur gefragt wird, ob er eine bestimmte Straftat begehen könne, oder wenn die offen erkennbare Bereitschaft zur Tat ausgenutzt wird, sondern erst dann, wenn mit einiger Erheblichkeit stimulierend auf den Täter eingewirkt wird. Darüber hinaus ist zu prüfen, ob die Tatprovokation dem Staat zuzurechnen ist. Dies setzt voraus, dass sie mit Wissen eines für den Einsatz verantwortlichen Amtsträgers geschieht oder dieser sie hätte unterbinden können, z.B. im Falle der Tatprovokation durch eine V-Person oder durch einen Informanten.[1039] **678**

Eine Unverwertbarkeit der gewonnenen Erkenntnisse kann aus einem **Überschreiten der Befugnisse**, insbesondere aus schweren Gesetzesverstößen des VE folgen (z.B. Vortäuschen einer Zutrittsbefugnis). **679**

Heftig umstritten ist die Frage nach der **Vereinbarkeit** des § 110c StPO mit Art. 13 I GG und damit die Verwertbarkeit von Erkenntnissen, die ein VE nach Betreten von Privatwohnungen erlangt hat.[1040] Vertreten wird einerseits, dass die Zutrittsgenehmigung des Wohnungsinhabers einen Eingriff ausschließe, andererseits, dass diese Genehmigung wegen der Täuschung über die wahre Identität unbeachtlich sei. Verneint man die Wirksamkeit der Genehmigung, liegt jedenfalls ein nicht gerechtfertigter Eingriff in Art. 13 I GG vor. Für diesen Fall stellt § 110c StPO auch schon deshalb keine taugliche Rechtsgrundlage dar, weil die Vorschrift nicht Art. 13 I GG als einschränkbares Grundrecht zitiert, als nachkonstitutionelles Recht aber zitieren müsste (vgl. Art. 19 I S. 2 GG).[1041] Zudem bewegt sich § 110c StPO wohl auch nicht im Rahmen des Schrankenvorbehalts des Art. 13 II-V, VII GG. Zwar gestattet Art. 13 II GG Durchsuchungen nach den in der StPO geregelten Formvorschriften, aber selbst wenn man § 110c StPO als durchsuchungsähnliche Maßnahme verstünde, ist zu beachten, dass Art. 13 II GG nach h.M. nur die offene, hoheitliche Durchsuchung erfasst.[1042] Art. 13 III-V GG betreffen die akustische Wohnraumüberwachung nach § 100c StPO und die Überwachung von Wohnungen mit technischen Mitteln zur Gefahrenabwehr. Art. 13 VII GG gestattet Eingriffe in das Wohnungsrecht im Übrigen ausdrücklich nur zur Gefahrenabwehr, nicht jedoch zur Strafverfolgung. Damit ist ein allgemeiner, ungeschriebener Schrankenvorbehalt zur Sicherung der verfassungsrechtlich anerkannten Effektivität der Strafrechtspflege, wie er **680**

[1036] EGMR **2008** HRRS 292; EGMR NStZ **1999**, 47 m. Anm. *Sommer*.
[1037] BGHSt **45**, 321, 337; **47**, 44, 45 m. Anm. *Weber*, NStZ **2002**, 50.
[1038] BGH NStZ **1992**, 488; **1995**, 506; JR **1996**, 515 mit Anm. *Beulke/Rogat*; vgl. auch BGH NStZ **2008**, 39.
[1039] Vgl. zum Ganzen BGHSt **45**, 321, 336; **47**, 44, 48; BGH NStZ **2008**, 39.
[1040] BGH NStZ **1997**, 448 lässt diese Frage offen.
[1041] Der zunächst in Art. 11 OrgKG vorgesehene Hinweis auf Art. 13 I GG wurde im Gesetzgebungsverfahren wieder gestrichen, vgl. BT-Drs 12/2720 S. 46.
[1042] Bonner Kommentar zum GG-*Herdegen*, Art. 13 Rn 53 m.w.N.; *R. Schmidt*, Grundrechte, 12. Aufl. **2010**, Rn 833 ff.; *Wolter* StV **1989**, 358, 364; a.A. *Rogall* JZ **1987**, 847, 853 (für eine analoge Anwendung des Art. 13 II GG); *Krey*, Rechtsprobleme des strafprozessualen Einsatzes verdeckter Ermittler, **1993**, Rn 264.

bisweilen vertreten wird[1043], abzulehnen, weil Art. 13 GG mit speziellen Schrankenvorbehalten abschließend ausgestaltet ist.[1044]

681 Auf die vorgenannte Problematik käme es aber nicht an, wenn schon kein **Eingriff in den Schutzbereich des Art. 13 I GG** vorläge. Ein Eingriff in Art. 13 GG wird unter Hinweis auf § 123 StGB verneint, da täuschungsbedingte Willensmängel bei § 123 StGB das Einverständnis nicht ausschlössen.[1045] Da aber nicht jeder Grundrechtseingriff zwangsläufig strafbar sein muss, lässt die Straflosigkeit einer Handlung nicht den Schluss zu, sie sei kein Eingriff in ein Grundrecht. § 123 StGB gilt für jeden Bürger, und nicht nur für Hoheitsträger, und bestimmt das strafbare Minimum des Schutzes des persönlichen Lebensbereichs. § 123 StGB hat deshalb einen anderen Regelungszweck als Art. 13 GG.[1046] Für einen Eingriff in Art. 13 I GG spricht auch, dass der Gesetzgeber Anlass sah, in § 101 IV S. 1 Nr. 9c StPO speziell und ausschließlich für den Wohnungsinhaber eine Benachrichtigungspflicht vorzusehen, um nachträglichen Rechtsschutz zu ermöglichen.[1047] Nach einer vermittelnden Auffassung von *Herdegen* schütze Art. 13 I GG nicht grundsätzlich die irrtumsfreie Willensbildung des Wohnungsinhabers; ein Eingriff in Art. 13 I GG liege aber dann vor, wenn die Täuschung gerade den Zweck habe, Zutritt zu einer Wohnung zu erhalten.[1048]

682 Diese **vermittelnde Auffassung** ermöglicht eine Einzelfallbetrachtung und hat zur Konsequenz, dass § 110c StPO nicht als solcher verfassungswidrig ist. Sein Anwendungsbereich bliebe aber darauf beschränkt, den VE von den o.g. einfachgesetzlich geregelten Pflichten eines Ermittlungsbeamten in Fällen freizustellen, in denen die Legende nicht Voraussetzung für das Betreten einer Wohnung ist. Der VE dürfte z.B. unter seiner Legende ein Ladengeschäft oder die Wohnung eines mit der Polizei kooperierenden Zeugen betreten. Bei Zeugen und Beschuldigten, die einem Ermittlungsbeamten nicht freiwillig Einlass in ihre Wohnung gewähren (dies dürfte die Mehrzahl der Fälle sein; vgl. *Roxin* StV 1998, 43), kann § 110c StPO auch im Rahmen dieser Auffassung wegen der o.g. Mängel den Eingriff in Art. 13 I GG jedoch nicht rechtfertigen. Hierzu bedürfte es eines verfassungsändernden Gesetzes.

683 **Fazit:** Nach der hier vertretenen Auffassung ist das Betreten der von Art. 13 I GG geschützten Räume durch einen VE als Grundrechtseingriff zu werten, der nicht aufgrund des durch Täuschung erschlichenen Einverständnisses gerechtfertigt ist. Auch eine Rechtfertigung nach § 110c StPO kommt nicht in Betracht: Zum einen verstößt die als Rechtsgrundlage herangezogene Vorschrift des § 110c StPO gegen das Zitiergebot des Art. 19 I S. 2 GG und ist damit bereits formell verfassungswidrig; zum anderen verstößt § 110c StPO gegen die abschließend in Art. 13 II-VII GG geregelten Schrankenvorbehalte und ist damit auch materiell verfassungswidrig. Solange aber das BVerfG noch keine Verfassungswidrigkeit festgestellt hat, gilt die Vorschrift in der Praxis fort, was wiederum zu beamtenrechtlichen Problemen führt, wenn ein Polizeibeamter, der ebenfalls die Verfassungswidrigkeit moniert, die Vorschrift nicht anwenden möchte.[1049]

683a Hinsichtlich **„Zufallsfunde"** gilt: Erkenntnisse des VE dürfen gem. § 477 II StPO bei der Verfolgung anderer Taten (i.S.d. § 264 StPO) zu Beweiszwecken nur verwendet werden,

---

[1043] So *Lammer*, Verdeckte Ermittlungen im Strafprozeß, **1992**, 207, 210 ff. unter Verweis auf BVerfGE **57**, 259, 283 ff.

[1044] Vgl. auch die ähnliche Kritik von *Roxin*, StV **1998**, 43; LR-*Schäfer*, § 110c Rn 21; *R. Schmidt*, Grundrechte, 12. Aufl. **2010**, Rn 833 ff.

[1045] Vgl. *Hilger* NStZ **1997**, 448 f.; *ders*, Hanak-FS S. 217; *Meyer-Goßner* § 110c Rn 1.

[1046] LR-*Schäfer*, 110c Rn 15 ff.; *Schneider*, NStZ **2004**, 359, 365; *Nitz*, JR **1998**, 213; *Roxin*, StV **1998**, 43 f.; *Frister*, StV **1993**, 151 f.; vgl. auch *Amelung*, StV **1985**, 257, 263.

[1047] Vgl. LR-*Schäfer*, § 110d Rn 3.

[1048] Bonner Kommentar zum GG-*Herdegen*, Art. 13 Rn 45.

[1049] Vgl. dazu *R. Schmidt*, BesVerwR I, 13. Aufl. **2010**, Rn 726, 737 und 814.

wenn auch diesbezüglich ein Einsatz des VE zulässig gewesen wäre. Eine Übermittlung rechtmäßig erlangter Daten zu präventivpolizeilichen Zwecken ist nach Maßgabe des § 477 II S. 3 StPO zulässig, umgekehrt können Erkenntnisse aus präventivpolizeilichen Einsätzen gem. § 161 II StPO in Strafverfahren verwertet werden.

Zu den **Rechtsbehelfen** vgl. die Erläuterungen bei Rn 598 zu § 100a StPO und generell Rn 309 ff. Nachträglicher Rechtsschutz ist nunmehr für alle heimlichen Ermittlungsmaßnahmen in § 101 VII S. 2-4 StPO geregelt (vgl. Rn 694j ff.). 684

Die Beweiswürdigung unverwertbarer Erkenntnisse und z.B. Mängel der Urteilsbegründung bei einer Tatprovokation können in der **Revision** gerügt werden. Die Revision kann geltend machen, das Gericht habe die Rechtmäßigkeit einer Sperrerklärung nicht umfassend genug überprüft und sich nicht ausreichend um eine Freigabe von Sonderakten bemüht (vgl. hierzu die Erläuterungen zu § 96 StPO). 685

XI. Längerfristige Observation

Unter **Observation** versteht man eine planmäßige Beobachtung einer Person. Mit der Regelung des § 163f StPO wird anerkannt, dass eine längerfristige planmäßige Observation einen so erheblichen Grundrechtseingriff darstellt, dass eine spezielle Eingriffsbefugnis erforderlich ist.[1050] 686

Zweck der Maßnahme ist die Erforschung des Sachverhalts und die Ermittlung des Aufenthaltsorts des Täters. Um eine längerfristige Observation, die den Einschränkungen des § 163f StPO unterliegt, handelt es sich, wenn die planmäßige Beobachtung entweder gem. § 163f I S. 1 Nr. 1 StPO durchgehend länger als 24 Stunden dauert oder gem. Nr. 2 an mehr als zwei Tagen stattfinden soll, wenn auch mit Unterbrechungen.[1051] Für kurzfristige Observationen, die diese Anforderungen nicht erreichen, genügt die Ermittlungsgeneralklausel (§§ 161 I, 163 I StPO) als Rechtsgrundlage. 687

Nach § 163f I S. 1 StPO müssen zureichende tatsächliche Anhaltspunkte dafür vorliegen, dass eine **Straftat von erheblicher Bedeutung** begangen worden ist. Diese Kriterien wurden bereits bei Rn 551 (§ 98a StPO) und 661 (§ 110a StPO) erläutert. Im Unterschied zu § 110a StPO ist die Anwendbarkeit des § 163f StPO aber nicht zusätzlich durch einen Straftatenkatalog eingeschränkt, sondern grds. bei allen Straftaten möglich. 688

Gegen **andere Personen** als den Beschuldigten ist die Maßnahme nach § 163f I S. 3 StPO nur zulässig, wenn aufgrund bestimmter Tatsachen anzunehmen ist, dass sie mit dem Täter in Verbindung steht oder eine solche Verbindung hergestellt wird. Davon zu unterscheiden ist die Vorschrift des § 163f II StPO, wonach die Maßnahme auch dann zulässig ist, wenn Dritte unvermeidbar betroffen sind, was bedeutet, dass eine bewusste Ausdehnung auf Dritte, d.h. auf Personen, die weder Beschuldigte noch andere Personen i.S. § 163f I S. 3 StPO sind, unzulässig ist. 689

Die Maßnahme unterliegt einer **Subsidiaritätsklausel**. Sie darf gegen Beschuldigte und andere Personen angewendet werden, wenn die Erforschung des Sachverhalts oder die Ermittlung des Aufenthaltsorts des Beschuldigten auf andere Weise erheblich weniger Erfolg versprechend oder wesentlich erschwert wären (Rn 552). 690

[1050] Vgl. BGH **44**, 30 mit Anm. von *Amelung* und *Asbrock, Rogall*, JZ **1998**, 794; vgl. auch *Hefendehl*, StV **2000**, 275.

[1051] Nach OLG Hamburg NStZ **2007**, 628 liegt keine längerfristige Observation i.S. § 163f StPO vor, wenn sich im Laufe eines Ermittlungsverfahrens mehrfach die Notwendigkeit einer kurzfristigen Observation ergibt, ohne dass dies vorhersehbar oder von vorne herein geplant war.

691 Das **Verhältnismäßigkeitsprinzip** ist zu beachten. Dies gewinnt besondere Bedeutung, wenn die Maßnahme mit anderen für sich allein zulässigen, heimlichen Ermittlungsmaßnahmen kombiniert wird und eine „Totalüberwachung" droht.[1052]

692 Die **Anordnungsbefugnis** ist in § 163f III StPO geregelt. Zuständig ist das Gericht, bei Gefahr im Verzug auch die StA und ihre Ermittlungspersonen (§ 152 GVG). Eine Anordnung der StA und ihrer Ermittlungspersonen tritt gem. § 163f III S. 2 StPO außer Kraft, wenn sie nicht binnen 3 Werktagen (§ 43 II StPO) vom Gericht bestätigt wird. Die Frist beginnt mit der Anordnung der Maßnahme nicht erst mit dem Beginn der Observation.[1053] Die Anordnung muss gem. § 163f III S. 3 i.V.m § 100b II S. 1 schriftlich ergehen. Gem. § 163f III S. 3 i.V.m § 100b I S. 4 und S. 5 StPO ist die Anordnung auf höchstens drei Monate zu befristen. Eine Verlängerung um jeweils nicht mehr als drei Monate ist zulässig, wenn die Anordnungsvoraussetzungen unter Berücksichtigung der gewonnenen Ermittlungsergebnisse fortbestehen.

693 Da die Observation nach § 163f StPO nur bei Straftaten von erheblicher Bedeutung angeordnet werden kann, ist die Verwertbarkeit von **Zufallserkenntnissen** (zum Begriff vgl. Rn 532 ff. zu § 108 StPO) nach § 477 II StPO auf eben solche Straftaten beschränkt. Für die Verwertung von Erkenntnissen aus präventivpolizeilichen Observationen gilt § 161 II StPO.

693a **Aktenführung und Benachrichtigung, Kennzeichnung und Löschung erlangter Daten**. Die einschlägigen Vorschriften finden sich nunmehr in § 101 StPO (Rn 694b ff.). Zu benachrichtigen sind gem. § 101 VI S. 1 Nr. 12 StPO die Zielperson und erheblich mitbetroffene Personen (vgl. Rn 653 zu § 100h StPO).

693b Zu den **Rechtsbehelfen** vgl. die Erläuterungen bei Rn 309 ff. Nachträglicher Rechtsschutz ist nunmehr für alle heimlichen Ermittlungsmaßnahmen in § 101 VII S. 2 – 4 geregelt (vgl. Rn 694j ff.).

694 Ein gesetzliches Verwertungsverbot für Personen, die nach § 53 StPO das Zeugnis verweigern dürfen, sieht § 160a StPO vor (Rn 1070). Eine fehlende Anordnung oder eine Überschreitung der Befristung der Maßnahme führt zu einem **Verwertungsverbot** der dadurch ermittelten Erkenntnisse.[1054] Ihre Verwertung kann mit der **Revision** gerügt werden.[1055]

XII. Schleppnetzfahndung (§ 163d StPO) und Ausschreibung zur polizeilichen Beobachtung (§ 163e StPO)

694a Da diese Maßnahmen ausführlich bei *R. Schmidt*, BesVerwR II, Rn 355 ff. erläutert sind, wird insofern darauf verwiesen. Aktenführung und Benachrichtigung, Kennzeichnung und Löschung erlangter Daten sowie der nachträgliche Rechtsschutz richten sich auch bei diesen Ermittlungsmaßnahmen nach § 101 StPO (Rn 694j ff.). Für die Verwertbarkeit von Zufallsfunden in anderen Strafverfahren und für die Verwendung der Erkenntnisse zur Gefahrenabwehr gilt § 477 II StPO, umgekehrt richtet sich die Verwertung von Erkenntnissen aus präventivpolizeilichen Maßnahmen nach § 161 II StPO.

[1052] BVerfG **2005**, 1338; BGHSt **46**, 266, 274; *Bernsmann*, StV **2001**, 383, 385.
[1053] *Meyer-Goßner*, § 163f Rn 6; vgl. auch BGHSt **44**, 243, 246 zu § 100b StPO.
[1054] Einschränkend OLG Hamburg StV **2007**, 628: Einzelfallabwägung.
[1055] *Meyer-Goßner*, § 163f Rn 10.

XIII. Aktenführung und Benachrichtigung; Kennzeichnung und Löschung erlangter Daten; nachträglicher Rechtsschutz

Normstruktur/Gesetzessystematik. § 101 StPO ist durch das Gesetz zur Neuregelung der Telekommunikationsüberwachung und anderer verdeckter Ermittlungsmaßnahmen sowie zur Umsetzung der Richtlinie 2006/24/EG (dazu Rn 303a) weitgehend neu gestaltet worden. Er gilt gem. Abs. I für die verdeckten Ermittlungsmaßnahmen nach §§ 98a, 99, 100a, 100c, 100f bis 100i, 110a und 163d - § 163f StPO. § 101 n.F. StPO regelt die Aktenführung (Abs. II), Kennzeichnungspflichten (Abs. III), Benachrichtigungspflichten und deren Zurückstellung (Abs. V und VI) sowie die Löschung erlangter personenbezogener Daten (Abs. VIII). § 101 VII StPO gewährt zur Sicherung des Grundrechts auf rechtliches Gehör (Art. 103 I GG) und des Gebots der Gewährleistung eines effektiven Rechtsschutzes (Art. 19 IV GG) nachträglichen Rechtsschutz und zwar nach Maßgabe des § 101 IV StPO unabhängig von der Stellung des Betroffenen im Verfahren und dem Nachweis eines Rechtsschutzbedürfnisses trotz Erledigung der Maßnahme. 694b

Aktenführung. In § 101 II StPO wird für die dort genannten Ermittlungsmaßnahmen (§§ 100c, 100f, 100h I Nr. 2 und 110a StPO) die jeweils schon bisher vorgesehene getrennte Aktenführung einheitlich geregelt. Aktenstücke, die die einschlägigen Ermittlungsmaßnahmen betreffen, werden zunächst bei der StA in einem gesonderten Vorgang oder in den Handakten verwahrt (vgl. § 68 III S. 3, 4 StPO) und erst zu den (Haupt-)Akten genommen, wenn die Voraussetzungen für eine Benachrichtigung der Betroffenen nach § 101 V StPO erfüllt sind. Erst wenn sie wieder zu den Hauptakten genommen sind, unterliegen sie dem Akteneinsichtsrecht der Verteidigung nach § 147 StPO und der Vorlagepflicht nach § 199 II S. 2 StPO. Soweit z.B. ein VE nicht als Zeuge im Prozess in Erscheinung tritt oder andere Beweismittel seinen Einsatz erkennbar machen und die Benachrichtigung nach § 101 V StPO zurückgestellt wird, erfährt der Beschuldigte nicht zwingend von seinem Einsatz. Diese Einschränkung der Verteidigungsrechte und der Wahrheitsfindung des Gerichts erfordert eine sorgfältige Abwägung mit den in § 101 V StPO genannten Gründen.[1056] Will die StA z.B. Erkenntnisse eines VE in den Prozess einführen, aber dessen Identität nicht preisgeben, muss der Beschuldigte zumindest so viele Informationen erhalten, dass er die Rechtmäßigkeit des Einsatzes und damit die Verwertbarkeit der Erkenntnisse überprüfen kann.[1057] Gegen die Entscheidung der StA, die Sonderakten nicht zu den Ermittlungsakten zu nehmen, ist Rechtsschutz nach § 98 II S. 2 StPO grds. möglich, aber faktisch bei Unkenntnis von der Entscheidung nicht realisierbar[1058]; eine zusätzliche nachträgliche Rechtsschutzmöglichkeit eröffnet § 101 VII S. 2 StPO. 694c

Kennzeichnungspflicht. § 101 III StPO schreibt die Kennzeichnung personenbezogener Daten vor, die durch eine Maßnahme nach § 101 I StPO gewonnen wurden, um ihre Zweckbindung zu gewährleisten. Denn mit Ausnahme der §§ 99 und 100h I Nr. 1 StPO gilt für alle verdeckten Ermittlungsmaßnahmen die Verwendungsbeschränkung des § 477 II StPO. Die Kennzeichnungspflicht geht nach § 101 III S. 2 StPO auf Dritte über, an die die Daten übermittelt werden. Sie müssen die Kennzeichnung aufrechterhalten und bei einer Weiterleitung auf die Kennzeichnungspflicht hinweisen. 694d

Benachrichtigungspflicht. In § 101 IV StPO sind die Benachrichtigungspflichten differenziert nach den Einzelmaßnahmen geregelt worden. Durch die Aufzählung der zu benachrichtigenden Personen soll insoweit Klarheit geschaffen werden, da u.a. die bislang bestehenden Unsicherheiten dazu geführt haben, dass die Benachrichtigung relativ 694e

---

[1056] BVerfGE **57**, 250, 273 ff., 283, 288; **63**, 45 ff.; BGHSt **41**, 36.
[1057] LR-*Schäfer* § 110d a.F. Rn 17.
[1058] BGHSt **44**, 265.

häufig unterblieben ist.[1059] Einzelheiten zu den zu benachrichtigenden Personen wurden jeweils bei den einzelnen Ermittlungsmaßnahmen besprochen. Die Benachrichtigungspflicht besteht unabhängig davon, ob relevante Erkenntnisse erlangt oder im Urteil verwertet wurden. Nach § 101 IV S. 2 StPO ist die Benachrichtigung mit einem Hinweis auf die Möglichkeit nachträglichen Rechtsschutzes und die dafür vorgesehene Zwei-Wochen-Frist zu versehen. § 101 StPO trifft keine ausdrückliche Regelung über die Zuständigkeit hinsichtlich der Benachrichtigung. Da die StA nach § 101 II StPO die Unterlagen in Sonderakten führt, bis die Voraussetzungen für eine Benachrichtigung vorliegen, ist es sachgerecht, dass die StA, die die Entscheidung über den Zeitpunkt der Benachrichtigung zu treffen hat, auch für die Benachrichtigung zuständig ist.[1060]

694f **Ausnahmen von der Benachrichtigungspflicht**. Nach § 101 IV S. 3 StPO ***hat*** die Benachrichtigung zu unterbleiben, wenn ihr überwiegend schutzwürdige Interessen anderer Betroffener (z.B. eines Nachrichtenmittlers oder des Beschuldigten, sofern etwa dessen Gespräch mit einem an der Straftat unbeteiligten Geschäftspartner erfasst wurde) entgegenstehen. Dabei sind die schutzwürdigen Interessen der anderen Betroffenen mit dem Recht des Beschuldigten auf rechtliches Gehör und effektiven Rechtsschutz (Art. 103 I GG, Art. 19 IV GG) unter Berücksichtigung des Grades der im Einzelfall drohenden Gefahren abzuwägen.[1061]

Nach § 101 IV S. 4 StPO ***kann*** die Benachrichtigung bei den dort bezeichneten Personen, gegen die sich die Maßnahme nicht gerichtet hat, unterbleiben, wenn diese von der Maßnahme nur unerheblich betroffen wurden und anzunehmen ist, dass sie kein Interesse an einer Benachrichtigung hat. Diese Regelung beruht auf der Erwägung, dass von den genannten Maßnahmen regelmäßig viele Personen betroffen werden, dies aber oftmals in einer vergleichsweise so geringfügigen Weise, dass ein Interesse an einer Benachrichtigung nicht anzunehmen sei (RegE S. 136). Als Beispiel bei Postbeschlagnahmen wird im RegE der Fall genannt, dass vorsorglich oder versehentlich auch Werbebriefsendungen, die massenhaft versandt werden, einbezogen wurden. Dem ist zuzustimmen. Bei Telekommunikationsüberwachungsmaßnahmen (§ 101 IV S. 1 Nr. 3 und Nr. 6 StPO) beruft sich der RegE auf den Beispielsfall, dass für die Strafverfolgung irrelevante Gespräche zur Besorgung von Alltagsgeschäften mit erfasst wurden (z.B. Terminvereinbarungen mit Handwerkern). In solchen Fällen ist ein Absehen von der Benachrichtigung jedoch abzulehnen. Der Schutzzweck des Art. 10 GG richtet sich gerade nicht danach, was Strafverfolgungsbehörden als bedeutsam erscheint, sondern verwehrt dem Staat, die Kommunikation inhaltlich zu bewerten und danach ihre Schutzwürdigkeit zu bestimmen. Die zusätzliche Begründung, mit der Begrenzung der Benachrichtigungspflichten werde dem Gebot des wirtschaftlichen Haushaltens mit öffentlichen Mitteln Rechnung getragen,[1062] zeigt, dass der Gesetzgeber verfassungsrechtlich garantierte Abwehrrechte der Bürger Haushaltserwägungen unterordnet. Schließlich sind Nachforschungen zur Feststellung der Identität einer in S. 1 bezeichneten Person gem. § 101 IV S. 5 StPO nur nötig, wenn dies unter Berücksichtigung der Eingriffsintensität der Maßnahme gegenüber dieser Person, des Aufwands für die Feststellung ihrer Identität sowie der daraus für diese oder andere Personen folgenden Beeinträchtigungen geboten ist.[1063] Die Benachrichtigung hat gem. § 101 V StPO zu erfolgen, sobald dies ohne Gefährdung des Untersuchungszwecks, des Lebens, der körperlichen Unversehrtheit und der persönlichen Freiheit einer Person und von bedeutenden Vermögenswerten möglich ist. Leben und körperliche Unversehrtheit wurden vom BVerfG auch im Fall des § 100c

---

[1059] RegE S. 70; 132.
[1060] BGHSt **36**, 305, 310 zu § 100a; *Meyer-Goßner*, § 101 Rn 5.
[1061] Vgl. BVerfG NJW **2004**, 999, 1016; ausf. *Bittmann*, DRiZ **2007**, 115, 118; *Zöller*, StraFo **2008**, 24.
[1062] RegE S. 136.
[1063] So schon BVerfG NJW **2004**, 999, 1016.

StPO als so gewichtig anerkannt, dass sie eine Zurückstellung rechtfertigen können.[1064] Dies gilt auch, wenn Leben, körperliche Unversehrtheit oder Freiheit eines Verdeckten Ermittlers gefährdet sind, während die weitere Verwendbarkeit eines Verdeckten Ermittlers nur bei einer Maßnahme nach § 110a StPO als Zurückstellungsgrund im Gesetz genannt ist, so wie dies bereits in § 110d I a.F. StPO bislang verfassungsrechtlich unbeanstandet vorgesehen war.[1065] Eine Zurückstellung darf dagegen nicht erfolgen, wenn wegen einer Benachrichtigung über andere Ermittlungsmaßnahmen, insb. solche nach § 100c StPO, die Enttarnung droht.[1066] Nach § 101 V S. 2 StPO sind die Zurückstellungsgründe aktenkundig zu machen, um eine ordnungsgemäße Handhabung zu sichern und eine gerichtliche Überprüfung nach § 101 VI StPO zu erleichtern.

Nach § 101 VI S. 1 StPO bedarf eine über zwölf Monate hinausgehende bzw. bei Maßnahmen nach § 100c StPO über sechs Monate hinausgehende (§ 101 VI S. 5 StPO) Zurückstellung der gerichtlichen Überprüfung. Das Gericht prüft, ob die in § 101 V StPO genannten Zurückstellungsgründe vorliegen. Zuständig ist nach § 101 VII S. 1 StPO das Gericht, das für die Anordnung der Maßnahme zuständig war (s. § 162 StPO und für Maßnahmen nach § 100c StPO §§ 74a IV, 120 IV GVG). Damit wird gewährleistet, dass das Prozessgericht nicht von Vorgängen erfährt, zu denen sich der Angeklagte nicht äußern kann.[1067] Lehnt das Gericht die Zustimmung ab, hat die Benachrichtigung zu erfolgen, es sei denn, eine Beschwerde (§ 304 StPO) der StA hat Erfolg. **694g**

Die Dauer der Zurückstellung bestimmt das Gericht gem. § 101 VI S. 2 StPO nach pflichtgemäßem Ermessen. Dabei hat das Gericht einerseits zu berücksichtigen, wie lange der Zurückstellungsgrund voraussichtlich noch andauert, und andererseits, dass die Effektivität des Rechtsschutzes im Zeitverlauf abnimmt und Zurückstellungen deshalb auf das unbedingt Erforderliche beschränkt werden müssen.[1068] Wiederholte Zurückstellungen sind nach § 101 VI S. 1 StPO zulässig, eine Obergrenze für deren Anzahl ist nicht vorgesehen. **694h**

Nach § 101 VI S. 3 StPO kann das Gericht bereits bei der ersten Überprüfung der Zurückstellung dem endgültigen Absehen von der Benachrichtigung zustimmen. Das endgültige Absehen stellt einen schweren Eingriff in die Rechte aus Art. 103 I und Art. 19 IV GG dar. Diese sind zwar einer gesetzlichen Ausgestaltung zugänglich[1069], ein endgültiges Absehen von der Benachrichtigung bei der ersten gerichtlichen Überprüfung nach sechs oder zwölf Monaten kann aber kaum erforderlich und angemessen sein. Da das Gericht den Zurückstellungszeitraum frei wählen kann, wird ein relativ langer Zurückstellungszeitraum regelmäßig das mildere Mittel sein, das die Justiz nicht über Gebühr belastet und deshalb als grundrechtsschonendere Maßnahme Vorrang genießt.[1070] Nur nach sehr langen Zurückstellungszeiträumen mag das Interesse, eine vor vielen Jahren durchgeführte Ermittlungsmaßnahme rechtlich überprüfen zu lassen, hinter dem organisatorischen Aufwand, der mit einer weiteren Zurückstellung verbundenen ist (z.B. dem Vorhalten umfangreicher Akten), zurücktreten. Zumeist wird dann aber auch kein Zurückstellungsgrund i.S.d. § 101 V StPO mehr vorliegen, sodass die Benachrichtigung doch noch erfolgen kann. **694i**

[1064] BVerfG NJW **2004**, 999, 1016.
[1065] RegE S. 138.
[1066] BVerfG NJW **2004**, 999, 1016.
[1067] BVerfG NJW **2004**, 999, 1017.
[1068] BVerfG NJW **2004**, 999, 1015 f.
[1069] BVerfGE **100**, 313, 364.
[1070] BVerfG NJW **2004**, 999, 1015 f.; BVerfGE **100**, 313, 365, 398 f.

694j **Rechtsschutz**. Bei beendeten bzw. erledigten heimlichen Ermittlungsmaßnahmen wird nachträglicher Rechtsschutz nach § 101 VII S. 2 StPO für die von heimlichen Ermittlungsmaßnahmen i.S.d. § 101 IV S. 1 StPO betroffenen Personen unabhängig vom Nachweis eines Rechtsschutzbedürfnisses gewährleistet. Der Antrag kann auf die Überprüfung sowohl der Rechtmäßigkeit der Anordnung als auch der Art und Weise des Vollzugs der Maßnahme gerichtet sein. Die Vorschrift hat die Funktion, den Betroffenen den Nachweis eines Rechtsschutzbedürfnisses im Einzelfall zu ersparen, und verdrängt deshalb nicht die bislang anerkannten Rechtsbehelfe, insb. nicht § 98 II S. 2 StPO.[1071] Nach anderer Auffassung handelt es sich um eine abschließende Sonderregelung.[1072] Dem ist entgegenzuhalten, dass § 101 IV S. 1 StPO die Rechtschutzmöglichkeit der von einer heimlichen Ermittlungsmaßnahme Betroffenen i.S.d. Art. 19 IV GG erleichtern soll. Wegen der kurzen Antragsfrist von zwei Wochen nach der Benachrichtigung (s. Rn 694l) kann der Rechtsschutz aber im Vergleich zu § 98 II S. 2 StPO faktisch beschnitten werden. Insbesondere diejenigen Betroffenen, die mit der Tatbegehung nichts zu tun hatten, werden von der Benachrichtigung überrascht und dies eventuell in einer Lebenssituation, in der sie keine Möglichkeit haben, innerhalb von nur zwei Wochen sich so intensiv mit der Sache zu befassen, dass sie entscheiden können, ob sie Rechtsschutz in Anspruch nehmen wollen. In solchen Fällen wird man wegen der kurzen Frist kaum von einem effektiven Rechtsschutz i.S.d. Art. 19 IV GG sprechen können. Seitens des Gesetzgebers ist § 101 StPO als Erweiterung der bestehenden Rechtsschutzmöglichkeiten beabsichtigt und nicht als Sonderregelung, die bestehende Rechtsschutzmöglichkeiten verdrängt.[1073] Schließlich muss Personen, die nicht in § 101 IV S. 1 StPO genannt sind, Rechtsschutz nach den allgemeinen Vorschriften gewährleistet werden[1074], was ebenfalls dafür spricht, dass § 98 II S. 2 StPO von § 101 VII StPO nicht verdrängt wird. Der Antrag nach § 101 VII StPO ist auch dann zulässig, wenn der Betroffene ohne Benachrichtigung von der Maßnahme erfahren hat.[1075] Zuständig ist nach § 101 VII S. 2 i.V.m. S. 1 StPO das für die Anordnung zuständige Gericht bzw. das Gericht am Sitz der zuständigen StA. Nach Klageerhebung und Benachrichtigung des Angeklagten entscheidet gem. § 101 VII S. 4 StPO das mit der Sache befasste Gericht in der das Verfahren abschließenden Entscheidung über den Antrag. Dadurch soll sichergestellt werden, dass das Prozessgericht nicht von Vorgängen erfährt, zu denen sich der Angeklagte nicht äußern kann.[1076] Erfolgt die Klageerhebung bzw. Benachrichtigung nach der Stellung des Antrags, geht die Zuständigkeit auf das mit der Sache befasste Gericht über, sobald die Voraussetzungen nach § 101 VII S. 4 StPO vorliegen.

694k Die gerichtliche Entscheidung nach § 101 VII StPO hat keine Bindungswirkung für das Gericht der Hauptsache.[1077] Letzteres hat die Rechtmäßigkeit einer Ermittlungsmaßnahme z.B. hinsichtlich der Verwertbarkeit erlangter Erkenntnisse selbstständig zu prüfen. Die unterschiedlichen denkbaren Fallkonstellationen führen zu schwierigen Rechtswegfragen. Nach BGH NJW 2009, 454 kommt es zu einer Zuständigkeitsverlagerung an das Gericht der Hauptsache, wenn der Antrag nach § 101 VII S. 2 StPO oder die sofortige Beschwerde nach § 101 VII S. 3 StPO bereits vor der Anklageerhebung eingelegt wurden, um divergierende Entscheidungen zu vermeiden. Probleme ergeben sich dennoch, wenn gegen verschiedene Angeklagte vor verschiedenen Gerichten Anklage erhoben

---

[1071] RegE S. 141; Krekeler/Löffelmann-*Löffelmann*, § 100d a.F.; KMR-*Bär*, § 101 Rn 34; *Puschke/Singelnstein*, NJW **2008**, 116; *Zöllner*, StraFo **2008**, 23; HK-GS/*Hartmann*, § 101 Rn 13, 15.
[1072] BGH NJW **2009**, 454; *Meyer-Goßner*, § 101 Rn 26; *Böse*, FS-Amelung, S. 575.
[1073] RegE S. 141.
[1074] BVerfG NJW **1997**, 2163; **2002**, 1333; *Meyer-Goßner*, § 101, Rn 26.
[1075] *Bittmann*, DRiZ **2007**, 115, 119 befürchtet, dass entsprechende Anträge gestellt werden könnten, um die Ermittlungstätigkeit auszuforschen, weil auf diese Weise herausgefunden werden kann, ob z.B. eine Telekommunikationsüberwachung stattfindet.
[1076] Vgl. BVerfG NJW **2004**, 999, 1017.
[1077] RegE S. 142.

wird. Dies ist ohne weiteres denkbar, wenn eine einheitliche heimliche Ermittlungsmaßnahme Erkenntnisse zu ganz unterschiedlichen Tatkomplexen erbracht hat. Insbesondere für Betroffene, die nicht zugleich Angeklagte sind, stellt sich die Frage, welches von mehreren Hauptsachegerichten dann zuständig ist. Entsprechende Zuständigkeitswechsel und Probleme können sich ergeben, wenn nach einem Urteil von einem Betroffenen die sofortige Beschwerde nach § 101 VII S. 3 StPO eingelegt und danach vom Verurteilten ein Rechtsmittel eingelegt wird. Schließlich ist zu berücksichtigen, dass eine heimliche Ermittlungsmaßnahme, von der zahlreiche Personen betroffen wurden, gegenüber einem Teil der Betroffenen rechtmäßig, jedoch gegenüber anderen Betroffenen rechtswidrig sein kann.

Der Antrag auf nachträglichen Rechtsschutz muss gem. § 101 VII S. 2 StPO binnen einer Frist von zwei Wochen ab der Benachrichtigung über die verdeckte Ermittlungsmaßnahme gestellt werden. Die Kürze der Frist wird damit begründet, dass eine Löschung der erlangten Daten nach § 101 VIII S. 1 StPO erst erfolgen darf, wenn die Daten für eine gerichtliche Überprüfung der Maßnahme nicht mehr benötigt werden.[1078] Eine etwas längere Frist von sechs oder acht Wochen hätte freilich dem Anliegen auf baldige Löschung der Daten ebenfalls Rechnung getragen, ohne die Gefahr zu begründen, den Rechtsschutz faktisch zu vereiteln. Die kurze Frist wird die Betroffenen und die Gerichte voraussichtlich auch mit zusätzlichen Wiederaufnahmeanträgen nach § 44 StPO belasten. **694l**

Löschung. Personenbezogene Daten, die durch eine der in § 101 I StPO genannten Maßnahmen erlangt wurden, sind gem. § 101 VIII StPO unverzüglich zu löschen, sobald sie weder für die Strafverfolgung noch für die gerichtliche Überprüfung der Maßnahme benötigt werden. Die vom BVerfG zu § 100c StPO geforderte Zurückstellung der Löschung, um nachträglichen Rechtsschutz zu ermöglichen[1079], findet aufgrund § 101 VIII StPO nun bei allen verdeckten Ermittlungsmaßnahmen gesetzliche Berücksichtigung. **694m**

Revision. Ein gesetzliches Verwertungsverbot besteht bei Verstößen gegen § 101 StPO nicht. Wurde durch eine fehlerhafte Entscheidung nach § 101 StPO die Verteidigung in einer Weise behindert, die sich auf das Urteil ausgewirkt haben kann, kann dies mit der Revision gerügt werden. Nach der Rspr. ist eine Abwägung im Einzelfall vorzunehmen. **694n**

[1078] RegE S. 143; vgl. BVerfG NJW **2004**, 999, 1020.
[1079] BVerfG NJW **2004**, 999, 1020.

G. Verfahrens- und vollstreckungssichernde Maßnahmen

I. Untersuchungshaft

1. Einführung

695 Durch die Föderalismusreform 2006 ist der Vollzug der Straf- und Untersuchungshaft in die Gesetzgebungskompetenz der Länder übergegangen (Art 70 I GG), der konkurrierenden Gesetzgebungskompetenz des Bundes verbleibt die Regelung der Beschränkungen, die der Zweck der Untersuchungshaft erfordert und solcher Bestimmungen, die die ordnungsgemäße Durchführung des Strafverfahrens sichern sollen.[1080] Dies machte eine Änderung des § 119 StPO erforderlich, die mit dem Gesetz zur Änderung des Untersuchungshaftrechtes vollzogen[1081] wurde und ein Reihe weiterer Änderungen mit sich brachte, die insbesondere die Rechte des Beschuldigten und die Belehrungspflichten der Strafverfolgungsbehörden im Falle einer Verhaftung und Anordnung der Untersuchungshaft stärkten (s. die Zusammenfassung bei Rn 718). Das Gesetz trat am 1.1.2010 in Kraft. Weitgehend unverändert blieben die Voraussetzungen für die Anordnung der Untersuchungshaft und die Rechtsschutzmöglichkeiten der Verhafteten, die den Schwerpunkt der folgenden Ausführungen bilden.
Untersuchungshaft ist die Inhaftierung eines noch nicht bzw. noch nicht rechtskräftig verurteilten Beschuldigten.[1082] Ihr primärer und ursprünglicher Zweck ist die Sicherung eines geordneten Strafverfahrens. Im Recht der Untersuchungshaft müssen widerstreitende Interessen zum Ausgleich gebracht werden. Dem Erfordernis einer effektiven Strafrechtspflege stehen die Unschuldsvermutung (Art. 6 II EMRK)[1083] und die Freiheitsrechte eines Bürgers gegenüber. Die Untersuchungshaft ist die Maßnahme mit den schwerwiegendsten Folgen für den Beschuldigten. Dies verlangt eine besonders sorgfältige Prüfung der gesetzlichen Voraussetzungen und der Verhältnismäßigkeit. Aufgrund ihres Charakters als verfahrenssicherndes Instrument darf die Untersuchungshaft keinen Strafcharakter haben.[1084] Die Untersuchungshaft darf auch nicht als „Beugehaft" eingesetzt werden, um den Beschuldigten zur Kooperation mit den Strafverfolgungsbehörden zu veranlassen.[1085]

696 Neben der Untersuchungshaft nach §§ 112 ff. StPO gibt es als besondere Hafttatbestände mit ähnlichen Zielsetzungen, namentlich § 127b StPO (Hauptverhandlungshaft), § 453c StPO (Sicherungshaft), § 457 II StPO (Vollstreckungshaft) und §§ 230 II, 236, 329 IV StPO (Ungehorsamshaft).[1086] Hinzu kommen Institute mit teilweise übereinstimmender Zielsetzung wie etwa die einstweilige Unterbringung (§ 126a StPO) und die Sicherheitsleistung/Kaution (§ 132 StPO).

2. Anordnungsvoraussetzungen

697 Wir verbleiben hier in der bisher praktizierten Darstellungsweise, da es für die Erläuterung des Stoffes sinnvoll ist, zunächst die materiellen Voraussetzungen darzustellen. Wir weisen aber wie schon eingangs des Kapitels darauf hin, dass der Aufbau von der Fragestellung abhängt. Soll z.B. geprüft werden, ob ein Richter einen Haftbefehl erlassen wird, sind zunächst die formellen Voraussetzungen wie Zuständigkeit und Anordnungsbefugnis zu prüfen.

1080 Beck-OK-StPO-*Kraus,* § 119 Rn 1; Stand 1.10.2009.
1081 BGBl v. 29.7.2009, S. 2274.
1082 *Meyer-Goßner*, Vor § 112 Rn 1.
1083 Zur Unschuldsvermutung vgl. auch Rn 66 ff. und 126. Allerdings enthält die EMRK in Art. 5 I S. 2 lit. c selbst eine Vorschrift zur Untersuchungshaft wegen Fluchtgefahr.
1084 BVerfGE **19**, 342, 349.
1085 BGHSt **34**, 362, 363 f.
1086 *Kindhäuser*, § 9 Rn 5

Die Untersuchungshaft darf nur gegen den **Beschuldigten** angeordnet werden (zur Beschuldigtenstellung vgl. Rn 216 ff.). Soweit vor der Anordnung der Untersuchungshaft noch keine Beschuldigtenstellung bestand, erlangt der Verdächtige mit der Anordnung den Status eines Beschuldigten und muss entsprechend belehrt werden. **698**

Erforderlich ist gem. § 112 I S. 1 StPO ein **dringender Tatverdacht**, was eine zweistufige Prüfung notwendig macht. Es müssen erstens bestimmte Tatsachen vorliegen, aus denen sich zweitens der dringende Tatverdacht ergibt. **699**

- **Bestimmte Tatsachen** sind abzugrenzen von bloßen Vermutungen. Die Ermittlungen müssen also bereits über eine Tatsachenbasis verfügen, auf die der Verdacht gestützt werden kann.[1087] Belastende Tatsachen müssen besonders sorgfältig gewürdigt und bewertet werden z.B. hinsichtlich der Glaubwürdigkeit von Belastungszeugen.[1088]
- **Dringender Tatverdacht** setzt voraus, dass unter Berücksichtigung des gesamten bisherigen Ermittlungsergebnisses ein hoher Wahrscheinlichkeitsgrad dafür ergibt, dass der Beschuldigte als Täter oder Teilnehmer eine Tat begangen hat, die als Straftat subsumiert werden kann.

Unter den **Verdachtsgraden** der StPO ist der Anfangsverdacht (§§ 160 I StPO, 152 II StPO) der schwächste. Er setzt nur voraus, dass Tatsachen vorliegen, die es nach kriminalistischer Erfahrung als möglich erscheinen lassen, dass eine verfolgbare Straftat vorliegt.[1089] Der hinreichende Tatverdacht (§ 170 I StPO, § 203 StPO) erfordert, dass bei Abschluss der Ermittlungen eine Verurteilung zu erwarten ist und deshalb hinreichender Verdacht zur Anklageerhebung bzw. Verfahrenseröffnung besteht.[1090] Der dringende Tatverdacht des § 112 StPO setzt demgegenüber eine hohe Wahrscheinlichkeit der Begehung einer Straftat voraus (vgl. zu den Verdachtsgraden auch Rn 727 ff.). Da Untersuchungshaft allerdings schon zu Beginn des Ermittlungsverfahrens verhängt werden kann, wenn dessen Ausgang noch nicht abzusehen ist,[1091] muss die hohe Wahrscheinlichkeit der Tatbegehung auf der Grundlage des zu diesem Zeitpunkt vorliegenden Ermittlungsergebnisses bewertet werden. Es ist deshalb nicht erforderlich, dass der Fall bereits i.S.d. § 170 I StPO ausermittelt ist und der Abschluss der Ermittlungen gem. § 169a StPO vermerkt werden kann. Es müssen mithin noch nicht sämtliche objektiven und subjektiven Tatbestandsmerkmale und sonstigen Voraussetzungen der Strafbarkeit unter Beweis gestellt werden können. Ein dringender Tatverdacht i.S. § 112 I StPO ist allerdings ausgeschlossen, wenn z.B. die hohe Wahrscheinlichkeit besteht, dass eine oder mehrere Voraussetzungen der Strafbarkeit – z.B. Tatbestandsmerkmale, Rechtswidrigkeit, Schuld - nicht nachgewiesen werden können oder der Beschuldigte vom Versuch zurückgetreten ist. Fehlt es an der Schuld kommt ggf. eine einstweilige Unterbringung nach § 126a StPO in Betracht.

Des Weiteren muss ein **Haftgrund** bestehen. Als Haftgründe kommen in Betracht: Flucht oder Fluchtgefahr (§ 112 II Nr. 1, 2 StPO), Verdunkelungsgefahr (§ 112 II Nr. 3 StPO), Verdacht eines Kapitaldelikts (§ 112 III StPO) und Wiederholungsgefahr (§ 112a StPO). Im beschleunigten Verfahren gibt es zusätzlich die Gefahr des Fernbleibens (§ 127b II StPO). **700**

- **Flucht (§ 112 II Nr. 1 StPO)** liegt vor, wenn aufgrund bestimmter Tatsachen festgestellt wird, dass der Beschuldigte flüchtig ist oder sich verborgen hält. Flucht erfordert das Verlassen des Lebensmittelpunkts zum Zweck der Unerreichbarkeit. Verborgen hält sich der Beschuldigte, wenn er, um sich dem Strafverfahren zu entziehen, seinen Aufenthalt vor den Behörden verschleiert, also z.B. unter falschem Namen unangemeldet an einem

---

[1087] *Meyer-Goßner*, § 112 Rn 7.
[1088] OLG Frankfurt StV **2006**, 642.
[1089] *Meyer-Goßner*, § 152 Rn 4
[1090] *Meyer-Goßner*, § 170 Rn 1.
[1091] *Beulke*, Rn 210.

entlegenen Ort lebt.[1092] Keine Flucht liegt vor, wenn der Angeklagte seinen Lebensmittelpunkt schon vor der Einleitung eines Ermittlungsverfahrens dauerhaft ins Ausland verlegt hat.[1093]

- **Fluchtgefahr (§ 112 II Nr. 2 StPO)** erfordert eine Prognose aufgrund bestimmter Tatsachen unter Würdigung aller Umstände pro und contra, dass der Beschuldigte sich dem Strafverfahren eher entziehen wird als dass er sich ihm zur Verfügung hält.[1094] Dabei kommen viele Gesichtspunkte zum Tragen wie z.B. fehlende familiäre Bindungen, schwierige finanzielle Situation, hohe Straferwartung, gute Beziehungen ins Ausland und dort befindliches Vermögen, fehlender fester Wohnsitz im Inland etc. Die genannten Umstände begründen aber allein durch ihr Vorliegen noch keine Fluchtgefahr; es muss jeweils deutlich gemacht werden, warum im konkreten Fall die Flucht wahrscheinlich ist und Fluchthemmnisse nicht oder nicht in ausreichendem Umfang bestehen. Ist mit einer hohen Strafe zu rechnen, so sind die Anforderungen an das Hinzutreten weiterer Gründe, die für Fluchtgefahr sprechen, niedriger anzusetzen.[1095] Allerdings setzt dieses Argument eine sorgfältige rechtliche Analyse voraus. Von Studierenden wird erwartet, dass sie auf strafmildernde Vorschriften des materiellen Strafrechts eingehen wie etwa Beihilfe (§ 27 II S. 2 StGB i.V.m. § 49 I StGB), Versuch (§ 23 II StGB i.V.m. § 49 I StGB) oder minderschwere Fälle wie z.B. § 249 II StGB.[1096] In der Praxis sind weitere Strafzumessungsgesichtspunkte zu berücksichtigen wie etwa begründete Aussicht eines Ersttäters auf einen offenen Vollzug oder sein bisheriges Verhalten, das auch bei einer mehrjährigen Freiheitsstrafe gegen eine Fluchtgefahr sprechen kann.[1097] Ähnliches gilt für die Planung einer Auslandsreise, die einerseits für Fluchtgefahr sprechen kann, wenn keine plausiblen anderweitigen Gründe vorliegen, andererseits keine Fluchtgefahr begründet, wenn das sonstige Verhalten deutlich gegen Fluchtgefahr spricht.[1098] Demgegenüber versucht der Beschuldigte sich dem Verfahren auch dann zu entziehen, wenn er z.B. aktiv seine Verhandlungsunfähigkeit herbeiführt. Suizidgefahr kann aber der Fluchtgefahr nicht gleichgesetzt werden.[1099] Ein bloß passives Ignorieren von Ladungen durch einen Beschuldigten, der schon vor Einleitung des Ermittlungsverfahrens seinen Lebensmittelpunkt ins Ausland verlegt hat, genügt nicht.[1100] Die soziale Integration in einem Mitgliedsstaat der EU steht der sozialen Integration im Inland gleich.[1101] Fluchtgefahr kann auch bei einem inhaftierten Angeklagten bestehen, wenn vor dem Verfahrensabschluss eine Entlassung aus der Haft in dem anderen Verfahren möglich ist.[1102] Der weitere Haftbefehl wird dann als Überhaft vollstreckt (s.u. Rn 703).

- **Verdunkelungsgefahr (§ 112 II Nr. 3 StPO)** besteht, wenn aufgrund bestimmter Tatsachen das Verhalten des Beschuldigten den dringenden Verdacht begründet, er werde
  - ⇨ Beweismittel vernichten, verändern, beiseiteschaffen, unterdrücken oder fälschen oder
  - ⇨ auf Mitbeschuldigte, Zeugen, oder Sachverständige in unlauterer Weise einwirken oder
  - ⇨ andere zu solchem Verhalten veranlassen,
  - ⇨ **und** wenn deshalb die Gefahr droht, dass die Ermittlung der Wahrheit erschwert werde (Verdunkelungsgefahr).

  Als Folge der genannten Verdunkelungshandlungen muss demnach aufgrund bestimmter Tatsachen die konkrete Gefahr drohen, dass die Wahrheitsermittlung erschwert wird. Kein

---

1092 *Kindhäuser*, § 9 Rn 12.
1093 OLG Stuttgart NStZ **2003**, 682; OLG Celle NStZ-RR **2008**, 78.
1094 *Meyer-Goßner*, § 112 Rn 17.
1095 OLG Hamm StV **2007**, 363; NStZ **2008**, 649; *Meyer-Goßner*, § 112 Rn 25 m.w.N.
1096 Vgl. BGH 23.12.**2009** – StB 51/09 (Verena Becker); hierzu instruktiv www.fall-des-monats.de, Fall Nr. 120.
1097 OLG Köln StV **2006**, 313; OLG Hamm StV **2008**, 29.
1098 OLG Dresden StV **2007**, 587.
1099 *Hellmann*, Rn 226.
1100 OLG Stuttgart NStZ **2003**, 682; OLG Celle NStZ-RR **2008**, 78.
1101 OLG Düsseldorf bei *Paeffgen*, NStZ **2007**, 79, 81; zur Begründung wird u.a. auf die Rückführungszusicherung und den damit verbunden Strafvollzug im jeweiligen Mitgliedsstaat verwiesen, der es wahrscheinlicher macht, dass sich der Angeklagte dem Verfahren stellen wird.
1102 OLG Hamm StV **2007**, 363.

Verdunkeln ist ein Verhalten, das die StPO erlaubt, z.B. das Schweigen des Verdächtigen, der Widerruf eines Geständnisses, die Bitte an einen Zeugen, von seinem Zeugnisverweigerungsrecht Gebrauch zu machen.[1103] Verdunkelungsgefahr ist nach einer Verurteilung, aber vor Rechtskraft des Urteils im Hinblick auf ein Berufungsverfahren oder eine Zurückverweisung aus dem Revisionsrechtszug grds. noch möglich, jedoch nicht mehr im Hinblick auf eine bereits rechtskräftige Entscheidung. Besteht jedoch eine gesicherte eindeutige Beweislage z.B. durch richterlich protokollierte Aussagen unbeeinflussbarer Zeugen, ein gesichertes Geständnis oder sichergestellte Tatwerkzeuge etc. so kommt Verdunkelungsgefahr nicht mehr in Betracht.[1104]

Die mehrfach verwendete Formulierung „aufgrund bestimmter Tatsachen" bedeutet für die Klausur, dass entsprechende Tatsachen, die z.B. auf Flucht, Fluchtgefahr etc. schließen lassen, im Sachverhalt gesucht und im Rahmen der Prüfung konkret benannt und sodann kritisch („pro **und** contra") gewürdigt werden müssen. Wie in der Praxis wird auch in Prüfungen ein sorgfältiges Vorgehen sowohl hinsichtlich der Erfassung des Sachverhalts als auch hinsichtlich seiner Würdigung erwartet. Stets sollte der erste Blick in einer Klausur zum Bearbeitungsvermerk führen. Wenn die Bearbeitung einer Haftfrage aufgegeben ist, so sollte man schon bei der ersten Lektüre auf entsprechende Hinweise im Sachverhalt achten und diese z.B. mit einer besonderen Farbe markieren.

- **Tatschwere (§ 112 III StPO)**: Nach dem Wortlaut braucht ein Haftgrund nach § 112 II StPO nicht zu bestehen, wenn der Beschuldigte einer der in Abs. III abschließend genannten Taten (Katalogtaten) dringend verdächtig ist. Eine solche Auslegung, würde aber den Zweck der Untersuchungshaft, die Verfahrenssicherung, außer Acht lassen, und die Untersuchungshaft zu einer „Verdachtsstrafe" machen, was den Grundsatz der Unschuldsvermutung verletzen würde. Das BVerfG hat deshalb eine verfassungskonforme Auslegung des Abs. III vorgenommen. Danach muss auch im Fall des § 112 III StPO eine Flucht- oder Verdunkelungsgefahr bestehen; es müssen aber zur Begründung keine einzelfallbezogenen, belegbaren Tatsachen angegeben werden, sondern es genügt, dass nach den konkreten Umständen des Einzelfalls eine Flucht- oder Verdunkelungsgefahr nicht auszuschließen ist.[1105] Liegen aber belegbare Tatsachen vor, besteht ein Haftgrund bereits nach § 112 II StPO und muss als solcher – neben Abs. III - auch geprüft und festgestellt werden.[1106]

- **Wiederholungsgefahr (§ 112a StPO)**: Bei dringendem Verdacht der Begehung einer in § 112a StPO abschließend aufgezählten Anlasstaten greift der subsidiäre (vgl. § 112a II StPO) Haftgrund der Wiederholungsgefahr. Seit dem 1.4.2007 gehört auch das „qualifizierte Stalking" (§ 238 II, III StGB) zum Katalog des § 112a I Nr. 1 StPO.[1107] Dabei muss bei den unter Nr. 2 genannten Taten der dringende Verdacht einer wiederholten Begehung tatsächlich bestehen, während bei den unter Nr. 1 genannten Taten (Straftaten gegen die sexuelle Selbstbestimmung) bereits der dringende Verdacht einer einmaligen Begehung ausreicht. Eine Sonderstellung nimmt in diesem Zusammenhang § 238 StGB (Nachstellung/Stalking) ein, der zwar in § 112a I Nr. 1 StPO eingestellt wurde, jedoch nach seinem Grundtatbestand bereits eine beharrliche, d.h. wiederholte Begehung der Tathandlungen voraussetzt, durch die das Opfer in seiner Lebensführung schwerwiegend beeinträchtigt werden muss. Darüber hinaus verlangt Nr. 2 eine schwerwiegende Beein-

---

[1103] *Kindhäuser*, § 9 Rn 23; auch das Einwirken auf Beweispersonen ist nicht von vorne herein unlauter vgl. KG StraFo **2009**, 21 vielmehr muss Einfluss genommen werden durch unlautere Mittel wie Täuschung, Drohung und Ausnutzen eines Autoritätsverhältnisses oder zu unterlauteren Zwecken d.h. insbesondere der Verfälschung der Wahrheit/Beweislage. Zum Anbieten von Geld gegen Rücknahme der Strafanzeige vgl. *Deckers/Lederer*, StV **2009**, 140.

[1104] *Meyer-Goßner*, § 112 Rn 35 m.w.N.

[1105] BVerfGE **19**, 342, 350.

[1106] *Meyer-Goßner,* § 112 Rn 39.

[1107] Hierzu *Mitsch*, NJW **2007**, 1237; krit. *Krüger,* NJ **2008**, 150; *Kanauer/Reinbacher,* StV **2008**, 377; *Vander*, KritVjschr **2006**, 81, 91; *Gazeas*, KJ **2006**, 247, 265; *Kinzig/Zander*, JA **2007**, 481; a.A. *Wagner*, FPR **2006**, 208, 211; zur Phänomenologie entsprechender Taten *Goebel/Lapp,* Kriminalistik **2006**, 369; *Greuel*, Eskalation von Beziehungsgewalt, in Lorei (Hrsg.), Polizei & Psychologie, S. 61-86.

trächtigung der Rechtsordnung durch die Anlasstat und eine Straferwartung von mehr als einem Jahr.[1108] Weiter müssen sowohl bei Nr. 1 als auch bei Nr. 2 bestimmte Tatsachen die Gefahr begründen, dass der Beschuldigte vor einer rechtskräftigen Aburteilung weitere erhebliche Straftaten gleicher Art begehen oder fortsetzen wird und die Haft zur Abwendung dieser drohenden Gefahr erforderlich ist. Für den Haftgrund der Wiederholungsgefahr beträgt die Höchstdauer nach § 122a StPO ein Jahr.

§ 112a StPO dient nicht der Verfahrenssicherung, sondern der Sicherung der Allgemeinheit vor weiteren erheblichen Straftaten („Sicherungs- bzw. Deeskalationshaft"). Da in Art. 5 I S. 2 lit. c EMRK der Haftgrund der Wiederholungsgefahr vorgesehen ist, kann § 112a StPO nicht gegen die Unschuldsvermutung aus Art. 6 II EMRK verstoßen.[1109] Auch das BVerfG hält § 112a StPO bei einer Begrenzung auf gravierende Fälle für verfassungskonform.[1110]

701 **Die Anordnung der Untersuchungshaft muss verhältnismäßig sein**. Bei leichten Straftaten schließt § 113 StPO eine Untersuchungshaft wegen Verdunkelungsgefahr aus und schränkt die Untersuchungshaft wegen Fluchtgefahr ein. Darüber hinaus ist der Grundsatz der Verhältnismäßigkeit in § 112 I S. 2 StPO ausdrücklich geregelt. Die Untersuchungshaft darf zur Bedeutung der Sache und der zu erwartenden Strafe oder Maßregel der Besserung und Sicherung nicht außer Verhältnis stehen. Dabei sind alle konkreten Nachteile und Belastungen für den Beschuldigten zu berücksichtigen wie z.B. Verlust des Arbeitsplatzes, Auswirkungen auf die Familie, gesundheitliche Folgen etc.

- Die Bedeutung der Sache bestimmt sich nach der abstrakten Strafdrohung als Maß für die Bedeutung des verletzten Rechtsguts, nach der in der Tat zum Ausdruck kommenden „kriminellen Energie" (Gelegenheitstat, professionelle Kriminalität etc.) und nach den sozialschädlichen Auswirkungen der Tat.[1111]
- Hinsichtlich der zu erwartenden Strafe und Maßregel muss der Richter auf der Grundlage des Stands der Ermittlungen die zu erwartende Strafe anhand des Strafrahmens und der gesetzlichen Strafzumessungskriterien (§ 46 ff. StGB) abschätzen und prüfen, ob Maßregeln nach §§ 61 ff. StGB wegen der Gefährlichkeit des Täters in Betracht kommen. Wie sich aus § 113 StPO ergibt, ist die Untersuchungshaft nicht allein deshalb unverhältnismäßig, weil nur eine Geldstrafe oder kurze Freiheitsstrafe zu erwarten ist.
- Trotz Vorliegens eines dringenden Tatverdachts und eines Haftgrundes kann die weitere Vollstreckung von Untersuchungshaft wegen eines schwerwiegenden Verstoßes gegen das Beschleunigungsgebot und einer überlangen Verfahrensdauer unverhältnismäßig sein; der Haftbefehl ist dann aufzuheben.[1112] Ein solcher Verstoß gegen das Beschleunigungsgebot ist bereits vor Ablauf der Sechs-Monats-Frist des § 121 StPO möglich.[1113] Ist eine schwierige Sach- und Rechtslage zu erwarten, ist eine langfristige Hauptverhandlungsplanung mit bis zu zwei Terminen pro Woche erforderlich.[1114] Das Präsidium des Gerichts hat bei

---

[1108] *Kindhäuser,* § 9 Rn 28.

[1109] *Kindhäuser,* § 9 Rn 30; *Meyer-Goßner,* § 112a Rn 1; a.A. SK-*Paeffgen,* § 112a Rn 5.

[1110] BVerfGE **19**, 342, 350 f.; **35**, 185, 190 f.; dazu *Kinzig/Zander,* JA **2007**, 486.

[1111] Vgl. *Kindhäuser,* § 9 Rn 33.

[1112] Zur Entwicklung des Judizes, da in diesem Bereich in letzter Zeit zahlreiche wichtige Entscheidungen ergangen sind: OLG Saarbrücken StV **2007**, 365: siebenmonatige Verzögerung der Vorlage der Revisionsakten; OLG Hamm StV **2006**, 481: sechsmonatige Verzögerung der Verfahrenseröffnung; OLG Frankfurt StV **2006**, 195: Nichtbefassung mit Berufung über die Dauer von drei Monaten nach Akteneingang beim Berufungsgericht; OLG Koblenz StV **2006**, 645: mehrjährige Haftdauer wegen fehlerhafter Sachbehandlung; OLG Hamm StraFo **2006**, 409: Nach Geständnis vor einem Richter darf die Anklageerhebung nicht sieben Wochen dauern; BVerfG NStZ **2006**, 295: auch das Urteil muss in Haftsachen beschleunigt abgesetzt werden - § 275 I StPO ist eine Höchst-, keine Regelfrist; BVerfG StV **2006**, 251: das Beschleunigungsgebot gilt auch bei Überhaft d.h. wenn gegen den Beschuldigten noch ein weiterer Haftbefehl zur gleichen Zeit vollstreckt wird und eine Entlassung aus der Haft deshalb ausgeschlossen ist.

[1113] BVerfG StV **2006**, 251; OLG Koblenz StV **2007**, 91; StV **2007**, 256: Pflicht des Gerichts, auf zeitnahes Erstellen von Gutachten hinzuwirken

[1114] BVerfG NJW **2005**, 2612; **2005**, 3485; **2006**, 668; **2006**, 672; **2006**, 677; **2006**, 1336; StV **2006**, 75; **2006**, 251; OLG Hamm StV **2006**, 191; StV **2007**, 363; OLG Düsseldorf StV **2007**, 92; OLG Hamburg StV **2006**, 533.

der Festlegung der Geschäftsverteilung darauf zu achten, dass Haftsachen dem Beschleunigungsgebot entsprechend bearbeitet werden können.[1115] Ob die Verfahrensdauer unangemessen lang ist, bestimmt sich nach der gesamten Verfahrensdauer unter Einschluss der Revision und einer möglichen Zurückverweisung. Bei der Bewertung der angemessenen Länge der Verfahrensdauer können zahlreiche Faktoren berücksichtigt werden; dabei ist regelmäßig entscheidend, ob eine hohe Verfahrensdauer der Sache selbst geschuldet ist (Komplexität des Falles, umfangreiche Beweisaufnahme), ob sie in den Verantwortungsbereich des Beschuldigten fällt, der sich allerdings mit allen prozessual zulässigen Mitteln verteidigen darf, aber z.B. die Verzögerung durch eine unbegründete Revision selbst zu tragen hat, oder ob schließlich die Verantwortlichkeit für Verzögerungen (auch) beim Gericht oder den Strafverfolgungsbehörden liegt. Nur Letzteres ist ein Verstoß gegen das Beschleunigungsgebot und kann zur Aufhebung des Haftbefehls führen, wenn die Verfahrensdauer in Relation zur Schwierigkeit der Sach- und Rechtslage unverhältnismäßig lang ist.[1116]

Nach wohl h.M. ist die Verhältnismäßigkeit aufgrund der negativen Formulierung in 702
§ 112 StPO („... sie darf nicht angeordnet werden, wenn ...") keine Haftvoraussetzung, sondern ein **Haftausschließungsgrund**. Folge dieser Auffassung ist, dass der Zweifelssatz („in dubio pro reo") nicht zur Anwendung kommt und die Anordnung der Untersuchungshaft nur dann ausgeschlossen ist, wenn deren Unverhältnismäßigkeit positiv feststehet.[1117] Richtigerweise ist jedoch *Hellmann* beizupflichten, demzufolge der Zweifelssatz auf die Feststellung von Tatsachen angewendet wird und nicht auf Rechtsbegriffe, über die der Richter entscheiden muss.[1118] Darüber hinaus ist zu berücksichtigen, dass nach der Rspr. des BVerfG die Anordnung aller Grundrechtseingriffe im Ermittlungsverfahren unabhängig von der gesetzlichen Regelung dem Grundsatz der Verhältnismäßigkeit unterliegt. Dies gilt selbst dort, wo die Anordnung der Maßnahme nach dem Wortlaut der StPO bei Vorliegen der Voraussetzungen zwingend vorgeschrieben ist wie etwa bei § 94 StPO.[1119] Da der Grundsatz der Verhältnismäßigkeit mit Verfassungsrang als Anordnungsvoraussetzung gilt, ist er der Gestaltung durch den einfachen Gesetzgeber entzogen, sodass die negative Formulierung in § 112 I StPO keinen Haftausschließungsgrund darstellen kann, sondern vielmehr als tatbestandliche Formulierung des allgemeinen Verhältnismäßigkeitsgrundsatzes dem Rechtsanwender nochmals verdeutlichen soll, dass die Anordnung der Untersuchungshaft nur Ultima Ratio sein kann.

Die Verhältnismäßigkeit der Untersuchungshaft ist nur anhand der im Haftbefehl ge- 703
nannten Delikte zu beurteilen. Dies gilt auch dann, wenn der Haftbefehl auf den Verdacht weiterer Delikte hätte gestützt werden können.[1120] Zu beachten sind auch einige Sonderkonstellationen. So ist streitig, ob bei **Privatklagedelikten** Untersuchungshaft angeordnet werden kann. Da hier aber kein öffentliches Interesse an der Strafverfolgung besteht, kann die geringe Bedeutung der Sache keine Haft rechtfertigen.[1121] Wurde im Rahmen der Verfolgung eines **Antragsdelikts** Haftbefehl erlassen und liegt kein Strafantrag vor, ist den Antragsberechtigten nach § 130 StPO eine Frist zur Antragstellung zu setzen, die nicht länger als eine Woche sein soll. Wird innerhalb der Frist kein Strafantrag gestellt, so ist der Haftbefehl aufzuheben. Im Falle von **Überhaft** (= zwei Haftbefehle werden gleichzeitig gegen eine Person erlassen) bleibt der Betroffene so lange in Haft, bis der letzte bestehende Haftbefehl außer Vollzug tritt. Wegen derselben Tat im

---

1115 BVerfG StV **2007**, 254.
1116 BVerfG StV **2006**, 73.
1117 OLG Düsseldorf NStZ **1993**, 554; *Meyer-Goßner*, § 112 Rn 8; KK-*Boujong*, Rn 44; *Beulke*, Rn 216; *Kindhäuser*, § 9 Rn 35.
1118 *Hellmann*, Rn 233; vgl. auch SK-*Paeffgen*, § 112 Rn 10.
1119 BVerfGE **44**, 353, 373; NStZ-RR **2004**, 83.
1120 OLG Oldenburg StV **2006**, 536.
1121 *Beulke*, Rn 216; *Kindhäuser*, § 9 Rn 36.

prozessualen Sinn dürfen wegen Art. 103 III GG nicht mehrere Haftbefehle gleichzeitig ergehen.[1122]

704 Die Untersuchungshaft wird gem. § 114 I StPO durch schriftlichen Haftbefehl des Richters angeordnet. Der notwendige Inhalt des Haftbefehls ist in § 114 II StPO niedergelegt.

705 **Vor Anklageerhebung** gilt § 125 I StPO. Zuständig ist der sog. Ermittlungsrichter bei dem Amtsgericht, in dessen Bezirk ein Gerichtsstand nach §§ 7 ff. StPO begründet ist oder der Beschuldigte sich aufhält. Der Erlass des Haftbefehls setzt einen Antrag der StA voraus; der Richter darf ihn von Amts wegen nur im Fall von Gefahr im Verzug erlassen, wenn also ein StA nicht rechtzeitig erreichbar ist und z.B. Flucht ins Ausland droht.

706 **Nach Anklageerhebung** ist gem. § 125 II StPO das mit der Sache befasste Gericht zuständig; ein Antrag der StA ist nicht mehr erforderlich. Das Berufungsgericht wird zuständig, wenn die Akten bei ihm eingegangen sind (§ 321 S. 2 StPO). Im Falle der Revision bleibt das Gericht zuständig, dessen Urteil angefochten wird (§ 125 II S. 1 Var. 2 StPO). In dringenden Fällen kann der Vorsitzende anstelle des Gerichts den Haftbefehl erlassen.

707 **Im Vollstreckungsverfahren** ist die StA als Vollstreckungsbehörde (vgl. § 451 StPO) gem. § 457 II StPO für den Erlass eines Haftbefehls zuständig.

3. Vollstreckung des Haftbefehls

708 Der Haftbefehl wird durch **Verhaftung** des Beschuldigten vollstreckt; dies geschieht durch die Ergreifung. Zuständig für die Vollstreckung ist die StA (§ 36 II S. 1 StPO), die sich ihrer Ermittlungspersonen (§ 152 GVG) oder der Polizei (§ 161 I StPO) bedienen kann. Nach der Ergreifung ist der Haftbefehl dem Beschuldigten grds. **bekannt zu geben** (§ 114a StPO). Gem. § 115 I StPO ist der Verhaftete unverzüglich dem zuständigen (§ 126 I StPO) Richter **vorzuführen** (vgl. Art. 104 II GG). Ist dies nicht möglich, ist er nach § 115a I StPO spätestens am Tag nach der Ergreifung dem Richter des nächsten Amtsgerichts vorzuführen. Im Übrigen ist das Verfahren in §§ 114b ff. StPO detailliert geregelt. Der Verhaftete ist unverzüglich und schriftlich in einer ihm verständlichen Sprache über seine Rechte gem. § 114b II StPO zu belehren. Ist eine schriftliche Belehrung erkennbar nicht ausreichend oder nicht möglich, hat eine mündliche Belehrung zu erfolgen, wobei die schriftliche Belehrung nachgeholt werden soll (§ 114b I StPO). Dem Verhafteten ist unverzüglich Gelegenheit zu geben, einen Angehörigen oder eine Person seines Vertrauens zu benachrichtigen, sofern der Untersuchungszweck dadurch nicht gefährdet wird (§ 114c I StPO). Wird der Verhaftete nach der Vorführung in Haft genommen, hat der Richter zu veranlassen, dass ein Angehöriger oder eine Vertrauensperson benachrichtigt wird (vgl. Art. 104 VI GG, § 114c II StPO). Nach Erlass eines Haftbefehls bestehen drei Möglichkeiten des weiteren Verfahrens: Aufrechterhaltung des Haftbefehls (vgl. § 115 IV StPO), Aufhebung des Haftbefehls (§ 120 StPO) und Außervollzugsetzung des Haftbefehls (§§ 116, 116a StPO). Zu beachten sind die in den jeweiligen Normen geregelten Einzelheiten. §§ 114a ff. StPO verwenden häufig den Begriff „unverzüglich". Damit ist nicht wie sonst „ohne schuldhaftes Zögern" (§ 121 BGB) gemeint. Vielmehr bedeutet der „unverzüglich" wie bei § 163c StPO, dass jede Verzögerung, die sich nicht sachlich und rechtlich rechtfertigen lässt, vermieden werden muss.[1123]

[1122] BGHSt **38,** 54; *Kindhäuser,* § 9 Rn 38.

[1123] *R. Schmidt,* BesVerwR II, 12. Aufl. **2010**, Rn 478; VGH Mannheim NVwZ-RR **1998**, 429; BVerwGE **45**, 51, 63; vgl. auch BVerfGE **105**, 239, 249; BVerfG NVwZ **2006**, 579, 580; EGMR NJW **2001**, 51, 53.

4. Rechtsbehelfe des Beschuldigten

Der Beschuldigte kann nach § 117 StPO einen Antrag auf Haftprüfung stellen oder nach §§ 304 I, 310 StPO Haftbeschwerde einlegen. 709

- **Antrag auf Haftprüfung (§ 117 StPO):** Der Beschuldigte kann, solange er sich in Untersuchungshaft befindet, jederzeit (d.h. beliebig oft; vgl. § 118 III StPO) die gerichtliche Prüfung der Haft beantragen. Zu prüfen ist, ob der Haftbefehl aufzuheben (§ 120 StPO) oder sein Vollzug auszusetzen (§ 116 StPO) ist. Zuständig für die Entscheidung ist der Haftrichter (§ 126 StPO); der Antrag nach § 117 StPO hat keinen Devolutiveffekt. Zu den Einzelheiten des Verfahrens vgl. die Regelungen der §§ 117 bis 118b StPO. 710

- **Haftbeschwerde (§§ 304 I, 310 StPO):** Die Haftbeschwerde ist auch zulässig, wenn der Beschuldigte sich nicht in Untersuchungshaft befindet, d.h. auch gegen einen nach § 116 StPO außer Vollzug gesetzten Haftbefehl oder einen Haftbefehl, der wegen Überhaft nicht vollzogen wird. Die Beschwerde ist schließlich auch zulässig, wenn sich der Haftbefehl erledigt hat, weil der Betroffene entlassen wurde oder sich nach einer Verurteilung im Strafvollzug befindet, wenn ein Feststellungsinteresse an der Rechtswidrigkeit des Haftbefehls besteht. Letzteres ist wegen der Schwere der mit der Untersuchungshaft verbundenen Grundrechtseingriffe regelmäßig zu bejahen.[1124] Die Haftbeschwerde ist subsidiär gegenüber dem Antrag auf Haftprüfung, wenn dieser zulässig ist (vgl. § 117 II S. 1 StPO). Gegen die Entscheidung in der Haftprüfung ist aber die Beschwerde zulässig (§ 117 I S. 2 StPO). Für die Haftbeschwerde gelten die allgemeinen Regelungen zur Beschwerde gem. § 304 ff. StPO (vgl. Rn 1278 ff.). Der Haftrichter (§ 126 StPO) kann der Beschwerde abhelfen oder sie dem Beschwerdegericht (§ 73 I GVG) vorlegen (§ 306 II StPO) - sog. Devolutiveffekt. Die Beschwerde hat aber keinen Suspensiveffekt, d.h. sie hemmt den Vollzug der Untersuchungshaft nicht (§ 307 I StPO). Gegen die Entscheidung des Beschwerdegerichts ist die weitere Beschwerde (§ 310 StPO) zum OLG (§ 121 I GVG) zulässig. Die Beschwerde ist als allgemeines Rechtsmittel gegen denselben Haftbefehl nur einmal zulässig. 711

5. Haftprüfung von Amts wegen, Pflichtverteidigung

Nach § 117 V StPO a.F. fand eine Haftprüfung nach dreimonatiger Haftdauer von Amts wegen statt, sofern der Beschuldigte keinen Verteidiger hatte; dieser war ihm gem. § 117 IV StPO auf Antrag zu bestellen, wenn der Vollzug der Untersuchungshaft mindestens drei Monate gedauert hatte. Mit dem Gesetz zur Neuregelung der Untersuchungshaft (s. Rn 695) wurde das Recht der Pflichtverteidigung neu geregelt. § 117 IV und V StPO wurden aufgehoben. Stattdessen bestimmt § 140 I Nr. 4 StPO nun, dass die Mitwirkung eines Verteidigers notwendig ist, wenn und sobald gegen einen Beschuldigten Untersuchungshaft nach den §§ 112, 112a StPO oder einstweilige Unterbringung nach §§ 126a oder § 275a V StPO vollstreckt wird. Aufgrund der sofortigen Bestellung eines Pflichtverteidigers hat sich eine Haftprüfung von Amts erübrigt. 712

Ferner wird § 147 II StPO durch die Regelung ergänzt, dass der Verteidiger des inhaftierten Beschuldigten künftig ein Akteneinsichtsrecht (vor Abschluss der Ermittlungen gem. § 169a StPO) hat, soweit die Rechtmäßigkeit der Freiheitsentziehung betroffen ist (§ 147 II S. 2 StPO). Auch der nicht verteidigte Beschuldigte hat künftig gemäß § 147 VII StPO einen Anspruch auf Erteilung von Auskünften und Abschriften aus den Akten, soweit dies zur angemessenen Verteidigung erforderlich ist und den Untersuchungszweck nicht gefährdet.

Nach einer Haftdauer von sechs Monaten prüft das OLG auf Vorlage des Haftrichters von Amts wegen, ob die Untersuchungshaft fortgesetzt werden darf (§§ 121 II, 122 StPO; s.

[1124] BVerfG StraFo **2006**, 20; *Paeffgen*, NStZ **2007**, 142, 147.

Rn 714)). Von Amts wegen wird die Untersuchungshaft auch im Rahmen des Eröffnungsbeschlusses (§ 207 IV StPO) und bei der Urteilsfällung (§ 268b StPO) geprüft.

6. Aufhebung des Haftbefehls

713 Der Haftbefehl ist gem. **§ 120 I S. 1 StPO** aufzuheben, sobald die Voraussetzungen der Untersuchungshaft nicht mehr vorliegen oder die Fortsetzung unverhältnismäßig wäre. Zu prüfen ist mithin, ob weiterhin dringender Tatverdacht nach § 112 I StPO, ein Haftgrund nach § 112 II, III oder § 112a StPO und die Verhältnismäßigkeit nach § 112 I StPO vorliegen. Dabei ist zu beachten, dass einerseits insb. der Haftgrund der Verdunkelungsgefahr mit zunehmender Sicherung der Beweise an Gewicht verliert, andererseits die Frage nach der Verhältnismäßigkeit mit zunehmender Haftdauer an Gewicht gewinnt. Erhebliche Verstöße gegen das Beschleunigungsgebot können zur Aufhebung des Haftbefehls wegen eines Verstoßes gegen den Grundsatz der Verhältnismäßigkeit führen.[1125] Gleiches gilt, wenn trotz Fortbestehen eines Haftgrundes die Dauer der Untersuchungshaft die zu erwartende Freiheitsstrafe übersteigt, da die Dauer der Untersuchungshaft gem. § 51 I StGB auf die Strafhaft angerechnet wird.[1126] In § 120 I S. 2 StPO sind gesetzliche Aufhebungsgründe geregelt, die schon vor Rechtskraft (§ 120 II StPO) und unabhängig von der Richtigkeit der genannten Entscheidungen gelten. Gegen den Aufhebungsbeschluss stehen der StA die Rechtsmittel der Beschwerde (§ 304 StPO) und der weiteren Beschwerde (§ 310 StPO) zu. Die Beschwerde hat gem. § 307 I StPO keine aufschiebende Wirkung; diese kann auch nicht nach § 307 II StPO angeordnet werden, da § 120 II StPO als spezielle Regelung vorgeht. Im **Ermittlungsverfahren** wird der Haftbefehl auch aufgehoben, wenn es die StA beantragt (§ 120 III StPO); da der Haftbefehl von einem Richter erlassen wurde, kann ihn die StA nicht selbst aufheben. Sie ordnet in diesem Fall aber gleichzeitig mit dem Antrag d.h. noch vor der Entscheidung des Gerichts die Freilassung des Beschuldigten an. Trotz des Wortlauts „kann" besteht wegen des überwiegenden Freiheitsinteresses des Inhaftierten regelmäßig eine Ermessensreduzierung auf Null.[1127]

714 Der Haftbefehl ist auch nach § 121 II StPO aufzuheben, wenn die Voraussetzungen für seine Aufrechterhaltung nach **§ 121 I StPO** nicht vorliegen. § 121 StPO sichert den Anspruch des Inhaftierten auf eine beschleunigte Bearbeitung seines Verfahrens (vgl. Art. 5 III S. 2 EMRK) und eine Begrenzung der Inhaftierung auf das zwingend erforderliche Maß.[1128] Nach § 121 I StPO darf der Haftbefehl wegen derselben Tat über sechs Monate hinaus nur aufrechterhalten werden, wenn eine der genannten gesetzlich vorgesehenen Ausnahmen vorliegt. Als Ausnahmen sieht § 121 I StPO vor:

- Es ist bereits ein Urteil auf eine Freiheitsstrafe oder eine freiheitsentziehende Maßregel der Besserung und Sicherung ergangen;
- das Strafverfahren erweist sich als besonders schwierig;
- die Ermittlungen sind besonders umfangreich;
- es besteht ein sonstiger Grund, der ein Urteil noch nicht zulässt und die Fortdauer der Haft rechtfertigt. Ein sonstiger wichtiger Grund kann die Fortdauer der Untersuchungshaft nur rechtfertigen, wenn die Strafverfolgungsbehörden und die Gerichte keine Möglichkeit hatten, diesem Grund rechtzeitig entgegenzuwirken. Ein wichtiger Grund kann deshalb z.B. die Erkrankung unentbehrlicher Verfahrensbeteiligter oder

---

1125 BVerfG NStZ **2004**, 82 f. sowie oben Rn 701.

1126 OLG Köln JMBl NW **2006**, 262 fordert ein krasses Missverhältnis zwischen der bisherigen Dauer und der Straferwartung, im Hinblick auf den hohen Rang des Freiheitsgrundrechts ist aber schon ein „einfaches" Missverhältnis als Verstoß gegen das Verhältnismäßigkeitsprinzip zu bewerten.

1127 *Meyer-Goßner*, § 120 Rn 14.

1128 BVerfGE **20**, 45, 50.

Zeugen sein,[1129] nicht aber chronischer Personalmangel des Gerichts oder der StA oder eine langfristige Überlastung der zuständigen Strafkammer.[1130] Die Gründe für die Fortdauer sind genau zu prüfen, mit dem Freiheitsgrundrecht (Art. 2 II S. 2 und 104 I S. 1 GG) abzuwägen und in den Entscheidungsgründen nicht nur floskelhaft darzulegen.[1131] Bei der Abwägung dieser Gesichtspunkte mit dem Freiheitsrecht des Inhaftierten spielt die Schwere der Tat keine Rolle.[1132]

Der Begriff „derselben Tat" wird bei § 121 StPO weiter ausgelegt als bei § 264 StPO, um eine Umgehung des § 121 StPO dadurch zu verhindern, dass in einem größeren Tatkomplex die Inhaftierung oder Anklage wegen einzelner Taten zurückgestellt wird, damit wegen dieser „neuen" Taten später ein Haftbefehl beantragt werden kann, wenn die Höchstdauer der Inhaftierung wegen der übrigen Taten die Grenze von sechs Monaten erreicht. Deshalb werden bei § 121 I StPO zu „derselben Tat" alle Tatvorwürfe gegen den Beschuldigten gerechnet, die zur Zeit des Erlasses des Haftbefehls bereits bekannt waren - sog. erweiterter Tatbegriff, zur Verhinderung eines „in Reserve Haltens" von Tatvorwürfen.[1133] Über die Aufhebung bzw. die Anordnung der Fortdauer des Haftbefehls entscheidet nach § 121 II StPO das OLG nach dem in § 122 StPO geregelten Verfahren. **715**

Schließlich ist der Haftbefehl nach **§ 122a StPO** aufzuheben: Wurde die Haft ausschließlich wegen des Haftgrundes der Wiederholungsgefahr (§ 112a StPO) angeordnet, ist der Haftbefehl aufzuheben, wenn die Haft die Höchstdauer von einem Jahr erreicht hat (§ 122a StPO). Eine Außervollzugsetzung des Haftbefehls nach § 116 StPO genügt nicht. Es ist allerdings zulässig, den Haftbefehl auf einen anderen Haftgrund umzustellen, wenn ein solcher vorliegt.[1134] **716**

7. Aussetzung des Vollzugs des Haftbefehls, § 116 StPO

Der Richter (§ 126 StPO) setzt den Vollzug des Haftbefehls nach § 116 StPO aus, wenn der Zweck der Untersuchungshaft durch weniger einschneidende Maßnahmen (sog. „Haftsurrogate") erreicht werden kann. Der Haftbefehl kann in diesen Fällen nicht aufgehoben werden, da ohne die Anordnung von Haftsurrogaten ein Haftgrund besteht. Sind hingegen Haftsurrogate nicht erforderlich, kommt nicht „Haftverschonung" nach § 116 StPO, sondern nur die Aufhebung des Haftbefehls in Betracht. Haftverschonung wird nach den in § 116 StPO geregelten Einzelheiten für Haftbefehle gewährt, die wegen des Haftgrundes der Fluchtgefahr (§ 116 I StPO), der Verdunkelungsgefahr (§ 116 II StPO) oder und Wiederholungsgefahr (§ 116 III StPO) erlassen wurden. In entsprechender (verfassungskonformer) Anwendung des § 116 StPO kann jedoch auch der Vollzug eines Haftbefehls ausgesetzt werden, der allein aufgrund der Tatschwere nach § 112 III StPO erlassen wurde.[1135] Der Vollzug wird vom zuständigen Richter (§ 126 StPO) von Amts wegen oder auf Antrag der StA oder des Inhaftierten in jeder Phase des Verfahrens, ggf. schon bei Erlass des Haftbefehls außer Vollzug gesetzt.[1136] Unter den in § 116 IV Nr. 1 bis Nr. 3 StPO genannten Voraussetzungen wird der Haftbefehl wieder in Vollzug gesetzt. Erforderlich ist aber eine wesentliche Veränderung der relevanten Umstände seit der Gewährung der Haftverschonung. Neu sind nur nachträglich eingetretene oder nach Erlass des Aussetzungsbeschlusses bekannt gewordene Umstände[1137]; eine bloße **717**

[1129] BVerfGE **36**, 264, 274.
[1130] BVerfG NJW **2003**, 2895; OLG Hamm v. 29.6.**2006** – 4 Ws 301/06.
[1131] BVerfG StV **2006**, 248, 251; StV **2007**, 254; *U. Schmidt*, NStZ **2006**, 313.
[1132] OLG Düsseldorf StV **1991**, 308; OLG Jena StraFo **2004**, 318.
[1133] *Joecks*, § 121 Rn 3.
[1134] *Joecks*, § 122a Rn 1.
[1135] OLG Oldenburg StV **2008**, 84 f. unter Berufung auf BVerfG NJW **1966**, 243.
[1136] *Meyer-Goßner*, § 116 Rn 19 f.
[1137] BVerfG wistra **2007**, 417.

Neubewertung derselben Umstände genügt nicht.[1138] Ein solcher Umstand kann darin liegen, dass sich die Verhängung einer längeren Haftstrafe im Prozess abzeichnet oder die Verurteilung tatsächlich erfolgt. Eine Veränderung der Umstände liegt aber nur vor, wenn zum Zeitpunkt der Haftverschonung noch mit einer deutlich geringeren Strafe zu rechnen war.[1139] Ein Widerruf der Haftverschonung setzt voraus, dass die Vertrauensgrundlage entfällt, auf die sie gestützt war.[1140] Diese Anforderungen an das wieder in Vollzug setzen des Haftbefehls dürfen nicht durch Erlass eines neuen Haftbefehls umgangen werden.[1141] Zur Zahlung einer Kautionsleistung nach §§ 116 I S. 2 Nr. 4, 116a StPO durch Dritte vgl. LG Giesen StV 2006, 643.

8. Durchführung der Verhaftung und Vollzug der Untersuchungshaft

718 Die umgestalteten bzw. neu eingeführten §§ 114a – 114e StPO regeln umfangreiche Pflichten betreffend die Aushändigung des Haftbefehls, die Belehrung, die Benachrichtigung Dritter sowie die gegenseitige Information den Datenaustausch zwischen Gericht, Staatsanwaltschaft und Vollzugsanstalt (§§ 114d und 114e StPO). Sie gelten im Wesentlichen auch für die vorläufige Festnahmen (vgl. § 127 IV StPO), die Hauptverhandlungshaft (§127b I S. 2 StPO) und die Freiheitsentziehung zur Identitätsfeststellung (§ 163c I S. 3 StPO).

- dem Verhafteten ist bei der Verhaftung eine Abschrift des Haftbefehls auszuhändigen (§ 114a StPO). Falls der Verhaftete die deutsche Sprache nicht hinreichend beherrscht, erhält er eine Übersetzung in einer für ihn verständlichen Sprache. Sofern dies nicht möglich ist, sind dem Verhafteten unverzüglich in einer ihm verständlichen Sprache die Gründe der Verhaftung und die Beschuldigungen mitzuteilen, die schriftlichen Dokumente sind ebenfalls unverzüglich nachzureichen.

- der Beschuldigte ist bei der Verhaftung unverzüglich in einer ihm verständlichen Sprache über seine in § 114b II Nr. 1-6 StPO niedergelegten Rechte zu belehren (u.a. Schweigerecht, freie Wahl eines Verteidigers und eines Arztes, Benachrichtigung eines Angehörigen oder einer Vertrauensperson und ggf. der konsularischen Vertretung des Heimatlandes). Die Belehrung hat schriftlich in einer dem Verhafteten verständlichen Sprache zu erfolgen. Soweit dies nicht möglich oder erkennbar nicht ausreichend ist, hat die Belehrung mündlich zu erfolgen, die schriftliche Belehrung soll nachgeholt werden. Der Beschuldigte soll schriftlich bestätigen, dass er belehrt wurde, weigert er sich, ist dies zu dokumentieren.

718a Nach § 114c I StPO ist einem verhafteten Beschuldigten unverzüglich Gelegenheit zu geben, einen Angehörigen oder eine Vertrauenspersonen zu benachrichtigen, sofern der Untersuchungszweck dadurch nicht gefährdet wird. Entsprechende Gefahren können wohl vielfach dadurch abgewendet werden, dass die Benachrichtigung durch einen Vertreter der Strafverfolgungsbehörden vorgenommen wird.

718b Der Verhaftete ist sodann unverzüglich dem zuständigen Gericht vorzuführen (§ 115 I StPO), das Gericht hat den Verhafteten unverzüglich, spätestens aber am nächsten Tag zu vernehmen (§ 115 II StPO) und über die Aufrechterhaltung der Haft zu entscheiden (§ 115 IV StPO). Bei der Vernehmung hat das Gericht dem Verhafteten die belastenden Umstände offenzulegen, ihn über sein Schweigerecht zu belehren und Gelegenheit zu geben, die Verdachts- und Haftgründe zu entkräften (§ 115 III). Entscheidet das Gericht, die Haft aufrechtzuerhalten so hat das Gericht den Verhafteten

---

[1138] BVerfG StV **2006**, 139.
[1139] BVerfG StV **2006**, 139; BGH NStZ **2006**, 297; LG Hamburg StV **2006**, 643.
[1140] BVerfG StV **2006**, 139.
[1141] BVerfG StV **2007**, 84, 85 f.; *U. Schmidt*, NStZ **2006**, 313.

- gem. § 115 IV StPO den Beschuldigte über das Recht der Beschwerde und die anderen Rechtsbehelfe (§§ 117 I, II, § 118 I, II, § 119 V und § 119a I) zu belehren;
- gem. § 114c II StPO hat das Gericht die unverzügliche Benachrichtigung eines Angehörigen oder einer Person seines Vertrauens anzuordnen. Diese Pflicht besteht bei jeder weiteren Entscheidung über die Fortdauer der Haft.

Anders als § § 114c I StPO bestimmt § 114c II StPO ausdrücklich, dass die Benachrichtigung nicht durch den Verhafteten, sondern durch das Gericht zu veranlassen ist. Der Verhaftete hat kein Vetorecht. Die Benachrichtigung unterbleibt nur, wenn dem Gericht kein Angehöriger oder Vertrauter bekannt ist. Die Vorschrift dient damit jedenfalls auch dem deutschen öffentlichen Interesse, keinen Verdacht aufkommen zu lassen, irgendjemand könnte heimlich verschwinden. Dies legt es nahe, dass das Gericht im Rahmen des Zumutbaren Anstrengungen unternehmen sollte, einen Angehörigen ausfindig zu machen, wenn der Verhaftete keine Angaben macht.[1142] **718c**

Trotz der umfangreichen Belehrungsregeln schweigt das Gesetz zu den Rechtsfolgen von Verstößen. Hier wird man die zu § 136 StPO entwickelten Grundsätze heranziehen können (vgl. Rn 237 ff.). Demnach ist grds. ein Verwertungsverbot anzunehmen, wenn der Verhaftete nicht über sein Recht zu schweigen und sein Recht auf Verteidigerkonsultation belehrt wurde. **718d**

Kann der Verhaftete nicht so schnell dem nach §§ 115, 125, 126 StPO zuständigen Gericht vorgeführt werden, dass dieses spätestens am Tag nach der Verhaftung über die Aufrechterhaltung der Haft entscheiden kann (§ 115 I StPO), so ist der Verhaftete nach § 115a StPO dem nächsten Amtsgericht vorzuführen, das den Verhafteten dann unverzüglich, spätestens am Tag nach der Verhaftung zu vernehmen hat. Die Entscheidungsbefugnis des sog. nächsten Gerichts ist beschränkt. Es kann den Haftbefehl nicht aufheben. Es hat den Verhafteten aber freizulassen, wenn der Haftbefehl bereits aufgehoben ist (d.h. nicht schon dann, wenn es ihn für fehlerhaft hält), wenn der Verhaftete nicht die im Haftbefehl bezeichnete Person ist und wenn die Staatsanwaltschaft die Aufhebung des Haftbefehls beantragt. Letzteres ist neu gegenüber § 115a StPO a. F. und gilt nur vor der Erhebung der öffentlichen Klage (§ 120 III StPO). Liegen diese Voraussetzungen nicht vor, hält das nächste Gericht den Haftbefehl aber für fehlerhaft, teilt es dies dem zuständigen Gericht und der Staatsanwaltschaft unverzüglich mit und auf dem schnellstmöglichen Weg d.h. üblicherweise per Telefon oder E-Mail mit. Die Staatsanwaltschaft hat nun unter der Voraussetzung des § 120 III StPO die Möglichkeit, die Aufhebung des Haftbefehls zu beantragen mit der Konsequenz, dass der Verhaftete vom nächsten Gericht freigelassen wird. Gleichzeitig hat das zuständige Gericht den Haftbefehl auf der Grundlage der Informationen des nächsten Gerichts unverzüglich zu prüfen und kann ihn nach Anhörung der Staatsanwaltschaft (§ 33 II StPO) aufheben oder außer Vollzug setzen, ohne dass der Verhaftete dem zuständigen Gericht noch vorgeführt werden muss (§ 115a II S. 4 a.E.).[1143] **718e**

Kann der zuständige Richter ausnahmsweise nicht erreicht werden und beantragt auch die Staatsanwaltschaft die Aufhebung des Haftbefehls nicht, wird in zwei Fällen eine Ausnahme von der beschränkten Entscheidungskompetenz des nächsten Gerichts zugelassen: Das nächste Gericht darf der Haftbefehl außer Vollzug setzen, wenn der Beschuldigte haftunfähig ist oder wenn der Tatverdacht zweifelsfrei nicht besteht und die Aufrechterhaltung des Haftbefehls schlechthin unvertretbar wäre.[1144]

[1142] Insofern anders *Bittmann*, NStZ **2010**, 13, 15.

[1143] BeckOK-StPO-*Krauß,* § 115a Rn 3; *Meyer-Goßner*, zu § 115a a.F. Rn 6.

[1144] *Meyer-Goßner*, StPO § 115a Rn 6; L/R-*Hilger*, StPO § 115a Rn 12; *Schröder*, StV **2005**, 241; BeckOK-StPO-*Krauß,* § 115a Rn 4; zu § 115a a.F. *Meyer-Goßner*, Rn 6; LR-*Hilger*, Rn 12.

Wird der Verhaftete vom nächsten Gericht nicht freigelassen, so ist er auf sein Verlangen dem zuständigen Gericht zur Vernehmung vorzuführen. Über dieses Recht ist er zu belehren (§ 115a III StPO).

718f § 116b StPO regelt die Reihenfolge der Vollstreckung von Vollstreckungshaft vor Untersuchungshaft und Auslieferungshaft sowie Abschiebungshaft.

718g §§ 119 und 119a StPO regeln nur noch die Beschränkungen und Grundrechtseingriffe gegenüber den Inhaftierten, die aufgrund des Zwecks der Untersuchungshaft zur Abwehr einer Flucht-, Verdunkelungs- oder Wiederholungsgefahr erforderlich sind, sowie die Zuständigkeit für deren Anordnung und den Rechtschutz gegen entsprechende Maßnahmen. Die weitere Ausgestaltung des Vollzugs der U-Haft ist Sache der Länder.[1145] Die §§ 119, 119a StPO gelten nicht nur für die Untersuchungshaft, sondern auch für die übrigen in § 116b StPO genannten freiheitsentziehenden Maßnahmen.
Aufgrund § 119 I S. 2 StPO kann insbesondere angeordnet werden, dass der Empfang von Besuchen und die Telekommunikation der Erlaubnis bedürfen, dass Besuche, Telekommunikation sowie der Schrift- und Paketverkehr zu überwachen sind, dass die Übergabe von Gegenständen bei Besuchen der Erlaubnis bedarf, dass der Beschuldigte von einzelnen oder allen anderen Inhaftierten getrennt wird oder dass die gemeinsame Unterbringung und der gemeinsame Aufenthalt mit anderen Inhaftierten eingeschränkt oder ausgeschlossen werden.
Zuständig für die Anordnung der Beschränkungen ist nach § 119 I S. 3 StPO das Gericht, bei Gefahr im Verzug die Staatsanwaltschaft und die Vollzugsanstalt. Die Zuständigkeit bestimmt sich nach § 119 VI S. 2 i.V.m. § 126 StPO. Das anordnende Gericht muss die einzelnen Maßnahmen in jedem Einzelfall prüfen und begründen.[1146] Hinsichtlich des freien Verkehrs des Inhaftierten mit seinem Verteidiger gelten die §§ 148 u. 148a StPO. Diese Regelung des freien Umgangs ist in § 119 IV StPO auf eine Vielzahl dort einzeln genannter Funktionsträger und Beistände übertragen worden.

718h Gegen alle Entscheidungen der Staatsanwaltschaft, ihrer Ermittlungspersonen und der Vollzugsanstalt, die nach § 119 I StPO ergangenen sind und den Beschuldigten oder einen Dritten (z B. wegen der Verweigerung einer Besuchserlaubnis) beschwerenden, steht den Betroffenen der Antrag auf gerichtliche Entscheidung gem. § 119 V S. 1 StPO zu.[1147] Zuständig ist das Gericht nach § 126 StPO. Der Antrag hat keine aufschiebende Wirkung; das Gericht kann jedoch gem S 3 vorläufige Anordnungen treffen (§ 119 V S. 2, 3 StPO).
Gegen Entscheidungen der Gerichte nach § 119 I, II StPO können der Verhaftete, sein Verteidiger, der gesetzliche Vertreter und die Staatsanwaltschaft und Dritte, soweit sie beschwert sind, **Beschwerde** nach § 304 StPO einlegen, auch wenn es sich um Entscheidungen des erkennenden Gerichts i.S.v. § 305 StPO handelt (§ 305 S. 2 StPO).[1148.]

718i § 119a StPO regelt den Rechtsschutz gegen Entscheidungen und sonstige Maßnahmen der Vollzugsanstalt, die auf Landesrecht beruhen. Dem Bundesgesetzgeber steht auf diesem Gebiet die Gesetzgebungskompetenz insoweit zu, als es um den Rechtsweg gegen Entscheidungen der Vollzugsanstalt geht, da diese Frage das gerichtliche Verfah-

---

[1145] § 13 EGStPO enthält eine Übergangsregelung, wonach der bisherige § 119 StPO in den Ländern, die bis zum 1.1.2010 noch keine Neuregelung des Untersuchungshaftvollzugs getroffen haben, bis zu deren In-Kraft-Treten, längstens bis zum 31.12.2011, fortgelten wird.
[1146] Krit. wegen des damit verbundenen Aufwandes *Bittmann,* NStZ **2010**, 13, 17; die Regelung ist im Hinblick auf die Schonung der Grundrechte der Inhaftierten aber zu begrüßen.
[1147] BeckOK-*Krauß,* § 119 Rn 50.
[1148] OLG Karlsruhe StV **1997**, 312; BeckOK-*Krauß,* § 119 Rn 52; *Meyer-Goßner*, § 305 Rn 7.

ren betrifft.[1149] Über den Antrag nach § 119a Abs 1 S 1 StPO entscheidet das nach § 126 StPO zuständige Gericht,

II. Vorläufige Festnahme, § 127 StPO

Die vorläufige Festnahme stellt v.a. einen strafrechtlichen Rechtfertigungsgrund dar, der ausführlich bei *R. Schmidt*, StrafR AT, 9. Aufl. 2010, Rn 482 ff. erläutert ist. **719**

[1149] BT-Drs 16/11644, 31; BeckOK-*Krauß*, § 119a Rn 4.

7. Kapitel – Gang des Verfahrens

A. Das Ermittlungsverfahren (Vorverfahren)

720 Ziel des Ermittlungsverfahrens ist es, Erkenntnisse über Schuld bzw. Unschuld des Beschuldigten zu gewinnen. Insbesondere geht es um die Beschaffung von Beweismitteln, um zum einen gem. § 170 I und II StPO über die Frage zu entscheiden, ob öffentliche Anklage erhoben werden soll, und zum anderen die Durchführung einer Hauptverhandlung zu ermöglichen, in der letztlich über Schuld bzw. Unschuld entschieden wird.

I. Die Einleitung des Ermittlungsverfahrens

721 Am Anfang eines Strafverfahrens steht die Einleitung des Ermittlungsverfahrens. Bei der Einleitung (und der späteren Durchführung) eines Ermittlungsverfahrens treffen verschiedene Prozessmaxime zusammen, die sich zudem teilweise überschneiden, was eine geordnete Darstellung zwar erschwert, aber nicht unmöglich macht.

1. Ermittlungsgrundsatz

722 Der Ermittlungsgrundsatz (= Untersuchungsgrundsatz bzw. Instruktionsprinzip) wurde bereits ausführlich bei Rn 108 ff. erläutert. Er besagt, dass im Ermittlungsverfahren StA und Polizei den Sachverhalt, also das tatsächliche Geschehen, von Amts wegen zu erforschen haben. Diese Erforschungspflicht ergibt sich für die StA aus § 152 II StPO und § 160 I, II StPO, für die Polizei aus § 163 I S. 1 StPO. Grundsätzlich ist primär die StA als „**Herrin des Vorverfahrens**" zur Sachverhaltserforschung berufen; die Polizei wird im Rahmen ihrer Aufgabenzuweisung lediglich als „verlängerter Arm" der StA tätig (vgl. § 152 GVG, wo von „Ermittlungspersonen" der StA gesprochen wird).

723 Zwar kann die StA – wenn sie nicht selbst die Ermittlungstätigkeit ausüben möchte oder kann – Ermittlungen der Polizei über § 161 StPO veranlassen, in der Praxis ist es allerdings so, dass in den meisten Fällen die eigentliche Ermittlungstätigkeit von der Polizei ausgeübt wird. Diese ermittelt im Rahmen ihres Rechts und ihrer Pflicht des ersten Zugriffs, § 163 I StPO, wobei sie die StA unverzüglich in Kenntnis setzt, § 163 II StPO. Aber auch in Fällen, in denen die Polizei die eigentliche Ermittlungstätigkeit ausübt, ist zu beachten, dass die StA jederzeit ergänzend oder substituierend tätig werden kann; sie muss sogar tätig werden bei Ermittlungstätigkeiten, die der StA vorbehalten sind. So kann ausschließlich die StA, nicht auch die Polizei, den Beschuldigten und Zeugen verbindlich zur Vernehmung vorladen, §§ 161a, 163a III StPO. Auch bei unechten Antragsdelikten ist es Aufgabe der StA (und nicht der Polizei), zu prüfen, ob das besondere öffentliche Interesse an der (weiteren) Strafverfolgung besteht.

724 Die Maxime, dass das Strafverfahren dem Prinzip der materiellen Wahrheitsforschung dient, hat schließlich zur Folge, dass auch die Strafverfolgungsbehörden im Ermittlungsverfahren (und nicht erst der Richter im Prozess) nicht nur belastende, sondern auch **entlastende** Umstände zu ermitteln haben. § 160 II StPO stellt dies lediglich klar.

2. Legalitätsprinzip/Opportunitätsprinzip

725 Gemäß § 160 I StPO hat die StA, sobald sie durch eine Anzeige oder auf anderem Wege von dem Verdacht einer Straftat (sog. Anfangsverdacht) Kenntnis erhält, den Sachverhalt zu erforschen, um darüber zu entscheiden, ob sie Anklage erhebt. Im Rahmen ihres gesetzlichen Mandats ist darüber hinaus gem. § 163 I S. 1 StPO auch die Polizei verpflichtet, Straftaten zu erforschen, und zwar unabhängig von einer Beauftragung durch die StA; in diesem Rahmen ist ihr gesetzlicher Auftrag gleich der StA.

Aus den soeben rezipierten Gesetzesbestimmungen wird zweierlei klar: Erstens *müssen* die StA und die Polizei bei Vorliegen eines Anfangsverdachts einschreiten und die Strafverfolgung aufnehmen (**Legalitätsprinzip**, das außerdem in § 152 II StPO zum Ausdruck kommt)[1150]; zweitens *hat* die StA darüber zu entscheiden, ob sie öffentliche Klage erhebt, was wiederum davon abhängt, ob im Zuge der Ermittlungen aus dem Anfangsverdacht ein hinreichender Tatverdacht geworden ist (§ 170 I StPO - Akkusationsprinzip) und keine Einstellung des Verfahrens aus Opportunitätsgründen (etwa gem. §§ 153, 153a, 153b StPO - **Opportunitätsprinzip**[1151]) vorgenommen wird. Dementsprechend gilt es die Begriffe Anfangsverdacht und hinreichender Tatverdacht zu erläutern. 726

3. Erfordernis eines Anfangsverdachts einer Straftat

Der Anfangsverdacht einer Straftat ist erforderlich, aber auch ausreichend, um die Pflicht der StA zu begründen, das Ermittlungsverfahren einzuleiten. 727

Ein **Anfangsverdacht** liegt vor, wenn tatsächliche Anhaltspunkte für eine Straftat vorliegen; um dem Legalitätsprinzip gerecht zu werden, genügt bereits eine geringe Wahrscheinlichkeit, dass eine verfolgbare Tat vorliegt.

Es muss nach kriminalistischen Erfahrungen möglich sein, dass eine Straftat begangen wurde. Bloße Vermutungen und Möglichkeiten, die nicht durch konkrete tatsächliche Hinweise gestützt sind, begründen daher keinen Anfangsverdacht.[1152]

Beispiel für das Vorliegen eines Anfangsverdachts: Bei der Polizei geht eine anonyme Anzeige ein, dass die Person X nachts mehrere größere Kartons aus dem Wagen in seine Garage verlädt. Es könne sich dabei nur um Diebesgut handeln.

Hier besteht trotz des Umstands, dass die Anzeige anonym erfolgte, mehr als nur die allgemeine und theoretische Möglichkeit, dass eine Straftat vorliegt. Vielmehr ist es aufgrund der Sachverhaltsschilderung nach kriminalistischen Erfahrungen gerade möglich, dass eine Straftat begangen wurde. Die Polizei bzw. StA müssen ein Ermittlungsverfahren einleiten.

Beispiel für das Nichtvorliegen eines Anfangsverdachts: Bei der Polizei geht eine anonyme Anzeige ein, dass die Person X am Samstagvormittag mehrere größere (Umzugs-)Kartons aus einem Miettransporter in sein Haus verlädt. Es könne sich dabei nur um Diebesgut handeln.

In diesem Fall wäre die Einleitung eines Ermittlungsverfahrens rechtsfehlerhaft, weil allenfalls vage Verdachtsmomente bestehen, die den für die Einleitung eines Ermittlungsverfahrens erforderlichen Anfangsverdacht nicht begründen können. Die allgemeine und theoretische Möglichkeit, dass in den Kartons am Samstagvormittag Diebesgut verladen worden sein könnte, genügt nicht für die Einleitung eines Ermittlungsverfahrens gegen X.

Letztlich wird man immer dann einen Anfangsverdacht verneinen müssen, wenn ernsthafte Zweifel am Vorliegen der Tatbestandsvoraussetzungen eines Straftatbestands vorliegen. Das ist insbesondere anzunehmen, wenn bei einem Vorsatzdelikt nichts auf das Bestehen eines Tatbestandsvorsatzes hindeutet.

Beispiel: Nach einem Verkehrsunfall zeigt O seinen Unfallgegner T, der die Vorfahrt missachtet hatte, wegen Sachbeschädigung an.

Solange dem äußeren Tatgeschehen keine objektivierbaren Anhaltspunkte zu entnehmen sind, dass T vorsätzlich den Unfall herbeigeführt haben könnte, ist ein Anfangsverdacht einer Straftat (hier: Sachbeschädigung, § 303 I StGB) nicht gegeben. Die Strafverfolgungsbehörde wird daher kein Ermittlungsverfahren einleiten.

[1150] Zum Legalitätsprinzip vgl. Rn 86 ff.
[1151] Zum Opportunitätsprinzip vgl. Rn 83 und 94 ff.
[1152] Vgl. auch LR-*Beulke*, § 152 Rn 22; *Meyer-Goßner*, § 152 Rn 4; *Pfeiffer*, § 152 Rn 1a.

728 In Zweifelsfällen sind zur Klärung der Frage, ob ein Anfangsverdacht angenommen werden kann und damit ein Ermittlungsverfahren einzuleiten ist, sog. **Vorermittlungen** zulässig[1153] (aber nicht zwingend).

Beispiel: Im soeben dargestellten Beispiel wäre es also zulässig, obwohl zunächst keine objektivierbaren Anhaltspunkte vorliegen, dass T vorsätzlich gehandelt hat, Vorermittlungen anzustellen, damit die Strafverfolgungsbehörde entscheiden kann, ob ein Ermittlungsverfahren einzuleiten ist. Eine Vorermittlung könnte etwa in der Überprüfung der Behauptung des O, T habe die Vorfahrt vorsätzlich missachtet, liegen.

729 Da im Stadium der Vorermittlungen aber gerade (noch) kein Ermittlungsverfahren vorliegt, wird der Vorgang lediglich in das AR-Register eingetragen. Ergibt sich dann der Anfangsverdacht, wird die Sache gegen einen Tatverdächtigen (Js-Sache) oder gegen Unbekannt (UJs-Sache) umgetragen.[1154]

729a Da ein Ermittlungsverfahren nur gegen Beschuldigten eingeleitet werden darf und Beschuldigter ist, wer aufgrund bestimmter Tatsachen konkret verdächtig ist, eine **strafbare** Handlung begangen zu haben, kommt ein Ermittlungsverfahren gegen einen strafunmündigen bzw. schuldunfähigen Täter nicht in Betracht.

729b Schließlich dürfen die Strafverfolgungsbehörden nur dann ein Ermittlungsverfahren einleiten, wenn die Tat nicht nur strafbar, sondern auch **verfolgbar** ist.

Beispiel: 6 Jahre nach Abgabe einer vermeintlich falschen eidesstattlichen Versicherung (§ 156 StGB) erstattet O bei der Polizei Anzeige gegen T. Die Anzeige werde deswegen erst jetzt erstattet, weil er (O) die Tat erst seit 2 Tagen beweisen könne.

§ 78 I S. 1 StGB schließt die Strafverfolgung bereits verjährter Taten aus; es besteht ein Strafverfolgungshindernis. Die falsche eidesstattliche Versicherung verjährt gem. § 78 I Nr. 5 StGB nach 3 Jahren. Daher kommt eine Strafverfolgung gegenüber T nicht mehr in Betracht.

730 Im Übrigen braucht der Anfangsverdacht weder ein hinreichender noch dringender Tatverdacht zu sein. Diese sind für andere Verfahrensschritte erforderlich.

Der **hinreichende Tatverdacht** einer Straftat ist erforderlich, aber auch ausreichend, um die Anklage zu erheben (§ 170 I StPO) und die Eröffnung des Hauptverfahrens (§ 203 StPO) zu beschließen. Er liegt vor, wenn bei vorläufiger Tatbewertung (durch die StA nach Abschluss des Ermittlungsverfahrens bzw. durch das Gericht im Zeitpunkt der Entscheidung über die Eröffnung des Hauptverfahrens) die Verurteilung des Beschuldigten wahrscheinlich ist (d.h. wahrscheinlicher als ein Freispruch).[1155]

Dringender Tatverdacht liegt vor, wenn nach dem gesamten bisherigen Ermittlungsergebnis ein hoher Wahrscheinlichkeitsgrad dafür besteht, dass der Beschuldigte als Täter oder Teilnehmer eine Straftat begangen hat. Er ist z.B. erforderlich für den Erlass eines Haftbefehls (§ 112 StPO), für die vorläufige Entziehung der Fahrerlaubnis (§ 111a StPO) und für die vorläufige Festnahme nach § 127 II StPO.

Es ist also eine **Stufenfolge** feststellbar: Die geringste Stufe bildet der Anfangsverdacht gem. §§ 152, 160 StPO. Auf der nächsten Stufe folgt der hinreichende Tatverdacht, der vorliegt, wenn eine Verurteilung des Beschuldigten wahrscheinlicher ist als ein Freispruch (d.h., die Wahrscheinlichkeit einer Verurteilung liegt über 50 Prozent). Auf der höchsten Stufe steht

---

[1153] BGHSt **38**, 214, 227; LG Offenburg NStZ **1993**, 506; KK-*Wache*, § 158 Rn 1 und § 163 Rn 8; *Meyer-Goßner*, § 152 Rn 4a; *Lange*, DRiZ **2002**, 264 ff.
[1154] *Joecks*, § 152 Rn 7. Zu den Definitionen vgl. Rn 86.
[1155] BGHSt **15**, 155, 158.

schließlich der dringende Tatverdacht, der sich vom hinreichenden Tatverdacht dadurch unterscheidet, dass die Wahrscheinlichkeit, dass der Beschuldigte eine Straftat begangen hat, größer ist als beim hinreichenden Tatverdacht. Zum Begriff des Beschuldigten vgl. Rn 216 ff.

Übersicht über die Verdachtsgrade

Verdachtsgrad	Definition	Beispiele von erlaubten Maßnahmen
Anfangsverdacht	Nach kriminalistischer Erfahrung erscheint es **möglich**, dass eine verfolgbare Tat vorliegt; allerdings müssen tatsächliche Anhaltspunkte für eine Straftat vorliegen; bloße Vermutungen reichen nicht.	Einleitung des Ermittlungsverfahrens (§ 152 StPO); Zwangsmaßnahmen (etwa nach §§ 81a, 94, 98, 100a, 102 StPO)
Hinreichender Tatverdacht	Eine vorläufige Tatbewertung ergibt, dass Verurteilung des Beschuldigten zu erwarten (d.h. **wahrscheinlich**) ist.	Erhebung der Anklage (§ 170 I StPO); Eröffnung des Hauptverfahrens (§ 203 StPO)
Dringender Tatverdacht	Es besteht eine **hohe Wahrscheinlichkeit** dafür, dass der Beschuldigte als Täter oder Teilnehmer eine Straftat begangen hat.	Erlass eines Haftbefehls (§ 112 StPO); vorläufige Entziehung der Fahrerlaubnis (§ 111a StPO); vorläufige Festnahme nach § 127 II StPO

4. Arten der Ingangsetzung eines Ermittlungsverfahrens

§ 160 I StPO spricht von dem Verdacht einer Straftat, der *durch eine Anzeige* oder *auf* 731
anderem Wege hervorgerufen werden kann. Solche anderen Wege sind der Strafantrag und die amtliche Wahrnehmung.

a. Einleitung aufgrund einer Strafanzeige oder eines Strafantrags

Die meisten Ermittlungsverfahren werden auf Veranlassung von Privatpersonen in Gang 732
gesetzt. Dies kann mittels einer Strafanzeige oder eines Strafantrags geschehen. Beide stellen jeweils einen Auftrag an die Strafverfolgungsbehörden dar, aufgrund der durch sie zur Kenntnis gebrachten Verdachtsmomente über die Verübung einer Straftat die Einleitung eines Ermittlungsverfahrens zu prüfen. Die Verpflichtung für die Behörde zur Überprüfung ergibt sich aus dem sog. Legalitätsprinzip (§§ 152 II, 160 I StPO). Lediglich unsubstantiierte Darlegungen begründen keinen Verfolgungszwang.[1156] Etwas anderes kann freilich dann gelten, wenn sie mit anderen bereits vorhandenen Erkenntnissen einen Anfangsverdacht begründen. Im Übrigen unterscheiden sich Strafanzeige und Strafantrag wie folgt:

- **Strafanzeige/Strafantrag i.w.S.:** Jeder Bürger kann bei der StA, der Polizei oder den 733
Amtsgerichten eine Strafanzeige erstatten, **§ 158 I StPO**. Hierbei handelt es sich um die Mitteilung eines Sachverhalts, der nach Meinung des Anzeigenden Anlass zur Strafverfolgung bietet. Auch eine Anzeige gegen Unbekannt oder eine Selbstanzeige sind möglich. Bringt der Anzeigende über diese bloße Wissenserklärung hinaus auch zum Ausdruck, dass er die Strafverfolgung will, wird dies als Strafantrag i.w.S. bezeichnet. Eine mündliche Anzeige ist ihrem wesentlichen Inhalt nach zu beurkunden (§ 158 I S. 2 StPO). Weitere besondere Formvorschriften sind nicht einzuhalten.

- **Strafantrag i.e.S.:** Vom Strafantrag i.w.S., den jedermann formlos stellen darf, ist der 734
Strafantrag i.e.S. als Prozessvoraussetzung bei den echten Antragsdelikten[1157] zu unter-

[1156] LR-*Rieß*, § 158 Rn 14; *Kindhäuser*, § 4 Rn 3.
[1157] Bei den unechten Antragsdelikten sind eine Strafverfolgung und die Einleitung des Gerichtsprozesses auch ohne Strafantrag i.e.S. möglich, wenn die StA wegen des besonderen öffentlichen Interesses an der Strafverfol-

scheiden. Er kann nur vom Berechtigten i.S.v. § 77 StGB gestellt werden. Hierbei sind die Formerfordernisse des **§ 158 II StPO** zu beachten. Der Grund, warum bei den echten Antragsdelikten zur Strafverfolgung stets ein Strafantrag des Berechtigten erforderlich ist, besteht darin, dass in diesem Fall das Gesetz Rücksicht auf seine Interessen nimmt und ihm erlaubt, die Strafverfolgung mit ihren störenden Effekten und zusätzlichen Beeinträchtigungen dadurch zu blockieren, dass er den Strafantrag nicht stellt oder ihn zurücknimmt. Dann darf der Staatsanwalt nicht weiter mit dem Ziel einer Anklage ermitteln, weil nämlich eine Prozessvoraussetzung fehlt.[1158] Er muss das Verfahren einstellen. Der Strafantrag gem. § 158 II StPO hat also eine andere Funktion als der Strafantrag i.w.S., also der nach § 158 I StPO.

Die meisten Delikte sind jedoch **Offizialdelikte**. Sie werden von Amts wegen verfolgt. Richtet sich der Verdacht auf ein Offizialdelikt, muss ermittelt werden, und der Anzeigeerstatter kann den Fortgang des Strafverfahrens nicht dadurch verhindern, dass er seine Anzeige „zurückzieht".

735 Die Unterscheidung zwischen Strafanzeige und Strafantrag ist für das weitere Verfahren bedeutsam. Leitet die Strafverfolgungsbehörde nach Überprüfung des vorgetragenen Sachverhalts kein Ermittlungsverfahren ein oder stellt sie ein eingeleitetes Ermittlungsverfahren gem. § 170 II StPO ein, hat sie gem. § 171 StPO nur den Antragsteller eines Strafantrags i.e.S. darüber zu bescheiden, nicht aber den Anzeigenerstatter bzw. den Antragsteller i.w.S.[1159]

736 **Zusammenfassung:** Das Gesetz unterscheidet in § 158 StPO zwischen Strafanzeige und Strafantrag.

- Die **Strafanzeige** (§ 158 I StPO) ist die Mitteilung eines Sachverhalts, der auf eine Straftat hindeutet, also eine bloße Wissenserklärung.
- Auch der **Strafantrag i.w.S.** (§ 158 I StPO) enthält dieses Wissenselement, darüber hinaus aber auch das Begehren, die Strafverfolgungsbehörden mögen ermitteln und anklagen, also eine Willenserklärung.
- Demgegenüber handelt es sich bei dem **Strafantrag i.e.S.** (§ 158 II StPO) – jedenfalls bei den echten Antragsdelikten – um eine Prozessvoraussetzung; ohne den erforderlichen Strafantrag sind eine Strafverfolgung bzw. Anklage nicht möglich (bei den unechten Antragsdelikten ist dies anders, wenn ein besonderes öffentliches Interesse an der Strafverfolgung besteht).

Beim Strafantrag als Prozessvoraussetzung gilt es zu beachten[1160]:

- Antragsberechtigung: der Verletzte (§ 77 StGB). Das ist „der Träger des durch die Tat unmittelbar verletzten Rechtsguts, d.h. derjenige, in dessen Rechtskreis der Täter durch die verbotene Handlung eingegriffen hat.[1161] Ferner die Angehörigen in gesetzlich bestimmten Fällen (§ 77 II StGB).
- Ort der Antragstellung: bei Gericht, Staatsanwaltschaft oder einer anderen Strafverfolgungsbehörde, also der Polizei (§ 158 II StPO).
- Form: schriftlich oder zu Protokoll (§ 158 II StPO).
- Zeitpunkt: ab Kenntnis von Tat und Täter (§ 77b II StGB).
- Frist: drei Monate (§ 77b I StGB).
- Wie oft: nur einmal; zurückgenommene Anträge können nicht erneuert werden (§ 77d I StGB).

---

gung ein Einschreiten von Amts wegen für geboten hält. Zur Unterscheidung zwischen echten und unechten Antragsdelikten vgl. im Übrigen *R. Schmidt*, StrafR AT, Rn 624 ff.

[1158] Vgl. *Volk*, § 8 Rn 8. Zu den Prozessvoraussetzungen vgl. Rn 149 ff.

[1159] Vgl. *Kindhäuser*, § 4 Rn 6.

[1160] Vgl. *Volk*, § 8 Rn 9.

[1161] BGHSt **31**, 207, 210.

b. Einleitung aufgrund amtlicher Wahrnehmung

Das Ermittlungsverfahren kann auch dadurch eingeleitet werden, dass StA oder Polizei auf irgendeine andere Weise als durch Anzeige oder Antrag Kenntnis vom Verdacht einer Straftat erhalten (vgl. § 160 I Var. 2, 163 I S. 1 StPO). Eine Verfahrenseinleitung „auf andere Weise" kann auch bei den Antragsdelikten gem. §§ 77 ff. StGB *vor* Stellung eines möglichen Strafantrags erfolgen (vgl. etwa § 127 III StPO), wenn auch primär lediglich zu Beweissicherungszwecken. **737**

Klassischer Fall amtlicher Wahrnehmung ist, wenn StA oder Polizei bei ihrer dienstlichen Tätigkeit oder in ihrer Funktion als Strafverfolgungsinstanzen Umstände erfahren, die einen Anfangsverdacht begründen. Ist das der Fall, müssen sie selbst einschreiten oder dafür sorgen, dass die zuständigen Beamten tätig werden. **738**

> **Beispiele:** Kriminalkommissar K von der Abteilung für Wirtschaftskriminalität bemerkt bei Ermittlungen in einem Betrugsfall, dass offenbar auch ein Tötungsdelikt begangen wurde.
>
> K muss diesem Hinweis entweder selbst nachgehen oder den Verdacht an das zuständige Dezernat bzw. die StA weiterleiten.

Fraglich ist dagegen, inwieweit dies auch bei **privater Kenntniserlangung** gilt. In diesem Zusammenhang kommt eine Strafvereitelung im Amt in Betracht, und zwar häufig als Unterlassungstat, wobei dann vor allem die Feststellung der Garantenpflicht Schwierigkeiten bereitet. Da diese Problematik jedoch bereits bei Rn 92 behandelt wurde, sei insoweit darauf verwiesen. **739**

II. Die Durchführung des Ermittlungsverfahrens

Da das Ziel des Ermittlungsverfahrens darin besteht, Erkenntnisse über Schuld und Unschuld des Beschuldigten zu gewinnen, die StPO jedoch kein verbindliches Schema vorgibt, gibt es eine gewisse Gestaltungsfreiheit für die Strafverfolgungsbehörden, die lediglich durch die bekannten Prozessmaximen, soweit sie auch auf das Ermittlungsverfahren Anwendung finden, sowie durch die Grundrechte des Beschuldigten begrenzt wird. Die Ermittlungsmöglichkeiten und Zwangsmittel im Ermittlungsverfahren unterscheiden sich dementsprechend. Zum Teil geht es um Maßnahmen, die noch keinen Eingriffscharakter haben. In den überwiegenden Fällen liegen aber Grundrechtseingriffe vor, deren Anordnungsbefugnis jedenfalls bei größerer Grundrechtsbedeutung beim Richter liegen. Dabei differenziert die StPO: **740**

- Es gibt Konstellationen, in denen regelmäßig auf richterliche Anordnung eingegriffen werden kann, wenn ein bloßer Anfangsverdacht vorliegt. Bei „Gefahr im Verzug" können auch der Staatsanwalt und seine Ermittlungspersonen die Maßnahme anordnen. Beispiel: Wohnungsdurchsuchung (§ 102 StPO).
- In einigen Fällen wird ein qualifizierter Verdacht vorausgesetzt, etwa der dringende Tatverdacht beim Haftbefehl (§ 112 StPO).
- Bestimmte Maßnahmen dürfen nur zur Aufklärung bestimmter Straftaten (Katalogtaten) eingesetzt werden (z.B. die Überwachung der Telekommunikation nach § 100a StPO).

Mit Differenzierungen dieser Art soll dem Grundsatz der Verhältnismäßigkeit Genüge getan werden. Daher sind bestimmte, in schwerwiegender Weise in bedeutsame Grundrechte eingreifende Maßnahmen nur dann möglich, wenn andere Ermittlungsmöglichkeiten praktisch nicht bestehen und die Maßnahme nicht außer Verhältnis zum angestrebten Zweck steht. Besondere Verfahrensvorschriften (Richtervorbehalt bzw. StA bei Vorliegen von „Gefahr im Verzug") sollen den materiellen Gehalt der Grundrechte verfahrensrechtlich absichern. **741**

Zu den einzelnen Eingriffsbefugnissen bzw. Zwangsmaßnahmen vgl. Rn 302 ff. **742**

1. Vernehmung des Beschuldigten

a. Zweck und Durchführung der Vernehmung; Erscheinungspflicht

743 Gemäß § 163a I S. 1 StPO ist der Beschuldigte[1162] spätestens vor dem Abschluss der Ermittlungen zu vernehmen, wenn nicht das Verfahren – aus welchem Grund auch immer – eingestellt werden soll. Die Pflicht zur Vernehmung trägt dem Recht des Beschuldigten auf rechtliches Gehör gem. Art. 103 I GG Rechnung und dient sowohl seiner Information über das gegen ihn eingeleitete Verfahren als auch der Sachverhaltsaufklärung.[1163] In einfach gelagerten Fällen (insb. bei Vergehen) ist dem rechtlichen Gehör jedoch Genüge getan, wenn dem Beschuldigten Gelegenheit gegeben wird, sich schriftlich zu äußern (§ 163a I S. 2 StPO).

744 Die Vernehmung kann durch den Ermittlungsrichter, den StA oder durch ermittelnde Beamte der Polizei erfolgen. Eine Erscheinungspflicht besteht lediglich bei einer Ladung zur Vernehmung durch den Ermittlungsrichter oder den StA, *nicht* bei einer Ladung durch die Polizei (vgl. §§ 133, 163a III S. 1 StPO). Leistet der Beschuldigte der Vorladung nicht Folge, ist nach vorheriger Androhung ein Vorführungsbefehl gegen den auf freiem Fuß befindlichen Beschuldigten möglich (§ 163a III S. 2 i.V.m. §§ 133 II, 134 II StPO).

745 Vor der Vernehmung ist der Beschuldigte u.a. auf sein **Schweigerecht** sowie auf sein **Recht der Verteidigerkonsultation** gem. § 136 I S. 2 StPO hinzuweisen (Belehrung). Eine unterbliebene Belehrung führt wegen Verletzung des Nemo-tenetur-Grundsatzes grds. zu einem **Beweisverwertungsverbot**.[1164] Wird der Beschuldigte über sein Schweigerecht getäuscht, liegt ein Verstoß gegen § 136a StPO vor, der ebenfalls zu einer **Unverwertbarkeit der Aussage** führt.[1165]

746 **Vernehmung** in diesem Sinne ist nur eine Befragung des Beschuldigten durch eine Amtsperson, die dem Beschuldigten in amtlicher Funktion gegenübertritt und in dieser Eigenschaft von ihm Auskunft verlangt (formeller Vernehmungsbegriff).[1166] Äußerungen des Beschuldigten vor Begründung der Beschuldigteneigenschaft und Spontanäußerungen (Beispiel: der Zeuge gesteht ungefragt die Tat ein) sind daher ebenso wenig eine „Vernehmung“ wie Äußerungen bei einer informatorischen Befragung.[1167] Es gibt insoweit auch grds. keine Belehrungspflicht.[1168]

747

Übersicht: Muster einer Vernehmung[1169]

- Am Beginn steht die Vernehmung zur Person. Diese dient allein dazu, die Identität des Beschuldigten festzustellen (vgl. § 111 OWiG); die persönlichen Verhältnisse (§ 136 III StPO), z.B. Beruf, familiäre und wirtschaftliche Situation etc., gehören zur Sache, weil sie die Beurteilung der Tat und die Rechtsfolgen (z.B. Festlegung der Tagessätze) betreffen.
- Dann ist dem Beschuldigten zu eröffnen, welche Tat (welches Tatgeschehen) ihm zur Last gelegt wird. Erfolgt die Vernehmung durch einen Richter oder StA, müssen die in Frage kommenden Strafvorschriften benannt werden (§ 163a IV StPO; § 136 I S. 1 StPO).

[1162] Zum Begriff des Beschuldigten sowie zu dessen Rechten und Pflichten vgl. Rn 216 ff.
[1163] *Meyer-Goßner*, § 163a Rn 1; *Kindhäuser*, § 4 Rn 26.
[1164] BGH NJW **2007**, 2706, 2707 f.; NStZ-RR **2007**, 80; BGHSt **38**, 214, 225; LG Koblenz NZV **2002**, 422; *Meyer-Goßner*, § 136 Rn 7 und 20. Vgl. zur Beschuldigtenvernehmung auch oben Rn 241 f.
[1165] Zu den Verwertungsverboten vgl. ausführlich Rn 1067 ff.
[1166] Vgl. BGHSt **40**, 211, 213; **42**, 139, 145 f.
[1167] Vgl. BGHSt **34**, 365, 369. Zu den Spontanäußerungen und den informatorischen Befragungen vgl. Rn 222 ff..
[1168] *Beulke*, Rn 118. Vgl. aber auch das Beispiel bei Rn 224a.
[1169] Vgl. *Volk*, § 9 Rn 8. Eine andere (abzulehnende) Reihenfolge findet sich bei *Joecks*, Einleitung Rn 81.

- Es folgt die Belehrung über Aussageverweigerungsrechte (§ 136 I S. 2 StPO) und
- der Hinweis auf die Möglichkeit, einen Verteidiger hinzuzuziehen (§ 136 I S. 2 StPO).
- Ggf. muss die Belehrung vorgenommen werden, dass einzelne Beweiserhebungen beantragt werden können (§ 136 I S. 3 StPO).
- Schließlich erfolgt die Vernehmung zur Sache (§ 136 II StPO).

Zu den Beschuldigtenrechten sowie zu den Folgen der Verletzung von Beschuldigtenrechten vgl. im Übrigen bereits Rn 237 ff.

b. Verbotene Vernehmungsmethoden

§ 136a StPO (der über § 163a StPO auch und gerade für Polizei und StA gilt) zählt be- **748**
stimmte Vernehmungsmethoden auf, die rechtsstaatlich nicht zu billigen und daher verboten sind. Sollte einer dieser Methoden dennoch angewendet werden, besteht ein Verwertungsverbot (§ 136a III S. 2 StPO).

aa. § 136a StPO als Ausprägung des Schutzes der Menschenwürde

Hintergrund des § 136a StPO ist, dass der Beschuldigte Mensch ist und daher den An- **749**
spruch auf Achtung seiner Menschenwürde (Art. 1 I GG) auch dann nicht verliert, wenn er die ihm zur Last gelegte Straftat tatsächlich begangen hat.[1170] Das gilt selbst bei schwerwiegenden Taten wie terroristische Anschläge, Mord, Totschlag oder bei Sexualverbrechen. Denn in einem Rechtsstaat findet die Erforschung der Wahrheit im Strafverfahren nicht um jeden Preis statt, sondern findet ihre Grenzen in den Grundrechten des Beschuldigten, insbesondere in Art. 1 I S. 1 GG. Der Beschuldigte soll frei darüber entscheiden können, ob, was und wie viel er aussagt und ob er sich selbst belastet. Insofern enthält § 136a StPO eine einfachgesetzliche Ausprägung des Art. 1 I GG. Verboten sind demnach alle Mittel und Methoden, die die Freiheit der Willensentscheidung und der Willensbetätigung ausschalten, umgehen oder beeinträchtigen.

bb. Anwendungsbereich des § 136a StPO

Die Vorschrift gilt nicht nur für die Vernehmung des **Beschuldigten**, sondern auch für **750**
die Vernehmung von **Zeugen** (§ 69 III StPO) und **Sachverständigen** (§§ 72, 69 III StPO).

Adressaten der Vorschrift sind zwar in erster Linie die Strafverfolgungsbehörden[1171], **751**
um jedoch den Schutzzweck des § 136a StPO nicht leerlaufen zu lassen, dürfen die Strafverfolgungsbehörden die verbotenen Vernehmungsmethoden auch nicht durch andere Behörden und auch nicht durch Private anwenden lassen.[1172] In diesen Fällen findet § 136a StPO analog Anwendung.[1173]

> **Beispiel:** T ist des Mordes verdächtig und wird in Untersuchungshaft genommen (§ 112 StPO). Bei allen Vernehmungen macht er von seinem Aussageverweigerungsrecht Gebrauch. Die StA schleust daher einen V-Mann – als Untersuchungsgefangener getarnt – in die Haftanstalt, der den Beschuldigten aushorchen soll.
>
> Zwar können Befragungen durch **V-Leute** der Polizei oder **Informanten** mangels Amtsträgereigenschaften **keine** Vernehmungen sein und dementsprechend keine Belehrungspflichten nach sich ziehen.[1174] Um jedoch nicht die Beschuldigtenrechte (insbesondere, das Recht, sich nicht selbst zu belasten) leerlaufen zu lassen, findet § 136a StPO analog

---

[1170] BGHSt **14**, 358, 364; *Meyer-Goßner*, § 136a Rn 1.
[1171] BGHSt **17**, 14, 19.
[1172] SK-*Rogall*, § 136a Rn 7; *Meyer-Goßner*, § 136a Rn 2.
[1173] BGHSt **44**, 129, 134; *Meyer-Goßner*, § 136a Rn 2; *Pfeiffer*, § 136a Rn 2.
[1174] Zu den Begriffen *V-Leute* und *Informanten* vgl. näher Rn 891.

Anwendung mit der Folge, dass die bewusste Täuschung des T nicht verwertet werden darf.[1175]

752 Eine **Drittwirkung** entfaltet § 136a StPO grds. nicht.[1176] Daher findet die Vorschrift grds. keine (auch keine analoge) Anwendung auf eigenmächtig handelnde Privatpersonen, die Straftaten ohne amtlichen Auftrag erforschen.[1177] Grenzen will man ziehen, wo Privatpersonen unter besonders krassem Verstoß gegen die Menschenwürde (**Folter**, Einkerkerung) Erkenntnisse zu Tage gefördert haben.[1178] Vgl. auch Rn 1099.

753 Nach der hier vertretenen Auffassung ist es jedenfalls unzulässig, wenn Strafverfolgungsbehörden solche Einwirkungen Dritter, auch von **Behörden fremder Staaten**, ausnutzen, um von dem Beschuldigten Erklärungen zu erlangen.[1179]

Beispiel: T ist der Mitwirkung an verschiedenen terroristischen Anschlägen (auch in Deutschland) beschuldigt. Er wird von Behörden der USA in Haft genommen und gefoltert. Die zuständige deutsche StA lässt sich die unter Folter erwirkten Aussagen übermitteln und verwertet sie im Rahmen des Ermittlungsverfahrens gegen T.

Nach der hier vertretenen Auffassung ist die von staatlicher Seite geduldete Anwendung verbotener Vernehmungsmethoden unzulässig, da § 136a StPO als Ausprägung des Art. 1 I GG zu verstehen ist. Zudem verbietet schon die UN-Anti-Folter-Konvention die Verwertung. Daraus ergibt sich gleichzeitig ein Verwertungsverbot, wenn deutschen Strafverfolgungsbehörden Ergebnisse verbotener Vernehmungsmethoden übermittelt werden.

Besonders problematisch ist es, wenn nicht geklärt werden kann, ob die (vom Beschuldigten) geltend gemachte verbotene Vernehmungsmethode (etwa Folter, aber auch Täuschung) tatsächlich stattgefunden hat. Da es nicht um die Schuld-, sondern nur um eine Verfahrensfrage geht, gilt nach h.M. das sog. Freibeweisverfahren mit der Folge, dass der Grundsatz in dubio pro reo nicht anwendbar ist. Im Ergebnis wird damit die „Beweislast" dem Beschuldigten aufgebürdet, der die verbotene Beweismethode geltend macht. Das ist rechtsstaatlich sehr bedenklich, da ihm dieser Beweis u.U. nicht gelingt.

Richtigerweise ist mindestens zu fordern, dass der Beweis des Verfahrensverstoßes schon dann als erbracht gilt, wenn aus Gründen, die in der Sphäre der Justiz liegen, die Vermutung der Rechtmäßigkeit und Justizförmigkeit des staatlichen Verfahrens durch feststellbare verdächtige Umstände ernsthaft erschüttert ist.[1180] Teilweise wird sogar eine Beweislastumkehr gefordert, dass also der *Staat* beweisen müsse, dass das Verfahren rechtmäßig und justizförmig verlaufen sei.[1181]

Leider verlangt auch der BGH, dass ein Verstoß gegen Verfahrensrecht (hier: verbotene Methoden einer Vernehmung in Pakistan) erwiesen sein müsse. Könne der Beweis nicht erbracht werden, könne es daher auch dahinstehen, ob Beweismittel, die durch ausländische Hoheitsorgane mit Hilfe verbotener Vernehmungsmethoden erlangt worden seien, in entsprechender Anwendung von § 136a StPO unverwertbar seien, wenn Erkenntnisse von einem Drittstaat durch die deutschen Strafverfolgungsbehörden angefordert oder auch nur angenommen worden seien.[1182]

[1175] Vgl. dazu EGMR StV **2003**, 257, 259 (anders noch BGHSt **42**, 139 ff. – Großer Senat); BGHSt **44**, 129, 134; *Roxin*, JR **1999**, 346. Dasselbe würde übrigens gelten, wenn ein Polizeibeamter in die Haftanstalt eingeschleust würde.
[1176] BGHSt **27**, 355, 357.
[1177] *Meyer-Goßner*, § 136a Rn 3).
[1178] BGHSt **34**, 362, 363; *Meyer-Goßner*, § 136a Rn 3.
[1179] Wie hier KK-*Boujong*, § 136a Rn 4; *Meyer-Goßner*, § 136a Rn 3; einschränkend LR-*Hanack*, § 136a Rn 11; SK-*Rogall*, § 136a Rn 16; stellvertretender GBA *Griesbaum* NJW-Spezial **2008**, 666.
[1180] *Kühne*, StPO, Rn 966; *Jahn*, JuS **2008**, 836, 837.
[1181] *Amelung/Mittag*, NStZ **2005**, 614, 617.
[1182] BGH NStZ **2008**, 643, 644.

Nicht von vornherein als verbotene Vernehmungsmethode anzusehen ist es, wenn die Polizei zur Aufklärung eines Kapitalverbrechens einen **V-Mann** in das Umfeld des Beschuldigten einschleust, um von ihm Angehörige des Beschuldigten „ausfragen" zu lassen. Die Frage, die sich dabei stellt, ist, ob der V-Mann später in der Hauptverhandlung eine verwertbare Aussage über die „Angehörigenbefragung" machen kann, wenn die Angehörigen von ihrem Zeugnisverweigerungsrecht nach § 52 StPO Gebrauch machen. Der BGH lässt jedenfalls dann eine Verwertung zu, wenn es um die Aufklärung einer Straftat von erheblicher Bedeutung geht und die Erforschung des Sachverhalts unter Einsatz anderer Ermittlungsmethoden erheblich weniger Erfolg versprechend oder wesentlich erschwert gewesen wäre.[1183] 754

Da eine Vernehmung nur dann vorliegt, wenn der Vernehmende dem Beschuldigten in amtlicher Funktion gegenübertritt und in dieser Eigenschaft von ihm Auskunft verlangt (s.o.), sollen Äußerungen des Beschuldigten *vor* Begründung der Beschuldigteneigenschaft oder *außerhalb* von Vernehmungen[1184] nicht durch § 136a StPO geschützt sein.[1185] 755

Sehr problematisch ist die rechtliche Beurteilung der sog. „**Hörfalle**". Darunter versteht man u.a. eine Konstellation, in der auf Veranlassung der Ermittlungsbehörde eine Privatperson mit dem Tatverdächtigen ohne Aufdeckung der Ermittlungsabsicht ein auf die Erlangung von Angaben zum Untersuchungsgegenstand gerichtetes Gespräch führt. Regelmäßig handelt es sich hierbei um die Fälle, in denen die Ermittlungsbehörde Bekannte des Verdächtigen veranlasst, mit diesem zu telefonieren, das Gespräch auf die Tat zu lenken und dabei die Ermittler zuhören zu lassen. 756

Beispiel[1186]: T wird des Bandenraubs (§ 250 I Nr. 2 StGB) verdächtigt. Das Bandenmitglied D, welches „aussteigen" möchte, vertraut sich der Polizei an. Kriminalhauptkommissar K weckt bei D die Hoffnung auf eine milde Strafe, falls dieser an der Überführung des T mitwirke. Auf diese Weise gelingt es K, D zu veranlassen, T anzurufen, damit dieser sich mit D über den letzten Raub unterhalte. K hört das Gespräch, in dem die Täterschaft des T klar zum Ausdruck kommt, mit.

Eine Telefonüberwachung liegt hier nicht vor, sodass die Regelung des § 100a StPO nicht greift. Auch gelangt § 136a StPO nicht (jedenfalls nicht direkt) zur Anwendung, da es sich bei dem Gespräch nicht um eine Vernehmung handelt. T ist aber auch nicht nach § 163a IV S. 2 i.V.m. § 136 StPO belehrt worden. Folge könnte sein, dass der Inhalt des Gesprächs später in der Hauptverhandlung nicht verwertet werden darf.

⇨ Der 5. Strafsenat des BGH hielt diese Ermittlungsmethode im Hinblick auf § 136 StPO für unzulässig und nahm ein Beweisverwertungsverbot an. § 136 StPO sei zwar in erster Linie nur zu entnehmen, dass Äußerungen des Beschuldigten bei seiner Vernehmung grundsätzlich nicht verwertet werden dürften, wenn er nicht zu Beginn der Vernehmung darauf hingewiesen werde, dass es ihm freistehe, sich zur Sache zu äußern. Jedoch sei § 136 StPO analog anzuwenden, weil anderenfalls das Schweigerecht des Beschuldigten ausgehöhlt werde.

⇨ Da der 5. Strafsenat von der Rechtsprechung eines anderen Senats[1187] abwich, musste er den Großen Senat anrufen. Dieser entschied jedoch gegen die Ansicht des 5. Senats und postulierte eine **Abwägung** der im Einzelfall widerstreitenden Güter, insbesondere zwischen dem allgemeinen Persönlichkeitsrecht des Beschuldigten (Art. 2 I i.V.m. 1 I GG) und dem Grundsatz des fairen Verfahrens auf der einen Seite mit dem Ziel der effektiven Strafverfolgung auf der anderen Seite. So sei der Inhalt des Ge-

---

[1183] BGHSt **42**, 139, 142 ff.
[1184] BGHSt **34**, 365, 369.
[1185] LR-*Hanack*, § 136a Rn 14.
[1186] In Anlehnung an BGHSt **42**, 139 ff.
[1187] Vgl. BGHSt **39**, 335, 348; **40**, 211, 213 f.

sprächs im Zeugenbeweis jedenfalls dann verwertbar, wenn es um die Aufklärung einer Straftat von erheblicher Bedeutung gehe und die Erforschung des Sachverhalts unter Einsatz anderer Ermittlungsmethoden erheblich weniger Erfolg versprechend oder wesentlich erschwert gewesen wäre. Eine Straftat von erheblicher Bedeutung liege jedenfalls vor, wenn sie von der (nicht abschließenden) Aufzählung in §§ 98a, 100c, 110a StPO umfasst sei.[1188]

Der schwere Raub ist von § 100c II Nr. 1i) erfasst. Demzufolge konnten die Angaben des T im Zeugenbeweis gegen ihn verwendet werden.

757 In der Literatur ist der Rechtsauffassung des Großen Senats zum Teil zugestimmt worden, weil die StPO kein generelles Beweisverwertungsverbot enthalte, sondern nur in bestimmten Fällen. In den ungeregelten Fällen sei daher eine Abwägung zwischen den Rechten des Beschuldigten und dem staatlichen Strafverfolgungsinteresse sachgerecht.[1189] Teilweise ist die Entscheidung aber auch erheblich kritisiert worden, weil der Einsatz des Privaten mit konkretem Ausforschungsauftrag erfolgte und so die Rechte des Beschuldigten unterlaufen worden seien.[1190] Dem ist zuzustimmen, da im vorliegenden Fall die Rechte des T von K gezielt umgangen worden waren.

758 Immerhin ist es wohl gesicherte Rechtsauffassung, dass ein Verwertungsverbot vorliegt, wenn der Beschuldigte zunächst jede Angabe zur Sache verweigert hat und dann von Ermittlungsbeamten bedrängt wird, belastende Aussagen zu tätigen.[1191] Vgl. dazu sogleich Rn 766 ff. Ob ein Beweisverwertungsverbot auch dann vorliegt, wenn ein Verdeckter Ermittler (**VE**) die Lage des Beschuldigten ausnutzt, sich sein Vertrauen erschleicht oder zu dem Beschuldigten ein persönliches Abhängigkeitsverhältnis aufbaut, um diesem ein Geständnis zu entlocken, wird bei Rn 1116 erläutert.

cc. Verbotene Mittel im Einzelnen

759 Die in § 136a StPO vorgenommene Aufzählung von Fallgruppen ist nur beispielhaft und nicht abschließend[1192]; ähnliche, nicht in der Vorschrift genannte Methoden sind daher ebenfalls erfasst, sofern sie rechtsethisch und psychologisch mit den genannten Fällen vergleichbar sind.

a.) Misshandlung

760 Der Begriff der Misshandlung ist i.S.d. § 223 StGB zu verstehen. Danach ist jede nicht unerhebliche Beeinträchtigung der körperlichen Unversehrtheit oder des körperlichen Wohlbefindens durch den Vernehmenden verboten.

Beispiele: Schläge, Fußtritte, Lärm, Verabreichung von Mitteln oder Quälerei, ständiges Stören im Schlaf, Hungern- oder Frierenlassen, grelle bzw. blendende Beleuchtung

b.) Ermüdung

761 Bei dieser Fallgruppe ist grundsätzlich nicht entscheidend, dass der Beschuldigte durch die Vernehmung ermüdet wurde (z.B. Dauerverhör während des gesamten Nachmittags bis in die Nacht hinein). Denn oftmals ist es unvermeidbar, dass eine Vernehmung bis zur Erschöpfung durchgeführt wird. Ermüdende Vernehmungen sind also sogar grundsätzlich zulässig. Von § 136a StPO erfasst sind aber solche Vernehmungen, die aufgrund ihrer überlangen Dauer die Willensfreiheit beeinträchtigen (Beispiel: 30-stündiges Dauer-

---

[1188] BGHSt **42**, 139, 142 ff. Vgl. nun auch BGH NJW **2007**, 2269, 2271.

[1189] *König*, Kriminalistik **1997**, 179; *Pawlik*, GA **1998**, 385; *Popp*, NStZ **1998**, 95; *Varel*, NStZ **1997**, 415.

[1190] *Bernsmann*, StV **1997**, 116; *Derksen*, JR **1997**, 167; *Rieß*, NStZ **1996**, 505; *Roxin*, NStZ **1997**, 18.

[1191] Vgl. EGMR StV **2003**, 257, 259; BGH NJW **2007**, 3138, 3139 ff.; BGHSt **39**, 335, 348; **40**, 66, 72; *Beulke*, StV **1990**, 184; *Meyer-Goßner*, § 136a Rn 4a.

[1192] BGHSt **5**, 332, 334; LR-*Hanack*, § 136a Rn 17.

verhör). Erst recht sind Vernehmungen erfasst, bei denen die Aussage unter Ausnutzung eines solchen Zustands erreicht wurde.[1193]

c.) Körperlicher Eingriff

Da in § 136a StPO die Misshandlung und der Zwang als eigenständige Fallgruppen genannt sind, ist der Anwendungsbereich des „körperlichen Eingriffs" fraglich. Um – anders als der Gesetzgeber – keine Redundanzen hervorzurufen, wird man unter die Fallgruppe des körperlichen Eingriffs lediglich schmerzfreie und folgenlose Eingriffe subsumieren können. 762

d.) Verabreichung von Mitteln

Darunter ist jede Einführung von festen, flüssigen oder gasförmigen Stoffen in den Körper zu verstehen. In welcher Form dies geschieht (Einatmen, Injizieren, Einführen in Körperöffnungen, Beimischen in Speisen oder Getränke), ist irrelevant. 763

Beispiele: In Betracht kommen betäubende, hemmungslösende, einschläfernde oder wachhaltende Mittel. Mittel, die lediglich der Stärkung oder Erfrischung dienen (Kaffee, Tee, Traubenzucker, Schokolade etc., aber auch Zigaretten), sind nicht verboten.

Entscheidend für § 136a StPO ist nicht, dass der Vernehmende die Mittel verabreicht hat, sondern dass der Beschuldigte im Zeitpunkt der Aussage unter ihrem Einfluss stand. Daher ist z.B. auch fraglich, ob Beschuldigte, die unter Alkoholeinwirkung stehen, vernommen werden dürfen. Der BGH bejaht dies, solange sie verhandlungsfähig sind und ihre Willensfreiheit nicht ernsthaft beeinträchtigt ist. Bei einer BAK von 2,0 Promille sei dies noch der Fall.[1194] Eine solche pauschalierende Promillegrenze ist abzulehnen, da sie mit dem Zweck des § 136a StPO (Schutz der freien Willensentschließung und -betätigung) nicht vereinbar ist. So kann eine alkoholgewöhnte Person bei einer BAK von 2 Promille durchaus noch in der Lage sein, die Folgen ihrer Aussage einzuschätzen, wohingegen das bei einer nicht alkoholgewöhnten Person regelmäßig anders sein wird. 764

e.) Quälerei

Quälerei ist das Zufügen länger andauernder oder sich wiederholender körperlicher oder seelischer Schmerzen oder Leiden, wobei auch hier wieder Überschneidungen mit der Fallgruppe der Misshandlung bestehen. Folter ist unzulässig (vgl. Art. 104 I S. 2 GG, Art. 3, 15 EMRK).[1195] 765

f.) Täuschung

Die Täuschung des Beschuldigten bei der Vernehmung berührt zwar weder dessen Menschenwürde noch die Freiheit seiner Willensentschließung, sie ist aber dennoch eines Rechtsstaats unwürdig und daher von § 136a StPO erfasst (s.o., „Hörfalle" bei Rn 756). Der Begriff der Täuschung ist allerdings unbestimmt und bedarf einer (einschränkenden) Konkretisierung im Einzelfall.[1196] 766

[1193] Vgl. BGHSt **38**, 291, 293.
[1194] BGH MDR **1970**, 14.
[1195] Zur Frage, ob nicht in Extremfällen (Verhinderung einer unmittelbar bevorstehenden Atomexplosion; Verhinderung des Rasens eines Verkehrsflugzeugs in ein Hochhaus) aus präventiven Gesichtspunkten heraus eine differenzierte Betrachtungsweise diskutabel ist, vgl. *R. Schmidt*, Grundrechte, 12. Aufl. **2010**, Rn 233. Abzulehnen ist jedenfalls die Polemik *Volks* (§ 9 Rn 14), der mit Formulierungen wie „führt unweigerlich in Teufels Küche" oder: „der Rechtsstaat darf seine Seele nicht verkaufen" nicht gerade zur Sachdiskussion beiträgt.
[1196] BGHSt **42**, 139, 149.

767 Fest steht, dass der vernehmende Beamte nicht alles sagen muss, was er weiß. Verschweigen von Rechten und Tatsachen ist noch keine Täuschung. Wird eine gesetzlich vorgeschriebene Belehrung (z.B. nach § 136 I S. 2 StPO) unterlassen, beurteilen sich die Rechtsfolgen nach diesen Vorschriften.[1197] Was die Vernehmungsperson aber sagt, muss wahr sein. Hundertprozentige Klarheit ist indes nicht zu fordern. Daher sind doppeldeutige Erklärungen oder Fangfragen („List") zulässig, wobei die Unterscheidung von (zulässiger) List und (verbotener) Täuschung unklar ist, was in der Praxis zu einer extremen Rechtsunsicherheit führt.

Beispiel[1198]: Die Polizei teilt der Ehefrau des eines schweren Raubs verdächtigten T wahrheitswidrig mit, dass dieser in den nächsten Stunden verhaftet werde. Erwartungsgemäß ruft E den T an, um ihn zu warnen. Dieser wiederum telefoniert mit einem Mittäter und spricht mit diesem über die Tat. Dabei belastet sich T schwer. Der Telefonanschluss des T wird gem. § 100a StPO überwacht.

In diesem Fall soll nach Auffassung des BGH keine verbotene Vernehmungsmethode vorliegen, weil T seine Mitteilung nicht im Rahmen einer Vernehmung gemacht habe; vielmehr habe ihm die Polizei aufgrund von List eine Falle gestellt, die nicht mit der (bei Rn 756 genannten) „Hörfalle" vergleichbar sei.[1199]

768 Auch darf der Vernehmende einen Irrtum des Beschuldigten ausnutzen[1200], nicht jedoch hervorrufen oder verstärken.[1201] Das gilt jedenfalls für bewusste (finale) Irreführung.

Beispiele: So sind Hinweise, der Beschuldigte müsse aussagen bzw. die Wahrheit sagen, die Beweislage sei erdrückend und Leugnen deshalb zwecklos[1202] oder die anderen hätten bereits gestanden[1203], obwohl dies nicht zutrifft, verboten.

769 Unbeabsichtigte Irreführungen sind nach Auffassung des BGH nicht von § 136a StPO erfasst.[1204] Dann aber wird man mit Blick die Rechtsstaatlichkeit des Verfahrens fordern müssen, dass den Vernehmenden eine Aufklärungspflicht trifft, sobald er bemerkt, dass sich der Beschuldigte im Irrtum befindet (Gedanke der Ingerenz).[1205]

770 **Heimliche Sprachaufnahmen** während der Vernehmung sind grds. verboten. Die Vernehmung ist nichtöffentlich i.S.d. § 201 StGB und darf daher nicht ohne Einwilligung des Beschuldigten aufgenommen werden. Das gilt auch, wenn dieser weiß, dass seine Äußerungen in einer Niederschrift festgehalten werden. Letztlich dasselbe gilt für **heimliche Stimmenvergleiche**.

Beispiel[1206]: Die Polizei verfügt über ein Tonband, auf dem die Stimme des Erpressers zu hören ist. Die Beamten glauben, dies sei die Stimme des wegen einer anderen Sache in U-Haft befindlichen T. Daher entschließt man sich zu einem heimlichen Stimmenvergleich. Zu diesem Zweck arrangiert man unter einem Vorwand ein Gespräch mit dem (eingeweihten) Anstaltsleiter und nimmt dabei das Gespräch heimlich auf, um es später kriminaltechnisch analysieren zu lassen.

Dieser Stimmenvergleich ist unverwertbar. Dabei kommt es weniger darauf an, dass das Grundrecht auf informationelle Selbstbestimmung (Art. 1 I i.V.m 2 I GG) beeinträchtigt

---

[1197] KK-*Boujong*, § 136a Rn 21; *Meyer-Goßner*, § 136a Rn 16.
[1198] In Anlehnung an BGHSt **33**, 217 ff.
[1199] BGHSt **33**, 217, 223.
[1200] Das gilt aber nicht für die Aussagefreiheit, § 136 StPO.
[1201] BGHSt **39**, 335, 348; KK-*Boujong*, § 136a Rn 20.
[1202] BGHSt **35**, 328, 329.
[1203] LG Freiburg StV **2004**, 647.
[1204] BGHSt **31**, 395, 400; **35**, 328, 329; BGH NStZ **2005**, 517.
[1205] Vgl. BGHSt **31**, 395, 400; *Achenbach*, StV **1989**, 516.
[1206] In Anlehnung an BGHSt **34**, 39 ff.

wurde, sondern vielmehr, dass das Recht des Beschuldigten, nicht aktiv an seiner Überführung mitwirken zu müssen, durch Täuschung umgangen wurde.[1207]

Letztlich hätte man genauso im obigen Fall von Rn 767 argumentieren müssen. Denn streng genommen wurde auch dort der Beschuldigte über sein Recht, nicht aktiv an seiner Überführung mitwirken zu müssen, getäuscht. Dass der BGH anders entschied, liegt wohl daran, dass er einen Schuldspruch wollte.

Für die Unzulässigkeit eines Stimmenvergleichs spricht schließlich auch das folgende **Beispiel:** Die Polizei vernahm einen Beschuldigten, ließ dabei jedoch die Tür zum Nebenzimmer einen Spalt breit geöffnet, um der im Nebenzimmer befindlichen Zeugin (im konkreten Fall war es das Opfer einer Vergewaltigung, deren Begehung der Beschuldigte verdächtigt wurde) die Möglichkeit zu eröffnen, sich an die Stimme des Täters zu erinnern bzw. den Beschuldigten anhand seiner Stimme zu identifizieren. Richtigerweise hat der BGH auch hier eine Täuschung i.S.v. § 136a I StPO angenommen und entschieden, dass die Aussage der Zeugin unverwertbar sei. Zwar müsse der Beschuldigte eine Gegenüberstellung dulden, eine „akustische" Gegenüberstellung verletze indes sein Recht auf Weigerung, an seiner Überführung mitzuwirken, weil eine „akustische" Gegenüberstellung gerade eine aktive Mitwirkung voraussetze. Dazu dürfe man ihn weder zwingen noch durch Täuschung dazu bringen, „freiwillig" etwas zu sagen und damit sich selbst zu belasten.[1208] Das Vorgehen der Polizei war daher unzulässig und führt zu einem Beweisverwertungsverbot gem. § 136a III StPO.

Auch das **heimlich abgehörte Gespräch in der Untersuchungshaft zwischen dem Beschuldigten und seiner Ehefrau** ist mit Blick auf das Nemo-tenetur-Prinzip und den Fair-trial-Grundsatz äußerst problematisch. Da dieser Komplex zusammenhängend bei Rn 1114a dargestellt ist, sei insoweit verwiesen.

g.) Hypnose/Lügendetektor

Mittel, mit denen das Unterbewusstsein des Beschuldigten geprüft wird, sind nach h.M. unzulässig. Dies gilt insbesondere für die **Hypnose**, das heißt für die Einwirkung auf einen anderen, durch die unter Ausschaltung des bewussten Willens eine Einengung des Bewusstseins auf die von dem Hypnotisierenden gewünschte Vorstellungsrichtung erreicht wird.[1209] Das gilt auch dann, wenn die Hypnotisierung mit Einwilligung des Betroffenen bzw. auf dessen Wunsch vorgenommen wird (beim Zeugen ist dies streitig). **771**

Ein besonderes Problem bereiten die sog. Polygraphen (**Lügendetektoren**). Diese messen keine Lügen, sondern verschiedene Reaktionen, die auf Nervosität oder andere Emotionen zurückzuführen sind. Damit ist jemand, der auf eine Frage nicht gelassen reagiert, trotz wahrheitsgetreuer Antwort gefährdet, für einen Lügner gehalten zu werden. Gerade bei unschuldig Verdächtigten sind emotionale Reaktionen auf eindringliche Beschuldigungen nicht überraschend, vor allem wenn der Befragte dem Opfer des Verbrechens nahesteht. Daher stellt sich die Frage, ob der Einsatz eines Lügendetektors überhaupt ein geeignetes Mittel sein kann, die Wahrheit zu erforschen. **772**

Die Anwendung eines Lügendetektors wurde in Deutschland früher in analoger Anwendung des § 136a I StPO generell als unzulässig angesehen. Dessen Einsatz kam daher auch nicht mit Einwilligung des Beschuldigten in Betracht, der damit seine Unschuld beweisen wollte. Nach der Grundsatzentscheidung des BGH verstößt die freiwillige Mitwirkung des Beschuldigten an einem Lügendetektoreinsatz nicht gegen Verfassungs- **773**

[1207] Richtig BGHSt **34**, 39, 46.
[1208] BGHSt **40**, 66, 72 f.
[1209] KK-*Boujong*, § 136a Rn 28; *Meyer-Goßner*, § 136a Rn 19; *Volk*, § 9 Rn 15 (allerdings unter Verschweigung der Gegenauffassung); anders SK-*Rogall*, § 136a Rn 59; LR-*Hanack*, § 136a Rn 45.

grundsätze oder § 136a StPO.[1210] Allerdings führe die polygraphische Untersuchung mittels Kontrollfragentests und Tatwissentests zu einem völlig ungeeigneten Beweismittel im Sinne des § 244 III S. 2 StPO, da es nicht möglich sei, eine gemessene körperliche Reaktion auf eine bestimmte Ursache zurückzuführen. Berücksichtigt man allerdings den aktuellen Stand der Wissenschaft, ergibt sich genügt empirisches Material, das die Validität von Polygraphenmessungen untermauert. Daher sollte die Rechtsprechung den Einsatz von Polygraphen zumindest dann zulassen, wenn der Beschuldigte den Einsatz fordert, um seine Unschuld zu beweisen.[1211]

h.) Körperlicher Zwang

774 Soweit Zwang durch Bestimmungen der StPO zugelassen ist, darf er nur für die dort vorgesehenen Zwecke angewendet werden; darüber hinaus ist er verboten.[1212] Zwang darf über die zulässigen, in der StPO vorgesehenen Zwangseingriffe hinaus nicht ausgeübt werden. Fühlt sich der Beschuldigte unter Zwang (z.B. in der U-Haft), hindert das seine Vernehmung und die Verwertung seiner Aussage nicht.

i.) Drohung

775 Droht der Vernehmungsbeamte mit einer verfahrensrechtlich unzulässigen Maßnahme, ist regelmäßig § 136a StPO erfüllt. So ist es verboten, einem leugnenden Beschuldigten mit der Festnahme oder Verhaftung zu drohen, wenn die Voraussetzungen dafür im konkreten Fall nicht vorliegen.[1213]

776 Dagegen darf mit zulässigen Maßnahmen gedroht werden, solange klargestellt wird, dass die Entschließung nur von sachlichen Notwendigkeiten abhängig gemacht wird.[1214] Insofern ist die Androhung einer gerechtfertigten vorläufigen Festnahme, der Abschiebung ins Ausland oder eines Strafverfahrens zulässig, nicht jedoch die Androhung der grundlosen Invollzugsetzung des Haftbefehls, falls kein Geständnis abgelegt werde[1215] oder eine sachlich nicht gerechtfertigte Bloßstellung homosexueller Neigungen des Beschuldigten.[1216] Das Drängen zu einem Geständnis durch Drohung mit einer höheren Strafe („Sanktionsschere") ist verboten.[1217]

j.) Versprechen von gesetzlich nicht vorgesehenen Vorteilen

777 Das Versprechen gesetzlich nicht vorgesehener Vorteile ist verboten. Ein solches Versprechen liegt vor, wenn es durch eine bindende Zusage in Situationen abgegeben wird, in denen allenfalls eine Prognose zulässig wäre. Es geht um die Abgabe einer bindenden Zusage, auf deren Einhaltung der Empfänger vertrauen können soll.

Beispiele/Gegenbeispiele[1218]:

(1) Versprechen StA oder Polizei eine Bewährungsstrafe für den Fall eines Geständnisses, ist dies unzulässig, weil darüber ausschließlich der Richter am Ende der Hauptverhandlung entscheidet.

(2) Erklärt die StA dem Beschuldigten, sie werde bei Abgabe eines Geständnisses nur 3 statt 7 Jahre Freiheitsstrafe beantragen, liegt darin entweder ein Versprechen eines

---

[1210] BGHSt **44**, 308, 315; vgl. auch *Rill/Vossel*, NStZ **1998**, 481 ff.; *Meyer-Goßner*, § 136a Rn 24; *Volk*, § 9 Rn 16; *Kargl/Kirsch*, JuS **2000**, 537 ff.; *Schüssler*, JR **2003**, 188 ff.

[1211] Vgl. *Putzke/Scheinfeld/Klein/Undeutsch*, ZStW **2009**, 607, 640 ff.

[1212] *Meyer-Goßner*, § 136a Rn 20; *Pfeiffer*, § 136a Rn 9.

[1213] BGH MDR **1971**, 18.

[1214] *Meyer-Goßner*, § 136a Rn 22.

[1215] BGH StV **2004**, 636

[1216] OLG Naumburg StV **2004**, 529; *Meyer-Goßner*, § 136a Rn 22; *Joecks*, § 136a Rn 20.

[1217] BGH NStZ **2008**, 170 f.

[1218] Vgl. BGHSt **20**, 268 f.; BGH NStZ **2008**, 170 f.; *Volk*, § 9 Rn 15.

gesetzlich nicht vorgesehenen Vorteils oder eine Androhung einer schuldunangemessenen Strafe.[1219]

(3) Verspricht die StA dem Beschuldigten Entlassung aus der U-Haft, wenn er die Tat gestehe, ist dies ein zulässiger Hinweis darauf, dass sie Haftentlassung beantragen werde. Liegen aber die Voraussetzungen für eine Haftentlassung nicht vor (weil das Geständnis den Haftgrund nicht beseitigen kann, etwa bei Fluchtgefahr), liegt darin eine Täuschung und damit ein Verstoß gegen § 136a StPO vor.

(4) Verspricht die StA Einstellung des Verfahrens nach §§ 154, 154a StPO für neue, ihr bisher nicht bekannte Taten, falls sie der Beschuldigte offenbaren werde, liegt darin ein Verstoß gegen § 136a StPO, weil in dem Zeitpunkt, in dem dieses Versprechen gemacht wurde, allenfalls eine Prognose über die Einstellung anzustellen gewesen wäre. Erst recht wäre das Versprechen unzulässig, wenn über die Einstellung nicht die StA, sondern der Richter entscheiden müsste (etwa im Fall des § 154 II StPO).

dd. Rechtsfolgen

Eine verbotene Vernehmungsmethode hat wegen des Verstoßes gegen die Menschen- **778**
würde ein **Verwertungsverbot** zur Folge (§ 136a III S. 2 StPO). Aussagen, die mittels verbotener Vernehmungsmethoden gewonnen wurden, dürfen im Prozess daher **auch nicht zugunsten des Angeklagten** verwertet werden.[1220] Auch die nachträgliche Einwilligung des Beschuldigten in die Benutzung seiner Aussage ist unbeachtlich.[1221]

Das Verwertungsverbot setzt einen ursächlichen Zusammenhang zwischen Verstoß und **779**
Aussage voraus. Daran fehlt es, wenn der Beschuldigte ausgesagt hat, obwohl er die Täuschung durch den Vernehmungsbeamten erkannt hatte.[1222] Der Ursachenzusammenhang muss nicht erwiesen sein, es genügt, wenn er nicht auszuschließen ist.[1223]

Verboten ist nicht nur die unmittelbare, sondern auch die mittelbare Verwertung der **780**
unter Verstoß gegen § 136a StPO zustande gekommenen Aussage in der späteren Hauptverhandlung. Unzulässig sind daher die Verlesung der Niederschrift über die Vernehmung, das Abspielen von Tonbandaufnahmen von der Vernehmung und die Anhörung der Vernehmungsperson oder eines bei der Vernehmung anwesenden Dritten. Sogar das Machen von Vorhalten aus der Vernehmung ist verboten[1224] (zu den Vorhalten vgl. Rn 903, 913, 928, 953).

Unverwertbar ist zunächst diejenige Aussage, die auf unzulässige Weise erlangt worden **781**
ist. Fraglich ist, ob eine spätere Aussage des Beschuldigten, die strafprozessual ordnungsgemäß erlangt worden ist, verwertbar ist oder ob dem ursprünglichen Verstoß gegen § 136a StPO eine **Fortwirkung** zukommt. Fortwirkung bedeutet: Wird dieselbe Person (hier: Beschuldigter, Zeuge) nach einer fehlerhaften Aussage (§§ 136, 136a StPO) erneut vernommen, wirkt der Fehler der ersten Vernehmung in der folgenden Vernehmung noch fort und macht auch diese unverwertbar.

Beispiel: T ist wegen mehrerer Kapitaldelikte vorläufig festgenommen worden. Im Vernehmungsraum der Polizei wird er mit grellem Licht geblendet und 14 Stunden lang ununterbrochen von verschiedenen, sich abwechselnden Beamten so lange bedrängt, bis er die Taten gesteht. Daraufhin lässt man T ausschlafen und frühstücken. Gegen Mittag wird er dann vom Ermittlungsrichter prozessordnungsgemäß belehrt und erneut vernommen. Da T aufgrund seines in der Nacht zuvor abgegebenen Geständnisses der Auffassung ist,

---

[1219] BGH NStZ **2005**, 393.
[1220] BGH NStZ **2008**, 706 f.; KK-*Boujong*, § 136a Rn 37; LR-*Hanack*, § 136a Rn 63; *Meyer-Goßner*, § 136a Rn 27.
[1221] *Meyer-Goßner*, § 136a Rn 27.
[1222] Vgl. auch BGHSt **22**, 170, 175; *Meyer-Goßner*, § 136a Rn 28.
[1223] BGHSt **34**, 365, 369; LR-*Hanack*, § 136a Rn 62; a.A. BGHSt **31**, 395, 400; SK-*Rogall*, § 136 a Rn 84.
[1224] Vgl. *Meyer-Goßner*, § 136a Rn 29.

dass ein Leugnen nunmehr zwecklos sei, wiederholt er gegenüber dem Ermittlungsrichter sein Geständnis.

Hier ist die nächtliche Aussage unter dem Einfluss von verbotenen Vernehmungsmethoden erlangt worden. Sie ist damit unverwertbar.[1225]

Dagegen ist das am nächsten Mittag abgegebene Geständnis prozessordnungsgemäß zustande gekommen, sodass dieses – bei isolierter Betrachtung – verwertbar ist.

Diesbezüglich stellt sich aber die Frage, ob die Unverwertbarkeit des in der Nacht infolge verbotener Vernehmungsmethoden abgegebenen Geständnisses fortwirkt und auch das am nächsten Mittag prozessordnungsgemäß zustande gekommene Geständnis unverwertbar macht.

Stellt man sich auf den Standpunkt, der psychologische Druck auf T sei entfallen, könnte eine dann von T gemachte Aussage verwertet werden.[1226] Eine Fortwirkung des Beweisverwertungsverbots bestünde dann nicht. Richtigerweise wird man aber fordern müssen, dass T vor der erneuten (nunmehr prozessordnungsgemäßen) Vernehmung dahingehend belehrt wird, dass die vorangegangenen Angaben nicht verwertet werden dürfen (sog. qualifizierte Belehrung).[1227] Sofern dies im vorliegenden Fall nicht geschehen ist, wirkt der Fehler der nächtlichen Vernehmung fort und macht auch die Aussage am nächsten Mittag unverwertbar.

782 Von der Fortwirkung ist die **Fernwirkung** von Beweisverboten zu unterscheiden. Dabei geht es um die Frage, ob bei einer Aussage, die zwar selbst unverwertbar ist, aber Hinweise auf andere Beweismittel enthält, diesen anderen Hinweisen nachgegangen und diese ggf. verwertet werden dürfen.

Beispiel: T gesteht unter Einfluss verbotener Vernehmungsmethoden einen Mord und teilt den Aufenthaltsort der Leiche mit. Diese wird gerichtsmedizinisch untersucht. Dabei wird ein Projektil sichergestellt und einer Waffe zugeordnet, auf der die Fingerabdrücke des T festgestellt wurden.

In diesem Fall ist die Aussage des T während der Vernehmung, also das Geständnis, unverwertbar. Fraglich kann lediglich sein, ob das später in der Leiche entdeckte Projektil und die damit verbundene Zuordnung zur Waffe, auf der sich die Fingerabdrücke des T befinden, als Beweismittel eingebracht werden dürfen.

Nach der Rechtsprechung des BGH entfaltet eine unter Verstoß gegen § 136a StPO zustande gekommene Aussage keine Fernwirkung.[1228] Demzufolge kann das Projektil als Beweismittel in die Hauptverhandlung eingebracht und gegen T verwendet werden.

Diese Rechtsprechung ist zumindest bedenklich, weil sie Beweismittel zulässt, die letztlich nur auf der Grundlage einer verbotenen Vernehmungsmethode erlangt worden sind. Auf dem Boden der im amerikanischen Rechtskreis vorherrschenden „fruit of the poisonous tree"-Doktrin („Früchte des verbotenen Baums" – dazu ausführlich Rn 1134), die dem formellen Recht eine starke Position einräumt und auch dem deutschen Rechtsstaatsprinzip sehr nahe kommt, müsste man eine Fernwirkung durchaus annehmen.[1229] Aber auch die „fruit of the poisonous tree"-Doktrin erfährt eine Einschränkung für den Fall, dass das Beweismittel im konkreten Fall auch auf legalem Weg hätte gefunden werden können („hypothetical clean path doctrine").

Wenn im vorliegenden Fall die StA also vor Gericht glaubhaft macht, dass man die Leiche sowieso – etwa weil man ohnehin Suchtrupps in größerem Umkreis der Leiche eingesetzt

---

[1225] Vgl. auch LG Frankfurt StV **2003**, 325, 326 (Jacob von Metzler bzw. Fall Daschner).
[1226] So BGHSt **1**, 376, 379; **22**, 129, 134; **27**, 355, 359; *Meyer-Goßner*, § 136a Rn 30.
[1227] Streitig, vgl. *Neuhaus*, NStZ **1997**, 312, 315; LG Frankfurt StV **2003**, 325, 326; *Weigend*, StV **2003**, 436, 438. Vgl. auch BGHSt **35**, 328, 338. Zur qualifizierten Belehrung vgl. Rn 240 f.
[1228] BGHSt **34**, 362, 364; BGH StV **1990**, 337, 339; OLG Köln NZV **2001**, 137 ff..; *Meyer-Goßner*, § 136a Rn 31.
[1229] Dies postuliert – in durchaus sympathischer Weise – offenbar *Weigend*, StV **2003**, 436, 440.

hätte – gefunden und damit T auch ohne die Angaben überführt hätte, wäre eine Fernwirkung zu verneinen.

Ob man auf dem Boden der in Deutschland herrschenden Abwägungslehre, die – bei nicht vorhandener gesetzlicher Regelung – zwischen der Bedeutung des Tatvorwurfs einerseits und der Schwere der begangenen Rechtsverletzung andererseits entscheidet[1230], zu einem anderen Ergebnis käme, ist ungewiss, da eine Abwägung nicht frei von subjektiven Meinungen und Befindlichkeiten ist und daher das Ergebnis eines richterlichen Abwägungsprozesses kaum vorherzusagen ist. Zur Frage nach den Auswirkungen der Fort- und Fernwirkung auf die **Revision** vgl. Rn 1262.

Der Beweis des Verfahrensverstoßes muss von Amts wegen geführt werden. Es gilt der **783**
Freibeweis.[1231] Der Grundsatz in dubio pro reo gilt nach der Rechtsprechung des BGH nicht. Ist der Verstoß gegen § 136a StPO also nicht erwiesen, ist die Aussage verwertbar.[1232] Das Rechtsmittel, mit dem der Verstoß gegen § 136a StPO gerügt werden kann, ist die Revision.[1233]

2. Vernehmung von Zeugen und Sachverständigen

Zeugen und Sachverständige sind verpflichtet, auf Ladung vor der StA zu erscheinen und **784**
zur Sache auszusagen bzw. ihr Gutachten zu erstatten (§ 161a I S. 1 StPO). Die Auswahl des Sachverständigen erfolgt im Ermittlungsverfahren durch die StA (§ 161a I S. 2 i.V.m. § 73 StPO). Die *eidliche* Vernehmung von Zeugen und Sachverständigen ist dagegen dem Ermittlungsrichter vorbehalten (§ 161a I S. 3 StPO).

3. Der Ermittlungsrichter

Die Entscheidung über die Durchführung von Ermittlungshandlungen, die in besonderer **785**
Weise bzw. in bedeutsame Grundrechte eingreifen, kann die StA grundsätzlich nicht selbst treffen, sondern ist dem Richter vorbehalten, der – da es um Verfahrenshandlungen im Stadium des Ermittlungsverfahrens geht – als Ermittlungsrichter bezeichnet wird. Der Richtervorbehalt besteht in erster Linie bei bestimmten, schwerwiegenden **Zwangsmaßnahmen**.

Beispiele von Maßnahmen, die grds. nur vom Richter angeordnet werden dürfen (zu den Ausnahmen siehe sogleich): Erlass eines Haftbefehls (§ 114 StPO), Beschlagnahme und Durchsuchung (§§ 98 I S. 1, 105 I S. 1 StPO), körperliche Untersuchung (§§ 81a, 81c StPO), vorläufige Entziehung der Fahrerlaubnis (§ 111a StPO), Telefonüberwachung (§ 100b I S. 1 StPO), akustische Wohnraumüberwachung (§§ 100c, d StPO) molekulargenetische Untersuchung (§ 81f I S. 1 StPO) etc.

Hält die StA eine richterliche Entscheidung für erforderlich, stellt sie einen entsprechen- **786**
den Antrag bei dem Amtsgericht, in dessen Bezirk sie oder ihre den Antrag stellende Zweigstelle ihren Sitz hat, § 162 I StPO. Ermittlungsrichter kann also nur ein Richter am Amtsgericht sein. Die Unabhängigkeit des Richters ist hier eingeschränkt. Er darf nämlich immer nur die Rechtmäßigkeit, nicht auch die Zweckmäßigkeit der beantragten Maßnahme prüfen, § 162 II StPO. Die Zweckmäßigkeit beurteilt die StA in eigener Kompetenz, und daran ist der Richter gebunden.

[1230] Vgl. LR-*Hanack*, § 136a Rn 66; KK-*Senge*, vor § 48 Rn 45 ff.; *Rogall*, JZ **1997**, 944, 948; *Hellmann*, Rn 484; LG Frankfurt StV **2003**, 325, 327; *Beulke*, Rn 144.

[1231] BGHSt **16**, 164, 166; BGH NJW **1994**, 2904, 2905; SK-*Rogall*, § 136a Rn 83; *Meyer-Goßner*, § 136a Rn 32.

[1232] BGH a.a.O.; SK-*Rogall*, § 136a Rn 83; *Meyer-Goßner*, § 136a Rn 32; a.A. LR-*Hanack*, § 136a Rn 69.

[1233] Vgl. LG Frankfurt StV **2003**, 327; *Meyer-Goßner*, § 136a Rn 33.

Beispiel: Beantragt die StA die richterliche Vernehmung eines Zeugen, kann der Richter das nicht mit der Begründung ablehnen, die StA könne Zeugen auch selbst vernehmen (§ 161a StPO).

Nach der am 1.1.2010 in Kraft getretenen Fassung des § 162 III StPO ist nach Erhebung der öffentlichen Klage das Gericht zuständig, das mit der Sache befasst ist. Während des Revisionsverfahrens ist das Gericht zuständig, dessen Urteil angefochten ist. Nach rechtskräftigem Abschluss des Verfahrens gelten die Abs. I und II entsprechend. Nach einem Antrag auf Wiederaufnahme ist das für die Entscheidungen im Wiederaufnahmeverfahren zuständige Gericht zuständig.

787 Bei Gefahr im Verzug kann der Richter ausnahmsweise auch ohne vorherigen Antrag der StA die erforderliche Maßnahme treffen, wenn die StA nicht erreichbar ist, § 165 StPO. Er handelt dann als sog. **Notstaatsanwalt**.

Beispiel: Bei der richterlichen Vernehmung des vorgeführten T durch Richter R (vgl. § 128 StPO) erfährt dieser, dass sich die Diebesbeute beim Mittäter M befindet, der sie heute noch ins Ausland verbringen soll. Weil R den StA nicht erreichen kann, ordnet er selbst eine Hausdurchsuchung bei M an.

Hier bestand Gefahr im Verzug, weil eine Verzögerung der Durchsuchung höchst wahrscheinlich die Sicherstellung der Sachen vereitelt hätte. R konnte daher ohne den grundsätzlich erforderlichen Antrag der StA die sofortige Durchsuchung anordnen.

788 Umgekehrt können die StA, und u.U. sogar die Polizei, bei Gefahr im Verzug in bestimmten Fällen auf die **vorherige Einschaltung des Richters verzichten**, etwa gem. §§ 100b I S. 2 oder 105 I StPO. Man spricht insoweit von einer Regelzuständigkeit des Richters mit Durchbrechungsmöglichkeit. Um aber den Sinn und Zweck des Richtervorbehalts nicht leerlaufen zu lassen, ist die Möglichkeit der Durchbrechung der Regelzuständigkeit wegen Gefahr im Verzug eng zu handhaben. So hat auch das BVerfG festgestellt, dass Gerichte und Strafverfolgungsbehörden im Rahmen des Möglichen tatsächliche und rechtliche Vorkehrungen zu treffen hätten, damit die in der Verfassung vorgesehene Regelzuständigkeit in der Masse der Alltagsfälle gewahrt bleibe.[1234] Aufgrund dieser gem. § 31 BVerfGG bindenden Vorgabe wurden mittlerweile bei vielen Amtsgerichten richterliche Bereitschaftsdienste eingerichtet.

789 Bei einer Durchbrechung der Regelzuständigkeit des Richters ist entweder die richterliche Entscheidung unverzüglich nachzuholen (Beispiel: § 98b I S. 2 StPO) oder die Anordnung der StA tritt nach Ablauf einer bestimmten Frist außer Kraft (Beispiele: § 98b I S. 3 oder § 100b I S. 3 StPO). Ausnahmslos dem Ermittlungsrichter vorbehalten ist die **eidliche** Vernehmung von Zeugen und Sachverständigen (§ 161a I S. 3 StPO, s.o.).

790 Die Einschaltung des Ermittlungsrichters durch die StA kann neben der Anordnung von bestimmten Zwangsmaßnahmen auch der **Beweissicherung** dienen. Denn Handlungen des Ermittlungsrichters wird ein erhöhter Beweiswert beigemessen.

- Zur Beweissicherung werden daher richterliche Vernehmungen durch die StA häufig beantragt, wenn der zu vernehmende Zeuge in der Hauptverhandlung auszufallen droht.
- Ferner können – entgegen dem Grundsatz der persönlichen Vernehmung in § 250 S. 1 StPO – richterliche Vernehmungen des Angeklagten gem. § 254 StPO zum Zweck der Beweisaufnahme in der Hauptverhandlung verlesen werden. So dürfen z.B. Geständnisse des Beschuldigten vor dem Ermittlungsrichter in der Hauptverhandlung im Wege des Urkundenbeweises verlesen werden.

[1234] Vgl. BVerfGE **103**, 142, 150 ff. sowie BVerfGE **109**, 279, 325 ff. Vgl. dazu ausführlich *R. Schmidt*, BesVerwR II, 12. Aufl. **2008**, Rn 282 ff. und 553 ff.

- Gleiches gilt für Aussagen von Zeugen, Sachverständigen oder Mitbeschuldigten. Auch hier besteht die Möglichkeit einer Ersetzung ihrer Vernehmung in der Hauptverhandlung durch Verlesung des Protokolls einer früheren richterlichen Vernehmung, § 251 StPO.
- Schließlich unterliegt die Aussage eines Zeugen, der erst in der Hauptverhandlung gem. § 252 StPO von seinem Zeugnisverweigerungsrecht Gebrauch macht, dann keinem Verwertungsverbot, soweit der vernehmende Richter seinerseits als Verhörsperson über die damals gemachte Aussage vernommen werden darf.

Die Einschaltung des Ermittlungsrichters ändert aber nichts daran, dass die StA „Herrin des „Vorverfahrens" bleibt. Denn der Ermittlungsrichter soll nicht über die Durchführung des Ermittlungsverfahrens entscheiden, sondern lediglich in bestimmten Situationen Grundrechtseingriffe verfahrensrechtlich absichern bzw. die Ermittlungsbehörden kontrollieren. Die Zuständigkeit des Ermittlungsrichters endet mit Anklageerhebung. Dann entscheidet das mit der Sache befasste Gericht (Rn 840 ff.). 791

Übersicht über die Erscheinungs- und Aussagepflichten

792

	Polizei	Staatsanwalt	Ermittlungsrichter	Gericht
Beschuldigter	nein	ja (§§ 133, 163a III S. 1 StPO)	ja (§§ 133, 163a III S. 1 StPO)	ja (§§ 230 II, 231 StPO); Ausnahme: § 233 StPO
Zeuge	nein (§ 48 StPO)	ja (§ 161a I S. 1 StPO)	ja (§ 161a I S. 1 StPO)	ja (§ 48 StPO)
Sachverständiger	nein	ja (§ 161a I StPO)	ja (§ 161a I StPO)	ja (§§ 48, 72, 75 StPO)

4. Recht auf konfrontative Befragung

Im Ermittlungsverfahren sieht § 168c I und II StPO bei richterlichen Vernehmungen bestimmte Anwesenheitsrechte vor. 792a

- § 168c I StPO gestatten bei richterlicher Vernehmung des Beschuldigten der StA und dem Verteidiger die Anwesenheit.
- § 168c II StPO gestatten bei richterlicher Vernehmung eines Zeugen oder Sachverständigen der StA, dem Beschuldigten und seinem dem Verteidiger die Anwesenheit.

Aus diesen Bestimmungen folgt, dass das Anwesenheitsrecht des Beschuldigten bzw. von dessen Verteidiger nur für richterliche Vernehmungen, nicht auch für Vernehmungen durch die StA gilt (vgl. auch § 161a StPO). Die unterschiedliche Regelung beruht v.a. auf dem Unterschied in der Verlesbarkeit der Niederschriften in der Hauptverhandlung. Nur richterliche Vernehmungsprotokolle dürfen dort verlesen und bei der Beweisführung berücksichtigt werden (vgl. §§ 249, 251, 254 StPO). Dehalb besteht diesbezüglich ein vollumfängliches Anwesenheitsrecht während der vorprozessualen richterlichen Vernehmung.
Über den Wortlaut der Vorschrift hinaus steht den Berechtigten auch ein Fragerecht zu, da das reine Anwesenheitsrecht ohne gleichzeitiges Fragerecht den Interessen der Berechtigten nicht hinreichend gerecht würde.[1235]

[1235] Vgl. *Meyer-Goßner*, § 168c Rn 1.

792b Dass die genannten Anwesenheits- und Fragerechte nur dann wahrgenommen werden können, wenn die Anwesenheitsberechtigten auch zuvor über den Zeitpunkt der Vernehmung benachrichtigt worden sind, steht außer Zweifel. § 168c V StPO stellt dies klar und macht die Benachrichtigung zur Pflicht. Fraglich sind jedoch die Konsequenzen, wenn – bei einer Zeugenbefragung – eine Benachrichtigung unterbleibt. Zwar können der Beschuldigte und der Verteidiger grds. noch in der Hauptverhandlung den Zeugen befragen, dem genannten Verfahrensverstoß kommt allerdings eine besondere Bedeutung zu, wenn der Zeuge nicht für die Hauptverhandlung zur Verfügung steht, etwa weil er unauffindbar oder sonst unerreichbar ist.

> **Beispiel**[1236]**:** Die aus der Osttürkei stammende O war Opfer eines Menschenhandels, einer Zuhälterei und von damit einhergehenden Sexualdelikten. Sie zeigte die Täter bei der Polizei an und machte beim Ermittlungsrichter eine Zeugenaussage. Bei dieser Aussage waren lediglich der StA, nicht aber der hauptbelastete T oder dessen Verteidiger anwesend. Aufgrund eines Irrtums der Justizverwaltung wurden beide nicht über den Termin informiert. Zwei Tage später begab sich O in ihre ausländische Heimat, weil sie mit der Sache nichts mehr zu tun haben wollte. Drei Monate später kam es zur Hauptverhandlung, bei der T angeklagt war. Da O nicht mehr auffindbar war, erklärte der Richter die Zeugin für unerreichbar und stützte die Beweisaufnahme auf das Protokoll des Ermittlungsrichters. An sonstigen Beweismitteln fehlte es. T wurde daraufhin verurteilt.
> Im Rahmen der Revision rügt T einen Verstoß gegen sein Recht auf konfrontative Befragung, weil er bzw. sein Verteidiger nicht über die richterliche Vernehmung informiert worden seien und daher auch nicht bei dieser hätten anwesend sein können.

Steht ein zentrales Beweismittel in der Hauptverhandlung nicht zur Verfügung bzw. droht nicht zur Verfügung zu stehen, ist es entscheidend, dass die im Ermittlungsverfahren erzielten Vernehmungsergebnisse in die Hauptverhandlung transferiert und dort Grundlage des Schuldspruchs werden können. Das ist vorliegend geschehen. Bei diesem Verfahren gibt es jedoch ein entscheidendes Problem: Während Zeugen in der Hauptverhandlung von allen Beteiligten kritisch befragt werden können, ist dies im Ermittlungsverfahren nur eingeschränkt der Fall. Zwar sind bei der besonders für den Transfer in die Hauptverhandlung vorgesehenen (vgl. §§ 251 II, 254 StPO) ermittlungsrichterlichen Vernehmung nach § 168c StPO besondere Anwesenheitsrechte vorgesehen, die jedoch leerlaufen, wenn die Berechtigten entgegen – § 168c V StPO – nicht zuvor über die Vernehmung benachrichtigt werden.[1237]

Wenn nun – wie im vorliegenden Fall – ein Beschuldigter oder sein Verteidiger nicht an der Gewinnung eines derart zentralen Beweisergebnisses mitwirken können – sei es, dass es um nichtrichterliche Vernehmungen geht, bei denen keine Anwesenheitsrechte gelten, oder sei es, dass ihre Mitwirkung aufgrund von Verfahrensfehlern unterbleibt, die der Justiz zuzurechnen sind, stellt sich die Frage nach den Auswirkungen. Das deutsche Strafverfahrensrecht sieht hierzu jenseits von § 168c StPO keine ausdrücklichen Regelungen vor. Demzufolge wäre die Verletzung des Anwesenheitsrechts nicht revisibel. Etwas anderes könnte sich aber aufgrund der Regelung des Art. 6 III lit. d EMRK ergeben. Diese Vorschrift, die – wie die gesamte EMRK – zwar nur den Rang einfachen Bundesrechts genießt, jedoch stets bei der Auslegung der Gesetze heranzuziehen ist[1238], garantiert – als eine besondere Ausformung des Grundsatzes des fairen Verfahrens nach Art. 6 I S. 1 EMRK – das Recht des Angeklagten, Fragen an Belastungszeugen zu stellen oder (durch den Strafverteidiger) stellen zu lassen. Eine Verletzung des Art. 6 EMRK ist wiederum unstreitig revisibel (vgl. bereits Rn 236). Allerdings hat der BGH entschieden,

---

[1236] In Anlehnung an BGH NStZ **2007**, 166 f.
[1237] Vgl. *Mosbacher*, JuS **2007**, 724, 726.
[1238] Zum Verhältnis zwischen nationalem Recht und Völkerrecht bzw. zwischen der deutschen Rechtsordnung und der EMRK vgl. *R. Schmidt*, Grundrechte, 12. Aufl. **2010**, Rn 4 ff. und 285.

dass selbst wenn der Angeklagte zu keinem Zeitpunkt die Gelegenheit zur konfrontativen Befragung des Zeugen hatte, dies jedoch nicht ohne weiteres gegen Art. 6 III lit. d i.V.m. Art. 6 I S. 1 EMRK verstoße. Entscheidend sei vielmehr, ob das Verfahren in seiner Gesamtheit einschließlich der Art und Weise der Beweiserhebung und -würdigung fair gewesen sei.[1239]

Es kommt demnach auf eine wertende Gesamtbetrachtung des Einzelfalls an. Unklar ist aber, warum der BGH den (Um-)Weg über Art. 6 III lit. d EMRK gegangen ist. Denn die Bemühung des Art. 6 III lit. d EMRK ist überflüssig, weil bereits nach der ständigen BGH-Rechtsprechung bei Verletzung der gem. § 168c V S. 1 StPO bestehenden Benachrichtigungspflicht – wobei es keinen Unterschied macht, ob die erforderliche Benachrichtigung absichtlich, versehentlich oder unter Verkennung der gesetzlichen Voraussetzungen unterblieben ist – die Niederschrift ohne Einverständnis des Angeklagten und des Verteidigers nicht als richterliches Protokoll gem. § 251 II StPO in der Hauptverhandlung verlesen werden darf.[1240] Im vorliegenden Fall ist die Revision daher begründet.

Weiterführende Hinweise: 792c

- Darf also die Niederschrift des Ermittlungsrichters nicht verlesen werden, ist damit auch die Vernehmung des Ermittlungsrichters ausgeschlossen[1241]; denn diese stünde der verbotenen Verlesung einer richterlichen Vernehmungsniederschrift gleich.
- Ob eine Verurteilung trotz nicht gegebener Möglichkeit der konfrontativen Befragung erfolgen darf, hängt davon ab, ob dem Gericht noch andere Beweismittel zur Verfügung stehen. Zwar dürfen – wie gesehen – weder der Ermittlungsrichter vernommen noch dessen Niederschrift verlesen werden, verwertbar sollen nach Auffassung des BGH jedoch die Angaben der damaligen Vernehmungsbeamten sein. Könnten diese z.B. Angaben über die psychische Verfassung eines Vergewaltigungsopfers machen, dürfe der Tatrichter diese Angaben im Rahmen der freien Beweisführung (§ 261 StPO) berücksichtigen und in die Urteilsfindung einfließen lassen.[1242]

5. Rechtsschutz im Ermittlungsverfahren

Das Gesetz sieht verschiedene Möglichkeiten vor, Rechtsverletzungen im Ermittlungsverfahren zu rügen: 793

- die Anrufung des Gerichts gem. § 98 II S. 2 StPO,
- die Beschwerde gem. §§ 304 ff. StPO (auch in Bezug auf die in § 101 I StPO bezeichneten Maßnahmen, vgl. § 304 IV Nr. 1 und V a.E. StPO)
- und der Antrag auf gerichtliche Entscheidung gem. § 23 EGGVG.
- Kommt es zur Hauptverhandlung, können Fehler im Ermittlungsverfahren mit den Rechtsbehelfen der Berufung oder Revision, die gegen das Urteil zulässig sind, gerügt werden.

Gegen Maßnahmen im Ermittlungsverfahren kommt insbesondere die Beschwerde in Betracht. 794 Werden etwa eine Durchsuchung und Beschlagnahme wegen Gefahr im Verzug von der Polizei oder der StA angeordnet, ist hiergegen (sofern noch keine Hauptverhandlung stattgefunden hat) auch der Antrag auf gerichtliche Entscheidung nach § 98 II S. 2 StPO statthaft. Der Antrag ist aber nur zulässig, sofern der Betroffene durch die Maßnahme noch beschwert ist.

[1239] BGH NStZ **2007**, 166 f.; bestätigt in BGH NJW **2007**, 2341, 2342.
[1240] BGH NJW **2003**, 3142, zust. BVerfG StV **2006**, 72, 77.
[1241] BGHSt **26**, 332, 335; BGH NStZ **1986**, 207.
[1242] BGH NJW **2007**, 2341, 2342.

- Maßnahmen der Beschlagnahme beschweren den Betroffenen, solange die Beschlagnahme andauert. Gegen diese ist daher der Antrag zulässig, soweit Gegenstände beschlagnahmt und noch nicht wieder zurückgegeben worden sind.
- Eine Durchsuchung kann beanstandet werden, solange sie noch andauert. Das ist etwa der Fall, wenn im Rahmen der Durchsuchung umfängliche Unterlagen mitgenommen und durchgesehen werden müssen.

795 Gegen gerichtliche Durchsuchungs- und Beschlagnahmebeschlüsse ist die Beschwerde (§ 304 StPO) zulässig.

III. Der Abschluss des Ermittlungsverfahrens

796 Ist keine weitere Aufklärung des Tatgeschehens mehr zu erwarten, weil etwa alle zur Verfügung stehenden Beweismittel erschöpft und kein Ansatzpunkt zur Ermittlung neuer Tatsachen mehr ersichtlich ist, muss die StA eine Entscheidung treffen, um das Ermittlungsverfahren zu beenden. Entweder muss sie öffentliche Klage erheben oder das Verfahren einstellen.

1. Erhebung der öffentlichen Klage

797 Die StA erhebt öffentliche Klage, wenn die bisherigen Ermittlungen ergeben haben, dass der Beschuldigte der Tat hinreichend verdächtig ist und deshalb vom Gericht wahrscheinlich verurteilt wird (vgl. § 170 I i.V.m. § 203 StPO). Der zuständige Staatsanwalt hat insoweit zu prognostizieren, wie das Gericht letztlich entscheiden wird.[1243]

798 Ist die Straferwartung gering, steht der StA unter den Voraussetzungen des § 407 I StPO alternativ zur Erhebung der Anklage die Möglichkeit des Stellens eines Antrags auf Erlass eines **Strafbefehls** zur Verfügung. Das Strafbefehlsverfahren als summarisches Verfahren erlaubt eine einseitige Festsetzung der Strafe ohne Hauptverhandlung und Urteil. Als Rechtsfolge ist grds. lediglich die Festsetzung von Geldstrafen oder sonst wenig einschneidenden Sanktionen möglich. Hat der Angeschuldigte einen Verteidiger, kann Freiheitsstrafe bis zu einem Jahr festgesetzt werden, sofern deren Vollstreckung zur Bewährung ausgesetzt wird (§ 407 II S. 2 StPO). Zum Strafbefehlsverfahren vgl. Rn 1320 ff.

2. Einstellung des Verfahrens

a. Einstellung wegen Nichtbestätigung des Anfangsverdachts, § 170 II S. 1 StPO

799 Ergeben die Ermittlungen keinen hinreichenden Tatverdacht bzw. steht der Strafverfolgung ein Verfahrenshindernis entgegen, muss die StA das Verfahren einstellen, § 170 II S. 1 StPO. Die Einstellungsentscheidung ist allerdings **nicht endgültig**. Die StA kann also jederzeit das Ermittlungsverfahren wieder aufnehmen.

800 Eine Einstellung nach § 170 II StPO kann aus tatsächlichen und/oder rechtlichen Gründen ergeben.

- Aus tatsächlichen Gründen ist das Verfahren einzustellen, wenn der Sachverhalt nicht bewiesen werden kann, etwa weil er sich im Nachhinein anders als zunächst angenommen herausstellt, die Beweise nicht ausreichen oder ein Beweisverwertungsverbot besteht.
- Aus rechtlichen Gründen ist das Verfahren einzustellen, wenn der ermittelte Sachverhalt rechtlich keine Strafbarkeit begründet, also entweder kein Straftatbestand erfüllt ist, ein Rechtfertigungs-, Entschuldigungs-, oder Strafaufhebungsgrund besteht oder dauernde Verfahrenshindernisse der Verurteilung entgegenstehen.

[1243] BGHSt **15**, 155, 158.

Stellt die StA das Verfahren ein, hat sie den Anzeigeerstatter hierüber zu bescheiden, § 171 S. 1 StPO. Ist der Anzeigeerstatter zugleich der Verletzte, hat sie ihn zugleich über die Möglichkeit des Klageerzwingungsverfahrens zu belehren, § 171 S. 2 StPO. Denn gem. § 172 StPO hat der Antragsteller, der zugleich der Verletzte ist, die Möglichkeit, das Klageerzwingungsverfahren einzuleiten. Der Beschuldigte erhält dagegen von der Einstellung eine Nachricht nur unter den Voraussetzungen des § 170 II S. 2 StPO. Es ist also möglich, dass gegen jemanden ein Ermittlungsverfahren durchgeführt worden ist, ohne dass er überhaupt davon Kenntnis erlangt. **801**

Eine Einstellung erfolgt auch, wenn nur ein **Privatklagedelikt** gem. § 374 StPO in Frage steht und die StA das öffentliche Interesse i.S.v. § 376 StPO verneint. Sie verweist dann den Antragsteller auf den Privatklageweg. Vgl. dazu näher Rn 1307 ff. **802**

b. Einstellung aufgrund des Opportunitätsprinzips, §§ 153 ff. StPO

Weitere Einstellungsmöglichkeiten ergeben sich aufgrund des **Opportunitätsprinzips** nach §§ 153 ff. Es besteht folgende Systematik:

- Einstellung ohne Auflagenerteilung, § 153 StPO
- Einstellung unter Auflagenerteilung, § 153a StPO
- Einstellung im Beschleunigungsinteresse, § 154 StPO

aa. Einstellung ohne Auflagenerteilung, § 153 StPO

Die Vorschrift statuiert eine Ausnahme vom Legalitätsprinzip, um die Möglichkeit zu eröffnen, bei Bagatelldelikten das Strafverfahren einzustellen. Sie erlaubt die Nichtverfolgung bei Vergehen, also nicht bei Verbrechen (vgl. zur Unterscheidung § 12 I StGB). Ist die Tat nicht strafbar oder schon nicht verfolgbar, scheidet eine Anwendung des § 153 StPO von vornherein aus.[1244] **803**

Die Polizei ist nicht befugt, das Verfahren gem. § 153 StPO einzustellen, weil sie hierfür keine Kompetenz besitzt. Sie kann nicht in eigener Zuständigkeit von der Verfolgung absehen, sondern muss die Akten zunächst der StA vorlegen (§ 163 II S. 1 StPO). Im Steuerstrafverfahren kann ggf. die Finanzbehörde die Entscheidung treffen (vgl. § 398 AO). Stellt die StA das Verfahren ein (§ 153 I StPO), braucht sie die Zustimmung des Gerichts, es sei denn, dass es sich um ein Vergehen handelt, dessen Strafrahmen bei der Mindeststrafe beginnt (§§ 38, 40 StGB) und bei dem die Tatfolgen gering sind (bei Vermögensdelikten bis ca. 50,- €[1245]; das Affektionsinteresse des Geschädigten wird nicht berücksichtigt), § 153 I S. 2 StPO. **804**

> **Beispiel:** Eine Einstellung nach § 153 StPO bedarf in den Fällen des § 244 StGB der richterlichen Zustimmung, weil die Strafandrohung im Mindestmaß erhöht ist (das Mindestmaß einer Freiheitsstrafe beträgt gem. § 38 II StGB einen Monat; § 244 StGB enthält ein Mindestmaß von sechs Monaten, ist also im Mindestmaß erhöht). Demgegenüber handelt es sich beim besonders schweren Fall des Diebstahls (§ 243 StGB) nur um eine Strafzumessungsregel, sodass für die Frage nach der Einstellung gem. § 153 StPO die Strafandrohung des § 242 StGB zählt, welche nicht im Mindestmaß erhöht ist, sodass im Ergebnis kein Vergehen vorliegt, das mit einer im Mindestmaß erhöhten Strafdrohung versehen ist. Hier kann also die StA ohne Zustimmung des Gerichts einstellen, sofern die durch die Tat verursachten Folgen gering sind, § 153 I S. 2 StPO.

[1244] *Meyer-Goßner*, § 153 Rn 3.

[1245] Bei Steuer- und Zollstrafsachen tritt ergänzend § 398 AO hinzu. Dort werden Einstellungen selbst bei höheren Schadenssummen vorgenommen. Bei Betäubungsmittelstrafsachen lässt § 31a BtMG das Absehen von der Verfolgung ohne Zustimmung des Gerichts zu, wenn bei bestimmten Straftaten der Täter das Betäubungsmittel lediglich zum Eigenverbrauch in geringer Menge anbaut, besitzt usw. Nach Auffassung des BVerfG (E **90**, 145 ff.) ist in diesen Fällen grds. von der Verfolgung abzusehen.

805 Voraussetzung für eine Einstellung nach § 153 I StPO ist aber, dass die Sache noch nicht bei Gericht anhängig ist (vgl. den Umkehrschluss aus § 153 II StPO).

806 Der Beschuldigte muss nicht einverstanden sein und noch nicht einmal gehört werden (die ggf. erforderliche Zustimmung des Gerichts ist nur eine interne Prozesserklärung und nicht eine Entscheidung i.S.d. § 33 II StPO). Anders verhält es sich im Fall des § 153 II S. 1 StPO. Hier hat der Angeschuldigte das Recht, seine Zustimmung zur Einstellung zu verweigern, etwa um einen Freispruch zu erkämpfen. Dann aber trägt er auch das Risiko einer Verurteilung.

807 Zu den Voraussetzungen: Die Einstellung nach § 153 StPO setzt voraus, dass die Schuld des Täters bei einer hypothetischen Betrachtungsweise als gering anzusehen wäre und an einer Verfolgung kein öffentliches Interesse besteht.

a.) Geringe Schuld

808 Streng genommen kann im Zeitpunkt der Entscheidung über die Einstellung nach § 153 StPO noch gar nicht festgestellt werden, ob die Schuld des Täters gering ist. Denn über die Schuld entscheidet der Richter im Hauptverfahren durch Urteil. Es ist also eine hypothetische Betrachtungsweise angesagt. Die hypothetisch unterstellte Schuld ist gering, wenn sie im Vergleich mit Vergehen gleicher Art nicht unerheblich unter dem Durchschnitt liegt.[1246] Als Kriterien für „geringe Schuld" lassen sich auch die bei einer Verurteilung für die Strafzumessung relevanten Kriterien des § 46 II StGB verwenden, also insbesondere die geringe kriminelle Energie, die geringe Höhe des verursachten Schadens und die Gesinnung des Täters.

b.) Kein öffentliches Interesse an der weiteren Strafverfolgung

809 Darüber hinaus darf ein öffentliches Verfolgungsinteresse der Einstellung nicht entgegenstehen. Wann das öffentliche Interesse an einer Strafverfolgung der Einstellung entgegensteht, beantwortet das Gesetz nicht. Es können spezial- oder generalpräventive Gründe sein, die gegen eine Einstellung sprechen. Sich dabei allein auf die Person des Täters und seine Einstellung zum Recht zu stützen (Vorstrafen, Missachtung staatlicher Autorität, etc.), läuft meist auf ein Gesinnungsstrafrecht hinaus, es sei denn, solche Aspekte sprechen für die Gefährlichkeit des Täters. Daher sind auch die legitimen Belange der Allgemeinheit und die des durch die Tat Verletzten in die Überlegung mit einzubeziehen. Daher können das Sicherheitsbedürfnis der Bevölkerung, das Interesse der Allgemeinheit an der Aufklärung einer Tat, die Aufsehen erregt hat, sowie der Schutz des Verletzten gegen eine Einstellung nach § 153 StPO sprechen. Als Faustformel kann man sagen, dass das öffentliche Interesse an der (weiteren) Strafverfolgung fehlt, wenn die Auswirkungen der Tat nicht über die Belange von Täter und Opfer hinausgehen. Bei der Beurteilung, ob das öffentliche Interesse besteht bzw. nicht besteht, steht der StA ein Beurteilungsspielraum zu.

810 Ist die öffentliche Klage bereits erhoben, geht die Zuständigkeit für die Einstellung auf das Gericht über, § 153 II StPO. Nimmt die StA aber die Klage (§ 156 StPO), den Strafbefehlsantrag oder nach Erlass des Strafbefehls die Klage nach § 411 III StPO zurück, wird sie wieder zuständig.[1247] Zuständig ist zunächst das Eröffnungsgericht, im Hauptverfahren das erkennende Gericht und nach Einlegung eines Rechtsmittels das Rechtsmittelgericht.[1248]

[1246] LR-*Beulke*, § 153 Rn 24; *Meyer-Goßner*, § 153 Rn 3; *Pfeiffer*, § 153 Rn 2.
[1247] *Pfeiffer*, § 153 Rn 7.
[1248] *Meyer-Goßner*, § 153 Rn 21.

Die Einstellung, welche in jeder Lage des Verfahrens zulässig ist, erfolgt durch Beschluss (§ 153 II S. 3 StPO), der nicht anfechtbar ist (§ 153 II S. 3 StPO). **811**

c.) Rechtsfolgen

Die Vorschrift des § 153 StPO weist nicht nur unbestimmte Rechtsbegriffe auf, die die StA im Einzelfall auslegen muss, sondern gewährt der StA auch ein Ermessen („kann" einstellen). Wie jedoch aus dem Allgemeinen Verwaltungsrecht bekannt sein dürfte, verengt sich der Ermessensspielraum auf Null, wenn die Auslegung der unbestimmten Rechtsbegriffe zu einem bestimmten Ergebnis führt. Sind dann keine Gegenargumente ersichtlich, die erst im Rahmen der Ermessensausübung zu berücksichtigen wären, wird aus der Ermessensentscheidung faktisch (nicht rechtsdogmatisch![1249]) eine Muss-Entscheidung. **812**

> **Beispiel:** Gegen T läuft ein Ermittlungsverfahren wegen Diebstahls, welches durch eine Anzeige des O initiiert wurde. T hatte ein Buch des O gestohlen (Wert: 20,- €).
>
> In diesem Fall hat das Verfahren ein Vergehen zum Gegenstand, dessen abstrakte Strafe nicht im Mindestmaß erhöht ist (vgl. § 38 II StGB), und bei dem die Folgen der Tat gering sind. Daher ist auch die Mitwirkung des Gerichts nicht erforderlich, § 153 I S. 2 StPO. Auch die Schuld des T dürfte angesichts des Werts des Buches als gering anzusehen sein. Schließlich dürfte das öffentliche Interesse an der (weiteren) Strafverfolgung fehlen, weil die Auswirkungen der Tat nicht über die Belange von T und O hinausgehen.
>
> Somit sind die Tatbestandsvoraussetzungen des § 153 I S. 2 StPO für eine Einstellung gegeben. Allerdings steht der Einstellungsbehörde darüber hinaus ein Ermessen zu. Denn § 153 I S. 1 StPO spricht von: „kann ... einstellen". Im vorliegenden Fall sind jedoch keine Gründe ersichtlich, die trotz Vorliegens der Einstellungsvoraussetzungen gegen eine Einstellung sprechen. Daher *muss* die StA einstellen, auch wenn es sich rechtsdogmatisch nach wie vor um eine Ermessensentscheidung handelt.[1250]

Die Einstellung nach § 153 I StPO (also die Einstellung **durch die StA**) führt dem Gesetzeswortlaut zufolge **nicht** zu einem **Strafklageverbrauch.**[1251] Denn anders als bei § 153a StPO muss der Beschuldigte ja auch keine Auflagen oder Weisungen erfüllen, die ein legitimes Bedürfnis nach Rechtssicherheit begründen würden. Daher kann im Fall des § 153 I StPO die StA die Verfolgung der Tat wieder aufnehmen, wenn es dafür sachliche Gründe gibt, etwa wenn sich später herausstellt, dass es sich bei der Tat in Wahrheit um ein Verbrechen handelt (z.B. Raub statt Diebstahl). Rechtskraft bzw. Strafklageverbrauch entstehen also nicht. Daher bleibt z.B. auch ein Privatklageverfahren möglich. Ein Klageerzwingungsverfahren (§§ 172 ff. StPO) ist dagegen unzulässig.[1252] **813**

Unklar ist dagegen, ob der Einstellungsbeschluss **des Gerichts** nach § 153 II StPO zu einem (beschränkten) Strafklageverbrauch führt. Zwar sieht auch der Wortlaut des § 153 II StPO keinen Strafklageverbrauch vor, da der Beschuldigte schließlich auch hier keine Sanktion erhalten hat. Nach Auffassung des BGH[1253] soll unter bestimmten Voraussetzungen aber ein Strafklageverbrauch analog § 153a I S. 5 StPO eintreten. Denn das Gericht habe den Sachverhalt umfassend geprüft und der Beschuldigte könne bei einer Einstellung ohne Auflage nicht schlechter stehen als bei Einstellung mit Auflage aufgrund eines sogar höheren Schuldgehalts. Allerdings genügen auch nach Auffassung des BGH neue Tatsachen und Beweismittel, die eine schärfere rechtliche Beurteilung ermöglichen, **814**

[1249] Diese Gesetzessystematik scheint *Volk*, § 12 Rn 15 a.E. unbekannt zu sein.
[1250] Vgl. dazu ausführlich *R. Schmidt*, AllgVerwR, 13. Aufl. **2009**, Rn 308.
[1251] Zum Strafklageverbrauch vgl. die Ausführungen zu § 153a StPO bei Rn 813 und das Beispiel bei Rn 821.
[1252] OLG Frankfurt NStZ-RR **2001**, 20.
[1253] BGHSt **48**, 331, 333 f. mit Anm. v. *Kühne*, JZ **2004**, 743 ff., *Heghmanns*, NStZ **2004**, 633 und *Beulke*, JR **2005**, 37 ff.

nicht, um das Verfahren wiederaufzunehmen. Eine Wiederaufnahme soll aber möglich sein, wenn bei einer Einstellung verkannt wurde, dass es sich um einen Teilakt einer Dauerstraftat oder einer Bewertungseinheit gehandelt hat.[1254]

815 Die Versagung der Einstellung nach § 153 II StPO (also durch das Gericht) kann nicht mit der Revision gerügt werden. Jedoch kann das Revisionsgericht das Verfahren bei zulässiger Revision mit Zustimmung der bei ihnen bestehenden StA und des Angeklagten selbst einstellen.

bb. Einstellung unter Auflagenerteilung, § 153a StPO

816 § 153a StPO lässt ein Absehen von der Anklageerhebung unter Erteilung von Auflagen und/oder Weisungen gegen den Beschuldigten eines Vergehens zu, wenn dies geeignet ist, das öffentliche Interesse an der Strafverfolgung zu beseitigen, und wenn die Schwere der Schuld „nicht entgegensteht". Wie bei § 153 StPO *muss* die Einstellungsbehörde trotz des Wortlauts „kann" einstellen, wenn die Tatbestandsvoraussetzungen des § 153a StPO erfüllt sind.

817 Die Formulierung „wenn die Schwere der Schuld nicht entgegensteht" bedeutet letztlich nichts anderes, dass eine Einstellung nicht nur bei „geringer Schuld" (wie bei § 153 StPO), sondern auch bei „mittlerer Schuld" in Betracht kommt, womit der Anwendungsbereich des § 153a StPO in den Bereich der **mittleren Kriminalität** hinreicht. Damit wird der Zweck der Vorschrift offenkundig: Sie soll ein einfaches Erledigungsverfahren im Bereich der kleinen und mittleren Kriminalität mit entsprechenden Beschleunigungs- und Entlastungseffekten zur Verfügung stellen.[1255] Im zynischen Sinne geht es um den „Freikauf" von privilegierten Delinquenten. Denn es ist nicht zu leugnen, dass die Vorschrift in der Praxis oftmals missbraucht wird. Der Beschuldigte sieht sich oft vor die Wahl gestellt, einer Einstellung des Verfahrens nach § 153a StPO zuzustimmen oder aber eine möglicherweise langwierige Beweisführung in der Hauptverhandlung, die zur Offenbarung unangenehmer persönlicher und/oder beruflicher Details führen kann, über sich ergehen lassen zu müssen. In solchen Fällen wird so mancher prominenter bzw. wohlhabender Angeklagter das Licht der Öffentlichkeit scheuen und einer Einstellung nach § 153a StPO zustimmen bzw. sie vorantreiben statt weiter zu kämpfen und auf einen Freispruch zu hoffen.

Typische **Anwendungsfälle** sind Eigentums- und Vermögensdelikte oberhalb der Antragsgrenze, leichte und mittlere Verkehrsstraftaten und die Verletzung der Unterhaltspflicht. Bei fahrlässiger Tötung kommt § 153a StPO nur in besonders gelagerten Fällen in Betracht.[1256] Bei Wirtschafts- und Steuerstraftaten soll von der Verfolgung abgesehen werden können, wenn der Schaden nicht zu erheblich ist und es sich um ein einmaliges Fehlverhalten handelt.[1257] Tatsächlich wird in der Praxis § 153a StPO auch bei hohen Schäden angewendet, insbesondere, wenn der Schaden (im Wesentlichen) wieder gut gemacht ist und der Täter an der Aufklärung mitwirkt.[1258]

[1254] Kritisch zur Rspr. des BGH *Heghmanns*, NStZ **2004**, 633 und SK-*Weßlau*, § 153 Rn 57 mit dem Hinweis auf den Rechtsgedanken des § 47 III JGG. Eine Übertragung des Rechtsgedankens des § 47 III JGG auf § 153 II StPO verbietet sich aber schon aus systematischen Gründen, da es sich bei den Vorschriften des JGG um Spezialregelungen handelt, deren Wertung nicht ohne weiteres auf die allgemeinen Regelungen der StPO übertragen werden dürfen.

[1255] LR-*Beulke*, § 153a Rn 3; *Meyer-Goßner*, § 153a Rn 2.

[1256] *Meyer-Goßner*, § 153a Rn 8.

[1257] *Meyer-Goßner*, § 153a Rn 8.

[1258] *Joecks*, § 153a Rn 6.

Der Effekt der Vorschrift ist eine Entkriminalisierung durch Kompensation. Die Auflagen (§ 153a I Nr. 1-3, StPO[1259]) und Weisungen (Nr. 4[1260], Nr. 5 und Nr. 6) sind Sanktionen ohne Strafcharakter. Entscheidungen nach § 153a StPO werden dementsprechend auch nicht in das Bundeszentralregister (BZR) eingetragen.[1261] **818**

Auch bei § 153a StPO bestehen grundsätzlich Zustimmungserfordernisse. So muss der Beschuldigte stets zustimmen, da ihm schließlich eine Sanktion auferlegt wird, der er sich „unterwerfen" muss.[1262] Die Zustimmung des Gerichts ist dagegen nur im Grundsatz erforderlich. Das grundsätzlich bestehende Zustimmungserfordernis des Gerichts soll verhindern, dass die StA trotz Bestehens eines öffentlichen Interesses an der Strafverfolgung die Sache einfach einstellen kann. Diese ratio greift allerdings nicht bei Vergehen, bei denen die Strafe nicht im Mindestmaß erhöht ist (vgl. § 38 II StGB) und die Folgen der Tat gering sind, § 153a I S. 7 i.V.m. § 153 I S. 2 StPO. In diesen Fällen ist die Zustimmung des Gerichts entbehrlich. **819**

Das Einstellungsverfahren nach § 153a StPO ist zweistufig: Zunächst erfolgt unter den Voraussetzungen des § 153a I StPO eine vorläufige Einstellung des Verfahrens. Sind die erteilten Auflagen und Weisungen erfüllt, wird das Verfahren endgültig eingestellt. **820**

Erfüllt der Beschuldigte die Auflage i.S.v. § 153a StPO, entsteht bzgl. der prozessualen Tat ein **eingeschränkter Strafklageverbrauch**: Gemäß § 153a I S. 5 StPO kann die Tat nicht mehr als Vergehen verfolgt werden (wohl aber noch als Verbrechen). Dies gilt jeweils nur für Delikte, die zu derselben prozessualen Tat i.S.v. § 155 gehören. Handelt es sich prozessual um eine selbstständige Tat, kann diese, weil sie nie sanktioniert worden ist, uneingeschränkt verfolgt werden. **821**

Beispiel: Autofahrer T kollidiert im alkoholisierten Zustand mit Radfahrer R. Dieser wird leicht verletzt und stellt am nächsten Morgen Strafanzeige gegen T wegen fahrlässiger Körperverletzung. Es kommt zu einem Ermittlungsverfahren. Der Anwalt des T beantragt bei der StA, das Verfahren gegen T wegen Geringfügigkeit einzustellen.

Bei der fahrlässigen Körperverletzung (§ 229 StGB) handelt es sich um eine Straftat, die gem. § 230 StGB nur auf Antrag verfolgt wird, es sei denn, dass die StA ein besonderes öffentliches Interesse an der Strafverfolgung bejaht. Das ist vorliegend offenbar aufgrund der Alkoholisierung des T im Tatzeitpunkt der Fall.

I. Einstellung wegen Geringfügigkeit nach § 153 I S. 1 StPO

Möglicherweise kann das Verfahren aber wegen Geringfügigkeit eingestellt werden. In Betracht kommt zunächst eine Einstellung nach § 153 I S. 2 StPO, weil das Hauptverfahren gegen T noch nicht eröffnet wurde und es sich bei der fahrlässigen Körperverletzung nicht um eine Straftat handelt, bei der die Strafe im Mindestmaß erhöht ist (vgl. § 38 II StGB). Dies setzt aber nicht nur eine (hypothetisch unterstellte) geringe Schuld des Täters voraus, sondern auch, dass kein öffentliches Interesse an der (weiteren) Strafverfolgung besteht. Bei Körperverletzungsdelikten, die im Straßenverkehr begangen werden, sehen die Staatsanwaltschaften unabhängig davon, ob die Schuld als gering anzusehen wäre, aus Gründen der Generalprävention und der Gleichbehandlung generell das öffentliche Interesse an der Strafverfolgung als gegeben an. Daher beabsichtigt auch vorliegend der StA,

---

[1259] Vgl. § 56b I StGB

[1260] Vgl. § 56c II Nr. 5 StGB

[1261] Anders verhält es sich bei Verurteilungen zu einer Strafe. Hier liegt die „magische Grenze" bei 90 Tagessätzen Geldstrafe oder drei Monaten Freiheitsstrafe. Ist die Strafe nicht höher, wird sie zwar in das BZR eingetragen, nicht aber in das Führungszeugnis aufgenommen; der Verurteilte darf sich als nicht vorbestraft bezeichnen, § 32 II Nr. 5 BZRG; zur beschränkten Auskunft an Behörden vgl. § 41 BZRG (vgl. *Volk*, § 12 Rn 23).

[1262] In der Praxis ist das Verfahren so ausgestaltet, dass die StA den Beschuldigten bzw. dessen Verteidiger anschreibt und ihm mitteilt, dass eine Einstellung nach § 153a I StPO beabsichtigt sei. In dem Anschreiben ist auch die beabsichtigte Auflage bzw. Weisung mitgeteilt. Die StA setzt eine Frist, innerhalb derer der Beschuldigte bzw. sein Verteidiger mitzuteilen hat, ob man der Einstellung unter Erteilung der Auflage oder der Weisung zustimmt.

öffentliche Klage zu erheben. Eine Einstellung nach § 153 I S. 2 StPO scheidet im Ergebnis daher aus.

II. Einstellung unter Auflagenerteilung nach § 153a I StPO
Des Weiteren kommt eine Einstellung nach § 153a StPO in Betracht. Ein Vergehen liegt vor (s.o.). Dass die Schuld des T so schwer ist, dass sie einer Einstellung nach § 153a I StPO entgegenstünde, ist nicht anzunehmen. Das öffentliche Interesse an der (weiteren) Strafverfolgung, das der StA im Hinblick auf T sieht (und das unter I. bejaht wurde), müsste durch Auflagen oder Weisungen beseitigt werden können. In Betracht kommt etwa eine Zahlung eines bestimmten Geldbetrags an eine gemeinnützige Einrichtung (§ 153a I S. 2 Nr. 2 StPO). Die gem. § 153a I S. 1 StPO erforderliche Zustimmung des T ist zu unterstellen. Einer Zustimmung des Gerichts bedarf es von vornherein nicht. Denn die fahrlässige Körperverletzung ist – wie gesehen – keine Straftat, bei der die Strafe im Mindestmaß erhöht ist. Außerdem sind die Folgen der Tat gering, § 153a I S. 7 i.V.m. § 153 I S. 2 StPO.

Die StA wird das Verfahren gegen T also nach § 153a I StPO unter Erteilung einer Auflage und/oder Weisung zunächst vorläufig einstellen und T eine Frist setzen, § 153 a I S. 3 StPO. Sobald T dann die Auflage erfüllt hat bzw. der Weisung nachgekommen ist, wird das Verfahren endgültig eingestellt. T erhält einen endgültigen Einstellungsbescheid. Mit der endgültigen Einstellung tritt auch ein Strafklageverbrauch gem. § 153a I S. 5 StPO ein, da die Tat nicht als Verbrechen verfolgt werden könnte. T könnte in dieser Sache also nicht mehr angeklagt werden.

Weiterführender Hinweis: Der Strafklageverbrauch träte auch dann ein, wenn sich (auch nach Erlass des endgültigen Einstellungsbescheids) herausstellte, dass T zum Tatzeitpunkt z.B. eine BAK von 1,2 Promille aufwies. Denn auch dann könnte die Tat[1263] nicht als Verbrechen verfolgt werden, weil der Tatbestand des § 315c I Nr. 1a StGB, der ab einer BAK von 1,1 Promille und einer konkreten Gefährdung bzw. Verletzung eines anderen Menschen erfüllt ist, ein Vergehen darstellt. Anders läge der Fall, wenn sich nachträglich herausstellte, dass T mit Tötungsabsicht gehandelt hätte. Dann könnte die Tat als Verbrechen verfolgt werden (wegen des Legalitätsprinzips müsste sie sogar verfolgt werden.) Zur analogen Anwendung des § 153a I S. 5 StPO auf § 153 II StPO vgl. Rn 814.

cc. Vorläufige Einstellung, § 154f StPO

821a Steht der Eröffnung oder Durchführung des Hauptverfahrens für längere Zeit die Abwesenheit des Beschuldigten oder ein anderes in seiner Person liegendes Hindernis entgegen und ist die öffentliche Klage noch nicht erhoben, kann die StA das Verfahren vorläufig einstellen, nachdem sie den Sachverhalt so weit wie möglich aufgeklärt und die Beweise so weit wie nötig gesichert hat (§ 154f StPO).

Diese im Rahmen des 2. Opferrechtsreformgesetzes am 29.7.2009 eingefügte Regelung ersetzt die bisher von der h.M. vorgenommene analoge Anwendung des § 205 StPO auf die in § 154f StPO genannten Fälle.

[1263] Der Begriff der Tat wäre dann im prozessualen Sinne zu verstehen und erstreckte sich auf alle Straftatbestände, die mit der Handlung des T verwirklicht wurden.

Vergleich der Einstellungsmöglichkeiten nach § 153 StPO und § 153a StPO

153 StPO	§ 153a StPO
Bagatellkriminalität	auch mittlere Kriminalität
Vergehen	Vergehen
Da keine Sanktion erfolgen soll, muss das Maß der Schuld nicht feststehen, auch muss kein hinreichender Tatverdacht bestehen	Zwar muss das Maß der Schuld auch hier nicht feststehen, da aber eine Sanktion erfolgen soll, muss die Schuldfrage zumindest so weit geklärt sein, dass ein hinreichender Tatverdacht besteht
Kein öffentliches Interesse an der (weiteren) Strafverfolgung	Öffentliches Interesse darf der Einstellung nicht entgegenstehen
Schuld wäre, wenn sie festgestellt werden würde, gering (hypothetische Betrachtungsweise)	Die Schwere der Schuld darf lediglich nicht entgegenstehen (also leichte bis mittelschwere Schuld)
Keine Zustimmung des Beschuldigten erforderlich, da keine Sanktion ergeht	Die Zustimmung des Beschuldigten ist, da er die Auflage erfüllen bzw. der Weisung Folge leisten muss, immer erforderlich
Bei Einstellung durch die StA: Zustimmung des Gerichts grds. erforderlich, § 153 I S. 1 StPO. Ausnahme: Vergehen mit geringer Folge, § 153 I S. 2 StPO	Bei Einstellung durch die StA: Zustimmung des Gerichts grds. erforderlich, § 153a I S. 1 StPO. Ausnahme: Vergehen mit geringer Folge, § 153a I S. 7 i.V.m. § 153 I S. 2 StPO
Nach Klageerhebung liegt die Befugnis zur Einstellung beim Gericht, § 153 II StPO, auch beim Berufungsgericht	Nach Klageerhebung liegt die Befugnis zur Einstellung beim Gericht, § 153a II StPO, auch beim Berufungsgericht
In der Revision ist die Einstellung nach § 153 möglich	In der Revision ist die Einstellung nach § 153a nicht möglich (weil dort die „tatsächlichen Feststellungen" nicht mehr überprüft werden, § 153a II S. 1 StPO)
Bei § 153 II StPO ist die Zustimmung der StA und grds. auch des Angeschuldigten erforderlich. Ausnahme: § 153 II S. 2 StPO	Bei § 153a II StPO ist die Zustimmung des Angeschuldigten und der StA erforderlich
Bei Einstellung durch die StA gem. § 153 I StPO tritt kein Strafklageverbrauch ein, da hier keine Sanktion verhängt wird. Nach dem Wortlaut des § 153 II StPO gilt dies auch für den Einstellungsbeschluss des Gerichts. Unter bestimmten Voraussetzungen macht der BGH hiervon aber eine Ausnahme und wendet § 153a I S. 5 StPO analog an	Erfüllt der Beschuldigte die Sanktion i.S.v. § 153a StPO, entsteht bzgl. der prozessualen Tat ein eingeschränkter Strafklageverbrauch: Gemäß § 153a I S. 5 StPO kann die Tat nicht mehr als Vergehen verfolgt werden (wohl aber noch als Verbrechen)

822

Weitere Einstellungsgründe sind §§ 153c, 153d, 153e, 153f, 154, 154a StPO enthalten, die jedenfalls im Bereich des ersten Staatsexamens durch einfache Gesetzeslektüre erschlossen werden können. 823

Besteht ein hinreichender Tatverdacht und wurde das Verfahren nicht eingestellt, erhebt die StA gem. § 170 I StPO öffentliche Anklage durch Einreichung einer Anklageschrift. Aus §§ 199 II, 200 StPO ergibt sich folgender Aufbau: 824

Übersicht: Beispiel einer (sehr knappen) Anklageschrift[1264]

Staatsanwaltschaft Berlin
Turmstraße 91
10559 Berlin

Berlin, den 4.2.2010

- 26 Js 1002/06 -

An das
Amtsgericht Mitte
- Amtsrichter -
Littenstr. 11-17
10179 Berlin

Anklage

Der Elektroinstallateur Theobald Tee
geb. am 1.1.1970 in Potsdam
wohnhaft: Teestraße 11, 14471 Potsdam

wird angeklagt,

in Berlin
am 1.12.2009

durch zwei selbstständige Handlungen

durch dieselbe Handlung

1. eine fremde bewegliche Sache einem anderen in der Absicht weggenommen zu haben, um dieselbe sich rechtswidrig zuzueignen, wobei er zur Ausführung der Tat in einen umschlossenen Raum einbrach,

2. eine fremde Sache beschädigt zu haben,

3. widerrechtlich in das befriedete Besitztum eines anderen eingedrungen zu sein,

durch eine weitere Handlung

im Straßenverkehr grob verkehrswidrig und rücksichtslos ein Fahrzeug an unübersichtlichen Stellen zu schnell geführt und dadurch fremde Sachen von bedeutendem Wert gefährdet zu haben.[1265]

[1264] Gesetzliche Grundlagen: §§ 170 I, 200 StPO (vgl. auch Nr. 110 RiStBV).

[1265] Dieser Abschnitt wird **„abstrakter Anklagesatz"** (gesetzliche Merkmale der Tat, § 200 I S. 1 i.V.m. Nr. 110 II lit. c RistBV) genannt, da die entsprechende Strafnorm des StGB nahezu wörtlich – bis auf die Wendung „zu haben" – übernommen wird.

Dem Angeschuldigten wird Folgendes zur Last gelegt:

Am 1.12.2009 gegen 1 Uhr nachts brach er die Tür des Geschäftszeltes der Kaufhaus AG am Alexanderplatz Berlin-Mitte gewaltsam auf und nahm einen TV-Flachbildschirm an sich, wobei er von dem Wachmann Wilbert Willermann beobachtet wurde. Anschließend benutzte er zur Flucht das Firmenfahrzeug der KSB-GmbH und verlor hierbei mit einer Geschwindigkeit von 70 km/h in einer baustellenbedingt rechtwinkeligen Kurve, in der die höchstzulässige Geschwindigkeit „Schrittgeschwindigkeit" war, die Kabelbohrmaschine der KSB-GmbH im Wert von 8.000,- €, wobei diese stark beschädigt wurde.[1266]

Aus dieser Tat ergibt sich die Ungeeignetheit zum Führen von Kraftfahrzeugen.

Vergehen, strafbar gem.: §§ 123 I, 123 II, 242 I, 243 I Nr. 1, 303, 303c, 315c I Nr. 2d, III Nr. 1, 52, 53 StGB, § 69 StGB, § 111a StPO

Strafantrag wurde vom Geschädigten am 2.12.2009 gestellt.

Beweismittel:

I. Einlassung des Angeschuldigten

II. Zeugen:
Wilbert Willermann, Schlafvielweg 3, 14471 Potsdam

III. Objekte richterlichen Augenscheins
1. Sichergestellter Kabelbohrer
2. Lichtbildmappe

Es wird beantragt,

das Hauptverfahren vor dem Amtsgericht Berlin Mitte – Strafrichter – zu eröffnen und dem Angeklagten die Fahrerlaubnis vorläufig zu entziehen, § 111a StPO.

Unterschrift
Pawel, Staatsanwalt

[1266] Dieser Abschnitt wird „**konkreter Anklagesatz**" (lebendiger Sachverhalt: **Tat im prozessualen Sinne** gem. § 264 I StPO) genannt, da er konkret das Verhalten des Angeschuldigten und die Verwirklichung eines jeden Tatbestandsmerkmals belegt (zu den Anforderungen an die Bestimmtheit des Anklagesatzes vgl. BGH NStZ **2006**, 649 f.

B. Das Zwischenverfahren

I. Zweck des Zwischenverfahrens

825 Das mit der Einreichung der öffentlichen Klage initiierte Zwischen- bzw. Eröffnungsverfahren (§§ 199-211 StPO) stellt einen eigenen Verfahrensabschnitt dar. Der Zweck des Zwischenverfahrens besteht darin, dass das Gericht nicht sogleich auf der Grundlage der eingereichten Klageschrift in der Sache verhandeln und ein Urteil fällen, sondern zunächst selbst prüfen soll, ob z.B. der hinreichende Tatverdacht besteht, den die Staatsanwaltschaft zur Grundlage ihrer Beschuldigung gemacht hat. Denn ist das nicht der Fall (oder fehlt es an einer anderen Prozessvoraussetzung), erspart der Staat sich und dem Beschuldigten, der im Übrigen jetzt Angeschuldigter heißt (vgl. § 157 StPO) die (überflüssige) Hauptverhandlung. Dem Zwischenverfahren kommt damit eine Filterfunktion zu.

826 Dem Akkusationsprinzip entspräche es, wenn die Hauptverhandlung sogleich, d.h. ohne Zwischenverfahren, eingeleitet würde. Was jedenfalls gegen die Notwendigkeit des Zwischenverfahrens sprechen könnte, ist der Umstand, dass das Gericht aufgrund der Prüfung, ob ein hinreichender Tatverdacht besteht, sich die Argumente und rechtliche Bewertung der StA zu eigen machen und daher voreingenommen die Hauptverhandlung eröffnen könnte. Allerdings ist dies nur eine Spekulation und keine tragfähige Begründung für die Abschaffung des Vorverfahrens (und ggf. die Errichtung eines separaten „Eröffnungsgerichts").[1267] Für den Angeschuldigten hat das Zwischenverfahren aber den großen Vorteil, dass sie ihm die zusätzliche Verteidigungsmöglichkeit eröffnet, durch Beweisanträge und Einwendungen (§ 201 StPO) auf den weiteren Verlauf des Verfahrens Einfluss zu nehmen, ggf. sogar zu erreichen, vor einer ungerechtfertigten Hauptverhandlung verschont zu bleiben. Außerdem entscheidet das Gericht hierüber – wie auch über die Eröffnung des Hauptverfahrens – nichtöffentlich, was dem Grundrecht der informationellen Selbstbestimmung des Angeschuldigten nur zugute kommen kann. Daher ist die zum Teil geforderte Abschaffung des Zwischenverfahrens abzulehnen.

827 Nicht jede Anklage führt zu einem Zwischenverfahren. Es findet nicht statt

- im Strafbefehlsverfahren (§ 407 I StPO) und
- im beschleunigten Verfahren (§§ 417 ff. StPO).

Sonst wird es dadurch eingeleitet, dass die Staatsanwaltschaft eine Anklageschrift einreicht (s.o).

II. Ablauf des Zwischenverfahrens

828 Gemäß § 201 I StPO teilt der Vorsitzende die Anklageschrift dem Angeschuldigten mit und fordert ihn zugleich auf, innerhalb einer bestimmten Frist zu erklären, ob er die Vornahme einzelner Beweiserhebungen vor der Entscheidung über die Eröffnung des Hauptverfahrens beantragen oder Einwendungen gegen die Eröffnung des Hauptverfahrens vorbringen wolle. Das Gesetz gibt dem Angeschuldigten also das Recht, in diesem Stadium des Verfahrens Beweisanträge zu stellen, wobei Beweisanträge und Beweiserhebungen hier nur das Ziel haben können, den hinreichenden Tatverdacht zu erschüttern. Haben sie ergeben, dass die Verurteilung zwar zweifelhaft, jedoch noch immer wahrscheinlicher ist als ein Freispruch, wird das Hauptverfahren eröffnet.

[1267] Abzulehnen daher *Roxin*, § 40 Rn 3. Insbesondere die Forderung nach einem separaten „Eröffnungsgericht" beweist die Praxisferne *Roxins*, der offenbar keine Vorstellung davon hat, welche finanzielle Belastung für den Staat (und damit für die Rechtsgemeinschaft) damit verbunden wäre.

Nach Prüfung des hinreichenden Tatverdachts und den Prozessvoraussetzungen hat das Gericht darüber zu entscheiden, ob es

- den Eröffnungsbeschluss erlässt (§ 203 StPO),
- die Eröffnung des Hauptverfahrens ablehnt (§ 204 StPO),
- das Verfahren vorläufig einstellt (§ 205 StPO) oder
- das Verfahren endgültig einstellt (§§ 153 ff. StPO).

Diese Entscheidungen werden außerhalb der Verhandlung, also ohne Beteiligung der Laienrichter (§§ 30 II, 76 I S. 2 GVG) und auch nicht in öffentlicher Sitzung getroffen.

III. Der Eröffnungsbeschluss, § 203 StPO

Kommt das Gericht nach entsprechender Prüfung zu dem Ergebnis, dass bei vorläufiger **829** Tatbewertung eine Verurteilung wahrscheinlich ist (dass also ein hinreichender Tatverdacht besteht und der möglichen Verurteilung auch keine Prozesshindernisse entgegenstünden), beschließt es, das Hauptverfahren zu eröffnen. Es ergeht der sog. Eröffnungsbeschluss (§§ 203, 207 I StPO). Gleichzeitig entscheidet das Gericht ggf. auch über die Anordnung bzw. Fortdauer der Untersuchungshaft (§ 207 IV StPO).

Lässt das Gericht die Klage nur mit Änderungen zu, legt es dies nach Maßgabe des § 207 **830** II im Eröffnungsbeschluss dar. Soweit der Eröffnungsbeschluss am sachlichen Gegenstand des Verfahrens etwas ändert (also in den Fällen des § 207 II Nr. 1 und 2 StPO), muss aufgrund des Akkusationsprinzips die StA gem. § 207 III StPO eine neue Anklageschrift einreichen, die dem Beschluss entspricht und somit die zugelassene Anklage enthält.

Ist das Gericht der Meinung, eine Verurteilung sei unwahrscheinlich, ergeht ein Nicht- **831** eröffnungsbeschluss, der mit der sofortigen Beschwerde angegriffen werden kann. Beschließt das Gericht aber die Eröffnung der Hauptverhandlung, ist es auch daran gebunden. Es kann den Eröffnungsbeschluss nicht aufheben, auch dann nicht, wenn der hinreichende Tatverdacht nach Eröffnung entfällt oder das Gericht seine Ansicht geändert hat.[1268] Lediglich, wenn nach Eröffnung des Hauptverfahrens ein endgültiges Verfahrenshindernis eintritt, wird das Verfahren durch Beschluss eingestellt, § 206a StPO. Das Gleiche gilt, wenn sich herausstellt, dass es bereits vorlag, aber bei Erlass des Eröffnungsbeschlusses übersehen wurde. Es wäre unsinnig, die Hauptverhandlung zu beginnen, nur um das Verfahren dort durch Urteil einzustellen.

Der Eröffnungsbeschluss ist unanfechtbar. **832**

[1268] LG Lüneburg NStZ **1985**, 130; *Volk*, § 16 Rn 14.

Übersicht: Beispiel eines Eröffnungsbeschlusses

833 Amtsgericht Berlin Mitte
Littenstr. 11-17
10179 Berlin

Berlin, den 11.2.2010

- 28 Ac 87/07 -
26 Js 1002/06

Beschluss

in der Strafsache

gegen den Elektroinstallateur Theobald Tee
geb. am 1.1.1970 in Potsdam
wohnhaft in der Teestraße 11,
14471 Potsdam

wegen Diebstahls und gefährlichen Eingriffs in den Straßenverkehr

Verteidiger: Rechtsanwalt Pawel, Berlin

wird die Anklage der Staatsanwaltschaft Berlin Mitte vom 2.4.2007 zur Hauptverhandlung zugelassen. Das Hauptverfahren wird vor dem Amtsgericht - Strafrichter - Berlin Mitte eröffnet.

Unterschrift
Streng, Richter am Amtsgericht

IV. Der Ablehnungsbeschluss, § 204 StPO

834 Lehnt das Gericht die Eröffnung des Hauptverfahrens ab, etwa weil

- ein Verfahrenshindernis vorliegt,
- eine Verurteilung aus Rechtsgründen ausscheidet,
- der Sachverhalt keinen Straftatbestand erfüllt oder ein Rechtfertigungs-, Schuldausschließungs- oder Strafaufhebungsgrund eingreift,
- aus tatsächlichen Gründen eine Verurteilung nicht zu erwarten ist oder
- weil nach der Beweislage ein hinreichender Tatverdacht nicht zu begründen ist,

ergeht ein Ablehnungsbeschluss (§§ 204 I i.V.m. 203 StPO). Gegen diesen Beschluss kann die StA sofortige Beschwerde einlegen (§ 210 II Var. 1 StPO), über die dann (bei Entscheidungen das AG) das LG oder (bei Entscheidungen des LG in erster Instanz) das OLG entscheidet.

Wurde der Ablehnungsbeschluss nicht sofort angefochten (§ 311 StPO) oder ist die Beschwerde unbegründet, entfaltet der Ablehnungsbeschluss eine beschränkte Sperrwirkung[1269] für eine neue Strafverfolgung. Die Klage kann dann gem. § 211 StPO nur aufgrund neuer Tatsachen oder Beweismittel – also nicht bei einer neuen Rechtsansicht – wieder aufgenommen werden. Neu sind die Tatsachen oder Beweismittel nicht nur, wenn sie neu eingetreten sind, sondern auch, wenn sie damals (zur Zeit der Ablehnung der Eröffnung) bereits vorlagen, dem Gericht aber nicht bekannt waren.[1270] **835**

Entfällt die beschränkte Sperrwirkung aufgrund der neuen Tatsachen oder Beweismittel, beginnt ein neues Verfahren. Das alte bleibt abgeschlossen; der frühere, ablehnende Beschluss wird also nicht aufgehoben.[1271] **836**

V. Die vorläufige Einstellung nach § 205 StPO

Die vorläufige Einstellung nach § 205 StPO erfolgt, wenn ein in der Person des Angeschuldigten liegendes Hindernis (etwa vorübergehende Verhandlungsunfähigkeit oder derzeitige Nichtermittelbarkeit des Aufenthaltsorts des Angeschuldigten) der Durchführung der Hauptverhandlung entgegensteht. Eine von der h.M. vorgenommene analoge Anwendung des § 205 StPO auf Hindernisse, die nicht in der Person des Angeschuldigten liegen, z.B. Unauffindbarkeit oder Verhinderung eines wesentlichen Zeugen, hat sich mit der Einführung des § 154f StPO erledigt (siehe Rn 821a). **837**

VI. Die endgültige Einstellung nach §§ 153 ff. StPO

In den Fällen des Opportunitätsprinzips kann das Gericht mit Zustimmung der StA und des Beschuldigten das Verfahren einstellen, vgl. dazu Rn 799 ff. **838-839**

[1269] Der von *Joecks*, Einl., Rn 123, benutzte Begriff „eingeschränkter Strafklageverbrauch" ist unvertretbar, weil schon terminologisch kein Strafklageverbrauch eintreten kann. Richtig denn auch *Joecks*, § 211 Rn 1.

[1270] BGHZ **7**, 64, 66.

[1271] *Volk*, § 16 Rn 21.

C. Das Hauptverfahren in der ersten Instanz

840 Nach dem Erlass des Eröffnungsbeschlusses, von dem ab im Übrigen der Beschuldigte Angeklagter heißt (§ 157 StPO), kommt es zur Hauptverhandlung. Nach der Gesetzessystematik der StPO lässt sich die Hauptverhandlung in eine Vorbereitungsphase und eine Durchführungsphase unterteilen.

I. Die Vorbereitung der Hauptverhandlung (§§ 213-225a StPO)

841 Die Hauptverhandlung muss vorbereitet werden. Dies geschieht nach Maßgabe der §§ 213-225a StPO. Danach sind für die Durchführung der Hauptverhandlung folgende Vorbereitungen zu treffen[1272]:

842 ▪ Der Vorsitzende Richter muss zunächst einen **Termin** nach Datum, Uhrzeit und Ort zur Hauptverhandlung anberaumen, § 213 StPO. Die Terminbestimmung steht zwar im pflichtgemäßen Ermessen des Vorsitzenden, zu beachten ist aber, dass zwischen der Ladungszustellung an den Angeklagten und dem Tag der Hauptverhandlung mindestens eine Woche liegen muss (§ 217 I StPO), sofern nicht der Angeklagte auf diese Frist verzichtet hat (§ 217 III StPO). Hauptverhandlungen finden in der Regel werktags zur gewöhnlichen Dienstzeit in Gerichtssälen statt. Unter besonderen Umständen können Hauptverhandlungen aber auch außerhalb von Gerichtsgebäuden und/oder außerhalb der gewöhnlichen Dienstzeit stattfinden. Dann ist aber in besonderer Weise auf die Wahrung der Rechte des Angeklagten zu achten. Führt die Terminierung etwa dazu, dass sich der Angeklagte (z.B. aus religiösen Gründen) nicht äußern darf (z.B. weil der Termin auf den ersten Tag des jüdischen Laubhüttenfestes fällt, an dem es den Gläubigen aus religiösen Gründen untersagt ist, eine Aussage zu machen), ist sein grundrechtsgleiches Recht auf rechtliches Gehör (Art. 103 I GG) verletzt.[1273] In diesem Fall hat der Vorsitzende sein Ermessen rechtsfehlerhaft ausgeübt. Seine Terminverfügung kann nach h.M.[1274] mit der Beschwerde nach § 304 StPO angegriffen werden, wobei nur die Recht- und nicht die Zweckmäßigkeit der Terminbestimmung überprüft wird. Die Verletzung von Art. 103 I GG kann aber auch in der Revision beachtlich sein und zur Aufhebung des Urteils führen.[1275]

843 ▪ Ist der Termin bestimmt, ordnet der Vorsitzende die erforderlichen **Ladungen** an (§ 214 I StPO). Zu laden sind der Angeklagte (§ 216 StPO), dessen Verteidiger (§ 218 StPO) sowie weitere Prozessbeteiligte wie etwaige Nebenkläger (§ 397 I S. 2 i.V.m. § 385 I S. 1, II StPO), Zeugen, Sachverständige und Dolmetscher. Ladungen können aber auch von der StA und dem Angeklagten ausgesprochen werden: So darf die StA weitere Zeugen und Sachverständige selbst und unmittelbar zur Hauptverhandlung laden (§ 214 III StPO). Der Angeklagte kann Zeugen und Sachverständige nur mittelbar über das Gericht laden lassen (§ 219 I S. 1 StPO).[1276]

844 ▪ Spätestens zusammen mit der Ladung ist dem Angeklagten der **Eröffnungsbeschluss** zuzustellen (§ 215 StPO).

845 ▪ Findet die Hauptverhandlung vor dem LG oder dem OLG statt, muss spätestens zu Beginn der Hauptverhandlung die **Besetzung des Gerichts** mitgeteilt werden, § 222a StPO.

846 ▪ Ausnahmsweise können Beweiserhebungen auch vor der Hauptverhandlung durchgeführt werden, so die kommissarische Vernehmung von Zeugen oder Sachverständigen unter den Voraussetzungen der §§ 223, 224 StPO.

[1272] Vgl. auch *Volk*, § 17 Rn 1 ff.; *Kindhäuser*, § 17 Rn 1 ff.; *Engländer*, Rn 176 ff.
[1273] BGHSt **13**, 123, 124; vgl. auch *Kindhäuser*, § 17 Rn 3.
[1274] OLG Hamburg StV **1995**, 11; OLG Frankfurt StV **1995**, 9; *Meyer-Goßner*, § 213 Rn 8.
[1275] *Kindhäuser*, § 17 Rn 3.
[1276] Eine Ausnahme besteht lediglich für den Fall des § 220 StPO.

II. Die Durchführung der Hauptverhandlung (§§ 226 ff. StPO)

Das Kernstück des Strafverfahrens bildet die Hauptverhandlung. In ihr soll festgestellt werden, ob der hinreichend Tatverdächtige nach der Überzeugung des Gerichts der Tat tatsächlich schuldig ist. **847**

1. Die einzelnen Verfahrensschritte

Geleitet wird die Hauptverhandlung vom Vorsitzenden Richter (§ 238 I StPO). Dieser vernimmt auch den Angeklagten und führt die Beweisaufnahme. Die anderen Verfahrensbeteiligten haben allerdings ein umfassendes Fragerecht (§ 240 StPO; Einschränkungen ergeben sich aus §§ 241, 241a StPO) und Beweisantragsrecht (§§ 244, 245 StPO). Nach dem „Programm" des § 243 StPO verläuft die Hauptverhandlung im Überblick wie folgt[1277]: **848**

- **Aufruf der Sache:** Die Hauptverhandlung beginnt mit dem Aufruf der Sache durch den Vorsitzenden, § 243 I S. 1 StPO. **849**

- **Präsenzfeststellung:** Sodann stellt der Vorsitzende fest, ob der Angeklagte und der Verteidiger anwesend sowie die geladenen Zeugen und Sachverständigen erschienen und die weiteren Beweismittel herbeigeschafft sind, § 243 I S. 2 i.V.m. 214 IV, 221 StPO (dass ein StA als Vertreter der Anklage anwesend ist, sieht der Gesetzgeber in einem Offizialverfahren als so selbstverständlich an, dass er auf die Nennung des StA in § 243 StPO verzichtet hat; die permanente Anwesenheitspflicht des StA ergibt sich aber aus § 226 StPO). **850**

- **Belehrung der Zeugen und Sachverständigen:** Dann erfolgt die (i.d.R.) gemeinsame Belehrung der Zeugen und Sachverständigen gem. §§ 57, 72 StPO.[1278] **851**

  Der Zeuge ist vom Gericht zur Wahrheit zur ermahnen, auf die Möglichkeit der Vereidigung hinzuweisen und über die strafrechtlichen Konsequenzen (etwa in Bezug auf § 203 StGB) einer unrichtigen oder unvollständigen Aussage zu belehren (§ 57 StPO). Die Belehrung erfolgt mündlich. Dabei darf der Richter den in § 57 StPO vorgeschriebenen Hinweis (später bei der Zeugenvernehmung) wiederholen und mit eindringlichen Vorhaltungen verbinden, um einer Falschaussage entgegenzuwirken.[1279]

- **Entfernung der Zeugen aus dem Sitzungssaal:** Anschließend verlassen die Zeugen (samt etwaiger Beistände) vorerst wieder den Sitzungssaal, § 243 II S. 1 StPO. Das hat den Hintergrund, dass dieser Personenkreis seine Aussage möglichst unvoreingenommen machen soll. Dürften Zeugen vor Tätigung ihrer Aussage im Sitzungssaal anwesend sein, könnte dies Einfluss auf den Inhalt ihrer Aussage nehmen.[1280] Außerdem gehört ihre Vernehmung zur Beweisaufnahme, die erst nach der Einlassung des Angeklagten beginnt (§ 244 I StPO). Schließlich müssen die Zeugen deshalb zunächst den Sitzungssaal verlassen, weil sie einzeln und in Abwesenheit der später zu hörenden Zeugen vernommen werden müssen (§ 58 I StPO).[1281] **852**

- **Vernehmung des Angeklagten zur Person:** Nunmehr vernimmt der Vorsitzende den Angeklagten über seine persönlichen Verhältnisse (§ 243 II S. 3 StPO). Hierzu muss der Angeklagte Angaben machen. Zur Sache darf er schweigen. Aus diesem Grund sind unter den „persönlichen Verhältnissen" nur zu verstehen: **853**

  - ⇨ Angaben zur Identität, die er auch bei StA und Polizei machen muss (als Anhaltspunkt dienen die Angaben in § 111 OWiG),
  - ⇨ die Verhandlungsfähigkeit des Angeklagten als Prozessvoraussetzung sowie

---

[1277] Vgl. auch *Volk*, § 17 Rn 13 ff.; *Kindhäuser*, § 17 Rn 17 ff.; *Engländer*, Rn 177 ff.; *Joecks*, Einl. Rn 128 ff.

[1278] Es ist auch denkbar, dass die Zeugen jeweils einzeln vor deren Vernehmung belehrt werden.

[1279] BGHSt **3**, 199, 200.

[1280] Vgl. BGHSt **3**, 387, 388; LR-*Gollwitzer*, § 243 Rn 27.

[1281] Eine Besonderheit gilt hinsichtlich solcher Zeugen, die aufgrund ihrer Prozessbeteiligung anwesenheitsberechtigt sind, z.B. wenn sie als Nebenkläger auftreten (§ 397 I S. 1 StPO). Für sie gilt das Anwesenheitsverbot nicht.

⇨ die Fähigkeit, sich selbst zu verteidigen, wenn kein Fall der notwendigen Verteidigung vorliegt.

Alle anderen persönlichen Umstände gehören zur Sache, weil sie für den Tatvorwurf und die Strafzumessung von Bedeutung sein können. Dazu zählen z.B. Lebenslauf, Ausbildung, Beruf, familiäre Verhältnisse, wirtschaftliche Situation, Vorstrafen (vgl. § 243 IV S. 2 u. 3 StPO). Hierzu braucht der Angeklagte nichts zu sagen. Schweigt er auch zu den persönlichen Verhältnissen i.S.v. § 243 II S. 3 StPO, darf das Gericht ausnahmsweise aus dem Schweigen Schlüsse ziehen und die nötigen Feststellungen zur Identität im Wege des Freibeweises treffen.

Befragt der Vorsitzende den Angeschuldigten im Rahmen der Vernehmung zur Person über Angelegenheiten, die zur Vernehmung zur Sache gehören, liegt ein Rechtsfehler vor, der nach § 238 II StPO beanstandet werden kann.

Beispiel: T ist wegen Wohnungseinbruchdiebstahls angeklagt. Nach Eröffnung der Hauptverhandlung wird er vom Vorsitzenden Richter zur Person vernommen. In diesem Zusammenhang wird er nach seinen wirtschaftlichen Verhältnissen befragt. T möchte dazu nichts sagen. Ist er zur Aussage verpflichtet?

Die Vernehmung zur Person dient allein der Identitätsfeststellung des Angeklagten sowie der Klärung der Verhandlungs- und ggf. Verteidigungsfähigkeit. Nur auf die hierfür erforderlichen Daten (vgl. § 111 OWiG) bezieht sich daher die Aussagepflicht des Angeklagten. Alle anderen persönlichen Umstände wie z.B. Lebenslauf, Ausbildung, familiäre Situation oder Vorstrafen gehören zur Vernehmung zur Sache, weil sie für die Strafzumessung relevant sind. Die Frage des Vorsitzenden ist daher an dieser Stelle nicht zulässig. T braucht nicht zu antworten. Das Vorgehen des Vorsitzen könnte T sogar nach § 238 II StPO beanstanden.

854 ▪ **Verlesung des Anklagesatzes durch den StA:** Danach verliest der StA den Anklagesatz, § 243 III StPO, d.h. den Teil der Anklage, der die Beschuldigung enthält, und zwar in der Fassung, in der die Anklage im Eröffnungsbeschluss zugelassen wurde. Es handelt sich um eine wesentliche Förmlichkeit; ein Verstoß hiergegen kann einen Revisionsgrund darstellen.[1282] Jedoch kann bei äußerst umfangreichen Anklagesätzen analog § 249 II StPO das Selbstleseverfahren angewendet werden, etwa wenn die Verlesung des Anklagesatzes 10 Verhandlungstage in Anspruch nehmen und dadurch der Prozess in unvertretbarer Weise in die Länge gezogen würde.[1283]

855 ▪ **Belehrung des Angeklagten über sein Aussageverweigerungsrecht:** Nun muss der Angeklagte darüber belehrt werden, dass es ihm freistehe, sich zur Anklage zu äußern oder nicht zur Sache auszusagen, § 243 IV S. 1 StPO. Dies gilt auch, wenn der Angeklagte in früheren Verfahrensstadien über sein Schweigerecht belehrt worden war.[1284]

856 ▪ **Vernehmung des Angeklagten zur Sache:** An die Belehrung des Angeklagten über sein Aussageverweigerungsrecht schließt sich dessen Vernehmung zur Sache an, § 243 IV S. 2 StPO. Für den Strafprozess ist dieser Zeitpunkt wichtig, weil mit dem Beginn dieser Vernehmung die Frist einiger Beanstandungen abläuft. So werden der Einwand der örtlichen Unzuständigkeit des Gerichts (§ 16 S. 3 StPO), die Rüge der Zuständigkeit besonderer Strafkammern (§ 6a S. 3 StPO), die Rüge der ungesetzlichen Besetzung des Spruchkörpers (§ 222b StPO) und die Rüge der zu kurzfristigen Ladung (§ 217 II StPO) von einer späteren Berücksichtigung ausgeschlossen (d.h. präkludiert), wenn sie nicht bis zum Beginn der Vernehmung zur Sache geltend gemacht werden.[1285] Der Vernehmung des Angeklagten folgt (soweit vorhanden) die **Feststellung der Vorstrafen** durch Verlesung der Auszüge aus dem Bundeszentralregister (BZR).

[1282] BGH NStZ **2000**, 214.; BGH NStZ **2010**, 100.

[1283] Vgl. *Wilhelm*, NStZ **2007**, 358 ff. Zum Selbstleseverfahren vgl. Rn 950.

[1284] Zur Belehrungspflicht allgemein und zu den Folgen eines Verstoßes vgl. BGH NStZ-RR **2007**, 80.

[1285] *Roxin*, § 42 Rn 2; *Kindhäuser*, § 17 Rn 21.

- **Beweisaufnahme:** Es folgt die Beweisaufnahme (§ 244 I StPO), der wichtigster Teil der Hauptverhandlung, weil das Gericht zur Erforschung der Wahrheit alle ihm zur Verfügung stehenden Beweismittel ausschöpfen muss. Zur Zeugenvernehmung vgl. §§ 52-70 StPO (Rn 245 ff.). Zur Beweisaufnahme vgl. im Übrigen Rn 881 ff. 857

- **Schlussplädoyers:** Ist die Beweisaufnahme abgeschlossen, werden die Schlussvorträge gehalten. Zunächst plädiert der StA, dann der Angeklagte bzw. sein Verteidiger, worauf der StA nochmals entgegnen kann, § 258 I, II Halbs. 1 StPO. 858

- **Letztes Wort des Angeklagten:** Der Angeklagte hat das letzte Wort, § 258 II, Halbs. 2, III StPO.[1286] Sollte er in diesem Schlusswort Angaben machen, die eine neue Beweisaufnahme erfordern, und tritt das Gericht daraufhin nochmals in die Hauptverhandlung ein, darf es nicht sofort zur Urteilsberatung übergehen, sondern muss erneut Gelegenheit zu Schlussvorträgen geben und dem Angeklagten wiederum das letzte Wort lassen. Verletzt das Gericht diesen Prozessgrundsatz, liegt ein Revisionsgrund i.S.v. § 337 StPO vor. Sollte das Gericht dem Angeklagten das letzte Wort sogar ausdrücklich untersagen, liegt darin ein absoluter Revisionsgrund gem. § 338 Nr. 8 StPO, da dadurch die Verteidigung des Angeklagten erheblich eingeschränkt ist. 859

- **Geheime Beratung, Abstimmung und öffentliche Verkündung des Urteils:** Diese drei letzten Verfahrensschritte schließen den Strafprozess erster Instanz ab. Das Urteil wird regelmäßig im Anschluss an die Hauptverhandlung geheim beraten und „im Namen des Volkes" verkündet, §§ 260 I, 268 III S. 1 StPO, §§ 192 ff. GVG, §§ 43, 46 DRiG. Im Einzelnen gilt: 860
  - ⇨ Die Beratung und Abstimmung gehören nicht zur Hauptverhandlung Die Abstimmungsgrundsätze sind in § 263 StPO enthalten (Zwei-Drittel-Mehrheit bei Schuld- und Straffrage - außer im Fall des Einzelrichters gem. § 25 GVG).
  - ⇨ Zur Urteilsverkündung liest der Vorsitzende die Urteilsformel, wie sie im Anschluss an die Beratung schriftlich festgelegt wurde. Sodann werden die Urteilsgründe mitgeteilt (wobei diese nicht schriftlich fixiert zu sein brauchen, § 268 StPO). In anspruchsvollen Fällen, wenn also die Beratungen Zeit benötigen, kann die Urteilsverkündung auch später erfolgen; spätestens jedoch am elften Tag nach Verhandlungsschluss muss das Urteil verkündet werden, § 268 III S. 2 StPO.
  - ⇨ Kann das Urteil durch Rechtsmittel angefochten werden, erfolgt noch eine Rechtsmittelbelehrung (nicht aber, wenn nur die StA rechtsmittelberechtigt ist, § 35a StPO).
  - ⇨ Wird eine Strafe ausgesprochen und zur Bewährung ausgesetzt (§ 260 IV S. 4 StPO), werden die diesbezüglich erforderlichen Beschlüsse verkündet, § 268a.
  - ⇨ Ausnahmsweise ist in den Fällen der §§ 153 ff. StPO statt eines Urteils mit Zustimmung von StA und Angeklagtem auch noch eine Einstellung des Verfahrens zulässig.

2. Die Anwesenheitspflichten

Während der Hauptverhandlung bestehen folgende Anwesenheitspflichten: 861

- **Richter:** Die Richter müssen während der gesamten Hauptverhandlung ununterbrochen anwesend sein, § 226 StPO. Richter dürfen demnach also nicht wechseln (vorbeugend können bei längeren Verfahren aber Ergänzungsrichter bestimmt werden, § 192 II, III GVG). Anwesenheitspflicht bedeutet darüber hinaus nicht nur eine körperliche, sondern auch eine geistige Präsenz. Anderenfalls könnte der Richter seine Überzeugung nicht aus dem Inbegriff der Hauptverhandlung schöpfen (§ 261 StPO). Schlummert also der Richter (oder ein Schöffe) etwa nach durchzechter Nacht oder nickt ein, stellt sich die Frage, ob die Anwesenheitspflicht auch dann verletzt ist, wenn diese „Auszeit" nur wenige Sekunden dauert. 862

[1286] BGH StV **1999**, 5; BGH NStZ **2003**, 382; BGH NStZ **2005**, 280; OLG Hamburg StV **2005**, 205.

⇨ Der BGH steht auf dem Standpunkt, dass nicht jede Unaufmerksamkeit des Richters zu einer Abwesenheit und damit zu einem Revisionsgrund nach § 338 Nr. 1 StPO führe, sondern nur eine solche über einen längeren Zeitraum.[1287] Demnach wären ein kurzes Einnicken oder ein Sekundenschlaf nicht zu beanstanden.

⇨ Die Gegenauffassung lässt auch eine noch so kurze geistige Abwesenheit nicht zu.[1288] Dem ist zumindest im Grundsatz zuzustimmen. Denn bei einem Richter, der auch nur kurz einnickt, könnten in der Tat berechtigte Zweifel angebracht sein, ob er wenigstens die übrige Zeit hellwach ist und den Sachverhaltsschilderungen bzw. Argumentationen folgt. StA und vor allem der Angeklagte haben aber ein Recht darauf, dass der Richter, der später ein Urteil fällt, dies in Kenntnis aller entscheidungsrelevanten Umstände tut. Allein schon § 261 StPO, wonach der Richter seine Überzeugung aus dem Inbegriff der Verhandlung schöpfen muss, spricht gegen die Auffassung des BGH. Denn wie ein Richter seine Überzeugung aus dem Inbegriff der Hauptverhandlung schöpfen will, wenn er zeitweise einnickt bzw. schlummert, ist zweifelhaft. Auf der anderen Seite ist ein kurzes Einnicken während eines überlangen, u.U. politisch motivierten und ermüdenden Plädoyers nur allzu menschlich. Überzeugend scheint daher ein Mittelweg: Danach sollte ein kurzes Einnicken des Richters grds. unbeachtlich sein. Das grundrechtsgleiche Recht auf rechtliches Gehör (Art. 103 I GG) sollte aber spätestens dann als verletzt angesehen werden, wenn der Richter in dem Moment schlummert, in dem der Angeklagte bzw. dessen Verteidiger das Wort haben und für die richterliche Entscheidungsfindung erhebliche Argumente mitteilen.

863 ▪ **Angeklagter:** Der Angeklagte muss grds. anwesend sein, es sei denn, es besteht ein Ausnahmetatbestand. Der Zweck der grundsätzlichen Anwesenheitspflicht besteht darin, es dem Angeklagten zu ermöglichen, rechtliches Gehör zu erlangen sowie sich zu verteidigen. Außerdem kann das Gericht, das schließlich ein Urteil aussprechen soll, nur durch die Anwesenheit des Angeklagten über diesen einen persönlichen Eindruck gewinnen.[1289] Aus diesen Gründen ist der Angeklagte grds. berechtigt und zugleich verpflichtet, zur Hauptverhandlung in verhandlungsfähigem Zustand anwesend zu sein (§§ 230 I, 231 I StPO).[1290] Jedoch enthält die StPO zahlreiche Ausnahmen hierzu.[1291] Ungeachtet dieser Ausnahmen ist das Gericht immer berechtigt, das persönliche Erscheinen des Angeklagten anzuordnen und mittels Vorführungs- oder Haftbefehls zu erzwingen (§ 236 StPO).

864 ▪ **Verteidiger:** Liegt ein Fall notwendiger Verteidigung vor, leuchtet es ein, dass der Verteidiger bei der Hauptverhandlung ununterbrochen anwesend sein muss, weil anderenfalls eine effektive Verteidigung kaum möglich wäre. Existieren mehrere Verteidiger, können sie zusammen auftreten oder sich abwechseln (§ 227 StPO). Wahlverteidiger sind anwesenheitsberechtigt, aber nicht -verpflichtet.

865 ▪ **Nebenkläger:** Gem. § 397 I S. 1 StPO hat auch der Nebenkläger das Recht (nicht die Pflicht), in der Hauptverhandlung anwesend zu sein.

▪ **Verletzter:** Der Verletzte ist zur Anwesenheit in der Hauptverhandlung berechtigt, wenn er befugt ist, sich der öffentlichen Klage als Nebenkläger anzuschließen (§ 406g I S. 1 i.V.m. § 395 StPO).

866 ▪ **Zeugen:** Zwar wurde oben gesagt, dass gem. §§ 58 I, 243 II S. 1 StPO Zeugen bis zu ihrer Vernehmung nicht in der Hauptverhandlung anwesend sein dürften, ist aber der Zeuge vernommen, erlischt dieses Anwesenheitsverbot. Freilich können die Zeugen aus anderen Gründen vom Vorsitzenden des Saales verwiesen werden, auch wenn das Gericht ihn nach pflichtgemäßem Ermessen entfernen darf.

[1287] BGHSt **2**, 14, 15; BGH NStZ **1982**, 41; zust. *Laubenthal* JZ **1996**, 335, 343. Auch *Beulke* (Rn 408) stimmt dem Grunde nach der Auffassung des BGH zu, nimmt aber einen Revisionsgrund i.S.v. § 337 StPO an.

[1288] LR-*Gollwitzer*, § 226 Rn 2.

[1289] Vgl. BGHSt **26**, 84, 90.

[1290] BGHSt **23**, 331, 334; *Meyer-Goßner*, § 230 Rn 4 u. 8; *Kindhäuser*, § 17 Rn 27.

[1291] Vgl. §§ 231 II, 231a, 231b, 231c, 232, 233, 247, 329 II, 350 II, 387 I, 411 II S. 1 StPO.

- **Sachverständige/Dolmetscher:** Die Sachverständigen dürfen während der Hauptverhandlung anwesend sein.[1292] Dolmetscher werden hinzugezogen, wenn fremdsprachige Personen an der Hauptverhandlung teilnehmen (§ 185 I S. 1 GVG). 867

- **Urkundsbeamte der Geschäftsstelle:** Schließlich muss ein Urkundsbeamter der Geschäftsstelle des Gerichts unentwegt in der Hauptverhandlung anwesend sein (§ 226 I StPO). Immerhin muss er das Verhandlungsprotokoll (§§ 271 ff. StPO) führen. Umso erstaunlicher ist es, dass der Gesetzgeber in § 226 II StPO dem Strafrichter (vgl. § 25 GVG) die Möglichkeit eingeräumt hat, in nicht anfechtbarer Weise auf die Hinzuziehung eines Urkundsbeamten zu verzichten.[1293] 868

Die Verletzung einer Anwesenheitspflicht kann die **Revision** begründen, vgl. dazu Rn 1186 ff.

3. Die Leitung der Hauptverhandlung

Die Leitung der Hauptverhandlung obliegt dem Vorsitzenden (vgl. § 238 I StPO, §§ 239 ff., 243 StPO), der bei der Verhandlung vor dem Strafrichter zugleich der einzige Entscheidungsträger ist. In einigen Fällen muss das „gesamte Gericht" entscheiden, etwa bei der Ablehnung eines Beweisantrags (§ 244 VI StPO). 869

Zur Verhandlungsleitung gehören grds. alle Maßnahmen, mit denen die Hauptverhandlung durchgeführt wird, insbesondere Eröffnung, kürzere Unterbrechungen, Urteilsverkündung, Beendigung und Festlegungen über den Ablauf im Rahmen der gesetzlichen Vorgaben.[1294] Der Vorsitzende erteilt und entzieht das Wort. Er sorgt für Ordnung im Sitzungssaal (§ 176 GVG). Die Verhandlungsleitung ist für den Vorsitzenden zugleich Recht und Pflicht: Er darf den Vorsitz nicht übertragen, solange er nicht am Vorsitz gehindert ist. Einzelne Maßnahmen der Verhandlungsführung des Vorsitzenden können von den Verhandlungsteilnehmern mit dem Einwand der Unzulässigkeit angegriffen werden (§ 238 II StPO). Wird eine solche Beanstandung geäußert, entscheidet das Gericht als Kollegium über die Zulässigkeit der beanstandeten Maßnahme des Vorsitzenden (§ 238 II StPO). Dem Kollegium sind von vornherein einzelne gesetzlich bezeichnete Maßnahmen der Verhandlungsleitung vorbehalten, z.B. nach §§ 247 f. StPO.[1295] 870

4. Die Öffentlichkeit der Hauptverhandlung

Die Prozessmaxime der Öffentlichkeit wurde bereits eingehend bei Rn 134 f. dargestellt, sodass darauf verwiesen werden kann. Eine Verletzung dieses Grundsatzes stellt einen absoluten Revisionsgrund gem. § 338 Nr. 6 StPO dar, wobei streitig ist, ob ein Verschulden des Gerichts nötig ist (vgl. dazu Rn 1253). 871

5. Fragerechte

Zwar haben der Angeklagte, die Zeugen und die Sachverständigen von sich aus die Gelegenheit, sich zusammenhängend zu äußern, dennoch ist es zur umfassenden und erschöpfenden Erörterung der Sache notwendig, dass der Vorsitzende diese Personen näher befragt. Aber auch andere Verfahrensbeteiligte (in erster Linie die beisitzenden Berufsrichter, die Schöffen, der Sitzungsvertreter der StA, der Angeklagte und sein Verteidiger müssen das Recht haben, den genannten Personenkreis zu befragen. Die Ge- 872

[1292] KK-*Tolksdorf*, § 243 Rn 19; *Kindhäuser*, § 17 Rn 27.
[1293] Kritisch auch *Sommer*, StraFo **2004**, 295, 297. Zum Verhandlungsprotokoll vgl. sogleich Rn 878.
[1294] *Meyer-Goßner*, § 238 Rn 5; KK-*Tolksdorf*, § 238 Rn 3; *Kindhäuser*, § 17 Rn 43.
[1295] *Meyer-Goßner*, § 238 Rn 5-8; KK-*Tolksdorf*, § 238 Rn 1-3; LR-*Gollwitzer*, § 238 Rn 15; *Kindhäuser*, § 17 Rn 43.

stattung erfolgt durch den Vorsitzenden (§ 240 StPO). Die Befragung ist folgenden Beschränkungen unterworfen[1296]:

- Zeugen unter 16 Jahren werden gem. § 241a I StPO grds. (vgl. aber 241a II S. 2 StPO) nur durch den Vorsitzenden vernommen
- Mitangeklagte dürfen sich nicht unmittelbar befragen (§ 240 II S. 2 StPO);
- Ungeeignete oder nicht zur Sache gehörende Fragen kann der Vorsitzende zurückweisen, sofern sie nicht von den Berufsrichtern gestellt wurden (§ 241 II StPO). Dazu zählen etwa entehrende bzw. bloßstellende Fragen (vgl. § 68a StPO)[1297], Fragen, die sich auf eine andere Tat beziehen oder Fragen, die bereits erschöpfend beantwortet wurden. Die Zurückweisung darf sich nur auf die einzelne Frage beziehen und nicht den Entzug des gesamten Fragerechts bewirken. Suggestivfragen, d.h. Fragen, die durch ihren Inhalt eine bestimmte Antwort nahelegen, sind nicht von vornherein ungeeignet.[1298] Steht die Zulässigkeit einer Frage in Zweifel, entscheidet das Gericht als Kollegium (§§ 238 II, 242 StPO).

Unabhängig vom Bestehen eines eigenen Fragerechts oder einer Beschränkung desselben ist es jedem Prozessbeteiligten stets möglich, den Vorsitzenden zu Fragen anzuregen und damit eine mittelbare Befragung zu erreichen.

Das **Kreuzverhör** von Zeugen und Sachverständigen durch StA und Verteidiger wird zwar durch § 239 StPO ermöglicht, spielt aber in der Praxis keine große Rolle.

6. Unterbrechung und Aussetzung der Hauptverhandlung

873 Die bei Rn 104 bereits einleitend dargestellte Konzentrationsmaxime gebietet es, die Hauptverhandlung möglichst als Einheit zu betrachten und möglichst in einem Zug durchzuführen, denn die Richter müssen vor dem Urteil einen gegenwärtigen Eindruck von der Hauptverhandlung haben; Verzögerungen führen unweigerlich zu Erinnerungsverlust und hindern den Richter daran, über das Ergebnis der Beweisaufnahme nach seiner freien, aus der Verhandlung geschöpften Überzeugung in Form eines Urteils zu entscheiden.

874 Des Weiteren widersprechen Verzögerungen dem Beschleunigungsgebot (vgl. auch dazu bereits Rn 104). Auf der anderen Seite können bei umfangreichen Hauptverhandlungen verhandlungsfreie Zeiträume unvermeidbar und z.B. aus Gründen der weiteren Beweisbeschaffung oder Überlegungszeit sogar geboten sein (vgl. z.B. §§ 217 II, 265 III StPO).

875 Dementsprechend ist die Unterbrechung der Hauptverhandlung zwar möglich, jedoch sind die Möglichkeiten begrenzt, §§ 228 I S. 1 Var. 2, 229 StPO. Bei längeren Verzögerungen muss das Verfahren sogar ausgesetzt werden, was eine völlig neue Hauptverhandlung erforderlich macht, §§ 228 I S. 1 Var. 1, 229 IV S. 1 StPO.[1299] Daher ist eine Abgrenzung zwischen Aussetzung und Unterbrechung erforderlich. Diese richtet sich allein nach der Dauer der Verzögerung, nicht etwa danach, wie das Gericht die Verzögerung bezeichnet und was es beabsichtigt.[1300]

- Eine **Unterbrechung** liegt vor, wenn entweder drei Wochen lang nicht verhandelt wurde (§ 229 I StPO) oder wenn einen Monat lang nicht verhandelt wurde, die Hauptverhandlung zuvor aber an mindestens zehn Tagen stattfand (§ 229 II StPO). Der Lauf der Frist kann durch Krankheit gehemmt werden (§ 229 III StPO). Nach einer Unterbrechung wird die Hauptverhandlung an der Stelle fortgesetzt, an der sie unterbrochen wurde.

[1296] Vgl. *Ott*, JA **2008**, 529 ff.; *Kindhäuser*, § 17 Rn 44.
[1297] BGHSt **21**, 334, 360; KK-*Tolksdorf*, § 241 Rn 4.
[1298] Vgl. dazu näher *Ott*, JA **2008**, 529, 530 f.
[1299] Die Aussetzung ist zum Teil gesetzlich vorgeschrieben, vgl. §§ 138c IV, 145 III, 217 II, 265 III, IV StPO.
[1300] BGH NJW **2008**, 113, 114; BGH NJW **1982**, 248; LR-*Gollwitzer*, § 228 Rn 1; *Meyer-Goßner*, § 228 Rn 2. Vgl. auch *Mosbacher*, JuS **2008**, 125, 127.

- Werden diese Fristen überschritten, handelt es sich um eine **Aussetzung**. Aussetzung ist daher jedes Abbrechen der Verhandlung über den nach § 229 I oder II StPO höchstzulässigen Zeitraum hinaus.

Die Folge, dass bei einer Aussetzung die Hauptverhandlung von neuem beginnen muss (§ 229 IV S. 1 StPO, s.o.), ändert zwar nichts an der unerwünschten Verlängerung der Gesamtdauer des Verfahrens, stellt aber immerhin sicher, dass das Gericht auf der Grundlage frischer Erinnerungen urteilt. **876**

Ein gelegentlich in der Praxis zu beobachtendes Phänomen besteht darin, dass die Gerichte versuchen, die Sitzungen so zu terminieren, dass die verhandlungsfreien Zeiträume gerade eben noch als Unterbrechungen gelten. Rechtlich problematisch wird diese Vorgehensweise dann, wenn nur eine „Pseudositzung" anberaumt wird, um die Frist der §§ 228 I S. 1 Var. 2, 229 StPO zu wahren und den verhandlungsfreien Zeitraum noch als Unterbrechung bezeichnen zu können. In diesem Fall wird man einen Verstoß gegen die Konzentrationsmaxime und das Beschleunigungsgebot annehmen müssen. **877**

7. Das Verhandlungsprotokoll

Gemäß § 271 StPO ist über die Hauptverhandlung ein Verhandlungsprotokoll (Sitzungsprotokoll) zu führen. Welche Angaben das Protokoll enthalten muss, ist in §§ 272, 273 StPO genannt. Das Protokoll hat eine erhöhte **Beweiskraft**: Die Einhaltung der wesentlichen Förmlichkeiten (z.B. Ausschließung und Wiederherstellung der Öffentlichkeit, Anwesenheit der Prozessbeteiligten, Vornahme der erforderlichen Belehrungen etc., nicht aber der Inhalt von Wortprotokollen gem. § 273 II, III StPO) kann gem. § 274 StPO nur durch dieses Protokoll bewiesen werden. Streiten sich später die Prozessbeteiligten über das Vorliegen bestimmter Umstände oder Maßnahmen der Hauptverhandlung, gilt das, was im Protokoll vermerkt ist, auch wenn es tatsächlich anders war (positive Beweiskraft). Umgekehrt gilt, dass das, was im Protokoll nicht vermerkt ist, als nicht geschehen gilt (negative Beweiskraft).[1301] **878**

Die Beweiskraft des Protokolls hat aber auch Grenzen. Kann nachgewiesen werden, dass das Protokoll gefälscht wurde, kann die Beweiskraft des Protokolls nicht aufrechterhalten werden, § 274 S. 2 StPO. Darüber hinaus entfällt die Beweiskraft ausnahmsweise auch, wenn eine Urkundsperson (d.h. der Richter oder der Protokollführer) den Inhalt nachträglich für falsch erklärt. Schließlich entfällt nach h.M. die Beweiskraft, wenn das Protokoll offensichtliche Lücken, Unklarheiten oder Widersprüche aufweist.[1302] **879**

Beispiel[1303]: T ist wegen schwerer räuberischer Erpressung angeklagt. Er wird von V als Pflichtverteidiger verteidigt. Laut Verhandlungsprotokoll ist am dritten Verhandlungstag V zwar erschienen, hat jedoch während der Vernehmung des Zeugen Z den Sitzungssaal zeitweise verlassen. T wird verurteilt. Gegen das Urteil wendet er sich mit der Revision. Ausweislich des Protokolls sei nicht während der gesamten Hauptverhandlung ein Verteidiger gegenwärtig gewesen, was jedoch gem. § 140 I Nr. 1 StPO notwendig gewesen wäre. Das angerufene Revisionsgericht befragt die übrigen (ehemaligen) Prozessbeteiligten, wobei sich niemand daran erinnern kann, dass V den Gerichtssaal zwischendurch verlassen hätte.

Als Revisionsgrund kommt § 338 Nr. 5 i.V.m. § 140 I Nr. 1 StPO in Betracht. Dieser Revisionsgrund greift auch durch, wenn die Angaben des Verhandlungsprotokolls maßgeblich

---

[1301] Vgl. BGH NStZ **2002**, 219. Zur Beweiskraft des Protokolls vgl. auch BGH NStZ **2007**, 49 ff. mit Bespr. von *Satzger/Hanft*, NStZ **2007**, 185 ff. Vgl. auch Rn 879a.

[1302] BGH NStZ **2007**, 49, 50; BGHSt **31**, 39, 40; BGH NStZ **2005**, 281, 282; **2002**, 270; BGHSt **1**, 259, 261; *Meyer-Goßner*, § 274 Rn 16 f.; *Volk*, § 17 Rn 27; ablehnend *Fezer*, NStZ **2002**, 273; *Kühne*, Rn 974. Vgl. auch *Satzger/Hanft*, NStZ **2007**, 185 ff.; *Kudlich*, JA **2007**, 154 ff.

[1303] In Anlehnung an BGH NStZ **2002**, 270. Vgl. auch *Engländer*, Rn 191.

sind. Daran fehlt es, wenn eine Fälschung vorliegt und nachgewiesen werden kann. Gleiches gilt, wenn eine Urkundsperson (d.h. der Richter oder der Protokollführer) den Inhalt nachträglich für falsch erklärt. Beides ist vorliegend nicht gegeben.

⇨ Die h.M. unter Einschluss des BGH lässt die Beweiskraft des Protokolls aber auch dann entfallen, wenn das Protokoll offensichtliche Lücken, Unklarheiten oder Widersprüche aufweist. Dabei liege ein offensichtlicher Mangel auch dann vor, wenn die Sitzungsniederschrift Vorgänge beurkunde, die sich nach aller Erfahrung so nicht zugetragen haben können. Es sei auszuschließen, dass ein Pflichtverteidiger sich einfach eigenmächtig entferne, ohne dass dies den anderen Prozessbeteiligten auffalle. Demzufolge wäre die Revision des T unbegründet.

⇨ Im Schrifttum wird dieser Standpunkt teilweise kritisiert. Als Argument wird hervorgebracht, die forensische Erfahrung könne die in § 274 StPO angeordnete Beweiskraft des Protokolls nicht beseitigen und die Entscheidung des BGH verkehre diese Regelung ins Gegenteil. Demzufolge wäre die Revision des T begründet.

⇨ Stellungnahme: Da sich keiner der übrigen ursprünglichen Prozessparteien daran erinnern kann, dass V zwischendurch den Sitzungssaal verlassen hätte, ist es nicht nur offensichtlich, dass das Sitzungsprotokoll unrichtig ist, sondern auch, dass T diesen Umstand missbräuchlich verwenden wollte, um einer Haftstrafe zu entgehen. Der h.M. ist daher zu folgen; die Revision des T ist unbegründet.

879a Nach der bisherigen Rspr. des BGH durfte das Protokoll aber dann nicht mehr berichtigt werden, wenn dadurch einer zwischenzeitlich erhobenen Revision der Boden entzogen würde (**Verbot der „Rügeverkümmerung"**). Der *Große Strafsenat* des BGH hat dieser Rspr. jedoch eine Absage erteilt und ist dabei vom BVerfG bestätigt worden.

Beispiel[1304]: A hatte mit seiner Revision gerügt, der Anklagesatz sei in der Hauptverhandlung entgegen § 243 III S. 1 StPO nicht verlesen worden. Tatsächlich war dies unter teils lautstarken Unmutsäußerungen im Publikum zwar geschehen, jedoch infolge eines Fehlers der Urkundsbeamtin bei der Übertragung ihrer stenografischen Aufzeichnungen nicht in der Sitzungsniederschrift vermerkt worden. Nachdem die Revisionsschrift beim Gericht eingegangen war, ergänzten der Vorsitzende der Strafkammer und die Urkundsbeamtin das Protokoll des ersten Hauptverhandlungstags, indem sie wahrheitsgemäß den Satz einfügten: „Der Vertreter der Staatsanwaltschaft verlas den Anklagesatz." A ist der Meinung, dass das Revisionsgericht die formelle Beweiskraft (§ 274 StPO) des berichtigten Protokolls nicht berücksichtigen dürfe, weil durch die Berichtigung der von A zuvor erhobenen Verfahrensrüge die Tatsachengrundlage entzogen werde.

Nach der bisherigen Rspr. des BGH durfte das Revisionsgericht die formelle Beweiskraft des korrigierten Protokolls nicht berücksichtigen. Zur Begründung wurde angeführt, dass der Rechtsmittelführer mit dem Eingang seiner Revisionsbegründungsschrift ein prozessuales Recht darauf erwerbe, die Grundlage seiner Verfahrensrüge für die Revisionsinstanz beizubehalten. Da er seine Verfahrensrüge nur auf das Protokoll in der ihm vorliegenden Form stützen dürfe und er selber praktisch keine Möglichkeit habe, die Berichtigung des Protokolls zu erzwingen, müsse er sich nachträglichen Änderungen zu seinen Lasten widersetzen können. Indem der Gesetzgeber durch § 274 StPO eine „prozessuale Wahrheit" geschaffen habe, sei der Missbrauch von Verfahrensrügen unter Berufung auf ein unrichtiges Protokoll vom Gesetzgeber in Kauf genommen worden.[1305]

Dieser Rspr. ist der *Große Senat* nunmehr entgegengetreten, indem er entschieden hat, dass durch eine zulässige Berichtigung des Protokolls auch zum Nachteil des Beschwerdeführers einer bereits ordnungsgemäß erhobenen Verfahrensrüge die Tatsachengrundlage entzogen werden könne. Ein etwaiges Vertrauen des Revisionsführers dahingehend, dass

[1304] In Anlehnung an BGH JZ **2007**, 953 ff. (auf Vorlage des *1. Senats* - NJW **2006**, 3582); bestätigt von BVerfG NJW **2009**, 1469 ff.
[1305] Vgl. grundlegend BGHSt **2**, 125, 126.

ein – inhaltlich unrichtiges – Protokoll für die Revisionsinstanz allein beachtlich bleibe, sei nicht schützenswert und könne auch nicht auf das verfassungsrechtlich verbürgte Recht auf effektiven Rechtsschutz (Art. 19 IV GG) gestützt werden. Auch die Revisionsgerichte seien der Wahrheit verpflichtet. Das spreche entscheidend dafür, die Regelung des § 274 StPO in einer Weise auszulegen, welche die inhaltliche Richtigkeit der Sitzungsniederschrift gewährleiste. Die Beweisregel des § 274 StPO schaffe keinen von der (objektiven) Wahrheit abweichenden Wahrheitsbegriff; die Beweiskraft des Protokolls nach § 274 StPO verändere nicht die Tatsachen, mache nicht aus Unwahrheit Wahrheit.

Die Argumentation des *Großen Senats* des BGH und der sie bestätigenden Mehrheitsentscheidung des *2. Senats* des BVerfG überzeugt nur vordergründig. Denn sie verkennt die in § 274 StPO zum Ausdruck kommende gesetzgeberische Konzeption, die eine nachträgliche Berichtigung des Protokolls nicht zulässt. Mag auch das vom *Großen Senat* des BGH herbeigeführte und vom *2. Senat* des BVerfG bestätigte Ergebnis noch so wünschenswert und sachlich geboten sein, so muss ein Gericht doch die Grenzen der richterlichen Rechtsfindung beachten. Diese sind vorliegend missachtet worden, weil die Grenzen der Gesetzesauslegung des § 274 StPO überschritten wurden.[1306] Die Revision des A ist daher begründet.

Unbeschadet von der vorstehenden Problematik handelt ein Revisionsführer, der bewusst wahrheitswidrig einen Verfahrensverstoß behauptet und sich zum Beweis auf ein als unrichtig erkanntes Protokoll beruft, **rechtsmissbräuchlich**; seine Rüge ist daher unzulässig.[1307] 880

8. Die Beweisaufnahme

Kernstück jeder Hauptverhandlung ist die Beweisaufnahme. Denn der Angeklagte darf nur dann verurteilt werden, wenn das Gericht zweifelsfrei von der Schuld, und damit von der Tatbegehung, überzeugt ist. 881

Wenn gelegentlich behauptet wird, die Beweisaufnahme diene der Erforschung der Wahrheit, greift diese Sichtweise zu kurz. Denn Aufgabe des Gerichts ist lediglich, über die Schuld des Angeklagten zu befinden. Kann dessen Schuld nicht zweifelsfrei bewiesen werden, ist er freizusprechen. Der Prozess ist damit zu Ende, ohne dass die Wahrheit (wie es also tatsächlich war bzw. wer die Tat tatsächlich begangen hat) herausgefunden worden wäre. 882

Im Folgenden sollen die Beweismittel und Beweismethoden erörtert werden. Dabei ist bereits an dieser Stelle darauf hinzuweisen, dass viele Aspekte des Beweisrechts miteinander verzahnt sind, was eine übersichtliche Darstellung erschwert. Auf der anderen Seite wäre es dem Leser gegenüber unredlich, auf die Darstellung wichtiger Probleme zu verzichten, nur um eine Einfachheit zu suggerieren, die den Anforderungen, die an eine Examensklausur gestellt werden, nicht gerecht wird. Es kann daher angebracht sein, zunächst den gesamten Abschnitt einmal durchzulesen, um einen ersten Eindruck von der Materie zu bekommen, und ihn erst in einem zweiten Schritt sorgfältig zu studieren. Schließlich ist darauf hinzuweisen, dass Fehler in der Beweisaufnahme regelmäßig einen relativen Revisionsgrund gem. § 337 StPO darstellen, da nicht auszuschließen ist, dass das Urteil ohne den Fehler anders ausgefallen wäre. Zur Revision vgl. ausführlich Rn 1186 ff. 883

a. Die Beweismittel; Strengbeweis und Freibeweis

Für alle Umstände, welche die Schuld- und Straffrage betreffen, besteht ein *Numerus clausus* an prozessual zulässigen Beweismitteln. Es gilt der sog. **Strengbeweis**[1308], d.h. 884

[1306] Vgl. auch das Sondervotum BVerfG NJW **2009**, 1476 ff.; dem sich anschließend *Jahn*, JuS **2009**, 564 ff.
[1307] Vgl. BGH NStZ **2007**, 49 ff. mit Bespr. von *Satzger/Hanft*, NStZ **2007**, 185 ff.; *Kudlich*, JA **2007**, 154 ff.
[1308] Vgl. nur BGH NJW **2000**, 1204, 1205 ff.

das Beweisverfahren muss sich nach §§ 244-256 StPO unter Beachtung der Grundsätze der Unmittelbarkeit (§ 250 StPO), der Mündlichkeit (§ 261 StPO) und der Öffentlichkeit der Verhandlung (§ 169 GVG) richten. Danach dürfen auch nur diejenigen Beweismittel in den Prozess eingebracht werden, die in §§ 244-256 StPO abschließend genannt sind. Als Beweismittel werden dort die persönlichen Beweismittel des **Zeugen** und **Sachverständigen** auf der einen sowie die sachlichen Beweismittel der **Urkunde** und des **Augenscheins** auf der anderen Seite genannt. Dementsprechend spricht man von Personalbeweis bzw. von Sachbeweis.

Beispiele:

(1) Der Zeuge Z sagt aus, dass er den wegen Raubs angeklagten A mit einem voll gepackten Rucksack aus der Bank hat laufen sehen. ⇨ Hier handelt es sich um einen **Zeugenbeweis** (§§ 48 ff. StPO).

(2) Im Prozess gegen B, der mit viel zu hoher Geschwindigkeit gefahren, die Kontrolle über sein Fahrzeug verloren und daher den Tod des O schuldhaft verursacht haben soll, wird der Sachverständige S vernommen, der aufgrund der Bremsspuren die von B gefahrene Geschwindigkeit ermittelt hat. ⇨ Hier handelt es sich um einen **Sachverständigenbeweis** (§§ 72 ff. StPO).

(3) C muss sich wegen Entführung vor Gericht verantworten. Der Vorsitzende verliest einen Drohbrief, der von C stammen soll, und aus dem hervorgeht, auf welche Weise das Lösegeld übergeben werden sollte. ⇨ Hier handelt es sich um einen **Urkundenbeweis** (§§ 249 ff. StPO).

(4) Schließlich muss sich D wegen Urkundenfälschung vor Gericht verantworten. Ihm wird zur Last gelegt, die Promotionsurkunde seiner Verlobten kopiert und in die Kopie seinen Namen eingetragen zu haben. Das Gericht nimmt das Tatobjekt in Augenschein, um sich ein Bild über die Manipulation zu machen. ⇨ Hier handelt es sich um einen **Augenscheinbeweis** (§§ 86 ff. StPO).

885 Der **Angeklagte** gilt hingegen nicht als formelles Beweismittel, da er generell schweigen und sogar lügen darf. Sagt er aus, darf seine Aussage zwar gegen ihn verwendet werden, sofern kein Beweisverbot vorliegt, damit wird er aber nicht zum formellen Beweismittel. Einlassungen des Angeklagten können – da sie zum Beweis herangezogen werden können – als Beweismittel i.w.S. bezeichnet werden. Zur Frage, ob bei einem Angeklagten, der in der Hauptverhandlung von seinem Aussageverweigerungsrecht Gebrauch macht, das im Ermittlungsverfahren im Rahmen einer Beschuldigtenvernehmung gemachte Geständnis verwertet werden darf, vgl. Rn 286 und 899.

886 Vom soeben genannten Strengbeweis ist der **Freibeweis** zu unterscheiden: Bei diesem geht es nicht um den Beweis von Tatsachen, die die Schuld- und Straffrage betreffen, sondern um den Beweis von Prozessvoraussetzungen und Verfahrensfragen. Daher gelten die Regeln der §§ 244-256 StPO über den Strengbeweis nicht.[1309]

Beispiel: E ist wegen Mordes angeklagt. In der Hauptverhandlung macht er plötzlich geltend, dass sein Geständnis, das er seinerzeit bei der Vernehmung durch den Kriminalhauptkommissar K abgegeben hatte, unter Anwendung von verbotenen Vernehmungsmethoden zustande gekommen sei. K habe ihm Folter angedroht, falls er die Tat nicht gestehe. Der Verteidiger V beantragt die Vernehmung des K. Der Vorsitzende möchte der Sache zwar nachgehen, dafür jedoch nicht die Verhandlung vertagen. Er beabsichtigt, die Verhandlung kurz zu unterbrechen, um K telefonisch zu befragen. Wäre dies zulässig?

Beträfe die Beweisfrage einen für die Sachentscheidung (Schuld- oder Straffrage) bedeutsamen Umstand, wäre ein Strengbeweis erforderlich. Der Vorsitzende müsste K als Zeugen laden und in der Hauptverhandlung vernehmen.

[1309] Vgl. BGHSt **16**, 164, 166; BGH StV **1999**, 354; BGH NStZ **1999**, 147, 148; LR-*Meyer*, § 136a Rn 53; *Meyer-Goßner*, § 244 Rn 7.

Beträfe die Beweisfrage hingegen eine Verfahrensfrage, wäre der Freibeweis zulässig. Dann wäre es nicht zu beanstanden, dass der Vorsitzende den K vorerst telefonisch zu den Vorwürfen befragt.

Der Inhalt des protokollierten Geständnisses betrifft die Schuldfrage, wofür der Strengbeweis gilt. Doch der Inhalt des Protokolls ist vorliegend nicht unklar. Unklar ist lediglich, ob das Geständnis prozessual ordnungsgemäß erwirkt wurde oder ob es wegen eines Verstoßes gegen § 136a StPO unverwertbar ist. Die Klärung dieser Frage kann im Wege des Freibeweises erfolgen.

Im vorliegenden Fall darf daher der Vorsitzende den K zunächst telefonisch vernehmen. Kann dabei nicht geklärt werden, ob das Geständnis des E unter Einwirkung einer verbotenen Vernehmungsmethode zustande kam, kann der Inhalt der Vernehmung des K verwertet werden. Insoweit gilt auch der Grundsatz in dubio pro reo nicht.[1310]

Allerdings hat das Gericht auch im Freibeweisverfahren bestimmte Errungenschaften des Rechtsstaates zu beachten. So ist insbesondere darauf zu achten, dass die Zeugnisverweigerungsrechte nach §§ 52 ff. StPO, die Vereidigungsverbote nach § 60 StPO und die Aussagefreiheit des Angeklagten nach § 136 I StPO nicht leerlaufen. **887**

Im Einzelnen gilt:

aa. Der Zeugenbeweis, §§ 48-71, 244-256 StPO

Der Begriff des Zeugen, seine Stellung im Strafverfahren und seine Rechte und Pflichten wurden bereits ausführlich im Rahmen der Vorstellung der Verfahrensbeteiligten bei Rn 245 ff. erörtert. Insbesondere wurden dort die drei Kategorien von Aussageverweigerungsrechten, namentlich das **888**

- Zeugnisverweigerungsrecht nach § 52 StPO,
- das Zeugnisverweigerungsrecht nach § 53 StPO
- sowie das Auskunftsverweigerungsrecht nach § 55 StPO

beschrieben, weshalb vollumfänglich darauf verwiesen werden kann. Nunmehr gilt es, die die Beweisaufnahme der Hauptverhandlung kennzeichnenden Aspekte und Problemkreise zu erörtern. Dazu gehört insbesondere die Beantwortung der Fragen, die sich ergeben, wenn eine andere Person als der unmittelbare Zeuge aussagen soll (**Zeuge vom Hörensagen**) oder wenn der Zeuge **nachträglich von seinem Zeugnisverweigerungsrecht** Gebrauch macht.

a.) Unmittelbarkeitsgrundsatz und Zeuge vom Hörensagen

Der Unmittelbarkeitsgrundsatz, der seinen einfachgesetzlichen Niederschlag in § 244 II StPO (optimale Sachaufklärung) und in § 250 StPO (Grundsatz der persönlichen Vernehmung) gefunden hat, fordert einen grundsätzlichen **Vorrang des sachnächsten Beweismittels** und einen **Vorrang des Personalbeweises vor dem Urkundenbeweis**. Dies gebietet die vorrangige **persönliche Vernehmung des Zeugen** in der Hauptverhandlung und basiert auf drei Gründen: **889**

- Die Glaubwürdigkeit eines Zeugen und die Glaubhaftigkeit seiner Angaben können nur verlässlich beurteilt werden, wenn sich das Gericht einen persönlichen Eindruck von dem Zeugen verschafft. Schriftliche Mitteilungen können diesen Eindruck nicht vermitteln.

[1310] BGH StV **1999**, 354. Vgl. dazu bereits Rn 126 und 1137.

- Des Weiteren kann das Fragerecht, das den Verfahrensbeteiligten zusteht, nicht ausgeübt werden, verzichtete man auf das persönliche Erscheinen des Zeugen vor Gericht.
- Schließlich bietet eine persönliche Vernehmung Schutz vor Missverständnissen, weil die Verfahrensbeteiligten durch Nachfragen Unklarheiten beseitigen und Missverständnissen vorbeugen können.

Die Vernehmung einer Beweisperson darf also nicht durch Verlesung einer Vernehmungsniederschrift ersetzt (wohl aber ergänzt) werden (§ 250 S. 2 StPO). Das schließt nach h.M. allerdings nicht aus, dass der Beweisperson durch auszugsweise Verlesung eines früheren Vernehmungsprotokolls ein sog. schlichter **Vorhalt** gemacht wird, etwa um Erinnerungslücken zu schließen oder Widersprüche auszuräumen. Der Grund für die Zulässigkeit eines schlichten Vorhalts besteht darin, dass hierbei nicht der Inhalt des verlesenen Schriftstücks, sondern die daraufhin getätigte Aussage des Zeugen zur Grundlage der Beweisführung gemacht wird (zum schlichten Vorhalt und zum Unterschied zum Vorhalt i.S.d. § 253 StPO vgl. Rn 928/955/976). Dem Unmittelbarkeitsgrundsatz steht auch die Vernehmung eines **Zeugen vom Hörensagen** nicht entgegen.[1311] Zeuge vom Hörensagen ist jemand, der nicht selbst Zeuge vom Tatgeschehen ist, sondern vom Tatgeschehen nur „vom Hörensagen" zu berichten weiß, also aus den Erzählungen anderer (insbesondere von eigentlichen Zeugen).

> **Beispiel:** T ist wegen Mordes an O angeklagt. Zeuge Z sagt aus, dass er kurz vor der Tat von O angerufen worden sei. In dem Telefongespräch habe O ihm mitgeteilt, dass er (O) von T bedroht werde.
>
> Da nach zutreffender h.M. § 250 StPO nur das Verhältnis von Zeugen- zu Urkundenbeweis regelt, aber darüber hinaus keine Aussagen zum Beweisrecht trifft, ist der Zeuge vom Hörensagen als zulässige Beweisperson anzusehen. Z war daher ein zulässiges Beweismittel.

890 Auch wenn der Zeuge vom Hörensagen ein zulässiges Beweismittel ist, ist er doch ein unzuverlässiges und damit schlechtes Beweismittel.[1312] Denn eine Sache, die über mehrere Ecken weitererzählt wird, unterliegt mitunter malerischen Veränderungen.[1313] Eine solche Aussage wird allenfalls dann zur Verurteilung führen, wenn sie durch weitere, wichtige Beweismittel bestätigt wird. In jedem Fall ist eine sorgfältige Überprüfung des Wertes der Aussagen des Zeugen vom Hörensagen vorzunehmen.[1314] Soll die Glaubwürdigkeit der Aussage eines Zeugen vom Hörensagen festgestellt werden, kann dies mit dem Freibeweisverfahren erfolgen.

891 Ob der Zeuge vom Hörensagen seine Wahrnehmungen zufällig oder im Auftrag der Polizei gemacht hat, ist dabei gleichgültig.[1315] Daher können auch **Informanten** und **V-Männer** der Polizei Zeugen vom Hörensagen sein. Informanten sind Personen, die im Einzelfall bereit sind, gegen Zusicherung der Vertraulichkeit den Strafverfolgungsbehörden Informationen mitzuteilen. Demgegenüber sind V-Männer („Verbindungsmänner") Personen, die zwar ebenfalls keiner Strafverfolgungsbehörde angehören, bei der Strafverfolgung aber für einige Zeit unter Geheimhaltung ihrer Funktion unterstützend tätig werden. Ein V-Mann entstammt i.d.R. dem jeweiligen Milieu und seine Identität bleibt im

---

[1311] BGHSt **36**, 159, 162; **42**, 15, 25; BGH NJW **2000**, 1661; vgl. auch BVerfGE **57**, 250, 277 ff.; KK-*Senge*, Vor § 48 Rn 77 u. § 250 Rn 10; *Detter*, NStZ **2003**, 1 ff. Die früher teilweise vertretene Auffassung, § 250 I S. 1 StPO enthalte ein generelles Verbot, Zeugen zu vernehmen, die nur über die Wahrnehmungen anderer aussagen können (so etwa *Peters*, Strafprozeß, 4. Aufl. **1985**, Rn 377; *Seebode*, JZ **1980**, 506, 515), hat sich nicht durchgesetzt.

[1312] BVerfG NStZ **1995**, 600; BGHSt **36**, 159, 166; **49**, 112, 119.

[1313] OLG Köln NStZ **1990**, 557.

[1314] Vgl. BVerfG NJW **1992**, 168, 169; BVerfG NJW **1996**, 448, 449; StV **1997**, 1, 2 f.; BGH NJW **2003**, 74, 75 f.; NJW **2004**, 1259, 1261; NStZ **1996**, 291, 294. Vgl. auch *Brause*, NStZ **2007**, 505 ff.

[1315] BGHSt **33**, 178, 181.

Dunkeln.[1316] Sollen Informanten und V-Männer im Strafprozess als Beweispersonen herangezogen werden, ist dies nicht ganz unproblematisch. Denn zum einen ist aufgrund ihrer Verquickung mit dem Milieu ihre Glaubwürdigkeit mit Vorsicht zu genießen und – wie soeben erwähnt – ggf. mit Hilfe des Freibeweises festzustellen. Zum anderen kann eine Geheimhaltung ihrer Funktion bzw. Identität erforderlich sein, um sie weiter in dem jeweiligen Milieu einsetzen zu können und vor Racheakten zu schützen.

Auch **Verdeckte Ermittler** (VE), also Polizeibeamte, die langfristig unter einer Legende ermitteln und in die betreffende Szene eingeschleust werden, um dort Beweise zu sammeln und an der Überführung von Tatverdächtigen mitzuwirken (§§ 110a ff. StPO)[1317], können Zeugen von Hörensagen sein.[1318] Dasselbe gilt für **Nicht öffentlich ermittelnde Polizeibeamte** (NOEP), die sich von den Verdeckten Ermittlern durch die kurze Zeitspanne oder die Einmaligkeit ihres Einsatzes unterscheiden. **892**

Für alle genannten Personen gibt es die Möglichkeit, dass sie (gem. § 110b III StPO bzw. in analoger Anwendung des § 96 StPO) durch den zuständigen Innenminister für das Strafverfahren **gesperrt** werden. Infolge der Sperrung hält die Behörde Aufenthaltsort und Identität des Beamten geheim. Die Sperrung ist die wirksamste Form des Schutzes, beeinträchtigt die gerichtliche Aufklärung aber auch am stärksten. Sie darf daher nur in Ausnahmefällen erfolgen, wenn anderenfalls eine Gefahr für Leib, Leben oder Freiheit des Beamten oder einer anderen Person bestehen würde oder die weitere Verwendung des Beamten in seiner Funktion als Verdeckter Ermittler nicht mehr möglich wäre. Um die gerichtliche Überprüfbarkeit zu ermöglichen, muss die Behörde ihre Entscheidung begründen.[1319] **893**

Ob eine Totalsperrung erforderlich ist oder ob eine für die Strafverfolgung weniger einschneidende Maßnahme ausreicht, hängt vom Einzelfall ab. Gerade dem Erfordernis der Geheimhaltung von Funktion bzw. Identität des genannten Personenkreises, um ihn weiter in dem jeweiligen Milieu einsetzen zu können und vor Racheakten zu schützen, trägt der BGH dadurch Rechnung, dass er ein **abgestuftes System der Geheimhaltung** anwendet, das auf einer Abwägung zwischen dem Geheimhaltungsinteresse der Beweisperson (und der Strafverfolgungsbehörde) einerseits und dem Strafverfolgungsinteresse des Staates andererseits basiert. **894**

- Wiegen die Geheimhaltungsinteressen so schwer, dass eine Aufdeckung der Anonymität untragbar wäre, erfolgt eine absolute Sperrung der Beweisperson. **895**

  Die h.M.[1320] wendet mangels Sonderregelung § 96 StPO analog an, zumal für den (beamteten) VE in § 110b III S. 3 StPO auf § 96 StPO Bezug genommen wird. Auch für den V-Mann ergeben sich Orientierungshilfen, da § 110b III S. 3 StPO eine Interpretation der erforderlichen Gefährdung liefert. Danach sind eine Geheimhaltung und Sperrung zulässig, wenn Gefahren für Leben, Leib und Freiheit der eingesetzten Person oder einer anderen Person (z.B. Ehegatte, Kinder) bestehen bzw. der weitere Einsatz gefährdet wäre. Der Zeuge ist dann für das Gericht ein unerreichbares Beweismittel i.S.v. § 244 III S. 2 StPO. Kann die Schuld des Angeklagten dann nicht auf andere Weise zweifelsfrei festgestellt werden, ist er in der Konsequenz gemäß dem Grundsatz in dubio pro reo freizusprechen.

- Wiegen die Geheimhaltungsinteressen nicht so schwer, dass eine absolute Sperrung erfolgen müsste, sind mehrere Stufen der Geheimhaltung denkbar und anerkannt (sog. **896**

[1316] *R. Schmidt*, BesVerwR II, 12. Aufl. **2008**, Rn 314 ff.
[1317] Vgl. oben Rn 657 ff. sowie *R. Schmidt*, BesVerwR II, 12. Aufl. **2008**, Rn 314 ff.
[1318] BGH NJW **2007**, 3138, 3139.
[1319] BVerfGE **57**, 250, 288; BGHSt **32**, 115, 125; BGH NStZ **2005**, 43, 44; *Kindhäuser*, § 21 Rn 133.
[1320] BGH StV **1988**, 137; StV **1989**, 284; StV **1995**, 225 f.; NJW **2004**, 1259, 1261; *Hilger*, NStZ **1992**, 457, 458; *Arloth*, NStZ **1993**, 467; *Weider*, StV **1999**, 51; *Meyer-Goßner*, § 110b Rn 8.

„**Stufentheorie**"). Die einzelnen Stufen sollen einen verhältnismäßigen Ausgleich zwischen den Geheimhaltungsinteressen und dem Strafverfolgungsinteresse schaffen.[1321]

⇨ Die erste Stufe der Geheimhaltung ist durch ein geringes Geheimhaltungsinteresse gekennzeichnet. Der Ermittlungsgehilfe darf vor dem erkennenden Gericht vernommen werden. Dabei wird aber von Schutzmöglichkeiten im erforderlichen Umfang Gebrauch gemacht, etwa dem Verschweigen des Wohnorts und der Identität nach § 68 StPO, dem Ausschluss der Öffentlichkeit nach § 172 GVG oder dem Ausschluss des Angeklagten nach 247 StPO.

⇨ Maßnahmen der zweiten Stufe gelangen zur Anwendung, wenn ein mittleres Geheimhaltungsinteresse besteht. Auf dieser Stufe wird der Ermittlungsgehilfe für eine Vernehmung vor dem erkennenden Gericht gesperrt. Stattdessen kann er gem. § 223 StPO kommissarisch im Richterzimmer (also außerhalb der Hauptverhandlung) vernommen werden. Dabei wird die Beweisperson von einem ersuchten oder beauftragten Richter vernommen.[1322] Das in diesem Zusammenhang angefertigte Vernehmungsprotokoll kann später in der Hauptverhandlung gem. §§ 251 II, 255a StPO verlesen werden.

Fraglich ist, ob der Angeklagte oder sein Verteidiger bei der kommissarischen Vernehmung ein Anwesenheitsrecht haben. Gemäß § 224 I S. 1 Halbs. 2 StPO ist die Anwesenheit des Angeklagten oder seines Verteidigers nicht zwingend vorgeschrieben. Daraus kann jedoch nicht gefolgert werden, dass kein Anwesenheitsrecht bestünde. Nach § 224 I S. 2 StPO kann lediglich die Benachrichtigung vom Vernehmungstermin unterbleiben, wenn sie den Untersuchungserfolg gefährden würde. Die Gefährdung des Untersuchungserfolgs kann in der zeitlichen Verzögerung liegen, die eine Benachrichtigung zur Folge haben würde. Daraus wird man den Schluss ziehen müssen, dass in der bloßen Anwesenheit des Angeklagten oder seines Verteidigers bei der Vernehmung eine Gefährdung des Untersuchungserfolgs nicht gesehen werden. Um aber den Schutzinteressen des Zeugen Rechnung zu tragen, sollte jedenfalls dem Angeklagten kein Anwesenheitsrecht zugesprochen werden. Es besteht daher lediglich ein Anwesenheitsrecht des Verteidigers analog §§ 168 c, d StPO[1323], auch wenn die Gefahr besteht, dass der Verteidiger anschließend seinen Mandanten umfassend informiert.

897 ⇨ Genügen auch die Maßnahmen der zweiten Stufe nicht – etwa im Hinblick auf das Anwesenheitsrecht des Verteidigers bei der kommissarischen Vernehmung gem. § 168c, d StPO – wird auf der dritten Stufe sowohl von einer gerichtlichen als auch von einer kommissarischen Vernehmung des Ermittlungsgehilfen abgesehen. Möglich bleiben nach der Rspr. des BGH[1324] aber die Verlesung früherer Vernehmungsprotokolle, das Abspielen von Videoaufnahmen früherer Vernehmungen (§§ 58a, 225a StPO) im Rahmen des § 251 StPO, die Videosimultanübertragung nach § 247a StPO[1325] und die Vernehmung von polizeilichen Kontaktpersonen als Zeugen vom Hörensagen. Freilich wird man eine Anonymisierung der persönlichen Daten des VE, NOEP oder des Ermittlungsgehilfen bzw. polizeilichen Kontaktmanns fordern müssen, da die dritte Stufe sonst keinen Sinn ergäbe.[1326] Auch kann es erforderlich sein, für die Dauer der Übertragung der optischen bzw. akustischen Vernehmung den Angeklagten aus dem Sitzungssaal zu entfernen, um ein Wiedererkennen der Beweisperson durch den Angeklagten zu verhindern.[1327] Die Forderung, dass die Glaubwürdigkeit des Zeugen sei-

---

[1321] Vgl. BGHSt **32**, 115 ff.; **33**, 83 ff.; **34**, 15 ff.; **36**, 159 ff.; *Beulke*, Rn 427; *Volk*, § 27 Rn 32 ff.; *Engländer*, Rn 222 ff.; *Kindhäuser*, § 21 Rn 129 ff.

[1322] Während der beauftragte Richter dem entscheidenden Prozessgericht angehört, ist der ersuchte Richter einem anderen Gericht zugehörig.

[1323] BGHSt **32**, 115 ff. (Großer Senat).

[1324] BGH NStZ **2006**, 648 f.; BGHSt **36**, 159, 162 ff.

[1325] Zur Videoübertragung vgl. BGH NJW **2007**, 1475 f.; NStZ **2006**, 648 f.; NJW **2004**, 1468, 1469; NJW **2004**, 1605, 1607; *Diemer*, NJW **1999**, 1667, 1672.

[1326] Dies verkennt *Kindhäuser*, § 21 Rn 132.

[1327] BGH NStZ **2006**, 648 f.

ne volle Individualisierung fordere, wird dem Schutzinteresse der Beweisperson nicht gerecht und ist abzulehnen.[1328]

Zum **Zeugenschutz** vgl. im Übrigen Rn 935 ff.

Ein besonderes Problem ergibt sich, wenn das Gericht die Sperrung des V-Manns oder der Ermittlungsperson (VE, NOEP) nicht für gerechtfertigt hält bzw. dadurch zu umgehen versucht, dass es einen Hintermann als **Zeuge vom Hörensagen** lädt. **898**

Beispiel[1329]: T ist u.a. wegen Schutzgelderpressung angeklagt. Wesentliche Erkenntnisse hatte im Ermittlungsverfahren der Verdeckte Ermittler E geliefert. Für die Hauptverhandlung hat der Justizminister E jedoch gesperrt. Die Begründung hält das Gericht allerdings nicht für stichhaltig. Das Gericht überlegt, was es tun könne und ob es den polizeilichen Kontaktmann P des E als Zeuge vom Hörensagen vernehmen dürfe.

Hält das Gericht eine Sperrerklärung nicht für gerechtfertigt, darf es sich grds. nicht einfach damit abfinden, sondern muss eine Überprüfung der Entscheidung verlangen (es sei denn, ein solches Verlangen wäre von vornherein aussichtslos). Führt dies zu keinem anderen Ergebnis, muss das Gericht die Entscheidung hinnehmen. Die verdeckt ermittelnde Person (vorliegend E) ist dann ein unerreichbarer Zeuge i.S.v. § 244 III S. 2 StPO.

In einem solchen Fall kann es somit entscheidend sein, die polizeiliche Kontaktperson (vorliegend also P) als Zeuge vom Hörensagen zu vernehmen. Nach Auffassung des BGH begründet selbst die Einschätzung des Gerichts, die Sperrerklärung sei nicht ausreichend oder nicht stichhaltig, kein Vernehmungsverbot hinsichtlich der polizeilichen Kontaktperson. Eine Ausnahme bestehe allenfalls dann, wenn die Sperrerklärung willkürlich oder offensichtlich rechtsfehlerhaft sei.[1330]

Für eine Willkür oder offensichtliche Fehlerhaftigkeit der Sperrerklärung des Justizministers bestehen im vorliegenden Fall keine Anhaltspunkte, sodass das Gericht P als Zeuge vom Hörensagen vernehmen darf. Im Rahmen der gerichtlichen Aufklärungspflicht (§ 244 II StPO) wird man sogar eine Vernehmungspflicht annehmen müssen. Freilich wird man eine Anonymisierung der persönlichen Daten des E bzw. P fordern müssen, wenn die Geheimhaltungsinteressen dies notwendig machen.

Im Übrigen ist zu beachten, dass aufgrund der Mittelbarkeit der Zeugenaussage des P der Beweiswert besonders kritisch zu prüfen ist. Bekundungen des Zeugen darüber, welche Angaben der V-Mann ihm gegenüber gemacht hat, genügen als Verurteilungsgrundlage regelmäßig nicht, wenn sie nicht durch andere wichtige Beweisanzeichen bestätigt werden. Muss der Angeklagte infolge des Grundsatzes in dubio pro reo freigesprochen werden, ist dies hinzunehmen.

b.) Nachträgliche Ausübung des Zeugnisverweigerungsrechts

Ein fast schon klassischer Fall besteht darin, dass ein Zeuge zunächst (d.h. im Ermittlungsverfahren) aussagt, später (d.h. in der Hauptverhandlung) aber die Aussage verweigert und sich dabei auf sein Zeugnisverweigerungsrecht beruft. **899**

Gerade bei zeugnisverweigerungsberechtigten Angehörigen (insb. Ehegatten, § 52 I Nr. 2a StPO) kommt es nicht selten vor, dass sie zunächst durchaus zu einer Aussage gegen den Beschuldigten bereit sind. Häufig bringen sie sogar, wie in Missbrauchsfällen oder bei innerfamiliärer Gewalt, ein Verfahren durch Anzeige erst in Gang, distanzieren sich dann aber im weiteren Verlauf des Verfahrens von ihrer frühen Aussage und machen von ihrem Zeugnisverweigerungsrecht Gebrauch. Der Beweggrund für die nachträgliche Ausübung des Zeugnisverweigerungsrechts mag zum einen auf dem Wunsch beruhen, den familiären Frieden nunmehr doch schützen zu wollen. Nicht selten wird aber auch der Beschuldigte -

---

[1328] Wie hier BGH NJW **2003**, 74, 75 f.; anders teilweise die Lit. (*Schlothauer*, StV **1999**, 47, 48).
[1329] In Anlehnung an *Engler*, Rn 224. Vgl. auch *Brause*, NStZ **2007**, 505, 509 f.
[1330] BGHSt **36**, 159, 162 ff.

gerade in gewaltgeprägten Beziehungen - Druck ausüben, damit der Zeuge sein Zeugnisverweigerungsrecht ausübt.[1331]

In Fällen dieser Art stellen sich dann die Fragen, ob das Protokoll der früheren Vernehmung in der Hauptverhandlung verlesen oder ob (wenigstens) die frühere Vernehmungsperson als Zeuge vom Hörensagen vernommen werden darf.

aa.) Keine Verlesung des Protokolls über eine frühere Vernehmung

900 Beruft sich ein Zeuge[1332], der bereits vor der Hauptverhandlung vernommen wurde, erst in der Hauptverhandlung auf ein Zeugnisverweigerungsrecht, ist es nach **§ 252 StPO** untersagt, das Protokoll der früheren Vernehmung (auch einer früheren richterlichen Vernehmung) zu verlesen – **unstatthafte Protokollverlesung**. § 252 StPO beinhaltet ein selbstständiges Beweisverwertungsverbot.

901 § 252 StPO ergänzt §§ 52 ff. StPO für den Fall der nachträglichen Zeugnisverweigerung. Die Vorschrift soll verhindern, dass über den Umweg der Verlesung das Zeugnisverweigerungsrecht umgangen wird.[1333] Daher soll es auch nicht darauf ankommen, ob die frühere Aussage für den Angeklagten begünstigend oder belastend war.[1334] Ob die Voraussetzungen des § 252 StPO vorliegen, wird im Freibeweisverfahren geklärt.[1335]

902 Über den **Anwendungsbereich** des § 252 StPO besteht Uneinigkeit. Klar ist zunächst dass die Vorschrift aufgrund ihrer Formulierung „... Recht, das Zeugnis zu verweigern, ..." anwendbar ist, wenn sich der Zeuge in der Hauptverhandlung auf ein Zeugnisverweigerungsrecht aus **§§ 52-53a StPO** beruft.[1336] Problematisch ist aber, ob § 252 StPO auch anwendbar ist, wenn der Zeuge nachträglich ein Auskunftsverweigerungsrecht aus **§ 55 StPO** geltend macht.

- Sicherlich wäre es vertretbar, § 252 StPO weit auszulegen und auf das Auskunftsverweigerungsrecht aus § 55 StPO auszudehnen.[1337]
- Dagegen spricht aber der soeben genannte Wortlaut des § 252 StPO, der von „...Zeugnis (und nicht auch von Auskunft) zu verweigern ..." spricht.[1338]
- Da andererseits der Gesetzgeber auch in § 56 StPO von „Zeugnis" spricht, dabei jedoch u.a. auf § 55 StPO verweist, scheint es der Gesetzgeber mit der Wortwahl selbst nicht so genau zu nehmen.
- Zu überlegen ist daher, ob nicht eine analoge Anwendung des § 252 StPO auf das Aussageverweigerungsrecht nach § 55 StPO möglich ist. Eine Analogie setzt neben der Regelungslücke eine Planwidrigkeit derselben voraus und das Bestehen einer Interessenlage, die die Schließung der Regelungslücke i.S. der zu übertragenden Regelung erfordert. Eine Regelungslücke besteht; das Auskunftsverweigerungsrecht nach § 55 StPO ist nicht in § 252 StPO genannt. Fraglich ist aber, ob diese Regelungslücke auch planwidrig ist. Zwar könnte man sich auf den Standpunkt stellen, dass der Gesetzgeber (wieder einmal) unpräzise gearbeitet und es versäumt hat, das Auskunftsverweigerungsrecht in die Formulierung des § 252 StPO aufzunehmen. Gegen die Annahme einer Planwidrigkeit spricht aber die fehlende Vergleichbarkeit von Zeugnis- und Auskunftsverweigerungsrechten. Denn der Schutzzweck des § 55 StPO kann durch eine nachträgliche Ausübung des Auskunftsver-

---

[1331] *Bosch*, JA **2008**, 662, 663.
[1332] Zur Rechtlage in Bezug auf den **Beschuldigten** vgl. Rn 980 ff.
[1333] Vgl. LR-*Gollwitzer*, § 252 Rn 3; *Meyer-Goßner*, § 252 Rn 1; *Leipold*, NJW Spezial **2005**, 231 ff.; *Laubenthal/Nevermann-Jaskolla*, JA **2005**, 294 ff.
[1334] BVerfG NStZ-RR **2004**, 18.
[1335] BGH NStZ **1996**, 293.
[1336] Insoweit lediglich klarstellend BGH NStZ **2007**, 652.
[1337] So vertreten von *Rogall*, NJW **1978**, 2535, 2538; *Hanack*, JZ **1972**, 236, 238.
[1338] Diesen Standpunkt vertritt die Rspr., vgl. nur BGHSt **6**, 209, 211; **17**, 245, 246; BGH NStZ **1998**, 46; BGH NJW **2000**, 309, 310. Vgl. auch BGH NJW **2007**, 2195, 2196.

weigerungsrechts nicht mehr verwirklicht werden. Eine einmal gemachte selbst- oder angehörigenbelastende Aussage ist bereits nach § 152 II StPO Anknüpfungspunkt für eine Strafverfolgung des Zeugen oder dessen Angehörigen und darf in diesem Zusammenhang gegen den Zeugen oder dessen Angehörigen gerichteten Strafverfahren verwertet werden. Da die Aussage aber in dem gegen den Zeugen oder dessen Angehörigen gerichteten Strafverfahren verwertet werden darf, muss sie erst recht auch in Strafverfahren gegen andere Angeklagte verwertet werden dürfen.[1339] **Daher kann § 252 StPO nicht, auch nicht analog, auf § 55 StPO angewendet werden**. Eine Verlesung des Vernehmungsprotokolls hinsichtlich eines Zeugen, der sich nachträglich auf sein Auskunftsverweigerungsrecht aus § 55 StPO beruft, scheitert demnach nicht an § 252 StPO.

- Die Verlesung eines solchen Vernehmungsprotokolls scheitert aber letztlich am **Unmittelbarkeitsgrundsatz**, § 250 S. 2 StPO. Zwar sind in §§ 251 und 253-257 StPO einige Ausnahmen zu § 250 StPO normiert, die nach § 251 StPO ausnahmsweise mögliche Verlesung von protokollierten Zeugenaussagen ist aber nur für tatsächliche Vernehmungshindernisse wie Tod, längere Krankheit etc. vorgesehen. Daher ist die Ausübung des Auskunftsverweigerungsrechts als rechtliches Hindernis kein „anderes" Hindernis i.S.v. § 251 I Nr. 2 StPO.[1340]

Auch wenn die Verlesung eines Protokolls über die Vernehmung eines zur Auskunftsver- 903
weigerung nach § 55 StPO berechtigten Zeugen zwar nicht an § 252 StPO, sondern am Unmittelbarkeitsgrundsatz nach § 250 StPO scheitert, sind (anders als beim Zeugnisverweigerungsrecht nach §§ 52, 53, 53a StPO) **formfreie Vorhalte** stets möglich. Verwertbar bleibt jedoch nur das, was der Zeuge auf den Vorhalt hin äußert. Vgl. zu den Vorhalten Rn 919, 928 und 953.

Ferner kann das Wissen des Zeugen trotz Berufung auf das Auskunftsverweigerungs- 904
recht indirekt verwertet werden, indem die Verhörsperson als **Zeuge vom Hörensagen** über die frühere Aussage des Zeugen vernommen wird. Anders als beim Zeugnisverweigerungsrecht nach §§ 52, 53, 53a, 252 StPO kann bei dem Auskunftsverweigerungsrecht nach § 55 StPO jede – also auch eine nichtrichterliche – Verhörsperson vernommen werden.[1341] Zur Möglichkeit, die Verhörsperson als Zeuge vom Hörensagen zu vernehmen, vgl. Rn 245, 888, 889, 898, 918 und 958.

Schließlich gilt es anzumerken: Allein aus der Tatsache, dass der Zeuge gem. § 55 StPO 905
schweigt, können u.U. im Wege der freien Beweiswürdigung Schlüsse zum Nachteil des Angeklagten gezogen werden.[1342] Denn anders als beim umfassenden Zeugnisverweigerungsrecht aus § 52 StPO dürfen aus der Tatsache, dass bei dem Auskunftsverweigerungsrecht des § 55 StPO der Zeuge grds. nur zu einzelnen Fragen schweigen darf, auch Rückschlüsse gezogen werden. Etwas anderes gilt nur, wenn der Zeuge aufgrund eines später eingeleiteten Ermittlungsverfahrens selbst zum Beschuldigten wird. Dann darf (wie auch sonst) sein Schweigen nicht zu seinem Nachteil gewertet werden.

Insgesamt folgt aus diesen Ausführungen, dass das Auskunftsverweigerungsrecht nach 906
§ 55 StPO sowohl im Umfang als auch im Hinblick auf Verwertungsverbote wesentlich schwächer ist als das Zeugnisverweigerungsrecht nach §§ 52 ff., 53, 53a, 252 StPO.

[1339] *Beulke*, Rn 466; *Rengier*, NStZ **1998**, 47, 48; *Kindhäuser*, § 21 Rn 60.

[1340] Das war schon die von den Verfassern in der 1. Aufl. vertretene Meinung; vgl. nunmehr auch BGH NJW **2007**, 2195, 2196; *Jahn*, JuS **2007**, 868, 869. Zu § 251 I Nr. 2 StPO vgl. Rn 971 und 971a.

[1341] Vgl. BGH StV **1997**, 512, 513; BGH NJW **2002**, 309, 310; *Meyer-Goßner*, § 55 Rn 12. Vgl. auch *Rinio*, JuS **2008**, 600, 602.

[1342] BGH NStZ **1998**, 46.

(a.) Voraussetzungen des § 252 StPO im Einzelnen

907 Ist die Anwendbarkeit des § 252 StPO geklärt, müssen die Voraussetzungen vorliegen. Diese sind:

- Eine Person muss vor der Hauptverhandlung (also früher) vernommen worden sein
- und im Rahmen dieser Vernehmung ausgesagt haben.
- Dann muss diese Person in der Hauptverhandlung Zeuge sein
- und ein in der Hauptverhandlung bestehendes Zeugnisverweigerungsrecht geltend machen.

(aa.) Frühere Vernehmung

908 § 252 StPO bezieht sich auf Aussagen „vor der Hauptverhandlung". Ob diese Aussagen in einer früheren Hauptverhandlung oder in einem anderen Strafverfahren erfolgten, ist irrelevant.[1343] Auch eine Aussage in einem Zivilprozess genügt.[1344] Im Übrigen ist im Interesse einer größtmöglichen Entscheidungsautonomie des zur Aussageverweigerung berechtigten Zeugen der Begriff der Vernehmung i.S.v. § 252 StPO weit zu verstehen.[1345]

(bb.) Aussage im Rahmen der früheren Vernehmung

909 Die frühere Aussage, die der Zeuge durch die nachträgliche Ausübung des Zeugnisverweigerungsrechts von einer Verwertung ausschließen möchte, muss eine solche sein, die im Rahmen einer Vernehmung zeitlich vor der Hauptverhandlung geäußert wurde. Ob die Person ihre frühere Aussage als Zeuge gemacht hat, ist irrelevant.

910 Erfasst sind nicht nur Aussagen in förmlich protokollierten Vernehmungen, sondern auch sonstige mündliche oder schriftliche Angaben, etwa ungefragt-spontane Äußerungen, die in **vernehmungsähnlicher** Situation, also auf Befragungen von Strafverfolgungsorganen hin gemacht wurden. Dazu gehören etwa Angaben in einem von der Polizei zugesandten Fragebogen, unprotokolliert gebliebene Auskünfte gegenüber einem Polizeibeamten und Angaben bei einer telefonischen Befragung. Die informatorische Anhörung steht insoweit der förmlichen Vernehmung gleich.[1346] Bei dieser ist das Schutzbedürfnis sogar noch größer als bei einer förmlichen Vernehmung.[1347] **Spontanäußerungen**, die der Zeuge außerhalb von Vernehmungen bzw. vernehmungsähnlichen Situationen gemacht hat (etwa Bekundungen gegenüber Privatpersonen, aber auch gegenüber Amtspersonen, sofern die Erklärungen ungefragt „spontan" und aus „freien Stücken" heraus abgegeben worden sind), fallen **nicht** unter § 252 StPO.[1348]

> **Beispiel:** Nach einem heftigen Ehestreit verlässt Ehemann M das Haus; er fährt mit dem Auto zur 2 km entfernten Stammkneipe und konsumiert Alkohol in erheblicher Menge. Mit einer BAK von 1,96 Promille begibt er sich am frühen Abend in sein Auto und fährt nach Hause. Unterwegs streift er infolge seiner Alkoholisierung verschiedene Autos, die am Straßenrand parken. Zuhause angekommen berichtet er dies seiner Frau und legt sich anschließend schlafen. F wendet sich nunmehr telefonisch an die nächste Polizeidienststelle und teilt den Beamten mit, dass ihr Mann soeben mit dem Fahrzeug nach Hause gekommen sei, einen Unfall gehabt habe und betrunken sei.
>
> Hier erfolgte die Äußerung der F außerhalb einer Vernehmung ungefragt „spontan" und aus „freien Stücken" heraus. Die Äußerung unterliegt daher nicht dem Verwertungsverbot

---

1343 BGHSt **20**, 384, 386; BGH StV **2005**, 536.
1344 BGHSt **17**, 324, 327; *Meyer-Goßner*, § 252 Rn 7.
1345 BGH NStZ **2005**, 219, 220.
1346 BGHSt **29**, 230, 232; BayObLG StV **2005**, 543, 544; *Meyer-Goßner*, § 252 Rn 7.
1347 BayObLG StV **2005**, 543, 544.
1348 BGH NStZ **1989**, 15; OLG Saarbrücken NJW **2008**, 1396. Vgl. auch *Mosbacher*, JuS **2008**, 688 f.

des § 252 StPO. Sie ist daher dann verwertbar, wenn sich F später auf ihr Zeugnisverweigerungsrecht aus § 52 I Nr. 2 StPO berufen sollte.

Das Gleiche gilt bei spontanen Äußerungen im Anschluss an eine Vernehmung bzw. vernehmungsähnliche Situation.[1349] Auch sind Äußerungen gegenüber einem Privatdetektiv oder einem V-Mann grds. nicht von § 252 StPO erfasst.[1350] Wird ein V-Mann aber gezielt gegenüber einem Zeugnisverweigerungsberechtigten eingesetzt, verstößt dies nach Auffassung des BVerfG – jedenfalls wegen Fehlens einer gesetzlichen Grundlage – gegen das Gebot des fairen Verfahrens.[1351] Ob dies ein Verwertungsverbot zur Folge hat, ist unklar[1352], gerade wegen des Gebots der Fairness aber zu bejahen.

Nicht unter § 252 StPO fallen jedenfalls Briefe des Zeugen an den Angeklagten und Äußerungen gegenüber Dritten[1353], da diese zweifelsfrei außerhalb einer Vernehmung stehen. 911

Äußerungen eines Zeugen, die er als früherer Beschuldigter in demselben oder einem anderen Verfahren gemacht hat, fallen unter das Verwertungsverbot des § 252 StPO, soweit er jetzt als Zeuge die Aussage befugt nach § 52 StPO verweigert oder verweigern könnte.[1354] Auch die bei einer „Vernehmung" durch den Verteidiger gemachten Angaben dürfen nicht verwertet werden.[1355] 912

(cc.) Zeugeneigenschaft in der Hauptverhandlung

§ 252 StPO geht zwingend davon aus, dass die Person, die in der Hauptverhandlung aussagt, in ihrer Eigenschaft als Zeuge auftritt. 913

(dd.) Geltendmachung eines Zeugnisverweigerungsrechts

Schließlich muss die in der Hauptverhandlung als Zeuge auftretende Person von ihrem Zeugnisverweigerungsrecht Gebrauch machen. 914

Unstreitig muss das Zeugnisverweigerungsrecht im Zeitpunkt der Vernehmung während der Hauptverhandlung bestehen. Fraglich ist dagegen, ob das Zeugnisverweigerungsrecht auch schon zum Zeitpunkt der früheren Vernehmung bestanden haben muss. Die Beantwortung dieser Frage richtet sich nach dem Schutzzweck des jeweiligen Zeugnisverweigerungsrechts. Die h.M. geht davon aus, dass das Zeugnisverweigerungsrecht aus § 52 StPO im Gegensatz zu den Zeugnisverweigerungsrechten aus §§ 53 f. nicht bereits bei der früheren Vernehmung bestanden haben müsse.[1356] 915

(b.) Rechtsfolge des § 252 StPO

§ 252 StPO schafft ein **Beweisverbot**, das sich nicht nur auf die Verlesung bezieht, sondern auch jede andere Verwertung der früheren Aussage in der Hauptverhandlung ausschließt.[1357] So darf der Inhalt der Aussage weder durch Verlesung eines früheren Urteils[1358] noch durch Vorhalt an den Angeklagten oder Zeugen[1359] ersetzt werden. Auch 916

[1349] *Meyer-Goßner*, § 252 Rn 8.
[1350] BGH NStZ **2005**, 219, 220.
[1351] BVerfG NStZ **2000**, 489.
[1352] Vgl. BVerfG NStZ **2000**, 489; BGHSt **40**, 211, 214 f.
[1353] *Meyer-Goßner*, § 252 Rn 9.
[1354] BGHSt **42**, 391, 398.
[1355] BGHSt **46**, 1, 3; *Meyer-Goßner*, § 252 Rn 13.
[1356] Vgl. BGHSt **27**, 231, 232; **45**, 342, 347; KK-*Diemer*, § 252 Rn 5 f.; *Meyer-Goßner*, § 252 Rn 2 f.; *Kindhäuser*, § 21 Rn 61.
[1357] BVerfG NStZ-RR **1994**, 16; BGHSt **2**, 99, 101; **32**, 25, 29; **45**, 203, 205; OLG Hamm NStZ **2003**, 107; *Meyer-Goßner*, § 252 Rn 12. Vgl. nun auch *Mosbacher*, JuS **2008**, 688 f.
[1358] BGHSt **20**, 384, 386; BGH NStZ **2003**, 217.
[1359] BGH NJW **1980**, 67, 68.

eine entsprechende Tonbandaufnahme oder Videoaufzeichnung dürfen nicht zu Beweiszwecken abgespielt werden.[1360]

Beispiel[1361]: Auf der Nachhausefahrt von einer Diskothek schnitt T gegen 4.30 Uhr mit seinem Fahrzeug eine Kurve, was zur Folge hatte, dass der entgegenkommende O ausweichen musste und dabei auf den unbefestigten Seitenstreifen geriet. Sach- und Personenschäden sind nicht aufgetreten. O konnte sich den Fahrzeugtyp und das polizeiliche Kennzeichen merken, einen VW-Golf mit dem Kennzeichen ...; er erstattete sofort via Mobiltelefon Anzeige bei der Polizei. Daraufhin führte Polizeiobermeister P eine Halteranfrage durch und ermittelte T als Halter. Kollegen des P fuhren zur Wohnung des T. Dort öffnete V, der Vater des T. Ohne eine Belehrung erklärte einer der Beamten, man suche den Fahrer des VW-Golf mit dem Kennzeichen ... . V gab daraufhin an, dass der Wagen nur von T gefahren werde und dass dieser erst vor einer halben Stunde nach Hause gekommen sei und jetzt tief schlafe. V setzte hinzu, dass es bei seinem Sohn endlich mal Zeit sei, dass die Polizei komme. Die Beamten fuhren daraufhin zur Dienststelle zurück und protokollierten die Aussage des V. Drei Monate später muss sich T wegen fahrlässiger Gefährdung des Straßenverkehrs (§ 315c I Nr. 2e i.V.m. III Nr. 2 StGB) vor Gericht verantworten. T bestreitet, in der fraglichen Nacht den Wagen gefahren zu haben. Da V nicht zur Hauptverhandlung als Zeuge geladen wurde, überlegt der Strafrichter, ob er das polizeiliche Protokoll in die Hauptverhandlung als Beweismittel einbringen kann.

Ein Polizeiprotokoll ist eine Urkunde i.S.d. § 249 I StPO und kann grundsätzlich als Urkundenbeweis in die Hauptverhandlung eingebracht und dort verlesen werden. Einer Verwertung des Protokolls könnte aber der in § 250 StPO zum Ausdruck kommende Unmittelbarkeitsgrundsatz entgegenstehen, wonach der Zeugenbeweis Vorrang vor dem Urkundenbeweis hat. Allerdings greift die Rechtsfolge des § 250 StPO (= Verwertungsverbot) nur dann, wenn keine Ausnahmebestimmung zu § 250 StPO zur Anwendung gelangt. Ausnahmebestimmungen finden sich in §§ 251, 253-256 StPO.

Vorliegend kommt § 256 I Nr. 6 StPO in Betracht, wonach Protokolle der Strafverfolgungsbehörden über Ermittlungshandlungen verlesen werden können. Gemeint sind Routinevorgänge, bei denen der Polizeibeamte ohnehin nicht mehr aussagen könnte, als im Protokoll steht. Das betrifft in erster Linie z.B. Sicherstellungs-, Durchsuchungsprotokolle etc.[1362] Nicht erfasst sind Protokolle über eine Vernehmung; diese dürfen ausweislich des Wortlauts des § 256 I Nr. 6 Halbs. 2 StPO nicht verlesen werden. Entscheidend ist somit, ob das damalige Befragen des V als Vernehmung anzusehen ist. Eine förmliche Zeugenbelehrung, die für die Annahme einer Zeugenvernehmung sprechen würde, fand nicht statt. Allerdings wird man die Qualifikation einer Befragung als Belehrung nicht von der Einhaltung von Form- und Verfahrensvorschriften abhängig machen dürfen; anderenfalls hinge die Einstufung als Vernehmung von der Rechtmäßigkeit ab und man käme zu dem Ergebnis, dass bei rechtmäßigem Vorgehen eine Belehrung vorliege und bei rechtswidrigem Verhalten eine bloße (informatorische) Befragung. Im Zweifel wird man daher eine Vernehmung annehmen müssen, um nicht Schutzrechte des Beschuldigten leerlaufen zu lassen.

Bejaht man daher auch im vorliegenden Fall eine Vernehmung, könnte dann wiederum das absolute Verlesungsverbot des § 252 StPO greifen. Denn beruft sich ein Zeuge, der bereits vor der Hauptverhandlung vernommen wurde, erst in der Hauptverhandlung auf ein Zeugnisverweigerungsrecht, ist es nach § 252 StPO untersagt, das Protokoll der früheren Vernehmung (auch einer früheren richterlichen Vernehmung) zu verlesen – unstatthafte Protokollverlesung.

Bei der seinerzeitigen Protokollierung müsste es sich also um ein „Vernehmungsprotokoll" handeln. Konstituierend für eine Vernehmung ist, dass der Vernehmende in amtlicher Funktion auftritt und in dieser Eigenschaft Auskunft von dem Zeugen verlangt.

1360 *Meyer-Goßner*, § 252 Rn 12.
1361 In Anlehnung an BayObLG StV **2005**, 543 ff.
1362 Vgl. *Feindl*, JA **2005**, 371, 374.

Im Interesse einer größtmöglichen Entscheidungsautonomie des zur Aussageverweigerung berechtigten Zeugen ist der Begriff der Vernehmung i.S.v. § 252 StPO weit zu verstehen.[1363] Erfasst sind daher nicht nur förmlich protokollierte Vernehmungen, sondern auch sonstige mündliche oder schriftliche Angaben, etwa ungefragt-spontane Äußerungen, die in **vernehmungsähnlicher** Situation, also auf Befragungen von Strafverfolgungsorganen hin gemacht wurden. Dazu gehören etwa Angaben in einem von der Polizei zugesandten Fragebogen, unprotokolliert gebliebene Auskünfte gegenüber einem Polizeibeamten und Angaben bei einer telefonischen Befragung. Die **informatorische Anhörung** steht insoweit der förmlichen Vernehmung gleich.

Zwar könnte der Äußerung des V, dass es Zeit sei, dass die Polizei komme" entnommen werden, dass er sich aus freien Stücken geäußert habe. Da das Schutzbedürfnis bei einer informatorischen Anhörung aber größer ist als bei einer förmlichen Vernehmung, und § 252 StPO daher weit auszulegen ist, wird man im vorliegenden Fall zumindest von einer informatorischen Anhörung und damit von einer vernehmungsähnlichen Situation ausgehen können.

Fraglich ist dann aber, wie es sich auswirkt, dass § 252 StPO als Voraussetzung die Aussageverweigerung eines in der Hauptverhandlung erschienenen Zeugen nennt. V ist nicht erschienen, weil er gar nicht geladen wurde. Um aber den Schutzzweck des § 252 StPO nicht leerlaufen zu lassen bzw. um Missbrauchsmöglichkeiten seitens des Gerichts, die in der absichtlichen Nichtladung von Zeugen bestehen könnte, um ein früheres Vernehmungsprotokoll als Beweismittel verlesen zu dürfen, auszuschließen, ist das in § 252 StPO normierte Verlesungsverbot auch und bereits dann anzuwenden, wenn der Zeuge nicht geladen wurde und noch Ungewissheit darüber besteht, ob er von seinem Zeugnisverweigerungsrecht Gebrauch machen oder darauf verzichten wird.[1364] Die Vorschrift des § 252 StPO gilt für diesen Fall analog.

Solange im vorliegenden Fall also noch nicht geklärt ist, ob V von seinem Zeugnisverweigerungsrecht aus § 52 I Nr. 3 StPO Gebrauch macht, besteht ein (vorläufiges) Verwertungsverbot analog § 252 StPO.

Vgl. ergänzend zu § 252 StPO die Ausführungen bei Rn 990 ff. Zur Frage, ob der Strafrichter nunmehr die beiden Polizeibeamten als Zeugen vom Hörensagen vernehmen dürfte, vgl. sogleich. **917**

bb.) Keine Verlesung früherer „Zeugenerklärungen"

Beruft sich ein Zeuge in der Hauptverhandlung auf ein Auskunftsverweigerungsrecht **917a** nach § 55 StPO, stellt sich des Weiteren die Frage, ob eine zuvor von ihm gefertigte schriftliche Erklärung durch Verlesung in die Hauptverhandlung eingeführt werden darf. § 251 I Nr. 2 StPO scheint dies zuzulassen, weil nach dieser Vorschrift die Vernehmung eines Zeugen durch die Verlesung einer Urkunde ersetzt werden darf. Allerdings setzt § 251 I Nr. 2 StPO voraus, dass der Zeuge in der Hauptverhandlung nicht vernommen werden kann. Der Zeuge, der lediglich von seinem Aussageverweigerungsrecht Gebrauch macht, muss zumindest Angaben zur Person machen und das Bestehen seines Aussageverweigerungsrecht glaubhaft machen (§ 56 StPO). Insoweit ist eine Vernehmung möglich und es bleibt bei dem Grundsatz aus § 250 StPO. Dementsprechend hat es auch der BGH als unzulässig erachtet, schriftliche Erklärungen eines sich auf § 55 StPO berufenden Zeugen oder nichtrichterliche Protokolle über seine Vernehmung zu verlesen.[1365]

[1363] BGH NStZ **2005**, 219, 220.
[1364] BGHSt **2**, 110, 111; **25**, 176, 177; BayObLG StV **2005**, 543, 544.
[1365] BGH NJW **2007**, 2195, 2196. Vgl. dazu auch Rn 957 ff.

cc.) Vernehmung einer Verhörsperson als Zeuge vom Hörensagen

918 Darf die frühere Aussage eines Zeugen, der erst in der Hauptverhandlung von seinem Zeugnisverweigerungsrecht Gebrauch macht, nicht verlesen werden, könnte man darüber nachdenken, die damalige Verhörsperson in der Hauptverhandlung als Zeuge vom Hörensagen zu vernehmen und über den Inhalt der damailigen Vernehmung berichten zu lassen.[1366]

Beispiel: T ist wegen versuchten Totschlags und gefährlicher Körperverletzung angeklagt. Er soll in Tötungsabsicht mit einem Messer auf seine Ehefrau O eingestochen haben. O wurde bereits im Ermittlungsverfahren durch den Ermittlungsrichter R in dieser Sache als Zeugin vernommen. Dabei wurde sie auch ordnungsgemäß über ihr Zeugnisverweigerungsrecht aus § 52 I Nr. 2 StPO belehrt. Dennoch äußerte sie sich zur Sache und schilderte den Vorgang wie beschrieben. Da T kurz darauf in einem Gespräch mit O aber Reue zeigte und die Eheleute sich mittlerweile auch wieder versöhnt haben, entschließt sich O nunmehr in der Hauptverhandlung, von ihrem Zeugnisverweigerungsrecht Gebrauch zu machen. Daher vernimmt der Vorsitzende den damaligen Ermittlungsrichter R als Zeuge vom Hörensagen und lässt sich von ihm die Aussage der O berichten.

Dass ein deartiges Vorgehen verboten wäre, geht nicht direkt aus § 252 StPO hervor, weil diese Vorschrift nur die Protokollverlesung nennt. Allerdings wird man den Schutzzweck des § 252 StPO nicht einfach dadurch umgehen dürfen, dass man die damaligen Verhörspersonen als „Zeuge vom Hörensagen" über den Inhalt der Vernehmung befragt und das Ergebnis dieser Befragung gegen den Angeklagten verwendet.

⇨ Diese Bedenken werden grundsätzlich auch vom BGH[1367] geteilt. Er lässt jedoch die Befragung der damaligen Verhörsperson als Zeuge vom Hörensagen zu, wenn es sich bei der damaligen Vernehmungsperson um einen **Richter** (einschließlich der Schöffen[1368]) gehandelt hat. Voraussetzung sei aber, dass der Zeuge seinerzeit von einem Richter vernommen worden ist, der ihn nach § 52 III S. 1 StPO oder der sonst einschlägigen Verfahrensvorschrift ordnungsgemäß belehrt habe oder nur deshalb nicht belehrt habe, weil der Zeuge das Angehörigenverhältnis verschwiegen habe.[1369] Dann sei die Vernehmung der Verhörsperson über den Inhalt der Aussage zulässig.

Demnach wäre im vorliegenden Fall die Aussage des R verwertbar.

⇨ Die h.L.[1370] lehnt demgegenüber die Unterscheidung zwischen richterlicher und nichtrichterlicher Vernehmung ab. Zur Begründung ihrer Auffassung verweist sie auf die ursprünglichen Beweggründe des BGH, zwischen richterlichen und nichtrichterlichen Vernehmungen zu unterscheiden. Denn nach der damaligen Gesetzeslage seien gegenüber Zeugen nur Richter belehrungspflichtig gewesen.[1371] Daher habe man nicht davon ausgehen können, dass von der Polizei oder StA vernommene Zeugen ihre Rechte kannten. Daher habe § 252 StPO dem unbelehrten Zeugen die Möglichkeit erhalten, seine Rechte nach richterlicher Belehrung in der Hauptverhandlung vollumfänglich und wirksam geltend zu machen. Nach einer Gesetzesänderung sei die Belehrungspflicht dann aber auch auf die Polizei und StA ausgedehnt worden (§§ 161a I S. 2, 163 III StPO), was die Unterscheidung zwischen richterlicher und nichtrichterlicher Vernehmung fraglich erscheinen lasse. Dennoch gehe das Gesetz in § 251 II StPO von einer höheren Qualität der richterlichen Vernehmung aus, indem es die Ver-

---

[1366] Zur grundsätzlichen Zulässigkeit des Zeugen vom Hörensagen vgl. bereits Rn 245 ff.

[1367] BGHSt **2**, 99, 106 f.; **21**, 218, 219; **36**, 384, 385; **45**, 342, 345; **46**, 189, 195; **48**, 294, 297; **49**, 72, 76 f.; BGH NJW **2004**, 1605, 1607; BGH NStZ **2005**, 219, 220; NStZ **2007**, 353; NStZ **2007**, 652 f.; vgl. auch OLG Saarbrücken NJW **2008**, 1396; KK-*Diemer*, § 252 Rn 22; *Meyer-Goßner*, § 252 Rn 13 f.; *Müller-Christmann*, JuS **2001**, 60 f.; *Kudlich/Roy*, JA **2003**, 565, 572.

[1368] BGHSt **13**, 394, 398.

[1369] BGHSt **48**, 294, 297.

[1370] LR-*Gollwitzer*, § 252 Rn 6; *Roxin*, § 44 Rn 21; *Beulke*, Rn 420; *Geppert*, Jura **1988**, 305, 306; *Fezer*, JZ **1990**, 875, 876; *Welp*, JR **1996**, 76, 78; *Kindhäuser*, § 21 Rn 66. Vgl. auch *Weidemann*, JA **2008**, 129; *Bosch*, JA **2008**, 662, 663; *Beulke*, JA **2008**, 758, 761.

[1371] Davon ging damals BGHSt **2**, 99, 106 aus.

lesungsmöglichkeiten für richterliche Vernehmungsprotokolle erweitere.[1372] Für den Zweck des § 252 StPO könne die Qualität der Vernehmung aber keinen Unterschied machen, denn wenn die Entscheidungsfreiheit des Zeugen über seine Zeugnisverweigerung bis zur Hauptverhandlung als dem Kernstück des Prozesses gesichert werden solle, sei es ohne Belang, ob der Zeuge vor der Hauptverhandlung von einem Richter oder einer anderen Verhörsperson vernommen wurde. Die Konfliktsituation, die durch die frühere Vernehmung entstanden sei, resultiere daraus, dass der Zeuge befürchten müsse, von ihm bereits ausgesagte Tatsachen könnten verwertet werden. Wem gegenüber sie geäußert worden seien, sei dafür irrelevant. Wäre es relevant, müsste § 252 StPO konsequenterweise zwischen richterlichen und nichtrichterlichen Protokollen unterscheiden, was aber nicht der Fall sei. § 252 StPO müsse deswegen als umfassendes Verwertungsverbot verstanden werden.

Demnach wäre im vorliegenden Fall die Aussage des R nicht verwertbar.

⇨ Stellungnahme: Zwar mag eine richterliche Vernehmungsperson einen höheren Qualitätsstandard garantieren als Staatsanwaltschaft und Polizei, zieht man aber den Sinn und Zweck des § 252 StPO – Schutz der Beziehung zwischen dem Angehörigen und dem Angeklagten – in die Überlegung mit ein, wird klar, dass die Unterscheidung zwischen richterlicher und nichtrichterlicher Vernehmung letztlich nicht haltbar ist. Der h.L. ist somit zu folgen.

Die Aussage des R ist nicht verwertbar. Es besteht ein Revisionsgrund gem. § 337 I StPO.

Weiterführender Hinweis: Allerdings ist zu beachten, dass nach einer Entscheidung des 4. Strafsenats des BGH der zeugnisverweigerungsberechtigte Zeuge nicht gehindert ist, die Verwertung der bei einer nicht richterlichen Vernehmung gemachten Aussage zu gestatten.[1373] Im Schrifttum ist diese Entscheidung überwiegend auf Kritik gestoßen, vor allem, weil sie die Qualität der Beweisaufnahme in die Disposition des Zeugen stellt.[1374] Unabhängig davon, ob diese Kritik berechtigt ist (gegen die Kritik spricht schon, dass letztlich jeder zeugnis- und aussageberechtigte Zeuge es in der Hand hat, über seine Aussage zu entscheiden und damit auf die Beweisaufnahme Einfluss zu nehmen), hat es der 3. Strafsenat offengelassen (allerdings „zweifelnd"), ob er der Entscheidung des 4. Strafsenats folgen will.[1375] Demgegenüber hält der 1. Strafsenat die Entscheidung des 4. Strafsenats ohne weiteres für richtig.[1376]

Da dem als Zeuge vom Hörensagen aussagenden Richter aus der Vernehmungs- **919**
niederschrift **Vorhalte** zur Auffrischung des Gedächtnisses gemacht werden dürfen und zu diesem Zweck auch die Niederschrift und in Bezug genommene Protokolle verlesen werden können[1377], kommt es nach der Lösung des BGH letztlich doch zu einer Einführung der Niederschrift in die Hauptverhandlung.[1378] Das ist aus den o.g. Gründen sehr bedenklich. Immerhin nimmt der BGH in Fällen, in denen die Vernehmungsperson sich trotz des Vorhalts und der Verlesung nicht an die Aussage erinnert und nicht bestätigen kann, dass er die Aussage seinerzeit richtig und vollständig aufgenommen habe, ein Verwertungsverbot des Inhalts der damaligen Zeugenaussage an.[1379]

Wurde ein zeugnisverweigerungsberechtigter Zeuge vor der Hauptverhandlung ver- **920**
nommen und ist er in ihr unerreichbar, darf die Niederschrift verlesen werden, wenn er damals ordnungsgemäß belehrt worden ist.

[1372] So ausdrücklich die spätere Rspr. BGHSt **21**, 218, 219; **36**, 384, 386; **49**, 72, 77.
[1373] BGHSt **45**, 203, 205.
[1374] Vgl. dazu *Meyer-Goßner*, § 252 Rn 16a.
[1375] BGHSt **49**, 72, 75; BGH NStZ **2003**, 498
[1376] BGH NStZ **2007**, 652; BGH NStZ-RR **2006**, 181, 183; BGH NStZ **2007**, 352, 353.
[1377] BGHSt **11**, 338, 341; **21**, 149, 150.
[1378] Vgl. *Joecks*, § 252 Rn 13.
[1379] BGH StV **1994**, 413; BGH StV **2001**, 386.

921 Im Fall der Vernehmung des Richters besteht ein **Revisionsgrund**, wenn im Urteil nicht ausdrücklich festgestellt wird, ob und wie sich das Gericht von der ordnungsgemäßen Belehrung des Zeugen im Ermittlungsverfahren überzeugt hat. Gleichfalls begründet ist die Revision, wenn in unzulässiger Weise nichtrichterliche Verhörspersonen vernommen worden sind und das Urteil auf deren Angaben beruht.

Übersicht über die Zulässigkeit der Aussageverwertung[1380]

922

Zulässigkeit von:	**Zeuge mit ZVR**	**Zeuge mit AVR**	**Beschuldigte**
Protokoll-verlesung	nein (wegen Wortlaut des § 252 StPO)	nein (unzulässig wegen § 250 S. 2 StPO)	ja (nach § 254 StPO, nicht nach § 249 StPO)
Schlichter Vorhalt	nein (unzulässig wegen Gewissenskonflikt)	ja (zulässig)	ja (stets möglich)
Zeugnis der Verhörsperson	nach BGH ja (bei richterlicher Vernehmung und Belehrung)	ja (stets möglich, selbst bei fehlender Belehrung)	ja (wenn der Beschuldigte ordnungsgemäß belehrt wurde)
Aussagen, die im Rahmen von unbelehrt erfolgten Spontan-äußerungen	ja (weil außerhalb des § 252 StPO)	ja (weil außerhalb des § 250 S. 2 StPO)	ja (stets möglich, wenn Beschuldigtenrechte nicht gezielt umgangen werden)
Aussagen, die im Rahmen von unbelehrt erfolgten informatorischen Befragungen getätigt wurden	nein (weite Auslegung des § 252 StPO)	nein (wegen § 250 S. 2 StPO)	ja (stets möglich wenn Beschuldigtenrechte nicht gezielt umgangen werden)

922a Wie den letzten beiden Zeilen der Übersicht zu entnehmen ist, können unbelehrt erfolgte Spontanäußerungen sowohl des Zeugen als auch des Beschuldigten nach h.M. jedenfalls dann verwertet werden, wenn Beschuldigten- bzw. Zeugenrechte nicht gezielt umgangen werden. Eine gezielte Umgehung kann etwa dann angenommen werden, wenn die Polizeibeamten dem ungefragt erzählenden Beschuldigten eine längere Zeit zuhören, ohne ihn zu unterbrechen und auf seine Aussageverweigerungsfreiheit hinzuweisen.[1381] Demgegenüber sind aus informatorischen Befragungen des Zeugen resultierende Aussagen bei Zeugnisverweigerung in der Hauptverhandlung unverwertbar, wohingegen der Beschuldigte an diesen festgehalten wird.

922b Dass unbelehrt erfolgte Spontanäußerungen sowohl des Zeugen als auch des Beschuldigten grundsätzlich verwertet werden können, liegt daran, dass die Äußerungen nicht zu Beweiserhebungszwecken veranlasst waren und es weder der Schutzzweck des Zeugnisverweigerungs- noch des Aussageverweigerungsrechts des Zeugen bzw. Be-

[1380] ZVG = Zeugnisverweigerungsrecht; AVR = Aussageverweigerungsrecht. Voraussetzung für eine Verwertung ist aber in jedem Fall, dass die frühere Aussage rechtsstaatlich einwandfrei zustande gekommen ist.
[1381] BGH NJW **2009**, 3589 f.

schuldigten gebieten, den jeweils Betroffenen vollständig die Freiheit über ihre Beweismittelfunktion einzuräumen.[1382]

Dass andererseits aber informatorische Befragungen des Zeugen vor der Hauptverhandlung bei Zeugnisverweigerung unverwertbar sind, der Beschuldigte von der h.M. aber an diesen festgehalten wird (vgl. dazu Rn 222 ff., 241a), stellt einen Wertungswiderspruch dar, der nicht zu rechtfertigen ist. Denn wenn man schon informatorische Befragungen zulässt, um zu eruieren, ob es sich bei der befragten Person um einen Zeugen oder einen Beschuldigten handelt, ist aufgrund der hierbei nicht erforderlichen Belehrung ein Beweisverwertungsverbot zu fordern. **922c**

c.) Gang der Zeugenvernehmung

Grundprinzip der Zeugenvernehmung in der Hauptverhandlung[1383] ist, dass die Zeugen einzeln und in Abwesenheit der später zu vernehmenden Zeugen zu vernehmen sind (§ 58 I StPO). Das gilt auch in dem Fall, dass der Staatsanwalt und der Wahlverteidiger als Zeugen vernommen werden. Konsequenz ist, dass diese Personen ggf. während der Dauer der Vernehmung ersetzt werden müssen. Der Sinn des § 58 I StPO besteht darin, dass Zeugen nicht hören sollen, was der Angeklagte und die anderen Zeugen vor ihm sagen, um von deren Aussage nicht beeinflusst zu werden. **923**

Vor der eigentlichen Vernehmung ist der Zeuge gem. § 57 StPO zu **belehren**, wobei sich die Belehrung auch auf das Zeugnisverweigerungsrecht gem. § 52 III StPO und – sofern es dafür Anhaltspunkte gibt – auf das Auskunftsverweigerungsrecht gem. § 57 II StPO erstreckt. Sind mehrere Zeugen existent, erfolgt die Belehrung i.d.R. gemeinsam. **924**

Sodann werden **Angaben zur Person** verlangt. Die zu machenden Angaben ergeben sich aus § 68 I StPO. Der Zeuge muss grds. sagen, wie er heißt, wie alt er ist, welchen Beruf er ausübt und welche postalische Anschrift er hat. Gefährdete Zeugen dürfen diese Angaben teilweise verweigern (§ 68 I S. 2, II StPO) und ihre Identität ganz verheimlichen (§ 68 III StPO; für verdeckte Ermittler gilt § 110b III StPO). **925**

Die **Vernehmung zur Sache** beginnt mit der Unterrichtung über den Untersuchungsgegenstand und der Benennung der Person des Beschuldigten. Danach ist der Zeuge zu veranlassen, umfassend **Bericht** abzugeben (§ 69 I StPO), wobei das Mündlichkeitsprinzip zu beachten ist: Der Zeuge ist mündlich zu vernehmen; die bloße Entgegennahme oder Verlesung schriftlicher Erklärungen sind ebenso unzulässig wie die mündliche Bezugnahme auf eigene oder von anderen hergestellte schriftliche Äußerungen. Die Einholung schriftlicher Erklärungen des Zeugen ist damit aber nicht ausgeschlossen.[1384] **926**
Der Bericht soll deutlich machen, was der Zeuge noch aus eigener Erinnerung weiß und was er erst nach Hilfe durch das Gericht bekunden kann.[1385] Das Gericht darf die Aussage des Zeugen daher auch nicht durch Fragen und Vorhalte strukturieren; der Zeuge hat einen Anspruch darauf, seine Aussage im Zusammenhang und unbeeinflusst von Fragen und Vorhalten zu machen.[1386] Das Gericht darf den Zeugen aber sanft dirigieren, wenn er abschweift.

[1382] BGH NJW **2009**, 3589 f.; *Bosch*, JA **2008**, 662, 664.
[1383] Die nachfolgenden Ausführungen gelten auch bei Vernehmungen durch die Staatsanwaltschaft (§ 161a I S. 2 StPO) und die Polizei (weil sie an die Grundregeln der StPO gebunden ist) im **Ermittlungsverfahren**. Im Übrigen versteht es sich von selbst, dass unzulässige Vernehmungsmethoden (§ 136a StPO) auch bei Zeugen verboten sind (insoweit klarstellend § 69 III StPO).
[1384] *Meyer-Goßner*, § 69 Rn 4.
[1385] BGHSt **3**, 281, 284.
[1386] BVerfGE **38**, 105, 117.

927 Den historischen Hintergrund dieser Vorgehensweise bildet der mittelalterliche Inquisitionsprozess, wonach der Angeklagte auf gezielte Fragen zu antworten hatte, möglichst mit „ja" oder „nein" (eine Methode, mit der man, wenn man sie überdehnt, jeden Zeugen in die Bedrouille bringen kann). Auch heute bevorzugen einige Prozessordnungen anderer Länder noch immer dieses Modell, weil sie in einem zusammenhängenden Bericht die Gefahr sehen, dass der Zeuge sich verrennt und selbst beschuldigen könnte.[1387]

928 An den Bericht schließt sich die weitere Befragung an (sog. **Verhör**, § 69 II StPO). In diesem werden Fragen gestellt, um Widersprüche zu beheben, Lücken des Berichts zu schließen und Angaben zu präzisieren. Auch **Vorhalte** sind in diesem Zusammenhang möglich.[1388] Von einem „Vorhalt" wird gesprochen, wenn der Richter dem Zeugen Inhalte aus früheren Vernehmungsprotokollen bzw. Aussagen vorliest, um beim Zeugen Erinnerungslücken zu schließen oder auf Widersprüche hinzuweisen. Anders als bei § 253 StPO (siehe dazu Rn 976) hat der hier zu behandelnde allgemeine (schlichte) Vorhalt keinen eigenständigen Beweiswert und stellt keine Form des Urkundenbeweises dar. Beweiswert hat ausschließlich das, was der Zeuge auf den Vorhalt hin aussagt. Der allgemeine Vorhalt stellt lediglich eine Vernehmungshilfe dar.

929 Die Verwendung von Lichtbildern, Skizzen und Zeichnungen als Vernehmungshilfen ist zulässig.[1389] Tonträger dürfen abgespielt werden.[1390] Der Zeuge ist berechtigt und ggf. auch verpflichtet, sich bei der Vernehmung schriftlicher Unterlagen zu bedienen, um seine Erinnerung aufzufrischen.[1391] Zeugen, die Wahrnehmungen in amtlicher Eigenschaft gemacht haben (insbesondere Polizeibeamte), haben darüber hinaus eine Vorbereitungspflicht. Gegebenenfalls müssen sie die bei der StA zugänglichen Akten einsehen, um sich die Einzelheiten ins Gedächtnis zurückzurufen.[1392]

930 Die Vernehmung wird vom Richter durchgeführt (§ 238 StPO) und geleitet (§ 240 StPO). Das schließt nicht aus, dass auch StA und Verteidigung die von ihnen benannten Zeugen vernehmen. Dieses Kreuzverhör (§ 239 StPO) spielt im deutschen Strafverfahren jedoch keine nennenswerte Rolle, weil es dazu eines übereinstimmenden Antrags von StA und Verteidiger bedarf, woran es meistens fehlt.

931 Bei der Vernehmung des Zeugen ist dessen Recht auf Schutz der Ehre und des persönlichen Lebensbereichs zu berücksichtigen; Fragen, die dieses Recht tangieren, dürfen nur gestellt werden, wenn sonst die Wahrheit nicht erforscht werden kann (§ 68a StPO). Ist eine Frage nicht in diesem Sinne unerlässlich, wird sie als ungeeignet zurückgewiesen (§ 241 II StPO); anderenfalls muss der Zeuge sie beantworten, wobei das Recht zur Aussageverweigerung nach § 55 StPO unberührt bleibt.

932 Die früher gesetzlich vorgesehene **Regelvereidigung** der Zeugen wurde im Rahmen des Justizmodernisierungsgesetzes 2005 **abgeschafft**.[1393] Seitdem erfolgt die Vereidigung gem. § 59 I StPO nur noch, wenn die Aussage von ausschlaggebender Bedeutung oder wenn die Vereidigung zur Herbeiführung einer wahrheitsgemäßen Aussage erforderlich ist.

- **Ausschlaggebende Bedeutung** hat die Aussage, wenn sie für eine entscheidungserhebliche Tatsache das alleinige Beweismittel oder bei der Beweiswürdigung das „Zünglein

---

[1387] Vgl. *Volk*, § 21 Rn 19.
[1388] BGHSt **3**, 281, 284; *Meyer-Goßner*, § 69 Rn 7.
[1389] BGHSt **18**, 51, 53.
[1390] BGHSt **14**, 339, 340.
[1391] *Meyer-Goßner*, § 69 Rn 8.
[1392] BGHSt **1**, 5, 8.
[1393] Vgl. dazu *Knauer/Wolf*, NJW **2004**, 2932; *Neuhaus*, StV **2005**, 47 f.; *Feser*, JuS **2008**, 229 ff.

an der Waage" ist.[1394] Dabei kommt es nicht darauf an, ob die Aussage für den Angeklagten be- oder entlastend wirkt. Die ausschlaggebende Bedeutung der Aussage fehlt aber, wenn diese offensichtlich unwahr ist.

- Zur **Herbeiführung einer wahren Aussage** ist die Vereidigung nicht bereits dann zulässig, wenn der Zeuge offensichtlich die Wahrheit verfälscht oder verschweigt, sondern nur dann, wenn bestimmte Tatsachen auch die Annahme begründen, dass er unter Eideszwang erhebliche Tatsachen bekunden werde.[1395]

Soll der Zeuge ausnahmsweise vereidigt werden, findet der sog. **Nacheid** statt. Der Zeuge wird also nicht vor, sondern erst nach der Vernehmung vereidigt, § 59 II StPO.[1396] Die Eidesformel ist § 64 StPO zu entnehmen. Zu beachten ist, jedoch, dass kein **Eidesverbot** gem. § 60 StPO und kein **Eidesverweigerungsrecht** nach § 61 StPO vorliegen darf. Ein Verstoß gegen §§ 60 oder 61 StPO stellt einen Revisionsgrund dar. **933**

d.) Folgen einer fehlerhaften Zeugenvernehmung

Hinsichtlich der **Folgen** einer fehlerhaften Zeugenvernehmung ist zu differenzieren: Eine unzweckmäßige Gestaltung der Vernehmung kann nicht mit der Revision gerügt werden. Dagegen handelt es sich bei § 69 I S. 1 StPO um zwingendes Recht, dessen Verletzung mit der Revision gerügt werden kann.[1397] Bei einem Verstoß in der Hauptverhandlung ist sie aber nur begründet, wenn zugleich gegen § 244 II StPO verstoßen wurde.[1398] § 69 I S. 2 StPO stellt eine nicht revisible Ordnungsvorschrift dar.[1399] **934**

e.) Der Zeugenschutz

Aufgrund der umfassenden Aussage- und Wahrheitspflicht des Zeugen ist das Gericht umgekehrt dem Zeugen gegenüber zur Fürsorge verpflichtet. Das gebietet im Übrigen allein schon Art. 2 II S. 1 GG, dem das BVerfG einen umfassenden Schutzanspruch des Bürgers gegenüber dem Staat entnimmt.[1400] Daher hat der Zeuge nicht nur ein Recht auf Zeugenentschädigung (§ 71 StPO), sondern auch auf Zeugenschutz: Der Zeuge muss vor einer Leibes- und Lebensgefahr geschützt werden, in die er durch die Mitwirkung in einem Strafverfahren geraten kann.[1401] Nach § 1 ZSHG (Zeugenschutz-Harmonisierungsgesetz)[1402] können ein Zeuge sowie seine Angehörigen oder ihm sonst nahestehende Personen nach Maßgabe des ZSHG geschützt werden, wenn sie aufgrund ihrer Aussagebereitschaft einer Gefährdung von Leib, Leben, Gesundheit, Freiheit oder wesentlicher Vermögenswerte ausgesetzt sind, sich für Zeugenschutzmaßnahmen eignen und ihr Einverständnis gegeben haben. Gemäß § 10 III ZSHG bleibt es für Aussagen des Zeugen vor Gericht aber bei den Vorschriften der §§ 68, 110b III StPO.[1403] Davon unabhängig umfasst der Zeugenschutz im Wesentlichen folgende Aspekte[1404]: **935**

- § 136a StPO gilt auch für die Zeugenvernehmung (§ 69 III StPO).
- Fragen nach entehrenden Tatsachen und Vorstrafen dürfen nur nach Maßgabe des § 68a StPO gestellt werden.

[1394] BGHSt **16**, 99, 103.
[1395] BGHSt **16**, 99, 103; *Peglau/Wilke*, NStZ **2005**, 186, 188.
[1396] Vgl. dazu BGHSt **8**, 301, 310.
[1397] BGH StV **1981**, 269; SK-*Rogall*, § 69 Rn 42; *Meyer-Goßner*, § 69 Rn 13.
[1398] BGH MDR **1951**, 658; LR-*Dahs*, § 69 Rn 16; *Meyer-Goßner*, § 69 Rn 13; a.A. KK-*Senge*, § 69 Rn 8.
[1399] KK-*Senge* § 69 Rn 9; LR-*Dahs*, § 69 Rn 17; *Meyer-Goßner*, § 69 Rn 14.
[1400] Vgl. dazu BVerfGE **39**, 1 ff. sowie *R. Schmidt*, Grundrechte, 12. Aufl. **2010**, Rn 301 ff.
[1401] BVerfGE **57**, 250, 284. Vgl. auch BGHSt **33**, 83, 91.
[1402] In Kraft getreten am 1.1.2002 – vgl. dazu *Soine/Engelke*, NJW **2002**, 470 ff.
[1403] Vgl. dazu BGH NJW **2006**, 785, 787.
[1404] Vgl. *Kindhäuser*, § 21 Rn 79.

- Unter den Voraussetzungen des § 68b S. 1 StPO wird dem Zeugen ein Rechtsanwalt auf Staatskosten beigeordnet. Davon abgesehen steht es ihm immer frei, einen Rechtsanwalt als Beistand zu beauftragen.[1405]
- Unter den Voraussetzungen des § 68 StPO kann der Zeuge Wohnort und Angaben über seine Identität geheim halten. In diesen Fällen genügt gem. § 200 I S. 3 und 4 StPO in der Anklageschrift die Angabe des Namens des Zeugens. Wird dort ein Zeuge benannt, dessen Identität ganz oder teilweise nicht offenbart werden soll, ist dies anzugeben; für die Geheimhaltung des Wohn- oder Aufenthaltsortes des Zeugen gilt entsprechendes.
- Gem. §§ 171b, 172 GVG kann die Zeugenvernehmung unter Ausschluss der Öffentlichkeit erfolgen. Nach § 247 StPO kann der Angeklagte während der Zeugenvernehmung von der Hauptverhandlung ausgeschlossen werden, um ein Wiedererkennen der Beweisperson durch den Angeklagten zu verhindern.[1406]
- Nach §§ 58a, 168e, 247a, 255a StPO ist Videotechnik einsetzbar, die das persönliche Erscheinen des Zeugen in der Hauptverhandlung entbehrlich machen kann.[1407]

bb. Der Sachverständige, §§ 72-85 StPO

936 Auch der Sachverständige wurde bereits ausführlich im Kapitel über die Verfahrensbeteiligten dargestellt. Insoweit kann auf die Darstellung bei Rn 296 ff. verwiesen werden. An dieser Stelle festzuhalten bleibt, dass er neben dem Zeugen das zweite persönliche Beweismittel der StPO ist. Er wird vom Gericht bestellt oder auf Antrag eines Prozessbevollmächtigten vernommen, um über Tatsachen oder Erfahrungssätze Auskunft zu geben oder einen bestimmten Sachverhalt zu beurteilen. Begrifflich gehört zum Sachverständigen, dass er auf einem bestimmten Wissensgebiet eine, dem Richter i.d.R. fehlende, Sachkunde hat, die nicht unbedingt wissenschaftlich zu sein braucht. Er soll Sachkunde übermitteln bzw. anwenden und dem Richter eine Entscheidungshilfe geben. Daher kann im gerichtlichen Verfahren die Auswahl des Sachverständigen gem. § 73 StPO auch nur durch das Gericht vorgenommen werden[1408], während im Ermittlungsverfahren auch die StA oder die Polizei einen Sachverständigen hinzuziehen können.[1409] Der Sachverständige kann aus denselben Gründen, die zur Ablehnung eines Richters berechtigen, abgelehnt werden, § 74 I StPO.

937 Funktionell zwischen dem Zeugen und dem Sachverständigen steht der **sachverständige Zeuge** (§ 85 StPO). Dieser unterscheidet sich von anderen Zeugen dadurch, dass er Wahrnehmungen aufgrund besonderer Sachkunde gemacht hat, die in qualifizierter Weise dem Gericht eine Hilfestellung geben können.

Beispiel: Der zufällig am Straßenrand stehende Kfz-Sachverständige wird Zeuge eines Verkehrsunfalls. Später vor Gericht kann er genaue Angaben über den Unfallhergang machen sowie ein qualifiziertes Urteil über die gefahrene Geschwindigkeit der Unfallfahrzeuge abgeben.

938 Ansonsten unterscheidet er sich vom „normalen" Zeugen nicht. Er hat dieselben Rechte und Pflichten; ein Recht zur Ablehnung, wie es gegenüber einem Sachverständigen besteht, existiert nicht.

[1405] BVerfGE **38**, 105, 112.
[1406] BGH NStZ **2006**, 648 f. Vgl. dazu ausführlich Rn 1122 ff.
[1407] Vgl. dazu BGH StV **1999**, 580; *Diemer*, NJW **1999**, 1667 ff.; *Schlothauer*, StV **1999**, 47 ff. und StV **2000**, 180 ff.
[1408] BGH NStZ **1993**, 357.
[1409] LR-*Krause*, § 73 Rn 2.

cc. Der Urkundenbeweis, §§ 249-256 StPO

a.) Grundsatz der Verlesung von Urkunden, § 249 StPO

Nach § 249 StPO dürfen Urkunden und andere Schriftstücke, die als Beweismittel dienen, in der Hauptverhandlung verlesen werden. 939

§ 249 StPO ist im Zusammenhang mit § 250 StPO zu sehen, d.h. eine Verlesung von Urkunden und anderen Schriftstücken ist zur persönlichen Vernehmung subsidiär. Damit trägt das Gesetz dem **Unmittelbarkeitsgrundsatz** Rechnung. Nach § 249 StPO können also nur solche Urkunden und Schriftstücke, die nicht die Wahrnehmung einer Person enthalten, ohne weiteres verlesen werden. 940

In systematischer Hinsicht stellt § 249 StPO den Grundsatz auf und § 250 StPO statuiert die Ausnahme von diesem Grundsatz. §§ 251, 253, 254, 256 StPO enthalten wiederum Ausnahmen von der Ausnahme, sozusagen Gegenausnahmen. Daraus folgt: Nach § 249 StPO dürfen Urkunden verlesen werden, nach § 250 StPO aber dann nicht, wenn hierüber auch eine Person vernommen werden könnte (Vorrang der persönlichen Vernehmung als Ausdruck des Unmittelbarkeitsgrundsatzes), nach §§ 251, 253, 254, 256 StPO ist dann aber doch wieder eine Verlesung möglich. Vgl. dazu näher Rn 980, 985, 939 und 969. 941

Urkundenbeweis ist die Ermittlung des gedanklichen Inhalts eines Schriftstücks durch Verlesung (§ 249 I StPO), im Selbstleseverfahren (§ 249 II StPO) oder durch Bericht des Vorsitzenden (§ 249 III StPO). 942

Zentraler Begriff ist die Urkunde. Darunter sind Schriftstücke jeder Art zu verstehen, die geeignet sind, durch ihren gedanklichen Inhalt Beweis zu erbringen.[1410] Die parallel in § 249 I S. 1 StPO genannten *anderen als Beweismittel dienenden Schriftstücke* meinen nichts anderes.[1411] 943

Die eine Urkunde kennzeichnenden Schriftzeichen müssen unmittelbar in sinnvolle Worte umgesetzt werden. Bei reinen Beweiszeichen (Augenscheinsobjekten) ist dies nicht möglich, weshalb diese zwar durch Besichtigung, nicht aber als Urkunde durch Verlesung in die Hauptverhandlung eingebracht werden können.[1412] 944

> **Beispiel:** T ist wegen räuberischer Erpressung angeklagt. Er bestreitet jedoch nach wie vor, die Tat begangen zu haben. Während der laufenden Verhandlung scheinen sich seine Angaben zu bestätigen. Es kann das bei einer Geschwindigkeitsmessung erstellte „Blitzerfoto", das T am Steuer seines Wagens abbildet, in die Hauptverhandlung eingebracht werden, woraus sich ergibt, dass T unmöglich zur Tatzeit am Tatort gewesen sein kann.
>
> Lichtbilder erfüllen nicht die Kriterien einer Urkunde, können insbesondere nicht verlesen werden; sie können aber als Augenscheinsobjekte durch Besichtigung in die Hauptverhandlung eingebracht werden.

Den Protokollen sind **Videoaufzeichnungen** von Vernehmungen gleichgestellt (§ 255a StPO). 945

[1410] BGHSt **27**, 135, 136.

[1411] *Meyer-Goßner*, § 249 Rn 3.

[1412] BayObLG NStZ **2002**, 388. Zur Unterscheidung zwischen Urkunde und Augenscheinsobjekt vgl. *Schmidt/Priebe*, StrafR BT I, Rn 1258 ff. Anders als bei § 267 StGB kommt es bei § 249 I StPO auf die Erkennbarkeit des Ausstellers und die Echtheit jedoch nicht an. Der strafprozessuale Urkundenbegriff ist also weiter als derjenige des § 267 StGB.

aa.) Verlesung, § 249 I StPO

946 Aus der Gesetzessystematik ergibt sich, dass der Urkundenbeweis immer dann zulässig ist, wenn er nicht durch das Gesetz ausdrücklich ausgeschlossen wird.[1413] Ausschlüsse des Urkundenbeweises ergeben sich insbesondere aus § 250 StPO (hier wiederum insbesondere aus dem Grundsatz des Vorrangs des Zeugenbeweises vor dem Urkundenbeweis mit der Folge, dass der Urkundenbeweis unzulässig sein kann – sog. Unmittelbarkeitsprinzip), aber auch aus den allgemeinen Beweiserhebungs- und Beweisverwertungsverboten. Darüber hinaus kann sich ein Verlesungsverbot auch aus dem allgemeinen Persönlichkeitsrecht (Art. 2 I i.V.m. Art. 1 I GG) desjenigen, dessen persönliche Daten in der Urkunde vermerkt sind, ergeben.[1414]

Beispiele verlesbarer Urkunden werden von § 249 I S. 2 StPO aufgeführt. Verlesbar sind Urteile aller Art, die gegen den Angeklagten oder gegen Dritte[1415] ergangen sind. Der Zweck der Verlesung eines Strafurteils kann darin liegen, Beweis darüber zu erheben, was der Angeklagte oder ein Zeuge in einem früheren Verfahren oder Verfahrensstadium gesagt haben. § 250 S. 1 StPO soll dem nicht entgegenstehen.[1416] Gegebenenfalls können aber die gerichtliche Aufklärungspflicht oder entsprechende Beweisanträge andere Beweiserhebungen gebieten.[1417]

Auskünfte aus dem Bundeszentralregister über Vorstrafen und Vorbelastungen des Angeklagten und der Zeugen dürfen aus Auszügen nach §§ 41, 61 BZRG und § 30 StVG verlesen werden. Die Grenzen des § 51 I BZRG sind zu beachten.

947 Zwar sind Augenscheinsprotokolle grundsätzlich verlesbar, etwas anderes gilt aber dann, wenn es sich um richterliche Protokolle handelt, die unter Beachtung der §§ 168d I S. 2, 168c V, 224, 225 StPO zustande gekommen sind. Handelt es sich um Protokolle von Augenscheinseinnahmen durch StA oder Ermittlungspersonen, müssen diese grundsätzlich über ihre Wahrnehmungen als Zeugen vernommen werden (vgl. § 250 StPO). Eine Ausnahme bildet § 256 I Nr. 5 StPO. Augenscheinsprotokolle sind auch Protokolle über die Leichenschau nach § 87 I StPO, wenn an ihr ein Richter mitgewirkt hat, nicht aber das Protokoll über die Leichenöffnung nach § 87 II StPO.[1418]

948 Nicht verlesbar sind schriftliche Äußerungen des Angeklagten nach § 236 I S. 4, § 163a I S. 2 StPO sowie Schriftsätze des Verteidigers, die eine Sachdarstellung enthalten.[1419] Für schriftliche Äußerungen von Zeugen, Mitbeschuldigten und Sachverständigen gilt § 251 I, II StPO, für schriftliche Gutachten ist auch § 256 I StPO zu beachten.

949 In der Regel wird die Urkunde vom Vorsitzenden verlesen; die Verlesung kann aber auch von einem anderen Mitglied des Gerichts, auch einem Ergänzungsrichter oder dem Protokollführer, überlassen werden.[1420] In welchem Umfang die Urkunde verlesen wird, wird von der Aufklärungspflicht des Gerichts bestimmt. Soll nicht der gesamte Urkundeninhalt verwertet werden, reicht eine auszugsweise Verlesung.[1421] Die Verlesung muss als wesentliche Förmlichkeit nach § 273 I StPO im Protokoll beurkundet werden; ein Vermerk, dass die Urkunde zum Gegenstand der Verhandlung gemacht wurde, reicht zum Nachweis der Verlesung nicht aus.[1422]

[1413] Insoweit lediglich klarstellend BGHSt **20**, 160, 162; **39**, 305, 306; **49**, 68, 70.
[1414] Vgl. BVerfGE **80**, 367, 373 ff. (Verwertung tagebuchähnlicher Aufzeichnungen).
[1415] BGHSt **1**, 337, 341.
[1416] BGHSt **31**, 323, 332.
[1417] BGHSt **43**, 106, 108; *Joecks*, § 249 Rn 7.
[1418] *Meyer-Goßner*, § 249 Rn 12; *Joecks*, § 249 Rn 9.
[1419] BGHSt **39**, 305, 306; *Meyer-Goßner*, § 249 Rn 13.
[1420] *Meyer-Goßner*, § 249 Rn 13; *Joecks*, § 249 Rn 11.
[1421] BGH NStZ **2004**, 279.
[1422] *Joecks*, § 249 Rn 11.

bb.) Selbstleseverfahren, § 249 II StPO

Unter den Voraussetzungen des § 249 II StPO kann der Urkundenbeweis auch durch das sog. Selbstleseverfahren geführt werden.[1423] Dabei lesen die Richter und Schöffen die Urkunde selbst, während die anderen Verfahrensbeteiligten hierzu Gelegenheit erhalten. 950

Da das Selbstleseverfahren mit dem Mündlichkeitsprinzip in Konflikt steht, ist es nur ausnahmsweise zuzulassen, etwa aus Gründen der Verfahrensbeschleunigung. In Betracht kommt das Selbstleseverfahren dementsprechend bei sehr umfangreichen Urkunden bzw. Schriftstücken. Analog § 249 II StPO kann das Selbstleseverfahren auch bei der Verlesung äußerst umfangreicher **Anklagesätze** angewendet werden, etwa wenn die Verlesung des Anklagesatzes 10 Verhandlungstage in Anspruch nehmen und dadurch der Prozess in unvertretbarer Weise in die Länge gezogen würde.[1424] 951

cc.) Bericht des Vorsitzenden, § 249 III StPO

Mit dem (ausdrücklichen oder stillschweigenden) Einverständnis aller Verfahrensbeteiligten kann trotz der Möglichkeit des Selbstleseverfahrens die Verlesung einer Urkunde durch einen Bericht des Vorsitzenden über den Urkundeninhalt ersetzt werden. Voraussetzung ist, dass es nur um einzelne Urkunden geht, deren Verlesung nicht nach §§ 250, 256 StPO ausgeschlossen wäre und deren Inhalt nicht unmittelbar die dem Angeklagten vorgeworfene Straftat wiedergibt.[1425] Da es sich um einen Akt der Beweisaufnahme handelt, muss der Bericht des Vorsitzenden im Sitzungsprotokoll beurkundet werden.[1426] 952

dd.) Vorhalt von Schriftstücken

Durch auszugsweise Verlesung eines früheren Vernehmungsprotokolls können dem Angeklagten oder einer Beweisperson ein sog. schlichter **Vorhalt** gemacht werden, etwa um Erinnerungslücken zu schließen oder Widersprüche auszuräumen.[1427] 953

> **Beispiel:** In der Hauptverhandlung wird Zeuge Z vom Vorsitzenden über seine Wahrnehmungen am Unfallort befragt. Z berichtet, es habe zum Unfallzeitpunkt leicht geregnet. Da dies jedoch nicht der Aussage entspricht, die Z ursprünglich gegenüber der Polizei gemacht hatte, verliest der Vorsitzende das polizeiliche Vernehmungsprotokoll, demzufolge Z damals ausgesagt hatte, dass es geschneit habe. Daraufhin glaubt sich Z nunmehr zu erinnern, dass es tatsächlich geschneit habe.

Zu beachten ist, dass beim schlichten Vorhalt alleiniges Beweismittel die Aussage der jeweiligen Person bleibt. Nur ihre Aussage, insbesondere die Reaktion auf den Vorhalt, darf als Beweisergebnis verwertet werden, nicht der für den Vorhalt verlesene Teil des Protokolls.[1428] Hat die Beweisperson trotz des Vorhalts keine Erinnerung an den Inhalt der früheren Erklärung, bleibt diese (ebenso wie der Vorhalt) unverwertbar.[1429] 954

> Auch im obigen **Beispiel** darf also nur die Reaktion des Z auf den Vorhalt als Beweisergebnis verwertet werden, nicht der Inhalt des polizeilichen Vernehmungsprotokolls. Ob und inwieweit Zweifel an der Glaubwürdigkeit bestehen, ist im Rahmen der Beweiswürdigung gem. § 261 StPO zu berücksichtigen.

1423 Vgl. dazu BGH NStZ **2005**, 160.
1424 Vgl. *Wilhelm*, NStZ **2007**, 358 ff.
1425 BGHSt **11**, 29, 30.
1426 *Meyer-Goßner*, § 249 Rn 27; *Joecks*, § 249 Rn 18.
1427 Die Begriffe *schlichter Vorhalt*, *allgemeiner Vorhalt* und *formfreier Vorhalt* meinen alle dasselbe, nämlich dass kein Vorhalt i.S.d. § 253 StPO vorliegt (dazu sogleich).
1428 BGHSt **3**, 281, 283; *Kindhäuser*, § 21 Rn 116; kritisch *Beulke*, Rn 421.
1429 OLG Hamm StV **2004**, 643.

955 Dadurch, dass nicht der verlesene Teil des Protokolls, sondern nur die Reaktion darauf als Beweisergebnis verwertet werden darf, handelt es sich bei dem Verlesen von Schriftstücken oder von Teilen daraus **nicht um einen Urkundenbeweis**, sondern um eine Vernehmungshilfe im Rahmen der Vernehmung einer Auskunftsperson.[1430] Zum Zweck des schlichten Vorhalts dürfen daher auch Urkunden verlesen werden, was sonst gem. § 250 S. 2 StPO untersagt wäre (dazu Rn 889).[1431] Unterliegen sie jedoch einem Verwertungsverbot, ist auch ein Vorhalt ausgeschlossen.

956 Vom soeben behandelten schlichten Vorhalt **abzugrenzen** ist der Vorhalt gem. **§ 253 StPO**, der, weil er bestimmte Voraussetzungen erfüllt, als echter Urkundenbeweis gilt. Vgl. dazu Rn 976.

b.) Verlesungsverbot, § 250 StPO

957 § 250 StPO ist Ausfluss des **Unmittelbarkeitsgrundsatzes**, indem er den **Vorrang des Personalbeweises vor dem Urkundenbeweis** und dem Augenscheinbeweis statuiert: Die persönliche Vernehmung des Zeugen oder eines Sachverständigen in der Hauptverhandlung darf nicht durch Verlesung einer Niederschrift über eine frühere Vernehmung oder durch Einbringung eines Augenscheinsobjekts ersetzt (wohl aber ergänzt) werden.[1432] Eingeschränkt wird der Grundsatz im beschleunigten Verfahren (§ 420 I StPO) und im Verfahren über den Einspruch gegen einen Strafbefehl (§ 411 II S. 2 StPO). Die Bestimmung schafft ein Beweismittelverbot, auf das die Prozessbeteiligten nur in den Fällen des § 251 I Nr. 1, 2 Nr. 3 und § 255a I StPO verzichten können (Rn 966 ff.). Zur Durchbrechung des Unmittelbarkeitsprinzips durch Vorführung einer Bild-Ton-Aufzeichnung gem. § 255a StPO vgl. speziell Rn 935 ff.

958 Der Grundsatz vom Vorrang des Personalbeweises vor dem Urkundenbeweis schließt nach h.M. auch die Vernehmung eines **Zeugen vom Hörensagen** nicht aus, vgl. dazu ausführlich Rn 245, 888, 889, 898, 904 und 918.

959 Dem Beweisverbot unterfallen Vernehmungsprotokolle und andere schriftliche Erklärungen. Wer das Protokoll aufgenommen hat, ist unerheblich.[1433] Ausnahmen vom Verlesungsverbot ergeben sich u.a. aus § 251 StPO (siehe dazu Rn 966 ff.).

960 Schriftliche Erklärungen i.S.d. § 250 S. 2 Var. 2 StPO sind nur solche, die von vornherein zu Beweiszwecken verfasst worden sind.[1434] Schriftstücke, die nicht zu Beweiszwecken angefertigt worden sind, wie etwa Briefe, fallen dementsprechend nicht unter das Beweisverbot. Denn Zweck des § 250 StPO ist es nicht, aus dem Urkundenbeweis alles auszuscheiden, was Gegenstand des Zeugenbeweises sein könnte, sondern nur, den Vorrang des Zeugenbeweises zu gewährleisten.

961 Eine Ausnahme von dem Beweisverbot besteht für sinnliche Wahrnehmungen bei Verrichtungen mechanischer Art, die erfahrungsgemäß keinen bleibenden Eindruck in der Erinnerung der damit befassten Person hinterlassen.[1435] Dies gilt etwa für das von einem Testgerät ausgedruckte Protokoll über das Ergebnis einer Atemalkoholmessung.[1436] Hier ist unmittelbar der Urkunden- oder Augenscheinbeweis zulässig, da nicht zu erwarten ist, dass die Beweisperson sich an irgendetwas erinnern wird und ohnehin nur über einen

---

[1430] BGHSt **14**, 310, 312; **34**, 231, 235; *Meyer-Goßner*, § 249 Rn 28.
[1431] BGHSt **21**, 285, 286.
[1432] Vgl. dazu BGH NJW **2007**, 2195, 2196 sowie hinsichtlich der Begründung oben Rn 889.
[1433] *Meyer-Goßner*, § 250 Rn 7.
[1434] BGHSt **20**, 160, 161.
[1435] *Meyer-Goßner*, § 250 Rn 10.
[1436] BGH StraFo **2004**, 382.

Vorhalt als Vernehmungshilfe so etwas Ähnliches wie eine Zeugenaussage erreicht werden kann.[1437]

Sachverständigengutachten unterfallen dem Verlesungsverbot.[1438] Ein Sachverständiger darf daher auch keine Untersuchungsergebnisse vortragen, die ein anderer Sachverständiger gefunden hat, wenn nicht die Voraussetzungen für die Vernehmung eines Zeugen vom Hörensagen vorliegen.[1439] **962**

§ 250 StPO verbietet die Protokollverlesung.[1440] Damit ist gemeint, dass die Äußerungen einer Beweisperson nicht durch Verlesung von Niederschriften und Protokollen ersetzt werden dürfen. Dementsprechend hat es auch der BGH als unzulässig erachtet, schriftliche Erklärungen eines sich auf § 55 StPO berufenden Zeugen oder nichtrichterliche Protokolle über seine Vernehmung zu verlesen, und zwar auch dann, wenn alle Verfahrensbeteiligten in die Verlesung eingewilligt haben.[1441] **963**
Erlaubt ist aber eine Ergänzung der Äußerungen.[1442] Wird der Zeuge oder Sachverständige in der Hauptverhandlung vernommen, ist die Verlesung daher zulässig, wenn sie weder ganz noch teilweise an die Stelle der Vernehmung treten soll.[1443] Nach Auffassung des BGH gilt dies auch, wenn der Zeuge eine Aussage teilweise nach § 55 StPO verweigert hat.[1444]

Vorhalte an den Angeklagten oder einen Zeugen aus einer Vernehmungsniederschrift oder schriftlichen Erklärung schließt § 250 StPO nicht aus. **964**

Hat das Gericht statt des sachnäheren Zeugen einen sachferneren Zeugen vernommen, stellt dies einen Revisionsgrund dar. **965**

c.) Ersetzung der Vernehmung durch Verlesung, § 251 StPO

§ 251 StPO erlaubt als Ausnahme vom grundsätzlichen Verlesungsverbot nach § 250 StPO und damit vom Unmittelbarkeitsgrundsatz die Ersetzung der Vernehmung eines Zeugen, Sachverständigen oder Mitbeschuldigten durch eine Verlesung. Daraus folgt: Die persönliche Vernehmung eines Zeugen darf nur unter den Voraussetzungen des § 251 StPO durch Verlesung eines früheren Vernehmungsprotokolls ersetzt werden. **966**

In der Vorschrift nicht genannt ist der Angeklagte. Folgerichtig richtet sich die Verlesung von Niederschriften über frühere Vernehmungen des Angeklagten nicht nach § 251 StPO. Vielmehr sind hier §§ 231a I S. 2, 233 III S. 2 und 254 StPO einschlägig. **967**

In § 251 StPO nicht genannt ist auch das Abspielen von Aufnahmen auf Tonträgern. Wenn aber die Verlesung von Schriftstücken gestattet ist, kann nichts anderes für das Abspielen von Tonaufnahmen gelten. § 251 StPO ist in diesem Fall analog anzuwenden. Für die Vorführung von Videoaufnahmen verweist sogar § 255a I StPO explizit auf § 251 StPO. Im Einzelnen gilt: **968**

aa.) Verlesung von Vernehmungsprotokollen, § 251 I StPO

Da § 251 II StPO von richterlicher Vernehmung spricht und § 251 I StPO ganz allgemein von Vernehmung, könnte daraus geschlossen werden, dass § 251 I StPO ausschließlich **969**

[1437] *Joecks*, § 250 Rn 10.
[1438] BGHSt **22**, 268, 270; *Meyer-Goßner*, § 250 Rn 11.
[1439] Vgl. *Meyer-Goßner*, § 250 Rn 11.
[1440] Zur Ausnahmevorschrift des § 251 StPO siehe sogleich Rn 966 ff.
[1441] BGH NJW **2007**, 2195, 2196.
[1442] BGH NJW **2007**, 2195, 2196.
[1443] BGHSt **20**, 160, 162; *Meyer-Goßner*, § 250 Rn 12.
[1444] BGH JZ **1987**, 315. Vgl. auch BGH NJW **2007**, 2195, 2196.

die nichtrichterliche Vernehmung meint. Diese Auslegung wird von der h.M. aber nicht getragen. Ihr zufolge gilt § 251 I StPO für alle Vernehmungsniederschriften und schriftlichen Erklärungen (also auch von solchen der StA und Polizei) und § 251 II StPO enthält lediglich zusätzliche Bestimmungen für richterliche Vernehmungsniederschriften.

970 Nach § 251 I **Nr. 1** StPO ist die Verlesung eines nichtrichterlichen Vernehmungsprotokolls zulässig, wenn die Verfahrensbeteiligten damit einverstanden sind und der Angeklagte einen Verteidiger hat. Hat der Angeklagte mehrere Verteidiger, müssen alle zustimmen. Mitangeklagte müssen ihr Einverständnis nur erklären, wenn die Verlesung die Tat betrifft, an der sie beteiligt waren.

971 Zulässig ist die Verlesung ebenfalls, wenn eine zur Vernehmung bestimmte Beweisperson verstorben ist oder wenn sie aus einem anderen Grund in absehbarer Zeit nicht gerichtlich vernommen werden kann (§ 251 I **Nr. 2** StPO). Die *Unmöglichkeit* der Vernehmung kann sich auch daraus ergeben, dass die oberste Dienstbehörde sich weigert, Namen und Aufenthalt eines V-Manns mitzuteilen und eine entsprechende Aussagegenehmigung zu erteilen.[1445] In *absehbarer Zeit* kann die Beweisperson nicht vernommen werden, wenn die dadurch verursachte Verzögerung des Strafprozesses für den Angeklagten und die anderen Verfahrensbeteiligten unzumutbar wäre. Es muss sich dabei um eine nicht zu kurze Zeitspanne handeln, um die die Hauptverhandlung bei Abwägung aller Umstände, auch der Bedeutung der Beweisfrage und der Schwere der Straftat sowie des Beschleunigungsgrundsatzes und der Pflicht zur erschöpfenden Sachaufklärung, nicht mehr aufgeschoben werden kann.[1446] Letztlich wird man dies anzunehmen haben, wenn ein länger dauerndes, in absehbarer Zeit nicht überwindbares Vernehmungshindernis tatsächlicher Art besteht.

> **Beispiel[1447]:** Das LG verurteilte im Oktober 2009 T wegen Totschlags. Im Rahmen der Beweisaufnahme hatte es gem. § 251 I Nr. 2 StPO die Angaben der drogenabhängigen Hauptbelastungszeugin Z verlesen, die diese bei der polizeilichen Vernehmung gemacht hatte, obwohl T rechtzeitig die persönliche Vernehmung der Zeugin beantragt hatte. Das Gericht begründete die Verlesung damit, dass dem Erscheinen der Zeugin in der Hauptverhandlung ein Hindernis entgegengestanden habe. Die Zeugin habe – wie ärztlich bestätigt – unter einer posttraumatischen Belastungsstörung gelitten, weshalb ihr auch wegen einer autoaggressiven Handlung mit Suizidgedanken anlässlich der polizeilichen Vernehmung eine erneute Vernehmung nicht zumutbar gewesen sei. Zwar habe sich aus dem ärztlichen Attest ergeben, dass die Zeugin voraussichtlich im April 2010 wieder vernehmungsfähig sei. Ein Zuwarten hätte aber vor dem Hintergrund des bisherigen Verfahrensverlaufs eine unzumutbare Verzögerung bedeutet. T rügt diese Verfahrensweise mit der Revision.
>
> In Betracht kommt ein Verstoß gegen §§ 250, 251 StPO. Danach darf die Aussage eines Zeugen durch eine Protokollverlesung nur ersetzt werden, wenn ein Ausnahmefall des § 251 StPO vorliegt. Nach § 251 I Nr. 2 StPO ist ein solcher Ausnahmefall gegeben, wenn der Zeuge in absehbarer Zeit gerichtlich nicht vernommen werden kann. Es muss sich dabei um eine nicht zu kurze Zeitspanne handeln, um die die Hauptverhandlung bei Abwägung aller Umstände, auch der Bedeutung der Beweisfrage und der Schwere der Straftat sowie des Beschleunigungsgrundsatzes und der Pflicht zur erschöpfenden Sachaufklärung, nicht mehr aufgeschoben werden kann. Z war aufgrund ihres Gesundheitszustands nicht in der Lage, in der Hauptverhandlung auszusagen. Fraglich ist allein, ob ihr Krankheitszustrand ein länger dauerndes, in absehbarer Zeit nicht überwindbares Vernehmungshindernis darstellte. Im Hinblick auf die Drogenabhängigkeit und den ärztlichen Befund war es besonders wichtig, dass sich das Gericht im Interesse einer erschöpfenden Sachaufklärung einen persönlichen Eindruck von der Zeugin verschaffte. Auch bestand

---

[1445] BGHSt **33**, 83, 85 ff.; *Meyer-Goßner*, § 251 Rn 9.
[1446] BGH NStZ **1993**, 144.
[1447] In Anlehnung an OLG München StV **2006**, 464 und *Weidemann*, JA **2008**, 129, 130.

keine Ungewissheit, ab wann die Zeugin für eine Vernehmung in der Hauptverhandlung wieder zur Verfügung stehen würde. Nach dem Attest war zu erwarten, dass sie ab April 2010 vernommen werden kann. Dies hätte eine Verfahrensverzögerung um etwa ½ Jahr bewirkt. Andererseits waren die Angaben der Z als einzige Belastungszeugin für den Prozess von ausschlaggebender Bedeutung. T drohte eine erhebliche Haftstrafe. Dabei kam es für eine Verurteilung maßgeblich auf die Glaubwürdigkeit der Zeugin an. Daher ist von einem Überwiegen des Interesses an einer erschöpfenden Sachaufklärung gegenüber dem Gebot der Verfahrensbeschleunigung auszugehen. Es liegt mithin ein Verstoß gegen § 251 I Nr. 2 StPO vor. Ein Beruhen des Urteils auf dem Verfahrensfehler kann nicht ausgeschlossen werden. Die Revision ist daher erfolgreich.

Die bloße Hoffnung, der Zeuge werde irgendwann einmal doch noch erscheinen und aussagen, steht der Verlesung jedenfalls nicht entgegen.[1448] **971a**

Beispiel: T ist wegen Gefährdung des Straßenverkehrs gem. § 315c I Nr. 1, III Nr. 1 StGB angeklagt, weil er mit einer BAK von 1,38 Promille einen Verkehrsunfall mit Sach- und Personenschäden verursacht hatte. Zur Hauptverhandlung wird Zeuge Z geladen, der den Vorfall beobachtet hatte. Doch Z erscheint nicht, da er an Grippe erkrankt ist. Der Vorsitzende, der die Verhandlung nicht unterbrechen möchte, fragt daher den Rechtsreferendar R, der gerade seine Gerichtsstation absolviert, ob er im Rahmen der Beweisaufnahme sowohl das polizeiliche Vernehmungsprotokoll über die Zeugenaussage des Z als auch das in der Akte befindliche medizinische Gutachten über die BAK bei T im Zeitpunkt des Unfalls verlesen dürfe.

Bei der Verlesung des polizeilichen Vernehmungsprotokolls und des BAK-Gutachtens würde es sich um Formen des Urkundenbeweises handeln. Aus der Gesetzessystematik der §§ 249 ff. StPO ergibt sich, dass der Urkundenbeweis immer dann zulässig ist, wenn er nicht durch das Gesetz ausdrücklich ausgeschlossen wird. Ausschlüsse des Urkundenbeweises ergeben sich insbesondere aus § 250 StPO (hier wiederum insbesondere aus dem Grundsatz des Vorrangs des Zeugenbeweises vor dem Urkundenbeweis mit der Folge, dass der Urkundenbeweis unzulässig sein kann – sog. Unmittelbarkeitsprinzip). Jedoch enthält § 251 StPO wiederum Ausnahmen zur Ausnahme. Danach darf die persönliche Vernehmung eines Zeugen unter den in der Vorschrift genannten Voraussetzungen durch Verlesung eines früheren Vernehmungsprotokolls ersetzt werden.

Da im vorliegenden Fall kein richterliches Vernehmungsprotokoll verlesen werden soll, ist § 251 II StPO nicht einschlägig. Einschlägig ist aber § 251 I StPO, der (auch) für staatsanwaltschaftliche und polizeiliche Ermittlungsprotokolle gilt.

Gemäß § 251 I Nr. 1 StPO kann das Protokoll verlesen werden, wenn der Angeklagte einen Verteidiger hat und der Staatsanwalt, der Verteidiger und der Angeklagte mit der Verlesung einverstanden sind. Sollte es an einer dieser Voraussetzungen fehlen, kann ein nichtrichterliches Protokoll unter den Voraussetzungen des § 251 I Nr. 2 StPO verlesen werden, namentlich wenn der Zeuge verstorben ist oder „aus einem anderen Grund in absehbarer Zeit gerichtlich (d.h. in der Hauptverhandlung) nicht vernommen werden kann". Letzteres ist der Fall, wenn ein länger dauerndes, in absehbarer Zeit nicht überwindbares Vernehmungshindernis tatsächlicher Art besteht. Dies ist bei Z nicht gegeben, da die Grippe nur ein kurzfristiges Vernehmungshindernis darstellt. R wird dem Vorsitzenden daher antworten, dass das polizeiliche Vernehmungsprotokoll nicht verlesen werden dürfe.

Anders verhält es sich bei dem BAK-Gutachten. § 256 StPO erlaubt es, Zeugnisse oder Gutachten von Ärzten oder öffentlichen Behörden zu verlesen, ohne dass der Arzt oder der Beamte als Zeuge vernommen werden müssen. Damit statuiert auch diese Vorschrift eine Durchbrechung des Unmittelbarkeitsgrundsatzes, der von § 250 StPO aufgestellt wurde. Das die Blutprobe auswertende Gutachten über den BAK-Wert darf gem. § 256 I Nr. 3 StPO verlesen werden.

[1448] BGH NStZ **2003**, 562.

971b Kein Fall des § 251 I Nr. 2 StPO liegt vor, wenn der Zeuge von seinem Zeugnis-, Aussage- oder Auskunftsverweigerungsrecht nach §§ 52 ff. StPO Gebrauch macht. Denn auch ein aussageverweigerungsberechtigter Zeuge kann gerichtlich vernommen werden. So muss er Angaben zur Person machen; ggf. muss er gem. § 56 StPO das Bestehen des Aussageverweigerungsrechts glaubhaft machen. In vielen Fällen ergibt sich der Umfang eines möglichen Auskunftsverweigerungsrechts auch erst während einer Vernehmung. Aus alledem ergibt sich, dass § 251 I Nr. 2 StPO nicht greift, wenn sich ein Zeuge auf §§ 52, 53 oder 55 StPO beruft. Die Verlesung von Schriftstücken ist daher – jedenfalls unter dem Gesichtspunkt des § 251 I Nr. 2 StPO – nicht zulässig.[1449] Wird also ein Zeuge in der Hauptverhandlung nicht vernommen, weil er sich vorab etwa auf ein Auskunftsverweigerungsrecht gem. § 55 StPO berufen hat, darf seine Vernehmung nicht durch Verlesung von ihm stammender früherer schriftlicher Erklärung ersetzt werden, § 251 I Nr. 2 StPO.

972 Schließlich gestattet § 251 I **Nr. 3** StPO die Verlesung von Schriftstücken, wenn es um einen Vermögensschaden geht. Dies betrifft den Schaden dem Grunde nach als auch die Höhe des entsprechenden Schadens. Entbehrlich wird damit die Vernehmung von Zeugen, die außer Angaben über diese Tatsache nichts zur Aufklärung der Straftat beitragen können.[1450]

> **Beispiel:** T ist wegen Wohnungseinbruchdiebstahls angeklagt. Er soll die Außenrollade aus der Verankerung gerissen und das Toilettenfenster aufgehebelt haben, um in die Wohnung eindringen zu können. Der Vorsitzende verliest die Reparaturrechnung des Werkstattunternehmers R, den der Geschädigte mit der Reparatur beauftragt hatte.
>
> Geht man davon aus, dass ein Werkstattunternehmer, der die Folgen eines Einbruchdiebstahls (bzw. einer Sachbeschädigung) durch Reparatur beseitigt hat, nichts zur Aufklärung der Straftat beitragen kann, darf der Vorsitzende die Reparaturrechnung verlesen und braucht nicht den Werkstattunternehmer als Zeuge zu vernehmen.

bb.) Verlesung richterlicher Protokolle, § 251 II StPO

973 § 251 II StPO nennt Voraussetzungen, unter denen die Vernehmung eines Zeugen, Sachverständigen oder Mitbeschuldigten durch die Verlesung eines Protokolls über eine frühere richterliche Vernehmung ersetzt werden kann. Protokolle der StA oder ihrer Ermittlungspersonen können also nur nach § 251 I StPO verlesen werden. Wird in dem richterlichen Protokoll auf andere Schriftstücke und polizeiliche Protokolle Bezug genommen, dürfen diese freilich mit verlesen werden.

cc.) Urkundenverlesung im Freibeweis, § 251 III StPO

974 Die Aussage des § 251 III StPO beschränkt sich darauf, dass der Grundsatz der Unmittelbarkeit der Beweisaufnahme (also die Einschränkungen des § 251 I und II StPO) für die Urkundenverlesung im Freibeweis nicht gilt.[1451] Die Verlesung ordnet der Vorsitzende im Rahmen der Sachleitung an, ein Gerichtsbeschluss kann nach § 238 II StPO eingefordert werden.

dd.) Verfahren, § 251 IV StPO

975 Beschließt das Gericht, dass in den Fällen des § 251 I und II StPO die Verlesung angeordnet wird, müssen das Protokoll oder die Urkunde in vollem Umfang verlesen werden; eine Teilverlesung ist nur mit Zustimmung der Prozessbeteiligten zulässig.[1452] Ein

---

[1449] So ausdrücklich BGH NJW **2007**, 2195, 2196.
[1450] *Meyer-Goßner*, § 251 Rn 12.
[1451] Vgl. auch LR-*Gollwitzer*, § 251 Rn 65 ff.; *Meyer-Goßner*, § 251 Rn 37.
[1452] BGH NStZ **1988**, 283.

Bericht des Vorsitzenden kann die Verlesung nicht ersetzen.[1453] Zuständig für die Anordnung der Verlesung ist das Gericht; der Vorsitzende allein darf nur das Absehen von der Verlesung anordnen. Der im Sitzungsprotokoll zu beurkundende Beschluss ist auch erforderlich, wenn alle Beteiligten mit der Verlesung einverstanden sind.[1454]
Die Vereidigung von Beweispersonen richtet sich nach §§ 59, 60 StPO. Nachdem die Vereidigung mittlerweile die Ausnahme ist, hat § 251 IV S. 4 StPO kaum noch Bedeutung.

d.) Protokollverlesung zur Gedächtnisunterstützung, § 253 StPO

Eine weitere Durchbrechung des Unmittelbarkeitsgrundsatzes findet sich in § 253 StPO. 976
§ 253 I StPO betrifft den Fall, dass sich ein Zeuge oder Sachverständiger nicht mehr an seine frühere Aussage erinnern kann. In diesem Fall können dem Zeugen oder Sachverständigen die frühere Aussage „zur Gedächtnisunterstützung" vorgelesen werden. Dasselbe ist nach § 253 II StPO möglich, wenn sich in der Hauptverhandlung ein Widerspruch zu einer früheren Aussage ergibt.

Die Protokollverlesung nach § 253 StPO ist nach h.M. ein **echter Urkundenbeweis**; 977
bewertet nach § 261 StPO wird der verlesene Inhalt der Urkunde und nicht nur das, was der Zeuge auf die Verlesung hin gesagt hat. § 253 StPO stellt also nicht nur eine Vorschrift für einen allgemeinen (und formfreien) Vorhalt an den Zeugen oder Sachverständigen dar, denn dieser ist schon grundsätzlich ohne Rechtsgrundlage möglich (vgl. oben Rn 903, 953). Beim allgemeinen (und formfreien) Vorhalt ist Grundlage des Beweises die Erklärung desjenigen, dem der Vorhalt gemacht wird; Beweiswert hat nur das, was der Befragte auf den Vorhalt hin erklärt. Daher handelt es sich bei dem allgemeinen Vorhalt auch nicht um einen Urkundenbeweis, sondern nur um eine Vernehmungshilfe im Rahmen des Personalbeweises. Beim Vorhalt i.S.d. § 253 StPO ist dagegen die verlesene Urkunde selbst Beweisgegenstand, zusätzlich zu dem, was der Zeuge oder Sachverständige auf die Verlesung hin antwortet. Es kann also, auch wenn sich der Zeuge trotz Verlesung nicht mehr an den Inhalt der Urkunde erinnert, die **Urkunde als Beweismittel** herangezogen werden. Wie bei § 251 I StPO muss dann aber das zu verlesende Protokoll ordnungsgemäß aufgenommen, insbesondere müssen alle Formvorschriften beachtet und der Vorhalt nach § 253 StPO muss gem. §§ 249, 255, 273, 274 StPO im Sitzungsprotokoll vermerkt worden sein.

Beispiel: T ist wegen Raubes angeklagt. In der Hauptverhandlung erklärt der Zeuge Z, der den Vorfall gesehen haben will und im Ermittlungsverfahren von der Polizei vernommen wurde, dass er sich nach so langer Zeit nicht mehr so genau an die Vorgänge erinnern könne. Der Vorsitzende fragt daher die Rechtsreferendarin R, die gerade ihre Gerichtsstation bei ihm absolviert, ob er das seinerzeitige Vernehmungsprotokoll verlesen dürfe.

Der Unmittelbarkeitsgrundsatz gebietet es, Z persönlich zu vernehmen, § 250 StPO. Allerdings können durch auszugsweise Verlesung eines früheren Vernehmungsprotokolls dem Angeklagten oder einer Beweisperson ein sog. **schlichter Vorhalt** gemacht werden, etwa um Erinnerungslücken zu schließen oder Widersprüche auszuräumen. Dabei ist jedoch zu beachten, dass beim schlichten Vorhalt alleiniges Beweismittel die Aussage der jeweiligen Person bleibt. Nur ihre Aussage, insbesondere die Reaktion auf den Vorhalt, darf als Beweisergebnis verwertet werden, nicht der für den Vorhalt verlesene Teil des Protokolls. Hat die Beweisperson trotz des Vorhalts keine Erinnerung an den Inhalt der früheren Erklärung, bleibt diese (ebenso wie der Vorhalt, wenn nicht ein Fall des § 253 StPO vorliegt) unverwertbar.

[1453] LR-*Gollwitzer*, § 251 Rn 76.
[1454] BGH NStZ **1988**, 283.

Verliest der Vorsitzende also das polizeiliche Vernehmungsprotokoll, darf nur die Reaktion des Z auf den Vorhalt als Beweisergebnis verwertet werden, nicht der Inhalt des polizeilichen Vernehmungsprotokolls. Ob und inwieweit Zweifel an der Glaubwürdigkeit bestehen, ist im Rahmen der Beweiswürdigung gem. § 261 StPO zu berücksichtigen. Sollte sich Z auch nach dem Vorhalt nicht erinnern, bleibt seine bisherige Zeugenaussage unberücksichtigt; insbesondere darf das durch den Vorsitzenden verlesene polizeiliche Vernehmungsprotokoll nicht als Urkundenbeweis angesehen und in die Beweiswürdigung eingebracht werden.

Damit ist die Verwertung des polizeilichen Vernehmungsprotokolls aber nicht endgültig ausgeschlossen. Es besteht weiterhin die Möglichkeit, es als Urkundenbeweis in die Hauptverhandlung einzubringen. Denn aus der Gesetzessystematik der §§ 249 ff. StPO ergibt sich, dass der Urkundenbeweis immer dann zulässig ist, wenn er nicht durch das Gesetz ausdrücklich ausgeschlossen wird. Ausschlüsse des Urkundenbeweises ergeben sich zwar insbesondere aus § 250 StPO, jedoch enthält § 253 StPO wiederum eine Ausnahme zur Ausnahme. Nach Abs. 1 dieser Vorschrift ist die Verlesung des Vernehmungsprotokolls – gleichgültig, ob richterliches oder nichtrichterliches – zur Unterstützung des Gedächtnisses zulässig, wenn der in der Hauptverhandlung anwesende Zeuge oder Sachverständige trotz Vorhalts erklärt, sich an eine Tatsache nicht mehr erinnern zu können. In diesem Fall kann der Inhalt der damaligen Aussage durch Urkundenbeweis in den Prozess eingeführt werden. Dasselbe gilt, wenn der Zeuge in der Hauptverhandlung zunächst abweichend vom früheren Vernehmungsprotokoll aussagt, dann aufgrund eines Vorhalts einräumt, so wie im Vernehmungsprotokoll vermerkt ausgesagt zu haben, gilt diese Tatsache als bewiesen und bedarf keines weiteren Beweises.[1455] Allerdings erfordert die Verwertung des Protokolls im Wege des ergänzenden Urkundenbeweises die Protokollierung der Verlesung im Sitzungsprotokoll (§§ 249, 255, 273, 274 StPO).

R wird dem Vorsitzenden daher antworten, dass dieser das polizeiliche Vernehmungsprotokoll verlesen dürfe. Weiter wird sie ihm antworten, dass er – für den Fall, dass sich Z auch nach der Verlesung nicht mehr erinnern kann – das polizeiliche Vernehmungsprotokoll als Urkundenbeweis verwerten dürfe, allerdings bei Protokollierung der Verlesung im Sitzungsprotokoll.

978 **Fazit zum Vorhalt:**

- **Formfreier Vorhalt:** Durch (auszugsweise) Verlesung eines früheren Vernehmungsprotokolls können dem Angeklagten oder einer Beweisperson ein sog. schlichter Vorhalt gemacht werden, etwa um Erinnerungslücken zu schließen oder Widersprüche auszuräumen. Dabei ist jedoch zu beachten, dass beim schlichten Vorhalt alleiniges Beweismittel die Aussage der jeweiligen Person bleibt. Nur ihre Aussage, insbesondere die Reaktion auf den Vorhalt, darf als Beweisergebnis verwertet werden, nicht der für den Vorhalt verlesene Teil des Protokolls. Es bleibt bei der Form des **Personalbeweises**. Hat die Beweisperson trotz des Vorhalts keine Erinnerung an den Inhalt der früheren Erklärung, bleibt diese (ebenso wie der Vorhalt, wenn nicht ein Fall des § 253 StPO vorliegt) unverwertbar.
- **Formgebundener Vorhalt nach § 253 StPO:** Demgegenüber ist die Protokollverlesung nach § 253 StPO ein **echter Urkundenbeweis**; bewertet nach § 261 StPO wird der verlesene Inhalt der Urkunde und nicht nur das, was die Beweisperson auf die Verlesung hin gesagt hat. § 253 StPO stellt also nicht nur eine Vorschrift für einen allgemeinen (und formfreien) Vorhalt an den Zeugen oder Sachverständigen dar, sondern eine Form des Urkundenbeweises: Der Inhalt der damaligen Aussage kann durch Urkundenbeweis in den Prozess eingeführt werden. Allerdings erfordert die Verwertung des Protokolls im Wege des ergänzenden Urkundenbeweises die Protokollierung der Verlesung im Sitzungsprotokoll (§§ 249, 255, 273, 274 StPO).

[1455] Vgl. BGH NStZ **2006**, 652 f.

e.) Verlesung von Geständnissen und von Erklärungen bei Widersprüchen, § 254 StPO

§ 254 StPO regelt wie § 253 StPO eine Form des Urkundenbeweises.[1456] Die Vorschrift erlaubt die Verlesung von Erklärungen des **Angeklagten** in einem richterlichen Protokoll. Dabei geht es zum einen um die Verlesung von Geständnisprotokollen (§ 254 I StPO), zum anderen um die Klärung von Widersprüchen in den Angaben des Angeklagten (§ 254 II StPO). 979

aa.) Verlesung von Geständnisprotokollen, § 254 I StPO

Schweigt der Angeklagte (nicht der Zeuge!) in der Hauptverhandlung, weil er von seinem Aussageverweigerungsrecht (vgl. § 243 IV StPO) Gebrauch macht, erlaubt § 254 I StPO dem Richter, ein in den Akten befindliches Protokoll über ein vorher abgelegtes Geständnis zum Beweis (Urkundenbeweis) zu verlesen, sofern es sich um ein richterliches Vernehmungsprotokoll handelt. 980

§ 254 I StPO soll verhindern, dass über ein Geständnis des Angeklagten ein Zeugenbeweis erhoben werden muss, obwohl der Angeklagte schon vor einem Richter gestanden hat. Daher ist die Verlesung des richterlichen Protokolls zur Beweisaufnahme über ein Geständnis zulässig. Mit der Verlesung kann das Gericht feststellen, dass der Angeklagte in der vorliegenden Strafsache ein Geständnis mit einem bestimmten Inhalt abgelegt hat.[1457] Geständnis ist das Zugestehen der Tat oder einzelner Tatsachen, die für die Entscheidung zur Schuld- oder Rechtsfolgenfrage erheblich sein können, gleichgültig, ob es sich um belastende oder entlastende, um unmittelbar beweiserhebliche oder um Indiztatsachen handelt.[1458] 981

Widerruft der Angeklagte das Geständnis in der Hauptverhandlung, ist die Verlesung zwar nicht unzulässig, aber überflüssig, weil dann der Vorhalt (§ 254 II StPO) genügt. 982

§ 254 I StPO ist als Ausnahmevorschrift eng auszulegen und daher nicht auf Geständnisse vor der Polizei und der StA anzuwenden.[1459] Bei Geständnissen vor letzteren Personen muss die Verhörsperson persönlich vernommen werden. Auch der Verhörsperson darf die polizeiliche oder staatsanwaltliche Urkunde zur Gedächtnisstütze verlesen werden, als Beweis darf jedoch nur das gewürdigt werden, was die Verhörsperson noch selbst weiß bzw. auf den Vorhalt hin aussagt. Ansonsten würde § 254 StPO über den Vorhalt doch zu einem Urkundenbeweis werden für einen Fall, in dem das nicht vorgesehen ist. Allein die Angabe, die Erklärungen des Angeklagten richtig protokolliert zu haben, macht diese Aussage noch nicht verwertbar, die Verhörsperson muss sich selbst an die Erklärungen erinnern und aussagen. 983

> **Beispiel:** T ist wegen Mordes angeklagt; bei der polizeilichen Vernehmung hatte er ein Geständnis abgelegt. Auf Empfehlung seines Verteidigers schweigt er in der Hauptverhandlung, weil sich die Anklage maßgeblich auf sein früheres Geständnis gestützt hatte und er dieses Geständnis zudem nicht bei einer richterlichen Vernehmung abgegeben hatte. Der Vorsitzende reagiert auf das Schweigen des T sehr ungehalten und hält diesem dessen früheres Geständnis vor. Auch daraufhin bricht T sein Schweigen nicht. Können der Vorhalt bzw. das polizeilich protokollierte Geständnis verwertet werden?
>
> **I. Keine Protokollverlesung nach § 254 I StPO**
> Schweigt der Angeklagte in der Hauptverhandlung, weil er von seinem Aussageverweigerungsrecht (vgl. § 243 IV StPO) Gebrauch macht, kann ein in den Akten befindliches Protokoll über ein vorher abgelegtes Geständnis nur dann zum Beweis (Urkundenbeweis) ver-

---

[1456] BGHSt **14**, 310, 313.
[1457] *Meyer-Goßner*, § 254 Rn 2.
[1458] *Meyer-Goßner*, § 254 Rn 2.
[1459] BGHSt **14**, 310, 311; OLG Frankfurt StV **1996**, 202.

lesen werden, wenn es sich um ein richterliches Protokoll handelt, § 254 I StPO. Da T im vorliegenden Fall sein damaliges Geständnis aber vor der Polizei abgegeben hatte und es sich daher nur um ein polizeiliches Protokoll handelt, in dem das Geständnis vermerkt wurde, kann es nicht in der Hauptverhandlung – jedenfalls nicht nach § 254 I StPO – verlesen und als Urkundenbeweis verwertet werden.

II. Formfreier Vorhalt?

Nach der Rspr.[1460] verbietet § 254 StPO nur die Verlesung eines nichtrichterlichen Vernehmungsprotokolls zum Zweck des Urkundenbeweises. § 254 StPO hindere den Richter nicht, dem Angeklagten aus dem polizeilichen Vernehmungsprotokoll Vorhaltungen zu machen und zum Zweck des Vorhalts das Protokoll auch wörtlich zu verlesen. Beweismittel sei aber allein die Aussage des Angeklagten, die auf den Vorhalt hin folge. Bestätige der Angeklagte auf den Vorhalt hin die Richtigkeit des polizeilichen Vernehmungsprotokolls, sei der Inhalt des von ihm anerkannten Protokolls Bestandteil seiner jetzigen Erklärung. Bestreite der Angeklagte in der Hauptverhandlung dagegen die Richtigkeit des polizeilichen Protokolls oder äußere sich gar nicht dazu, verbiete § 254 StPO, das polizeiliche Protokoll als Beweismittel zu verwerten.

Da T in der Hauptverhandlung auch nach Verlesung des polizeilichen Vernehmungsprotokolls, in dem sein früheres Geständnis protokolliert ist, schweigt, dürfen auf der Basis der Rspr. der Vorhalt und damit auch das seinerzeitige nichtrichterliche Geständnis nicht verwertet werden.

In der Literatur wird zum Teil eine wörtliche Protokollverlesung zum Zweck des Vorhalts abgelehnt, weil die Gefahr bestehe, dass vor allem die Schöffen die Differenzierung zwischen den aus dem Protokoll verlesenen Tatsachen und der allein als Beweismittel in Frage kommenden jetzigen Aussage des Angeklagten kaum treffen könnten.[1461] Diese Bedenken sind zwar richtig, im vorliegenden Fall aber nicht einschlägig, weil T ja die Aussage auch nach der Protokollverlesung verweigert.

III. Vernehmung der Verhörsperson als Zeuge?

Fraglich ist schließlich, ob der Polizeibeamte, der seinerzeit die Vernehmung geführt und das Geständnis im Vernehmungsprotokoll vermerkt hatte, als Zeuge (sog. „Zeuge vom Hörensagen") über das damalige Geständnis des Angeklagten vernommen werden darf. Nach gesicherter Rechtsauffassung des BGH hindert § 254 StPO das Gericht nicht daran, den Beweis über das Geständnis mit anderen verfahrensrechtlich zulässigen Beweismitteln zu führen. Ein solches Beweismittel sei die Vernehmung der damaligen Verhörsperson als Zeuge. Äußere sich der Angeklagte nicht zur Sache oder bestreite er die Richtigkeit der Niederschrift, dürfe (wegen § 244 II StPO: müsse) der Vernehmungsbeamte als Zeuge gehört werden.[1462] Dabei sei es wiederum zulässig, ihm zur Stützung seines Gedächtnisses Vorhaltungen aus dem damaligen Vernehmungsprotokoll zu machen. Zu diesem Zweck dürfe das Protokoll auch verlesen werden.[1463] Verwertbar sei aber nur das, was der Vernehmungsbeamte selbst noch in Erinnerung habe bzw. auf den Vorhalt hin aussage.[1464] Seine bloße Angabe, er habe seinerzeit richtig protokolliert, mache den Protokollinhalt nicht verwertbar.[1465]

984 **Fazit:** Gibt der Beschuldigte im Ermittlungsverfahren ein Geständnis ab, macht dann aber in der Hauptverhandlung von seinem Schweigerecht Gebrauch, stellt sich die Frage, ob sein damaliges Geständnis verwertet werden darf. Es ist zu differenzieren:

- Hatte der Beschuldigte sein Geständnis vor einem Richter abgegeben und wurde das damalige Geständnis in einem richterlichen Vernehmungsprotokoll aufgenommen, kann dieses Protokoll nunmehr in der Hauptverhandlung als Form des Urkundenbeweises als

[1460] BGHSt **1**, 337, 339; **3**, 149, 190.
[1461] *Roxin*, § 44 Rn 16.
[1462] BGHSt **22**, 170, 171.
[1463] BGHSt **14**, 310, 312; *Meyer-Goßner*, § 254 Rn 8.
[1464] BGHSt **14**, 310, 312.
[1465] BGH NStZ **1995**, 47.

Beweismittel auch dann herangezogen und verlesen werden (§§ 249 I, 254 I StPO), wenn der Beschuldigte in der Hauptverhandlung von seinem Schweigerecht Gebrauch macht.

- Demgegenüber verbietet § 254 I StPO die Verlesung polizeilicher (oder staatsanwaltlicher) Geständnisprotokolle. Jedoch verbietet § 254 I StPO es dem Gericht nicht, den Polizeibeamten (oder den StA), der seinerzeit die Vernehmung geführt und das Geständnis im Vernehmungsprotokoll vermerkt hatte, als Zeuge (sog. „Zeuge vom Hörensagen") über das damalige Geständnis des Angeklagten zu vernehmen. Dabei ist es wiederum zulässig, ihm zur Stützung seines Gedächtnisses Vorhaltungen aus dem damaligen Vernehmungsprotokoll zu machen. Zu diesem Zweck darf das Protokoll auch verlesen werden. Verwertbar ist aber nur das, was der Vernehmungsbeamte selbst noch in Erinnerung hat bzw. auf den Vorhalt hin aussagt. Dies verstößt auch nicht gegen den Unmittelbarkeitsgrundsatz, da die damalige Verhörsperson ja unmittelbar als Zeuge vernommen wird. Beweismittel bleibt aber in diesem Fall allein die darauf folgende Zeugenaussage als Form des Personalbeweises.

bb.) Verlesung von Protokollen bei Widersprüchen, § 254 II StPO

Die Verlesung zur Aufklärung von Widersprüchen ist unter den gleichen Voraussetzungen zulässig wie im Fall des § 253 II StPO. 985

Das verlesene Protokoll ist auch gegen einen Mitangeklagten verwertbar, sofern das Geständnis zwar die dem geständigen Angeklagten vorgeworfene Tat betrifft, sich aber auch auf tatsächliche Vorgänge bezieht, mit denen der Anklagevorwurf gegen den Mitangeklagten in einem inneren Zusammenhang steht.[1466] 986

Die Verlesung polizeilicher Protokolle ist auch von § 254 II StPO nicht erlaubt.[1467] Vorhalte aus polizeilichen Protokollen werden durch § 254 II StPO dagegen nicht untersagt.[1468] Äußert sich also der Angeklagte nicht zur Sache oder bestreitet er die Richtigkeit der Niederschrift, muss der Vernehmungsbeamte als Zeuge gehört werden.[1469] Das Protokoll darf ihm dann vorgehalten und zu diesem Zweck auch verlesen werden.[1470] Verwertbar ist aber nur das, was der Vernehmungsbeamte selbst noch in Erinnerung hatte.[1471] Seine bloße Angabe, er habe seinerzeit richtig protokolliert, macht den Protokollinhalt nicht verwertbar.[1472] 987

Wurden vom erkennenden Gericht die Voraussetzungen des § 254 I oder II StPO fehlerhaft bejaht, stellt dies einen **Revisionsgrund** dar. Weichen die Urteilsfeststellungen vom Inhalt des verlesenen Protokolls ab, muss dargelegt werden, dass die verlesene Niederschrift zum Zeitpunkt der Urteilsberatung noch beweiserheblich war, also der Widerspruch in der Hauptverhandlung nicht aufgeklärt worden ist.[1473] Die unterbliebene Verlesung kann die Aufklärungsrüge begründen, ebenso das Unterlassen der Erhebung weiterer Beweise, die sich aus dem Inhalt der Niederschrift aufdrängten.[1474] 988

f.) Verlesung von Behörden- und Ärzteerklärungen, § 256 StPO

§ 256 StPO erlaubt es, Zeugnisse oder Gutachten von Ärzten oder öffentlichen Behörden zu verlesen, ohne dass der Arzt oder der Beamte als Zeuge vernommen werden müssen. 989

1466 BGHSt **3**, 149, 153.
1467 BGHSt **14**, 310, 311; OLG Frankfurt StV **1996**, 202.
1468 BGHSt **21**, 285, 286; *Meyer-Goßner*, § 254 Rn 7.
1469 BGHSt **22**, 170, 171.
1470 BGHSt **14**, 310, 312; *Meyer-Goßner*, § 254 Rn 8.
1471 BGHSt **14**, 310, 312.
1472 BGH NStZ **1995**, 47.
1473 BGHSt **48**, 34, 36 ff.
1474 LR-*Gollwitzer*, § 254 Rn 31.

Damit statuiert auch diese Vorschrift eine Durchbrechung des Unmittelbarkeitsgrundsatzes, der von § 250 StPO aufgestellt wurde. Unter § 256 StPO fallen insbesondere die BAK-Gutachten (vgl. dazu bereits das Beispiel bei Rn 971) und die Gutachten des gerichtsärztlichen Dienstes. Zu beachten ist in diesem Zusammenhang die Vorschrift des § 420 II StPO im beschleunigten Verfahren (und im Strafbefehlsverfahren nach § 411 II S. 2 StPO): nach § 420 II StPO können auch Schriftstücke, die nicht von § 256 StPO erfasst sind, verlesen werden, sofern sie von einer Behörde stammen oder sonst dienstlich aufgenommen worden sind.

g.) Verwertungsverbot, § 252 StPO

990 Auf § 252 StPO wurde bereits im Rahmen der Darstellung des Zeugenbeweises eingegangen, sodass vollumfänglich auf Rn 900 ff. verwiesen werden kann. An dieser Stelle sind lediglich zusammenfassende und ergänzende Erläuterungen erforderlich.

991 Macht ein Zeuge erst in der Hauptverhandlung von seinem Zeugnisverweigerungsrecht nach §§ 52-54 StPO Gebrauch, darf seine frühere Aussage nicht verlesen werden. Die Vorschrift stellt damit eine Ausnahme von den Verlesungsvorschriften dar und soll verhindern, dass über den Umweg der Verlesung das Zeugnisverweigerungsrecht umgangen wird.

992 § 252 StPO ist nicht auf § 55 StPO anwendbar. Bei § 52 StPO ist es irrelevant, ob das Angehörigenverhältnis schon bei der ersten Vernehmung bestanden hat, es kommt nur darauf an, dass es jetzt in der Hauptverhandlung besteht. Anders verhält es sich bei §§ 53, 53a StPO; hier muss auch schon zur Zeit der Vernehmung ein Zeugnisverweigerungsrecht bestanden haben.

993 Da § 252 StPO nur dann anwendbar ist, wenn es sich um einen „vernommenen" Zeugen handelt, muss folglich eine Vernehmung vorliegen. Darunter fällt aber nicht nur eine förmliche Vernehmung, sondern auch eine informatorische Befragung, um dem Schutzzweck des § 252 StPO gerecht zu werden.[1475] Nicht unter § 252 StPO fallen aber Spontanäußerungen, freiwillige Äußerungen oder schriftliche Erklärungen wie Briefe. Fraglich ist, ob Äußerungen gegenüber einem V-Mann unter § 252 StPO fallen. Dies wird man grundsätzlich verneinen müssen, da hier der Zeuge weiß, dass er gegenüber einer nichtstaatlichen Stelle nicht zur Aussage verpflichtet ist (und hierüber auch selten im Irrtum ist). Daher sind Aussagen gegenüber V-Männern grundsätzlich verwertbar, auch wenn nachträglich das Zeugnis verweigert wird. Eine Ausnahme wird man machen müssen, wenn der V-Mann von staatlicher Seite gezielt eingesetzt wird, um ein bereits erklärtes Zeugnisverweigerungsrecht zu umgehen.

dd. Augenschein, §§ 86 ff. StPO

994 Schließlich kommt als sachliches Beweismittel die Augenscheinnahme in Betracht. Augenscheinnahme bedeutet die sinnliche Wahrnehmung durch Sehen, Hören, Riechen, Schmecken oder Fühlen.[1476] Das Gericht verschafft sich mittels sinnlicher Wahrnehmungen einen Eindruck von der Existenz oder Beschaffenheit eines Menschen, eines Körpers oder einer Sache, es stellt die Lage von Örtlichkeiten oder Gegenständen fest oder beobachtet eine Verhaltensweise oder einen wiederholbaren Vorgang.[1477] Da aber letztlich jede richterliche Beweiserhebung mit solchen Wahrnehmungen verbunden ist, wird der Begriff des Augenscheinbeweises eingeschränkt: Er umfasst alle Beweisaufnahmen, die

---

[1475] Wie hier nunmehr auch *Weidemann*, JA **2008**, 129.
[1476] BGHSt **18**, 51, 53; *Meyer-Goßner*, § 86 Rn 1; *Volk*, § 21 Rn 33.
[1477] *Meyer-Goßner*, § 86 Rn 2.

nicht als Zeugen-, Sachverständigen- oder Urkundenbeweis gesetzlich besonders geregelt sind.[1478]

Beispiele: Augenscheinsgegenstände können Abbildungen, Lichtbilder, Filme und Videoaufnahmen sein, die z.B. ihren eigenen strafbaren Inhalt beweisen (etwa rechtsextremistisches oder kinderpornographisches Material) oder mittelbar oder unmittelbar Beweis über andere Straftaten erbringen (etwa Aufnahmen von automatischen Kameras in Banken, die den Täter abbilden, oder Aufnahmen von Kameras, die bei der Verkehrsüberwachung eingesetzt werden und den Verkehrssünder abbilden).

Tonbandaufnahmen beweisen als Augenscheinsgegenstände neben ihrer äußeren Beschaffenheit den Inhalt der auf ihnen festgehaltenen Gedankenäußerungen.[1479] Auch Tatort- und Unfallskizzen können Augenscheinsobjekte sein.

Die Augenscheinnahme kann der Feststellung unmittelbar beweiserheblicher Tatsachen, **995**
aber auch von Beweisanzeichen dienen. Augenscheinnahmen außerhalb des Gerichtssaals kann das Gericht durch einen beauftragten oder ersuchten Richter vornehmen lassen (vgl. § 225 StPO). Und da der Augenscheinbeweis – anders als der Zeugenbeweis (§ 250 StPO) – auch nicht dem Unmittelbarkeitsprinzip unterliegt, kann die Augenscheinnahme auch nichtrichterlichen Personen als Augenscheinsgehilfen übertragen werden.[1480]

Beispiel: Durch einen Orkan löst sich ein tonnenschwerer Pfeiler am soeben errichteten Hauptbahnhof und stürzt hinab. Durch den Absturz kommt ein Mensch ums Leben. Der Architekt muss sich wegen fahrlässiger Tötung vor Gericht verantworten. Zur Klärung der Schuldfrage beauftragt das Gericht einen Prüfstatiker, der das Bauwerk in Augenschein nimmt und fotografiert.

Werden Sachverständige (§§ 81a, 81c StPO) mit einer Augenscheinnahme beauftragt, **996**
handelt es sich bei der Einbringung des Ergebnisses der Untersuchung in die Hauptverhandlung um einen Sachverständigenbeweis. Dagegen ist der Augenschein unter Hinzuziehung eines Sachverständigen (vgl. § 87 I StPO) richterlicher Augenschein.[1481]

Urkunden sind Augenscheinsgegenstände, wenn es nicht auf den Inhalt ankommt, son- **997**
dern auf ihre Beschaffenheit oder wenn sie nicht verlesbar sind, wie z.B. Fahrtenschreiberdiagramme oder Papierstreifen von Registrierkassen.

Ob Experimente Gegenstand des Augenscheinbeweises sind, hängt davon ab, ob sie **998**
nicht schon Bestandteil eines Sachverständigengutachtens oder einer Zeugenaussage sind. In Betracht kommen die Rekonstruktion des Tatverlaufs oder ein Fahrversuch, Bremsversuch oder Schießversuch.[1482]

Die Augenscheinnahme in der Hauptverhandlung findet im Sitzungssaal oder an dem Ort **999**
statt, wo sich der Augenscheinsgegenstand befindet. Sie ist Teil der Hauptverhandlung. An ihr müssen das gesamte Gericht und alle Prozessbeteiligten teilnehmen.
Erfolgt die Augenscheinnahme außerhalb der Hauptverhandlung (vgl. §§ 162, 165, 202 S. 1, 225 StPO), enthält § 86 StPO Bestimmungen über das im Sitzungssaal nach § 249 I S. 2 StPO verlesbare Protokoll.

Aus dem Umstand, dass für den Augenscheinbeweis die Unmittelbarkeit der Beweisauf- **1000**
nahme nicht vorgeschrieben ist, folgt weiterhin, dass selbst von einer Tatortbesichtigung

---

1478 LR-*Krause*, § 86 Rn 1; *Meyer-Goßner*, § 86 Rn 1; *Joecks*, § 86 Rn 1.
1479 BGHSt **14**, 339, 341; **27**, 135, 136; *Meyer-Goßner*, § 86 Rn 11; *Volk*, § 21 Rn 33.
1480 BGHSt **27**, 135, 136; *Meyer-Goßner*, § 86 Rn 4; *Volk*, § 21 Rn 36.
1481 *Joecks*, § 86 Rn 5.
1482 *Meyer-Goßner*, § 86 Rn 15; *Joecks*, § 86 Rn 9.

abgesehen werden und stattdessen ein Lichtbild oder eine Skizze in Augenschein genommen werden kann.

b. Das Beweisantragsrecht

1001 Aus dem Anspruch auf rechtliches Gehör gem. Art. 103 I GG folgt das Recht, Beweisanträge zu stellen und Beweisanregungen zu machen.[1483] Dieses Recht stehen dem Angeklagten, Verteidiger, bei Privatklage oder Nebenklage auch dem Verletzten zu. Berechtigt zur Antragstellung ist aber auch der Staatsanwalt, obwohl er streng genommen nicht Adressat des Art. 103 I GG ist. Denn zu seiner Pflicht gehört es, auch Anträge zur Entlastung des Angeklagten zu stellen.

1002 Allerdings hängt der Umfang der richterlichen Aufklärungspflicht nicht davon ab, dass die Verfahrensbeteiligten entsprechende Anträge stellen. Denn wenn die dem Gericht bisher bekannten Umstände die Benutzung eines bestimmten Beweismittels zur weiteren Aufklärung nahelegen, muss das Gericht dieses Beweismittel auch ohne Antrag von Amts wegen heranziehen. Geschieht dies nicht, verletzt es seine nach § 244 II StPO bestehende Aufklärungspflicht.

1003 Das Beweisantragsrecht hat daher eine andere Funktion: Es eröffnet den genannten Verfahrensbeteiligten die Möglichkeit, unabhängig von der Aufklärungspflicht des Gerichts, mit Beweisanträgen und -anregungen Einfluss auf die Beweisaufnahme zu nehmen. Es ist in der StPO in den §§ 244 III - VI, 245 II, 246 negativ in Form der Unzulässigkeit und der Möglichkeit der Ablehnung von Beweisanträgen geregelt.

1004 Werden von den Verfahrensbeteiligten Beweisanträge gestellt, gebietet die Aufklärungspflicht, dass das Gericht diesen Anträgen nachkommt (vgl. § 244 II StPO: „Das Gericht hat...").[1484] Diese prozessuale Fürsorgepflicht gebietet es sogar, erkennbare Missverständnisse durch entsprechende Hinweise auszuräumen.[1485] Eine Pflicht zur Nachfrage besteht vor allem dann, wenn es naheliegt, dass der Antragsteller den Antrag aus Ungeschicklichkeit, in Folge eines Versehens oder aus ähnlichen Gründen nicht so genau und unvollständig gefasst hat, wie er dazu an sich in der Lage wäre[1486], insbesondere, wenn er die Beweistatsachen nicht oder nicht deutlich genug angibt.[1487] Solche Pflichten bestehen auch gegenüber dem Staatsanwalt, dem Verteidiger und anderen Prozessbeteiligten.[1488]

1005 Die Ablehnung eines Beweisantrags bedarf gem. § 244 VI StPO immer eines Gerichtsbeschlusses und darf auch nur aus den im Gesetz genannten Gründen (§§ 244 III-V, 245 II StPO) erfolgen. Die unzulässige Ablehnung eines Beweisantrags der Verteidigung führt zu einem absoluten Revisionsgrund nach § 338 Nr. 8 StPO. Zur Ablehnung vgl. Rn 1259 ff.[1489]

aa. Der Beweisantrag

1006 Beweisantrag ist das ernsthafte Verlangen eines Prozessbeteiligten, über eine die Schuld- oder Rechtsfolgenfrage betreffende Behauptung durch bestimmte nach der StPO zulässige Beweismittel Beweis zu erheben.[1490]

[1483] BVerfGE **65**, 305, 307. Vgl. auch *Becker*, NStZ **2006**, 495 ff.; *Trück*, NStZ **2007**, 377 ff.
[1484] BGHSt **22**, 118, 122; *Meyer-Goßner*, § 244 Rn 35.
[1485] BGH NStZ **1994**, 483.
[1486] BGH NStZ **1995**, 356.
[1487] Vgl. BGHSt **19**, 24, 25; *Meyer-Goßner*, § 244 Rn 35.
[1488] Vgl. LR-*Gollwitzer*, § 244 Rn 114; BGHSt **22**, 118, 122.
[1489] Vgl. insgesamt zum Beweisantragsrecht und zur diesbezüglichen Rspr. *Becker*, NStZ **2007**, 513 ff.
[1490] Vgl. nur BGHSt **1**, 29, 31; **6**, 128, 129; LR-*Gollwitzer*, § 244 Rn 94; vgl. auch § 219 I S. 1 StPO.

Der Antragsteller muss deutlich machen, dass er eine Beweiserhebung verlangt und nicht etwa in das gerichtliche Ermessen stellt (sonst liegt lediglich eine Beweisanregung vor – dazu Rn 1030). **1007**

Der Antrag muss zum Beweisthema gehören und eine konkrete **Beweistatsache** bezeichnen.[1491] Beweistatsachen sind solche Tatsachen, die mit dem (beantragten) Beweismittel unmittelbar bewiesen werden sollen. Wird also ein Zeuge als Beweismittel benannt, müssen die im Beweisantrag benannten Beweistatsachen auch dem Zeugenbeweis zugänglich sein und mit ihm unmittelbar bewiesen werden können. Dabei ist die Angabe unverzichtbar, was der Zeuge im Kern bekunden wird. **1008**

> **Beispiel:** Der Verteidiger V beantragt, X als Zeuge aufzurufen, da dieser eine den Angeklagten entlastende Beobachtung gemacht habe. Er habe X zur Tatzeit in einer Kneipe am anderen Ende der Stadt gesehen.
>
> Da der Aufenthaltsort einer Person eine Tatsache und damit dem Zeugenbeweis zugänglich ist und V zudem die Angabe gemacht hat, was X im Kern berichten werde, bezieht sich der Beweisantrag des V auf eine konkrete Beweistatsache.

An einer hinreichend konkreten Beweisbehauptung fehlt es, wenn der Beweisantrag lediglich **Wertungen** enthält und allgemeine Themenkreise bezeichnet, zu denen Beweis erhoben werden soll. Eine bloße Wertung liegt etwa vor, wenn ein Zeuge die „Unglaubwürdigkeit" eines anderen Zeugen beweisen soll.[1492] Denn bei einem Zeugen ist Beweisgegenstand immer nur, was er von einem tatsächlichen Geschehen wahrgenommen hat.[1493] **1009**

> **Beispiel:** Der Angeklagte beantragt, das Gericht möge seine Mutter als Zeugin vernehmen. Sie werde aussagen, dass sie von seiner Unschuld überzeugt sei.
>
> Da in diesem Fall keine zu beweisende Tatsache erkennbar ist, handelt es sich bei dem Begehren des Angeklagten nicht um einen Beweisantrag.

Beweisanträge dürfen nur aus den in § 244 III-V StPO für nicht präsente Beweismittel und aus den in § 245 II StPO für präsente Beweismittel genannten Gründen abgelehnt werden. **1010**

Zeugen gelten nur als präsent, wenn sie geladen wurden und anwesend sind; die bloße Anwesenheit ohne Ladung genügt dagegen nicht.

Es bedarf hierzu eines formellen Beschlusses des Gerichts, § 244 VI StPO, der die wesentlichen Gesichtspunkte enthalten muss, § 34 StPO. Anderenfalls liegt ein absoluter Revisionsgrund nach § 338 Nr. 8 StPO vor. § 244 IV und V StPO enthalten besondere zusätzliche Ablehnungsgründe für Anträge auf Sachverständigenbeweis und Augenscheinnahme; § 244 III StPO betrifft dagegen alle Beweismittel. **1011**

Wird keine konkrete Tatsache behauptet, sondern lediglich eine Vermutung geäußert, eine Bewertung unter Beweis gestellt oder gar kein konkretes Beweismittel benannt, handelt es sich lediglich um einen **Beweisermittlungsantrag**, für den nicht die eingeschränkten Ablehnungsmöglichkeiten nach § 244 III, IV StPO gelten, sondern allein die gerichtliche Aufklärungspflicht nach § 244 II StPO Maßstab ist. Eine Zurückweisung eines solchen Antrags kann daher nicht nach § 338 Nr. 8 StPO, sondern nur mit der Aufklärungsrüge angegriffen werden. **1012**

[1491] BGHSt **37**, 162, 164; **39**, 251, 253; LR-*Gollwitzer*, § 244 Rn 105.
[1492] BGHSt **37**, 162, 165.
[1493] BGHSt **39**, 251, 253; LR-*Gollwitzer*, § 244 Rn 105; *Kindhäuser*, § 22 Rn 11.

1013 Auch wenn behauptet wird, ein bestimmtes Geschehen habe nicht stattgefunden, liegt i.d.R. keine konkrete Beweistatsache vor. So ist etwa die Behauptung, der Zeuge werde aussagen, das Opfer sei nicht geschlagen worden, ungeeignet, um als Beweisantrag zu gelten.

> **Beispiel:** Die T ist wegen gefährlicher Körperverletzung und versuchten Totschlags angeklagt. Sie soll mit einem Knüppel auf ihren schlafenden Ehemann eingeschlagen haben. Im Rahmen der Beweisaufnahme stellt ihr Verteidiger V den Antrag, die Tochter Z als Zeugin zu vernehmen. Sie werde aussagen, das Opfer sei nicht geschlagen worden.
>
> Die Behauptung des V ist als Beweisantrag ungeeignet, weil sie darauf abzielt, ein bestimmtes Geschehen habe nicht stattgefunden. Vielmehr hätte die Behauptung lauten müssen: „Z hat nicht wahrgenommen, dass das Opfer geschlagen worden ist". Dann hätte aber auch klargestellt werden müssen, dass Z das Geschehen lückenlos beobachtet hat.[1494]

1014 Der Antrag, eine Beweisaufnahme oder einen Teil von ihr zu wiederholen, ist grundsätzlich ein Beweisermittlungsantrag. Wird also beantragt, einen in der Hauptverhandlung bereits vernommenen Zeugen erneut zu vernehmen, ist dies nur dann ein Beweisantrag, wenn der Zeuge zum Beweis einer neuen Behauptung benannt ist, zu der er bei der ersten Vernehmung noch gar nicht gehört werden konnte.[1495]

1015 Ein Beweisantrag kann auch vorliegen, wenn der Antragsteller noch nicht sicher weiß, was die Zeugen aussagen werden.

> **Beispiel:** Es waren acht Fahrgäste im Bus anwesend. Zum Beweis der Tatsache, dass der wegen Kindesmissbrauchs angeklagte T auch dort war, werden diese acht Personen benannt, obgleich noch nicht sicher ist, ob und welcher der Zeugen den Angeklagten bemerkt hat. Dies ist ausreichend.[1496] Wird aber ins Blaue hinein behauptet, die betreffenden Personen seien im Bus gewesen, fehlt es an einer bestimmten Tatsachenbehauptung.[1497]

1016 Des Weiteren muss das Beweismittel nach der StPO zulässig und dessen Benennung muss bestimmt genug sein. Auch muss erkennbar sein, welcher Zusammenhang zwischen dem Beweisthema und dem Beweismittel besteht (Konnexität).[1498]

- **Zulässigkeit des Beweismittels:** Als Beweismittel kommen nur solche des Strengbeweises in Betracht.
- **Bestimmt bezeichnetes Beweismittel:** Bestimmt genug bezeichnet ist das Beweismittel, wenn es vom Gericht identifiziert werden kann.
  - ⇨ *Augenscheinsobjekte* sind so konkret zu benennen, dass sie auch auffindbar sind.
  - ⇨ *Urkunden* müssen individualisierbar sein, während ein bestimmter Sachverständiger schon deshalb vom Antragsteller nicht benannt zu werden braucht, weil dessen Auswahl dem Gericht obliegt.
  - ⇨ *Zeugen* müssen grds. durch Angabe von Namen und Anschriften bezeichnet werden. Allerdings genügt es, wenn der Antragsteller den Zeugen dadurch individualisiert, dass er konkrete Tatsachen aufzeigt, auf welchem Weg das Gericht die Personalien und den Aufenthalt dieses Zeugen feststellen und ihn laden kann.[1499] Klargestellt werden muss, weshalb der Zeuge etwas zu dem Beweisthema bekunden können soll.[1500]

[1494] BGH NStZ **2000**, 267.
[1495] BGH StV **1995**, 566.
[1496] BGH NJW **1988**, 1859.
[1497] *Joecks*, § 244 Rn 23
[1498] BGHSt **43**, 321, 329 f.; *Senge*, NStZ **2002**, 225, 231.
[1499] BGHSt **40**, 3, 6 f.; BGH NStZ **2005**, 246; OLG Köln StV **2002**, 355; LR-*Gollwitzer*, § 244 Rn 108; *Kindhäuser*, § 22 Rn 15.
[1500] BGH NStZ-RR **2001**, 43.

- **Konnexität:** Die Angabe des bloßen Beweisziels reicht nicht aus. Lässt sich nach dem bisherigen Beweisergebnis, der Aktenlage und dem Antrag keinerlei Verknüpfung des Beweisthemas mit dem benannten Beweismittel erkennen, sodass jeder Anhalt dafür fehlt, dass das Beweismittel überhaupt etwas zur Klärung der Beweisbehauptung beitragen kann, liegt trotz bestimmter Tatsachenbehauptung und Benennung eines konkreten Beweismittels kein Beweisantrag vor.[1501]

bb. Bedingter Beweisantrag, Hilfs- und Eventualbeweisantrag

Möglich ist auch das Stellen eines bedingten Beweisantrags, eines Hilfsbeweisantrags und eines Eventualbeweisantrags, wobei – wie noch zu sehen sein wird – eine Abgrenzung nicht immer eindeutig ist.[1502] 1017

Wird ein Beweisantrag unter einer Bedingung gestellt, etwa dass er nur gelten soll, wenn eine bestimmte Prozesslage eintritt, spricht man von **bedingtem Beweisantrag.**[1503] 1018

> **Beispiele:** Beweisantrag für den Fall, dass der Angeklagte nicht freigesprochen wird; Beweisantrag für den Fall, dass das Gericht einen Zeugen für glaubwürdig hält oder eine bestimmte Entscheidung trifft.

Über einen solchen Antrag ist nur zu entscheiden, wenn die Bedingung eintritt.[1504] 1019

Demgegenüber handelt es sich um einen **Hilfsbeweisantrag**, wenn der Antrag von der Entscheidung über einen unbedingt gestellten verfahrensabschließenden Hauptantrag abhängig gemacht wird. Dies ist der Fall, wenn der Antrag nur gelten soll, wenn der Angeklagte nicht freigesprochen wird. Ein Hilfsbeweisantrag wird grds. erst in den Urteilsgründen beschieden.[1505] 1020

Beim **Eventualbeweisantrag** handelt es sich um eine Kombination von bedingtem Beweisantrag und Hilfsbeweisantrag, nämlich um einen bedingten Beweisantrag, der im Schlussvortrag als Hilfsantrag gestellt wird.[1506] 1021

cc. Form und Zeitpunkt

Beweisanträge müssen mündlich in der Hauptverhandlung gestellt werden, wobei es zweckmäßig (und üblich) ist, sie zuvor schriftlich zu verfassen und vorzulesen; sie sind bis zum Beginn der Urteilsverkündung zulässig und müssen vom Vorsitzenden angenommen werden.[1507] Vor Beginn der Hauptverhandlung gestellte Beweisanträge sind in der Hauptverhandlung zu wiederholen. Nach Beginn der Urteilsverkündung und bis zum Schluss der mündlichen Verhandlung steht es im Ermessen des Vorsitzenden, ob er einen weiteren Antrag entgegennimmt.[1508] Maßstab ist dann aber die Aufklärungspflicht nach § 244 II StPO, die es gebieten kann, den verspäteten Beweisantrag anzunehmen. 1022

Wird aber die Urteilsbegründung zur Entgegennahme des Antrags unterbrochen, findet § 244 III-V StPO Anwendung.[1509] 1023

[1501] BGHSt **43**, 321, 329 f.; *Kindhäuser*, § 22 Rn 16.
[1502] Daher werden die Begriffe teilweise auch synonym verwendet bzw. es werden uneinheitliche Definitionen verwendet (ein völlig anderes Begriffsverständnis findet sich z.B. bei *Volk*, § 25 Rn 9 f.).
[1503] *Schlothauer*, StV **1988**, 542, 548.
[1504] BGH NStZ **1989**, 191; BGHSt **29**, 396, *Meyer-Goßner*, § 244 Rn 22.
[1505] *Meyer-Goßner*, § 244 Rn 22a.
[1506] BGH StV **1990**, 149, *Meyer-Goßner*, § 244 Rn 22b; *Niemöller*, JZ **1982**, 884, 885.
[1507] BGHSt **16**, 389, 391; **21**, 118, 124.
[1508] BGH NStZ **1986**, 182.
[1509] BGH StV **1985**, 398.

1024 Nach dem 1. Senat des BGH folgt aus dem Recht und der Pflicht des Vorsitzenden zur Verfahrensleitung die Befugnis, eine Frist zur Stellung von Beweisanträgen zu setzen und verspätet gestellte Beweisanträge abzulehnen.[1510] Das steht im Widerspruch zum klaren Wortlaut des § 246 I StPO.[1511] Allein das verspätete Stellen eines Beweisantrags ist gerade kein Ablehnungsgrund (vgl. § 246 I StPO). Allerdings kann **Verschleppungsabsicht** vorliegen und der Antrag abgelehnt werden, wenn er schon lange vor Beginn der Urteilsverkündung oder der Hauptverhandlung hätte gestellt werden können (§ 244 III S. 2 StPO).[1512] Daher ist es verfassungsrechtlich auch nicht zu beanstanden, wenn der Vorsitzende eine **Frist** zur Stellung von Beweisanträgen setzt.[1513]

1025 Führt die verspätete Namhaftmachung eines Zeugen usw. dazu, dass den Prozessbeteiligten die Möglichkeit genommen wird, deren Glaubwürdigkeit und sachliche Zuverlässigkeit zu prüfen, ist ein Antrag auf Aussetzung der Hauptverhandlung statthaft (§ 246 II, III StPO). Die Vorschrift gilt analog für sachliche Beweismittel, deren Vorhandensein den Beteiligten nicht rechtzeitig bekannt wurde.[1514]

1026 Über den Antrag entscheidet das Gericht, nicht der Vorsitzende, nach pflichtgemäßem Ermessen (insoweit ist die Formulierung in § 246 IV StPO, in der von freiem Ermessen gesprochen wird, irreführend; denn in einem Rechtsstaat muss jedes Ermessen pflichtgemäß ausgeübt werden; bei § 246 StPO kommt die gerichtliche Aufklärungspflicht nach § 244 II StPO hinzu, die das Ermessen einengt). Berechtigt ist eine Ablehnung daher nur dann, wenn es nicht um Umstände von verfahrenserheblicher Bedeutung geht[1515], die Beweisperson bereits bekannt war oder Nachforschungen nach ihr offensichtlich nicht nötig sind oder allgemein keine Umstände erkennbar sind, die ein solches Aussetzungsverlangen als begründet erscheinen lassen.[1516]

1027 Die gerichtliche Entscheidung über den verspäteten Antrag kann nicht mit dem Rechtsbehelf der Beschwerde gem. § 305 S. 1 StPO angefochten werden. Allerdings begründet ein Missbrauch des Ermessens bei der Ablehnung eines Aussetzungsantrags die Revision.[1517]

dd. Der Beweisermittlungsantrag

1028 Vom Beweisantrag zu unterscheiden ist der sog. Beweisermittlungsantrag. Darunter ist eine Aufforderung des Antragstellers an das Gericht zu verstehen, bestimmte, die Schuld oder die Rechtsfolge betreffende, Tatsachen zu ermitteln, diesem Begehren aber eine oder mehrere Voraussetzungen des Beweisantrags fehlen (z.B. der Antrag, Besucher einer Bar ausfindig zu machen, die bezeugen können, dass sich der Angeklagte zur Tatzeit in Wirklichkeit in dieser Bar aufgehalten hat).[1518]

1029 Der Beweisermittlungsantrag braucht nicht förmlich abgelehnt zu werden. Seine Nichtbeachtung kann allenfalls eine Verletzung der allgemeinen Aufklärungspflicht sein, die in der Revision nur mit der sehr schwer zu begründenden „Aufklärungsrüge" angegriffen werden kann.

[1510] BGH NJW **2009**, 605 ff.
[1511] Ablehnend auch *Gaede*, NJW **2009**, 608. Auch der 4. Senat ist anderer Meinung (NStZ-RR **2009**, 21).
[1512] Vgl. BGH NStZ **1990**, 350; *Ellbogen*, NStZ **2007**, 880, 881.
[1513] BVerfG NStZ **2010**, 155 f. mit Bespr. v. *Heintschel-Heinegg*, JA **2010**, 155.
[1514] OLG Hamm VRS **49**, 113; *Joecks*, § 246 Rn 2.
[1515] Vgl. BGH NJW **1990**, 1124.
[1516] *Meyer-Goßner*, § 246 Rn 5; *Joecks*, § 246 Rn 5.
[1517] BGH NJW **1990**, 1124; LR-*Gollwitzer* § 246 Rn 23.
[1518] Vgl. *Engländer*, Rn 209.

ee. Die Beweisanregung

Bei Beweisanregungen handelt es sich nicht um Beweisanträge, sondern um Anregungen, das Gericht möge nach seinem Ermessen entsprechende Beweise erheben. Sie dienen der Vorbereitung von Beweisanträgen, die der Antragsteller noch nicht stellen kann, weil er die Beweistatsache nicht kennt oder das Beweismittel nicht hinreichend konkret bezeichnen kann.[1519] 1030

Beispiele: Antrag auf Sachverständigenuntersuchung bzgl. des Geisteszustands und auf Augenscheinseinnahmen, deren Ergebnis ungewiss ist.[1520] Auch die unbestimmte Benennung eines Zeugen, der erst ermittelt werden müsste, fällt hierunter. Schließlich sind Anträge auf Gegenüberstellungen, auf Wiederholung einer Beweiserhebung zu derselben Beweisfrage oder auf die Vornahme von Versuchen und Experimenten Beweisanregungen.

Sowohl Beweisermittlungsantrag als auch Beweisanregung können ohne Gerichtsbeschluss und unabhängig vom Vorliegen eines Grundes der §§ 244, 245 StPO durch den Vorsitzenden (vgl. § 238 I StPO) abgelehnt werden. Allerdings ist das Gericht auch hier an seine Aufklärungspflicht aus § 244 II StPO gebunden und muss in ihrem Rahmen dem Antrag bzw. der Anregung ggf. nachgehen. Die Anrufung des Gerichts nach § 238 II StPO ist zulässig.[1521] 1031

ff. Ablehnung von Beweisanträgen

Beweisanträge dürfen nur aus den in § 244 III-V StPO für nicht präsente Beweismittel und den in § 245 II StPO für präsente Beweismittel genannten Gründen abgelehnt werden[1522] (Zeugen gelten nur als präsent, wenn sie geladen wurden und anwesend sind; die bloße Anwesenheit ohne Ladung genügt dagegen nicht). Dabei betrifft § 244 III StPO alle Beweismittel, wohingegen § 244 IV und V StPO besondere zusätzliche Ablehnungsgründe für Anträge auf Sachverständigenbeweis und Augenscheineinnahme enthalten. Zur Ablehnung bedarf es eines formellen Beschlusses des Gerichts (§ 244 VI StPO), der die wesentlichen Gesichtspunkte enthalten muss (§ 34 StPO). Anderenfalls liegt ein absoluter **Revisionsgrund** nach § 338 Nr. 8 StPO vor (s.o.). 1032

Anträge sind zunächst unzulässig, wenn sie von nicht antragsberechtigten Antragstellern stammen. Im Übrigen nennt das Gesetz folgende Ablehnungsgründe: 1033

a.) Unzulässige Beweiserhebung, § 244 III S. 1 StPO

Unzulässig ist die Beweiserhebung mit in der StPO nicht zugelassenen Beweismitteln und über Themen, die nicht Gegenstand einer Beweisaufnahme sein können, wie z.B. die Wahrnehmungen der erkennenden Richter in der laufenden Verhandlung.[1523] Auch die Beweiserhebung über Bestand und Auslegung des inländischen Rechts und seiner Anwendung ist unzulässig. 1034

Beispiel: Gemäß § 190 S. 2 StGB ist der Wahrheitsbeweis in Bezug auf die behauptete oder verbreitete Tatsache, die eine Straftat darstellt, ausgeschlossen, wenn der Beleidigte vor der Behauptung oder Verbreitung rechtskräftig freigesprochen wurde. Stellt ein antragsberechtigter Verfahrensbeteiligter also einen Beweisantrag in Bezug auf dieses Thema, ist die Beweiserhebung unzulässig.

[1519] Vgl. BGHSt **30**, 131, 142. Vgl. auch *Trück*, NStZ **2007**, 377 ff.
[1520] *Meyer-Goßner*, § 244 Rn 25.
[1521] *Meyer-Goßner*, 244 Rn 27.
[1522] BGHSt **29**, 149, 151. Vgl. auch *Becker*, NStZ **2006**, 495, 496 f.
[1523] BGH StV **2004**, 355.

1035 Beweismittelverbote ergeben sich auch aus §§ 52, 53, 53a, 54, 81c, 96, 250 und 252 StPO. Unzulässig ist die Beweiserhebung auch, wenn der Beweis durch verbotene Methoden (§§ 136a, 69 III StPO) oder durch andere Verstöße gegen gesetzliche Vorschriften erlangt worden ist.

Beispiel: Der Angeklagte wurde im Ermittlungsverfahren von Kriminalkommissar K unter Verstoß gegen § 136a StPO (verbotene Vernehmungsmethoden) zum Geständnis gedrängt.

Würde in der Hauptverhandlung der StA nun beantragen, K als Zeuge zu vernehmen, damit dieser über den Inhalt des Geständnisses aussage, wäre die Erhebung des Beweises unzulässig.

b.) Offenkundige Beweistatsache, § 244 III S. 2 Var. 1 StPO

1036 Bestimmte Tatsachen gelten als bewiesen, ohne dass es einer Beweisführung bedarf; eine Beweiserhebung ist überflüssig. Zu unterscheiden ist zwischen allgemeinkundigen Tatsachen und gerichtskundigen Tatsachen

- **Allgemeinkundig** sind Tatsachen und Erfahrungssätze, von denen verständige und erfahrene Menschen regelmäßig ohne weiteres Kenntnis haben oder über die sie sich aus allgemein zugänglichen Quellen unschwer unterrichten können[1524], auch wenn sie keine besonderen Fachkenntnisse haben[1525].

  Beispiel: Geographische Gegebenheiten (etwa die Tatsache, dass Hamburg im Norden Deutschlands liegt); geschichtlich erwiesene Tatsachen (etwa dass der Holocaust stattgefunden hat), natur- oder gesellschaftliche Ereignisse

- **Gerichtskundig** sind Tatsachen und Erfahrungssätze, die der Richter im Zusammenhang mit seiner dienstlichen Tätigkeit zuverlässig in Erfahrung gebracht hat.[1526] Gleichgültig ist, ob er diese Kenntnisse im laufenden oder in einem anderen Verfahren oder sonst auf dienstlichem Weg erlangt hat (vgl. auch § 291 ZPO).

  Beispiel: Richter R hat in einem früheren Verfahren den im aktuellen Verfahren als Zeuge geladenen Z wegen Falschaussage verurteilt. Diese Tatsache braucht nicht noch einmal im Wege des Beweisverfahrens festgestellt zu werden.

  Bei Kollegialgerichten reicht die Kenntnis eines Richters aus, der sie den anderen Mitgliedern des Spruchkörpers vermitteln muss.[1527] Gerichtskundige Tatsachen müssen in der Regel im Rahmen der Verhandlung erörtert werden. Da dies nicht zu den wesentlichen Förmlichkeiten gehört, besteht kein Protokollierungszwang. Wird die Nichterörterung gerügt, kann die Richtigkeit des Revisionsvorbringens im Freibeweisverfahren geprüft werden.[1528]

c.) Bedeutungslosigkeit der Beweistatsache, § 244 III S. 2 Var. 2 StPO

1037 Eine Beweistatsache ist bedeutungslos, wenn ein Zusammenhang zwischen ihr und der abzuurteilenden Tat nicht besteht.[1529] Die Bedeutungslosigkeit kann sich aus rechtlichen oder tatsächlichen Gründen ergeben. Aus Rechtsgründen ist die Tatsache bedeutungslos, wenn eine Verurteilung schon aus anderen Gründen nicht möglich ist. Aus tatsächlichen Gründen bedeutungslos sind Indiztatsachen, wenn zwischen ihnen und dem Ge-

---

1524 BVerfGE **10**, 177, 183.
1525 BGHSt **26**, 56, 59.
1526 BGHSt **45**, 354, 357 f.
1527 BGHSt **34**, 209, 210.
1528 BGHSt **36**, 354, 355.
1529 Vgl. BGH NStZ-RR **2007**, 84 (dem sich anschließend *Becker*, NStZ **2007**, 513, 514).

genstand der Urteilsfindung kein Sachzusammenhang besteht oder wenn sie trotz eines Zusammenhangs selbst im Fall ihres Beweises die Entscheidung nicht beeinflussen könnten, weil sie zwar mögliche, nicht aber zwingende Schlüsse zulassen und das Gericht den möglichen Schluss nicht ziehen will.
Geht es um die Glaubwürdigkeit eines Zeugen, ist zu begründen, warum die zu beweisende Tatsache das Gericht auch im Falle ihres Nachweises unbeeinflusst lassen würde.
Ist das Gericht von dem Erwiesensein der Beweistatsache überzeugt, braucht kein Beweis erhoben zu werden. Wird ein Beweisantrag deshalb abgelehnt, dürfen sich die Urteilsfeststellungen dazu nicht in Widerspruch setzen. Unerheblich ist, ob die Tatsache zugunsten oder zu Lasten des Angeklagten wirkt.[1530]

d.) Tatsache bereits erwiesen, § 244 III S. 2 Var. 3 StPO

Ist eine Tatsache bereits erwiesen, darf das Gericht den diesbezüglichen Beweisantrag **1038**
ablehnen. Bewiesen ist eine Tatsache, wenn sich das Gericht aus dem bisherigen Beweisergebnis bereits eine feste Überzeugung von der Tatsache gebildet hat; insofern ist hier eine Vorwegnahme der Beweiswürdigung erlaubt.[1531] Das Gericht darf einen Beweisantrag aber nicht mit der Begründung ablehnen, das Gegenteil sei bereits erwiesen.[1532] Denn dies verstieße gegen das Verbot der Beweisantizipation; § 244 III S. 2 StPO enthält gerade keinen Ablehnungsgrund für den Fall, dass das Gegenteil der Beweistatsache erwiesen ist.[1533]

> **Beispiel:** T ist wegen Beteiligung an einer Schlägerei (§ 231 StGB) angeklagt. Drei Zeugen haben bereits ausgesagt, dass T an den Feindseligkeiten beteiligt gewesen sei. Als Verteidiger V die Vernehmung eines weiteren Zeugen, von dem er weiß, dass dieser T entlasten werde, beantragt, lehnt das Gericht diesen Antrag ab mit der Begründung, die Beteiligung des T sei bereits durch die drei Zeugen bewiesen.
>
> In diesem Fall war die Ablehnung des Beweisantrags rechtsfehlerhaft und kann mit der Revision gem. § 338 Nr. 8 StPO gerügt werden.

e.) Ungeeignetheit des Beweismittels, § 244 III S. 2 Var. 4 StPO

Auch die völlige Ungeeignetheit des Beweismittels macht eine Beweiserhebung entbehr- **1039**
lich. Völlig ungeeignet sind Beweismittel, deren Verwendung einen Erfolg der Beweiserhebung als von vornherein ausgeschlossen erscheinen lässt und zur Sachaufklärung nicht beizutragen vermag, sodass die Beweiserhebung auf eine bloße Verzögerung des Verfahrens hinausliefe. Dies muss nach sicherer Lebenserfahrung feststehen und sich aus den Beweismitteln im Zusammenhang mit der Beweisbehauptung selbst ergeben.[1534]

- So ist der **Sachverständigenbeweis** völlig ungeeignet, wenn der Sachverständige zu Vorgängen gehört werden soll, die ohne besondere Sachkunde wahrnehmbar sind oder das Gutachten auf unausgereiften oder wissenschaftlich nicht anerkannten Untersuchungsmethoden beruhen würde. Ungeeignet ist ein Sachverständigenbeweis auch, wenn sich der Sachverständige zu der ihm vorgelegten Beweisfrage überhaupt nicht äußern kann[1535] oder wenn die tatsächlichen Grundlagen für das Gutachten nicht beschafft werden können.[1536] Ist aber nur zweifelhaft, ob das Gutachten sichere Schlüsse auf die Richtigkeit der Beweistatsache zulässt, liegt keine völlige Ungeeignetheit vor.[1537]

[1530] Vgl. dazu insgesamt BGH StV **1992**, 259, 260; StV **1993**, 3, 4; NStZ-RR **1996**, 334; NStZ **2000**, 267; NStZ **2000**, 436; *Meyer-Goßner*, § 244 Rn 54-57; *Schweckendieck*, NStZ **1997**, 257, 259 f.
[1531] BGH StV **1983**, 319; LR-*Gollwitzer*, § 244 Rn 235; *Meyer-Goßner*, § 244 Rn 47; *Kindhäuser*, § 22 Rn 45.
[1532] Vgl. aber § 244 IV S. 2 StPO für den Sachverständigenbeweis.
[1533] *Kindhäuser*, § 22 Rn 45; *Volk*, § 25 Rn 21.
[1534] BGH NStZ **2004**, 508.
[1535] BGH NStZ **2008**, 116.
[1536] BGH NStZ **2003**, 611. Vgl. auch BGH NStZ-RR **2006**, 140, 141.
[1537] *Meyer-Goßner*, § 244 Rn 59a; *Joecks*, § 244 Rn 67.

- Die **Augenscheinnahme** ist völlig ungeeignet, wenn der Augenschein nicht rekonstruierbare örtliche Verhältnisse zur Tatzeit beweisen soll.[1538] So sind etwa Niederschriften über Telefongespräche bei der Überwachung nach § 100a StPO als Beweismittel völlig ungeeignet, wenn die Originaltonbänder gelöscht wurden und daher die Übereinstimmung zwischen Urkundeninhalt und Tonband nicht festgestellt werden kann.

  Beispiel: T ist wegen Raubes angeklagt. Da er kein Alibi vorweisen kann, beantragt er zum Beweis dafür, dass er den Tatvorwurf zu Recht bestreitet, die Untersuchung mit einem Polygraphen (sog. Lügendetektor). Der Vorsitzende lehnt den Beweisantrag ab.

  Die Anwendung eines Polygraphen (Lügendetektor) wurde in Deutschland früher in analoger Anwendung des § 136a I StPO wegen Verstoßes gegen die Menschenwürde generell als unzulässig angesehen. Dessen Einsatz kam daher auch nicht mit Einwilligung des Beschuldigten in Betracht, der damit seine Unschuld beweisen wollte. Nach der Grundsatzentscheidung des BGH verstößt die freiwillige Mitwirkung des Beschuldigten an einem Lügendetektoreinsatz nicht gegen Verfassungsgrundsätze oder § 136a StPO. Allerdings führe die polygraphische Untersuchung mittels Kontrollfragentests und Tatwissentests zu einem völlig ungeeigneten Beweismittel i.S.d. § 244 III S. 2 StPO, da es nicht möglich sei, eine gemessene körperliche Reaktion auf eine bestimmte Ursache zurückzuführen.[1539]

  Folgt man dieser Auffassung[1540], ist die Ablehnung des Beweisantrags rechtsfehlerfrei.

- Ein **Zeugenbeweis** ist völlig ungeeignet, wenn der Zeuge wegen körperlicher oder geistiger Gebrechen die in sein Wissen gestellte Wahrnehmung gar nicht machen konnte.[1541] Ob auch bei ständiger Zeugnisverweigerung eine völlige Ungeeignetheit anzunehmen ist, ist fraglich.[1542] Werden Zeugen für länger zurückliegende Vorgänge benannt, sind sie erst dann ungeeignet, wenn es unmöglich ist, dass sie die Geschehnisse zuverlässig in ihrem Gedächtnis behalten haben können.[1543] Entscheidend sind insofern der Gegenstand der Beweisbehauptung, die Persönlichkeit des Zeugen, die Bedeutung des Vorgangs für ihn und die Länge des Zeitablaufs.[1544]

  Beispiel: Ein Vorgang, der fünf Jahre zurückliegt, ist für den die Anzeige aufnehmenden Polizeibeamten schneller vergessen als für das Opfer der Straftat.[1545]

f.) Unerreichbarkeit des Beweismittels, § 244 III S. 2 Var. 5 StPO

1040 Ein Beweismittel ist unerreichbar, wenn alle Bemühungen des Gerichts, die der Bedeutung und dem Wert des Beweismittels entsprechen, erfolglos geblieben sind und keine begründete Aussicht besteht, das entsprechende Beweismittel in absehbarer Zeit beizubringen.[1546] Dass ein Zeuge unbekannt verzogen ist, macht ihn noch nicht ohne weiteres unerreichbar.[1547] Gleiches gilt, wenn er auf Ladung nicht erschienen ist oder Polizeibeamte ihn über das Wochenende nicht angetroffen haben.[1548] Entscheidend ist auch nicht, ob ein Zeuge am Terminstag verfügbar ist, sondern ob er in absehbarer Zeit vernommen werden kann.[1549]

[1538] *Meyer-Goßner*, § 244 Rn 59c.
[1539] BGHSt **44**, 308, 315; vgl. auch *Rill/Vossel*, NStZ **1998**, 481 ff.; *Meyer-Goßner*, § 136a Rn 24; *Volk*, § 9 Rn 16; *Kargl/Kirsch*, JuS **2000**, 537 ff.; *Schüssler*, JR **2003**, 188 ff.
[1540] Zur Kritik vgl. Rn 773.
[1541] *Meyer-Goßner*, § 244 Rn 59; *Joecks*, § 244 Rn 69.
[1542] Dafür BGH NStZ **1999**, 46; kritisch *Hecker*, JR **1999**, 428 ff.
[1543] BGH NStZ **1993**, 295.
[1544] *Meyer-Goßner*, § 244 Rn 60; *Joecks*, § 244 Rn 69.
[1545] *Joecks*, § 244 Rn 70.
[1546] BGHSt **29**, 390, 391; BGH NStZ **1983**, 180, 181; BGH StV **1986**, 418, 419; BGH NJW **1990**, 398 f.; KG StV **2005**, 13 f.; *Meyer-Goßner*, § 244 Rn 62a; *Joecks*, § 244 Rn 76; *Kindhäuser*, § 22 Rn 47.
[1547] KG StV **2005**, 13.
[1548] Vgl. BGH StV **1984**, 5.
[1549] BGH NStZ **1983**, 180.

Letztlich geht es um das Maß der erforderlichen Nachforschungen, welches sich immer nach der Bedeutung des Beweismittels für die Wahrheitsfindung richtet.[1550] Je bedeutender das Beweismittel für die Feststellung der Schuld ist, desto höher sind die Anforderungen an die Unerreichbarkeit. 1041

g.) Verschleppungsabsicht, § 244 III S. 2 Var. 6 StPO

Verschleppungsabsicht liegt vor, wenn der Antragsteller nicht die Erforschung des Beweises, sondern lediglich eine (nicht unerhebliche) Verzögerung des Verfahrens anstrebt.[1551] Die Ablehnung des Antrags setzt voraus, dass das Gericht im Wege der Beweisantizipation der Überzeugung ist, dass die Beweiserhebung nichts zugunsten des Antragstellers ergeben wird und dass auch der Antragsteller sich dessen bewusst ist und den Antrag ausschließlich zur Verfahrensverzögerung gestellt hat.[1552] Für die gerichtliche Überzeugung von der Verschleppungsabsicht ist insbesondere das bisherige Prozessverhalten des Antragstellers von Bedeutung.[1553] Indizien sind z.B. die Verweigerung einer Begründung zum Beweisantrag[1554], die Wiederholung eines zurückgenommenen Antrags oder ein sonst nicht erklärlicher Wechsel des Verteidigungsvorbringens[1555]. 1042

h.) Wahrunterstellung, § 244 III S. 2 Var. 7 StPO

Eine Beweiserhebung ist überflüssig, wenn das Gericht die Beweistatsache als wahr unterstellt, es sie also so behandelt, als wäre sie wahr. Dabei ist es selbstverständlich, dass nur den Angeklagten entlastende Tatsachen als wahr unterstellt werden dürfen. Folgerichtig kann sich § 244 III S. 2 Var. 7 StPO auch nur auf Beweisanträge beziehen, die zugunsten des Angeklagten gestellt worden ist. 1043

Das Gesetz sieht die Wahrunterstellung nur für erhebliche Beweistatsachen vor. Maßgeblich für die Beurteilung der Erheblichkeit ist der Zeitpunkt der Bescheidung des Beweisantrags.[1556] Das Gericht ist aber wegen der Wahrunterstellung nicht gezwungen, die Tatsache auch im Urteil als erheblich zu behandeln. Eine entsprechende Unterrichtung des Angeklagten vor Urteilsverkündung ist nicht erforderlich.[1557] Allerdings macht der BGH[1558] dann eine Ausnahme, wenn es nahe liegt, dass der Angeklagte wegen der Wahrunterstellung weitere Beweisanträge unterlässt.[1559] 1044

Die Wahrunterstellung bezieht sich auf die Beweistatsache selbst, nicht nur darauf, dass das Beweismittel sie bekunden oder sonst ergeben werde.[1560] Daher darf eine die Glaubwürdigkeit eines Zeugen in Frage stellende Tatsache nicht als wahr unterstellt werden. Das Gericht muss sich selbst einen unmittelbaren Eindruck verschaffen[1561], d.h. über diese Tatsache Beweis erheben. Dies gebietet der Vorrang der Aufklärungspflicht.[1562] 1045

[1550] BGHSt **22**, 118, 120. Vgl. auch die wortidentischen Ausführungen bei *Meyer-Goßner*, § 244 Rn 62a und *Joecks*, § 244 Rn 76 f.
[1551] BGHSt **21**, 118, 123; **22**, 124, 126; **29**, 149, 151; BGH NStZ **1984**, 230; BGH NStZ **2005**, 648, 649 f.; *Meyer-Goßner*, § 244 Rn 67; *Volk*, § 25 Rn 24.
[1552] BGHSt **29**, 149, 151; BGH NJW **1990**, 2328 f.; BGH NJW **1992**, 2711; BGH NJW **2005**, 2466, 2467 f.; OLG Köln StV **2002**, 238, 239 f.
[1553] BGH NStZ **1986**, 519.
[1554] *Meyer-Goßner* § 244 Rn 68.
[1555] Vgl. *Meyer-Goßner*, § 244 Rn 68.
[1556] BGH NJW **1961**, 2069, 2070.
[1557] BGH NStZ **1981**, 96; *Meyer-Goßner*, § 244 Rn 70; a.A. *Schweckendieck*, NStZ **1997**, 257, 260.
[1558] BGHSt **30**, 383, 385.
[1559] *Joecks*, § 244 Rn 84; a.A. *Meyer-Goßner*, § 244 Rn 70.
[1560] BGH StV **1995**, 5, 6.
[1561] OLG Hamburg StV **2001**, 332; *Volk*, § 25 Rn 26.
[1562] *Kindhäuser*, § 22 Rn 54.

i.) Anträge auf Sachverständigenbeweis, § 244 IV S. 1 StPO

1046 § 244 IV StPO normiert zusätzliche besondere Ablehnungsgründe für Anträge auf Sachverständigenbeweis. Solche Anträge kann das Gericht wegen **eigener Sachkunde** ablehnen (§ 244 IV S. 1 StPO)[1563], soweit nicht gesetzlich etwas anderes bestimmt ist (vgl. §§ 80a, 81, 246a, § 73 JGG).

- Gemäß § 244 IV S. 1 StPO kann die erstmalige Vernehmung eines Sachverständigen abgelehnt werden, wenn das Gericht selbst die erforderliche Sachkunde besitzt. Bei Kollegialgerichten ist insoweit die Sachkunde eines Gerichtsmitglieds ausreichend.[1564] Woher der Richter die eigene Sachkunde hat, ist gleichgültig.

  Beispiel: Beruflich oder außerberuflich erworbene Spezialkenntnisse, Kenntnisse aufgrund von Gutachten, die in gerichtlichen Verfahren erstattet worden sind, Gutachten aus dem Ermittlungsverfahren[1565]

  Geht es um die Beurteilung der Glaubwürdigkeit von Zeugen, kann sich das Gericht regelmäßig auf eigene Sachkunde zurückziehen[1566], sofern nicht besondere Umstände vorliegen.

  Beispiel: Beim Zeugen liegt eine Psychose oder hochgradige Medikamentenabhängigkeit vor.[1567]

  In der Regel wird das Gericht aber einen Psychologen mit der Glaubwürdigkeitsuntersuchung beauftragen; die Einschaltung eines Psychiaters ist regelmäßig nur erforderlich, wenn es Hinweise auf eine geistige Erkrankung des Zeugen oder auf Beeinträchtigungen durch psychopathologische Ursachen gibt.[1568]

  Die Frage der Schuldfähigkeit (§ 20 StGB) kann das Gericht aus eigener Sachkunde beurteilen, wenn es darum geht, dass der Angeklagte nicht von der Norm abweicht. Ansonsten bedarf es zur Beurteilung des Geisteszustandes regelmäßig eines Sachverständigen.[1569]

  Beispiele: Hat der Angeklagte einmal schwere Hirnverletzungen gehabt, muss ein Sachverständiger eingeschaltet werden, wenn nicht gänzlich Anhaltspunkte für eine bleibende Gehirnschädigung fehlen.[1570]

  Die verminderte Schuldfähigkeit (§ 21 StGB) wegen Spielsucht des Angeklagten kann das Gericht regelmäßig selbst beurteilen. Hat aber der Angeklagte seine Straftat zwecks Fortsetzung des Spiels begangen, mag die Einschaltung eines Sachverständigen erforderlich sein.[1571]

- § 244 IV S. 2 StPO verleiht dem Gericht das Recht, einen Antrag auf Vernehmung eines *weiteren* Sachverständigen zurückzuweisen, wenn durch das frühere Gutachten – nicht durch sonstige Beweismittel – bereits das Gegenteil der behaupteten Tatsache erwiesen ist.[1572] Bestehen aber Zweifel an der Sachkunde des ersten Gutachters, muss dem Beweisantrag stattgegeben werden (§ 244 IV S. 2 Halbs. 2 StPO). Geht es etwa um die Frage, ob eine Erkrankung Auswirkungen auf die Aussagetüchtigkeit eines Zeugen hat, darf sich das Gericht nicht mit einem psychologischen Gutachten begnügen, sondern muss zusätzlich einen Psychiater heranziehen.[1573] Steht das mündliche Gutachten im Widerspruch

---

[1563] Vgl. dazu auch BGH NStZ-RR **2006**, 140, 141; *Trück*, NStZ **2007**, 377 ff.; *Becker*, NStZ **2007**, 513, 515.
[1564] BGHSt **12**, 18, 19; BGH NStZ **1983**, 325.
[1565] *Joecks*, § 244 Rn 88.
[1566] BVerfG NJW **2004**, 209, 211; BGH NStZ **2005**, 394.
[1567] *Joecks*, § 244 Rn 90. Zu den wissenschaftlichen Anforderungen an ein Glaubwürdigkeitsgutachten (Nullhypothese, Inhaltsanalyse, Aussagegenese, Sexualanamnese) vgl. BGHSt **45**, 164 ff.
[1568] BGH NJW **2002**, 1813.
[1569] Vgl. BGH NStZ **1983**, 357; BGH NStZ-RR **2003**, 19.
[1570] OLG Frankfurt NStZ-RR **1997**, 366.
[1571] Vgl. BGH NJW **2005**, 230.
[1572] BGHSt **39**, 49, 52; BGH StV **2005**, 6; *Meyer-Goßner*, § 244 Rn 75; *Volk*, § 25 Rn 28. Vgl. auch *Trück*, NStZ **2007**, 377, 382.
[1573] BGH NStZ **1997**, 199.

zu den schriftlich erstatteten, muss ggf. ein weiterer Gutachter bestellt werden.[1574] Auch Widersprüche innerhalb des mündlichen Gutachtens zwingen zur Anhörung eines weiteren Sachverständigen, wenn diese nicht in der Verhandlung geklärt werden können.[1575]

j.) Anträge auf Augenscheinsbeweis, § 244 V S. 1 StPO

Die Ablehnung von Anträgen auf Augenscheinsbeweis steht im pflichtgemäßen Ermessen des Gerichts. Das Gericht muss prüfen, ob es die Aufklärungspflicht gebietet, ihnen nachzukommen.[1576] Drängt sich die Einnahme des Augenscheins nicht auf, kann das Gericht den Beweisantrag ablehnen und sich mit der Benutzung anderer Beweismittel genügen. **1047**

Beispiel: Besichtigung von Lichtbildern der Örtlichkeit statt Lokaltermin

Das Verbot der Beweisantizipation gilt für den Antrag auf Augenscheinnahme nicht. Daher kann der Antrag auch mit der Begründung abgelehnt werden, dass die Beschaffenheit des Augenscheinsgegenstands schon aufgrund der in der Hauptverhandlung erhobenen Beweise feststehe.[1577] Auch die Berufung auf eine Zeugenaussage kann genügen. Wenn aber der Augenschein gerade zu dem Zweck beantragt ist, die Aussage des Zeugen zu widerlegen, muss er regelmäßig durchgeführt werden.[1578] **1048**

k.) Anträge auf Vernehmung von Auslandszeugen, § 244 V S. 2 StPO

Die gleichen Regeln gelten gem. § 244 V S. 2 StPO für Beweisanträge auf Vernehmung von Zeugen, die sich im Ausland befinden. Die Frage, ob diese Zeugen unerreichbar sind, stellt sich erst, wenn ihre Vernehmung erforderlich ist. Das bemisst sich nach der Aufklärungspflicht des Gerichts. Abzuwägen sind einerseits das Gewicht der Strafsache sowie Wert und Bedeutung des Beweismittels vor dem Hintergrund der bisherigen Beweisaufnahme und andererseits der organisatorische Aufwand der Vernehmung und die Verzögerung des Verfahrens, gemessen am Grundsatz der Verhältnismäßigkeit.[1579] **1049**

Beispiel[1580]: T ist wegen Drogenhandels angeklagt. In der Hauptverhandlung sagt Zeuge Z, ein Verdeckter Ermittler der Polizei, aus, dass er T am 18.2.2010 auf der Autobahnraststätte Lüneburger Heide getroffen und dort von ihm die Lieferung von 10 kg Kokain zugesagt bekommen habe. Der Verteidiger des T legt eine Hotelrechnung aus Spanien vor und beantragt zum Beweis der Tatsache, dass T vom 13. bis 22.2.2010 dort übernachtet habe, die Vernehmung der Zeugin M, die an der Rezeption des Hotels arbeite und die Rechnung erstellt habe. Das Gericht lehnt den Beweisantrag mit der Begründung ab, dass es dem Zeugen K glauben werde.

Zwar darf in Fällen dieser Art die Beweisführung vorweggenommen (antizipiert) werden, die Antizipation muss aber sorgfältig und plausibel sein. Das war im vorliegenden Fall nicht geschehen. Denn konkrete Gründe dafür, dass die Aussage der M auf keinen Fall die Aussagen des Zeugen K entkräften könnte, gab es nicht. Die Beweiswürdigung des Gerichts war deshalb rechtsfehlerhaft.

[1574] BGH NStZ **1990**, 244; BGH NStZ **1991**, 448.
[1575] BGHSt **23**, 176, 185; *Joecks*, § 244 Rn 95.
[1576] Vgl. BGHSt **39**, 49, 52; BGH StV **2005**, 6; *Volk*, § 25 Rn 31; *Becker*, NStZ **2007**, 513, 516.
[1577] BGHSt **8**, 177, 180; BGH NStZ **1985**, 206; BGHSt **40**, 60, 62; *Perron*, JZ **1995**, 210, 211; *Beulke*, Rn 449; *Kindhäuser*, § 22 Rn 57; *Joecks*, § 244 Rn 99; *Meyer-Goßner*, § 244 Rn 78; *Volk*, § 25 Rn 30.
[1578] BGHSt **8**, 177, 181.
[1579] BGH NStZ **2002**, 653; *Volk*, § 25 Rn 31; *Becker*, NStZ **2007**, 513, 516.
[1580] In Anlehnung an BGHSt **40**, 60 ff.; *Volk*, § 25 Rn 31.

gg. Folge bei fehlerhafter Ablehnung: Revision

1050 Hat das Gericht Ermittlungen unterlassen, zu denen es sich aufgrund seiner Sachaufklärungspflicht nach § 244 II StPO gedrängt sehen musste, kann dies von der Verteidigung mit der Revision gerügt werden (Aufklärungsrüge). Allerdings sind die Anforderungen an die Begründetheit sehr hoch, da dem Gericht bei der Frage, welche Tatsachen entscheidungserheblich und welche Maßnahmen zur Sachaufklärung erforderlich sind, ein nicht unerheblicher Beurteilungsspielraum zukommt.

1051 Allerdings ist die Aufklärungsrüge nicht stets der richtige Rechtsbehelf. Wurde ein Beweisantrag gestellt und abgelehnt, ist statt der Erhebung einer Aufklärungsrüge die Verletzung des § 244 III-VI StPO zu beanstanden. Die Aufklärungsrüge kommt daher in Betracht, wenn ein Beweisantrag nicht gestellt oder als unzulässig abgelehnt worden ist (oder nach Beweisantragsgrundsätzen beschieden worden war).[1581]

1052 In der Revisionsschrift müssen die Tatsache, die das Gericht nicht ermittelt hat, und das Beweismittel, dessen sich der Tatrichter hätte bedienen sollen, bezeichnet werden.[1582] Ferner muss dargelegt werden, aufgrund welcher Umstände das Gericht weitere Ermittlungen hätte anstellen müssen[1583] und welches Ergebnis von der unterbliebenen Beweiserhebung zu erwarten gewesen wäre[1584].

1053 Rügeberechtigt sind außer dem Antragsteller auch solche Prozessbeteiligte, die mit dessen Interessen so erkennbar übereinstimmen, dass das Gericht auch ihnen gegenüber zur rechtlich einwandfreien Behandlung des Antrags verpflichtet war.[1585]

1054 Wird die Nichtbescheidung des Antrags gerügt, gehört zum notwendigen Revisionsvorbringen die inhaltliche Mitteilung des Beweisantrags. Wird die fehlerhafte Ablehnung gerügt, müssen außer dem Inhalt des Antrags auch der Inhalt des gerichtlichen Ablehnungsbeschlusses und die die Fehlerhaftigkeit des Beschlusses ergebenden Tatsachen mitgeteilt werden.[1586]

c. Umfang der Beweisaufnahme (präsente Beweismittel), § 245 StPO

1055 § 245 StPO ergänzt § 244 StPO und regelt die Behandlung der bei Gericht präsenten persönlichen und sachlichen Beweismittel. Die Vorschrift unterscheidet danach, ob es sich um persönliche oder sachliche Beweismittel handelt; außerdem kommt es darauf an, wer für die Präsenz gesorgt hat: In § 245 I StPO geht es um vom Gericht oder der StA, in § 245 II StPO um vom Angeklagten oder der StA herbeigeschafften Beweismittel. In beiden Fällen ist die Möglichkeit, eine Beweiserhebung abzulehnen, gegenüber § 244 StPO eingeschränkt.

1056 Gemäß § 245 **I** StPO müssen gerichtlich geladene Zeugen und Sachverständige auch ohne Antrag eines Verfahrensbeteiligten vernommen werden. Die Beweiserhebungspflicht setzt allein voraus, dass die Beweisperson vor Schluss der Beweisaufnahme erschienen ist und nicht wieder abbestellt wurde.[1587] Beruft sich der Zeuge auf sein Verweigerungsrecht nach §§ 52 f. StPO, ist eine Vernehmung nicht möglich. Sagt er infolge einer unrichtigen Belehrung durch das Gericht aus, ist § 245 StPO verletzt.

[1581] *Meyer-Goßner*, § 244 Rn 80.
[1582] BGHSt **2**, 168.
[1583] BGH NStZ **1999**, 45.
[1584] OLG Hamm NZV **2002**, 139.
[1585] BGH StV **1987**, 189; BGH StV **1998**, 523; *Meyer-Goßner*, § 244 Rn 84.
[1586] BGHSt **3**, 213, 214; BGH NStZ **1986**, 209; siehe auch BGH NStZ **1993**, 50.
[1587] *Meyer-Goßner*, § 245 Rn 3; *Joecks*, § 245 Rn 2.

Sonstige herbeigeschaffte Beweismittel i.S.d. § 245 I S. 1 StPO sind Augenscheinsgegenstände und Urkunden; für mitgebrachte schriftliche Zeugenaussagen und Sachverständigengutachten gelten §§ 251 I, § 256 StPO.[1588] Daneben fallen unter § 245 I StPO diejenigen Urkunden und Augenscheinsgegenstände, die das Gericht bis zum Schluss der Beweisaufnahme und die StA vor der Hauptverhandlung heranholen. 1057
Das bloße Vorhandensein der Beweisgegenstände an der Gerichtsstelle macht sie noch nicht zu Beweismitteln im Sinne des § 245 I StPO. Dazu werden sie erst, wenn das Gericht zu erkennen gegeben hat, dass von ihnen in der Beweisaufnahme Gebrauch gemacht werden soll.[1589] Ohne besonderen Antrag werden die sachlichen Beweismittel nur benutzt, wenn das Gericht nach § 243 I S. 2 StPO ihre Präsenz festgestellt hat oder wenn es sie selbst zu Beweiszwecken heranzieht. Im Übrigen hängt die Beweiserhebungspflicht von einem Antrag eines Prozessbeteiligten ab.

Beweispersonen, die von der StA (§ 214 III StPO) oder anderen Verfahrensbeteiligten (§ 220 StPO) geladen wurden und auch erschienen sind, gelten als präsent i.S.v. § 245 **II** S. 1 StPO. Ihre Vernehmung setzt einen Antrag voraus. Verglichen mit § 244 III-V StPO kann er aber nur unter engeren Voraussetzungen abgelehnt werden. Die Ablehnung wegen Unerreichbarkeit (§ 244 III S. 2 Var. 5 StPO) scheidet natürlich aus. Auch Wahrunterstellung (§ 244 III S. 2 Var. 7 StPO) ist unzulässig. Die „Bedeutungslosigkeit" (§ 244 III S. 2 Var. 2 StPO) ist reduziert auf den fehlenden Zusammenhang zwischen Beweistatsache und Tatvorwurf. Bei präsenten Sachverständigen darf sich das Gericht nicht auf eigene Sachkunde berufen und bei einem weiteren Sachverständigen nicht das Gegenteil der behaupteten Tatsache als erwiesen ansehen (§ 244 IV S. 2 StPO).[1590] 1058

Präsente sachliche Beweismittel (Augenscheinsobjekte) müssen verwendet werden; § 245 V S. 1 StPO gilt nicht.[1591] 1059

d. Freie richterliche Beweiswürdigung

Der Strafprozess kennt keine Beweisregeln, sondern basiert auf dem Grundsatz der freien richterlichen Beweiswürdigung. Dem Richter ist nicht vorgeschrieben, unter welchen Voraussetzungen er eine Tatsache für bewiesen oder nicht bewiesen halten soll.[1592] Entscheidend ist vielmehr seine (d.h. subjektive) Überzeugung, die er aufgrund der vorgebrachten Beweistatsachen gebildet hat. 1060

Da eine Überzeugung trotz aller bekundeten Objektivität aber niemals frei von subjektivem Befinden ist, muss die die Überzeugung ausmachende subjektive Gewissheit über das Vorhandensein entscheidungserheblicher Tatsachen anhand objektivierter Kriterien gebildet werden. Erforderlich ist ein nach der Lebenserfahrung ausreichendes Maß an Sicherheit[1593]; der Beweis muss mit lückenlosen nachvollziehbaren logischen Argumenten geführt sein. Fehlerfrei ist die Beweiswürdigung zudem nur dann, wenn alle in der Hauptverhandlung erhobenen (zulässigen) Beweise gewürdigt und im Urteil zugrunde gelegt wurden.[1594] Auch ein Geständnis oder der Widerruf eines Geständnisses sind nicht einfach hinzunehmen, sondern auf die Richtigkeit hin zu überprüfen.[1595] Bleiben auch nur geringe Zweifel an der Schuld, ist der Angeklagte in dubio pro reo freizusprechen.[1596] 1061

[1588] *Meyer-Goßner*, § 245 Rn 4; *Joecks*, § 245 Rn 2.
[1589] BGHSt **27**, 168 ff.
[1590] Vgl. *Volk*, § 25 Rn 33; *Joecks*, § 245 Rn 12; *Kindhäuser*, § 22 Rn 64.
[1591] *Volk*, § 25 Rn 34.
[1592] BGHSt **29**, 18, 20.
[1593] BGH NStZ-RR **2003**, 240; BGHSt **41**, 206, 214.
[1594] Es darf also kein Beweisverwertungsverbot entgegenstehen, BGHSt **29**, 109, 110.
[1595] BGH wistra **2003**, 351.
[1596] BGH NJW **2002**, 2260, 2261; BGH NJW **2004**, 1259, 1261. Zum Prozessgrundsatz in dubio pro reo vgl. ausführlich Rn 126 ff., 1137 sowie *R. Schmidt*, StrafR AT, Rn 50 ff.

1062 Folgende Überlegungen sind im Rahmen der freien richterlichen Beweiswürdigung einzubeziehen[1597]:

- Mittel für die Gewinnung der Überzeugung ist das, was (zulässigerweise) zum Gegenstand der Verhandlung gemacht wurde. Hierzu gehören nicht nur die Inhalte der Beweiserhebung, sondern auch die Schlussvorträge und das letzte Wort.
- Steht Aussage gegen Aussage und hängt die Entscheidung allein davon ab, welchen Angaben das Gericht folgt, werden besonders strenge Anforderungen an die Beweiswürdigung gestellt.[1598]
- Bedeutsam kann sein, dass ein Zeuge sich durch die den anderen belastende Aussage selbst entlasten will[1599], den Angeklagten teilweise zu Unrecht belastet oder in einem wesentlichen Punkt von einer früheren Tatschilderung abweicht.[1600] Besondere Vorsicht gebietet die Rspr. beim Wiedererkennen einer Person durch einen Zeugen.[1601] Denn der Zeuge ist zwar das wichtigste, aber auch das unsicherste Beweismittel (Rn 245).
- Ist ein Beweismittel unerreichbar (vgl. § 244 III S. 2 Var. 5 StPO – dazu Rn 1040), wird dies in einem gewissen Grad in die Würdigung der erreichbaren Beweismittel einbezogen.
- Beweisverbote bzw. Beweisverwertungsverbote bedeuten einen Ausschluss aus der Beweiswürdigung. So dürfen frühere Verurteilungen nur in den Grenzen des BZRG berücksichtigt werden (vgl. §§ 51, 66 BZRG).
- Das Schweigen des Angeklagten darf nur in engen Grenzen gewürdigt werden. Verweigert der Angeklagte in vollem Umfang die Einlassung in der Hauptverhandlung, dürfen daraus keine für ihn nachteiligen Schlüsse gezogen werden.[1602]
- Ein belastendes Indiz darf auch nicht daraus abgeleitet werden, dass ein Entlastungsbeweis erst sehr spät angeboten wurde[1603] oder der Angeklagte die Entbindung eines Zeugen von der Schweigepflicht verweigert[1604].
- Aus der Stellung von Beweisanträgen durch den Verteidiger darf keine Einlassung des schweigenden Angeklagten konstruiert werden.[1605] Werden tatsächliche Erklärungen durch den Verteidiger abgegeben, sind diese so lange nicht Einlassung des Angeklagten, wie dieser nicht ausdrücklich erklärt, dass er sie bestätigen wolle.[1606] Gibt jedoch der Verteidiger für den Angeklagten Erklärungen zur Sache ab, liegt kein Fall des Schweigens (mehr) vor.[1607]
- Schweigt der Angeklagte nur teilweise, darf dies nach überwiegender Auffassung als Beweisanzeichen verwertet werden[1608].
- Hat der Angeklagte im Vorverfahren geschwiegen und lässt er sich erst in der Hauptverhandlung ein, darf dies nicht als Beweisanzeichen verwertet werden.[1609] Dass er früher ausgesagt und in der Hauptverhandlung die Aussage verweigert hat, spricht ebenfalls nicht gegen ihn.[1610] Jedoch darf dann der Inhalt einer früheren Aussage nach § 254 StPO

[1597] Vgl. *Meyer-Goßner*, § 261 Rn 6 ff.; *Joecks*, § 261 Rn 5 ff.; *Volk*, § 29 Rn 5 ff.
[1598] BGHSt **44**, 153, 158 f.; BGH StV **1998**, 116; BGH NStZ-RR **2003**, 333; *Meyer-Goßner*, § 261 Rn 11a. Vgl. auch *Brause*, NStZ **2007**, 505, 509 ff.
[1599] BGH StV **2002**, 467.
[1600] BGHSt **44**, 256, 257.
[1601] BGHSt **28**, 310, 311; BVerfG NJW **2003**, 2444.
[1602] BVerfG NStZ **1995**, 555; BGHSt **34**, 324, 326; *Meyer-Goßner*, § 261 Rn 16. Vgl. dazu Rn 120 ff.
[1603] BGH NStZ **2002**, 161.
[1604] BGHSt **45**, 363, 364.
[1605] BGH NStZ **2000**, 495.
[1606] BGHSt **39**, 305, 306; siehe auch BGHSt **45**, 367, 369.
[1607] BGH StV **1998**, 59; siehe auch *Dahs*, NStZ **2004**, 451, 452; *Meyer-Goßner*, § 261 Rn 16.
[1608] BGHSt **20**, 298; **32**, 140, 145; *Meyer-Goßner*, § 261 Rn 17; a.A. *Park*, StV **2001**, 589, 591.
[1609] BGHSt **38**, 302, 305.
[1610] *Meyer-Goßner*, § 261 Rn 18.

oder durch Vernehmung der Verhörsperson in die Hauptverhandlung eingeführt werden; § 252 StPO gilt nicht, auch nicht analog.[1611]

- Das Aussageverhalten eines Zeugen darf nur in Grenzen zur Überzeugungsbildung verwertet werden. Schweigt dieser unberechtigterweise, muss der Tatrichter zuerst versuchen, ihn nach § 70 StPO zu einer Aussage zu veranlassen. Dann darf er diesen Umstand mit der gebotenen Vorsicht zur Überzeugungsbildung nutzen. Schweigt der Zeuge befugt aufgrund eines Zeugnisverweigerungsrechts nach § 52 StPO, ist dies nicht als belastendes Indiz verwertbar[1612], auch wenn er zuvor ausgesagt hat und erst in der Hauptverhandlung schweigt.[1613]
- Äußerungen des Beschuldigten außerhalb des Verfahrens sind nach ordnungsgemäßer Einführung in die Hauptverhandlung verwertbar, auch wenn er im Strafverfahren Angaben zur Sache nicht macht.[1614] So darf ein beschlagnahmter Unfallbericht an eine Haftpflichtversicherung durch Verlesung in die Hauptverhandlung eingeführt werden.[1615]
- Der Indizien- oder Anzeichenbeweis ist ein Beweis, bei dem von einer mittelbar bedeutsamen Tatsache (Indizien, Beweisanzeichen) auf eine unmittelbar entscheidungserhebliche Tatsache (Haupttatsache) geschlossen wird.[1616] Hilfstatsachen, die einen Schluss auf den Wert des Beweismittels zulassen (z.B. eine frühere Verurteilung des Zeugen wegen falscher Aussage) bilden eine Untergruppe der Indizien.[1617] Ein Indiz darf nur verwertet werden, wenn es in ordnungsgemäßer Weise in die Hauptverhandlung eingeführt worden ist.
- Bei der Indizienkette wird von einem Indiz auf ein zweites und drittes usw. geschlossen, bis am Ende die beweiserhebliche Tatsache feststeht. Die Kette dieser Schlussfolgerungen muss lückenlos sein. Der Wert der Indizienkette hängt vom schwächsten Glied ab.

Fehler in der Beweiswürdigung können mit der **Revision** gerügt werden. Allerdings wird **1063**
die Revision nur in engen Grenzen erfolgreich sein. Denn die Beweiswürdigung ist vor allem Aufgabe des Tatrichters; das Revisionsgericht kann auf die Sachbeschwerde hin nur bei Rechtsfehlern eingreifen, wenn also die Beweiswürdigung widersprüchlich, unklar oder nicht erschöpfend ist, wenn sie gegen wissenschaftliche Erkenntnisse, Denkgesetze oder Erfahrungssätze verstößt oder an die zur Verurteilung erforderliche Gewissheit zu hohe Anforderungen gestellt worden sind.[1618]

Aussichtsreicher ist die Sachrüge, die darauf basiert, dass aus dem unterschiedlichen **1064**
Aussageverhalten des Beschuldigten oder aus einer befugten Zeugnisverweigerung Schlüsse gezogen worden sind.[1619] Gleiches gilt, wenn der Nachweis geführt werden kann, dass die im Urteil getroffenen Feststellungen nicht durch die in der Hauptverhandlung verwendeten Beweismittel und nicht durch Vorgänge gewonnen worden sind, die zum Inbegriff der Hauptverhandlung gehören.[1620]

e. Beweisverbote

Der Untersuchungsgrundsatz verlangt die Erforschung und Aufklärung des tatsächlichen **1065**
Sachverhalts. Hierfür sind grds. alle erreichbaren Beweismittel heranzuziehen. Dieser

---

[1611] BGHSt **1**, 337, 339.
[1612] BGHSt **32**, 140, 141.
[1613] BGH StV **1991**, 450.
[1614] *Miebach*, NStZ **2000**, 234, 235.
[1615] KG NZV **1994**, 403.
[1616] *Meyer-Goßner*, § 261 Rn 25.
[1617] *Meyer-Goßner*, § 261 Rn 25.
[1618] Vgl. BGH NStZ **1984**, 17; KK-*Schoreit*, § 261 Rn 51; *Pfeiffer*, § 261 Rn 20; *Meyer-Goßner*, § 261 Rn 38; *Joecks*, § 261 Rn 30.
[1619] Vgl. BGH NStZ **1986**, 325; BGH JR **1981**, 432; *Meyer-Goßner*, § 261 Rn 38; *Joecks*, § 261 Rn 31; siehe aber auch BGHSt **38**, 302, 303.
[1620] BGH NStZ-RR **1998**, 17; *Meyer-Goßner*, § 261 Rn 38a.

Wahrheitserforschung sind allerdings in einem rechtsstaatlichen Verfahren Grenzen gesetzt: bestimmte Arten des Beweises sind unzulässig. Die Verbote können sich dabei zum einen auf die Beweiserhebung und zum anderen auf die Beweisverwertung beziehen.

aa. Beweiserhebungsverbote

1066 Beweiserhebungsverbote verbieten es, sich Beweise über ein bestimmtes Thema, mit gewissen Mitteln oder bestimmten Methoden zu verschaffen. Dementsprechend unterscheidet man zwischen Beweisthema-, Beweismittel- und Beweismethodenverbote.

- **Beweisthemaverbote** untersagen es, bestimmte Tatsachen aufzuklären.

  Beispiele: Eine Tatsache ist offenkundig und deshalb nicht beweisbedürftig; eine Tatsache ist bereits erwiesen (§ 244 III S. 2 StPO).

  Ein Beweisantrag, der darauf gerichtet ist, den Inhalt der Beratungen des Gerichts zu erfahren, muss als unzulässig abgelehnt werden (§ 244 III S. 1 StPO), weil das Beratungsgeheimnis entgegensteht (§ 43 DRiG) und deshalb die Beweiserhebung über dieses Thema unzulässig ist. Auch die Erörterung bereits getilgter Vorstrafen ist ein unzulässiges Beweisthema (§ 51 I BZRG).

- **Beweismittelverbote** schließen nicht ein Beweisthema, sondern dessen Aufklärung mit bestimmten Beweismitteln aus.

  Beispiele: Zeugenaussagen, wenn der Zeuge von einem Zeugnisverweigerungsrecht Gebrauch macht; Urkundenbeweis mit Schriftstücken, die gesperrt sind (§ 96 StPO); Ersetzung des Personalbeweises durch den Urkundenbeweis in § 250 S. 2 StPO

- **Beweismethodenverbote** schließen zwar nicht das Beweisthema, aber bestimmte Methoden aus, einen Beweis zu gewinnen. Von besonderer Bedeutung ist hier die (nicht abschließende) Regelung über verbotene Vernehmungsmethoden, § 136a StPO.

  Beispiele: Misshandlung (z.B. Schläge); Quälerei; Verabreichung von Mitteln (z.B. Drogen); Hypnose; Ermüdung (erst in Extremfällen, z.B. 30-stündiges Dauerverhör); Zwang; Drohung (nur mit einer verfahrensrechtlich unzulässigen Maßnahme, z.B. mit U-Haft, obwohl kein Haftgrund besteht); Versprechen unzulässiger Vorteile (z.B. die Polizei macht die „bindende" Zusage einer Strafaussetzung zur Bewährung bei Abgabe eines Geständnisses); Täuschung (z.B. bewusstes Vortäuschen von nicht bestehenden Tatsachen, bewusst falsche Darstellung der Rechtslage). Zulässig ist dagegen die kriminalistische List (z.B. Fangfragen). Vgl. dazu bereits ausführlich Rn 767 ff.

bb. Beweisverwertungsverbote

1067 Es leuchtet ein, dass ein aufgrund illegaler Beweiserhebung gewonnenes Beweisergebnis – zumindest im Grundsatz – einem Verwertungsverbot unterliegen muss. Aber auch wenn der Beweis ordnungsgemäß erhoben wurde, jedoch die Verwertung des Ergebnisses als solche zu tief bzw. in nicht zu rechtfertigender Weise in die Rechte eines Verfahrensbeteiligten eingreifen würde, besteht ein grundsätzliches Beweisverwertungsverbot. Es ist zwischen unselbstständigen und selbstständigen Beweisverwertungsverboten zu unterscheiden[1621]:

1068

- **Unselbstständige Beweisverwertungsverbote** sind solche, die Folge der Verletzung eines Beweiserhebungsverbots sind.[1622] Ein bedeutendes und gesetzlich bestimmtes unselbstständiges Beweisverwertungsverbot findet sich in § 136a III S. 2 StPO.

[1621] *Volk*, § 28 Rn 4 f.; *Kindhäuser*, § 23 Rn 4 ff.; *Joecks*, Einl. Rn 190 ff.
[1622] *Meyer-Mews*, JuS **2004**, 39 ff.; *Volk*, § 28 Rn 4; *Kindhäuser*, § 23 Rn 5.

Beispiel: Im Ermittlungsverfahren wird der Beschuldigte B polizeilich vernommen. B soll Mitglied in einer terroristischen Vereinigung sein. Nach einem 30-stündigen Dauerverhör unter Verweigerung von Speisen und Getränken und unter Blendung mit grellem Licht gesteht B endlich seine Mitgliedschaft.

Die Vernehmung des B stellt die Beweiserhebung dar. Die getätigte Aussage ist das Beweisergebnis. Die Frage, um die es hierbei geht, ist, ob das Beweisergebnis verwertet werden darf. Immerhin ist es unter Anwendung verbotener Vernehmungsmethoden (§ 136a StPO) zustande gekommen. Für die Zulässigkeit einer Verwertung sprechen die Durchsetzung des staatlichen Strafanspruchs und der Schutzanspruch der Allgemeinheit gegenüber dem Staat, dieser habe sich schützend und fördernd vor die Grundrechte zu stellen und die Allgemeinheit vor Straftätern zu schützen. Dagegen sprechen freilich wiederum die Grundrechte des Beschuldigten und der Umstand, dass in einem Rechtsstaat nur prozessual ordnungsgemäßes Verhalten geduldet werden darf. Vgl. dazu Rn 748 ff. Bei einem Verstoß gegen § 136a StPO hat der Gesetzgeber jedenfalls ein absolutes Beweisverwertungsverbot angeordnet (§ 136a III StPO).

- **Selbstständige Beweisverwertungsverbote** bestehen unabhängig davon, ob gegen 1069
  ein Beweiserhebungsverbot verstoßen wurde.[1623]

Beispiel: T ist der gewerbsmäßigen Bandenhehlerei (§ 260a StGB) verdächtig. Die StA führt eine richterlich angeordnete Telefonüberwachung durch (§ 100a S. 1 Nr. 2 StPO). In einem mitgehörten Telefonat offenbart der Gesprächspartner des T, der G, dass er einen Einbruchdiebstahl (§§ 242, 244 I S. 2 Nr. 1 StGB) begangen habe.

Zwar gehört der Einbruchdiebstahl nicht zu den Katalogstraftaten des § 100a StPO, dennoch war die Beweisgewinnung nicht fehlerhaft, da sich die Maßnahme gegen T richtete und auch richten durfte; die Information wurde also auf rechtmäßigem Wege gewonnen. Dennoch kann es der Grundrechtsschutz gebieten, auch „zufällig" und rechtmäßig gewonnene Erkenntnisse nicht zu verwerten. Auch dies hängt von einer umfassenden Abwägung ab. Dabei gilt: Je bedeutender das Grundrecht des Betroffenen ist und je intensiver in dieses eingegriffen wurde, desto höher muss das staatliche Strafverfolgungsinteresse sein, um eine Beweisverwertung zu rechtfertigen. Das wiederum hängt von der Bedeutung der Straftat ab. Ein (einfacher) Einbruchdiebstahl ist kaum geeignet, den Eingriff in das allgemeine Persönlichkeitsrecht (Art. 2 I i.V.m. 1 I GG) des G zu rechtfertigen. Nimmt man sogar einen Eingriff in die Intimsphäre und damit in den unantastbaren Kernbereich privater Lebensgestaltung an, ist für eine Abwägung von vornherein kein Raum; eine Verwertung wäre rechtswidrig.[1624]

a.) Insbesondere: Unselbstständige Beweisverwertungsverbote

Einige Beweisverwertungsverbote, die auf illegalen Beweiserhebungen basieren, sind 1070
gesetzlich normiert:

- § 136a III S. 2 StPO ordnet ein Beweisverwertungsverbot für alle Verstöße gegen die **Beweismethodenverbote** des § 136a I und II StPO an.
- § 100a IV S. 2 StPO ordnet ein Beweisverwertungsverbot für eine **Telekommunikationsüberwachungsmaßnahme** nach § 100a I StPO an, wenn durch sie Erkenntnisse aus dem Kernbereich privater Lebensgestaltung erlangt wurden (das Beweiserhebungsverbot ergibt sich aus § 100a IV S. 1 StPO – dazu Rn 587).
- § 100c V S. 3 StPO ordnet ein Beweisverwertungsverbot für eine **akustische Wohnraumüberwachungsmaßnahme** („großer Lauschangriff") nach § 100c I StPO an, wenn durch

---

1623 BGHSt **28**, 122, 124; *Meyer-Mews*, JuS **2004**, 39 ff.; *Volk*, § 28 Rn 5; *Kindhäuser*, § 23 Rn 6. Vgl. auch *Trüg/Habetha*, NStZ **2008**, 481 ff. zur „Liechtensteiner Steueraffäre".

1624 Vgl. BVerfGE **34**, 238, 245; **109**, 279, 313 ff. Zur Sphärentheorie des BVerfG bei Eingriffen in das allgemeine Persönlichkeitsrecht vgl. Rn 1125 ff.

sie Erkenntnisse aus dem Kernbereich privater Lebensgestaltung erlangt wurden (das Beweiserhebungsverbot ergibt sich aus § 100c V S. 1 und 2 StPO – dazu Rn 600).

- § 100c VI S. 1 StPO bestimmt, dass in den Fällen des **§ 53 StPO** eine **akustische Wohnraumüberwachungsmaßnahme** unzulässig ist; ergibt sich während oder nach Durchführung der Maßnahme, dass ein Fall des § 53 StPO vorliegt, sind gewonnene Erkenntnisse nicht verwertbar. § 100c VI S. 3 StPO bestimmt, dass § 160a IV StPO entsprechend gilt. Daraus folgt, dass das Beweisverwertungsverbot nicht gilt, wenn bestimmte Tatsachen den Verdacht begründen, dass die zeugnisverweigerungsberechtigte Person an der Tat oder an einer Begünstigung, Strafvereitelung oder Hehlerei beteiligt ist.

- § 100c VI S. 2 StPO bestimmt, dass in den Fällen der **§§ 52 und 53a StPO** aus einer **akustischen Wohnraumüberwachungsmaßnahme** gewonnene Erkenntnisse nur verwertet werden dürfen, wenn dies unter Berücksichtigung der Bedeutung des zugrunde liegenden Vertrauensverhältnisses nicht außer Verhältnis zum Interesse an der Erforschung des Sachverhalts oder der Ermittlung des Aufenthaltsortes eines Beschuldigten steht. Sind die zur Verweigerung des Zeugnisses Berechtigten einer Beteiligung oder einer Begünstigung, Strafvereitelung oder Hehlerei verdächtig, ist weder die Maßnahme unzulässig noch besteht ein Beweisverwertungsverbot (§ 160a IV StPO).

- Besonders kompliziert ist die seit 1.1.2008 geltende Regelung des § 160a StPO: **§ 160a I** S. 1 StPO bestimmt, dass eine (beliebige) Ermittlungsmaßnahme, die sich gegen eine in **§ 53 I S. 1 Nr. 1, 2 oder Nr. 4 StPO** genannte Person **richtet** und voraussichtlich Erkenntnisse erbringen würde, über die diese Person das Zeugnis verweigern dürfte, **unzulässig** ist (Beweiserhebungsverbot). Dennoch erlangte Erkenntnisse dürfen nicht verwendet werden (§ 160a I S. 2 StPO – daraus folgt ein Beweisverwertungsverbot). Aufzeichnungen hierüber sind unverzüglich zu löschen (§ 160a I S. 3 StPO). Die Tatsache ihrer Erlangung und der Löschung der Aufzeichnungen ist aktenkundig zu machen (§ 160a I S. 4 StPO). Das Verwertungsverbot gilt auch, wenn durch eine Ermittlungsmaßnahme, die sich zwar **nicht** gegen eine in § 53 I S. 1 Nr. 1, 2 oder Nr. 4 StPO genannte Person richtet, aber dennoch von einer dort genannten Person Erkenntnisse erlangt werden, über die sie das Zeugnis verweigern dürfte (§ 160a I S. 5 StPO). Schließlich ist § 160a I StPO entsprechend anzuwenden, soweit die in § 53a StPO Genannten das Zeugnis verweigern dürften (§ 160a III StPO).

  Daraus folgt:

  ⇨ Hinsichtlich einer Ermittlungsmaßnahme, die sich gegen eine in § 53 I S. 1 Nr. 1, 2 oder Nr. 4 StPO (oder in § 53a StPO) genannte Person **richtet** und voraussichtlich Erkenntnisse erbringen würde, über die diese Person das Zeugnis verweigern dürfte, besteht sowohl ein **Beweiserhebungs-** als auch ein **Beweisverwertungsverbot**.

  ⇨ Zwar kein Beweiserhebungs-, aber ein **Beweisverwertungsverbot** besteht, wenn sich die Maßnahme **nicht** gegen eine in § 53 I S. 1 Nr. 1, 2 oder Nr. 4 StPO (oder in § 53a StPO) genannte Person richtet, aber dennoch Erkenntnisse zu Tage fördert, über die die Person das Zeugnis verweigern dürfte.

  Beispiel: Gegen T läuft ein Ermittlungsverfahren. Er steht im Verdacht, an einer räuberischen Erpressung beteiligt zu sein. Um T zu überführen, ordnet der Ermittlungsrichter die akustische Wohnraumüberwachung bei T an. Die durchführenden Ermittlungsbeamten erlangen so Kenntnis über den Inhalt eines Gesprächs, das T mit seinem Verteidiger V führt. In diesem Gespräch gesteht T die Beteiligung an der Tat.

  In diesem Fall war die Wohnraumüberwachung nicht von vornherein unzulässig, weil sie sich nicht gegen eine in § 53 I S. 1 Nr. 1, 2 oder Nr. 4 StPO (oder in § 53a StPO) bezeichnete Person richtete, sondern den Strafverteidiger (Nr. 2) nur mittelbar betraf. Da die Überwachungsmaßnahme aber Erkenntnisse zu Tage förderte, über die V das Zeugnis verweigern dürfte, besteht ein Beweisverwertungsverbot (§ 160a I S. 5 StPO; § 160a V i.V.m. § 100c VI, V S. 3 StPO – dazu Rn 606 ff.).

Unabhängig von diesem Beispiel gilt, dass § 160a I-III StPO nicht anzuwenden sind, wenn bestimmte Tatsachen den Verdacht begründen, dass die zeugnisverweigerungsberechtigte Person an der Tat oder an einer Begünstigung, Strafvereitelung oder Hehlerei beteiligt ist (§ 160a IV StPO – sog. Kollusions- bzw. Verstrickungsklausel).

Schließlich gilt unabhängig von der gesamten Vorschrift des § 160a StPO, dass der Kernbereich privater Lebensgestaltung absolut geschützt ist (daher kann § 160a IV StPO z.B. nicht § 100c V StPO verdrängen).

- **§ 160a II** S. 1 Halbs. 1 StPO bestimmt, dass soweit durch eine (beliebige) Ermittlungsmaßnahme eine in **§ 53 I S. 1 Nr. 3 bis 3b oder Nr. 5 StPO** genannte Person **betroffen** wäre und dadurch voraussichtlich Erkenntnisse erlangt würden, über die diese Person das Zeugnis verweigern dürfte, die Maßnahme **nicht von vornherein unzulässig** ist, sondern die Frage nach der Rechtmäßigkeit der Maßnahme sowie die Verwendung hierbei gewonnener Daten im Rahmen der Prüfung der Verhältnismäßigkeit besonders zu berücksichtigen sind.[1625]

  Beispiel: T ist dringend tatverdächtig, an einer räuberischen Erpressung beteiligt gewesen zu sein. Um T zu überführen, ordnet der Ermittlungsrichter die akustische Wohnraumüberwachung bei T an. Die durchführenden Ermittlungsbeamten erlangen so Kenntnis über den Inhalt eines Gesprächs, das T mit einem Rechtsanwalt (der nicht sein Verteidiger ist) führt. In diesem Gespräch gesteht T die Beteiligung an der Tat.

  In diesem Fall war die Wohnraumüberwachung nicht von vornherein unzulässig, weil sie sich nicht gegen eine in § 53 I S. 1 Nr. 3 bis 3b oder Nr. 5 StPO (bzw. § 53a StPO) bezeichnete Person richtete, sondern den Rechtsanwalt (Nr. 3) nur mittelbar betraf.

  Hinsichtlich der gesetzlich angeordneten Verhältnismäßigkeitsprüfung gilt: Betrifft das Verfahren keine Straftat von erheblicher Bedeutung, ist i.d.R. nicht von einem Überwiegen des Strafverfolgungsinteresses auszugehen. Soweit geboten, ist die Maßnahme zu unterlassen oder, soweit dies nach der Art der Maßnahme möglich ist, zu beschränken (§ 160a II S. 1 Halbs. 2 und S. 2 StPO). § 160a II StPO ist entsprechend anzuwenden, soweit die in § 53a StPO Genannten das Zeugnis verweigern dürften (§ 160a III StPO). § 160a I-III StPO ist nicht anzuwenden, wenn bestimmte Tatsachen den Verdacht begründen, dass die zeugnisverweigerungsberechtigte Person an der Tat oder an einer Begünstigung, Strafvereitelung oder Hehlerei beteiligt ist (§ 160a IV StPO).

  Eine räuberische Erpressung ist ein Verbrechen und damit eine Straftat von erheblicher Bedeutung (zum Begriff vgl. Rn 661). Daher war es auch im vorliegenden Fall nicht unverhältnismäßig, den Gesprächsinhalt aufzuzeichnen und zu Lasten des T zu verwerten.

- Gemäß § 160a V StPO bleiben die Vorschriften der §§ 97 und 100c VI StPO von den Regelungen des § 160a I-IV StPO unberührt. Bezüglich § 100c VI StPO ergibt sich dann das Phänomen, dass auch die Vorschrift des § 100c VI S. 3 StPO unberührt bleibt. Diese Vorschrift ordnet wiederum die entsprechende Geltung des § 160a IV StPO an, wonach § 160a I-III StPO nicht gilt, wenn bestimmte Tatsachen den Verdacht begründen, dass die zeugnisverweigerungsberechtigte Person an der Tat oder an einer Begünstigung, Strafvereitelung oder Hehlerei beteiligt ist. Das bedeutet: Bei akustischen Wohnraumüberwachungsmaßnahmen bestehen Beweiserhebungs- und Beweisverwertungsverbote nicht, wenn bestimmte Tatsachen den Verdacht begründen, dass die zeugnisverweigerungsberechtigte Person an der Tat oder an einer Begünstigung, Strafvereitelung oder Hehlerei beteiligt ist (sog. Kollusions- bzw. Verstrickungsregel).

Vielfach enthält die StPO für fehlerhafte Beweiserhebungen jedoch keine ausdrückliche **1071**
Regelung in Bezug auf die Beweisverwertung. Folgerichtig besteht hinsichtlich der Frage, wann ein Verstoß gegen ein Beweiserhebungsverbot zu einem Beweisverwertungsverbot

---

[1625] Insofern hat sich der Gesetzgeber der sog. **Abwägungslehre** angeschlossen, die von der h.M. bzgl. nicht geregelter Beweisverwertungen vertreten wird (vgl. dazu Rn 1075).

führt, Unklarheit. Wie üblich bei gesetzlich nicht geregelten Fällen besteht auch hier eine Vielzahl von vertretenen Rechtsauffassungen. Klar ist, dass nicht jeder Verstoß gegen ein Beweiserhebungsverbot auch ein Beweisverwertungsverbot nach sich zieht, denn die StPO kennt keinen allgemein geltenden Grundsatz, dass jeder Verstoß gegen Beweiserhebungsvorschriften ein strafprozessuales Verwertungsverbot zur Folge hat.[1626] Klar dürfte ebenfalls sein, dass ein Beweisverwertungsverbot jedenfalls dann eingreift, wenn die Strafverfolgungsbehörden gezielt oder auch nur bewusst gegen Beweiserhebungsverbote verstoßen haben.[1627]

1072 Greift nicht schon von vornherein ein Beweisverwertungsverbot, bestehen hinsichtlich der Frage, wann ein Verstoß gegen ein Beweiserhebungsverbot auch ein Beweisverwertungsverbot zur Folge hat, folgende Konzepte:

1073
- Der BGH hat früher durchweg die **Rechtskreistheorie** vertreten und (aus Sicht der Revision) darauf abgestellt, ob die verletzte Vorschrift über die Beweiserhebung wesentlich dem Schutz des Rechtskreises des Beschuldigten dient oder hierfür nur von untergeordneter Bedeutung ist. Auch in einem aktuellen Beschluss stellt der BGH auf die Rechtskreistheorie ab, indem er entscheidet, dass ein Angeklagter keine Verfahrensrechte rügen könne, die dem Mitangeklagten (hier: Recht auf Benachrichtigung und Anwesenheit seiner Verteidigung) zustünden und ihn (den Angeklagten) nicht wesentlich berührten.[1628]

  Berührt demnach die Verbotsverletzung den Rechtskreis des Revisionsführers wesentlich, ist die Beweisverwertung verboten. Im Fall einer Verletzung der Belehrungspflicht gegenüber einem auskunftsverweigerungsberechtigten Zeugen gem. § 55 II StPO hatte der BGH die Revision des Angeklagten verworfen, weil diese Vorschrift nur den Zeugen vor Selbstbelastung schütze, aber keine wesentliche Funktion für den Angeklagten habe.[1629]

  Gegen die Rechtskreistheorie wird angeführt, dass insbesondere der Angeklagte nicht nur ein Recht habe, dass die seinen Rechtskreis berührenden Vorschriften beachtet werden, sondern vielmehr überhaupt prozessordnungsgemäß (gegen ihn) verfahren wird.[1630]

1074
- Die von einem Teil der Literatur vertretene **Schutzzwecktheorie** fragt danach, welchen Schutzzweck die verletzte Beweiserhebungsvorschrift hat. Bestehe der Zweck des Beweiserhebungsverbots gerade darin, ein verbotswidrig erlangtes Beweisergebnis von der Beweisverwertung auszuschließen, habe es ein solches Beweisverwertungsverbot zur Folge.[1631]

  Verstößt also die Strafverfolgungsbehörde z.B. gegen das Beschlagnahmeverbot aus § 97 I StPO, liegt nach der Schutzzwecktheorie ein Beweisverwertungsverbot vor. Denn das Beschlagnahmeverbot aus § 97 I StPO soll gewährleisten, dass sich jemand einem nach § 53 StPO zeugnisverweigerungsberechtigten, vertrauensverpflichteten Berufsangehörigen - z.B. einem Rechtsanwalt - anvertrauen kann, ohne befürchten zu müssen, dass die entsprechenden Unterlagen durch Beschlagnahme in die Hände von Strafverfolgern gelangen und damit unter Umgehung des § 53 StPO zur Überführung beitragen.[1632] Das Beschlagnahmeverbot soll also gerade verhindern, dass solche Unterlagen in einem Strafverfahren verwertet werden. Dementsprechend hat nach der Schutzzwecktheorie ein Verstoß gegen § 97 I StPO ein Beweisverwertungsverbot zur Folge.

[1626] Vgl. auch OLG Hamburg NJW **2008**, 2597, 2599.

[1627] Vgl. auch LG Itzehoe NStZ-RR **2008**, 249 sowie die Beispiele zur Hör- und Stimmenfalle bei Rn 756 ff. und 770 ff., aber auch die Ausführungen zur Missachtung des Richtervorbehalts bei Wohnungsdurchsuchungen bei Rn 1113a und 1117.

[1628] BGH NStZ **2009**, 345 mit Bespr. v. *Kudlich*, JR **2009**, 303 f. und *Gless*, NStZ **2010**, 98 ff.

[1629] BGHSt **11**, 213, 215 ff. (Großer Senat). Vgl. auch BGHSt **38**, 214, 22; *Bauer*, NJW **1994**, 2530 ff.

[1630] *Fezer*, JuS **1978**, 325, 327 ff.; *Volk*, § 28 Rn 9; *Kindhäuser*, § 23 Rn 13; *Joecks*, Einl. Rn 193.

[1631] *Beulke*, Rn 458; *ders.*, ZStW 103 (**1991**), 657, 663 f.

[1632] Vgl. BVerfGE **38**, 312, 323; BGHSt **38**, 144, 146; OLG Frankfurt NJW **2002**, 1135, 1136; *Kindhäuser*, § 23 Rn 14.

Aber auch gegen die Schutzzwecktheorie werden Einwände erhoben. Sie sei in ihrer Anwendung problematisch, wenn sich der Schutzzweck eines Beweiserhebungsverbots nicht eindeutig bestimmen lasse.[1633] Zudem könnten über den Schutzzweck hinaus noch weitere Kriterien maßgeblich sein, um ein Beweisverwertungsverbot anzunehmen, so z.B. dann, wenn der Verfahrensverstoß ohne Verwertungsverbot die Legitimation des Strafverfahrens in Frage stellen würde.[1634]

- Mittlerweile haben sich die überwiegende Literatur und auch die Rechtsprechung der **Abwägungslehre** angeschlossen.[1635] Danach ist die Entscheidung für oder gegen ein Verwertungsverbot aufgrund einer umfassenden Güterabwägung zu treffen: Abzuwägen sind die Individualrechtsgüter (i.d.R. die Grundrechte) des Beschuldigten auf der einen Seite mit dem Strafverfolgungsinteresse des Staates auf der anderen Seite, wobei insbesondere die Schwere des (vorgeworfenen) Delikts einerseits und das Gewicht des Verfahrensverstoßes andererseits Eingang in die Abwägung finden. Als Faustformel kann man sagen: Je gravierender der Verfahrensverstoß ist, desto eher ist ein Beweisverwertungsverbot anzunehmen. Es kann keine Beweisführung um jeden Preis geben. **1075**

  Auch die Abwägungslehre kann nicht ohne Einwand bleiben, weil eine Abwägung stets mit subjektiven Anschauungen des die Abwägung vornehmenden Menschen verbunden ist. Daran ändert auch die von Juristen stets bekundete Objektivität nichts. Was bleibt, ist eine Rechtsunsicherheit, die zumindest mit Hilfe einer Kasuistik erträglich gehalten werden muss. In jedem Fall ist der Gesetzgeber berufen, eine umfassende Neuregelung des Beweisrechts vorzunehmen.

Man kann also sagen, dass die Beweiserlangung durch einen gezielten oder zumindest bewussten Rechtsbruch der Strafverfolgungsbehörden immer zu einem Beweisverwertungsverbot führt, wohingegen es bei anderen Rechtsverstößen auf deren Gewicht und die betroffenen Rechtsgüter ankommt. **1075a**

> **Hinweis für die Fallbearbeitung:** Aus der soeben beschriebenen Problematik für die Praxis wird zugleich die Chance für die Fallbearbeitung deutlich. Denn dadurch, dass bis auf die genannten gesetzlich geregelten Fälle von Beweisverboten unterschiedliche Modelle vertreten werden, kommt es für die Qualität der Falllösung auf eine überzeugende Argumentation an. Die bei Rn 1067 ff. vorgestellten Fallgruppen sollen eine Orientierung bei der Bewältigung unbekannter Fallgestaltungen geben.

Eine Frage, die sich immer wieder stellt, ist, ob eine Beweisverwertung rechtswidrig ist, wenn die Beweiserhebung hypothetisch rechtmäßig hätte erfolgen können (sog. **hypothetischer Ermittlungsverlauf**). **1076**

Beispiel[1636]: Die Polizei hat eine Durchsuchung und Beschlagnahme angeordnet und durchgeführt, ohne dass Gefahr im Verzug vorlag. Da allerdings die Voraussetzungen für eine richterlich angeordnete Wohnungsdurchsuchung vorlagen, hätte die Polizei die richterliche Anordnung einholen können und auch ohne weiteres erhalten.

Ließe man die hypothetische Rechtmäßigkeit genügen, könnte die Kompetenz des Richters folgenlos missachtet werden.[1637] Dennoch hält der BGH die bei einer solchen rechtsfehlerhaften Durchsuchung gewonnenen Beweise für verwertbar, soweit die Maßnahme weder

---

[1633] *Rudolphi*, MDR **1970**, 93, 97; *Grünwald*, Das Beweisrecht der StPO, **1993**, S. 155 ff.; *Volk*, § 28 Rn 10.
[1634] *Lesch*, § 3 Rn 162 f.; *Kindhäuser*, § 23 Rn 15.
[1635] BVerfGE **34**, 238, 247; **44**, 353, 374; **46**, 214, 222; **51**, 324, 344; **74**, 257, 262; BGHSt **37**, 30, 32; **38**, 122, 128; **38**, 214, 219 f.; **42**, 372, 377; **47**, 172, 179; BGH NJW **2007**, 2269, 2271; StV **2008**, 5 f.; OLG Schleswig SchlHA **2009**, 273 f.; OLG Hamburg NJW **2008**, 2597, 2599 f.; OLG Karlsruhe NStZ **2005**, 399; LG Itzehoe NStZ-RR **2008**, 249; *Rogall*, ZStW 91 (**1979**), 31; LR-*Gössel*, Einl. K Rn 140; KK-*Senge*, Vor § 48 Rn 27. Vgl. auch *Trüg/Habetha*, NStZ **2008**, 481 ff. zur „Liechtensteiner Steueraffäre". Vgl. aber auch den bereits erwähnten Beschluss BGH NStZ **2009**, 345, wo der BGH auf die Rechtskreistheorie abstellt.
[1636] Vgl. *Volk*, § 28 Rn 14.
[1637] Vgl. auch *Jahn/Dallmeyer*, NStZ **2005**, 297 ff.

willkürlich noch „mit einem besonders schwerwiegenden Fehler behaftet" ist und dem hypothetischen Verlauf (Erlass einer richterlichen Anordnung) „keine rechtlichen Hindernisse" entgegenstehen.[1638]

1077 So problematisch es einerseits ist, ein Verwertungsverbot regelmäßig zu verneinen, wenn die Möglichkeit bestanden hätte, entsprechende Erkenntnisse auf rechtmäßigem Weg zu erlangen, so bedenklich wäre es im Hinblick auf das Gebot zur Erforschung der materiellen Wahrheit und eine gerechte und gleichmäßige Aburteilung von Straftaten, wenn Fehler der Ermittlungsbehörden stets mit einem Verwertungsverbot sanktioniert würden.

> **Beispiel:** Der 7-jährige Kevin wird vermisst. Alles deutet darauf hin, dass er Opfer eines Gewaltverbrechens geworden ist. Der dringend tatverdächtige T wird vorläufig festgenommen. Unter Anwendung verbotener Vernehmungsmethoden (§ 136a StPO) nennt T als Aufenthaltsort der Leiche ein Schrebergartenhäuschen.
>
> Geht man davon aus, dass die Polizei eben dieses Anwesen mit Hunden, Suchgeräten etc. ohnehin absuchen wollte und sie somit die Leiche ohnehin in den nächsten Tagen gefunden hätte, könnte man sich auf den Standpunkt stellen, dass der Verstoß gegen § 136a StPO nicht zu einem Beweisverwertungsverbot führen müsse („hypothetical clean path doctrine", vgl. bereits Rn 782). Allerdings ist zu berücksichtigen, dass mit der Nennung des Leichenorts nicht nur eine schwere Selbstbelastung, sondern indirekt auch ein Geständnis einhergeht.[1639] Unter diesem Gesichtspunkt kann die verbotene Vernehmungsmethode nicht ohne weiteres durch ein hypothetisch erlangtes rechtmäßiges Beweisergebnis „geheilt" werden. Insgesamt handelt es sich um ein Problem, das sich einfachen Antworten verschließt.

1078 In Rechtsprechung und Literatur haben sich Fallgruppen herausgebildet, die bei der Frage nach den Folgen einer fehlerhaften Beweiserhebung zur Orientierung herangezogen werden können[1640]. Es geht um

- die Folgen einer fehlerhaft unterbliebenen Belehrung über die Rechte als Zeuge und andere Verwertungsverbote zugunsten von Zeugen,
- Verstöße gegen Vorschriften, die dem Schutz des Beschuldigten dienen,
- und um die Folgen fehlerhafter Zwangsmaßnahmen.

aa.) Fehlende Zeugenbelehrung nach § 52 III S. 1 StPO

1079 Der Angehörige, der als Zeuge aussagen soll, ist vor jeder Vernehmung über sein nach § 52 I, II StPO bestehendes Zeugnisverweigerungsrecht zu belehren (vgl. § 52 III S. 1 StPO, der gem. §§ 161a I S. 2, 163 III StPO auch bei Vernehmungen durch StA und Polizei gilt).

1080 Die Belehrung kann entweder vor oder nach der Vernehmung des Zeugen zur Person erfolgen. Allerdings wird sich i.d.R. die Vornahme der Belehrung nach den Angaben zur Person anbieten, weil sich häufig erst aus den persönlichen Daten das Bestehen eines Zeugnisverweigerungsrechts ergibt.

1081 In jedem Fall muss die Belehrung so klar und sachgemäß sein, dass der Zeuge das Für und Wider seiner Entscheidung abwägen kann. Hierfür kann es ausreichen, dass ein Zeuge darauf hingewiesen wird, dass er ein Zeugnisverweigerungsrecht habe, „falls" er zu den in § 52 I StPO bezeichneten Angehörigen des Angeklagten gehöre. Dies gilt

---

[1638] BGH NStZ **2004**, 449 f.

[1639] Das verkennt *Volk*, § 28 Rn 14.

[1640] Vgl. zu den nachfolgenden Fallgruppen die teilweise übereinstimmenden Ausführungen bei *Volk*, § 28 Rn 15 ff.; *Engländer*, Rn 231 ff.; *Kindhäuser*, § 23 Rn 19 ff.; *Joecks*, Einl. Rn 197 ff.

jedoch nur, wenn der Zeuge eine solche Belehrung für den - wie er weiß - auf ihn zutreffenden Fall erhält, dass er Angehöriger des Angeklagten ist.[1641]

Beispiel[1642]: T ist wegen sexuellen Missbrauchs einer Minderjährigen in 15 Fällen angeklagt. Die Taten soll er in der Zeit von 1986 bis 1990 begangen haben. Opfer ist die 1980 geborene Nebenklägerin O, deren Mutter zur Tatzeit mit dem Angeklagten verheiratet war.
O wird für die Hauptverhandlung als Zeugin geladen, in den Sitzungssaal hereingerufen und mit dem Gegenstand der Untersuchung und der Person des Angeklagten bekannt gemacht. Sie wird zur Wahrheit ermahnt, auf die Möglichkeit einer Beeidigung ihrer Aussage, die Bedeutung des Eides, die strafrechtlichen Folgen einer unrichtigen oder unvollständigen Aussage und auf ein möglicherweise bestehendes Auskunfts- oder Zeugnisverweigerungsrecht hingewiesen. Diesbezüglich führt der Vorsitzende die Belehrung wie folgt durch: „Sie sind berechtigt, falls Sie zu den in § 52 I StPO bezeichneten Angehörigen des Angeklagten oder eines derzeit oder früheren Mitbeschuldigten gehören, das Zeugnis und die Beeidigung des Zeugnisses zu verweigern." Daraufhin sagt O aus, weil sie der Auffassung ist, dass aufgrund der Ehescheidung ihrer Mutter mit T eine Verwandtschaft bzw. Schwägerschaft mit T nicht mehr bestehe.

Fraglich ist, ob diese Belehrung ordnungsgemäß war. Denn eine Belehrung muss so klar und sachgemäß sein, dass der Zeuge das Für und Wider seiner Entscheidung abwägen kann. Hierfür kann es ausreichen, dass ein Zeuge darauf hingewiesen wird, dass er ein Zeugnisverweigerungsrecht habe, „falls" er zu den in § 52 I StPO bezeichneten Angehörigen des Angeklagten gehöre. Dies gilt jedoch nur, wenn der Zeuge eine solche Belehrung für den - wie er weiß - auf ihn zutreffenden Fall erhält, dass er Angehöriger des Angeklagten ist.

So liegt es hier jedoch nicht. O war gem. § 52 I Nr. 3 StPO zur Zeugnisverweigerung berechtigt, denn sie war nach wie vor mit dem Angeklagten als dessen Stieftochter in gerader Linie verschwägert (Art. 51 EGBGB i.V.m. §§ 1589 I S. 1, 1590 I BGB). Diese Schwägerschaft dauerte gem. § 1590 II BGB fort, auch wenn die Ehe, durch die sie begründet wurde, inzwischen geschieden war.

Allerdings war O davon ausgegangen, dass sie nicht mehr die Stieftochter des Angeklagten sei, und hat sich selbst als mit diesem „nicht verwandt und nicht verschwägert" bezeichnet. Es hätte deshalb einer ergänzenden Belehrung der O dahin bedurft, dass sie mit dem Angeklagten (weiterhin) verschwägert sei und demgemäß ein Zeugnisverweigerungsrecht habe. Die Belehrung durch den Vorsitzenden war daher fehlerhaft.

Ist die Belehrung unterblieben (oder fehlerhaft), darf die Aussage nicht verwertet werden, also weder verlesen noch durch die Vernehmung von Verhörspersonen rekonstruiert werden. Das folgt aus dem Schutzzweck des Zeugnisverweigerungsrechts: § 52 StPO soll nicht nur den Zeugen vor dem Konflikt zwischen Wahrheitspflicht und persönlichen Interessen bewahren, sondern allgemein Rücksicht auf die familiäre Verbundenheit nehmen.[1643] Kein Verwertungsverbot soll allerdings vorliegen, wenn der Zeuge sein Zeugnisverweigerungsrecht gekannt hat und auch bei Belehrung ausgesagt hätte. Revisionsrechtlich gesehen beruht dann das Urteil nicht auf dem Fehler. **1082**

Umstritten ist in diesem Zusammenhang, ob bei einem verstorbenen Zeugen die Niederschrift über eine frühere Vernehmung nach § 251 I Nr. 1, II S. 2 StPO verlesen werden darf, wenn die Belehrung nach § 251 III S. 1 StPO fehlt. Die h.M. bejaht die Möglichkeit der Verwertung[1644]; eine Mindermeinung in der Literatur nimmt dagegen ein Verwertungsverbot an[1645]. **1083**

[1641] Vgl. BGHSt **32**, 25, 31; BGH NStZ **2006**, 647, 648.
[1642] In Anlehnung an BGH NStZ **2006**, 647 f.
[1643] BGHSt **11**, 213, 216.
[1644] BGHSt **22**, 35, 36; *Geppert*, Jura **1988**, 305, 310 f.
[1645] *Beulke*, Rn 461.

bb.) Verletzung der Schweigepflicht durch Vertrauenspersonen i.S.d. § 53 StPO

1084 Bei den Angehörigen der in §§ 53, 53a StPO genannten Berufsgruppen geht der Gesetzgeber davon aus, dass diese ihr Zeugnisverweigerungsrecht kennen. Daher hat er insoweit auch keine Belehrungspflicht normiert. Eine unterlassene Belehrung ist demnach also nicht rechtsfehlerhaft. Etwas anderes kann aber gelten, wenn die Vernehmensperson erkennt, dass die zeugnisverweigerungsberechtigte Person ihr Recht nicht kennt, diese also irrig glaubt, zur Aussage verpflichtet zu sein. Dann kann unter dem Aspekt der Fürsorgepflicht eine Belehrungspflicht angenommen werden, die bei Verletzung ein Verwertungsverbot nach sich zieht und die Revision begründet. Das Gleiche gilt, wenn die Vernehmensperson die objektiv falsche Auskunft gibt, der Zeuge sei von seiner Schweigepflicht entbunden und daher zur Aussage verpflichtet (§ 53 II StPO).[1646]

1085 Nach h.M. besteht ein Verwertungsverbot aber nicht, wenn der Arzt, Rechtsanwalt etc. von seinem Zeugnisverweigerungsrecht keinen Gebrauch macht und aussagt bzw. ohne Genehmigung des Patienten, Mandanten etc. aussagt.[1647] Denn prozessual ist er nur berechtigt, nicht verpflichtet, das Zeugnis zu verweigern. Dass er mit der Aussage das Vertrauen seines Patienten, Mandanten etc. schwer enttäuscht und sich ggf. nach § 203 StGB strafbar macht, ändert nichts an der Verwertbarkeit seiner Aussage. Vgl. dazu das Beispiel bei Rn 279.

cc.) Fehlende Genehmigung nach § 54 StPO

1086 Bei einer fehlenden Genehmigung nach § 54 StPO besteht kein Verwertungsverbot. Denn Zweck dieser Vorschrift ist nicht, den Angeklagten zu schützen, sondern die Wahrung von Dienstgeheimnissen.

dd.) Fehlende Zeugenbelehrung nach § 55 II StPO

1087 Die Belehrung nach § 55 II StPO ist – anders als diejenige nach § 52 III S. 1 StPO – nicht zwingend vor jeder Vernehmung durchzuführen, spätestens aber dann, wenn Grund zu der Annahme besteht, dass die Voraussetzungen des Aussageverweigerungsrechts
nach § 55 I StPO vorliegen. Ob eine unterlassene, gem. § 55 II StPO aber erforderliche Belehrung zu einem Verwertungsverbot der getätigten Aussage führt, ist zwar streitig, wird von der h.M. aber verneint. § 55 StPO diene allein dem Schutz des Zeugen vor einer Selbstbelastung oder einer Belastung naher Angehöriger, nicht jedoch dem Schutz des Angeklagten, sodass dessen Rechtskreis durch eine Verletzung der Belehrungspflicht nicht berührt werde.[1648] Vgl. dazu das Beispiel bei Rn 285.

ee.) Verstoß gegen ein Beschlagnahmeverbot, § 97 StPO

1088 § 97 StPO zählt Gegenstände auf, die nicht der Beschlagnahme (§§ 94 ff. StPO – dazu Rn 410 ff., 451 ff.) unterliegen, d.h., die nicht beschlagnahmt werden dürfen. Das Beschlagnahmeverbot will verhindern, dass das Zeugnisverweigerungsrecht eines Arztes, Rechtsanwalts etc., das Ausdruck eines besonderen Vertrauensverhältnisses zwischen dem Berufsgeheimnisträger und seinem Mandanten, Patienten etc. ist, dadurch umgangen wird, dass man sich schriftliches oder anderes Material bei ihm beschafft und aus-

---

[1646] Vgl. BGHSt **42**, 73, 76.
[1647] BGHSt **18**, 146 147 f.; LR-*Dahs*, § 53 Rn 11; *Kudlich/Roy*, JA **2003**, 565, 569; a.A. *Beulke*, Rn 462; *Freund*, GA **1993**, 49, 56 ff.; *Roxin*, § 26 Rn 22.
[1648] BGHSt **11**, 213, 218; BGH NJW **1992**, 2304, 2305; LR-*Dahs*, § 55 Rn 19; *Meyer-Goßner*, § 55 Rn 17; *Joecks*, § 55 Rn 7; *Beulke*, Rn 464; wird allerdings später ein Verfahren gegen den Zeugen eingeleitet, ist dort seine Aussage nicht verwertbar, da sein Rechtskreis hier tangiert ist.

wertet. Material, das unter Verstoß gegen das Beschlagnahmeverbot des § 97 StPO erlangt wurde, darf also nicht verwertet werden.[1649] Siehe dazu auch Rn 469.

ff.) Zeugnisverweigerung in der Hauptverhandlung, § 252 StPO

Sagt ein Zeuge zunächst (d.h. im Ermittlungsverfahren) aus, macht dann aber in der Hauptverhandlung von seinem Zeugnisverweigerungsrecht nach §§ 52-54 StPO Gebrauch (**nachträgliche Zeugnisverweigerung**), darf gem. § 252 StPO das Protokoll über seine frühere Aussage nicht verlesen werden. Die Vorschrift stellt damit eine Ausnahme von den Verlesungsvorschriften der §§ 249, 251, 253, 254, 256 StPO dar und soll verhindern, dass das Zeugnisverweigerungsrecht über den Umweg der Verlesung umgangen wird. Zu den Verlesungsvorschriften und dem Verlesungsverbot vgl. ausführlich Rn 271 ff. und 957. Zur Frage, ob die damalige Vernehmungsperson (d.h. die Person, die den Zeugen damals vernommen hat, als dieser noch nicht von seinem Zeugnisverweigerungsrecht Gebrauch gemacht hat), nunmehr als Zeuge vernommen werden darf, vgl. Rn 904. **1089**

gg.) Fehlerhafte Beschuldigtenbelehrung, §§ 136 I, 243 IV StPO

Auch zu den Fehlern bei der Beschuldigtenbelehrung in den einzelnen Verfahrensstadien (Vorverfahren, Hauptverfahren) mit den diesbezüglichen Konsequenzen wurde bereits ausführlich Stellung genommen, vgl. dazu Rn 219, 222 ff. und Rn 743 ff. An dieser Stelle kann daher ein zusammenfassender Überblick genügen. **1090**

Wird der Beschuldigte bei einer **polizeilichen** Vernehmung über sein Recht, die Aussage zu verweigern, **bewusst nicht belehrt**, kann darin eine Täuschung i.S.v. § 136a i.V.m. § 163a IV S. 2 StPO gesehen werden. Dann folgt das Beweisverwertungsverbot unproblematisch aus § 136a III S. 2 StPO. Aber auch wenn das Unterlassen der Belehrung **unabsichtlich** erfolgt, muss der Verstoß gegen die Belehrungspflicht grundsätzlich ein Verwertungsverbot hinsichtlich der daraufhin gemachten Angaben auslösen.[1650] Das ergibt sich in Ermangelung einer positiven Regelung zwar nicht direkt aus den Vorschriften der StPO, allerdings gebietet es die Abwägung zwischen dem staatlichen Strafanspruch und den Grundrechten des Betroffenen, dass Aussagen, die unter Missachtung von Belehrungspflichten getätigt wurden, grds. nicht verwertet werden dürfen.[1651] Denn gerade bei der ersten Vernehmung im Ermittlungsverfahren ist der Beschuldigte in Gefahr, „sich unbedacht selbst zu belasten“, und daher besonders schutzbedürftig. Allerdings macht der BGH hiervon vier Ausnahmen: **1091**

- Zunächst soll ein Verwertungsverbot dann nicht eingreifen, wenn der Beschuldigte bei Beginn der Vernehmung auch ohne Belehrung sein Schweigerecht gekannt und trotz dieses Wissens freiwillig ausgesagt hat.[1652]
- Auch soll die Verwertung einer in Unkenntnis des Schweigerechts gemachten Aussage dann zulässig sein, wenn der (verteidigte) Beschuldigte später ausdrücklich oder durch stillschweigend-schlüssiges Verhalten einer Verwertung nicht widersprochen hat.[1653] Diese Obliegenheit zum Widerspruch fußt offenbar auf einem Verständnis der Rolle des Verteidigers.

[1649] Vgl. auch BGHSt **18**, 227, 229; *Roxin*, § 24 Rn 34.
[1650] BGH NJW **2007**, 2706, 2707 f.; BGHSt **38**, 214, 225; LG Koblenz NZV **2002**, 422; *Meyer-Goßner*, § 136 Rn 7 und 20. Vgl. dazu auch das Beispiel bei Rn 219.
[1651] Zur Abwägungslehre vgl. BGHSt **38**, 214, 219; **42**, 139, 147 ff.
[1652] BGHSt **38**, 214, 225; BGH wistra **2002**, 110.
[1653] BGHSt **38**, 214, 220; **39**, 349, 352; **42**, 15, 22; BGH NStZ **1997**, 502.

- Des Weiteren soll kein Verwertungsverbot bestehen, wenn der Fehler der unterbliebenen Belehrung dadurch geheilt wurde, dass belehrt und mit der Vernehmung von vorne begonnen wurde (sog. **Fortwirkung**).

  Beispiel: T wird wegen des dringenden Tatverdachts, einen Raub begangen zu haben, vorläufig festgenommen. Bei der ersten Vernehmung versäumt es die Polizei, ihn über sein Aussageverweigerungsrecht nach § 136 I StPO zu belehren. T legt daraufhin ein Geständnis ab. Wenigstens in der Hauptverhandlung wird T vom Vorsitzenden Richter R nach § 243 IV S. 1 StPO über seine Aussagefreiheit belehrt. Um „den Schaden gering zu halten", geht R dabei aber nicht auf die frühere Vernehmung ein. T wiederholt sein Geständnis.

  ⇨ Nach der h.L. darf das Ergebnis der späteren Vernehmung nur verwertet werden, wenn der Beschuldigte zuvor darüber belehrt wurde, dass seine bisherigen Aussagen nicht verwertbar sind - sog. qualifizierte Belehrung. Anderenfalls könne der Beschuldigte nicht einschätzen, inwieweit er durch seine bereits getroffenen Äußerungen festgelegt sei, sodass der Verfahrensverstoß hier fortwirke.[1654]

  Da R eine solche qualifizierte Belehrung nicht durchgeführt hat, wäre demnach eine Verwertung des Geständnisses nicht zulässig.

  ⇨ Der BGH verneint hingegen bislang jede Fortwirkung des Verstoßes gegen § 136 I StPO und lässt es genügen, wenn bei der späteren Vernehmung eine Belehrung des Beschuldigten über sein Aussageverweigerungsrecht erfolgt ist.[1655]

  Demzufolge wäre das zweite Geständnis sehr wohl verwertbar.

  ⇨ Stellungnahme: Die Prozessgrundsätze des fairen Verfahrens und des nemo tenetur gebieten es, dass der Beschuldigte vor der erneuten (nunmehr prozessordnungsgemäßen) Vernehmung dahingehend belehrt werden muss, dass die vorangegangenen Angaben nicht verwertet werden dürfen (sog. qualifizierte Belehrung, s.o.).

  Da R dies unterlassen hat, ist eine Verwertung des Geständnisses ausgeschlossen.

  Zur sog. **Fernwirkung** von Beweisverboten, bei der es um die Frage geht, ob bei einer Aussage, die zwar selbst unverwertbar ist, aber Hinweise auf andere Beweismittel enthält, diesen anderen Hinweisen nachgegangen darf und diese ggf. verwertet werden dürfen, vgl. Rn 782, 1134 und 1262.

- Verwertbar bleiben nach h.M. schließlich auch **Spontanäußerungen**, weil hier schon keine Vernehmung vorliege und daher auch keine Belehrungspflichten angenommen werden könnten. Voraussetzung sei aber, dass Belehrungspflichten nicht gezielt umgangen worden seien, um den Betroffenen zu einer Selbstbelastung zu verleiten.[1656] Bei der **informatorischen Befragung** sind die Angaben des Befragten verwertbar, weil schon per definitionem gerade kein konkreter Anfangsverdacht gegen die befragte Person besteht. Ergibt sich ein solcher, wandelt sich der „informatorische" Charakter der Befragung in eine Vernehmung und löst Belehrungspflichten aus.

1092 Wegen Art. 6 I, IIIc EMRK noch klarer ist die Folge eines Verstoßes gegen das Recht auf **Verteidigerkonsultation**. Wurde der Beschuldigte über dieses Recht nicht belehrt oder ihm seine Ausübung verwehrt, ist seine Aussage nicht verwertbar (vgl. dazu Rn 1095).

1092a Dagegen führt das Unterbleiben der gebotenen Belehrung über das Recht auf konsularischen Beistand eines Festgenommenen mit fremder Staatsangehörigkeit nach Art. 36 I lit. b S. 3 WÜK (dazu Rn 230) nicht zu einem Beweisverwertungsverbot. Zwar existieren keine gesetzlichen Vorschriften, die diese Folge anordnen könnten, sie ist aber das Ergebnis einer Abwä-

---

[1654] *Beulke*, Rn 119; *Roxin*, § 24 Rn 27. Vgl. auch die Wiedergabe des Meinungsstands bei *Engländer*, Rn 239.

[1655] BGHSt **22**, 129, 134 ff.; vgl. nunmehr aber auch LG Frankfurt, StV **2003**, 325.

[1656] BGHSt **38**, 214, 228; **51**, 367, 370 f.; BGH NJW **2009**, 3589; L/R-*Gleß*, § 136a Rn 16; *Meyer-Goßner*, § 136a Rn 4.

gung der widerstreitenden Interessen unter Berücksichtigung von Art und Gewicht des Verstoßes.[1657]

Wird der Angeklagte in der **Hauptverhandlung** nicht belehrt, ist die Aussage grundsätzlich nicht verwertbar, es sei denn, der Angeklagte hätte seine Aussagefreiheit gekannt. 1093

Verwertung gegen Dritte: Ein besonderes Problem ergibt sich, wenn jemand zunächst als Zeuge vernommen und diesbezüglich ordnungsgemäß belehrt wird, dann aber ohne Belehrung als Beschuldigter vernommen wird. Die Frage, die sich dann stellt, ist, ob die Aussage gegen Dritte, insbesondere gegen den Mitbeschuldigten, verwendet werden darf. 1094

Beispiel 1[1658]: A war zunächst als Zeuge über einen Drogenkauf und dann ohne Belehrung als Beschuldigter vernommen worden. Das Verfahren gegen ihn wird eingestellt. In der Hauptverhandlung gegen B (der Mitbeschuldigter der Tat ist) soll er als Zeuge aussagen. Er ist für das Gericht aber ein sog. unerreichbarer Zeuge, weil er wegen eines Verkehrsunfalls im Koma liegt. Darf der Vorsitzende Richter R das Protokoll der damaligen Beschuldigtenvernehmung verlesen?

Die Verlesung nach § 251 II StPO ist zulässig, wenn nicht aus dem Belehrungsfehler ein Verwertungsverbot entstanden ist. Nach der Rspr. schützt das Verwertungsverbot nur den Beschuldigten selbst, vorliegend also A, nicht aber andere Beschuldigte, vorliegend also den B, davor, dass nun Zeugen vernommen werden, die früher einmal die Beschuldigtenrolle hatten.[1659]

Zu weiteren Konstellationen vgl. die Beispiele bei Rn 268 ff.

Wird dem Angeklagten das Recht auf **Beiziehung eines Verteidigers** verwehrt, greift grundsätzlich ein Verwertungsverbot.[1660] Teilweise wird jedoch zur Voraussetzung gemacht, dass der Angeklagte der Verwertung in der Hauptverhandlung rechtzeitig widersprochen haben müsse.[1661] Das ist sehr bedenklich, da dadurch der Rechtsschutz des Angeklagten in nicht gerechtfertigter Weise verkürzt wird. 1095

hh.) Verbotene Vernehmungsmethoden, § 136a StPO

Eine verbotene Vernehmungsmethode hat stets ein absolutes Verwertungsverbot zur Folge (§ 136a III S. 2 StPO). Nach h.M. gilt dies auch bei entlastenden Aussagen. Auch die nachträgliche Einwilligung des Beschuldigten in die Benutzung seiner Aussage ist unbeachtlich. Vgl. dazu Rn 778 ff. 1096

Verboten ist nicht nur die unmittelbare, sondern auch die mittelbare Verwertung der unter Verstoß gegen § 136a StPO zustande gekommenen Aussage in der späteren Hauptverhandlung. Unzulässig sind daher die Verlesung der Niederschrift über die Vernehmung, das Abspielen von Tonbandaufnahmen von der Vernehmung und die Anhörung der Vernehmungsperson oder eines bei der Vernehmung anwesenden Dritten. Auch das Machen von Vorhalten aus der Vernehmung ist verboten. 1097

Zur Fort- und Fernwirkung von Beweisverboten vgl. Rn 781, 782, 1091, 1134, 1262. 1098

1657 BGH StV **2008**, 5 f. mit Bespr. v. *Heintschel-Heinegg*, JA **2008**, 235.
1658 Nach *Volk*, § 28 Rn 23.
1659 BayObLG NStZ **1994**, 250; a.A. *Dencker*, StV **1995**, 232; *Hamm*, NJW **1996**, 2185, 2189.
1660 BGHSt **38**, 372, 374.
1661 So *Joecks*, Einl. Rn 201; *Rose/Witt*, JA **1998**, 400, 401.

1099 Wie weit das Verwertungsverbot für eine Aussage reicht, wenn die verbotene Vernehmungsmethode (insbesondere Zwang) nicht durch staatliche Organe, sondern durch **Private** herbeigeführt wurde, ist problematisch. Da Private keine Adressaten des § 136a StPO sind, können sie diese Vorschrift auch nicht verletzen. Dennoch wird man zumindest dann ein Verwertungsverbot annehmen müssen, wenn die Privatperson von Strafverfolgungsorganen bewusst eingesetzt worden ist (etwa weil die Behörde dadurch versucht, § 136a StPO zu umgehen) oder wenn die Privatperson unter besonders krassem Verstoß gegen die Menschenwürde (Folter, Einkerkerung) Erkenntnisse zu Tage gefördert hat.[1662] Vgl. dazu Rn 752.

ii.) Fehler bei der körperlichen Untersuchung nach § 81a StPO

1100 Eine körperliche Untersuchung des Beschuldigten darf gem. § 81a StPO zur Feststellung von Tatsachen angeordnet werden, die für das Verfahren von Bedeutung sind. Häufigster Fall einer körperlichen Untersuchung ist die Blutabnahme zur Feststellung der Blutalkoholkonzentration (BAK) bei Trunkenheitsfahrten (§§ 315c I Nr. 1a, 316 StGB, aber auch §§ 24a oder 24c StVG, wie sich aus § 46 IV OWiG ergibt). Eine Blutprobe kann bei einem Beschuldigten auch ohne seine Einwilligung entnommen werden. Zwar ist er wegen des Nemo-tenetur-Grundsatzes nicht zu einer aktiven Mitwirkung an der Untersuchung verpflichtet, er muss aber den Eingriff in seine körperliche Unversehrtheit dulden. Bei anderen Personen als Beschuldigten ist die Blutentnahme ohne deren Einwilligung nur zulässig, soweit sie als Zeugen in Betracht kommen und die Maßnahme zur Erforschung der Wahrheit unerlässlich ist (§ 81c StPO).

Die Anordnungsbefugnis ist in § 81a II StPO geregelt. Grds. ist der Richter zur Anordnung der Maßnahme befugt. Die Strafverfolgungsbehörden müssen daher regelmäßig versuchen, eine Anordnung des zuständigen Richters zu erlangen, bevor sie selbst eine Blutentnahme anordnen. Nur bei einer Gefährdung des Untersuchungserfolgs durch die mit der Einholung einer richterlichen Entscheidung einhergehende Verzögerung besteht auch eine Anordnungskompetenz der StA und - nachrangig - ihrer Ermittlungspersonen. Zu den Voraussetzungen, unter denen die Blutentnahme wegen Gefahr im Verzug von der StA und nachrangig von deren Ermittlungspersonen angeordnet werden darf, vgl. die Ausführungen bei Rn 337 ff.

Eine rechtlich fehlerhafte Annahme von Gefahr im Verzug führt hinsichtlich des Untersuchungsergebnisses der Blutprobe in der Regel nur bei Willkür, bewusster Missachtung oder bei Vorliegen eines (sonstigen) besonders schweren Fehlers zu einem Verwertungsverbot.[1663] Auf Willkür kann nicht bereits daraus geschlossen werden, dass der die Blutprobe anordnende Beamte die Dokumentationspflicht verletzt hat. In diesem Fall hat vielmehr das Tatgericht die Umstände der Anordnung aufzuklären.

Der Eingriff selbst (der nicht mit der Anordnung der Maßnahme verwechselt werden darf!) muss von einem Arzt nach den Regeln der ärztlichen Kunst vorgenommen werden. Es muss sich um einen Mediziner handeln, der als Arzt approbiert oder zur vorübergehenden Ausübung des Arztberufs berechtigt ist. Zahnärzte gehören nicht dazu. Besonders gefährliche Eingriffe müssen von einem Facharzt vorgenommen werden. Mediziner, die noch nicht approbiert sind, Krankenpfleger und Krankenschwestern dürfen Eingriffe

---

[1662] BGHSt **34**, 362, 363.

[1663] Auch dies ist mittlerweile gesicherte Rspr. (vgl. BVerfG NJW **2007**, 1425; BGH NJW **2007**, 2567; OLG Bamberg NJW **2009**, 2146; OLG Dresden NJW **2009**, 2149; VG Berlin NJW **2009**, 245 f. Damit unterstreichen die Gerichte den erheblichen Stellenwert, der dem Schutz der Allgemeinheit vor ungeeigneten Verkehrsteilnehmern zukommt.

nur mit Einverständnis des Beschuldigten oder unter Anleitung, Aufsicht und Verantwortung eines approbierten Arztes vornehmen.[1664]
Liegen diese Voraussetzungen nicht vor (bspw., weil eine Krankenschwester anstelle eines approbierten Arztes bzw. ohne dessen Anleitung oder Aufsicht die Probe entnimmt), kann die Probe dennoch im Strafverfahren als Beweis herangezogen werden. Begründet wird dies damit, dass die Vorschrift nicht die Qualität des Beweismittels sichern, sondern den Beschuldigten vor unsachgemäßen Eingriffen schützen soll.[1665]
Verstößt die anordnende Ermittlungsperson allerdings bewusst gegen § 81a StPO, etwa indem sie dem Betroffenen vortäuscht, die Krankenschwester sei Ärztin, verletzt sie den aus dem Rechtsstaatsprinzip (Art. 20 III GG) abzuleitenden Grundsatz des fair trial (vgl. dazu Rn 102 ff.). Insoweit greift dann doch ein Verwertungsverbot.[1666]

jj.) Fehler bei der Überwachung der Telekommunikation

Nach der bis zum 31.12.2007 geltenden Rechtslage war die Frage nach der Verwertung **1101**
von Beweisen, die durch eine fehlerhafte Telekommunikationsüberwachung erhoben wurden, gesetzlich nicht geregelt. Nach der Rspr. des BGH griff bei einer rechtswidrigen Telekommunikationsüberwachung nach §§ 100a, b StPO ein Beweisverwertungsverbot ein, wenn die Überwachungsanordnung objektiv willkürlich oder in grober Fehleinschätzung über die materiellen Voraussetzungen der Anordnung erging.[1667] Nunmehr ordnet § 100a IV S. 2 StPO in der seit dem 1.1.2008 geltenden Fassung ein **Beweisverwertungsverbot** für eine Telekommunikationsüberwachungsmaßnahme nach § 100a I StPO an, wenn durch sie Erkenntnisse aus dem Kernbereich privater Lebensgestaltung erlangt wurden (das Beweiserhebungsverbot ergibt sich aus § 100a IV S. 1 StPO). Zu der neuen Regelung des § 160a StPO, die speziell die Beweisverwertung bezüglich zeugnisverweigerungsberechtigter Personen normiert, vgl. Rn 1070.

Auch nach der gesetzlichen (Neu-)Regelung haben Verstöße gegen die formellen Voraussetzungen (z.B. die Schriftform des § 100b II StPO) i.d.R. kein Verwertungsverbot zur Folge. Etwas anderes gilt allerdings, wenn eine Anordnung des Gerichts oder der StA völlig fehlt.

Hinsichtlich des sich aus Art. 13 II GG, § 105 I S. 1 StPO ergebenden Richtervorbehalts bei Wohnungsdurchsuchungen hat der BGH entschieden, dass bei der Frage, unter welchen Voraussetzungen bei Missachtung des Richtervorbehalts ein Verwertungsverbot hinsichtlich der aus der Wohnung zu Tage geförderten Beweismittel anzunehmen ist, zu berücksichtigen sei, dass das Interesse des Staates an der Erforschung von Straftaten zwar einen hohen Stellenwert habe, dieses Interesse jedoch nicht um jeden Preis den Vorrang genieße. So könne jedenfalls eine bewusste Missachtung oder gleichgewichtig grobe Verkennung der Voraussetzungen des für Wohnungsdurchsuchungen bestehenden Richtervorbehalts die Annahme eines Verbots der Verwertung bei der Durchsuchung gewonnener Beweismittel rechtfertigen.[1668] Überträgt man diesen Gedanken auf alle Eingriffsmaßnahmen, die unter Richtervorbehalt stehen, dürfte auch hinsichtlich der Telekommunikationsüberwachung nichts anderes gelten.

Fraglich ist auch die Verwertung von sog. **Zufallserkenntnissen**. Denn wie bei der **1102**
Durchsuchung nach §§ 102, 103 StPO können auch bei anderen (heimlichen) Ermittlungsmaßnahmen (insbesondere bei der Telefonüberwachung) Zufallserkenntnisse (Zufallsfunde) i.S.d. § 108 StPO gewonnen werden. Da § 108 StPO jedoch nicht auf die Telefonüberwachung anwendbar ist, hat der Gesetzgeber im Jahre 1992 die Vorschrift

---

[1664] *Meyer-Goßner*, § 81a Rn 19; KK-*Senge*, § 81a Rn 7.
[1665] BGHSt **24**, 125, 128; *Beulke*, Rn 477.
[1666] BGHSt **24**, 125, 131.
[1667] BGHSt **41**, 30, 34.

des § 100b V StPO geschaffen, diese jedoch im Zuge der am 1.1.2008 in Kraft getretenen StPO-Novelle in § 161 II StPO neu verortet. Dort heißt es: *Ist eine Maßnahme nach diesem Gesetz nur bei Verdacht bestimmter Straftaten zulässig, so dürfen die auf Grund einer entsprechenden Maßnahme nach anderen Gesetzen erlangten personenbezogenen Daten ohne Einwilligung der von der Maßnahme betroffenen Personen zu Beweiszwecken im Strafverfahren nur zur Aufklärung solcher Straftaten verwendet werden, zu deren Aufklärung eine solche Maßnahme nach diesem Gesetz hätte angeordnet werden dürfen.*

1103 Für die Beantwortung der Frage nach der Verwertbarkeit von Zufallserkenntnissen erschließt sich diese schwierig formulierte Vorschrift dann, wenn man danach fragt, ob die Maßnahme, innerhalb derer „zufällig" etwas erkannt („gefunden") wurde, auch hinsichtlich des Erkannten hätte angeordnet werden dürfen (Prinzip der Wiederholbarkeit). Ist das der Fall, dürfen Zufallserkenntnisse über eine andere als die in der Anordnung bezeichnete Katalogtat uneingeschränkt verwertet werden.[1669]

Beispiel: T ist der Bandenhehlerei (§ 260 StGB) verdächtig. Um ihn zu überführen, ist die Telefonüberwachung angeordnet worden (§§ 100a, b StPO). Im Rahmen eines abgehörten Telefonats ergeben sich zwar keine Anhaltspunkte für die „Anlasstat", wohl aber für die Begehung einer Geldwäsche (§ 261 StGB) durch T.

In einem solchen Fall hätte die Überwachung auch wegen der neuen Straftat angeordnet werden dürfen, da die Geldwäsche ebenfalls im Katalog des § 100a II StPO aufgenommen ist. Daher gibt keinen Grund, die gewonnenen Beweismittel nicht zu benutzen (vgl. § 161 II StPO).

1104 Selbst wenn sich die Zufallserkenntnisse nicht auf eine Katalogtat i.S.d. § 100a II StPO beziehen, waren sie nach bisheriger h.M. gleichwohl verwertbar, wenn sie materiellrechtlich (Idealkonkurrenz, § 52 StGB) oder prozessual (§ 264 StPO) „in engem Zusammenhang" mit der Tat stehen, wegen der die Maßnahme angeordnet wurde.

Beispiel: Hätte es sich im obigen Beispiel bei der „zufällig" erkannten Tat um eine Steuerhinterziehung gem. § 370 AO (Abgabenordnung) gehandelt, hätte zwar keine Katalogtat i.S.d. § 100a StPO vorgelegen, die Erkenntnisse hätten nach bisheriger h.M. aber ebenfalls verwertet werden können, weil die Steuerhinterziehung in dem erforderlichen „engen Zusammenhang" mit der Bandenhehlerei gestanden hätte.

Dieses weite Verständnis der Verwertbarkeit hat sich weitgehend erledigt, weil der Gesetzgeber den Katalog der Anlassstraftaten ausgeweitet und die Steuerhinterziehung aufgenommen hat (§ 100a II Nr. 2a StPO).

1105 Die bisherige h.M. gingt sogar so weit, dass sie eine Beweisverwertung zuließ, wenn Anklage nur wegen dieser Tat (hier: Steuerhinterziehung) und nicht wegen der Katalogtat (hier: Bandenhehlerei) erhoben wurde.[1670] Das war problematisch, weil es die Umgehung des Katalogs geradezu provozierte.

Beispiel: T war der Steuerhinterziehung dringend verdächtig. Um ihn überführen zu können, sah die Steuerfahndung keine andere Möglichkeit als die Telefonüberwachung. Da sie jedoch wusste, dass kein Richter die Anordnung gem. § 100b StPO erteilen würde, täuschte sie das Vorliegen eines Tatverdachts in Bezug auf Geldwäsche vor. Da ein solcher tatsächlich nicht bestand, kam es später auch nur zur Anklage in Bezug auf die Steuerhinterziehung.

[1668] Das entspricht der bisherigen Rspr. (vgl. BGH NJW **2007**, 2269, 2271 - dazu Rn 1113a).
[1669] Vgl. OLG Düsseldorf NStZ **2001**, 657; *Roxin*, § 34 Rn 32. Verfassungsrechtlich ist dies unbedenklich, vgl. BVerfG NJW **2005**, 2766.
[1670] BGHSt **28**, 122, 129.

In diesem Fall war das Vorgehen rechtswidrig. Eine Anklage hätte nicht erhoben werden dürfen. Etwas anderes hätte gegolten, wenn vor Beantragung der Telefonüberwachung Tatsachen den Verdacht einer Geldwäsche begründet hätten, dieser Verdacht jedoch nicht bestätigt worden wäre. Dann wäre der h.M. beizupflichten gewesen und eine Anklage hätte erhoben werden dürfen.

Da – wie gesehen – der Gesetzgeber jedoch nunmehr den Kanon von Anlasstaten erweitert hat, kann daraus gefolgert werden, dass er die Rechtstatsächlichkeit erkannt und einer Umgehung des Katalogs den Boden entziehen wollte.

Immerhin ging es auch nach der bisherigen h.M. zu weit, bei Fehlen des o.g. engen **1106** Zusammenhangs Zufallserkenntnisse über Nichtkatalogtaten, auch wenn es sich um Anschlussdelikte zu einer Katalogtat handelt (Begünstigung, Hehlerei, Strafvereitelung), unmittelbar zum Beweis zu verwerten[1671]; diese dürfen daher auch nicht zu Vorhalten benutzt werden.[1672] Zulässig ist aber eine mittelbare Verwertung in der Weise, dass aufgrund der erlangten Erkenntnisse Ermittlungen geführt und dabei andere Beweismittel gewonnen werden.[1673]

Ergeben sich aus der rechtmäßigen Telefonüberwachung Hinweise auf Tatbeteiligte, ist **1107** das Telefonat im Verfahren gegen diese im Grundsatz verwertbar. Voraussetzung ist allerdings, dass auch hier die Wiederholung der Maßnahme zulässig wäre.

Zur Strafverfolgung **gegen dritte Personen** dürfen Zufallserkenntnisse uneinge- **1108** schränkt verwertet werden, soweit sie sich auf irgendeine Katalogtat i.S.d. § 100a II StPO beziehen.[1674] Für die Verfolgung von Nichtkatalogtaten ist auch hier eine unmittelbare Verwertung als Beweismittel unzulässig[1675]; zulässig ist aber hier die mittelbare Verwertung in der Weise, dass die Zufallserkenntnisse zur Grundlage weiterer Ermittlungen gegen den Dritten gemacht werden (str.).

Im Übrigen ist zu beachten, dass das Mithörenlassen eines Strafverfolgungsorgans **1109** („**Hörfalle**") bei einem Telefongespräch keine Überwachung der Telekommunikation gem. §§ 100a, b StPO darstellt. Denn diese Vorschriften gelten nur für das Abhören, das einen technischen Eingriff in die Telekommunikationsanlage voraussetzt. Daher unterfällt das bloße Mithören nicht den Regelungen der §§ 100a, b StPO.[1676] Zur Frage nach der Verwertbarkeit von Informationen, die im Rahmen einer Hörfalle erzielt worden sind, siehe Rn 756 und 1115.

kk.) Fehler bei sonstiger technischer Überwachung

Außerhalb der Überwachung der Telekommunikation (§ 100a, b StPO) ist der Einsatz **1110** technischer Mittel insbesondere in §§ 100c, d, f, g, h, i StPO geregelt. Das betrifft die an dieser Stelle zu behandelnden Bildaufnahmen, die Verwendung sonstiger technischer Mittel sowie den kleinen und großen Lauschangriff.

- **Bildaufnahmen** dürfen zu Observationszwecken gem. § 100h I Nr. 1 und 2 StPO ange- **1111** fertigt werden. Nr. 2 gestattet die Verwendung sonstiger besonders für Observationszwecke bestimmter technischer Mittel zur Erforschung des Sachverhalts oder zur Ermittlung des Aufenthaltsorts des Täters, wenn Gegenstand der Untersuchung eine Straftat von er-

---

1671 BGH **27**, 355, 358; **28**, 122, 127; OLG Düsseldorf NStZ **2001**, 657.
1672 BGH **27**, 355, 358; *Meyer-Goßner*, § 100a Rn 19.
1673 BGH **27**, 355, 358; KK-*Senge*, vor § 48 Rn 44.
1674 BGHSt **28**, 122, 129; **32**, 10, 15; BGH wistra **1991**, 146 f.; vgl. auch BGHSt **26**, 298, 302; einschränkend *Kretschmer*, StV **1999**, 227: nur aus Gesprächen, an denen der Beschuldigte unmittelbar oder mittelbar selbst teilnimmt.
1675 BGHSt **26**, 298, 303.
1676 BGHSt **42**, 139, 142 ff.

heblicher Bedeutung ist (§ 100h I S. 2 StPO). Vergleicht man diese Befugnis mit der der Nr. 1, ergibt sich, dass mit Nr. 1 allgemeine heimliche Aufnahmen zu Zwecken der Observation gemeint sind. Die Spurensicherung am Tatort zählt dagegen zu den „freien Ermittlungen" und ist kein Eingriff i.S.d. § 100h I Nr. 1 StPO. Die Aufnahmen nach Nr. 1 werden in der Öffentlichkeit gemacht; an die Straftat, um deren Aufklärung es geht, stellt das Gesetz deshalb keine weiteren Anforderungen. Ob Verstöße gegen diese Vorgaben durch ein Beweisverwertungsverbot sanktioniert werden, beantwortet das Gesetz nicht. Daher sind die allgemeinen Kriterien (Rn 1067 ff.) anzuwenden.

1112 ▪ Der **kleine Lauschangriff** ermöglicht gem. § 100f StPO das Abhören und Aufzeichnen des nichtöffentlich gesprochenen Worts mit Hilfe technischer Mittel außerhalb von Wohnungen. Ob Verstöße gegen diese Vorgaben durch ein Beweisverwertungsverbot sanktioniert werden, beantwortet das Gesetz auch hier nicht. Daher sind hier ebenfalls die allgemeinen Kriterien (Rn 1067 ff.) anzuwenden. Lediglich bei Personen, die nach §§ 53, 53a StPO zeugnisverweigerungsberechtigt sind, enthält § 160a I-III StPO ein Anordnungs- und Verwertungsverbot (vgl. aber auch § 160a IV StPO).

1113 ▪ Bei dem sog. **großen Lauschangriff** handelt es sich gem. § 100c I StPO um den verdeckten Einsatz technischer Mittel zum gezielten Abhören und Aufzeichnen des nichtöffentlich gesprochenen Worts in und aus einer durch Art. 13 I GG geschützten Räumlichkeit („Wohnung") bspw. mit Hilfe von Tonbandgeräten, Richtmikrophonen oder „Wanzen". Zu den formellen und materiellen Rechtmäßigkeitsvoraussetzungen vgl. Rn 596 ff.

Die durch den großen Lauschangriff erlangten personenbezogenen Informationen dürfen in anderen Strafverfahren (als sog. Zufallsfunde) nur zu Beweiszwecken verwendet werden, wenn sie gem. § 100d V Nr. 1 StPO auf eine besonders schwerwiegende Katalogtat des § 100c II StPO hindeuten. Im Übrigen bestimmt § 100d V Nr. 2 StPO die Verwendung nur zur Abwehr einer im Einzelfall bestehenden Lebensgefahr oder einer dringenden Gefahr für Leben oder Freiheit einer Person oder bestimmte erhebliche Sach- oder Vermögenswerte.
Wird der große Lauschangriff nicht zu strafprozessualen, sondern zu präventiven Zwecken auf der Grundlage der Polizeigesetze angeordnet[1677], dürfen Erkenntnisse, die mit Hilfe von präventivpolizeilich durchgeführten Maßnahmen gewonnen werden, gem. § 100d V Nr. 3 StPO i.V.m. mit den „Freigabevorschriften" des betreffenden Polizeigesetzes in das Strafverfahren einfließen.[1678]

Ein absolutes **Beweiserhebungs- und Beweisverwertungsverbot** sieht zunächst § 100c V StPO vor: Ergeben sich während der Überwachungsmaßnahme Anhaltspunkte dafür, dass durch die Maßnahme Äußerungen, die dem unantastbaren Kernbereich persönlicher Lebensgestaltung zuzurechnen sind, offenbart werden, ist die Maßnahme nicht nur sofort abzubrechen, sondern die bis dahin erhobenen Daten müssen sofort gelöscht und dürfen nicht verwertet werden. Damit trägt der Gesetzgeber der besonderen Bedeutung der Grundrechte aus Art. 13 I GG und Art. 2 I i.V.m. 1 I GG Rechnung, die das BVerfG in seinem Urteil zum großen Lauschangriff vom 3.3.2004 hervorgehoben hat.[1679]

Weiterhin sieht § 100c VI S. 1 StPO ein absolutes Beweiserhebungs- und Beweisverwertungsverbot für den Fall vor, dass der große Lauschangriff gegenüber Personen, denen aus beruflichen Gründen ein Zeugnisverweigerungsrecht nach § 53 StPO zusteht, angeordnet wurde. Denn dies ist schlechthin unzulässig; es darf weder die Anordnung des großen Lauschangriffs erfolgen noch dürfen daraus erhaltene Erkenntnisse verwertet werden. Gegenüber Personen, die gem. §§ 52, 53a StPO zeugnisverweigerungsberechtigt sind, dürfen die durch die Maßnahme gewonnenen Erkenntnisse nur dann verwertet werden, wenn dies unter Berücksichtigung der Bedeutung des zugrunde liegenden Ver-

---

[1677] Vgl. dazu ausführlich *R. Schmidt*, BesVerwR II, 12. Aufl. **2008**, Rn 268 ff.
[1678] Zum verfassungsrechtlichen Hintergrund, warum, und unter welchen Voraussetzungen, präventivpolizeilich gewonnene Erkenntnisse im Strafverfahren und umgekehrt verwendet werden dürfen, vgl. *R. Schmidt*, BesVerwR II, 12. Aufl. **2008**, Rn 154.
[1679] BVerfGE **109**, 279 ff. Vgl. dazu ausführlich *R. Schmidt*, BesVerwR II, 12. Aufl. **2008**, Rn 272 ff.

trauensverhältnisses nicht außer Verhältnis zum Interesse an der Erforschung des Sachverhalts oder der Ermittlung des Aufenthaltsorts steht (§ 100c VI S. 2 StPO als relatives Beweisverwertungsverbot). Sind die zeugnisverweigerungsberechtigten Personen jedoch selbst einer Teilnahme oder einer Begünstigung, Strafvereitelung oder Hehlerei verdächtig, gelten die Beweiserhebungs- und Beweisverwertungsverbote wegen § 100c VI S. 3 StPO i.V.m. § 160a IV StPO nicht.

II.) Fehler bei der Wohnungsdurchsuchung

Ist die Wohnungsdurchsuchung (etwa weil die Voraussetzungen des § 102 StPO nicht **1113a**
vorliegen) materiell rechtswidrig, dürfte die Abwägung der widerstreitenden Interessen zu einem Verwertungsverbot hinsichtlich der aus der Wohnung zu Tage geförderten Beweismittel führen. Die Frage, unter welchen Voraussetzungen bei Missachtung des formellen Rechts, namentlich des sich aus Art. 13 II GG, § 105 I S. 1 StPO ergebenden **Richtervorbehalts**, ein Verwertungsverbot hinsichtlich der aus der Wohnung zu Tage geförderten Beweismittel anzunehmen ist, hat der Gesetzgeber ebenfalls nicht entschieden. Daher greift auch hier die Abwägungslehre. Dabei ist zu berücksichtigen, dass das Interesse des Staates an der Erforschung von Straftaten zwar einen hohen Stellenwert hat, dieses Interesse jedoch nicht um jeden Preis den Vorrang genießt. So kann nach Auffassung des 5. Strafsenats jedenfalls eine bewusste Missachtung oder gleichgewichtig grobe Verkennung der Voraussetzungen des für Wohnungsdurchsuchungen bestehenden Richtervorbehalts die Annahme eines Verbots der Verwertung bei der Durchsuchung gewonnener Beweismittel rechtfertigen.[1680] Das entspricht im Wesentlichen der von den Verfassern bereits in der Vorauflage vertretenen Auffassung (Rn 1071 ff.), bei gezielten oder zumindest bewussten Rechtsbrüchen der Strafverfolgungsbehörden *immer* ein Beweisverwertungsverbot anzunehmen.[1681] Wohnungsdurchsuchungen, die sich gegen eine zeugnisverweigerungsberechtigte Person i.S.d. § 53 StPO richten, sind vor dem Hintergrund des Vertrauensverhältnisses, in dem dieser Personenkreis zum Beschuldigten bzw. Tatverdächtigen steht, besonders problematisch. Das hat den Gesetzgeber veranlasst, im Zuge der StPO-Novelle 2008 die Vorschrift des § 160a StPO einzuführen. Nach Auffassung des Gesetzgebers soll diese Vorschrift ein stimmiges System zur Berücksichtigung der von den Zeugnisverweigerungsrechten der Berufsgeheimnisträger (§§ 53, 53a StPO) geschützten Interessen außerhalb der Vernehmungssituation normieren. Bei näherer Betrachtung ergeben sich jedoch Zweifel, ob die Differenzierung zwischen Strafverteidigern (§ 160a I StPO) und (sonstigen) Rechtsanwälten (§ 160a II StPO) überzeugt. Denn die Neuregelung könnte dazu führen, dass die Rspr. feinsinnig zwischen Verteidigungs- und Allgemeinmandaten unterscheidet. So ist es z.B. denkbar, dass der Einsatz eines Verteidigers, die finanzielle Situation des Mandaten zu ordnen, nicht der Strafverteidigung, sondern dem Allgemeinmandat (und damit der Regelung des § 160a II StPO) zugeordnet wird, obwohl im Hintergrund dieser Tätigkeit das Anliegen steht, die Voraussetzungen für eine Bewährungsstrafe zu schaffen. Vgl. im Übrigen zur Vorschrift des § 160a StPO Rn 1070.

Hinsichtlich der Frage, ob ein bei einer (wegen Missachtung des Richtervorbehalts) **1113b**
rechtswidrigen Durchsuchung gemachten **Zufallsfund** dieser verwertet werden darf, entscheidet eine Abwägung des Strafverfolgungsinteresses mit den Individualinteressen des Betroffenen. Ein Beweisverwertungsverbot ist grds. nur dann anzunehmen, wenn die zur Fehlerhaftigkeit der Ermittlungsmaßnahme führenden Verfahrensvorschriften (hier:

[1680] BGH NJW **2007**, 2269, 2271.

[1681] So ausdrücklich die 1. Auf. **2007** dieses Buches. Dem folgend *Roxin*, NStZ **2007**, 616, 617 und *Mosbacher*, JuS **2008**, 125, 126.

Richtervorbehalt) schwerwiegend waren oder bewusst oder willkürlich begangen wurden.[1682]

mm.) Aushorchen bzw. Abhören in der Untersuchungshaft

1114 Wird eine Person (etwa der Anstaltsleiter, ein VE, V-Mann oder ein anderer Häftling) mit dem Beschuldigten auf Veranlassung der StA oder der Polizei in eine Zelle gesperrt, um diesen auszuhorchen, sind die entsprechenden Bekundungen unverwertbar.[1683] Dabei kommt es weniger darauf an, dass das Grundrecht auf informationelle Selbstbestimmung (Art. 1 I i.V.m 2 I GG) beeinträchtigt wurde, sondern vielmehr darauf, dass das Recht des Beschuldigten, nicht aktiv an seiner Überführung mitwirken zu müssen, durch Täuschung umgangen wurde. Die Bekundungen des Beschuldigten können also nicht durch die Vernehmung des „Zeugen" in die Hauptverhandlung eingeführt werden (vgl. dazu auch Rn 770).

1114a Dagegen lässt § 100f StPO das Abhören von Gesprächen in Straf- oder U-Haftanstalten – erst recht im Besuchsraum einer Justizvollzugsanstalt – zu, da diese Räume nach der überwiegenden Ansicht nicht unter den verfassungs- und strafverfahrensrechtlichen Begriff der Wohnung fallen[1684]. Äußerst problematisch ist aber das **heimliche Abhören von Gesprächen in der Untersuchungshaft zwischen dem Beschuldigten und seiner Ehefrau**, weil dadurch eine Untergrabung des Zeugnisverweigerungsrechts aus § 52 StPO evident ist.[1685] Besonders virulent ist es, wenn der Ermittlungsrichter anordnet, dass die Besuchskontakte zwischen dem Angeklagten und seiner Ehefrau in der U-Haft statt im gewöhnlichen, überwachten Besuchsraum in einem separaten Besuchsraum ohne erkennbare Überwachung durchzuführen und die dabei geführten Gespräche mittels Anbringung von Mikrofonen heimlich abzuhören und aufzuzeichnen seien. Wenn dann der Angeklagte gegenüber seiner Ehefrau die Tat einräumt, stellt sich die Frage nach der Zulässigkeit und der Verwertbarkeit des Geständnisses bzw. der Aussage. Mit Blick auf das Nemo-tenetur-Prinzip und den Fair-trial-Grundsatz wird man diese Beweiserhebungsmethode grds. als unzulässig anzusehen haben. Zwar hat die bewusste Irreführung des Beschuldigten wohl noch nicht die Qualität einer Täuschung i.S.d. § 136a StPO, aber in der Gesamtschau stellt das Vorgehen der Strafverfolgungsbehörde mit Blick auf die besondere Situation des Untersuchungshaftvollzugs und das Vertrauensverhältnis zwischen Eheleuten eine Verletzung des Rechts auf Selbstbelastungsfreiheit und des Rechts auf ein faires Verfahren dar. Die Beweisgewinnung ist damit unzulässig. Sie hat auch ein Beweisverwertungsverbot zur Folge.[1686]

nn.) „Hörfalle" außerhalb der Untersuchungshaft

1115 Bei der „Hörfalle" außerhalb der Untersuchungshaft soll es nach Auffassung des BGH nicht von vornherein unzulässig sein, den Beschuldigten durch Täuschung zu einer Aussage zu bewegen. Vielmehr komme es auf eine Abwägung zwischen den Strafverfolgungsinteressen und den Beschuldigteninteressen an.[1687] Diese Rechtsauffassung ist bedenklich, da letztlich auch hier die Beschuldigtenrechte gezielt umgangen werden und die Schwelle von der erlaubten List zur verbotenen Täuschung (§ 136a I StPO) überschritten wird (vgl. dazu auch Rn 766 ff.). In begrüßenswerter Weise hat auch der EGMR

[1682] BVerfG NJW **2009**, 3225 f.

[1683] BGHSt **34**, 362, 363.

[1684] Vgl. *R. Schmidt*, Grundrechte, 12. Auflage **2010**, Rn 820. Fielen Haft- und Besuchsräume unter den Wohnungsbegriff, wären Abhörmaßnahmen nur nach den strengeren Regeln der §§ 100c und d StPO zulässig.

[1685] Handelte es sich um Gespräche zwischen dem Beschuldigten und seinem **Verteidiger**, griffe die Regelung des **§ 160a StPO**, sodass sich die vorliegende Problematik dann nicht stellte (vgl. dazu Rn 1070).

[1686] Vgl. BGH NJW **2009**, 2463, 2464 ff. (kritisch *Hauck*, NStZ **2010**, 17 ff).

[1687] BGHSt **42**, 139, 142 ff.

entschieden, dass gegenüber einer Vertrauensperson gemachte Angaben nicht verwertet werden dürfen, wenn die Rechte des Beschuldigten gezielt umgangen würden.[1688] Der 3. Strafsenat des BGH hat die Rspr. des EGMR aufgegriffen und entschieden, dass ein **Verdeckter Ermittler** einen Beschuldigten, der sich auf sein Schweigerecht berufen hat, nicht unter Ausnutzung eines geschaffenen Vertrauensverhältnisses beharrlich zu einer Aussage drängen und ihm in einer vernehmungsähnlichen Befragung Äußerungen zum Tatgeschehen entlocken dürfe. Eine solche Beweisgewinnung verstoße gegen den Grundsatz, dass niemand verpflichtet ist, sich selbst zu belasten, und habe regelmäßig ein Beweisverwertungsverbot zur Folge.[1689] Vgl. dazu sogleich Rn 1116.

oo.) Einsatz von Informanten, V-Leuten und Ermittlungspersonen

Bei **Informanten**, **V-Leuten** oder **nichtöffentlich ermittelnden Polizeibeamten**, **1116**
für deren Einsatz es keine gesetzliche Regelung gibt, ist die Frage der Verwertbarkeit von Aussagen des Beschuldigten, die gegenüber dem genannten Personenkreis getätigt werden, noch weitgehend ungeklärt. Überträgt man die Rspr. des 5. Strafsenats des BGH zur Missachtung des Richtervorbehalts bei Wohnungsdurchsuchungen (vgl. dazu Rn 1071 ff., 1113a und 1117), besteht ein absolutes Beweisverwertungsverbot, wenn Informanten, V-Leute oder nichtöffentlich ermittelnde Polizeibeamte gezielt zur Umgehung der Vernehmungs- und Belehrungsvorschriften eingesetzt werden und dabei Aussagen des Beschuldigten erlangen.

Hinsichtlich des Einsatzes **Verdeckter Ermittler** (VE; vgl. dazu Rn 657 ff.) hat der 3. Strafsenat des BGH entschieden, dass deren Einsatz zur Gewinnung eines Geständnisses unzulässig sei, wenn sich der Beschuldigte schweigend verteidige und wenn der Verdeckte Ermittler den Beschuldigten zur Aussage dränge.[1690]

Konkret betrifft die Entscheidung des 3. Strafsenats die Frage, ob der Inhalt eines von einem Verdeckten Ermittler auf Veranlassung der Ermittlungsbehörde mit einem ansonsten schweigenden und arglosen Beschuldigten geführten Gesprächs verwertbar ist. Angesprochen ist also ein Fall der sog. **Hörfalle** (zum Stand der Diskussion vgl. Rn 756 ff.). Der 3. Strafsenat hat entschieden, dass ein Verdeckter Ermittler nicht unter Ausnutzung eines Vertrauensverhältnisses einen Beschuldigten, der sich auf sein Schweigerecht beruft, zur Aussage drängen und ihm in einer vernehmungsähnlichen Befragung Äußerungen zum Tatgeschehen entlocken dürfe. Der Senat sieht darin eine Missachtung des von der Aussagefreiheit des Beschuldigten umfassten Schweigerechts (zwar ist § 136 I S. 2 StPO auf VE nicht anwendbar, allerdings greift das Nemo-tenetur-Prinzip, vgl. Rn 223, 223).

Der Beschuldigte, der sich gegenüber einem Verdeckten Ermittler zur Sache einlässt, irrt über die Person des Verdeckten Ermittlers und über dessen Absichten. Dieser Irrtum ist auch beabsichtigt. Mithin wird der Beschuldigte von dem Verdeckten Ermittler getäuscht[1691] und es liegt ein Revisionsgrund vor (Rn 1216). Der 4. Strafsenat hat die Linie des 3. Strafsenats bestätigt und ebenfalls den Nemo-tenetur-Grundsatz als verletzt angesehen, wenn ein Verdeckter Ermittler gezielt darauf hinwirkt, dass ein Beschuldigter selbstbelastende Angaben macht, wenn dieser sich zuvor auf sein Schweigerecht berufen hat.[1692]

Zusammenfassung:

- Schleust die StA oder die Polizei einen Verdeckten Ermittler in das Umfeld des Beschuldigten ein und drängt der Verdeckte Ermittler den Beschuldigten zur Aussage, obwohl

[1688] EGMR StV **2003**, 257, 259. Wegen der Bindungswirkung der Urteile des EGMR (zum Verhältnis zwischen nationalem Recht und Völkerrecht bzw. zwischen der deutschen Rechtsordnung und der EMRK vgl. *R. Schmidt*, Grundrechte, 12. Aufl. **2010**, Rn 4 ff. und 285) dürfte BGHSt **42**, 139 ff. überholt sein.
[1689] BGH NJW **2007**, 3138, 3139 ff. (mit Anm. v. *Duttge*, JZ **2008**, 261 ff.).
[1690] BGH NJW **2007**, 3138, 3141.
[1691] Vgl. *Meyer-Mews*, NJW **2007**, 3142 f.
[1692] BGH StV **2009**, 225 f.

den Strafverfolgungsbehörden bewusst ist, dass sich der Beschuldigte auf sein Schweigerecht beruht, liegt darin eine unzulässige Verkürzung der Beschuldigtenrechte. Es besteht ein Beweisverwertungsverbot.

- Richtigerweise wird man eine Unzulässigkeit der Beweisverwertung auch dann annehmen müssen, wenn der Verdeckte Ermittler den Beschuldigten zwar nicht zur Aussage drängt, jedoch die Lage des Beschuldigten ausnutzt, sich sein Vertrauen erschleicht oder zu dem Beschuldigten ein persönliches Abhängigkeitsverhältnis aufbaut.

pp.) Maßnahmen mit Richtervorbehalt

1117 Die StPO normiert etliche Ermittlungsmaßnahmen, deren Anordnung dem Gericht vorbehalten ist und die nur bei Gefahr im Verzug ausnahmsweise von der StA und teils auch ihren Ermittlungspersonen getroffen werden darf. Solche Regelungen sind z.B. in §§ 81a II, 98 I S. 1, 98b I S. 1, 100 I, 100b I, 100d I, 105 I, 110b I, II, 111 II, 163f III StPO enthalten. Freilich kommt es in der Praxis vor, dass die StA oder ihre Ermittlungspersonen eine Anordnung treffen, obwohl keine Gefahr im Verzug gegeben ist. Das kann daran liegen, dass die Strafverfolgungsbehörden irrig von Gefahr im Verzug ausgehen oder den Richtervorbehalt sogar gezielt (d.h. systematisch) oder zumindest bewusst missachten. Eine Aushebelung des Richtervorbehalts kann auch dergestalt erfolgen, dass der zuständige Ermittlungsrichter es ablehnt, sich außerhalb der gewöhnlichen Dienststunden mit Durchsuchungsanordnungen zu befassen und die StA auf ihre Eilkompetenz verweist. Dass derartige Praktiken in einem Rechtsstaat keinen Bestand haben können und sich in einem (absoluten) Beweisverwertungsverbot widerspiegeln müssen, hat der 5. Strafsenat des BGH in begrüßenswerter Weise klargestellt.[1693]

Zur Frage, ob Beweise, die *mittelbar* aufgrund eines unverwertbaren Beweismittels gewonnen wurden, ebenfalls unverwertbar sind, d.h. ob Verwertungsverboten eine Fernwirkung zukommt, vgl. Rn 782, 1091, 1134 und 1262.

qq.) Beweismittelerlangung über Privatpersonen

1118 Bereits an mehrfacher Stelle wurde darauf hingewiesen, dass Adressaten der Bestimmungen der StPO ausschließlich die staatlichen Strafverfolgungsorgane sind, nicht Privatpersonen.[1694] Erlangen Privatpersonen auf rechtswidrige Art und Weise Beweismittel (etwa durch Folter), machen sie sich ggf. strafbar, verstoßen aber nicht gegen die StPO. Daher könnte man meinen, dass die staatlichen Strafverfolgungsbehörden grds. nicht gehindert sind, die privat erlangten Beweismittel zu übernehmen und in den Strafprozess einzuführen. Davon geht richtigerweise auch die h.M. aus.[1695] Beweismittel, die über Privatpersonen erlangt wurden, sind daher grds. verwertbar. Von diesem Grundsatz werden aber drei Ausnahmen gemacht:

1119
- Versuchen die Strafverfolgungsbehörden, die Regelungen der StPO dadurch missbräuchlich zu umgehen, dass sie Privatpersonen als Ermittlungsgehilfen engagieren und diese dann in einer Weise vorgehen lassen, die den Strafverfolgungsbehörden selbst im Hinblick

---

[1693] BGH NJW **2007**, 1345 f. und **2007**, 2269, 2271. Vgl. auch OLG Hamburg NJW **2008**, 2597, 2599 f.; OLG Hamm NJW **2009**, 242 und NJW **2009**, 3109; OLG Celle NJW **2009**, 3524; OLG Karlsruhe StraFo **2009**, 461; OLG Bamberg NJW **2009**, 2146; OLG Dresden NJW **2009**, 2149; KG NJW **2009**, 3527; LG Itzehoe NStZ-RR **2008**, 249, *Fickenscher/Dingelstadt*, NStZ **2009**, 124 und NJW **2009**, 3473; *Dencker*, DAR **2009**, 257; *Brocke/Herb*, NStZ **2009**, 671; *Mosbacher*, JuS **2010**, 127, 130. Vgl. auch oben Rn 1071 ff. und 1113a.

[1694] Insofern lediglich klarstellend BGHSt **17**, 14, 19; **36**, 167, 172; **44**, 129, 137.

[1695] BVerfGE **34**, 238, 246 ff.; EGMR NJW **1989**, 654 ff.; BGHSt **36**, 167, 172; **44**, 129, 137; OLG Oldenburg NJW **1953**, 1237; *Kindhäuser*, § 23 Rn 33; *Roxin*, § 24 Rn 48; *Beulke*, Rn 478; *Hanack*, JR **1999**, 346 ff.

auf die Verbote der StPO verwehrt wäre, sind auf diese Weise gewonnene Beweismittel unverwertbar.[1696]

Beispiel: Gegen T laufen Ermittlungen wegen Vergewaltigung einer Minderjährigen. Die Tat kann ihm bislang nicht nachgewiesen werden, sodass der StA für den Fall, dass nicht bald Beweise ermittelt werden können, die Einstellung des Ermittlungsverfahrens nach § 170 II StPO in Erwägung zieht. Das ruft Kriminalhauptkommissar K auf den Plan, dem Vater des Tatopfers, V, den Namen und die Adresse des T zu nennen und ihm mitzuteilen, dass das Verfahren gegen T eingestellt werde und dieser somit „davonkomme". Wie von K erwartet, lauert V dem T auf und nötigt diesem durch Folter ein Geständnis ab.

Hätte K selbst Folter angewendet, wäre das Geständnis wegen § 136a I S. 1, III S. 2 StPO unverwertbar gewesen. Da in dem Verhalten des K eine bewusste und missbräuchliche Umgehung des § 136a StPO liegt, kann nur dieselbe Rechtsfolge gelten. Das durch V abgenötigte Geständnis ist analog § 136a III S. 2 StPO unverwertbar.

Ähnlich liegt der Fall, wenn die Strafverfolgungsbehörde eine Privatperson mit einer konkreten Ausforschung des Beschuldigten beauftragt. Auch hier sind auf diese Weise gewonnene Beweise unverwertbar. Zur Verwertbarkeit von Erkenntnissen, die durch die Einschleusung von V-Männern in das Milieu bzw. das Umfeld des Beschuldigten erzielt werden, vgl. Rn 225, 660, 754, 891. Zur "Hörfalle" vgl. Rn 756, 1109, 1115.

- Aber auch wenn eine Privatperson nicht auf Veranlassung der Strafverfolgungsbehörde, sondern völlig autonom, ja sogar ohne Kenntnis der Strafverfolgungsbehörde tätig wird, sind von der Privatperson erlangte Beweismittel unverwertbar, wenn diese unter grober Missachtung der Menschenrechte (Folter, Einkerkerung etc.) beschafft wurden.[1697] **1120**

Beispiel: Würde also V völlig autonom (ja sogar ohne Kenntnis des K) dem T auflauern und diesem durch Folter ein Geständnis abnötigen, wäre dieses ebenso unverwertbar.

Ob die Unverwertbarkeit eines Beweismittels auch dann angenommen werden kann, wenn es bei einer *Androhung* der körperlichen Gewalt bleibt (wenn der Einsatz körperlicher Gewalt also ausbleibt), ist unklar. Anders als bei einer Androhung durch die Strafverfolgungsbehörde selbst oder bei einer Veranlassung durch die Strafverfolgungsbehörde wird man bei einem autonomen Verhalten der Privatperson vertreten können, dass eine krasse Menschenrechtsverletzung noch nicht vorliege, sodass das Beweismittel verwertbar sei.

- Bei Eingriffen in die Intimsphäre, d.h. in den unantastbaren Kernbereich privater Lebensführung, ist ebenfalls von einem Verwertungsverbot auszugehen. **1121**

Beispiel: V des obigen Beispiels bricht in die Wohnung des T ein und nimmt dessen Tagebuch an sich. In diesem findet sich eine detaillierte Beschreibung der Tat.

Wie sogleich näher ausgeführt wird, sind staatliche Eingriffe in die Intimsphäre rechtswidrig. Ob Tagebuchaufzeichnungen der Intimsphäre angehören, ist nicht ganz klar. Der BGH nimmt dies zwar im Grundsatz an, macht aber eine Ausnahme dann, wenn in ihnen Kapitalverbrechen gestanden werden. Dann soll das Tagebuch lediglich der Privatsphäre angehören, was den Weg zu einer Abwägung und damit die Möglichkeit zu einer Verwertung eröffnet.

rr.) Eingriff in das allgemeine Persönlichkeitsrecht

Quer zu den vorstehenden Fallgruppen, die in erster Linie auf der Rechtsprechung des *BGH* basieren, liegt die Rechtsprechung des *BVerfG* zur Verwertbarkeit von Erkenntnissen, die aufgrund von Eingriffen in das allgemeine Persönlichkeitsrecht (Art. 2 I i.V.m. 1 I GG) gewonnen wurden. Die Rechtsprechung des BVerfG zu den Eingriffen in das all- **1122**

[1696] BGHSt **44**, 129, 133 f.; *Meyer-Goßner*, § 136a Rn 2; *Pfeiffer*, § 136a Rn 2; *Beulke*, Rn 481; SK-*Rogall*, § 136a Rn 7; AK-*Gundlach* § 136a Rn 13; *Volk*, § 28 Rn 36; *Kindhäuser*, § 23 Rn 34; *Joecks*, Einl. Rn 221.
[1697] *Meyer-Goßner*, § 136a Rn 3.

gemeine Persönlichkeitsrecht stellt also keine eigenständige Fallgruppe dar, sondern überlagert die Rechtsprechung des BGH immer dort, wo das allgemeine Persönlichkeitsrecht des Beschuldigten (aber auch des Zeugen) betroffen ist. Außerdem können Eingriffe in das allgemeine Persönlichkeitsrecht sowohl unselbstständige als auch selbstständige Beweisverwertungsverbote nach sich ziehen, sodass sich auch diesbezüglich keine Einstufung vornehmen lässt.[1698] Namentlich geht es insbesondere um die bereits behandelten Ermittlungsmaßnahmen *akustische Wohnraumüberwachung*, *Telekommunikationsüberwachung* und Einsatz von *IMSI-Catchern*, aber auch um die Verwertbarkeit von mündlichen und schriftlichen Äußerungen des Beschuldigten (oder des Zeugen), worauf im Folgenden eingegangen wird.

1123 Das BVerfG hatte seinerzeit drei Sphären der Persönlichkeitsentfaltung unterschieden. Die Verwertbarkeit des gewonnenen Beweismaterials richtete sich dann danach, in welche Sphäre eingegriffen wurde.[1699]

1124 ▪ Die **Intimsphäre** kennzeichnet den unantastbaren Bereich der Persönlichkeit (z.B. Intimleben im Schlafzimmer) und macht den Wesensgehalt des allgemeinen Persönlichkeitsrechts aus. Eine Abwägung mit den Interessen des Eingreifenden bzw. der Öffentlichkeit an einer effektiven Strafverfolgung findet daher nicht statt; dieser Bereich ist jeglicher öffentlicher Gewalt verschlossen.[1700]

1125 ▪ Die **Privatsphäre** kennzeichnet den engeren persönlichen Lebensbereich, insbesondere innerhalb der Familie. Hier muss das Strafverfolgungsinteresse gegen den Schutz der Privatsphäre abgewogen werden. Eingriffe in die Privatsphäre zugunsten der Strafverfolgung sind unter strengen Voraussetzungen, die an den Verhältnismäßigkeitsgrundsatz gestellt werden, zulässig. So ist z.B. dem Interesse an der Strafverfolgung und vollständigen Sachverhaltsermittlung ein höheres Gewicht beizumessen als den Geheimhaltungsbelangen im Bereich gewerblicher Betätigung.

1126 ▪ Die dritte Sphäre ist die **Sozial- oder Öffentlichkeitssphäre**. Mit dieser Sphäre ist das Ansehen des Einzelnen in der Gesellschaft gemeint. Wegen des Bezugs nach außen sind Eingriffe unter weniger strengen Voraussetzungen zulässig; es besteht kein besonderer Schutz, sodass i.d.R. volle Verwertbarkeit gewonnener Erkenntnisse besteht. Das betrifft z.B. Geschäftsgespräche, aber auch Privatgespräche, die nicht in Abschottung vor der Allgemeinheit getätigt werden, etwa in der U-Bahn.

1127 Da die Sphärentheorie letztlich nichts anderes darstellt wie der Versuch einer Kategorisierung des allgemeinen Grundsatzes des Verhältnismäßigkeit und daher aufgrund ihrer Starrheit nicht flexibel genug auf atypische Konstellationen reagieren kann, unterscheidet das BVerfG[1701] neuerdings nicht mehr ausdrücklich zwischen den Sphären, sondern stellt vielmehr darauf ab, ob die fragliche Maßnahme (etwa – bei Maßnahmen der Staatsanwaltschaft oder der Polizei – insb. die Erhebung personenbezogener Daten nach der StPO oder den Polizeigesetzen oder – bei Maßnahmen durch private Dritte – das Urteil des Fachgerichts, das über das Verhalten des privaten Dritten zu entscheiden hatte) in den unantastbaren Kernbereich des allgemeinen Persönlichkeitsrechts eingreift oder dem Bereich des privaten Lebens zuzuordnen ist, bei dem ein Eingriff unter bestimmten Voraussetzungen zulässig ist. Dazu hat das Gericht folgende Kriterien aufgestellt:

[1698] Anders aber *Volk*, § 28 Rn 37 ff. und *Kindhäuser*, § 23 Rn 42 ff.
[1699] BVerfGE **34**, 238, 245 ff.
[1700] BVerfGE **6**, 32, 41; **35**, 202, 220; **80**, 367, 373 f.
[1701] Vgl. BVerfG NJW **2006**, 2836, 2837 (Veröffentlichung von Luftbildaufnahmen von Feriendomizilen Prominenter); BVerfG NJW **2005**, 3271 ff. (Vorstandsvorsitzender der Telekom AG); **2001**, 594, 595 (Willy-Brandt-Gedenkmünze); BVerfGE **101**, 361 ff. (Caroline von Monaco). Vgl. auch BGH NJW **2007**, 1977 ff. und NJW **2007**, 1981 (Caroline und Ernst August von Hannover) – dazu *Teichmann*, NJW **2007**, 1917 ff.

- Zunächst ist danach zu fragen, ob der Betroffene überhaupt einen **Geheimhaltungswillen** gebildet hat, denn willigt er in den Eingriff in sein Persönlichkeitsrecht ein, ist eine Verletzung desselben ausgeschlossen.
- Nur wenn *keine* Einwilligung vorliegt, ist in einem zweiten Schritt danach zu fragen, ob in den **Kernbereich** oder lediglich in den **Randbereich** des allgemeinen Persönlichkeitsrechts eingegriffen worden ist.[1702]
- Ist in den **Kernbereich** des allgemeinen Persönlichkeitsrechts eingegriffen worden, folgen daraus die Rechtswidrigkeit des Eingriffs und die Unverwertbarkeit auf diese Weise gewonnener Erkenntnisse.
- Ist dagegen lediglich in den Randbereich eingegriffen worden, findet eine **Abwägung** statt zwischen dem Strafverfolgungsinteresse des Staates und dem allgemeinen Persönlichkeitsrecht des Beschuldigten (oder des Zeugen).[1703]

Der zentrale Fall in diesem Kontext ist der Bereich der Verwertung von **Tagebuchaufzeichnungen**. Für Tagebücher besteht die Vermutung, dass sie zur Intimsphäre gehören, was den Inhalt damit unverwertbar macht. Freilich ist die h.M. nicht konsequent, wenn es um sichergestellte Tagebücher geht, in denen z.B. Steuerhinterziehungen, Morde etc. gestanden werden. Bei solchen Tagebüchern soll dann nur die schlichte Privatsphäre betroffen sein.[1704] Dass eine solche Betrachtungsweise ergebnisorientiert ist, liegt auf der Hand. Denn nähme man durchweg die Intimsphäre an, gelangte man stets zur Unverwertbarkeit von durch Tagebuchbeschlagnahmungen gewonnenen Erkenntnissen. So aber schafft sich die h.M. Raum für eine Abwägung, auch wenn sie im Einzelfall zu demselben Ergebnis gelangt, wie bei Bejahung der Intimsphäre. **1128**

Beispiel[1705]: Der mehrfache Frauenmörder T hatte seine Kontaktschwierigkeiten zu Frauen und das, was später der Sachverständige als „schwere andere seelische Abartigkeit" bezeichnete, in Tagebüchern festgehalten.

Der BGH ordnete diesen Fall der zweiten Sphäre zu mit der Begründung, dass es sich um einen Fall schwerster Kriminalität handele, der die Verwertbarkeit gestatte. Wörtlich führte er aus: „Bei der gebotenen Abwägung des Persönlichkeitsrechts gegen die berechtigten Belange der Strafrechtspflege ... ist nicht von dem allgemeinen Deliktsvorwurf auszugehen, sondern von dem im Einzelfall in Betracht kommenden Tatunrecht. (...). Sie ergibt im vorliegenden Fall, dass das Strafverfolgungsinteresse Vorrang genießt".[1706]

Diese Rechtsauffassung ist mit der Sphären- bzw. Kernbereichstheorie des BVerfG unvereinbar. Es gibt nichts Intimeres als das Eingeständnis, unter einer schweren seelischen Abartigkeit zu leiden; dieser innerste Bereich der Persönlichkeit wird nicht durch die „Entäußerung" der Tat in eine andere Sphäre verschoben. **1129**

Insgesamt erweckt der BGH den Eindruck, dass er den unantastbaren Kernbereich nicht mehr selbstständig und aus sich heraus bestimmt, sondern sich mit Blick auf das Ergebnis für oder gegen die Intimsphäre entscheidet. Sein Dilemma ist, dass einerseits mit der Sphärentheorie versucht wurde, Rechtssicherheit zu schaffen, andererseits aber gerade die schwersten Delikte oft die „intimsten" sind. Abhilfe aus diesem Dilemma kann nur eine Absage von der Sphären- bzw. Kernbereichslehre schaffen, zumal sich die Zuordnung zu einer Stufe ohnehin als schwierig erweisen kann (was ist noch der Privatsphäre oder schon der Intimsphäre zuzuordnen?). Stellt man allein auf die Abwägung zwischen den Strafverfolgungsinteressen und dem allgemeinen Persönlichkeitsrecht ab, kommt **1130**

1702 Zur Kernbereichslehre vgl. *R. Schmidt*, Grundrechte, 12. Aufl. **2010**, Rn 196, 223, 247, 265, 282 u. 604/612.
1703 Vgl. zu dieser Abwägung auch BGH NJW **2005**, 2844; **2005**, 592 f.; **2005**, 497 f.; NJW **2004**, 596 f. (aufgehoben von BVerfG NJW **2005**, 3271 ff.). Vgl. auch *Wanckel*, NJW **2006**, 578 f.
1704 So etwa BGHSt **19**, 325, 334; *Beulke*, Rn 473.
1705 Nach BGHSt **19**, 325 ff.
1706 BGHSt **19**, 325, 334. Zustimmend BVerfGE **80**, 367 ff. (allerdings mit einer 4:4-Entscheidung).

man nicht in Zugzwang, sich für die eine oder andere Stufe entscheiden zu müssen. Mit der allgemeinen Abwägungslehre schafft man sich einen Freiraum, im Einzelfall sachadäquat entscheiden zu können.[1707]

1131 Eine andere Problematik ergibt sich, wenn es um Aufzeichnungen von *Zeugen* geht. Soweit dieser Zeuge Angehöriger des Beschuldigten ist, unterliegen auch die tagebuchähnlichen Aufzeichnungen bzw. das Tagebuch den Grenzen des Zeugnisverweigerungsrechts (§ 52 StPO), sodass eine Verwertung nur dann in Betracht kommt, wenn der zur Zeugnisverweigerung Berechtigte auf sein Zeugnisverweigerungsrecht verzichtet.

Beispiel[1708]: Die geschiedene Ehefrau hatte ihren Ehemann angezeigt, weil dieser das gemeinsame Kind missbraucht habe. Vor Durchführung einer richterlichen Vernehmung bzw. der Hauptverhandlung verstarb die Zeugin. Sie hatte bereits im Rahmen der Anzeigeerstattung darauf verwiesen, dass sie in ihrem Tagebuch die entsprechenden Vorfälle festgehalten hätte. Das Tagebuch wurde im Strafverfahren gegen den Angeklagten verlesen, verwertet und führte letztlich zu seiner Verurteilung. Der BGH bestätigte die Entscheidung. Fraglich sei schon, ob der Angeklagte sich überhaupt auf den intimen Charakter des Tagebuchs berufen könne (Rechtskreistheorie). Jedenfalls sei im konkreten Fall die Verwertung möglich, da sich die zur Verweigerung des Zeugnisses berechtigte Zeugin niemals auf ihr Recht berufen habe und im Gegenteil das Verfahren erst von ihr initiiert worden sei.

1132 Handelt es sich um einen Dritten, dem kein Zeugnisverweigerungsrecht zusteht, entspricht die Problematik der des Beschuldigten mit der Maßgabe, dass zu berücksichtigen ist, dass der Dritte selbst nicht dem Vorwurf der Strafbarkeit unterliegt.[1709]

1133 In Anlehnung an die Tagebuch-Rechtslage hat der BGH auch einen Fall entschieden, in dem der Täter belastende **Selbstgespräche im Krankenzimmer** eines Vollzugskrankenhaus geführt hatte, die im Rahmen einer akustischen Raumüberwachung aufgenommen wurden. Dies berühre so sehr den Kernbereich privater Lebensgestaltung, dass die entsprechenden Äußerungen nicht verwertbar seien.[1710] Diese Entscheidung ist im Ergebnis sicherlich begrüßenswert, zeigt aber, dass sich der BGH immer noch nicht von seinem Kategorie-Denken verabschiedet hat.

b.) Fernwirkung von Beweisverboten

1134 Gesetzlich nach wie vor nicht geregelt ist die Frage, ob Beweise, die *mittelbar* aufgrund eines unverwertbaren Beweismittels gewonnen wurden, ebenfalls unverwertbar sind, d.h. ob Verwertungsverboten eine Fernwirkung zukommt.[1711]

Beispiel[1712]: H ist der gewerbsmäßigen Bandenhehlerei (§ 260a StGB) verdächtig. Zur Aufklärung setzt die Polizei den V als Verdeckten Ermittler ein. Wegen Gefahr im Verzug holt sie nur die Zustimmung der StA ein. Die Zustimmung des Ermittlungsrichters wird dagegen auch später nicht eingeholt. Nach fünf Tagen gelingt es V, von H zu erfahren, wo dieser seine Ware lagert. Diese Information teilt V seinen Kollegen mit. Die Polizei veranlasst daraufhin eine ordnungsgemäße Beschlagnahme der Beute. StA S fragt die Referendarin R, die bei S gerade ihre Referendarstation absolviert, ob in der Hauptverhandlung

---

[1707] Insoweit besteht eine Parallele zur **Drei-Stufen-Theorie**, die das BVerfG einst zu Art. 12 I GG entwickelt hatte. Da auch das BVerfG mittlerweile erkannt hat, dass die zwanghafte Zuordnung einer staatlichen Maßnahme zu einer Stufe an die Grenzen des Vertretbaren (und damit der Glaubwürdigkeit des Gerichts) führt, ist in einigen jüngeren Entscheidungen eine Lossagung von der Drei-Stufen-Theorie zu erkennen (vgl. auch die Kritik zur Inkonsequenz des BVerfG bei *R. Schmidt*, Grundrechte, 12. Aufl. **2010**, Rn 809.

[1708] Nach BGH NStZ **1998**, 635 ff., wiedergegeben auch bei *Joecks*, Einl. Rn 219.

[1709] *Joecks*, Einl. Rn 218.

[1710] BGH NJW **2005**, 3295; dazu *Ellbogen*, NStZ **2006**, 179.

[1711] Vgl. zu dieser Frage bereits Rn 782, 1091 und 1262.

[1712] Vgl. *Engländer*, Rn 247.

eine Aussage des V über sein Gespräch mit H sowie die beschlagnahmten Gegenstände verwertbar seien.

Zwar braucht bei Gefahr im Verzug für den gezielten Einsatz eines Verdeckten Ermittlers der Richter nicht vor Durchführung der Maßnahme zuzustimmen, allerdings muss die Zustimmung binnen drei Tagen nachgeholt werden, § 110b II S. 4 StPO. Wird sie nicht eingeholt, bleiben zwar die in den ersten drei Tagen erlangten Beweismittel verwertbar, darüber hinaus besteht aber ein Verwertungsverbot. Da es versäumt wurde, eine richterliche Genehmigung einzuholen, ist die Zeugenaussage des V über sein Gespräch mit H nicht verwertbar. Die sich daraus ergebende Folgefrage ist, ob die durch diesen unzulässigen Einsatz des V mittelbar gewonnenen Beweise, nämlich die Hehlerware als Augenscheinsobjekt, ebenfalls einem Verwertungsverbot unterliegen.

⇨ Die wohl h.L. nimmt in Anlehnung an die amerikanische „fruit of the poisonous tree doctrine“[1713] eine Fernwirkung des Beweisverwertungsverbots an, weil anderenfalls der Sinn und Zweck der Beweisverwertungsverbote unterlaufen werden könnte. Eine Ausnahme sei nur dann zu machen, wenn das Beweismittel höchstwahrscheinlich auch ohne Verfahrensverstoß erlangt worden wäre.[1714] (Hypothetischer rechtmäßiger Ermittlungsverlauf).

Demzufolge wäre es nicht zulässig, die beschlagnahmten Gegenstände als Augenscheinsobjekte in die Hauptverhandlung einzubringen und zu verwerten.

⇨ Nach der Rechtsprechung des BGH entfalten unter Verstoß gegen Beweiserhebungsvorschriften gewonnene Beweisergebnisse i.d.R. *keine* Fernwirkung, weil ein Verfahrensverstoß nicht das gesamte Ermittlungsverfahren lahmlegen dürfe. Zudem lasse sich kaum sicher feststellen, ob der Verfahrensverstoß für die Überführung des Beschuldigten wirklich ursächlich geworden sei oder das Beweisergebnis nicht ohnehin durch eine andere – rechtmäßige – Maßnahme erzielt worden wäre.[1715]

Demzufolge können die beschlagnahmten Gegenstände durchaus als Augenscheinsobjekte in die Hauptverhandlung eingebracht und verwertet werden.

⇨ Wieder andere differenzieren, indem sie entweder auf den Schutzbereich der verletzten Verfahrensnorm abstellen[1716] oder eine Abwägung nach der Schwere des Verfahrensverstoßes vornehmen[1717].

Demzufolge können die beschlagnahmten Gegenstände wohl ebenfalls als Augenscheinsobjekte in die Hauptverhandlung eingebracht und verwertet werden.

Stellungnahme: Beweisverbote im angloamerikanischen Recht dienen v.a. der Disziplinierung der Polizei. Da aber in der Bundesrepublik Deutschland kein Parteienprozess stattfindet, sondern eine eigenständige Wahrheitserforschung durch das Gericht parallel zur staatsanwaltschaftlichen (beide sind verpflichtet, auch die zur Entlastung des Angeklagten dienenden Umstände zu ermitteln), ist die „fruit of the poisonous tree doctrine“ auf das bundesrepublikanische Strafprozessrecht nicht übertragbar. Vor diesem Hintergrund ist die vom BGH vertretene Lösung, die letztlich auf der Erwägung beruht, dass die Strafverfolgung in ihrer Effektivität nicht bzw. nicht übermäßig beschränkt werden dürfe, nachvollziehbar. Allerdings ist auch zu berücksichtigen, dass die Regelungsdichte und damit verbunden die Dichte der Eingriffsbefugnisse im Ermittlungsverfahren in den letzten Jahren

---

[1713] Diese Doktrin, die ein absolutes Beweisverwertungsverbot hinsichtlich rechtswidrig (auch formell rechtswidrig) erhobener Beweise vorsieht, dient in erster Linie der Disziplinierung der Strafverfolgungsbehörden und der Hervorhebung der Bedeutung auch des formellen Rechts. Daher besteht im angloamerikanischen Raum folgerichtig auch eine Fernwirkung von Beweisverwertungsverboten (vgl. dazu BFH NJW **2007**, 2281, 2287).

[1714] *Roxin*, § 24 Rn 47; *Volk*, § 28 Rn 43; *Schroth*, JuS **1998**, 969, 970.

[1715] BGHSt **27**, 355, 358; **32**, 68, 71; **34**, 362, 364. Anders nur BGHSt **29**, 244, 247 hinsichtlich eines Verstoßes gegen das G 10. Der BFH nimmt für das Steuerrecht eine Fernwirkung von Beweisverwertungsverboten jedenfalls bei qualifizierten grundrechtsrelevanten Verfahrensverstößen an (BFH NJW **2007**, 2281, 2288).

[1716] *Beulke*, Rn 482; *ders.*, ZStW 103 (**1991**), 657 ff.; *Ranft*, Rn 1619.

[1717] KK-*Senge*, vor § 48 Rn 45 ff.; *Rogall*, JZ **1997**, 944, 948; *Hellmann*, Rn 484.

ständig zugenommen haben. Es gibt kaum noch ein Mittel, das den Strafverfolgungsbehörden nicht zur Verfügung stünde.
Diese Möglichkeiten, sich umfassend Beweise legal zu verschaffen, bestanden zum Zeitpunkt der genannten BGH-Entscheidungen noch nicht. Hinzu kommt, dass nach der aktuellen Rechtslage die meisten Zufallsfunde ebenfalls verwertet werden dürfen (die Einschränkungen bei den §§ 100a ff. StPO sind nicht schlagend). Gerade angesichts dieser neueren Entwicklung haben die Gründe, die für eine Fernwirkung sprechen, bedeutend mehr Gewicht gewonnen. Es darf daher die Prognose gewagt werden, dass der BGH heute anders entscheiden würde.

Im Ergebnis ist daher mit der h.L. eine Fernwirkung prinzipiell und umfassend anzunehmen (a.A. freilich der BGH). Ausnahmsweise ist verwertbar, was bei hypothetisch rechtmäßigem Verlauf ermittelt worden wäre. Dann aber muss sicher (und nicht nur möglich oder wahrscheinlich) sein, dass das Beweisergebnis auch auf legalem Wege erzielt worden wäre.

D. Das Urteil

I. Feststellung der Tat als Ergebnis der Verhandlung

Gegenstand des Urteils ist die Tat, wie sie sich nach dem Ergebnis der Verhandlung darstellt (§ 264 I StPO) und in der Anklage bezeichnet war (§ 207 StPO). Mit „Tat" ist dabei die prozessuale Tat gemeint, also das in der Anklage bezeichnete geschichtliche Vorkommnis, soweit es nach der Lebensauffassung einen einheitlichen Vorgang bildet. Mehrere Vorgänge bilden dann eine prozessuale Tat, wenn eine innere Verknüpfung besteht, sodass ihre getrennte Aburteilung in verschiedenen Verfahren als unnatürliche Aufspaltung eines einheitlichen Lebensvorgangs empfunden würde (Rn 16 ff.). 1135

Zwar kann das Gericht wegen des Akkusationsprinzips immer nur die angeklagte prozessuale Tat aburteilen, allerdings ist das Gericht weder an die rechtliche Würdigung, wie sie von der StA vorgenommen wurde (vgl. §§ 155 II, 264 II StPO), noch an Beweisregeln gebunden, sondern entscheidet gem. § 261 StPO nach seiner freien, aus dem Inbegriff der Verhandlung gewonnenen Überzeugung (Grundsatz der **freien Beweiswürdigung**, vgl. dazu ausführlich Rn 118 ff.).[1718] Kommt das Gericht zu einer anderen tatsächlichen oder rechtlichen Beurteilung der Tat, kann eine Änderung der Tat im Verhältnis zu der in der Anklage bezeichneten Tat (sog. **Umgestaltung der Strafklage**) notwendig werden. Die Voraussetzungen richten sich nach § 265 StPO. 1136

Hinsichtlich der freien Beweiswürdigung ist zu beachten, dass das Beweismaterial erschöpfend gewürdigt sein muss, und dass eine Verurteilung nur dann erfolgen darf, wenn das Gericht die Schuld des Angeklagten **als bewiesen ansieht**. Dies ist der Fall, wenn das Gericht davon überzeugt ist, dass der Angeklagte alle Merkmale des gesetzlichen Tatbestands rechtswidrig und schuldhaft verwirklicht hat. Anderenfalls greift der Grundsatz **in dubio pro reo** und der Angeklagte ist freizusprechen. 1136a

II. In dubio pro reo

In einem Rechtsstaat ist es nicht nur selbstverständlich, dass eine Bestrafung ohne entsprechende gesetzliche Bestimmung ausgeschlossen ist (vgl. Art. 103 II GG), sondern auch, dass jede Person, die einer Straftat angeklagt ist, so lange als unschuldig gilt, bis ihre Schuld in einem gesetzlich geregelten Verfahren bewiesen ist (sog. **Unschuldsvermutung**).[1719] Der Angeklagte darf auch nur dann schuldig gesprochen werden, wenn das Gericht **keinerlei Zweifel** an dessen Schuld hat. Kann demnach trotz Ermittlung des Sachverhalts im Rahmen der richterlichen Beweiswürdigung (§ 261 StPO) nicht zweifelsfrei festgestellt werden, ob der Angeklagte den Tatbestand einer Strafnorm verwirklicht und dabei rechtswidrig und schuldhaft gehandelt hat, ist er aus dem Grundsatz *in dubio pro reo* (im Zweifel für den Angeklagten) freizusprechen.[1720] Im Gutachten ist dies an der Stelle zu diskutieren, an der ein Umstand nicht zweifelsfrei nachgewiesen werden kann. 1137

> **Beispiel 1:** B wird erstochen im Park aufgefunden; als Täter wird A verdächtigt. Allerdings kann nicht zweifelsfrei nachgewiesen werden, ob A der Täter war.
>
> Prüft man nun die Strafbarkeit des A nach §§ 212, 211 bzw. nach §§ 223, 224, 227 StGB, ist nach der Feststellung des Todeserfolgs beim Tatbestandsmerkmal „Handlung" *in dubio pro reo* davon auszugehen, dass der Todeserfolg nicht auf ein Verhalten des A zurückzuführen ist und A somit als Täter ausscheidet.

[1718] Vgl. auch *Ellbogen*, JA **2010**, 137 ff.

[1719] Vgl. Art. 6 II EMRK, wo dieser Grundsatz ausdrücklich normiert ist. Vgl. dazu auch *Peglau*, JA **2001**, 244 ff. und *Hebert*, JA **2002**, 193 ff.

[1720] Vgl. zu diesem Grundsatz bereits Rn 126 ff.

Beispiel 2: Lässt sich in Beispiel 1 zwar nachweisen, dass A auf B eingestochen hat, bleibt jedoch unklar, ob A auch mit Tötungsvorsatz handelte, ist die Strafbarkeit des A aus § 212 StGB im subjektiven Tatbestand zu verneinen, da hier *in dubio pro reo* (zugunsten des A) davon ausgegangen werden muss, dass er keinen Vorsatz in Bezug auf den Totschlag hatte. A hat sich dann lediglich wegen gefährlicher Körperverletzung mit Todesfolge (§§ 223, 224 I Nr. 2, 5, 227 StGB) strafbar gemacht.

Beispiel 3: A hat nachweislich C bei einem Raub „geholfen", indem er das Fluchtauto gefahren hat. Nicht nachweisen lässt sich allerdings, ob A mittäterschaftlich beteiligt, also Tatherrschaft und Täterwillen hatte, oder ob er lediglich Gehilfe des C war.

Hier prüft man zunächst die Strafbarkeit des C und bejaht § 249 StGB, da C alle Tatbestandsmerkmale allein verwirklicht hat. Sodann prüft man die Strafbarkeit des A gem. §§ 249, 25 II StGB und problematisiert bei der Zurechnung gem. § 25 II StGB, dass sich die mittäterschaftliche Beteiligung des A nicht nachweisen lässt. Daher ist sie wegen des Grundsatzes *in dubio pro reo* zu verneinen. Somit hat sich A „nur" wegen Beihilfe zum Raub gem. §§ 249, 27 StGB strafbar gemacht, da man ihm jedenfalls die vorsätzliche Förderung des Raubs nachweisen kann.

1138 Wenn aber ein Tatvorgang nur deshalb zweifelhaft bleibt, weil zwei Verhaltensweisen möglich sind, ist eine Verurteilung in folgenden Fällen möglich[1721]:

1139
- Besteht zwischen den Verhaltensweisen ein **Stufenverhältnis** im Sinne eines Mehr oder Weniger, ist nach dem Grundsatz *in dubio pro reo* nach dem milderen Gesetz zu bestrafen.[1722] Ein *begrifflich-logisches* Stufenverhältnis wird bejaht zwischen feststehendem Grundtatbestand und nicht nachgewiesener qualifizierter Straftat. Dabei sind unter „qualifizierter Straftat" nicht nur Tatbestandsqualifikationen (etwa § 224 StGB in Bezug auf § 223 StGB), sondern auch Erfolgsqualifikationen (etwa § 227 StGB in Bezug auf § 223 StGB) und Regelbeispiele (etwa § 243 StGB in Bezug auf § 242 StGB) zu verstehen.

Beispiel: Es steht fest, dass der Angeklagte aus einer Wohnung eine Büste gestohlen hat. Der Geschädigte, der im anschließenden Strafprozess als Zeuge vernommen wird, behauptet, die Wohnung sei zum Tatzeitpunkt verschlossen gewesen. Der Angeklagte versichert demgegenüber, er sei nur deshalb in die Wohnung gegangen, weil die Wohnung sperrangelweit offen gestanden habe.
Hier kann zwar zweifelsfrei festgestellt werden, dass der Angeklagte den Grundtatbestand des § 242 StGB verwirklicht hat, nicht aber, ob er sich auch wegen der Qualifikation aus § 244 I Nr. 3 StGB strafbar gemacht hat. Daher ist er nur nach § 242 StGB schuldig zu sprechen.

Ein *normativ-ethisches* Stufenverhältnis liegt vor zwischen Versuch und Vollendung, Beihilfe und Täterschaft, Fahrlässigkeit und Vorsatz.[1723] Bei ihnen wird der Angeklagte nur aus dem milderen Delikt verurteilt, wenn die schwerere Begehungsform nicht nachgewiesen werden kann.

Beispiel: T schlägt O mit einem Baseballschläger an den Kopf. O stirbt an den schweren Verletzungen. Im anschließenden Strafprozess, in dem T sich wegen der Tötung verantworten muss, kann nicht festgestellt werden, ob T den Tod des O billigend in Kauf genommen hat (dann § 212 oder 211 StGB) oder davon ausging, dass O schon nicht sterben werde (dann § 227 StGB).

Hier ist im Zweifel von der leichteren fahrlässigen Erfolgsherbeiführung auszugehen und T wegen Körperverletzung mit Todesfolge schuldig zu sprechen.

[1721] Vgl. BGHSt **22**, 154, 156; **23**, 203, 204 f.; *Hebert*, JA **2002**, 193 ff.
[1722] Sch/Sch-*Eser*, § 1 StGB Rn 89.
[1723] Vgl. BGHSt **32**, 48, 57 (zu Vorsatz/Fahrlässigkeit); **23**, 203, 207 (zu Täterschaft/Teilnahme); **31**, 136 (zu Anstiftung/Beihilfe).

- Umfasst ein Tatbestand einen anderen vollständig, ohne im Verhältnis von Grundtatbestand und Qualifikation zu ihm zu stehen, liegt ein Fall einer **unselbstständigen Abwandlung** vor. Auch hier gebietet es der Grundsatz *in dubio pro reo*, dass der Angeklagte nur (aber immerhin) aus dem „Grunddelikt" schuldig gesprochen werden kann, wenn ihm die selbstständige Abwandlung nicht nachzuweisen ist. 1140

  Beispiel: Diesmal wird T angeklagt, O beraubt zu haben. Grob ausgedrückt ist § 249 StGB ein zusammengesetztes Delikt aus Diebstahl (§ 242 StGB) und Nötigung (§ 240 StGB).

  Kann nicht festgestellt werden, ob die Nötigung tatsächlich der Wegnahme diente, kann T nur wegen Diebstahls und Nötigung schuldig gesprochen werden, nicht aber wegen Raubs.

III. Wahlfeststellung

Einschränkend zum Grundsatz in dubio pro reo gilt, dass Zweifel des Prozessgerichts auf der Ebene des Tatbestands nicht zwangsläufig zu einem Freispruch führen müssen. Denkbar ist auch eine sog. „**Wahlfeststellung**", d.h. eine Verurteilung auf mehrdeutiger Tatsachengrundlage oder wahldeutiger Feststellungen. Im Einzelnen gilt: 1141

Würde man in Fällen, in denen man zwar weiß, dass der Angeklagte sich strafbar gemacht hat, aber Zweifel hinsichtlich der konkreten Handlung oder gar des konkreten Delikts hat, den Grundsatz *in dubio pro reo* konsequent anwenden, käme man zu Strafbarkeitslücken, die auch vor dem Rechtsstaatsprinzip, das an sich für die Unschuldsvermutung streitet, keinen Bestand haben können. Daher ist es verfassungs- und völkerrechtlich nicht zu beanstanden, den Täter unter bestimmten Voraussetzungen auf **wahldeutiger Grundlage** zu verurteilen (sog. **Wahlfeststellung**)[1724]: 1142

- Steht fest, dass der Angeklagte einen Straftatbestand verwirklicht hat, und ist nur unklar, *welche* seiner Handlungen den Taterfolg herbeigeführt hat, liegt keine wirkliche Wahlfeststellung, sondern ein Fall der **unechten** oder **gleichartigen** Wahlfeststellung vor (auch **Tatsachenalternativität** genannt).[1725] 1143

  Beispiel: A ist HIV-positiv. Seiner Geschlechtspartnerin B hat er dies nicht erzählt. Als nun auch B HIV-positiv ist, kann der Beweis erbracht werden, dass A sie infiziert hat (§ 224 I Nr. 1 Var. 2 und Nr. 5 StGB). Unklar ist nur, bei *welchem* konkreten Sexualkontakt die Infizierung stattgefunden hat.

  Hier kann A nicht etwa aus dem Grundsatz *in dubio pro reo* freigesprochen werden, da ja feststeht, *dass* er die B infiziert hat. Es hilft aber die Tatsachenalternativität weiter, sodass A auf wahldeutiger Grundlage zu verurteilen ist.

- Liegt dagegen eine Unsicherheit im Sachverhalt vor, die sich auch unter Ausschöpfung aller prozessualen Erkenntnismittel nicht klären lässt, spricht man von **echter Wahlfeststellung** (auch **Tatbestandsalternativität** oder **ungleichartige** Wahlfeststellung genannt). Der Unterschied zum Grundsatz *in dubio pro reo* und zur Tatsachenalternativität besteht darin, dass bei der Tatbestandsalternativität feststeht, dass der Täter entweder den einen *oder* den anderen Tatbestand verwirklicht hat. Um hier aber nicht mit dem Gesetzlichkeitsprinzip und der Unschuldsvermutung zu kollidieren, verlangt der BGH in ständiger Rechtsprechung eine **rechtsethische** und **psychologische Vergleichbarkeit** oder **Gleichwertigkeit** der in Betracht kommenden Verhaltensweisen.[1726] 1144

[1724] Vgl. BGHSt **12**, 386, 389; BGH NStZ **2008**, 643, 644; NStZ **2004**, 499; *Fischer*, § 1 StGB Rn 18 ff.; *Lackner/Kühl*, § 1 StGB Rn 9 ff.; *Stuckenberg*, JA **2001**, 221 ff.
[1725] *Lackner/Kühl*, § 1 StGB Rn 17.
[1726] BGHSt GS **9**, 390, 394; **21**, 152, 153; BGH NStZ **2008**, 643, 644; NStZ **2004**, 499.

⇨ Unter **rechtsethischer Vergleichbarkeit** ist eine annähernd gleiche Schwere der Schuldvorwürfe und eine nach allgemeinem Rechtsempfinden sittlich und rechtlich vergleichbare Bewertung zu verstehen.[1727]

⇨ Eine **psychologische Vergleichbarkeit** liegt vor, wenn eine einigermaßen gleichgeartete seelische Beziehung des Täters zu den mehreren in Frage stehenden Verhaltensweisen besteht.[1728]

1145 Um allerdings die Vergleichbarkeit der Straftatbestände feststellen zu können, ist hier (im Rahmen der Fallbearbeitung) eine Dreiteilung der Prüfung vorzunehmen:

- Zunächst ist die **eine Handlung** (Handlung A) als wahr zu unterstellen und zu prüfen, wie sich der Täter dann strafbar gemacht hätte. Hier sind alle Delikte vollständig so zu prüfen, als gäbe es keine Zweifel im Sachverhalt.
- Sodann ist die **andere Handlung** (Handlung B) als wahr zu unterstellen und zu prüfen, wie der Täter dann zu bestrafen wäre. Auch hier sind alle Delikte zu prüfen, als gäbe es keine Zweifel im Sachverhalt.
- Schließlich ist wegen der Gefahr eines Verstoßes gegen das Rechtsstaatsprinzip durch eine wahldeutige Verurteilung zu prüfen, ob die oben bejahten Straftatbestände **rechtsethisch und psychologisch vergleichbar** sind.

Beispiel: Als B nach Hause kommt, wird er niedergeschlagen. Später stellt sich heraus, dass diverse Gegenstände aus seinem Haus fehlen, woraufhin A festgenommen wird. Die Ermittlungen ergeben, dass A den B entweder vor Wegnahme der Gegenstände oder danach im Rahmen seiner Flucht niedergeschlagen hat. Die gutachtliche Prüfung erfolgt in drei Schritten:

A. <u>Variante 1</u>: Gewaltanwendung erfolgte vor der Wegnahme
Unterstellt man dies als wahr, hat A sich wegen Raubs gem. § 249 I StGB strafbar gemacht, da hier der erforderliche Finalzusammenhang zwischen Gewalt und Wegnahme vorliegt. Darüber hinaus hat er sich gem. §§ 244 I Nr. 3, 246, 223, 240 und 123 StGB strafbar gemacht (wobei §§ 123 und 246 StGB auf Konkurrenzebene zurücktreten).

B. <u>Variante 2</u>: Gewaltanwendung erfolgte nach der Wegnahme (auf der Flucht)
Unterstellt man dies als wahr, hat A sich wegen räuberischen Diebstahls gem. § 252 StGB strafbar gemacht. Darüber hinaus hat er §§ 244 I Nr. 3, 246, 223, 240 und 123 StGB verwirklicht (wobei §§ 223, 240, 123 und 246 StGB auf Konkurrenzebene zurücktreten).

C. <u>Strafrechtliche Bewertung</u>: Da Raub und räuberischer Diebstahl sowohl rechtsethisch als auch psychologisch vergleichbar sind, ist hier eine wahldeutige Verurteilung des A wegen Raubs oder räuberischen Diebstahls möglich.

1146 Im Übrigen ist nach der Rspr. echte Wahlfeststellung **zulässig** zwischen Nichtanzeige einer geplanten Straftat (§ 138 StGB) und Beteiligung an einer anzeigepflichtigen Tat (etwa §§ 211, 27 StGB)[1729], Falschaussage (§ 153) und Meineid (§ 154 StGB), Meineid (§ 154 StGB) und Falscher Verdächtigung (§ 164 StGB)[1730], Betrug (§ 263 StGB) und Untreue (§ 266), Diebstahl (§ 242 StGB) und Hehlerei (§ 259 StGB)[1731] und Diebstahl (§ 242 StGB) und Begünstigung (§ 257 StGB)[1732]. Das Gleiche gilt für Betrug (§ 263 StGB) und Computerbetrug (§ 263a StGB).[1733]

[1727] *Wessels/Beulke*, StGB AT, Rn 806; *Stuckenberg*, JA **2001**, 221, 223.
[1728] BGHSt GS **9**, 390, 394.
[1729] BGH NStZ **2004**, 499.
[1730] BGHSt **32**, 146, 149.
[1731] BGHSt **9**, 390, 393; BGH NStZ **2008**, 643, 644. Wahlfeststellung zwischen Diebstahl und Hehlerei ist selbst im Fall der bandenmäßigen Begehung i.S.v. §§ 244, 244a und §§ 260, 260a StGB möglich (vgl. BGH wistra **2000**), nicht aber zwischen Wohnungseinbruchdiebstahl und Hehlerei (BGH NStZ **2008**, 643, 644).
[1732] BGHSt **23**, 360.
[1733] Vgl. auch *Goeckenjan*, JA **2006**, 758, 762; *Fischer*, § 263a StGB Rn 23, 38.

Demgegenüber hält die Rspr. Wahlfeststellung für **unzulässig** zwischen Betrug (§ 263 StGB) und Hehlerei (§ 259 StGB)[1734], Betrug (§ 263 StGB) und versuchtem Schwangerschaftsabbruch (§§ 218, 22, 23 I, 12 II StGB)[1735], Raub (§§ 249 ff. StGB) und Hehlerei (§ 259 StGB)[1736] sowie zwischen Wohnungseinbruchdiebstahl (§ 244 I Nr. 3 StGB) und Hehlerei (§ 259 StGB)[1737].

Ist eine echte Wahlfeststellung möglich, wird der Angeklagte im Urteilstenor „entweder wegen ... (Straftat X) oder wegen ... (Straftat Y) schuldig" gesprochen.

1147

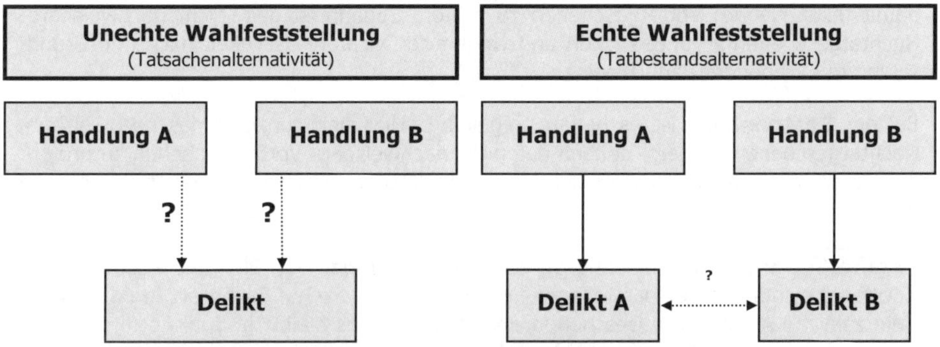

1148

Anmerkung: Aus dieser Übersicht wird dreierlei deutlich:

(1) Die **unechte Wahlfeststellung** ist verfassungsrechtlich unproblematisch, da hier feststeht, dass der Täter einen bestimmten Straftatbestand verwirklicht hat und lediglich unklar ist, welche konkrete Handlung den Taterfolg herbeigeführt hat. Da in dieser Konstellation also lediglich ein Delikt in Frage kommt, ist der Täter eindeutig aus diesem Delikt zu bestrafen.

(2) Dagegen birgt die **echte Wahlfeststellung** eine verfassungsrechtliche Relevanz. Bei ihr stehen nämlich verschiedene Delikte in Rede, da der Täter entweder durch Handlung A Delikt A oder durch Handlung B Delikt B verwirklicht. Würde man den Angeklagten hier ohne weiteres wahldeutig verurteilen, läge darin ein Verstoß gegen Art. 103 II GG, denn von Verfassungs wegen gilt, dass eine Verurteilung grundsätzlich nur dann zulässig ist, wenn die Schuld des Angeklagten zweifelsfrei nachgewiesen ist. Allerdings ist in solchen Fällen, in denen der Täter nachweislich einen Rechtsverstoß begangen hat und die diesen Rechtsverstoß sanktionierenden Straftatbestände rechtsethisch (also von der Schwere der Schuld) und psychologisch (also von der seelischen Beziehung des Täters zur Tat) vergleichbar sind, eine Verurteilung auf wahldeutiger Grundlage ausnahmsweise zulässig. Die Vergleichbarkeit ist hierfür allerdings zwingende Voraussetzung. Liegt sie nicht vor, ist der Täter freizusprechen.

(3) Der entscheidende **Unterschied** zwischen echter und unechter Wahlfeststellung liegt also in dem Bezugspunkt, auf den sich die Zweifel beziehen. Bei der **unechten Wahlfeststellung** ist lediglich fraglich, **durch welche Handlung** der Täter das eine, in Betracht kommende Delikt verwirklicht hat. Bei der **echten Wahlfeststellung** ist dagegen fraglich, **welches Delikt** der Täter verwirklicht hat.

IV. Postpendenz und Präpendenz

Postpendenz und Präpendenz kennzeichnen sich dadurch, dass der Sachverhalt unter 1149
zeitlichen Gesichtspunkten teilweise nicht aufklärbar ist. Bei der Präpendenz besteht

---

[1734] BGH NStZ **1985**, 123.
[1735] BGH MDR/D **1958**, 739.
[1736] BGHSt **21**, 152. Vgl. zu dieser Aufzählung auch LK-*Gribbohm*, § 1 StGB Rn 115 ff.; *Fischer*, § 1 StGB Rn 29; *Lackner/Kühl*, § 1 StGB Rn 14 ff.
[1737] BGH NStZ **2008**, 643, 644.

Klarheit über das Vortatgeschehen, während das Nachtatgeschehen unklar bleibt. Umgekehrt verhält es sich bei der Postpendenz. Bei dieser besteht Klarheit über das Nachtatgeschehen, während das Vortatgeschehen unklar bleibt. Gleichgültig, ob Prä- oder Postpendenz vorliegt, erfolgt eine Verurteilung nur bezüglich des nachweisbaren Geschehens, während das nicht nachweisbare Geschehen außer Betracht bleibt. Im Rahmen einer Fallbearbeitung bietet sich folgende Vorgehensweise an:

- Bei **Präpendenz** ist zunächst die Strafbarkeit in Bezug auf das (nachweisbare und damit feststehende) Vortatgeschehen zu prüfen. Sodann ist das (nicht nachweisbare) Nachtatgeschehen zu untersuchen und wegen der Nichterweislichkeit nach den Grundsätzen der Präpendenz zu verneinen.

- Bei der **Postpendenz** ist es genau umgekehrt. Hier sind zunächst das nachweisbare Nachtatgeschehen und erst danach das nicht nachweisbare Vortatgeschehen zu prüfen: der Täter ist (ausschließlich) wegen des nachweisbaren Nachtatgeschehens zu bestrafen.

Anmerkung: Dies macht deutlich, dass die Grundsätze von Prä- und Postpendenz de facto nichts anderes darstellen als einen *In-dubio-pro-reo*-Grundsatz in Bezug auf die zeitliche Abfolge von Geschehensabläufen, denn es bleibt „in dubio pro reo" das nicht nachweisbare Geschehen bei der Beurteilung der Strafbarkeit außer Betracht.

Beispiel: Bei einer Durchsuchung werden bei A Gegenstände aus einem Diebstahl sichergestellt. A gibt zu, diese in Kenntnis ihrer Herkunft von einem Hehler gekauft zu haben. Die Ermittlungen der StA ergeben allerdings, dass A möglicherweise selbst der Dieb war.

Hier ist zunächst die Hehlerei (§ 259 StGB) zu bejahen, da diese nachweisbar ist. Sodann ist zu prüfen, ob A (auch) eines Diebstahls (§ 242 StGB) schuldig ist. Da dies allerdings nicht zweifelsfrei feststeht, bleibt der Diebstahl außer Betracht, sodass A lediglich wegen Hehlerei zu bestrafen ist.

Anmerkung: Hier handelt es sich nur deshalb um Postpendenz, weil die Hehlerei (Nachtat) sicher nachweisbar ist. Stünde nicht fest, dass A jedenfalls Hehler war, würde es sich dogmatisch um einen Fall von echter Wahlfeststellung handeln, da dann unklar wäre, ob der Täter mit Handlung A den Diebstahl oder mit Handlung B die Hehlerei verwirklicht hat (Tatbestandsalternativität). In diesem Fall könnte der Täter nur dann auf wahldeutiger Grundlage verurteilt werden, wenn die Delikte rechtsethisch oder psychologisch vergleichbar sind, was bei Hehlerei und Diebstahl der Fall ist.

V. Beratung und Verkündung des Urteils, § 260 StPO

1150 Der Urteilsverkündung geht die Beratung voraus. Vorschriften zur Beratung finden sich in § 263 I StPO, §§ 192 ff. GVG und §§ 43, 45 DRiG. Die Beratung findet geheim statt und ist nicht Bestandteil der Hauptverhandlung. Grundsätzlich entscheidet das Gericht mit der absoluten Mehrheit der Stimmen (§ 196 I GVG). Die Entscheidung über die Schuldfrage und die Rechtsfolgen der Tat bedarf einer Mehrheit von zwei Dritteln der Stimmen. Verstöße gegen die ordnungsgemäße Beratung stellen einen relativen Revisionsgrund (§ 337 StPO) dar. Bei Verfahren vor dem Einzelrichter ist eine Beratung selbstverständlich nicht erforderlich (und auch nicht möglich).

1151 Im Anschluss an die Beratung wird das Urteil durch den Vorsitzenden „im Namen des Volkes" verkündet (§ 268 StPO). Dazu wird die Urteilsformel verlesen; die i.d.R. zu diesem Zeitpunkt noch nicht schriftlich vorliegenden Urteilsgründe werden ihrem wesentlichen Inhalt nach erläutert. Die Urteilsverkündung ist erst abgeschlossen, wenn die Urteilsverlesung und die Eröffnung der Urteilsgründe erfolgt sind. Erst ab diesem Zeitpunkt ist das Gericht an seine Entscheidung gebunden. Vorher - wenn z.B. erst die Urteilsformel verlesen ist - könnte es durchaus noch einmal in die Verhandlung eintreten und seine Entscheidung abändern.[1738] Der Angeklagte ist sodann gem. § 35a StPO über die zulässigen Rechtsmittel zu belehren.

Wird das Urteil nicht am Schluss der Hauptverhandlung verkündet, muss es spätestens am 11. Tage danach verkündet werden; anderenfalls muss die Hauptverhandlung von neuem beginnen, § 268 III StPO. Das Urteil mit Gründen wird zumeist erst nach der Verkündung (bei der die Urteilsgründe nur mündlich eröffnet werden) vollständig abgesetzt. Das muss grds. spätestens 5 Wochen nach Verkündung geschehen sein (§ 275 I S. 2 StPO). Bei umfangreichen Verfahren sieht § 275 StPO hierfür Verlängerungen vor. Die verspätete Urteilsbegründung ist ein absoluter Revisionsgrund, § 338 Nr. 7 StPO. Der Inhalt der Urteilsgründe ist § 267 StPO zu entnehmen. **1152**

Das Urteil kann lauten auf **Freispruch**, auf **Verurteilung** (u.U. nur Schuldspruch unter Absehen von Strafe, § 60 StGB, oder Schuldspruch unter Verwarnung mit Strafvorbehalt, § 59 StGB) oder auf Anordnung einer **Maßregel** der Besserung und Sicherung (z.B. § 69 StGB). **1153**

Wird das Urteil rechtskräftig, erlangt es eine gewisse Endgültigkeit in seiner Entscheidung. Zu unterscheiden sind formelle und materielle **Rechtskraft**. **1154**

- Formelle Rechtskraft tritt ein, wenn das Urteil im selben Verfahren nicht mehr anfechtbar ist (also der Rechtsweg erschöpft oder nicht genutzt worden ist). Das Urteil kann vollstreckt werden (§ 449 StPO) und es tritt die materielle Rechtskraft ein.
- Die materielle Rechtskraft bezieht sich auf den Inhalt der Entscheidung. Dieselbe Tat im strafprozessualen Sinn (§ 264 StPO) kann nicht noch einmal Gegenstand eines Strafverfahrens und eines Urteils werden (ne bis in idem, Art. 103 III GG). Diese Rechtskraft erfasst nur den Tenor (die Urteilsformel), nicht jedoch die Urteilsgründe.

Die Beseitigung der Rechtskraft ist nur durch Wiederaufnahme des Verfahrens (§§ 359 ff. StPO), Wiedereinsetzung in den vorigen Stand (§§ 44 ff. StPO) sowie bei einer Erstreckung der Aufhebung im Revisionsverfahren (§ 357 StPO) möglich. Hinzu kommt die Durchbrechung der Rechtskraft bei einer Aufhebung durch das BVerfG im Fall einer erfolgreichen Verfassungsbeschwerde (§ 95 II BVerfGG). **1155**

VI. Absprachen im Prozess (der „Deal")

1. Einführung in die Problematik

Bereits bei Rn 3 wurde beschrieben, dass sich insbesondere bei **Großverfahren** die Beweisführung als äußerst langwierig (und damit zeit- und kostenintensiv) erweise und ein verbreitetes Problem darin bestehe, dass schon nach bisheriger Rechtslage zwischen dem Vorsitzenden, dem Verteidiger und dem Sitzungsvertreter der StA außerhalb der Hauptverhandlung der weitere Verfahrensablauf abgesprochen wurde oder der Angeklagte ein Geständnis ablegte und hierdurch weitere Beweisaufnahmen ersparte. Daneben kam es nicht selten vor, dass einige Tatteile oder Taten ausgeschieden wurden oder eine Strafe verhängt wurde, die für die Prozessbeteiligten akzeptabel war, sodass Rechtsmittelverzicht erklärt werden konnte. **1156**

Die wechselseitig „angebotenen" Leistungen bestanden auf Seiten der Justiz etwa in Erleichterungen bei Zwangsmaßnahmen, bestimmten (d.h. weniger stigmatisierenden) **1157**

[1738] BGHSt **25**, 333, 335 f.

Formulierungen im Urteil oder in der Beschränkung des Prozessgegenstands (etwa durch Teileinstellung). Von der Verteidigung wurden i.d.R. die Rücknahme oder der Verzicht von Beweisanträgen, (Sonder-)Leistungen im Rahmen des Täter-Opfer-Ausgleichs, ein (Teil-)Geständnis oder ein Rechtsmittelverzicht angeboten, sodass sich die Absprache insgesamt als ein „synallagmatisches" Geben und Nehmen darstellte.

1158 Die Problematik bestand darin, dass das Gesetz (bislang) keine Absprachen oder Vergleiche im Strafverfahren kannte. Eine Verständigung war lediglich in Einzelfragen vorgesehen, z.B. in §§ 153 ff., 154 f., 245 I S. 2, 251 I Nr. 4, 266 I, 405, 408 III StPO, § 56c III, IV StGB. Andererseits galten und gelten aus Gründen der Verfahrensbeschleunigung Absprachen als unverzichtbar für die Praxis.[1739] Daher hat der Bundestag am 28.5.2009 das **Gesetz zur Regelung der Verständigung im Strafverfahren** verabschiedet. Im Wesentlichen verfolgt das Gesetz zwei Ziele, die Förderung der Kommunikation und die Möglichkeit einer Verständigung der am Strafverfahren Beteiligten.

2. Förderung der Kommunikation der am Strafverfahren Beteiligten

1159 Um die Strukturierung des weiteren Verfahrens, seine Beendigung gem. § 153a StPO, die Herbeiführung eines Täter-Opfer-Ausgleichs oder eine Verständigung über das Ergebnis des Verfahrens herbeizuführen bzw. zu fördern, hat der Gesetzgeber folgende Neuregelungen in die StPO eingefügt:

- Die Staatsanwaltschaft kann den Stand des Verfahrens mit den Verfahrensbeteiligten erörtern, soweit dies geeignet erscheint, das Verfahren zu fördern. Der wesentliche Inhalt der Erörterung ist aktenkundig zu machen (§ 160b StPO).
- Erwägt das Gericht die Eröffnung des Hauptverfahrens, kann es den Stand des Verfahrens mit den Verfahrensbeteiligten erörtern, soweit dies geeignet erscheint, das Verfahren zu fördern. Der wesentliche Inhalt dieser Erörterung ist aktenkundig zu machen (§ 202a StPO).
- Nach Eröffnung des Hauptverfahrens gilt § 202a StPO entsprechend (§ 212 StPO).
- Das Gericht kann in der Hauptverhandlung den Stand des Verfahrens mit den Verfahrensbeteiligten erörtern, soweit dies geeignet erscheint, das Verfahren zu fördern (§ 257b StPO).

3. Möglichkeit einer Verständigung der am Verfahren Beteiligten

1160 Kernstück der Neuregelung ist die Schaffung der gesetzlichen Möglichkeit einer Verständigung der am Verfahren Beteiligten (§ 257c I StPO). Gegenstand der Verständigung dürfen nur die Rechtsfolgen sein, die Inhalt des Urteils und der dazugehörigen Beschlüsse sein können, sonstige verfahrensbezogene Maßnahmen im zugrunde liegenden Erkenntnisverfahren sowie das Prozessverhalten der Verfahrensbeteiligten (§ 257c II S. 1 StPO). Bestandteil jeder Verständigung soll ein Geständnis sein (§ 257c II S. 2 StPO). Der Schuldspruch sowie Maßregeln der Besserung und Sicherung dürfen jedoch nicht Gegenstand einer Verständigung sein (§ 257c II S. 3 StPO). Weitere Einschränkungen enthält § 257c III-V StPO. Wesentlich ist, dass bei Wegfall der Absprache das Geständnis, das im Rahmen der Absprache abgegeben wurde, **nicht verwertet** werden darf (§ 257c IV S. 3 StPO). Auch ist der Angeklagte über die Voraussetzungen und Folgen einer Abweichung des Gerichts von dem in Aussicht gestellten Ergebnis nach § 257c IV StPO) **zu belehren** (§ 257c V StPO).

[1739] Vgl. BGHSt **50**, 40, 40 ff.

Im Wesentlichen wurden durch die gesetzliche Regelung die Vorgaben des Großen Senats in Strafsachen, die dieser an die Zulässigkeit von Absprachen aufgestellt hat, umgesetzt.[1740] **1161**

4. Rechtliche Bedenken

Obwohl durch die gesetzliche Regelung die wesentlichen Verfahrensgrundsätze der Amtsermittlung, des fairen rechtsstaatlichen Verfahrens, der Schuldgrundsatz und der Öffentlichkeitsgrundsatz nicht angetastet werden sollen, wird die gesetzliche Regelung für mit den Prinzipien eines rechtsstaatlich-liberalen Strafverfahrens für unvereinbar gehalten.[1741] Insbesondere wird die Verständigungsregel in § 257c StPO für verfehlt gehalten, da die Verständigung ja in erster Linie den Zweck verfolge, eine Beweisaufnahme entbehrlich zu machen. § 257c II StPO sei bedenklich wegen seiner Unbestimmtheit im Hinblick auf die gesetzlichen Formerfordernisse der Beweisaufnahme, ferner, weil es nicht angehe, dass sich der Angeklagte den Verzicht auf die Stellung von Beweisanträgen durch die Zusage von Strafmilderung abkaufen lasse. Bedenklich sei schließlich die Möglichkeit einer Verständigung auch ohne Geständnis, da nur ein solches Grund für eine Strafmilderung sein könne.[1742] **1162**

Diese Kritik ist nicht unbegründet, denn letztlich werden auch durch gesetzlich erlaubte Absprachen bestimmte Förmlichkeiten des Strafverfahrens umgangen, was die Beeinträchtigung zahlreicher Prozessmaximen zur Folge hat: **1163**

- **Legalitätsprinzip:** Durch die Zulässigkeit von Absprachen und Vergleichen steuern nicht mehr die Ge- und Verbote des Legalitätsprinzips, sondern Erwägungen, die für das Opportunitätsprinzip typisch sind, das Verfahren und seinen Ausgang.
- **Untersuchungsgrundsatz:** Da das Ziel von Absprachen und Vergleichen in der Reduktion des gesetzlich vorgeschriebenen Aufklärungsaufwands besteht, führt deren Zulässigkeit zu Defiziten bei der Erforschung der materiellen Wahrheit.
- **Grundsatz der freien Beweiswürdigung:** Da Absprachen und Vergleiche eine vollständige Beweisaufnahme verhindern, sind nicht Überzeugungsbildung, sondern wechselseitiges Nachgeben die Grundlage der Urteilsfeststellungen.
- **Grundsatz der Öffentlichkeit:** Da Absprachen und Vergleiche zumeist informell und heimlich außerhalb der Hauptverhandlung erfolgen, ist ein Verstoß gegen das Öffentlichkeitsprinzip evident.
- **Unmittelbarkeits- und Mündlichkeitsgrundsatz:** Bei Absprachen und Vergleichen wird der Urteilsinhalt nicht durch den Inbegriff der Hauptverhandlung bestimmt, sondern durch Angebotslage und Verhandlungsgeschick.
- **Nemo-tenetur-Grundsatz:** Da Absprachen und Vergleiche gerade von gegenseitigem Geben und Nehmen gekennzeichnet sind, führt dies notwendig dazu, dass der Beschuldigte wenigstens teilweise eine Selbstbelastung in die Verhandlung einbringen muss, denn anderes hat er kaum „anzubieten".
- **Unschuldsvermutung:** Absprachen und Vergleiche gehen begriffslogisch von der Prämisse der Schuldvermutung aus und stehen damit im Widerspruch zur verfassungsrechtlich verankerten Unschuldsvermutung.
- **Gleichbehandlungsgrundsatz:** Vor allem bei der Strafzumessung ist eine ungerechtfertigte Schlechterstellung des nicht oder nur wenig kooperationsbereiten Beschuldigten zu befürchten.

[1740] Vgl. zu diesen die Vorauflagen Rn 1160.
[1741] *Schünemann*, ZRP **2009**, 104 ff.
[1742] *Meyer-Goßner*, ZRP **2009**, 107 ff. Vgl. auch *Fahl/Geraats*, JS **2009**, 791, 794 ff.; *Fischer*, StraFo **2009**, 177 ff.; *John/Müller*, NJW **2009**, 2625 ff.; *Kempf*, StV **2009**, 107 ff.

1163a Immerhin hat der Gesetzgeber zur Kontrolle des Verfahrens Regeln über die Transparenz und Dokumentationspflichten aufgestellt:

- So hat der Vorsitzende mitzuteilen, ob Erörterungen nach den §§ 202a, 212 StPO stattgefunden haben, wenn deren Gegenstand die Möglichkeit einer Verständigung (§ 257c StPO) gewesen ist (§ 243 IV StPO). Ist das der Fall, muss auch deren wesentlicher Inhalt mitzuteilen. Diese Pflicht gilt auch im weiteren Verlauf der Hauptverhandlung, soweit sich Änderungen gegenüber der Mitteilung zu Beginn der Hauptverhandlung ergeben haben.
- Ist dem Urteil eine Verständigung (§ 257c StPO) vorausgegangen, ist auch dies in den Urteilsgründen anzugeben (§ 267 III StPO).
- In das Protokoll muss auch der wesentliche Ablauf und Inhalt einer Erörterung nach § 257b StPO aufgenommen werden (§ 273 I S. 1 StPO). Das Protokoll muss auch den wesentlichen Ablauf und Inhalt sowie das Ergebnis einer Verständigung nach § 257c StPO wiedergeben (§ 243 Ia StPO). Gleiches gilt für die Beachtung der in § 243 IV StPO, § 257c IV S. 4 und V StPO vorgeschriebenen Mitteilungen und Belehrungen. Hat eine Verständigung nicht stattgefunden, ist auch dies im Protokoll zu vermerken.
- Ist einem Urteil eine Verständigung (§ 257c StPO) vorausgegangen, ist der Betroffene auch darüber zu belehren, dass er in jedem Fall frei in seiner Entscheidung ist, ein Rechtsmittel einzulegen (§ 35a S. 3 StPO).

VII. Aufbau und Inhalt des Urteil, §§ 260, 267, 268, 268a-d StPO

1164 Aufbau und Inhalt des Urteils haben sich nach den Vorgaben der §§ 260, 267, 268, 268a-d StPO zu richten. Es gliedert sich demnach in

- Rubrum
- Tenor
- Urteilsgründe
- Unterschrift

Übersicht: Beispiel eines (sehr einfachen) Strafurteils

Amtsgericht Berlin Mitte
Littenstr. 11-17
10179 Berlin

Berlin, den 5.2.2010

- 28 Ds 32 Js 187/06 -

Im Namen des Volkes

Urteil

in der Strafsache

gegen Theobald Tee, geb. am 1.1.1970 in Potsdam, wohnhaft in der Teestraße 11, 14471 Potsdam

hat das Amtsgericht – Strafrichter – in seiner Sitzung vom 5.2.2010, an der teilgenommen haben
Richter am Amtsgericht Haft,
Staatsanwalt Dr. Streng als Sitzungsvertreter der Staatsanwaltschaft,
Rechtsanwalt Dr. Raff als Verteidiger,
Justizsekretärin Hilde Müller als Urkundsbeamtin der Geschäftsstelle

Rubrum

für Recht erkannt:

Der Angeklagte wird wegen Diebstahls gem. § 242 Abs. 1 des Strafgesetzbuches und gefährlichen Eingriffs in den Straßenverkehr gem. § 315 c Abs. 1 des Strafgesetzbuches zu einem Jahr Freiheitsstrafe verurteilt. Die Strafe wird zur Bewährung ausgesetzt.

Tenor

Gründe (§ 267 III StPO):

Gründe

Der Angeklagte hat nach abgeschlossener Hauptschule den Beruf des Elektroinstallateurs gelernt und 2001 mit der Gesellenprüfung abgeschlossen. Seitdem ist er bei der KSB-GmbH als Elektroinstallateur beschäftigt. Er verfügt über ein monatliches Netto-Einkommen von 1.386,- €.

1. Erörterung der Person (wichtig für die Höhe der Strafe)

Das Gericht sieht es als bewiesen an, dass der Angeklagte am 1.8.2009 gegen 1 Uhr die Tür des Geschäftszeltes der Kaufhaus AG am Alexanderplatz Berlin-Mitte gewaltsam aufbrach und einen TV-Flachbildschirm an sich nahm, wobei er von dem Wachmann Wilbert Willermann beobachtet wurde. Anschließend benutzte er zur Flucht das Firmenfahrzeug der KSB-GmbH und verlor hierbei mit einer Geschwindigkeit von 70 km/h in einer baustellenbedingt rechtwinkeligen Kurve, in der die höchstzulässige Geschwindigkeit „Schrittgeschwindigkeit" war, die Kabelbohrmaschine der KSB-GmbH im Wert von 8.000,- €, wobei diese stark beschädigt wurde.

2. Der durch das Gericht festgestellte Sachverhalt

Der Angeklagte hat die Taten zugegeben. Seine Einlassung deckt sich mit den Angaben des Zeugen Wilbert Willermann. Sowohl am Geständnis des Angeklagten als auch an der Aussage des Zeugen bestehen keine Zweifel.

3. Äußerungen des Angeklagten zur Sache sowie Zeugenaussagen

Der Angeklagte hat sich des Diebstahls gem. § 242 Abs. 1 des Strafgesetzbuches und des gefährlichen Eingriffs in den Straßenverkehr gem. § 315c Abs. 1 des Strafgesetzbuches schuldig gemacht.

4. Rechtsausführungen des Gerichts sowie Subsumtion

Bei der Strafzumessung war zu berücksichtigen, dass der Angeklagte bislang nicht vorbestraft ist und die Tat gestanden hat. Das Gericht hat aufgrund der Gesamtpersönlichkeit des Angeklagten den Eindruck gewonnen, dass die Tat mehr aufgrund der durch die einmalige Gelegenheit geschaffenen Versuchung als aufgrund krimineller Neigung geschehen ist ...

5. Ausführungen zur Strafzumessung

Die Kostenentscheidung beruht auf § 465 StPO.

6. Begründung der Nebenentscheidungen

Unterschrift
Haft, Richter am Amtsgericht

Unterschrift des Richters

8. Kapitel – Rechtsmittel

A. Überblick und allgemeine Regeln

I. Förmliche und formlose Rechtsbehelfe

1165 Üblicherweise werden förmliche und formlose Rechtsbehelfe unterschieden. Die förmlichen Rechtsbehelfe werden wiederum in ordentliche und außerordentliche unterteilt. Die **ordentlichen Rechtsbehelfe** werden als **Rechtsmittel** bezeichnet (§§ 296 ff. StPO). Dies sind in erster Linie

- die Berufung (§§ 312 bis 332 StPO),
- die Revision (§§ 333 bis 358 StPO)
- und die Beschwerde (§§ 304 bis 311a StPO).
- Ordentlicher Rechtsbehelf ist ferner der Einspruch gegen den Strafbefehl (§ 410 StPO).

1166 Zu den **außerordentlichen Rechtsbehelfen** des Strafprozessrechts gehören

- die Wiedereinsetzung in den vorigen Stand (§§ 44 bis 47 StPO),
- die Wiederaufnahme des Verfahrens (§§ 359 bis 373a StPO)
- sowie die Verfassungsbeschwerde (Art. 93 I Nr. 4a GG, §§ 90 ff. BVerfGG).
- Daneben gibt es noch die Beschwerde nach Art. 25 ff. EMRK.

1167 Neben den förmlichen Rechtsbehelfen gibt es noch **formlose Rechtsbehelfe**, etwa die Dienstaufsichtsbeschwerde. Mit ihr kann das persönliche und dienstliche Verhalten eines Mitarbeiters des öffentlichen Dienstes oder eines Richters gerügt werden. Die Dienstaufsichtsbeschwerde ersetzt nicht die zulässigen Rechtsmittel. Sie hat in aller Regel nur Erfolg, wenn sie sachlich begründete Fakten enthält, die auch beweisbar sind. Für die meisten – emotional formulierten – Dienstaufsichtsbeschwerden gilt dagegen der Dreiklang: formlos, fristlos, fruchtlos.

II. Devolutiv- und Suspensiveffekt

1168 Die Unterscheidung zwischen Rechtsmitteln und anderen Rechtsbehelfen besteht v.a. im **Devolutiveffekt**, welcher nur den Rechtsmitteln zukommt. Devolutiveffekt bedeutet im Grundsatz, dass die Sache auf die (nächst-)höhere Instanz übergeht. Berufung, Revision und Einspruch gegen den Strafbefehl haben überdies als Gemeinsamkeit einen **Suspensiveffekt**. Suspensiveffekt bedeutet aufschiebende Wirkung, also Hemmung der Rechtskraft und Verhinderung der Vollstreckung. Die Beschwerde kennt einen solchen nicht (vgl. § 307 StPO); allerdings kann deren aufschiebende Wirkung durch den Richter angeordnet werden (§ 306 II StPO).

1169 Die drei Rechtsmittel *Beschwerde*, *Berufung* und *Revision* unterscheiden sich in ihrem Gegenstand erheblich:

- Die Beschwerde richtet sich gegen gerichtliche Beschlüsse und Verfügungen.
- Die Berufung richtet sich gegen erstinstanzliche Urteile des Amtsgerichts und führt zu einer zweiten Tatsacheninstanz.
- Die Revision richtet sich gegen Urteile des Landgerichts (erster oder zweiter Instanz) und führt lediglich zu einer rechtlichen Überprüfung der Entscheidung, wiederholt also nicht etwa die Beweisaufnahme. Überdies ist die (Sprung-)Revision gegen erstinstanzliche Urteile statthaft.

Zum **Instanzenzug** vgl. auch die Ausführungen bei Rn 31 ff.

III. Zulässigkeitsvoraussetzungen bei Rechtsmitteln

1170 Allen drei Rechtsmitteln gemeinsam ist, dass sie bestimmten **Zulässigkeitsvoraussetzungen** unterliegen.

1171 Dazu gehört v.a. die **Anfechtungsberechtigung**: Zur Einlegung von Rechtsmitteln sind befugt

- die StA (§ 296 I StPO), auch zugunsten des Beschuldigten (§ 296 II S. 2 StPO),
- der Beschuldigte (§ 296 I StPO),
- der Verteidiger, allerdings nicht gegen den Willen des Beschuldigten (§ 297 StPO),
- der gesetzliche Vertreter (auch gegen den Willen des Beschuldigten, § 298 StPO),
- der Privatkläger (§ 390 StPO),
- der Nebenkläger (§§ 400, 401 StPO).

1172 Weitere Zulässigkeitsvoraussetzung ist eine **Beschwer**. Die StA ist immer beschwert, wenn sie geltend macht, die Entscheidung sei unrichtig. Der Beschuldigte ist beschwert, wenn die Entscheidung zu seinem Nachteil ergangen ist, wobei es stets nur auf den Urteilstenor, nicht auf die Urteilsgründe ankommt.

> **Beispiel[1743]:** T wurde wegen Einbruchdiebstahls angeklagt, jedoch freigesprochen. In den Urteilsgründen wird dazu ausgeführt, der Freispruch erfolge aus Mangel an Beweisen. T betrachtet diesen Freispruch als Freispruch „2. Klasse" und fühlt sich daher beschwert. Er möchte einen Freispruch wegen erwiesener Unschuld und nicht aus Mangel an Beweisen. Er legt gegen das Urteil Berufung ein.
>
> Nach h.M. kann sich die Beschwer nur aus dem Urteilstenor, nicht aus den Urteilsgründen ergeben. Der Angeklagte kann daher ein freisprechendes Urteil nicht deshalb angreifen, weil er sich durch die Gründe beschwert fühlt.[1744] Da im vorliegenden Fall der Urteilstenor auf Freispruch lautet, ist T demnach nicht beschwert. Seine Berufung ist nach § 322 StPO als unzulässig zu verwerfen.

1173 Eine Beschwer würde im Übrigen auch dann nicht vorliegen, wenn das Gericht den Freispruch des Angeklagten z.B. nicht auf den von ihm erwünschten Rechtfertigungsgrund der Notwehr (§ 32 StGB), sondern auf entschuldigenden Notstand (§ 35 StGB) oder Schuldunfähigkeit (§ 20 StGB) stützte. Auch in derartigen Fällen ist der Angeklagte nicht beschwert, da er freigesprochen wurde.

1174 Rechtsmittel müssen schriftlich (Telefax genügt[1745]) **binnen einer Woche** ab Verkündung bzw. Zustellung des Urteils eingelegt werden (vgl. § 314 für die Berufung und § 341 StPO für die Revision). Die Einlegung erfolgt jeweils bei dem Gericht, dessen Urteil mit dem Rechtsmittel gerügt werden soll (iudex a quo), nicht dem für die Entscheidung über das Rechtsmittel zuständigen Instanzgericht (dem iudex ad quem).

> **Beispiel:** Die Revision wird nicht beim BGH, sondern beim Landgericht zu Protokoll der Geschäftsstelle oder schriftlich eingelegt (§ 341 StPO).

1175 Ob und inwieweit das Rechtsmittel mit einer **Begründung** versehen werden muss, hängt von der Art des Rechtsmittels ab. So ist die Begründung einer Revision Pflicht (§ 344 StPO); die Berufung *kann* demgegenüber begründet werden (§ 317 StPO). Eine Begründungspflicht für die Beschwerde ist nicht geregelt.

[1743] Vgl. BGHSt **7**, 153 ff.; *Engländer*, Rn 261.
[1744] BGHSt **7**, 153 ff.
[1745] Auf die Möglichkeit der elektronischen Klageeinreichung, die sich auch auf die Berufungsschrift bezieht, soll an dieser Stelle nicht weiter eingegangen werden.

IV. Verschlechterungsverbot (Verbot der reformatio in peius)

1176 Kennzeichnend für Berufung und Revision ist weiterhin das Verbot der reformatio in peius, soweit es um eine Anfechtung des Urteils durch den Angeklagten, zu seinen Gunsten durch die StA oder durch den gesetzlichen Vertreter des Angeklagten geht (§ 331 I StPO; § 358 II StPO). Dieses Verböserungsverbot gilt nicht für den Einspruch gegen einen Strafbefehl und nicht für die Beschwerde. Inhaltlich besagt das Verschlechterungsverbot, dass nachteilige Änderungen in Art und Höhe der Rechtsfolgen ausgeschlossen sind. Daraus folgt umgekehrt, dass der Schuldspruch (der Tenor) durchaus verschärft werden darf.[1746]

Beispiel: T wird wegen Hehlerei (§ 259 StGB) schuldig gesprochen und zu einer Geldstrafe von 50 Tagessätzen zu je 40,- € verurteilt. Er legt gegen das Urteil Berufung ein. Doch statt ihn freizusprechen, verurteilt ihn die Berufungsinstanz wegen gewerbsmäßiger Hehlerei (§ 260 I Nr. 1 StGB), ändert jedoch im Übrigen nichts an der Höhe der Strafe.

Das Verschlechterungsverbot umfasst nur nachteilige Änderungen in Art und Höhe der Rechtsfolgen. Der Schuldspruch darf dagegen verschärft werden. Im vorliegenden Fall durfte die Berufungsinstanz den T daher wegen gewerbsmäßiger Hehlerei verurteilen, weil sie an der Strafhöhe nichts geändert hat.

V. Teilanfechtung

1177 Eine Teilanfechtung des Urteils ist sowohl bei der Berufung als auch der Revision möglich und führt zu einer Teilrechtskraft des Schuldspruchs (vgl. §§ 318, 344 StPO). Voraussetzung ist, dass der angefochtene Teil des Urteils losgelöst und getrennt von dem nicht angefochtenen Teil der Entscheidung eine in sich selbstständige Prüfung und Beurteilung zulässt – sog. Trennbarkeitsformel. Dies wird bejaht z.B. für eine Begrenzung des Rechtsmittels

- auf das Strafmaß, da sich die Frage der Strafzumessung von der Schuldfeststellung trennen lässt, sowie innerhalb des Rechtsfolgenausspruchs auf abtrennbare Teile (z.B. auf die Strafaussetzung zur Bewährung) - sog. horizontale Beschränkung;
- innerhalb der Schuldfeststellung bei mehreren prozessualen Taten auf eine Tat, sowie innerhalb einer prozessualen Tat bei materiell-rechtlicher Tatmehrheit auf eine selbstständige materiell-rechtliche Tat (z.B. bei Trunkenheitsfahrt mit Unfall und anschließender Fahrerflucht auf den Schuldspruch wegen Fahrerflucht) - sog. vertikale Beschränkung.[1747]

1178 Folge einer zulässigen Begrenzung und damit Teilanfechtung ist, dass sich Devolutiv- und Suspensiveffekt nur auf den angefochtenen Teil des Urteils beziehen und dass das Urteil im Übrigen (also der nicht angefochtene Teil) rechtskräftig wird (Teilrechtskraft). Ist die Beschränkung dagegen unzulässig, gilt das Urteil insgesamt als angefochten, § 318 S. 2 StPO (analog für die Revision).

VI. Rücknahme des Rechtsmittels

1179 Die Rücknahme eines Rechtsmittels ist ebenso möglich wie ein Verzicht auf dessen Einlegung (vgl. § 302 StPO), der oftmals im Rahmen der Hauptverhandlung unmittelbar nach Belehrung über die Möglichkeiten des Rechtsmittels erklärt wird. Zum Rechtsmittelverzicht, der im Rahmen einer (unzulässigen) Urteilsabsprache erklärt wurde, vgl. Rn 1156, 1157, 1160 und 1161.

[1746] BGHSt **21**, 256, 259 f.
[1747] Vgl. *Engländer*, Rn 263.

B. Berufung

Die Berufung (§§ 312-332 StPO) ist statthaft gegen Urteile des Amtsgerichts, d.h. des Strafrichters (§ 25 GVG) und des Schöffengerichts (§ 24 GVG), vgl. § 312 StPO. Erstinstanzliche Urteile des Landgerichts sind dagegen nicht mit der Berufung anfechtbar, da sie in § 312 StPO nicht aufgeführt sind. Es gibt hierfür also keine zweite Tatsacheninstanz. Offenbar geht der Gesetzgeber davon aus, dass die Kammer des LG den Sachverhalt umfassender und sorgfältiger klärt als der Strafrichter beim AG. **1180**

Inhaltlich führt die Berufung zur Überprüfung des angefochtenen Urteils in rechtlicher und tatsächlicher Hinsicht, sie bedeutet also eine erneute Sachprüfung aller Tatsachen im Rahmen einer neuen Beweisaufnahme, in der auch neue Beweise eingebracht werden können. Man spricht von **zweiter Tatsacheninstanz** oder „zweiter Erstinstanz". **1181**

Funktionell zuständig für die Berufung ist die kleine Strafkammer des LG (§ 76 I S. 1 Var. 2, 74 III GVG).[1748] Für die Fälle der kleineren Kriminalität bedarf die Berufung der Annahme (sog. **Annahmeberufung**), § 313 StPO. Zwei Konstellationen der Annahme sind zu unterscheiden: **1182**

- § 313 I S. 1 StPO: Ist der Angeklagte vor dem AG zu einer Geldstrafe von nicht mehr als 15 Tagessätzen verurteilt, eine entsprechende Verwarnung mit Strafvorbehalt oder eine Geldbuße ausgesprochen worden, ist die Berufung nur zulässig, wenn sie vom Berufungsgericht durch (unanfechtbaren) Beschluss angenommen wird (§ 322a StPO).
- § 313 I S. 2 StPO: Hatte die StA eine Geldstrafe von nicht mehr als 30 Tagessätzen beantragt und erfolgte ein Freispruch oder eine Verfahrenseinstellung, ist die Berufung ebenfalls nur zulässig, wenn sie vom Berufungsgericht durch (unanfechtbaren) Beschluss angenommen wird (§ 322a StPO).

Das Institut der Annahmeberufung hat in der Praxis keine allzu große Bedeutung erlangt, weil die vorausgesetzte Verurteilung von nicht mehr als 15 Tagessätzen nur sehr selten vorkommt. Denn bei derartigen Bagatellfällen wird i.d.R. bereits eine Einstellung gem. § 153 oder § 153a StPO vorliegen, sodass es schon gar nicht zu einer Verurteilung kommt, die im Wege der Berufung überprüft werden könnte.

Im Übrigen wird gem. § 313 II StPO die Berufung nur angenommen, wenn sie nicht offensichtlich unbegründet ist; anderenfalls wird sie als unzulässig verworfen. **1183**

Die Berufung ist **binnen einer Woche** nach Urteilsverkündung beim erstinstanzlichen Gericht (nicht beim Berufungsgericht!) schriftlich oder zu Protokoll der Geschäftsstelle einzulegen, § 314 StPO. Bei verspäteter Einlegung verwirft das Gericht des ersten Rechtszugs die Berufung als unzulässig, § 319 StPO. Die eingelegte Berufung kann, muss aber nicht, begründet werden, § 317 StPO. **1184**

Erlaubt ist auch, zunächst nur Rechtsmittel einzulegen und offenzuhalten, ob es sich um eine Berufung oder eine Revision (Sprungrevision) handeln soll. Unterbleibt die Entscheidung bis zum Ablauf der Revisionsbegründungsfrist (§ 345 StPO), wird das Rechtsmittel als Berufung behandelt (innerhalb dieser Frist ist auch ein Wechsel von der eingelegten Berufung zur Revision gestattet). Legen Angeklagter und Staatsanwalt unterschiedliche Rechtsmittel ein (der Angeklagte geht in die Sprungrevision, der Staatsanwalt legt Berufung ein), wird das Rechtsmittel als Berufung behandelt.

Sofern die Berufung nicht bereits vom erstinstanzlichen Gericht wegen Verspätung als unzulässig verworfen wird, reicht dieses (ohne weitere Sachprüfung und ohne, dass bei **1185**

[1748] Lediglich über Berufungen gegen Urteile des Jugendschöffengerichts entscheidet die Große Jugendkammer in der Besetzung mit drei Richtern und zwei (Jugend-)Schöffen (§ 33b I JGG).

der Frage nach der Weiterleitung ein Ermessen bestünde) die Akten über die StA an das Berufungsgericht weiter (§§ 320, 321 StPO). Die wichtigsten Entscheidungsmöglichkeiten des Berufungsgerichts sind dabei[1749]:

- Liegen die Zulässigkeitsvoraussetzungen nicht vor, wird die Berufung ohne Hauptverhandlung durch Beschluss als unzulässig verworfen (§ 322 StPO). Ansonsten ist eine neue Hauptverhandlung durchzuführen (vgl. §§ 323 ff. StPO).
- Erscheint der Beschuldigte unentschuldigt nicht zur Hauptverhandlung, obwohl er die Berufung eingelegt hat, wird die Berufung ohne Entscheidung in der Sache durch Prozessurteil verworfen (§ 329 I StPO – wurde die Berufung von der StA eingelegt, kann dagegen ohne den Beschuldigten verhandelt werden, § 329 II StPO).
- Hat in erster Instanz ein unzuständiges Gericht entschieden, wird das Urteil aufgehoben und an das zuständige Gericht verwiesen (§ 328 II StPO). Ansonsten entscheidet das Berufungsgericht in der Sache.
- Hält das Berufungsgericht die erstinstanzliche Entscheidung für zutreffend, wird die Berufung durch Urteil als unbegründet verworfen.[1750]
- Hält es die Berufung für zulässig und begründet, hebt es das erstinstanzliche Urteil auf und entscheidet in der Sache selbst (§ 328 I StPO – dabei kann das Urteil auch nur teilweise aufgehoben werden, z.B. nur der Strafausspruch). Eine Verböserung ist ausgeschlossen (s.o.).

Prüfungsschema einer Berufung (§§ 312-332 StPO)

I. Zulässigkeit

1. Statthaftigkeit

Die Berufung ist statthaft gegen Urteile des Amtsgerichts, vgl. § 312 StPO.

2. Berufungsberechtigung (Beschwer)

Zur Berufung berechtigt sind alle Verfahrensbeteiligten, die durch das Urteil beschwert sind, §§ 296 ff. StPO. Eine Beschwer liegt vor, wenn der Betroffene in seinen Rechten oder schutzwürdigen Interessen betroffen ist. Die StA ist immer beschwert, wenn sie geltend macht, die Entscheidung sei unrichtig.

3. Form und Frist

Die Berufung muss innerhalb einer Woche ab Verkündung bzw. Zustellung des Urteils beim Gericht erster Instanz schriftlich (auch Fax oder elektronisch) oder zu Protokoll der Geschäftsstelle eingelegt werden, § 314 I StPO. Eine Begründung der Berufung ist nicht erforderlich, aber möglich, § 317 StPO.

4. Ggf. Annahmeberufung

In Bagatellfällen bedarf die Berufung zu ihrer Zulässigkeit der Annahme, § 313 I StPO.

5. Kein Rechtsmittelverzicht

Wurde ein Rechtsmittelverzicht erklärt, ist die Berufung unzulässig, § 302 I S. 1 StPO.

6. Keine Rechtsmittelrücknahme

Ebenfalls unzulässig ist die Berufung, wenn bereits zuvor eine Berufung eingelegt, aber wieder zurückgenommen wurde.

II. Begründetheit

Die Berufung ist begründet, wenn das Gericht des ersten Rechtszugs unzuständig war oder wenn das Berufungsgericht nach einer eigenen Sachprüfung zu einem anderen Ergebnis kommt als die Vorinstanz.
Hält das Berufungsgericht die Berufung für zulässig und begründet, hebt es das erstinstanzliche Urteil auf und entscheidet in der Sache selbst (§ 328 I StPO).

[1749] Vgl. *Engländer*, Rn 258.
[1750] Zum Rechtsschutz gegen die Nichtannahme einer Berufung vgl. OLG Hamm NStZ-RR **2007**, 346.

C. Revision

Auch das Rechtsmittel der Revision wirkt devolutiv und suspensiv (vgl. § 343 I StPO), führt aber im Unterschied zur Berufung zu keiner Neuverhandlung der Sache, sondern nur zu einer Überprüfung des angefochtenen Urteils auf **Rechtsfehler**. Die Revision dient allein der Überprüfung der richtigen Rechtsanwendung. Dabei ist zwischen Verfahrensrüge und Sachrüge zu unterscheiden: 1186

- Mit der **Verfahrensrüge** wird vorgetragen, dass das Urteil in prozessordnungswidriger Art und Weise zustande gekommen sei. Dabei unterscheidet die StPO zwischen relativen (§ 337 StPO) und absoluten (§ 338 StPO) Revisionsgründen. Beispiel: Ein Zeuge wurde nicht über sein Zeugnisverweigerungsrecht belehrt und hat (zum Nachteil) des Angeklagten ausgesagt, was er bei entsprechender Belehrung unterlassen hätte. Hier kann das Urteil mit der Verfahrensrüge angefochten werden.
- Mit der **Sachrüge** kann die Verletzung materiellen Rechts (d.h. materiellen Strafrechts) durch das Tatgericht gerügt werden. Dabei prüft das Revisionsgericht nur solche Fehler, die sich erst und ausschließlich im Urteil selbst zeigen. Beispiel: Das Tatgericht hat den festgestellten Sachverhalt inkorrekt einer rechtlichen Würdigung unterzogen und damit geltendes Recht verletzt (Subsumtions- bzw. Rechtsanwendungsfehler).

I. Zulässigkeit

Die Revision ist **statthaft** gegen erstinstanzliche Urteile des LG und des OLG sowie gegen Berufungsurteile des LG (§ 333 StPO). In Form der Sprungrevision (d.h. durch Überspringen der Berufungsinstanz – dazu Rn 62, 63) ist sie auch zulässig gegen Urteile des AG (§ 335 StPO). Revisionsfähig sind damit alle Urteile, die nicht selbst Revisionsurteile sind. Revisionsgericht ist 1187

- bei erstinstanzlichen Urteilen des LG und des OLG der **BGH** (§ 135 I GVG),
- bei erstinstanzlichen Urteilen des AG und Berufungsurteilen des LG das **OLG** (§ 121 I GVG).

Mit der Einlegung der *Sprungrevision* verzichtet der Rechtsmittelführer auf eine weitere Tatsacheninstanz, was zu einer Verkürzung des Rechtsschutzes führt. Da diese Rechtsschutzverkürzung aber von ihm selbst ausgeht, ist die Sprungrevision verfassungsrechtlich nicht zu beanstanden. Die Einlegung der Sprungrevision ist sinnvoll, wenn es dem Rechtsmittelführer allein um die Klärung von Rechtsfragen geht und er den „Umweg" über die Berufung aus Kosten- und/oder Zeitgründen sparen möchte. 1188

Zu den Zulässigkeitsvoraussetzungen der Revision gehört es weiterhin, dass der Rechtsmittelführer eine Erklärung abgibt, inwieweit er das Urteil anfechten und dessen Aufhebung beantragen möchte (sog. **Revisionsantrag**, § 344 I StPO). Diesen Antrag muss er auch **begründen**. Aus der Begründung muss hervorgehen, ob die Verletzung von Verfahrensvorschriften und/oder von Normen des materiellen Rechts gerügt wird (§ 344 II S. 1 StPO). Hinsichtlich der jeweiligen Begründung stellt das Gesetz unterschiedliche Anforderungen: 1189

- Bei der Verfahrensrüge müssen die Tatsachen, die den Verfahrensfehler begründen, angegeben werden (§ 344 II S. 2 StPO). Es muss also angeführt werden, durch welche Handlungen oder Unterlassungen genau das Gericht gegen das Gesetz verstoßen hat.
- Bei der Sachrüge genügt es dagegen, wenn die Überprüfung des Urteils in sachlichrechtlicher Hinsicht begehrt wird. Insoweit reicht etwa die Rüge aus, der Angeklagte sei zu Unrecht bestraft worden.[1751]

[1751] Zu diesen unterschiedlichen Anforderung vgl. nunmehr auch *Barton*, JuS **2007**, 977.

1190 Auch bei der Revision gilt als besonderer Ausdruck des Rechtsschutzinteresses das Erfordernis der **Beschwer**. Nur wer durch ein Urteil beschwert ist, kann grds. ein berechtigtes Interesse an der Aufhebung haben. Daher sind *zugunsten* des Angeklagten zunächst der Angeklagte selbst (§ 296 StPO) und sein Verteidiger (§ 297 StPO) **rügeberechtigt**. Aber auch der StA kann zugunsten des Angeklagten Revision einlegen, da er ein objektives Organ der Rechtspflege ist und der Staat kein Interesse daran haben kann, ein (auch zu Lasten des Angeklagten) unrichtiges Urteil zu akzeptieren (vgl. § 296 II StPO). *Zu Lasten* des Angeklagten kann die Revision vom Privatkläger (§ 390 StPO), Nebenkläger (§ 401 StPO) sowie vom StA (§ 296 StPO) eingelegt werden. Nebenbeteiligte sind nur eingeschränkt rügeberechtigt (vgl. §§ 433 I i.V.m. 296 I, 440 III, 443 I, 444 II S. 2 StPO).

1191 Es kommt durchaus vor, dass der Verteidiger ohne Wissen des Angeklagten Revision einlegt. Das darf er, wenn sich die Vollmacht (wie i.d.R.) auch auf Rechtsmittel erstreckt und die Vollmacht somit fortwirkt. Lediglich bei widersprüchlichem Willen von Angeklagtem und Verteidiger geht der Wille des Angeklagten vor (§ 297 StPO).

1192 Weiterhin muss die Revision **schriftlich** (Fax oder elektronische Form genügen auch hier) oder zu Protokoll der Geschäftsstelle **innerhalb einer Woche** nach Verkündung des Urteils, sofern der Rechtsmittelführer dabei anwesend war (§ 341 I StPO), oder nach Zustellung des vollständigen Urteils (§ 341 II StPO) eingelegt werden (§ 345 StPO). Einzulegen ist die Revision bei dem Gericht, dessen Urteil angefochten wird (iudex a quo).

1193 Von der soeben genannten Wochenfrist nach § 341 I StPO zu unterscheiden ist die **Monatsfrist** nach § 345 I StPO für die *Revisionsbegründung*: Binnen eines Monats nach Ablauf der Einlegungsfrist bzw. nach Urteilszustellung muss der Revisionsführer (ebenfalls bei dem Gericht, dessen Urteil angefochten wird) den Revisionsantrag stellen und diesen begründen, §§ 344, 345 StPO (s.o.).

1194 Die korrekte Fristberechnung ist nicht immer einfach. Denn das Eigentümliche an der ersten Variante (ein Monat nach Ablauf der Einlegungsfrist) ist, dass aus ihr ein Leertag folgt. Denn die Frist des § 341 StPO endet mit Ablauf des bezeichneten Wochentags, die Frist des § 345 StPO beginnt gem. § 42 StPO hingegen erst mit dem darauf folgenden Tag - der Tag dazwischen ist daher der sog. „Leertag".

> **Beispiel:** Die Frist des § 341 StPO endet mit Ablauf des 10.4., die Frist des § 345 StPO beginnt erst mit dem darauf folgenden Tag. Das ist nicht etwa der 11.4., sondern der 12.4.! Denn der auf den Ablauf folgende Tag ist der 11.4., und die Frist des § 345 I S. 1 StPO beginnt erst „nach" Ablauf, also am darauf folgenden 12.4.

1195 Ein weiteres, in Klausuren häufig anzutreffendes Problem besteht darin, dass die Urteilszustellung fehlerhaft erfolgt, ohne Protokoll versehen wird oder dass eine mehrfache Zustellung erfolgt. Hier beginnt die Frist erst mit Zustellung eines vollständigen Urteils; Mängel der Zustellung sind ggf. heilbar; gem. § 37 II StPO ist die letzte von mehreren Zustellungen maßgeblich.

1196 Bei verspäteter oder formwidriger Einlegung verwirft das Gericht die Revision als unzulässig, § 346 StPO. Diese Regelung ist insbesondere bei Großverfahren misslich und kann zu extremen Zeitproblemen führen, ist aber geltendes Recht. Es ist auch kein Fall bekannt, bei dem die Monatsfrist wegen Verstoßes gegen die Rechtsschutzgarantie vor dem BVerfG gerügt worden wäre.

1197 Eingelegt werden kann ein Rechtsmittel zunächst unbestimmt. Innerhalb der Revisionsbegründungsfrist muss sich der Rechtsmittelführer dann entscheiden und das Rechtsmittel genau bezeichnen. Trifft der Rechtsmittelführer keine Wahl oder gibt er eine entsprechende

Erklärung nicht rechtzeitig ab, ist das Rechtsmittel als Berufung zu behandeln. Denn die Berufung ist „rechtsschutzintensiver"; sie bietet nicht nur die Überprüfung in rechtlicher, sondern auch in tatsächlicher Hinsicht.

II. Begründetheit

Nach dem Wortlaut des § 337 I StPO ist die Revision **begründet**, wenn eine Gesetzesverletzung vorliegt und das Urteil auf der Verletzung beruht (§ 337 I StPO). Verletzt ist das Gesetz, wenn eine Rechtsnorm nicht oder nicht richtig angewendet worden ist (§ 337 II StPO). **1198**

Der **Begriff des Gesetzes** (= Rechtsnorm) ist weit zu verstehen. Er umfasst formelles Bundes- und Landesrecht, internationale Verträge, soweit sie in nationales Recht transformiert wurden, Regeln des Völkerrechts (Art. 25 GG), innerstaatliches Gewohnheitsrecht, Satzungen etc., nicht jedoch Verwaltungsvorschriften, da diese nach der im öffentlichen Recht, zu dem im weiteren Sinne auch das Strafrecht und das Strafverfahrensrecht gehören, Innenrecht der Verwaltung darstellen und keine Rechte und Pflichten des Bürgers begründen.[1752] **1199**

Rügefähig sind grundsätzlich:

- Das **Fehlen von Prozessvoraussetzungen** und das Vorliegen von **Verfahrenshindernissen**. Beispielhaft zu nennen sind hier die Strafunmündigkeit des Angeklagten, die Verfolgungsverjährung, Immunität, dauernde Verhandlungsunfähigkeit, bereits erfolgte rechtskräftige Verurteilung (Strafklageverbrauch bzw. Doppelbestrafungsverbot) und das Nichtvorhandensein oder die Rücknahme eines Strafantrags.[1753] Prozessvoraussetzungen und Verfahrenshindernisse werden vom Revisionsgericht bei einer zulässigen Revision von Amts wegen und unter Benutzung aller verfügbaren Erkenntnisquellen im Freibeweisverfahren geprüft. Insoweit sind sie nicht ausdrücklich zu rügen. **1200**
- **Verfahrensfehler**, die mit der **Verfahrensrüge** geltend gemacht werden können. Die Verfahrensrüge hat die prozessordnungswidrige Art und Weise des Zustandekommens des angefochtenen Urteils zum Gegenstand. Zum Verfahrensrecht gehören alle Vorschriften, die festlegen, auf welchem Weg der Richter zu seinem Urteil gelangen soll. Verletzt ist das Verfahrensrecht, wenn eine gesetzlich vorgeschriebene Handlung unterblieben oder fehlerhaft vorgenommen worden ist oder wenn die Handlung unzulässig war. Da Verfahrensfehler für den Klausurbearbeiter im Allgemeinen schwer erkennbar sind und genaue Kenntnisse vom Verlauf einer Hauptverhandlung voraussetzen, bilden sie insofern die „Königsdisziplin" im Prozessrecht. Dazu kommt, dass die Fehler – entgegen der Sachrüge – *genau gerügt*, d.h. benannt werden müssen. Anderenfalls ist die Rüge unzulässig (dazu Rn 1186, 1204 ff). Weiter darf die Rügbarkeit nicht präkludiert sein (dazu Rn 1261). **1201**
- **Materiell-rechtliche** Fehler (**Sachrüge**), d.h. Fehler, die dem Tatsachengericht bei der Anwendung des materiellen Rechts unterlaufen sind (Subsumtionsfehler im engeren Sinne). Beispielhaft lässt sich anführen, dass das Ausgangsgericht von einem Raub ausging, obwohl der Täter die Gewalt nicht als Mittel der Wegnahme einsetzte. Zur Begründung genügt die entsprechende Erklärung als allgemeine Sachrüge, ohne dass die den Mangel begründenden Tatsachen angegeben werden müssen („Ich rüge die Verletzung sachlichen Rechts"). Bereits die Erhebung der Rüge im Rahmen einer zulässigen Revision verpflichtet das Gericht zur Nachprüfung des Urteils von Amts wegen in vollem Umfang. **1202**

Hinweis für die Fallbearbeitung[1754]: Die Revision kann also begründet sein, weil ein von Amts wegen zu berücksichtigendes Verfahrenshindernis vorliegt, ein Verfahrensfehler vorliegt und somit formelles Recht verletzt wurde (Verfahrensrüge) oder weil **1203**

[1752] Zur Rechtsquellenlehre vgl. *R. Schmidt*, Staatsorganisationsrecht, 9. Aufl. **2009**, Rn 178 ff.
[1753] Vgl. dazu Rn 73 und 733.
[1754] Vgl. *Joecks*, § 337 Rn 7 und 8.

sachliches, materielles Recht verletzt wurde (Sachrüge). Es empfiehlt sich daher, auch die Klausurlösung danach zu untergliedern. Die Differenzierung der drei o.g. Gruppen ist wichtig, weil sie zugleich die Grenzen der revisionsgerichtlichen Nachprüfung, aber auch die Art der Geltendmachung der Rüge beschreibt.

- So sind sachlich-rechtliche Mängel mit der Sachrüge geltend zu machen, an die keine erhöhten Anforderungen zu stellen sind.
- Demgegenüber werden Verfahrensmängel vom Revisionsgericht nur geprüft, wenn sie ordnungsgemäß gerügt worden sind.
- Verfahrensvoraussetzungen und -hindernisse werden von Amts wegen geprüft, wenn der Revisionsführer entweder wirksam die Sachrüge erhoben hat oder wenigstens eine Verfahrensbeschwerde in gesetzlich erforderter Form angebracht hatte. In einer Klausur sind Verfahrenshindernisse (aber auch andere Revisionsgründe) nur anzusprechen, wenn sie ernsthaft in Betracht kommen.

Beispiel: Die Formulierung „Ich rüge die Verletzung sachlichen Rechts" eröffnet dem Revisionsgericht die Überprüfung des sachlichen Rechts sowie der Verfahrensvoraussetzungen und -hindernisse.

Im Einzelnen gilt:

1. Die Verfahrensrüge

1204 Mit der Verfahrensrüge wird vorgetragen, dass die Rechtsverletzung (die ja Gegenstand der Revision ist) in einer **Missachtung des Verfahrensrechts** bestehe (s.o.). Verfahrensrecht ist verletzt, wenn eine gesetzlich vorgeschriebene Handlung unterblieben, wenn sie fehlerhaft vorgenommen worden ist oder wenn sie überhaupt unzulässig war.[1755] Dabei ist zu berücksichtigen, dass das Revisionsgericht direkt nur das gerichtliche Verfahren der Tatsacheninstanzen überprüft. Verfahrensfehler im Ermittlungsverfahren werden nur indirekt geprüft, soweit sie sich im gerichtlichen Verfahren weiter ausgewirkt haben (§ 336 StPO). Das ist jedoch regelmäßig der Fall.

1205 Entscheidend ist die wirkliche Sachlage, nicht die, die der Tatrichter gekannt und beurteilt hat. Neuere Erkenntnisse des Revisionsgerichts schlagen also durch.[1756] Allerdings kann der Revisionsführer nicht pauschal die Verletzung des Verfahrensrechts rügen, sondern muss gezielt die Tatsachen angeben, die den Verfahrensmangel begründen, § 344 II S. 2 StPO. Das Gericht prüft (mit Ausnahme der Prozessvoraussetzungen, die in jedem Verfahrensstadium von Amts wegen zu prüfen sind – s.o.) das Urteil in verfahrensrechtlicher Hinsicht nur auf die bezeichneten Mängel, § 352 I StPO.

1206 Nach dem Wortlaut des § 337 I StPO reicht aber das Geltendmachen eines Verfahrensfehlers allein nicht aus. Das fehlerhafte Urteil muss auch auf dem Verfahrensfehler **beruhen**. Damit ist **Kausalität** gemeint.

1207 Das Erfordernis der Kausalität hat den Hintergrund, dass es bei der Revision nicht darum geht, die Vorinstanz für ihre Fehler zu bestrafen, sondern Fehler zu korrigieren. Daher führen Fehler grundsätzlich nur dann zur Aufhebung eines Urteils, wenn das Urteil aufgrund dieses Fehlers ebenfalls falsch ist. Dies ist in der Praxis aber nicht hundertprozentig nachweisbar - die Beweiswürdigung ist ein sehr komplexer Akt. Denn in die Überzeugung des Richters von einer Tat fließen unterschiedliche Faktoren ein, der Weg zum Urteil ist ein Zusammenspiel formeller und materieller Regelungen. Es ist schwer nachweisbar, dass ein anderes Urteil das Ergebnis wäre, wenn ein bestimmter Beweis nicht erhoben worden wäre, ein befangener Richter nicht mitgewirkt hätte oder ein Verteidiger bei dieser Zeugenvernehmung dabei gewesen wäre.

[1755] BGH MDR **1981**, 157; LR-*Hanack*, § 337 Rn 69. Vgl. auch BGH NStZ-RR **2007**, 235.
[1756] BGHSt **10**, 304; **16**, 178, 180.

Es kann also nicht verlangt werden, das Beruhen des Urteils auf dem Fehler hundertprozentig nachzuweisen. Ebenso klar ist aber auch, dass das Urteil nicht wegen eines Verfahrensfehlers aufgehoben werden darf, der offensichtlich keinerlei Einfluss auf das Urteil haben konnte.

Dieses Spannungsverhältnis hat der Gesetzgeber im Rahmen der Revision über §§ 337, 338 **1208**
StPO gelöst:

- Bei § 337 StPO muss der Revisionsführer zumindest die Möglichkeit nachweisen, dass das Urteil auf dem Fehler beruht. Das heißt, dass nicht ausgeschlossen sein darf, dass sich der Verfahrensfehler im Urteil niedergeschlagen hat.
- Bei § 338 StPO wird bei bestimmten, besonders schweren Verfahrensfehlern das Beruhen des Urteils auf diesem Fehler unwiderleglich vermutet. „Unwiderleglich vermutet" bedeutet, dass ein Gegenbeweis unzulässig ist. Diese Norm stellt also vor allem eine Beweiserleichterung für den Revisionsführer dar!

§§ 337, 338 StPO sind also keine Regelungen der Verfahrensfehler, sondern Beweisrege- **1209**
lungen. Daher ist hinsichtlich der Frage, wann Kausalität anzunehmen ist, stets zwischen relativen (§ 337 StPO) und absoluten (§ 338 StPO) Revisionsgründen zu unterscheiden. Bei ersteren ist positiv festzustellen, dass das Urteil auf dem Verfahrensfehler beruht, während beim Vorliegen eines absoluten Revisionsgrundes das Beruhen unwiderleglich vermutet wird.

- **Relative Revisionsgründe:** Nach § 337 StPO setzt die Revision neben einem Ver- **1210**
fahrensverstoß voraus, dass das Urteil auf dieser Verletzung des Gesetzes beruht. Während der Mangel selbst bewiesen sein muss, ist das Erbringen eines Kausalitätsbeweises nicht erforderlich. Es genügt, dass das Beruhen des Urteils auf dem Verfahrensfehler möglich erscheint. Es ist dann Sache des Revisionsgerichts, das Beruhen positiv festzustellen.
- **Absolute Revisionsgründe:** Bei den in § 338 StPO abschließend aufgezählten **1211**
gravierenden Verfahrensverstößen braucht das Beruhen des Urteils auf diesem Mangel weder begründet noch vom Revisionsgericht festgestellt zu werden; die Kausalität wird hier unwiderleglich vermutet.

> **Hinweis für die Fallbearbeitung:** Obwohl gesetzessystematisch die relativen den absoluten Revisionsgründen vorangestellt sind, bietet es sich an, die absoluten vor den relativen zu prüfen. Denn dadurch, dass bei § 338 StPO das Beruhen des Urteils auf dem Fehler unwiderleglich vermutet wird, ist es nicht gesondert zu prüfen, sodass bei Vorliegen eines solchen Grundes die Revision immer begründet ist. Auch der Richter prüft diese Revisionsgründe zuerst und muss sich bei Vorliegen eines solchen keine Gedanken mehr darüber machen, ob das Urteil darauf beruht. Ein Richter beendet seine Prüfung allerdings an diesem Punkt, weil die Revision in diesem Fall begründet ist. Anders verhält es sich aber bei der Fallbearbeitung. Dort müssen auch bei Bejahung eines absoluten Revisionsgrundes alle anderen absoluten Revisionsgründe geprüft werden, sofern sie nicht offensichtlich ausscheiden. Ob dagegen bei Bejahung eines absoluten Revisionsgrundes noch das Vorliegen eines relativen Revisionsgrundes erforderlich ist, wird uneinheitlich beantwortet. Eigentlich macht die Prüfung eines relativen Revisionsgrundes keinen Sinn, wenn bereits ein absoluter Revisionsgrund greift. Da aber die absoluten Revisionsgründe von Amts wegen vom Richter zu prüfen sind und niemand vorhersehen kann, wie ein Richter entscheidet[1757], ist ein Rechtsanwalt, der Revision einlegt, gut beraten, diese dadurch abzusichern, dass er sämtliche Revisionsgründe, auch solche, die nicht schon von § 338 StPO erfasst sind, qualifiziert darlegt. Nichts anderes kann für die Fallbearbeitung gelten.

[1757] Die blumenhafte Umschreibung der Unkalkulierbarkeit mit: „Auf hoher See und vor Gericht bist Du in Gottes Hand" wird leider allzu oft bestätigt. Denn gute Examensnoten (die für ein Richteramt erforderlich sind) und gesunder Menschenverstand sind nicht stets kongruent.

1212 Das Kriterium des Beruhens ist allerdings allein noch nicht ausreichend. Der gerügte Verfahrensfehler muss auch den **Rechtskreis des Revisionsführers berühren** (mit Ausnahme, dass die Revision vom StA eingelegt wurde, s.o.). Ist das nicht der Fall, ist die Revision selbst dann nicht begründet, wenn das Urteil auf dem Verfahrensfehler beruht.

Beispiele[1758]:

(1) Der Nebenkläger kann die Revision nicht damit begründen, dass dem Angeklagten das letzte Wort nicht erteilt worden sei, da § 258 StPO nur den Rechtskreis des Angeklagten schützt.

(2) Der Angeklagte kann sich nach h.M. nicht auf eine Verletzung des § 55 II StPO – die fehlende Belehrung über das Auskunftsverweigerungsrecht – berufen. Denn diese Vorschrift schütze nur den Auskunftsverweigerungsberechtigten vor Selbstbelastungen, nicht aber den Angeklagten selbst.

(3) Schließlich ist auch bei der Verletzung einer bloßen Ordnungsvorschrift der Rechtskreis des Revisionsführers nicht berührt.

a. Relative Revisionsgründe, § 337 StPO

1213 § 337 StPO bezieht sich auf Verfahrensmängel, die zu einem relativen Revisionsgrund führen. Im Gegensatz zu den absoluten Revisionsgründen nach § 338 StPO muss bei den relativen Revisionsgründen das Revisionsgericht positiv feststellen, dass das Beruhen des Urteils auf dem Rechtsverstoß jedenfalls nicht ausgeschlossen ist. Der Revisionsführer muss daher in jedem Falle zu diesem Gesichtspunkt vortragen.

1214 Als Revisionsgrund kommt bei § 337 StPO – anders als bei § 338 StPO, der abschließend die absoluten Revisionsgründe regelt – praktisch jeder Fehler im vorherigen Verfahren in Betracht. Damit ist die Zahl denkbarer Verfahrensfehler immens und eine vollständige oder auch nur annähernd vollständige Darstellung insofern ausgeschlossen. Immerhin lassen sich bestimmte Verfahrensfehler feststellen, die in Examensklausuren häufig vorkommen. Dazu zählen[1759]:

aa. Verfahrensfehler im Ermittlungsverfahren/Zwischenverfahren

1215 Verfahrensfehler, die im Ermittlungsverfahren bzw. im Zwischenverfahren begangen werden, sind in der Revisionsklausur – wenn sie sich im Urteil ausgewirkt haben – von erheblicher Bedeutung. Dann gilt nicht § 336 StPO, sondern § 337 StPO. Verortet werden diese Fehler entweder unter dem Prüfungspunkt „Verstoß gegen Verfahrensfehler im Ermittlungsverfahren" oder unter einem Verstoß gegen § 261 StPO, weil das Gericht Beweise verwertet hat, bezüglich derer ein Verwertungsverbot vorliegt (vgl. dazu sogleich Rn 1218 ff.).

1216 ▪ Missachtet das Tatsachengericht Beweisverwertungsverbote, die sich aus Fehlern bei der Telefonüberwachung (§§ 100a, b StPO), beim Lauschangriff (§ 100c ff. StPO), beim Einsatz eines Verdeckten Ermittlers oder V-Manns (§ 110a StPO), bei der Durchsuchung und Beschlagnahme (§§ 94 ff., 102 ff. StPO) oder der Beschuldigtenvernehmung (§§ 136, 163a StPO) ergeben, stellt dies einen relativen Revisionsgrund dar.

> **Hinweis für die Fallbearbeitung:** Zu beachten ist, dass sich ein Fehler im Ermittlungsverfahren im Urteil ausgewirkt haben muss, um mit der Revision gerügt werden zu können. Ein Fehler hat sich im Urteil nur dann ausgewirkt, wenn das Beweismittel in

[1758] Vgl. *Kindhäuser*, § 31 Rn 22.

[1759] Vgl. auch die Aufzählungen bei *Kindhäuser*, § 31 Rn 30 ff. und *Joecks*, § 337 Rn 23. Vgl. auch *Weidemann*, JA **2010**, 52 ff.

die Hauptverhandlung eingebracht worden ist und der Fehler im Urteil verwertet worden ist.

Beispiel: Der Beschuldigte hat während der ersten polizeilichen Vernehmung unter Einfluss verbotener Vernehmungsmethoden die Tat gestanden. Später in der Hauptverhandlung gesteht er die Tat erneut. ⇨ Liegt keine Fortwirkung des Fehlers vor (etwa weil der Richter den Beschuldigten qualifiziert belehrt und die ursprüngliche Aussage nicht verwertet hat[1760]), spielt der Verfahrensfehler im Ermittlungsverfahren für das Urteil keine Rolle mehr. Eine Revision ist dann unbegründet.

Es gilt also: Es ist stets genau zu prüfen, ob das Urteil auf dem Fehler beruht.

- Das Gleiche gilt bei einer unterbliebenen Ladung des Verteidigers zur Hauptverhandlung 1217
(§ 218 StPO) oder – im Falle eines Freispruchs – bei der Unterlassenen Ladung des Nebenklägers.

bb. Verfahrensfehler in der Hauptverhandlung

Zu den Verfahrensfehlern, die im Hauptverfahren begangen werden und bei denen stets 1218
zu diskutieren ist, ob sie die Revision begründen, zählen insbesondere:

- Verstöße gegen **§ 243 StPO**: Diese Vorschrift soll nicht nur die Rechte eines Prozessbe- 1219
teiligten schützen, sondern sie stellt auch eine Verfahrensregelung für die ordnungsgemäße Durchführung der Hauptverhandlung dar. Das bedeutet also, dass ein Verstoß gegen § 243 StPO nur dann zur Revisibilität des Urteils führt, wenn ein Verstoß gegen diese Verfahrensnorm auch eine Verletzung der Rechte eines Beteiligten darstellt oder die Aufklärung des Sachverhalts (vgl. § 244 II StPO) erschwert. Welche Verstöße gegen § 243 StPO zur Aufhebung des Urteils führen, ist durch Auslegung zu ermitteln:

  ⇨ **Vernehmung zur Person (§ 243 II S. 3 StPO):** Die Vernehmung zur Person dient der Feststellung der Personalien und damit der Identität des Angeklagten. Da die Identität in der Regel aber auch auf andere Weise festgestellt werden kann, beruht das Urteil grds. nicht auf einer fehlenden oder fehlerhaften Vernehmung, sodass eine Verfahrensrüge i.d.R. unbegründet ist.

  ⇨ **Unterlassene oder fehlerhafte Verlesung des Anklagesatzes (§ 243 III S. 1 StPO):** Die Verlesung des Anklagesatzes dient der Information der Schöffen über die Vorwürfe gegen den Angeklagten. Ohne diese Verlesung können die Schöffen der Hauptverhandlung nur bei einfachen Sachverhalten folgen, sodass bei komplexeren Sachverhalten ein Beruhen des Urteils auf diesen Verstoß regelmäßg vorliegt.

  ⇨ **Fehlende Belehrung des Angeklagten über sein Schweigerecht (§ 243 IV S. 1 StPO):** Ein Verstoß gegen die Belehrungspflicht in Bezug auf die Äußerungsfreiheit stellt i.d.R. einen Revisionsgrund dar. Etwas anderes mag nur dann gelten, wenn feststeht, dass der Angeklagte sein Schweigerecht kannte, z.B. bei Anwesenheit eines Verteidigers.

Hinweis für die Fallbearbeitung: Die soeben genannten Verfahrensschritte gehören zu den zu protokollierenden wesentlichen Förmlichkeiten nach § 273 StPO. Fehlt die Dokumentation eines solchen Verfahrensschrittes (wie etwa die Verlesung des Anklagesatzes) im Sitzungsprotokoll, gilt er aufgrund der negativen Beweiskraft des Protokolls als nicht vorgenommen. Eine Revision ist begründet. Im Übrigen ist bei der Belehrungspflicht zu beachten, dass darunter auch über § 243 II S. 3 StPO hinausgehende Angaben zu persönlichen Verhältnissen fallen (Vorleben, Werdegang, Tätigkeit, familiäre Verhältnisse etc.). Macht der Angeklagte vor der Belehrung (auch freiwillig) Angaben dazu, dürfen diese im Urteil grds. nicht verwertet werden. Anderenfalls ist eine Revision begründet.

[1760] Vgl. dazu Rn 781, 1091 und 1262.

1220 ▪ Nichtbeachtung des Verwertungsverbots aufgrund des Einsatzes **verbotener Vernehmungsmethoden** (§ 136a StPO).

1221 ▪ Auch Verstöße gegen die **Belehrungspflicht zeugnisverweigerungsberechtigter** Personen nach § 52 III StPO können die Revision begründen. Gleiches gilt für unrichtige Belehrungen und unrichtige Hinweise darauf, dass eine Entbindung nach § 53 II StPO erfolgt sei. Keine explizite Belehrungspflicht besteht dagegen hinsichtlich eines Zeugnisverweigerungsrechts nach § 53 I StPO. Auch Verstöße gegen die bloßen Ordnungsvorschriften der §§ 54, 57, 58 I S. 1, 64, 68a, 257 I StPO sind grds. nicht revisibel. Nach h.M. ist der Angeklagte ferner bei einem Verstoß gegen § 55 II StPO nicht beschwert.

1222 ▪ Verstößt das Gericht gegen Vorschriften über die **Beweisaufnahme** (§§ 244-246 StPO), liegt i.d.R. ein rügbarer Fehler vor. Insbesondere ein Verstoß gegen § 244 II StPO kann die sog. **Aufklärungsrüge** begründen. Sie muss vier Erfordernisse erfüllen:

⇨ Es muss eine konkrete Tatsachenbehauptung, die nicht aufgeklärt wurde, dargelegt werden.

⇨ Es muss das einschlägige erlaubte Beweismittel (Aufklärungsmittel), das zur Verfügung stand, aber nicht bemüht wurde, aufgezeigt werden.

⇨ Dem Gericht hätte sich aufgrund der Hauptverhandlung oder nach Aktenlage die Beweisaufnahme aufdrängen müssen.

⇨ Die Aufklärung war entscheidungserheblich, da sie zumindest zu einem milderen Urteil hätte führen können (Aufklärungsziel).

1223 ▪ Verstöße gegen den **Unmittelbarkeitsgrundsatz** und das **Mündlichkeitsprinzip** (§§ 249-256 StPO)[1761] begründen ebenfalls regelmäßig die Revision. Beim Verlesungsverbot gem. § 252 StPO ist zu beachten, dass diese Vorschrift ihrem Wortlaut nach zwar nur ein Verlesungsverbot enthält, allerdings besteht auch ein (beschränktes) Beweisverwertungsverbot, das die Revision begründen kann. Anderenfalls wäre das Verlesungsverbot ohne jeden Effekt.

1224 ▪ Erfolgreich gerügt werden kann ein Verstoß gegen § 261 StPO (**freie Beweiswürdigung**), wenn sich ein Urteil ausdrücklich auf ein Beweismittel bezieht, das nicht Gegenstand der Hauptverhandlung war (sog. **Nicht-Inbegriffs-Rüge**), oder wenn das Gericht Beweise verwertet hat, bezüglich derer ein Verwertungsverbot vorliegt (s.o.).

1225 ▪ Stimmt die Verurteilung nicht mit der Anklageschrift überein, ist stets an eine Missachtung der richterlichen Hinweispflicht gem. § 265 StPO (**Veränderung des rechtlichen** Gesichtspunkts) zu denken, was bei Beruhen einen Revisionsgrund darstellen kann. Geht es hierbei allerdings um eine andere Tat im prozessualen Sinne, liegt wegen einer fehlenden Anklage ein von Amts wegen zu beachtendes Verfahrenshindernis vor.

1226 ▪ Wird bei einer **Unterbrechung der Hauptverhandlung** die Frist des § 229 I oder II StPO überschritten, stellt dies einen Verfahrensverstoß dar, auf dem das Urteil i.d.R. auch beruht.

1227 ▪ Ein revisibler Verfahrensfehler ist es auch, wenn dem Angeklagten das **letzte Wort** nicht gewährt wird (258 III StPO). Das ist etwa anzunehmen, wenn das Gericht nach Gewährung des letzten Worts nochmals in die Verhandlung eintritt, um einen Haftbefehl zu verkünden, und anschließend dem Angeklagten nicht noch einmal das letzte Wort gewährt. Sollte das Gericht dem Angeklagten das letzte Wort sogar ausdrücklich untersagen, liegt darin ein absoluter Revisionsgrund gem. § 338 Nr. 8 StPO, da dadurch die Verteidigung des Angeklagten erheblich eingeschränkt ist.

[1761] Vgl. dazu ausführlich Rn 133 ff., 141 ff. und 889.

- Findet (außer beim Einzelrichter) schließlich vor der Urteilsverkündung **keine Beratung** statt (vgl. § 260 I StPO), stellt auch dies einen relativen Revisionsgrund dar. 1228

> **Hinweis für die Fallbearbeitung**: In einer Klausur ist eine Verfahrensrüge i.d.R. vollständig in Bezug auf Zulässigkeit und Begründetheit zu prüfen. Dabei sind der Verfahrensfehler und die Beruhensfrage festzustellen.
>
> Im Übrigen ist zu beachten, dass dadurch, dass die Zahl möglicher Verfahrensfehler immens ist, es verfehlt wäre, jeden in Betracht kommenden Verfahrensfehler lernen zu wollen. Zum einen wäre dies ohnehin kaum möglich, und zum anderen wird man in einer Klausur zwar auf einige bekannte Standardprobleme treffen, jedoch wird man auch auf vieles Unbekannte stoßen, weil die Klausuren so konzipiert sind, dass eine Notendifferenzierung möglich ist (soll heißen, dass die Klausuren nicht allzu gut ausfallen sollen). Am sinnvollsten ist daher (wie stets), ein eigenes Judiz zu entwickeln und anhand der Grundprinzipien und des Sinn und Zwecks eines Strafprozesses argumentieren zu lernen. Grundsätzliche Argumente sind dabei
>
> - die Wahrheitsfindung im Strafprozess und das staatliche Strafverfolgungsinteresse, die für die Verwertbarkeit eines Beweises und damit gegen die Begründetheit der Revision sprechen,
> - sowie das Rechtsstaatsprinzip, die Grundrechte des Beschuldigten sowie die zentralen Rechte des Beschuldigten im Strafprozess (Nemo-tenetur-Grundsatz; Fair-trial-Prinzip etc.), die gegen die Verwertbarkeit eines Beweises und damit für die Begründetheit der Revision sprechen.
>
> Zu beachten ist aber, dass wenn das Urteil auf Verstößen von Normen beruht, die allein eine Regelung des Verfahrens darstellen und keinerlei Rechte für den Angeklagten oder andere Verfahrensbeteiligte begründen, der Fehler nicht zur Aufhebung des Urteils führt (Rechtskreistheorie!).

Im Übrigen muss die Verfahrensrüge **präzise vorgetragen** werden, damit das Revisionsgericht allein anhand der Begründungsschrift beurteilen kann, ob ein Verfahrensfehler vorliegt, wenn die vom Revisionsführer behauptete Tatsache stimmt. 1229

Beispiel[1762]: T wird wegen schweren Raubes verurteilt. Sein Verteidiger V legt Revision gegen das Urteil ein. In der Revisionsbegründung führt V aus, das Gericht habe zu Unrecht einen Entlastungszeugen nicht vernommen und verweist dazu auf die Akten.

Hier liegt eine Verfahrensrüge in Form einer Aufklärungsrüge vor. Wird eine Aufklärungsrüge erhoben, d.h. die Verletzung der gerichtlichen Aufklärungspflicht nach § 244 II StPO geltend gemacht, muss die Begründung den nicht hinreichend aufgeklärten Sachverhalt, das konkrete Beweismittel und die Relevanz für den Schuld- oder Strafausspruch angeben. Fehlen diese Angaben, ist die Rüge nicht hinreichend präzisiert, damit das Revisionsgericht allein anhand der Begründungsschrift beurteilen kann, ob ein Verfahrensfehler vorliegt, wenn die vom Revisionsführer behauptete Tatsache stimmt.

V hat weder den Zeugen benannt, noch ausgeführt, welcher Sachverhalt damit hätte erforscht werden können. Der Verweis auf die Akten genügt dafür nicht. Die Aufklärungsrüge des V ist deshalb unzulässig.

b. Absolute Revisionsgründe, § 338 StPO

Bei einem sog. absoluten Revisionsgrund i.S.v. § 338 StPO wird der Kausalzusammenhang zwischen einer bestimmten (besonders gravierenden) Gesetzesverletzung und dem Urteil jedenfalls in den in § 338 Nr. 1 bis 7 StPO aufgelisteten Fällen unwiderleglich vermutet. Ein Verstoß gegen das Verfahrensrecht führt hier immer zur Begründetheit der Revision. Nach h.M. soll diese Vermutung bei § 338 Nr. 8 StPO nicht ohne weiteres 1230

[1762] Vgl. *Engländer*, Rn 273.

gelten. Freilich widerspricht diese Auffassung dem klaren Wortlaut und der klaren Gesetzessystematik des § 338 StPO, der zwischen den Nrn. 1-7 und der Nr. 8 nicht unterscheidet.

1231 Rügeberechtigt sind nur die durch den Verfahrensfehler unmittelbar betroffenen Beteiligten (Rechtskreistheorie); die StA ist immer rügeberechtigt, wenn sie einen Rechtsverstoß als gegeben ansieht. Folgende Revisionsgründe sind in § 338 StPO genannt:

aa. Vorschriftswidrige Besetzung des Gerichts (Nr. 1)

1232 Die in Nr. 1 geregelte Besetzungsrüge sichert das Recht auf den gesetzlichen Richter (Art. 101 I S. 2 GG) und erklärt die nicht vorschriftsmäßige Besetzung des erkennenden Gerichts als einen absoluter Revisionsgrund, der zwingend zur Aufhebung des Urteils führt. Die ordnungsgemäße Besetzung des Gerichts ist im GVG und im DRiG geregelt (vgl. §§ 21a ff., 59, 70, 76 II, §§ 78 II, 122 GVG, §§ 18, 19, 28, 29, 37 DRiG), ein Verstoß gegen diese Vorschriften führt also zur fehlerhaften Besetzung. Von Nr. 1 erfasst sind allerdings nur Besetzungsmängel in Bezug auf einzelne Richter, und zwar Fehler in der Auswahl des Richters als auch Mängel in der Person des an sich richtig ausgewählten Richters, nicht dagegen die Rüge, dass das erkennende Gericht im Ganzen oder der eingesetzte Spruchkörper aufgrund von Vorschriften über eine besondere Zuständigkeit nicht zuständig gewesen sei (hier greift Nr. 4). Auch die fehlerhafte Mitwirkung eines Richters (oder Schöffen) wegen gesetzlichen Ausschlusses oder Befangenheit ist nicht von Nr. 1 erfasst (hier greifen Nr. 2 und 3). Dagegen stellt es einen Fall der Nr. 1 dar, wenn ein Schöffe nicht ordnungsgemäß (vgl. § 45 II S. 1 DRiG) vereidigt ist.[1763]

1233 Hinsichtlich „persönlicher" Mängel ist ein Besetzungsdefizit wegen des Grundsatzes der Mündlichkeit gegeben. Schlafende Schöffen oder Richter, blinde oder stumme Richter lösen ein Besetzungsdefizit aus.[1764] Die Unaufmerksamkeit des Richters als solche stellt noch keinen Verstoß gegen die ordnungsgemäße Besetzung dar. Sie ist nur dann ein Revisionsgrund, wenn sie sich über einen erheblichen Zeitraum erstreckt, z.B. bei Übermüdung oder Ablenkung durch Aktenstudium.[1765] Inwiefern ein blinder Richter in der Tatsacheninstanz mitwirken kann, ist zweifelhaft.[1766] Als Vorsitzender einer Strafkammer darf er jedenfalls nicht fungieren.[1767]

1234 Zu beachten ist, dass der Einwand der vorschriftswidrigen Gerichtsbesetzung infolge der Vorschriften der §§ 222a, b StPO erheblich eingeschränkt ist. Vor dem LG oder OLG muss die fehlerhafte Besetzung nämlich vor der ersten Vernehmung des Angeklagten zur Sache gerügt werden. Wird dieser Fehler also erst in der Revision gerügt, ist das grds. zu spät. Ausnahmen von dieser Rügepräklusion sind in § 338 Nr. 1 a-d StPO normiert (Hauptfall ist, dass der Mangel erst im Laufe des Verfahrens entsteht).

bb. Mitwirkung eines ausgeschlossenen Richters (Nr. 2)

1235 Nr. 2 ist lex specialis zu Nr. 1 (s.o.). Die gesetzlichen Ausschlussgründe ergeben sich aus §§ 22, 23, 148a II StPO, die gem. § 31 I StPO auch für Schöffen gelten. Die Mitwirkung eines ausgeschlossenen Richters begründet die Revision, wenn der ausgeschlossene Richter an dem Urteil mitgewirkt hat. In der Revisionsbegründungsschrift muss der ausgeschlossene Richter namentlich bezeichnet werden.

[1763] BGHSt **4**, 158, 159; *Bischoff/Jungkamp*, JuS **2009**, 447, 450.
[1764] BGHSt **4**, 191, 193.
[1765] BGHSt **11**, 74, 77.
[1766] BVerfG NJW **2004**, 2150; BGHSt **34**, 236.
[1767] BGHSt **35**, 164.

cc. Mitwirkung eines abgelehnten Richters (Nr. 3)

Die Revision ist des Weiteren begründet, wenn ein Richter, der in der Hauptverhandlung wegen Befangenheit abgelehnt wurde, gleichwohl an dem Urteil mitgewirkt hat. Die Ablehnungsgründe für den Richter ergeben sich aus § 24 StPO. **1236**

Zur Rüge berechtigt ist nur der Angeklagte, der den Richter abgelehnt hat, nicht ein Mitangeklagter, der dies nicht getan hat. **1237**

Die Begründetheit der Revision setzt voraus, dass der in der Hauptverhandlung wegen Besorgnis der Befangenheit abgelehnte Richter an dem Urteil (und nicht nur einer vorausgehenden Entscheidung) mitgewirkt hat. Eigentlich wäre gegen den Beschluss, mit dem nach § 28 II StPO das Ablehnungsgesuch als unzulässig oder unbegründet zurückgewiesen wurde, die sofortige Beschwerde das einschlägige Rechtsmittel. Aus Gründen der Prozessökonomie schließt jedoch § 28 II S. 2 StPO bei einem erkennenden, d.h. in der Hauptverhandlung mitwirkenden Richter, eine selbstständige Anfechtbarkeit des Ablehnungsbeschlusses aus und verlagert die Entscheidung in das Revisionsverfahren. Insoweit ist diese Entscheidung nach Beschwerdegrundsätzen zu treffen. Dies bedeutet wiederum, dass die angefochtene Entscheidung auch in tatsächlicher Hinsicht zu überprüfen ist und das Revisionsgericht sein eigenes Ermessen an die Stelle des tatrichterlichen Ermessens setzen darf[1768], allerdings auf der Basis der Tatsachen und Beweismittel zum Zeitpunkt des Ablehnungsbeschlusses.[1769] Nach h.L. darf das Revisionsgericht hierzu ggf. im Freibeweisverfahren eigene Ermittlungen anstellen.[1770] Demgegenüber dürfen nach dem BGH neue, bei der tatrichterlichen Entscheidung noch nicht vorhandene Tatsachen und Beweismittel nicht berücksichtigt werden.[1771] **1238**

> **Hinweis für die Fallbearbeitung:** Zu beachten ist, dass es für eine auf Nr. 2 gestützte Revision (Mitwirkung eines gesetzlich ausgeschlossenen Richters) nicht notwendig ist, dass der Revisionsführer zuvor einen Ablehnungsantrag vor Gericht gestellt hat. Anders verhält es sich bei der auf Nr. 3 gestützten Revision. Diese ist nur nach einem vorherigen Befangenheitsantrag möglich. Ob diesem stattgegeben wurde oder ob er zu Unrecht abgelehnt wurde, ist indes unerheblich.

dd. Mangel der Zuständigkeit (Nr. 4)

Bei der Frage, ob das Gericht seine Zuständigkeit zu Unrecht angenommen hat, geht es nur um die örtliche, sachliche und die besondere Zuständigkeit gleichrangiger Gerichte. Für die Verteilung der Geschäfte und der Spruchkörper desselben Gerichts nach dem Geschäftsverteilungsplan hat sie keine Bedeutung[1772]; insofern gilt Nr. 1[1773]. **1239**

Da die sachliche Unzuständigkeit ein Verfahrenshindernis darstellt und daher gem. § 6 StPO von Amts wegen zu prüfen ist, kann sie nicht im Rahmen der absoluten Revisionsgründe geltend gemacht werden[1774] (die sachliche Unzuständigkeit ist also auch in einer Klausur nicht im Rahmen der absoluten Revisionsgründe zu prüfen!). Im Rahmen der Revision geltend gemacht werden können aber die willkürliche Fehlentscheidung des Gerichts hinsichtlich seiner sachlichen Zuständigkeit sowie die örtliche und funktionelle **1240**

[1768] BGHSt **1**, 34, 36; **18**, 200, 203; **21**, 334, 338; BGH StV **1988**, 417; zur Ermessensseite vgl. BGHSt **25**, 122, 126.
[1769] BGHSt **21**, 85, 88; *Kindhäuser*, § 31 Rn 36.
[1770] LR-*Hanack*, § 338 Rn 64; *Meyer-Goßner*, § 338 Rn 27.
[1771] BGHSt **21**, 85, 88; **23**, 200, 203; **23**, 265, 267.
[1772] BGHSt **31**, 389, 390; *Meyer-Goßner*, § 338 Rn 30.
[1773] BGHSt **3**, 353, 355.
[1774] Wie hier *Meyer-Goßner*, StPO, § 338 Rn 32; zumindest sehr missverständlich *Bischoff/Jungkamp*, JuS **2009**, 447, 450.

Unzuständigkeit.[1775] Die Entscheidung eines höheren statt niedrigeren Gerichts ist unschädlich und nicht revisibel, sofern auch hier keine Willkür vorliegt.[1776]

1241 Bedeutsam im Rahmen der Nr. 4 ist die Verbindung von Strafsachen gegen Erwachsene und Jugendliche bzw. Heranwachsende. Zwischen Erwachsenengerichten und Jugendgerichten besteht kein „sachlicher" Unterschied. Findet also ein Strafverfahren in einer Mordsache gegen einen zur Tatzeit Heranwachsenden und einen Erwachsenen gemeinsam statt, ist die Jugendkammer zuständig, nicht die Schwurgerichtskammer. Dass statt eines allgemeinen Gerichts das Jugendgericht entschieden hat, kann wegen § 47a JGG nicht gerügt werden.[1777] Dagegen kann die Unzuständigkeit des allgemeinen Gerichts auch der Erwachsene rügen, obwohl ohne die Verbindung mit dem Verfahren gegen einen Heranwachsenden dieses Gericht für seine Aburteilung zuständig gewesen wäre.

ee. Vorschriftswidrige Abwesenheit (Nr. 5)

1242 Die für Studium und Examen bedeutsamste Vorschrift des § 338 StPO ist die Nr. 5. Danach besteht ein Revisionsgrund, wenn eine Person, deren Anwesenheit in der Hauptverhandlung gesetzlich zwingend vorgeschrieben ist, dort während eines wesentlichen Teils nicht anwesend war. Gesetzliche Vorschriften, die eine Anwesenheitspflicht begründen, finden sich etwa in §§ 145, 226, 230 StPO, § 185 GVG. Im Einzelnen gilt[1778]:

1243
- **Anwesenheitspflicht des Staatsanwalts:** Das Gesetz schreibt nicht vor, dass während der gesamten Hauptverhandlung derselbe Staatsanwalt anwesend sein muss. Es muss nur überhaupt „die Staatsanwaltschaft" anwesend sein (vgl. § 226 StPO). Der Sitzungsvertreter des StA kann also ausgetauscht werden. Soll der Staatsanwalt in dem Verfahren etwa als Zeuge vernommen werden, muss er für diese Zeit durch einen anderen ersetzt werden. Ist das nicht der Fall, ist § 226 StPO verletzt und es liegt der absolute Revisionsgrund der Nr. 5 vor. Denn der StA kann nicht zugleich Zeuge und Sitzungsvertreter der StA sein. Eine anschließende Weiterführung seines Amtes ist indes nicht ausgeschlossen. Vertritt er nach der Vernehmung die Anklage weiter, begründet dies die Revision nur im Rahmen des § 337 StPO.

1244
- **Anwesenheitspflicht des Angeklagten:** Die grundsätzliche Anwesenheitspflicht des Angeklagten ergibt sich aus § 230 StPO. Ausnahmen ergeben sich aus §§ 231 II, 231b, 231c, 232, 233, 247, 411 II S. 1 StPO. In diesen Fällen ist seine Abwesenheit unschädlich. Aber auch wenn eine solche Ausnahme nicht vorliegt, führt nicht jede Abwesenheit zu einem Revisionsgrund. Es kommt darauf an, ob der Angeklagte bei einem *wesentlichen* Teil der Hauptverhandlung abwesend war.[1779] Vgl. dazu sogleich Rn 1247.

  Von Klausurrelevanz ist insbesondere § 247 StPO: Nach S. 1 dieser Bestimmung ist die Entfernung des Angeklagten für die Dauer der Vernehmung eines Zeugen gestattet. Voraussetzung ist aber, dass ein wirksamer Beschluss des Gerichts nach Anhörung der Beteiligten vorliegt. Auch ist zu beachten, dass die Verhandlung über die Vereidigung des Zeugen und die Vereidigung selbst in Anwesenheit des Angeklagten geschehen müssen, nachdem dieser zuvor über den wesentlichen Inhalt der Aussage unterrichtet worden war und Gelegenheit hatte, an den Zeugen Fragen zu stellen. Wird also über die Vereidigung eines Zeugen entschieden (oder dieser gar vereidigt), bevor der Angeklagte wieder zur Verhandlung zugelassen wurde, liegt ein absoluter Revisionsgrund vor, weil die Zeugenvereidigung ein wesentlicher Teil der Hauptverhandlung ist.

[1775] OLG Köln StV **2004**, 314.
[1776] BGHSt **1**, 346, 348; **9**, 367, 368; **21**, 334, 358.
[1777] BGH StraFo **2004**, 103.
[1778] Die Abwesenheit von Richtern und Schöffen richtet sich - als lex specialis - nach Nr. 1. Gleiches gilt für Richter, die wegen eines Besetzungsfehlers als „abwesend" anzusehen sind. Insoweit ist ggf. eine Besetzungsrüge erforderlich (s.o.).
[1779] BGHSt **26**, 84, 91; *Meyer-Goßner*, § 338 Rn 36.

Wird während der Zeugenvernehmung ein Augenschein durchgeführt, muss dieser in Anwesenheit des Angeklagten wiederholt werden[1780], ebenso müssen zwischenzeitlich verlesene Briefe und andere Urkunden nochmals verlesen werden[1781].

Hinweis für die Fallbearbeitung: Von den soeben genannten absoluten Revisionsgründen zu unterscheiden ist der Fall, dass die sofortige Unterrichtung vom Inhalt der Vernehmung gem. § 247 S. 4 StPO unterlassen wird. Dieser Fehler stellt keinen Verstoß gegen das Anwesenheitsrecht dar und kann folgerichtig auch keinen absoluten Revisionsgrund darstellen, sondern lediglich einen relativen Revisionsgrund i.S.v. § 337 begründen.[1782]

Schließlich ist zu beachten, dass der bloße Wunsch eines Zeugen, in Abwesenheit des Angeklagten aussagen zu dürfen, als Begründung für dessen Entfernung nicht ausreicht.[1783] Erklärt aber ein Zeuge, er werde bei Anwesenheit des Angeklagten von seinem Zeugnisverweigerungsrecht oder seinem Schweigerecht nach § 55 StPO Gebrauch machen, kann die Pflicht zur umfassenden Sachaufklärung die Entfernung des Angeklagten rechtfertigen oder gar gebieten.[1784]

- **Anwesenheitspflicht des Verteidigers:** Die Anwesenheit des Verteidigers ist nur dann zwingend, wenn es sich um einen Fall notwendiger Verteidigung nach § 140 StPO handelt. Das Fehlen des Verteidigers kann also nur bei der notwendigen Verteidigung zur Revision führen. Aber auch hier ist es nicht schädlich, wenn sich die Abwesenheit auf einen Zeitraum bezieht, in dem nur über die Tat eines Mitangeklagten verhandelt wurde. Aber auch der präsente Verteidiger gilt nur als anwesend, wenn er verhandlungsfähig ist. Die Verhandlungsunfähigkeit des Verteidigers gilt, sofern sie beweisbar ist, als Abwesenheit und kann die Revision begründen. Weigert sich der Verteidiger lediglich, den Schlussvortrag zu halten, ist er nicht abwesend, es sei denn, mit der Weigerung wäre die Erklärung verbunden, zur weiteren Verteidigung außerstande zu sein.[1785] Hat der Verteidiger gar keine Zulassung (mehr), ist er ebenso wenig anwesend wie ein Verteidiger, der wegen Trunkenheit nicht verhandlungsfähig ist. Wird der notwendige Verteidiger als Zeuge vernommen, ist er – wie der StA – nach dem Grundsatz der Rollentrennung als abwesend i.S.v. Nr. 5 anzusehen. Weigert sich der Pflichtverteidiger, die Verteidigung zu führen, greift nicht Nr. 5, sondern § 337 StPO ein.[1786] 1245

- **Urkundsbeamter der Geschäftsstelle und Dolmetscher:** Ein Urkundsbeamter der Geschäftsstelle muss ständig anwesend sein.[1787] Ein Dolmetscher muss nach § 185 GVG grundsätzlich während der gesamten Verhandlung zugegen sein. Hinsichtlich der Begründetheit der Revision ist zu unterscheiden: 1246

  - ⇨ Die Abwesenheit eines bereits hinzugezogenen oder für den Angeklagten erforderlichen Dolmetschers stellt einen absoluten Revisionsgrund i.S.v. Nr. 8 dar.
  - ⇨ Die Abwesenheit eines für einen Zeugen erforderlichen Dolmetschers, weil dessen Deutschkenntnisse nur unzureichend sind und so eine Sachverhaltsaufklärung erschwert wird, stellt einen relativen Revisionsgrund gem. § 337 StPO dar, wenn das Urteil auf diesem Verstoß beruhen kann.
  - ⇨ Die fehlende Belehrung oder Vereidigung gem. §§ 72, 57 StPO, § 189 II GVG stellt – sofern eine Vereidigung überhaupt noch in Betracht kommt (vgl. § 59 StPO) – einen relativen Revisionsgrund gem. § 337 StPO dar.
  - ⇨ Die zeitweilige Vernehmung des Dolmetschers als Zeuge oder Sachverständiger schadet dagegen nicht. Auch wenn der Angeklagte sich in der Gerichtssprache *Deutsch*

[1780] BGH NStZ **2001**, 262.
[1781] BGH StV **2002**, 408.
[1782] Äußerst unklar und wenig erhellend *Joecks*, § 338 Rn 30 ff.
[1783] BGH NStZ **1999**, 420; BGH NStZ-RR **2002**, 217.
[1784] BGHSt **22**, 18; BGH NStZ-RR **2004**, 116, 117 f.; *Joecks*, § 338 Rn 34.
[1785] BGH NStZ **1992**, 503.
[1786] OLG Karlsruhe StV **2003**, 152.
[1787] BayObLG NStZ-RR **2002**, 16.

hinreichend verständigen kann, ist die zeitweilige Abwesenheit des Dolmetschers nicht schädlich.[1788]

1247 Allen zuvor genannten Gruppen gemeinsam ist, dass ein absoluter Revisionsgrund nur dann vorliegt, wenn die Abwesenheit bei einem **wesentlichen Teil der Hauptverhandlung** vorlag. Zu dieser Frage gibt es eine umfangreiche Judikatur. Danach zählen zu den wesentlichen Teilen der Verhandlung[1789]:

- die Vernehmung des Angeklagten zur Person und Sache,
- Verlesung des Anklagesatzes[1790],
- die Beweisaufnahme einschließlich der Zeugenvernehmung und der Ortsbesichtigung[1791],
- die Vernehmung des Mitangeklagten,
- die Zeugenvereidigung,
- die Schlussvorträge
- und die Verlesung der Urteilsformel.

1248 Nicht wesentlich sind der Aufruf der Zeugen zu Beginn der Hauptverhandlung, die Belehrung nach § 57 StPO, die Feststellung der Identität des Angeklagten und seiner Verhandlungsfähigkeit, die mündliche Eröffnung der Urteilsgründe und die Verkündung von Beschlüssen nach § 268a StPO.[1792]

ff. Verletzung des Öffentlichkeitsgrundsatzes (Nr. 6)

1249 Die Öffentlichkeit der Gerichtsverhandlung ist eine grundlegende Einrichtung des Rechtsstaats.[1793] § 169 S. 1 GVG konkretisiert diesen Grundsatz einfachgesetzlich und normiert gleichzeitig in verfassungskonformer Weise die Schranken der Öffentlichkeit. Dabei erfordert § 169 S. 1 GVG nicht nur die Öffentlichkeit der Hauptverhandlung, sondern auch, dass ein während der Hauptverhandlung eingenommener Augenschein öffentlich zu erfolgen hat. Ortstermine in durch Art. 13 I GG geschützten Räumen sind nur dann öffentlich, wenn der Hausrechtsinhaber der Öffentlichkeit den Zutritt gestattet. Nichtöffentlich müssen Beweisaufnahmen im Ermittlungsverfahren oder durch den beauftragten oder ersuchten Richter sein.

1250 Insgesamt folgt daraus, dass nur eine gesetzeswidrige und damit unzulässige Beschränkung der Öffentlichkeit einen Revisionsgrund nach Nr. 6 darstellen kann.

1251 Gesetze, die bei Ausschluss der Öffentlichkeit verletzt werden können, sind gerade die §§ 169 ff. GVG. Andererseits kann der Ausschluss der Öffentlichkeit aber auch durch besondere Regelungen gerechtfertigt sein, etwa durch §§ 170 oder 174 GVG.

1252 Umgekehrt verleiht Nr. 6 dem Angeklagten keinen Anspruch *auf Ausschluss* der Öffentlichkeit, wenn die Öffentlichkeit unzulässig erweitert wurde (vgl. § 169 S. 2 GVG – sog. Massenöffentlichkeit).[1794] Da in diesem Fall aber Persönlichkeitsrechte des Angeklagten verletzt sein können (insbesondere, wenn der Angeklagte zum „Schauobjekt" der sensa-

---

[1788] BGH NStZ **2002**, 275, 276.
[1789] Vgl. auch die Aufzählungen bei *Joecks*, § 338 Rn 24; *Kindhäuser*, § 31 Rn 44; *Meyer-Goßner*, § 338 Rn 37.
[1790] Umstritten ist, ob der notwendige Verteidiger bei einem wesentlichen Teil der Hauptverhandlung abwesend war, wenn er erst bei Verlesung der Anklageschrift erscheint. Großzügig wird teils ein Verstoß abgelehnt, da die persönlichen Daten und auch die Anklage dem Verteidiger bekannt seien. Überzeugender scheint es, einen Verstoß anzunehmen. Denn bestimmte Rügen müssen vor Verlesung der Anklageschrift erhoben werden (z.B. die Rüge der fehlerhaften Besetzung gem. § 222b StPO oder der Einwand des § 6a StPO (vgl. *Kindhäuser*, § 31 Rn 44).
[1791] BGHSt **25**, 317, 318.
[1792] BGHSt **25**, 333; *Meyer-Goßner*, § 338 Rn 38.
[1793] Zu dieser Prozessmaxime vgl. Rn 134 ff. und 871.
[1794] BGHSt **23**, 176, 178.

tionshungrigen Massenöffentlichkeit degradiert wird), greift eine Pflicht des Gerichts zur Beschränkung der Öffentlichkeit. Bei Verletzung dieser Pflicht greift ein relativer Revisionsgrund nach § 337 StPO (etwa wenn die Verhandlung unter Verstoß gegen § 48 I JGG öffentlich geführt wurde).[1795]

Ungeschriebene Voraussetzung für einen Revisionsgrund nach Nr. 6 ist ein **Verschulden des Gerichts**. Schließt etwa der Gerichtswachtmeister ohne Kenntnis des Gerichts das Gebäude ab, ist dies i.d.R. vom Gericht nicht zu vertreten. Vorsitzender und Gericht haben aber eine Aufsichtspflicht über untergeordnete Beamte. Das (gröbliche) Vernachlässigen dieser Pflicht ist ihnen als eigenes Verschulden zuzurechnen.[1796] Wird die Verhandlung außerhalb des Saales durchgeführt (etwa wegen einer Augenscheinnahme am Tatort), ist ein Sitzungsaushang erforderlich. **1253**

In jedem Fall ist die *Urteilsverkündung* in nicht öffentlicher Sitzung ein absoluter Revisionsgrund. Auch der grundlose Ausschluss eines einzelnen Zuhörers verletzt den Öffentlichkeitsgrundsatz; dagegen ist der Saalverweis gegenüber einem Zuhörer, von dem ein Druck auf das Aussageverhalten von Zeugen zu besorgen ist, unproblematisch[1797]. Zuhörer, die als Zeugen in Betracht kommen, darf der Vorsitzende aus dem Saal verweisen. Ihm steht insofern ein Beurteilungsspielraum zu.[1798] Allerdings muss das Gericht tatsächliche Anhaltspunkte dafür haben. **1254**

Absprachen außerhalb der Hauptverhandlung verstoßen gegen den Grundsatz der Öffentlichkeit. Damit sind jedoch Vorgespräche in der Hauptverhandlung nicht ausgeschlossen.[1799] **1255**

gg. Mangelnde Urteilsbegründung (Nr. 7)

Nr. 7 beschreibt einen Revisionsgrund, wenn die schriftlichen Urteilsgründe vollständig fehlen[1800] oder nicht innerhalb des sich aus § 275 I S. 2 u. 4 StPO ergebenden Zeitraums zu den Akten gebracht worden sind. **1256**

Der Grund für das Fehlen oder die Verspätung ist irrelevant. Daher kommt es nicht darauf an, ob der Richter verstorben oder aus dem Richterdienst ausgeschieden ist oder ob die Richter sich nicht darüber einigen können, was das Ergebnis der Beratungen war. Bei einer Fristüberschreitung will das Gesetz Diskussionen darüber verhindern, ob die verspätete Urteilsabsetzung die Richtigkeit der Gründe beeinflusst hat. Daher besteht, auch auf Revision der StA, ein zwingender Aufhebungsgrund ohne Rücksicht darauf, ob das Urteil solche Mängel aufweist[1801] oder die Frist nur ganz geringfügig überschritten wurde[1802]. Auch entschuldigt eine strukturelle Überlastung der Justiz nicht die verspätete Urteilsabsetzung wegen Überlastung. **1257**

Auch nachträgliche Ergänzungen des Urteils sind ebenso unzulässig wie die Nachholung der richterlichen Unterschriften. Allerdings wird das Fehlen einer Unterschrift nur auf eine entsprechende Verfahrensrüge hin beachtet[1803], das Fehlen sämtlicher Unterschriften auch auf die Sachrüge hin. **1258**

[1795] BGHSt **23**, 176, 178.
[1796] BGHSt **22**, 292, 301.
[1797] BGH NStZ **2004**, 220.
[1798] BGH StV **2002**, 5, 6.
[1799] BGH NStZ **2004**, 342.
[1800] Sind diese nur unvollständig, greift die Sachrüge ein (*Meyer-Goßner*, § 338 Rn 52).
[1801] BGH NStZ-RR **2003**, 6.
[1802] BGH StV **1998**, 477.
[1803] BGHSt **46**, 202, 204.

hh. Unzulässige Beschränkung der Verteidigung (Nr. 8)

1259 Entgegen dem Wortlaut und der Gesetzessystematik handelt es sich bei der Nr. 8 nicht um einen absoluten Revisionsgrund, sondern um einen Auffangtatbestand, der eine Brücke zu den relativen Revisionsgründen bildet. Schon nach dem Wortlaut muss ein „für die Entscheidung wesentlicher Punkt" betroffen sein. Dies ist aber nur der Fall, wenn das Urteil auf der Verletzung einer Verfahrensvorschrift, die die Rechte des Verteidigers begründet, beruht oder beruhen kann. Die bloß generelle oder abstrakte Möglichkeit genügt hierfür nicht. Vielmehr muss ein konkret-kausaler Zusammenhang zwischen der unzulässigen Verteidigungsbeschränkung und dem Urteil bestehen, der positiv festzustellen ist.[1804]

1260 Ebenfalls ausreichen kann ein Verstoß gegen das Fair-trial-Prinzip oder die Verletzung der gesetzlichen Fürsorgepflicht des Gerichts. Welche Verstöße im Ergebnis ausreichen, ist eine Frage der einzelnen Verfahrensvorschriften. Die wichtigsten Fälle sind[1805]:

- unberechtigte Zurückweisung (Ablehnung) von Beweisanträgen,
- gerichtliches Äußerungsverbot für den Angeklagten vor Eintritt in die Beweisaufnahme,
- rechtsfehlerhafte Unterbindung des Fragerechts nach §§ 240, 241 StPO,
- unzulässige Beschränkung der Akteneinsicht,
- Weigerung, dem Angeklagten/Verteidiger einen angemessenen Sitzplatz zuzuweisen,
- Beschluss des Gerichts, keine Anträge der Verteidigung mehr entgegenzunehmen (es sei denn, dass die Verteidigung Beweisanträge eindeutig rechtsmissbräuchlich gestellt hat, etwa um eine Verfahrensverzögerung zu erreichen).
- Ausdrückliche Untersagung des letzten Worts des Angeklagten (§ 258 III StPO), da dadurch die Verteidigung erheblich eingeschränkt ist.

c. Keine Rügepräklusion

1261 Die Verfahrensrüge darf nicht **präkludiert** sein. D.h., es darf kein Tatbestand eingreifen, der zum Verlust einer Rüge führt. Zum Rügeverlust führen Zeitablauf, Verzicht und Verwirkung.[1806]

- **Zeitablauf:** Einige Normen sehen vor, dass ein bestimmter Fehler bereits im Verfahren bis zu einem bestimmten Zeitpunkt gerügt werden muss. Verstreicht dieser Zeitpunkt, kann der Verfahrensfehler zu einem späteren Zeitpunkt und damit auch in der Revision nicht mehr geltend gemacht werden. Zu den wichtigsten Präklusionsnormen gehören §§ 6a S. 3, 16 S. 3, 25, 217 II, 218 S. 2, 222b I S. 1, 238 II[1807], 246 II, 257 StPO.
- **Verzicht:** Hat ein Prozessbeteiligter zulässig auf die Einhaltung einer vorgeschriebenen Verfahrensweise verzichtet, kann er deren Nichtbeachtung nicht mehr als Verfahrensfehler rügen; einschlägige Verfahrensvorschriften sind z.B. §§ 35a, 201, 215, 216, 218, 222, 224, 316 II StPO. Einen Fall des unzulässigen Verzichts sieht § 136a III StPO vor. Unzulässig ist auch der Verzicht auf die Beachtung von Verfahrensvorschriften, deren Nichteinhaltung einen absoluten Revisionsgrund nach § 338 Nrn. 1-7 StPO darstellt.
- **Verwirkung:** In engen Ausnahmefällen kommt eine Verwirkung von Verfahrensrügen in Betracht, etwa für den Fall, dass der Revisionsführer den Verfahrensverstoß selbst durch arglistiges Verhalten herbeigeführt hat, um ihn später in der Revision zu rügen.

[1804] BGHSt **21**, 334, 360; **30**, 131, 137; **44**, 82, 90; BGH NStZ **2000**, 212, 213; BGH NStZ-RR **2004**, 50; *Meyer-Goßner*, § 338 Rn 59. Aus der Forderung nach dem Kausalzusammenhang wird deutlich, dass es sich bei § 338 Nr. 8 StPO letztlich um einen relativen Revisionsgrund i.S.v. § 337 StPO handelt.

[1805] Vgl. auch *Joecks*, § 338 Rn 53; *Kindhäuser*, § 31 Rn 53.

[1806] Vgl. zu den nachfolgend dargestellten drei Gruppen *Kindhäuser*, § 31 Rn 23 ff.

[1807] Vgl. dazu *Bischoff*, NStZ **2010**, 77 ff.

d. Fort- und Fernwirkung von Beweisverwertungsverboten

Ein immer wieder anzutreffendes Problem im Zusammenhang mit der Prüfung von Verfahrensfehlern – vor allem im Ermittlungsverfahren – ist das der Fortwirkung oder der Fernwirkung eines Verfahrensverstoßes. Dieses Problem stellt sich, wenn im Ermittlungsverfahren ein Verfahrensverstoß begangen wurde, der zur Unverwertbarkeit des unmittelbar erlangten Beweismittels führt. Die Fragen, um die es dann geht, sind, ob der Fehler fortwirkt oder durch das Nachholen einer prozessordnungsgemäßen Beweiserhebung „geheilt" werden kann, bzw., ob mittelbar aus dem Verfahrensverstoß legal gewonnene Beweismittel nicht auch einem Verwertungsverbot unterliegen. Wäre dies der Fall, läge ein absoluter bzw. relativer Revisionsgrund vor, sofern sich der betreffende Fehler im Urteil ausgewirkt hat. Zur Fort- und zur Fernwirkung vgl. ausführlich Rn 781, 782, 1091, 1134 und 1262. 1262

e. Beweis der Verfahrensrüge

Schließlich muss der Verfahrensfehler **bewiesen** sein.[1808] Grundlage für den Beweis ist das **Sitzungsprotokoll** (§ 274 StPO). Nur wenn dieses seine Beweiskraft verloren hat (etwa weil es lückenhaft ist oder Widersprüche aufweist), kommt der **Freibeweis** in Betracht. Bei Zweifeln des Gerichts über das Vorliegen eines Verfahrensfehlers ist der Grundsatz in dubio pro reo grds. nicht anwendbar, weil es hier nicht um das materielle Recht geht. Zur Protokollberichtigung im Revisionsverfahren vgl. Rn 879a. 1263

Aber auch wenn man von einer bestehenden Beweiskraft des Protokolls ausgeht, handelt ein Revisionsführer, der bewusst wahrheitswidrig einen Verfahrensverstoß behauptet und sich zum Beweis auf ein als unrichtig erkanntes Protokoll beruft, rechtsmissbräuchlich; seine Rüge ist daher unzulässig.[1809] 1264

2. Die Sachrüge

Neben Verfahrensfehlern können auch im Rahmen des materiellen Rechts begangene Fehler eine Revision begründen. Denn das Revisionsgericht hat auch die Einhaltung des materiellen Rechts durch die Tatsacheninstanz auf Antrag hin zu überprüfen (vgl. § 337 StPO). Dabei ist jedoch zu beachten, dass das Revisionsgericht an die in den Urteilsgründen des Tatsachengerichts getroffenen tatsächlichen Feststellungen gebunden ist. Mit der allgemeinen Sachrüge können also keine neuen Tatsachen eingeführt werden. Auch ist zu beachten, dass im Rahmen der Sachrüge nur Fehler gerügt werden können, die sich erst und ausschließlich im Urteil selbst zeigen. 1265

> **Hinweis für die Fallbearbeitung:** Anders als in der Praxis, in der im Rahmen der Revisionsbegründung grds. ein allgemeiner Hinweis auf eine Verletzung des materiellen Rechts („Gerügt wird die Verletzung materiellen Rechts") genügt, ist in der Klausur eine ausführliche Auseinandersetzung mit dem materiellen Recht angezeigt.

Hauptfälle von Sachrügen sind[1810]: 1266

- Fehler in der **Urteilsbegründung**, namentlich Widersprüche, Lücken in der Darstellung, Verletzung des Grundsatzes in dubio pro reo, Verstöße gegen Denkgesetze sowie Verstöße gegen Erfahrungssätze (etwa wenn das Gericht einen bestehenden Erfahrungssatz nicht oder nicht richtig anwendet); 1267

[1808] BGHSt **16**, 164, 166 f.; *Meyer-Goßner*, § 337 Rn 10.
[1809] Vgl. BGH NStZ **2007**, 49 ff. mit Bespr. von *Satzger/Hanft*, NStZ **2007**, 185 ff.
[1810] Vgl. *Kindhäuser*, § 31 Rn 55.

1268 ▪ **Fehler, Lücken oder Widersprüche in der Beweiswürdigung**: Eine Beweiswürdigung darf nur der Tatrichter vornehmen. Nur er ist in der Lage, sich ein vollumfängliches Bild von der Tat und der Persönlichkeit des Täters zu machen. Dieser persönliche Eindruck des Tatrichters kann vom Revisionsgericht nicht nachgeprüft werden. Mit der Revision gerügt werden kann daher nur die Art und Weise der Beweiswürdigung, nicht aber ihr Ergebnis. Im Rahmen der Revision können die tatrichterlichen Feststellungen also darauf hin überprüft werden, ob sie eine tragfähige Grundlage für die Subsumtion bilden (§ 337 II StPO). So ist die Revision (ähnlich wie diejenige hinsichtlich der Urteilsbegründung) begründet, wenn die Beweiswürdigung in sich widersprüchlich, lückenhaft oder unklar ist, wenn sie gegen Denkgesetze oder allgemeingültige, zwingende Regeln der Lebenserfahrung verstößt oder wenn sie an die zur Verurteilung erforderliche Gewissheit zu hohe Anforderungen stellt. Denn liegt ein solcher, schwerwiegender Mangel bei der Würdigung der Beweise vor, ist eine Subsumtion der materiell-rechtlichen Tatbestände des StGB von vornherein sinnlos: Der Schuldspruch muss falsch sein.[1811] Ein revisibler Fehler bei der Beweiswürdigung ist auch dann gegeben, wenn aus dem Schweigen des Angeklagten Schlüsse zu seinen Ungunsten gezogen werden. Denn dann liegt ein Verstoß gegen den Nemo-tenetur-Grundsatz (dazu Rn 120 ff.) vor, der zwingend zur Fehlerhaftigkeit der Beweiswürdigung führt.

1269 ▪ **Subsumtions- und Rechtsanwendungsfehler**: Das Revisionsgericht (und damit der Klausurschreiber) nimmt eine eigene rechtliche Prüfung des vom Tatsachengericht festgestellten Sachverhalts vor.

> **Hinweis für die Fallbearbeitung:** In diesem Punkt besteht grds. kein Unterschied zur **materiellen Strafrechtsklausur** (des ersten Staatsexamens). Es wird, getrennt nach Tatkomplexen, die Strafbarkeit des Angeklagten geprüft. Der Hauptunterschied zur materiellen Strafrechtsklausur des ersten Staatsexamens besteht allerdings darin, dass die Straftatbestände weniger ausführlich und v.a. auf der Basis der Rspr. geprüft werden. Zum großen Teil genügt auch der Urteilsstil. Klar ist aber, dass auch im Rahmen des Assessorexamens das materielle Strafrecht nicht in Vergessenheit geraten darf. Lediglich die Einkleidung erfolgt hier anders.

Sodann wird das Ergebnis des Revisionsgerichts (bzw. das Ergebnis der Prüfung des Klausurenschreibers) mit dem vom Tatsachengericht gefundenen Ergebnis verglichen. Jegliche Differenz begründet dann die Revision im Rahmen der Sachrüge.

1270 ▪ **Missachtung offenkundiger Tatsachen**.

1271 ▪ **Fehler beim Strafmaß**: Diese liegen vor, wenn der falsche Strafrahmen angewendet wird oder minder oder besonders schwere Fälle verkannt werden.

Beispiel: T wurde vom Tatsachengericht wegen Erpressung (§ 253 StGB) zu 6 Jahren Freiheitsstrafe verurteilt. Der Verteidiger geht im Namen des T sofort in Revision.

Die Revision ist begründet, weil das Tatsachengericht den gesetzlichen Strafrahmen des § 253 StGB von Geldstrafe oder Freiheitsstrafe bis zu fünf Jahren überschritten hat, weshalb die Rüge sachlichen Rechts und somit die Revision des T begründet sind.

1272 ▪ **Fehler bei der Strafzumessung**: Wie die Beweiswürdigung ist auch die Strafzumessung Sache des Tatrichters. Das Revisionsgericht darf nicht einfach eine eigene Strafzumessung vornehmen. Es darf lediglich den Rechtsfolgeausspruch auf Rechtsfehler hin überprüfen und ggf. korrigieren. Zu den möglichen (und revisionsrechtlich überprüfbaren) Fehlern gehören:

⇨ Der Strafrahmen wird nicht richtig bestimmt. Das ist etwa der Fall, wenn naheliegende Möglichkeiten eines minder oder besonders schweren Falls überhaupt nicht geprüft werden.

⇨ Es liegen Abwägungsfehler oder Verstöße in Bezug auf das Doppelverwertungsverbot des § 46 III StGB vor. Ein Fehler in der Abwägung liegt z.B. vor, wenn zu Lasten des Angeklagten Vorstrafen berücksichtigt werden, die lange zurückliegen und gem. §§ 45 ff. BZRG be-

---

[1811] Vgl. *Jahn*, JuS **2008**, 176; *Bischoff/Jungkamp*, JuS **2009**, 447, 451.

reits tilgungsreif, aber noch nicht getilgt sind. Ebenso rügbar ist es, wenn strafzumessungsirrelevante Umstände berücksichtigt werden oder wenn das Fehlen strafmildernder Umstände als strafschärfendes Argument herangezogen wird.
- ⇨ Eine Gesamtstrafe (insbesondere eine nachträgliche) wird unrichtig gebildet (die Gesamtstrafe ist in §§ 53, 54, 55 StGB geregelt).
- ⇨ Maßregeln der Besserung und Sicherung werden fälschlicherweise verhängt oder rechtsirrig übersehen.

- **Missachtung des Verbots der reformatio in peius** (§ 358 II StPO). 1273

Erfolg der Sachrüge: Die Sachrüge ist begründet, wenn das Urteil rechtlich fehlerhaft ist (§ 337 StPO). Anders als bei der Verfahrensrüge bedarf das Beruhen hier keiner weiteren Prüfung: Weist das Urteil einen inhaltlichen Rechtsfehler auf, beruht es auch auf diesem Fehler.[1812] 1274

3. Die Entscheidung des Revisionsgerichts

Dem Revisionsgericht stehen verschiedene Möglichkeiten der Entscheidung über eine Revision zur Verfügung. Es entscheidet entweder durch Beschluss außerhalb der Hauptverhandlung (§ 349 I-IV StPO) oder durch Urteil nach der Hauptverhandlung (§§ 353 ff. StPO). Möglich ist auch eine Einstellung gem. §§ 153 ff., wozu das Gericht in jeder Lage des Revisionsverfahrens befugt ist. Bei Verfahrenshindernissen stellt das Gericht gem. §§ 206a, 260 III, 354 I StPO ein. Im Einzelnen gilt[1813]: 1275

Entscheidungen durch Beschluss: 1276

- Hält das Revisionsgericht die Revision für unzulässig (etwa weil die Rüge nicht ordnungsgemäß erhoben wurde), verwirft es diese unter den Voraussetzungen der §§ 346 oder 349 I StPO durch Beschluss.
- Ist das Revisionsgericht sachlich unzuständig, kann es auch nach § 348 I StPO seine Unzuständigkeit feststellen und die Sache an das zuständige Revisionsgericht durch Beschluss verweisen.
- Auf begründeten Antrag der StA hin kann das Revisionsgericht unter den Voraussetzungen des § 349 II StPO außerhalb der Hauptverhandlung die Revision durch Beschluss als offensichtlich unbegründet zurückweisen.
- Hält das Revisionsgericht die Revision zugunsten des Angeklagten einstimmig für begründet, kann es gem. § 349 IV StPO das Urteil des Tatsachengerichts durch Beschluss aufheben.
- Wird die Revision vom Revisionsführer vor der Entscheidung des Revisionsgerichts zurückgenommen, muss das Revisionsgericht gem. § 473 I StPO nur über die Kosten entscheiden.

Entscheidungen durch Urteil: 1277

Entscheidet das Revisionsgericht nicht durch Beschluss, führt es eine Hauptverhandlung durch und entscheidet durch Urteil (§§ 350, 351 StPO). Gemäß §§ 353 ff. StPO hat das Gericht folgende Entscheidungsmöglichkeiten:

- Bei Zulässigkeit, aber fehlender Prozessvoraussetzung ist das Verfahren durch Urteil einzustellen (§ 260 III StPO).
- Die (zulässige) Revision wird als unbegründet zurückgewiesen, wenn das Revisionsgericht das angefochtene Urteil für rechtsfehlerfrei hält.

[1812] *Kindhäuser*, § 31 Rn 56.
[1813] Vgl. auch hierzu *Kindhäuser*, § 31 Rn 57 ff.

- Ist die Revision begründet, wird das angefochtene Urteil aufgehoben (§ 353 I StPO). Aufgehoben werden auch die dem Urteil zugrunde liegenden tatsächlichen Feststellungen, soweit sie von der Gesetzesverletzung betroffen sind (§ 353 II StPO). In der Regel erfolgt auch die Zurückverweisung der Sache zur erneuten Entscheidung an die Vorinstanz (§ 354 II StPO), und zwar an einen anderen Spruchkörper desselben Gerichts oder an ein anderes Gericht gleicher Ordnung. Das Untergericht ist hinsichtlich der Aufhebungsgründe an die rechtliche Beurteilung des Revisionsgerichts gebunden (§ 358 I StPO).
- Kommt aufgrund der getroffenen Ergebnisse eine Verurteilung nicht in Betracht, erfolgt ein Freispruch.
- In den gesetzlich genannten Ausnahmefällen (§ 354 I-Ib StPO[1814]) kann das Revisionsgericht selbst die Sachentscheidung treffen. Möglich ist auch eine Aufhebung des Urteils bei gleichzeitiger Schuldspruchberichtigung (§ 354 I StPO analog), ohne dass die tatsächlichen Feststellungen mit aufgehoben werden.

Prüfungsschema einer Revision (§§ 333-358 StPO)

I. Zulässigkeit

1. Statthaftigkeit

Die Revision ist statthaft gegen erstinstanzliche Urteile des LG, gegen erstinstanzliche Urteile des OLG und gegen Berufungsurteile (§ 333 StPO); Revisionsgericht ist der BGH (§ 135 I GVG). Unter den Voraussetzungen des § 335 StPO ist auch eine Revision gegen erstinstanzliche Urteile des AG möglich; Revisionsgericht ist das OLG (§ 121 I GVG).

2. Revisionsberechtigung (Beschwer)

Zugunsten des Angeklagten sind der Angeklagte (§ 296 StPO), der Verteidiger (§ 297 StPO) sowie der StA (§ 296 II StPO) rügeberechtigt. *Zu Lasten* des Angeklagten kann die Revision vom Privatkläger (§ 390 StPO), Nebenkläger (§ 401 StPO) sowie vom StA (§ 296 StPO) eingelegt werden. Nebenbeteiligte sind nur eingeschränkt rügeberechtigt (vgl. §§ 433 I i.V.m. 296 I, 440 III, 443 I, 444 II S. 2 StPO).

3. Form und Frist der Einlegung; Begründung

Die Revision muss **schriftlich** (Fax oder elektronische Form genügen) oder zu Protokoll der Geschäftsstelle **innerhalb von einer Woche** nach Verkündung des Urteils, sofern der Rechtsmittelführer dabei anwesend war (§ 341 I StPO), oder nach Zustellung des vollständigen Urteils (§ 341 II StPO) eingelegt werden (§ 345 StPO). Einzulegen ist die Revision bei dem Gericht, dessen Urteil angefochten wird (iudex a quo).

Binnen **eines Monats** nach Ablauf der Einlegungsfrist bzw. nach Urteilszustellung muss der Revisionsführer (ebenfalls bei dem Gericht, dessen Urteil angefochten wird) den **Revisionsantrag** stellen (d.h. die Erklärung abgeben, inwieweit er das Urteil anfechten und dessen Aufhebung beantragen möchte (§ 344 I StPO) und diesen **begründen** (§§ 344, 345 StPO). Aus der Begründung muss hervorgehen, ob die Verletzung von Verfahrensvorschriften und/oder von Normen des materiellen Rechts gerügt wird (§ 344 II S. 1 StPO).

4. Kein Rechtsmittelverzicht

Wurde ein Rechtsmittelverzicht erklärt, ist die Revision unzulässig, § 302 I S. 1 StPO.

5. Keine Rechtsmittelrücknahme

Ebenfalls unzulässig ist die Revision, wenn bereits zuvor eine Revision eingelegt, aber wieder zurückgenommen wurde, § 302 I S. 1 StPO.

II. Begründetheit

Die Revision ist begründet, wenn ein von Amts wegen zu berücksichtigendes Verfahrenshindernis besteht, ein Verfahrensfehler vorliegt und somit formelles Recht verletzt wurde (Verfahrensrüge) oder weil sachliches, materielles Recht verletzt wurde (Sachrüge).
Hält das Revisionsgericht die Revision für zulässig und begründet, hebt es das erstinstanzliche Urteil auf und verweist die Sache zurück (§ 353 I, 354 II StPO).

[1814] Zur Verfassungsmäßigkeit des § 354 Ia StPO vgl. BVerfG NJW **2007,** 2977 ff.

D. Beschwerde

Die Zulässigkeit der Beschwerde ist primär in §§ 304 ff. StPO geregelt, aber auch in zahlreichen Einzelvorschriften der StPO und anderen Gesetzen (vgl. etwa §§ 56 II S. 3, 159 I S. 2, 181 GVG). Statthaft ist die Beschwerde gegen alle Beschlüsse, die von den Gerichten im ersten Rechtszug oder im Berufungsverfahren erlassen wurden, sowie gegen alle Verfügungen des Vorsitzenden, des Richters im Vorverfahren und eines beauftragten oder ersuchten Richters. **1278**

Dies gilt allerdings nur, soweit das Gesetz nichts anderes bestimmt, die Beschlüsse oder Verfügungen also nicht ausdrücklich einer Anfechtung entzieht (§ 304 I a.E. StPO). Entsprechendes gilt für den Ausschluss der Beschwerde, der sich nicht nur aus §§ 305 S. 1, 310 II StPO, sondern aus vielen Vorschriften der StPO und anderer Gesetze ergibt. **1279**

> **Beispiel:** Wird ein förmlicher Beweisantrag durch Beschluss abgelehnt, ist gem. § 305 S. 1 StPO eine Beschwerde ausgeschlossen, weil Beschlüsse, die eine Beweisaufnahme anordnen oder ablehnen, in einem inneren Zusammenhang mit der nachfolgenden Urteilsfällung stehen und deren Vorbereitung dienen.
>
> Dagegen können die in § 305 S. 2 StPO genannten Maßnahmen (z.B. Festnahme) durch Beschwerde angefochten werden, da es sich hier um besonders grundrechtsbelastende Maßnahmen handelt, sodass ein Zuwarten unzumutbar wäre.

Im Zuge der StPO-Reform 2008 ist § 304 StPO in Abs. IV Nr. 1 und Abs. V um weitere Beschwerdemöglichkeiten ergänzt worden. Nunmehr ist im Rahmen des nachträglichen Rechtsschutzes nach § 101 VII StPO die dort in S. 3 eröffnete sofortige Beschwerde auch gegen Entscheidungen und Verfügungen des OLG sowie des Ermittlungsrichters des OLG oder des BGH nicht ausgeschlossen (zu § 101 StPO vgl. Rn 694b ff.). **1279a**

Arten der Beschwerde sind die (unbefristete) einfache Beschwerde und die (befristete) sofortige Beschwerde (§ 311 StPO), die vom Gesetz für die Fälle vorgesehen ist, dass aus Gründen der Rechtssicherheit eine schnelle und endgültige Klärung erforderlich scheint. Eine weitere Beschwerde ist nur in den Fällen des § 310 I StPO zulässig. **1280**

Die Beschwerde ist eine Tatsachen- und Rechtsbeschwerde, sodass sowohl die tatsächlichen Grundlagen als auch die Rechtsanwendung vom Beschwerdegericht nachgeprüft werden. Neue Tatsachen können vorgebracht und berücksichtigt werden. **1281**

Mit der Beschwerde angefochten werden können die Unterlassung einer rechtlich gebotenen Entscheidung ebenso wie eine für den Beschwerdeführer ungünstige Entscheidung.[1815] Eine reine Untätigkeitsbeschwerde ist der StPO jedoch fremd. Ausnahmsweise ist eine Untätigkeitsbeschwerde denkbar, wenn das Gericht die Entscheidung über die Eröffnung des Hauptverfahrens so lange hinauszögert, dass zum einen eine wesentliche Anzahl der angeklagten Taten zeitnah zu verjähren droht und zum anderen das Unterlassen der Gerichtsentscheidung auf grober Pflichtwidrigkeit beruht.[1816] **1282**

Beschwerdeberechtigt ist, wer durch die Maßnahme in seinen Rechten (Freiheit, Vermögen oder einem sonstigen Recht) in sachlich-rechtlicher oder verfahrensrechtlicher Art beeinträchtigt ist. Dies sind in erster Hinsicht die Verfahrensbeteiligten. Unter den Voraussetzungen des § 304 II StPO sind auch Zeugen usw. beschwerdeberechtigt. **1283**

Die Beschwerde ist grds. bei dem Gericht, das die Entscheidung erlassen hat, einzulegen, § 306 StPO. Dieses kann der unbefristeten einfachen Beschwerde selbst abhelfen; **1284**

[1815] BGH NJW **1993**, 1279.
[1816] OLG Dresden wistra **2005**, 478.

hilft es ihr nicht ab, muss es sie binnen 3 Tagen dem Beschwerdegericht (vgl. §§ 73, 121 I Nr. 2, 135 II 2 GVG) vorlegen, § 306 II StPO – Devolutiveffekt, s.o.).

1285 Durch Einlegung der Beschwerde wird der Vollzug der angefochtenen Entscheidung nicht gehemmt, § 307 I StPO. Ausnahmen bestehen nur, wenn dies im Gesetz angeordnet ist, z.B. § 81 IV StPO für die sofortige Beschwerde gegen eine Unterbringung. Die Beschwerde hat somit zwar Devolutiveffekt, aber grds. keinen Suspensiveffekt! Deswegen ist sie eigentlich kein echtes Rechtsmittel, sondern nur ein Rechtsbehelf. Jedoch ist eine Aussetzung gemäß § 307 II StPO möglich.

1286 Anders als bei der Berufung und der Revision ist bei der Beschwerde eine reformatio in peius nicht ausgeschlossen (§ 331 StPO bezieht sich nur auf Urteile, nicht auch auf Beschlüsse). Eine Ausnahme macht die h.M. für Beschlüsse, die Rechtsfolgen endgültig festsetzen und der materiellen Rechtskraft fähig sind, z.B. Beschlüsse nach §§ 51 und 460 StPO).[1817]

1287 BGH-Entscheidungen sind nicht mit der Beschwerde anfechtbar, da es kein übergeordnetes Gericht gibt (§ 304 IV S. 1 StPO). Ausnahmen gibt es für bestimmte Verfügungen des Ermittlungsrichters (§ 304 V StPO). Beschlüsse und Verfügungen der Oberlandesgerichte sind ebenfalls nicht beschwerdefähig (§ 304 IV S. 2 StPO). Eine Ausnahme macht das Gesetz in Sachen, in denen das OLG im ersten Rechtszug zuständig ist, für die in Nr. 1 bis 5 aufgeführten Gegenstände. § 138 VI StPO bleibt unberührt, d.h. die dort vorgesehene sofortige Beschwerde bei Ausschließung eines Verteidigers ist möglich.

1288 Schreibt das Gesetz sofortige Beschwerde vor (z.B. § 81 IV StPO), muss diese binnen einer Woche nach Bekanntmachung der Entscheidung eingelegt werden, § 311 StPO. Zur Fristwahrung genügt hier die Einlegung beim Beschwerdegericht. Der sofortigen Beschwerde kann der „iudex a quo" grds. nicht selbst abhelfen, § 311 III StPO.

Prüfungsschema einer Beschwerde (§§ 304-311a StPO)

I. Zulässigkeit

1. Statthaftigkeit

Die Beschwerde ist statthaft gegen richterliche Beschlüsse und Verfügungen (§§ 304, 305 StPO). Die Beschwerde ist grds. bei dem Gericht, das die Entscheidung erlassen hat, einzulegen (§ 306 StPO).

2. Beschwerdeberechtigung (Beschwer)

Zugunsten des Angeklagten sind der Angeklagte (§ 296 StPO), der Verteidiger (§ 297 StPO) sowie der StA (§ 296 II StPO) rügeberechtigt.

3. Form und Frist der Einlegung; Begründung

Die Beschwerde muss schriftlich (Fax oder elektronische Form genügen) oder zu Protokoll der Geschäftsstelle bei dem Gericht, dessen Entscheidung angefochten wird (iudex a quo) eingelegt werden (§ 306 I StPO). Eine Frist ist grds. nicht einzuhalten (Ausnahme: die sofortige Beschwerde ist binnen einer Woche nach Bekanntmachung der Entscheidung einzulegen, §§ 311, 35 StPO). Eine Begründung ist nicht erforderlich, aber zu empfehlen.

4. Kein Rechtsmittelverzicht/keine Rechtsmittelrücknahme

Wurde ein Rechtsmittelverzicht erklärt, ist die Beschwerde unzulässig, § 302 I S. 1 StPO. Ebenfalls unzulässig ist die Beschwerde, wenn bereits zuvor eine Beschwerde eingelegt, aber wieder zurückgenommen wurde, § 302 I S. 1 StPO.

II. Begründetheit

Die Beschwerde ist begründet, wenn der angegriffene Beschluss oder die angegriffene Verfügung rechtswidrig ist und den Beschwerdeführer in seinen Rechten verletzt. Dann entscheidet

[1817] Vgl. *Meyer-Goßner*, vor § 304 Rn 5 m.w.N.

das Beschwerdegericht in der Sache selbst, § 309 II StPO. Eine Zurückverweisung kommt nur ausnahmsweise in Betracht, wenn der Mangel im Beschwerdeverfahren nicht ausgeglichen werden kann (z.B. bei Unterlassen einer zwingend vorgeschriebenen Anhörung).

E. Wiederaufnahme des Verfahrens, §§ 359 ff. StPO

I. Übersicht

Die Wiederaufnahme des Verfahrens ist kein Rechtsmittel, sondern ein außerordentlicher Rechtsbehelf. Sie dient dazu, ein fehlerhaftes, aber rechtskräftiges Urteil wieder aufzurollen und dadurch einen Justizirrtum zu beseitigen. Denn der mit der Rechtskraft eines Urteils bezweckte Rechtsfriede findet seine Grenze dort, wo die Verurteilung nicht mehr mit der Gerechtigkeit zu vereinbaren ist. Zudem ist es ein Menschenrecht des zu Unrecht verurteilten Bürgers zu verlangen, dass das fehlerhafte Strafverfahren wieder aufgenommen wird. Der Rechtsfriede muss in diesem Fall zurückstehen.[1818] 1289

Der Wiederaufnahme zugänglich sind solche Verfahren, die durch ein rechtskräftiges Sachurteil (nicht: Einstellungsurteil) oder einen Strafbefehl (§ 373a StPO) abgeschlossen wurden. Die Gründe für ein Wiederaufgreifen sind in §§ 359, 362, 373a StPO abschließend aufgezählt. Ein weiterer Wiederaufnahmegrund folgt aus § 79 I BVerfGG für den Fall, dass ein Strafgesetz vom BVerfG zwischenzeitlich für verfassungswidrig erklärt wurde. 1290

Das Wiederaufnahmeverfahren ist dreistufig: 1291

- Ergeht ein Antrag auf Wiederaufnahme des Verfahrens, steht auf der ersten Stufe das sog. **Additionsverfahren**, d.h. eine Zulässigkeitsprüfung, § 368 StPO: Das Gericht prüft den Antrag auf Form und notwendigen Inhalt, § 366 StPO. Dabei wird unterstellt, dass die vorgebrachten Wiederaufnahmegründe vorliegen und überprüft, ob sie geeignet sind, die Feststellungen des Urteils zu erschüttern. Ist das Wiederaufnahmevorbringen nicht geeignet, die den Schuldspruch tragenden Feststellungen des Urteils zu erschüttern, verwirft das Gericht den Wiederaufnahmeantrag durch Verwerfungsbeschluss (§ 368 StPO), gegen den die sofortige Beschwerde gem. § 372 S. 1 StPO zulässig ist. Anderenfalls erlässt das Gericht einen Zulassungsbeschluss.
- Ergeht ein Zulassungsbeschluss, folgt auf der zweiten Stufe das **Probationsverfahren**, d.h. eine Begründetheitsprüfung (§§ 369, 370 StPO), die zu zwei möglichen Entscheidungen führt: Hält das Gericht das Wiederaufnahmevorbringen für nicht genügend bestätigt, wird der Antrag durch Beschluss als unbegründet verworfen, § 370 I StPO. Anderenfalls erlässt es einen Wiederaufnahmebeschluss, § 370 II StPO, mit dem die Erneuerung der Hauptverhandlung angeordnet wird.
- Neue **Hauptverhandlung**: Im Falle eines Wiederaufnahmebeschlusses (d.h. mit der Feststellung der Begründetheit des Antrags auf Wiederaufnahme) erfolgt auf der dritten Stufe eine neue Hauptverhandlung, § 373 StPO. In dieser wird über die Sache mit neuer Beweisaufnahme über die geltend gemachten Wiederaufnahmegründe und ohne Bindung an das frühere Urteil in jeder Hinsicht neu und selbstständig verhandelt.

[1818] Abzulehnen ist die Ansicht *Kindhäusers* (§ 33 Rn 1), der der Auffassung ist, die Wiederaufnahme dürfe „nur in ganz engen Grenzen möglich sein". Das Gegenteil ist anzunehmen. Es wäre mit dem Rechtsstaatsprinzip und v.a. mit dem Demokratieprinzip unvereinbar, wenn man bei der Frage, ob eine Wiederaufnahme des Verfahrens zugunsten eines zu Unrecht verurteilten (und wahrscheinlich inhaftierten) Bürgers zulässig sei, enge Maßstäbe anlegte. Wenn schon der Staat das sog. Gewaltmonopol hat und über die Freiheitsentziehung von Bürgern entscheiden darf, muss er wenigstens bei der Frage nach der Wiederaufnahme eines Strafverfahrens bürgerfreundliche Maßstäbe anlegen, sobald sich die Möglichkeit ergibt, dass der Inhaftierte zu Unrecht verurteilt und (i.d.R.) seiner Freiheit vorenthalten wurde.

II. Zulässigkeit des Antrags auf Wiederaufnahme des Verfahrens

1292 Wie gesagt, ist es Aufgabe des Additionsverfahrens, über die Zulässigkeit des Wiederaufnahmeantrags zu entscheiden. Zur Einleitung der Wiederaufnahme des Verfahrens ist ein **Antrag** erforderlich (s.o.). Hierfür gelten gem. § 365 StPO die allgemeinen Rechtsmittelvorschriften der §§ 296-303 StPO entsprechend. Es kann also auch die StA einen Antrag stellen und dieser Antrag kann auch zu Ungunsten des Verurteilten gestellt werden (§ 296 II StPO). Kategorisch sind demnach zwei Arten von Wiederaufnahmeverfahren zu unterscheiden, dasjenige zugunsten des Verurteilten (§ 359 StPO, § 79 I BVerfGG) und dasjenige zu Lasten des Verurteilten (§ 362 StPO).

1293 Wird der Antrag vom Verurteilten gestellt, ist zu beachten, dass er **schriftlich** vom Verteidiger oder von einem (anderen) Rechtsanwalt **oder zu Protokoll** der Geschäftsstelle des **Wiederaufnahmegerichts** (§ 366 II StPO) eingereicht wird. Wiederaufnahmegericht ist i.d.R. ein anderes Gericht mit gleicher sachlicher Zuständigkeit wie das Ausgangsgericht (§ 367 I S. 1 StPO i.V.m. § 140a GVG). Allerdings können der Verurteilte und die für ihn Antragsberechtigten - nicht aber StA und Privatkläger - den Antrag auch bei dem Gericht einreichen, dessen Urteil angefochten wird (§ 367 I S. 2 StPO). Damit soll verhindert werden, dass der wegen Unkenntnis des § 140a GVG inkorrekt eingereichte Antrag allein wegen Unzuständigkeit verworfen wird.

1294 In dem Antrag müssen der **Wiederaufnahmegrund** sowie die **Beweismittel** dafür angegeben werden.

1295 Weiterhin muss der Antragsteller, soweit es sich dabei nicht um die StA handelt, durch die Urteilsgründe **beschwert** sein. Daher kann der Freigesprochene die Wiederaufnahme etwa nicht mit dem Ziel des Freispruchs wegen erwiesener Unschuld beantragen.

III. Begründetheit des Antrags auf Wiederaufnahme des Verfahrens

1296 Entspricht der Antrag den gesetzlichen Anforderungen, was das Gericht im sog. Additionsverfahren prüft (s.o.), entscheidet es gem. § 370 StPO im sog. Probationsverfahren über die Begründetheit des Antrags (siehe dazu ebenfalls oben). Hält das Gericht das Wiederaufnahmevorbringen für genügend bestätigt (d.h. den Antrag für begründet), erlässt es einen Wiederaufnahmebeschluss, § 370 II StPO, mit dem die eigentliche Wiederaufnahme des Verfahrens, d.h. die Erneuerung der Hauptverhandlung, angeordnet wird.

1297 Zu beachten ist, dass gem. § 371 I StPO ausnahmsweise ein Freispruch ohne erneute Verhandlung ergehen kann, wenn der Angeklagte verstorben ist. Aber auch in anderen Fällen kann das Gericht – dann allerdings nur mit Zustimmung der StA – einen Freispruch ohne Hauptverhandlung treffen, wenn die nach § 369 StPO erhobenen Beweise bereits für einen Freispruch ausreichen (§ 371 II StPO) – etwa in Evidenzfällen.

IV. Neue Hauptverhandlung

1298 Folge des Wiederaufnahmebeschlusses nach § 370 II StPO ist, dass die Rechtskraft der angefochtenen Entscheidung beseitigt wird. Das bedeutet, dass das Verfahren zurück in die Phase der Rechtshängigkeit, d.h. in die Lage nach Erlass des Eröffnungsbeschlusses oder, bei Berufungsurteilen, in das Stadium vor der Berufungsverhandlung versetzt wird. Folge ist, dass wieder zahlreiche Rechte aufleben, die durch das ursprüngliche rechtskräftige Urteil suspendiert wurden:

- Zunächst greift die Unschuldsvermutung; der Betroffene muss also so behandelt werden, als befände er sich im Stadium des Ermittlungsverfahrens bzw. der Beweisaufnahme; die

Haft darf also nur unter den Voraussetzungen angeordnet bzw. beibehalten werden, die auch sonst gem. §§ 112 ff. StPO gelten.

- Des Weiteren endet mit der Rechtskraft des Beschlusses die Vollstreckbarkeit des angefochtenen Urteils.
- Die Verjährungsfrist, die bis dahin geruht hatte, beginnt wieder zu laufen, beginnt aber nicht wieder neu.
- Die mit dem Urteil entzogenen Rechte, so z.B. die entzogene Fahrerlaubnis oder das Eigentum an eingezogenen Sachen, leben wieder auf.[1819]

Im Übrigen erfolgt in der neuen Hauptverhandlung nicht etwa eine Überprüfung des ursprünglichen Urteils, sondern eine in jeder Hinsicht neue und selbstständige Verhandlung ohne Bindung an das frühere Urteil. Daher gilt auch der Grundsatz des § 264 StPO. Weitere Folge ist, dass auch die Beweisaufnahme in vollem Umfang neu zu erfolgen hat. Das Gericht ist bei der neuen Entscheidung lediglich durch § 373 II StPO (Verbot der reformatio in peius), nicht aber durch § 363 StPO beschränkt. Es darf nicht nur auf Freispruch, Änderung des Rechtsfolgenausspruchs oder Aufrechterhaltung des früheren Urteils erkennen, sondern kann auch das Verfahren nach §§ 206a, 260 III oder §§ 153 ff. StPO einstellen. **1299**

Die Gründe für eine Wiederaufnahme des Verfahrens zugunsten des Verurteilten sind zum einen abschließend in § 359 Nrn. 1-6 StPO und zum anderen in § 79 I BVerfGG genannt. **1300**

- § 359 Nr. 1 StPO (eine in der Hauptverhandlung zu Lasten des Verurteilten eingebrachte Urkunde war unecht oder verfälscht): Der Begriff der Urkunde wird wie in § 267 StGB bestimmt. Ihr Gebrauch muss nicht strafbar sein; es genügt, wenn sie vorgebracht und im Prozess zum Beweis verwendet worden ist.
- § 359 Nr. 2 StPO (der Zeuge oder Sachverständige haben zu Lasten des Verurteilen ihre Eidespflicht vorsätzlich oder fahrlässig verletzt oder sich wegen einer vorsätzlichen falschen uneidlichen Aussage schuldig gemacht: Wegen der Falschaussage muss eine Verurteilung erfolgt sein (§ 364 StPO). Das ist bedauerlich in Fällen, die den Verdacht nahelegen, dass der Zeuge zur Falschaussage gezwungen wurde und deshalb (§ 35 StGB) nicht verurteilt werden kann. Andererseits schließt es § 364 StPO nicht aus, die Tatsache, dass die Aussage falsch war, als neue Tatsache vorzubringen (§ 359 Nr. 5 StPO).
- § 359 Nr. 3 StPO (bei dem Urteil haben ein Richter oder Schöffe mitgewirkt, die sich in Beziehung auf die Sache einer strafbaren Verletzung ihrer Amtspflichten schuldig gemacht haben, sofern die Verletzung nicht vom Verletzten selbst veranlasst ist): Solche Pflichtverletzungen sind z.B. Delikte gem. §§ 239, 240, 257, 267, 331, 332, 336, 339 343, 344 StGB.
- § 359 Nr. 4 StPO (ein zivilgerichtliches Urteil, auf das das Strafurteil gegründet war, wurde durch ein anderes rechtskräftig gewordenes Urteil aufgehoben): Dazu gehören alle Urteile außer den Strafurteilen (also z.B. auch Urteile der Verwaltungsgerichte, nicht aber aufgehobene Verwaltungsakte).[1820] „Gegründet" ist ein Strafurteil auf solche Urteile nur, wenn sie bei der Beweiswürdigung verwendet wurden oder wenn es sich um Gestaltungsurteile handelte.
- § 359 Nr. 5 StPO (es werden neue Tatsachen oder Beweismittel beigebracht, die geeignet sind, dass eine neue, den Verurteilten begünstigende Entscheidung getroffen wird).
  - ⇨ Das Urteil muss unmittelbar auf den Tatsachen oder Beweismitteln beruhen. Tatsachen sind die „Fakten", auf die man ein Urteil gründet, etwa solche, die den Strafan-

[1819] Vgl. dazu insgesamt BGHSt **14**, 64, 66; **19**, 280, 282; LR-*Gössel*, § 370 Rn 31 ff.; *Meyer-Goßner*, § 370 Rn 14 ff.; SK-*Frister/Deiters*, § 370 Rn 24; *Kindhäuser*, § 33 Rn 10; *Volk*, § 38 Rn 20 ff.
[1820] BGHSt **23**, 86, 94 (str.).

trag, Rechtfertigungs- und Schuldausschließungsgründe oder Beweisfragen betreffen wie z.B. die Glaubwürdigkeit eines Zeugen. Rechtstatsachen wie z.B. die Änderung eines Gesetzes oder einer Rechtsauffassung sind niemals „Tatsachen" im dargelegten Sinne.[1821] Das bedeutet, dass die Wiederaufnahme des Verfahrens weder auf eine zwischenzeitlich ergangene Änderung des seinerzeit angewendeten Gesetzes[1822] noch auf eine Änderung der Rechtsprechung[1823] gestützt werden kann.

⇨ Neu sind Tatsachen, wenn sie damals in der Hauptverhandlung nicht erörtert worden sind und deshalb bei der Urteilsfindung keine Rolle gespielt haben. Ob sie damals jemandem (z.B. dem Verurteilten) schon bekannt oder erkennbar waren (z.B. aus den Akten), ist unerheblich.

⇨ Als Beweismittel kommen nur von der StPO auch sonst zugelassene förmliche Beweismittel in Betracht.

⇨ Neu sind Beweismittel, wenn sie das Gericht nicht gekannt oder zwar gekannt, aber nicht benutzt hat. So sind Zeugen neue Beweismittel, wenn dem Erstgericht keine Aussage des Zeugen vorliegt, oder - im Falle der früheren Vernehmung - nunmehr eine andere Aussage zu erwarten ist. Ein Sachverständiger ist neu, wenn er vom Erstgericht nicht gehört worden war, da dieses z.B. aufgrund eigener Sachkunde entschieden hatte. Ein weiterer Sachverständiger ist nach h.M. kein neues Beweismittel, sofern der Antrag nur darauf gestützt wird, der weitere Sachverständige werde zu anderen Schlussfolgerungen gelangen als der früher vernommene. Vielmehr muss er einem anderen Fachgebiet angehören und über Forschungsmittel verfügen, die dem ersten Sachverständigen überlegen sind.[1824] Beim Augenscheinbeweis ist auf die tatsächliche Nutzung, nicht auf die bloße Möglichkeit dazu abzustellen, sodass die bisher nicht stattgefundene Augenscheinnahme ein neues Beweismittel ist.

⇨ Schließlich müssen die vorgebrachten Tatsachen und Beweismittel auch geeignet sein, die Antragsziele zu erreichen. Neue Tatsachen oder Beweismittel sind etwa zum Freispruch geeignet, wenn sie einen anderen als den im Urteil festgestellten Geschehensablauf begründen, der zum Ausschluss der Täterschaft des Verurteilten führt oder jedenfalls Rechtfertigungs- oder Schuldausschließungsgründe enthalten.[1825]

- § 359 Nr. 6 StPO (der EGMR hat eine Verletzung der EMRK oder ihrer Protokolle festgestellt und das Urteil beruht auf dieser Verletzung).

- § 79 I BVerfGG: Die soeben genannten Fallgruppen werden ergänzt durch die Wiederaufnahmegründe des § 79 I BVerfGG. Danach ist die Wiederaufnahme zulässig gegen rechtskräftige Strafurteile, die auf einem Strafgesetz basieren, das zwischenzeitlich vom BVerfG für verfassungswidrig bzw. wegen Unvereinbarkeit mit dem Grundgesetz für nichtig erklärt worden ist. Für das Verfahren gelten die §§ 359 ff. StPO.

Beispiel[1826]: T, Züchter sog. Kampfhunde, ist wegen Verstoßes gegen das in § 143 I StGB normierte Zuchtverbot rechtskräftig verurteilt worden. Einige Monate nach der Verurteilung wird § 143 I StGB vom BVerfG (primär aus kompetenzrechtlichen Gründen) für nichtig erklärt.

Da eine Nichtigkeitserklärung rückwirkend gilt, muss T so gestellt werden, als habe es nie ein Zuchtverbot für Kampfhunde gegeben. T wird also so behandelt, als habe es nie eine derartige Strafnorm gegeben. Da eine Bestrafung ohne Strafnorm ausgeschlossen ist (Art. 103 II GG, § 1 StGB), ist T freizusprechen.

1821 BGH NJW **1993**, 1481, 1482.
1822 BGHSt **39**, 75, 79.
1823 BVerfGE **12**, 338, 340; OLG Düsseldorf JR **1992**, 124, 125.
1824 BGHSt **39**, 75, 83 f.
1825 Vgl. dazu insgesamt *Kindhäuser*, § 33 Rn 19; *Volk*, § 38 Rn 11 ff.
1826 Vgl. BVerfGE **110**, 141 ff.

V. Rechtsfolgen

Ist der Antragsteller freizusprechen, ist auch über die Rechtsfolgenfrage neu zu entscheiden: Eine bereits vollstreckte Strafe ist gem. § 51 II StGB anzurechnen; eine Geldstrafe wird ggf. nach § 51 IV S. 1 StGB umgerechnet. Für die Entschädigung für Strafverfolgungsmaßnahmen und Strafen gelten die Bestimmungen des Gesetzes über die Entschädigung für Strafverfolgungsmaßnahmen vom 8.3.1971 (StrEG), insbesondere dessen §§ 1, 7. **1301**

Das StrEG gewährt einen Anspruch, wenn die Verurteilung im Wiederaufnahmeverfahren fortfällt oder gemildert wird (§ 1 StrEG; zum Ausschluss bei eigenem Verschulden oder falscher Selbstbelastung §§ 5, 6 StrEG). Ersetzt werden Vermögensschäden und der immaterielle Schaden (§ 7 StrEG: pauschal für jeden Tag Freiheitsentziehung 11,- €[1827]). Zur Entschädigung bei Freispruch oder zwingend gebotener Einstellung in der Instanz vgl. § 2 StrEG; bei Einstellung nach Ermessensvorschriften oder überschießender Strafverfolgung Entschädigung nach Billigkeit vgl. §§ 3, 4 StrEG. **1302**

Bei Sicherungsmaßregeln gem. §§ 69, 70 StGB wird die Zeit des bisherigen Verbots auf die des neuen angerechnet. Einziehungsgegenstände sind zurückzugeben, falls keine Einziehung mehr angeordnet worden ist. **1303**

VI. Wiederaufnahme des Verfahrens zu Ungunsten des Verurteilten

§ 362 StPO lässt die Wiederaufnahme des Verfahrens auch zu Ungunsten des Betroffenen zu und hat – sollte der Antrag erfolgreich sein – zur Folge, dass er wegen derselben Tat noch einmal verfolgt wird. Damit wird der Grundsatz *ne bis in idem* (Art. 103 III GG) durchbrochen. Gleichwohl liegt ein Verstoß gegen diesen Verfassungsgrundsatz nicht vor, da es Aufgabe des Staates ist, Strafverfolgung zu betreiben (Legalitätsprinzip). Auch ein Vertrauensschutz, der die Durchbrechung des Art. 103 III GG hindern könnte, besteht nicht. Die Gründe, die eine Wiederaufnahme des Verfahrens zu Ungunsten des Betroffenen zulassen, sind in § 362 StPO genannt. Der Vergleich mit dem Katalog des § 359 StPO zeigt jedoch, dass neue Tatsachen oder Beweismittel (etwa DNA-Spuren) eine Wiederaufnahme zu Ungunsten des Betroffenen nicht rechtfertigen.[1828] **1304**
Auch gilt, dass allein eine andere (schärfere) Bestrafung nicht zu den Zielen der Wiederaufnahme gehört (§ 363 I StPO). Den wichtigsten Grund für eine Wiederaufnahme des Verfahrens zu Ungunsten des Betroffenen nennt § 362 Nr. 4 StPO, wenn also der Freigesprochene die Tat gesteht. Ein Geständnis liegt auch vor, wenn der Freigesprochene die äußere Tatseite eines Delikts einräumt, zugleich aber Vorsatz oder Rechtswidrigkeit oder Schuld abstreitet.

VII. Wiederaufnahme des Verfahrens bei Strafbefehlen

Da die Wiederaufnahme des Verfahrens bei Strafbefehlen Kenntnisse über das Strafbefehlsverfahren voraussetzen und dieses bislang nicht behandelt wurde, sei insoweit auf die Darstellung bei Rn 1320 ff. verwiesen. **1305**

[1827] Dieser Betrag ist lächerlich gering, wenn man bedenkt, dass der das sog. Gewaltmonopol besitzende Staat einen Bürger zu Unrecht der Freiheit entzogen hat und vertane Lebenszeit nicht wiederkehren kann. Eines Rechtsstaats würdig wäre es, zumindest eine halbwegs akzeptable Entschädigung zu zahlen.

[1828] Diese Rechtslage wird teilweise als unerträglich angesehen und es wird eine Gesetzesänderung gefordert. Ob der Bundestag eine solche Gesetzesänderung beschließen wird, bleibt abzuwarten.

9. Kapitel – Besondere Verfahrensarten

1306 Neben den bislang behandelten ordentlichen und außerordentlichen Rechtsbehelfen kennt die Strafprozessordnung eine Reihe weiterer Verfahren, die im Folgenden überblicksartig dargestellt werden sollen.

A. Privatklage, §§ 374-394 StPO

1307 Das Offizialprinzip gilt nur im Grundsatz, nicht absolut. Der Staat würde unter einem permanenten Vollzugsdefizit leiden, müsste er jede noch so unbedeutende Straftat verfolgen und zur Anklage bringen. Bei bestimmten, nicht schwerwiegenden Vergehen wird daher das Offizialprinzip durchbrochen. So hat der Gesetzgeber in § 374 StPO Straftaten aufgeführt, die zwar den Lebenskreis des Verletzten berühren, bei denen er aber der Meinung ist, dass diese die Allgemeinheit weniger belasten. Bezüglich dieser Straftaten hat er daher angeordnet, dass grds. kein öffentliches Interesse an der Strafverfolgung bestehe und dass die StA grds. nicht einschreiten solle. Als Ausgleich ist dem Verletzten immerhin gestattet, anstelle der StA die Strafverfolgung selbst zu betreiben (§ 385 StPO), d.h. den staatlichen (!) Strafanspruch im Wege der Privatklage durchzusetzen. Einer vorherigen Anrufung der StA bedarf es dabei nicht. Stellt der Berechtigte bzgl. eines Privatklagedelikts gleichwohl einen Strafantrag, klagt die StA gem. § 376 StPO nur an, wenn dies ausnahmsweise im öffentlichen Interesse liegt; ansonsten verweist sie den Antragsteller auf den Privatklageweg.

> **Beispiele** von Privatklagedelikten sind die einfache und fahrlässige Körperverletzung (§§ 223, 230 StGB, § 374 I Nr. 4 StPO), der Hausfriedensbruch (§ 123 StGB, § 374 I Nr. 1 StPO), die Sachbeschädigung (§§ 303 I, II, § 374 I Nr. 6 StPO), der Grundtatbestand des Nachstellens (§ 238 I StGB, § 374 I Nr. 5 StPO) und die Beleidigung (§§ 185-189 StGB, § 374 I Nr. 2 StPO), sofern sie sich nicht gegen eine in § 194 genannte politische Körperschaft gerichtet hat.

1308 Wie die Beispiele zeigen, ordnet der Gesetzgeber nicht nur Bagatelldelikte, sondern durchaus auch sozialschädliche Begehungsweisen dem Privatklageverfahren zu. Diese Vorgehensweise ist aus rechtsstaatlichen Gesichtspunkten bedenklich, da die Anklage in die Entscheidung des Verletzten gestellt wird und dies für erhebliche Verfahrens- und Kostenrisiken bedeutet.

1309 Privatklagedelikte dürfen nicht mit Antragsdelikten gleichgesetzt werden. Denn eine Reihe von Antragsdelikten (z.B. § 242 i.V.m. § 247 bzw. § 248a StGB; § 248b StGB; § 289 StGB) sind keine Privatklagedelikte. Umgekehrt existieren Privatklagedelikte, die keine Antragsdelikte sind (z.B. § 241 StGB). Der gesetzgeberische Gesichtspunkt ist für beide verschieden. Das Antragserfordernis hat den Sinn, gewisse Interessen des Verletzten am Unterbleiben einer Strafverfolgung mit zu berücksichtigen. Beim Privatklagedelikt steht im Vordergrund, dass der Staat selbst kein Interesse an der Strafverfolgung hat, er aber immerhin dem Verletzten diese Möglichkeit einräumt. Dennoch ist es nicht ausgeschlossen, dass Privatklagedelikte auch Antragsdelikte sind. Eine Überschneidung findet sich z.B. bei § 223 StGB: Einerseits ist die einfache Körperverletzung (bei Bestehen eines öffentlichen Interesses, vgl. § 230 StGB) ein Antragsdelikt; andererseits ist sie gem. § 374 Nr. 4 StPO auch ein Privatklagedelikt. Auch der Grundtatbestand des Nachstellens (§ 238 I StGB) ist ein relatives Antragsdelikt und zugleich ein Privatklagedelikt (§ 374 I Nr. 5 StPO).

1310 Soweit es sich bei einem Privatklagedelikt auch um ein Antragsdelikt handelt, setzt die Verfolgung im Privatklageweg zunächst voraus, dass ein Strafantrag gestellt ist. Der Strafantrag muss von dem Privatkläger oder einem für diesen Befugten gestellt worden sein, der Strafantrag eines anderen Verletzten genügt nicht. Der Kreis der zur Privatklage Berechtigten wird durch § 374 II StPO erweitert.

Auch wenn es sich bei der Straftat um ein Privatklageverfahren handelt, heißt das noch lange nicht, dass der Geschädigte den Privatklageweg beschreiten dürfte. Der Gesetzgeber hat nämlich in den meisten Fällen noch die Vorschaltung eines sog. **Sühneversuchs** vorgesehen. So kann in den Fällen des § 380 I StPO der Privatklageweg erst dann beschritten werden, wenn ein Sühneversuch erfolglos geblieben ist. Dieser Sühneversuch hat vor der „Vergleichsbehörde" (das ist in den meisten Bundesländern der Schiedsmann; ansonsten die Gemeinde) stattzufinden. **1311**

Ähnlich wie das Privatklageverfahren an sich ist auch die Anordnung des Sühneverfahrens verfassungsrechtlich nicht unbedenklich. Entledigt sich der Staat schon bei der Verfolgung von bestimmten Delikten seiner Verantwortung, erschwert er mit der Anordnung des Sühneverfahrens zusätzlich die Möglichkeit, dass der Verletzte selbst die Klage sucht. **1312**

Kommt es (dennoch) zur Privatklage, übernimmt der Privatkläger weitgehend die Stellung der Staatsanwaltschaft, die allerdings bis zum Eintritt der Rechtskraft des Urteils durch eine ausdrückliche Erklärung die Verfolgung übernehmen kann (§ 377 II S. 1 StPO). **1313**

Die Privatklage gegen einen zur Tatzeit Jugendlichen ist grds. unzulässig (§ 80 I S. 1 JGG); damit ist auch ein Sühneversuch nach § 380 StPO grds. ausgeschlossen. Etwas anderes gilt, wenn Gründe der Erziehung des Jugendlichen oder ein berechtigtes Interesse des Verletzten, das dem Erziehungszweck nicht entgegensteht, bestehen (§ 80 I S. 2 JGG). **1314**

> **Beispiel:** Ein 17-Jähriger begeht eine Beleidigung (§ 185 StGB). Der Beleidigte stellt Strafantrag (§ 194 StGB).
>
> Bei der Beleidigung handelt es sich gem. § 374 I Nr. 2 StPO um ein Privatklagedelikt. Sieht die StA (in Übereinstimmung mit der Ratio der gesetzlichen Regelung) kein öffentliches Interesse an der Strafverfolgung, folgt an sich der Verweis auf den Privatklageweg. Allerdings ist gegen Jugendliche der Privatklageverweis grds. nicht zulässig, vgl. § 80 I S. 1 JGG. Folge ist eine Einstellung gem. § 170 II StPO.
>
> Wenn allerdings Gründe der Erziehung des Jugendlichen oder ein berechtigtes Interesse des Verletzten, das dem Erziehungszweck nicht entgegensteht, bestehen, hat die StA Strafverfolgung zu betreiben, § 80 I S. 2 JGG. Für diesen Fall besteht gleichzeitig ein öffentliches Interesse an der Strafverfolgung i.S.d. § 376 StPO.

Für Privatklagen ist der Strafrichter sachlich ausschließlich zuständig (§ 25 Nr. 1 GVG), bei Heranwachsenden der Jugendrichter (§ 108 II JGG). **1315**

Hat die StA das Verfahren von Anfang an ex officio betrieben (§ 376 StPO), ist für eine Privatklage kein Raum mehr. Sie kann also nicht plötzlich das öffentliche Interesse an der Strafverfolgung verneinen und den Verletzten auf das Privatklageverfahren verweisen. **1316**

B. Nebenklage, §§ 395-402 StPO

Die Nebenklage gibt dem durch eine der in § 395 StPO genannten Straftaten Verletzten die Möglichkeit, sich einer von der StA erhobenen öffentlichen Klage anzuschließen.[1829] Der Nebenkläger kann, anders als der Privatkläger, das Verfahren nicht initiieren; viel- **1317**

[1829] Vgl. *Beulke*, Rn 593; *Barton*, JA **2009**, 753 ff.

mehr kann er sich der durch die StA erhobenen öffentlichen Klage anschließen. Man kann sagen, die Beteiligung des Nebenklägers ist akzessorisch zur öffentlichen Klage.

1318 Die Nebenklage dient dem persönlichen Genugtuungs- und Restitutionsinteresse des Verletzten, aber auch der Kontrolle der StA. Dem Nebenkläger werden erhebliche Mitwirkungsrechte (Teilnahme-, Frage-, Beweisantragsrecht) zugestanden, wenn es um eine ihn persönlich besonders intensiv berührende Tat geht (vgl. § 397 StPO). Schließlich tritt in jüngerer Zeit die Stärkung der Rechte von Verletzten immer mehr in den Vordergrund, vgl. zuletzt das Opferrechtsreformgesetz v. 29.7.2009 (BGBl I, S. 2280), das zu einer Aufnahme der §§ 229, 244 I Nr. 3, 249-255 und 316a StGB in den Katalog der nebenklagefähigen Straftaten des § 395 StPO geführt hat. Des Weiterem wurden die Rechte des Nebenklägers in § 397 StPO neu gefasst. Er ist nunmehr zur Hauptverhandlung zu laden. Gemäß § 201 StPO n.F. ist ihm die Anklageschrift mitzuteilen; § 145a I, III StPO gilt insoweit entsprechend. Der Katalog der Straftaten, bei denen gem. § 397a StPO dem Nebenkläger ein Beistand zu bestellen oder Prozesskostenhilfe zu bewilligen ist, wurde dementsprechend erweitert. Das Akteneinsichtsrecht des Verletzten gemäß § 406e StPO wurde modifiziert. Über die Anfechtung von Entscheidungen der StA entscheidet nunmehr das gemäß § 162 StPO zuständige Gericht. Auch wurden der Beistand des Verletzten gem. § 406f StPO und des zur Nebenklage Befugten gemäß § 406g StPO neu geregelt. Der Rechtsanwalt des Nebenklagebefugten ist nunmehr über den Hauptverhandlungstermin zu benachrichtigen. Schließlich wurden die Informationspflichten gem. § 406h StPO gegenüber Verletzten erweitert.

C. Adhäsionsverfahren, §§ 403-406c StPO

1319 Das Adhäsionsverfahren[1830] gibt dem Verletzten die Möglichkeit, seine zivilrechtlichen Ansprüche gegen den Täter im Strafverfahren geltend zu machen, damit es keines weiteren (hier: zivilrechtlichen) Gerichtsverfahrens bedarf. Obwohl es durch das Opferrechtsreformgesetz von 2004 größere Bedeutung bekommen hat, ist das Adhäsionsverfahren in der Praxis der Justiz nicht sonderlich beliebt: Den Strafrichtern macht es mehr Arbeit (sie müssen sich dann auch noch mit Fragen des Deliktsrechts gem. §§ 823 ff. BGB befassen) und die Anwälte können vergütungsrechtlich nicht in besonderem Maße profitieren, denn sie können ihre Mandanten nicht noch zusätzlich in einem Zivilprozess vertreten. Dementsprechend verwundert es nicht, dass das Adhäsionsverfahren in der Praxis – entgegen der Intention des Gesetzgebers – nur selten vorkommt, da das Gericht von einer Entscheidung absehen kann, wenn sich der Antrag auch unter Berücksichtigung der berechtigten Belange des Antragstellers zur Erledigung im Strafverfahren nicht eignet (§ 406 I S. 4 StPO). Auch für die juristische Ausbildung ist die Bedeutung des Adhäsionsverfahrens sehr gering, weshalb auf die Voraussetzungen nicht näher eingegangen wird; vgl. zu diesen die gesetzlichen Bestimmungen der §§ 403 ff. StPO.[1831]

D. Strafbefehlsverfahren, §§ 407-412 StPO

1320 Das Strafbefehlsverfahren dient (ähnlich wie im Zivilprozess das Mahnbescheidsverfahren) dazu, möglichst schnell, kostengünstig und ohne aufwendige Hauptverhandlung vor allem in Fällen der sog. Massenkriminalität zu einer Sanktion zu kommen.[1832] In Betracht kommt das Strafbefehlsverfahren insbesondere in Fällen, bei denen nach Abschluss des Ermittlungsverfahrens der Sachverhalt geklärt, der Täter geständig und das verwirklichte Delikt ein Vergehen darstellt, bei dem nur die in § 407 II StPO genannten Rechtsfolgen in Betracht kommen (die immerhin bis zu einem Jahr Freiheitsstrafe mit

---

[1830] Entstammt dem lateinischen Begriff *adhaesio*; übersetzt: anhaften.
[1831] Zum Adhäsionsverfahren vgl. auch OLG Hamburg NStZ-RR **2007**, 347.
[1832] Vgl. ausführlich *Ranft*, JuS **2000**, 633 ff.

Bewährung reichen). Typische durch Strafbefehle geahndete Delikte sind dementsprechend Straßenverkehrsdelikte wie Trunkenheit im Verkehr, Gefährdung des Straßenverkehrs oder Fahren ohne Fahrerlaubnis, weiter Diebstähle (insbesondere Ladendiebstähle), einfache Körperverletzungen (also keine gefährlichen oder schweren Körperverletzungen), Sachbeschädigungen und das Erschleichen von Leistungen.

Zuständig für den Erlass eines Strafbefehls ist das Amtsgericht und dort stets der Strafrichter (§ 25 GVG). Dieser entscheidet aber nicht selbstständig, sondern nur auf Antrag der StA (§ 407 I StPO). Denn auch der Strafbefehl als richterliche Entscheidung in der Sache darf nicht ohne eine Anklage erlassen werden (Anklageprinzip), und wenn das Verfahren durch Einspruch des Beschuldigten in das ordentliche Verfahren übergeht, muss es einen Anklagesatz geben, der verlesen wird (§§ 411 I S. 2, 213 ff., 243 III S. 1 StPO). 1321

Der Richter lehnt den Antrag ab, wenn er den Angeschuldigten nicht für hinreichend verdächtig hält (§ 408 II S. 1 StPO). Daraus könnte man den Umkehrschluss ziehen, dass der Richter, um einen Strafbefehl zu erlassen, von der Schuld des Betroffenen nicht überzeugt zu sein braucht, sondern diesen nur für hinreichend verdächtig halten muss. Da aber ein rechtskräftiger Strafbefehl einem Urteil gleichsteht (§ 410 III StPO), liefe diese Annahme auf eine „Verdachtsstrafe" hinaus. Gleichwohl kann das Problem dahinstehen, weil der Betroffene ja die Möglichkeit hat, gegen den Strafbefehl Einspruch einzulegen und auf diese Weise die Hauptverhandlung herbeizuführen, bei der eine Verurteilung unstreitig nur ergehen kann, wenn der Richter keine Zweifel an der Schuld des Angeklagten hat. 1322

Der Rechtsbehelf des Einspruchs kann innerhalb von zwei Wochen nach Zustellung eingelegt werden (§ 410 I StPO). Er übernimmt die Funktion eines Eröffnungsbeschlusses und führt zur Durchführung einer Hauptverhandlung. Die Verweisung auf die allgemeinen Vorschriften (§ 411 I S. 2 StPO) lässt zwar vermuten, dass die Hauptverhandlung in den gewohnten Bahnen verläuft, tatsächlich ist dies jedoch nicht so. Denn der Angeklagte muss nicht anwesend sein, sondern kann sich durch einen Verteidiger vertreten lassen (§ 411 II S. 1 StPO). Das Prinzip der Unmittelbarkeit kann mit Zustimmung des Angeklagten, des Verteidigers und der Staatsanwaltschaft außer Kraft gesetzt werden (§§ 411 II S. 2, 420 I, II StPO). Das Beweisantragsrecht ist praktisch abgeschafft. Beweisanträge können natürlich gestellt werden. Bei ihrer Ablehnung ist der Richter aber nicht an den Katalog des § 244 III-V StPO gebunden (§§ 411 II S. 2, 420 IV StPO). Das Verbot der Beweisantizipation gilt nicht. In den Grenzen der Aufklärungspflicht ist der Richter frei. Ein Verteidiger ist nur notwendig, wenn Freiheitsstrafe verhängt werden soll (§ 408b StPO).[1833]

Das Sachurteil entscheidet über die Tat und nicht etwa über den Strafbefehl. Es lautet also auf Verurteilung oder Freispruch und nicht auf Bestätigung oder Aufhebung des Strafbefehls. Da der Einspruch auch kein Rechtsmittel, sondern ein Rechtsbehelf ist, der nur die Funktion hat, die durch den Strafbefehl erfolgte „aufschiebend bedingte Verurteilung" zu beseitigen und die Durchführung einer Hauptverhandlung zu erzwingen, gilt des Weiteren das Verbot der „reformatio in peius" nicht. 1323

Der Einspruch kann bis zur Verkündung des Urteils **zurückgenommen** werden (§ 411 III S. 1 StPO). Der Angeklagte wird von dieser Möglichkeit immer dann Gebrauch machen, wenn er von dem bevorstehenden Urteil eine noch größere Belastung erwartet. Er braucht dazu aber die Zustimmung der StA (§ 411 III S. 2 StPO). 1324

[1833] Vgl. *Volk*, § 33 Rn 7 f.

1325 Bei Nichteinlegung oder Zurückweisung eines Einspruchs entfaltet der Strafbefehl **Rechtskraft** (§ 410 III StPO). Wegen der nur summarischen Ermittlungsarbeit im Strafbefehlsverfahren erlaubt § 373a StPO, abweichend von § 362 StPO, eine Wiederaufnahme zu Ungunsten des Verurteilten oder Freigesprochenen, wenn neue Tatsachen oder Beweise beigebracht sind, die ergeben, dass es sich um ein Verbrechen gehandelt hat.

E. Beschleunigtes Verfahren, §§ 417-420 StPO

1326 Ziel des beschleunigten Verfahrens ist es, wie allein der Begriff schon vermuten lässt, eine rasche Verurteilung zu ermöglichen, oder provokativ ausgedrückt, dem Beschuldigten „den kurzen Prozess" zu machen. Das darf aber nicht dazu führen, dass dem Beschuldigten wichtige rechtsstaatliche Sicherungsmechanismen vorenthalten werden. Begrüßenswert ist, dass der Gesetzgeber in § 417 StPO das beschleunigte Verfahren sachlich auf minder schwere Straftaten beschränkt hat, indem er von „Verfahren vor dem Strafrichter und dem Schöffengericht" spricht und damit die Zuständigkeitsanordnung der §§ 24-28 GVG aktiviert. Die Zuständigkeit des AG umfasst diejenigen Delikte (Verbrechen und Vergehen), bei denen eine Straferwartung bis zu vier Jahren gegeben ist (vgl. Rn 38). Im Übrigen beschränkt § 417 StPO das beschleunigte Verfahren auf Sachen, die einen einfachen Sachverhalt vorweisen und bei denen eine klare Beweislage besteht.

- Ein **einfacher Sachverhalt** liegt vor, wenn dieser für alle Verfahrensbeteiligten leicht überschaubar ist. Rechtliche Schwierigkeiten berühren die Einfachheit des Verfahrens im Allgemeinen nicht.[1834]
- Eine **klare Beweislage** ist gegeben, wenn der Beschuldigte geständig ist oder hinreichende und sichere Beweismittel zur Verfügung stehen. Dass der Beschuldigte die Tat bestreitet, macht die Beweislage somit noch nicht ohne weiteres schwierig. Die Notwendigkeit einer umfangreichen Beweisaufnahme stünde dem Verfahren nach §§ 417 ff. StPO aber entgegen. Die Beweismittel müssen daher sofort verfügbar sein.[1835]
- Auch muss die **Möglichkeit einer sofortigen Verhandlung** bestehen. Dies ist der Fall, wenn die Hauptverhandlung in erheblich kürzerer Zeit als im gewöhnlichen Verfahren durchgeführt werden kann.[1836] In der Praxis wird das beschleunigte Verfahren daher regelmäßig nur dann durchgeführt, wenn – etwa im Zusammenhang mit Großereignissen – entsprechende organisatorische Maßnahmen bei Gericht getroffen wurden.

  Beispiel: Schläger S ist bei den Ausschreitungen während einer Demonstration nicht nur von zwei Polizeibeamten gesehen, sondern sein Verhalten ist auch mit einer Videokamera aufgezeichnet worden. Auch das Opfer steht als Zeuge zur Verfügung.

  In diesem Fall liegen sowohl ein einfacher Sachverhalt als auch eine klare Beweislage vor. S kann dem beschleunigten Verfahren zugeführt werden, sofern das zuständige AG die organisatorischen Voraussetzungen für eine schnelle Anberaumung der Hauptverhandlung getroffen hat, etwa, indem es einen richterlichen Bereitschaftsdienst eingerichtet hat.

1327 Um eine stärkere Nutzung des beschleunigten Verfahrens zu ermöglichen, wurden das besondere Recht zur vorläufigen Festnahme (§ 127b I StPO) sowie die Hauptverhandlungshaft (§ 127b II StPO) geschaffen.

1328 Eingeleitet wird das beschleunigte Verfahren durch einen **Antrag der StA**. Diese ist sogar verpflichtet, einen Antrag zu stellen, wenn sie die in § 417 StPO genannten Voraussetzungen als gegeben ansieht und wenn ihrer Entscheidung § 419 I S. 2 StPO (Höhe

---

[1834] *Meyer-Goßner*, § 417 Rn 15; krit. *Loos/Radtke* NStZ **1995**, 572.
[1835] *Meyer-Goßner*, § 417 Rn 17.
[1836] OLG Düsseldorf NStZ **1997**, 613.

der Sanktion) nicht entgegensteht[1837]. Der Antrag kann schriftlich oder mündlich gestellt werden (§ 417 StPO); der Einreichung einer Anklageschrift bedarf es nicht (§ 418 III S. 1 StPO). Der Beschuldigte hat weder ein Antrags- noch ein Widerspruchsrecht.

Die Antragstellung ist frühestens nach Abschluss der Ermittlungen möglich, die Rücknahme des Antrags bis zum Beginn der Vernehmung des Beschuldigten zur Sache in der Hauptverhandlung.[1838] **1329**

Stellt die StA den Antrag, wird gem. § 418 StPO die Hauptverhandlung sofort oder in kurzer Frist (vgl. § 418 I StPO, wonach nicht mehr als sechs Wochen zwischen Antrag und Hauptverhandlung liegen sollen) durchgeführt, ohne dass es eines Zwischenverfahrens bedürfte. **1330**

Auch die Ladung des Beschuldigten erfolgt gem. § 418 II StPO nur, wenn er sich nicht freiwillig zur Hauptverhandlung stellt oder nicht dem Gericht vorgeführt wird. Wird er geladen, beträgt die Ladungsfrist lediglich vierundzwanzig Stunden. Ist als Strafe eine Freiheitsstrafe von mindestens sechs Monaten zu erwarten, wird dem Beschuldigten, der noch keinen Verteidiger hat, für das beschleunigte Verfahren ein Verteidiger bestellt, § 418 IV StPO. **1331**

Schließlich gilt im beschleunigten Verfahren das Unmittelbarkeitsprinzip i.S.v. § 250 StPO nicht bzw. nur sehr eingeschränkt. Denn gem. § 420 StPO darf in der Hauptverhandlung die Vernehmung eines Zeugen, Sachverständigen oder Mitbeschuldigten durch Verlesung von Niederschriften ersetzt werden. Allerdings ist gem. § 420 III StPO die Zustimmung des Angeklagten, des Verteidigers und der StA erforderlich, sofern sie in der Hauptverhandlung anwesend sind. Auch bestimmt § 420 IV StPO, dass sich der Umfang der Beweisaufnahme nur nach § 244 II StPO bestimmt, d.h. das Gericht ist nicht an die strengen Ablehnungsgründe des § 244 III StPO gebunden. Der Richter kann daher, falls er der Auffassung ist, der Sachverhalt sei bereits erwiesen, einen Beweisantrag zurückweisen. **1332**

[1837] *Meyer-Goßner*, § 417 Rn 10.
[1838] *Meyer-Goßner*, § 417 Rn 13.